1. Auflage

Reiseziele und Routen

Traveltipps von A bis Z

Land und Leute

Java

Bali

Nusa Tenggara

Sumatra

Kalimantan

Sulawesi

Moritz Jacobi, Mischa Loose,
Christian Wachsmuth

Anhang

INDONESIEN

Von Sumatra bis Sulawesi

STEFAN LOOSE
TRAVEL HANDBÜCHER

INDONESIEN

2 DIE HIGHLIGHTS

Die Highlights

1 JAKARTA (Java) Sehenswert sind der weltweit größte Lastenseglerhafen Sunda Kelapa im Norden der Metropole sowie die vielen Museen der Stadt. S. 138

2 SHOPPING IN BANDUNG (Java)
Ein Einkaufsparadies für Markenliebhaber sind nicht nur die Jeans-Läden mit übergroßen Comicfiguren, sondern auch zahlreiche Factory Outlets. S. 175

3 YOGYAKARTA (Java)
Das Kunst- und Kulturzentrum Javas hält nicht nur die alten Künste lebendig, sondern atmet auch eine moderne, jugendliche Atmosphäre. S. 193

DIE HIGHLIGHTS **3**

DIE HIGHLIGHTS

4 BOROBUDUR UND PRAMBANAN (Java)

Die gigantischen Tempelanlagen der buddhistischen und hinduistischen Dynastien des 1. Jahrtausends n. Chr. sind Weltkulturerbe und in ihrer Form und Größe einmalig in der Region. Von Yogyakarta aus bequem zu erreichen, ziehen sie täglich Tausende Besucher an und gehören auf einer Java-Reise einfach dazu.
S. 213 und S. 215

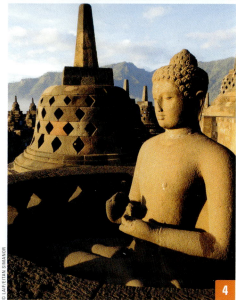

DIE HIGHLIGHTS

5 GUNUNG BROMO (Java) Während der mächtige Semeru im Hintergrund thront, vollzieht sich über dem vulkanischen Sandmeer des Bromo-Kraters allmorgendlich das Spektakel des Sonnenaufgangs. S. 262

DIE HIGHLIGHTS 7

6 TANZAUFFÜHRUNG IN UBUD (Bali) Der Besuch einer Vorstellung im kulturellen Zentrum Balis ermöglicht einen aufschlussreichen Einstieg in die weltweit einmalige Kultur der Insel. S. 308

7 GUNUNG KAWI UND PURA TIRTA EMPUL (Bali) Hinduistische Monumente, Einsiedlerhöhlen und kunstvolle Reisterrassen säumen die steile Schlucht des Pakrisan-Flusses am Gunung Kawi. Die sagenumwobenen heiligen Quellen von Tirta Empul sind ein beliebter Wallfahrtsort. Ihr Wasser soll heilende Kräfte besitzen. S. 327

8 JATILUWIH (Bali) Balis größte Reisterrassenformationen laden zu einem Spaziergang am Hang des Gunung Batukaru ein. S. 334

DIE HIGHLIGHTS 9

9 GUNUNG RINJANI (Nusa Tenggara)
Die Besteigung von Indonesiens zweithöchstem Vulkan auf Lombok ist ein anstrengendes, aber sehr lohnenswertes Abenteuer. S. 418

10 KOMODO-NATIONALPARK (Nusa Tenggara)
Nicht nur die gewaltigen Warane ziehen Besucher aus aller Welt in den Komodo-Nationalpark, auch Taucher kommen hier auf ihre Kosten. S. 435

11 TODO UND BENA (Nusa Tenggara)
In den traditionellen Dörfern auf Flores wie Todo und Bena sind noch uralte Rituale und Glaubensformen lebendig. S. 451 und S. 454

10 DIE HIGHLIGHTS

DIE HIGHLIGHTS 11

12 KELIMUTU-SEEN (Nusa Tenggara)
Der Farbwechsel der vulkanischen Seen hält an – wie sehen sie wohl heute aus? S. 459

13 GUNUNG LEUSER-NATIONALPARK (Sumatra)
Orang Utans sind die großen Stars der Wälder, doch gibt es auf Wandertouren noch viel mehr zu entdecken. S. 483

14 TOBA-SEE (Sumatra)
Am größten vulkanischen See der Erde locken idyllische Landschaft und die faszinierende Kultur der Batak auf die Insel Samosir. S. 492

DIE HIGHLIGHTS 13

15 **BANJARMASIN (Kalimantan)**
Auf dem schwimmenden Markt von Kuin treffen sich Händler aus den traditionellen Dörfern im Inselinneren, um ihre Erzeugnisse von Boot zu Boot zu verkaufen. S. 539

16 **TANJUNG PUTING-NATIONALPARK (Kalimantan)**
Das größte geschützte Sumpfgebiet Südostasiens beherbergt die landesweit erste Orang Utan-Auswilderungsstation Camp Leakey. S. 547

17 **TANA TORAJA (Sulawesi)**
Ein kultureller Höhepunkt ist das malerische Toraja-Hochland, wo sich traditionelle Strukturen, einzigartige Bestattungsrituale und Grabformen sowie eine beeindruckende Architektur über Jahrhunderte erhalten haben. S. 577

DIE HIGHLIGHTS **15**

18 TAUCHEN UND SCHNORCHELN UM PULAU BUNAKEN (Sulawesi) Eine berauschende Vielfalt an bunten Meeresbewohnern tummelt sich am Steilhang der Westküste. S. 605

Inhalt

Highlights	2
Reiseziele und Routen	21
Klima und Reisezeit	37
Reisekosten	40

Traveltipps von A bis Z 43

Anreise	44
Botschaften und Konsulate	46
Einkaufen	47
Elektrizität	49
Essen und Trinken	49
Feste und Feiertage	56
Fotografieren	59
Frauen unterwegs	59
Geld	60
Gepäck	62
Gesundheit	64
Informationen	67
Internet und E-Mail	68
Kinder	69
Medien	71
Post	72
Reisende mit Behinderung	72
Sicherheit	73
Sport und Aktivitäten	74
Telefon	76
Transport	77
Übernachtung	85
Unterhaltung	86
Verhaltenstipps	86
Versicherungen	89
Visa	90
Zeit und Kalender	92
Zoll	92

Land und Leute 93

Geografie	94
Flora und Fauna	97
Umwelt und Naturschutz	102

Bevölkerung	104
Geschichte	107
Regierung und Politik	119
Wirtschaft	121
Religion	125
Kunst und Kultur	128

Java 137

Jakarta	138
Alt-Jakarta (Kota)	143
Ancol	145
Glodok	146
Rings um den Merdeka-Platz	146
Süd-Jakarta	149
Kepulauan Seribu	160
West-Java	163
Banten	163
Anyer und Pantai Carita	164
Bogor	167
Von Bogor nach Bandung	171
Pelabuhan Ratu und die Surfstrände	
der Südküste	173
Bandung	174
Die Umgebung von Bandung	182
Von Bandung nach Pandangaran	184
Pangandaran und Umgebung	186
Zentral-Java	193
Yogyakarta	193
Borobudur	213
Prambanan	215
Gunung Merapi	216
Parangtritis	217

Solo (Surakarta)	218
Candi Sukuh und Candi Cetho	225
Wonosobo	226
Dieng-Plateau	228
Semarang	231
Karimunjawa	238
Ost-Java	245
Surabaya	245
Die Umgebung von Surabaya	255
Malang	256
Die Umgebung von Malang	261
Bromo-Tengger-Semeru-Nationalpark	262
Ijen-Massiv	266

Bali 267

Süd-Bali	269
Denpasar	271
Kuta	276
Legian	285
Seminyak	288
Strände nördlich von Seminyak	294
Sanur	295
Jimbaran	301
Nusa Dua und Tanjong Benoa	302
Uluwatu	303
Strände auf der Bukit-Halbinsel	304
Zentral-Bali	305
Ubud	307
Umgebung von Ubud	324
West-Bali	331
Tanah Lot	332
Tabanan und Mengwi	333
Jatiluwih	334
Batukaru	334
Jembrana-Küste	336
Negara und Umgebung	337
Gilimanuk	339
Taman Nasional Bali Barat	339
Pemuteran	340

Nord-Bali	343
Singaraja	343
Lovina und Umgebung	345
Bratan-Massiv	351
Munduk	353
Batur-Massiv	354
Von Singaraja Richtung Amed	358
Ost-Bali	359
Semarapura (Klungkung)	359
Besakih	362
Gunung Agung	363
Sidemen	363
Nusa Penida	365
Nusa Lembongan	366
Goa Lawah	370
Padang Bai	371
Candi Dasa	375
Tenganan	378
Amlapura (Karangasem)	379
Umgebung von Amlapura	380
Amed und Umgebung	382
Tulamben	385

Nusa Tenggara 387

Lombok	388
Lembar	392
Kuta Lombok	392
Praya	394
Mataram	396
Senggigi	400
Bangsal	405
Gili Trawangan	405
Gili Meno	412
Gili Air	415
Gunung Rinjani	418
Labuhan Lombok	423
Sumbawa	423
West-Sumbawa	424
Sumbawa Besar und Umgebung	429
Bima und Umgebung	432
Sape	435

18 INHALT

Komodo-Nationalpark	435
Rinca	438
Komodo	438
Padar	440
Flores	440
Labuan Bajo	441
Umgebung von Labuan Bajo	447
Ruteng und Umgebung	448
Todo	451
Bajawa	451
Bena	454
Ende und Umgebung	455
Moni und die Kelimutu-Seen	459
Maumere	460
Die Umgebung von Maumere	463
Waiara	465

Kalimantan 537

Süd-Kalimantan	538
Banjarmasin	539
Die Umgebung von Banjarmasin	545
Loksado	545
Zentral-Kalimantan	547
Tanjung Puting-Nationalpark	547
Ost-Kalimantan	550
Samarinda und Umgebung	551
Sungai Mahakam	556
Kutai-Nationalpark	558
Kepulauan Derawan	559

Sumatra 467

Nord-Sumatra	469
Medan	469
Bukit Lawang	479
Gunung Leuser-Nationalpark	483
Berastagi	484
Von Berastagi zum Toba-See	489
Toba-See: Pulau Samosir	492
Aceh	502
Banda Aceh und Umgebung	503
Pulau Weh	511
West-Sumatra	516
Padang	516
Umgebung von Padang	524
Bukittinggi	525
Umgebung von Bukittinggi	531

Sulawesi 561

Süd-Sulawesi	563
Makassar	563
Umgebung von Makassar	572
Südküste	573
Bira	574
Sengkang	576
Tana Toraja	577
Rantepao	579
Die Umgebung von Rantepao	587
Von Tator auf die Togian-Inseln	593
Tentena und Umgebung	593
Ampana	594
Togian-Inseln	594
Nord-Sulawesi	598
Gorontalo	598
Manado	599
Pulau Bunaken	605
Die Umgebung von Manado	608
Tangkoko-Dua-Saudara-Nationalpark	611

INHALT **19**

	613
...führer	614
...sar	622
...isemedizin zum Nachschlagen	624
Bücher	631
Index	635

Danksagung	652
Bildnachweis	654
Impressum	655
Kartenverzeichnis	656

Reiseatlas 657

Themen

Immer was zu feiern	25	Die Legende der Drachen-Prinzessin	438
Das Wappen Indonesiens	120	Die größte Echse der Welt	439
Die Fünf Grundpfeiler des Islam	126	Auf ein Tässchen!	451
Krakatau – der Vulkan, der die Welt veränderte	165	Ngadhu und Bhaga	454
		Kleine Ikat-Kunde	458
Die Shopping-Paradiese Bandungs	175	Die Legende von Putri Hijau	471
Art-déco-Bauwerke	175	Bukit Lawang Reloaded	480
Kampung Naga – sundanesische Kultur wie vor 400 Jahren	185	Die Batak	498
		Batak-Häuser	502
Ramayana-Ballett	205	Mythen und Ursprünge der Minangkabau	518
Batik: ein Shopping Guide	206	Die Legende von Malin Kundang	524
Die Geschichte von Loro Jonggrang	216	Die größte Blume der Welt	527
Wayang Beber	218	Der Padri-Krieg	529
Den Ahnen auf der Spur	219	Gesellschaft und Adat der Minangkabau	534
Gegen alles ein Kraut	231	Einige Minangkabau-Begriffe	535
Shalom!	248	Die Dayak	542
Die Schlacht von Surabaya	250	Taka Bonerate – drittgrößtes Atoll der Welt	576
Wie pflanzt man einen Baum ins Wasser?	256		
Eat, Pray, Love auf Bali	305	Die Toraja	583
Der Petanu-Fluss und Pura Tirta Empul	328	Der weltbekannte Hochlandkaffee	585
Naturkräfte bedrohen Tanah Lot	332	Lore Lindu-Nationalpark	592
Wasserbüffelrennen von Negara	338	Tentenas heilende Wunden	593
Die Legende vom Batur-See	355	Waruga: ungewöhnliche Bestattungsform	609
Die Algenfarmer	367		

Reiseziele und Routen

Reiseziele

Indonesien – allein der Name weckt bei den meisten Menschen zahlreiche Assoziationen: tropische Sandstrände, dichte Regenwälder, Reisfelder, Vulkane, Orang Utans, und nicht zuletzt freundlich lächelnde Menschen. Damit liegen sie gar nicht so falsch, doch nur wenige wissen, dass der Inselstaat, gemessen an der Bevölkerungszahl, nicht nur die größte moslemische Nation der Erde, sondern auch eines, wenn nicht sogar *das* facettenreichste Land Südostasiens ist.

Allein die Vielfalt der hier lebenden unterschiedlichen Bevölkerungsgruppen ist einmalig und faszinierend zugleich. Sie alle haben spezielle Lebens- und Arbeitsweisen entwickelt, um der spezifischen Natur ihrer Insel die Lebensgrundlagen abzuringen – aber auch Glaubensformen, um der Natur und den Göttern, deren Gewalten sie stets ausgesetzt waren und sind, respektvoll zu huldigen.

Nicht nur China und Indien blicken auf uralte Hochkulturen zurück, auch in Indonesien existierten bereits vor Jahrtausenden Zivilisationen, gingen Großreiche auf und unter – lange vor der „Entdeckung" des Landes durch die Europäer –, wurden Bauwerke für die Ewigkeit errichtet. In Indonesien haben nicht nur Lebens-, Kunst- und Glaubensformen aus China, Arabien und Indien Symbiosen gebildet, sondern hier haben zahlreiche asiatische Kulturelemente ihren Ursprung genommen, besonders, was die malaiischen Kulturen betrifft.

Doch auch unter landschaftlichen wie geologischen Aspekten ist Indonesien äußerst interessant. Denn der Inselstaat weist zwischen dem Grund des Indischen und Pazifischen Ozeans und den Gipfeln unzähliger Vulkane spektakuläre Naturphänomene auf, die Indonesien zu einem spannenden Reise- und Forschungsgebiet machen.

Immer mehr Besucher entdecken den Reiz dieses Landes, das kulturell und geografisch eigentlich aus mehreren Ländern besteht. Ob Bali, Java, Sumatra, Kalimantan, Lombok, Sumbawa, Flores oder Sulawesi: Fast überall existiert mittlerweile eine touristische Infrastruktur, und das Reisen in Indonesien wird von Jahr zu Jahr einfacher. Dies bestätigen die kontinuierlich steigenden Besucherzahlen, aber auch der Bedeutungszuwachs, den der Tourismus als Einnahmequelle des rohstoffreichen Landes neuerdings erfährt. Die Molukken, West-Timor, Sumba, Alor und West-Papua stecken dagegen noch in den touristischen Kinderschuhen, sind bislang nicht sehr gut erschlossen und schwieriger zu bereisen, weshalb sie hier ausgespart werden.

Die geografische Lage des Archipels und seine damit verbundene Rolle als Seepassage und Handelsregion sorgen seit Jahrtausenden für regen Austausch mit verschiedensten Völkern rund um den Globus. Dass man in Indonesien an Besucher gewöhnt ist, ist überall spürbar. Selbst im hintersten Dorf der abgelegenen Insel Flores werden Ankömmlinge freundlich und mit einem Lächeln begrüßt, Scheu vor Fremden ist Indonesiern gänzlich unbekannt. Die Herzlichkeit, Offenheit und Hilfsbereitschaft der meisten Indonesier Touristen gegenüber macht es leicht, selbst über Sprachbarrieren hinweg Kontakte zu knüpfen. Und so trägt die Aufgeschlossenheit der Menschen ganz wesentlich dazu bei,

Asien wie aus dem Bilderbuch

Die schwimmenden Märkte von Banjarmasin zählen zu den faszinierendsten des insularen Südostasien.

- Die Gemüsefelder über den Wolken am **Dieng-Plateau** auf Java, S. 228.
- Die grünen Teeplantagen auf den Hügeln am **Gunung Lawu** und in **Ciater** bei Bandung, S. 225 und S. 184.
- Die postkartenreifen Reisterrassen von **Jatiluwih** und **Tegallalang** auf Bali, S. 334 und S. 327.
- Das saftig grüne Bergland von **Zentral-Flores**, S. 440.
- Die Insel **Samosir**, mitten im von Bergketten eingerahmten **Toba-See** auf Sumatra, S. 492.
- Die traditionellen Schwimmenden Märkte von **Banjarmasin in Kalimantan**, wo von schwer beladenen Marktbooten Obst, Gemüse und andere Nahrungsmittel feilgeboten werden, S. 539.
- Die majestätischen Orang Utans fast zum Anfassen nah im **Tanjung Puting**- oder **Kutai-Nationalpark** in Kalimantan, S. 547 und S. 558.
- Die knallbunte und artenreiche Unterwasserwelt im **Togian**- und **Bunaken-Nationalpark** in Sulawesi, S. 594.
- Das Hochland von **Tana Toraja** mit weiten Ausblicken über Reisterrassen, die von steilen Karstfelsen überragt werden, S. 577.

dass die Reise für viele zu einem unvergesslichen Erlebnis wird. Dabei kennen selbst passionierte Indonesien-Reisende das Land nur in Ausschnitten, jedem noch so versierten Kenner tut sich schnell Neuland auf. Wer auf der Suche ist nach dem „typischen Indonesien", wird nicht fündig werden – angesichts der Verschmelzung von Kulturelementen aus Asien und aller Welt. Die Größe und Vielfalt von Land und Leuten, die Dimensionen, in denen sich vieles permanent wandelt, und die Rätsel, die das Land selbst für Einheimische noch birgt, verleihen einer Reise durch den Archipel schnell etwas Abenteuerliches mit großem Potenzial für Entdeckungen.

Man kann in Indonesien die Vergnügungen des Massentourismus, den Komfort des Luxustourismus oder die Abenteuerlichkeit individueller Rucksackreisen erleben, es gibt ein kaum zu erfassendes Angebot an Destinationen, und jede Reise endet meist mit einem tiefen Seufzer angesichts all der Ziele, für die am Ende doch keine Zeit mehr war.

Landschaften und Nationalparks

Landschaftlich besonders reizvoll sind zahlreiche Gebiete auf **Bali** (S. 267). Die Schönheit der Insel ergreift selbst wiederkehrende Besucher jedes Mal aufs Neue, und das in Postkartenmotiven und Bildbänden so klischeehaft-kitschig daherkommende Eiland ist tatsächlich so schön, wie es viele Fotos versprechen – mit Reisterrassen, Wasserbüffeln und idyllischen Dörfchen. Auch in **Java** (S. 137) ist eine malerische Kulturlandschaft zu bestaunen, etwa im Hochland von Dieng, in den von Teeplantagen überzogenen Hügeln in Lembang bei Bandung oder am Gunung Lawu nahe Solo (Surakarta). Besonders bei einer Fahrt mit der Eisenbahn kann man das fantastische Indonesienpanorama, bestehend aus Dörfern, Bergen und Reisfeldern, so richtig genießen. Die Hänge des Bromo in Ost-Java sind mit ihren steil angelegten Gemüsefeldern eine Attraktion für sich.

Saftiges, grünes, dicht bewaldetes Bergland ist dagegen für **Flores** (S. 440), **Sumatra** (S. 467) und **Kalimantan** (S. 537) typisch, wobei erstere Insel noch weitgehend frei ist von großflächigen Plantagen. Hier kann man stundenlang wandern oder fahren, ohne auf nennenswerte Siedlungen zu stoßen, was solche Ausflüge schnell zum Abenteuer macht.

Reizvolle Seenlandschaften mit steilen Bergkämmen und angenehmem, fast maritimem Klima findet man am schönen **Toba-See** (S. 492) und am **Maninjau-See** (S. 533) auf Sumatra.

Abwechslungsreiche Landschaften abseits ausgetretener Touristenpfade sind auf **Sulawesi** (S. 561) zu erkunden, wo sowohl blendend weiße, von Kokospalmen gesäumte Sandstrände, kunstvoll bewirtschaftetes Hochland in Tana Toraja als auch ausgedehnte Regenwälder mit einer außergewöhnlichen Artenvielfalt auf Entdecker warten.

Dschungel

Tropischen Regenwald findet man in zahlreichen Nationalparks, etwa im **Gunung Leuser-Nationalpark** (S. 483) auf Sumatra oder dem **Tanjung-Puting** (S. 547) und **Kutai-Nationalpark** (S. 558) auf Kalimantan. Hier sind Begegnungen mit wilden Orang Utans und anderen Waldbewohnern möglich. Trekkingtouren mit Übernachtung im Dschungelcamp werden zunehmend von Veranstaltern angeboten und sind ein besonderes Highlight. Im **Ujung Kulon-Nationalpark** (S. 166) auf Java können die letzten Exemplare des Java-Nashorns gesichtet werden, während im **Tangkoko-Nationalpark** (S. 611) auf Sulawesi Koboldmakis mit ihren großen Glupschaugen sich an den Baumstämmen festhalten. In **Kalimantan** sind bei mehrtägigen Bootstouren auf dem Mahakam-Fluss Süßwasserdelphine und wilde Makaken zu sehen, während in traditionellen Langhäusern der indigenen Dayak-Stämme übernachtet wird (S. 556).

Auch außerhalb von Nationalparks warten Dschungelabenteuer, etwa an den Berghängen um Bukittinggi (S. 525) auf Sumatra, wo die Einheimischen noch heute regelmäßig auf Wildschweinjagd gehen.

Vulkane

Viele Vulkane sind Bestandteile von Nationalparks, etwa der Bromo, der Merapi und der Ijen, die alle auf Java liegen, oder auch der Kelimutu mit seinen farbigen Kraterseen auf Flores. Eine Vulkanbesteigung gehört zur klassischen Indonesienreise dazu und ist von nahezu jeder touristischen Hauptdestination aus gut plan- und

---

Tanz auf dem Vulkan

- im Sandmeer des **Gunung Bromo**, S. 262.
- am „Säurefass" auf dem **Ijen-Plateau**, S. 266.
- an den farbigen Seen des **Gunung Kelimutu**, S. 459.
- auf dem **höchsten Krater Indonesiens** auf Lombok, S. 418.
- um den Feuerberg **Merapi**, S. 216.
- auf dem **Gunung Sibayak** im Batak-Hochland, S. 485.

durchführbar, besitzt doch kein Land der Welt mehr Vulkane als Indonesien. Ob der Singgalang und Sibayak auf Sumatra, der Agung und der Batur auf Bali, der mächtige Rinjani auf Lombok, der hochaktive Merapi oder – der Klassiker – die Kraterlandschaft des Bromo auf Java: Hier sind Bergtouren jedes Schwierigkeitsgrads vom Spaziergang bis zum Steilhang im Angebot. Zudem harren zahlreiche Vulkane auf Flores ihrer Besteigung, welche im Gegensatz zu Java oder Bali noch recht abenteuerlich ausfallen kann.

Einfach mal abtauchen ...

- zu **Schiffswracks** vor Pulau Weh (S. 511), Karimunjawa (S. 242) oder Bali (S. 269)
- mit den **Manta-Rochen** vor Nusa Penida, S. 365.
- an die **Steilhänge** vor Bunaken, S. 605.
- mit den **Schildkröten** vor den Gili-Inseln, S. 412.
- in das Reich der **Makro-Fauna** im Komodo-Nationalpark, S. 436.

Unterwasserwelten

Taucher und Schnorchler kommen vielerorts auf ihre Kosten, gehört die marine Natur Indonesiens doch zu den artenreichsten der Erde. Das Land zählt einige der weltbesten Tauchspots, etwa um **Pulau Bunaken** (S. 605) und die **Togian-Inseln** (S. 594) vor Sulawesi, die Tauchgründe im **Komodo-Nationalpark** oder **Pulau Weh** bei Aceh. Doch auch in **Karimunjawa**, vor **Bali** und **Lombok** sowie **Flores** finden sich paradiesische Unterwasserwelten. Von Korallen bewachsene Steilwände, unterseeische Schlote, Schiffswracks, Schwärme von Groß- und Kleinfischen, Haie, Rochen und endemische Tierarten sind in indonesischen Gewässern keine Seltenheit. Viele dieser Meeresgebiete stehen als Teile von Nationalparks unter Naturschutz und sollten von Besuchern auch so behandelt werden.

Historische Stätten und Kulturschätze

Eine gute Portion indonesisches Flair und einen durchaus repräsentativen Querschnitt der indonesischen Hochkultur erfährt man bei einer Tour durch **Java**. Hier liegen das moderne, urbane und das ursprüngliche, höfisch und ländlich geprägte Indonesien dicht beieinander. Ein Besuch der bezaubernden **Wayang-Aufführungen** und der großen **Sultanspaläste**, der **Weltkulturerbestätten** Borobudur und Prambanan, der **Batikgalerien** von Solo (Surakarta) und Yogyakar-

ta oder auch der **Museen** von Jakarta gehört zu jeder kulturell orientierten Indonesien-Reise dazu. Relikte früherer Großreiche und Hochkulturen finden sich überall auf Java, z. B. auf dem Dieng-Plateau, am Gunung Lawu oder in der Umgebung von Malang.

Auf **Bali**, dem touristischen Hauptziel Indonesiens, sind die faszinierenden Bräuche einer sehr alten und doch höchst lebendigen hinduistischen Religion schon beim Spaziergang durch jede x-beliebige Stadt zu beobachten. Während im Süden ein mondäner Vergnügungs- und Surf-Tourismus herrscht, lassen **Ubud** und seine Umgebung die Herzen von Kunst- und Kulturinteressierten höherschlagen. Die einheimischen **Tänze** und die hochklassige **Malerei** sind ein Highlight jeder Bali-Reise. An den uralten Quellen von **Pura Tirta Empul**, den Felsengräbern am **Gunung Kawi** oder am spektakulär im Meer gelegenen Tempel von **Tanah Lot** finden regelmäßig Zeremonien statt, deren magische Aura einen Besuch dieser Heiligtümer unvergesslich macht.

Einen Hauch Kolonialatmosphäre kann man noch in vielen Städten erhaschen. So können in Jakarta, Surabaya, Medan oder Makassar noch gut erhaltene holländische **Kolonialbauten** besichtigt werden. Im Osten von **Flores**, wo alte mediterrane Gesänge in der Volkssprache fortleben, sind dagegen noch letzte Reste der portugiesischen Handelsmacht und Kultur zu finden.

Fossile Funde haben dem ein oder anderen kleinen Ort bereits zu weltweiter Berühmtheit verholfen, z. B. der Weltkulturerbestätte **Sangiran** in **Zentral-Java**, wo einige der ältesten Knochen des Homo erectus (des „Java-Menschen") gefunden worden sind, oder **Liangbua** auf Flores, das mit dem spektakulären Fund der Überreste eines später als Flores-Mensch bezeichneten Hominiden durch die Presse ging.

Von Völkern und Göttern

Indonesien besitzt eine kaum zu fassende Vielzahl von sprachlich und kulturell unterschiedlichen Volksgruppen mit einer erstaunlichen Pluralität an Religionen. Für Besucher ist es immer wieder spannend, neben dem indonesischen Islam noch sehr lebendige, z. T. archaische Lebens- und Glaubensformen vorzufinden, die dank ihres isolierten Daseins auf Hochebenen oder Inseln überleben konnten und denen es gelang, im Laufe der Zeit tief in den jeweiligen Gesellschaften zu verwurzeln. In Ost-Java etwa existieren inmitten der moslemischen Gesellschaft große und historisch über einen langen Zeitraum gewachsene Gemeinschaften von hinduistischen **Tengger**, in Jakarta, Surabaya und Semarang trifft man auf buddhistische **Chinesen**.

Für ethnologisch Interessierte bieten die Inseln Nusa Tenggaras östlich von Bali die Möglichkeit, auf einer stringenten Route ostwärts verschiedene Volksminderheiten Indonesiens

Immer was zu feiern

Legendär sind die traditionellen **Begräbnisfeiern** der Toraja auf Sulawesi, zu denen oft mehrere Wasserbüffel geopfert werden und schon mal eine Woche lang geschlemmt und getrunken wird, S. 583. Auch die Batak auf Sumatra haben große Begräbnisfeiern, für die sich manche Familienmitglieder bisweilen arg verschulden.

Die **Hochzeiten** der Minangkabau in West-Sumatra (S. 518) sind wunderbare Gelegenheiten, traditionelle Kleidung und Gerichte vorzuführen und die alten Tänze wiederaufleben zu lassen.

In ganzer Pracht zeigt sich die balinesische Religion in den **Tempelfesten** – mit Farben, Trachten, Opfergaben, Musik und Tanz.

Die **Büffelrennen** im Westen der Insel sind ebenfalls ein Spektakel, S. 338.

An **Idul Fitri**, dem Ende des moslemischen Fastenmonats, ist alles auf den Beinen, denn es gibt Grund genug zur Ausgelassenheit, Unmengen leckeres Essen und sogar Feuerwerk. Besonders prächtig wird der Tag unter dem Namen **Garebeg Syawal** in Yogyakarta und Solo begangen, S. 204.

Die Sonntagsgottesdienste und großen **christlichen Feiertage** auf Flores, vor allem der Karfreitag in Larantuka, sind sehenswert und von den kirchlichen Festen in Europa durchaus verschieden.

An **Wesak**, dem höchsten buddhistischen Feiertag, führt eine feierliche Prozession zu den uralten Tempeln von Borobudur und dessen Umgebung, S. 206.

Die javanischen Hindus am Gunung Bromo werfen zu **Kasodo** Opfergaben für den Feuergott in den Vulkan und lassen zur **Karo-Zeremonie** im Februar die Puppen tanzen, S. 264.

Im Juni und Juli werden die Straßen von Solo bunt und belebt – beim **Batik-Karneval** oder der Tanzparade des **Solo Performing Arts Festivals**, S. 222.

Weltbekannt und ein Highlight der internationalen Literaturszene ist das **Ubud Writers Festival**, zu dem sich schon Nobelpreisträger einfanden.

Als eines der weltweit größten Jazz-Festivals findet jedes Jahr im März das **Java Jazz Festival** in Jakarta statt, 🖥 www.javajazzfestival.com.

Das **Gawai Dayak** im Juni ist in Kalimantan der wichtigste Feiertag und eine gute Gelegenheit, in den Langhäusern der verschiedenen Dayak-Stämme traditionelle Tänze zu erleben und eigenartige Speisen zu kosten, S. 542.

Cap Go Meh ist die traditionelle Zeremonie, um das chinesische Neujahr zu feiern und wird in vielen Städten mit farbenprächtigen Umzügen zelebriert, z. B. im ältesten buddhistischen Tempel Ost-Indonesiens, dem Klenteng Ban Hing Kiong in Manado, oder in Jakarta, S. 146.

Unbedingt probieren

Indonesische Küche zählt zu den vielseitigsten der Welt, und die feinen Geschmacksnoten der traditionellen Gerichte stehen bei Gourmets hoch im Kurs. Man koste sich durch:

- **Bebek Betutu**, die typisch balinesische Grill-Ente. Am besten in Ubud, S. 316.
- **Bebek Klopo**, die ost-javanische Version mit Kokosraspeln, in Malang, S. 548.
- **Kopi Telur**, eine acehnesische Kaffeespezialität mit Eischaum und Arecanuss, S. 528.
- **Teh Sappan**, den traditionellen Willkommensdrink am Hofe des Sultans von Yogyakarta. Sappan-Rinde verleiht dem Getränk seine rötliche Farbe, S. 204.
- **Nasi Liwet**, feine Hähnchenbrust mit Papaya und Kokosmilch, in Solo, S. 221.
- **Kangkung** nach Lombok-Art, gedünsteten Wasserspinat mit feurigen Chilis und Sojaöl, S. 221.
- **Pepes Ikan**, in Safran marinierter und im Bananenblatt gegarter Fisch mit Gemüse, in Bandung, S. 178.
- **Babi Panggang**, das würzige Schweinefleisch mit Kräutern, ein Gericht der Batak auf Sumatra, S. 488.

genauer kennenzulernen. Die **Sasak** auf Lombok, die **Sumbawanesen** und **Bimanesen** auf Sumbawa (alle moslemisch), die **Manggarai**, die **Ngada**, die **Sikka** oder **Lio** auf Flores (alle christlich-animistisch) weisen derart unterschiedliche, teils uralte Lebens- und Glaubensformen auf, dass Besuchern spätestens hier die Bedeutung des Begriffs Inselnation klar wird. Auch im Gebiet der **Toraja** (christlich-animistisch) auf Sulawesi kann man sich der Faszination einer einzigartigen, sehr fotogenen Kultur aussetzen. Die **Dayak** in Kalimantan sind ebenfalls größtenteils christlich-animistische Stämme, die teils weitab der großen Städte tief im Regenwald riesige Langhäuser bewohnen und noch schamanistische Zeremonien begehen. Abgesehen von den Naturschätzen, die in den Weiten Sumatras schlummern, sind Kunst und Kultur der traditionsreichen Völker der **Batak** (christlich) in Nord- und der matrilinear-sozialisierten **Minangkabau** in West-Sumatra (moslemisch) Sehenswürdigkeiten für sich, die allein einen Besuch der Inseln lohnen. Dem orthodoxen Islam der **Acehnesen** steht eine noch mystisch durchtränkte Version der Religion auf Java gegenüber. Die Anbetung von Meeresgöttinnen und Vulkanen durch den Sultan persönlich ist hier noch völlig normal, im fernen Aceh jedoch undenkbar.

Das Verblüffendste an Indonesien sind nicht die einzelnen Kulturen, sondern die Tatsache, dass dieser kulturelle Flickenteppich allen Konflikten zum Trotz vornehmlich durch einen harmonischen, von Toleranz geprägten und historisch gewachsenen Umgang der Gruppen untereinander zusammenhält.

Entspannt am Strand

Jede der großen Hauptinseln besitzt Strände oder kleine, vorgelagerte Inseln mit den Verlockungen eines postkartenreifen Urlaubsidylls. Oft kennen die Einheimischen noch menschenleere, abgelegene und saubere Strände, die vom Strom der ausländischen und einheimischen Touristen weitgehend unberührt geblieben sind. Doch auch in den Touristenzentren warten entspannte Stunden zwischen Wellenrauschen, Sand und Luftmatratze.

Wer gern feinen Sand zwischen den Zehen und ein kühles Getränk mit Schirmchen in der Hand spürt, kommt um **Bali** und **Lombok** nicht herum. Die langen Strände von **Kuta** (S. 276) bis **Seminyak** (S. 288), die Buchten an der Ostküste oder um die **Gili-Inseln** (S. 405) haben genau das und mehr zu bieten: romantische Sonnenuntergänge, klares Wasser, und vor allem auf Bali und den Gilis auch ein pulsierendes Nachtleben.

Java wird oft als eine hektische Insel beschrieben, der die Strände fehlen. Dabei bieten besonders Orte wie **Kepulauan Seribu** (S. 160) vor Jakarta, **Cimaja** (S. 173) und **Pangandaran**

(S.186) an der Südküste oder die weißen Strände von **Karimunjawa** (S. 242) vor der Nordküste die Möglichkeit, auch unter Palmen die Beine hochzulegen.

Vor der Westküste von **Flores** liegen kleine, idyllische Inselchen. Die Inseln **Kanawa** (S. 448) und **Seraya Kecil** (S. 448) bieten sogar Übernachtungsmöglichkeiten, die für Robinson-Crusoe-Feeling am Ende der Welt sorgen.

Wen das Wort „abgelegen" eher anzieht als abstößt, der findet auch in den hintersten Ecken Indonesiens weiße Sandstrände und blaues Wasser. So etwa an der Nordostküste von **Pulau Weh** (S. 511), an der Südwestküste von Aceh, in den Buchten von Lomboks Süden oder im Westen der Insel Sumbawa …

Auch auf Sulawesi sind Tropenparadiese mit Südsee-Feeling zu finden. Am besten erreichbar sind die kilometerlangen feinsandigen Strände von **Bira** (S. 574) in Süd-Sulawesi. Abenteuerlustige verschlägt es auf die **Togian-Inseln** (S. 594) oder an die noch unbekannten Strände, die die gesamte Inselküste charakterisieren.

Obwohl Kalimantan kaum für Strandurlaub bekannt ist, warten die paradiesischen Inseln **Derawan** (S. 559), **Maratua** (S. 559), **Nabucco** (S. 559) und **Sangalaki** (S. 559) vor der Küste von Ost-Kalimantan mit einer gehörigen Portion Robinson-Crusoe-Atmosphäre auf und sind bisher nur bei einheimischen Touristen und Tauchern bekannt.

Reiserouten

Indonesien für Einsteiger

■ 2 Wochen

Will man mehr als eine der Hauptinseln kennenlernen, sollte man mindestens zwei Wochen zur Verfügung haben. Die bewährteste Route führt von Jakarta über Zentral- nach Ost-Java und von dort nach Bali (oder andersrum) und empfiehlt sich für Reisende mit großem oder kleinem Geldbeutel gleichermaßen. Die klassischen indonesischen Sehenswürdigkeiten liegen an der Route.

Der Klassiker

Tag 1–2: Nach der Ankunft in **Jakarta** (S. 138) empfiehlt es sich, sich in der Altstadt Kota, im Themenpark Taman Mini Indonesia Indah und in den vielen Museen einen Überblick über die Geschichte und Vielfalt des Inselstaats zu verschaffen (S. 149). Möglich sind ein Tagesausflug in den Botanischen Garten von Bogor (S. 167), auf eine der Tausend Inseln vor der Küste (S. 160) oder zum Shoppen nach Bandung (S. 174).

Tag 3: Mit einem frühen Zug oder Bus geht es direkt nach **Yogyakarta** (S. 193), wo der Abend bei einem guten Essen und einer Aufführung des *Ramayana* in Taman Wisata aus- und die richtige Java-Stimmung anklingen kann.

Tag 4: Am Morgen kann ein Besuch des Sultanspalasts mit einer der Aufführungen von Gamelan-Musik, Tanz oder Schattentheater kombiniert werden (S. 204). Per Bus oder Becak lohnt am Nachmittag eine Fahrt in den Zoo Gembira Loka (S. 199) oder an den südlich gelegenen, oft menschenleeren Strand von **Parangtritis** (S. 217). Am Abend kann man zurück in Yogyakarta mit den Einheimischen an den Garküchen um den Alun Alun Lor schlemmen oder in den gehobenen Restaurants exzellente indonesische Küche genießen.

Tag 5: Frühaufsteher sitzen schon in aller Frühe im Minibus nach **Borobodur** (S. 213), um dort das einmalige Erlebnis eines Sonnenaufgangs über der weiten Ebene rund um das riesige Monument zu erleben. Im Licht der ersten Sonnenstrahlen kommen die Reliefs und Buddhastatuen besonders gut zur Geltung – und die großen Touristenbusse kommen erst am Vormittag. Anschließend geht es weiter nach **Prambanan** (S. 215). Hier haben Spätaufsteher den Vorteil, die großen Hindutempel noch kurz vor Sonnenuntergang zu erleben, ein nicht minder schöner Anblick. Anschließend kann im nahen Freilufttheater vor der Kulisse des Heiligtums das spektakuläre *Ramayana*-Ballett bestaunt werden, falls es dafür am Abend des 3. Tags nicht gereicht hat.

Tag 6: Im nur eine Stunde entfernten **Solo** (S. 218) lohnt am Vormittag der Besuch des Sultanspalastes (S. 218). Mittags kann man authentische javanische Küche genießen, um anschließend durch das Batikviertel oder über einen Markt zu

REISEZIELE UND ROUTEN

schlendern. Anschließend besteht die Möglichkeit, bei den allabendlichen Theateraufführungen im Taman Swedari mit zu lachen oder zu weinen.

Tag 7: Auch wer einen frühen Bus nimmt, wird erst gegen Abend am **Gunung Bromo** (S. 262) ankommen. Wer tags zuvor einen Nachtbus nach Probolinggo genommen hat, kann noch vor Sonnenuntergang in Cemoro Lawang sein und in Ruhe seine Tour zum Bromo planen.

Tag 8: Schon früh sollte man an einem der Aussichtspunkte sein, um das allmorgendliche Spektakel der aufgehenden Sonne über der Mondlandschaft des Bromo zu erleben. Anschließend geht es per Jeep in den Krater, um direkt in einen der Vulkankegel zu blicken, die sich aus dem Sandmeer erheben. Nach einer Stärkung und Ruhepause kann die Weiterfahrt nach **Bali** angetreten werden.

Tag 9: Nach der Ankunft auf der Insel der Götter geht es direkt weiter bis an die Strände von **Kuta** (S. 276), **Legian** (S. 285), **Seminyak** (S. 288) oder **Sanur** (S. 295), wo man bei gutem Essen und einem Cocktail zum Sonnenuntergang am Strand entspannen kann. Mutige stürzen sich anschließend in das feuchtfröhliche Nachtleben.

Tag 10: Nachdem man sich morgens um den Transport gekümmert hat (Mietwagen mit oder ohne Fahrer), erkundet man in einer Tagestour Richtung Süden die trockene **Bukit-Halbinsel** (S. 304) und besichtigt den eindrucksvollen Tempel **Pura Luhur Uluwatu** (S. 303) und den weiter im Nordwesten gelegenen **Pura Tanah Lot** (S. 332). Es lohnt sich, an einem der beiden Tempel der allabendlichen Aufführung des *Kecak*-Tanzes beizuwohnen. Auf dem Rückweg kann man ein Abendessen in **Jimbaran** (S. 301) in einem der Seafood-Restaurants am Sandstrand genießen.

Tag 11: Es geht in das kulturelle Herz der Insel, nach **Ubud** (S. 307). Nach dem Touristentrubel von Kuta erscheint der magische **Affenwald** (S. 310) wie eine andere Welt. Hinterher bietet sich ein Besuch in einem der weltberühmten **Spas** an. Abends kann einer der bezaubernden **Tanzaufführungen** beigewohnt werden.

Tag 12: Der Tag beginnt mit einer (geführten) **Wanderung durch die Reisfelder** rund um Ubud. Am frühen Nachmittag geht es Richtung Norden zum **Pura Gunung Kawi** (S. 327) und dem nahe gelegenen Quellheiligtum **Pura Tirta Empul** (S. 327). Auch ein Besuch in einem der zahlreichen Künstlerdörfer in der direkten Umgebung von Ubud bietet sich an.

Tag 13: Nach dem Frühstück geht es von Ubud aus in das Hochland bei Bedugul. Auf ein Picknick im wunderschön gestalteten **Botanischen Garten** (S. 352) folgt der Besuch des direkt am Bergsee gelegenen **Pura Ulun Danu Bratan**

Indonesien für Einsteiger: Der Klassiker

(S. 351). Am Nachmittag gelangt man über die landschaftlich wunderschöne Strecke vorbei an den Bergseen Danau Buyan und Danau Tamblingan ins beschauliche, auf einem Bergkamm gelegene **Munduk** (S. 353).

Tag 14: Auf der wenig befahrenen, aber landschaftlich reizvollen Straße ab Mayong Richtung Süden führt der Weg vorbei an Reisterrassen und Obstbäumen zurück in die fruchtbare Ebene von **Süd-Bali**. Vor dem Abflug vom internationalen Flughafen gilt es noch Souvenirs für die Daheimgebliebenen zu erstehen, am besten bei einem Besuch von Geneva Handicraft in Seminyak oder dem Matahari in Kuta.

Die Alternative: eine Woche Bali und ab nach Sulawesi

Tag 1: Nach der Ankunft auf der Insel der Götter geht es direkt weiter bis an die Strände von **Kuta** (S. 276), **Legian** (S. 285), **Seminyak** (S. 288) oder **Sanur** (S. 295), hier kann man sich bei einem guten Essen stärken und anschließend ins Nachtleben stürzen.

Tag 2: In einer Tagestour geht es Richtung Süden auf die trockene **Bukit-Halbinsel** (S. 304) zu den eindrucksvollen Tempeln **Pura Luhur Uluwatu** (S. 303) und dem weiter im Nordwesten gelegenen **Pura Tanah Lot** (S. 332). Ein lohnenswertes Erlebnis ist es, an einem der beiden Tempel der allabendlichen Aufführung des *Kecak*-Tanzes beizuwohnen. Auf dem Rückweg laden in **Jimbaran** (S. 301) Seafood-Restaurants direkt am Sandstrand zum Abendessen ein.

Tag 3: Auf in das kulturelle Herz der Insel: **Ubud** (S. 307). Ein Kontrastprogramm zum Touristentrubel von Kuta bietet der magische **Affenwald** (S. 310). Wer mag, kann anschließend eines der weltberühmten **Spas** besuchen. Abends laden bezaubernde **Tanzaufführungen** ein.

Tag 4: Der Tag beginnt mit einer (geführten) **Wanderung durch die Reisfelder** rund um Ubud. Am frühen Nachmittag geht es Richtung Norden zum **Pura Gunung Kawi** (S. 327) und dem nahe gelegenen Quellheiligtum **Pura Tirta Empul** (S. 327).

Tag 5: Nach dem Frühstück geht es von Ubud aus in das Hochland bei Bedugul. Nach einem Picknick im wunderschön gestalteten **Botanischen Garten** (S. 352) besucht man das direkt am Bergsee gelegene **Pura Ulun Danu Bratan** (S. 351). Am Nachmittag lockt die landschaftlich wunderschöne Strecke vorbei an den Bergseen Danau Buyan und Danau Tamblingan ins beschauliche, auf einem Bergkamm gelegene **Munduk** (S. 353).

Tag 6: Auf der wenig befahrenen, aber landschaftlich reizvollen Straße von Mayong aus Richtung Süden führt der Weg vorbei an Reis-

Indonesien für Einsteiger: Die Alternative

Auf Bali herrscht trotz Massentourismus vielerorts noch dörfliche Idylle.

terrassen und Obstbäumen zurück in die fruchtbare Ebene von **Süd-Bali** und zum Flughafen. Für unter 50 € nimmt man z. B. einen späten Lion-Air-Flug nach **Makassar** (Ujung Pandang).

Tag 7: Am Morgen streift man zunächst durch die schön restaurierten Kolonialbauten des **Fort Rotterdam**, bevor am **Paotere-Hafen** die beachtliche Anzahl von traditionellen Bugis-Schonern bewundert wird (S. 564). Historisch Interessierte machen einen Abstecher zum letzten Palast der Gowa-Könige in **Sungguminasa** (S. 572). Wer die Natur bevorzugt, unternimmt einen Ausflug in den Naturpark von **Bantimurung** mit schönen Wasserfällen und vielen Schmetterlingen (S. 572). Den Sonnenuntergang genießt man wieder in der Stadt nach einem Bummel über die **Jl. Somba Opu** am **Pantai Losari**.

Tag 8: Weiter geht es mit dem Bus in acht Stunden hoch in die Berge nach **Tana Toraja** (S.577), wo man schon beim Abendessen in **Rantepao** verschiedene Guides antrifft, die über anstehende Begräbniszeremonien informieren.

Tag 9: Um einen ersten Einblick in die Kultur der Toraja zu gewinnen, bricht man zunächst am Morgen zum Wochenmarkt **Pasar Bolu** auf, wo frischer Hochlandkaffee und teure Wasserbüffel die Besitzer wechseln. Am Nachmittag werden die traditionellen Dörfer **Marante** (S. 590), **Palawa** (S. 591) und das Weberdorf **Sa'dan** (S. 591) im Norden besucht.

Tag 10: An mindestens einem Tag sollte man sich einen Guide nehmen, um im Umland Rantepaos einer oder mehreren **Beerdigungen** beizuwohnen. Die Tour sollte so genutzt werden, um sich auf dem Weg in verschiedenen traditionellen Toraja-Dörfern die vielen kulturellen Eigenheiten des Volkes erklären zu lassen.

Tag 11–13: Endlich wird gewandert. Entweder man nimmt sich einen Guide und wagt sich an einen dreitägigen Trek mit Übernachtungen in den *Tongkonan*-Häusern der Toraja, bei Bedarf auch inkl. einer Wildwasserfahrt, heran, oder man macht drei Tagesausflüge, z. B. nach **Batutumonga** (S. 592) im Nordwesten, **Nanggala** (S. 590) im Osten und **Londa** sowie **Lemo** (S. 589) im Süden.

Tag 14: Mit einem frühen Bus geht es zurück in die Tiefebene bis nach Makassar, von wo die Heimreise über Denpasar oder Jakarta angetreten wird.

Auf den Geschmack gekommen

■ 4 Wochen

Einen wirklichen Einblick in den kulturellen und natürlichen Reichtum des riesigen Archipels erhält man erst auf einer längeren Reise, auf der sich, anders als auf der typischen Traveller-Route zwischen Jakarta und Bali, auch Dschungel- und Tauchdestinationen einflechten lassen.

Bali

Nach der Ankunft in Süd-Bali werden zunächst die Strandorte **Kuta** (S. 276), **Legian** (S. 285), **Seminyak** (S. 288) und **Sanur** (S. 295) erkundet. Die Strände eignen sich dank ihrer gut ausgebauten touristischen Infrastruktur hervorragend für eine Akklimatisierung. Ein Ausflug mit dem eigenen Transportmittel auf die ruhige **Bukit-Halbinsel** (S. 304) stellt einen Ausgleich zum Trubel in den Touristenzentren dar.

Nach einem Abstecher zum Hang des Berges **Gunung Batukaru** (S. 334) und zu den monumentalen Reisterrassen von **Jatiluwih** (S. 334) kann man den Sonnenuntergang am **Tanah Lot-Tempel** (S. 332) genießen und am östlich gelegenen **Pantai Canggu** (S. 294) übernachten. Nun geht es weiter ins kulturelle Zentrum der Insel, **Ubud** (S. 307), wo Besucher sich von der balinesischen Kunst und Kultur verzaubern lassen können. In der Umgebung von Ubud gibt es viel zu entdecken, deshalb sollte man hier mindestens zwei Tage verbringen. Besonders die Richtung Norden gelegenen Tempelanlagen **Pura Gunung Kawi** (S. 327) und **Pura Tirta Empul** (S. 327), eine abendliche **Tanzaufführung** (S. 308) und die vielen **Kunstmuseen** (S. 307) lohnen einen Besuch.

Von Ubud führt die Reise über **Semarapura** (**Klungkung**, S. 359), um den Taman Gili anzusehen, zur Fledermaushöhle **Goa Lawah** (S. 370) und dann weiter nach **Padang Bai** (S. 371). Von hier setzen die Fähren rund um die Uhr nach Lombok über.

Nusa Tenggara

Aktive und Feierlustige können auf den **Gili-Inseln** Trawangan, Air oder Meno (S. 405) zwei Tage mit Schnorcheln, Tauchen und Feiern verbringen, während **Kuta** auf **Lombok** mit weißen Sandstränden und guten Surfspots in einsamen Buchten lockt (S. 393). Am Nachmittag des neunten Tages kann die Fahrt weitergehen zum **Gunung Rinjani** (S. 418).

Eine Besteigung des höchsten Vulkans Indonesiens ist kein Sonntagsspaziergang, für viele, die es geschafft haben, jedoch ein unvergessliches Erlebnis. Übernachtet wird im Camp. Nach dem Abstieg empfiehlt sich noch ein Tag Entspannung, um die müden Glieder auf neue Abenteuer vorzubereiten. Ein Tag sollte zudem für den Transport von Lombok nach Flores eingeplant werden, per Bus durch Sumbawa sogar zwei Tage.

Von Labuan Bajo an der Westküste von **Flores** geht es per Boot auf die Inseln Komodo oder Rinca im **Komodo-Nationalpark** (S. 435). Nach einer Wanderung durch das Reich der riesigen Warane kann während der Rückfahrt ein Stopp zum Schnorcheln oder Tauchen eingelegt werden.

Wer davon nicht genug bekommt, sollte mit einem der örtlichen Tauchanbieter auf eine *Liveaboard*-Tour gehen und mit Übernachtung auf dem Boot auch die entfernteren Tauchspots des Nationalparks entdecken. Wasserscheue finden in der **Umgebung Labuan Bajos** an der Westküste Seen, Vulkane, Wasserfälle und traditionelle Dörfer, die sich für Tagesausflüge eignen (S. 447).

Java
Die Nordküste entlang …

Los geht es in **Surabaya**: Ein guter Start in den Tag ist der Spaziergang am großen Segelschiffhafen **Tanjung Perak** (S. 246). Nautisch geht es auch im musealisierten U-Boot **Kapal Selam** zu (S. 248). Im **House of Sampoerna** eröffnet sich auch Nichtrauchern ein Blick hinter die Kulissen der großen Zigarettenproduzenten (S. 246).

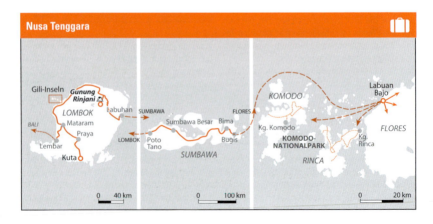

Nach einem Besuch auf dem **Basar des Araberviertels** (S. 246) können auf dem Nachtmarkt in der **Chinatown** allerlei Köstlichkeiten probiert werden.

Tagesausflüge in die Umgebung können zum **Mangrovenpark** an der Mündung des Kali Londo (S. 255) und anschließend zum **Schlammvulkan** in Sidoarjo (S. 255) führen oder aber tagesfüllend mit einer Tour durch den **Taman Safari** (S. 171) gestaltet werden.

Nach der langen Fahrt von Surabaya nach Semarang kann man sich bei einem Spaziergang durch das Zentrum zum **Simpang Lima** (S. 231) die Beine vertreten und an einer der Garküchen die verschiedenen Variationen der ortstypischen Teigröllchen probieren (S. 234). Die **Mesjid Agung** (S. 163) ist die größte Moschee Zentral-Javas. Nachdem man sich einen Eindruck von modernen Großmoscheen verschafft und den Ausblick über die Küstenebene vom großen Minarett genossen hat, geht es per Ojek oder Taxi zum Tempel **Klenteng Sampo Kong** (S. 232), der sowohl buddhistisches als auch muslimisches Erbe vereint. Weiterreise nach Süden oder Westen.

... oder gleich nach Yogyakarta

Via Bali gelangt man aus Nusa Tenggara nach **Yogyakarta** (S. 193), wo der Abend bei einem guten Essen und einer Aufführung des *Ramayana* im Taman Wisata aus- und die richtige Java-Stimmung anklingen kann. Den Sonnenuntergang kann man von den Ruinen des **Wasserpalasts** bestaunen (S. 196). Ein Besuch im **Sultanspalast** ist touristisches Muss und lässt sich bestens mit einer der Aufführungen von Gamelan-Musik, Tanz oder Schattentheater verbinden (S. 204). Lohnend ist die Fahrt in den Zoo **Gembira Loka** (S. 199) oder an den südlich gelegenen, oft menschenleeren Strand von **Parangtritis** (S. 217). Zurück in Yogyakarta, kann man abends mit den Einheimischen an den Garküchen um den Alun Alun Lor schlemmen oder in den gehobenen Restaurants die hervorragende indonesische Küche genießen. Frühaufsteher sollten in aller Frühe den Minibus nach **Borobudur** (S. 213) nehmen, um dort das einmalige Erlebnis eines Sonnenaufgangs über der weiten Ebene rund um das riesige Monument zu erleben. Anschließend geht es weiter nach **Prambanan** (S. 215). Hier haben Spätaufsteher den Vorteil, die großen Hindutempel kurz vor Sonnenuntergang zu erleben, ein nicht weniger schöner Anblick. Anschließend kann man im nicht weit entfernten **Freilufttheater** (S. 205) vor der Kulisse des Heiligtums das spektakuläre *Ramayana*-Ballett erleben.

Das **Dieng-Plateau** (S. 228) lässt sich in einem Tagesausflug von Wonosobo (S. 226) aus erkunden, wofür man nach einem Tag Transport aus Yogyakarta am besten sehr früh aufbricht. Anschließend kann es nach Cilacap und weiter nach Pangandaran gehen.

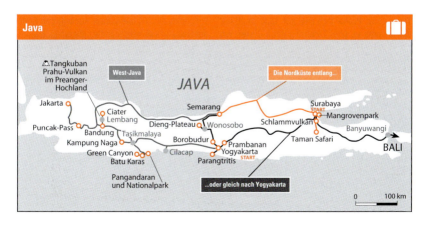

West-Java

In **Pangandaran** (S. 186) angekommen, springt man am besten noch vor Sonnenuntergang in die Fluten und genießt zum Abendessen den frischen Fisch auf dem **Fischmarkt**. Nun bricht man mit einem Guide oder auf eigene Faust mit dem Motorrad auf, um das 30 km entfernte Naturbassin **Green Canyon** (S. 187) zu erkunden. Anschließend sollte man am nahe gelegenen Strand von **Batu Karas** relaxen, wo alle Arten von Wassersportmöglichkeiten angeboten werden, oder man wandert durch den dichten Dschungel des **Pangandaran-Nationalparks**, wo man Affen, Rehe und Hirsche antrifft (S. 186).

Über das traditionelle sundanesische Dorf **Kampung Naga** (S. 185) geht es weiter in Richtung **Bandung** (S. 174), wo die Flaniermeile **Jl. Braga** zum Tagesausklang lockt. Das **Museum Konferensi Asia Afrika** (S. 174) und die große Moschee **Mesjid Raya** sollte man auf jeden Fall besuchen, bevor man sich in die verrückten Jeansläden auf der **Jl. Cihampelas** oder die Fabrik-Outlets in **Dago** stürzt. Auch eignet sich ein Besuch von **Saung Angklung Udjo** (S. 180), wo täglich mitreißende sundanesische Tänze und traditionelle Angklung-Musik aufgeführt werden. Ein Abend in einem exklusiven Restaurant auf dem **Bukit Dago** belohnt mit herrlicher Aussicht über die Stadt.

Ein Tagesausflug führt von Bandung in den Norden in das **Preanger-Hochland** (S. 182). Ein erster Zwischenstopp lohnt am Kraterrand des **Tangkuban Prahu-Vulkans** auf 1830 m Höhe. Weiter geht es über Lembang nach **Ciater**, wo ein ausgedehnter Spaziergang durch die weiten **Teeplantagen** führt. Die Muskeln entspannt man danach in den heißen **Thermalbädern** vom Sari Ater Hot Spring Resort.

Nun ab nach Jakarta! Wer erst abends oder am Folgetag fliegt, kann zunächst über den **Puncak-Pass** nach Bogor fahren, um dort den **Botanischen Garten** (S. 167) zu besuchen. Alternativ lässt man im **Nationalmuseum** oder im **Taman Mini Indonesia Indah** in Jakarta (S. 149) die vielfältigen Eindrücke der Reise Revue passieren oder kehrt in der **Altstadt Jakartas** an die kolonialen Wurzeln des Landes zurück.

Indonesien intensiv

■ 6 Wochen

Für einen Aufenthalt von mehr als 30 Tagen empfiehlt sich ein vorab zu beantragendes 60-Tage-Visum, um nicht unnötig Zeit und Geld bei der Verlängerung des Visums bzw. bei Aus- und Wiedereinreise zu verlieren. Wer einer stringenten Route folgen möchte, kann in Sumatra einreisen und ostwärts weiterziehen.

Sumatra

Wer aus Malaysia oder Singapur in **Medan** (S. 469) ankommt, braucht weniger Akklimatisierungszeit und kann am ersten Tag die Mesjid Raya und die Chinatown besuchen. Der Spaziergang über den farbenfrohen Textilmarkt – gefolgt von einer kurzen Fahrt zum Sri-Mariamman-Tempel – kann in der Glitzerwelt des Sun Plaza sein gläsernes, modernes Gegenbild finden. Hier kann man sich vor der Weiterreise noch mit reisenotwendigen oder auch mit sonst schwer erhältlichen Luxusartikeln versorgen.

Im nahen **Bukit Lawang** (S. 479) am **Gunung Leuser-Nationalpark** (S. 483) besteht die Möglichkeit, eine Fütterung der Orang-Utans im Rehabilitation Center miterleben oder sich beim Tubing auf Gummireifen den Bohorok hinunter bis ins nächste Dorf treiben zu lassen. Eine Trekkingtour in den Dschungel kann am nächsten Tag mit einer oder mehr Übernachtungen im Dschungelcamp kombiniert werden. Alternativ lässt sich die Dschungeltour auch gegen Ende der Reise in Kalimantan unternehmen (s. u.).

Kulturinteressierte sollten nach **West-Sumatra** reisen. Im Herzen des Minangkabau-Volkes, in **Bukittinggi** und Umgebung (S. 525), finden sich spannende Touren durch traditionelle Dörfer, auf Vulkane oder in den Dschungel zur Rafflesia-Blüte (S. 527). Besonders das malerische Harau Valley (S. 531) lohnt einen Ausflug. Wer eine Pause braucht, kann am ruhigen **Maninjau-See** (S. 533) die Beine hochlegen. Von **Padang** (S. 516) aus ist die Weiterreise zum Surferparadies der **Mentawai-Inseln** (S. 516) möglich, deren Bewohner sich noch eine gänzlich eigene, teils archaische Kultur bewahrt haben.

34 REISEROUTEN | Auf den Geschmack gekommen

Indonesien Intensiv

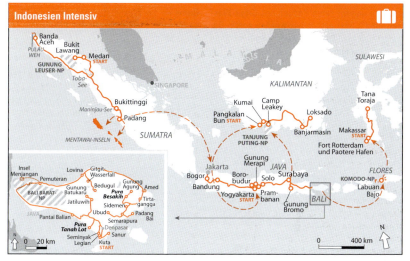

Alternativ geht es vom Toba-See per Bus (oder per Flugzeug ab Medan) nach **Banda Aceh** (S. 503) und weiter nach **Pulau Weh** (S. 511), wo Taucher und Schnorchler ein Unterwasserparadies erwartet.

Java

Wie man sich auch entscheidet, alle Wege führen nach Java. Nach einem Flug via Jakarta nach **Yogyakarta** (S. 193) sollten der Sultanspalast und die Weltkulturerbestätten **Borobudur** (S. 213) und **Prambanan** (S. 215) auf dem Programm stehen. Am dritten Tag können sportliche Traveller den **Merapi** (S. 216) erklimmen, Kulturinteressierte dürften hingegen in **Solo** (S. 218) genügend Sehenswürdigkeiten finden.

Nun bieten sich zwei Alternativen: Shoppingbegeisterte fahren mit dem Zug nach **Bandung** (S. 174) und „arbeiten" sich durch die zahlreichen Factory Outlets. Die Neueinkäufe lassen sich bei einem Besuch des Botanischen Gartens in **Bogor** (S. 167) vor schöner Kulisse vorführen, bevor es ab Jakarta per Flugzeug nach Bali geht.

Alternative zwei: Wem der Merapi zu feurig, die Lust auf Vulkane jedoch längst nicht vergangen ist, der sollte besser von Yogyakarta gen Osten fahren und nach einer Tour durch die unwirkliche Kraterlandschaft des **Bromo** (S. 262) die „Insel der Götter" per Bus und Schiff ansteuern.

Bali

Nach der Ankunft in Bali bietet sich eine erste Übernachtung in den Strandorten **Kuta** (S. 276), **Legian** (S. 285), **Seminyak** (S. 288) oder **Sanur** (S. 295) an. Nach einem zweistündigen **Surfkurs** (S. 277) am Strand von Kuta oder einem Ausflug zum meerumtosten Tempel **Tanah Lot** (S. 332) kann das **Nachtleben** erforscht werden. Nach zwei Tagen steht der Aufbruch nach West-Bali an. Nach einem Abstecher zum Hang des Berges **Gunung Batukaru** (S. 334) und den Reisterrassen von **Jatiluwih** (S. 334) kann man am weiter westlich gelegenen Strand **Pantai Balian** (S. 336) übernachten. Am nächsten Tag geht es bis nach **Pemuteran** (S. 340) quer durch den **Bali Barat-Nationalpark** (S. 339). In der westlichsten Ecke angekommen, bleibt ein voller Tag, um die Natur des Nationalparks zu erkunden und vor der **Insel Menjangan** (S. 339) in die bunte Unterwasserwelt einzutauchen.

Von West-Bali aus geht es weiter Richtung **Lovina** (S. 345), wo ein Tag für die Delphinbeobachtung und für einen Besuch des **Gitgit-Wasserfalls** (S. 351) eingeplant werden sollte. Danach führt der Weg entweder ins Hochland rund um **Bedugul** (S. 352, s. „Der Klassiker", Tag 13) oder entlang der Küste nach **Amed** (S. 382) und von dort aus weiter nach **Tirtagangga** (S. 381) zum Wassertempel. Zudem bietet sich eine Übernachtung im landschaftlich reizvollen **Sidemen** (S. 363) an. Von hier aus ist die **Besteigung des Gunung Agung** (S. 363) möglich, und der Tempel **Pura Besakih** (S. 362) am Südhang des Berges ist leicht zu erreichen. Anschließend kann in **Semarapura** (**Klungkung**, S. 359) die Parkanlage Taman Gili bewundert werden, bevor sich Besucher in **Ubud** (S. 307) von der balinesischen Kunst und Kultur verzaubern lassen können. Die Route endet in **Padang Bai** (S. 371), dem Fährhafen nach Lombok.

Flores

Nach einem Reisetag, bei dem man von Bali nach Labuan Bajo an der Westküste von Flores fliegt, geht es per Boot auf die Inseln Komodo oder Rinca im **Komodo-Nationalpark** (S. 435). Nach einer Wanderung durch das Reich der riesigen **Warane** (S. 439) kann während der Rückfahrt ein Stopp zum Schnorcheln oder Tauchen eingelegt werden. Wer davon nicht genug bekommt, sollte mit einem der örtlichen Tauchanbieter auf eine *Liveaboard*-Tour gehen, bei der man auf dem Boot übernachten und so auch die entfernteren **Tauchspots des Nationalparks** entdecken kann (S. 436). Wasserscheue finden in der **Umgebung Labuan**

Checkliste für Allround-Traveller

- [ ] einen Vulkan besteigen
- [ ] eine *Wayang*-Aufführung besuchen
- [ ] einen der uralten Tempel besichtigen
- [ ] Nasi Goreng zum Frühstück
- [ ] mit dem Ojek von A nach B
- [ ] zu Wracks und Korallen tauchen
- [ ] auf dem Nachtmarkt Spezialitäten kosten
- [ ] durch Dschungel zu den Orang Utans wandern
- [ ] unter einem Wasserfall baden
- [ ] in Jakarta die Nacht zum Tag machen

Bajos an der Westküste Seen, Vulkane, Wasserfälle und traditionelle Dörfer, die sich für Tagesausflüge eignen (S. 447).

Sulawesi

Via Denpasar auf Bali oder ab Ende auf Flores geht es mit dem Flugzeug nach **Makassar** (S. 563), wo das **Fort Rotterdam** besucht wird und man abends entlang dem **Pantai Losari** flaniert und frischen Fisch diniert (S. 568). Am nächsten Morgen bricht man mit einem Bus nach **Tana Toraja** (S. 577) auf. Dort angekommen stehen **Wanderungen durch das Hochland** mit schönen Ausblicken auf Reisterrassen und Kaffeeplantagen auf dem Programm. Sie führen zu verschiedenen beeindruckenden Höhlen- und Felsengräbern und zu jahrhundertealten Toraja-Dörfern. Mindestens einmal sollte man auch an einer **traditionellen Begräbniszeremonie** teilnehmen, für die die Region so bekannt ist (S. 583).

Kalimantan

Auf nach Kalimantan: Man fliegt via Surabaya oder Jakarta nach **Pangkalan Bun** und chartert vom Hafen von Kumai ein Hausboot (möglichst zu viert oder sechst). Die entspannte Dreitagestour über die ruhigen Flüsse führt tief in den **Tanjung Puting-Nationalpark** (S. 547), wo man bei kurzen Wanderungen in den Dschungel der Fütterung von **Orang Utans** zuschaut, im **Camp Leakey** den rehabilitierten Menschenaffen noch näher kommt oder traditionelle Dayak-Langhäuser besucht. Von Pangkalan Bun geht es entweder wieder zurück nach Jakarta oder nach Surabaya.

Alternativ fährt man stattdessen nach **Banjarmasin** (S. 539), wo man schon am Nachmittag mit dem Boot durch das komplexe Flussnetz schippern kann. Noch vor Sonnenaufgang geht es am nächsten Tag mit dem Boot zu einem der **Schwimmenden Märkte**, bevor man zu einem mehrtägigen Ausflug (mit oder ohne Guide) nach **Loksado** (S. 545) aufbricht. Von dort führen verschiedene Trekkingtouren durch Sekundär- und Primärwälder zu den Langhäusern verschiedener Dayak-Siedlungen. Den Rückweg gen Banjarmasin tritt man zunächst mit einem Bambusfloß an, den ein geübter Guide geschickt durch die Stromschnellen lenkt. Rückflug bzw. Weiterreise ab Bali, Jakarta oder Surabaya.

36   REISEROUTEN | Indonesien intensiv   www.stefan-loose.de/indonesien

Klima und Reisezeit

Klimatische Verhältnisse

Aufgrund der geografischen Lage beiderseits des Äquators ist Indonesien auch unter klimatischen Aspekten keine einheitliche Region. Vorherrschend ist ein tropisches Klima mit hohen Niederschlägen, das sich grob vereinfacht in zwei Jahreszeiten einteilen lässt: Die Monsunwinde bringen beinahe in allen Landesteilen von April/Mai bis Oktober vorwiegend trockene und von November bis März feuchte Luftmassen in dieses Gebiet. Zugleich existieren komplexe mikroklimatische Verhältnisse, die von Insel zu Insel bzw. Region zu Region unterschiedlich sind.

Der Monsun

Dort, wo die Einstrahlung der Sonne am intensivsten ist, wird die Luft am stärksten erhitzt und steigt auf. Die aufsteigende Luft schafft einen Sog, mit dem von Norden und Süden neue Luftmassen herangeführt werden, die sich als Winde bemerkbar machen. Allerdings werden diese Nord- und Südwinde durch die Erdrotation auf der Nordhalbkugel zu Nordost- bzw. Südwestwinden und auf der Südhalbkugel zu Nordwest- bzw. Südostwinden umgelenkt. So ergeben sich auf den beiderseits des Äquators liegenden indonesischen Inseln komplizierte Windverhältnisse. Während der Wintermonsun reichlich Regen bringt, sorgt der Sommermonsun für anhaltende Trockenperioden.

Niederschläge

Land-, See-, Berg- und Talwinde, die innerhalb von kleinen Räumen das Windgeschehen mitprägen, führen zu komplizierten Verhältnissen, die exakte Aussagen über Regen- und Trockenzeiten unmöglich machen. So fällt in Bogor mehr als doppelt so viel Niederschlag wie in Jakarta, obwohl beide Orte kaum 60 km voneinander entfernt liegen.

Im Zuge des weltweiten **Klimawandels** kann es auch vorkommen, dass der Monsun an einigen Orten ausbleibt, unerklärliche Winde auftreten oder es plötzlich deutlich wärmer oder kühler wird als für die Region und Jahreszeit üblich. Es kann durchaus sein, dass es an der Nordküste einer Insel in Strömen gießt, während an der Südküste die Sonne scheint.

Wer in die tropische **Regenzeit** kommt, kann wahre Fluten erleben: Innerhalb eines Tages fällt manchmal mehr Regen als in mehreren trüben europäischen Monaten zusammen – 600 mm Niederschlag an einem Tag sind keine Sensation! Doch selbst während der Regenzeit gibt es schöne Tage, an denen es nicht regnet (die Chancen stehen etwa 2:1).

Die **Luftfeuchtigkeit** liegt im Tiefland morgens fast immer um 90 % und geht nachmittags auf etwa 70 % zurück. Nur auf den Inseln mit einer ausgeprägten Trockenzeit sinkt die Luftfeuchtigkeit nachmittags unter 50 %. Es fallen pro Jahr durchschnittlich 2000–4000 mm Regen (Deutschland 700 mm).

Temperaturen

Frühling, Sommer, Herbst und Winter sind in Indonesien unbekannt. An jedem Tag des Jahres steht die Sonne etwa zwölf Stunden lang am Himmel. Der Übergang vom Tag zur Nacht vollzieht sich so rasch, dass die Zeit der Dämmerung nur sehr kurz ist. Sonnenaufgänge und -untergänge verlieren häufig durch starke Dunst- oder Nebelschleier ihren Reiz. Im Flachland liegen die Temperaturen während des ganzen Jahres zwischen 22 °C und 34 °C, vielfach wird es aber in den frühen Nachmittagsstunden noch heißer.

Nach Sonnenuntergang kühlt es sich, besonders im Landesinneren, merklich ab. Angenehm ist der Aufenthalt im Hochland, wo in 1000 m Höhe (2000 m) die Durchschnittstemperaturen bereits 6 °C (12 °C) niedriger sind als im Flachland. Selbst mittags betragen die Temperaturen kaum mehr als 30°C. Nachts kann es zu starken Abkühlungen kommen, Temperaturstürze unter 5 °C sind auf dem Bromo und dem Dieng-Plateau keine Seltenheit. Auf über 2000 m hohen Vulkanen kann es während der Nacht zu Strahlungsfrösten kommen.

Regionalklima

Bali
Bali ist das ganze Jahr über gut zu bereisen. Die Trockenzeit dauert von April bis Oktober. Dezember und Januar sind die Monate mit den höchsten Niederschlägen, doch die Sonne lässt sich trotzdem häufig blicken – also kein englisches Wetter!

Java
Von Oktober/November bis März/April bringt nordwestlicher und westlicher Wind der gesamten Insel hohe Niederschläge. In den europäischen Sommermonaten fallen, mit Ausnahme des Südwestens, kaum Niederschläge, nach Osten hin ist sogar eine ausgesprochene Trockenzeit zu erwarten. Die Temperatur verändert sich während des ganzen Jahres kaum – in Jakarta schwankt sie zwischen 24 °C in den frühen Morgenstunden und 30 °C gegen 13 Uhr. Beste Reisezeit sind die Monate von Mai bis Oktober.

Kalimantan
Während der nördliche Teil der Insel von den Winden der Nordhalbkugel beeinflusst wird, liegen die Gebiete südlich des Äquators im Bereich der sommerlichen Südost- und winterlichen Nordwest-Winde. Entsprechend gibt es keine ausgeprägten Regenzeiten. Das ganze Jahr über ist es heiß und feucht mit viel Regen.

Nusa Tenggara
Die Trockenzeit von Juni bis Oktober/November ist auf diesen Inseln wesentlich stärker ausgeprägt als im restlichen Indonesien. Besonders am Ende der Trockenzeit ist es entsprechend heiß. Beste Reisezeit ist daher von Juni bis September.

Sulawesi
Wegen seiner ungewöhnlichen Form und der äquatorialen Lage wird Sulawesi von verschiedensten Windströmungen beeinflusst. Entsprechend ändert sich die Regenzeit je nach Küstenlage, der vorherrschenden Windrichtung und schützenden Gebirgszügen. Im Norden und Süden fallen die meisten Niederschläge im europäischen Winter. Das zentrale Gebiet hat zum Teil mehrere Regenzeiten im Jahr. Das Gebiet der Toraja zählt zu den regenreichsten des Landes, allerdings sind Dauerregen eher selten.

Sumatra
Bestimmend ist der Südwest-Monsun, der vor allem der Südwestküste und den anschließenden Gebirgsketten viel Regen bringt. Je weiter man nach Norden kommt, umso früher setzt die Regenzeit ein (Palembang 315 mm im Dezember, Padang 518 mm im November, Medan 300 mm im Oktober). Beste Reisezeit sind die Monate von Mai bis September.

Reisezeit

Es ist ratsam, die Reiseroute mit den Regenzeiten abzustimmen. Zwar erscheint auch während der Trockenzeit der Tropenhimmel nicht immer in strahlendem Blau, aber Überflutungen und Dauerregen sind während dieser Zeit unwahrscheinlich. Allerdings können sich die Regenzeiten um bis zu einen Monat verschieben. Daher sind Angaben zur idealen Reisezeit schwierig und Informationen zum Klima nur als ein grober Anhaltspunkt zu verstehen. Wer ganz sichergehen will, beginnt einen Badeurlaub oder eine Dschungeltour einen Monat nach dem Ende der Regenzeit.

Unabhängig vom Klima gibt es eine touristische **Hochsaison** von Juli bis September so-

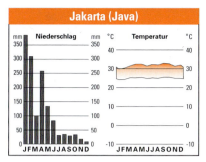
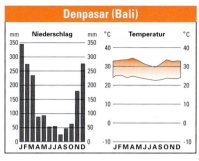
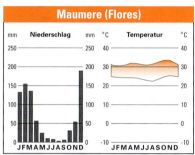
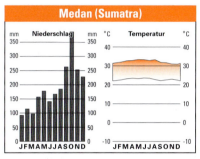
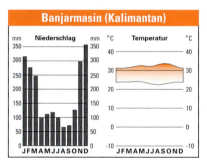
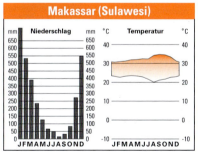

wie im Dezember und Januar und in der Woche nach Ende des moslemischen Fastenmonats Ramadan (S. 126). In den übrigen Monaten herrscht Nebensaison. Die Urlaubszentren sind während dieser Ferientage häufig überlaufen, dann ist kein Zimmer mehr zu vernünftigen Preisen zu bekommen, Busse und Züge sind ausgebucht. Generell ungeeignet sind Sonn- und Feiertage für längere Bus- und Bahnfahrten, denn an manchen Wochenenden scheint das ganze Land auf den Beinen zu sein.

Während des **Ramadan** sind in den überwiegend moslemischen Gebieten tagsüber die meisten Restaurants geschlossen. Der Ramadan ist auch sonst eine Zeit verminderter Aktivität, das gesamte Leben scheint träge dahinzufließen. Kein Hinderungsgrund für eine Reise, aber durchaus etwas unangenehm. Da zu dieser Zeit die Kapazitäten im Transportwesen komplett ausgelastet sind und die Preise drastisch steigen, ist von Reisen um diese Zeit abzuraten. Mehr zum Ramadan und Terminen auf S. 56.

Reisekosten

Tagesbudget

Wie viel Geld man pro Tag ausgibt, hängt von der Art des Reisens und der Saison ab. Wer allgemein viel Wert auf einen hohen Standard legt, kann besonders in den Touristenzentren viel Geld ausgeben. Doch auch wer mit eingeschränkten finanziellen Mitteln haushalten muss, findet fast überall preisgünstige Alternativen. Für Budget-Reisende, die sich mit einfachen Unterkünften, öffentlichen Transportmitteln und Essen von Straßenständen (Warung) zufriedengeben, ist in der Nebensaison mit Ausgaben unter 15 € pro Tag zu rechnen. Wer sich ein Hotel mit Pool, Warmwasser und Klimaanlage (AC) leistet, die Insel mit Leihwagen und Guide erkunden möchte, gerne auch mal Taxi fährt und kulinarisch mehr als nur Nasi Goreng erwartet, kommt in der Nebensaison mit 30–70 €, in der Hauptsaison 40–90 € am Tag aus. Touristen, die einen luxuriösen Lebensstil bevorzugen, können in den gehobenen Hotels von Bali und Java auch leicht über 200 € pro Tag allein für das Zimmer ausgeben. Die Obergrenzen sind vor allem bei den Hotels offen. Bei größeren Beträgen werden auch gerne Dollarnoten oder Kreditkarten angenommen. In der Hauptsaison steigen die Preise für Unterkunft und Essen je nach Region um 20, 50 oder sogar 100 %.

Was kostet wie viel?	
1,5 l Trinkwasser	3500–7000 Rp (0,30–0,60 €)
0,3 l Softdrink	3000–10 000 Rp (0,25–0,85 €)
Großes Bier	19 000–30 000 Rp (1,60–2,50 €)
Frühstück	10 000–30 000 Rp (0,85–2,50 €)
Nasi Goreng	ab 6000 Rp (0,50 €)
westliche Speisen	ab 20 000 Rp (1,70 €)
Kaffee	2000–10 000 Rp (0,17–0,85 €)
Hotelzimmer	
Budget	bis 250 000 Rp (21 €)
Mittelklasse	bis 850 000 Rp (72 €)
Luxus	ab 850 000 Rp
Verkehr	
1 l Benzin	4500–6000 Rp (0,38–0,50 €)
Taxifahrt (3 km)	12 000 Rp (1 €)
Busfahrt	10 000–20 000 Rp pro Std. (0,85–1,70 €)
Mietwagen	
ohne Fahrer	zwischen 100 000 Rp und 400 000 Rp pro Tag (8,50–34 €)
mit Fahrer	ab 350 000 pro Tag (30 €)

Eintrittspreise und Guides

Die meisten Sehenswürdigkeiten verlangen Eintritt. Bei Hauptattraktionen zwischen 10 000 Rp (an kleinen Tempeln) und 140 000 Rp (etwa am Borobudur).

Museen und Galerien verlangen je nach Größe und Ausstattung zwischen 2000 Rp (viele der kleineren Museen in Jakarta und in den Provinzhauptstädten) und 50 000 Rp (z. B. in großen Privatgalerien).

Naturschauspiele und -sehenswürdigkeiten wie z. B. Wasserfälle sind oft mit Eintritt auf das sie umgebende Gelände verbunden, der 5000–

10 000 Rp beträgt. Der Eintritt zu Nationalparks liegt pro Person und Tag zwischen 20 000 und 50 000 Rp.

Besucht man **traditionelle Dörfer** oder **kunsthandwerkliche Kooperativen**, so wird für Fotos und eine eventuelle Führung durch die Anlagen eine Spende erwartet, für die 10 000–30 000 Rp angemessen sind.

Bei vielen, sogar den meisten hinduistischen und buddhistischen **Tempeln** sowie **Moscheen** wird jedoch überhaupt kein Eintritt erhoben, auf Bali fordern allerdings immer mehr Dorfgemeinschaften eine Gebühr von 2000–15 000 Rp für einen Besuch im Tempel.

Hinzu kommt häufig eine **Parkgebühr**, die unabhängig von der Parkdauer 1000–5000 Rp beträgt. Bei fast allen Tempeln auf Bali sowie in einigen Moscheen und Dörfern ist das Tragen eines Sarongs (auf Bali auch eines Tempelschals) Pflicht, wofür gelegentlich eine Leihgebühr von höchstens 10 000 Rp eingefordert wird. Falls zusätzlich noch für die Instandhaltung der Anlage eine Spende erwartet wird, sind 10 000 Rp angemessen.

Offizielle, englisch- oder mehrsprachige **Führer** sind an den touristischen Hauptattraktionen für feste Beträge zwischen 30 000 und 75 000 Rp zu haben. Sie begleiten die Reisegruppe in der Regel ohne Hast und geben nützliche Informationen zu den Sehenswürdigkeiten. Soll die Führung halb- oder ganztägig sein, sind Preise zwischen 200 000 und 350 000 Rp üblich.

Es kann durchaus vorkommen, dass nette Einheimische, manchmal auch Kinder, Touristen bei ihren Besichtigungen begleiten und Interessantes erzählen oder versteckte Wege aufzeigen. Am Ende erwarten sie eine Entlohnung, für die 10 000–20 000 Rp angebracht sind.

Bei einer Trekkingtour müssen mindestens 250 000 Rp für einen Guide einkalkuliert werden, mitunter auch noch einmal so viel für die Träger. Die Preise beziehen sich jedoch immer auf eine Gruppe von max. 4–5 Leuten und gelten nicht pro Person.

Übernachtung und Essen

Wer preiswert reisen will, kann auf Java und Bali mit Mindestkosten von 70 000–250 000 Rp für die Übernachtung (Doppelzimmer) rechnen. Die billigsten Unterkünfte sind oft nur spartanisch ein-

Hochpreisiges Souvenir: Ein Diamant wird auf dem Markt von Martapura geschätzt.

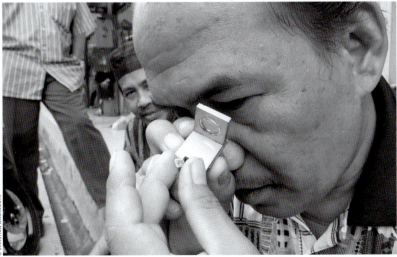

Preiserhöhungen wahrscheinlich

Aufgrund geplanter Gesetzänderungen, die zu starken Einschnitten bei den staatlichen Benzinsubventionen führen würden, besteht die Möglichkeit, dass Transport und besonders in entfernteren Regionen und auf kleineren Inseln auch Lebensmittel im Laufe des Jahres 2012 deutlich teurer werden.

gerichtet und ohne eigenes Badezimmer. Ein einfaches Frühstück, das häufig aus Nasi Goreng oder Toast, Marmelade und Tee oder Kaffee besteht, ist meist inklusive. Ein Mittelklassehotel kostet je nach Ausstattung 250 000–850 000 Rp pro Zimmer. Luxusresorts und Villen bieten häufig neben einem großen Pool für alle Gäste einen privaten Pool mit Garten.

Bei den Hotelbeschreibungen in diesem Buch sind stets sogenannte Walk-in-Preise für die Nebensaison angegeben. Darunter sind Tagespreise zu verstehen, die vor allem bei den höheren Preiskategorien weit unter den offiziellen Preisen liegen. Häufig gibt es bei längeren Aufenthalten einen deutlichen Preisnachlass. Es lohnt sich immer, nach Rabatten zu fragen oder nach Angeboten im Internet zu suchen.

Transport

Für den Nahverkehr stehen **Minibusse** und **Taxis** zur Verfügung. Eine Minibusfahrt kostet im Stadtverkehr oft nur 2000–3000 Rp, bei längeren Strecken selten über 20 000 Rp. In ländlichen Gebieten tauchen die Busse jedoch nur sehr unregelmäßig, vor allem vormittags auf. Bei einer Taxifahrt von 3 km sollte mit rund 12 000 Rp gerechnet werden.

Für längere Strecken und den Transport zwischen Touristenorten bieten verschiedene Unternehmen ihre Dienste zu vernünftigen Preisen an. Die Preise belaufen sich je nach Transportmittel, Distanz und Zielort auf 25 000–450 000 Rp.

Für einen **Mietwagen** sollte mit mindestens 100 000 Rp pro Tag gerechnet werden, inkl. Versicherung (allerdings ohne Haftpflicht!). Wer sich der hektischen und riskanten Verkehrssituation

des Landes nicht selbst stellen möchte, kann einen Fahrer inkl. Auto in Anspruch nehmen. Hierfür sind Kosten in Höhe von mind. 350 000 Rp pro Tag zu veranschlagen. Bei weiteren Strecken werden es schnell 500 000–800 000 Rp.

Die **Flugpreise** sind in den vergangenen Jahren durch mehr Konkurrenz auf dem Markt und bessere Verbindungen gesunken. So kostete ein Flug Jakarta – Makassar 1985 noch 116 000 Rp, 2003 bereits 1 085 000 Rp, 2012 aber schon wieder ab 672 000 Rp. Generell sind die häufig geflogenen Strecken durch gute Auslastung recht günstig, während Flüge in die wenig besuchten Randregionen unverhältnismäßig teuer sein können. So kostet etwa ein Flug von Medan nach Nias fast so viel wie ein Flug von Medan nach Bandung oder Jakarta.

Rabatte

Ein internationaler Studentenausweis ist bis auf wenige Museen und Hauptattraktionen so gut wie nutzlos. Rabatte sind allein durch Verhandlungsgeschick erhältlich und nicht durch den Status als Student oder Rentner.

Bei Reisen mit Kindern ist es in vielen Hotels möglich, ein Zusatzbett für zumeist unter 10 € zu bekommen. In Verkehrsmitteln muss man für Kinder nur dann zahlen, wenn sie einen eigenen Sitzplatz in Anspruch nehmen.

Trinkgeld

Generell wird keins erwartet, jedoch sind Indonesier einem Trinkgeld gegenüber nicht abgeneigt. Dieses ist jedoch nur bei sehr gutem Service oder Sonderleistungen angebracht. In gehobenen Restaurants ist eine Service Charge bereits in der Rechnung enthalten, ansonsten empfiehlt sich ein Aufrunden des Betrags in 2000 Rp-Schritten bzw. 5000 Rp-Schritten bei größeren Beträgen. Parkplatzwächter erwarten für das Einweisen und Bewachen des Autos eine Entlohnung von 2000 Rp. Auch ähnlichen Niedriglöhnern wie Becak-Fahrern oder Essenstandverkäufern schlägt man schon mal ein kleines Trinkgeld für *rokok* (Zigaretten) drauf.

Traveltipps von A bis Z

Anreise S. 44
Botschaften und Konsulate S. 46
Einkaufen S. 47
Elektrizität S. 49
Essen und Trinken S. 49
Feste und Feiertage S. 56
Fotografieren S. 59
Frauen unterwegs S. 59
Geld S. 60
Gepäck S. 62
Gesundheit S. 64
Informationen S.67
Internet und E-Mail S. 68
Kinder S. 69

Medien S. 71
Post S. 72
Reisende mit Behinderung S.725
Sicherheit S. 73
Sport und Aktivitäten S. 74
Telefon S. 76
Transport S. 77
Übernachtung S. 85
Unterhaltung S. 86
Verhaltenstipps S. 86
Versicherungen S. 89
Visa S. 90
Zeit und Kalender S. 92
Zoll S. 92

Anreise

Die meisten Indonesien-Besucher reisen auf dem Luftweg ein und landen an den großen Flughäfen **Soekarno-Hatta** in Jakarta oder **Ngurah Rai International** auf Bali. Verschiedene asiatische und europäische Airlines fliegen Indonesien von Europa direkt oder mit einem Zwischenstopp im Nahen Osten an. Man kann auch einen Flug nach Bangkok, Kuala Lumpur oder Singapur buchen und von dort mit dem Flieger, Schiff oder mit Bus und Fähre über Land weiterreisen.

Flugverbindungen aus Europa

Die Preise für Flüge in der Economy Class von Europa nach Jakarta oder Bali und zurück liegen bei 700 bis 1100 €.

Cathay Pacific, 🖥 www.cathaypacific.com, fliegt 1x tgl. ab Frankfurt/M. mit Zwischenstopp in Hongkong nach Jakarta oder Bali.

Emirates, 🖥 www.emirates.com, fliegt 2x tgl. ab Düsseldorf, Hamburg, Frankfurt/M., München, Wien und Zürich mit einem Zwischenstopp in Dubai nach Jakarta. Rückflüge nur 1x tgl., nach Frankfurt/M. 2x tgl.

Ethihad Airways, 🖥 www.etihadairways.com, fliegt 1x tgl. ab Düsseldorf und Frankfurt/M. und 3x wöchentl. ab München mit einem Zwischenstopp in Abu Dhabi nach Jakarta. Zudem besteht die Möglichkeit von Zubringerflügen ab Berlin mit Air Berlin.

KLM, 🖥 www.klm.com, fliegt ab Basel, Berlin, Bremen, Düsseldorf, Frankfurt/M., Hamburg, Hannover, Köln, Leipzig, München, Nürnberg, Stuttgart, Wien und Zürich mit Zwischenstopp in Amsterdam nach Jakarta oder Bali, teils auch mit Zwischenstopp in Kuala Lumpur oder Singapur.

Lufthansa, 🖥 www.lufthansa.com, fliegt 1x tgl. direkt von München nach Singapur und 2x tgl. ab Frankfurt/M. und München nach Singapur und via Singapur nach Jakarta.

Malaysia Airlines, 🖥 www.malaysiaairlines.com, fliegt 5x wöchentl. ab Frankfurt/M. mit einem Zwischenstopp in Kuala Lumpur nach Jakarta oder Bali.

Qatar Airways, 🖥 www.qatarairways.com, fliegt mehrmals wöchentl. ab Berlin, Frankfurt/M., Genf, München, Stuttgart, Wien und Zürich mit Zwischenstopp in Doha nach Jakarta oder Bali.

Singapore Airlines, 🖥 www.singaporeair.com, fliegt 2x tgl. ab Frankfurt/M. und 1x tgl. ab München und Zürich mit einem Zwischenstopp in Singapur nach Jakarta oder Bali.

Thai Airways International, 🖥 www.thaiair.com, fliegt tgl. ab Frankfurt/M., München und Zürich mit einem Zwischenstopp in Bangkok nach Jakarta oder Bali.

Flugverbindungen aus Südostasien

Wenn man ein paar Euro sparen oder noch ein anderes Land in der Region besuchen möchte, bietet es sich an, mit einer der oben genannten Airlines bis nach Bangkok, Kuala Lumpur oder Singapur zu fliegen und von dort mit einem asiatischen Billigflieger weiterzureisen. Dieser kann in der Regel von zu Hause aus über das Internet per Kreditkarte gebucht werden.

Air Asia, 🖥 www.airasia.com, fliegt 5x tgl. ab Kuala Lumpur, 4x tgl. ab Singapur und 1x tgl. ab Bangkok nach Bali sowie 7x tgl. ab Kuala Lumpur, 6x tgl. ab Singapur und 1x tgl. ab Bangkok nach Jakarta. Zudem zahlreiche Flüge ab Kuala Lumpur nach Bandung, Semarang, Solo, Surabaya und Yogyakarta auf Java, Banda Aceh, Medan, Padang, Palembang und Pekanbaru auf Sumatra, Balikpapan auf Kalimantan und Makassar auf Sulawesi. Ab Bangkok auch nach Surabaya und ab Singapur auch nach Bandung und Yogyakarta.

Firefly, 📞 061-415 0077, 🖥 www.firefly.com.my. 2x tgl. in 2 Std. 10 Min. von Penang (Malaysia) nach Medan und Banda Aceh auf Sumatra ab 272 000 Rp. Nach Medan außerdem auch tgl. ab Subang (Kuala Lumpur, Malaysia) für 330 000 Rp, 3x wöchentl. ab Ipoh (Malaysia) für 614 000 Rp sowie 2x wöchentl. ab Melaka (Malaysia) für 593 000 Rp.

Jet Star, 🖥 www.jetstar.com, fliegt 1–2x tgl. ab Singapur nach Bali oder Jakarta. Zudem auch mehrmals wöchentl. nach Medan und Surabaya.

Weniger fliegen – länger bleiben! Reisen und Klimawandel

Der Klimawandel ist vielleicht das dringlichste Thema, mit dem wir uns in Zukunft befassen müssen. Wer reist, erzeugt auch CO_2: Der Flugverkehr trägt mit einem Anteil von bis zu 10 % zur globalen Erwärmung bei. Wir sehen das Reisen dennoch als Bereicherung: Es verbindet Menschen und Kulturen und kann einen wichtigen Beitrag für die wirtschaftliche Entwicklung eines Landes leisten. Reisen bringt aber auch eine Verantwortung mit sich. Dazu gehört darüber nachzudenken, wie oft wir fliegen und was wir tun können, um die Umweltschäden auszugleichen, die wir mit unseren Reisen verursachen. Wir können insgesamt weniger reisen – oder weniger fliegen, länger bleiben und Nachtflüge meiden (da sie mehr Schaden verursachen). Und wir können einen Beitrag an ein Ausgleichsprogramm wie 🖥 **www.atmosfair.de** leisten.

nachdenken • klimabewusst reisen

Dabei ermittelt ein Emissionsrechner, wie viel CO_2 der Flug produziert und was es kostet, eine vergleichbare Menge Klimagase einzusparen. Mit dem Betrag werden Projekte in Entwicklungsländern unterstützt, die den Ausstoß von Klimagasen verringern helfen.

Lion Air, 🖥 www.lionair.co.id, fliegt ab Kuala Lumpur 2x tgl. sowie ab Singapur 6x tgl. nach Jakarta.

Flugtickets

Flüge können über ein Reisebüro, im Internet oder direkt bei den jeweiligen Fluggesellschaften gebucht werden. Die Angebote der asiatischen Billigflieger, wie Air Asia oder Jet Star, sind immer am günstigsten, wenn sie im Netz gekauft werden. Tickets von Lion Air können bisher jedoch nur mit einer indonesischen Bankkarte bezahlt werden, daher ist es besser, sie in einem Reisebüro in Indonesien zu kaufen.

Normalerweise ist die **Geltungsdauer** von günstigen Flugtickets auf ein, zwei oder drei Monate begrenzt. Zudem kann man mit ihnen nicht die Fluggesellschaft wechseln und erhält kein Geld zurück, wenn der Flug nicht angetreten wird. Bei weniger strikter Handhabung ist zumindest eine Stornierungsgebühr fällig. Für die **Umbuchung** des Rückflugs fallen bei den großen internationalen Fluggesellschaften etwa 50–70 € an.

Gebuchte Flüge müssen bei einigen Fluggesellschaften noch spätestens drei Tage vor Abflug rückbestätigt werden, was telefonisch geschehen kann. In seltenen Fällen sind die Maschinen überbucht, und die Letzten kommen trotz **Rückbestätigung** nicht mehr mit.

Es empfiehlt sich immer, rechtzeitig am Flughafen zu erscheinen. Besonders bei lange im Voraus erstandenen Tickets lohnt es zudem, den Flugplan der Airline ein paar Wochen vor dem Abflug zu konsultieren, denn es kommt immer wieder zu mittelfristigen Änderungen der Abflugzeiten.

Flugbuchung

Am Erfolg versprechendsten ist die Suche über die bekannten Flug-Preisvergleichs-Seiten und die etablierten Reiseportale, aber auch die Seiten der jeweiligen Fluggesellschaften lohnen einen Blick, da es hier oft besondere Online-Tarife gibt.

Auch in Reisebüros kann nach günstigen Angeboten gefahndet werden. Zudem hat diese Methode den Vorteil, dass es dort einen Ansprechpartner gibt, der bei Problemen kontaktiert werden kann. Wer flexibel ist, findet auch Seiten mit Last-Minute-Angeboten oder Sondertarifen für Flüge oder Hotelzimmer, die teils nur im Netz von Veranstaltern, Hotels oder Airlines offeriert werden.

Empfehlenswerte Buchungsportale
- www.swoodoo.de
- flug.idealo.de
- www.billigflieger.de
- www.skyways.de

Empfehlenswerte Reiseportale
- www.holidaycheck.de
- www.tripadvisor.de
- www.opodo.de
- www.travelchannel.de.

Botschaften und Konsulate

Vertretungen Indonesiens im Ausland

Botschaft in Deutschland
Botschaft der Republik Indonesien,
Lehrter Str. 16–17, 10557 Berlin,
☏ 030-478070, ✆ 4473 7142,
⌨ www.botschaft-indonesien.de.
🕐 Visastelle: Beantragung Mo–Do 9–12.30 Uhr,
Abholung 14.30–15.30, Fr 9–12 Uhr.

Generalkonsulate
Frankfurt: Zeppelinallee 23, 60325 Frankfurt/M.,
☏ 069-2470 980, ✆ 2470 9840,
⌨ www.indonesia-frankfurt.de.
🕐 Mo–Do 9.30–12.30, Fr 9.30–12 Uhr.
Hamburg: Bebelallee 15, 22299 Hamburg,
☏ 040-512071, ✆ 511 7531,
⌨ www.kjrihamburg.de.
🕐 Mo–Fr 9–13 und 14–17 Uhr.

Honorarkonsulate
Bremen: Herr Friedrich Lürssen,
Zum Alten Speicher 11, 28759 Bremen,
☏ 0421-660400, ✆ 660 4300.
🕐 Mo–Fr 10–12 Uhr.
Hannover: Herr Günter Karl Willi Nerlich,
Friedrichswall 10, 30159 Hannover,
☏ 0511-361 2150, ✆ 361 8668.
🕐 Mo, Mi und Fr 10–12 Uhr.

Kiel: Dr. Dieter Murmann, Brauner Berg 15,
24159 Kiel, ☏ 0431-394020, ✆ 394025.
🕐 Mo–Fr 10–12 und 14–16 Uhr.
München: Herr Wolfgang Schoeller,
Widenmayerstr. 24, 80538 München,
☏ 089-292126. 🕐 Di–Do 9–11.30 Uhr.
Stuttgart: Herr Karlheinz Kögel, Flughafen
Stuttgart, Dienstleistungsgebäude E5,
Raum 5.045, 70629 Stuttgart,
☏ 0711-797 0788, ✆ 797 0769.
🕐 Mo–Fr 10–12 und 14–18 Uhr.

Botschaft in Österreich
Botschaft der Republik Indonesien,
Gustav Tschermakgasse 5–7, 1180 Wien,
☏ 0431-476 2316, ✆ 479 0557,
⌨ www.kbriwina.at.
🕐 Visastelle: Beantragung Mo–Fr 9–12 Uhr,
Abholung Mo–Do 14.30–16 und Fr 13.30–16 Uhr.

Botschaft in der Schweiz
Botschaft der Republik Indonesien,
Elfenauweg 51, 3006 Bern, ☏ 031-352 0983,
✆ 351 6765, ⌨ www.indonesia-bern.org.
🕐 Visastelle: Mo–Fr 9–12 Uhr.

Ausländische Vertretungen in Indonesien

Deutsche Botschaft Jakarta
Jl. M. H. Thamrin 1, Jakarta 10310,
☏ 021-3985 5000, Notfalltelefon: 0811-152526,
✆ 390 1757, ⌨ www.jakarta.diplo.de.
🕐 Konsularabteilung, Pass- und Visastelle:
Mo–Fr 7.30–11.30 Uhr, Botschaft: Mo 7.15–15.30,
Di–Do 7.15–15.45 und Fr 7.15–13 Uhr.
Visa-Gebühren können nur per EC-Karte oder
Überweisung bezahlt werden.

Deutsches Konsulat Bali
Jl. Pantai Karang 17, Sanur, ☏ 0361-288535,
✆ 288826, ✉ sanur@hk-diplo.de.
🕐 Mo–Fr 8–12 Uhr.

Deutsches Konsulat Surabaya
Harjanto Tjokrosetio, Jl. Dr. Wahidin 29,
☏ 031-563 1871, ✆ 563 1872.

Schweizerische Botschaft Jakarta
Jl. H.R. Rasuna Said, Blok X 3/2, Kuningan,
Jakarta-Selatan 12950, ☎ 021-525 6061,
📠 520 2289, 💻 www.eda.admin.ch/jakarta.
🕐 Mo–Fr 9–12 Uhr.

Schweizerisches Konsulat Bali
(auch für Österreicher zuständig)
Kuta Central Park, Blok Valet 2 No 12,
Jl. Patih Jelantik, Kuta 80361,
☎ 0361-751735, 📠 754457,
✉ bali@honrep.ch. 🕐 Mo–Fr 9–13 Uhr.

Österreichische Botschaft Jakarta
Jl. Diponegoro 44, Menteng, Jakarta Pusat 10310,
☎ 021-2355 4005, Notfalltelefon 0811-833790,
📠 3190 4881, 💻 www.austrian-embassy.or.id.
🕐 Mo–Fr 9–12 Uhr.

Einkaufen

Stoffe, Kleidung und Kunsthandwerk sind beliebte Mitbringsel aus Indonesien. Am besten sondiert man erst einmal das Angebot und kauft dann mehrere Dinge in einem Laden, denn so hat man bessere Möglichkeiten zu handeln (Tipps zum Handeln s. S. 48). In den großen Geschäften und Einkaufszentren hingegen werden Festpreise verlangt. Wohin es auch geht, ein Gang über den **Markt** ist immer lohnenswert, denn er bietet einen Überblick über Angebot und Preise und die Möglichkeit, sich mit Waren des täglichen Bedarfs, Obst und kleinen Snacks einzudecken.

Auf den Kauf von **Antiquitäten** (für Gegenstände, die älter als 50 Jahre sind, benötigt man ohnehin eine Exportgenehmigung) und Gegenständen, die von geschützten Tierarten stammen (z. B. Schildpatt, Elfenbeinschnitzereien, Krokodilleder oder Korallen), sollte generell verzichtet werden. Der Zoll beschlagnahmt diese Gegenstände ersatzlos, und es ist mit hohen Strafen zu rechnen!

Auch lohnt sich aus deutscher Perspektive der Einkauf von **Elektronikwaren** nur in den seltensten Fällen, da Neuware in der Regel in Deutschland billiger zu bekommen ist. Eine Di-

gitalkamera, ein Handy oder einen Laptop auf dem technisch neusten Stand wird man also selten wirklich billig erstehen können. Auch ist die Garantie dann fast immer auf Südostasien oder sogar nur Indonesien begrenzt. Zubehör, also Kabel, Kopfhörer, Speicherkarten usw., sind allerdings teils deutlich günstiger als in der Heimat.

Textilien

Dekorative **Batikbilder und -textilien** (Sarongs, Kleidungsstücke, Taschen usw.) sind typische Souvenirs. Sie brauchen wenig Platz im Gepäck, und ein Batik-Sarong kann zugleich als Kleidungsstück und als Decke benutzt werden. Zum Ursprung der Batikmalerei gibt es zwei führende Theorien: Entweder die Technik wurde im 6. Jh. aus dem hinduistischen Indien oder Sri Lanka eingeführt, oder aber Batik war schon lange eine einheimische Tradition. Für letztere Theorie spricht, dass die Stoffe auch in vom Hinduismus unbeeinflussten Regionen wie Tana Toraja auf Sulawesi oder der Insel Flores auf eine uralte Tradition zurückblicken. Da es große qualitative Unterschiede bei den in Indonesien vertriebenen Stoffen gibt, variieren die Preise erheblich. Das größte Angebot gibt es in Yogyakarta und Solo auf Java, aber Vorsicht: Oft werden billige Drucke als echte Batik angeboten, die beim Waschen stark ausfärben.

Mit Goldfäden durchwirkte **Songket-Stoffe** für festliche Kleidungsstücke werden vor allem in West- und Süd-Sumatra, aber auch in Ost-Bali, Süd-Sulawesi und West-Kalimantan gewebt und teuer verkauft.

Bei den Batak in Nord-Sumatra heißen die traditionellen Webarbeiten **Ulo** und sind in dieser Form auch nur dort zu finden.

Ikat-Stoffe werden auf den östlichen Inseln Nusa Tenggaras handgesponnen und mit Naturfarben gefärbt. Sie erzielen in den Touristenzentren Höchstpreise. Preiswertere Stoffe werden zu Taschen oder Kleidungsstücken verarbeitet. Das beste Angebot zu günstigen Preisen bietet der Textilmarkt in Ende auf der Insel Flores.

Westliche Kleidung, von T-Shirts aller Marken über Badebekleidung und Designerprodukten bis zu grellbunten Shorts, gibt es vor allem in den großen Einkaufszentren in Jakarta und den anderen Metropolen sowie in kleineren Boutiquen und Factory Outlets. Eine besonders große Auswahl findet man in der auch Jl. Jeans genannten Jl. Cihampelas in Bandung, aber auch in Jakarta, Surabaya und Yogyakarta gibt es viele solche Geschäfte, die neben billigen Kopien bekannter Marken auch vielfach originale Produkte (Ausschussware) verkaufen. Zudem bringen besonders auf Bali und in Bandung kreative junge Designer Jahr für Jahr neue Erfolgsmodelle auf den Markt, die mit etwas Verspätung auch in Deutschland zum vielfachen Preis angeboten werden.

Kunst, Kunsthandwerk und weitere Souvenirs

In Jakarta bekommt man im Sarinah Einkaufszentrum **Souvenirs** und in der Jl. Surabaya Antiquitäten aus dem gesamten Archipel. Bester Anlaufpunkt auf Bali ist Geneva Handicraft in Seminyak.

Möbel (Jl. By Pass Ngurah Rai, Sanur) in allen Formen und Farben, nach eignen Wünschen angefertigter **Silberschmuck** *(Celuk)*, **Holzschnitzereien** *(Mas)* und **Steinmetzarbeiten** *(Batubulan)* sind sehr gut und günstig auf Bali zu bekommen, während es Holzmöbel auch in Yogyakarta, Solo und Jepara auf Java gibt.

Das hinduistische Bali ist zudem zusammen mit Yogyakarta Zentrum der indonesischen **Malerei**. Besonders in und um Ubud gibt es zahllose Galerien mit Werken verschiedenster Stilrichtungen. **Traditionelle Silberarbeiten** sind vor allem in Koto Gadang und Bonjol in West-Sumatra sowie Kota Gede südöstlich von Yogyakarta günstig zu erstehen.

Schattenspielfiguren aus Büffelleder, *Wayang Kulit*, stammen überwiegend aus Yogyakarta. Kleine Mitbringsel wie **Masken** *(Topeng)*, *Kris*-**Dolche** oder traditionelle Accessoires wie der typisch malaiisch-indonesische Frauenschal *Selindang* sind ebenfalls in den kleinen Betrieben der Sultansstädte Yogyakarta, Solo, aber auch in Jakarta gern gekaufte Artikel.

In den größeren Städten Kalimantans werden auf den Märkten **traditionelle Dayak-Souvenirs** feilgeboten. Exotische Mitbringsel sind die mit abstrakten Mustern bemalten Dayak-Schwerter *(Mandau)* oder -Schilde *(Tameng)*. **Geschnitzte Holzfiguren** sind ebenfalls beliebte Andenken, die am besten direkt in einem Langhaus erstanden werden.

Bekannt ist auch die Schnitzkunst der Toraja in Süd-Sulawesi. In Rantepao sowie in den traditionellen Toraja-Dörfern Ke'te Kesu und Londa werden aufwendig geschnitzte Miniaturfassungen der Sippenhäuser sowie der Ebenbilder der Verstorbenen *(Tao Tao)* an Touristen verkauft.

Tee ist entweder in speziellen Geschäften der Metropolen oder in den Anbaugebieten selbst erhältlich, z. B. am Gunung Lawu oder in Wonosari auf Java. Gleiches gilt für **Kaffee**, der im Fachhandel auf Bali oder Java in großer Vielfalt angeboten wird oder aber direkt in den kaffeeproduzierenden Kooperativen, etwa auf Flores, in Aceh oder Tana Toraja gekauft werden kann.

Weitere beliebte Mitbringsel sind Muschelschmuck, Knochenschnitzereien, Messingwaren, bunte Mobiles, Windspiele, Korbwaren und *Lontar*-Bücher, aber auch *Kretek* (Nelken-Zigaretten). Dabei sollten immer die jeweiligen Zollbestimmungen beachtet werden. Weitere Tipps sind in den Regionalkapiteln zu finden.

Handeln

Außerhalb der großen Geschäfte mit Fixpreisen gehört das Handeln zum Einkaufen dazu. Die Preise werden je nach Geschick des Käufers und Laune des Verkäufers gemacht. Keiner sollte sich dabei betrogen fühlen, sondern sich der Aufforderung, ins Gespräch zu kommen und die Kunst des Handelns zu erlernen, stellen. Fast alle Verkäufer lassen mit sich reden. Falls nicht, sollte man lieber woanders einkaufen.

Zunächst gilt es zu überlegen, welchen Preis man selbst gerne zahlen würde. Der vom Verkäufer zuerst genannte Preis ist fast immer deutlich überhöht. Zuerst sollte man kein Gegengebot nennen, sondern mind. einen zweiten, niedrigeren Preis einfordern. Jetzt kann ein Gebot von etwa der Hälfte des genannten Preises

48   EINKAUFEN

www.stefan-loose.de/indonesien

abgegeben werden. Nun geht es hin und her, und je nach Verhandlungsgeschick und Sympathiepunkten kann ein erheblich günstigerer Preis ausgehandelt werden. Sollten die Verhandlungen dennoch ins Stocken geraten und der Preis nicht den eigenen Vorstellungen entsprechen, lohnt es sich manchmal auch, mit einer überzogenen Geste dem Straßenhändler den Rücken zu kehren und davonzulaufen. Oft wird man dann noch einmal zurückgerufen und erhält das Produkt doch zum gewünschten Preis.

In der Regel lohnt es sich, kein übermäßiges Interesse am bestehenden Produkt zu zeigen und mit den Einkäufen zu warten, bis man sich akklimatisiert und einen Überblick über die Preisspannen verschafft hat. Auch helfen ein gesunder Teint sowie ein paar Worte Indonesisch oft dabei, einen günstigeren Preis zu bekommen, da dies zeigt, dass man schon länger vor Ort ist. Die Preise in den Touristenzentren sind meistens überhöht, weil besonders auf Bali manche Pauschaltouristen unter dem Zeitdruck ihrer Reisegruppe jede Summe bezahlen. Zudem sollte man sich beim Einkaufen nicht von einem Guide begleiten lassen, der am Ende eine hohe Provision kassiert.

Gleichzeitig gilt es, als Käufer nicht durch unrealistisch niedrige Preisforderungen respektlos gegenüber den Verkäufern zu erscheinen, die in Kleinbetrieben nicht selten auch die Hersteller der feilgebotenen Produkte sind. Auch ein Silberschmied oder ein Batikhändler muss nach Deckung seiner Kosten noch von etwas leben. Man bedenke stets den Bedeutungsunterschied, den 10 000 Rp für das Portemonnaie eines Touristen und eines Einheimischen haben.

Elektrizität

Die **Stromversorgung** in Indonesien ist nicht in allen Gebieten gleichermaßen zuverlässig. Auf Java, Bali und Sumatra ist sie überwiegend gut und erreicht nahezu alle Dörfer. Unregelmäßige Stromausfälle kommen dennoch, besonders in der Regenzeit, auch hier vor. Auf den Außeninseln bietet sich ein anderes Bild. Hier sind Stromausfälle noch sehr häufig. Sie können nur wenige Minuten, manchmal aber auch Stunden dauern und werden vornehmlich mit Dieselgeneratoren überbrückt. Auf vielen kleineren Inseln wie den Togian-Inseln oder auf der Insel Bunaken vor Sulawesi steht Strom noch nicht zu jeder Tageszeit, sondern oft nur wenige Stunden am Abend zur Verfügung. Zur Sicherheit sollte eine kleine Taschenlampe in keinem Reisegepäck fehlen.

Die meisten **Steckdosen** sind Schuko-Steckdosen, die auch als Stecker Typ F oder „deutsche Steckdosen" bekannt sind. Dieser Umstand ist den Holländern zu verdanken und macht in der Regel den Einsatz eines Adapters überflüssig. Selten findet man den Stecker Typ G (englische Steckdosen), der für drei flache Stifte konzipiert ist. Steckdosen verfügen meist über keine Erdung, das Risiko eines Stromschlags ist daher deutlich höher als bei uns.

Wer elektronische Geräte mitbringt, muss mit standardmäßig 220 V und 50 Hz rechnen, genau wie in Deutschland. Die Spannung kann aber sehr instabil sein und zwischen 110 und 310 Volt schwanken. Auch die Frequenz kann 50 Hz deutlich über- und unterschreiten. Für empfindliche elektronische Geräte (wie z. B. Laptops) kann das in seltenen Fällen zum Problem werden. In größeren Hotelanlagen muss man sich darüber keine Gedanken machen. Hier gibt es meist einen Gleichrichter, der Schwankungen ausgleicht, sowie geerdete Steckdosen.

Essen und Trinken

Wie überall in Südostasien ist **Reis** das Grundnahrungsmittel Nummer eins. Berühmt ist die indonesische Küche für die Verwendung zahlreicher **Gewürze**. Der Kampf europäischer Großmächte um das lukrative Monopol im Gewürzhandel (Molukken = „Gewürzinseln") zeugt von der historischen Bedeutung des Gewürzanbaus für den Archipel. Von der folgenden Typisierung abgesehen, gilt Probieren immer über Studieren. Das Geschmackserlebnis einer unterwegs entdeckten, unbekannten Spezialität – ob köstlich oder gewöhnungsbedürftig – kann eine unvergessliche Erfahrung sein.

TRAVELTIPPS VON A BIS Z

www.stefan-loose.de/indonesien

ESSEN UND TRINKEN **49**

Typische indonesische Gerichte

Nasi Goreng

Das bekannteste Gericht des Landes besteht aus gebratenem weißem Reis mit Gemüse und Fleisch oder Krabben und süßer Sojasauce. Manchmal wird das Ganze noch von einem Spiegelei gekrönt. Dann heißt das Gericht Nasi Goreng Spesial. **Mie Goreng** ist das Gleiche mit Nudeln (Mie = „Nudeln"). Es wird sowohl zum Frühstück als auch zum Mittag- oder Abendessen oder auch als Zwischenmahlzeit serviert – die kulinarische Allzweckwaffe Indonesiens.

Nasi Campur

Das indonesische „Nationalgericht" bekommt man an Essenständen und in fast allen Restaurants. Zum Reis gibt es unterschiedliche, oft kalte Beilagen, meist verschiedene Gemüsesorten, geröstete Erdnüsse, Tempe (frittierte fermentierte Sojabohnen), Kokosraspeln, Rindfleisch oder auch Huhn, Fisch und Ei. Wie Nasi Campur werden auch Nasi Rames und Nasi Rawon (mit Erdnusssoße) zubereitet.

Sop und Soto

Sop ist eine dicke Suppe im Eintopf-Stil, die aus Kokosmilch, Gemüse, Fleisch und Reis gekocht wird. Sop Buntut, auch als indonesische Ochsenschwanzsuppe bekannt, gilt als der Klassiker. Klare Suppen werden unter dem Begriff Soto zusammengefasst. Die bekannteste ist die Soto Ayam, eine Hühnersuppe, die meist mit Reis serviert wird. Es gibt regional verschiedene Abwandlungen der Soto, z. B. in Banjarmasin (Kalimantan) die Lokalspezialität Soto Banjar oder in Makassar (-Sulawesi) die Coto Makassar.

Mie

Je nach Kombination kommen Nudeln (Mie) in Indonesien als Suppe (z. B. **Mie Bakso** mit Fleischbällchen oder **Mie Rebus** mit Blattgemüse und Ei) oder gebraten (**Mie Goreng** Ayam mit Huhn oder Mie Goreng Daging mit Rindfleisch) auf den Tisch. Nudelsuppen sind ein gängiges und günstiges Gericht aus mobilen Garküchen.

Cap Cai

Cap Cai ist die indonesische Bezeichnung für das chinesische Chopsuey, ein Gericht aus gekochten, klein geschnittenen Gemüsestückchen, unter Umständen auch mit gebratenem Ei, Fleisch oder Krabben. Als Suppe heißt das Gericht Cap Cai Kuah. Einfaches gebratenes Gemüse ist **Sayur Goreng**.

Sate

Vor allem auf Märkten gibt es Stände, die diese kleinen Fleischspieße (sprich: Satee) verkaufen. Sie werden in Zucker und Gewürzen eingelegt und anschließend über Holzkohle gegrillt. Dazu

---

Vegetarier und Veganer

Für alle Vegetarier und Veganer gibt es eine gute Nachricht: Auch ohne den Verzehr von Fleisch kann man in Indonesien überleben. Es gibt sogar eine reichliche Auswahl an Gerichten. Speisen wie Nasi Campur, Nasi Padang, Nasi Goreng, Mie Goreng oder Gado-Gado sind meistens vegetarisch, können aber auch tierische Bestandteile beinhalten. Von daher sollte schon bei der Bestellung der gewünschten Mahlzeit darauf hingewiesen werden, dass man Vegetarier ist. Veganer sollten immer darauf achten, dass keine Eier (Telur) ins Essen gemischt werden. Milch und Käse stehen ohnehin selten auf der Speisekarte.

Da Indonesier unter einem Vegetarier jemanden verstehen, der kein Rind- und Schweinefleisch, aber Fisch und Geflügel isst, sollte genau erklärt werden, was man essen möchte. Anstelle von Fleisch können z. B. Tempe oder Tofu (Tahu) bestellt werden.

Krupuk (Kräcker), oft und gern als Beilage gereicht, enthalten neben Weizen, Cassava und Tapioka überwiegend auch Bestandteile von Fisch oder Krabben. Auch hier sollte man vorsichtshalber nachfragen, da es auf den ersten Blick (oder Riecher) nicht immer ersichtlich ist. Gleiches gilt für manche Sorten Sambal.

---

50   ESSEN UND TRINKEN   www.stefan-loose.de/indonesien

Samarinda: großes Interesse an den traditionellen Sambal-Gerichten

gibt es eine würzig-süße Erdnusssoße. Man verwendet vor allem Ziegen- *(Kambing)* und Hühnerfleisch *(Ayam)*, auf Bali und in Tana Toraja oft auch Schweinefleisch *(Babi)*.

Gado-Gado
Ein kalter Salat aus gekochtem Mischgemüse und *Lontong* mit viel Sojasprossen, der mit einer scharfen Erdnusssoße angemacht wird. Dazu werden *Krupuk* (Krabbenmehlkräcker) gereicht.

Roti
Der allgemeine Ausdruck für Brot, meist Weißbrot. In den Touristenhochburgen gibt es Brote nach westlichem, auch deutschem, Geschmack, in Jakarta, Medan, Surabaya, Denpasar, und Ampenan (Lombok) zudem alteingesessene Bäckereien, die leckere, wenn auch sehr süße **Kuchen** im Angebot haben, ein Relikt aus der holländischen Kolonialzeit.

Lontong
In Bananenblättern gekochter Klebreis, der häufig als Beilage zu *Sate* oder *Gado-Gado* gereicht wird.

Pisang Goreng
Gebratene Bananen, als erstes Frühstück oder als Zwischenmahlzeit, sind auf jedem Markt erhältlich.

Regionale Spezialitäten

Javanische Spezialitäten
Die Küche der Javaner ist tendenziell weniger scharf und enthält mehr liebliche Geschmacksnoten. Dabei werden an den Küsten viel Fisch (dieser allerdings gern mit viel Sambal) und Gemüse gegessen.

Die **sundanesische Küche** besteht aus vielen verschiedenen Gerichten, die mit Salat traditionell buffetartig angeboten werden. Leckere Spezialität ist *Nasi Timbel* mit *Pepes Ayam/Ikan/Tahu* – in Bananenblättern eingewickeltes, in Safran mariniertes und langsam gegartes Huhn/Fisch/Tofu.

Rawon ist eine vor allem in Ost-Java beliebte kräftige dunkle Rinderbrühe, oft kombiniert mit Pilzen, Gemüse oder Reis. *Abon* ist als der süßlich-scharfe Snack Zentral-Javas bei allen Javanern beliebt (s. S. 221), und *Nasi Liwet* geht in den Warung von Solo gern über den Tisch (s. S. 221). Die chinesisch geprägten Städte wie Semarang haben eigene Spezialitäten, etwa *Lumpia* (s. S. 234), zur Landesküche beigetragen.

Balinesische Spezialitäten

Unbedingt probieren sollte man **Bali-Ente**, *Bebek Betutu*. Eine ganze Ente wird mit Haut und Knochen in einer scharfen Gewürzmischung mariniert und in Bananenblätter gewickelt gegart. Sie ist meist erst einen Tag nach Vorbestellung zu bekommen, da sie traditionell im Freien bis zu acht Stunden auf einer Glut aus Kokosnussschalen garen muss. Die Bananenblätter halten das Fleisch dabei zart und saftig, während die Marinade für die unverwechselbare Würze sorgt.

Babi Guling ist die balinesische Variante des **Spanferkels** und wird auf zahlreichen Festen serviert. Dafür wird das ganze Schwein immer wieder mit einer Mischung aus Kokosnussöl und Kurkuma begossen, damit es seine orangeschimmernde Farbe erhält. Mittags ist Babi Guling frisch gegrillt mit scharfen Beilagen an vielen kleinen Essenständen zu bekommen. In Restaurants wird es seltener angeboten.

Etwas ungewohnt schmecken einheimische **Süßspeisen**, die zumeist aus Klebreis, Palmzucker und Kokosmilch zubereitet werden, wie z. B. der beliebte Kuchen Wajik.

Spezialitäten aus Nusa Tenggara

Reis ersetzt allmählich die ursprünglichen Grundnahrungsmittel **Maniok** *(Singkong)*, die Wurzeln des Kassava-Strauches (viel Eiweiß, aber wenig Stärke), und **Sago** *(Sagu)*, gekörntes Mark der Sago-Palme.

Spezialitäten aus Sumatra

In Sumatra wird durch den jahrhundertelangen Einfluss Indiens und der arabischen Welt generell stark gewürzt, und der Anteil von Curry und Chili im Essen ist deutlich höher als etwa auf Java oder Bali. Zwischen den landesweit populären Rezepten West-Sumatras und Acehs haben sich jedoch auch Volksküchen wie die der Batak bis heute in ihrer Vielfalt erhalten.

Die Gerichte nach **Padang**-Art, die aus verschiedensten Zutaten mit viel Chili zubereitet

werden, liegen rot und gelb leuchtend in den Auslagen der Essenstände. Die hochkonzentrierte Schärfe der Speisen macht den Kühlschrank überflüssig und das Essen für Ungeübte zu einer Mutprobe. Fisch- und Hühnchencurry, Gemüse, getrocknetes Fleisch *(Deng Deng)*, scharf gewürztes Rindfleisch *(Rendang)*, Eier, *Tempe*, Tofu oder Aal werden aus verschiedenen Schälchen kalt mit viel Reis serviert. Bezahlt wird, was gegessen wurde. Die Preise sind sehr unterschiedlich, sodass man sich vorher darüber informieren sollte. Tee hilft, die Schärfe zu mildern.

Das Essen der **Batak** ist weitgehend vegetarisch, doch die Festessen bestehen ausschließlich aus fettem Schweinefleisch mit Reis, um zu zeigen, dass man es sich leisten kann, auch ohne Gemüse satt zu werden – zum Entsetzen der Moslems. Dazu gibt es vergorenen Reiswein. Ein beliebtes Gericht der Batak-Warung ist *Babi Panggang*. Spezialitäten wie Hundefleisch *(Saksang)* gibt es noch hier und da in einigen wenigen Restaurants.

Auch in **Aceh** wird gern würzig scharf gegessen, vor allem Fisch in allen Variationen sowie das überregional beliebte Nudel-Allerlei *Mie Aceh* kommen auf die Teller, gefolgt von einem starken Kaffee, der mitunter auch mit gesüßtem Eischaum und Nussraspeln verfeinert wird.

Spezialitäten aus Kalimantan

Bei der lokalen Spezialität *Soto Banjar* aus **Banjarmasin** wird die in ganz Indonesien verbreitete *Soto* mit Huhn, Ei, Reiskuchen, Zitronengras, Limetten und Röstzwiebeln verfeinert.

Spezialitäten aus Sulawesi

Die **Bugis** im Süden von Sulawesi essen viel Fisch und Schalentiere, die häufig gegrillt werden. Dazu gibt es verschiedene scharfe und saure Soßen, eingelegtes Gemüse und geraspelte, saure Mangos. Ebenfalls beliebt ist die *Coto Makassar*, eine kräftige Rinderbrühe mit Innereien, dazu Limetten und gepresster Reis in geflochtenen Palmenblättern *(Ketupat)*.

Ähnlich der Gerichte der Batak in Sumatra, wird bei den **Toraja** oft Büffelfleisch oder Schwein serviert. Eine Toraja-Spezialität ist *Pa'piong*, auf offenem Feuer in einer Bambusstange gegartes, würziges Fleisch oder Fisch.

52 ESSEN UND TRINKEN

Im Norden von Sulawesi wird besonders scharf gewürzt. Neben Geflügel- und viel Schweinefleisch gibt es bei den **Minahasa** auch exotische Gerichte für Hartgesottene mit Python-, Fledermaus-, Ratten- oder Hundefleisch. Manchmal wird der Reis in Palmblätter gewickelt serviert.

Getränke

In jedem kleinen Dorf bekommt man etwas zu trinken, und sei es nur das abgekochte **Wasser** *Air Masak* oder **Tee**. **Alkohol** gibt es in verschiedensten Formen vor allem in nichtmoslemischen Gebieten. Ungesüßter Tee *(Teh Pahit)* wird in javanischen und Padang-Restaurants oft kostenlos zum Essen serviert. Neben den üblichen **Softdrinks** und der in verschiedenen Neontönen erstrahlenden indonesischen Fanta können viele exotische Fruchtsäfte probiert werden.

Frischmilch gibt es nur in den großen Städten und Touristenzentren. Oft kostet der Tee mit Zucker das Doppelte und der mit Milch das Dreifache des normalen Tees, denn Zucker und Dosenmilch sind relativ teuer.

Alkoholische Getränke

Tuak (Palmwein) und **Brem** (Reiswein) steigen schnell zu Kopf und variieren sowohl geschmacklich als auch in ihrem Alkoholgehalt lokal stark voneinander.

Arak ist destillierter Reisschnaps und manchmal unberechenbar in seiner Wirkung. Er kann sowohl klar als auch milchig trüb sein.

Anggur Hitam ist eine Art süßlicher, dickflüssiger Rotwein, der als kräftigendes, gesundheitsförderndes Tonikum verkauft wird.

Dringende Warnung vor billigem Arak

In den letzten Jahren gab es vermehrt Todesfälle durch illegal destillierten Arak, darunter auch Touristen auf Bali und Lombok. Daher sollte auf überaus billige Arak-Cocktails ausdrücklich verzichtet werden (weitere Informationen s. S. 403)!

Bir (Bier) bekommt man ab 12 000 Rp je kleine Flasche. Am weitesten verbreitet ist die einheimische Marke Bintang. Ebenfalls zu finden sind die lokalen Biere Bali Hai und Anker sowie die ausländischen Marken Heineken, Carlsberg, San Miguel und, in seltenen Fällen, Asahi.

Nichtalkoholische Getränke

Teh	Tee
… pahit	… ohne alles
… manis	… mit Zucker
… panas	… heiß
Susu	Milch, oft süße Dosenmilch
Susu Lembar	Kuhmilch
Coklat	Schokolade
Es	Eiswürfel
Kopi	Kaffee
Kopi Susu Es	Eiskaffee mit Milch
Air/Air putih	Wasser/Trinkwasser
Jus (…)	Fruchtsaft
Jus Jeruk	Orangen-/Zitronensaft
Jus Mangga	Mangosaft
Air Kelapa Mudah	junge Kokosmilch
Es Buah	geraspeltes Eis mit süßem Fruchtgelee

Früchte

Alpukat Avocado
Blimbing Karambola bzw. Sternfrucht. Bis zu 12 cm große, gelbe oder grünliche Frucht, sauer.
Delima Granatapfel
Duku Samtige, taubeneigroße Frucht, süß, mit weißem, durchscheinendem Fruchtfleisch.
Durian Stachelfrucht, Stinkfrucht. Grüne und stachelige Frucht bis zur Größe einer Wassermelone. Wegen des eigenartigen, strengen Geruchs, der von der „Königin der Früchte" ausgeht, ist ihr Genuss in vielen Hotels verboten und wird von vielen Europäern gemieden. Hingegen schwelgen Indonesier während der Erntezeit im Durian-Rausch. Es ist gesundheitlich riskant, sie zusammen mit Alkohol zu genießen, da der Körper stark erhitzt wird. Durian wird in

großen Mengen eine berauschende, aphrodisierende Wirkung nachgesagt.

Jambu Air Rosenapfel. Kleine, rote, glatte, glänzende Frucht, festes, süßes Fruchtfleisch. Schnell verderblich.

Jambu Biji Guave. Grünlich gelbe Frucht, rosafarbenes oder gelbes Fruchtfleisch mit winzigen Samen, apfelartige Konsistenz.

Jambu Bol Malacca-Apfel. Große rötliche Frucht.

Jambu Monyet Cashew-Apfel. Dessen Kern ist die Cashewnuss.

Jeruk Zitrusfrüchte. Jeruk Bali = Pomelo, Jeruk Besar = Grapefruit, Jeruk Manis = Orange, Jeruk Kepruk = Mandarine, Jeruk Asam = Limone/Limette.

Kecapi Santolfrucht. Orangengroß, mit flaumiger, gelber Schale und weißem Fruchtfleisch.

Kedongdong Goldapfel oder Apfelmango. Kleine, grün-gelbliche Frucht mit großem Kern.

Kelapa Kokosnuss

Longan Longanfrucht, auch *Mata Kucing* (Katzenauge) genannt. Klein, braun, rauschalig, wird in Bündeln verkauft, süßsaurer Geschmack, im reifen Zustand dann süßlich wie Litschi.

Mangga Mango

Manggis Mangosteen. Apfelgroße, schwarzlila Frucht, süßsaure Fruchtsegmente. Saft der Schale stark färbend. Nie mit Zucker süßen.

Markisa Passionsfrucht.

Nanas Ananas

Nangka Jackfrucht. Die ovalen, grünen Früchte können bis zu 20 kg schwer werden. Süßes, gelbes Fruchtfleisch. Wird auch als Kochgemüse verwendet.

Papaya Papaya. Melonenähnliche, grünlichgelbe Frucht mit orangefarbenem oder gelbem Fruchtfleisch, mit Limettensaft probieren.

Pisang Banane

Rambutan Rambutan. Haarige, pflaumengroße, rötlich-gelbe Frucht. Unter der weichen Schale verbirgt sich ein süßes, weißes Fruchtfleisch. In der Mitte ein großer Kern.

Salak Schlangenfrucht. Kleine, braune Frucht, deren feste Schale an eine Schlangenhaut erinnert, apfelartiger Geschmack der Fruchtsegmente. Schnell verderblich.

Sawo Sapotillapfel. Braun, in Form einer Kartoffel, Geschmack ähnlich einer reifen Birne.

Semangka Wassermelone

Sirsak Sauersack, Stachelanone. Lange, herzförmige, grüne Frucht. Das weiße, saftige Fruchtfleisch mit schwarzen Samen eignet sich sehr gut für Fruchtsäfte, die es in Indonesien auch abgefüllt zu kaufen gibt.

Gemüse

Bawang Merah/Putih	Zwiebel/Knoblauch
Jagung	Mais
Kacang	Erdnüsse
Kacang Hijau	grüne Bohnen
Kangkung	Wasserspinat, Nachtschattengewächs, das wie eine Kreuzung aus Spinat und Weißkohl schmeckt.
Kentang	Kartoffel
Kol	Kohl
Kol Bunga (Hijau)	Blumenkohl (Brokkoli)
Tahu/Tau	Tofu
Tomat	Tomate
Ubi Kayu	Maniok, Kassava, Brotwurzel, Wurzelknollen, die auch in trockenen Böden gedeihen und gekocht ähnlich wie Kartoffeln verwendet werden, mehlige Konsistenz.
Wortel	Karotte

Fleisch und Fisch

Daging	Fleisch
Ayam	Huhn
Babi	Schwein
Bakso	Fleischbällchen, die besonders in Suppen verwendet werden.
Bebek	Ente
Kambing	Ziege
Sapi	Rind
Tanpa daging	fleischlos, ohne Fleisch

Ikan	Fisch
Cumi-cumi	Tintenfisch
Siput	Muscheln, Schnecken
Tongkol	Thunfisch
Udang	Krabbe, Shrimp
Udang galah	Hummer

Gewürze

Asam	Tamarinde
Bawang Putih	Knoblauch
Cengkeh	Nelken
Garam	Salz
Gula	Zucker
Jahe	Ingwer
Kayu manis	Zimt
Kepulaga	Kardamom
Ketumbar	Koriander
Cabe	Chili
Lada, Merica	Pfeffer
Biji pala	Muskatnuss
Serai	Zitronengras

Außerdem runden folgende Bestandteile ein Essen geschmacklich ab:

Santan	Kokosmilch
Krupuk	in Öl gebackene Krabbenmehlkräcker
Kecap manis	süße Sojasoße
Sambal	Chilipaste/-soße

Weitere Begriffe sind im Sprachführer ab S. 617 zu finden.

Wo essen?

Warung

Viele kleine Garküchen, sog. Warung, bieten warme Mahlzeiten zu erstaunlich günstigen Preisen an. Während einige hausgemachte Leckereien verkaufen, kochen andere lediglich Instant-Nudelsuppen auf und geben auf Wunsch ein paar einfache Zutaten bei. Es ist kein Problem, zu jeder Tageszeit irgendwo etwas Essbares aufzutreiben, außer während des islamischen Fastenmonats Ramadan in überwiegend muslimischen Landesteilen und einiger Feiertage auf Bali, an denen ohnehin alles geschlossen ist.

Auf dem Land sind die Essensmöglichkeiten zumeist auf einfache Warung begrenzt. In Städten gibt es jedoch **Nachtmärkte**, die abends auf Straßen oder großen Plätzen aufgebaut werden und mit einem breit gefächerten kulinarischen Angebot locken. Man kann an verschiedenen Ständen etwas bestellen, das dann frisch zubereitet wird. Gleichzeitig verkaufen andere Stände Getränke, sodass man sich ein komplettes Menü zusammenstellen kann.

Fliegende Händler bieten *Sate*, *Krupuk*, Klebreis, gebackene Bananen, aber auch ganze Gerichte an. Fleisch, besonders Geflügel, ist teuer und wird deshalb nur in kleinen Mengen zu einer großen Portion Reis serviert.

Rumah Makan

In billigen einheimischen Restaurants, *Rumah Makan*, muss es nicht unbedingt schlecht schmecken. In der Mittagshitze sitzt man hier angenehmer und vor allem kühler als an den Warung. Das Essensangebot ist entweder auf der Speisekarte aufgelistet oder in Schüsseln und auf Platten am Eingang unter Glas ausgestellt. Man sucht sich die Gerichte heraus, die man haben möchte. Das Essen ist meist kalt, doch durch die reichlichen Mengen an Chilis oder ausgiebiges Frittieren verdirbt es trotz tropischer Hitze nicht schnell. Für ein Gericht zahlt man um 30 000 Rp.

Restaurants

Ebenfalls günstig sind die Gerichte in Restaurants in den Touristenzentren, die europäischem Geschmack angepasstes **Traveller-Food** servieren und oft einfachen Unterkünften angeschlossen sind. Das Angebot ist vielfältig, und man muss weder auf Sandwiches, Pizza und Pasta noch auf Pancakes oder mexikanische Speisen verzichten. Die Preise pro Gericht liegen im Bereich zwischen 20 000 und 50 000 Rp.

Die qualitativ besten, aber auch teuersten **Restaurants** finden sich in Jakarta und ande-

www.stefan-loose.de/indonesien

ESSEN UND TRINKEN **55**

ren Großstädten sowie auf Bali und servieren hochwertige westliche wie asiatische Gerichte sowie frisches Seafood. Einige Köche, die überwiegend aus westlichen Ländern stammen, haben zudem erfolgreich die kreative **Fusion Cuisine** etabliert. Sie nutzt traditionelle westliche und östliche Zutaten und Methoden, um völlig neue geschmackliche wie ästhetische Kreationen zu schaffen. Auf die Rechnung werden oft 10 % (oder 12,5 %) Steuern und 5 % Bedienungszuschlag aufgeschlagen.

Wie essen?

Während man in indonesischen Restaurants oft mit Löffel und Gabel isst, benutzt man in ländlichen Regionen die Hand, und zwar immer die rechte. Die linke Hand gilt als unrein und sollte nie das Essen berühren. Es braucht etwas Übung, bis man den Reis so galant wie die Indonesier mit der Hand vom Bananenblatt essen kann. Zur Reinigung der Hände vor und nach dem Essen werden Schalen mit Wasser und Limettenhälften gereicht. Auch die Verwendung von Stäbchen in chinesischen Restaurants will gelernt sein. Man wird das Bemühen, sich an die Gegebenheiten anzupassen, immer anerkennen, sodass es den Versuch lohnt.

Feste und Feiertage

Im vielfältigen Inselstaat mit seinen so unterschiedlichen Völkern werden derartig viele Feste gefeiert, dass eine vollständige Aufzählung aller regionalen, religiösen und familiären Feierlichkeiten unmöglich erscheint. Bekannt sind die Tempelfeste auf Bali und die *Wayang*-Aufführungen in Java, bei denen die uralte Geschichte des *Ramayana*-Epos immer wieder aufs Neue von Puppen, Schattenspielfiguren oder maskierten Menschen erzählt wird.

Bei den Büffelrennen auf Sumbawa, Hahnenkämpfen auf Bali oder Ziegenbockkämpfen in West-Java geht es nicht nur um den sportlichen Wettbewerb und Spaß, sondern auch um eine Menge Geld, das beim Wetten gewonnen oder verloren wird. Oft sind diese **Wettkämpfe** mit religiösen Festen verbunden.

Indonesier verehren verschiedene **Götter**: Während an den Küsten der Meeresgöttin und am Kraterrand aktiver Vulkane den Feuergöttern Opfer dargebracht werden, feiert man auch die Geburtstage von Mohammed, Buddha und Christus. Hunderte überirdischer Wesen bestimmen das Leben in den Dschungeln, Dörfern und Städten.

Eine ausgezeichnete Informationsquelle ist der jährlich erscheinende **Calendar of Events**, den das Generaldirektorat für Tourismus im Ministerium für Transport, Kommunikation und Tourismus herausgibt. Man bekommt diese Broschüre seit der Schließung des Fremdenverkehrsbüros in Frankfurt nur in Indonesien (mit viel Glück) bei den regionalen Touristenbüros. Die vollständige Liste der balinesischen Feste und Feiertage gibt es im Tourist Office in Denpasar. Über die *Ramayana*-Aufführungen informiert das Tourist Office in Yogyakarta. Gute Infos findet man zudem unter 🖳 www.asien-feste.de oder 🖳 www.balitrips.net/temple_ceremony/calender_of_event.html. Da Veranstaltungstermine immer wechseln, erkundigt man sich am besten vor Ort nach anstehenden Festen.

Darüber hinaus gibt es in Indonesien viele verschiedene für den Termin eines Feiertages relevante Kalendersysteme, da sowohl der Mondkalender als auch der gregorianische Kalender, ein Batak-Kalender, der *Pawukon*-Kalender und der *Saka*-Kalender verwendet werden. Der balinesische Kalender hat zudem nur 210 Tage, sodass viele Tempelfeste zweimal im Jahr gefeiert werden. Auf wichtige lokale Feste wird im jeweiligen Regionalkapitel hingewiesen.

Moslemische Feiertage

Da der islamische Hidschra-Kalender ein Mondkalender ist, sind seine Jahre kürzer als die des international gebräuchlichen Gregorianischen Kalenders. Die Feiertage des Hidschra-Kalenders liegen also jedes (gregorianische) Jahr zehn bis zwölf Tage früher als im vorangegangenen Jahr.

Während des Fastenmonats **Ramadan** wird es Besuchern schnell deutlich, dass man sich in einem moslemischen Land befindet. Solange die Sonne am Himmel steht, bleiben Restaurants geschlossen. Als unvorbereiteter Ungläubiger wird es, ausgenommen in Bali und Orten, wo Chinesen leben, schwierig, wenn nicht sogar unmöglich, tagsüber etwas Essbares aufzutreiben. Schon vor Sonnenaufgang herrscht hingegen rege Geschäftigkeit, es wird gekocht und gegessen. Am Ende des träge dahinfließenden Tages, wenn das Zeichen von der Moschee erklungen ist, stürzt alles in die Warung und Restaurants. Strenggläubige Moslems verzichten während des Ramadan außer auf Essen und Trinken auch auf das Rauchen.

Am Ende des Ramadan wird **Idul Fitri** oder **Hari Raya Puasa** gefeiert, um Allah dafür zu danken, dass man dem Fastengebot Folge leisten konnte. Mindestens zwei Tage lang wird alles nachgeholt, was während des Ramadan verboten war. Schon am frühen Morgen versammeln sich die Menschen auf Dorfplätzen und in Moscheen, um Koranverse zu rezitieren. Nachbarn und Freunde werden besucht, Geschenke ausgetauscht und die Fehler des vergangenen Jahres verziehen.

Während Idul Fitri und in der Woche danach scheinen fast alle Indonesier auf Reisen zu sein: Sämtliche Transportmittel und Zimmer sind überfüllt und oft schon lange im Voraus ausgebucht!

Idul Adha, der mohammedanische Opfertag, ist der Termin für die Pilgerreise *Hadj*. Wer genug Geld hat, um sich die trotz staatlich subventionierter Flüge noch immer sehr teure Reise leisten zu können, erfüllt mit dem Besuch der heiligen Stätten in Mekka ein wichtiges Gebot. Wer es sich nicht leisten kann, kommt in die Moschee zum Gebet. **Muharam** *(Al-Hijra)* ist der Tag, an dem das islamische Neujahrsfest begangen wird. Zwölf Tage nach Muharam wird an **Maulid Nabi Muhammad** *(Sekaten)* der Geburtstag des großen Propheten begangen. Besonders prunkvoll sind die Umzüge in Surabaya und Umgebung. Hier wird über eine Woche lang mit nächtlichen Maskenfesten und Volkstänzen gefeiert. **Mi'raj Nabi Muhammad** ist der Himmelfahrtstag des Propheten.

Chinesische und buddhistische Feiertage

Die Chinesen begehen ihr **Neujahrsfest** im Januar oder Februar wie überall in Südostasien mit Familienfeiern und Tempelbesuchen. Besonders lebhaft sind die Feierlichkeiten im Chinesenviertel von Jakarta, Glodok, wo bereits Tage vorher Glückwunschkarten und Leckereien verkauft werden. Umzüge und Feuerwerk sind aber von den Straßen verbannt.

Bei chinesischen Festen (außer bei Begräbnissen) trägt man keine weiße, blaue oder schwarze Kleidung.

Wesak (auch Waicak) ist der höchste buddhistische Feiertag, an dem im Mai der Geburt und der Erleuchtung Buddhas wie auch seinem Eingang ins Nirvana gedacht wird. Besonders eindrucksvoll am Borobudur. Wie an **Nyepi**, dem balinesischen Neujahr, ist auch an Waicak

Termine 2013–2016

Ramadan	Chinesisches Neujahr
09.07.2013–07.08.2013	10.02.2013
28.06.2014–27.07.2014	31.01.2014
18.06.2015–17.07.2015	19.02.2015
06.06.2016–05.07.2016	08.02.2016

Staatliche Feiertage

1. Januar	Neujahr
Januar/Februar	Chinesisches Neujahr
Januar/ Februar	Geburtstag des Propheten Muhammad
März	Nyepi (balinesisches Neujahr)
März/April	Karfreitag, Ostersonntag
21. April	Kartini-Tag (indonesischer Muttertag)
Mai	Buddhas Geburtstag
Mai	Christi Himmelfahrt
Mai/Juni	Muhammad Himmelfahrt
17. August	Indonesischer Unabhängigkeitstag
September/Oktober	Muslimisches Opferfest
Oktober/November	Islamisches Neujahrsfest
25. Dezember	Weihnachten

im ganzen Land Feiertag – als Ausdruck des Respekts vor nicht-islamischen Religionen.

Balinesische Feiertage

Balinesen scheinen gut ein Drittel ihres Lebens damit beschäftigt zu sein, Feste vorzubereiten und zu feiern. Jeder Tempel hat sein eignes spezielles Fest, das drei Tage lang jedes Jahr gefeiert und noch länger vorbereitet wird. Da das Jahr nach dem balinesischen Kalender nur 210 Tage besitzt, und jedes Dorf mehrere Tempel hat – mahr als 20 000 gibt es auf Bali – ist leicht auszurechnen, mit welch großer Wahrscheinlichkeit man ein derartiges **Odalan** (Tempelfest) miterleben kann, wenn man sich über die Insel bewegt. Zu den Feierlichkeiten strömen Prozessionen von festlich gekleideten Frauen mit Pyramiden aus Kuchen, Früchten und Blumen zum Tempel. Nachdem diese Opfergaben hier vom Priester gesegnet worden sind, werden sie wieder nach Hause getragen und verspeist. Tänze, Theater, Jahrmärkte und Hahnenkämpfe gehören oft ebenfalls zum Programm.

Das balinesische Neujahrsfest, **Nyepi**, wird als ein Tag völliger Stille gefeiert. Am letzten Tag des alten Jahres werden auf allen Straßen zur Reinigung Opfergaben dargebracht, und die Priester versuchen mit *Mantras* die Dämonen des alten Jahres zu vertreiben. Nach Sonnenuntergang ziehen zahlreiche Menschen mit Gongs und Fackeln lautstark durch die Dörfer, um sicherzugehen, dass kein böser Geist zurückbleibt. Am nächsten Tag bleibt jeder in seinem Haus – selbst Touristen dürfen nicht auf die Straße – man verhält sich so ruhig wie möglich und darf weder arbeiten, Feuer machen (selbst die Elektrizität bleibt abgeschaltet) noch kochen. Man hofft, dass eventuell zurückkehrende Dämonen glauben, die Insel sei unbewohnt, und deshalb wieder abziehen.

Das größte Fest ist **Galungan**, das zehn Tage lang auf der ganzen Insel mit großen Festessen, Familienfeiern und Tempelzeremonien zu Ehren des Schöpfergottes gefeiert wird. Die Straßen sind mit hohen Bambuspfählen geschmückt, an denen kunstvoll geflochtene *Lamak*, Flechtarbeiten aus jungen Blättern der Kokospalme, Früchte und andere Opfergaben hängen. Für die Geister der Ahnen, die während dieser Zeit zusammen mit dem Schöpfergott auf die Erde herabsteigen und die Häuser ihrer Nachkommen

Auf Bali gibt es immer etwas zu feiern.

besuchen, werden Reis- und Blumenopfer auf dem Familienschrein platziert.

Am Ende der *Galungan*-Tage feiert man **Kuningan**. Dann werden alle auf die Erde zurückgekehrten Ahnen mit neuen Opfergaben und Flechtarbeiten verabschiedet. Abends ziehen große *Barong*-Puppen tanzend durch die Straßen.

Besondere Verehrung genießt an ihrem Festtag die hübsche Göttin der Wissenschaft, Kunst und Literatur, **Saraswati**. Die alten *Lontar*-Bücher enthalten dieses Wissen und werden somit als Verkörperung der Göttin verehrt. Alle Schüler erscheinen in festlicher Kleidung mit Opfergaben in den Schulen und bedanken sich für die Möglichkeit, ihr Wissen vervollständigen zu können. An diesem Tag darf allerdings weder gelesen noch geschrieben werden.

Fotografieren

Dass man die Kamera wie eine Waffe handhaben kann und sie auch wie eine solche empfunden wird, wissen wir nicht erst, seitdem der Tourismus die entferntesten Winkel der Welt entdeckt hat. Gerade das Fotografieren von Menschen erfordert Respekt und Sensibilität. Oft genügt es schon, sich vorzustellen, wie es ist, eine Kamera auf sich gerichtet zu fühlen, noch dazu bei so privaten Tätigkeiten wie Essen, Schlafen, Beten oder beim Feiern von Festen.

Vor allem ältere Menschen haben manchmal Angst davor, auf Fotos festgehalten zu werden, da sie glauben, dass ihre Seele nach dem Tod auf dem Foto gefangen gehalten wird. Kinder hingegen sind zumeist ganz wild darauf, ein Foto von sich schießen zu lassen und haben großen Spaß daran, die Bilder auf dem Display zu betrachten. Sich selbst auf einem Foto zu sehen, finden die meisten überaus amüsant.

Die besten Fotos entstehen, wenn man sich viel Zeit nimmt, sich mit den Menschen unterhält, Witze macht und immer wieder lächelt. Das entspannt die Atmosphäre, und im Ergebnis hat man nicht nur schönere Fotos, sondern auch eine spannende Erfahrung gemacht. Unbedingt sollte das Gegenüber mit einem freundlichen „Boleh foto?" um Erlaubnis gefragt werden.

Die elementarsten Regeln der Höflichkeit sollten auch beim Fotografieren eingehalten werden. Sich bei Zeremonien und religiösen Handlungen diskret im Hintergrund zu halten, nur eine davon. Mit Geld oder Geschenken Bilder zu erkaufen, ist eine entwürdigende Instrumentalisierung und wird auch so empfunden.

Bilddateien können in vielen Internetcafés auf eine CD/DVD gebrannt, auf den USB-Stick kopiert oder auf die eigene Homepage hochgeladen werden. Hin und wieder wird man zu Hause jedoch feststellen, dass auf die CDs nicht nur Fotodateien, sondern auch Computerviren gelangt sind.

Wer sich nicht mit Digitalkameras anfreunden kann, sollte sich ausreichend mit Fotofilmen eindecken. Diese sind auf Bali zwar teilweise noch erhältlich, liegen aber oft schon Jahre in den Auslagen und sind hoher Feuchtigkeit, Sonnenlicht und Hitze ausgesetzt.

Frauen unterwegs

Das Risiko, ernsthaft belästigt zu werden, ist in Indonesien relativ gering, aber immer vorhanden. Harmlose Anmache ist meist mit einer guten Portion Humor und selbstsicherem Auftreten zu ertragen. In strikt muslimischen Regionen wie Aceh oder Sumbawa ist jedoch mehr Vorsicht geboten. Besonders in Taxis und Bussen werden westliche Frauen jedoch immer wieder begrabscht. Deshalb sollte frau im Taxi nie auf dem Beifahrersitz sitzen und sich in öffentlichen Verkehrsmitteln eher langärmlich und körperunbetont kleiden. Grundsätzlich sollten einige Verhaltensregeln beachtet werden:

Lockere Umgangsformen und allzu luftige Kleidung können zu unangenehmen Missverständnissen führen. Außerhalb der Touristenzentren gilt es als unsittlich, wenn Frauen Männern direkt ins Gesicht sehen, keinen BH tragen oder zu viel von ihren Schultern oder Beinen zeigen. Ein realer oder fiktiver Ehemann, im Idealfall mit Foto, kann hilfreich sein. Schwanger oder gar mit Kindern wird eine Frau in den heiligen Status der Mutter erhoben und nahezu unantastbar.

Andere Situationen sind generell gefährlich: vom kostenlosen Übernachten in Wohnungen selbst ernannter Guides bis zu nächtlichen Spaziergängen an einsamen Stränden oder durch unbelebte Stadtviertel. Es empfiehlt sich auch, um Gruppen betrunkener Männer einen großen Bogen zu machen. Wenn Frauen belästigt werden, dann häufig von betrunkenen Männern.

Anfassen ist nicht immer als Anmache zu verstehen. Indonesier berühren die Haut, auch die von Männern, und bewundern die helle Farbe, ein Kennzeichen für Menschen, die es nicht nötig haben, auf den Feldern zu arbeiten. Trotzdem ist es wichtig zu wissen, dass sich einheimische Frauen eine solche Berührung von fremden Männern niemals gefallen lassen würden.

Es ist sinnlos, traditionell aufgewachsene Indonesierinnen von der Emanzipation der Frau überzeugen zu wollen und von ihnen Verständnis für ein uneheliches Kind oder gar für hüllenloses Sonnenbaden zu erwarten. Hinter den modernen Fassaden regiert noch immer die Tradition. Es wird in vielen islamischen Gesellschaften akzeptiert, dass ein Mann neben seiner Ehefrau, die für die Familie zuständig ist, eine Geliebte finanziert. Auf dem Land werden Mädchen kurz nach der Pubertät verheiratet, und es ist noch immer üblich, dass die Eltern den Ehemann aussuchen.

Ein Phänomen, das in vielen Urlaubsorten zu beobachten ist, sind die Strandboys *(Buaya = Krokodile)*. Gut aussehend, außerordentlich charmant und chronisch pleite haben es sich viele dieser jungen Männer zum Hauptberuf gemacht, Touristinnen zu betören und sich als Ferienflirt zur Verfügung zu stellen. Neben Spaß spielt dabei vor allem Geld eine große Rolle.

In Indonesien ist die Anmache im Allgemeinen allerdings längst nicht so groß wie in einigen Ländern Nordafrikas oder im Vorderen Orient, und Frauen können die meisten Landesteile mit kleinen Einschränkungen problemlos allein erkunden. Auch sollte frau nicht in ständiger Angst vor einer Vergewaltigung (es passiert glücklicherweise höchst selten) leben und sich nicht abhalten lassen, auch ohne männlichen Begleitschutz Asien zu entdecken. Viele Frauen, die allein unterwegs waren, können bestätigen, dass eine derartige Reise sehr viel Spaß macht.

Geld

Währung

Währungseinheit in Indonesien ist die indonesische **Rupiah** (Rp). In Umlauf sind Banknoten zu 1000, 2000, 5000, 10 000, 20 000, 50 000 und 100 000 Rp. Die Aluminiummünzen, die an die einstige Währung der DDR erinnern, gibt es im Wert von 50, 100, 200, 500 und 1000 Rp. Anstelle der Münzen werden häufig kleine Naschereien als Wechselgeld gegeben. Besondere Vorsicht gilt beim Ausgeben von Scheinen zu 10 000 Rp und 100 000 Rp, da diese aufgrund ihrer ähnlichen Farbe leicht verwechselt werden können.

Meist wird beim Geldwechsel für den **US-Dollar** in Relation etwas mehr als für andere Währungen geboten. Vor allem in den kleineren Städten und auf den Außeninseln sinkt der Kurs des Euro oder anderer Währungen stärker als der des US-Dollar. Größere Beträge werden oft in Dollar angegeben und können meistens mit Dollarscheinen oder Rupiah gezahlt werden.

Geldwechsel

Die **Öffnungszeiten** der Banken sind für gewöhnlich Mo–Fr (außer feiertags) von 8–15 Uhr, die der Wechselstuben von 8–20 Uhr.

Neben Banken tauschen **Moneychanger** Bargeld und Reiseschecks. Reiseschecks europäischer Währungen (vor allem €, £ und sFr) erzielen meist neben dem US$ in Großstädten und den Touristenzentren die besten Wechselkurse.

Falschgeld & Co.

Bei allzu verlockenden Wechselkursen ist besonders auf Bali, aber auch sonst Vorsicht geboten: Sollte ein Moneychanger einen verdächtig guten Kurs anbieten, bekommt man oft Falschgeld, alte Scheine, die nicht mehr im Umlauf sind, zu wenig Geld, oder es wird im Nachhinein eine zusätzliche Kommission erhoben, die es eigentlich nicht geben sollte. Auch getürkte Taschenrechner finden Verwendung.

60 FRAUEN UNTERWEGS

www.stefan-loose.de/indonesien

Bargeld

Bargeld birgt das größte Risiko, da bei Diebstahl alles weg ist. Bereist man allerdings abgelegene Regionen, hilft ein ausreichender Vorrat an Rupiahs (und US$) in bar, die langen Strecken zwischen den teils dünn gesäten Geldautomaten zu überbrücken. Hier tauschen viele Banken auch nur US$.

Travellers Cheques

Sicherheit bieten Travellers Cheques, die gegen 1 % Provision bei jeder Bank erhältlich sind. US$-, €-, £- oder sFr-Reiseschecks von AMEXCO (American Express), Visa oder Thomas Cook können in allen Touristenzentren eingelöst werden. Da die Gebühr beim Einlösen pro Scheck berechnet wird, sollten lieber weniger Schecks mit einem höheren Wert mitgenommen werden. Bei Verlust oder Diebstahl werden die Schecks im nächsten Vertragsbüro ersetzt. Wichtig ist, dass für den Nachweis die Kaufabrechnung an einer anderen Stelle aufbewahrt wird als die eigentlichen Schecks. Außerdem hilft eine Aufstellung aller bereits eingelösten Schecks, denn diese werden natürlich nicht ersetzt.

Verlust der Travellers Cheques
Bei Verlust ist **Pacto Ltd.**, Jl. By Pass Ngurah Rai, Sanur, ✆ 0361-288247, ✎ 288240, 🖳 www.pactoltd.com, der Ansprechpartner. Theoretisch 🕐 7.30–21 Uhr, aber nur Mo–Sa 8–16 Uhr ist das Büro de facto besetzt.

Geld- und Kreditkarten

Bei den großen Banken kann mit der entsprechenden Geheimzahl und einer Master- oder Visa-Karte sowie mit Bankkarten mit Maestro- oder Cirrus-Symbol Geld aus dem **Geldautomaten** abgehoben werden, mit manch anderen Bankkarten klappt dies allerdings nicht! Deshalb ist es erforderlich, vor der Abreise bei der heimischen Bank nachzufragen und evtl. die internationale Kartensperre aufheben zu lassen. Auch

Wechselkurse	
1 US$ = 9380 Rp	10 000 Rp = 1,06 US$
1 € = 11 800 Rp	10 000 Rp = 0,85 €
1 sFr = 9755 Rp	10 000 Rp = 1,02 sFr

Aktuelle Wechselkurse sind auch im Internet einzusehen unter 🖳 www.oanda.com oder 🖳 de.finance.yahoo.com/waehrungsrechner.

der Maximalbetrag, meist 500–1000 € pro Tag, und die Gebühren pro Transaktion sind von Bank zu Bank verschieden. Umgerechnet wird zum tagesaktuellen Briefkurs.

Kostenlos ist die Abhebung mit der Postbank Sparcard zehnmal jährlich an Visa/Plus-Automaten und mit einer Visa-Karte verschiedener Direktbanken, wie der Deutschen Kreditbank (DKB) oder der Comdirect, unlimitiert oft, siehe 🖳 www.weltweit-kostenlos-geld-abheben.de. Die deutschen Sparkassen bieten auf viele Kreditkarten gegen geringe Gebühr ein Reisepaket, das u. a. kostenfreies Abheben von Bargeld im Ausland beinhaltet.

Geldautomaten (ATM), die europäische Kredit- und EC-Karten akzeptieren, gibt es in allen wichtigen touristischen Destinationen und Großstädten, zudem zunehmend auch in ländlichen Zentren. Der Höchstbetrag pro Abhebung liegt bei Automaten, die nur 50 000-Rp-Scheine ausspucken, meist bei 1,25 Mio. Rp, bei 100 000-Rp-Automaten bei 2,5–3 Mio. Rp.

Augen auf beim Bezahlen

Die Kreditkarte darf beim Bezahlen nicht aus den Augen gelassen werden, damit kein zweiter Kaufbeleg erstellt werden kann, auf dem später die Unterschrift gefälscht wird. Sie darf auch niemals in einem Safe, der auch anderen zugänglich ist, verwahrt werden. Schon viele Reisende mussten zu Hause mit Entsetzen den Kontoauszügen entnehmen, dass während ihrer Abwesenheit hemmungslos „geshoppt" wurde.

Mit Kreditkarten können höhere Summen beglichen werden, allerdings wird bei einer Zahlung häufig ein Aufschlag von 3 % verlangt, bei American Express teilweise sogar noch mehr. Verlust oder Diebstahl müssen unbedingt sofort gemeldet werden, damit man gegen den Missbrauch der Karte abgesichert ist (maximale Haftung ca. 50 €).

Verlust der Kreditkarte

Beim Verlust deutscher Kredit- oder Maestrokarten kann man diese unter der folgenden einheitlichen Telefonnummer sperren lassen: ✆ 0049-116116.

Alle **Visa**-Kreditkarten werden zudem von Visa International unter der zentralen kostenlosen Nummer ✆ 001-803-1-933-6294 gesperrt. Visa International in Frankfurt ist unter ✆ 0049-(0)800-811 8440 erreichbar. Als Besitzer einer österreichischen Karte wählt man ✆ 0043-1-7111 1770, kommt man aus der Schweiz ✆ 001-410-581 3836.

Sollte die **MasterCard** gestohlen werden, ist der internationale Notfalldienst zuständig: ✆ 001-636-722 7111. Die deutsche Zentrale ist unter ✆ 0049-(0)800-819 1040 erreichbar.

Bei **American Express** findet man als Deutscher unter ✆ 0049-(0)69-9797 2000 Hilfe. Schweizer wählen ✆ 0041-44-659 6900 und Österreicher ✆ 0043-810910.

Gepäck

Kleiderordnung

Das meistgetragene Kleidungsstück auf dem Land ist, neben Sandalen, der Wickelrock (Sarong). Auch Touristen können ihn außer zum Baden als Rock im Haus oder am Strand tragen. Als Kleidung außerhalb der Strände ist er ungeeignet. Es ist empfehlenswert, ein ordentliches Kleidungsstück im Gepäck zu haben, falls man von Einheimischen eingeladen wird.

Bei der Auswahl der Kleidung empfiehlt sich eine Kombination aus lässig-bequemer und gut aussehender Kleidung. In Indonesien beurteilt man die Menschen weit mehr als in Europa nach ihrem Äußeren. Ein schmuddeliges oder gewagtes Outfit stößt auf Ablehnung. Wäsche wird fast überall innerhalb von 24 Stunden für

In Indonesien reist man gerne mit viel Gepäck.

✗ Gepäck-Check

Kleidung
- ☐ Feste Schuhe (für Trekking-Touren reichen bequeme Turnschuhe meist aus)
- ☐ Sandalen
- ☐ Flip-Flops zum Duschen
- ☐ Bequeme Hosen bzw. Röcke aus Baumwolle
- ☐ Kurze Hosen (bei Männern mind. bis zum halben Oberschenkel, bei Frauen bis zum Knie, Shorts und Minis nur am Strand)
- ☐ Hemden, Blusen
- ☐ T-Shirts, Tops
- ☐ Jacke oder Pullover (kühle Nächte in den Bergen und AC-Busse)
- ☐ Regenschirm (keine Gummijacke wegen Wärmestau)
- ☐ Sonnenschutz: Hut, Brille (in unzerbrechlicher Box)
- ☐ Baumwollsocken
- ☐ Unterwäsche
- ☐ Badekleidung, für Frauen außerhalb der Touristenzentren einteiliger Badeanzug

Hygiene und Pflege
- ☐ Zahnbürste und Zahnpasta in stabiler Tube
- ☐ Shampoo und andere Haarpflegemittel, die auf europäische Haare abgestimmt sind
- ☐ Rasierer (in abgelegenen Gebieten ist ein Nassrasierer zu bevorzugen)
- ☐ Papiertaschentücher oder Feuchties für die Hygiene unterwegs
- ☐ ausreichend Tampons (nur in Touristenzentren und Metropolen erhältlich)

- ☐ Nagelschere und -feile
- ☐ Nähzeug (Zwirn, Nähseide, Nadeln, Sicherheitsnadeln)

Sonstiges
- ☐ Taschenlampe
- ☐ Taschenmesser
- ☐ Reiseapotheke (s. S. 66)
- ☐ Reisepass
- ☐ Internationaler Führerschein
- ☐ Impfpass
- ☐ Geld (Kreditkarte, Bargeld, Reiseschecks, Abrechnungsbeleg über Schecks)
- ☐ Kopien der Reisedokumente
- ☐ Reiseführer, Landkarten
- ☐ Reiselektüre
- ☐ Kleine Geschenke (Postkarten, Buntstifte und Malblöcke, Murmeln oder Haargummis statt Bonbons oder Geld für Kinder)

Wer in einfachen Unterkünften wohnen wird, braucht zudem
- ☐ Seife im bruchsicheren Behälter
- ☐ dünnes Handtuch, das schnell trocknet
- ☐ Waschmittel in der Tube und Plastikbürste
- ☐ Kordel und Klebeband
- ☐ Vorhängeschloss (und kleine Schlösser für das Gepäck)
- ☐ Moskitonetz und Reißzwecken oder Klebeband zum Befestigen
- ☐ Schlafsack (Leinenschlafsack, Bettbezug, zwei dünne Tücher oder ein Sarong)

wenig Geld gewaschen und gebügelt. Am besten zählt und notiert man gemeinsam die Anzahl der Kleidungsstücke, damit bei der Abholung schnell die Vollständigkeit der Wäsche geprüft werden kann.

Rucksäcke, Koffer und Taschen

Wer überwiegend mit öffentlichen Verkehrsmitteln unterwegs ist, reist am besten mit einem **Backpacker-Rucksack**. Beim Kauf probiert man ihn mit etwa 15 Kilo Inhalt an. Einen Kompromiss zwischen Koffer und Rucksack stellen die Koffer-Rucksäcke dar, die von der Vorderseite bepackt werden. Der Rollkoffer ist auch in Indonesien eine praktische Alternative, besonders wenn man nicht viel auf öffentliche Verkehrsmittel angewiesen ist.

Zusätzlich ist ein **Tages-Rucksack** von Vorteil, da er diebstahlsicherer und geräumiger ist als eine Handtasche. Beim Kauf sollte auf den Tragekomfort geachtet werden (evtl. mit Rückenbelüftung). Wer im Urlaub zu viel eingekauft haben sollte, bekommt überall billige Koffer und Reisetaschen. Für Kameras benötigt man Foto-

www.stefan-loose.de/indonesien

GEPÄCK

taschen, die möglichst nicht von außen auf den wertvollen Inhalt schließen lassen.

Wertsachen wie Geld, Pässe, Schecks und Tickets lassen sich am besten nah am Körper in einem breiten **Hüftgurt** aufbewahren. Unter Hosen und locker fallenden Kleidern kann man ihn um die Hüfte gebunden unauffällig tragen. Alle Papiere, auch das Bargeld, sollten außerdem zusätzlich durch eine Plastikhülle geschützt werden, denn Schweiß ist zerstörerisch, und unleserliche Bankbescheinigungen, Passstempel oder Flugtickets machen nur Ärger.

Gesundheit

In Indonesien sind gesundheitliche Risiken relativ gering. Sorge bereitet in letzter Zeit vor allem die starke Zunahme von Dengue-Fieber-Erkrankungen (Näheres s. S. 624). Wer ungeschältes Obst und rohe bzw. nicht ausreichend gekochte oder gebratene Speisen meidet und sich so weit wie möglich vor Mückenstichen schützt, braucht keine Angst vor schweren Krankheiten zu haben.

Eine alphabetische Aufstellung der wichtigsten Gesundheitsrisiken findet sich im Anhang, S. 624, unter Reisemedizin zum Nachschlagen.

Reisemedizin im Internet

Wer sich vor dem Besuch beim Tropenarzt schon einmal über die Gesundheitsrisiken in Indonesien kundig machen möchte, findet auf folgenden Websites zahlreiche Informationen:

Arbeitskreis Hamburger Tropenmediziner
🖥 www.tropenmedizin.net
Centrum für Reisemedizin
🖥 www.crm.de
Deutsche Gesellschaft für Reise- und Touristik-Medizin
🖥 www.drtm-online.de
Deutsche Gesellschaft für Tropenmedizin
🖥 dtg.org
Die Reisemedizin
🖥 www.die-reisemedizin.de

Impfungen

Es ist ratsam, sich rechtzeitig um einen ausreichenden **Impfschutz** zu kümmern, v. a. um den Basisimpfschutz gegen Tetanus (Wundstarrkrampf), Polio und Diphterie, wenn seit der letzten Impfung mehr als zehn Jahre vergangen sind.

Für Indonesien ist eine Immunisierung gegen Hepatitis A, Tuberkulose und Typhus (s. S. 625ff) empfehlenswert. Manche Ärzte raten auch zum Schutz vor Hepatitis B, Tollwut und Japanischer Encephalitis (s. S. 625ff).

Bei der Einreise nach Indonesien ist eine Impfung gegen Gelbfieber nur erforderlich, wenn man aus einem Infektionsgebiet (Westafrika, Zentralafrika oder Südamerika) kommt.

Da die Impfungen bis zu acht Wochen vor Abflug erfolgen müssen, empfiehlt es sich, frühzeitig den Hausarzt oder ein tropenmedizinisches Institut zu konsultieren. Eine detaillierte Listung aller tropenmedizinisch weitergebildeten Ärzte findet sich unter 🖥 tropeninstitut.de/impfung/wo_impfen.php.

Alle Impfungen werden in einen **Internationalen Impfausweis** eingetragen, der zu den Reiseunterlagen gehört.

Medizinische Hilfe in Indonesien

Im Vergleich zu einigen privaten Krankenhäusern in den großen Städten und auf Bali, die westlichen Standard erreichen, sind die **öffentlichen Krankenhäuser** (RSU = *Rumah Sakit Umum*) merklich schlechter ausgestattet. Man sollte darauf vorbereitet sein, dass viele Dinge im indonesischen Gesundheitssystem anders funktionieren als daheim.

Nicht überall findet man öffentliche Krankenhäuser, sondern nur sog. *Puskesmas (Pusat Kesehatan Masyarakat),* Erste-Hilfe-Stationen oder Gesundheitszentren, in denen natürlich nicht in drei Acht-Stunden-Schichten gearbeitet wird.

In vielen Krankenhäusern wird erwartet, dass die Familie für Medizin oder anderes Material sorgt und sich um das Essen des Patienten küm-

Tropeninstitute

Deutschland

Berlin, Institut für Tropenmedizin, Spandauer Damm 130, Haus 10, 14050,
☎ 030-301166, 📠 3011 6888, 🖥 www.charite.de/tropenmedizin.
Impfambulanz-Zweigstelle im Globetrotter Geschäft Steglitz, Schloßstr. 78–82, 12165.

Dresden, Zentrum für Reisemedizin, Friedrichstr. 39, 01067,
☎ 0351-480 3805, 📠 480 3809, 🖥 www.khdf.de.

Düsseldorf, Tropenmedizinische Ambulanz, Gebäude 14.78, Moorenstr. 5, 40225,
☎ 0211-811 7031, 📠 811 8752, 🖥 www.uniklinik-duesseldorf.de.

Freiburg, Tropen- und Reisemedizinische Beratung, Häge 20, 79111,
☎ 0761-34100, 📠 33916, 🖥 www.tropenmedizin.de.

Göttingen, Tropenmedizinisches Beratungsinstitut, Werner-von-Siemens-Str. 10, 37077,
☎ 0551-307500, 📠 307 5077.

Hamburg, Bernhard-Nocht-Institut für Tropenmedizin, Bernhard-Nocht-Str. 74, 20359,
☎ 040-428180, Hotline: 0900-123 4999, 📠 4281 8400, 🖥 www.gesundes-reisen.de.

Heidelberg, Klinische Tropenmedizin, Im Neuenheimer Feld 324, 69120, ☎ 06221-5622905,
📠 565204, 🖥 www.klinikum.uni-heidelberg.de/Sektion-Klinische-Tropenmedizin.5489.0.html.

Leipzig, Universitätsklinikum Leipzig, Med. Klinik IV, Fachbereich Infektions- und
Tropenmedizin, Philipp-Rosenthal-Str. 27, 04103, ☎ 0341-972 4971, 📠 972 4979.

München, Abteilung für Infektions- und Tropenmedizin, Leopoldstr. 5, 80802,
☎ 089-2180 13500, 📠 336038, 🖥 www.tropinst.med.uni-muenchen.de.

Rostock, Abteilung für Tropenmedizin, Ernst-Heydemann-Str. 6, 18057,
☎ 0381-494 7511, 📠 494 7509, 🖥 www.tropen.med.uni-rostock.de.

Tübingen, Institut für Tropenmedizin, Wilhelmstr. 27, 72074, ☎ 07071-298 2365,
🖥 www.medizin.uni-tuebingen.de/Zuweiser/Kliniken/Medizinische+Klinik/Tropenmedizin.html.

Ulm, Tropenmedizinische Beratungsstelle, Oberer Eselsberg, Ebene 01, Ambulanz Kabine 2,
Albert-Einstein-Allee 23, 89081, ☎ 0731-5004 4032, 📠 5004 5555.

Würzburg, Tropenmedizinische Ambulanz der Missionsärztlichen Klinik, Salvatorstr. 7, 97074,
☎ 0931-791 2829, 🖥 tropen.missioklinik.de.

Österreich

Wien, Zentrum für Reisemedizin, Alserstr. 48/2, 1090,
☎ 01-403 8343, 📠 4038 34390, 🖥 www.reisemed.at.

Schweiz

Basel, Schweizerisches Tropeninstitut, Socinstr. 57, 4051,
☎ 061-284 8111, 📠 284 8101, 🖥 www.sti.ch.

---

mert, d. h., in vielen Krankenhäusern wird nicht gekocht. Üblich ist auch, dass sich die gesamte Familie und viele Freunde fast rund um die Uhr am Krankenbett aufhalten.

Liegen schwierige Probleme vor oder steht eine **Operation** an, sollte der Patient möglichst nach Surabaya, Jakarta oder, noch sicherer, nach Singapur, Bangkok oder Darwin ausgeflogen werden.

Krankentransporte per Hubschrauber oder Flugzeug ins Ausland werden von folgenden Gesellschaften ausgeführt:

Asiaas, in Jakarta ☎ 021-739 3014, ✉ 739 3193, auf Bali ☎ 0361-228996.

International SOS Assistance, in Jakarta ☎ 021-750 6001, ✉ 750 6001, auf Bali ☎ 0361-710505, ✉ 710515, 🖥 www.sosindonesia.com.

Die **Krankenhausbehandlung** in öffentlichen Krankenhäusern ist bis auf die Aufnahmegebühr

kostenfrei. Medikamente müssen jedoch selbst bezahlt werden. Häufig lohnt es, auf frei praktizierende Ärzte zurückzugreifen. In größeren Städten gibt es medizinische Labors (*Laboratorium*), die auch ohne Überweisung verschiedene Tests (Stuhl, Urin, Malaria usw.) durchführen. Für kleinere Verletzungen und Schnittwunden

---

✖ Vorschlag für die Reiseapotheke

Basisausstattung
- ☐ Verbandzeug (Heftpflaster, Leukoplast, Blasenpflaster, Mullbinden, elastische Binde, sterile Kompressen, Verbandpäckchen, Dreieckstuch, Pinzette)
- ☐ Fieberthermometer
- ☐ Mückenschutz
- ☐ Sonnenschutz
- ☐ Kondome
- ☐ Beipackzettel

Malaria: Prophylaxe und Akutmittel
- ☐ Lariam* oder Malarone* zur Standby-Therapie
- ☐ MalaQuick Standby Malaria-Test

Schmerzen und Fieber
- ☐ Dolormin, Paracetamol (keine acetylsalicylsäurehaltigen Medikamente, wie z. B. Aspirin)
- ☐ Buscopan (gegen krampfartige Bauchschmerzen)
- ☐ Antibiotika* gegen bakterielle Infektionen (in Absprache mit dem Arzt)

Magen- und Darmerkrankungen
- ☐ Imodium akut oder Lopedium (gegen Durchfall, vor allem vor längeren Fahrten)
- ☐ Elotrans (zur Rückführung von Mineralien, Kinder: Oralpädon Pulver)
- ☐ Dulcolax Dragees, Laxoberal Tropfen (gegen Verstopfung)
- ☐ Talcid, Riopan (gegen Sodbrennen)

Erkrankungen der Haut
- ☐ Desinfektionsmittel (Betaisodona Lösung, Hansamed Spray, Kodan Tinktur)

- ☐ Wund- und Heilsalbe (Bepanthen, Betaisodona)
- ☐ Tyrosur Gel, Nebacetin Salbe RP (bei infizierten oder infektionsgefährdeten Wunden)
- ☐ Fenistil Salbe, Soventol Gel, Azaron Stift (bei Juckreiz nach Insektenstichen, Sonnenbrand oder allergischen Reaktionen)
- ☐ Soventol Hydrocortison Creme, Ebenol Creme (bei starkem Juckreiz oder stärkerer Entzündung)
- ☐ Cortison- und antibiotikahaltige Salbe gegen Bläschenbildung nach Quallenkontakt
- ☐ Fungizid ratio, Canesten (bei Pilzinfektionen)
- ☐ Berberil, Yxin (Augentropfen bei Bindehautentzündungen)

Erkältungskrankheiten
- ☐ Olynth Nasenspray, Nasivin
- ☐ Dorithricin, Dolo Dobendan (bei Halsschmerzen)
- ☐ Silomat (Hustenstiller)
- ☐ ACC akut, Mucosolvan, Gelomyrtol (zum Schleimlösen)

Kreislauf
- ☐ Korodin, Effortil (Kreislauf anregend)

Reisekrankheit
- ☐ Superpep Kaugummis, Vomex

Sonnenschutz mit UVA- und UVB-Filter
- ☐ Ladival Milch bzw. Gel, Ilrido ultra Milch
- ☐ Sonnenschutzstift für die Lippen.

Bitte bei den Medikamenten Gegenanzeigen und Wechselwirkungen beachten und sich vom Arzt oder Apotheker beraten lassen.
(* rezeptpflichtig in Deutschland).

steht in allen größeren Hotels ein medizinischer Dienst zur Verfügung.

Staatliche **Krankenhäuser** genießen nicht den besten Ruf. Empfehlenswerte Krankenhäuser und Privatpraxen sind in den jeweiligen Regionalkapiteln aufgeführt.

Medikamente

Von allen regelmäßig benötigten Medikamenten sollte ein ausreichender Vorrat mitgenommen werden. Nicht zu empfehlen sind Zäpfchen oder andere hitzeempfindliche Arzneimittel. In den Apotheken in Indonesien gibt es viele Präparate billiger und ohne Rezept. Gut ausgestattet sind Filialen der landesweiten Apotheken-Ketten **Kimia Farma**, 🖥 www.kimiafarmaapotek. com, und **K24**, 🖥 www.apotek-k24.com, die teilweise rund um die Uhr geöffnet sind oder sogar Lieferservice haben. Wer in einem Krankenhaus oder einer Privatklinik behandelt wird, erhält die Medikamente dort passend abgezählt.

Informationen

Viele Informationen in diesem Buch sind unvorhersehbaren Veränderungen unterworfen. Preise, Öffnungszeiten oder Einreisebestimmungen können sich schnell ändern. Um auf dem aktuellen Stand zu bleiben, können zusätzlich die Updates im Netz unter 🖥 www.stefan-loose.de heruntergeladen oder bei den Fremdenverkehrsämtern Informationen eingeholt werden.

Im deutschsprachigen Raum gibt es derzeit kein indonesisches Fremdenverkehrsamt, sondern nur einen **Tourism Officer**, c/o mk Advertising, Widenmayerstr. 12, 80538 München, ✆ 089-5904 3906, ✉ mail@tourismus-indonesien.de.

Das Hauptbüro des Directorate General of Tourism befindet sich in Jakarta. Es besitzt Zweigstellen in allen Provinzhauptstädten. Daneben hat jede der 32 indonesischen Provinzen ein eigenes Fremdenverkehrsamt, dessen Büros unter dem Namen **Dinas Pariwisata** bekannt sind.

Internet

Es gibt im Internet unzählige Seiten, die sich als Touristeninformation ausgeben. Neben ein paar oberflächlichen Informationen über das Land werden Hotels und Villen sowie Touren angeboten, die selbstverständlich gleich online buchbar sind. Auch alle größeren Hotels verfügen über eine eigene Homepage, auf der ebenfalls Online-Reservierungen durchgeführt werden können. Einige wenige Seiten geben hingegen sehr fundiertes, qualitativ hochwertiges Wissen und aktuelle Informationen weiter und eignen sich gut, um sich einzulesen und die Reise zu planen.

Allgemeine Informationen zu Indonesien

🖥 **www.tourismus-indonesien.de**
Offizielle deutsche Webseite des indonesischen Fremdenverkehrsamtes.

🖥 **www.indonesia-tourism.com**
Ausführliche Informationen zu den einzelnen Regionen sowie hilfreiche Tipps.

🖥 **indahnesia.com**
Aktuelle allgemeine Informationen zu Indonesien, wie Wechselkurse und Benzinpreise.

🖥 **www.indonesiamatters.com**
Umfangreiche Informationen zu Indonesien und aktuellen gesellschaftlichen Entwicklungen.

🖥 **www.indonesien.net**
Kurz und bündig gibt es hier allgemeine deutschsprachige Informationen und Reiseberichte.

🖥 **indonesia-portal.de**
Detaillierte Hintergrundinformationen und ein gutes Forum.

🖥 **www.warungnet.de**
Viele nützliche Informationen über Land, Leute, Kunst, Kultur und Religion auf Bali.

🖥 **www.indonesia-forum.de**
Großes Forum mit aktuellen Informationen zu allen Landesteilen.

🖥 **dir.yahoo.com/Regional/Countries/ Indonesia**
Hier findet man nach Sachgebieten geordnet das umfangreichste Verzeichnis von Webseiten zu Indonesien.

Politik und Gesellschaft
🖳 **home.snafu.de/watchin**
Kritische Informationen über Demokratisierung, Menschenrechte und Umweltschutz auf Deutsch.
🖳 **www.walhi.or.id/en**
Die größte Umweltorganisation Indonesiens.
🖳 **liportal.inwent.org/indonesien.html**
Ausführliche länderspezifische Informationen der GIZ (Deutsche Gesellschaft für internationale Zusammenarbeit) zu Politik und aktuellen Konflikten.

Sicherheit und Gesundheit
🖳 **www.auswaertiges-amt.de**
Länderinfos und Reisewarnungen der Bundesregierung.
🖳 **www.fit-for-travel.de**
Reisemedizinischer Informationsservice.

Traveller-Seiten
🖳 **www.dzg.com**
Deutsche Zentrale für Globetrotter.
🖳 **www.stefan-loose.de/globetrotter-forum/topics/indonesien_bali**
Reisende berichten und tauschen sich aus.
🖳 **www.travelforum.org/bali**
Beliebtes Forum auf Englisch.
🖳 **www.lonelyplanet.com/thorntree**
Umfangreichstes und aktuellstes englischsprachiges Forum zu Indonesien.
🖳 **www.travelersfortravelers.com/to/Indonesia**
Forum, Kontakte, aktuelle Hinweise und Diskussionen unter Travellern aus aller Welt.

Reiseberichte
🖳 **www.guidosreiseberichte.info/indexindonesien.htm**
Berichte von zahlreichen Bali- und Indonesien-Reisen eines passionierten Globetrotters.
🖳 **www.pervan.de/reiseberichte/Indonesien-Reisen**
Seite, die verschiedene lesenswerte Reiseberichte zu Indonesien sammelt.
🖳 **www.nikswieweg.com**
Umfangreiche, amüsant verfasste Reiseberichte aus Java, Sumatra, Bali, Flores und Sulawesi sowie viel Hintergründiges und praktische Tipps für Individualreisende.

Nachrichten im Netz
🖳 **www.tempointeractive.com**
Die englische Homepage des bekanntesten indonesischen Nachrichtenmagazins.
🖳 **english.kompas.com**
Zahlreiche aktuelle Artikel des wichtigen Nachrichtenmagazins auf Englisch.
🖳 **www.thejakartaglobe.com** und
🖳 **www.thejakartapost.com**
Die wichtigsten englischsprachigen indonesischen Tageszeitungen.
🖳 **www.insideindonesia.org**
Umfangreiche, englischsprachige Informationen sowie kurze Artikel und Analysen zu allem, was in Indonesien passiert.

Landkarten und Stadtpläne

Wem der Reiseatlas auf den letzten Seiten dieses Buches nicht detailliert genug ist, findet die besten Karten im Sortiment des Nelles Verlags, 🖳 www.nelles-verlag.de. Hier gibt es neben einer Übersichtskarte des gesamten Inselarchipels Faltkarten für die Regionen Java, Bali/Lombok, Sumatra, Kalimantan und Sulawesi/Nusa Tenggara. Die besten Detailkarten der Insel Bali bietet der Straßenatlas von **Periplus**. Der Atlas kann in Deutschland über den Buchhandel geordert werden und ist in allen Periplus-Filialen für 199 000 Rp erhältlich.

Stadtpläne von Großstädten sind oftmals in wechselndem Angebot und unterschiedlicher Aktualität in den Filialen der Kette Gramedia für 50 000–100 000 Rp erhältlich.

Internet und E-Mail

Internetcafés gibt es in allen größeren Ortschaften. Die Preise liegen bei 3000–30 000 Rp pro Stunde, je nach Wettbewerbslage und Verbindungsgeschwindigkeit. Das Internet ist im Vergleich zu Europa jedoch sehr langsam. Längere E-Mails sollten zwischendurch immer wieder in einem Word-Dokument gesichert werden, da Stromausfälle die lange Schreibarbeit innerhalb von Sekunden zunichtemachen können.

In Indonesien, besonders auf Bali und Java, finden sich immer mehr **WLAN-Netzwerke** in Hotels, Restaurants und Bars, die in der Regel kostenfrei von Gästen genutzt werden können. In luxuriösen Anlagen kann die Funkverbindung allerdings sehr teuer werden. Mit einem WLAN-fähigen Handy, Netbook, Laptop oder Tablet ist es dann wesentlich leichter und komfortabler, mit den Daheimgebliebenen in Kontakt zu bleiben oder die Geschehnisse am anderen Ende der Welt zu verfolgen. Bei Einrichtungen mit WLAN wird dies in den jeweiligen Beschreibungen im praktischen Teil dieses Buches erwähnt.

Zudem bietet jeder Telefonanbieter auch Internetzugang über handelsübliche **SIM-Karten**, welche in einen der vielfach im Handyladen angebotenen USB-Sticks eingelegt und mit Guthaben aufgeladen werden. Sodann ist Internetempfang überall dort möglich, wo es auch Handynetzempfang gibt. Dieser reicht meist für einfaches Surfen und Text-E-Mails, jedoch selten für Videotelefonate oder Downloads. Der landesgrößte Anbieter Telkomsel bietet einen volumenbeschränkten Internetzugang für 14 Tage für 50 000 Rp.

Kinder

Im Allgemeinen werden sich Kinder in Indonesien sehr wohlfühlen. Vor allem Stadtkinder genießen die freie Natur, die Strände und Märkte und sind fasziniert von Ritualen, Tempeln und Tänzen. Spaß macht es auch, zusammen mit den Kindern in den Werkstätten die Handwerker und Künstler bei der Arbeit zu beobachten. Vergnügungs- und Tierparks gibt es in Jakarta, Surabaya, auf Bali und in anderen Großstädten. Auf dem Land finden Kinder zu ihrer Freude Hühner, Enten, Hunde und Katzen, auch wenn der hautnahe Kontakt mit Haustieren nicht immer bedenkenlos ist. Das größte Plus: Die Menschen sind sehr kinderfreundlich, der Kontakt zu einheimischen Kindern, die selbstverständlich fast immer und überall dabei sind, ist schnell geknüpft.

Reisevorbereitung

Sehr wichtig ist die **Einbeziehung der Kinder** in die Vorbereitung der Reise. Kinder möchten am Planen oder Kofferpacken teilnehmen, und ihre Wünsche sollten im Rahmen des Möglichen berücksichtigt werden. Ein eigener kleiner Spielzeug-Rucksack, den die Kinder selbst packen und tragen können, erleichtert manche Entscheidung darüber, welche Sachen unbedingt mit müssen. Ein paar zusätzliche Überraschungsbücher sind immer eine gute Idee.

Es ist auch hilfreich, darüber zu sprechen, was es in Indonesien zu sehen und zu erleben gibt. Welches Kind wird nicht von der Vorstellung vom Buddeln und Muscheln suchen am Strand, von geheimnisvollen Tempeln oder einer Dschungeltour begeistert sein?

Anreise

Wichtig ist, schon bei der Routenplanung die Bedürfnisse der Kinder zu berücksichtigen. Die Anreise per Flugzeug und die damit verbundene **Zeitverschiebung** ist immer beschwerlich, muss jedoch nicht zum Stress werden. Am lästigsten sind die Wartezeiten auf den Flughäfen, die allerdings sehr gut dazu genutzt werden können, um sich und die Kinder in den vorhandenen Wasch- bzw. Mutter-und-Kind-Räumen in Ruhe zu reinigen, die Zähne zu putzen und die Kleidung zu wechseln, was in den beengten Flugzeugtoiletten nur mit Mühe zu bewerkstelligen ist.

Der Komfort im **Flugzeug** selbst variiert je nach Fluggesellschaft. Die renommierten bieten „schwebende" Kinderbettchen für Säuglinge, Kinder-Menüs, die vor denen für Erwachsene serviert werden, damit man den Kindern beim Essen behilflich sein kann. Meist gibt es Spiele, Bastelmaterial oder Ähnliches. Es kann aber passieren, dass es weder Milch noch eine Möglichkeit, sie zu erwärmen, gibt, von Babynahrung ganz zu schweigen. Ein Krabbelkind zehn bis zwölf Stunden auf dem Schoß zu halten, geht über die Kräfte eines einzelnen Menschen. Gerade als allein reisendes Elternteil sollte man sich nicht scheuen, Mitreisende und Flugpersonal um Hilfe zu bitten. In jedem Fall empfiehlt sich ei-

TRAVELTIPPS VON A BIS Z

www.stefan-loose.de/indonesien

KINDER **69**

ne Ausrüstung mit Windeln, Babynahrung und Wechselwäsche wie für eine Dreitagereise, denn für einen unvorhergesehenen Aufenthalt sollte man immer gewappnet sein. Besonders mit einem Kind unter zwei Jahren, das noch keinen Anspruch auf einen Sitzplatz hat, sollte ein Flug nur mit einer der großen, kinderfreundlichen Fluggesellschaften in Betracht gezogen werden. Detaillierte Bewertungen aller Fluggesellschaften finden sich unter ⌨ www.airlinequality.com.

Übernachtung und Essen

Für die ersten Nächte nach der Ankunft braucht man ein gutes, möglichst ruhiges **Hotel**, in dem sich niemand übermäßig durch ein weinendes oder aufgedrehtes Kind gestört fühlt. Ältere und reisegewohnte Kinder kommen mit der Zeit- und Klimaumstellung leichter zurecht, dennoch ist es besser, auf großartige Unternehmungen gleich nach der Ankunft zu verzichten.

✗ Nicht vergessen!

- ☐ Reisepass (Kinder brauchen einen eigenen Pass)
- ☐ Impfpass
- ☐ SOS-Anhänger mit allen wichtigen Daten
- ☐ Kleidung (möglichst strapazierfähige, leichte Sachen)
- ☐ Wegwerfwindeln
- ☐ Babynahrung
- ☐ Fläschchen für Säuglinge
- ☐ MP3-Player mit Hörspielen und der Lieblingsmusik
- ☐ Spiele und Bücher, Videospiele für lange Busfahrten
- ☐ Fotos von wichtigen Daheimgebliebenen gegen Heimweh
- ☐ Kuscheltier (muss gehütet werden wie ein Augapfel, denn ein verloren gegangener Liebling kann allen den Rest der Reise verderben. Reiseerprobte Kinder beugen vor, indem sie nur das zweitliebste Kuscheltier mitnehmen.)
- ☐ Sonnencreme mit hohem Lichtschutzfaktor
- ☐ Kopfbedeckung

Man braucht nicht unbedingt immer in teuren Hotels übernachten, denn auch kleinere Unterkünfte haben oft Zimmer mit drei Betten, in denen auch zwei Kinder Platz haben. Zudem sind sie meist überschaubar genug, um in Hörweite des Zimmers gemütlich den Abend zu verbringen. Da auch Asiaten gerne in großen Familienpulks reisen, besitzen die meisten Hotels Mehrbettzimmer oder bauen auf Nachfrage ein zusätzliches Bett auf.

Beim **Essen** schmecken den meisten Kindern vor allem Obst, *Sate* und *Krupuk*. In den Touristenzentren braucht auch niemand auf die gewohnte Pizza oder Spaghetti zu verzichten. Allerdings sind einige lokale Gerichte (z. B. *Nasi Padang*) für Kinder zu scharf. Es gibt erfreulicherweise eine große Bereitschaft, kindgerechtes Essen zu besorgen, selbst wenn eine kleine Extraportion zubereitet werden muss. Als **Getränke** für unterwegs haben sich die (allerdings recht süßen) Tee-, Kakao- und Saft-Päckchen à 0,2 l bewährt.

Nahrungsmittel sollten in Plastikdosen aufbewahrt oder mit Klebeband luftdicht verschlossen werden, sonst dauert es nicht lange, bis Ameisen und anderes Kleinvieh die Leckereien entdecken.

Babyflaschen und Milchpulver gibt es überall, Babynahrung aus Gläschen nur in den großen Städten und Touristenzentren Javas und Balis, eine Flaschenbürste und andere Reinigungsmittel nimmt man am besten mit. Wegwerfwindeln gibt es in allen großen Städten zu kaufen.

Transport

Lange Fahrten sind gerade für kleinere Kinder anstrengend, sodass man es ihnen so bequem wie möglich machen sollte, also lieber Flugzeug oder Bahn statt Bus oder gar Minibus benutzen und ihnen möglichst einen eigenen Sitzplatz besorgen. Solange Kinder keinen eigenen Sitzplatz beanspruchen, reisen sie bei Bus- und Bahnfahrten (unter drei Jahren) umsonst. Bei Flügen zahlen sie unter zwei Jahren nichts, zwischen zwei und zwölf Jahren die Hälfte; auf dem Schiff unter einem Jahr 10 % bzw. zwischen einem und elf Jahren 70 %.

Eine **Rückentrage** für die Kleinsten hat sich bewährt. Sie kann notfalls auch im Flugzeug aufgestellt werden und dem Kind somit ein Minimum an Bewegungsfreiheit geben.

Gesundheit und Hygiene

Man sollte keine übertriebene Angst vor Schmutz, Krankheiten und fremder Sprache haben, denn Kinder haben normalerweise gute Abwehrkräfte, finden leicht Anschluss und regeln viele Sachen nonverbal. Sie verstehen schnell die Notwendigkeit, sich öfter als gewohnt die Hände zu waschen, kein Wasser aus der Wasserleitung zu trinken usw. Man sollte das Kind vor der Reise gründlich untersuchen lassen und sich frühzeitig um Impfschutz kümmern, einschließlich gegen jegliche Kinderkrankheiten.

Da die **medizinische Versorgung** in vielen Teilen Indonesiens problematisch ist, sollte man mit kleinen Kindern keine ausgefallenen Touren machen. Kinderärzte gibt es vor allem in Jakarta, Surabaya und auf Bali. Jede Schramme sollte sofort gereinigt und desinfiziert werden, da sich leicht Infektionen bilden. Kinder sollten zudem optimal vor Mückenstichen geschützt werden. Am besten macht man es zum Ritual, vor Sonnenuntergang zu duschen, die Kleidung zu wechseln (lange Hosen und Socken) und sich mit einem mückenabweisenden Mittel einzureiben. Auch ein eigenes Moskitonetz ist wichtig.

Durch mangelnde Sauberkeit können sich leicht Ausschläge entwickeln, deshalb nur mit einwandfreiem Wasser duschen und Kinder nur an sauberen Stränden und Pools baden lassen. Dabei muss die empfindliche Haut durch eine Kinder-Sonnenmilch und ein T-Shirt vor praller Sonne geschützt werden – für alle Fälle ein Mittel gegen Juckreiz einpacken.

Die neue Umgebung und die Eltern

Viele Probleme lösen sich wie von selbst durch das Entgegenkommen der ausgesprochen **kinderfreundlichen Menschen**. Kleine Touristen stehen schnell im Mittelpunkt des Interesses. Vor allem außerhalb der Touristenzentren werden sie beschenkt und gestreichelt, fotografiert und geküsst – bisweilen bis zum Rande des Erträglichen, was bereits kleine Kinder häufig eindeutig zu verstehen geben. Manchmal brauchen sie etwas Unterstützung – ein Sommerhut auf dem blonden Lockenkopf kann helfen, neugierige Hände fernzuhalten.

Bei einer Reise, bei der man keinen festen Standort hat, sind die mitreisenden **Erwachsenen** die einzigen verlässlichen Bezugspunkte der Kinder. Kleine Kinder werden sich entsprechend anklammern. Größeren Kindern fehlen bisweilen Freunde, mit denen sie sich unterhalten können. Andererseits bieten Reisen mit Kindern die Möglichkeit, zahlreiche neue Erfahrungen zu machen und besondere Kontakte zu einheimischen Familien zu knüpfen. Eine gute Möglichkeit zudem, viel Zeit mit seinen Kindern zu verbringen.

Medien

Bücher, Zeitungen, Magazine

In den Großstädten und den Touristenzentren auf Bali gibt es Buchhandlungen, die einige schöne **Bildbände**, **Reiseführer** und **Karten** verkaufen. Das größte Angebot inkl. einer Auswahl an **Magazinen** in englischer Sprache sowie *Spiegel*, *Stern* und *Focus* haben die Periplus-Buchläden in den Metropolen Javas und auf Bali. Eine recht gute Auswahl an Taschenbüchern, zumeist in englischer Sprache, aber auch auf Deutsch, halten auch Secondhand-Buchläden bereit. Sie sind nicht billig, nehmen aber ausgelesene Bücher zumeist zum halben Preis zurück.

Fernsehen

Die Deutsche Welle strahlt ihr 24-stündiges Fernsehprogramm **DW-TV** über den Satelliten AsiaSat 3S digital aus. Einige Hotels speisen das Programm ein, um ihren Gästen deutsche, fran-

www.stefan-loose.de/indonesien

zösische, englische und spanische Nachrichten bieten zu können.

Weit weniger kompliziert ist es, die aktuellen Nachrichten im Internet z. B. unter 🖥 www.tagesschau.de anzusehen.

Ihr **Radioprogramm** hat über Kurzwell in Asien hat die Deutsche Welle Ende 2011 eingestellt. Aktuelle Podcasts, Streams und das Fernsehprogramm finden sich unter 🖥 www.dw.de

Post

Das indonesische Post- und Telefonsystem ist nicht immer verlässlich. Briefe und Postkarten können in allen kleinen und großen Postämtern aufgegeben werden. Die Preise variieren jedoch bisweilen stark. Eine Postkarte oder ein Brief kommt nach ein bis vier Wochen in Europa an. Per Luftpost ist ein Brief in der Regel etwa eine Woche unterwegs. Manche kommen auch gar nicht an, besonders Schreiben, die mit kleinen Muscheln oder Münzen versehen sind oder in abgelegene Briefkästen geworfen werden. Pakete auf dem Seeweg lassen meist zwei bis drei Monate auf sich warten. Es lohnt sich jedoch, Pakete auf diesem Weg zu verschicken, da sich der Preis bei Luftfracht nahezu verdreifacht.

Pakete sollten lieber zu einem Hauptpostamt gebracht werden. Hier werfen Postbeamte gerne einen zollgeschulten Blick in die noch unverschlossenen Päckchen. Vor dem Versand muss eine **Zollerklärung** ausgefüllt werden, auf der der Inhalt detailliert dargelegt wird. In Deutschland kann der Zoll wesentlich stren-

ger und unnachgiebiger sein als in Indonesien. Viele Pakete kommen aber auch ohne zusätzliche Zollabfertigung ins Haus.

Es lohnt nicht, einen dringenden Brief per Express zu schicken, weil er erst im Ankunftsland bevorzugt behandelt wird. Schneller ist ein **Fax**, eine DIN-A-4-Seite nach Deutschland kostet ca. 20 000 Rp, oder ein eingescanntes Schreiben. Faxe können in vielen Hotels und Internetcafés aufgegeben werden. In einigen Unterkünften steht der Faxanschluss Gästen auch zum Empfangen von Nachrichten zur Verfügung.

Bei größeren Einkäufen sollte sich in den entsprechenden Städten um eine **Spedition** bemüht werden, falls sich nicht der Händler darum kümmert (in diesem Fall immer auf eine exakte Quittung bestehen). Speditionskosten schlüsseln sich nach Seefracht (bis zum jeweiligen Hafen) und Landfracht (Hafen–Heimatort) auf. Letztere kann ein Vielfaches der Seefracht betragen. Ein ganzer Container mit einem Volumen von etwa 30 m³ kostet ab Yogyakarta per Schiff bis Hamburg etwa US$2000, der Kubikmeter entsprechend US$200 (kleinere Sendungen sind dann jedoch per Post billiger).

Reisende mit Behinderung

Für Menschen mit einer Behinderung ist eine Reise durch Indonesien nur teilweise möglich und oft schwierig. Sie ist nur jenen anzuraten, die bereit sind, sich Herausforderungen zu stellen. Reiseerfahrung und eine gute Kondition sind hier sicher von Vorteil. Auf Bali und in anderen Touristenzentren gibt es Hotels, die behindertengerechte Zimmer anbieten. Indonesier sind hilfsbereite Menschen, und man wird immer jemanden finden, der einem bei Treppen oder anderen Hindernissen mit Rat und Tat zur Seite steht. Der Transport mit öffentlichen Verkehrsmitteln ist für Rollifahrer sehr umständlich. Die großen Jeeps bieten hingegen genug Platz für einen Rollstuhl.

Auf Bali bietet **Bali Access Travel**, Jl. Danau Tamblingan 31, Sanur, ☎ 0361-851 9902, 0813-

Porto für den Versand nach Deutschland	
Paket bis 10 kg	400 000–500 000 Rp (Seefracht)
Paket bis 5 kg	300 000–400 000 Rp (Seefracht), 1 Mio. Rp (Luftpost)
Paket bis 1 kg	300 000–400 000 Rp (Luftpost)
Brief	10 000–20 000 Rp
Postkarte	5000–10 000 Rp
Die Preise variieren je nach Aufenthaltsort.	

3776 6544, 📧 www.baliaccesstravel.com, verschiedene speziell für Menschen mit körperlichen Behinderungen konzipierte Touren an. Die Preise richten sich nach dem ausgearbeiteten Programm. Gut ausgebildete Guides und Pflegepersonal, rollstuhlgerechte Fahrzeuge und Rollstuhlverleih. Zudem gibt es einen kostenpflichtigen Service, der die Behindertengerechtheit der ausgewählten Unterkünfte überprüft oder geeignete vorschlägt. ⏰ 8–17 Uhr.

Das **Internet** hilft auf vielen Seiten mit zahlreichen Tipps und Tricks. Auf 📧 rolloverbali. tripod.com/introgerman.htm können Touren gebucht werden, die speziell auf Rollstuhlfahrer zugeschnitten und trotzdem individuell gestaltet sind. Wer denkt, er könne mit einem Rollstuhl nicht die ganze Welt bereisen, wird auf 📧 www. mitschontour.de eines Besseren belehrt. Die **Nationale Koordinationsstelle Tourismus für Alle (NatKo)**, Fleher Str. 317a, 40223 Düsseldorf, 📞 0211-336 8001, 📧 www.natko.de, hält hilfreiche Infos für das Reisen mit Behinderung bereit.

Sicherheit

Nichts kann die Lust am Reisen mehr verderben als der Verlust der Wertsachen. Es passiert immer wieder, dass jemandem die Tasche aus der Hand gerissen wird, Zimmer aufgebrochen und durchwühlt sind oder ein netter „Freund" mit der Kamera das Weite gesucht hat. Auch in einem Minibus verschwindet schnell mal etwas aus der Tasche. Da Reisende ihre Besitztümer fast immer mit sich herumtragen, sind sie einem erhöhten Diebstahlrisiko ausgesetzt. Selbst mit US$500 in der Tasche trägt man mehr Geld mit sich herum, als mancher Indonesier in einem Jahr verdient.

Wertgegenstände

Um Diebstählen vorzubeugen, empfiehlt es sich, möglichst wenige Wertsachen mit sich zu führen. Teurer Schmuck gehört nicht ins Reisegepäck, und im Hotel kann Wertvolles im Safe verschlossen oder gegen Quittung abgegeben werden (Schecks mit Nummern separat auflis-

ten, niemals Kreditkarten abgeben), was vor allem bei einem Strandurlaub empfehlenswert ist.

Der Handtasche ist ein Tagesrucksack vorzuziehen, da dieser nicht ohne Weiteres vom Körper gerissen werden kann. Wer Geld und Papiere nicht sicher einschließen kann, sollte stets einen Geldgürtel umhaben. Kleingeld und ein paar Scheine haben in tiefen, vorderen Hosentaschen Platz.

Sicheres Reisegepäck und Zimmer

Eigentlich sollte das Gepäck keinen Moment unbeaufsichtigt bleiben. In der Praxis ist dies, insbesondere für Alleinreisende, schlicht unmöglich. Ist man mit einem guten Bekannten unterwegs, kann z. B. nach der Ankunft in einem neuen Ort einer die Besitztümer hüten, während der andere auf Zimmersuche geht. Die Gepäckaufbewahrung am Flughafen ist relativ sicher und günstig. Eine natürliche Skepsis gegenüber Reisebekanntschaften ist angebracht, besonders bei den „I want to practise my English"-Freunden.

Manche Zimmer in billigen Unterkünften sind nur mit einem Vorhängeschloss zu verschließen. Man erhält zwar ein Schloss und einen Schlüssel, doch ein eigenes Hängeschloss für die Tür verspricht mehr Sicherheit. In Schlafsälen empfiehlt es sich, den Rucksack mit einem Schloss zu sichern, sofern keine abschließbaren Schränke vorhanden sind. In Bussen, Zügen oder auf Schiffen kann das Gepäck nicht immer beaufsichtigt werden. Deshalb gehören Wertsachen ausschließlich ins Handgepäck. Rucksäcke und Reisetaschen sollten mit kleinen Vorhänge-

Reisedokumente absichern

Es ist sehr sinnvoll, die wichtigsten Reisedokumente wie Flugtickets, Reisepass, Impfpass und Krankenversicherung vor der Reise einzuscannen und an die eigene E-Mail-Adresse zu schicken. So sind die Papiere gesichert und im Notfall von (fast) jedem Ort der Welt abrufbar.

www.stefan-loose.de/indonesien

SICHERHEIT **73**

schlössern verschlossen sein. Mit einem leichten Fahrrad-Ringschloss kann man sie zusätzlich an Stangen oder Gepäckträger anschließen.

Verhalten bei Diebstählen

Verluste und Diebstähle müssen bei der Polizei gemeldet werden, die zumeist Englisch spricht und ein Protokoll verfasst. Manchmal wird dafür eine Gebühr von 100 000 Rp verlangt.

Ein Einbruch ins Hotelzimmer: Eine Reisegepäckversicherung zahlt nur, wenn ein Polizeiprotokoll vorliegt. Ist es nicht in Englisch abgefasst, lässt man es am besten noch in Asien übersetzen und beglaubigen. In Singapur gibt es zuverlässige und relativ günstige Übersetzungsbüros. Im Internet finden sich schnell zahlreiche seriöse Übersetzer und Übersetzungsagenturen für jede gängige Sprachkombination, 🖥 www.proz.com.

Die Schecks wurden gestohlen: Die Kaufbelege und die Schecks selbst sollten immer getrennt aufbewahrt werden. Gestohlene oder verlorengegangene Schecks werden nur ersetzt, wenn die Abrechnung vorgewiesen werden kann, s. S. 61.

Der Pass ist weg: Der Personalausweis und Kopien aller wichtigen Papiere sollten an unterschiedlichen Stellen aufbewahrt oder vor der Reise kopiert und als Datei an die eigene E-Mail-Adresse geschickt werden. Es ist dann leichter, bei der nächsten Botschaft oder einem Konsulat die Identität nachzuweisen. Der Verlust der Papiere kostet immer viel Zeit und Rennerei (Polizei – Botschaft – Immigration). Adressen der Botschaften und Konsulate s. S. 46.

Strafbare Handlungen

Von **Drogen** sollte man die Finger lassen, auch von Marihuana, damit der Aufenthalt in Indonesien nicht ungeplant verlängert wird – und zwar hinter Gittern. Die Strafen sind drastisch: Allein der Konsum (!) kann zwei bis drei Jahre Gefängnis einbringen. Der Besitz selbst geringer Mengen von Cannabis bringt max. sechs Jahre, der anderer Drogen zehn, dazu Geldstrafen von 10 bis 15 Mio. Rp. Bei Drogenhandel drohen gar

20 Jahre bis lebenslänglich oder die Todesstrafe. Mitwisser, die nicht die Polizei verständigen (betrifft häufig Ehefrauen), werden mit max. einem Jahr bestraft. Informanten bleiben anonym und erhalten in vielen Fällen eine Belohnung.

Gewarnt sei auch vor Pilz-Omeletts mit sog. Magic Mushrooms, die zwar (zumindest auf Bali) nicht offiziell gesetzlich verboten sind, aber ihre Tücken haben, denn die Wirkung ähnelt der von LSD und ist nicht zu unterschätzen.

Unter Drogeneinfluss (auch Alkohol) sollte man keinesfalls Motorroller fahren oder schwimmen gehen. Letzteres ist wegen der starken Strömungen schon in nüchternem Zustand nicht ungefährlich.

Ein Gesetz verbietet **Nacktbaden**. Wer dabei erwischt wird oder in Badekleidung außerhalb der Strände herumläuft, kann mit bis zu drei Jahren Gefängnis bestraft werden. Zumindest in Süd-Bali ist die Polizei aus Angst, Touristen zu vertreiben, jedoch in der Regel nachsichtig. Dennoch ist es strafbar und der einheimischen Bevölkerung gegenüber höchst respektlos, in Bikini oder Badehose in Restaurants zu sitzen oder durch die Straßen zu gehen.

Sport und Aktivitäten

Abenteuer

In den Nationalparks und Naturschutzgebieten des Inselarchipels kann die vielfältige und exotische tropische Pflanzen- und Tierwelt auf einer **Trekkingtour** erforscht werden. Auch bieten verschiedene Anbieter besonders auf Bali Tagesausflüge mit dem **Mountainbike** oder **Raftingtouren** an, die es ermöglichen, die Urlaubsinsel von ihrer ursprünglichen Seite kennenzulernen. Weitere Informationen in den jeweiligen Regionalkapiteln.

Kreuzfahrten und Segeltörns

Boote sind in vielen Regionen Indonesiens nicht nur das wichtigste Transportmittel, sondern auch eine ansprechende Alternative, den

Transport zu bewältigen. Neben den großen Pelni- und ASDP-Fähren bieten auch zahlreiche Anbieter Ausflüge mit Katamaranen, Segel-, Fischer- oder Schnellbooten an. Von kurzen Exkursionen auf vorgelagerte Insel bis hin zu mehrwöchigen Segeltörns, bei denen man an Bord wohnt, ist alles zu haben. Viele Touren starten von Bali aus Richtung Osten bis nach Komodo und Flores, aber auch in Sulawesi und Kalimantan gibt es solche Angebote. Weitere Infos in den jeweiligen Regionalkapiteln.

Surfen

Indonesien ist ein **Paradies für erfahrene Wellenreiter**. Die Brandung an den Südküsten von West-Java, Bali, Lombok und Sumbawa, aber auch die Mentawai-Inseln vor Sumatra zählen zu den besten Surfgebieten der Welt. Nicht ohne Grund finden hier jedes Jahr internationale Wettkämpfe statt. Die meisten Surfspots sind allerdings nur für Profis empfehlenswert, da die oft meterhohen Wellen über Riffen brechen und so jede noch so kleine Unachtsamkeit zu schwerwiegenden Verletzungen führen kann. Auch die unberechenbaren Strömungen leisten ihren Beitrag dazu, dass an Indonesiens Küsten regelmäßig traumhafte Bedingungen für Profisurfer herrschen. Zum Glück gibt es aber auch Strände, an denen sich Anfänger bei ihren ersten Stehversuchen keine ernsthaften Sorgen um ihre Gesundheit machen müssen. Besonders in Kuta auf Bali finden sich zahlreiche **Surfschulen**, die täglich Kurse für absolute Anfänger veranstalten.

Weiterführende Informationen zu den verschiedenen Surfspots finden sich in den jeweiligen Regionalkapiteln sowie inkl. detaillierter Bewertungen und Informationen, zahlreicher Bilder und Erfahrungsberichte auf der englischsprachigen Webseite 🖳 www.wannasurf.com/spot/Asia/Indonesia.

Tauchen

Das riesige Inselarchipel Indonesien ist für seine lebendige, **farbenprächtige Unterwasserwelt** bekannt. Besonders vor den Küsten des Pulau

Togian-Nationalparks, Pulau Bunaken-Nationalparks (beide auf Sulawesi), den Derawan-Inseln (Kalimantan), Pulau Weh (Sumatra), Karimunjawa (Java), den Komodo-Inseln sowie natürlich Bali und Lombok bieten sich hervorragende Bedingungen für Taucher. Die Preise beginnen in der Regel bei US$35 bzw. 25 € p. P. für einen Tauchgang bzw. US$60 für zwei Tauchgänge, können aber auch abhängig vom Tauchgebiet bei längeren Anfahrten bei deutlich über US$100 für zwei Tauchgänge liegen. Der Open-Water-Tauchkurs kostet durchschnittlich US$350. Bevor man sich für einen Anbieter entscheidet, sollte die Ausrüstung genau unter die Lupe genommen werden.

Für detaillierte Informationen zu den einzelnen Tauchgebieten folgt man am besten den Empfehlungen in den jeweiligen Regionalkapiteln. Zudem lohnt sich ein Besuch der Seite 🖳 www.taucher.net, die sehr umfangreich mit allen wichtigen Daten aufwartet und zahllose Berichte anderer Taucher bereithält.

Wellness

Massagen

An allen touristischen Stränden Indonesiens und in zahlreichen Unterkünften bieten Massagefrauen ihre Dienste an. Für rund 50 000 Rp ölen sie den Körper ein und kneten ihn in einer Stunde von oben bis unten kräftig durch. Die meisten Frauen haben keinerlei professionelle Ausbildung.

Spas

Wer Erholung für Körper und Geist sucht und Stress abbauen möchte, kann sich in einem Spa mit Thermal- und Blütenbädern, Massagen aller Art, Packungen und anderen wohltuenden Körperbehandlungen in luxuriöser Atmosphäre entspannen.

Hotels sind oft mit eigenen Spas ausgestattet, die auch von Tagesgästen besucht werden können. In der Regel kostet es ca. US$20 p. P. und Tag, wenn nur diverse Bäder, Sauna usw. benutzt werden. Spezialbehandlungen sind teurer und reichen vom 30-minütigen Kräuterbad für US$30 bis zur fünfstündigen Vollbehandlung für US$200. Schon legendär sind die Spas in den Luxushotels, wie dem Bali Hyatt, Four Seasons Jakarta oder Le Meridien, aber auch weniger Wohlbetuchte kommen etwa im Jari Menari oder Su's Spa in Kuta und Seminyak, dem Nur Salon in Ubud oder der Kette Bersih Sehat in Jakarta auf ihre Kosten. Weitere Empfehlungen finden sich in den jeweiligen Regionalkapiteln.

Eine echte Massage dauert um die zwei Stunden, längere Behandlungen mit Packungen, Bädern, kosmetischen Behandlungen und anderen Therapien können durchaus einen ganzen Tag in Anspruch nehmen.

Telefon

Die mehr als 238 Mio. Indonesier sind große Fans der Telekommunikation, besonders des SMS-Schreibens. Selbst in den kleinsten Dörfern finden sich Verkaufsstände, die Karten mit Prepaid-Guthaben *(Pulsa)* verkaufen.

Neben der Netzabdeckung sprechen auch die Preise für **Auslandsgespräche** und SMS

Telekommunikation leicht gemacht

Jeder Besucher, der günstig kommunizieren möchte, sollte sich für sein Handy eine indonesische **Prepaid-SIM-Karte** zulegen. Eine Vielzahl verschiedener Unternehmen hat solche Karten im Angebot. Wenn man sich nur in den Touristenzentren und Großstädten aufhält, kann problemlos jede dieser Karten genutzt werden. Soll die Reise jedoch auch in entlegene Regionen gehen, stehen nur die zwei großen Mobilfunkanbieter Telkomsel (Simpati) und Indosat (Mentari und IM3) zur Auswahl. Die SIM-Karten gibt es ab 10 000 Rp inklusive eines Gesprächsguthabens von 5000 Rp in vielen kleinen Geschäften und Supermärkten zu kaufen, wo auch bereits erstandene Karten aufgeladen werden können. **Gespräche innerhalb Indonesiens** sind, ebenso wie Anrufe oder SMS nach Europa, mit diesen Karten erheblich günstiger als mit der heimischen SIM.

Wichtige Telefonnummern	
Polizei	110 (vom Handy aus 112)
Feuerwehr	113 (vom Handy aus 112)
Ambulanz	118 oder 119
Such- und Rettungsdienst	111, 115 oder 151

für die SIM-Karten von Simpati. Um ein günstiges Gespräch nach Deutschland, Österreich oder in die Schweiz zu führen, wird einfach die 01017 vor der eigentlichen Nummer (also z. B. 01017-49-30-1234567) gewählt, und schon zahlt man nur 2400 Rp (ca. 0,20 € pro Minute). **SMS** in die Heimat kosten mit 600 Rp nur einen Bruchteil davon.

Möchte man mit einer Simpati-Karte sein bestehendes Guthaben überprüfen, wählt man die *888#. Unter der *999# kommt man in das Hauptmenü, in dem alle möglichen Tarifoptionen gebucht werden können.

Bei bestehender Internetverbindung sind Gespräche über **Skype** zu Festnetznummern in Deutschland für zurzeit 0,022 € pro Minute eine noch günstigere Variante für die Kommunikation mit den Daheimgebliebenen. Man kann also auch ohne böse Überraschungen auf der Handyrechnung mit der Heimat in Verbindung bleiben.

Es ist zudem möglich, aus Deutschland für zurzeit 0,023 € pro Minute über den Call-by-Call-Anbieter 01077 erreicht zu werden.

Eine weitere interessante Option von Simpati ist die preiswerte Nutzung von mobilen **Internet-Diensten**. Für 5 Rp pro Kilobyte kann man direkt ins mobile Netz gehen. Alternativ besteht die Möglichkeit, ein wesentlich günstigeres Internetpaket zu buchen, das für 50 000 Rp zwei Wochen bis zu einer Datenmenge von 500 Megabyte oder für 100 000 Rp ein Monat bis zu 1 Gigabyte beinhaltet. Dazu wird im Wählfeld des Telefons *363# eingegeben und das entsprechende Paket unter dem Menüpunkt „3" (Flash Unlimited) ausgewählt. In dem Menü besteht zudem die Möglichkeit, kleinere bzw. zeitlich begrenztere Pakete zu buchen, die allerdings nach den eigenen Erfahrungen weniger zuverlässig funktioniert haben. Um ein Paket wieder abzumelden, wird eine SMS an die Nummer 3636 mit dem Inhalt „UL OFF" geschickt. So kann man für ein paar Rupiah das eigene E-Mail-Postfach abfragen oder sich über die neuesten Nachrichten und Sportergebnisse auf dem Laufenden halten. Besonders an Orten ohne preiswerte oder zuverlässige Internetverbindung empfiehlt sich diese Option als unkomplizierte Alternative.

Wer sein Handy lieber zu Hause lassen möchte, kann in einem der vielen *Wartel (Warung Telefon)* oder im Hotel für etwas mehr Geld telefonieren.

Transport

Auf den einzelnen Inseln findet man sehr unterschiedliche Verhältnisse vor. Auch wenn Indonesien auf Karten mit einem ausgezeichneten Straßennetz ausgestattet zu sein scheint, sieht die Situation vor Ort teilweise doch etwas anders aus.

An **Wochenenden** und wichtigen **Feiertagen** sind in den dicht besiedelten Gebieten auf Java und Sumatra alle Transportmittel überfüllt. Die Fernbusse werden gestürmt und nehmen unterwegs keine weiteren Passagiere mit. Vor allem in den billigen Zügen wird man, sofern man keinen reservierten Platz hat, mit ein bis zwei weiteren Passagieren einen Sitzplatz teilen oder auf dem Gang stehen müssen. Die Flüge sind vor allem zu Beginn der Ferien bereits Wochen im Voraus ausgebucht.

Verkehrssituation auf den Inseln

Java
Die am dichtesten besiedelte Insel Indonesiens verfügt über das engmaschigste, aber auch das am stärksten ausgelastete Verkehrsnetz. Die Hauptstadt Jakarta manövriert schon seit Jahren nahe am Verkehrskollaps. Taxis und die einzigen innerstädtischen Massentransportmittel, die Transjakarta-Busse, sind bisher die beste Wahl. Zwischen Jakarta, Bogor und Bandung gibt es eine gebührenpflichtige Autobahn. Weitere Autobahnen (*Jalan Tol*, gebührenpflichtig)

führen von Jakarta nach Merak, dem Fährhafen nach Sumatra, nach Osten bis Cikampek und von Surabaya in die Orte Jabon, Mojokerto und Gresik. Schnellstraßen verlaufen zudem zwischen Cirebon und Semarang sowie zwischen Yogyakarta und Solo. Insgesamt wurde in den vergangenen Jahren viel Geld in den Ausbau des javanischen Fernstraßennetzes gesteckt.

Relativ schnell sind **Überlandbusse** auf der West-Ost-Achse unterwegs. Sie fahren von Jakarta entweder via Merak in die Großstädte Sumatras oder die Nordküste entlang über Cirebon und Semarang nach Surabaya bzw. auf Inlandstrecken über Bandung, Yogyakarta, Solo und Malang nach Banyuwangi und weiter bis nach Bali oder West-Nusa Tenggara. Abseits dieser Routen tuckert man mit überfüllten Minibussen langsam durch die Landschaft. Sie verkehren häufig nur bis zum frühen Nachmittag. Eine Alternative zu den langsamen Bussen sind teurere, aber auch komfortablere Nacht- und Expressbusse. Bei den langsamen Tagbussen kann man mit einer Reisegeschwindigkeit von etwa 40 km/h rechnen.

Die auf dem gut ausgebauten Eisenbahnnetz verkehrenden **Züge** (s. S. 80) sind zu Stoßzeiten in den Ballungsgebieten oft notorisch überfüllt. Viele Pendler legen die Fahrt sogar auf dem Dach des Zuges zurück, was die Zuggesellschaften zu immer abenteuerlicheren Gegenmaßnahmen treibt.

Die größten **Flughäfen** liegen in Jakarta und Surabaya.

Sumatra
Das gängige Verkehrsmittel sind **Überlandbusse**. Die Distanzen sind jedoch enorm, sodass die Fahrt oft einen halben Tag oder mehr

Preiserhöhungen

Eine geplante Gesetzesänderung würde zu starken Einschnitten bei den staatlichen Benzinsubventionen führen. Daher kann es sein, dass bis 2013 Kosten für Transport und besonders in entfernteren Regionen und auf kleineren Inseln auch für Lebensmittel deutlich höher werden.

www.stefan-loose.de/indonesien

in Anspruch nimmt. Keine touristisch bedeutsame Destination ist in weniger als zwei Stunden Fahrzeit erreichbar. Wer im Bus schlafen kann, ist bei weiten Strecken mit einer Fahrt im Nachtbus gut beraten. Im Hochland, zum Beispiel vom Toba-See nach Bukittinggi, ist dies jedoch weniger empfehlenswert – hier sind schon Busse im Abgrund gelandet. Während der Regenzeit sollte man Reisen durch den Süden der Insel vermeiden, denn dann sind nicht selten Brücken von den Wassermassen beschädigt. Zwischen Medan und dem Toba-See sowie zwischen Padang und Bukittinggi existieren gute Straßen, auf denen die großen Expressbusse verkehren. Der Trans-Sumatra-Highway, der die Insel von Banda Aceh bis nach Bakauheni südlich von Lampung durchquert, hat eine teilweise schlechte Straßenqualität – die Strecke ist dennoch auch während der Regenzeit zu befahren.

Die Insel verfügt über untereinander nicht verbundene **Eisenbahnstrecken**, die zum Teil nur noch für Gütertransporte genutzt werden. In Nord-Sumatra verkehren Passagierzüge auf den Strecken von Medan nach Tanjungbalai und Rantauprapat, in Aceh von Lhokseumawe nach Banda Aceh, in West-Sumatra von Padang nach Pariaman, in Süd-Sumatra von der Fährstation Panjang nach Palembang. Zwischen den Strecken bestehen keine Verbindungen.

Drehkreuz des **Flugverkehr**s ist Medan.

Bali

„Transport" ist wohl das häufigste Wort, das auf den Straßen von Kuta oder Ubud zu hören ist, denn an jeder Straßenecke bieten Fahrer ihre Dienste an. Zudem gibt es ein breites Angebot öffentlicher Verkehrsmittel, sodass es keinen Ort auf Bali gibt, der nicht innerhalb eines Tages zu erreichen wäre. Wer auf ein eigenes Transportmittel Wert legt, hat die Wahl zwischen Minibussen oder Autos mit Chauffeur, Mietwagen, Motorrädern oder Fahrrädern. Gängige Verkehrsmittel sind Minibusse (Angkot), Taxis und Busse. Die einzige mehrspurige Schnellstraße verläuft von Nusa Dua im Süden bis nach Kusamba im Osten der Insel. Auch sonst sind die Straßen zwar oft eng, aber in gutem Zustand.

Nusa Tenggara

Im direkten Vergleich zur Infrastruktur auf Bali sind die Fahrwege auf **Lombok** deutlich schlechter ausgebaut. Dennoch gibt es auf der Insel ein relativ dichtes, asphaltiertes, teils modernes Straßennetz. Auf **Sumbawa** sieht das deutlich anders aus. Neben ein paar asphaltierten Straßen an der Westküste und im Einzugsgebiet der größeren Städte gibt es nur eine Verbindungsstraße, die von Poto Tano im äußersten Westen über Sumbawa Besar und Bima bis nach Sape im Osten führt. Viele Teilabschnitte sind noch immer in sehr schlechtem Zustand. Das Reisen ist hier ziemlich beschwerlich und langwierig. Auf **Flores** sind die Straßenverhältnisse etwas besser, aber auch hier nimmt der Transport auf den schmalen, sich windenden Straßen viel Zeit in Anspruch. Die einzelnen touristisch relevanten Destinationen liegen jeweils ungefähr sechs Stunden Fahrzeit auseinander. Zwischen den Inseln verkehren **Fähren**. Eine zeitsparende Alternative sind **Flüge**.

Sulawesi

Zwischen Manado und Makassar gibt es eine durchgehende **Straßenverbindung**, den Trans-Sulawesi-Highway, der komplett ausgebaut und vollständig asphaltiert ist. Die Strecke wird in Teilabschnitten regelmäßig von Expressbussen befahren. Ansonsten sind die Straßen insgesamt noch recht schlecht ausgebaut. Ein gutes **Straßennetz** gibt es nur rings um Manado bis Gorontalo und um Makassar bis hinauf nach Tana Toraja. Abseits der Hauptrouten sind die zerfallenen, unbefestigten Straßen oft nur noch mit Jeeps oder Lastwagen zu befahren. Häufig ist man auch auf **Fähren** angewiesen, die noch immer sehr unzuverlässig und teils unsicher sind. Für die Strecke Makassar–Manado sollte ein **Flug** in Betracht gezogen werden.

Kalimantan

Das Straßennetz rings um die größeren Städte reduziert sich schon bald auf schlechte, unbefestigte Straßen. Der schon seit Langem geplante Trans-Kalimantan-Highway von West nach Ost existiert erst in wenigen Teilstücken. Dennoch gibt es viele Verbindungen mit **Überlandbussen**. Boote sind neben dem Flugzeug das einzige Transportmittel, um ins Landesinnere vorzustoßen. Ist man mit lokalen Einbäumen unterwegs, erfordert das allerdings viel Zeit. In Loksado kann die Rückreise in Richtung Banjarmasin mit dem Bambusfloß zurückgelegt werden, auf dem Mahakam in Ost-Kalimantan und im Tanjung Puting-Nationalpark dagegen stehen ganze Hausboote für mehrtägige Reisen bereit.

Transport auf den Inseln

Überlandbusse

Busse sind fast überall die billigsten Verkehrsmittel. **Expresslinien** durchqueren in Teilabschnitten die Hauptinseln Sumatra und Java bis hin nach Bima auf Sumbawa. Die Non-AC-Busse sind oft voll, eng und nicht besonders komfortabel, bieten aber die Gelegenheit, seine Mitfahrer besser kennenzulernen. Die heruntergekühlten AC-Busse bieten mehr Komfort (z. B. Service und Luxussitze), aber auch das Risiko, sich eine lästige Erkältung einzufangen. Wird Gepäck auf das Dach verladen, sollte auf eine ausreichende Sicherung geachtet werden. Am besten die Gepäckstücke mit einer Kette am Dachgestänge anschließen. Wertsachen gehören immer ins Handgepäck. Die Tasche kann als nächtliches Ruhekissen genutzt werden. Der Rucksack ist sicher, und man hat mehr Bewegungsfreiheit, wenn man zwei Sitzplätze zahlt und auf dem zweiten Platz das Gepäck unterbringt. Auf Java wird das auch von Indonesiern, die mit viel Gepäck reisen, praktiziert.

Ein Handicap sind lange Beine. Kaum ein Europäer passt bequem zwischen die engen Sitze. Wer schon einige Tage vorher sein Ticket für den Expressbus kauft, kann sich einen Sitzplatz auswählen, der den Beinen Bewegungsfreiheit lässt. Meist ist das der Platz hinter dem Fahrer.

Beim Zusteigen erfährt man den richtigen Fahrpreis im Zweifel von anderen Passagieren. Auf längeren Strecken sollte man den Busfahrer etwas im Auge behalten. Manche fahren zwölf Stunden und länger ohne Ruhepause oder sind alkoholisiert. Dann empfiehlt es sich definitiv, auszusteigen und mit dem nächsten Bus weiterzufahren.

Minibusse und Mikrolet

Eine Alternative zu den großen Bussen sind Transportunternehmen, die den Transfer von A nach B zu Festpreisen mit **Minibussen** oder Mietwagen mit Fahrer organisieren. Auf Bali ist dies die am weitesten verbreitete Fortbewegungsmethode unter Touristen, und auch auf der Insel Flores kommt man so am besten voran. Die Vorteile liegen auf der Hand: Der direkte Transfer von Hotel zu Hotel und die Möglichkeit, entlang der Strecke an interessanten Wegpunkten anzuhalten.

In vielfältigsten Variationen trifft man auf den Inseln weitere kleine Busse an, die den lokalen Passagierverkehr bewältigen. Manchmal sind es komfortable Minibusse. Mit weniger Glück sitzt man auf der niedrigen Holzbank eines **Mikrolet**, die auf die umgebaute Ladefläche eines Kleintransporters montiert ist.

Es gibt keine festen **Abfahrtszeiten**, sondern es wird oft erst dann losgefahren, wenn nach Meinung des Fahrers keine weitere Person Platz hat. Besonders an Markttagen kann dies eine hautnahe Erfahrung werden. Start- und Endpunkt einer Route liegen oft in der Nähe eines Marktes oder Busbahnhofs.

Die **Fahrpreise** sind regional sehr unterschiedlich und im Allgemeinen auf Nebenstrecken höher. Dabei zählt nicht nur die Entfernung, sondern auch der Straßenzustand. Auf unbefestigten Gebirgsstrecken wird eben mehr Benzin verbraucht als auf einer asphaltierten Schnellstraße. Die Preisangaben in diesem Buch können nur Richtwerte sein, da sich die Preise regelmäßig ändern. Vor einer Fahrt sollte man sich bei Einheimischen über den aktuellen Preis informieren und das Geld passend bereithalten. Auf eine höhere Preisforderung sollte gar nicht erst eingegangen werden. Macht der Minibus auf Wunsch einen Umweg, so müssen eventuelle Extrakosten bereits vorher geklärt werden. Häufig erhält man gute und korrekte Informationen (nicht nur zu Fahrpreisen) von den Polizeibeamten, die auf fast jedem Terminal ihr Büro (*Kantor)* haben. In größeren Busbahnhöfen sind sie sogar angeschlagen. Allerdings handelt es sich hierbei um Mindestpreise, die von den Busgesellschaften oft nach Belieben aufgerundet werden.

www.stefan-loose.de/indonesien

TRANSPORT **79**

Einige Nebenstrecken werden wegen des schlechten Straßenzustands und Mangels an Fahrgästen nicht von Minibussen bedient. Hier übernehmen entweder Lastwagen den Personen- und Gütertransport, oder man findet an den Abzweigungen Motorradtaxis.

Eisenbahn

Für längere Strecken auf Java ist eine Fahrt mit den Eisenbahnen der **Kereta Api Indonesia (Persero)**, ⌨ www.kereta-api.co.id (Informationen nur auf Indonesisch), durchaus zu empfehlen. Hat man keinen reservierten Platz oder steigt gar unterwegs in einen schon besetzten Zug ein, kann es passieren, dass man den ganzen Tag eingequetscht zwischen Leidensgenossen im Gang stehen muss, durch den sich zudem in regelmäßigen Abständen Verkäuferscharen drängen. Nachtzüge erweitern das Angebot für alle, die den Tag nicht im Zugabteil verbringen wollen.

Der **Fahrpreis** richtet sich nicht nur nach Entfernung und Klasse, sondern auch nach der jeweiligen Art des Zuges. Je nach Abfahrtszeit und -datum variieren die Preise enorm. Es ist ratsam, sich **Fahrkarten** mindestens einen Tag vorher zu besorgen. Expresszüge sind manchmal schon Tage im Voraus ausgebucht. Wer nicht zum Bahnhof laufen und am Schalter anstehen will, bekommt sie gegen Vermittlungsgebühr bei einem Reisebüro.

Nahverkehr

Minibusse (Angkot)

Ein Angkot (Angkutan Kota, auch Bemo genannt) ist ein Minibus in der Größe eines Transporters, der festgelegte Strecken abfährt und auf der Straße angehalten werden kann. Die kleinen Minibusse verkehren besonders in dichtbesiedelten Gebieten regelmäßig. Am besten man hält den Fahrpreis abgezählt bereit.

Fahrradrikschas (Becak)

Becak sind in eigenen Städten noch immer anzutreffen. Preise werden immer individuell ausgehandelt. Manche Fahrzeuge sind kunstvoll bemalt. Sie sind meist von den Fahrern gemietet, sodass nicht selten ein Drittel der Einkünfte bei den Besitzern der Becak landet. Deshalb sollte man gerade mit alten Fahrern nicht unbedingt um die letzte Rupiah feilschen, sondern wie die Indonesier „mit dem Herzen" zahlen.

Motorradtaxis (Ojek und Bajaj)

In Großstädten verkehren **Motorradtaxis** (Ojek), um deren Preis man handeln muss. Meist stehen Gruppen junger Männer, die ihre Fahrdienste anbieten, mit ihren Motorrädern an Kreuzungen. Zudem gibt es für den Passagiertransport umgebaute, mit einer Kabine versehene Motorroller oder andere motorisierte Dreiräder, z. B. die alten orangeroten und neuen, mit Gas betriebenen blauen **Bajaj** in Jakarta, die Motorradrikschas *(Becak Mesin)* in Medan oder die **Bemo** *(Becak Motor)* in Denpasar.

Pferdekutschen

Die von kleinen Pferden gezogenen Karren oder **Kutschen** (auch als *Cidomo, Dokar, Bendi, Delman* oder *Andong* bekannt) funktionieren ähnlich wie Becak. Sie transportieren bis zu sechs Personen, sind aber meist billiger. Man findet sie vorwiegend in Bergorten, wo Becak wegen der Steigungen unbrauchbar sind, sowie vermehrt auf Lombok.

Taxi

Taxis gibt es in den Metropolen und größeren Städten Jakarta, Bandung, Makassar, Manado, Medan, Palembang, Semarang, Surabaya und Yogyakarta, in Senggigi und Mataram auf Lombok sowie in den Touristenzentren in Süd-Bali. Die Fahrer schalten nicht immer anstandslos ihr Taxameter ein. Besonders zu späterer Stunde oder außerhalb der Ortskerne wollen die Fahrer häufig kein Taxameter verwenden, der Preis muss vor Antritt der Fahrt ausgehandelt werden. Die Einschaltgebühr inkl. des ersten Kilometers beträgt auf Bali 4500–5000 Rp, jeder weitere Kilometer kostet 4000 Rp. In Jakarta kostet die Einschaltgebühr inkl. des ersten Kilometers 5000 Rp bei älteren und 6000 Rp bei den zuverlässigen Blue Bird Taxis, jeder weitere Kilometer 3000 Rp.

Auch wenn es in vielen anderen Städten sonst keine Taxis gibt, so stehen an allen mittelgroßen Flughäfen Airporttaxis bereit, die die

Ankömmlinge für feste Preise ins Stadtzentrum oder zum Hotel fahren.

Der empfehlenswerteste und zuverlässigste Taxianbieter ist die **Blue Bird Group**, in Jakarta: 021-7917 1234, auf Bali: 0361-701111, www.bluebirdgroup.com, die neben Jakarta auch in Bandung, Bali, Mataram und Senggigi, Manado, Medan, Semarang, Surabaya und Yogyakarta vertreten ist. Die Autos sind immer recht neu und mit einer funktionierenden Klimaanlage ausgestattet, die Fahrer in der Regel freundlich und ortskundig, aber nicht immer der englischen Sprache mächtig. Sollte man ein Gepäckstück im Taxi vergessen, hat man zudem gute Chancen, es wiederzubekommen. Bei einer telefonischen Bestellung beträgt der Mindestpreis 30 000 Rp in Jakarta, 25 000 Rp auf Bali. Außerdem auch Limousinen-Service, Auto- und Busvermietung.

Stadtbusse

Neben diesen individuellen Transportmitteln operieren Stadtbusse auf festen Strecken mit gekennzeichneten Haltestellen, z. B. in Jakarta, Süd-Bali, Yogyakarta oder Surabaya. Näheres in den jeweiligen Regionalkapiteln.

Selbstfahrer

Motorräder

Motorräder lassen sich in allen touristischen Zentren für 40 000–100 000 Rp pro Tag ausleihen. Bei längerer Leihdauer kann oftmals ein kräftiger Rabatt ausgehandelt werden.

Es herrscht **Helmpflicht**, auch wenn die Gesetzgebung in verschiedenen Regionen sehr verschieden streng ausgelegt werden kann.

Ausländische Rollerfahrer überschätzen ihre Fahrkünste oft maßlos und landen nicht selten im Krankenhaus. Beifahrer verbrennen sich zudem regelmäßig den rechten Unterschenkel am ungeschützten Auspuff. Nur äußerst erfahrene Fahrer sollten sich das Roller- und Motorradfahren auf Java und Bali zutrauen. Auf den Highways in weniger besiedelten Regionen sind besonders der in Küstengegenden abrupt auftretende Wind sowie plötzlich erscheinende zentimeterdicke Spurrillen nicht zu unterschätzen.

Mietwagen

Dem Roller ist ein Mietwagen vorzuziehen, der bei einem Unfall mit einer Knautschzone vor

Motorradrennen sind unter Jugendlichen ein beliebter, wenn auch riskanter Zeitvertreib.

Verkehrsregeln und Tipps

Theoretisch gelten ähnliche Verkehrsregeln wie in Deutschland. Praktisch sieht es jedoch etwas anders aus. Hier die wichtigsten Regeln:

- Es herrscht Linksverkehr
- Immer defensiv fahren und nachgeben, vor allem gegenüber stärkeren Verkehrsteilnehmern wie LKW, Bussen usw.!
- Vorfahrt hat der Stärkere, Größere, Schnellere oder Geschicktere
- Da Motorräder sowohl links als auch rechts überholen, sollte auf mehrspurigen Straßen ein Spurwechsel niemals abrupt durchgeführt werden, sondern immer erst den Blinker setzen und dann langsam und mit Vorsicht
- Viele Einbahnstraßen gelten nur für Autos, Busse und LKW. Zweiräder fahren in beide Richtungen
- Auch aus Seitenstraßen können immer Roller und Motorräder herausschießen
- Steht die Ampel auf Orange, unbedingt weiterfahren, um Auffahrunfälle zu vermeiden
- Nicht auf Verkehrszeichen verlassen, denn sie werden oft nicht beachtet
- Bei einem Unfall ersetzen auf die Straße gelegte Zweige das Warndreieck
- Das Hupen ist ein Mittel, um (besonders bei Überholvorgängen) auf sich aufmerksam zu machen. Wer nicht hupt, lebt gefährlich!
- Das Benutzen der Lichthupe bedeutet nicht, dass man ein entgegenkommendes Fahrzeug passieren lässt, sondern dass man sich die Vorfahrt erzwingt!
- Das Setzen des Blinkers in Richtung der Mitte der Straße bedeutet, dass das entgegenkommende Fahrzeug zu weit mittig fährt und ausweichen soll
- Wenn Militärfahrzeuge im Konvoi im Anmarsch sind oder Polizei mit Sirene unterwegs ist, ist Vorsicht geboten. Dann heißt es, runter von der Straße, da sie nur äußerst selten die Bremse gebrauchen
- Man sollte sich vor großen Überlandbussen in Acht nehmen. Sie führen oft waghalsige Überholmanöver durch
- Während der Regenzeit stehen viele Straßen unter Wasser
- Innerhalb der Ortschaften werden Teile der Straße von fliegenden Händlern und Essenständen genutzt
- Es gibt viele langsame Verkehrsteilnehmer, wie Ochsenkarren, Becak und zahllose Fußgänger, die vor allem außerhalb von Ortschaften nach Einbruch der Dunkelheit gefährliche Situationen heraufbeschwören können
- Nachts erschweren unbeleuchtete Fahrzeuge das Fahren
- Wasserbüffel, Geflügel und andere Haustiere haben das Vorrecht, in Ruhe über die Straße spazieren zu dürfen

Verletzungen schützen kann. Wer sich selbstständig mit einem Mietfahrzeug bewegen will, sei dennoch gewarnt: Der Verkehr auf Bali und Java ist oft dicht und für Unerfahrene gefährlich. Die Verkehrsverhältnisse auf asiatischen Straßen sind völlig anders als in Europa, sodass man keine größeren Strecken an einem Tag bewältigen kann. In entlegeneren Regionen hat man mit schlechten Straßenverhältnissen zu kämpfen, und die Mietpreise für das eigne Fahrzeug sind sehr hoch. Meist ist es außerhalb Balis gar nicht erst möglich, einen Mietwagen ohne Fahrer zu organisieren. Auf einigen Inseln sind sie nur mit Chauffeur zu bekommen und in diesem Fall manchmal teurer als Taxis. Die Fahrer fungieren teils auch als Guide und geben meist einige interessante Anekdoten zum Besten. Der Mietpreis beinhaltet zudem das Benzin, in der Regel jedoch nicht die Unterkunft und Verpflegung des Fahrers. Solange man in einer etwas größeren Gruppe unterwegs ist (ab drei Personen), ist dies eine gute Alternative, denn es lohnt sich oft mehr, ein Auto mit Fahrer zu mieten und sich ein eigenes Ausflugsprogramm zusammenzustellen, als auf festgelegte teure Touren zurückzugreifen.

Auf Bali gibt es Autos ohne Fahrer schon ab 120 000 Rp pro Tag, auf Lombok ab 150 000 Rp, auf Sumatra ab 250 000 Rp. Mit Fahrer und Benzin kosten sie auf Bali ab 350 000 Rp, auf Sulawesi ab 400 000 Rp, auf Flores ca. 600 000 Rp und in Jakarta ca. 800 000 Rp pro Tag.

Benzin (Premium) kostet an Pertamina-Tankstellen zurzeit 4500 Rp pro Liter, Diesel (Solar) gleich viel. Bei privaten Händlern ist das Benzin teurer, in den Bergen und sehr entlegenen Gebieten kostet es mitunter deutlich mehr.

Wenn es zu einem **Unfall** kommt, sollten der Versicherungsnachweis, die Fahrzeugpapiere und der Internationale Führerschein bereitgehalten werden. Da fast alle Versicherungen mit einer Selbstbeteiligung von mindestens US$100 arbeiten, sollte man bei einem von einem anderen Verkehrsteilnehmer verursachten geringfügigeren Schaden sofort versuchen, so viel Geld wie möglich vom Schadensverursacher zu erhalten.

Bei einem größeren Schaden ist es ratsam, die Autovermietung direkt zu kontaktieren. Sollten Personen zu Schaden kommen, kann bei kleineren Blessuren die Behandlung direkt gezahlt werden, bei schwerwiegenderen Verletzungen sollten die Verletzten so schnell wie möglich ins nächstgelegene Krankenhaus gebracht werden.

Führerschein

Wer keinen **Internationalen Führerschein** vorweisen kann, muss mit einer Strafe rechnen. Besonders auf Bali hat die Polizei diese Einnahmequelle entdeckt und kontrolliert hellhäutige Rollerfahrer fleißig und regelmäßig. Im Regelfall reicht es, einen 50 000-Rp-Schein unauffällig in die Fahrzeugpapiere zu legen, auf jeden Fall sollte man sich auf keine längeren Diskussionen einlassen. Falls man vergessen hat, einen Internationalen Führerschein in der Heimat zu beantragen, besteht die Möglichkeit, auf Bali für Ersatz zu sorgen. Bei der Polizei kann für ca. 10 € ein Formular gekauft wer-

Fahrzeug-Checkliste

Bevor ein Fahrzeug gemietet wird, sollte es genau überprüft werden, deshalb ein paar Vokabeln:

Deutsch	Englisch	Indonesisch
Blinker	indicator	lampu sen
Bremsen	brakes	rem
Ersatzrad	spare wheel	roda serep
Zündkerze	spark plug	busi
(Ersatz-) Reifen	(spare) tyre	ban (serep)
Scheinwerfer	headlights	lampu sorot
Tank	tank	tanki
Werkzeug	tools	alat-alat
Wagenheber	jack	dongkrak
Werkstatt	garage	bengkel mobil
Tankstelle	gas station	pompa bensin
Führerschein	driving license	surat izin mengemudi (SIM)

den, das bescheinigt, dass der Internationale Führerschein verloren wurde. Ob dies der Wahrheit entspricht oder nicht, interessiert dann keinen Polizisten mehr.

Transportmittel für größere Entfernungen

Flugzeuge

Ein Flug ist die mit Abstand schnellste und komfortabelste Art der Fortbewegung. In den letzten Jahren hat sich eine Vielzahl von neuen Billigairlines etabliert, die zu sehr günstigen Preisen sowohl Inlandflüge als auch Flüge ins benachbarte Ausland anbieten. Neben den hier gelisteten, wichtigsten Gesellschaften für Inlandflüge gibt es noch eine Vielzahl an kleinen Unternehmen, die oft nur regional limitiert aktiv sind.

Air Asia, 🖥 www.airasia.com. Große Airline mit vielen Routen in ganz Südostasien, die in Indonesien jedoch nur Flughäfen auf Java und Sumatra sowie Balikpapan in Kalimantan und Makassar in Sulawesi anfliegt.

Flughafengebühr!

Anders als an fast allen Flughäfen der Welt ist in Indonesien die Abfluggebühr nicht im Ticketpreis inbegriffen. An den Flughäfen von Bali, Jakarta und Surabaya beträgt diese **Airport Tax** 150 000 Rp für internationale Flüge bzw. 40 000–50 000 Rp für Inlandflüge. An kleineren Flugplätzen zahlt man für internationale Flüge 75 000–100 000 Rp und für nationale Flüge 10 000–40 000 Rp. Da die Gebühr nicht mit der Kreditkarte bezahlt werden kann, sollten immer genügend Rp oder US$ zum Abflug mitgenommen werden.

Batavia Air, 💻 www.batavia-air.com. Besonders von Jakarta und Surabaya aus bedient die Billigairline viele Ziele im gesamten Archipel.
Citilink, 💻 www.citilink.co.id. Die Tochtergesellschaft von Garuda bietet sehr preiswerte Inlandflüge ab Jakarta oder Surabaya nach Balikpapan, Banjarmasin (beide Kalimantan), Makassar (Sulawesi) und Medan (Sumatra) sowie den Inseln Bali und Batam vor Singapur.
Garuda, 💻 www.garuda-indonesia.com. Die große staatliche Fluggesellschaft fliegt neben 19 internationalen Zielen auch 31 inländische Destinationen auf den großen Inseln Java, Sumatra, Kalimantan und Sulawesi sowie Bali und Lombok an.
Lion Air, 💻 www.lionair.co.id. Billigairline mit größtenteils sehr moderner Flotte sowie einigen internationalen Flügen nach Malaysia, Singapur und Vietnam. Relativ zuverlässig. Großes Netzwerk, besonders in Sumatra, Sulawesi und Kalimantan.
Merpati, 💻 www.merpati.co.id. Etablierte staatliche Gesellschaft, die Ziele im ganzen Land anfliegt.
Sriwijaya Air, 💻 www.sriwijayaair.co.id. Günstige Fluggesellschaft mit vielen Zielen auf Java und Sumatra sowie Kalimantan, Sulawesi und den Molukken.
Trans Nusa, 💻 www.transnusa.co.id. Die Airline fliegt mit kleinen Fliegern zwischen Denpasar (Bali) und Dilli in Ost-Timor viele Ziele in Nusa Tenggara an.

Schiffe

Noch bis in die 1980er-Jahre hinein erfolgte die Passagierschifffahrt im indonesischen Archipel ausschließlich mit Küstenkuttern, Segelschiffen und Frachtern, die meist unregelmäßig operierten und jeglichen Komfort vermissen ließen. Neben diesen Transportmitteln hat **Pelni**, 💻 www.pelni.co.id, die staatliche Schifffahrtsgesellschaft, seit 1983 ein dichtes Liniennetz aufgebaut.

Das Transportunternehmen verfügt derzeit über 28 Passagierschiffe aus deutschen Werften, die 80 Häfen von Sumatra bis Papua Barat anfahren.

Die geräumigen Schiffe sind von unterschiedlicher Größe und befördern zwischen 500 und 3000 Passagiere. Alle haben klimatisierte Kabinen mit zwei bis acht Betten, die meisten Passagiere sind allerdings in ebenfalls klimatisierten Schlafsälen untergebracht. Waschräume sind ausreichend vorhanden und haben auch Warmwasser. Essen ist bei allen Klassen im Preis inbegriffen. Auf vielen anderen indonesischen Schiffen sieht es aber nicht so angenehm aus: Meist sind sie total überladen, und ein trockener Schlafplatz ist nur mit größten Anstrengungen zu finden. Die sanitären Anlagen sind mangelhaft. Essen bringt man sich besser selbst mit.

Die Pelni-Schiffe folgen festen Routen und einem auf Stunden genau ausgearbeiteten Fahrplan. Die meisten verkehren im Zwei-Wochen-Takt (hin und zurück je eine Woche auf mehr oder weniger derselben Strecke), einige fahren abwechselnd zwei verschiedene Routen von je zwei Wochen Dauer, andere folgen einem Rundkurs von zwei Wochen oder sind in einem auf wenige Häfen begrenzten Pendelverkehr eingesetzt.

Tickets gibt es in Jakarta bei Pelni, Jl. Angkasa 18, ☎ 021-421 1921, und in den Pelni-Büros aller Hafenstädte, die angelaufen werden, sowie bei den meisten Travel Agents.

Die direkte Verbindung zwischen zwei Inseln ermöglichen die Fähren der **ASDP**, 🖳 www.indonesiaferry.co.id. Sie verkehren zum Beispiel regelmäßig zwischen Java und Bali, Bali und Lombok, Lombok und Sumbawa sowie Sumbawa und Flores.

Übernachtung

In den Metropolen und Touristenzentren gibt es Unterkünfte jeder Komfort- und Preisklasse. Soweit die Hotels nicht internationalem Standard entsprechen, sollte man vor dem Einchecken die Räume besichtigen und feststellen, ob sich unter den Matratzen Bettwanzen aufhalten, Toiletten und Duschen benutzbar sind und das Zimmer sicher abschließbar ist. In einigen Hotels können Wertsachen in einem Safe oder gegen Quittung deponiert werden. Steht die Unterkunft in der Nähe einer Moschee, muss man damit rechnen, noch vor Sonnenaufgang vom Muezzin geweckt zu werden.

Die **Zimmer** verfügen je nach Preisklasse auch über AC, LCD-TV, Warmwasser, Safe, Kühlschrank und manch anderes komfortables Schmankerl. So warten viele Mittelklassehotels mit einem Swimming Pool auf. Zimmer in Unterkünften der unteren Preisklasse sind oft sehr spartanisch mit nicht mehr als einem Bett und einer kalten Dusche oder Mandi und Hocktoilette ausgestattet. Gerade bei neueren günstigen Unterkünften darf man sich aber häufig auch über ein Waschbecken, einen Stuhl, einen Kleiderschrank und einen Beistelltisch freuen.

Einen Ventilator findet man selbst in den einfachsten Unterkünften. Viele günstige Hotels in entfernteren Regionen verfügen noch nicht über eine Dusche und eine westliche Toilette. Dann gibt es stattdessen eine Hocktoilette und ein **Mandi** (großer Wasserbehälter und kleinere Kelle, die man mit Wasser füllt und sich dann über den Kopf schüttet). Auch wenn diese einheimischen Bäder anfangs befremdlich wirken, müssen sie nicht weniger hygienisch sein. Aus einigen Duschen kommt dagegen so spärlicher Wasserdruck, dass man nach einiger Zeit ein Mandi vorzieht. Bei den **Toiletten** sollte man vorsichtig mit übermäßigem Klopapierverbrauch sein, da die Abwasserleitungen dafür nicht vorgesehen sind und leicht verstopfen.

Immer häufiger beinhaltet der Zimmerpreis auch den Zugang zum hoteleigenen **WLAN-Netzwerk**, sodass Leute, die mit Laptop oder WLAN-fähigem Handy reisen, jederzeit ins Internet gehen können. Allerdings ist der Empfang oft auf die direkte Umgebung eines Routers beschränkt (meist in der Lobby). Dagegen kostet der Zugang in Luxushotels in der Regel eine ganze Stange Geld.

Immer öfter gibt es auch **Open-Air-Badezimmer**. Hinter dem Begriff verbirgt sich nichts Obszönes oder Halböffentliches, sondern ein vor fremden Blicken geschützter, dachloser Raum, in dem unter freiem Himmel geduscht oder gebadet werden kann. Keine Sorge also, es schauen höchstens ein paar Affen oder Vögel zu. Diese Bäder sind oft mit Steingärten oder kleinen Palmenpflanzen reizend dekoriert.

Näheres zu Übernachtungskosten s. Reisekosten, S. 40.

Unterhaltung

Wer Partys feiern will, bei denen laute Musik von internationalen und einheimischen DJs den Raum beschallt, die Frauen leicht bekleidet und tanzwütig, die Männer in Flirt-Laune sind und der Alkohol in Strömen fließt, ist in Jakarta oder in Kuta auf Bali goldrichtig. Hier gibt es die lebhaftesten **Clubs** des Landes. Was angesagt ist, wird vom Partyvolk bestimmt und ändert sich ständig. Vorwiegend wird auf Bali momentan zu elektronischer Musik, Pop und Hip-Hop in allen denkbaren Ausrichtungen und Härtegraden getanzt, während in Jakarta R&B und Elektro vom Plattenteller schallen.

Nette **Bars** und **Restaurants** gibt es aber auch in Bogor, Bandung, Yogyakarta und Surabaya auf Java, in Ubud, Sanur und Seminyak auf Bali, in Senggigi und Gili Trawangan auf Lom-

Preiskategorien

Die verschiedenen Unterkünfte sind in diesem Buch in acht Preiskategorien eingeteilt. In größeren Orten wurde zudem eine Unterteilung in untere, mittlere und obere Preisklasse vorgenommen. Die Preise beziehen sich stets auf ein Doppelzimmer in der Nebensaison (Januar bis Juni und Oktober bis November).

❶	bis US$10
❷	bis US$20
❸	bis US$30
❹	bis US$50
❺	bis US$75
❻	bis US$100)
❼	bis US$200
❽	über US$200

bok und in Makassar und Manado auf Sulawesi. Ansonsten ist die bei Einheimischen beliebte **Kaffeekultur** eine nette Unterhaltung. Auch Jugendliche versammeln sich abends an den Hauptstraßen, um einen *Kopimix* zu schlürfen. In den Strandorten wie z. B. Pangandaran, Padang Bai oder den Gili-Inseln scharrt man sich abends teilweise auch einfach nur um ein Lagerfeuer und unterhält sich selbst mit **Gitarrenmusik am Strand**. In allen größeren Städten gibt es ein **Kino**. Auf Java und Bali zudem eine Vielzahl an **kulturellen Veranstaltungen**.

Weitere Informationen finden sich unter der Rubrik „Unterhaltung" in den Regionalkapiteln.

Verhaltenstipps

Eine Reise durch Indonesien wäre unvollständig, würde man allein Landschaften und Bauwerke bestaunen. Wer das Land richtig kennenlernen möchte, sollte den Kontakt zu den Reisenden gegenüber meist sehr aufgeschlossenen Bewohnern suchen. Eine wichtige Voraussetzung für eine gelungene Indonesienreise ist die Bereitschaft, das Land und seine Kulturen kennenzulernen, das einheimische Leben zu beobachten und zuzuhören, statt Ratschläge zu erteilen. Man braucht Zeit, die vielen neuen Eindrücke zu verarbeiten und zu verstehen, denn in Indonesien ist vieles anders als zu Hause.

Wer aus Deutschland, Österreich oder der Schweiz anreist, kommt aus einer Gesellschaft, die sich dem Perfektionismus, der Zeiteffizienz und dem reibungslosen Ablauf von Prozessen verschrieben hat. Doch in anderen Ländern herrschen andere Sitten, und unsere Denkmuster können im Umgang mit Indonesiern eher hinderlich werden. Wenn also einmal der Strom ausfällt, die Klimaanlage nicht funktioniert, der Fahrer erst geweckt werden muss oder das Hotelpersonal kaum Englisch spricht, sollte ein Auge zugedrückt, gelächelt und höflich versucht werden, die Situation zu klären. Sich aufzuregen und eine Szene zu machen, ist sinnlos, da Indonesier die Verärgerung nicht verstehen werden. Darüber hinaus verlieren Touristen, die mit hochrotem Kopf an der Hotelrezeption stehen und sich empört die Seele aus dem Leib schreien, ihr Gesicht und werden kaum noch ernst genommen. Ein unergründliches Lächeln hingegen hilft, so manche problematische oder unsichere Situation zu überstehen, ebenso wie die häufig verwandte Formel *„Tidak apa-apa"*, was so viel heißt wie „Das macht nichts!". Eine gesunde Portion **Gelassenheit** sollte jeder Reisende im Gepäck haben.

Allgemeine Regeln

Entsprechend der enormen **Vielzahl an Kulturen**, Religionen und geografischen Gegebenheiten haben sich in Indonesien sehr verschiedene Sitten und Gebräuche entwickelt. In den meisten Gesellschaften spielt die Religion im täglichen Leben eine essentielle Rolle. Unter der Fassade der Hochreligion ist der Glaube an Geister, Hexen und Magie aber immer noch sehr lebendig. In den Städten haben sich die Traditionen vermischt und sind von westlichen Einflüssen überlagert worden, während sie auf dem Lande noch weitgehend ihre Eigenheiten bewahren konnten. Dennoch gibt es einige prinzipielle Regeln:

Der **Kopf** gilt als heilig. Einem anderen Menschen an den Kopf zu fassen, selbst wenn es der Freund oder Ehemann ist, gilt als respektlos und sollte in der Öffentlichkeit vermieden werden. Es gilt zudem als äußerst unhöflich, vor betenden Gläubigen herumzulaufen, sich über ihre Köpfe zu erheben oder die religiösen Statuen und Anlagen zu erklimmen.

Die **Füße** sind unrein und dürfen deshalb nie einem anderen Menschen entgegengestreckt werden, was besonders bei der asiatischen Sitzweise manchem Europäer Schwierigkeiten bereitet.

Ähnliches gilt für den **Zeigefinger**. Möchte man auf etwas zeigen, sollte lieber der Daumen benutzt werden. Die **linke Hand** gilt besonders in muslimisch geprägten Regionen als unrein, deshalb benutzt man ausschließlich die rechte Hand, um zu essen, etwas zu geben oder in Empfang zu nehmen.

Wird man von Familien zu einem Fest oder zum Essen eingeladen, erwarten die Menschen selbstverständlich von ihren Gästen, dass sie sich den einheimischen **Sitten** entsprechend verhalten. Es wird nicht erwartet, dass ein Tourist alle sozialen Verhaltensweisen und religiösen Sitten in Perfektion praktizieren kann. Bereits ein Bemühen, das traditionelle Leben der Menschen zu verstehen, wird große Anerkennung finden.

Beim Betreten eines Hauses sind stets die **Schuhe** auszuziehen, was eigentlich ja eine Selbstverständlichkeit ist. Ähnlich wie bei Moscheen, buddhistischen und hinduistischen Tempeln verunreinigt man damit das Haus.

Geschenke überreicht man immer mit der rechten Hand. Es ist normal, dass sie erst geöffnet werden, nachdem man bereits gegangen ist.

Wird etwas zu essen und zu trinken angeboten, sollte man warten, bis man aufgefordert wird, mit dem **Essen** zu beginnen. Füllt man sich selbst den Teller, darf man nicht zu viel nehmen, denn man muss mindestens eine zweite Portion essen.

Fremde werden weitgehend nach der **Kleidung** beurteilt – sehr lässige Kleidung wird im Allgemeinen nicht geschätzt. Das gilt vor allem für den Besuch von religiösen Stätten. Schultern und Knie sollten bei **Frauen** in muslimischen Regionen immer bedeckt sein, wenn sie nicht unentwegt angestarrt werden möchten.

Gesellschaftliche Besonderheiten

Überall in Indonesien bietet in erster Linie die **Großfamilie** bzw. die Sippe den Menschen Geborgenheit und Sicherheit. Sie ist die Grundlage der Gesellschaft. Wer gegen ihre traditionellen Regeln verstößt, schließt sich selbst aus der Gemeinschaft aus und verliert damit jede soziale Absicherung. Das zumeist auch räumlich enge Zusammenleben einer Familie bietet – völlig im Gegensatz zur westlichen Gesellschaft – keinen Platz für individuelle Bedürfnisse, Absonderung und Ruhe.

Kinder werden umsorgt und geliebt, aber auch zu Gehorsam gegenüber den Eltern erzogen, denn sie sind, bei fehlender Renten- und

Krankenversorgung, die einzige Absicherung und Stütze im Alter. Ebenso wie die Eltern genießen Lehrer und religiöse und politische Oberhäupter unumstößliche Autorität und werden nicht hinterfragt. Kinder aus ärmlichen und zumeist kinderreichen Familien sind oft schon in jungen Jahren gezwungen, die Schule zu verlassen und für ihre Familie zu sorgen.

Das Streben nach **Harmonie** ist eine zentrale Grundlage der asiatischen Gesellschaftssysteme. Konflikte werden, soweit es geht, vermieden. Wer Auseinandersetzungen in der Öffentlichkeit austrägt, gilt als rüde und verliert das Gesicht. Auch wenn sich Indonesier dies niemals anmerken lassen würden, gilt diese Regel auch für Touristen, die allzu leicht ihren Ärger zeigen oder die Gastgeber mit westlicher Überheblichkeit kritisieren.

Das Wort „Nein" zu vermeiden, ist eine Höflichkeitsgeste, die Europäer oft falsch deuten. Wird ein Indonesier nach dem Weg gefragt und weiß die Antwort nicht, wird er lange zögern und sich um eine ablehnende Antwort drücken. Statt „nein" sagt man aus **Höflichkeit** lieber „vielleicht" und zeigt durch zögerndes Verhalten seine Ablehnung.

Die stressgeplagten, der Hektik entflohenen Touristen werden sich vor allem in den ländlichen Regionen mit einem völlig anderen **Zeitbegriff** konfrontiert sehen. *Jam karet* („Gummizeit") nennt man es in Indonesien. Geduld ist eine der wichtigsten Tugenden. Es scheint von größerer Bedeutung zu sein, die Gegenwart zu genießen – selbst wenn es die Wartezeit am Busbahnhof ist –, als ein imaginäres Ziel in der Zukunft anzustreben.

Körperkontakt ist normal und selbstverständlich, und selbst fremden Besuchern gegenüber scheut man davor nicht zurück. Es ist ein Zeichen enger Freundschaft, wenn Männer mit Männern oder Frauen mit Frauen Hand in Hand durch die Straßen bummeln. Körperkontakte zwischen Männern und Frauen allerdings sind in der Öffentlichkeit tabu.

Nahezu alle Lebensbereiche werden auf den meisten Inseln Indonesiens vom **Islam** geprägt. Ausschließlich der Genuss von Lebensmitteln, die unter moslemischen Riten zubereitet wurden, also *halal* sind, ist erlaubt. Besonders Alko-

hol und Schweinefleisch sind, wie das Glücksspiel, verboten. Auch die Berührung von Hunden ist tabu.

Verhalten in einer Moschee

Wird einem Einlass in eine Moschee gewährt, sind gewisse Grundregeln zu beachten. Beine und Arme müssen bedeckt sein, Frauen müssen zudem ihr Haar verschleiern. Am Eingang der Moschee müssen die Schuhe ausgezogen werden.

Während der Gebetszeiten haben Frauen entweder keinen Zutritt oder einen eigenen Gebetsraum, abgetrennt von dem der Männer. Manchmal beten sie in Reihen direkt hinter den Männern, stets jedoch außerhalb deren Sicht. Vor einem Betenden sollte man nicht herumlaufen, sondern sich hinter ihm bewegen. Auch sollte in seiner Gegenwart flüsternd gesprochen werden.

Außerhalb der Gebetszeiten ist eine Moschee nicht nur ein Ort der Andacht, sondern für viele auch Begegnungsstätte oder Zuflucht vor der Hitze des Tages. Also ist es nicht unüblich, dass Gläubige hier beisammensitzen oder sogar dösen.

Prinzipiell ist ein Moscheebau selbst zwar nicht heilig wie etwa der „heilige Boden" einer Kirche, doch wird nichtsdestoweniger genau auf Sauberkeit geachtet. Wer die Moschee verschmutzt, beschwört Ärger herauf. Ein Koran darf nicht ohne vorherige Reinigung der Hände und des Körpers berührt oder gar auf den Boden gelegt werden, denn das Wort Gottes ist das eigentlich Heilige in einer Moschee.

Verhalten in balinesischen Tempeln

Bei einer Tempelbesichtigung sind einige zusätzliche Regeln zu beachten, um das Heiligtum nicht spirituell zu verunreinigen bzw. zu entweihen. Das Tragen eines Sarongs und eines Tempelschals *(Slendang)*, der um die Hüfte gebunden wird, ist beim Betreten des Tempelgeländes Pflicht. Menschliches Blut gilt als unrein, deshalb dürfen weder menstruierende Frauen noch Besucher mit einer offenen Wunde einen Tempel betreten. Bei Tempelfesten sollte niemand höher stehen oder sitzen als die Priester und die Opfergaben. Niemals zwischen Betenden bzw.

Opfernden und den Schreinen der Götter herumlaufen. Bei Leichenverbrennungen nie vor die Prozession stellen.

Sonstiges

In großen Hotels und Restaurants der gehobenen Preisklasse werden zum Rechnungsbetrag automatisch 5–10 % **Trinkgeld** addiert, sodass ein weiteres Trinkgeld nur bei besonders gutem Service sowie für spezielle Dienstleistungen (z. B. Koffertragen) angebracht ist. Der Betrag sollte ca. 10 000 Rp betragen, in internationalen Hotels kann es auch mehr sein.

Betteln ist verpönt und sollte vor allem bei Kindern nicht gefördert werden. Wenn aber in Moscheen und Tempeln um eine Spende *(donation)* gebeten wird, sollte das nicht mit Betteln gleichgesetzt werden, denn damit werden Baumaßnahmen finanziert und die Angestellten bezahlt.

Versicherungen

Bei Pauschalreisen sind manchmal einzelne Versicherungen oder Versicherungspakete inklusive. Auf jeden Fall sollte das Kleingedruckte genau gelesen werden, um nicht unter- oder überversichert zu sein. Wer seine Reise individuell plant, sollte unter allen Umständen eine Reisekrankenversicherung abschließen.

Ob eine Reiserücktrittsversicherung und eine Reisegepäckversicherung sinnvoll sind, kann jeder für sich selbst entscheiden. Wer eine teure Kameraausrüstung mitnehmen möchte, sollte diese zudem separat versichern lassen.

Reisekrankenversicherung

Es ist sehr ratsam, eine Reisekrankenversicherung abzuschließen. Nur wenige private Krankenkassen schließen den weltweiten Schutz im Krankheitsfall ein. Die meisten Reisebüros und einige Kreditkartenorganisationen bieten aber derartige Versicherungen an.

Bei Krankheit, besonders Krankenhausaufenthalten, kann sehr schnell eine erhebliche Summe zusammenkommen, die aus eigener Tasche bezahlt werden müsste. Ist man versichert, können die Kosten gegen Vorlage der Rechnungen zu Hause geltend gemacht werden. Einschränkungen gibt es natürlich auch hier, besonders bei Zahnbehandlungen und chronischen Krankheiten (Bedingungen des Versicherers beachten).

Die später bei der Versicherung einzureichende englischsprachige **Rechnung** sollte unbedingt folgende Angaben enthalten:

- Name, Vorname, Geburtsdatum, Behandlungsort und -datum
- Diagnose
- Erbrachte Leistungen in detaillierter Aufstellung (Beratung, Untersuchungen, Behandlungen, Medikamente, Injektionen, Laborkosten, Krankenhausaufenthalt)
- Unterschrift des behandelnden Arztes
- Stempel

Wenn bei einer Erkrankung vor Ort keine ausreichende Versorgung gewährleistet ist, wird der Versicherte zulasten der Versicherung heimgeholt. Die meisten Versicherungen haben inzwischen den Passus „wenn medizinisch notwendig" in das Kleingedruckte aufgenommen. Aber gerade die medizinische Notwendigkeit ist nicht in allen Fällen leicht zu beweisen. Lautet der entsprechende Passus hingegen „wenn medizinisch sinnvoll und vertretbar", kann wesentlich besser für eine Rückholung argumentiert werden.

Welche Reisekrankenversicherung am günstigsten ist, hängt vom Alter der Zielperson und von der Dauer der Reise ab. Die günstigsten Angebote sind die Jahrespolicen, die für einen Beitrag zwischen 7,50 € und 15 € einen Aufenthalt von max. acht Wochen abdecken. Längere Aufenthalte müssen mit einer Auslandskrankenversicherung, die einen Tagessatz verlangt, versichert werden. Einen übersichtlichen Preis- und Leistungsvergleich verschiedener Anbieter gibt es unter 🖥 www.reiseversicherung.com/vergleich/vergleich_reisekrankenversicherung.html.

TRAVELTIPPS VON A BIS Z

www.stefan-loose.de/indonesien

VERSICHERUNGEN **89**

Reiserücktrittskostenversicherung

Bei einer pauschal gebuchten Reise ist eine Rücktrittskostenversicherung meist im Preis inbegriffen (zur Sicherheit sollte nachgefragt werden). Wer individuell plant, muss sich um die Absicherung dieses Risikos selbst kümmern.

Viele Reiserücktrittskostenversicherungen müssen im Zeitraum kurz nach der Buchung der Reise abgeschlossen werden (in der Regel bis 14 Tage danach). Bei Krankheit oder Tod eines Familienmitglieds oder Reisepartners ersetzt die Versicherung die Kosten der Stornierung der Reise. Eine Reiseunfähigkeit wegen Krankheit muss ärztlich nachgewiesen werden.

Die Kosten der Versicherung richten sich nach dem Preis der Reise und der Höhe der Stornogebühren. Zum Teil muss eine Selbstbeteiligung bezahlt werden. Einen Vergleich der verschiedenen Anbieter findet man unter 🖥 www.reiseversicherung.com/vergleich/vergleich_reiseruecktrittskostenversicherungen.html.

Reisegepäckversicherung

Viele Versicherungen bieten eine Absicherung gegen den Verlust von Gepäck an, einige haben sich sogar darauf spezialisiert. Allen Versicherungen ist gemein, dass die Bedingungen, unter denen das Gepäck abhandenkommen „darf", sehr eng gefasst sind. Deshalb ist es wichtig, die Versicherungsbedingungen genau zu studieren und sich entsprechend zu verhalten. Bei vielen Versicherungen ist z. B. das Gepäck in unbewacht abgestellten Kraftfahrzeugen zu keinem Zeitpunkt versichert. Kameras oder Fotoapparate dürfen wegen möglicher Mopedräuber nicht über die Schulter gehängt werden, sondern müssen am Körper befestigt sein, sonst zahlt die Versicherung nicht (so Gerichtsurteile). Ohnehin sind Foto- und Videogeräte meist nur bis zu einer bestimmten Höhe oder bis zu einem bestimmten Prozentsatz des Neuwertes versichert, auch Schmuck unterliegt Einschränkungen, ebenso wie Bargeld.

Entscheidet man sich für eine Reisegepäckversicherung, ist darauf zu achten, dass sie Weltgeltung hat, die gesamte Dauer der Reise umfasst und in ausreichender Höhe abgeschlossen ist. Tritt ein Schadensfall ein, muss der Verlust sofort bei der Polizei gemeldet werden. Eine **Checkliste**, auf der alle Gegenstände und ihr Wert eingetragen sind, ist dabei hilfreich. Auch für die Reisegepäckversicherung gibt es im Netz eine Vergleichsseite: 🖥 www.reiseversicherung-sofort.de/gepae/gepae.php.

Fotoversicherung

Um hochwertige Fotoausrüstungen voll abzusichern, kann es sinnvoll sein, eine zusätzliche Fotoapparat-Versicherung abzuschließen. Diese ist zwar relativ teuer, aber die Geräte sind so gegen alle möglichen Risiken versichert. Die Kosten richten sich nach dem Wert der Ausrütung bzw. der Versicherungssumme. Eine Police kann beispielsweise unter 🖥 www.kameraversicherung.de abgeschlossen werden.

Visa

Die Einreisebestimmungen für Indonesien sind in den letzten Jahren erheblich vereinfacht worden. Nach den neuen Regelungen können Bürger aus 65 Ländern einreisen, ohne zuvor ein Visum beantragt zu haben. Das Visum wird direkt bei der Ankunft am Flughafen, Seehafen oder am Grenzübergang ausgestellt und daher **Visa on Arrival** genannt. Glücklicherweise zählen sowohl Deutschland als auch Österreich und die Schweiz zu diesen 65 Nationen. Das Visa on Arrival kostet US$25 und ermöglicht es 30 Tage in Indonesien bleiben, eine einwöchige Variante gibt es für US$10. Seit Januar 2010 ist das 30-Tage-Visa auch im Land verlängerbar: Für weitere US$25 erhalten Besucher die Möglichkeit, noch einmal 30 Tage in Indonesien zu bleiben. Als Voraussetzung für das Visa on Arrival muss der **Reisepass** bei Einreise mind. noch sechs Monate gültig sein. Der Antragsteller muss außerdem über ein **Ausreiseticket** verfügen. Die Ausreise kann auch mit dem Schiff erfolgen. Bei Flugtickets werden Open-Date-Tickets akzeptiert. Auf Bali kann man ein solches Visum sowohl am Flughafen Ngurah Rai International als auch an den Häfen in Padang Bai und Benoa erhalten. Um bei der Einreise Zeit zu sparen, ist es ratsam, die Gebühr passend und bar in US$ oder Rupiah zur Verfügung zu haben. Euro können getauscht werden, die Ausgabe des Rückgelds erfolgt allerdings in Rupiah. Im Notfall wird auch das Abheben an einem tinter der Passkontrolle gelegenen Geldautomaten erlaubt.

An folgenden **Flughäfen** werden *Visa on Arrival* ausgestellt: Banda Aceh, Medan, Pekanbaru, Padang, Palembang, Batam, Jakarta, Bandung, Yogyakarta, Semarang, Surakarta, Surabaya, Balikpapan, Pontianak, Manado, Makassar, Denpasar, Mataram und Kupang. Außerdem am Grenzübergang Entikong zwischen Sarawak und West-Kalimantan.

Aktueller Stand sowie alle Einreisehäfen siehe 🖳 botschaft-indonesien.de/de/tourismus/reiseinformation.htm abgerufen werden.

Ist ein längerer Aufenthalt geplant, oder ist man Staatsbürger einer anderen Nation, muss bei einer diplomatischen Vertretung von Indonesien vor der Einreise ein Visum beantragt werden. In diesem Fall erkundigt man sich, welche Art von Visum im jeweiligen Fall benötigt wird und wie die aktuellen Bestimmungen lauten oder schaut unter 🖳 botschaft-indonesien.de/de/konsular-visa/index.htm nach.

Zurzeit werden folgende Arten von Visa ausgestellt:

- Ein **Touristen-Visum**, das für 60 Tage gültig ist und bei der Immigration im Einreiseort verlängerbar ist, für 45 €.
- Ein **Sozial-, Kultur- und Geschäfts-Visum** (auch für Forschungstätigkeit, Studienaufenthalt, Seminarteilnahme, journalistische Tätigkeit und den Besuch bei Verwandten indonesischer Nationalität), das für 60 Tage gültig ist, und danach vier Mal für je einen Monat in Indonesien verlängert werden kann und 45 € kostet. Dazu benötigt man entweder ein Schreiben von einem indonesischen

Verwandten oder einer indonesischen Institution, deren Gast man sein wird, oder ein Schreiben einer Firma, in dem bestätigt wird, dass diese sowohl für die Flugkosten (Hin- und Rückreise) als auch für die Aufenthaltskosten aufkommt. Zudem muss der Grund der Reise im Firmenschreiben erwähnt werden.

- Eine **Befristete Aufenthaltserlaubnis**, die in Deutschland nur nach Genehmigung des Ministeriums in Jakarta nach einer Bearbeitungszeit von drei bis sechs Monaten ausgestellt wird. Sie gilt für eine Aufenthaltsdauer von sechs Monaten bis zu zwei Jahren und wird in erster Linie zur Arbeitsaufnahme bei einer Firma ausgestellt. Sechs Monate kosten 50 €, ein Jahr 100 €, zwei Jahre 175 €.

Adressen der indonesischen Botschaften und Konsulate in Deutschland, Österreich und der Schweiz s. S. 46.

Alle Arten von Visa, außer den Touristenvisa, können in Indonesien bei der **Einwanderungsbehörde** (Kantor Imigrasi) gegen eine entsprechende Gebühr von 250 000 Rp verlängert werden. Die Bearbeitung sollte mind. eine Woche vor Ablauf des Visums beantragt werden und dauert im Regelfall zwischen zwei Tagen und einer Woche, kann aber bei der Inanspruchnahme eines kostenpflichtigen Agenten auch deutlich schneller vonstattengehen. Teurer wird ein Aufenthalt über sechs Monate. Dann wird bei allen Ausländern die auch für Indonesier obligatorische Ausreisesteuer fällig, die 1 000 000 Rp p. P. beträgt (gilt auch für Kinder).

Man sollte die Aufenthaltsdauer seines Visums keinesfalls überziehen. Bei kurzfristigen Überschreitungen des Maximalaufenthalts kostet ein Tag *Overstay* 250 000 Rp. Bei längerfristigen Vergehen gegen die indonesischen Einreisebestimmungen drohen hohe Geldstrafen, Abschiebung oder Inhaftierung für eine Dauer von bis zu fünf Jahren.

Für eine zeitnahe **Verlängerung** des Visums können Agenten in Anspruch genommen werden, die in der Regel von Reisebüros oder Unterkünften vermittelt werden. Gegen eine Ex-

www.stefan-loose.de/indonesien

VISA **91**

Zeitzonen

Folgende Zeitverschiebung ergibt sich zur Mitteleuropäischen Zeit (MEZ) – Sommerzeit immer eine Stunde weniger:

+ 6 Stunden	Sumatra, Java, West- und Zentral-Kalimantan
+ 7 Stunden	Bali, Süd- und Ost-Kalimantan, Nusa Tenggara, Sulawesi

tragebühr kümmern sie sich um allen nötigen Papierkram und die Behördengänge. Hier spart man eine Menge Geld, und meist geht alles reibungslos vonstatten. Empfohlen werden können die Agenten von Bayu Buana, 🖥 www.bayubuanatravel.com, in Jakarta, Kostenpunkt etwa 600 000 Rp pro Verlängerung.

Zeit und Kalender

Der Archipel ist Deutschland, Österreich und der Schweiz um sechs bis acht Stunden voraus. Wenn es in Europa Mitternacht ist, kräht auf Bali schon der erste Hahn. Im Leben in Indonesien spielt Zeit jedoch nur eine untergeordnete Rolle. Ob ein Bus nun planmäßig in fünf Minuten kommt oder sich um eine Stunde verspätet, ist eher unwichtig.

Unser westlicher **Kalender** mit 365 Tagen im Jahr bestimmt zwar den staatlichen und wirtschaftlichen Jahresablauf in Indonesien, doch die meisten Feste richten sich nach dem etwas weniger Tage zählenden moslemischen Mondkalender. Daneben haben beispielsweise die Batak auf Sumatra oder die Balinesen ihre eigenen, komplizierten Kalendersysteme.

Zoll

Üblicherweise sind 200 Zigaretten (oder 25 Zigarren oder 100 g Tabak), 1 l alkoholische Getränke und eine kleine Menge Parfüm zollfrei. Fotoausrüstungen und Aufnahmegeräte müssen (theoretisch) verzollt werden. Verboten ist die Einfuhr von Waffen, Munition, Pornografie, Drogen und Radiogeräten. Im Ausland gekaufte Neuwaren (z. B. Geschenke) müssen bei der Ein- und Ausreise deklariert werden, falls ihr Wert US$250 überschreitet. Persönliche Artikel sind hiervon ausgenommen. Geld in ausländischer Währung kann in unbegrenzter Höhe ein- und ausgeführt werden, doch die Ein- und Ausfuhr von indonesischer Währung ist auf 100 Mio. Rp beschränkt (höhere Beträge müssen deklariert werden). Frische Früchte, Pflanzen und Tiere bleiben besser zu Hause, denn sie müssen in Quarantäne.

Land und Leute

Geografie S. 94
Flora und Fauna S. 97
Umwelt und Naturschutz S. 102
Bevölkerung S. 104
Geschichte S. 107
Regierung und Politik S. 119
Wirtschaft S. 121
Religion S. 125
Kunst und Kultur S. 128

Geografie

Fläche: 1,868 Mio. km²
Inseln: 17 508
Küstenlängen: ca. 55 000 km
Größte Städte: Jakarta, Surabaya, Medan
Höchste Erhebung: Puncak Jaya
(West-Papua, 4884 m)
Tiefste Stelle: Wetar-Becken
(südöstlich von Seram 7740 m)
Höchste Vulkane: Gunung Rinjani (Lombok, 3726 m), Gunung Semeru (Ost-Java, 3776 m), Gunung Kerinci (Sumatra 3 805 m)
Aktivste Vulkane: Gunung Merapi
(Zentral-Java, 2930 m), Gunung Semeru

Indonesien ist ein extrem zersplittertes Staatsgebiet zwischen dem Indischen und dem Pazifischen Ozean, das nach letzten Satellitenzählungen aus 17 508 Inseln besteht, die sich beiderseits des Äquators vom asiatischen Kontinent bis nach Australien erstrecken. Indonesiens Staatsgrenzen umfassen außer 1,868 Mio. km² Landfläche auch mehr als 3,3 Mio. km² Meer. Es bestehen Landgrenzen mit Malaysia, Ost-Timor und Papua-Neuguinea. Von Sabang im Norden Sumatras bis nach Merauke im Südosten von West-Papua sind es 5120 km Luftlinie – weiter als vom Nordkap nach Marokko. Die Nord-Süd-Ausdehnung beträgt 1760 km.

Die höchste Erhebung ist der 4884 m hohe Puncak Jaya in West-Papua, nach seinem holländischen Entdecker auch Carstensz-Pyramide genannt. An den Hängen des Gunung Carstensz gibt es sogar Gletscher, die jedoch abtauen und in wenigen Jahren verschwunden sein werden. Die tiefste Stelle Indonesiens befindet sich 7740 m unter dem Meeresspiegel im Wetar-Becken, südöstlich von Seram.

Zu den etwa 6000 besiedelten Inseln gehören die nach Grönland größten Inseln der Welt, das frühere Neuguinea (dessen westliche Hälfte, West-Papua, zu Indonesien gehört) und Kalimantan auf Borneo (dessen nördlicher Teil Staatsgebiet von Malaysia bzw. Brunei ist). Die größten Inselgruppen sind Nusa Tenggara und die Molukken im Osten des Landes. Die vielen Inseln addieren sich zu knapp 55 000 km Küstenlinie.

Inseln und Provinzen	Bevölkerung (2010)	Landfläche
Java	138 Mio.	128 297 km²
West-, Zentral- und Ost-Java, Sondergebiet Yogyakarta, Banten, Sondergebiet Jakarta		
Sumatra	50,4 Mio.	473 482 km²
Sondergebiet Aceh, Nord-, West- und Süd-Sumatra, Riau, Jambi, Bangka-Belitung, Bengkulu, Lampung		
Sulawesi	17,4 Mio.	174 600 km²
Nord-, Zentral- und Süd-Sulawesi, Gorontalo, Südost-Sulawesi		
Kalimantan	13,8 Mio.	544 150 km²
West-, Zentral-, Süd- und Ost-Kalimantan		
Nusa Tenggara	9,2 Mio.	68 614 km²
Nusa Tenggara West und Ost		
Bali	3,9 Mio.	5561 km²
Molukken	1,6 Mio.	47 350 km²
Molukken, Nord-Molukken		
Papua	3,61 Mio.	425 298 km²
West-Papua, Papua		

Ausblicke über vulkanische Landschaften eröffnen sich auf vielen Inseln. Der Bromo in Ost-Java ist einer von mehreren Vulkankegeln der Tengger-Caldera.

Ein Blick auf die Landkarte zeigt die indonesische Inselwelt als ein Gebiet, das zerstückelt ist in große und kleine Inseln, vulkanische Gebirgsketten und Schwemmlandebenen, Flachmeere, Tiefseebecken und tiefe Seegräben. Es handelt sich um erdgeschichtlich relativ junge Landmassen, deren Entstehung durch den Zusammenstoß zweier (oder mehrerer) Kontinentalplatten erklärt wird. Bis vor 25 Mio. Jahren war die gesamte Region noch vom Meer bedeckt. Dann war von Süden eine große Kontinentalplatte, der Australien und Neuguinea aufsitzen, so weit gegen die asiatische Scholle gedriftet, dass deren südlicher Ausläufer (Sunda-Schelf) sich anhob und Borneo aus dem Meer aufsteigen ließ. Während die Insel weiter wuchs, setzte im weiteren Umkreis starker **Vulkanismus** ein, dessen Folge die Entstehung eines komplizierten Systems von Inselbogen war: darunter Sumatra, Java, die kleinen Sunda-Inseln und die Molukken, Sulawesi sowie die Philippinen. Im Gegensatz zu dem geologisch stabilen Gebiet um Kalimantan ist auf allen diesen Inseln die Erde bis heute nicht zur Ruhe gekommen. Etwa 500 bis 1000 **Erdbeben** werden jährlich registriert, davon ca. zehn schwere und ein bis zwei mit verheerenden Folgen für besiedelte Gebiete.

Vulkanismus

Indonesien zählt so viele Vulkane wie sonst kein Land der Erde, liegt es doch mitten im sog. Pazifischen Feuerring. Von der Nordspitze Sumatras bis zur äußersten Molukken-Insel prägen die Feuerberge das Landschaftsbild. Mit 3805 m ist der Gunung Kerinci auf Sumatra der höchste Vulkan Indonesiens, aber auch andere Vulkane erreichen mehr als 3000 m: Gunung Leuser (3381 m) auf Sumatra, Semeru (3776 m), Slamet (3428 m), Arjuna (3340 m), Raung (3322 m), Welirang (3156 m), Merbabu (3140 m) und Pangrango (3019 m) auf Java, der Agung (3140 m) auf Bali, der Rinjani (3726 m) auf Lombok, Rantemario (3440 m), Sonjol (3225 m) und Waukara (3127 m) auf Sulawesi wie auch der Pinaca (3055 m) auf Seram.

www.stefan-loose.de/indonesien GEOGRAFIE 95

Wie ein erstarrter Ozean: die weiten Teeplantagen bei Bandung

Im April 1815 brach der **Tambora** auf Sumbawa aus, legte die gesamte Insel in Schutt und Asche und hinterließ außer einem 7 km großen Krater schätzungsweise 70 000 Tote. Es war die wohl verheerendste Eruption seit Beginn menschlicher Aufzeichnungen. Am 27. August 1883 kam es zu einer weiteren Katastrophe, als der zwischen Sumatra und Java gelegene **Krakatau** mit der Energie von 100 000 Hiroshima-Bomben explodierte und 36 000 Menschenleben forderte. Eine riesige Staubwolke legte sich über die gesamte Erde und verdunkelte die Sonne. 1963 wurde auf Bali der **Gunung Agung** während des größten Tempelfestes, das alle hundert Jahre begangen wird, wieder aktiv und bedeckte den Norden und Osten der Insel mit Lava und Asche. Während der letzten 25 Jahre kam es allein auf Java zu folgenden größeren Vulkanausbrüchen: Der **Merapi** – einer der aktivsten und gefährlichsten Vulkane der Welt – brach 1976, 1994, 2001 und zuletzt 2010 aus, der Anak Krakatau 1976, 1981 und 2009, der Semeru (der eigentlich immerfort „ausbricht") 1981, der Galunggung 1982 und der Kelud 1990. Von den über 300 indonesischen Vulkanen gelten 128 als ausbruchgefährdet und werden ständig von Geologen überwacht.

Facettenreiche Landschaften

Die vulkanische Asche liefert die Grundlage für die **fruchtbaren Böden**, die vor allem auf Java und Bali eine intensive landwirtschaftliche Nutzung ermöglichen. Kunstvolle **Reisterrassen**, auf denen z. T. drei Ernten pro Jahr eingebracht werden, erstrecken sich bis in 1500 m Höhe. Die nichtvulkanischen Böden in Kalimantan und West-Papua, vorherrschend Rot- und Gelblehme, sind von geringer Fruchtbarkeit und überwiegend mit **tropischem Regenwald** bedeckt. In den **Fluss- und Küstengebieten** wurden erst in jüngster Erdzeit durch die großen tropischen Flüsse oder Meeresströmungen Erdmassen angeschwemmt. Die weiten, ebenen Landflächen sind zumeist von Mangrovensümpfen oder Mooren bedeckt. Breite Flüsse durchziehen Kalimantan (Mahakam, 980 km; Barito, 890 km; Kapuas, 585 km Luftlinie) und Süd-Sumatra (Batang Hari, 600 km; Musi, 500 km).

Flora und Fauna

Die Lage des Archipels im tropischen Gürtel zwischen 8° nördlicher und 10° südlicher Breite und seine Nähe zum asiatischen Festland förderten die Ausbreitung des immergrünen **tropischen Regenwaldes**, der auf dem Kontinent schon ein Alter von über 100 Mio. Jahren erreicht hat. Welche Landbrücken seit dieser Zeit die Ausbreitung der Tiere begünstigten und welche Tiefseebecken und -gräben sich ihnen als unüberwindliche Barrieren entgegenstreckten, zeigt heute noch ihre unterschiedliche Verbreitung der zwei so gegensätzlichen Faunen Australiens und Asiens. Borneo, Sumatra, Java und Bali würden bei einer Senkung des Meeresspiegels um nur 200 m mit dem asiatischen Festland eine zusammenhängende Landmasse bilden. Große Säuger wie Elefanten, Nashörner, Tapire, Tiger und Orang Utans konnten diese Inseln z. T. mühelos erreichen, fehlen aber völlig auf Sulawesi, den Molukken und den kleinen Sunda-Inseln, wo schon die ersten Vertreter der australischen Tierwelt auftauchen.

Der berühmte englische Naturforscher Alfred Russell Wallace erkannte auf seinen Reisen Mitte des 19. Jhs. diese Tatsache als erster. Die von ihm entdeckte Faunenverbreitungsgrenze erhielt den Namen **Wallace-Linie**. Sie trennt Bali von Lombok und verläuft weiter zwischen Borneo und Sulawesi. Später wurden östlich der Wallace-Linie weitere Linien, die die Verbreitung anderer Tierarten kennzeichnen, aufgezeigt und nach ihren Entdeckern benannt. Die endgültige Schranke für die meisten asiatischen Tiere folgt der Lydekker-Linie, welche die kleinen Sunda-Inseln und die Molukken von Australien, Neuguinea und vorgelagerten Inseln abgrenzt.

Zwischen den beiden genannten Linien erstreckt sich die **Wallacea** (nach A. R. Wallace), ein Übergangsgebiet, in dem im Wesentlichen eine Mischfauna australischer und asiatischer Herkunft lebt, neben einigen Tierarten, die nur hier vorkommen, wie die **Celebes-Makaken**, der hauerbewehrte **Hirscheber** Babirusa und der **Anoa**, ein kleines, urtümliches Wildrind. In der Wallacea beheimatete Beuteltiere sind z. B. der

www.stefan-loose.de/indonesien

Ceram-Nasenbeutler (Molukken) sowie die Kletterbeutler **Bärenkuskus** (Sulawesi) und **Wollkuskus** (Timor).

Vegetation

Dank des feuchten Monsunklimas konnte sich der **immergrüne Regenwald** über den gesamten Archipel ausbreiten, mit Ausnahme einiger Gebiete im Süden (Timor), wo das Klima eine ausgeprägte Trockenperiode (wie in Australien) aufweist und für entsprechend andere Vegetationsformen sorgt. Wasser und Sonne sind die wichtigsten Voraussetzungen für die Entstehung der enormen Artenvielfalt, wie sie in tropischen Wäldern zu finden ist. Nach Südamerika weist Borneo den ausgedehntesten Regenwald der Erde auf, und neben Sumatra und Neuguinea befinden sich hier die letzten großen, zusammenhängenden Waldgebiete Indonesiens. Die dazwischenliegenden Inseln sind entweder zu klein oder zu sehr vom Menschen zersiedelt.

Wo der Dschungel vom Menschen verdrängt wurde, hat er entweder planmäßig gestalteten Kulturlandschaften wie Plantagen, Nadelholzwäldern oder Reisterrassen Platz gemacht, oder er wurde nach der Vernichtung durch Brandrodungsfeldbau von artenärmerem Sekundärwuchs oder von den gefürchteten, weil schwer zu rekultivierenden Alang Alang-Grassteppen mit ihrem filzartig verflochtenen Wurzelgewirr ersetzt.

Obwohl aus der indonesischen Inselwelt schon große Flächen des Regenwaldes für immer verschwunden sind, bleibt der Dschungel das wichtigste Biotop der Region. Wer ihn zum ersten Mal betritt, wird in der undurchdringlich wirkenden Pflanzenwelt kaum Tiere zu Gesicht bekommen, wohl aber hören und spüren (Moskitos). Wer sich genügend Zeit nimmt, wird allerdings bald seinen Blick für die interessanten Einzelheiten schärfen.

In vielen Abenteuerbüchern wird das Pflanzenleben im Dschungel als ein unerbittlicher, andauernder Kampf um Licht und Raum beschrieben. Tatsächlich bildet der gesamte Regenwald einen in sich geschlossenen Organismus, in dem sich die einzelnen Pflanzen untereinander arrangieren, sich aneinander anpassen und sich gegenseitig ergänzen, sodass jede den für sie günstigsten Platz einnimmt und optimal ausnutzt – ein biologisches Ökosystem, das schließlich schon etliche Millionen Jahre fast unverändert überdauert hat.

In der Vertikalen scheint der Dschungel in verschiedene „Etagen" mit jeweils typischen Bewohnern eingeteilt zu sein. Eine **Humusschicht** aus Laub und vermoderten Resten abgestorbener Baumriesen bedeckt den Boden. Die in dem Humus enthaltenen Nährstoffe werden von dem Heer der wirbellosen Kleinlebewesen umgewandelt und sofort vom Wald wieder aufgenommen. Der Urwald wächst also ausschließlich aus eigenem Humus und braucht den zumeist nährstoffarmen tropischen Lehmboden nicht als Nahrungsquelle. Wird dieser Kreislauf durch Brandrodung unterbrochen, werden alle organischen Stoffe auf einmal freigesetzt. Die nährstoffreiche Asche wird allerdings bereits in kurzer Zeit vom starken tropischen Regen weggespült, sodass die angelegten Felder nach wenigen Jahren in ihrer Fruchtbarkeit erschöpft sind.

Die Humusschicht wird durchzogen von dem Wurzelgeflecht der **Pilze**, die es im Tropenwald zu einer unglaublichen Vielfalt in Form und Farbe gebracht haben. Einige Arten leuchten gespenstisch im Dunkel der Nacht, andere zeichnen sich durch unbeschreiblichen Gestank aus. In den oft vor Nässe triefenden Nebelwäldern höherer Gebirgslagen bedecken Kleinfarne und wie Schwämme vollgesogene Moospolster den Boden und die Stämme und Äste der Bäume, Moosfetzen hängen wie zerrissene Schleier von Lianensträngen.

Schier unerschöpflich scheint die Fülle der Pflanzenarten des Dschungels. Auf Borneo findet man allein Tausende von **Baumarten**, die z. T. bis 60 m, ausnahmsweise auch über 70 m hoch werden; z. B. **Riesenbäume**, die von mächtigen Brettwurzeln gestützt werden, oder **Feigenbäume** mit ihrem Labyrinth von Stütz- und Luftwurzeln und etliche Arten von Edelhölzern wie **Teak-**, **Sandel-** und **Eisenholz**. Im Gegensatz zu europäischen Wäldern stehen im Regenwald die Bäume einer Art nicht in Gruppen zusammen, sondern weit verstreut. Schon auf 1 km² trifft man über hundert verschiedene Arten an, und man muss oft kilometerweit laufen, um zwei Bäume derselben Art zu entdecken. Einige sind so selten, dass sich nur wenige hundert Exemplare über mehrere 100 000 km² verteilen. Zwischen den Bäumen findet sich noch Raum für Sträucher und Baumfarne, die mit weniger Licht auskommen können; etwa 150 **Palmenarten**, 300 **Rhododendren** und über 200 **Bambusarten**! Ihre Blütenpracht entfalten die Bäume in der lichten Wipfelregion – für uns Bodenbewohner leider meist unsichtbar.

Zwischen den Baumkronen und dem Urwaldboden liegt die Stammregion, das Reich der **Schmarotzerpflanzen** und **Epiphyten** (Pflanzen, die auf anderen Pflanzen wachsen, sich aber selbstständig ernähren, ohne zu schmarotzen). Diese Etage des Urwalds macht auf uns den stärksten Eindruck einer unentwirrbaren Pflanzenwildnis. Da schlingen sich Lianentaue, seilartige Luftwurzeln, Würgefeigen und Girlanden von oft dornenbewachsenen Kletterpflanzen um Baumstämme und Äste.

Dazwischen wuchern **Farne**, Insekten fressende **Kannenpflanzen** und natürlich **Orchideen**, die Juwelen des Tropenwaldes, die leider meist im Verborgenen blühen. Ihre Formen- und Farbenfülle reicht von winzigen, unscheinbaren weißlichen Blüten bis hin zu riesigen Exemplaren, die alljährlich nur für ein paar Tage blühen, aber dann bis zu 50 Blütenstände von über 2 m Länge hervorbringen, von denen jeder bis zu 80 leuchtend gelbrote Blüten trägt.

Tierwelt

Waldbewohner

Auf den ersten Blick erscheint der Dschungel geradezu tierarm. Aber eben nur auf den ersten Blick. Denn der größte Teil der Fauna führt ein Leben im Verborgenen. Viele Tiere haben ihren Lebensraum in den Wipfeln, die sie selten verlassen, andere sind nur nachts oder in der Dämmerung aktiv.

Die an Arten und Individuen reichsten Tiergruppen sind **Insekten** und andere Kleinstlebewesen, die sämtliche Lebensräume der Tropen erobert haben. Unter den zigtausend Insekten-

arten seien neben den unscheinbaren, aber lästigen Moskitos, Fliegen und Ameisen nur einige der spektakulärsten erwähnt. Da gibt es die bunt schillernden Schmetterlinge, von denen **Herkulesspinner** und **Atlasspinner** Spannweiten von bis zu 25 cm erreichen, und die z. T. Seide produzieren. Nachtfalter stechen mit ihrem Rüssel reife Früchte an, um den Saft daraus zu trinken. Unter der Rinde vermodernder Bäume halten sich Käferlarven verborgen, die manchmal das Ausmaß von kleinen Würsten erreichen. Aus den Larven schlüpfen dann später bis zu 10 cm lange **Hirschkäfer**, farbenstrotzende **Prachtkäfer** oder **Bockkäfer**, deren Fühler oft wesentlich länger als ihre Körper sind. **Leuchtkäfer**-Männchen treffen sich häufig in Scharen auf einem Baum, um gemeinsam im Rhythmus zu blinken und so die Weibchen anzulocken. Viele Insekten tarnen sich durch Form und Farbe und verschmelzen optisch mit ihrer Umwelt, darunter **Stabheuschrecken**, **Gottesanbeterinnen** und **Wandelnde Blätter**, andere signalisieren mit leuchtenden Warnfarben, dass sie giftig, stachlig oder sonst wie ungenießbar sind. Bei wieder anderen Arten sind die gleichen Signalfarben nur Bluff. Einige unangenehme Kleintierarten wie **Blutegel**, bis 18 cm lange, giftige **Hundertfüßler** und fingerdicke **Tausendfüßler** runden das Bild ab.

Auch **Amphibien** und **Reptilien** sind zahlreich vertreten. Auf Borneo allein zählt man 90 Froscharten, zumeist Baumfrösche, die fast nie ihren luftigen Lebensraum verlassen. Bemerkenswert ist der **Ruderfrosch**, der beim Sprung die Häute zwischen seinen Zehen wie vier kleine Fallschirme aufspannt und meterweit segeln kann. Eine ähnliche Anpassung an das Leben im Blätterdach des Dschungels zeigen drei Schlangenarten der Gattung **Schmuckbaumnattern**. Diese schön gefärbten Tiere vermögen ihren Leib so weit abzuflachen, dass sie bei Sprüngen von Baum zu Baum gleiten. Noch beeindruckendere Gleitflüge zeigen der **Faltengecko** und der kleine **Flugdrache**, die seitlich am Körper anliegende Hautfalten wie Tragflächen ausbreiten und damit sogar ihren Flug steuern können und vollendete Kurven beschreiben. Zu den größten Reptilien der Welt zählen die in Indonesien beheimateten **Krokodile**, der **Netzpython**, der 9 m lang werden kann, Seeschildkröten wie die

www.stefan-loose.de/indonesien

FLORA UND FAUNA **99**

Lederschildkröten (bis 700 kg schwer), die regelmäßig ihre angestammten Strände zur Eiablage aufsuchen, und die urtümlichen Warane. Die stattlichsten Vertreter dieser Gattung sind die in ganz Südostasien verbreiteten Bengalenwarane (bis zu 2 m) und Bindenwarane (bis 2,5 m) sowie der berühmte, nur auf den Inseln Komodo, Rinca und Padar (kleine Sunda-Inseln) lebende Komodo-Waran (s. S. 439), dessen massiger Körper mehr als 3 m Länge messen kann.

An der Geräuschkulisse des tropischen Regenwaldes haben die Vögel einen nicht zu überhörenden Anteil. Etwa 1500 Vogelarten, rund 16 % aller Vogelarten der Erde, finden sich in Indonesien. Doch leider sieht man auch sie nur selten, da die meisten Arten in der Gipfelregion leben, wie z. B. die farbenprächtigen Papageien und Loris, die auffälligen Nashornvögel mit ihren lauten, klatschenden Fluggeräuschen und die lebhaft bunten, kleinen Nektarvögel. Obwohl nicht mit den Kolibris Südamerikas verwandt, haben Nektarvögel, wie der Name schon sagt, die gleiche Lebensweise wie diese. Auch sie umschwirren Blüten, deren Nektar sie aufsaugen, wobei sie gleichzeitig für die Bestäubung der Pflanzen sorgen. Auf Flussreisen durch den Dschungel schon häufiger anzutreffen sind die grünblau schillernden Eisvögel, oft „fliegende Edelsteine" genannt. Sie brüten in Höhlen am Flussufer und machen pfeilschnelle Jagd auf Kleinfische und Insekten. Stark gefährdet sind die auf Sulawesi beheimateten Hammerhühner, die ihre Eier in die noch warme Asche in der Nähe von Vulkanen oder in den heißen Sand an Stränden eingraben, wo sie dann ohne Zutun der Eltern ausgebrütet werden.

Der häufigste Raubvogel Indonesiens ist der Brahminen-Milan, erkennbar an seinem kastanienbraunen Gefieder, von welchem sich der weiße Kopf deutlich abhebt. Seine Nahrung sind gewöhnlich Kleintiere, aber auch Aas verschmäht er nicht, und in der Nähe menschlicher Siedlungen hält er sich an die Abfälle. Die Menschennähe geradezu zu suchen scheinen die Weißen Reiher, die in Scharen bewegungslos in den Reisfeldern stehen und auf Beute warten. Mitten in dem kleinen balinesischen Dorf Petulu (bei Ubud) haben sie sogar eine riesige Kolonie gegründet.

Viele Arten der großen indonesischen Landsäugetiere sind vom Aussterben bedroht, da sie entweder in der Vergangenheit zu stark gejagt wurden oder sich ihr Lebensraum durch Abholzung der Wälder noch heute deutlich verringert. So existieren auf Sumatra nur noch 150–200 Exemplare des urtümlichen, behaarten Sumatra-Nashorns, der kleinsten Nashornart (vereinzelt auch auf Borneo), und der Bestand des einhörnigen Java-Nashorns ist sogar bis auf 40–60 Tiere geschrumpft, die ausschließlich im Ujung Kulon-Nationalpark (West-Java) leben. Stark gefährdet ist auch der Sumatra-Elefant, dessen Population auf 2000–4000 Exemplare auf der Insel geschätzt wird. An Raubtieren sind neben dem Malaienbär (Sumatra, Borneo) noch einige Groß- und Kleinkatzen vertreten: z. B. die Goldkatze (Kucing Mas) mit je einer Art auf Borneo und Sumatra, die kleine, gefleckte Bengal- oder Leopardkatze (Borneo, Sumatra, Java) und der Nebelparder (Sumatra, Borneo), der ein ausgezeichneter Kletterer ist. Während sich Zibet-Katzen (Tangalunga) vom asiatischen Festland bis Sulawesi und Molukken und eine kleinere Unterart auch bis zu den kleinen Sunda-Inseln ausbreiteten, sind Großkatzen wie der gefleckte Leopard (mit schwarzem Fell: Panther) nur auf den großen Sunda-Inseln und der Tiger nur auf Sumatra und Java anzutreffen. Auf Bali sind Tiger inzwischen ausgerottet, auf Java lebt vielleicht nicht mal mehr ein Dutzend, und der Bestand des Sumatra-Tigers wird auf etwa 300 Tiere geschätzt.

Hirsche belebten ursprünglich in großen Rudeln die Wälder der Inseln, wurden aber stark bejagt und sind heute relativ selten geworden. Auf den großen Sunda-Inseln sieht man noch den Muntjak-Hirsch, und Mähnenhirsche kommen von Java und Sulawesi bis zu den Molukken und den kleinen Sunda-Inseln vor. Der interessanteste Hirschverwandte ist der nur kaninchengroße Zwerghirsch (Kancil). Er trägt kein Geweih, dafür aber zwei lange Hauer im Oberkiefer, was ihm auch den Namen Hirschferkel eingebracht hat. Er ist ein scheuer, großäugiger Einzelgänger, den die Indonesier für äußerst listig halten. Bei Verfolgungen täuscht er seine Feinde, indem er sich tot stellt, um dann im letzten Moment wieder auf- und davonzuspringen. Er ist der Held vieler indonesischer Märchen, in denen er die Rolle unseres Reinecke Fuchs übernimmt. Nur auf Borneo und Java lebt der **Banteng**, ein Wildrind, das ebenfalls zu den bedrohten Arten gehört. Auf Java gibt es nur noch ca. 400 Tiere in den Naturschutzgebieten. Vom Banteng stammt das hübsch gefärbte Bali-Rind ab.

Die häufigsten **Affen** gehören zur Gattung der **Makaken**, wie z. B. der große **Schweinsaffe** mit seinem kurzen Ringelschwanz und der kleinere, zierliche **Javaneraffe**, der einen langen, dünnen Schwanz trägt. Javaneraffen bevölkern übrigens den berühmten Monkey Forest von Sangeh auf Bali und tummeln sich häufig im Bereich balinesischer Tempel. Die verschiedenen Arten der **Schlankaffen** und **Languren** zeichnen sich durch auffällige „Frisuren" wie Haarschöpfe oder Backenbärte und durch ihr feines, seidiges Fell aus. Dabei unterscheidet sich die Fellfärbung der erwachsenen Tiere deutlich von der Farbe der Neugeborenen. So trägt das Baby des **Brillenlanguren** für die ersten zwei bis drei Monate seines Lebens ein grell orangefarbenes Fell und wird dann nach und nach dunkelgrau bis schwarz. Zu den faszinierendsten – weil uns gar nicht so unähnlichen – Tieren Südostasiens zählt der **Orang Utan** (Waldmensch). Diese Menschenaffenart lebt nahezu ausschließlich auf Bäumen und stammt aus Borneo und Sumatra. Die Sumatra-Orang Utans sind meist etwas kleiner und haben helleres Fell als ihre Verwandten auf Borneo.

Fauna in den Mangroven

Neben dem immergrünen Regenwald sind ein zweites wichtiges Biotop des indonesischen Archipels die **Mangrovensümpfe**, welche die flachen Küsten vieler Inseln umsäumen, die von Ebbe und Flut beeinflusst werden – manchmal in einem schmalen Streifen, oft auch etliche Kilometer breit. Die Mangrovenwälder bestehen aus verschiedenen Baumarten, die durch verzweigte Stützwurzeln Halt im wenig festen Schlick der Gezeitenzone finden. Sie haben sich an die extrem salzhaltigen Böden ebenso angepasst wie an die mehr oder weniger lang anhaltenden Überflutungen. Was wie Spargel aus dem Schlamm sprießt, sind die Luftwurzeln der Bäume, denn im Schlick selbst finden diese kei-

nen Sauerstoff. Die Morast- und Wurzelwildnis der **Mangroven** ist Lebensbereich von Land- und Meerestieren. Muscheln und Krabben sind genauso häufig vertreten wie etwa Insekten – nicht nur Myriaden von Moskitos, sondern z. B. auch **Weberameisen**, die aus ihren eigenen Larven ein Seidengespinst pressen, um ihre Blattnester damit zusammenzuweben. Eine spezielle Anpassung an das Leben in der Gezeitenzone zeigt vor allem der **Schlammspringer**, ein Fisch, der Feuchtigkeit in seinen Kiemen speichert, um eine Weile an Land atmen zu können. Brust- und Bauchflossen sind bei ihm so umgebildet, dass er sich auf dem schlüpfrigen Morast kriechend und hüpfend fortbewegen kann. Bemerkenswert ist auch der **Schützenfisch**, der sich in Pfützen dicht unter der Wasseroberfläche verborgen hält und mit einem gezielten Wasserstrahl aus seinem Mund Insekten „abschießt", die sich über ihm auf den Pflanzen niedergelassen haben.

Meeresbewohner

Schließlich faszinieren die Meeresbewohner Indonesiens seit je her alle, die hier einen Blick unter die Wasseroberfläche wagen. Nicht umsonst ist der Archipel eines *der* Tauchparadiese der Welt, und die Einrichtung vieler Wasserschutzgebiete in den letzten 20 Jahren trägt der zunehmend erforschten globalen Bedeutung der marinen Ökosysteme Rechnung – über 3200 marine Spezies tummeln sich in der Riffnation.

Bei einem Flug durch den indonesischen Archipel erkennt man vor vielen Inseln und Küstenstrichen die im Wasser hell scheinenden Korallenriffe. Allerdings haben die **Korallen** in Indonesien kaum Atolle gebildet, bei denen die Riffe kranzförmig die Inseln umgeben. Schnorchel- oder Tauchtrips können ein fantastisches Erlebnis werden, wenn man einige Dinge dabei beachtet. Die Riffe sind ein wichtiges Biotop der tropischen Meere. Ihre Grundlage sind die Korallen, Kleinstlebewesen, die zu kilometerlangen Gärten zusammenwachsen können. So entsteht ein Lebensraum, in dem die größte Artenvielfalt an Meeresfauna und -flora zu finden ist.

Die Glieder dieser Tierstöcke werden vor allem von den sog. Steinkorallen gebildet. Ein einzelnes dieser Wesen, das sich auf einem Felsen

www.stefan-loose.de/indonesien

FLORA UND FAUNA **101**

oder Stein festsetzt und zu einer kleinen Seerose heranwächst, liefert die Grundlage für das Entstehen einer ganzen Kolonie. An der Unterseite des zylindrischen Körpers produziert das Tier mit seinen Ausscheidungen eine Kalkplatte, durch die es auf der Unterlage festhaftet. Dann werden von weiteren Kalkausscheidungen strahlenförmig auf der Platte stehende Leisten ausgebildet, deren Außenwände wiederum miteinander verbunden sind. Durch fortgesetztes Knospen und Ausscheiden des Kalks entsteht im Laufe der Jahrhunderte ein Korallenriff, das etwa 0,5 bis 2,8 cm pro Jahr wächst.

Die lebenden Korallen können, im Gegensatz zu dem weißen, abgestorbenen Skelett, die verschiedensten Farben annehmen. Zwischen ihnen haben zahllose Korallenfische, Schalenweichtiere, Krebse, Quallen, Seeanemonen, Seesterne und Kleinstlebewesen ihren Lebensraum. Da die Korallen von Algen leben, die jedoch nicht in dunklen Meerestiefen vorkommen, gibt es sie nur in einer Tiefe von etwa 3 bis 50 m.

Das Meeresgebiet um die Vogelkopf-Halbinsel vor Nordwest-Papua spielt mit rund 2600 Arten eine unverzichtbare Rolle im ökologischen Gefüge. Besonders das mitten im sog. **Korallendreieck** (das auch Neuguinea, die Philippinen und die Salomonen umfasst) gelegene Archipel von **Raja Ampat** gilt als das Gebiet mit der höchsten maritimen Biodiversität der Erde, befinden sich hier doch 75 % aller Korallenarten und knapp 1300 Fischarten. Ein Fünftel aller **Korallenbänke** der Welt liegt in Indonesien, die größte davon im Taka Bonerate-Nationalpark in Sulawesi (s. S. 576). Dieser bei Tauchern beliebte maritime Nationalpark ist das größte Atoll Südostasiens und das drittgrößte der Welt. Entsprechend weist auch der Artenreichtum eine der höchsten Dichten der Welt auf – es tummeln sich allein hier knapp 300 bekannte Spezies von Korallenfischen in nahezu ebenso vielen Arten von Korallen. Zudem kann man diverse **Schildkrötenarten** antreffen, etwa die Echte Karettschildkröte, die Suppen- und die Oliv-Bastardschildkröte.

Eindrucksvolle Arten wie der majestätische **Mantarochen**, die lebendgebärenden **Teppichhaie** (Wobbegongs), **Muränen** oder die seltene **Mondfisch** kommen in Indonesien genauso vor wie farbenprächtige **Schwämme** und gigantische, von **Weich- und Hartkorallen** bewachsene Steilwände. Tiefere Meeresregionen bergen noch seltenere Spezies wie den **Nautilus**, den **Geisterfetzen**- und den **Anglerfisch**. Ständig entdecken Forscher neue, bisher unbekannte Arten. So ergab eine fünfjährige Untersuchung des Fischangebots auf indonesischen Märkten (das Land betreibt die größte Hai- und Rochenfischerei der Welt) bis 2007 zwanzig neue Arten von **Haien und Rochen**, darunter den Peitschenrochen, der nur vor West-Papua vorkommt, wo im Jahr zuvor bereits 56 endemische Fisch-, Shrimp- und Korallenarten neu erfasst worden waren.

Umwelt und Naturschutz

Entwaldung

Wissenschaftler schätzen auf Grund von Satellitenaufnahmen, dass jährlich 1,2 % der Regenwälder der Erde abgeholzt werden. Konkret bedeutet das, dass jede Minute 21 ha verschwinden – auch die Wälder Indonesiens sind bereits erschreckend geschrumpft.

Jahrtausendelang hat der Mensch in das geschlossene Ökosystem der tropischen Wälder kaum eingegriffen. Verhältnismäßig kleine Flächen wurden gerodet, vor allem in der Umgebung der alten Städte und dort, wo man bereits intensiv Ackerbau betrieb. Der **Brandrodung**, wie sie von den Ureinwohnern praktiziert wurde, fielen zwar immer neue Waldflächen zum Opfer, doch war der Dschungel nur sehr spärlich besiedelt. In den frühen Tagen der europäischen Kolonialherrschaft wurden größere Waldgebiete kaum gerodet, da die Europäer in erster Linie an Gewürzen und Metallen interessiert waren. Auch die Mangrovensümpfe wurden von den Menschen genutzt. Sie lieferten Brennholz, Lebensmittel (Zucker, Honig, Fische, Krebse) und Palmwedel, mit denen Häuser gedeckt wurden.

Mit Beginn des 20. Jhs. aber kamen immer größere Waldgebiete unter den Pflug, um große **Plantagen** zu schaffen. Erst nach dem Zweiten Weltkrieg, als der Bedarf an Holz in Japan und im Westen enorm anstieg, nahm die Rodung von tropischem Regenwald bedrohliche Ausmaße an. Aber nur relativ wenige Baumarten sind ökonomisch verwertbar. Viele der nicht benötigten Baumarten werden jedoch beim unsachgemäßen Fällen der **Nutzhölzer** beschädigt. Große Schneisen werden in den Wald geschlagen, um die Hölzer schnell abtransportieren zu können. Für einen einzigen wirtschaftlich verwertbaren Baum werden zahlreiche andere gefällt oder beschädigt. Beim sachgerecht durchgeführten Fällen des Holzes können außer den nicht verwertbaren Stämmen auch junge Setzlinge und Samen im Boden überleben, womit eine Regeneration des Waldes gewährleistet ist. Dieser Sekundärdschungel, *Belukar*, der etwa 15 % der indonesischen Waldgebiete umfasst, ist allerdings wesentlich niedriger und artenärmer.

Auf Kalimantan ließ die Regierung in den 1990er-Jahren für ein Megaprojekt zur Anlage von Reisfeldern rund 1 Mio. ha Wald roden und Torfmoore durch Drainagen trockenlegen (deren Kanäle ursprünglich dem Transport der gefällten Baumstämme dienten). Die verbleibende Vegetation wird seither Jahr für Jahr von schlimmen **Waldbränden** heimgesucht.

Die wesentliche Ursache für das Verschwinden der tropischen Regenwälder in Südostasien liegt heute jedoch in der **Bevölkerungsexplosion**, die es notwendig macht, neue Anbauflächen zu erschließen. Im Rahmen der Transmigrasi-Programme (s. S. 105) siedelte man jährlich Tausende von Familien von den dicht besiedelten Inseln in bisher nicht bewirtschaftete Gebiete um.

Der enorm gestiegene **Holzexport** schafft weitere große ökologische Probleme auf den waldreichen Inseln. 2003 wurden durch den Export von Holz Einnahmen von fast US$5 Mrd. erzielt. Heute erhält Indonesien alleine US$1,2 Mrd. im Jahr durch den Holzexport in die EU. Die dringend erforderlichen Aufforstungsprogramme sind aus wirtschaftlicher Sicht zunächst die schlechtere Alternative, bringen sie doch keine Devisen. Politiker und Holzfirmen operieren mitunter am Rande der Legalität, wenn Konzessionsgrenzen einfach ignoriert oder durch Bestechung „ausgedehnt" werden, und Kontrollen an den Holzhandelshäfen von Makassar und Surabaya lassen zu wünschen übrig. Die Regierung erhofft sich durch das globale Finanzierungsmodell REDD+ Hilfe beim Waldschutz. Hierbei wird ein Staat für nicht betriebene Entwaldung und die damit verbundene Verhinderung von CO_2-Emissionen finanziell entlohnt. Zwar gibt es in Indonesien zahlreiche Nationalparks und Naturschutzgebiete, dennoch: Die tropischen Regenwäldern verschwinden rapide, jährlich mehr als 500 000 ha Wald. Von 1990 bis 2000 wurden somit ca. 25 % der indonesischen Wälder vernichtet. Reisfelder und Plantagen haben den artenreichen tropischen Regenwald vielfach verdrängt, sodass die Inseln Java, Bali und Lombok nur noch etwa zu 10 % mit Wald bedeckt sind. Auf Sulawesi sind es 45 %, in Sumatra ca. 30 %, in Kalimantan 40 % und in West-Papua sowie auf den Molukken 60 %. West-Papua, Heimat der begehrten Merbau-Hölzer, hat in den vergangenen Jahren einen der deutschen Waldfläche äquivalenten Bestand an Regenwald verloren.

Der Kahlschlag großer Waldflächen wiederum bedingt Umweltschäden wie Auslaugung der Böden und extremer werdende Klimaschwankungen. Gerade die Felder an den steilen Vulkanhängen sind nun z. T. schutzlos den tropischen Regengüssen ausgesetzt. Mit dem Wald geht auch ein wichtiger Kohlenstoffspeicher verloren; stattdessen strömt CO_2 in die Atmosphäre. Indonesien ist der drittgrößte Emittent von Treibhausgasen auf der Welt, und drei Viertel dieser Emissionen werden zu einem nicht geringen Teil durch Brandrodungen und

🏠 Öko-Tipp

Einrichtungen, die sich durch ein starkes ökologisches oder soziales Engagement auszeichnen, sind in diesem Buch mit einem Baumsymbol gekennzeichnet. Sie verwenden z. B. Solarenergie, sind auf harmonische und verträgliche Weise in die Umwelt integriert oder setzen sich in besonderem Maße für die Bevölkerung ein.

die Landwirtschaft erzeugt. Wenn Waldgebiete abgeholzt werden, bedeutet das den Tod zahlreicher Tiere. Arten, die auf ein eigenes Revier angewiesen sind, werden in den unzerstörten Nachbarwäldern kaum unbesetzte Gebiete finden. Nicht reviergebundene Arten werden zwar in die umliegenden Wälder flüchten, aber früher oder später wird die zur Verfügung stehende Nahrungsmittelmenge die Population auf ihre ursprüngliche Größe reduzieren.

Mangroven und aquatische Biotope

Besonders die indonesische Inselwelt besitzt im Übergangsgebiet zwischen Meer und Land ein wertvolles Ökosystem: die Mangrovensümpfe. Diese Küstenwälder als Pufferzone schützen die weiter landeinwärts liegenden Landflächen vor Salzwasser, den Gezeiten und der Erosion. Daneben sind sie Heimat zahlreicher Tiere und bevorzugte Laichplätze der Fische. Doch selbst die unzugänglichen Sümpfe werden trockengelegt, um landwirtschaftliche Nutzflächen oder Fischteiche zu schaffen. Damit wird jedoch der natürliche Küstenschutz zerstört, und durch Erosion gehen viele neu gewonnene Nutzflächen wieder verloren. Mancherorts werden daher wieder Mangroven aufgeforstet, z. B. in Ost-Java (s. S. 255).

Immerhin werden die Meeresbiotope Indonesiens zunehmend in Schutzbemühungen von Regierung und NGOs einbezogen – derzeit stehen gut 8 Mio. ha Ozean unter Naturschutz, und viele Nationalparks, etwa Tanjung Puting (s. S. 547) oder Taka Bonerate (s. S. 576), umfassen auch Seegebiete. Praktiken wie das Abfischen flacher Gewässer unter Einsatz von Dynamit richten verheerende Schäden in den sensiblen Lebensräumen an und sind inzwischen verboten. Doch auch der Tourismus gefährdet teilweise ausgerechnet die Arten, die auf viele Besucher große Anziehungskraft ausüben, etwa Schildkröten. Deren oftmals an Stränden schlüpfender Nachwuchs ist durch Sandfurchen und Lichtquellen an Touristenstränden sowie durch Verschmutzung und Fi-

scherei an den Küsten besonders bedroht, weshalb sich Hilfsorganisationen wie die Turtle Foundation, 🖳 www.turtle-foundation.org, um die Schildkrötenbestände rund um Bali kümmern. Das Gebiet von Raja Ampat (s. S. 102) ist Teil des 70 650 km² großen Meeresschutzgebiets Bird's Head Seascape.

Bevölkerung

Einwohner: ca. 238 Mio., davon ca. 84 Mio. Javaner, 31 Mio. Sundanesen

Minderheiten: Chinesen (8 Mio.), Batak (9 Mio.), Maduresen (7 Mio.), Bugis (6 Mio.), Dayak (3 Mio.), Toraja (750 000) u. v. a. m.

Ethnische Gruppen: 1128

Jährliches Bevölkerungswachstum: 1,01 %, aktuell etwa 2,4 Mio. Menschen

Lebenserwartung: Männer 69 Jahre, Frauen 74 Jahre

Kinder unter 14 Jahren: ca. 28 %

Analphabetenrate: 9 %

Menschen unter dem Existenzminimum: ca. 14 %

Säuglingssterblichkeit: 2,9 %

Indonesien ist nach China und Indien das drittgrößte Land Asiens und an der Bevölkerungszahl gemessen das viertgrößte der Welt. Bis 2050 soll die Bevölkerung vorsichtigen Schätzungen zufolge auf über 288 Mio. ansteigen. Vor allem in den übervölkerten Inseln Java und Bali propagiert man deshalb Maßnahmen zur freiwilligen Geburtenkontrolle. Das Programm zur **Familienplanung** wird schon seit 1969 durchgeführt, und die sinkende Wachstumsrate ist Beweis für einen ersten Erfolg. Bis dahin war es aber ein langer Weg, denn was nutzen bunte Plakate, die die Kleinfamilie idealisieren („Dua anak cukup": Zwei Kinder sind genug), wenn die traditionellen Vorstellungen andere sind. Noch immer wünschen sich manche indonesische Eltern viele Kinder, denn sie steigern das soziale Ansehen und sind die einzige Alterssicherung. Erst als Vater oder Mutter wird man ein vollwer-

104 UMWELT UND NATURSCHUTZ

www.stefan-loose.de/indonesien

tiges Mitglied der Dorfgemeinschaft. Kaum jemand kann in Krankheitsfällen oder im Alter auf finanzielle Rücklagen oder eine Versicherung zurückgreifen, und Kinder tragen schon in jungen Jahren zur Sicherung des Familieneinkommens bei.

Das Kind bildet für die Indonesier einen zentralen Punkt ihres Lebens, und wie kinderfreundlich Indonesier sind, erfährt der, der mit dem eigenen Kind durchs Land reist. „Wie viele Kinder habt ihr?" – wird man häufig im Gespräch mit Indonesiern gefragt, und es wird belustigtes Erstaunen erregen, wenn man älter als 20 Jahre ist und noch kein Kind hat. Einige Gesprächspartner werden sich trotz aller Aufklärungskampagnen mindestens vier Kinder wünschen, und Familien mit zehn Kindern sind auch heute noch, besonders auf dem Land, keine Seltenheit. Andererseits hat sich bei der rapide vergrößernden städtischen Mittelschicht das Konzept der Kleinfamilie erstaunlich gut durchgesetzt.

Gut zwei Drittel der Menschen konzentriert sich auf Java, dem Zentrum wirtschaftlicher und politischer Macht des Landes. In Zentral-Java rings um Yogya und Solo leben bis zu 2000 Menschen pro km^2, was etwa der **Bevölkerungsdichte** Hamburgs entspricht. Die Insel trägt eine Bevölkerung von 138 Mio. Menschen auf einer Fläche von der Größe des Bundesstaates New York. Weitere dicht besiedelte Gebiete mit knapp 700 Einwohnern pro km^2 sind Bali und Lombok sowie Nord-Sumatra mit 190. Die Bewohner dieser Gegenden leben überwiegend von der Landwirtschaft. In den undurchdringlichen Dschungelgebieten und Sümpfen von Papua Barat und Kalimantan dagegen leben weniger als drei Menschen auf einem km^2. Dünn besiedelt sind auch Teile von Zentral-Sulawesi, Sumatra, den Molukken und Nusa Tenggara, in denen die landwirtschaftliche Produktivität sehr gering ist.

Umsiedlungsprogramme

Seit 1950 werden im Rahmen der **Transmigrasi-Programme** Menschen aus übervölkerten Regionen in unbewohnte Wildnis umgesiedelt. Junge Familien, vor allem aus Java und Bali,

bekommen zur landwirtschaftlichen Nutzung 2 ha große Parzellen zur Verfügung gestellt – meist gerodete Dschungelgebiete oder trockengelegte Sümpfe, die nur notdürftig erschlossen sind. Nach anfänglicher finanzieller Unterstützung vonseiten des Staates und der Welternährungsorganisation FAO sind die Siedler nach drei Jahren auf sich selbst gestellt. Die fremde Landschaft, die soziale Umgebung, eine unzureichende Infrastruktur und fehlende landwirtschaftliche Kenntnisse führen häufig bereits in der Anfangsphase der Projekte zu Problemen. Die Fruchtbarkeit der Neulandflächen lässt schnell nach. Hinzu kommt die Aufteilung der Flächen für die zahlreichen Kinder der Siedler. Das gesamte Programm wird auch in absehbarer Zukunft der Überbevölkerung der zentralen Inseln nicht entgegenwirken können, denn man schätzt, dass im gleichen Zeitraum, in dem zwei Menschen aus Java ausgesiedelt werden, drei von anderen Inseln hier ankommen.

Transmigrasi war einer der zentralen Gründe, die in jüngerer Zeit zu ethnischen und auch religiösen Konflikten führten. Oft wurden streng muslimische Javaner und besonders Maduresen in christlich dominierte Gebiete von Sulawesi (s. S. 593 zum religiösen Konflikt von Zentral-Sulawesi), Kalimantan und den Molukken umgesiedelt. Seit 1997 ist es in mehreren Landesteilen zu schweren Ausschreitungen der einheimischen Bevölkerung gegen Umsiedler gekommen. Ob die bisherige Transmigrasi-Politik fortgesetzt werden kann, bleibt abzuwarten. Immerhin haben sich der Umfang und die aufgewendeten Mittel für die Umsiedlungen in den letzten 20 Jahren drastisch verringert.

Volksgruppen

Egal, auf welcher Insel man in das Land einreist, es fällt sofort als ein Schmelztiegel verschiedenster Ethnien und Religionen auf – malaiische und melanesische Völker findet man hier ebenso wie die Nachkommen der eingewanderten Chinesen, Inder und Araber. Von Jakarta aus versucht man unter dem Wappenspruch „Einheit durch Vielfalt", ein unter holländischer Kolonialregierung geschaffenes Land zu vereinigen,

www.stefan-loose.de/indonesien

dessen Staatsbürger 250 verschiedene Sprachen sprechen und dem über 300 verschiedene Völker angehören. Sie alle sind Indonesier – die westlich orientierten Studenten ebenso wie die urtümlich lebenden Altvölker.

Funde aus prähistorischer Zeit beweisen die frühe Besiedlung der Inselwelt. 1,8 Mio. Jahre alt ist der sog. Java-Mensch, dessen Schädelknochen bei Mojokerto in Ost-Java entdeckt wurde. Noch heute leben einige **Altvölker** weitgehend isoliert von der übrigen Bevölkerung auf der Kulturstufe der Jäger und Sammler. Proto- und Deutero-Malaien wanderten später in verschiedenen Wellen aus dem südchinesischen Raum auf die Inseln. Die ersten Malaien (**Proto-Malaien**) sind bis heute Ackerbauern geblieben, die das Landesinnere der Inseln kultiviert haben. Sie pflanzen Reis und andere Kulturpflanzen an, jagen, flechten, weben, töpfern und schnitzen. Sie haben weitgehend eine eigenständige Kultur bewahrt, die sich im täglichen Leben, z. B. beim Häuserbau oder bei der Produktion von Kunsthandwerk, niederschlägt. Unter vielen dieser Völker ist die Kunst der *Ikat*-Weberei verbreitet (s. S. 133). Familienfeste und andere Feiern werden noch immer nach den alten Vorschriften der Stammesreligionen begangen. Während der Islam bei den Proto-Malaien kaum Anhänger fand, sind einige Stämme zum Christentum übergetreten.

Zwischen diesen altindonesischen Völkern, so den auf Sumatra lebenden **Batak** (ca. 6,1 Mio.), den **Dayak** (ca. 3 Mio.) auf Kalimantan, den **Toraja** (ca. 650 000) auf Sulawesi und weiteren kleineren Gruppen, bestehen starke Unterschiede in der Kultur, der Sprache und dem äußeren Erscheinungsbild. Jede Gruppe lässt sich zudem in verschiedene Stämme unterteilen.

Die **Deutero-Malaien** entwickelten unter den Einflüssen des Buddhismus und des Hinduismus eine eindrucksvolle Hochkultur, wovon noch heute die Tempelarchitektur Javas zeugt. Seit dem 12. Jh. wurden diese Kulturen vom Islam überlagert, der sich von Aceh über die Inseln ausbreitete. Nur auf Bali und Teilen der Insel Lombok hat sich bis heute der Hinduismus erhalten. Die Bevölkerung Javas, Sundanesen, Javaner und Maduresen, hingegen ist moslemisch, wie 86 % der Gesamtbevölkerung. Strenggläubig jedoch ist nur eine Minderheit, die entlang der

Die Bugis haben eine lange Tradition als seefahrendes und Handel treibendes Volk. Sie leben vor allem in Süd-Sulawesi und sind heute weitgehend assimiliert.

Küsten einiger Außeninseln lebt – Süd-Sulawesi, Sumbawa, Aceh und Süd-Kalimantan. Ansonsten sind mit dem Islam viele Elemente früherer Religionen (Buddhismus, Hinduismus, Animismus) wie auch eine deutliche mystische Komponente verbunden. Schon vor der Kolonialzeit hatten die Deutero-Malaien die Flusstäler und Küstenregionen besiedelt und betrieben intensiven Reisanbau (Java, Bali). Gleichzeitig gelten sie als die seefahrenden und Handel treibenden Völker, z. B. die **Bugis** (ca. 6 Mio.) und **Maduresen** (ca. 20 Mio.). Unter der zentralen Gewalt ihrer Herrscher, der Könige und Sultane, entwickelten sie eine hohe Ausdrucksform in Kunst und Literatur. Von den europäischen Kolonialmächten wurden sie als erste beeinflusst, und sie bestimmen noch heute weitgehend das wirtschaftliche und politische Leben des Staates.

Chinesen kamen schon früh als Händler auf die Inseln, doch die Mehrheit wanderte erst seit dem 19. Jh. als Lohnarbeiter ein. Ihnen wurde schon früh untersagt, Land zu besitzen, sodass sich viele später in den Städten niederließen und Handel betrieben. Noch immer ist das Verhältnis zu den etwa 8 Mio. Chinesen sehr problembelastet. Ähnlich wie in anderen südostasiatischen Ländern kontrolliert die chinesische Minderheit überproportional den Handel und die Wirtschaft. In vielen, z. T. blutigen Auseinandersetzungen, zuletzt im Mai 1998, zwischen *Pribumi* (einheimischen Indonesiern) und Chinesen fanden die Widersprüche ihren Ausdruck. Offizielle Politik der Regierung war und ist es, diese Minderheit zu assimilieren. Selbst bei traditionellen Tempelfesten in Cirebon und Semarang spricht die Jugend *Bahasa Indonesia*. Trotz der Aufhebung des Verbots chinesischer Schriftzeichen in der Öffentlichkeit, sind sie den meisten der heute im Land lebenden Chinesen schon kaum noch bekannt.

Neben den Chinesen leben auch arabische, indische und eurasische **Minderheiten** im Vielvölkerstaat. Für Außenstehende ist es immer wieder faszinierend zu sehen, wie Indonesien *dari Sabang ke Merauke* (5120 km Luftlinie) versucht, eine eigene Identität zu finden. Viele, vor allem die jüngeren Städter, sehen sich zuerst als Indonesier und erst an zweiter Stelle als Batak, Sundanesen, Bugis, Chinesen oder Molukker.

Geschichte

Frühgeschichte

Zu den wichtigsten Ausgrabungsstätten, in denen Relikte des Urmenschen gefunden wurden, der vor ca. 1,8 Mio. Jahren lebte, gehören Sangiran, Mojokerto, Trinil und Ngandong auf Java. Etwa 40 000 Jahre alt sind die Funde aus den Niah-Höhlen in Sarawak (Borneo), sie können also bereits dem Homo sapiens zugerechnet werden. Die Menschen dieser Zeit waren Jäger und Sammler, aber der Übergang zum Anbau von Pflanzen und zur Tierhaltung erfolgte in Südostasien schon sehr frühzeitig. Bei Ausgrabungen in Thailand konnte die Kultivierung verschiedener Pflanzenarten bereits 9000–7000 v. Chr. nachgewiesen werden.

Seither erreichten verschiedene Einwanderungswellen die Inseln – **Negritos** vor 30 000 Jahren, deren kraushaarige, dunkelhäutige Nachfahren heute nur noch auf den Andamanen, den Philippinen und der malaiischen Halbinsel leben. Verdrängt wurden sie vor etwa 10 000 Jahren von den nachfolgenden Einwanderern, wahrscheinlich weddoide Völker, deren Spuren man in Wajak, Ost-Java, entdeckte. Mit den später eintreffenden **Proto**- und **Deutero-Malaien** kam auch das Wissen um die Gewinnung und Bearbeitung der Metalle Bronze und Eisen auf die Inseln. Schon 3000–2500 v. Chr. wurde Nassreis angebaut, und die Felder wurden mit Wasserbüffeln umgepflügt.

Typisch für alle Einwanderer war die Gründung von kleinen Siedlungen an den Flussläufen und -mündungen der Inseln. Schon vorhandene Bevölkerungsgruppen wurden absorbiert, und eine Tendenz zur sozialen Differenzierung kann aus zahlreichen archäologischen Funden (reiche Grabbeigaben, Prunk- und Zeremonialbeile, Megalithen) für den Beginn unserer Zeitrechnung angenommen werden. See- und Küstenfahrt war allen malaiischen Völkern bekannt, trotzdem beschränkte sich die Herrschaft einzelner Fürsten und Sippenoberhäupter nur auf einen überschaubaren Bereich, der ihnen genügend Nahrung versprach. So steht am Beginn der aufgezeichneten Geschichte eine

www.stefan-loose.de/indonesien

GESCHICHTE **107**

Vielzahl kleiner und kleinster Bevölkerungsgruppen, die nur mit ihren unmittelbaren Nachbarn Handels- und soziale Kontakte hatten. Die mehr als 200 unterschiedlichen Sprachen innerhalb der malayo-polynesischen Sprachfamilie sind noch heute ein Kennzeichen dieser Zersplitterung.

Indisierung

In den ersten Jahrhunderten unserer Zeitrechnung beginnt die sog. Indisierung Indonesiens. Der griechische Geograf Ptolemäus berichtet schon im 2. Jh. über *Labadiou* (wahrscheinlich Java) und über *Malaiou* (wahrscheinlich Malayu in Südost-Sumatra). Seine Informationsquellen waren indische Händler, die bis an die Küsten Sumatras und Javas gelangt waren. Aber erst zwischen dem 4. und 6. Jh. verzeichnet der südostasiatische Handel einen enormen Aufschwung. Produkte Süd- und Südostasiens waren auf den chinesischen Märkten gefragt, und es entwickelte sich ein regulärer Schiffsverkehr zwischen Indien, den Siedlungen an den Flussmündungen Sumatras und China. Aus chinesischen Aufzeichnungen geht hervor, dass aus verschiedenen, nicht immer zu lokalisierenden Gebieten Indonesiens Missionen zum Kaiserhof entsandt wurden.

Durch den Handel mit Indien gelangten auch kulturelle Einflüsse in das Land und prägten Sprache, Schrift und Literatur. Brahmanen brachten die heiligen Schriften des **Hinduismus** nach Indonesien, und die sich formierende aristokratische Klasse übernahm zahlreiche Elemente der neuen Religion. Die indische Konzeption des Königtums mit verschiedenen Varianten der göttlichen Identität des Herrschers war von nun an bestimmend.

Die bisherigen religiösen Vorstellungen der Bevölkerung erleichterten das Eindringen des Hinduismus. Die Indonesier hatten bereits terrassierte Tempel erbaut, die heilige Berge darstellten und Begräbnisritualen dienten. In dieses Weltbild passte der auf einem heiligen Berg lebende Shiva. Die Megalithkultur fand ihre Parallelen im Linga-Kult des Gottes Shiva. Das komplexe Gesamtsystem des Hinduismus wurde jedoch nicht übernommen. Die Lehre von den Kasten (Varna), der Begründung eines Reiches und einer Dynastie und die heiligen Schriften waren zwar bekannt, fanden aber keinen Eingang in die indonesische Gesellschaft.

Sriwijaya

In den folgenden Jahrhunderten entstanden buddhistische und hinduistische Königreiche, hauptsächlich auf Java und Sumatra. Die Einflusssphären dieser Großreiche umfassten den ganzen südostasiatischen Raum. Im Brennpunkt der wichtigen Handelsroute zwischen China und Indien gelegen, erlangte Sriwijaya seit dem 7. Jh. eine Vormachtstellung. Über viele Jahrhunderte war Sriwijaya nicht nur ein erstrangiges politisches Machtzentrum, sondern wurde auch für Chinesen, Inder, Araber und die südostasiatische Region zum Inbegriff des Reichtums und der kulturellen Blüte. Der Handel mit Landesprodukten, vor allem der Zwischenhandel, war die Basis. Alle Schiffe mussten die Häfen Sriwijayas anlaufen und Zölle entrichten. Eine starke Flotte bedrohte diejenigen, die sich diesem Zwang zu entziehen versuchten, aber auch abtrünnige Vasallen. Sriwijaya war kein zentralisiertes Reich, sondern ein Stadtstaat, der andere Fürstentümer militärisch unterwarf und tributpflichtig machte. Man nimmt an, dass die Hauptstadt in der Nähe des heutigen Palembang in Sumatra gelegen haben muss.

Der chinesische Gelehrte I-Ching besuchte 671 nach einer nur 20-tägigen Schiffsreise von Kanton aus Sriwijaya. Er erwähnt Tausende von buddhistischen Priestern und spricht von einem Zentrum der buddhistischen Lehre. Dass es im Gegensatz zu mittel- und ostjavanischen Staaten keine Überreste von Tempelanlagen in Südost-Sumatra aus der Sriwijaya-Periode gibt, liegt nicht zuletzt in der Natur des Schwemmlandes begründet, in dem selbst steinerne Sakralbauten den Fluten der großen Flüsse während des Monsun nicht über Jahrhunderte standhalten oder im Schwemmsand verschwinden. Der Niedergang des Sriwijaya-Reiches erfolgte im 11. Jh., als chinesische Händler begannen, direkt in die Produktionszentren zu segeln. Damit

108 GESCHICHTE

www.stefan-loose.de/indonesien

verlor der Zwischenhandel, die Lebensgrundlage Sriwijayas, an Bedeutung.

Konnten die frühen Stadtstaaten und Reiche Sumatras ihre wirtschaftliche und politische Macht nur auf dem Zwischenhandel aufbauen, so war die Situation auf Java anders: Grundlage der frühen Staaten waren die vulkanischen Böden und eine ertragreiche Landwirtschaft.

Das wichtigste Herrschergeschlecht Javas war die **Sailendra-Dynastie**; selbst Sriwijaya wurde Mitte des 9. Jhs. von einem Sailendra regiert. Borobudur und die Tempel von Prambanan wurden von Herrschern dieser Dynastie in Auftrag gegeben. Buddhismus und Shivaismus existierten in Java nebeneinander. Auf einer buddhistischen Inschrift aus dieser Zeit wird ein Sailendra als *Bodhisattva*, „ein zu Buddha gewordener", bezeichnet, eine hinduistische Inschrift beschreibt einen Herrscher als Teil Shivas. Diese Qualitäten machten die Könige nicht zu Gott-Königen, sondern zu Gott selbst.

tischen Festlands unterhielt Majapahit Handelsbeziehungen, ebenso wie China und Indien.

Kertanegaras Urenkel **Hayam Wuruk** wurde 1350 zum König, und seine Herrschaft wird heute als die glorreichste Periode javanischer Geschichte betrachtet. Es scheint, so kann man im *Negara Kertagama* nachlesen, dass Hayam Wuruk sein Reich selbst inspizierte („der Prinz war nicht für lang in seiner Residenz"). Er besuchte unruhige Grenzgebiete, sprach mit den Ältesten vieler Dörfer, klärte Landstreitigkeiten, trieb Tribut ein, betete an Buddha-Schreinen, Shiva-Statuen und altjavanischen Heiligtümern und besuchte heilige Männer, um zur Erleuchtung zu gelangen. Viele seiner Untertanen hatten dadurch die Gelegenheit, den göttlichen Herrscher selbst zu Gesicht zu bekommen. Durch die Verschmelzung indischer Einflüsse mit javanischer Tradition bildeten sich die ersten Elemente einer eigenständigen indonesischen Kultur.

Majapahit

Seit dem 10. Jh. war Ost-Java das politische und kulturelle Zentrum. Das **Kertanegara-Reich** (1268–1292) gilt als Vorläufer von Majapahit. Der gleichnamige Herrscher wird zum Shiva-Buddha. Über die altjavanische Dichtung *Negara Kertagama* (entstanden 1365) ist heute der Aufstieg Majapahits belegt. Wichtigster Staatsmann dieser Periode war **Gajah Mada** (1329–1350), der während der Regentschaft einer Tochter Kertanegaras oberster Minister wurde. Er war ein Politiker von durchaus eigenständigem Gewicht und nicht nur Vollstrecker des königlichen Willens. Gajah Mada betrieb eine aktive Außenpolitik und dehnte Macht und Einfluss Majapahits systematisch aus.

Zentrum des Reiches war die Hauptstadt mit dem Kraton des Königs und den Palästen anderer Würdenträger in der Gegend des heutigen Surabaya. Die Provinzen wurden von Gouverneuren oder Fürsten verwaltet, die vom König ernannt wurden. Von diesen direkt beherrschten Gebieten muss man die tributpflichtigen, vasallenartigen Fürstentümer des Archipels unterscheiden. Mit den Staaten des südostasia-

Islamisierung

Entlang der Handelswege zwischen China, Indien und Arabien breitete sich seit dem 13./14. Jh. der Islam aus. Anhänger der neuen Religion waren zuerst Händler und Kaufleute, deren ausländische Partner häufig Moslems waren. Die Islamisierung ging dann über den Kreis der Händler hinaus und erfasste alle Klassen und sozialen Schichten. Am Ende des 13. Jhs. gab es bereits zwei islamische Sultanate in Nord-Sumatra (Samudra-Pasai und Perlak). In einem königlichen Grab in **Samudra** entdeckte man Inschriften aus dem Jahre 1297, die in Arabisch geschrieben waren. Im 15. Jh. hatte sich der Islam bereits über die Nordküste Javas bis nach Ternate und Tidore auf die Nord-Molukken ausgebreitet. Tom Pires, portugiesischer Reisender, beschreibt in *Suma Oriental* (1511) die islamischen Königreiche Cirebon, Demak, Jepara und Gresik auf Java. Das eigentliche Machtzentrum des malaiischen Raums war **Malacca** auf der malaiischen Halbinsel, dessen Herrscher ihre Dynastie auf Sriwijaya zurückführten. Aus handelspolitischen Gründen waren sie schon früh zum Islam übergetreten.

LAND UND LEUTE

www.stefan-loose.de/indonesien   GESCHICHTE **109**

Die alten aristokratischen Herrscherhäuser im Inneren Javas standen im Gegensatz zu den islamischen Fürsten der Küstenstädte. Der Einfluss Majapahits war mit dem Anwachsen dieser Städte zurückgegangen. In den Küstenstädten weiteten die Fürsten von **Demak** in der ersten Hälfte des 16. Jhs. ihren Einfluss aus. Der Islam hatte sich konsolidiert, gleichzeitig hatten die Fürsten viele der alten hinduistisch-buddhistischen Traditionen angenommen. Tom Pires schreibt von den „ritterlichen Verhaltensweisen der antiken Aristokratie", die von den Herrschern Demaks übernommen wurden.

Ende des 16. Jhs. wurde das **Mataram-Reich** zum wichtigsten Machtfaktor auf Java. Unter Panembahan Senapati, der in der Nähe des heutigen Yogyakarta seine Residenz hatte, wurden die islamischen Küstenstädte unterworfen. Seitdem war die Praktizierung des Islam von den königlichen Bedingungen des alten Java abhängig. Der Islam wurde als eine unter anderen Religionen toleriert. Am Hof von Mataram konnten mohammedanische Berater zu höchsten Ehren gelangen und wurden pflichtbewusste Diener des hindu-javanischen Herrschers. Auf den Dörfern blieb der Islam, besonders in Zeiten sozialer Unruhen, einflussreich, da er den bäuerlichen Massen ein Paradies versprach. Der Islam und die javanische Form des Shivaismus-Buddhismus verschmolzen zwar nicht miteinander, nahmen aber beide Einflüsse der jeweils anderen Religion auf.

Ankunft der Portugiesen

Portugiesen beeinflussten ab 1515 für beinahe 100 Jahre die Geschichte der Inseln und nahmen aufgrund überlegener Waffentechnik und nautischer Fähigkeiten bald den gesamten Handel unter ihre Kontrolle. 1511 wurde Malacca erobert.

Unter dem Zeichen des Kreuzes wurden Feldzüge gegen schwache Fürsten unternommen – Mord, Plünderungen und Sklavenhandel standen auf der Tagesordnung. Die Einheimischen wurden nicht als vollwertige Menschen angesehen, sondern waren eben „nur Heiden".

Konkurrenten im lukrativen Gewürzhandel kamen schon bald aus Europa, zuerst Spanier,

dann auch Engländer und Holländer. Deren Methoden unterschieden sich aber kaum von denen der Portugiesen.

Ära der Holländer und Herrschaft der VOC

Gegen Ende des 16. Jhs. erschienen die Holländer als Konkurrenten im Archipel, und Portugals Handelsmonopol brach zusammen. 1595 landeten holländische Schiffe in Banten (West-Java) und kehrten bald darauf mit Gewürzen beladen in die Niederlande zurück. Es sollten 350 Jahre holländischer Herrschaft folgen. Aufgabe der schon 1602 gegründeten **Vereenigde Oostindische Compagnie** (**VOC**) war es, europäische Konkurrenten vom Handel im Archipel auszuschließen sowie den von asiatischen Kaufleuten abgewickelten Handel zu kontrollieren. Sie besaß zwar Handelsstützpunkte auf den Molukken und in Batavia, trotzdem war eine territoriale Erweiterung ihrer Macht nicht Leitlinie der Politik in dieser ersten Periode der VOC. Sie repräsentierte das holländische Handelskapital von 6,5 Mio. Gulden Einlagen der holländischen Städte, wobei Amsterdam allein 3,6 Mio. aufbrachte. Demnach ordnete sie alles dem Streben nach Profit unter.

In **Batavia** amtierte der Generalgouverneur als Exekutivorgan der VOC. Neben den von der niederländischen Regierung (Unabhängigkeit von Spanien 1581) verbrieften Handelsrechten besaß die VOC weitergehende Rechte wie eigene Gerichtsbarkeit, eigene Streitkräfte, das Recht, über Krieg und Frieden zu entscheiden, Verträge mit anderen Staaten abzuschließen und Handelsstützpunkte und Festungen zu errichten.

Die wichtigste Aufgabe in dieser ersten Entwicklungsphase der VOC war der Gewürzhandel und dessen Kontrolle. **Ambon** und **Bandaneira** waren fest in holländischer Hand. Rigoros schränkte die VOC den Anbau von Muskatnuss und Gewürznelken ein, um den Weltmarktpreis zu erhöhen. Ganze Ernten wurden vernichtet, Bevölkerungsgruppen umgesiedelt oder wie auf Bandaneira ausgerottet, wenn sie sich widersetzten.

110 GESCHICHTE

www.stefan-loose.de/indonesien

1620 wurde die VOC erstmals in politische Auseinandersetzungen verwickelt, als Sultan Agung von Mataram versuchte, seine Macht auch über das Sultanat Banten auszudehnen. Zwei Mal wurde Batavia belagert, konnte aber nicht eingenommen werden. **Mataram** verkörperte den traditionellen Typ einer hinduistisch-javanischen Monarchie, während das islamische **Banten** eine weltoffene Handelsmacht war. Dänen, Holländer und Engländer besaßen eigene Kontore in der Nähe der Stadt, eine starke chinesische Minderheit durfte sogar innerhalb der Befestigungsanlagen wohnen.

Interne Schwierigkeiten und Erbfolgekriege leiteten den endgültigen Niedergang Matarams im folgenden Jahrhundert ein. Indem die VOC Amangkurat, den Nachfolger Sultan Agungs, unterstützte, konnte sie die ersten größeren territorialen Gewinne einstreichen. Mitte des 18. Jhs. war Mataram in zwei zentraljavanische Sultanate zerfallen, Surakarta und Yogyakarta, und politisch zur Bedeutungslosigkeit herabgesunken. Banten geriet 1683 endgültig in holländischen Besitz.

Typisch scheinen uns die herrschenden Zustände in Batavia in einer Reisebeschreibung von 1771 dargestellt, die von einem Mitreisenden auf Captain Cooks Weltreise angefertigt wurde:

Besonders wirft man den hiesigen Richtern eine ungerechte Partheiligkeit vor. Sie sollen gegen die Eingebohrenen mit übertriebener Strenge, gegen ihre holländischen Landsleute hingegen in einem unerlaubten Grade nachsichtig verfahren. Einem Christen, der sich eines groben Verbrechens schuldig gemacht hat, benimmt man nie die Gelegenheit, vor dem ersten Verhöre zu entwischen … Die armen Indianer hingegen werden in solchen Fällen ohne Gnade gehangen, lebendig gerädert oder gar gespießt.

Niedergang der VOC

Verschiedene Gründe führten 1799 zur Auflösung der VOC. Schon 1784 musste England im Vertrag von Paris das Recht eingeräumt werden, in Indonesien Handel zu treiben. Das Monopol der VOC war damit gebrochen, ihre Verschuldung wuchs. Obwohl 1781 eine Anleihe in Höhe von 14 Mio. Gulden aufgenommen werden musste, gelang es der VOC durch Manipulationen und eine bewusste Verschleierungstaktik, ihren Nimbus als Quelle sagenhaften Reichtums zu erhalten. So wurde im gleichen Jahr jede VOC-Aktie immer noch mit einem Kurswert von 200 % gehandelt.

War also einerseits die veränderte Lage in Europa für den Niedergang der VOC verantwortlich, so waren es andererseits auch Gründe in den asiatischen Kolonien selbst. Die Administration der riesigen Territorien verschlang Summen, die die finanziellen Möglichkeiten der VOC überstiegen. Standen z. B. im ersten Jahrhundert der VOC-Herrschaft in Indonesien etwa 1500 Personen im Sold der Compagnie, so waren es Mitte des 18. Jhs. bereits etwa 18 000 Menschen. Die Organisation der VOC, hauptsächlich auf den Monopolhandel ausgerichtet, blieb aber bis zuletzt die gleiche und war den neuen Anforderungen nicht mehr gewachsen. Keinesfalls kann man den Grund für den Niedergang der VOC allein in der Korruption unter den Angestellten oder in ihrem Schmuggel der monopolisierten Waren sehen. Von Beginn an war dies übliche Praxis, hervorgerufen auch durch die niedrigen offiziellen Gehälter.

Britische Kolonialherrschaft

1806 wurde Holland zum Königreich von Napoleons Gnaden, und der nach Batavia entsandte **Herman Willem Daendels** war vor allem mit der Verteidigung Ost-Indiens gegen eine mögliche britische Invasion beschäftigt. Er konzipierte auch das später in die Realität umgesetzte **Zwangsanbausystem**. 1811 landeten auf Java britische Soldaten der East India Company unter Lord Minto, Generalgouverneur von Indien, der nach der Kapitulation der Kolonialtruppen Hollands **Stamford Raffles** als Gouverneur einsetzte.

Raffles war in erster Linie ein glühender Nationalist, der die strategische und handelspolitische Rolle Ost-Indiens schon sehr früh erkannt hatte. Für ihn galt es, das holländische Kolonialreich dem britischen einzugliedern. Die fünf Jahre britischer Herrschaft brachten besonders Java weitreichende Veränderungen administrativer, wirtschaftlicher und politischer Natur. Raffles gliederte Java in 16 Residentschaften und entmachtete die Fürsten und Regenten. Er interpretierte ihre Rolle als „feudale Herrscher" und meinte, durch ihre Entmachtung die Bauern zu befreien und sie dadurch zu motivieren, ihre Produktion für den freien Markt zu erhöhen. Er übersah dabei, dass die traditionellen Herrscher Javas keinerlei Rechte am Land ihrer Untertanen besaßen, sie also keine feudalen Landbesitzer waren.

Typisch für diese Politik war die Erstürmung des Kratons von **Yogyakarta** unter Raffles' persönlichem Kommando im Jahr 1812. Der Kronschatz wurde geplündert und unter die Angehörigen der Streitkräfte verteilt. Der Bruder des **Sultan Hamengku Buwono** wurde sogar zum Tode verurteilt, was allerdings nicht vollstreckt wurde. Dem Sultanat Yogyakarta wurde ein neuer Vertrag aufgezwungen, in dem es weitere Gebiete abtreten musste und keine eigenen Streitkräfte mehr unterhalten durfte. Nur die heute noch bestehende Leibgarde des Sultans war davon ausgenommen.

Raffles betätigte sich aber nicht nur politisch, sondern war auch wissenschaftlich vielseitig interessiert. Eine Pionierleistung war die Veröffentlichung seines zweibändigen Werks *A History of Java* (1817).

Rückkehr der Holländer

1816 erfolgte die Rückgabe des ehemaligen niederländischen Kolonialbesitzes an die alte Kolonialmacht. Die neuen Generalgouverneure waren als erstes gezwungen, ihre Autorität zu festigen und Unruhen auf den Molukken und Sulawesi, in West-Kalimantan und Palembang niederzuschlagen. Viele Gebiete wurden dadurch der Kolonialverwaltung direkt unterstellt.

Während sich die britische Verwaltung aus den seit 1803 andauernden Auseinandersetzungen in West-Sumatra zwischen orthodoxen islamischen Gruppen und der sog. **Adat-Partei**, die aus Minangkabau-Fürsten bestand, heraus-

hielt, intervenierte Holland für die Adat-Partei. Der Grund für diese Auseinandersetzung lag in der laxen Auslegung des Islam durch die Minangkabau. Die orthodoxen Padri lehnten das matrilineare Erb- und Familienrecht ab und wollten Sufismus, Alkoholgenuss, Glücksspiel, Hahnenkampf und Opiumrauchen als nichtislamisch verbieten. Nach der holländischen Intervention zeichnete sich die Niederlage der Padri ab. 1837 wurde ihr Führer **Tuanku Imam Bonjol** gefangen genommen und deportiert.

Der Aufstand Diponegoros

Der **Java-Krieg** (1825–1830) war der erste eindeutig antikolonialistische Massenaufstand gegen die holländische Verwaltung. Die wirtschaftliche Situation der Bauern und Handwerker, einheimischen Kleinhändler und -unternehmer hatte sich zusehends verschlechtert. Gleichzeitig wurden die traditionellen Rechte der javanischen Aristokratie immer mehr beschnitten. **Prinz Diponegoro** aus dem Herrscherhaus von Yogyakarta erfuhr die politischen Intrigen der Kolonialverwaltung am eigenen Leib. Seine legitimen Rechte auf die Thronfolge wurden übergangen. Eigentliche Auslöser des Aufstands waren zwei Tatsachen: Zum einen wurden durch den Generalgouverneur alle Pachtverträge, die von Landbesitzern mit Europäern abgeschlossen waren, für nichtig erklärt. Das verbitterte die zumeist aristokratischen Landbesitzer, die nun bereits erhaltene Vorschüsse zurückzahlen mussten. Zum anderen baute die Verwaltung eine Straße in der Nähe eines heiligen Grabes, was die religiösen Gefühle der Bevölkerung verletzte.

Diponegoro stellte sich an die Spitze des Aufstands. In den ersten Jahren hatte er auch militärische Erfolge. Yogyakarta wurde erobert, die Kampfhandlungen griffen sogar auf die Nordküste über. Die Aufständischen vermieden offene Feldschlachten und führten einen Guerillakrieg. Doch den längeren Atem hatte die Kolonialverwaltung. Sie konnte frische Hilfstruppen von den Außeninseln heranführen und Java mit einem Netz von befestigten Militärposten überziehen, die wiederum durch Stra-

112 GESCHICHTE

www.stefan-loose.de/indonesien

ßen verbunden waren. Verrat im eigenen Lager schwächte Diponegoros Position zusätzlich. Unter diesen Voraussetzungen wollte er mit der Kolonialregierung verhandeln, doch trotz des zugesicherten freien Geleits wurde er festgenommen und nach Makassar deportiert (s. S. 563).

Das Zwangsanbausystem

Schätzungen gehen davon aus, dass fast 200 000 Javaner während des Kriegs umkamen. Batavia verlor 15 000 Mann, darunter mehr als die Hälfte Europäer. Viel Land war verödet, die Bevölkerung verarmt. Die Kosten für die niederländische Regierung waren enorm. Nicht zuletzt war das einer der Gründe, weshalb das schon von Daendels geplante Zwangsanbausystem (Cultuurstelsel) eingeführt wurde. Jedes Dorf wurde dazu verpflichtet, ein Fünftel seiner Anbaufläche mit landwirtschaftlichen Exportprodukten zu bepflanzen. Diese mussten dem Staat abgeliefert werden. War die Summe dieser Produkte höher als die veranlagte Grundsteuer, konnte das Dorf eine entsprechende Rückvergütung verlangen. Umgekehrt, wenn das Dorf weniger als die veranlagte Grundsteuer produzierte, musste es zusätzliche Leistungen erbringen. **Exportprodukte** waren zuerst Indigo und Zuckerrohr, bald gefolgt von Kaffee, Tee, Tabak und Pfeffer. Der Wert der Exporte stieg von 13 Mio. Gulden im Jahr 1830 auf 74 Mio. Gulden zehn Jahre später. Zwischen 1840 und 1880 konnten so dem holländischen Staatshaushalt jährlich 18 Mio. Gulden zugeführt werden.

Um das neue Wirtschaftssystem möglichst effektiv zu gestalten, musste die gesamte Administration umgeformt werden. Der meist einheimische, aus der Aristokratie stammende **Regent** wurde einem Staatsangestellten ähnlich und dadurch in das Kolonialsystem integriert. Ihm zur Seite stand der holländische **Resident**. Der Regent war für die Ablieferung der Ernten aus seinem Bezirk verantwortlich.

Vom Regenten abwärts bis zum **Kepala Desa** (Dorfoberhaupt) waren holländische Kolonialbeamte (Controleurs) damit beschäftigt, die Produktion zu überprüfen. Korruption war in diesen Kreisen alltäglich. Zum einen konnte man über-höhte Forderungen an die einzelnen Dörfer stellen, wobei die Differenz als zusätzlicher Gewinn in die eigene Tasche gesteckt wurde, zum anderen konnten Bauern arbeitsverpflichtet werden, um private Arbeiten durchzuführen. In vielen Fällen musste deshalb die Eigenversorgung der Bauern notwendigerweise vernachlässigt werden. Auch für staatliche Arbeiten beim Straßenbau, der Errichtung von militärischen Anlagen usw. konnten die Bauern arbeitsverpflichtet werden.

Die Liberale Politik

In den 60er-Jahren des 19. Jhs. wurde das Zwangsanbausystem in den Niederlanden mehr und mehr kritisiert. Dabei standen nicht so sehr humanitäre Aspekte im Vordergrund, sondern holländisches Kapital sollte in großen **Plantagen** investiert werden, was unter dem alten System nicht möglich war. Diese sog. **Liberale Politik** wurde 1870 eingeführt. Europäische Investoren konnten langfristige Pachtverträge mit indonesischen Landbesitzern abschließen oder, im Fall von unbebautem Land, mit der Kolonialregierung. Große Plantagen entstanden auf Java und vor allem in Nord-Sumatra.

Diese neue Politik leitete eine Phase der wirtschaftlichen Expansion ein. Exporte verzehnfachten sich zwischen 1870 und 1930 (von 107 Mio. Gulden auf 1,16 Mrd.). Parallel dazu verlief eine **territoriale Expansion**. Bis 1910 war Indonesien in den heutigen Grenzen im Besitz Batavias.

Die Ethische Politik

Am Ende des 19. Jhs. wuchs in Holland eine einflussreiche Bewegung, die sich dafür einsetzte, dass den Indonesiern größere Bildungschancen eingeräumt und ihre Lebensbedingungen insgesamt verbessert werden sollten. Mentor dieser Bewegung war der Anwalt **van Deventer**, der von einer „Ehrenschuld" der Niederlande gegenüber Indonesien sprach. Was er damit meinte, war die moralische Verpflichtung, für die zurückliegenden Leistungen der indonesischen Menschen aufzukommen. Auch hier spielte Selbstinteresse eine wichtige Rolle. Gebildete Indonesier wurden für die neuen Posten in Wirtschaft und Verwaltung dringend gebraucht. Insgesamt war diese neue Ethische Politik idealistisch, und von den grandiosen Visionen van Deventers ist kaum etwas in die Realität umgesetzt worden.

Trotzdem wurden gewaltige **soziale Veränderungen** eingeleitet, die allerdings nicht so sehr auf die Politik selbst, sondern auf die wirtschaftlichen, kapitalistischen Zwänge zurückgeführt werden können. Die javanische Bevölkerung, die im Laufe des 19. Jhs. von 6 Mio. auf 30 Mio. gewachsen war, erreichte 1920 mehr als 40 Mio. Das **Bevölkerungswachstum** und die zunehmende Verstädterung, das Eindringen der Geldwirtschaft in die Gütergemeinschaft der Dörfer und der Bedarf der kapitalistisch-westlichen Unternehmen an Arbeitskräften zerstörten traditionelle Strukturen.

Das nationale Erwachen

Am erfolgreichsten war die Ethische Politik in der Heranbildung einer kleinen, europäisch gebildeten Elite, die die Enttäuschung der breiten Massen auch politisch ausdrücken konnte. Selbst im Islam wuchsen modernistische Ideen, die versuchten, die Anforderungen des 20. Jhs. mit der Religion in Einklang zu bringen. Die ursprüngliche Absicht der Kolonialmacht, sich durch eine Öffnung der Bildungseinrichtungen eine folgsame, einheimische Elite zu schaffen, verkehrte sich ins Gegenteil.

Eine Gruppe **Budi Utomo** („hohes Bestreben") entstand 1908. Es war eine elitäre Gemeinschaft, deren Ziele mehr kulturell als politisch waren. Andere nationalistische Gruppen, Parteien und Gewerkschaften folgten – so auch 1908 eine freie Eisenbahnergewerkschaft auf Java. Zahlenmäßig wichtiger war die **Sarekat Dagang Islam**, die erste nationale Massenorganisation, die eine islamischen Zielen verpflichtete Politik betrieb. Geführt wurde sie vom charismatischen Omar Said Cokroaminoto. 1920 folgte die erste kommunistische Partei Asiens, die **Perserikatan Komunis Di Hindia** (später **Partai Komunis Indonesia, PKI**).

Am Ende des Ersten Weltkriegs war die Kolonialregierung gezwungen, breiteren Bevölkerungsteilen mehr Mitsprache einzuräumen. Dazu kreierte sie den **Volksraad**, der aus z. T. gewählten, z. T. ernannten Mitgliedern der drei Bevölkerungsgruppen (Holländer, Indonesier, andere Asiaten) bestand. Insgesamt hatte der *Volksraad* keinerlei legislative oder exekutive Rechte, sondern stellte nur ein Forum für Kritik und Debatte dar. Verschiedene nationalistische Führer akzeptierten Sitze, andere sprachen sich für einen Kampf ohne Kompromisse aus. 1921 waren die Spannungen im Sarekat Dagang Islam so groß, dass der gesamte linke Flügel, größtenteils Anhänger der PKI, ausgeschlossen wurde. 1926/27 unternahm die Partei einen Aufstandsversuch auf Java und in West-Sumatra, der aber von der Kolonialregierung schnell niedergeschlagen wurde, wovon sich die PKI bis zum Ende des Zweiten Weltkriegs nicht wieder erholte.

Nach dem Niedergang der PKI und des Sarekat Dagang Islam, beides ideologisch geprägte Bewegungen, begann in nationalistischen Kreisen eine erneute Diskussion über den Weg zur Unabhängigkeit. Die allgemeine Losung war „**Indonesia Merdeka!"** Es galt weniger, sich den kommenden indonesischen Staat in einer bestimmten sozialen oder politischen Ordnung auszumalen, sondern vielmehr das Ziel der **Unabhängigkeit** zu erreichen. Für dieses Ziel konnten auch Anhänger der PKI oder der islamischen Strömungen gewonnen werden. Im Juli 1927 fanden diese Vorstellungen Ausdruck in einer neuen Partei, der **Partai Nasional Indonesia**. Der wichtigste Programmpunkt der PNI war die Verweigerung der Zusammenarbeit mit der Kolonialregierung.

Ihr Vorsitzender war der Ingenieur **Sukarno**, der die Gedanken und Zielvorstellungen der gemäßigten islamischen Führer, der Kommunisten und der radikalen Nationalisten sehr gut kannte, sich aber keiner Richtung endgültig anschloss. Sein Traum war die Vereinigung dieser drei Hauptströmungen der Unabhängigkeitsbewegung, ein Ziel, dem er sich bis zu seinem Tod verschrieb. Nur wenige Monate nach Gründung der PNI gelang es ihm, wichtige politische Gruppen in einer Vereinigung zusammenzuschließen (PPPKI = Permufakatan Perhimpunan-Perhimpunan Politik Kebangsaan Indonesia).

1930 wurde Sukarno mit vier weiteren Führern der PNI angeklagt und zu vier Jahren Gefängnis verurteilt, 1931 entlassen, 1933 bis zum Beginn der japanischen Besatzung zuerst nach Flores, dann nach Bengkulu verbannt. Die PNI löste sich 1931 auf, ein Teil der Mitglieder gründete die **Partai Indonesia** (Partindo). Andere Gruppen schlossen sich zur neuen PNI zusammen, wobei die Abkürzung diesmal für **Pendidikan Nasional Indonesia** (Nationale Erziehung Indonesiens) stand. Die Führer waren **Mohammad Hatta** und **Sutan Sjahrir**.

Japanische Besatzung

Der **Zweite Weltkrieg** in Europa und im Pazifik veränderte die Situation grundlegend. Als 1942 die japanischen Streitkräfte in Indonesien einmarschierten, wurden sie von vielen Indonesiern als asiatische Befreier von europäischer Kolonialherrschaft begrüßt. Die Nationalisten unter Sukarno und Hatta arbeiteten eng mit ihnen zusammen. Die Grundeinstellung zu Japan änderte sich allerdings rasch, als man feststellte, dass man nur die alten Unterdrücker gegen neue eingetauscht hatte. Sukarno versuchte während der Besatzung, die Interessen Indonesiens zu vertreten, und man sollte sich hüten, ihn einseitig als Kollaborateur darzustellen, wie es später von holländischer Seite geschah.

Es gelang Sukarno, die Besatzungsmacht davon zu überzeugen, dass nur eine indonesischen Zielen verpflichtete Organisation auch die Massen aktivieren könne. 1943 wurde unter seiner Führung **Putera** (*Pusat Tenaga Rakyat* = Zentrum der Volkskraft) gegründet, kurz darauf die „Peta", in der Indonesier von japanischen Offizieren militärisch ausgebildet wurden und die in den späteren Auseinandersetzungen den Kern der jungen republikanischen Armee bildete. Im September 1944 gab der japanische Premier eine Absichtserklärung über die indonesische Unabhängigkeit ab, im März 1945 wurde eine **Verfassung** entworfen. Sukarno und Hatta wurden im August 1945 von Marschall Terauchi nach Saigon beordert, und ihnen wurde die Unabhängig-

keit zugesichert. Am 17. August 1945, zwei Tage nach der japanischen Kapitulation, erklärte Sukarno die **Unabhängigkeit** Indonesiens.

Unabhängigkeitskrieg

Nach der Kapitulation Japans waren britische Truppen damit beauftragt, die japanischen Streitkräfte zu entwaffnen. Die neue republikanische Regierung Indonesiens unter Hatta und Sukarno wollte mit den Alliierten Streitkräften zusammenarbeiten, trotzdem gab es im Herrschaftsbereich der Republik (praktisch nur Java und Teile Sumatras) Zusammenstöße, da holländische Soldaten und Mitglieder der alten Kolonialverwaltung ihnen auf dem Fuße folgten. Schon 1946 war Holland gezwungen, mit Sutan Sjahrir, dem Premierminister der Republik, zu verhandeln. Doch das **Abkommen von Linggarjati**, in dem Holland der jungen Republik die Unabhängigkeit zugestand, wurde nicht lange eingehalten. 1947 besetzten holländische Truppen unter dem Vorwand, durch eine Polizeiaktion Gesetzlichkeit und Ordnung wieder herstellen zu wollen, große Gebiete der Republik. Unter Vermittlung der Vereinten Nationen wurde das **Renville-Abkommen** (genannt nach dem amerikanischen Kriegsschiff, auf dem die Verhandlungen stattfanden) im Januar 1948 geschlossen.

Innerhalb des republikanischen Lagers fanden danach schwere Auseinandersetzungen statt. Bürgerliche Kräfte aus der PNI wollten die linke Regierung unter Premier **Amir Sjarifuddin** stürzen. Hatta übernahm die Regierungsgewalt, und bald brach der von der PKI initiierte Umsturzversuch von Madiun aus. In den Kämpfen zwischen überlegenen republikanischen Regierungstruppen und Rebellen wurden die Führer der PKI erschossen. Holland nutzte die Auseinandersetzungen innerhalb der Republik zu einer weiteren militärischen Aktion. Die Streitkräfte Indonesiens begannen einen aufopferungsvollen Guerillakrieg gegen die Invasoren. Im Frühjahr 1949 waren außer den Außeninseln und den großen Städten auf Java und Sumatra alle anderen Gebiete in republikanischer Hand. Im August 1949 unterzeichnete Holland ein Abkommen zur indonesischen Unabhängigkeit.

Unabhängigkeit

Die Verfassung von 1950 machte Indonesien zu einem Einheitsstaat, der dem Präsidenten (Sukarno) nur eine repräsentative Rolle zuwies. Innerhalb der folgenden sieben Jahre lösten sich sieben verschiedene Regierungen ab, die jeweils von den verschiedenen Parteien gebildet wurden oder Koalitionsregierungen waren. In der Nation wuchs die Desillusionierung mit den Ergebnissen der Revolution.

Staatspräsident Sukarno erklärte 1957 seine **Gelenkte Demokratie**, die den Parteienzwist der 1950er-Jahre beenden sollte. Er kritisierte das westliche Demokratiekonzept als ungeeignet für Indonesien. Dagegen stellte er das traditionelle System von *Musjawarah* und *Mufakat* (Diskussion und Konsens). Zur gleichen Zeit brachen in Sumatra und auf einigen Außeninseln **Sezessionsbestrebungen** aus. In Padang wurde die Revolutionäre Regierung der Republik Indonesien ausgerufen, der sich andere Provinzen anschlossen.

Die Zentralregierung reagierte schnell, und Ende 1958 waren die Aufstände niedergeschlagen. Sukarno, die Armee und die nicht kompromittierte PKI waren jetzt die Machtfaktoren in der Republik. 1959 wurde die alte Präsidial-Verfassung von 1945 durch ein Dekret des Präsidenten wieder in Kraft gesetzt. Das Konzept **Nasakom** (Nationalismus, Religion, Kommunismus) wurde eingeführt. Sukarnos Macht in der Periode bis 1965 lag in der Balance zwischen Armee und PKI.

Die Außenpolitik war neutralistisch-antiimperialistisch, was sich z. B. in der Bekämpfung *(Konfrontasi)* der unter britischem Vorzeichen geschaffenen Föderation von Malaysia zeigte. Sukarno lehnte die Staatsgründung als Produkt des Neokolonialismus ab und unternahm militärische Aktionen vor allem gegen Sarawak und Sabah (Nord-Borneo). Eine große Kampagne wurde in den Jahren 1960–1962 um die Eingliederung des westlichen Teils der Insel Neu-Guinea geführt. **West-Papua**, früher Irian Jaya, wurde nach militärischen Auseinandersetzungen und unter politischem Druck der USA an die Republik Indonesien abgetreten.

Die sich verschlechternde wirtschaftliche Situation, politische Machtkämpfe zwischen Parteien und Militärs und der verstärkte Einfluss der PKI führten zu einer **innenpolitischen Krise**. So war der Lebenskostenindex in Jakarta von 100 (1958) auf 36 347 (1965) gestiegen.

Suhartos „Neue Ordnung"

In der Nacht des 30. September 1965 wurden fünf Armeegeneräle unter bisher ungeklärten Umständen erschossen. Die Armee-Führung propagierte die Ermordung der Generäle als kommunistischen Aufstandsversuch, damit begann der Aufstieg **General Suhartos**. In den folgenden Monaten wurde die PKI zerschlagen, mehrere Hunderttausend Menschen wurden unter dem Vorwurf der Parteianhängerschaft ermordet.

Am 11. März 1966 fanden in Jakarta und anderen Städten große Demonstrationen gegen Sukarno statt. Die militärische Führung zwang Sukarno damit, zahlreiche Machtbefugnisse an Suharto abzutreten. Die PKI wurde verboten, 15 Minister Sukarnos wurden verhaftet.

Am 12. März 1967 trat General Suharto sein Amt als Präsident der Republik Indonesien an. Suhartos Laufbahn begann in der Kolonialarmee. Während des Unabhängigkeitskriegs war er republikanischer Truppenführer in Zentral-Java, 1960 bereits stellvertretender Stabschef der Armee, 1962 Befehlshaber der Truppen zur Befreiung West-Irians. Im Herbst 1965 war er führend an der Zerschlagung der PKI beteiligt, im folgenden Jahr entmachtete er systematisch den bisherigen Präsidenten Sukarno. Mit Unterstützung des Militärs führte er das Regime der „Neuen Ordnung" ein.

Die **Neue Ordnung** hat dem Land zweifellos viele Verbesserungen gebracht. Während es einerseits gelang, die Inflation wieder unter Kontrolle zu bringen, konnten andererseits mithilfe großzügiger Unterstützung aus dem Westen zahlreiche Entwicklungsprogramme erfolgreich umgesetzt werden. Die Infrastruktur wurde spürbar ausgebaut und die Exportwirtschaft angekurbelt, gleichzeitig verbesserten sich insgesamt die Lebensbedingungen der jährlich um ca. 3 Mio. Menschen anwachsenden Bevölkerung. Das Pro-Kopf-Einkommen stieg ebenso wie die durchschnittliche Lebenserwartung. Man sprach sogar schon von einem indonesischen **Wirtschaftswunder**. Die Lebensmittelproduktion wurde um 50 % gesteigert. War Indonesien in den 60er-Jahren noch der größte Reisimporteur der Welt, galt es ab 1985 mit Unterbrechungen als weitgehend Reis-autark. 2011 mussten aufgrund schlechterer Ernten bereits wieder knapp 1,5 Mio. t Reis importiert werden.

Großangelegte **Familienplanungskampagnen** zeigten deutliche Erfolge (2,4 % Zuwachsrate in den 1970er-Jahren; 1,8 % in den 1980ern). Über 100 000 neue Schulen wurden gebaut.

Die außenpolitischen Positionen der Sukarno-Ära wurden revidiert. Mit Malaysia besteht ein freundschaftliches Verhältnis, beide Länder sind Mitglied des ASEAN-Bundes (2011 hatte Indonesien hier den Vorsitz). Nach dem Anschluss West-Papuas 1962 kam es 1975 zu einer ähnlichen Aktion in Ost-Timor, bei der die indonesische Regierung militärisch versuchte, die Unabhängigkeit der ehemaligen portugiesischen Kolonie zu verhindern.

Die Neue Ordnung hatte aber auch ihre Schattenseiten. Suharto und seine **Golkar** (die Regierungspartei Golongan Karya) regierten mithilfe von Armee und Polizei als ein diktatorisches Regime. Kritiker und Oppositionelle wurden in Gefängnisse gesteckt oder unter Hausarrest gestellt; Presse, Rundfunk und Fernsehen unterlagen staatlicher Kontrolle. Die alle fünf Jahre stattfindenden „Wahlen" waren eine Farce, da sie immer manipuliert waren und ihr Ausgang jedes Mal schon im Voraus feststand; neben der Golkar waren nur noch zwei andere Parteien zugelassen, die **PPP**, die islamisch orientierte Vereinigte Entwicklungspartei (Partai Persatuan Pembangunan), und die **PDI**, die Demokratische Partei (Partai Demokrasi Indonesia), die aber nie eine Chance hatten.

Viele der wirtschaftlichen Verbesserungen tendierten dazu, nur einer privilegierten Minderheit zugute zu kommen, d. h. dass die an sich schon Reichen immer reicher wurden, während am Rand der Städte die Slums wuchsen und auch in einigen ländlichen Gegenden, vor allem auf Java, die Armut zunahm. Korruption im gesamten Verwaltungsapparat des Staates, vom kleinen Beamten aufwärts bis hin zum Präsidenten, war weit verbreitet. Darüber hinaus nahm

Suhartos Nepotismus immer größere Ausmaße an, indem er enge Freunde und vor allem seine eigene Familie, d. h. besonders seine Söhne und Töchter, zunehmend mit Privilegien, Macht und vor allem mit lukrativen Monopolen versorgte.

Mehr als drei Jahrzehnte hielt Suharto, der sich als *Bapak Pembangunan*, Vater der Entwicklung, feiern ließ, fast alle Macht in seinen Händen. Sechs Mal ließ er sich jeweils für eine Amtsperiode von fünf Jahren wiederwählen, zuletzt am 10. März 1998; als seinen Vize-Präsidenten ernannte Suharto den bisherigen Minister für Forschung und Technik Dr. Ing. B. J. Habibie. Vorangegangen waren die Parlamentswahlen vom Mai 1997: Golkar war wie gewohnt als Sieger hervorgegangen mit ca. 75 % der Stimmen, gefolgt von der PPP mit 22 % und der PDI mit 3 %.

Krise und Neuwahlen

Trotz der in den 1990er-Jahren zunehmenden Kritik an Suhartos Regime hätte er sicherlich noch etliche Jahre sein Amt behalten können, wenn nicht im August 1997 die von Thailand ausgehende Finanz- und Wirtschaftskrise auch Indonesien erreicht hätte. In wenigen Monaten verlor die indonesische Rupiah drastisch an Wert. Bekam man im Juli 1998 noch 2400 Rp für US$1, so betrug der Kurs im Frühjahr 1998 bereits 9000 Rp und war zwischenzeitlich sogar auf über 15 000 Rp geklettert.

Die Preise für alle Importwaren stiegen natürlich entsprechend, kurz darauf zogen auch die Preise für einheimische Produkte nach und stiegen um etwa 100–200 %, wobei die Löhne zunächst auf ihrem alten Niveau blieben. In kurzer Zeit war das Pro-Kopf-Einkommen um drei Viertel gefallen. Viele Privatbanken meldeten Konkurs an, etliche Fabriken und andere Unternehmen, darunter die Fluggesellschaft Sempati, mussten schließen. Erhöhte Arbeitslosigkeit war die Folge.

In weiten Teilen des Landes brachen blutige Unruhen aus. Studenten demonstrierten im April und Mai 1998 in Jakarta, Medan, Yogyakarta und Solo für eine Absetzung des Präsidenten. Aufgebrachte und von den Preissteigerungen in Panik versetzte Massen plünderten Super-

www.stefan-loose.de/indonesien

GESCHICHTE **117**

märkte, Einkaufszentren und andere Geschäfte, die zumeist Chinesen gehörten. Dazu flammten in anderen Teilen des Archipels ethnisch-religiös bedingte Streitigkeiten auf. In West-Kalimantan bekämpften die einheimischen christlichen Dayak die eingewanderten islamischen Maduresen. Zu weiteren Ausschreitungen zwischen Christen und Moslems kam es in Kupang (West-Timor) sowie auf den Molukken in Ambon, Banda und Tanimbar. Darüber hinaus wurden die separatistischen Untergrundkämpfer in Aceh wieder aktiv.

Versuche, die Finanzkrise durch Zuschüsse seitens des IWF in den Griff zu bekommen, scheiterten, da der IWF als Bedingung für die Zuschüsse tief greifende ökonomische Reformen forderte, eine Bedingung, die Suharto nicht erfüllen konnte oder wollte. Als die Unruhen im Mai 1998 ihren Höhepunkt erreichten – allein in Jakarta waren über 6000 Gebäude beschädigt oder zerstört worden, es gab schätzungsweise 1200 Tote –, hatte Suharto schließlich ein Einsehen. Am 21. Mai 1998 legte er sein Amt nieder, und Vize-Präsident Habibie wurde als neuer Präsident vereidigt.

Habibie, der als linientreuer Suharto-Anhänger und Technokrat bekannt ist, genoss im Volk fast genauso wenig Vertrauen wie sein Vorgänger, und es war offensichtlich, dass er nur als Übergangslösung angesehen wurde. Zwar entließ er gleich einige politische Gefangene, versprach Reformen und baldige Neuwahlen, doch bekam auch er die Krise nicht in den Griff. Die Reformen blieben aus, und das Datum für die Neuwahlen wurde immer wieder aufgeschoben. Wie schon im Mai wurde erneut im November 1998 der Ruf nach „Reformasi" und „Demokrasi" laut, und es kam abermals zu blutigen Zusammenstößen zwischen demonstrierenden Studenten und dem Militär.

Relative Ruhe kehrte erst Anfang 1999 ein, als das endgültige Datum für die Neuwahlen feststand, nämlich der 7. Juni 1999. Diesmal standen 48 Parteien zur Wahl. Als Sieger mit 35 % der Stimmen ging wie erwartet die PDI aus den Wahlen hervor, gefolgt von Golkar mit ca. 20 %. Gleichzeitig verstärkten sich die separatistischen Bestrebungen in Aceh, West-Papua und anderen Landesteilen.

Präsident Habibie hatte der Bevölkerung Ost-Timors bereits ein Referendum über die Unabhängigkeit zugestanden, das gegen den Willen der führenden Militärs am 30. August stattfand. 78,5 % der Ost-Timoresen entschieden sich für die Unabhängigkeit. Proindonesische Milizen richteten daraufhin ein Blutbad unter der Bevölkerung an. Am 18. September landen multinationale Friedenstruppen unter australischer Führung. Vier Wochen später wählte der Volkskongress (MPR) **Abdurrahman Wahid**, Gus Dur (älterer Bruder Dur) von seinen Anhängern genannt, von der größten islamischen Organisation des Landes, der Nahdlatul Ulama, zum neuen Präsidenten. Zur gleichen Zeit erkannte das Parlament die Ergebnisse der Volksabstimmung in Ost-Timor an, damit war die ehemalige 27. indonesische Provinz de facto unabhängig. In einem klugen Schachzug ernannte Wahid Megawati Sukarnoputri, die Vorsitzende der stärksten Partei des Landes, der PDI, zur Vizepräsidentin.

Auch der vierte Präsident Indonesiens geriet nach einigen anfänglichen politischen Achtungserfolgen immer mehr in die Kritik, bis hin zu wütenden Demonstranten, die im Januar 2001 das Parlament stürmten und Wahids Abtritt forderten. Schließlich sah sich der Volkskongress gezwungen, Gus Dur am 25. Juli 2001 abzusetzen. Gleichzeitig wurde **Megawati Sukarnoputri**, eine Tochter Sukarnos, als Präsidentin eingesetzt, die als ihren Vize Hamzah Haz von der Golkar ernannte. Megawati gelang es bis 2004 weder, die ökonomischen Probleme des Landes in den Griff zu bekommen, noch die politische Stabilität wieder herzustellen. Viele ihrer Anhänger waren enttäuscht, „Mega" galt als schwache Präsidentin.

Yudhoyono und das Ende des Aceh-Konflikts

Bei den Präsidentenwahlen im Juli 2004 erzielte der ehemalige General **Susilo Bambang Yudhoyono** mit 33 % die meisten Stimmen. Yudhoyono – im Volksmund einfach SBY genannt – war unter seinen Vorgängern bereits Minister für Bergbau und Energie sowie Koordinieren-

118 GESCHICHTE

www.stefan-loose.de/indonesien

der Minister für Sicherheit und Politik; er wurde 2009 mit über zwei Dritteln der Stimmen wiedergewählt. Bereits 2005 ernannte ihn der erste Volkskongress zum Obersten Vorsitzenden. Wenngleich sich der reformfreudige Präsident für bessere Bildungschancen und Gesundheitsversorgung, eine dezentralisierte Verwaltung, die Terror- und Korruptionsbekämpfung sowie für den Investitionsstandort Indonesien stark macht und sogar als Musiker Alben veröffentlicht, ist der „denkende General" auch kein unumstrittener Präsident, vor allem was sein Verhältnis zur alten Suharto-Elite sowie zu seinen eigenen Ministern angeht – man sprach lange von einer Rivalität zwischen ihm und dem ehemaligen Vizepräsidenten Jusuf Kalla. Immerhin setzt er sich nachdrücklich für Umweltschutz ein und holte die 13. Klimaschutzkonferenz der Vereinten Nationen 2007 nach Bali.

Im Zuge der verheerenden Zerstörung, die der Tsunami vom 26. Dezember 2004 auch im Norden Sumatras anrichtete und der insgesamt mehr als 220 000 Menschen das Leben kostete, fanden die **Unabhängigkeitsbewegung Acehs (GAM)** und die indonesische Regierung unter Susilo Bambang Yudhoyono zu neuen Friedensgesprächen, die 2005 – nach 29 Jahren gewaltsamen Konflikts um Aceh – in vertraglich festgehaltener Teilautonomie der Provinz und gegenseitiger Duldung beim Wiederaufbau der verwüsteten Gebiete resultierten. Zuvor waren akute Hilfsleistungen noch durch Zugangsrestriktionen des indonesischen Militärs und gewaltsame Auseinandersetzungen beider Parteien behindert worden.

Terrorismus

Indonesien gilt weithin als moslemisch dominierte, pluralistische und tolerante Vorzeigedemokratie der Region – in kaum einem anderen Land leben so viele verschiedene Bevölkerungsgruppen friedlich und respektvoll miteinander. Dennoch ist auch das „Land des Lächelns" nicht vor den schlimmen Auswüchsen globaler und regionaler Terrornetzwerke sicher. Waren terroristische Angriffe und Attentate im Rahmen politischer Konflikte zwischen der Regierung und

separatistischen Gruppen (etwa in Aceh oder auf den Molukken) auch in den Jahrzehnten zuvor ein gängiges Mittel zur Einschüchterung, so bekam das Wort Terrorismus spätestens am 12. Oktober 2002 mit dem Bombenanschlag auf eine Diskothek auf Bali (202 Tote) eine neue, fundamentalistisch-religiöse Qualität.

In den folgenden Jahren sowie 2009 gab es immer wieder Selbstmord- und Bombenattentate auf Botschaften, Diskotheken, Kirchen oder Hotels. In vielen Fällen stand die islamistische Organisation **Jemaah Islamiyah** dahinter, deren Ziel die Errichtung eines Gottesstaats ist. Besonders im Vorfeld religiöser Feiertage besteht seither erhöhte Alarmbereitschaft bei den Sicherheitskräften, da neben westlichen Symbolbauten wie den Luxushotels Ritz-Carlton und JW Marriott in Jakarta auch gut besuchte Kirchen, Moscheen und Tempel Ziel der Anschläge wurden. Schutz erfahren religiöse Minderheiten dabei auch von moslemischen Massenorganisationen, die für rituelle Anlässe paramilitärische Einheiten zum Schutz Andersgläubiger an Kirchen und Tempel abstellen.

Die indonesischen Sicherheitskräfte haben die terroristischen Gruppierungen einigermaßen im Griff und konnten durchaus Erfolge bei der Vereitelung von Anschlägen und Zerschlagung terroristischer Netzwerke verbuchen. So konnten Noordin M. Top, der meistgesuchte Terrorist Südostasiens, im September 2009 getötet und Abu Bakar Bashir, der spirituelle Kopf der JI, 2011 zu einer neunjährigen Haftstrafe verurteilt werden.

Regierung und Politik

Legislative

Nach der Verfassung der Republik Indonesien von 1945 besitzt der **Präsident** außerordentliche Rechte. Praktisch liegt die gesamte Exekutive in seinen Händen. Unterstützt wird das Staatsoberhaupt durch einen **Vizepräsidenten**. Bis vor wenigen Jahren wurden beide im Abstand von fünf Jahren durch den **Volkskongress** (*Majelis Permushawaratan Rakyat*, MPR) gewählt, der jeweils im März nach dem Wahljahr zusammentrat. Im Jahr 2004 wurden erstmals Präsident und Vizepräsident vom Volk direkt gewählt. Alle Minister werden vom Präsidenten ernannt und können von ihm entlassen werden. Zudem ist er oberster Befehlshaber der drei Waffengattungen.

Unterstützt wird der Präsident durch den **Obersten Beratenden Rat** (*Dewan Pertimbangan Agung*, DPA). Die 45 Mitglieder werden durch den Präsidenten ernannt. Meist sind die Mitglieder verdiente ältere Beamte oder Staatsmänner aus dem regionalen und nationalen Bereich. Ebenfalls vom Präsidenten ernannt werden die fünf Mitglieder des **Obersten Rechnungshofes** (*Badan Pemeriksaan Keuangan,* BPK). Er kontrolliert die Staatsfinanzen und berichtet dem **Repräsentantenhaus** (*Dewan Perwakilan Rakyat*, DPR). Es besteht aus 500 Mitgliedern, wovon 462 vom Volk gewählt und 38 ernannt werden. Das DPR tagt einmal im Jahr.

Höchste Autorität im Staat ist der o. g. **Volkskongress**. Er besteht aus 700 Mitgliedern, unter denen sämtliche 462 Mitglieder des DPR sind, weitere werden von den 26 Provinzparlamenten entsandt bzw. vom Präsidenten nach Vorschlägen der Parteien und der funktionalen Gruppen ernannt.

Seit der Verfassungsänderung von 2001 existiert eine 2. Parlamentskammer, der **Regionalrat** (DPD, *Dewan Perwakilan Daerah*), in den jede Provinz vier Repräsentanten entsendet und dessen Mitspracherecht alle Gesetzesbelange auf Provinz- oder niedrigerer Ebene sowie die Machtbalance zwischen der Staatsregierung und den lokalen Verwaltungseinheiten umfasst.

Militär

Die Streitkräfte der Republik Indonesien (ABRI) sind kein koloniales Erbe, sondern entstanden kurz nach der Unabhängigkeit. Von Anfang an verstand sich die Armee auch als politischer Faktor und vor allem als zusammenhaltende Klammer des jungen Staates. Noch heute gilt der Grundsatz der „Zwei Funktionen" *(Dwi Fungsi)*, wonach die Streitkräfte außer der militärischen auch eine sozio-politische Funktion innehaben. Besonders bei der Entwicklung ländlicher Gebiete werden die Truppen eingesetzt, nachdem die Soldaten und Offiziere in besonderen Ausbildungsprogrammen darauf vorbereitet worden sind.

In der Politik war das Militär seit der Unabhängigkeit aktiv. Trotzdem ist Indonesien kein

Das Wappen Indonesiens

Die **Fünf Grundprinzipien Indonesiens** (Panca Sila) sind im Wappen dargestellt:

- der Stern bedeutet Glaube an einen Gott, ganz gleich ob christlicher oder islamischer Gott, ob Buddha oder Shiva.
- der Büffelkopf symbolisiert den Nationalismus Indonesiens, alle Nationalitäten müssen sich vereinen.
- der Banyan-Baum steht für indonesische Demokratie, die auf der Tradition des Dorfes aufgebaut ist.
- die Reis- und Baumwollpflanze symbolisiert die Gerechtigkeit der Gesellschaft, die ihren Mitgliedern genügend Nahrung und Kleidung gibt.
- die Kette steht für die Humanität der Gesellschaft, Mitglied im Kreis der Nationen ist.

BHINNEKA TUNGGAL IKA = EINHEIT IN VIELFALT

militaristischer Staat geworden. Im Verhältnis zur Bevölkerungszahl sind die Streitkräfte sehr schwach (ca. 400 000 – davon gut 300 000 in der Armee – zu ca. 238 Mio.). Ausrüstung, Bewaffnung und technischer Standard entsprechen nicht der riesigen Ausdehnung des Staates und der Bevölkerungszahl. Betont zivil gibt sich auch die politische Führung Indonesiens. Selbst Generäle, die wichtige politische Funktionen innehaben, treten kaum in Uniform vor die Öffentlichkeit. Seit 1965 hat sich ein Gleichgewicht zwischen Technokraten und Militärs in der politischen Elite herausgebildet. Nach wie vor gehören der Wehrdienst und eine militärische Laufbahn in vielen parlamentarischen und Parteikreisen zum „guten Ton". Die Militärbudgets haben sich in Yudhoyonos zwei Amtszeiten mehr als verdoppelt und betrugen 2011 rund US$5,2 Mrd.

Verwaltungsebenen

Auf regionaler Ebene ist das Land in 33 **Provinzen** *(Propinsi)* inklusive der fünf **Sondergebiete** *(Daerah Istimewa)* Aceh, Papua, West-Papua, Yogyakarta und Jakarta aufgeteilt. Die Zentralregierung bestimmt den Gouverneur, der jeder Provinz vorsteht. Auf der folgenden, niedrigeren Ebene wird jede Provinz in mehrere **Kabupaten** aufgeteilt, denen jeweils ein **Bupati** vorsteht. Jeder Kabupaten wird wiederum in verschiedene **Kecamatan** unterteilt, denen jeweils ein **Camat** vorsteht. Dazu kommen 47 **Städte**, die sich selbst verwalten *(Kotapraja)*. Jeder von ihnen steht ein **Walikota** oder Bürgermeister vor. All diese Verwaltungseinheiten werden von Beamten geführt, die von der Zentralregierung bestimmt worden sind. Das Dorf *(Kampung)* als kleinste Verwaltungseinheit wird von einem **Ketua**, eine Gruppe von Dörfern *(Desa)* von einem **Lurah** geleitet. Beide werden direkt gewählt und stellen eine Art Verbindungsglied zwischen Volk und Zentralregierung auf der Kecamatan-Ebene dar.

Bis zur Demokratisierung des Landes waren die regionale und lokale Verwaltung in einem hohen Grad von der Zentralregierung abhängig, die die meisten Beamten ernannte oder zumindest bestätigte und zugleich fast 95 % al-ler Einnahmen einzog. Unter der neuen Regierung sollen Provinzen und Kabupaten nun mehr Selbstbestimmungsrecht erhalten, auch sollen sie ihre Einnahmen zu einem wesentlich größeren Teil selbst verwalten dürfen. Schildhalter des Staatswappens ist der **Garuda** mit 17 Flug- und 8 Schwanzfedern, damit wird der 17.8.1945, der **Tag der Unabhängigkeit**, symbolisiert.

Wirtschaft

Bruttoinlandsprodukt: US$1,105 Billionen
Jährliches Wachstum: 6,2 %
Jährliches Pro-Kopf-Einkommen: US$4300
Inflation: 5,1 %
Arbeitslosigkeit: 3,2 %
Arbeitsfähige Bevölkerung: 120 Mio.
Wirtschaftssektoren: Landwirtschaft 30 %, Industrie 30 %, Dienstleistungen 40 %
Importe: Maschinen und -zubehör, Chemikalien, Treibstoffe, Lebensmittel
Exporte: Öl, Gas, Elektronik, Holz, Textilien, Kautschuk, Kupfer, Gold
Gesamtimport/-export: US$138 Mrd./209 Mrd.
Hauptexportziele: Japan, Singapur, China, USA, Korea, EU

Indonesien hat eine Marktwirtschaft, in die der Staat jedoch mitunter stark eingreift, wenn es darum geht, die Preise für Grundnahrungsmittel, Benzin oder Elektrizität zu stabilisieren. Es gibt noch rund 140 staatliche oder teilstaatliche Unternehmen, die vor allem zum produzierenden Sektor zählen. Die gegenwärtige Regierung unter Yudhoyono und seinem Vize – dem Wirtschaftsexperten und Ex-Banker Boediono – hat bisher Reformen im Steuer- und Zollwesen sowie in der Regulierung der Märkte eingeleitet, um wirtschaftliches Wachstum zu fördern, die Inflation zu bekämpfen und Investoren anzulocken. Bemerkenswert ist, dass die Wirtschaft dank einer starken Binnennachfrage auch während der jüngsten Weltwirtschaftskrise nicht schwächelte und zuletzt sogar ein stabiles Wachstum von 6 % verzeichnete. 2011 stellte die

www.stefan-loose.de/indonesien

Regierung ihren Masterplan vor, der die Wachstumsrate der Wirtschaft auf das Niveau der anderen asiatischen Riesen China und Indien befördern soll: 8 bis 9 % sind das Ziel. Seit der Wiederwahl wird verstärkt in den Ausbau der Infrastruktur, die Erschließung von Rohstoff- und Energiequellen sowie in die Modernisierung des maroden Bildungswesens investiert.

In den Jahren 1997–2000 wurde Indonesiens Wirtschaft von der innenpolitischen und weltwirtschaftlichen Krise stark beeinträchtigt. Fabrikschließungen waren an der Tagesordnung, die Arbeitslosigkeit stieg enorm an, während die Erlöse aus dem Export drastisch sanken. Erst seit 2001 ist das Bruttosozialprodukt wieder angestiegen. 2009 lag der durchschnittliche Stundenlohn bei US$2,32, und Schätzungen der Weltbank zufolge kommen jährlich 7 Mio. Indonesier zur mittleren Einkommensklasse hinzu.

Insgesamt kann man die **wirtschaftliche Entwicklung** Indonesiens seit 1967 positiv beurteilen. Bei allen Negativerscheinungen wie städtischer und ländlicher Armut, Arbeitslosigkeit, Infrastrukturschwächen und regionalen Unterschieden ist es gelungen, den Lebensstandard der Bevölkerung, die von etwa 105 Mio. auf knapp 240 Mio. gewachsen ist, zu heben. Die Nahrungsmittelproduktion konnte absolut gesteigert werden, und eine auf den natürlichen Ressourcen des Landes basierende industrielle Entwicklung wurde eingeleitet. Die meisten der Indonesier sind allerdings in (informellen) Heimbetrieben beschäftigt. Im Jahr 2008 beschäftigten kleinste Unternehmen 90 % aller Berufstätigen in Indonesien und lieferten Einkommen für über 80 Mio. Indonesier.

Bodenschätze

Indonesien ist nach China und Indien das wirtschaftlich am schnellsten wachsende G20-Land, Mitglied der WTO und die größte Volkswirtschaft Südostasiens. **Verarbeitete Erzeugnisse** als wichtigste Exportprodukte erzielen etwas mehr als 50 % der Ausfuhrerlöse.

Indonesien fördert ein knappe Million Barrel **Erdöl** täglich (1 Barrel = 159 Liter) und war bis 2008 das einzige OPEC-Land außerhalb des Nahen Ostens; seitdem muss der Rohstoff jedoch importiert werden, denn die Ölvorkommen des Landes gehen zur Neige, während der Konsum rapide zunimmt. Die Exploration neuer Felder wird daher verstärkt gefördert, und der Versorgungsbeitrag zum gesamten Ölbedarf des Asien-Pazifik-Raums wird 2014 schätzungsweise bei 11 % liegen. Zwölf ausländische Firmen sind in Indonesien im Ölgeschäft aktiv. Neben der Chevron-Tochter Caltex, die in den Provinzen Jambi und Riau die größten Felder betreibt, BP, ConocoPhillips, Exxon Mobile und dem französischen Konzern Total sind auch die chinesischen Giganten PetroChina und CNOOC am Abbau beteiligt. Die staatliche Gesellschaft Pertamina fördert dazu im Vergleich nur geringe Mengen, monopolisiert allerdings die gesamte Rohölverarbeitung. Zudem investiert sie ab 2011 insgesamt US$29 Mrd. in die Erschließung neuer Felder und den Ausbau der Raffineriekapazitäten, um bis 2015 die tägliche Fördermenge von 443 500 auf 1 Mio. Barrel Erdöläquivalent pro Tag zu katapultieren.

Steigend ist auch die Förderung von **Erdgas**. Das Land ist der weltgrößte Produzent von Flüssiggas, das vor allem nach Japan geht. Etwa die Hälfte der gesamten Fördermenge von Erdgas und Erdöl kommt aus Sumatra. Andere Bohrstellen befinden sich in Kalimantan (Tarakan, Kutai- und Barito-Becken), vor der Nordküste West-Javas, in West-Papua und auf der Insel Ceram (Molukken). Ein neues Fördergebiet liegt im Norden des Natuna-Archipels.

Kohle wird schon seit der Kolonialzeit auf Sumatra abgebaut. Bukit Assam und Ombilin sind die wichtigsten Fördergebiete von Braunkohle. Nach China ist Indonesien auch der zweitgrößte Produzent von **Zinn**. Das Metall wird auf und vor den Inseln Bangka, Belitung und Karimun abgebaut. **Nickel**-Vorkommen finden sich auf Sulawesi und den Molukken. Die zwei größten Abbaugebiete sind Soroako (Zentral-Sulawesi) und Kolaka (Südost-Sulawesi). Nickelhütten befinden sich an beiden Fundorten. Weitere wichtige Bodenschätze sind **Bauxit** (auf der Insel Bintan, Riau), **Gold**, **Silber** sowie **Kupfer** (Sumatra, Lombok, Sumbawa, West-Papua).

Viele Lagerstätten sind überhaupt noch nicht erschlossen, andere natürliche Rohstoffe liegen in den riesigen Wäldern verborgen, die wiederum selbst eine Quelle wirtschaftlichen Reichtums sind.

Energie

Der mit 238 Mio. Menschen größte Markt Südostasiens leidet unter chronischen Problemen einer veralteten und überforderten Infrastruktur. Stromausfälle gehören in vielen Gebieten zum Alltag. Obwohl das Land große Potenziale an erneuerbaren Energien birgt, werden diese noch kaum genutzt. 2007 kamen Wasserkraft und Geothermie auf einen Anteil von gerade einmal 3,2 % des gedeckten Energieverbrauchs – Erdöl, Ergas und Kohle sind nach wie vor die wichtigsten Energieträger. Die indonesische Regierung plant, bis 2025 die Abhängigkeit des Landes von fossilen Energieträgern erheblich zu reduzieren und bis dahin 17 % des Energiebedarfs aus regenerativen Quellen zu erzeugen. Dabei hatte die Regierung noch bis vor Kurzem den Bau mehrerer **Atomkraftwerke** vorgesehen. Nach der Atomkatastrophe, die sich 2011 im japanischen Fukushima infolge eines Erdbebens und eines Tsunamis ereignete, ging Präsident Yudhoyono jedoch auf Distanz zu diesen Plänen.

Indonesien ist mit über 21 Mio. t jährlich außerdem der weltgrößte Produzent des umstrittenen Rohstoffs **Palmöl**, das zur Herstellung von Biodiesel verwendet wird. Viele indonesische und internationale Firmen, z. B. Cargill, sind in der Herstellung des Palmöls beschäftigt, das allerdings fast ausschließlich für den Export bestimmt und im Land selbst noch kaum als Kraftstoff etabliert ist.

Das niederschlagsreiche Indonesien könnte Schätzungen zufolge 75 GW Strom durch **Wasserkraft** erzeugen. Gerade in ländlichen Regionen außerhalb der Ballungszentren sind oft bis zu 50 % der Bevölkerung ohne Zugang zu einem Stromnetz und müssen viel Geld für Generatoren und deren Betrieb ausgeben. Hier gibt es bereits erste Fortschritte in Form von Kleinwasserkraftwerken, die eine umweltschonende Strom-

versorgung in kleinem Rahmen gewährleisten können. Dem steigenden Energiehunger Indonesiens wird auch durch den Bau von **Geothermie**-Anlagen begegnet. In diesem Zusammenhang werden die geothermischen Felder in Bengkulu, Jambi, Süd-Sumatra, Lampung, West-Java und Nord-Sulawesi entwickelt. In der Provinz West-Sumatra sollen zudem bis 2015 zahlreiche Geothermie-, Wasser- und Biomassekraftwerke aus staatlichen Mitteln entstehen. Der Sektor soll nach den Vorstellungen der Regierung stark ausgebaut werden, um das große Potenzial zu nutzen; schließlich liegt Indonesien am geologischen „Ring of Fire" (s. S. 45). Zur relativ kostenintensiven Förderung von Erdwärme stellt auch Deutschland von 2011 bis 2014 insgesamt 210 Mio. € sowie Expertise bereit.

Landwirtschaft

Die vulkanischen Böden ermöglichen eine intensive landwirtschaftliche Nutzung. Für die rasch anwachsende Bevölkerung werden immer mehr Nahrungsmittel benötigt. Daher steigert man ständig die Reiserträge durch künstliche Bewässerung, intensive Düngung und neue Sorten, die mehrere Ernten im Jahr ermöglichen. Die Überbevölkerung zeigt Folgeerscheinungen, vor allem auf den beiden Inseln Java und Bali. Die Reisfelder der Bauern verkleinern sich von Generation zu Generation, sodass sie am Ende kaum mehr eine Familie ernähren. Die Kinder ziehen in die Städte, die bereits jetzt aus allen Nähten platzen, sind arbeitslos, weil sie über wenig Bildung verfügen, oder müssen sich als Hilfsarbeiter einen Lohn verdienen, der unter dem Existenzminimum liegt.

Im Jahre 2010 waren nur noch 30 % der Erwerbstätigen in der Landwirtschaft beschäftigt. Allerdings haben 90 % der Agrarbetriebe weniger als 2 ha Land zur Verfügung. In Zentral-Java bewirtschaften mitunter mehrere Familien Reisfelder von unter 1 ha, und viele Bauern sind verschuldet. An private Geldverleiher, die im Extremfall 20 % Zinsen im Monat verlangen, wird das Getreide teilweise schon vor der Ernte verkauft, und von Banken ist als Kleinpächter nur schwer ein Kredit zu bekommen. Neben der Pacht, die ein Großteil der Bauern ohne eigenen Boden bezahlen muss, erhöhen prunkvolle, traditionelle Familienfeiern den Schuldenberg erheblich.

Geld spielt in der traditionellen **Agrargesellschaft** eine immer größere Rolle, ohne Geld kann man sich keine technischen Hilfsmittel anschaffen, an die Stelle des Tauschs von Arbeitskraft *(Gotong Royong)* ist die Lohnarbeit getreten. Trotzdem ist es den Bauern besonders auf Java und Bali gelungen, die Reiserträge in den vergangenen 20 Jahren zu steigern. Java und Bali sind die großen Nassreisanbaugebiete Indonesiens, während auf den Außeninseln auch aufgrund unterschiedlicher klimatischer Bedingungen andere landwirtschaftliche Produkte angebaut werden.

Auf den Nord-Molukken, im Riau-Archipel, in West-Sumatra, Bengkulu und Lampung ist **Kopra**, das getrocknete Fruchtfleisch der Kokosnuss, ein wichtiges Produkt. Kokosöl ist das am meisten verwendete pflanzliche Fett im Archipel, das ausschließlich im Land selbst verarbeitet und vermarktet wird. Kopra besteht ursprünglich aus etwa 50 % Wasser und 30–40 % Öl. In der festen Form ist es weiß bis gelblichweiß. Bei 23 °C schmilzt es. In Indonesien ist Kokosfett das bevorzugte pflanzliche Fett zum Braten und Kochen.

Besonders in Nusa Tenggara wird **Mais** angebaut. Mais gilt hier als „Reisersatz" und wird häufig mit dem Anbau von **Tapioka** *(Cassava)* kombiniert. Aber auch auf diesen östlichen Inseln hat sich das Essverhalten der Bevölkerung geändert, und Reis wird zunehmend zum Grundnahrungsmittel. Mais wird als Futtermittel nach Java exportiert, um in den Hühnermastbetrieben Verwendung zu finden. Der hohe Stärkegehalt der Cassava-Knolle hat die Pflanze zu einem wichtigen Grundnahrungsmittel in den Nicht-Nassreisanbaugebieten Indonesiens gemacht. Aus der knollenförmigen Wurzel wird Mehl gewonnen, das auch zu Brot verarbeitet werden kann.

Stark gestiegen ist in den vergangenen Jahren die **Fleischproduktion** Indonesiens. Da der Fleischexport im gleichen Zeitraum stagnierte oder sogar rückläufige Tendenz aufwies, aber der Viehbestand (Büffel, Schafe, Schweine, Hühner und Enten) durchschnittlich um 5 % anwuchs, scheint sich hier ebenfalls eine Änderung im Konsumverhalten abzuzeichnen. Da auf Java kaum noch Nutzflächen für Tierhaltung zur Verfügung stehen, wird die Tierproduktion auf die Außeninseln verlegt. Zu den traditionellen Rinderzuchtgebieten wie Timor und Madura sind nun auch Sulawesi und West-Sumatra hinzugekommen. Ein Großteil der verarbeiteten Rinder wird jedoch aus Australien importiert.

Bedeutend ist daneben nach wie vor die traditionelle **Plantagenwirtschaft**, die ausschließlich auf den Anbau von Pflanzen für den Welthandel ausgerichtet ist. Kautschuk, Ölpalme, Tee, Kaffee, Kakao, Tabak und Pfeffer werden auf riesigen Plantagen angebaut. Jedoch erfolgt, abgesehen von Palmöl, der weitaus größere Teil dieser Pflanzenproduktion in kleinen bäuerlichen Betrieben, die sich auch in wirtschaftlichen stabileren Kooperativen organisieren."

Industrie

Etwa 30 % der gesamten arbeitsfähigen Bevölkerung (ca. 120 Mio.) sind in der Industrie beschäftigt. Sie erzielen aber über 50 % der Exporterlöse und 47 % des Bruttoinlandsprodukts. Traditionelle Zentren der Produktion sind Jakarta und West-Java, Surabaya, Medan und Makassar. Wichtigste Sektoren sind Nahrungsmittel- und Getränkeindustrie, Textil- und Lederindustrie sowie Tabakverarbeitung.

Zunehmend gewinnen arbeitsintensive und **exportorientierte Industrien** wie die Textil-, Spielzeug- und Schuhherstellung an Bedeutung. Typisch für diese Sektoren sind die rein privatwirtschaftlichen, oft auch multi-nationalen Unternehmen, während in der Zement- und Düngemittelindustrie, der Petrochemie und der Metallurgie größtenteils Staatsbetriebe oder Joint Ventures mit Staatsbeteiligung vorherrschen. Eine Öffnung weg von den vielfach unrentabel arbeitenden Staatsbetrieben und zu mehr Deregulierung und Privatisierung zeichnet sich ab. 2011 kam das Land auf eine im Export umgesetzte Rekordsumme von US$209 Mrd. – eine Verdopplung innerhalb von nur fünf Jahren.

Religion

Die über 300 verschiedenen Völker Indonesiens sind auch religiös unter den fünf Grundprinzipien des Staates, den **Panca Sila**, geeint. Eines der Prinzipien fordert den Glauben an einen Gott – doch diese überirdische Macht mag ebenso ein islamischer wie ein christlicher oder buddhistischer Gott sein. Man akzeptiert normalerweise die religiöse Vielfalt, die sich über Jahrtausende im dem Inselreich entwickelt hat. Selbst Geister und Dämonen haben in der Vorstellungswelt der Menschen ihren Platz.

Der **Islam** und das **Christentum**, die im 14. und 15. Jh. Verbreitung fanden, haben die alten **Naturreligionen** sowie **Hinduismus** und **Buddhismus** überlagert, ohne sie total zu verdrängen. So leben in der islamischen Welt der Javaner die alten hinduistischen Epen *Ramayana* und *Mahabharata* fort, und die christlichen Batak auf Sumatra errichten noch immer getreu ihrem Ahnenkult imposante Denkmäler für ihre Toten. Im Gegensatz zu anderen islamischen Ländern ist die Frau stärker in das gesellschaftliche Leben integriert, und in der Kunst sind bildliche Darstellungen von Personen (z. B. im Theater) weitverbreitet. An sich widersprüchliche religiöse Elemente sind bei vielen indonesischen Völkern harmonisch miteinander verschmolzen. Animismus und Hochreligionen vereinen sich zu eigenständigen Glaubenssystemen.

Islam

Über 203 Mio., das sind 88 % der Indonesier, gehören dem Islam an. Damit hat das Land die größte moslemische Bevölkerung der Welt. Der Islam ist die Lehre des Propheten Mohammed, wie sie im 7. Jh. christlicher Zeitrechnung in Arabien verkündet wurde. Mohammed selbst wird als der letzte einer Reihe von Propheten verstanden (Adam, Moses, Noah, Jesus usw.). Im Jahr 622 n. Chr. musste er von Mekka nach Medina fliehen. Mit diesem Jahr beginnt die islamische Zeitrechnung (Hidschra-Kalender).

Grundlage des Islam ist der Glaube an einen einzigen Gott. Allah ist Schöpfer, Erhalter und Erneuerer aller Dinge. Der Wille Allahs, dem sich der Mensch zu unterwerfen hat, wird im heiligen Buch, dem Koran, ausgedrückt. Er wird als Wort Gottes betrachtet, das Mohammed, sein Prophet, durch den Engel Gabriel erhalten hat. Unterteilt in 114 Suren, beschreibt der erste Teil die ethisch-geistige Lehre sowie das Jüngste Gericht; die restlichen Suren befassen sich mit der Soziallehre und den politisch-moralischen Prinzipien, die die Gemeinschaft der Gläubigen definiert. Von Beginn an hatte der Islam eine soziale Komponente, die sich in Gleichheit und Brüderschaft der Gläubigen manifestierte. So gibt es im idealen islamischen Staat keinen Widerspruch zwischen weltlicher und religiöser Macht, zwischen gesellschaftlichem Sein und religiösem Bewusstsein. Dieser duale Charakter – religiös und sozial – war allen damals bestehenden Religionen überlegen. Christen und Juden wurden, da sie auch Heilige Bücher besaßen, toleriert, die Ungläubigen mussten aber im Heiligen Krieg (Jihad) zum wahren Glauben bekehrt werden. Erstaunlich ist die Ausbreitung des Islam in den ersten Jahrhunderten nach Mohammeds Tod. Ein großer Teil des damals bekannten Erdballs von Spanien über Nordafrika bis Indien und Zentralasien wurde für den Islam erobert. Arabische, persische und indische Händler brachten den Glauben auch in die hinduistischen und buddhistischen Großreiche Südostasiens. Schon zur Zeit Marco Polos (1292) gab es im Nordosten Sumatras einen islamischen Staat.

Starke islamische Gemeinden findet man bei den Minangkabau (West-Sumatra), den Acehnesen (Nord-Sumatra), Bugis (Süd-Sulawesi), Sasak (Lombok), auf Sumbawa wie auch in einigen Städten Kalimantans und an Javas Nordküste. Die orthodoxe islamische Lehre der strenggläubigen *Santri* versucht heute, den religiös geprägten Stadtvierteln und Dörfern Javas in den *Pesantren* einen puristischen Islam zu vermitteln (s. hierzu V. S. Naipaul: *Eine islamische Reise*).

Christentum

Zu dieser Religion bekennen sich etwa 9 % der Gesamtbevölkerung: 6 % sind protestantisch, 3% katholisch. Aufgrund einer wechselvollen Geschichte hat das Christentum keine so weite Verbreitung gefunden wie der Islam. Im 15. Jh. begann die portugiesische Kolonialmacht mit der **Missionierung** der Inselwelt. Der bekannteste Missionar war Franz Xavier; er reiste 1546 von Malacca kommend nach Ambon und Halmahera. Seine Nachfolger waren auf den gesamten Molukken wie auch auf Flores, Solor und Nord-Sulawesi aktiv, wo noch heute katholische Gemeinden existieren.

Die Holländer begannen im 17. Jh. die katholische Kirche zu bekämpfen, ohne dass sie als die neue, protestantische Kolonialmacht selbst aktiv die Missionierung unterstützten. Vereinzelt gründeten Missionsgesellschaften einheimische Kirchen. So wurde die Rheinische Missionsgesellschaft 1861 in Nord-Sumatra tätig, nachdem zwei Baptistenmissionare 1834 vergeblich versucht hatten, die Batak zu bekehren – stattdessen wurden sie Opfer des Kannibalismus. Daneben fand das Christentum unter den Dayak von Borneo zahlreiche Anhänger.

Das soziale Engagement der Kirchen und das hohe Niveau der Missionsschulen zeigten Erfolge, wenn auch viele der neuen Gläubigen „Reis-Christen" blieben, d. h. eher dem materiellen

Die Fünf Grundpfeiler des Islam

Glaubensbekenntnis (Taschahhud) – es gibt keinen Gott außer Allah, und Mohammed ist sein Prophet. Das Bekenntnis, worauf sich die Zugehörigkeit zur Gemeinschaft gründet, muss mindestens einmal im Leben aufgesagt werden – laut und fehlerfrei, und der Gehalt muss vom Geist und vom Herzen vollständig verstanden werden.

Gebet – obwohl der Koran nur drei tägliche Gebete nennt, werden im Zweiten Grundpfeiler der Lehre fünf Gebete vorgeschrieben. Der Muezzin in der Moschee ruft die Gläubigen zum Gebet. Vor jedem Gebet müssen die Hände, das Gesicht und die Füße gewaschen werden. Der Imam steht vor den Gläubigen, nach Mekka gewandt, und rezitiert Suren aus dem Koran. Zwei Mal müssen die Gläubigen auf die Knie fallen und „Gott ist groß (Allah u akhbar)" ausrufen. Nach der reinen Lehre müssen diese fünf täglichen Gebete ausgeführt werden, obwohl sich heute selbst überzeugte Moslems nicht immer daran halten. Einen besonderen Stellenwert haben die Freitagsgebete.

Zakat – der Koran schreibt eine jährliche Abgabe oder Steuer vor. Sie ist in der Heiligen Schrift exakt festgelegt: Getreide und Früchte werden mit 10 % belastet bzw., wenn das Land künstlich bewässert wird, mit 5 %. Auf Bargeld und Edelmetalle wird 2,5 % Zakat erhoben. In den meisten moslemischen Ländern wird diese Abgabe, die nach dem Koran in erster Linie für die Armen verwendet werden soll, auf freiwilliger Basis eingezogen.

Fasten – im neunten Monat (Ramadan) des islamischen Kalenders ist ein tägliches Fasten von Sonnenauf- bis Sonnenuntergang vorgeschrieben. Während des Tages darf nicht gegessen, getrunken oder geraucht werden, sodass auch die Restaurants erst abends öffnen. In manchen streng islamischen Regionen, wo kein Chinese die Hintertür zu seinem Restaurant offen hält, kommt eine Reise zu dieser Zeit einer Schlankheitskur gleich.

Hadsch – mindestens einmal im Leben sollte ein Moslem die Pilgerfahrt nach Mekka unternehmen, vorausgesetzt, dass er es sich leisten kann und die zurückgebliebene Familie während der Abwesenheit des Pilgers genügend Mittel zur Verfügung hat. Höhepunkt einer jeden Pilgerreise ist der Besuch der Kaaba, ein inmitten der Großen Moschee Mekkas stehendes, viereckiges, aus dem Stein der Berge Mekkas erbautes Gebäude. Nach uraltem Brauch wird das Heiligtum mit schwarzen Brokatstoffen umhüllt. In der östlichen Ecke der Kaaba steht der berühmte schwarze Stein *Hajar al'aswad*, der von den Pilgern berührt und geküsst wird. Wie in anderen islamischen Ländern wird auch in Indonesien die Hadsch, die nach dem muslimischen Kalender im letzten Monat des Jahres stattfinden muss, von offiziellen Institutionen unterstützt. Die Regierung hat sogar das Monopol auf die Organisation der Hadsch, da diese mit den Behörden in Saudi-Arabien koordiniert werden muss. Jährlich reisen über 200 000 Pilger nach Mekka.

Anreiz des Übertritts in die neue Religion folgten. Nach dem Putsch von 1965 bekehrten sich zahlreiche Chinesen zum Christentum, denn ohne Zugehörigkeit zu einer der großen Religionsgemeinschaften gerieten sie leicht in Verdacht, Kommunisten zu sein.

Hinduismus

Die 3,5 Mio. Hindus des Landes leben vor allem auf Bali, in West-Lombok, Ost-Java und auf Kalimantan. Nachdem der Hinduismus im 4. Jh. im Archipel Fuß gefasst hatte, begann im 9. und 10. Jh. die Blütezeit der javanischen Hindureiche. Zu jener Zeit entstand der Prambanan-Tempel. Unter dem vordringenden Islam wurde die Insel Bali im 16. Jh. die neue Heimat der hinduistischen Adligen, Priester, Künstler und Intellektuellen. Anders als in Indien zeigt sich der balinesische Hinduismus weniger stark vom Kastensystem geprägt. Außer der niederen Kaste, den Sudra, der 90 % aller Balinesen zugehören, gibt es Priester (Brahmanen), Krieger (Wesya) und Fürsten (Ksatria) – jedoch keine Kastenlosen/Unberührbaren. Nur die Priester dürfen kein Rindfleisch essen. Die Verstorbenen werden über längere Zeit aufgebahrt oder begraben, um später in einer aufwendigen Zeremonie verbrannt zu werden. Man glaubt, im Gegensatz zu den Hindus in Indien, an die Wiedergeburt innerhalb der Familie, versucht jedoch, diesem Kreislauf zu entrinnen, indem man dem rechten Weg (Dharma) folgt, um mit dem göttlichen Prinzip eins zu werden.

Buddhismus

Nach dem Hinduismus erreichte im 6. Jh. n. Chr. auch der Buddhismus die Inseln, der damit die zweitälteste Hochreligion darstellt. Vor allem in Zentral-Java zeugen zahlreiche Tempelanlagen wie Borobudur, Mendut, Pawon, Sewu und andere von der vergangenen Größe der buddhistischen Machtzentren von Mataram und Sriwijaya. Heute leben die meisten der geschätzt 2 Mio. Buddhisten in Jakarta sowie in kleinen Gruppen über das ganze Land verstreut – fast alle Buddhisten sind Angehörige der chinesischen Minderheit. Der wichtigste buddhistische Feiertag ist Wesak, an dem mit einer zeremoniellen Prozession zum Borobodur Siddharta Gautamas Erlangung der Erleuchtung gedacht wird.

Animismus

Vor mehr als 500 Jahren wurde Indonesien islamisiert, trotzdem haben sich Traditionen und Tabus aus animistischer, buddhistischer und hinduistischer Vorzeit erhalten. Übernatürliche Wesen, Geister, Feen und Gespenster spielen in vielen Lebenssituationen der Menschen eine wichtige Rolle und werden nicht als Widerspruch zum monotheistischen Islam begriffen. Geister sind allgegenwärtig, hausen in Tieren, Pflanzen, Bäumen und auf Bergen. Man macht sie sich durch Verehrung und Opfergaben wohlgesonnen. Blutopfer sollen die Lebenskraft der Erde erhalten. Ähnliche religiöse Funktion hatte auch die Kopfjagd, mit der man sich der geistigen Kraft des Feindes bemächtigen wollte.

Vor allem die Landbevölkerung begeht mit vorislamischen Riten die Geburt, die Hochzeit oder den Tod eines Familienmitgliedes. Die günstigen Termine wichtiger Feste und anderer Ereignisse werden durch altüberlieferte Kalender festgelegt. Medizinmänner *(dukun)* wie auch die Meister der schwarzen und der weißen **Magie** spielen im sozialen Leben eine entscheidende Rolle. Man bedient sich der Magie, um Krankheiten zu heilen, böse Geister zu vertreiben oder auch um ihre Hilfe zu erhalten. Bei Aussaat und Ernte, Jagd und Hausbau sind bestimmte Regeln und Tabus einzuhalten.

Chinesische Religion

Diese Religion besteht aus einem komplexen System von Geisterglauben und religiösen Kulten, die zum einen aus uralten Volksüberlieferungen stammen, zum anderen von Buddhismus, Taoismus und den Lehren des Philosophen Konfuzius bestimmt sind.

Der **Ahnenkult** beherrscht das gesamte religiöse Leben der Chinesen. Der Tod wird nicht

www.stefan-loose.de/indonesien

RELIGION **127**

als eine traumatische Unterbrechung im Familienleben verstanden, sondern als ein integraler Teil desselben. Erste Aufgabe der Kinder eines jeden Verstorbenen war und ist es, für ein angemessenes Begräbnis zu sorgen, das nach exakt vorgeschriebenen Regeln ablaufen muss. Selbst nach dem Begräbnis gerät ein Verstorbener für mehrere Generationen nicht in Vergessenheit. Ihm zu Ehren wird eine Ahnentafel angelegt. Sie findet ihren Platz auf dem Familienaltar. Der Geist des Verstorbenen ist von nun an hier anwesend und erhält täglich Opfergaben. Das Grab muss mehrmals im Jahr besucht werden. In der Volksreligion existieren zahlreiche wohlwollende Götter (Shen) und böse Geister und Dämonen (Kuei), denen Tempel erbaut werden. Hierher kommen die Gläubigen, um die Götter um Hilfe und Ratschläge zu bitten. In rein buddhistischen Tempeln findet man nur Buddhastatuen – die meisten chinesischen Tempel enthalten neben der Statue des Hauptgottes oder der Hauptgöttin eine Vielzahl weiterer Abbildungen von Gottheiten. Sehr bekannt ist die Göttin Kuanyin, die von der Volksreligion aus dem männlichen buddhistischen Bodhisattva Avalokitesvara in die mütterliche Göttin der Barmherzigkeit verwandelt wurde.

Chinesisches Tempelleben, das man in Indonesien allerdings nur selten beobachten kann, ist für Außenstehende faszinierend, aber auch schwer verständlich. Es gibt z. B. keine festgelegten Gottesdienste, sondern jeder Bittsteller oder Gläubige entscheidet individuell, wann die Zeit für einen Tempelbesuch gekommen ist. Die Statue des Tempelgottes, flankiert von zwei Wächtern, sitzt hinter dem Altar. Kerzen und Räucherstäbchen brennen, und Opfergaben, meist Speisen und Getränke, sind auf dem Altar ausgebreitet. Bittsteller knien oder verbeugen sich vor den Göttern, Tempelgeld wird verbrannt, um es dadurch den Ahnen im Jenseits zukommen zu lassen. Oft wird der Tempelgott von einem Ratsuchenden um Ablehnung oder Zustimmung bei einer anstehenden Entscheidung gefragt. Die Antwort bekommt man mechanisch entweder durch das Werfen zweier Holzklötze oder durch ein ausgedrucktes Orakel, das man nach Ziehen eines nummerierten Stöckchens aus einem Bambusgefäß erhält.

Kunst und Kultur

Der flüchtige Blick in ein indonesisches Antiquitätengeschäft lässt bereits die künstlerische Vielfalt der indonesischen Völker erahnen. Da stehen aus Holz geschnitzte Ahnenfiguren neben chinesischem Porzellan, javanische *Wayang*-Figuren und Batik, *Ikat*-Decken aus Flores und ziselierte Messinggeräte aus Sumatra stapeln sich in den Regalen. Während einige Künste wie die Kris-Herstellung und das Färben und Weben von Doppel-*Ikat* nahezu ausgestorben sind, werden andere noch häufig praktiziert. Maler und Holzschnitzer, Silberschmiede und Batik-Frauen sorgen für Nachschub auf dem Souvenirmarkt. Aber auch bei den Indonesiern sind viele der kunstvoll geschaffenen Gegenstände im Gebrauch. Zu festlichen Anlässen tragen Männer und Frauen teure, handgefertigte Batik, in vielen Häusern findet man Holzschnitzereien und Flechtarbeiten wie auch mit feinen Mustern verziertes Silbergeschirr.

Die alten javanischen Tempel, die Lontar-Schriften und die über Jahrhunderte überlieferten Epen zeugen von einer langen Geschichte der Kunst und Kultur. Daneben hat jedes der vielen indonesischen Völker eigenständige Formen und Medien der künstlerischen Darstellung entwickelt, zum Beispiel die aus Holz geschnitzten Zauberstäbe der Batak, die Tao-Tao-Figuren der Toraja oder die Ahnenfiguren der Bewohner von Nias.

In der balinesischen Tempelkunst offenbaren sich in vielfältigster Weise die künstlerischen Fähigkeiten dieser Inselbewohner. Zur Verschönerung der Tempel arbeiten die Steinmetze, Holzschnitzer und Maler, zur Umrahmung von Tempelfesten spielt das Gamelan-Orchester, werden Tänze und Theateraufführungen geboten. Zu Festtagen schmückt man das Dorf mit Flechtarbeiten aus Palmblättern und stellt prächtige Opfergaben her. Auf Bali wurde während der vergangenen 50 Jahre die Kunst, besonders die Malerei, von europäischen Künstlern beeinflusst und weiterentwickelt.

Schon immer wurden Einflüsse von außen in Kunst und Kultur der Inselwelt integriert. Mit Hinduismus, Buddhismus und Islam fanden in-

Das traditionelle Schattentheater Wayang Kulit ist die beliebteste Kunstform in Indonesien.

dische, chinesische und arabische Elemente Eingang in die religiöse, höfische Kunst der jung-indonesischen Völker, während die altindonesischen Völker ihre aus den Stammesreligionen entwickelten Kunstformen weitgehend beibehalten haben.

Wayang

Die Theater-Aufführungen sind ein typischer Aspekt der javanischen Kultur. **Wayang Kulit**, das Schattenspiel mit flachen, bemalten Lederpuppen, gilt als die älteste Form. Bereits aus vorhinduistischer, animistischer Zeit sind Vorgänger der heutigen Puppen überliefert. Nach dem Tod bedeutsamer Führer blieb man mit ihnen über ein Medium, dem Dalang, in Verbindung. Über die Puppen konnte er die Botschaften der Geister den Lebenden mitteilen. Selbst heute noch führt man in Krisensituationen das Wayang Kulit auf, um sich von der Magie der Schatten inspirieren zu lassen.

Als der Hinduismus Java erreichte, verlor zwar das Schattenspiel etwas von seiner magischen Funktion, übernahm aber als neue Inhalte die großen Epen *Ramayana* und *Mahabharata* und wurde zum allgemeinen Vergnügen der Bevölkerung aufgeführt. Die hinduistischen Inhalte haben den Islam überlebt. Daneben wurde die Islamisierung des Landes selbst zum Thema des Wayang, ebenso wie Volksmärchen, biblische Themen und – in jüngerer Zeit – Indonesiens Unabhängigkeitskampf. Von Zentral-Java aus verbreitete sich das Wayang Kulit in abgewandelter Form über die anderen Inseln. Vor allem in Ost-Java und Bali ist es noch weitverbreitet.

Der **Dalang**, der gleichzeitig Erzähler, Darsteller und Leiter des Begleitorchesters ist, wird immer noch hoch geachtet. Er sitzt bei einer Vorführung hinter einer weißen Leinwand, über ihm eine Lampe, die von hinten die Schattenspielfiguren erleuchtet. Die Puppen sind auf einem Bananenstrunk aufgesteckt – auf einer Seite die guten, und auf der anderen Seite die bösen Figuren. Zu Beginn der Vorführung wird in die Mitte der Bühne ein Gunungan, eine bergähnliche, spitz zulaufende Figur, gesetzt, die den Lebensbaum symbolisiert. Während der Vorstellung bilden zwei dieser Figuren den Bühnenabschluss. Der Dalang sitzt mit gekreuzten Beinen hinter

Viele traditionelle Tanzformen sind in erster Linie höchst zeremonielle, feinsinnig ausgeführte Rituale. Daher die Anmut, die auch unkundige Betrachter immer wieder fasziniert.

der Leinwand. Über Stunden erzählt er mit verschiedenen Stimmen die Geschichte von Helden und schönen Frauen, hält das Publikum in Spannung, lässt die Puppen auf der Bühne agieren und bedient gleichzeitig mit den Füßen eine Rassel, womit besonders aktionsgeladene Szenen unterstrichen werden. Dialoge zwischen jeweils verschiedenen Akteuren werden durch einen dumpfen Schlag mit einem Holzhammer getrennt. Die Handlung wird von einem **Gamelan-Orchester** begleitet, das hinter dem Dalang sitzt.

Auf Java nimmt das Publikum bei traditionellen Vorführungen je nach Geschlecht verschiedene Plätze ein. Nur die Frauen sitzen vor der Leinwand und können die Schatten sehen; Männer beobachten das Geschehen von der anderen Seite, wo sie neben den bunten Puppen den Dalang und das Orchester beobachten können. Auf Bali sitzen alle Zuschauer vor der Leinwand. Normalerweise dauert eine Aufführung etwa zwei bis vier Stunden (Bali) oder neun Stunden (Java) – von 9 Uhr abends bis zum frühen Morgen. Eine andere Form des Wayang, das mit dreidimensionalen Puppen gespielte **Wayang Golek**, ist vor allem bei den Sundanesen in West-Java verbreitet. Man nimmt an, dass es vor weniger als 200 Jahren erfunden wurde, um damit einen holländischen Kolonialbeamten zu beeindrucken. Die Handlung basiert in Zentral-Java auf einer alten arabisch-islamischen Geschichte, *Serat Menak*, und in West-Java auf dem *Mahabharata* und dem *Ramayana*.

An die Stelle der Puppen treten beim ebenfalls aus dem 19. Jh. stammenden **Wayang Topeng** maskierte Tanzpantomimen. Da die Tänzer ihre Masken mit dem Mund halten und also nicht sprechen können, werden sie von einem Dalang und dem Gamelan-Orchester begleitet.

Beim **Wayang Wong** sind die Darsteller z. T. maskiert, z. T. ausdrucksvoll bemalt. Alle Rollen werden normalerweise von Männern gespielt, es gibt allerdings eine weniger verbreitete Form, bei der ausschließlich Frauen auf der Bühne stehen. Dialoge und Gesänge begleiten die Darstellungen der alten indischen Epen. Wohl am bekanntesten sind die *Ramayana*-Aufführungen, die jährlich am Prambanan-Tempel stattfinden. Weitere Informationen über das Wayang erhält man im Wayang-Museum von Jakarta.

Tänze

Neben dem Wayang werden von allen indonesischen Völkern zu Familienfeiern, religiösen Anlässen und bei Dorffesten Tänze aufgeführt, die so vielfältig sind wie die kulturellen Traditionen der Menschen. Nahezu überall findet man Tänze zur Aussaat und Ernte, zur Begrüßung von Gästen und zu Begräbnissen, die meist auf religiöse Ursprünge zurückgeführt werden können. Daneben hat sich eine höfische Tanztradition vor allem in Zentral-Java entwickelt.

Im Kraton von Yogyakarta kann man beobachten, wie die Tänzer und Tänzerinnen von alten Tanzmeistern in den symbolträchtigen Bewegungen der **höfischen Tänze** unterrichtet werden. Diese langsamen Tänze durften über Jahrhunderte nur innerhalb des Kraton von Mitgliedern des Hofes aufgeführt werden. Sie werden von einem Gamelan-Orchester und einem Chor begleitet, der in Litaneien die Macht des Sultans preist und ihm Ratschläge gibt, wie er sein Land beherrschen soll. Daneben findet man viele andere Elemente wie hinduistische Epen, islamische Heldentaten und die Geschichte der javanischen Herrscher.

Zu den bekanntesten zählt der von vier Tänzerinnen aufgeführte **Serimpi**. Früher gehörten diese Mädchen zum Gefolge des Sultans, sie mussten ihn überall hin begleiten, sogar in den Krieg, sodass sie oft bewaffnet auftreten. Von neun Tänzerinnen wird einmal jährlich im *Kraton* von Yogya wie auch im Kraton von Solo der **Bedaya** vorgeführt. An anderen Höfen darf er nur zu den höchsten Feiertagen von sieben Mädchen getanzt werden. Sie alle gehören zum zukünftigen königlichen Harem und werden für den Tanz in Brautgewänder gekleidet. Der Tanz aus vorislamischer Zeit wurde zu Ehren der gefürchteten Göttin der südlichen Meere Nyai Loro Kidul geschaffen; noch heute müssen die Mädchen vorher fasten und rituelle Opfer darbringen.

Die aktive hinduistische Tradition auf Bali findet ihren Ausdruck in einer reichen Überlieferung von Tänzen, die zu Ehren der Götter dargeboten werden. Einige der älteren, aus vorhinduistischer Zeit stammenden Kulttänze, die wie der **Kecak** zum Teil in Trance getanzt werden, dürfen nur im Tempelbezirk gezeigt werden. Andere, wie der **Cendrawasih**, werden regelmäßig auf Bühnen dargeboten.

Musik

Feste und religiöse Riten, Tänze und Theater werden stets begleitet von Musik, die auf allen Inseln und bei allen Stämmen ihre eigene Ausprägung gefunden hat. Völlig verschieden sind die durch westliche Klänge (Kirchenlieder) beeinflussten, melancholischen Lieder der Molukken von der exotischen Melodie des Gamelan-Orchesters oder den rhythmischen Gongs der Dayak. Bambusinstrumente und Trommeln, Saiteninstrumente und Xylophone sind weitverbreitet.

Typisch für Indonesien ist das **Gamelan-Orchester**, das aus vorhinduistischer Zeit stammt und auf Java und Bali beheimatet ist. Außerdem fand es durch Auswanderer weite Verbreitung auf den anderen umliegenden Inseln. Es hat im Gegensatz zum europäischen Achttonsystem (Oktave) unterschiedliche Tonsysteme, wobei das Fünf- und das Siebentonsystem am häufigsten verwendet werden. Ein komplettes Orchester besteht aus 30–40 Musikern, die verschiedene Xylophone, Gongs, Rasseln, Trommeln, Flöten und geigenähnliche Streichinstrumente bedienen. Es können beispielsweise als Begleiter des Wayang zwei Orchester gleichzeitig auftreten, wobei Musikinstrumente im Fünftonsystem die heiteren, festlichen Szenen unterstreichen und die im Siebentonsystem Melancholie und Ernst verbreiten. Das Gamelan begleitet nicht nur Tänze und Theateraufführungen, es wird auch bei rituellen Zeremonien und zur Unterhaltung gespielt.

Daneben ist Indonesien generell eine musikalische Schwammkultur, die alles aufsaugt und verwertet, was aus dem Ausland kommt. Es gibt indonesischen Jazz, indonesischen Bossanova, indonesischen Hip-Hop, indonesischen Punk, und besonders Reggae erfreut sich großer Beliebtheit. In den größten Städten des Landes werden zudem klassische Symphonieorchester unterhalten. Generell sind Indonesier sehr musikalisch, und viele können erstaunlich gut singen.

Malerei

Von einer traditionellen Malerei kann man, mit Ausnahme von Bali, in Indonesien nicht sprechen, denn nichts ist zerstörerischer als das feuchte tropische Klima. Was an traditionellen Werken erhalten ist, beschränkt sich weitgehend auf astrologische Kalender oder Ritzzeichnungen auf Lontar-Manuskripten.

Die moderne indonesische Malerei, wie sie vor allem an den Universitäten von Bandung und Yogya gelehrt wird, begann sich im 19. Jh. mit **Raden Saleh** (1814–1880) zu entwickeln, der kritisch die westlichen Einflüsse aufnahm und zu einem eigenen Stil umformte.

Zentrum der Malerei ist **Bali**. Auch hier wurden westliche Einflüsse aufgenommen, die seit den 1930er-Jahren u. a. mit **Rudolf Bonnet** und **Walter Spies** auf die Insel gelangten. Im traditionellen Stil werden die ursprünglich mythischen oder religiösen Figuren ohne jegliche Perspektive wie *Wayang*-Puppen vor einem einfarbigen oder abstrakt gemalten Hintergrund dargestellt. Mit der Förderung der balinesischen Kunst durch die holländischen Kolonialherren, mit den neuen, westlichen Malutensilien und dem erweiterten Interessentenkreis durch den Tourismus verändert sich der Stil. Der Hintergrund wird zunehmend genutzt, und immer mehr wird das alltägliche Leben – Reisfelder und Dörfer, Feste und Tänze – dargestellt.

Mitte der 1960er-Jahre entwickelte sich der Stil der **Young Artists**. Junge Künstler, die in den 40er- und 50er-Jahren geboren wurden, malen in Gemeinschaftsarbeit mit grellen Farben Szenen aus dem balinesischen Dorfleben, die an naive Malerei erinnern. Der wohl bekannteste moderne Maler war **Affandi** (1907–1990), der in Yogyakarta lebte und arbeitete. Er trug seine Farben nur mit Spachtel und Tube auf, was seinen um Naturmotive kreisenden Bildern eine plastische Dimension verleiht.

Batik

Auf fast allen indonesischen Inseln und bei fast allen Bevölkerungsschichten sind Batik-Stoffe verbreitet. Sie werden in unterschiedlichster

Qualität produziert, von der einfachen Stempelbatik bis zur handgemalten Batik. Sowohl Frauen als auch Männer tragen, besonders in Zentral-Java, den zumeist 2,3 m langen und etwa 90 cm breiten Stoff (Kain Panjang) als Sarong. Eine etwa 50 cm breite Batik wird bei festlichen Anlässen über die Schulter gelegt.

Den **Sarong** verwendet man auch, um Babys auf dem Rücken oder vor der Brust zu tragen. Wer mit offenen Augen durch Indonesien reist, wird Hunderte von Arten entdecken, wie man dieses einfache Kleidungsstück verwenden kann.

Bereits im 12. Jh. war die Batik-Technik auf Java verbreitet. Sie wurde an den zentral-javanischen Höfen eine der sechs hohen Künste (Dichtung, mythologisches Drama, Schattenspiel, höfischer Tanz, Gamelan und Batik) genannt, deren Ausübung den Priyayi (Adligen) vorbehalten blieb. An der Nordküste Javas entwickelte sich eine andere Art der Batik, die stärker von chinesischen Elementen beeinflusst war und vielfach von chinesischen Einwanderern hergestellt wurde. In Pekalongan bei Semarang und in Cirebon, zwei Zentren der Batikherstellung, werden die farbenfreudigen, motivreichen Sarongs überwiegend für den Export produziert.

Im Gegensatz zu den realistischen Motiven der nordjavanischen Sarongs, auf denen manchmal ganze Landschaften Platz haben, ist zentraljavanische Batik stark abstrakt. Sie entwickelte sich unter dem Einfluss des Islam, der Abbildungen von Menschen und Tieren ablehnt und damit die Stilisierung der Formen förderte. Einige Muster, wie z. B. der Garuda oder das wellenförmige *Parang Rusak*, wurden im 18. und 19. Jh. allein vom Sultan und den Mitgliedern seines Hofes getragen. Häufig verbreitet sind Blätter- und Blumenmotive, stilisierte Fische und Vögel, geometrische Figuren und hinduistische Vorlagen. Die Batik-Akademie von Yogya hat ein großformatiges Buch herausgegeben (1980/81), in dem 176 Batik-Designs in Originalgröße dargestellt sind – jedes Muster trägt einen eigenen Namen!

Die **Batikherstellung** erfordert einen mehrfachen Färbeprozess. Der weiße Baumwollstoff wird zuerst mit flüssigem Wachs an den Stellen abgedeckt, die beim folgenden Färben in der ursprünglichen Farbe (beim ersten Färben also weiß) verbleiben sollen. Das kann mithilfe eines Stempels (Stempelbatik), eines Pinsels oder kleiner „Wachskännchen" – *Canting* – geschehen. Danach wird der Stoff im ersten Farbbad gefärbt. In heißem Wasser wird das Wachs entfernt und erneut wieder in der Form aufgetragen, wie sie das angestrebte Muster erfordert. Dieser Vorgang wiederholt sich mehrfach, je nach Qualität der Batik bis zu acht Mal. Die feinen Handbatiken sind besonders kunstvoll und benötigen viel Zeit.

Seit den 1960er-Jahren werden neben traditioneller Stoffbatik, die man zu Kleidungsstücken und Decken verarbeitet, auch Batikbilder hergestellt. Die Batikkünstler haben traditionelle Muster und Techniken übernommen und weiterentwickelt. Außer landschaftlichen Motiven werden Themen aus dem *Ramayana*-Epos und aus alten javanischen Legenden dargestellt und abstrakte oder surrealistische Bilder entworfen.

Die Arbeiten einiger Batikkünstler aus Yogya sind nahezu unerschwinglich. Vielfach stellen sie die Werke nicht selbst her, sondern entwerfen nur die Motive. Die anstrengende Kleinarbeit wird von Frauen ausgeführt, besonders die feinen Arbeiten mit dem *Canting*. Man kann selbst in einigen Schulen Unterricht nehmen (s. S. 208).

Ikat

Älter noch als die Technik der Batik ist die des *Ikat*. Sie ist bei den Dayak auf Borneo, den Toraja auf Sulawesi, den Balinesen und bei zahlreichen Völkern Nusa Tenggaras verbreitet, besonders auf den Inseln Sumba, Sawu, Flores und Timor. *Ikat* bedeutet in der malaiischen Sprache „binden/abbinden/festbinden/verknoten", womit das Prinzip der Technik beschrieben ist.

Die Methode besteht darin, dass Abschnitte der Kettfäden, die zuerst auf den Webstuhl gespannt werden, oder bei Doppel-*Ikat* auch Abschnitte der Schussfäden, vor dem Färben bündelweise mit Bast umwickelt werden und nach dem Färben weiß bzw. in der ursprünglichen Farbe bleiben. So erhält man ein erstes, rudimentäres Muster. Weitere Färbevorgänge, zu denen jeweils wieder andere Abschnitte abgebunden werden müssen, vervollständigen nach und nach das gewünschte Design. Die gebräuchlichsten traditionellen Farben sind Blau (Indigo-Pflanze) für die erste Färbung und Rot (Mengkudu-Wurzel) für den schwierigeren zweiten Durchgang, wobei die doppelt gefärbten Stellen dunkelbraun bis schwarz erscheinen. In manchen Regionen verwendet man als dritte Farbe Gelb (Kurkuma, die Rinde des Mango-Baumes bzw. das Soga-Tegeran-Holz) oder gar Grün (gemischt aus Blau und Gelb bzw. gewonnen aus einer Bohnenpflanze). In zunehmendem Maße verdrängen chemische Produkte die Naturfarben – so kann man wesentlich schneller arbeiten, und der Farbenvielfalt sind keine Grenzen gesetzt.

Nachdem die Fäden gefärbt sind, werden sie von geübten Weberinnen nach den angestrebten Mustern sortiert, für einige Tage gespannt und gestärkt, damit sich die Muster nicht verziehen, und anschließend auf einen einfachen Webrahmen übertragen. Im Gegensatz zu den dicht gespannten Kettfäden, die das Muster bestimmen, verwendet man recht wenige Schussfäden in der Grundfarbe.

Vielfältig sind die Motive, von Menschen- und Tierdarstellungen bis zu stilisierten Pflanzen und abstrakten Mustern, die zumeist spiegelbildlich angeordnet sind. Auch religiöse Motive der jeweiligen Völker finden Eingang in die Gestaltung der Stoffe, vor allem bei den zu rituellen Zwecken hergestellten Stücken. Einigen *Ikat*-Textilien spricht man magische Kräfte zu und vererbt sie von Generation zu Generation weiter. Andere werden oft als Hochzeitsgabe der Familie des Bräutigams überreicht. Auch bei Begräbnissen spielen sie eine Rolle. So wickelt man auf Sumba verstorbene Könige in bis zu 200 *Ikat*-Decken *(hinggi)*, bevor man sie beisetzt.

Holzschnitzerei

Ein jahrhundertealtes Kunsthandwerk ist die Holzschnitzerei. In Sumatra und Sulawesi, Kalimantan und Papua Barat werden die Wohnhäuser und Einbäume mit Schnitzereien geschmückt.

In Tempeln, Moscheen und Palästen sind Tür- und Fensterrahmen, Balustraden und Einrichtungsgegenstände mit geometrischen Figuren, Blätter- und Blumenmotiven verziert. Masken

und Skulpturen religiösen Ursprungs werden teilweise magische Kräfte zugeschrieben. Man schnitzt sie für die Götter, um mit den Ahnen in Verbindung zu bleiben, einem umherirrenden Geist eine Heimat zu geben oder gar um Stellvertreter geistiger Kräfte zu schaffen. Entsprechend müssen sie unter Beachtung bestimmter Riten hergestellt werden. Sie sind zudem ein zentraler Bestandteil animistischer Zeremonien. Noch heute glauben viele Menschen, dass ihr Schicksal von Masken beeinflusst wird.

Auf Java und Bali werden **Masken** beim Wayang-Theater und bei traditionellen Tänzen getragen. Auch hier glaubt man, dass jeder Maske ein Geist innewohnt, der manchmal während der Vorführung vom Körper des Tänzers Besitz ergreift. Neben Masken und Skulpturen stellen die Holzschnitzer West-Javas die ausdrucksvollen Wayang-Golek-Puppen her. Die Variationsbreite der Kunsthandwerker kann man am besten in Bali erahnen, wo sich eine Vielfalt von traditionellen und modernen Stilrichtungen entwickelt hat.

Kris (Keris)

Die Schmiedekunst des Archipels feiert ihre höchsten Triumphe bei der Herstellung des Kris, des Dolches mit der geflammten oder geraden, zweischneidigen Klinge, deren Oberfläche eine besondere, nur im indonesischen Raum bekannte Art von Damaszierung (Pamor) aufweist.

Es ist unbekannt, wann diese Kunst entstanden ist. Auf den Reliefs des Borobudur kommt der Kris noch nicht vor; erst am später errichteten Candi Penataran (Ost-Java) finden wir ihn abgebildet. Chinesische Quellen aus jener Zeit *(Majapahit)* berichten von der auf Java üblichen Sitte, einen Kris zu tragen. Das älteste erhaltene Exemplar stammt aus dem Jahre 1342 und ähnelt sehr dem heutigen Typ. Es ist bereits so kunstvoll gearbeitet, dass schon zu jener Zeit dieses Handwerk lange bekannt und hoch entwickelt gewesen sein muss.

Man unterscheidet zwei Arten von Kris: Beim **Pamor-Kris** ist der Griff auf die Klinge aufgesetzt, während beim sog. **Majapahit-Kris** Griff und Klinge in einem Stück geschmiedet sind.

Die Bezeichnungen sind allerdings irreführend, denn beide Typen sind nicht auf jene Dynastie beschränkt und werden zudem noch im gleichen Pamor-Verfahren hergestellt. Java scheint der Ausgangspunkt dieser Kunst zu sein, die sich bis Malacca, Sumatra und Sulawesi verbreitete, wo sich andere Griffformen ausbildeten, und bis Bali, dessen Schmiede die Figuren am Griff stärker betonen und die Zeichnung der Klinge mehr hervortreten lassen.

Das Schmieden des Kris, der mehr als nur eine Waffe darstellt, ist eine weihevolle Handlung, die ein aufwendiges Zeremoniell begleitet. In hohem Ansehen stehen daher die Waffenschmiede (Java: *empu*; Bali: *pande wesi*), deren Stellung fast der eines Priesters gleichkommt, wird doch dieses Handwerk als eine Gabe der Götter betrachtet. Vom Vater auf den Sohn werden für gewöhnlich die Herstellungsgeheimnisse vererbt, die eine Reihe komplizierter Schmiedevorgänge umfassen. Viele Lagen von Nickeleisen, ursprünglich aus Meteoriten gewonnen, und gewöhnlich Eisen werden aus verschiedenste Art zusammengeschmiedet, um so die Verzierungen in die Klinge einzuarbeiten, die aber erst nach abschließender Ätzung des Nickelstahls sichtbar werden – also eine Arbeit, die reiche Erfahrung voraussetzt. Weiterhin muss der Schmied ein überdurchschnittliches Wissen von mythologischen und kosmogonischen Zusammenhängen haben, denn die Zeichnungen und Figuren sind bedingt durch ihre magisch-zeremonielle und soziale Bedeutung.

Der Kris ist in Form und Pamor-Design so zu gestalten, dass er dem Charakter und dem sozialen Status des zukünftigen Besitzers entspricht. Letztlich muss die vollständige Waffe eine kompositorische Einheit von Klinge, Griff und Scheide sein, wobei alle Details mit ihren besonderen magischen Aspekten aufeinander bezogen sind und gleichzeitig die astrologische Gesamt-Konstellation des Trägers berücksichtigen. Ob gerade (Ruhezustand) oder gewellt (Bewegung), symbolisieren die Klingen das Urbild der mythischen Schlange Naga. Ebenso zeigen die Verzierungen am häufigsten Schlangen, aber auch Kala-Figuren, Garuda- oder Blattmotive. Als Griff (aus Gold, Silber, Elfenbein, Horn, Stein oder Holz) finden wir, manchmal bis

zur Unkenntlichkeit stilisiert, Götter- und Vogelgestalten oder Dämonenfiguren (Raksasa), um böse Kräfte abzuwehren. Zur Waffe gehört unbedingt die Scheide, die in der Regel einfach gehalten ist, etwa aus poliertem Edelholz, die aber auch mit prunkvollem Goldschmuck verziert sein kann.

Ein besonders magisch „geladener" Kris führt ein regelrechtes „Eigenleben" und trägt sogar meistens einen eigenen Namen. Durch seine magische Kraft sichert er die Macht eines Fürsten und übernimmt zudem die Rolle seines „Stellvertreters": Begibt sich der Fürst auf Reisen oder Pilgerfahrt, kann er den Kris als Symbol seiner Herrschaft über sein Land zurücklassen, und niemand würde daran zu zweifeln wagen.

Vicki Baum berichtet in ihrem Bali-Roman *Liebe und Tod auf Bali* von einem Fürsten, der aufgrund seiner Leidenschaft für Kampfhähne nicht zu seiner eigenen Hochzeit kommen wollte und stattdessen stellvertretend seinen Kris hinbringen ließ. Solch mächtige Waffen werden als sakrale Erbstücke *(Pusaka)* betrachtet, denen man besondere Verehrung und Opfergaben darbringt. Mancher Dolch ist mit einem bösen Fluch beladen und stürzt seinen Träger ins Unglück. Legt ein Mann seinen Kris nachts unter sein Kopfkissen, dann ist die Waffe in der Lage, je nach Art ihrer Magie, ihm gute oder böse Träume zu bescheren.

Heutzutage zählt der Kris zum offiziellen Weltkulturerbe der Unesco, doch gibt es nur noch wenige ausübende Kris-Schmiede. Schon seit Ende des 19. Jhs. haben immer mehr berühmte Schmiedefamilien, die alle ihr spezielles Pamor-Design als eine Art Markenzeichen hatten, ihr traditionelles Handwerk aufgegeben. In Bali etwa lebt noch eine Handvoll, die jedoch kaum vom Kris-Schmieden leben kann – ein edler Kris braucht einen Monat in der Herstellung, und wichtige Materialien wie Nickel oder Titan sind schwer zu beziehen.

Pencak Silat

Eine traditionsreiche und hoch entwickelte, jedoch wenig bekannte Kulturform ist Pencak Silat, die Kampfkunst des malaiischen Archi-

www.stefan-loose.de/indonesien

KUNST UND KULTUR **135**

pels. Der Legende nach beobachtete eine Frau, Rama Sukana, in der Zeit des Srivijaya-Reichs auf Sumatra (7.–13. Jh.) den Kampf zwischen einem Tiger und einem Raubvogel und wehrte später durch Nachahmung dieser Tiere eine Gruppe Betrunkener ab, die sie bedrohte. Daraus wurde die erste systematische Silat-Lehre entwickelt; ein Mythos, der sich in vielerlei Abwandlungen immer wieder findet.

Silat wird in regionalen Schulen und diversen Stilen in Indonesien, Malaysia, Brunei, Singapur und anderen Ländern Südostasiens betrieben. Jedes dieser Länder hat einen sportlichen Silat-Verband, in Indonesien die IPSI (Ikatan Pencak Silat Indonesia). Während „Silat" der Sammelbegriff für alle diese Kampfstile ist, bezeichnet man die Stile Indonesiens als Pencak Silat.

Silat umfasst neben Freihandkampf mit Händen und Füßen auch Wurf-, Hebel- und effektive Grifftechniken. Auch **Waffen** wie der Keris, der Kerambit (eine Sichelklinge) oder Kurz- und Langstock sind im Repertoire. Techniken sind von chinesischen und indischen Kampfkünsten inspiriert, etwa dem dravidischen Waffenkampf Silambam aus Tamil Nadu oder dem chinesischen Kuntao. Auch die Chakren-Lehre von den Energieflüssen im Körper aus dem tantrischen Buddhismus und Hinduismus findet im Silat Anwendung. Zudem existieren von den Bewegungen von Tieren, wie Tiger, Adler oder Drache, inspirierte Stile. Es gibt über 800 **Regionalstile** und -schulen, die sich jeweils auf eine eigene Geschichte, eigene Techniken und Waffenkunde gründen. Im Gebiet der Minangkabau auf Sumatra ist mitunter jedes Dorf auf seine eigene Silat-Technik stolz, und es gibt eine lange Tradition der Frauenkampftechnik.

Pencak Silat gehört zur Ausbildung der indonesischen Armee. Der höchste Rang, den man in der Hierarchie einer Silat-Schule erlangen kann, ist der des *Pendekar*. Ein solcher **Großmeister** muss nicht nur mit und ohne Waffen in Perfektion kämpfen können, sondern auch in Techniken der Meditation sowie in Heilkünsten bewandert sein.

Seit jeher werden nicht nur formalisierte Wettkämpfe, sondern auch zur Demonstration entwickelte Silat-Shows und rituelle, hoch ästhetisierte **Kampftänze** aufgeführt. Dabei werden die Kämpfer vom *Kendang Pencak*, einem traditionellen **Musikensemble**, begleitet. Selbst auf internationale Leinwände hat es die Kampfkunst mit einigen für indonesische Verhältnisse hoch budgetierten Filmproduktionen geschafft.

Java

Stefan Loose Traveltipps

1 Jakarta Die Hauptstadt Indonesiens wartet mit kolonialem Charme, zahlreichen Museen und dem größten Lastseglerhafen der Welt auf. S. 138

Bogor Im weitläufigen Botanischen Garten gibt es über 20 000 verschiedene Pflanzenarten. S. 167

2 Bandung Ein Shopping-Paradies sind die vielen Factory Outlets und Jeans-Läden der Stadt. S. 175

Pangandaran Das Strandparadies und Surfmekka lohnt einen Zwischenstopp, um Sonne zu tanken. S. 186

3 Yogyakarta In Javas Reiseziel Nummer eins pflegt man die alten wie die neuen Künste. S. 193

4 Borobudur und Prambanan Die gigantischen Tempelanlagen haben auch heute nichts von ihrer Faszination verloren. S. 213 und S. 215

Solo Abseits des Touristenrummels lockt authentische javanische Kultur. S. 218

5 Gunung Bromo Ein Naturschauspiel ist der Sonnenaufgang über der unwirklichen „Mondlandschaft". S. 262

137

JAVA Übersicht

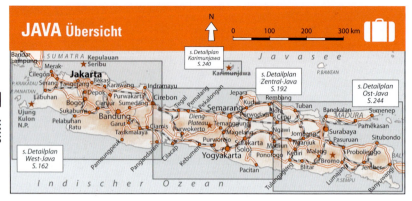

Wer von Indonesien spricht, meint damit nicht selten Java. Hier lebt die Mehrheit der Bevölkerung, hier werden die wirtschaftlich und politisch bedeutsamen Entscheidungen getroffen, und hier existierten schon vor Jahrhunderten mächtige Reiche, die eigene Hochkulturen schufen. Doch auch Java wächst auch die Bevölkerung so schnell wie nirgendwo sonst, liegen glanzvolle Macht und ohnmächtiges Elend dicht beieinander, löst die industrielle Entwicklung zunehmend die traditionellen Strukturen auf.

Mittlerweile leben mehr als 1000 Einwohner auf einem Quadratkilometer Java, insgesamt sind es 138 Mio. – wie man also seine Route auch plant, man wird den Menschen kaum entkommen. Neben der gigantischen Megastadt Jakarta und drei weiteren Millionenstädten (Bandung, Semarang, Surabaya), ist die Insel allerdings noch stark von der Natur geprägt: Über 40 Vulkane ziehen einen „Feuerring" von der West- bis zur Ostküste, Reisterrassen und Teeplantagen sind kunstvoll in den Bergregionen angelegt, und kilometerlange Sandstrände erstrecken sich entlang der Südküste.

Überall auf Java entdeckt man architektonische Überreste aus der Kolonialzeit, aber auch die Tempel- und Palastanlagen längst vergangener Epochen sind weit über die Insel verstreut. Größte Bevölkerungsgruppen sind im Westen die Sundanesen, im Osten die Javaner und die Maduresen.

Ein Schmelztiegel aller indonesischen Völker ist Jakarta. Die Hauptstadt wird für viele Ausgangspunkt einer Reise durch Java sein. Die meisten Besucher ziehen von Jakarta nach Yogyakarta und von dort aus weiter zum Vulkan Bromo und nach Bali.

Wer die Insel und ihre Menschen etwas besser kennenlernen möchte, sollte die ausgetretenen Pfade verlassen und in das ländliche Java eintauchen. Von den kühlen Bergdörfern sind oft Vulkanbesteigungen schnell organisiert, während über kleine Fischerdörfer im Süden vielfach unbekannte Sandstrände zu erreichen sind – es muss nicht immer Bali sein!

Jakarta

Die Hauptstadt Indonesiens wird von ihren Bewohnern liebevoll „Big Durian", die große Stinkfrucht, genannt. Sie ist groß, riecht im ersten Moment abstoßend, und ihren süßen Geschmack kann man oft erst nach einer Gewöhnungsphase genießen. So wie sich die Geschmäcker an der Durian scheiden, so scheiden sich auch die Geister daran, ob Jakarta als ein spannender, abwechslungsreicher Schmelztiegel der Kulturen oder als verdreckter, aufreibender Moloch gesehen wird.

Am Mündungsufer des Ciliwung-Flusses liegt die überschwemmungsgefährdete Megastadt und das politische sowie wirtschaftliche Zentrum Indonesiens auf nur 8 m ü. d. M. Jakarta ist mit knapp 10 Mio. Einwohnern mit Abstand die bevölkerungsreichste Metropole des Landes. Im gesamten Ballungsraum inklusive der Satellitenstädte Bogor, Depok, Tangerang und Bekasi, im Volksmund „Jabodetabek" genannt, leben über 26 Mio. Menschen, er ist somit fünfmal so groß wie das gesamte Ruhrgebiet. Damit gehört Jakarta zu den besonders schnell wachsenden städtischen Ballungszentren Asiens – ständig im Wandel und von einer beeindruckenden Dynamik gekennzeichnet. Der erste Eindruck für Neuankömmlinge ist allerdings ein anderer: Verkehrschaos und Luftverschmutzung charakterisieren die Stadt in gleichem Maße. Blechlawinen von halb verrosteten *Kopaja*-Bussen, Taxis und Luxuslimousinen, durchsetzt von einem unaufhörlichen Strom an Motorrädern, schieben sich im Schritttempo durch das völlig überforderte Straßensystem der Stadt. Gemeinsam hinterlassen sie eine Abgasglocke, die nur der schwerste Monsunsturm heben kann.

Doch Jakarta ist nicht nur Dreck und Gestank, sondern verbindet Kontraste wie kaum eine andere Stadt. Krass und augenfällig sind die Gegensätze zwischen Armut und Reichtum. Slums beginnen häufig bereits dicht hinter manch prunkvollem Einkaufszentrum. Gläserne Wolkenkratzer mit Luxusapartments sind von traditionellen *Kampung* umgeben. Das sind dorfähnliche Siedlungen mit Billighäuschen und engen Gassen. Und in elitären Restaurants und Clubs wird am Abend für Beträge gespeist und gefeiert, die weit über dem monatlichen Mindestlohn des Sicherheitspersonals am Eingang liegen.

Auch wenn die boomende Metropole kein entspannendes Urlaubsziel ist, so bietet sie doch beste Möglichkeiten, sich mehr als in jeder anderen Stadt über Indonesien zu informieren. Zahlreiche interessante **Museen**, die die Vielfalt des Archipels widerspiegeln, lohnen einige Tage Aufenthalt. Doch es gibt weitere Sehenswürdigkeiten, die man ebenfalls nicht verpassen sollte. In nur wenigen Minuten gelangt man mit dem Taxi oder *Bajaj* von der größten Agglomeration von Hotels aller Preisklassen rund um die traditionelle Backpacker-Straße **Jalan Jaksa** zum Nationaldenkmal **Monas**. Hier genießt

man von der Aussichtsplattform frühmorgens den besten Blick über die Stadt. An der gleichnamigen Transjakarta-Bushaltestelle gibt das **Museum Nasional** den umfassendsten Einblick in die Geschichte und Kulturen des Landes. Nur sechs Busstationen nördlich findet man sich in **Kota**, der Altstadt Jakartas, wieder, wo man dank der mehr oder weniger gut erhaltenen Kolonialbauten in das Batavia längst vergangener Zeiten eintaucht. An Wochenenden verwandelt sich der zentrale Platz **Taman Fatahillah** in einen bunten Festplatz mit Imbissständen und kulturellen Aufführungen. Mit einem ausgeliehenen Hollandrad oder einem knatternden *Bajaj* ist von dort der pittoreske Segelschiffhafen **Sunda Kelapa** in wenigen Minuten zu erreichen. Am Nachmittag lohnt ein Einkaufsbummel über den Antiquitätenmarkt entlang der **Jalan Surabaya**, durch den modernen Konsumtempel **Grand Indonesia** oder das chaotischere Einkaufszentrum **Pasaraya Grande**. Der neue Szene-Stadtteil **Kemang** im Süden Jakartas eignet sich hervorragend für einen Kneipenbummel oder ein Candlelightdinner zum Ausklang des Tages, bevor man in den berüchtigten Nachtclubs der Stadt bis in den Morgen feiern kann. Einen ganzen Tag nehmen Ausflüge in den **Taman Mini Indonesia Indah-Park**, den **Ragunan-Zoo** oder auf eine der traumhaften Inseln der **Kepulauan Seribu** vor der Küste der Hauptstadt in Anspruch.

Geschichte

Ende des 15. Jhs. etablierte sich im Mündungsgebiet des Ciliwung-Flusses der Haupthafen des Hindu-Königreiches Pajajaran. Das geschäftige Städtchen hieß Sunda Kelapa und wurde immer mehr von den Portugiesen kontrolliert, bis 1527 der muslimische Prinz Fatahillah aus dem zentraljavanischen Königreich Demak mit seinen Truppen die Portugiesen und das Pajajaran-Heer besiegte. Er gründete an gleicher Stelle die Stadt Jayakarta („der große Sieg"), was bis heute als offizielles Gründungsdatum Jakartas gefeiert wird. Gegen Ende des 16. Jhs. erreichten zunehmend holländische Handelsschiffe den wichtigen Gewürzhandelshafen. 1619 nahm die holländische Vereinigde Oostindische Compagnie (VOC) unter Leitung von General Gouverneur Coen die Hafenstadt in Besitz und benann-

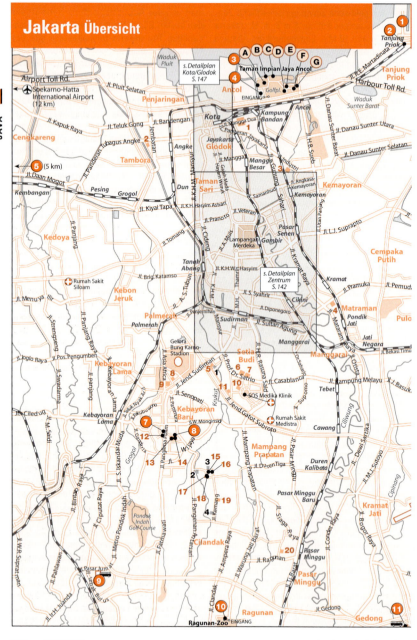

Taman Impian Jaya Ancol:
- Ⓐ Dunia Fantasi
- Ⓑ Seilschwebebahn
- Ⓒ Strand
- Ⓓ Pasar Seni
- Ⓔ Atlantis Water Adventure Park
- Ⓕ Seaworld
- Ⓖ Ocean Dream Samudra

Essen:
1. Sky Dining
2. Die Stube
3. Payon
4. Anatolia

Transport:
1. Tanjung Priok-Hafen
2. Transjakarta-Endhaltestelle Tanjung Priok
3. Boote nach Kepulauan Seribu
4. Transjakarta-Endhaltestelle Ancol
5. Terminal Kalideres
6. Terminal Pulo Gadung (+Transjakarta-Endhaltestelle)
7. Damri-Busse zum Flughafen (Blok M)
8. Transjakarta Endhaltestelle Blok M
9. Terminal Lebak Bulus (+Transjakarta-Endhaltestelle)
10. Transjakarta-Endhaltestelle Ragunan
11. Terminal Kampung Rambutan (+Transjakarta-Endhaltestelle)

Sonstiges:
1. Mangga Dua
2. Aneka Kartika Tours
3. Kantor Imigrasi Jakarta Pusat
4. Pasar Burung
5. Plaza Semanggi
6. ITC Kuningan
7. Mal Ambassador
8. Plaza Senayan
9. X2
10. Apollo
11. Dragonfly
12. Blok M Plaza
13. Blok M Mall
14. Pasaraya Grande
15. Barcode
16. 365 Ecobar
17. Treehouse
18. Bremer Beer Garden
19. SHY Rooftop
20. Teater Salihara

---

te sie in Batavia um. Von hier aus kontrollierte die Handelsgesellschaft zu Beginn des 18. Jhs. bereits ganz Java, Teile Sumatras und die Gewürzinseln (Molukken). Allerdings breiteten sich in der rasch wachsenden, feucht-heißen Hafenstadt, die mit grachtenähnlichen Kanälen und Kolonialbauten Amsterdam nachempfunden war, Krankheiten und Seuchen aus. Wer es sich leisten konnte, siedelte weiter im Süden außerhalb der Stadtmauern.

Der einträgliche Handel mit Gewürzen lockte immer mehr unternehmungslustige Chinesen an, die sich als Kaufleute, Bankiers, Konstrukteure und Schiffsbauer hier niederließen und von denen viele zu Wohlstand gelangten. Im Jahr 1740 wurden Tausende von ihnen bei einem gigantischen Pogrom hingerichtet. Die Überlebenden mussten im Folgenden vor die Stadtmauern in den heutigen Stadtteil Glodok umsiedeln.

1799 übernahm der holländische Staat von der bankrotten VOC Batavia als Kolonie. Neun Jahre später beschloss Gouverneur Daendels, die im Zerfall befindliche Stadt den Händlern zu überlassen und ein neues Stadtzentrum am heutigen Medan Merdeka-Platz mit imposanten Regierungs- und Militärgebäuden zu errichten. Typisch für diese Entwicklungsphase ist das Nationalmuseum westlich des Platzes.

Mit der Eröffnung des Suezkanals 1869 verkürzten sich die Transportwege; das Handelsvolumen stieg, und immer mehr Europäer kamen nach Batavia. Acht Jahre später wurde der neue Hafen in Tanjung Priok fertiggestellt. Während des Zweiten Weltkrieges besetzten japanische Truppen Batavia und zwangen die Niederländer, sich zu ergeben. Mit der japanischen Kapitulation am 17. August 1945 wurde Indonesien die Unabhängigkeit gewährt und Präsident Sukarno verkündete von hier aus die nationale Philosophie *Pancasila*. Ende der 1940er-Jahre überschritt die Einwohnerzahl die Millionengrenze, 15 Jahre später lebten hier bereits 4,5 Mio. Menschen. Slums breiteten sich aus, gleichzeitig ließ Sukarno trotz wirtschaftlicher Schwierigkeiten kolossale Denkmäler, prachtvolle Boulevards und Prestigebauten errichten. Zu diesen Bauwerken gehören das Nationaldenkmal Monas, die ersten Hochhäuser (u. a. Hotel Indonesia, das heutige Kempinski Hotel), das Stadion Gelora

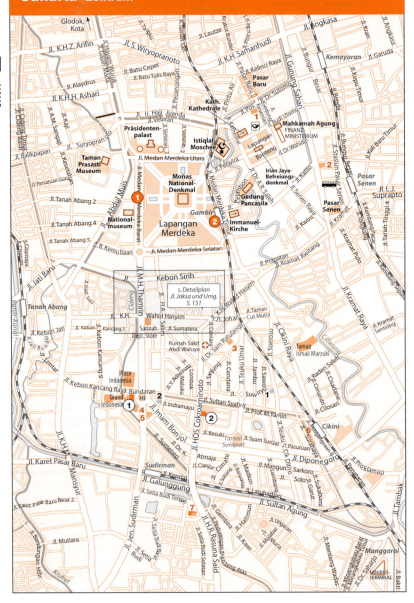

Übernachtung:
① Hotel Indonesia Kempinski
② Formule 1 Menteng

Essen:
1 Lara Djonggrang
2 Seribu Rasa

Transport:
① Transjakarta-Haltestelle "Monumen Nasional"
② Damri-Busse zum Flughafen (Gambir)

Sonstiges:
1 Gedung Kesenian
2 Bharata Theatre
3 Goethe-Institut
4 Social House
5 Deutsche Botschaft
6 Trödelmarkt
7 Spa im Four Seasons Hotel

Bung Karno und die größte Moschee Südostasiens, Mesjid Istiqlal. Der wirtschaftliche Boom der Suharto-Ära endete abrupt mit der Asienkrise 1997. Die Hauptstadt wurde Schauplatz von ethnischen und religiösen Unruhen mit Hunderten Toten und Tausenden zerstörten Gebäuden, vor allem in Glodok, wo Chinesen als Sündenböcke verfolgt wurden. Gerade weil sich Jakarta seit einigen Jahren wieder auf dem Entwicklungskurs der 1990er-Jahre befindet, steht die Megastadt im 21. Jh. vor großen Entwicklungsmöglichkeiten und vielen Herausforderungen.

Alt-Jakarta (Kota)

Die Altstadt Jakartas, das ehemalige Zentrum Batavias, ist der touristische Höhepunkt der Stadt. Da das frühe Batavia recht klein war, ist alles gut an einem Tag zu Fuß erreichbar. Schon allein wegen der Atmosphäre, die von den Repräsentationsgebäuden ausgeht, lohnt ein Abstecher hierher. Nördlich des Hauptbahnhofs (Stasiun Kota, Endhaltestelle Transjakarta Korridor 1), am Ende der Jl. Pintu Besar Utara, führt eine charmante Fußgängerzone bis auf den zentralen Fatahillah-Platz. Schräg gegenüber dem Bahnhof lockt das moderne **Museum Bank Indonesia** im ehemaligen palastähnlichen Sitz der De Javasche Bank, der zwischen 1910 und 1930 im neoklassischen Stil errichtet wurde, Jl. Pintu Besar Utara 3, ✆ 021-260 0158, ⏲ Di–So 8–15.30 Uhr, Eintritt frei. Hier ist die Geschichte der Geldwirtschaft in Indonesien anschaulich, sehr informativ und teils interaktiv dargestellt. Höhepunkt ist die numismatische Sammlung, in der sämtliche Zahlungsmittel vom ersten Stoffgeld bis hin zu den neuesten 1000-Rp-Münzen ausgestellt sind.

Taman Fatahillah

Rings um den alten Rathausplatz wurden mit Hilfe der Unesco mehrere koloniale Gebäude restauriert. Im Zentrum steht das **Jakarta History Museum** (Museum Sejarah Jakarta), das in einem der ältesten und am besten erhaltenen Gebäude untergebracht ist. 1710 erbaut, diente es zunächst als *Stadthuis* (Rathaus) der Verwaltung und als Gefängnis Batavias. Später wurde es militärisches Hauptquartier, und bis zum Zweiten Weltkrieg diente es als Sitz der Verwaltung West-Javas. Seit 1974 ist hier ein historisches Museum untergebracht, in dem archäologische Ausgrabungen aus dem Stadtgebiet, die Entwicklung Jakartas sowie Möbel, Gemälde und andere Relikte aus der Kolonialzeit ausgestellt sind. Im Innenhof befindet sich die bronzene portugiesische Kanone **Si Jagur**, die die Holländer 1641 nach dem Sieg gegen Malakka im Fort Batavia deponierten. Der Knauf zeigt eine geballte Faust mit zwischen Mittelfinger und Zeigefinger eingeklemmtem Daumen und gilt als ein Fruchtbarkeitssymbol, vor dem noch heute Frauen um möglichst viele Kinder bitten. ⏲ Di–So 9–15 Uhr, Eintritt 2000 Rp.

Das sehenswerte **Museum Wayang** (Schattenspielmuseum) befindet sich an der Westseite des Platzes. Im Museum sind meisterhaft gearbeitete Stabpuppen *(Wayang Golek)* und aufwendig verzierte Schattenspielfiguren aus Büffelleder *(Wayang Kulit)* aus den verschiedensten Regionen Javas und Sumatras sowie *Topeng*-Masken und Puppensammlungen aus der ganzen Welt ausgestellt. Das Gebäude selbst wurde 1912 errichtet. ⏲ Di–So 9–15 Uhr, So mittags mitunter große Schattenspiel-Aufführungen auf dem Fatahillah-Platz, Eintritt 2000 Rp.

Das ehemalige Stadthuis ist der wichtigste restaurierte Kolonialbau am Taman Fatahillah.

Wer sich für indonesische Malerei und Keramik interessiert, sollte einen Blick in das **Balai Seni Rupa dan Keramik** (Museum für Kunst, Malerei und Keramik) werfen. In dem 1870 errichteten Gebäude des ehemaligen Justizpalastes an der Ostseite des Platzes findet man Bilder bekannter indonesischer Maler wie Raden Saleh und Affandi. Interessant sind auch die klassischen balinesischen Skulpturen und die Keramiksammlung, die Exponate von der Antike bis zur Moderne umfasst. ⊕ Di–So 9–15 Uhr, Eintritt 2000 Rp.

Auf dem Fatahillah-Platz selbst ist besonders an Wochenenden viel los, und Imbissstände bieten verschiedene, traditionelle (Süß-)Speisen an. In langen Reihen sind bunte Hollandräder mit gleichfarbigen Kolonialhüten aufgereiht, die für nostalgische Rundfahrten gemietet werden können. Jeden Sonntag wird eine große Bühne für *Wayang Golek*- oder *Kulit*-Aufführungen aufgebaut.

Am „Großen Kanal"

Vom Fatahillah-Platz gelangt man durch die Jl. Kali Besar Timur V zum **Kali Besar**, dem „Großen Kanal". Überall stehen Handelskontore, Geschäftshäuser und Warenlager aus holländischer Vergangenheit.

Ein Spaziergang entlang des Kanals in Richtung Norden führt zur letzten, restaurierten, über 200 Jahre alten Zugbrücke, **Hoenderpasarbrug**, der „Hühnermarkt-Brücke". Weiter in Richtung Norden überquert man die verkehrsreiche Jl. Pakin. An der Mündung des Kanals steht der erst 1839 errichtete **Aussichtsturm** (Menara Syahbandar), von dem aus der Hafenmeister die eintreffenden Schiffe sichtete. Der Turm ist auf den Mauern der Befestigungsanlage Bastion Culemborg aus dem Jahre 1645 errichtet. Wer den Hausverwalter überzeugt, das Eingangstor zu öffnen, bekommt von oben einen guten Blick über die roten Ziegeldächer der alten Häuser bis hin zum Segelschiffhafen.

Wenige Meter nördlich über die geschäftige Jl. Pasar Ikan erreicht man das **Museum Bahari** (Museum der Schifffahrt). Es erstreckt sich über weite Teile der ehemaligen Lagerhallen der Ostindischen Handelscompagnie. Ebenso interessant wie die Ausstellungsstücke (Boo-te und Schiffsmodelle, Karten und Werkzeuge) sind die seit 1652 errichteten Gebäude mit ihren mächtigen Mauern, in denen früher die Waren der Compagnie – Gewürze, Kaffee und Tee – gelagert wurden. Die hohe Mauer zur Straße hin ist Teil der alten Stadtmauer. ⊕ Di–Do und So 9–15, Fr 9–11, Sa 9–13 Uhr, Mo geschlossen, Eintritt 2000 Rp.

Über eine Fußgängerbrücke erreicht man den alten Fischmarkt, **Pasar Ikan**, auf einer Insel. Bereits vor Sonnenaufgang herrscht hier buntes Treiben, auch wenn nur noch wenig Fisch verkauft wird. Denn der eigentliche große Fischmarkt liegt etwa 3 km weiter westlich in **Muara Angke**. Hier kann man beobachten, wie die ankommenden Fischkutter entladen und die Fische und Schalentiere in zwei riesigen Hallen zum Verkauf angeboten werden.

Der Segelschiffhafen

Im Kali Baru, besser bekannt unter dem Namen **Sunda Kelapa**, liegt der älteste Hafen Jakartas mit der weltweit größten Flotte an Lastensegelschiffen *(Pinisi)*. Rings um die Bugis-Schoner mit ihren hohen Masten und eingerollten Segeln geht es immer geschäftig zu. Vermummte Gestalten beladen die stattlichen Schiffe über schmale Holzplanken mit Zementsäcken oder entladen Obst oder Holz von den Außeninseln. Die Matrosen sind insgesamt sehr freundlich und interessiert, allerdings lassen sie sich meist nur ungern fotografieren.

Mit einem *Sampan* (kleines Fischerboot) kann man sich durch den Hafen schippern lassen – am besten erst auf dem Rückweg von der Mole, dann gehen die Preise automatisch herunter.

Ancol

Taman Impian Jaya Ancol nennt sich ein 300 ha großer Erholungs- und Vergnügungspark direkt am Meer, der besonders mit Kindern einen Ausflug wert ist. Da immer eine kühle Brise weht, ist es hier nicht so heiß wie in der Stadt. 🖵 www.ancol.com, ⊕ 7–22 Uhr, Eintritt 15 000 Rp.

Vorbei am Golfplatz und der Bowlingbahn kommt man zur **Dunia Fantasi**. Die indonesische Mischung aus Disneyland und Rummelplatz beherbergt rund 30 Fahrgeschäfte. ☉ Mo–Do 11–18, Fr 13.30–18, Sa, So 10–20 Uhr, Eintritt Mo–Fr 170 000, Sa, So 200 000 Rp.

Weiter Richtung Strand erstreckt sich die **Marina**. Von diesem Jachthafen aus fahren Schnellboote nach Kepulauan Seribu (s. S. 160). Auf der Halbinsel gibt es verschiedene Restaurants, direkt am Meer einige Hotelanlagen, eine Seilschwebebahn und an der Lagune einen Bootsverleih. Südlich davon lockt der **Atlantis Water Adventure Park** mit einem Wellenbad, Wasserfallpool, verschiedenen Rutschen und Kinderbecken, ☉ Mo–Fr 8–18, Sa, So 7–20 Uhr, Eintritt Mo–Fr 90 000, Sa, So 110 000 Rp. Gegenüber liegt das **Ocean Dream Samudra**, wo täglich Shows mit dressierten Seelöwen, Delphinen und anderen Tieren gezeigt werden, ☉ 9–17 Uhr, Eintritt Mo–Fr 90 000, Sa, So 110 000 Rp. Empfehlenswert ist das Ozeanarium **Seaworld**, wo die Unterwasserwelt Indonesiens in schön beleuchteten Aquarien präsentiert wird. Highlights sind das Haifischbecken, zwei Seekühe und ein 80 m langer gläserner Tunnel, der durch ein riesiges Becken mit Mantarochen und anderen Großfischen führt. ▭ www.seaworldindonesia.com, ☉ 9–18 Uhr, Eintritt 50 000–70 000 Rp. Weiter im Süden findet sich ein Kunstmarkt, **Pasar Seni**, mit Kunstgalerie und Verkaufsständen.

Zu erreichen ist Ancol mit einem Taxi (ca. 50 000 Rp ab Zentrum), mit dem Transjakarta-Bus Kampung Melayu–Ancol oder vom Kota-Bahnhof mit dem Bus Nr. 64 oder 65 in Richtung Tanjung Priok.

Glodok

Östlich des Kota-Bahnhofs, in der Jl. Pangeran Jayakarta 1, steht die älteste Kirche der Stadt, **Gereja Sion** (1693–1695 errichtet). Die „Portugiesische Kirche außerhalb der Stadtmauer" wurde von Nachkommen der ersten portugiesischen Eroberer, ihren einheimischen Verbündeten und Sklaven genutzt, die von den Holländern in Indien und Malaya gefangen genommen und hierher verschleppt worden waren. Schöne Barock-Schnitzereien zieren den Altar, die Orgel aus dem 18. Jh. und die Bänke. Eine Tafel in holländischer Sprache erinnert an die Eröff-

nung der Kirche am 19. Oktober 1695. ☉ Di–Sa 8–18 Uhr, So Gottesdienste um 6.30, 10 und 16 Uhr, Spende.

Weiter im Süden liegt das alte **Chinesenviertel** Glodok, das heute vor allem für große Einkaufscenter von Elektronikartikeln und zwielichtige Nachtclubs bekannt ist. Die typisch chinesische Atmosphäre mit schiefen Häusern, schrägen roten Ziegeldächern und obskuren, zur Straße hin offenen Läden kann wegen vieler Neubauten und der Verwüstungen während der Unruhen von 1998 nur noch in der Jl. Pancoran und Jl. Kemenangan III erahnt werden. Am bekanntesten ist die **Soo Brothers Apotik**, Jl. Pancoran 31, die 1825 eröffnet wurde und mittlerweile in der siebten Generation geführt wird. In jahrhundertealten Keramikbehältern werden die Zutaten für die traditionellen chinesischen Rezepte aufbewahrt. Auf dem belebten Straßenmarkt **Pasar Kemenangan** sind sämtliche chinesische Spezialitäten wie Aale, Frösche, Haifischflossen und Schwalbennester im Angebot.

In der Jl. Petak Sembilan steht der älteste und bedeutendste chinesische Tempel der Stadt, **Jin De Yuan** (auch Kim Tek I oder Vihara Dharma Bhakti genannt), der bereits 1650 vom chinesischen Leutnant Guo Xun Guan zu Ehren der Göttin der Barmherzigkeit errichtet wurde. Das Dach des Haupttempels ist mit Nagaschlangen und anderen Porzellanfiguren verziert; im Inneren stehen buddhistische und taoistische Figuren. Aus dem 17. Jh. stammt die Figur des „Herrschers über die drei Welten" (San Yuan) über dem Haupteingang.

Besonders sehenswert ist Glodok übrigens während des Chinesischen Laternenfestes **Cap Go Meh**, wenn die Straßen 14 Tage nach dem Chinesischen Neujahrsfest mit bunten Papierlaternen aller Größen dekoriert sind.

Rings um den Merdeka-Platz

Zu Beginn des 19. Jhs. waren die meisten Verwaltungsgebäude aus der verseuchten Altstadt in das neue Batavia rings um den Koningsplain umgesiedelt worden. Der nahezu 1 km² große **Lapangan Merdeka** (Unabhängigkeitsplatz) ist noch heute das Zentrum des modernen Jakar-

146 JAKARTA | Glodok

www.stefan-loose.de/indonesien

ta. Südlich schließt sich mit dem Stadtteil Kebon Sirih die größte Agglomeration an Hotels aller Preisklassen und mit Menteng der teuerste Stadtteil mit elitären Villen an. Westlich verläuft Jl. M.H. Thamrin, an der sich Botschaften, Ministerien und Bürotürme der größten Firmen und Banken konzentrieren. Nördlich gelangt man über das Chinesenviertel Glodok hin zur Altstadt Kota. Und östlich dehnen sich mit dem Pasar Baru und Pasar Senen der größte Textilien- und der größte traditionelle Markt der Stadt aus.

Nationaldenkmal

Der Merdeka-Platz wird im Zentrum vom 132 m hohen Prunkstück der Denkmalbaukunst Sukarnos, dem Monumen Nasional (kurz: Monas), überragt. Mit einem Fahrstuhl gelangt man hinauf auf die Aussichtsplattform (115 m) unterhalb der mit 35 kg Gold überzogenen Flamme. Von dort lässt sich nur früh morgens Jakarta ohne Smog aus der Vogelperspektive betrachten. Lohnend ist auch der Besuch der im Keller gelegenen **Unabhängigkeitshalle**, wo in Dioramen ein Überblick über die indonesische (Militär-)Geschichte gewährt wird. Einige Stufen oberhalb wird in der marmornen **Kontemplationshalle** das Original der Unabhängigkeitserklärung aufbewahrt, die über Lautsprecher von Sukarnos Originalstimme verlesen wird. Den Eingang erreicht man über den nördlichen Merdeka-Platz, vorbei am Denkmal des Freiheitskämpfers Diponegoro und am Unabhängigkeits-Springbrunnen. ◷ Di–So 9–15 Uhr, Eintritt nur Museum 2500 Rp, Fahrstuhl bis zur Aussichtsplattform 7500 Rp.

Nationalmuseum

Westlich des Platzes liegt das Museum Nasional oder Gedung Gajah (Elefantengebäude), so genannt wegen des dort stehenden, vom thailändischen König als Geschenk überreichten Bronze-Elefanten. Es ist mit mehr als 115 000 Ausstellungsstücken eines der größten und am besten bestückten Museen Südostasiens. Bereits 1868 wurde es von den Holländern gegründet. Man sollte mindestens einen Vormittag nur für das Museum einplanen, um ausreichend Zeit für alle ausgestellten Objekte zu haben. Am Anfang einer Indonesienreise kann man sich hier umfassend über die Vulkane und Inseln,

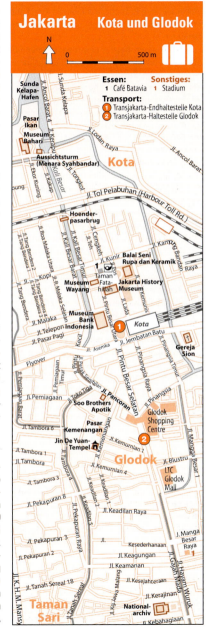

www.stefan-loose.de/indonesien JAKARTA I Rings um den Merdeka-Platz **147**

Völker und ihre Bräuche, traditionelle Kunst und Kunstgewerbe auf allen Inseln des Archipels informieren.

Das Museum besitzt eine beeindruckende Sammlung hinduistischer Kunstwerke aus Java, darunter auch Porzellan der Han-, Tang- und Ming-Zeit. Im Innenhof und in der Galerie des im klassischen Stil errichteten Bauwerkes sind Statuen, Friese und Reliefs aus der hinduistisch-buddhistischen Periode ausgestellt. Im rechten Flügel ermöglicht die regional gegliederte ethnografische Sammlung (mit einer detaillierten Übersichtskarte) einen Einblick in die Vielfalt der indonesischen Völker und Kulturen. Die Kunstschätze der Königshäuser und Sultane haben hier ebenso ihren Platz wie Werkzeuge und Gegenstände des täglichen Lebens. Gegenüber dem Eingang findet sich eine umfassende Bronzesammlung mit Fundstücken aus vielen Provinzen. Der linke Flügel enthält eine Schriftensammlung mit zahlreichen alten Büchern und Manuskripten, die auf Papier, Rinde, Lontar-Blätter und Bambus geschrieben sind, sowie die Museumsbibliothek, die mit über 700 000 Bänden die größte Indonesiens ist.

An keinem anderen Ort Indonesiens wird die jahrtausendealte Kultur des Landes eindrucksvoller vermittelt als in der prähistorischen Abteilung mit Resten des Java-Menschen (Homo erectus), ihrer Vielzahl an Kultgegenständen, Steininschriften, hinduistischen und buddhistischen Statuen. Sie ist im neueren, siebenstöckigen Anbau zu finden, wo zudem im vierten Stock die Gold- und Keramikabteilung mit fast 2000 Jahre alten Tonwaren und Porzellan, überwiegend aus dem chinesischen Raum, untergebracht ist.

Jl. Medan Merdeka Barat 12, ☎ 021-386 8172, 🖥 www.museum-nasional.blogspot.com, ⏱ Di–Do 8.30–16, Fr 8.30–11 und 13–16, Sa, So 8.30–17 Uhr, Eintritt 10 000 Rp. Di 10.30 sowie Do 10.30 und 13.30 Uhr bietet die Indonesian Heritage Society, 🖥 www.heritagejkt.org, kostenlose Führungen auf Englisch an.

Vom Gambir-Bahnhof zum Gedung Pancasila

Der Osten des Platzes wird vom zweistöckigen **Gambir-Bahnhof** dominiert. Auf der dem Bahnhof gegenüberliegenden Straßenseite liegt etwas zurückversetzt die **Immanuel-Kirche**, ein runder Kuppelbau mit einem Eingangstor, das von einem dorischen Tempel stammen könnte. 1839 wurde die nach König Willem I. benannte Willemskerk als erste gemeinsame Kirche von Lutheranern und Reformierten eröffnet. Sonntags findet um 17 Uhr ein Gottesdienst in Englisch statt.

Spaziert man die Jl. Pejambon hinauf und über die Brücke ist das **Gedung Pancasila** zügig erreicht. Das Unabhängigkeitsgebäude – um 1830 als Residenz des Militärbefehlshabers im klassizistischen Stil erbaut – war Schauplatz der Ausarbeitung der indonesischen Verfassung. Sie wurde von einem Komitee unter der Leitung von Sukarno formuliert und am 1. Juni 1945 von Sukarno proklamiert.

Lapangan Banteng

Weiter geht es Richtung Nordosten zum großen, grasbewachsenen Lapangan Banteng („Rinderfeld"), das vom kolossalen bronzenen **Irian-Jaya-Befreiungsdenkmal** überragt wird. Im 19. Jh. war das Zentrum des neuen Batavias außerhalb der Stadtmauern. An der Ostseite des Platzes gelangt man zum **Finanzministerium**, mit dessen Bau 1809 unter Daendels begonnen worden war. Herman Daendels, Generalgouverneur von 1807 bis 1811, wollte mit straffer Hand das korrumpierte Kolonialsystem reorganisieren und das von Krankheiten und Verfall betroffene alte Batavia erneuern. Er ließ zahlreiche alte Gebäude niederreißen, Kanäle und Befestigungsanlagen bauen und verlagerte die Verwaltung ins neue Batavia.

Nördlich des Ministeriums findet man den **Mahkamah Agung**, den Obersten Gerichtshof, der seit 1848 in diesem neoklassizistischen Gebäude tagt. Im Westen steht die nationale katholische **Kathedrale**, 1901 im neogotischen Stil mit einigen indonesischen Einflüssen erbaut. Die 77 m hohen Türme wurden aus Teakholz errichtet, denn die frühere Kathedrale aus dem Jahre 1833 war 1880 unter dem Gewicht der Türme zusammengebrochen.

Gegenüber davon erhebt sich die gigantische Kuppel der **Istiqlal-Moschee** aus weißem Marmor. Das monumentale Bauwerk ist eine der größten Moscheen Südostasiens. Sie wurde von einem christlichen Architekt aus Sumatra entworfen und 1978 offiziell eröffnet. Außerhalb der Gebetsstunden bieten sich Führer gegen eine Spende an, Besucher durch den riesigen, modernen Kuppelbau zu geleiten. Von den oberen Galerien hat man die beste Sicht auf Hunderte Gläubige, die den Koran studieren.

Süd-Jakarta

Taman Mini

Etwa 20 km südöstlich des Stadtzentrums an der Schnellstraße nach Bogor liegt der Themenpark **Taman Mini „Indonesia Indah"**. Auf 165 ha reihen sich rings um einen künstlichen See maßstabsgetreu nachgebaute **traditionelle Häuser** aus allen indonesischen Provinzen. In jedem Bauwerk sind u. a. regional typische Kostüme, Werkzeuge, Musikinstrumente und Kunsthandwerk ausgestellt. Mit einer **Gondelbahn** kann man über den See schweben, in dem die indonesische Inselwelt in Kleinformat nachgebildet ist. Zudem können verschiedene **Museen**, ein IMAX-Kino sowie Kinderattraktionen gegen einen Aufpreis von je 2000–50 000 Rp besucht werden. Pondok Gede, ℰ 021-8414 567, 🖳 www.taman mini.com, ⏲ 7–22 Uhr, Eintritt 9000 Rp.

Empfehlenswert ist zunächst eine Einführung in die kulturelle Vielfalt Indonesiens im **Museum Indonesia**, das direkt am westlichen Haupteingang in einem großen Bauwerk im balinesischen Stil untergebracht ist. Auf drei Stockwerken umfasst die Ausstellung Trachten (1. Stock), traditionelle Gebrauchsgegenstände und Werkzeuge (2. Stock) sowie Kunsthandwerk (3. Stock) aus allen Teilen Indonesiens. ⏲ 9–17 Uhr, Eintritt 5000 Rp.

Sonntags kommen viele Besucher in den Park. Dann treffen sich die Molukker oder Timoresen in *ihren* Häusern, spielen Bands aus Nord-Sumatra ihre Batak-Musik und führen Tanzgruppen aus Bali oder Borneo ihre Tänze auf. Zahlreiche Warung und Restaurants bieten ihre Speisen an.

Innerhalb des weitläufigen Parks kann man sich mit dem eigenen Auto oder Motorrad fortbewegen, oder man mietet sich vor Ort ein Fahrrad, springt auf eine vorbeizuckelnde Minieisen-

bahn auf oder steigt in die Gondelbahn. Am Informationszentrum können neben kostenlosen Karten auch englischsprachige Guides für 100 000 Rp pro Stunde organisiert werden.

Der Park wird am besten mit dem Transjakarta-Bus aus dem Zentrum erreicht. Von der Endhaltestelle Pinang Ranti fahren rote Minibusse Nr. S15A oder 05 für 2000 Rp zum Eingangstor.

Ragunan Zoo

Der **Taman Margasatwa Ragunan** (Ragunan Zoo) ist ein 185 ha großer Tierpark 16 km südlich des Stadtzentrums in Pasar Minggu. Der Zoo eignet sich gut, um der Hektik Jakartas für einige Zeit zu entfliehen. Er beherbergt knapp 4000 Tiere und über 400 Tierarten, von denen der Großteil aus Indonesien stammt, darunter Sumatra-Tiger, Komodo-Warane, Orang Utans, Nashornvögel, Anoa und Banteng. Im Zoo gibt es mehrere einfache Restaurants, einen Fahrrad- und Bootsverleih sowie weitere Bootstouren und ein Angelbecken. Anfahrt am besten mit dem Transjakarta Korridor 6 bis zur Endhaltestelle Ragunan direkt am nördlichen Haupteingangs des Zoos. Jl. Harsono R.M. 1, ℰ 021-7884 7114, ⏲ 7.30–17 Uhr, Eintritt 4000 Rp.

ÜBERNACHTUNG

Die Traveller-Szene trifft sich traditionell in der Jl. Jaksa, einer schmalen Seitenstraße südlich vom Merdeka-Platz. Die Unterkünfte sind recht günstig, aber in der Regel abgewohnt und spartanisch eingerichtet. Südlich verläuft die Jl. Wahid Hasyim, wo sich viele (auch neuere) Mittelklassehotels angesiedelt haben. Aufgrund der zentralen Lage, der Transjakarta-Haltestelle Sarinah in Gehweite und der nahe gelegenen Einkaufszentren ist diese Gegend die strategisch beste Wahl.

Untere Preisklasse

Alinda Hotel, Jl. Jaksa 9 Gang VI, ℰ 021-314 0373, ✉ ochi@alinda-hotel.com. Das ehemalige Hotel Yusran liegt 80 m von der Jl. Jaksa entfernt inmitten des *Kampungs* und wurde nett renoviert. Einfache, saubere Zimmer in 2 Preisklassen mit guten Matratzen, Warmwasser-Du/WC, TV und teils AC. Frühstück und WLAN in der Lobby inkl. ❷–❸

Bloem Steen Hostel, Jl. Kebon Sirih Timur I 175, ☎ 021-3192 5389. Weiteres abgewohntes, anspruchsloses Hostel mit Singlezimmern für 60 000 Rp und Zimmern mit Ventilator oder AC. Sehr harte dünne Matratzen, Gemeinschafts-Du/WC und nicht ganz sauber. **❶ – ❷**

Hostel 35, Jl. Kebon Sirih Barat I 35, ☎ 021-392 0331. Sehr saubere, nett eingerichtete und ruhige Herberge mit einem kleinen Fischteich. Die gefliesten Zimmer sind alle mit großen, guten Betten, einfacher Du/WC und Ventilator oder AC ausgestattet. Wohl das beste Preis-Leistungs-Verhältnis der Gegend, aber etwas mürrischer Besitzer. Keine Reservierung über Telefon möglich. **❷ – ❸**

Hotel Tator, Jl. Jaksa 37, ☎ 021-3192 3940. Einst wohl eines der besseren Hotels der Straße, aber leider etwas heruntergekommen. Die verschiedenen Zimmer haben zwar teils große Betten, sind aber spärlich eingerichtet und muffig. Die teuersten mit AC und Warmwasser-Du/WC. **❷**

Le Margot, Jl. Jaksa 15C, ☎ 021-391 3830. Im Herzen Jaksas, saubere, gefliese Zimmer mit älterer Einrichtung und AC sowie kleiner Warmwasser-Du/WC und TV. Mit der beliebtesten Hotelbar der Straße. WLAN und Frühstück inkl. **❸**

Mittlere Preisklasse

Cemara 6 Galeri, Jl. HOS Cokroaminoto 9–11, ☎ 021-391 1823, 🖥 www.cemara6 galeri.wordpress.com. Abgeschottet vom Verkehrslärm ist diese private Galerie des ehemaligen Dekans vom Jakarta Art Institute ein Ruhepol im geschäftigen Chaos der Hauptstadt. Um den ruhigen, mediterran wirkenden Innenhof liegen Ausstellungsräume, ein Café und 5 teils mit massiven Teakmöbeln eingerichtete Zimmer mit Warmwasser-Du/WC und AC. Frühstück und WLAN im Café inkl. Nicht zu verwechseln mit Cemara Hotel. **❹**

Fave Hotel, Jl. Wahid Hasyim 135, ☎ 021-392 1002, 🖥 www.favehotels.com. Jenseits der stark befahrenen Jl. Thamrin lädt das moderne, freundliche Haus in blitzsaubere, klimatisierte und gemütliche Zimmer mit Warmwasser-Du/WC, LCD-TV und WLAN ein. Die Zimmer in den höheren Stockwerken zur Straße sind die ruhigsten. Mit kleinem Supermarkt im Erdgeschoss und Frühstück inkl. **❺**

Formule 1 Menteng, Jl. HOS Cokroaminoto 79, ☎ 021-314 2445, 🖥 www.hotelformule1.com. Etwas weiter südlich, ebenfalls zentral gelegener und preiswerter Ableger der weltweiten Hotelkette. Die Zimmer für bis zu 3 Pers. sind sauber und funktional eingerichtet und bieten AC, TV, WLAN sowie Warmwasser-Du/WC. Etwas hellhörig. Ein Nichtraucherzimmer im obersten Stockwerk ist die beste Wahl. **❹**

Ibis Arcadia, Jl. Wahid Hasyim 114, ☎ 021-230 0050, 🖥 www.ibishotel.com. Ein Klassiker der Mittelklasse. Die Zimmer sind alle recht eng, aber ausreichend mit TV, Minibar, Wasserkocher, Safe und Warmwasser-Du/WC ausgestattet; teils älter und blass, gegen Aufpreis neuer und mit frischen Farben aufgepeppt. Frühstücksbuffet und Poolnutzung im Ibis Tamarin schräg gegenüber inkl. **❺**

Max One Sabang, Jl. Agus Salim 24, ☎ 021-316 6888, 🖥 www.maxonehotels.com. Neue, stylische Hotelkette mit Pop-Art-Aufmachung an der lauten Straße. Die schlichten Zimmer sind teils eng, aber mit guten Matratzen, LCD-TV und WLAN ausgestattet. Am Personal wird gespart. Internetzugang über iMacs in der Lobby inkl. **❹ – ❺**

The Akmani, Jl. Wahid Hasyim 91, ☎ 021-3190 5335, 🖥 www.akmanihotel.com. Neuestes, designtes Businesshotel mit 117 luxuriösen Zimmern und Suiten. Mit Fitnesscenter, Open-Air-Restaurant und Überlaufpool im 1. Stock. Internet und Frühstücksbuffet inkl. **❺ – ❼**

Obere Preisklasse

Jakarta bietet eine große Auswahl an ausgesprochen luxuriösen Hotels an den zentralen Orten der Stadt. Für das Gebotene sind sie hier deutlich günstiger als in Deutschland. Zu den bekanntesten gehört:

Hotel Indonesia Kempinski, Jl. MH Thamrin 1, ☎ 021-2358 3800, 🖥 www.kempinski.com. Eines der ersten 5-Sterne-Häuser Südostasiens und lange Zeit Jakartas Wahrzeichen direkt im Herzen der Stadt. Seit 2009 komplett erneuert unter neuem Management, um den höchsten Luxus zu garantieren. Angeschlossen ist das übertuerte Paulaner Brauhaus. **❽**

Jakarta — Jalan Jaksa und Umgebung

Übernachtung:
1. Max One Sabang
2. Alinda Hotel
3. Bloem Steen Hostel
4. Le Margot
5. Hostel 35
6. Hotel Tator
7. Ibis Arcadia
8. Fave Hotel
9. The Akmani
10. Cemara 6 Galeri

Essen:
1. Kopitiam Oey
2. Sate Khas Senayan
3. Natrabu Minang
4. Masakan Padang Sederhana
5. KL Village
6. McDonalds
7. Kedai Tiga Nyonya
8. Ya Udah Bistro

Transport:
1. Robertur Kencana
2. Bayu Buana
3. Transjakarta-Haltestelle Sarinah

Sonstiges:
1. Indomaret
2. Circle K-Supermarkt
3. Jaya Pub
4. Bersih Sehat
5. Melly's Garden

ESSEN

Jakarta eignet sich ausgezeichnet dafür, Speisen aus dem gesamten Archipel zu kosten, ob an der Straßenecke an einem Warung, in einem Foodcourt der zahlreichen Malls oder in einem exquisiten Restaurant. Doch neben indonesischer Küche findet man besonders im neuen Szene-Stadtteil Kemang im Süden der Stadt ausgezeichnete türkische, japanische oder deutsche Küche.

Rings um die Jl. Jaksa

Für alle, die hier wohnen und nicht viel Geld ausgeben wollen oder können, bietet es sich an, in den Traveller Food-Restaurants zu essen. Sie bieten zwar nichts Besonderes, sind aber billig und meist im Freien, wo man abends angenehm sitzen kann. Gewarnt sei vor den *Sate*-Ständen, die tagsüber ihr Fleisch in der Sonne liegen lassen, denn auf dem qualmenden Holzkohlenfeuer werden nicht alle Keime abgetötet.

Kedai Tiga Nyonya, Jl. Wahid Hasyim 73, ☎ 021-316 0971. Die sehr schön restaurierte Kolonialvilla ist mit antiken Sammelstücken aus dem 19. Jh. eingerichtet und bietet *Peranakan*-Küche, eine Mischung aus chinesischer und indonesischer Kochkunst. Spezialitäten ab 50 000 Rp sind gegrillter Fisch Ikan Bakar, Rinderbrühe Asam Asam Iga und Mangosalat mit Krabben. ⊕ 11–23 Uhr.

KL Village, Jl. Jaksa 21–23, ☎ 021-3192 5219. Beliebtes offenes Restaurant an der Straße mit ausgezeichneten, aber kleinen Portionen malaysischer und indischer Gerichte, aber auch Indonesisch und einige westlichen Klassiker. Gute Säfte und recht günstig. ⊕ 7–23 Uhr, am Wochenende oft 24 Std.

Kopitiam Oey, Jl. Agus Salim 16 A, ✆ 021-3193 4438. Nettes kleines Kaffeehaus, dem alte holländische Werbetafeln und niedrige Marmortische eine koloniale Atmosphäre verleihen. Guter Kaffee, Kuchen, Snacks und WLAN. ⏰ So–Do 7–22, Fr, Sa 7–24 Uhr.

Masakan Padang Sederhana, Jl. Agus Salim 35, ✆ 021-3192 4962. Ebenfalls frische und leckere Padang-Küche zu günstigeren Preisen. ⏰ 8–22 Uhr.

Natrabu Minang, Jl. Agus Salim 29 A, ✆ 021-3193 5668, 🖥 www.natrabu.co.id. Hier werden schmackhaft-scharfe Padang-Gerichte in traditioneller Minangkabau-Tracht serviert. Empfehlenswert sind das Rendangfleisch und die Goldfischgerichte. Ganze Menüs ab 30 000 Rp. ⏰ 9–21.30 Uhr.

Sate Khas Senayan, Jl. Kebon Sirih Raya 31 A, ✆ 021-3192 6238. Umgeben von Schattentheaterfiguren an den Wänden werden leckere Hähnchen-, Rind-, Lamm- und Seafood-Satespieße serviert. Auch gute Seafood, traditionelle Ochsenschwanzsuppe *(Sop Buntut)* und andere indonesische Spezialitäten. Mittlere Preisklasse. ⏰ 10.30–22 Uhr.

Ya Udah Bistro, Jl. Johar 15, ✆ 021-314 0343, 🖥 www.yaudahbistro.com. Leicht an der gelben Front mit einem roten Punkt zu erkennen. Das beliebte, halboffene Restaurant bietet eine breite Auswahl deutscher und indonesischer Gerichte. Neben hausgemachten Wurstwaren und saftigen Schweinenackensteaks mit Bratkartoffeln werden auch seltenere Spezialitäten wie Haxe, Kasseler und Leberkäse serviert. Zudem Frühstück mit selbst gebackenem Brot. Große Portionen, günstige Preise und mittlere Qualität. WLAN inkl. ⏰ 8–2 Uhr.

Kota

Café Batavia, Jl. Pintu Besar Utara 14, ✆ 021-691 5531. Zwischen Tourifang und stilvoller Attraktion befindet sich die schön restaurierte Kolonialvilla. Mit bestem Blick auf den Fatahillah-Platz und von vielen Memorabilia aus dem alten Batavia umgeben, lohnt es sich, hier in der Mittagshitze bei einem Drink abzukühlen. Die teuren Gerichte sind eher mittelmäßig. Sa abends Jazz-Livebands. ⏰ 8–2 Uhr.

Zentrum

🏨 **Lara Djonggrang**, Jl. Teuku Cik Ditiro 4, Menteng, ✆ 021-315 3252, 🖥 www.tugu hotels.com. Eines der besten indonesischen Restaurants der Stadt, in dem man zurück ins Java des 14. Jhs. versetzt wird. Bei schummrigem Kerzenlicht und umgeben von javanischen Antiquitäten und mystischen hinduistischen Statuen werden in den verwinkelten Räumen u. a. authentische Reistafeln *(Nasi Campur)* aus den verschiedensten Regionen Indonesiens serviert. Umfangreiche Wein- und Cocktailkarte. Mittlere Preise. ⏰ 11–1 Uhr.

Seribu Rasa, Jl. Haji Agus Salim 128, ✆ 021-392 8892, 🖥 www.seriburasa.com. Zwei Gehminuten von der deutschen Botschaft entfernt lädt das edle Lokal ein, die „1000 Geschmäcker" Südostasiens kennenzulernen. Bekannt für viele Seafood-Variationen inkl. ausgezeichneten Krebsgerichten. ⏰ 11–15, 18–22 Uhr.

Sky Dining, Jl. Jend. Sudirman, Plaza Semanggi, 10. Stock. Der beliebte Foodcourt mit großer Bühne für Livemusik auf dem Dach der Semanggi-Mall bietet seltene Panoramablicke. Diverse indonesische und westliche Restaurantketten bewirten die verschiedenen Abschnitte der riesigen Dachterrasse. Günstig bis mittlere Preislage. Aufzug von der Lobby des Gedung Veteran RI. ⏰ 10–24, Sa, So 10–2 Uhr.

Kemang

Anatolia, Jl. Kemang Raya 110 A, ✆ 021-719 4668. Preisgekröntes türkisches Restaurant im Süden Kemangs. Trotz der happigen Preise ist diese Institution immer brechend voll, und es lohnt sich, auch nur auf einen exzellenten türkischen Kaffee oder eine entspannte Shisha in die authentische orientalische Atmosphäre einzutauchen. ⏰ 11.30–22, Fr, Sa 11.30–23 Uhr.

Die Stube, Jl. Kemang Raya 2, ✆ 021-7179 3486, 🖥 www.diestube.com. Eher simpel eingerichtetes deutsches Gasthaus, in dem deftige, hausgeschlachtete Spezialitäten der höchsten Qualität serviert werden. Dazu verschiedene deutsche Biere, Schnäpse und Weine sowie Fr und Sa frische Mettbrötchen zu mittleren bis gehobenen Preisen. ⏰ So–Do 9–1, Fr, Sa 9–2 Uhr.

Payon, Jl. Kemang Raya 17, ✆ 021-719 4826. Exzellent für ein authentisches javanische Abendessen in ebenso originellem Ambiente. Das luftige Restaurant ist mit traditionellem Kunsthandwerk bestückt und von einem gepflegten Garten mit Fischteichen umgeben. Leider sehr langsamer Service und viele Moskitos. Mittlere Preisklasse. ⏰ 11–23 Uhr.

UNTERHALTUNG

Bars

Zentrum

In der Jl. Jaksa reiht sich eine günstige Bar an die andere, und es schwankt von Tag zu Tag, wo am meisten los ist. Abseits der Traveller-szene sind weitere beliebte Bars recht nah:

Jaya Pub, Jl. Thamrin Kav. 1–2, hinter Gedung Jaya, ✆ 021-3192 5633. Eine der ältesten und grotesken Bars der Stadt, deren Einrichtung, Personal und Kundschaft noch die gleiche zu sein scheint wie in den 70er-Jahren. Dennoch für ein entspanntes Bier bei Livemusik ab 21 Uhr oder sogar eines der guten Pub-Gerichte mit deutlichem deutschen Einfluss zu empfehlen. Mittlere Preislage. ⏰ 17–2 Uhr.

Melly's Garden, Jl. Wahid Hasyim 84–88, ✆ 021-9127 5753. Bei Einheimischen wie auch Travellern beliebteste Kneipe in der Jaksa-Gegend. Die Atmosphäre ist entspannt, das kalte Bier günstig, und an Wochenenden wird die Bar mit Plastikhockern bis auf den Parkplatz erweitert. Zudem günstige Snacks und WLAN. ⏰ 11–2 Uhr.

Social House, Jl. MH Thamrin 1, Grand Indonesia East Mall, 1. Stock, ✆ 021-2358 1818, 🖥 www.ismayagroup.com/socialhouse. Hippe Lounge, die dank der exklusiven Atmosphäre und dem Blick auf das Begrüßungsdenkmal immer für einen stilvollen Ausklang des Tages gut ist. Große Auswahl an Cocktails und Weinen. Gehobene Preise. ⏰ 8–1 Uhr.

Kemang

10 km südl. der Jl. Jaksa befindet sich die aktuelle Szenegegend Jakartas mit vielen exklusiven Restaurants, kreativen Bars und edlen Clubs entlang der Jl. Kemang Utara und Kemang Raya. Zu den nettesten gehören:

Barcode, La Codefin Dachterrasse, Jl. Kemang Raya 8, ✆ 021-718 2208, 🖥 www.barcode.co.id. Weitläufige, überdachte Bar mit Nacht-club auf dem Dach des Codefin-Gebäudes mit gemütlichen Sofas, guter Livemusik und tgl. Sonderangeboten, z. B. Mo und Di Bier für 5000 Rp. ⏰ 17–3 Uhr.

Bremer Beer Garden, Jl. Kemang I 8, Kemang, ✆ 021-719 9304. Wohl der schönste Biergarten Jakartas mit langen Holztischen und jungem, hippen Publikum. Große Auswahl an Bieren ab 38 000 Rp. Jeden Do Reggae-Livemusik. ⏰ So–Do 17–2, Fr, Sa 17–3 Uhr.

365 Eco Bar, Jl. Kemang Raya 6, ✆ 021-719 1032, 🖥 http://ecobar.co.id. Große, ausschließlich aus Recyclingmaterialien errichtete Bar mit Restaurant, wo an Wochen-enden bekannte indonesische DJs Deep House auflegen und die Jungen und Schönen in entspannter Partyatmosphäre abtanzen. ⏰ 17–2 Uhr.

SHY Rooftop, The Papilion, 5. Stock, Jl. Kemang Raya 45 A, ✆ 021-719 9921. Diese elegante, hochpreisige Bar ist der Treffpunkt der Reichen und Schönen Kemangs. Bei Kerzenschein genießt man den schönen Ausblick, ruhige Livemusik sowie teure Tapas und Cocktails. Mi zwei Drinks zum Preis von einem. ⏰ Di–So 20–2 Uhr.

Treehouse, Jl. Kemang I 72, ✆ 021-7179 1867. Kleine, trendige und kreativ einge-richtete Öko-Bar mit luftiger Dachterrasse, wo sich die hippe, junge Kunstszene Kemangs mit Expats und Touristen vermischt. Infos über anstehende Ausstellungen und Musikevents auf der Facebook-Seite. ⏰ Di–So 16–24, Fr, Sa 16–2 Uhr.

Clubs

Apollo, Bellagio Boutique Mall, Untergeschoss, Mega Kuningan, ✆ 021-9130 8423, 🖥 www.apolloclub-jakarta.com. Der angesagteste Gay-Club beider Geschlechter mit Kabarettshows, muskulösen GoGo-Tänzern und imposanten Dragqueens. Eintritt 120 000 Rp, Mi–Do bis 23.30 Uhr gratis. ⏰ Mi–Sa 15–4 Uhr.

Dragonfly, Graha BIP, Jl. Gatot Subroto 23, ☏ 021-520 6789, 🖥 www.ismaya.com/dragon fly. Glamouröser Nachtclub mit Restaurant und aufgebrezelten Gästen aus Jakartas High Society. Ausgezeichnetes Soundsystem, angenehme Clubmusik und überteuerte Drinks. Mittwochs wird es zur Ladies' Night ab 1 Uhr am vollsten. Freier Eintritt, aber strenge Kleiderordnung. ⊕ 15–4.30 Uhr.

Stadium, Jl. Hayam Wuruk 111, Glodok, ☏ 021-6296 9964, 🖥 www.stadiumjakarta.com. Das größte Tanzhaus Südostasiens mit 4 Floors und einer Kapazität von bis zu 4000 Partygästen ist nicht nur für die ausgezeichnete Elektromusik von bekannten indonesischen und internationalen DJs bekannt. Es hat auch die längsten Öffnungszeiten, ist größter Umschlagspunkt für Drogen und Prostitution und wird stets von Taschendieben durchkämmt. Eintritt 80 000 Rp inkl. kleines Bier. ⊕ 22–9 Uhr, Fr–Mo 24 Std.

X2, Plaza Senayan Arcadia, 4. Stock, Jl. Asia Afrika 8, Senayan, ☏ 021-572 5559, 🖥 www. x2club.net. Einer der größten Clubs der Stadt mit 4 Floors und einem fein herausgeputzten Mittelklassepublikum, das vor allem R'n'B und Chartmusik in ausgelassene Tanzstimmung bringt. Kleiderordnung: Hemden für Herren, hohe Absätze für Damen. Eintritt 100 000 Rp inkl. Longdrink. ⊕ Mi–Sa 21–4.30 Uhr.

EINKAUFEN

Bücher
Beste Auswahl an englischen Büchern, Zeitschriften, Reiseführern und Kartenmaterial bietet der **Kinokuniya**-Buchhandel u. a. im Grand Indonesia, West Mall, Untergeschoss, ☏ 021-2358 0100, ⊕ 10–21.30 Uhr. Eine kleinere Auswahl gibt es im **Gramedia** u. a. im Grand Indonesia East Mall, 2. und 3. Stock, ☏ 021-2358 0080, ⊕ 10–21.30 Uhr, sowie im **ak.'sa.ra** u. a. im Plaza Indonesia, 5. Stock, ☏ 021-310 7711, ⊕ 10–21.30 Uhr.

Einkaufszentren
Geschätzt gibt es in Jakarta wohl über 20 riesige Einkaufszentren, die teils noble Designerläden, teils kleine chaotische Technikzubehörgeschäfte beinhalten. Immer gibt es einen großen Foodcourt meist im obersten Stockwerk und stellenweise etliche Restaurant, Bars und auch Nachtclubs.

Grand Indonesia, Jl. Thamrin 1, bestehend aus einer East und West Mall direkt am zentralen Bundaran HI-Kreisverkehr mit großer Auswahl an abwechslungsreichen Boutiquen und Restaurants. In der East Mall sind u. a. die deutsche Bäckerei Kempi Deli, der kreative T-Shirt-Laden Damn! I love Indonesia und die Buchhandlung Gramedia zu finden. In der West Mall sind unter anderem die Kinokuniya-Buchhandlung und das Geschäft Alun-Alun mit qualitativ hochwertigem Batik und Kunsthandwerk untergebracht. ⊕ 10–22 Uhr.

Mal Ambassador und **ITC Kuningan**, Jl. Prof. Dr. Satrio, Kuningan. Viele, kleine günstige Kleidungs- und Elektronikläden und recht übersichtlich. ⊕ 10–22 Uhr.

Pasaraya Grande, Jl. Iskandarsyah II 2, Blok M. Teurere, gut sortierte Mall mit vielen Cafés und Restaurants sowie großem Angebot an hochwertigen Batik-Stoffen und Kunsthandwerk direkt am Blok M Busterminal. Nebenan **Blok M Mall** und **Blok M Plaza**, chaotischer und billiger. ⊕ 10–22 Uhr.

Plaza Semanggi, Jl. Jend. Sudirman Kav. 50, Zentrum. Beliebt bei Jakartas Mittelklasse, preiswerte Klamottenläden und viele Restaurants. Highlight ist der Open-Air-Foodcourt im 10. Stock mit guter Aussicht. ⊕ 10–22 Uhr.

Plaza Senayan, Jl. Asia Afrika 8, Zentrum. Luxus-Einkaufscenter mit bekannten Designerläden, dem größten Kinokuniya-Buchladen der Stadt und exzellenten Restaurants und Diskotheken im Arcadia-Anbau. ⊕ 10–22 Uhr.

Mangga Dua, Jl. Mangga Dua, Norden. Gigantisches Einkaufszentrum mit billigen Elektro-, Computer- und DVD-Läden, umgeben von Großhandelszentren für Textilien. ⊕ 9–17 Uhr.

Kunsthandwerk und Souvenirs
In Jakarta kann man schöne Kunstgewerbeartikel aus dem gesamten Archipel einkaufen – auf dem großen Trödelmarkt entlang der **Jl. Surabaya** in Menteng gibt es die größte Auswahl von allen Inseln: Batak-Kunst aus Sumatra, Batik und Wayang-Figuren aus Java, *Ikat*-Decken aus Sumba und Flores, Schnitze-

reien aus Papua und Kalimantan und viele Antiquitäten. Wer viel Zeit ins Handeln investiert, kann gute Preise erzielen. ⏰ 10–18 Uhr.
Eine große Souvenir- und Batikabteilung mit festen Preisen findet man im zentral gelegenen Kaufhaus **Sarinah**, Jl. Thamrin 11, 2. und 3. Stock, ☎ 021-3192 3008, ⏰ 9–21 Uhr; sowie etwas teurer im **Pasaraya Grande**, Blok M, Jl. Iskandarsyah II 2, 4. Stock, ☎ 021-720 5855, ⏰ 10–22 Uhr.

Märkte
Sind nicht nur interessant, wenn man etwas einkaufen will. Neben dem spannenden **Antiquitätenmarkt** entlang der Jl. Surabaya (s. o.), lohnt ein Bummel über:
Pasar Baru, Jl. Pasar Baru, ein riesiger Markt entlang der Einkaufsstraße. Unter anderem Textilien, Möbel, Stoffe, Schuhe und großes Angebot an indischen Lebensmitteln sowie vormittags gigantischer Obstmarkt (Ecke Jl. Samanhudi). ⏰ 8–17 Uhr.
Pasar Burung (Vogelmarkt) südlich der Jl. Pramuka, einer der größten Groß- und Einzelhandelsmärkte für Vögel in ganz Asien. Auch schön gearbeitete Vogelkäfige. ⏰ 8–18 Uhr.
Pasar Senen, Jl. Pasar Senen, ältester und größter traditioneller Markt der Stadt. Seit 1735 werden hier Obst, Gemüse, Fleisch und Haushaltsartikel vertrieben. Am frühen Morgen vor 7 Uhr werden Hunderte Stände vor dem Markt aufgebaut, um Kuchen und Gebäck zu verkaufen (Pasar Kue). ⏰ 9–20 Uhr.

Theater und Kulturzentren
Bharata Theatre, Jl. Kalilio 15, Senen, ☎ 021-424 4442. Unweit des Pasar Senen gibt es javanisches Volkstheater, begleitet von Gamelan-Musik *(Ketoprak)* und Sa 20.30 Uhr Wayang Wong-Aufführungen (menschliches Wayang) mit Themen des *Ramayana* und *Mahabarata*. Eintritt 30 000–50 000 Rp.
Gedung Kesenian Jakarta, Jl. Gedung Kesenian 1, Zentrum, ☎ 021-380 8283, 🖳 www. gedungkesenianjakarta.co.id. Einziges erhaltenes Theater aus der Kolonialzeit. Traditionelle und moderne Musik-, Tanz- und Theateraufführungen. Eintritt ab 75 000 Rp.

Goethe Institut, Jl. Sam Ratulangi 9–15, ☎ 021-2355 0208, 🖳 www.goethe.de/jakarta. Umfangreiche Bibliothek mit deutschen Zeitungen und Büchern. Außerdem werden deutsche Filme gezeigt und andere kulturelle Veranstaltungen organisiert.
Taman Ismail Marzuki, Jalan Cikini Raya 73, Zentral-Jakarta, ☎ 021-3193 7325, 🖳 www. tamanismailmarzuki.com. Wichtigstes Kulturzentrum der Stadt, das das Jakarta Art Institute, 6 Theater, mehrere Galerien und ein Planetarium beherbergt. Das breite kulturelle Programm ist in einem Heftchen abgedruckt und liegt in Hotels und Cafés aus. Eintritt teils kostenlos, sonst 50 000–100 000 Rp.

🛍 **Teater Salihara**, Jl. Salihara 16, Süd-Jakarta, ☎ 021-789 1202, 🖳 www. salihara.org. Erstes Black-Box-Theater Indonesiens und Teil des modernsten Kulturzentrums des Landes. Abwechslungsreiches Programm von meist modernen Tänzen und Theaterstücken mit traditionellen Einflüssen. Zudem gemütliches Café. Eintritt 50 000–150 000 Rp. Studentenrabatte.

SONSTIGES
Geld
Zentral-Jakarta ist förmlich übersät mit Banken und Geldautomaten. Wenn man mal keine findet, dann kann das nächste Einkaufszentrum angesteuert werden.

Immigration
Kantor Imigrasi Jakarta Pusat, Jl. Merpati Blok B12 3, Kemayoran, ☎ 021-654 1209. Anlaufstelle für Visaverlängerungen, die hier mind. 2 Tage dauern und 250 000 Rp kosten. ⏰ Mo–Do 8–15, Fr 8–11 Uhr.

Informationen
Visitor Information Center, Theater Building, 1. Stock, Jl. Thamrin 9, gegenüber Sarinah, ☎ 021-314 2067, 🖳 www.jakarta-tourism.go.id. Zahlreiche kostenlose Prospekte und Stadtpläne sowie sehr bemühte Angestellte. Zudem Infostand am Flughafen. ⏰ Mo–Fr 9–17, Sa 9–12 Uhr.
Außerdem bekommt man im Buchhandel, in Bars und in den Lobbys einiger Hotels monatlich

JAVA

www.stefan-loose.de/indonesien

JAKARTA | Sonstiges   **155**

erscheinende **Zeitschriften**, die über die kulturellen, kulinarischen und Party-Highlights des Monats informieren:
Jakarta Java Kini, 35 000 Rp, 🖳 www.jakartajavakini.com;
Now! Jakarta, 30 000 Rp, 🖳 www.nowjakarta.co.id;
The Beat, kostenlos, 🖳 www.beatmag.com.

Internet

Internetcafés sind an jeder Hauptstraße zu finden und kosten 4000 Rp pro Std. Kostenloses WLAN gibt es in immer mehr Hotels, Cafés und Bars, mittlerweile sogar auch im Circle K-Supermarkt auf der Jl. Jaksa. Computer mit kostenlosem Internetzugang werden im großen McDonalds im Sarinah-Kaufhaus, Jl. Thamrin 11, rund um die Uhr zur Verfügung gestellt. ⊕ 24 Std.

Medizinische Hilfe

Deutsche Botschaft, Jl. Thamrin 1, ✆ 021-392 8855, 🖳 www.jakarta.diplo.de. Der Botschaftsarzt ist Allgemeinmediziner. Er empfiehlt folgende Kliniken:
Rumah Sakit Abdi Waluyo, Jl. HOS Cokroaminoto 31-33, ✆ 021-314 4989. Zentralstes Privatkrankenhaus und erste Adresse für Notfälle. ⊕ 24 Std.
Rumah Sakit Medistra, Jl. Gatot Subroto Kav. 59, ✆ 021-521 0200. Privates Belegkrankenhaus; renommierte Fachärzte und gute Intensivmedizin. ⊕ 24 Std.
Rumah Sakit Siloam, Jl. Raya Perjuangan, Kebon Jeruk, ✆ 021-530 0888. Großes privates Belegkrankenhaus mit guten Fachärzten, auch deutschsprachig. ⊕ 24 Std.
SOS Medika Klinik, Menara Prima, 2. Stock, Jl. Lingkar Mega Kuningan Blok 6.2, ✆ 021-5794 8600, ⊕ Mo–Fr 8–18, Sa 8–14 Uhr.

Polizei

Jl. Wahid Hasyim, ✆ 021-566000.

Post

Hauptpost, Jl. Gedung Kesenian 1, Nähe Lapangan Banteng, ✆ 021-384 0276, ⊕ Mo–Fr 7.30–16, Sa 7.30–13 Uhr. Weitere Postämter u. a. in der Jl. Agus Salim 59 (hinter Sarinah), ⊕ Mo–Do 9–15, Fr 9–11.30, 13–15 Uhr; und am Fatahillah-Platz, ⊕ Mo–Fr 7.30–16, Sa 7.30–13 Uhr.

Reisebüros/Touren

Aneka Kartika Tours, Jl. Raya Tubagus Padamulya VI 176 A, West Jakarta, ✆ 021-631 3351, 🖳 www.aneka-tours.co.id. Spezialisiert auf mehrtägige Touren durch ganz Indonesien mit englisch- und deutschsprachigen Guides. Am besten per E-Mail kontaktieren.
Bayu Buana, ✆ 021-2350 9999, 🖳 www.bayu buanatravel.com. Große, professionelle Agentur mit 14 Büros in der ganzen Stadt, wo alle Arten von Flügen verlässlich gebucht werden können; auch Visaverlängerungsservice. Nächste Filiale in der Jl. Jaksa: Menara Thamrin, 24. Stock, Jl. Thamrin Kav. 3, schräg gegenüber dem Burger King, ✆ 021-315 7927.
Jalan Jalan Adventures, Jl. Kencana Permai III 1, Süd-Jakarta, ✆ 0817-633 9731, 🖳 www.jalanjalanadventures.com. Spezialisiert auf Trips zu den Kepulauan Seribu und West-Java. Ist auch bei Autovermietung und Individualreiseplanung behilflich.
Robertur Kencana, Jl. Jaksa 20, ✆ 021-314 2926. Reisebüro mit dem breitesten Serviceangebot auf der Jl. Jaksa. Hier können Flug-, Eisenbahn-, Schiffs-, Bus- und Minibustickets gebucht werden. Außerdem Autovermietung für 800 000 Rp pro Tag inkl. Fahrer und Wechselstube. ⊕ 24 Std.

Wellness

Es gibt ein breites Spektrum von luxuriösen bis zwielichtigen Massagesalons und Spas in jeder Preiskategorie. Für professionelle Massagen zu guten Preisen ist **Bersih Sehat**, Jl. Wahid Hasyim 106, Menteng, ✆ 021-390 0204, 🖳 www.bersihsehat.com, ⊕ 10–21 Uhr, bekannt. Einstündige traditionelle und Shiatsu-Massagen ab 120 000 Rp, auch *Lulur*, traditionelles Körperpeeling. Wer mehr Luxus mag, sollte im **Four Seasons Hotel**, Jl. Rasuna Said, ✆ 021-252 3456, 🖳 www.fourseasons.com, ⊕ 10–21 Uhr, vorbeischauen, das als bestes Spa der Stadt gehandelt wird. Traditionelle javanische Massage ab 400 000 Rp pro Std.

NAHVERKEHR

Transjakarta

Oft das schnellste, wenn auch sehr überfülltes Transportmittel sind die klimatisierten Transjakarta-Busse *(Busway)*, die auf eigenen Spuren an den Staus vorbeirauschen und an festen Haltestellen *(Halte)* stoppen. Die Busse verkehren in unregelmäßigen Abständen von 5–22 Uhr für 3500 Rp in alle Richtungen. Insgesamt spannen zehn „Korridore" ein weites Verbindungsnetz über die gesamte Stadt. Wer zentral wohnt, kann mit dem Korridor 1-Bus von der Sarinah-Haltestelle sowohl in den Norden bis nach KOTA oder gen Süden bis BLOK M fahren. Weitere Informationen und Netzplan unter ⌨ www.transjakarta.co.id oder im Visitor Information Center.

Stadtbusse

Die sehr alten, klapprigen Busse von **Metro Mini** und **Kopaja** verkehren auf sämtlichen Hauptstraßen der Stadt für 2000–3000 Rp pro Strecke. Wegen vieler Diebstähle und Unfälle aufgrund des gefährlichen Fahrstils vieler Busfahrer sind sie nicht zu empfehlen. Besser sind die größeren, neueren Busse **Patas** bzw. **Patas AC**, z. B. der Busgesellschaft **PPD**. Sie kosten 5000–8000 Rp.

Taxis

Taxis sind die bequemsten Transportmittel innerhalb der Stadt, verhältnismäßig billig und überall zu finden. Man sollte darauf bestehen, dass das Taxameter eingeschaltet wird und sich nicht auf Preisverhandlungen einlassen. Am sichersten ist das Taxiunternehmen **Blue Bird Group**, ✆ 021-7917 1234, ⌨ www.bluebird group.com. Rund um die Uhr können die Taxis bestellt werden (Mindestgebühr 30 000 Rp).

Bajaj

Schnelles und abenteuerliches Transportmittel für kürzere und mittlere Entfernungen (10 000–20 000 Rp) sind die kleinen, motorisierten **Rikschas** mit Platz für 2 Pers. hinter dem Fahrer. Preis immer vorher aushandeln. Statt die luftverpestenden alten roten sollte man eher die neuen, gasbetriebenen blauen Bajajs unterstützen.

Ojek

In der Rushhour definitiv das schnellste, aber auch das gefährlichste Transportmittel. **Motorradfahrer** warten an jeder größeren Kreuzung auf Kunden. Sie zwängen sich an den Autoschlangen vorbei, nehmen Abkürzungen durch die Hinterhöfe der *Kampungs* und achten nicht auf jede Ampel. Preise immer vorher aushandeln, ca. 10 000 Rp für Kurzstrecken bis 50 000 Rp quer durch die Stadt.

TRANSPORT

Busse

Die wichtigsten Busbahnhöfe für Fernbusse liegen am östlichen, südlichen und westlichen Stadtrand Jakartas. Touristen werden direkt von Kundenfängern nach dem Reiseziel gefragt und dann teils energisch zum Schalter einer Busgesellschaft begleitet. Man sollte sich von den Männern nicht aus der Ruhe bringen lassen und verschiedene Busgesellschaften vergleichen. Bei kürzeren Fahrten, z. B. nach Bogor oder Bandung, können die Tickets direkt bei den Busfahrern gekauft werden.

Busse nach **Westen** fahren vom 15 km nordwestlich der Stadt liegenden **Terminal Kalideres**, der mit dem Transjakarta Korridor 3 erreichbar ist. Die Busse fahren an die Westküste Javas (bis 22 Uhr), z. B. nach MERAK in 2 Std. ab 20 000 Rp, nach LABUAN in 3 Std. ab 20 000 Rp, oder nach Sumatra (bis 17 Uhr), z. B. BENGKULU ab 210 000 Rp, MEDAN ab 450 000 Rp, PADANG ab 250 000 Rp. Wer aus westlicher Richtung ankommt, kann auch direkt einen Bus nach BANDUNG, BOGOR oder YOGYAKARTA nehmen.

Busse mit Zielen im **Süden** und **Osten** fahren vom größten Busbahnhof der Stadt, **Terminal Kampung Rambutan**, ab. Er liegt ca. 20 km südöstl. des Zentrums; zu erreichen mit Transjakarta Korridor 7 oder mit Patas-Bus P11 ab Sarinah, Jl. Thamrin. Viele Busse fahren von 4–22 Uhr nach:

BANDUNG, in 3 Std. ab 35 000 Rp;
BOGOR, in 1 Std. ab 7000 Rp;
CIANJUR, über PUNCAK, in 2 1/2 Std. ab 15 000 Rp;
PANGANDARAN, in 8 Std. ab 60 000 Rp;
SUKABUMI, in 3 Std. ab 35 000 Rp.

Fernbusse außerhalb von West-Java fahren nachmittags ab 15 Uhr, z. B. nach: DENPASAR, ab 300 000 Rp; YOGYAKARTA, in 12 Std. ab 90 000 Rp (empfohlen ist der Superexekutiv-Bus von Rosalia Indah für 170 000 Rp). Ebenfalls im Süden, 16 km vom Stadtzentrum, liegt der überschaubarere und ruhigere **Lebak Bulus** Busbahnhof. Von hier fahren vor allem Busse nach BANDUNG ab 35 000 Rp. Außerdem AC-Fernbusse nach DENPASAR ab 330 000 Rp, SEMARANG ab 120 000 Rp, SURABAYA ab 200 000 Rp und YOGYAKARTA ab 170 000 Rp gegen 12.30 Uhr. Unkomfortablere Economy-Busse sind deutlich billiger. Busse hauptsächlich **nach Osten**, aber auch nach **Sumatra**, fahren vom **Terminal Pulo Gadung**, 12 km östl. des Zentrums (Endstation Transjakarta Korridor 2 und 4). Für längere Strecken sollte man besser **Expressbusse** mit Liegesitzen nehmen. Tickets sind bei allen einschlägigen Travel Agents erhältlich.

Eisenbahn

Von Jakartas zwei zentralen Fernbahnhöfen **Stasiun Gambir** und **Stasiun Kota** gibt es Zugverbindungen nach Zentral- und Ost-Java. Aktuelle Informationen in Indonesisch sind abrufbar unter 🖳 www.kereta-api.co.id. Jede Post und jeder Indomaret-Supermarkt bietet einen **Reservierungsservice** für Zugtickets an, z. B. auf der Jl. Jaksa und Jl. Agus Salim.
Nach BOGOR fahren Economy AC- und die bequemeren **Commuter Line**-Züge ab Kota über Gambir zwischen 5.54 und 22.35 Uhr in knapp 1 1/2 Std. für 3500 bzw. 7000 Rp.
Nach BANDUNG fährt der **Argo Parahyangan** ab Gambir um 5.45, 8.30, 9.15, 11.30, 13.30, 16.15, 17.40, 19 und 20.25 Uhr in ca. 3 1/2 Std. ab 30 000 Rp.
Komfortabelste Züge nach YOGYAKARTA über Cirebon ab Gambir sind **Taksaka 1** um 8.45 Uhr und **Taksaka 2** um 20.45 Uhr in knapp 8 Std. für 235 000–500 000 Rp. Außerdem günstigere Züge (Fajar Yogya, Senja Yogya) ab **Pasar Senen Bahnhof** um 6.45 und 19.30 Uhr in knapp über 8 Std. ab 110 000 Rp.

Nach SURABAYA über Cirebon und Semarang fahren ab Gambir die komfortablen **Argo Bromo Anggrek 1 und 2** um 9.30 und 21.30 Uhr in 10 Std., **Bima** um 17 Uhr in knapp 13 Std. und **Sembrani** um 19.15 in 11 Std. für 305 000– 550 000 Rp.
Nach MERAK fahren 2x tgl. Züge vom Kota-Bahnhof um 7.10 und 13.10 Uhr in knapp 5 Std. für 12 000 Rp.

Schiffe

Vom **Tanjung Priok Hafen** legen die staatlichen **Pelni-Passagierfähren** am Pelabuhan Satu (Anlegestelle 1) an. Tickets bekommt man in der Jl. Angkasa 18 im Stadtteil Kemayoran, ✆ 021-421 2893. Aktuelle Informationen und Preise im Internet unter 🖳 www.pelni.co.id. Ticketverkauf u. a. auch bei **Robertur Kencana**, Jl. Jaksa 20, ✆ 021-314 2926, 🕐 24 Std. Der Hafen ist mit dem Transjakarta Korridor 10 (Endstation Tanjung Priok) zu erreichen. Alternativ auch Damri-Direktbus vom Soekarno-Hatta-Flughafen und verschiedene Patas-Busse von den großen Busbahnhöfen.

Flüge

Der internationale **Flughafen Soekarno-Hatta** (CGK) liegt 23 km westlich von Jakarta in Cengkareng. Er ist von Jakarta aus über eine Maut-Schnellstraße zu erreichen.
Damri-Busse verbinden den Flughafen von 4–20 Uhr alle 15–30 Min. mit den wichtigsten Bahnhöfen und Busterminals der Stadt: GAMBIR (Nähe Jl. Jaksa), BLOK M, LEBAK BULUS und KAMPUNG RAMBUTAN in 45 Min.– 2 Std. in der Rushhour für 20 000 Rp; außerdem auch nach BOGOR in 2 1/2 Std. für 35 000 Rp. **Taxis** (am besten Blue Bird) ins bzw. vom Zentrum Jakartas kosten ca. 120 000 Rp zzgl. ca. 20 000 Rp für Maut und Flughafenzusatzgebühr. Viele **private Fahrer** bieten in der Ankunftshalle ihre Dienste mit geräumigen SUVs an. Sie sind allerdings unlizenziert und verlangen oft den doppelten Taxipreis, wenn man nicht verhandelt.
Der Soekarno-Hatta-Airport verfügt über drei Terminals, die ein kostenloser Shuttlebus verbindet: Terminal 1 für Inlandsflüge (außer Garuda und Air Asia), Terminal 2 für inter-

158   JAKARTA | Transport

www.stefan-loose.de/indonesien

nationale Flüge sowie Garuda und Terminal 3 für Air Asia. Die Flughafensteuer beträgt 40 000 Rp für Inland- und 150 000 Rp für internationale Flüge. Über 40 Fluggesellschaften fliegen den Airport an. Für Informationen zu internationalen Airlines s. S. 44. Alle größeren Städte des Landes werden von den folgenden indonesischen Fluggesellschaften direkt angeflogen:

Air Asia Indonesia, LTC Glodok, Jl. Hayam Wuruk 127, GF 2, ✆ 021-2927 0999, 🖥 www. airasia.com. Vor allem nützlich für Direktflüge in die Nachbarstaaten.
BANGKOK, 1x tgl. in 3 Std. 25 Min.
ab 1,3 Mio. Rp;
DENPASAR, 7x tgl. in 1 Std. 50 Min.
ab 538 500 Rp;
HO-CHI-MINH-STADT, 1x tgl. in 3 3/4 Std.
ab 798 000 Rp;
KOTA KINABALU, 1x tgl. in 2 Std. 40 Min.
ab 859 000 Rp;
KUALA LUMPUR, 7x tgl. in 2 Std. ab 429 000 Rp;
PENANG, 2x tgl. in 2 Std. 25 Min. ab 459 000 Rp;
PHUKET, 1x tgl. in 2 Std. 50 Min. ab 679 000 Rp;
SINGAPUR, 6x tgl. in 1 Std. 40 Min.
ab 369 000 Rp;
YOGYAKARTA, 3x tgl. in 1 Std. 10 Min.
ab 278 900 Rp.

Batavia Air, ✆ 021-389 9888, 🖥 www.batavia-air.com. Die Airline hat ein gutes Netzwerk in ganz Indonesien und bietet auch Flüge nach China, Ost-Timor und Malaysia an. Allerdings sind die Flugzeuge im Schnitt recht alt.
BALIKPAPAN, 1x tgl. in 2 Std. 5 Min.
ab 641 900 Rp;
BANJARMASIN, 1x tgl. in 1 3/4 Std.
ab 441 900 Rp;
DENPASAR, 2x tgl. in 1 Std. 50 Min.
ab 501 900 Rp;
MAKASSAR, 4x tgl. in 2 1/4 Std. ab 541 900 Rp;
MANADO, 2x tgl. in 3 Std. 20 Min. ab 901 900 Rp;
MEDAN, 3x tgl. in 2 Std. 20 Min. ab 881 900 Rp;
PADANG, 3x tgl. in 1 3/4 Std. ab 531 900 Rp;
SINGAPUR, 1x tgl. in 1 Std. 40 Min. ab 424 000 Rp;
SURABAYA, 5x tgl. in 1 1/2 Std. ab 411 900 Rp;
YOGYAKARTA, 1x tgl. in 1 Std. 10 Min.
ab 371 900 Rp.

Garuda, Jl. Kebon Sirih 44, ✆ 021-2351 9999, 🖥 www.garuda-indonesia.com. Die staatliche Airline ist die sicherste und komfortabelste des Landes und fliegt 19 Flughäfen im Ausland und 31 indonesische Flughäfen an.
BALIKPAPAN, 4x tgl. in 2 Std. 5 Min.
ab 798 000 Rp;
BANDA ACEH, 1x tgl. in 2 Std. 50 Min.
ab 1 Mio. Rp;
BANGKOK, 3x tgl. in 3 Std. 25 Min.
ab 3,1 Mio. Rp;
BANJARMASIN, 2x tgl. in 1 3/4 Std.
ab 648 000 Rp;
DENPASAR, 7x tgl. in 1 Std. 50 Min.
ab 626 000 Rp;
KUALA LUMPUR, 3x tgl. in 2 Std.
ab 2,1 Mio. Rp;
MAKASSAR, 4x tgl. in 2 Std. 20 Min.
ab 791 000 Rp;
MANADO, 2x tgl. in 3 Std. 20 Min.
ab 1,2 Mio. Rp;
MEDAN, 5x tgl. in 2 Std. 20 Min. ab 991 200 Rp;
PADANG, 2x tgl. in 1 3/4 Std. ab 626 000 Rp;
SINGAPUR, 8x tgl. in 1 Std. 40 Min.
ab 1,8 Mio. Rp;
SURABAYA, 8x tgl. in 1 1/2 Std. ab 598 500 Rp;
YOGYAKARTA, 5x tgl. in 1 Std. 10 Min.
ab 499 500 Rp.

Lion Air, ✆ 021-6379 8000, 🖥 www.lionair.co.id, hat das beste Streckennetz aufgebaut und bietet oft die günstigsten Flüge mit teils sehr neuen Maschinen. Knapp 40 Flughäfen werden in ganz Indonesien angeflogen.
BALIKPAPAN, 8x tgl. in 2 Std. 5 Min.
ab 686 000 Rp;
BANDA ACEH, 2x tgl. in 2 Std. 50 Min.
ab 785 000 Rp;
BANJARMASIN, 6x tgl. in 1 3/4 Std.
ab 565 000 Rp;
DENPASAR, 12x tgl. in 1 Std. 50 Min.
ab 411 000 Rp;
KUALA LUMPUR, 2x tgl. in 2 Std. ab 500 000 Rp;
MAKASSAR, 12x tgl. in 2 Std. 20 Min.
ab 697 000 Rp;
MANADO, 6x tgl. in 3 Std. 20 Min.
ab 895 000 Rp;
MEDAN, 19x tgl. in 2 Std. 20 Min. ab 631 000 Rp;
PADANG, 7x tgl. in 1 3/4 Std. ab 620 000 Rp;

JAVA

www.stefan-loose.de/indonesien   JAKARTA I Transport   **159**

SINGAPUR, 6x tgl. in 1 Std. 40 Min.
ab 400 000 Rp;
SURABAYA, 15x tgl. in 1 1/2 Std. ab 411 000 Rp;
YOGYAKARTA, 9x tgl. in 1 Std. 10 Min.
ab 400 000 Rp.

Merpati, ✆ 021-654 6789, 🖳 www.merpati.co.
id, fliegt vor allem in den östlichen Außeninseln
kleinere Flughäfen mit Propellermaschinen an.
Bedient insgesamt über 25 Zielflughäfen in ganz
Indonesien, aus Jakarta mit Direktflügen u. a.
nach:
DENPASAR, 1x tgl. in 1 Std. 50 Min.
 ab 363 000 Rp;
MAKASSAR, 2x tgl. in 2 Std. 20 Min.
ab 550 000 Rp;
SEMARANG, 1x tgl. in 1 Std. 5 Min.
ab 363 000 Rp;
SURABAYA, 1x tgl. in 1 1/2 Std. ab 671 000 Rp.

Sriwijaya, ✆ 021-2927 9777, 🖳 www.
sriwijayaair.co.id, ist vom Preis und Alter der
Flotte vergleichbar mit Batavia und fliegt tgl.
insgesamt 35 indonesische Flughäfen an, u. a.:
BALIKPAPAN, 6x tgl. in 2 Std. 5 Min.
ab 590 000 Rp;
BANJARMASIN, 1x tgl. in 1 3/4 Std.
ab 470 000 Rp;
DENPASAR, 2x tgl. in 1 Std. 50 Min.
ab 550 000 Rp;
MAKASSAR, 3x tgl. in 2 Std. 20 Min.
ab 540 000 Rp;
MEDAN, 3x tgl. in 2 Std. 20 Min. ab 770 000 Rp;
PADANG, 1x tgl. in 1 3/4 Std. ab 500 000 Rp;
SINGAPUR, 1x tgl. in 1 Std. 40 Min.
ab 421 900 Rp;
SURABAYA, 5x tgl. in 1 1/2 Std. ab 370 000 Rp;
YOGYAKARTA, 2x tgl. in 1 Std. 10 Min.
ab 400 000 Rp.

Kepulauan Seribu

„Tausend Inseln" – selbst wenn man Korallen-
und Sandbänke mitzählt, sind es eigentlich nur
342 – liegen in den Gewässern vor Jakartas Küste, die fernsten etwa 100 km von der Stadt entfernt. Es handelt sich durchweg um flache Koralleninseln, die von Palmen und Strauchwildnis

bewachsen sind. Im nördlichen Teil von Kepu-
lauan Seribu sind 110 000 ha zu einem **Marine-
Nationalpark** erklärt worden. Obwohl einige
Riffe noch in ausgezeichnetem Zustand und ein
Paradies für Taucher sind, ist vor allem in Küs-
tennähe schon viel zerstört.

Die beste Zeit zum Tauchen sind die Monate
Mai bis September, die Sichttiefe beträgt dann
um 15 m. Rund 40 der Inseln werden touristisch
genutzt, die restlichen sind dicht besiedelt von
Fischerfamilien, in Privatbesitz oder stehen unter Naturschutz.

Öffentliche Boote fahren ab dem Jachthafen
von Ancol oder Muara Angke gegen 8 Uhr und
kehren zwischen 14 und 15 Uhr zurück. Eine der
ersten Inseln, die man passiert, ist **Pulau Bidadari**, eine ehemalige Leprakolonie mit großer
Festung und heute bei Jakartas Mittelklasse eine beliebte Ferieninsel mit einfachen Bungalows,
Restaurants und breitem Wassersportangebot.
Von hier aus werden Touren zu den benachbarten Inseln **Kelor** mit der Ruine eines holländischen Forts aus dem 17. Jh. und einer Werft,
sowie **Onrust** angeboten. Letztere war 1619 der
Stützpunkt der VOC, um die Stadt einzunehmen,
was zur Gründung Batavias führte. Es können ein
kleines Museum (Spende) besucht und alte Ruinen sowie ein Friedhof mit Gräbern aus dem 18.
und 19. Jh. entdeckt werden.

Einen Ausflug lohnt das ebenfalls im Süden
gelegene Vogelschutzgebiet der Mangroven-
insel **Pulau Rambut**, wo zwischen März und
September Tausende von Vögeln (über 40 Arten) auf dem Weg zwischen Australien und dem
asiatischen Festland Rast machen.

Pulau Pramuka ist Sitz der Distriktregierung
und dicht von Fischerfamilien besiedelt. Von hier
aus kann man gut erstklassige Schnorchel- und
Tauchplätze erreichen, z. B. ein Schiffswrack
mit kleinen Haien und Stachelrochen vor **Pulau
Congkak** und schöne Korallengärten vor **Semak
Daun** nördlich der Insel. Am Oststrand Pramu-
kas lohnen Schildkrötenaufzuchtstationen einen
Besuch. Die Bewohner von Pramuka sind streng
moslemisch, daher sollte man auch am Strand
nicht zu viel Haut zeigen.

Ebenfalls geeignet für Backpacker ist die
lang gezogene **Pulau Tidung** mit günstigen
Homestays und einfachen Bungalows, die im

Rahmen eines Gemeindetourismusprogramms verwaltet werden.

Weiter weg vom Festland, wo das Meer am klarsten ist und die besten Tauchmöglichkeiten bestehen, liegen die teuren Resortinseln, u. a. **Pulau Kotok**, **Pulau Putri**, **Pulau Sepa** und **Pulau Macan**. Sie bieten komfortable Bungalows im Inselstil direkt am Strand, Restaurants und Bars sowie Wassersportmöglichkeiten inklusive voll ausgestatteter Tauchbasen.

ÜBERNACHTUNG

Pulau Seribu ist kein Paradies für Billigreisende. Abgesehen von den Homestays auf den besiedelten Inseln, muss man bei Resortinseln immer *Packages* inkl. Bootstransfer, Übernachtung und Vollpension buchen. Die Preise liegen zwischen 1 und 2 Mio. Rp p. P. und Nacht im Doppelzimmer, Einzelbelegung nur gegen Aufpreis, Folgenächte werden aber deutlich günstiger.

Pulau Pramuka

Am besten übernachtet man in den einfachen Gastzimmern der freundlichen einheimischen Familien (ab 150 000 Rp) und isst in den Warung des Ortes. Andere Alternativen:
Mess Perhutani, ✆ 0813-1833 9341, 0813-1813 3968. Einfache Gästehäuser der Forstbehörde, teils mit großem Schlafsaal, Küche und Du/WC, meist nur mit Mandi/Hocktoilette. Selbstverpflegung. ❷
Vila Delima, direkt am Hafenbecken, ✆ 021-5437 3149, 0813-1955 1955. Robuste Holzbungalows mit guten Betten, Du/WC, Ventilator und teils AC. Der Besitzer vermietet Boote, Schnorchelausrüstung und bietet sich als Guide an. Reservierung empfohlen. ❹

Pulau Putri

Putri Resort, ✆ 021-828 1093, 🖥 www.putri island.com. Beliebte Ferieninsel, die für ihren gläsernen Unterwassertunnel bekannt ist, aus dem man die Unterwasserwelt beobachten kann, ohne nass zu werden. Die großen klimatisierten Steinhäuser mit Warmwasser-Du/WC reihen sich entlang der Küste, die leider keine Sandstrände hat. Tennisplatz, Pool, Sunset Cruises und Glasbodenboote. ❼

Pulau Kotok

 Alam Kotok Resort, ✆ 021-530 5442, 🖥 www.alamkotok.co.id. Ruhiges Öko-Resort mit geräumigen, liebevoll eingerichteten Zimmern und unterschiedlichen traditionellen Bungalows, teils klimatisiert und mit Warmwasser. Gute Schnorchel- und Tauchmöglichkeiten und empfehlenswerte Tauchbasis. ❼–❽

Pulau Sepa

Sepa Resort, ✆ 021-6386 3477, 🖥 www. sepaisland.com. Das Resort mit den besten Wassersportmöglichkeiten wie Wasser- und Jetski, professionelles Tauchcenter, Bananenboot, Kanus, Glasbodenboot. Große Auswahl an unterschiedlichen klimatisierten Bungalows und Zimmer im Reihenhaus mit AC und Warmwasser-Du/WC. Einige schöne verlassene Strände auf der Rückseite der Anlage. ❼

Pulau Macan

Tiger Islands Eco Resort, ✆ 021-765 8010, 🖥 www.pulaumacan.com. Schönstes und teuerstes Ökoresort, wo man in Zelten oder aus Treibholz errichteten Bungalows und offenen Gazebos direkt am Wasser wohnt. Rustikales Clubhaus mit Billardtisch, leckeren Mahlzeiten und kleiner Bibliothek. Kanu, Schlauchboot Surfboards und Schnorchelausrüstung vorhanden. ❼–❽

TRANSPORT

Es gibt zahlreiche Möglichkeiten, auf die Inseln zu gelangen. Die Fahrtzeiten betragen je nach Entfernung zwischen 15 Min. und 3 Std.
Von **Muara Angke** fahren große langsame Holzboote ohne Sitze um 7 Uhr tgl. u. a. nach PULAU PRAMUKA in 3 1/2 Std. für 35 000 Rp. Rückfahrten tgl. um 14 Uhr.
Von der **Marina** in Ancol fahren regelmäßig Schnellboote zwischen 7 und 8 Uhr zu verschiedenen Inseln ab, z. B. nach PRAMUKA in 1 1/2 Std. für 35 000 Rp.
Für den Transport zwischen den Inseln bieten Bootsführer ihre Dienste für 100 000–150 000 Rp an.

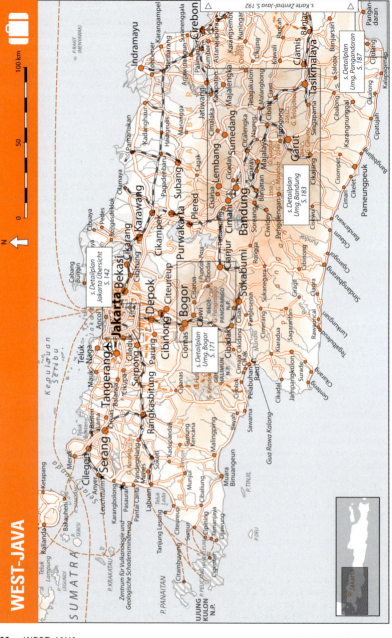

West-Java

Die Region rund um Jakarta im Westen Javas (49 000 km²) ist administrativ in die zwei Provinzen West-Java (38 000 km², 43,1 Mio. Einwohner) und Banten (8235 km², 10,6 Mio. Einwohner) unterteilt. Das Gebiet zwischen Merak und Pangandaran bietet eine abwechslungsreiche Landschaft mit über 20 teils legendären Vulkanen, kunstvoll angelegten Reisterrassen wie auf Bali, ausgedehnte Teeplantagen und lang gezogenen Surfstränden.

Das Hinterland der Hauptstadt Jakarta ist dicht besiedelt und gut mit Verkehrswegen erschlossen. Die alten Hafenstädte im Norden, Banten, Batavia (das heutige Jakarta) und Cirebon, waren einerseits frühe Hochburgen des Islam, andererseits Stützpunkte der auf Seehandel basierenden Wirtschaft. Die Südküste hingegen, ohne bedeutende Häfen, ist weitgehend unerschlossen geblieben und kann auch heute nur über vereinzelte Stichstraßen erreicht werden. Die im Südwesten liegende Halbinsel Ujung Kulon blieb eines der wenigen vom Menschen fast unberührten Dschungelgebiete, in dem die letzten Java-Nashörner und andere vom Aussterben bedrohte Tiere eine Heimat gefunden haben.

In West-Java leben vor allem Sundanesen, die zweitgrößte ethnische Gruppe Indonesiens, mit einer eigenen, vom Hinduismus beeinflussten Kultur und einer eigenen Sprache. Außerdem findet man in der Abgeschlossenheit der Berge südlich von Rangkasbitung die Badui, eine kleine Gruppe der javanischen Urbevölkerung, die noch ihre prähinduistische Kultur beibehalten hat. Aus animistischer Vergangenheit übrig geblieben ist auch der Kult um die Meeresgöttin Nyai Loro Kidul, dem man nur in den Fischerdörfern an der Südküste Javas begegnet, obwohl hier ebenfalls der Islam dominiert.

Banten

Im Westen Javas gab es einst das mächtige Hindureich Pajajaran, dessen Könige im 15. und 16. Jh. ein wohlhabendes Land regierten, das einer der wichtigsten Handelsplätze zwischen den Gewürzinseln und Indien war. 1525 verließ eine Flotte unter Fatahillah den Hafen von Cirebon, um das westliche Java zu islamisieren. Die Hauptstadt des neuen islamischen Reiches wurde Banten an der Nordküste, regiert von dem Sohn des Sultans von Cirebon. Durch den Pfefferhandel kam die Hafenstadt zu Wohlstand; hier verlud man das wertvolle Gewürz, das in Süd-Sumatra geerntet wurde, auf chinesische und indische Schiffe.

Während der Regentschaft des dritten Sultans gingen 1596 die ersten holländischen Schiffe in Banten vor Anker. Durch geschickte Ausnutzung politischer Auseinandersetzungen am Sultanshof gewannen die Holländer schnell Einfluss, sowohl im lukrativen Gewürzhandel als auch politisch. Von Batavia aus eroberten sie später Banten und errichteten zur Festigung ihrer Macht das Fort Speelwijk. 1684 hatten die Holländer das Gebiet des Sultans von Banten endgültig unterworfen. Außer Ruinen ist kaum etwas von der ehemaligen Größe erhalten geblieben – heute heißt der Ort Banten Lama und hat nur etwa 4000 Einwohner.

Banten Lama

Über Serang erreicht man den Ort Banten Lama, wo man die Reste der einstigen Pracht des Banten-Königreichs betrachten kann. Zunächst passiert man den **Tasikardi-See**, der von Bantens zweitem Sultan, Maulana Yusuf, zwischen 1570 und 1580 künstlich angelegt wurde. 1,5 km nördlich davon steht die **Mesjid Agung**, die große Moschee, die ein erhaltenes Beispiel früher hinduistisch-islamischer Architektur ist (Spende). Sie wurde 1566 unter Anleitung eines holländischen Moslems und im Auftrag des Sultans Maulana Yusuf vor seinem Palast erbaut. Vor der Moschee steht ein großes, weißes Minarett, das der ehemaligen Hafenstadt einst auch als Leuchtturm diente. Die Gräber der königlichen Familie und ein kleines Museum mit einigen schönen *Keris* liegen in einem Nachbargebäude (Spende). Gegenüber der Moschee ragen nur noch die Ruinen des Palasts **Kraton Surosowan**, der einst 4,5 ha umfasste und von dicken Mauern umgeben war, in den Himmel. Nach jahrhundertelangen Kämpfen gegen die Holländer wurde er 1809 vollkommen zerstört.

Über den traditionellen Markt gelangt man zum recht interessanten **Archäologischen Museum** (Museum Situs Kepurbakalaan Banten), wo u. a. archäologische Fundstücke, Keramiken, Münzen und Porträts der Sultane Bantens zusammengetragen sind. ✆ 0254-929 4478, ◷ Di–Do 9–16, Fr 9–11, 14–16, Sa und So 9.30–15 Uhr, Eintritt 1000 Rp.

Nördlich der Moschee, fast am Meer, biegt man vor dem Hafeneingang nach links ab und gelangt zum schön restaurierten **chinesischen Tempel Wan de Yuan**, ein Geschenk des muslimischen Sultans an seine große chinesische Gemeinde im 18. Jh. Man sagt, er sei der Dank für die Versorgung mit Medizin während einer Malaria-Epidemie gewesen, ◷ 8–18 Uhr, Spende. Gegenüber dem Tempel, über eine Brücke, sind die Fundamente der holländischen Befestigungsanlage **Fort Speelwijk** erreichbar.

TRANSPORT

Von Jakartas Busbahnhof Kalideres fahren regelmäßig **Busse** in 1 1/2 Std. für 15 000 Rp nach SERANG. Von dort nimmt man für die letzten 10 km bis BANTEN LAMA einen Minibus für 5000 Rp.

Anyer und Pantai Carita

Auf dem Weg zu den beliebten Stränden entlang der Sunda-Straße passiert man zunächst das riesige Krakatau-Industriekombinat bei **Cilegon**, das aus einem Stahlwerk und zahlreichen petrochemischen Fabrikanlagen besteht. Im krassen Gegensatz dazu folgen danach feinsandige Strände mit Palmengärten, die an Wochenenden ein beliebtes Ausflugsziel der wohlhabenden Bevölkerung von Jakarta sind. Folglich ist die Küste ab **Anyer** mit überdimensionalen Condominiums und luxuriösen Resort-Hotels recht zugebaut. Sehenswert ist der 75 m hohe **Leuchtturm**, den der niederländische König Willem III. 1885 zum Gedenken an die Opfer des zerstörerischen Krakatau-Vulkanausbruchs erbauen ließ. Gegen eine Spende darf man den schweißtreibenden Aufstieg wagen und von oben den Ausblick durch die kaputten Fensterscheiben über die Küste bis hin zum **Krakatau** genießen.

Etwa 30 km südlich finden sich weitere Unterkünfte am **Pantai Carita**, einem langen, weißen Sandstrand in einer geschützten Bucht, umrahmt von Kokospalmen. Von der **Marina Carita Lippo** starten die meisten Bootstouren zum Krakatau sowie in den Ujung Kulon-Nationalpark.

Weitere 10 km südlich erreicht man den kleine Küstenort und Fischereihafen **Labuan**, von wo Trips zum Nationalpark günstiger sind. Hier findet sich auch das **Visitor Center Balai Taman Nasional Ujung Kulon** mit einem kleinen Informationszentrum.

ÜBERNACHTUNG

Zahlreiche überteuerte Resorts reihen sich kilometerlang an der Küste. Es gibt nur wenige Unterkünfte der Budgetklasse. Insgesamt sind die Hotels recht alt und auf indonesische Gäste fokussiert. Eine kleine Auswahl von Norden nach Süden:

Anyer

Sanghyang Indah Spa Resort, Jl. Raya Karang Bolong, KM 128, ✆ 0254-600888, 🖥 www.sanghyang.com. Weitläufiges, neueres Resort mit Tennisplätzen, Beachvolleyballfeld, großem Pool, Marina und breitem Freizeitangebot nördlich des Leuchtturms. Die sauberen, gut ausgestatteten Zimmer, Suiten und Villas bekommt man unter der Woche mit satten Rabatten. Frühstücksbuffet inkl. ❺–❽

🏨 **Kampoeng Poci**, Jl. Karang Bolong, KM 137, ✆ 0254-600069, ✉ marketing@hotel-poci.com. Auf Höhe vom Pasir Putih-Strand Anyer östlich der Straße liegt die empfehlenswerteste Budgetunterkunft des Orts. Am Eingang bietet das günstige Restaurant frischen gegrillten Fisch. Dahinter liegen ein weißblaues, doppelstöckiges Steinhaus und am Hang traditionelle Bambusbungalows, Fischteiche und 3 kleine Pools. Die große Zimmerauswahl reicht von einfachen Zimmern mit Ventilator und Gemeinschafts-Du/WC bis zu geräumigen Suiten mit guten Betten, AC und Warmwasser-Du/WC. Netter Service. ❸–❻

Pantai Carita

Sunset View Hotel, Jl. Pantai Carita, ✆ 0253-801075, 🖥 www.augusta-ind.com/carita.html.

Krakatau – der Vulkan, der die Welt veränderte

Der im Meer zwischen Java und Sumatra gelegene Krakatau verzeichnete am 27. August 1883 einen der größten Ausbrüche seit Beginn der Geschichtsschreibung. 18 km³ Eruptionsgestein und Asche wurden bei der Explosion bis zu 80 km hoch in die Atmosphäre geschleudert, das Explosionsgeräusch war sogar im mehr als 3000 km entfernten australischen Perth noch zu hören. Der Himmel über weiten Teilen der Erde verdunkelte sich, und in der Folge kam es zu einem Tsunami, der noch die afrikanische Ostküste erreichte. Als das Magma herausgeschleudert wurde, entstand ein Vakuum, durch das der gesamte Berg in sich zusammenbrach.

Die Explosion, deren Sprengkraft 10 000–100 000 Hiroshima-Bomben entsprochen hat, kostete mehr als 36 000 Menschen das Leben. Die Insel Rakata Besar verschwand im Meer, aber einige neue Inseln sind mittlerweile entstanden. In ihrem Zentrum liegt der Anak Krakatau, das Kind des Krakatau, der sich 1927 aus dem Meer erhob und seinem Namen alle Ehre macht. Der neue Vulkan, mittlerweile auf fast 200 m angewachsen, bricht seit 2007 fast jährlich aus und zählt damit zu den aktivsten Vulkanen der Erde. Rings um die Inseln ist das Wasser aufgeheizt, und schwefelige Dämpfe steigen auf.

Eine Tour zur Vulkaninsel wird oft mit Schnorcheltrips verbunden. Die Überfahrtszeit beträgt etwa zwei Stunden, hängt aber stark vom Wellengang ab. Achtung: Hohe Wellen in der Regenzeit (November–April) und starke Südostwinde (Juli/August) sowie erhöhte Aktivität können den Trip lebensgefährlich machen, und je billiger und kleiner die Boote, desto weniger seetüchtig sind sie.

Aktuelle Informationen gibt es im **Pusat Vulkanologi dan Mitigasi Bencana Geologi** (Zentrum für Vulkanologie und Geologische Schadensminderung) im Desa Pasauran, Anyer, südlich vom Prima Resort Anyer auf einem Hügel. Ein Seismograf überträgt ständig die Erschütterungen, mit einem Teleskop kann man den Anak Krakatau näher ans Auge holen, und große Karten sowie Informationstafeln auf Indonesisch informieren über den Vulkan. ⏱ 8–18 Uhr.

Beste Budgetwahl im Ort mit 39 Zimmern, teils muffig und nicht ganz sauber, aber recht freundlich und hilfreich bei der Organisation von Trips zum Krakatau oder in den Nationalpark. Zimmer mit teils guten Betten, Warmwasser-Du/WC und AC. Pool und Frühstück im Restaurant inkl. ❷–❹

Mutiara Carita Cottages, Jl. Pantai Carita, ✆ 0253-801069, 🖥 www.mutiara-carita.com. 6 ha großes, älteres Strandresort mit großer Poollandschaft, vielen (Wasser-)Sportmöglichkeiten und Restaurant. Die abgewohnten Familienbungalows sind nicht zu empfehlen. Eine gute Wahl sind die sauberen, geräumigen Zimmer mit großer Terrasse im Neubau. ❻–❽

AKTIVITÄTEN

Besonders am Strand von Carita bieten viele Bootsbesitzer Tagestouren zum **Krakatau** ab 2 Mio. Rp an. Ihre Boote sind allerdings teils in bedenklichem Zustand und fahren selbst dann zum Vulkan, wenn es aufgrund der vulkanischen Aktivität verboten ist. Sicherer ist es, über einen offiziellen Operator zu buchen oder stattdessen eine **Schnorcheltour** zu machen (ab 600 000 Rp).

Java Rhino Ecotour, Sunset View Hotel, Jl. Raya Labuan, KM 10, Carita, ✆ 0852-1644 8250, 🖥 www.krakatoatour.com. Der beliebte Touroperator arbeitet mit erfahrenen Guides und bietet Krakatau-Touren für 3,5 Mio. Rp für bis zu 8 Pers. inkl. Permit, Verpflegung, Guide und Möglichkeit zum Schnorcheln. Außerdem werden u. a. verschiedene Ujung Kulon-Trips organisiert.

TRANSPORT

LABUAN erreicht man mit dem **Bus** von Jakartas Kalideres Busbahnhof in 3 Std. für 20 000 Rp. Bei Ankunft in Labuan geht man 200 m zu Fuß bis zum Minibus Terminal am Markt, wo tagsüber regelmäßig Minibusse nach CARITA für 5000 Rp und weiter nach ANYER für 10 000 Rp fahren.

Ujung Kulon-Nationalpark

Der 762 km² große Nationalpark, der den süd-westlichsten Zipfel Javas umfasst, wurde ur-sprünglich 1921 als Schutzgebiet für die vom Aussterben bedrohten javanischen Nashörner *(Rhinoceros Sondaicus)* angelegt. Heute wer-den noch mindestens 30 Tiere gezählt. Dane-ben haben hier zahlreiche andere seltene Tier-arten ein Refugium gefunden. Man kann durch den lichten Primärdschungel streifen und vom Hochsitz aus versuchen, das seltene, einhörni-ge Nashorn oder wenigstens einen Leoparden zu erspähen. Eher zu sehen sind Banteng (Wild-rinder), Rusa (Rehe), Makaken, Gibbons und an-dere Affen, Wildhunde, bis zu 2 m lange Wara-ne sowie langhaarige und schläfrige Binturong. Eine Abwechslung sind Ausflüge mit einem Boot zu den Korallenriffen der vorgelagerten Inseln **Peucang**, **Handeuleum**, **Panaitan** und **Umang** – Schnorchelausrüstung oder Surfbrett nicht vergessen!

Ausgangspunkt für Drei- bis Fünftages-Trek-kingtouren durch den Dschungel bis zur Pulau Peucang ist der verschlafene Ort **Tamanjaya** mit einer einfachen Übernachtungsmöglichkeit. Von dort wandert man durch dichten Regenwald, entlang von Sandstränden und Mangrovenwäl-dern, besteigt die Berghänge des Gunung Honje und übernachtet in Schutzhütten. Zum Ende des Treks setzt man mit einem Boot nach Pulau Peu-cang über, schnorchelt entlang der Korallenrif-fe und kehrt mit einem Motorboot nach Labuan oder Carita zurück.

Im gesamten Park herrscht erhöhte Malaria-Gefahr.

ÜBERNACHTUNG

Taman Jaya

Nur zu empfehlen für jene, die am nächsten Morgen früh zu einem Trek aufbrechen wollen. Die Straße aus Sumur hierher ist von Schlag-löchern übersät, sodass man für die kurze Strecke mit dem Auto 1 1/2 Std. benötigt. **Sunda Jaya Homestay**, ✆ 0818-0618 1209. Die Unterkunft liegt an einer schönen Strandbucht. Am weitläufigen Palmengarten werden 8 einfache Zimmer mit recht guten Matratzen, Moskitonetz und Gemeinschafts-Du/Hocktoilette vermietet. Pak Komar

organisiert Bootstouren, örtliche Guides für Trekkingtouren in den Nationalpark sowie Wanderungen durch Reisfelder zu den heißen Quellen von Cibiuk (2,5 km) oder zum Curug Cikacang-Wasserfall (5 km). ❶–❷

Pulau Handeuleum

Die Insel bietet keine schönen Strände, eignet sich aber für Flussfahrten und zur Vogel-beobachtung. Außerdem stehen die Chancen gut, einen der javanischen Nashörner an den Flussufern zu sichten. Es gibt ein einfaches **Guesthouse** mit 6 Zimmern – und vielen Insekten! Verpflegung muss man selbst mitbringen, Moskitoschutz nicht vergessen! ❷

Pulau Peucang

Angenehme **Holzbungalows** in paradiesischer Umgebung, herrliche weiße Sandstrände und gute Schnorchelplätze. Teils mit Du/WC und AC. Außer dem Personal der Unterkunft wird man viele Affen antreffen. Reservierung über das Nationalparkbüro in Labuan, Selbstverpflegung empfohlen. ❷–❻

SONSTIGES

Informationen und Permits

Visitor Center Balai Taman Nasional Ujung Kulon, Jl. Perintis Kemerdekaan 51, Labuan, ✆ 0253-804681, 801731, 🖥 www.ujungkulon. org. In dem kleinen Informationszentrum bekommt man die verschiedenen Permits für den Nationalpark, außerdem können Guides und Unterkünfte organisiert werden. Eine Liste mit festen Preisen liegt aus: z. B. Eintritt 20 000 Rp; Schnorcheln 60 000 Rp pro Tag; lokaler Guide 100 000 Rp pro Tag; englisch-sprachiger Guide 250 000 Rp pro Tag; Slow Boat für max. 20 Pers. von Sumur/Tamanjaya nach Pulau Peucang 2 Mio. Rp pro Tag; Fast Boat für max. 7 Pers. von Carita nach Pulau Peucang 4 Mio. Rp pro Tag. 🕑 Mo–Fr 8–16 Uhr. Permits bekommt man auch in den National-parkbüros in Sumur und Tamanjaya.

Touren

Individuelle Touren zum Nationalpark kann man über die Reiseveranstalter in Carita buchen. Gut ist **Java Rhino Ecotour** im Sunset View

Hotel (s. S. 164). Guides, Träger und Transport können auch vom **Visitor Center** in Labuan organisiert werden (Preise s. oben). Lokale Guides und Bootstouren werden auch in Tamanjaya angeboten.

TRANSPORT

Boote zu den INSELN im Nationalpark chartert man über Reisebüros in Carita (ab 4 Mio. Rp für max. 8 Pers. pro Tag), das Nationalparkbüro in Labuan (s. o.) oder in Tamanjaya. Die Überfahrt nach Pulau Peucang dauert ca. 3 Std. SUMUR erreicht man mit öffentlichem **Minibus** von Serang über Labuan für 35 000 Rp, 92 km, 3 Std. Von Sumur nach TAMAN JAYA kommt man am schnellsten mit einem **Motorboot** für 2 Mio. Rp und am günstigsten mit einem **Minibus** aus Labuan oder Sumur für 50 000 Rp in ca. 4 Std.

Bogor

Obwohl dieser Ort im Großraum Jabodetabek (Jakarta, Bogor, Depok, Tangerang, Bekasi) schon mit der Hauptstadt verschmolzen ist, bietet er dank der nachmittäglichen Regenschauer ein kühleres, angenehm erfrischendes Klima. Schon zur Kolonialzeit zogen sich die höheren Verwaltungsbeamten aus der tropischen Hitze der malariaverseuchten, feucht-stickigen Hauptstadt in die „Regenstadt" *(Kota Hujan)* an den Ausläufern der Vulkane **Gunung Salak** (2211 m), **Gunung Gede** (2958 m) und **Gunung Pangrango** (3019 m) zurück. Die Stadt ist durch den großen Botanischen Garten im Zentrum recht weitläufig angelegt, doch die breiten Gehwege mit vielen Bäumen und das angenehme Klima machen lange Spaziergänge erträglich.

Präsidentenpalast

1744 ließ der Generalgouverneur Willem van Imhoff etwa 60 km südlich von Batavia in der Nähe eines „romantischen kleinen Dorfes" namens Bogor eine prächtige Residenz errichten, die er *Buitenzorg* (ohne Sorge) nannte. Das erste Gebäude wurde durch ein Erdbeben zerstört, aber kurz darauf im Jahre 1856 wurde an der selben Stelle ein neuer Palast gebaut. Lange Zeit der

Sitz holländischer und zwischenzeitlich englischer Gouverneure, war der inzwischen in **Istana Bogor** umgetaufte Palast später beliebter Aufenthaltsort Sukarnos, des ersten indonesischen Präsidenten.

Der heutige Präsidentenpalast steht im nordwestlichen Teil des Botanischen Gartens und ist von weitläufigen Rasenflächen umgeben. Dieser Abschnitt des Parks ist für die Öffentlichkeit nicht zugänglich, da er stattdessen von Hunderten von Hirschen bevölkert wird.

JAVA

Botanischer Garten

Der 1817 vom deutschen Botaniker Prof. C. G. L. Reinwardt eröffnete, 87 ha große **Botanische Garten** (Kebun Raya) liegt mitten in der Stadt – eine beeindruckende Sammlung riesiger Urwaldbäume, zarter Orchideen und Palmen aus aller Welt. Nicht nur Botaniker werden davon begeistert sein. Besonderer Höhepunkt sind die Riesenrafflesien *(Rafflesia arnoldi)*, die mit Blüten von bis zu 1 m Durchmesser und einem Gewicht von bis zu 11 kg die gigantischsten der Welt sind. Einen Vormittag wird man sicher allein für den Garten brauchen. Für die Nachmittage sollte man sich etwas anderes vornehmen, denn dann regnet es häufig. Am Wochenende wird es allerdings voll mit einheimischen Ausflüglern. ☉ 8–18 Uhr, Eintritt 9500 Rp.

Im östlichen Teil des Gartens liegt das **Orchideenhaus**, in dem knapp 1000 verschiedene Orchideensorten gezüchtet werden, ☉ Mo–Do 8–15.30 Uhr, Eintritt 1000 Rp. Zudem lohnt ein Besuch des **Zoologischen Museums** im Garten, links neben dem Eingang, ☉ Sa–Do 8–16, Fr 8–11, 13–16 Uhr, Eintritt 1000 Rp.

Gong-Gießerei

Wer sich für die Herstellung eines Gamelan-Orchesters interessiert, sollte der **Gong Home Factory** einen Besuch abstatten. Es ist einer der wenigen Orte, wo die kupfernen Metallophone und schweren Bronze-Gongs noch in traditioneller Heimproduktion hergestellt werden. Führungen durch die von Rauch geschwärzte Werkstatt werden gegen eine Spende angeboten. Erreichbar mit Angkots Nr. 03 und 14. Jl. Pancasan 17, ☎ 0251-477 7099, 🖳 www.gongpancasan.com, ☉ Sa–Do 9–15 Uhr.

www.stefan-loose.de/indonesien

BOGOR **167**

Batutulis

Historische Überbleibsel aus der Hinduzeit sind dünn gesät in West-Java. Außer einem kleinen Candi bei Garut (s. S. 184) hat nur die Gegend um Bogor einige Relikte aufzuweisen. 3 km südlich des Botanischen Gartens, am Ende der Jl. Pahlawan, stehen mehrere „beschriebene Steine" *(Batutulis)* mit alten Sanskrit-Inschriften aus dem Jahr 1533. Sie wurden auf Befehl des sundanesischen Königs Surawisesa angefertigt, um seinen Vater, den großen König Siliwangi, zu ehren (Spende). Am besten mit Angkot 02 (Suka Sari) erreichbar.

Bei Ciampea, 18 km nordwestlich von Bogor (Minibus 3000 Rp), kann man im Ort Lebak Sirna weitere historische Stätten (Prasasti Kebon Kopi, Prasasti Ciaruteun, Prasasti Muara Cianten) mit mehreren *Batutulis* besuchen. Neben Pallawa-Schriftzeichen aus dem 5. Jh. haben sich der König Purnavarman und sein Lieblingselefant mit Fußabdrücken verewigt (Spende erbeten). Am besten mit Angkot 05 (Ciampea) zu erreichen.

ÜBERNACHTUNG

Untere Preisklasse

Abu Pensione, Jl. Mayor Oking 15, ☎ 0251-832 2893, ✉ abupensione@yahoo.co.id. Alteingesessener Backpackertreff hinter dem Bahnhof, der noch immer empfohlen werden kann. Große Auswahl an sauberen Zimmern mit Ventilator und AC, teils mit Warmwasser-Du/WC, ruhigem Garten an einem plätschernden Bach und nettem Café. Die Besitzerin Selfi bietet informative Touren an. ❷–❸

Pensione Firman, Jl. Paledang 48, ☎ 0251-832 3246. Recht ramponierte Travellerbleibe mit schöner Aussicht über die Stadt bis zum Gunung Salak von den Terrassen aller Zimmer. Die Einrichtung ist allerdings alt, und auch die Sauberkeit lässt zu wünschen übrig. Kleine Auswahl an sehr spartanisch eingerichteten Zimmern mit Ventilator, Schaumstoffmatratze, einfacher Du/WC und teils AC. ❷–❸

Puri Bali Gh., Jl. Paledang 50, ☎ 0251-835 0984, 0813-1960 6029, ✉ danu.puribali@yahoo.com. Etwas von der Straße zurückversetzt, bietet die freundliche Besitzerin Ibu Emmy sehr einfache Zimmer mit Du/WC zum günstigen Preis. Die Matratzenqualität ist allerdings dem Preis angepasst. Frühstück inkl. ❷

Mittlere und obere Preisklasse

Amaris Hotel, Jl. Padjajaran 25, ☎ 0251-831 2200, 🖥 www.amarishotel.com. Recht neuer Ableger der bekannten Hotelkette, zentral gelegen und nah zu vielen Läden und Restaurants. Die modernen, sauberen Zimmer sind etwas eng, aber funktional mit AC, LCD-TV, Safe und WLAN ausgestattet. Frühstück inkl. ❹

Hotel Mirah, Jl. Pangrango 9 A, ☎ 0251-834 8040, 🖥 www.mirahhotelbogor.com. Bestes Mittelklassehotel der Stadt mit einem modernen Neubau, 2 Pools und guten Restaurants. Die komfortablen, klimatisierten Zimmer und Suiten sind teils prunkvoll eingerichtet und im neueren Teil des Hotels besonders empfehlenswert. WLAN und Frühstücksbuffet inkl. Viele nette Cafés in der Nachbarschaft. ❺–❻

Novotel Golf Resort, Golf Estate Bogor Raya, ☎ 0251-827 1555, 🖥 www.novotel.com. Großes Resort mit 18-Loch-Golfplatz etwa 10 Fahrminuten östlich Bogors Zentrum. Die Anlage ist grün, schon etwas älter, aber stets gut gepflegt und sauber. Mit umfangreichem Freizeitangebot abseits der Stadt: Tennisplatz, Fitnesscenter, Beachvolleyball, Pool, Spa, Kids Club und 2 angenehmen Restaurants. Günstige Angebote im Internet. ❺–❼

Sahira Butik, Jl. Paledang 53, ☎ 0251-832 2413, 🖥 www.sahirabutikhotel.com. Freundliches Boutiquehotel voller Antiquitäten und mit guten Rabatten am Wochenende. Die 81 Zimmer und Suiten sind z. T. etwas dunkel, aber sonst luxuriös mit großem LCD-TV, guten Betten, Wasserkocher und Tropendusche ausgestattet. Sauberer Pool im schattigen Innenhof, WLAN und Frühstück inkl. Recht nah an einer Moschee. ❼

ESSEN

Botani Square, Jl. Raya Pajajaran, ☎ 0251-838 6658. Bogors neuester und größter

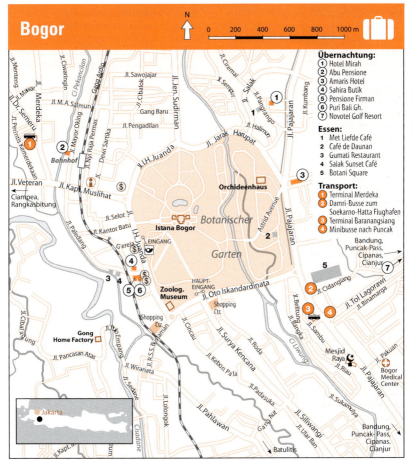

Shoppingkomplex muss sich gegenüber Jakartas Konsumtempeln nicht verstecken. In dem großen Foodcourt sind sämtliche westliche Restaurantketten vertreten. ⏲ 10–22 Uhr.
Café de Daunan, im Ostteil des Botanischen Gartens, ✆ 0251-835 0023. Eignet sich gut für eine Mittagspause und um den Blick auf den großen Teich voller Seerosen zu genießen. Hauptsächlich indonesische und sundanesische Speisen, aber auch Nudelgerichte. Mittlere Preisklasse. ⏲ So–Fr 10–22, Sa 10–23 Uhr.

Gumati Restaurant, Jl. Paledang 28, ✆ 0251-831 3422, 🖥 www.cafegumati. com. Großes, offenes Restaurant mit kleinem Pool, balinesisch angehauchtem Interieur und großartiger Aussicht über die Stadt. Auf der umfangreichen englischen Karte stehen vor allem sundanesische und indonesische Spezialitäten; allerdings wird kein Alkohol serviert. Am Wochenende spielen Livebands und von 11–16 Uhr wird Batikmalerei vorgeführt. Gerichte um 30 000 Rp. ⏲ So–Do 10–23, Fr, Sa 10–24 Uhr.

www.stefan-loose.de/indonesien   **BOGOR**   **169**

Met Liefde Café, Jl. Pangrango 16, ☎ 0251-833 8909, 🖥 www.metliefdecafe.com. Gemütliches Restaurant mit Kamin im Inneren und schönem Garten im Außenbereich. Unglaublich breite Auswahl an westlichen Gerichten und indonesischen Klassikern. Am Wochenende Livemusik. Mittlere Preise. ⏲ Mo–Do 10–22, Fr–So 10–24 Uhr.

Salak Sunset Café, Jl. Paledang 38. Günstiger Traveller-Treff mit durchschnittlichem, größtenteils indonesischem Essen, wo man tatsächlich eine tolle Sicht auf den Gunung Salak und den Sonnenuntergang hat. Günstiges Bier und frische Fruchtsäfte. ⏲ 16–23 Uhr.

SONSTIGES

Informationen

Tourist Information Centre, Jl. Kapten Muslihat 51, ☎ 0251-836 3433. Treffpunkt sämtlicher Guides der Stadt, die auch ohne Tourbuchung immer gerne weiterhelfen. Angeboten werden teils auch von deutschsprachigen Guides halbtägige Stadttouren und 3-tägige Trips auf den Gunung Halimun. Ein Mietwagen mit Fahrer wird ab 500 000 Rp pro Tag angeboten. ⏲ 8–17 Uhr.

Geld

Alle größeren **Banken** mit Geldautomaten sind an der Jl. Ir. H. Juanda zu finden.

Medizinische Hilfe

Bogor Medical Center, Jl. Baranangsiang 5, ☎ 0251-390435, ⏲ 24 Std. Modernes Privatkrankenhaus und deutlich besser als die öffentlichen Kliniken. Bei schweren Verletzungen ist jedoch ein Krankenhaus in Jakarta vorzuziehen.

Post

Kantor Pos, Jl. Ir. Haji Juanda 5. ⏲ Mo–Fr 8–18, Sa 8–14 Uhr.

NAHVERKEHR

Minibusse

Angkot für 3000 Rp fahren auf verschiedenen Routen durch die Stadt. Die meisten pendeln zwischen der Minibusstation **Terminal Merdeka** nördl. des Bahnhofs und dem Bus-

bahnhof **Terminal Baranangsiang** im Süden der Stadt. Zum Haupteingang des Botanischen Gartens nimmt man am besten Angkot Nr. 02 Richtung Suka Sari. Die schnellste Verbindung zwischen Bahnhof und Busbahnhof bietet Angkot Nr. 06.

Taxis

Das empfehlenswerteste Taxiunternehmen **Bluebird** hat zwar keinen Sitz in Bogor und ist deshalb nur selten zu sehen, die blauen Taxis können aber über die Jakarta-Hotline, ☎ 021-7917 1234, bestellt werden; Mindestgebühr 30 000 Rp.

TRANSPORT

Busse

Bogors Busbahnhof **Terminal Baranangsiang** liegt direkt am Ende der Jagorawi-Schnellstraße, die die Stadt mit Jakarta verbindet. Hier fahren alle 15 Min. AC-Busse in 1 Std. zu den Busterminals im Süden JAKARTAS; Kampung Rambutan für 7000 Rp und Lebak Bulus für 11 000 Rp.
Viele Economy-Busse fahren in 3 1/2 Std. über PUNCAK/CIANJUR nach BANDUNG für 30 000 Rp (an Wochenenden über SUKABUMI), während AC-Expressbusse in 2 1/2 Std. für 45 000 Rp über die Schnellstraße fahren. Weitere Busse bedienen u. a.:
LABUAN, in 4 Std. ab 35 000 Rp;
PELABUHAN RATU, in 3–4 Std. ab 25 000 Rp;
YOGYAKARTA, in 12 Std. ab 80 000 Rp.
Damri-Busse zum Soekarno-Hatta-Flughafen fahren auf der anderen Straßenseite des Terminals ab 4 Uhr alle 30 Min. für 35 000 Rp ab.

Minibusse

Die private Transportgesellschaft **Cipa Ganti**, Jl. Pajajaran 123 C, ☎ 0251-837 5262, 🖥 www.cipaganti.co.id, bietet tgl. mehrere Minibusse, die für 70 000 Rp p. P. in 3 Std. nach BANDUNG fahren. Man wird vom Hotel abgeholt und an einer Wunschadresse abgesetzt.

Eisenbahn

Von Bogor fahren etwa alle 30 Min. zwischen 4.20 und 21 Uhr Economy-AC- und die besseren

UMGEBUNG BOGOR

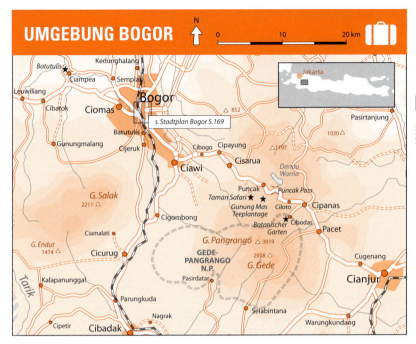

Commuter-Line-Züge in knapp 1 1/2 Std. nach JAKARTA über den Gambir- zum Kota-Bahnhof für 3500 bzw. 7000 Rp.

Von Bogor nach Bandung

Die kürzeste und landschaftlich schönste Straße nach Bandung schlängelt sich entlang weiter Teeplantagen durch ein Tal am Nordhang des Gunung Pangrango und klettert über den oft wolkenverhangenen **Puncak-Pass** auf 1500 m.

Taman Safari Indonesia
Noch vor dem Pass zweigt bereits nach 20 km in Cisarua eine Straße nach Süden zum **Taman Safari Indonesia**, dem bekanntesten Tierpark des Landes, ab. Große Freigehege mit Elefanten, Löwen, Giraffen, Zebras und anderen nicht heimischen Tieren können mit dem eigenen Auto oder einem Bus durchquert werden. Zudem ist dem Park ein Zoo mit Komodo-Waranen und vielen Vogelarten sowie ein obligatorischer Vergnügungspark mit Restaurants angeschlossen. 0251-250000, www.bogor.tamansafari.com, 9–17, Sa auch 18.30–21 Uhr für Nachtsafari. Im Eintrittspreis von 150 000 Rp (180 000 Rp Nachtsafari) zzgl. 15 000 Rp pro Auto ist die Busrundfahrt eingeschlossen.

Weiße Minibusse (L300) nach Cisarua (und weiter über den Puncak-Pass bis nach Cianjur) fahren nur wenige Gehminuten vom Busbahnhof am Seitenstreifen der Jagorawi-Schnellstraße ab und kosten 15 000 Rp, die letzten 3 km zum Eingang muss man laufen oder einen Minibus chartern.

Gunung Mas-Teeplantage
Danach schlängeln sich aus dem Tal zahlreiche Serpentinen bis zu 1500 m hinauf in die von Teeplantagen dunkelgrün schimmernden Berge, die häufig in Nebel getaucht sind. Kurz bevor man den Pass erreicht, zweigt nach rechts eine Straße zur **Gunung Mas-Teeplantage** und -fabrik

In mühevoller Handarbeit werden am Puncak Pass die Teeblätter abgeerntet.

ab (Ausschilderung „Gunung Mas Agrowisata"). Hier kann man schmalen Pfaden durch das Teeanbaugebiet folgen und in der Teefabrik die Verarbeitung der Blätter beobachten. ✆ 0251-252501, ⏰ 7–18 Uhr, Fabrik: Di–So 7–10 Uhr, Eintritt 6000 Rp.

Cipanas und Umgebung

Cipanas, einige Kilometer östlich des Puncak-Passes, ist ein günstiger Ausgangspunkt für Ausflüge und bietet viele Hotels und Restaurants. Lohnend ist ein Abstecher nach Cibodas zum **Botanischen Garten** (Kebun Raya), der an den Hängen der Vulkane Gede (2958 m) und Pangrango (3019 m) im Jahre 1862 als Ableger des Gartens in Bogor in 1300–1400 m Höhe angelegt wurde. Auf ca. 125 ha wachsen hier Pflanzen, die das kühle Hochlandklima bevorzugen. Eine herrliche Landschaft für ausgedehnte Spaziergänge. ⏰ 8–16 Uhr, Eintritt 6000 Rp.

Wer die nötige Energie besitzt, kann die Vulkane **Gunung Gede** und **Gunung Pangrango** besteigen. Fünf bis sieben Stunden braucht man bis zum aufgebrochenen Krater des noch aktiven Gunung Gede, sechs bis acht Stunden dauert es bis auf den perfekten Kegel des Gunung Pangrango. Will man beide Gipfel besteigen, muss man oben übernachten – ein kalter (bis 5 °C), aber guter Zeltplatz ist das Alun Alun, eine offene Grasfläche unterhalb des Gede in 2800 m Höhe.

Da die Region zum 22 000 ha großen **Mount/Gunung Gede Pangrango-Nationalpark** gehört, muss man sich seit 2010 für Bergwanderungen im Park unter 🖥 www.booking.gedepangrango.org anmelden und die Parkgebühr von 20 000 Rp p. P. im Voraus bezahlen. Genehmigungen werden nur für Gruppen von drei bis zehn Personen und max. für zwei Tage ausgestellt. Touristen müssen zusätzlich einen Guide engagieren. Der PHKA-Posten befindet sich am Eingang des Botanischen Gartens, Jl. Raya Cibodas, ✆ 0263-512776, 🖥 www.gedepangrango.org.

TRANSPORT

Busse von Bogor über den PUNCAK-PASS und CIPANAS bis nach BANDUNG kosten 30 000 Rp. Weiße Minibusse (L300) fahren vom Anfang der Jagorawi-Mautstraße in 1 1/2 Std. über CIPANAS bis CIANJUR für 15 000 Rp. An Sonn- und Feiertagen fahren wegen des besonders starken Verkehrsaufkommens keine Busse über den Puncak-Pass.

Pelabuhan Ratu und die Surfstrände der Südküste

Der „Hafen der Meereskönigin" **Pelabuhan Ratu** liegt 90 km südlich von Bogor und ist ein beliebtes Ausflugsziel der wohlhabenden Leute aus Jakarta. Der Hafenort selbst ist recht uninteressant und nur Eingangstor zu den kilometerlangen Sandstränden mit einer starken, bei Surfern sehr beliebten Brandung.

Am Fuße der Hügel östlich des Ortes liegt **Gua Rawa Kalong**, die „Fledermaussumpfhöhle". Man folgt der verfallenen Rollbahn des schon lange stillgelegten Airports, dann weitere 4 km am Strand entlang. Die geräumige Grotte beherbergt Salangane (Seglervögel mit essbaren Nestern), einige fette Warane (Bindenwaran, *Varanus salvator*) und Tausende Fledermäuse. Wenn die tiefstehende Sonne spätnachmittags die Wände der Höhle in rötliches Licht taucht, verlassen wie auf ein Zeichen die Flattertiere in einem endlosen Strom ihren Schlafplatz, um sich auf die nächtliche Nahrungssuche zu begeben und verlieren sich am Horizont über dem Meer in der Farbenpracht des Sonnenuntergangs.

Die Küste nach Westen ist bis **Cikakak** mit einigen bei Indonesiern beliebten Hotels am langen grausandigen Strand bebaut. Das Mekka der Surfer ist der kleine Ort **Cimaja**, 8 km westlich von Pelabuhan Ratu. Hier haben sich einige nette Hotels und Homestays angesiedelt, die speziell auf Surfgäste eingestellt sind. Schwimmen ist wegen der starken Strömungen allerdings nicht ungefährlich!

4 km westl. von Cimaja liegt der „Korallenofen" **Karang Hawu** – steile Klippen, Riffe und kochende Brandung. Etwas weiter, am Ende der Bucht bei Cisolok, 14 km von Pelabuhan Ratu, erreicht man nach 2 km Fußmarsch in einem Flusstal **Cipanas**: heiße Quellen und kleine Geysire, Eintritt 2000 Rp.

Folgt man der Küstenstraße gen Westen, ist knapp 50 km von Pelabuhan Ratu entfernt der kleine Ort **Sawarna** auf den letzten 12 km nur über eine schlecht ausgebaute Straße zu erreichen. Das ruhige Fischerdorf an einem 3 km langen grobkörnigen Sandstrand mit guten Surf-

breaks war noch vor wenigen Jahren touristisch vollkommen unbekannt. Mittlerweile wird es als Geheimtipp für Wochenendausflüge von Jugendgruppen aus Jakarta gehandelt. Unter der Woche ist es aber noch immer ein traumhaft abgelegenes Plätzchen abseits der ausgetretenen Touristenpfade.

ÜBERNACHTUNG

Eine Auswahl an Unterkünften von Pelabuhan Ratu nach Westen:

Cimaja

Pondok Kencana Ocean Resort, Jl. Raya Cisolok, KM 8, ✆ 0266-431465, 🖳 www.ombak tujuh.net. Über 1 ha große Gartenanlage mit Pool am Hang unter australischem Management. Große Auswahl an sehr günstigen gefliesten Zimmern mit teils guten Matratzen und Gemeinschafts-Du/WC bis hin zu großen, hellen Bungalows für 2 bis 8 Pers. mit Küche, Kühlschrank und Du/WC. Bekannter Surfladen und nettes Restaurant. ❶–❻

Cimaja Square, Jl. Raya Cisolok, KM 8, ✆ 0266-644 0800, 🖳 www.cimaja square.com. Es lädt die freundliche Holländerin Eleonora in ihr familiär geführtes Surfresort ein! Mitten in den Reisfeldern verteilen sich unterschiedliche, rustikale doppelstöckige Villas mit schönen Terrassen, teils voll ausgestatteten Küchen, LCD-TV, Safe und Warmwasser-Du/WC für bis zu 6 Pers. DVD- und Buchverleih sowie WLAN im Restaurant inkl. Surfshop. ❷–❸

Sari Raos Losmen, Jl. Raya Cisolok, KM 8, links neben dem Alfamart, ✆ 0266-431478. Knallig rosa angestrichenes Homestay im Ort. Die sehr nette Familie spricht etwas Englisch und hat einfache Zimmer mit Federkernmatratzen, Ventilator und Mandi/Hocktoilette. Mit günstigem indonesischen Restaurant. ❶

Cilograng

Karang Aji Beach Villa, Jl. Raya Cisolok, KM 16, ✆ 021-252 5837, 0813-1504 6188, 🖳 www. karangajibeach-cimaja.com. Die bizarre Holzkonstruktion hoch am Hang mit exzentrischer, bunter Architektur und mystischer, hinduistisch und buddhistisch geprägter Einrichtung ist absolut einen Besuch wert. Ob man in den einfachen, recht abgewohnten Zimmern wohnen und im ungepflegten Pool baden will, ist eine andere Frage. ❷

Sawarna

Man wohnt direkt am Strand in einfachen **Bambusbungalows** inkl. 3 Mahlzeiten. ❶ **Penginapan Batara II**, ✆ 0877-7289 2011, ✉ acesawarna@ymail.com. Eine abseits des Strandes im Ort gelegene empfehlenswerte Villa eines Australiers, in der sehr saubere, geflieste Zimmer mit Ventilator, guten Matratzen und Mandi/WC vermietet werden. Außerdem 2 Holzbungalows an den Reisfeldern. Inkl. 3 Mahlzeiten. ❸

SONSTIGES
Events und Feste

Jedes Jahr Anfang April feiern die Menschen in Pelabuhan Ratu ein großes **Fest zu Ehren von Nyai Loro Kidul**, der Göttin des Ozeans, die das Meer beherrscht und über Wohl und Wehe der Fischer entscheidet. Um sie gütlich zu stimmen, werden in einer farbenprächtigen Zeremonie Blumen und Stierköpfe geopfert, die in geschmückten Segelschiffen auf das Meer gefahren werden.

In der Hochsaison im Juni und Juli finden an den Surferbuchten bei Cimaja nationale und internationale **Surfwettbewerbe** statt.

Informationen

Tourist Information Center, Jl. Raya Kencana 3, Pelabuhan Ratu. ⏲ 9–17 Uhr.

Geld

Filialen und Geldautomaten aller großen indonesischen **Banken** sind entlang der Jl. Siliwangi in Pelabuhan Ratu zu finden.

Motorräder

Fast jede Unterkunft vermietet Motorräder für 70 000 Rp pro Tag. Ojek-Fahrer können ab 100 000 Rp pro Tag engagiert werden.

Surfbrettverleih

Am Strand von Cimaja und in anderen Buchten vermieten einheimische Surfer Surfbretter für 70 000 Rp pro Tag.

TRANSPORT

Gut ausgebaut ist die Strecke von Pelabuhan Ratu über SUKABUMI nach BOGOR. **Busse** fahren stündl. vom Busbahnhof der Stadt in 2 Std. ab 15 000 Rp nach SUKABUMI und weiter je nach Verkehr in 3–5 Std. ab 20 000 Rp nach BOGOR. Von Pelabuhan Ratu ist es am einfachsten, ein Ojek bis zum Zielort an der Küste zu nehmen, z. B. für 50 000 Rp nach CIMAJA. Alternativ fahren blaue **Minibusse** für 10 000 Rp bis zum TERMINAL CIBANGBAN, 17 km westl. von Pelabuhan Ratu.

Von Jakarta direkt nach SAWARNA ist die Strecke über Serang, Malingping und Bayah in Banten am kürzesten. Allerdings verkehren Minibusse nur auf Teilstrecken.

Bandung

Die Hauptstadt West-Javas ist das kulturelle Zentrum der Sundanesen und liegt auf einer Hochebene 700 m ü. d. M. in den Parahayangan-Bergen. Die holländische Kolonialregierung legte hier Mitte des 19. Jhs. weite Tee- und Kaffeeplantagen an. Später war die Stadt mit ihrem kühlen Klima und der europäisch angehauchten Art-déco-Architektur als „Parijs van Java" bekannt. Mittlerweile zählt die nun viertgrößte Stadt Indonesiens knapp 3 Mio. Einwohner und wird jedes Wochenende zusätzlich von Tausenden Ausflüglern aus Jakarta eingenommen. Besonders dann leidet das rätselhafte Einbahnstraßen-System unter einem Verkehrschaos, das an die endlosen Staus der Hauptstadt erinnert.

Jl. Asia Afrika und Jl. Braga

Bandung hat weltweite Berühmtheit erlangt, als sich hier 1955 die jungen Nationen Asiens und Afrikas zu ihrer ersten Konferenz der blockfreien Staaten zusammenfanden. Die **Jalan Asia Afrika** erinnert an diese historische Versammlung, in der die „Zehn Prinzipien für ein friedliches Zusammenleben" verabschiedet wurden. Die Konferenzteilnehmer tagten damals im Gedung Merdeka, einem knapp 100 Jahre alten holländischen Kolonialgebäude an der Ecke zur Jl. Braga. Heute ist es das **Museum of the Asian-African Conference**, und es werden einige Ori-

2 | HIGHLIGHT

Die Shopping-Paradiese Bandungs

Größte Besuchermagneten sind vor allem die vielen günstigen und trendigen Läden in Bandung. Neben riesigen, überlaufenen Kommerztempeln sind in der Stadt zahlreiche indonesische Modelabels und Bekleidungsfabriken angesiedelt, die auch für westliche Designermarken produzieren. Deshalb findet sich hier eine Konzentration von Factory Outlets und Textilzentren wie sonst nirgendwo in Indonesien. Am bekanntesten ist die „Jalan Jeans" – ein Abschnitt der Jl. Cihampelas, wo in den mit riesigen Comicfiguren dekorierten Läden Jeans, Jacken und T-Shirts zu Ramschpreisen verhökert werden. Die meisten **Factory Outlets** sind entlang der Jl. Riau/Jl. Martadinata sowie in Dago entlang der Jl. Ir. Juanda zu finden. Im Süden der Stadt, entlang der Jl. Cibaduyut, reiht sich ein **Leder- bzw. Schuhladen** an den anderen, wo Lederstiefel oder -jacken für Spottpreise maßgeschneidert werden.

ginaleinrichtungsstücke ausgestellt sowie viele Informationen über die Bandung-Konferenz, ihre historischen Hintergründe und Auswirkungen anschaulich präsentiert. Jl. Asia Afrika 65, ℡ 022-423 3564, 🖳 www.mkaa.or.id, ⏰ Sa–Do 9–17, Fr 14–15 Uhr, Eintritt fei.

Von ihr zweigt eine der ältesten Straßen Bandungs mit kolonialen Fassaden nach Norden ab. Besonders der nördliche Teil der **Jalan Braga** ist heute wieder so belebt wie zu Kolonialzeiten, und viele offene Cafés, Bars, Restaurants und Galerien machen einen Bummel über die Straße lohnenswert.

Westlich des Museums kann man nur am Wochenende einen der beiden 81 m hohen Minarette der großen Moschee **Masjid Raya** besteigen und einen hervorragenden Blick über die Stadt genießen, Eintritt 2000 Rp.

Nördlich des Zentrums

Schräg gegenüber dem imposanten **Gedung Sate**, dem westjavanischen Regierungssitz, findet sich in der Jl. Diponegoro das 1929 gegründete **Geologische Museum**. Das neu renovierte Haus umfasst vier interessante Kollektionen mit Knochenstücken von Lebewesen aus längst vergangenen Zeiten, tausende Mineralen und Gesteinen, Modellen von indonesischen Vulkanen sowie einer Nachbildung des Schädels vom Java-Menschen. ⏰ Mo–Do 9–15.30, Sa, So 9–13 Uhr, Eintritt frei. Vom Hauptbahnhof fährt Angkot Nr. 10 in Richtung Sadang Serang für

3000 Rp bis zur Jl. Diponegoro, außerdem verkehren weitere Angkot zwischen Ledeng und Cicaheum entlang der Straße.

Weiter nördlich erreicht man das 1920 gegründete **Institut Teknologi Bandung (ITB)**, Jl. Ganesha 10, mit einem Angkot in Richtung Dago, Ausstieg auf der Höhe vom Borromeus Krankenhaus, oder mit dem Angkot von Cicaheum nach Ledeng. Es ist die wohl wichtigste technische Universität des Landes, die für einen hohen wissenschaftlichen Standard und politisch aktive Studenten bekannt ist. Auch die

Art-déco-Bauwerke

Auch wenn viele der einst prunkvollen Kolonialbauten heute verfallen sind, kann man doch noch einige gut erhaltene **Art-déco-Gebäude** in den Straßen Bandungs besichtigen. Entlang der Jl. Asia Afrika liegen gleich drei der kolonialen Prunkstücke: das **Gedung Merdeka** (1921) und das **Grand Hotel Preanger** wurden beide vom holländischen Architekten Schoemaker entworfen, während das **Savoy Homan Bidakara Hotel** (1939) vom expressionistisch beeinflussten Aalbers renoviert wurde. Ebenfalls sehenswert ist das heutige Verwaltungsgebäude der Provinzregierung, das 1921 erbaute **Gedung Sate** in der Jl. Diponegoro und die 1932 errichtete **Villa Isola** in der Jl. Dr. Setiabudi 229 im Norden der Stadt.

www.stefan-loose.de/indonesien BANDUNG **175**

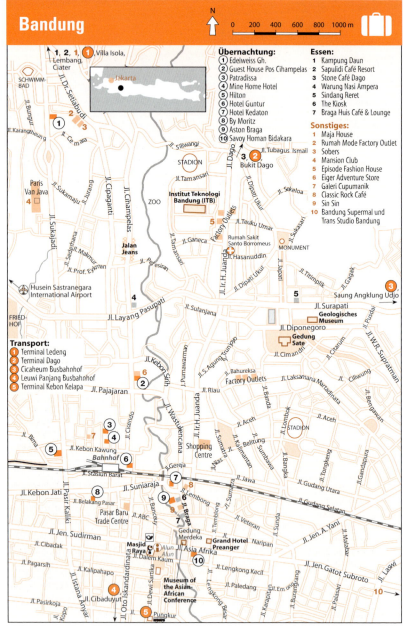

ehemaligen Präsidenten Sukarno und Habibie haben hier graduiert. Sehenswert ist die öffentliche Kunstgalerie, die der Fakultät für Kunst und Design (Fakultas Seni Rupa dan Desain) angeschlossen ist.

Dago

Besonders abends lohnt ein Ausflug auf den **Bukit Dago** am nördlichen Ende der Jl. Ir. Juanda. Am Wochenende trifft sich hier die gesamte Jugend der Stadt, an jeder Ecke werden Maiskolben zubereitet, und die Straße ist mit Autos und Motorrädern verstopft. Die vielen teuren Restaurants mit wunderbaren Panorama-Ausblicken über die Stadt sind am besten mit einem Taxi zu erreichen (max. 50 000 Rp). Wer gut zu Fuß ist kann auch vom Terminal Dago loswandern.

ÜBERNACHTUNG

Bandungs Hotels sind besonders an Wochenenden notorisch ausgebucht. In der Regel wird dann ein Aufpreis von 50 000 Rp verlangt. Günstige Hotels konzentrieren sich im Umkreis des Hauptbahnhofs. Die schönsten und teuersten Hotels mit gutem Ausblick über die Stadt liegen an den Hügeln im Norden bei Lembang und Dago.

Untere Preisklasse

By Moritz, Jl. Kompleks Luxor Permai 35, ✆ 022-420 5788. Das ältliche, mit sundanesischem Kunsthandwerk eingerichtete Losmen ist der bekannteste Backpacker-Treff Bandungs. 13 günstige, kleine Zimmer mit Deckenventilator und Gemeinschafts-Du/WC. Wer Glück hat, trifft hier außerdem den empfehlenswerten Guide Umin. Frühstück inkl. **❶–❷**

Edelweiss Gh., Jl. Sukajadi 206, ✆ 022-203 2369. Die 20 Gästezimmer mit Warmwasser-Du/WC im großen, nett eingerichteten Privathaus wurden Ende 2011 frisch renoviert. Bester Ausgangspunkt für Touren nach Lembang und Ciater. Frühstück inkl. **❸–❹**

Guest House Pos Cihampelas, Jl. Cihampelas 12, ✆ 022-423 5213. Ruhiges Haus mit recht muffigen, anspruchslosen Zimmern um einen Innenhof mit Gemeinschafts-Du/WC oder Warmwasser-Du/WC, teils auch mit AC. Es verkehren Guides, Frühstück ist inkl. **❷–❹**

Patradissa, Jl. Moch Iskat 8, ✆ 022-420 6680. Gegenüber eines buddhistischen Tempels unweit des Bahnhofs macht die Kolonialvilla von außen einen netten Eindruck. Die Zimmer sind leider schlecht gelüftet und spärlich eingerichtet. Teils mit Warmwasser-Du/WC und AC. **❷–❸**

Mittlere Preisklasse

Aston Braga, Braga City Walk, Jl. Braga 99–101, ✆ 022-8446 0000, 🖥 www.astonbraga.com. In bester Lage sind 161 komfortabel eingerichtete Zimmer und Apartments auf 19 Stockwerken untergebracht. Mit Pool, Restaurant und WLAN. Aus den höheren Stockwerken hat man eine tolle Sicht. Frühstück inkl. Reservierung im Internet empfohlen. **❺–❼**

Hotel Guntur, Jl. Oto Iskandardinata 20, ✆ 022-420 3763. In guter Lage werden um einen ruhigen, grünen Innenhof saubere Zimmer mit AC und Warmwasser-Du/WC angeboten. Die moderner eingerichteten Zimmer im Haupthaus haben kleine Balkons und WLAN. Kleines Café und Spa. Frühstück inkl. **❹–❺**

Hotel Kedaton, Jl. Suniaraja 14, ✆ 022-421 9898, 🖥 http://kedatonhotel.com. Beliebtes, wenn auch älteres Businesshotel unweit der Jl. Braga mit 115 klimatisierten Zimmern, Pool, Fitnesscenter, Spa und Sauna. WLAN und Frühstücksbuffet inkl. Reservierung empfohlen. **❺**

🏨 **Mine Home Hotel**, Jl. Marjuk 9, ✆ 022-423 0831. Nur 5 Gehminuten vom zentralen Bahnhof entfernt, lädt das im März 2011 eröffnete nette, familiäre Hotel in helle, frische Zimmer ein. Die Ausstattung mit guten Betten, LCD-TV, AC und Warmwasser-Du/WC mit kleinem Steingarten ist in der Preisklasse kaum zu schlagen. Gegen Aufpreis auch geräumigere Zimmer und größeres TV. WLAN in Lobby und indonesisches Frühstück inkl. **❹**

Savoy Homann Bidakara, Jl. Asia Afrika 112, ✆ 022-423 2244, 🖥 www.savoyhomann-hotel.com. Bekanntestes und ältestes Hotel der Stadt mit beeindruckender Art-déco-Architektur aus den 1930er-Jahren. Die 153 Zimmer und Suiten sind gemäß dem 4-Sterne-Standard ausgestattet und teils sehr geräumig. Mit einem Restaurant im tropischen Innenhof. Pool und WLAN. Frühstück inkl. **❺–❻**

Obere Preisklasse

Hilton, Jl. HOS Cokroaminoto 41–43, ☎ 022-8606 6888, 🖥 www.hilton.com. Einziges Hilton-Hotel in ganz Indonesien! Luxuriöse Suiten mit großen marmornen Bädern und Tropenduschen. Beste Poolanlage der Stadt und ausgezeichnetes Restaurant und Spa. Frühstücksbuffet inkl. ❼–❽

ESSEN

Entlang der Jl. Braga kann an jeder Ecke zu günstigen Preisen gespeist werden. Teurere Restaurants sind in wunderbarer Lage in den Reisfeldern bei Lembang und auf dem Bukit Dago zu finden. Eine kleine Auswahl:

Zentrum

Braga Huis Café & Lounge, Jl. Braga 47, ☎ 022-426 0491, ✉ bragahuis@yahoo.com. Erst im Oktober 2011 eröffnet, mit großer Kaffeeauswahl aus vielen Anbaugebieten des Archipels. Zudem einfache Snacks und leckere Crêpes bei angenehmer Lounge-Musik. ⏰ 16–1 Uhr.

Sindang Reret, Jl. Suropati 53, ☎ 022-253 5050, 🖥 www.sindangreret.com. Großes sundanesisches Restaurant, das besonders bei Reisegruppen beliebt ist. Strategisch aber günstig nahe dem Gedung Sate gelegen und mit einer ausgezeichneten Auswahl an exzellenten traditionellen Gerichten. Die Spezialität des Hauses ist frittierter Gurami-Fisch (Ikan Gurame Goreng). Menüs ab 50 000 Rp. Mit einem Ableger an der Straße zum Tangkuban Prahu-Krater in Cikole. ⏰ 9–22 Uhr.

The Kiosk, Braga City Walk, ☎ 022-8446 8200. Einer der angenehmsten Plätze an der Jl. Braga. In der überdachten Promenade sitzt man von grünen Pflanzen umgeben an einem kleinen Wasserfall bei Livemusik unter Sonnenschirmen. Große Auswahl an sundanesischen und javanischen Spezialitäten, aber auch Pizza, Pasta und Steaks zu günstigen Preisen. ⏰ 12–23 Uhr.

Warung Nasi Ampera, z. B. Jl. Cihampelas 104, ☎ 022-7078 2409. Nur wer in der beliebten sundanesischen Restaurantkette gespeist hat, kennt die kulinarische Vielfalt der Region. Die einfachen, günstigen Restaurants sind in jeder Hauptstraße Bandungs zu finden und bieten ein langes Buffet, von dem man sich einzelne Spezialitäten aussucht, die dann erwärmt werden. Empfehlenswert ist *Pepes Ayam/Ikan/Tahu*, in Gewürzen eingelegtes und in Bananenblatt gegartes Huhn/Fisch/Tofu. ⏰ 24 Std.

Dago und Lembang

Ob Dago oder Lembang: Beide Orte, etwa 8 bzw. 12 km nördl. des Stadtkerns, bieten schöne Blicke auf Bandung und liegen mitten in der Natur. Leider sind die Straßen hierher am Wochenende nur im Schritttempo befahrbar. Dann ist auch eine Tischreservierung unbedingt erforderlich.

Kampung Daun, Jl. Kampung Daun, Cihideung, kurz nach Terminal Ledeng der Jl. Sersan Bajuri für 5 km folgen, dann links ab, ☎ 022-278 7915, 🖥 www.kampungdaun.net. Der Klassiker für romantische Abendessen in traditionellen und schön dekorierten Pavillons *(Saung)*, umgeben von Reisfeldern und plätschernden Bächen. Sehr gute sundanesische Küche, Pizza und Pasta, aber leider viele Moskitos. Mittlere Preise, WLAN. ⏰ 11–23 Uhr.

Sapulidi Café Resort, Jl. Sersan Bajuri, Cihideung, kurz nach Terminal Ledeng der Jl. Bajuri für knapp 6 km folgen, dann rechts ab, ☎ 022-278 6461, 🖥 www.sapulidisawah.com. Große Auswahl an sundanesischen Gerichten in authentisch-traditioneller Atmosphäre an einem schönen Teich und umgeben von Reisfeldern. Mit Souvenirladen und Übernachtungsmöglichkeit in rustikalen Bungalows im sundanesischen Stil. Mittlere Preislage. ⏰ 11–22 Uhr.

Stone Café Dago, Jl. Rancakendal Luhur 5, Dago Atas, ☎ 022-9022 4250. Neben der Vielzahl an hochpreisigen Restaurants, die von der ausgezeichneten Sicht auf Bukit Dago auf die Stadt profitieren, ist das Stone Café ein wahres Juwel. Hier sind die hervorragenden sundanesischen Spezialitäten und westlichen Gerichte noch am wenigsten überteuert und die Atmosphäre besonders in den traditionellen *Saungs* (Gazebos) gemütlich. Mittlere Preislage. ⏰ Mo–Do 16–23, Fr–So 16–2 Uhr.

Typisch für West-Java: sundanesische Wayang Golek-Stabpuppen

EINKAUFEN

Factory Outlets

Eiger Adventure Store, Jl. Cihampelas 22, ✆ 022-420 7703. Der beste Ort, um sich für eine Vulkanbesteigung oder Backpacking-Reise einzukleiden. Qualitativ hochwertige Rucksäcke, Multifunktionshosen und Wanderschuhe zu Schnäppchenpreisen. Mit 15 m hoher Kletterwand. ⏲ 9–21 Uhr.

Episode Fashion House, Jl. Ir. Juanda 125, ✆ 022-250 1515. Eines der größten Factory Outlets in Dago mit einer großen Auswahl an Designer-Hemden, -Hosen und -Jacken zu günstigen Preisen. In Gehweite befindet sich gut ein Dutzend weiterer Läden. ⏲ Mo–Sa 8.30–21, So 10–21 Uhr.

Rumah Mode Factory Outlet, Jl. Dr. Setiabudi 41, ✆ 022-203 5498. Das bekannteste und größte Fabrikverkaufshaus der Stadt ist immer überfüllt und bietet mittlerweile nicht mehr die günstigsten Preise, aber dafür eine riesige Auswahl an Markenartikel. ⏲ 9–21 Uhr.

Kunsthandwerk und Souvenirs

Galeri Cupumanik, Jl. Haji Akbar 10, ✆ 022-423 9456. In der 1980 gegründeten *Wayang Golek*-Werkstatt mit angeschlossener Galerie und Souvenirverkauf kann man beobachten, wie die Stabpuppen in mühevoller Handarbeit hergestellt werden. ⏲ Mo–Fr 8–16, Sa 8–14 Uhr.

Saung Angklung Udjo, Jl. Padasuka 118, ✆ 022-727 1714, 🖥 www.angklung-udjo.co.id. Im Vorraum des Amphitheaters (s. u.) wird das sundanesische Angklung-Instrument in Souvenirgröße und viele andere Mitbringsel zu günstigen Preisen verkauft. ⏲ 12–19 Uhr.

Sin Sin, Jl. Braga 59, ✆ 022-420 2967. Alteingesessener Antiquitätenladen, der noch aus der Kolonialzeit stammt. Mittlerweile werden auch preiswerte Wayang Golek- und Wayang Kulit-Puppen sowie Kunsthandwerk aus dem gesamten Archipel verkauft. ⏲ 9–17.30 Uhr.

Malls

Bandung Supermal, Jl. Gatot Subroto 289, ✆ 022-9109 1020, 🖥 www.bandungsupermal.com. Gigantischer Shoppingtempel mit 250 Läden, großen Supermärkten, Restaurants, Foodcourt, Bowlingbahn, Cineplex-Kino und dem größten Indoor-Themenpark Indonesiens (s. u.). ⏲ 10–21 Uhr.

Paris Van Java, Jl. Sukajadi 137–139, 🖳 www.paris-van-java.com. Recht neue Mall mit vielen Designerläden, Cafés, Nachtclubs und einer Eislaufbahn, umgeben von europäisch anmutender Architektur. ◷ 10–21.30 Uhr.

UNTERHALTUNG UND KULTUR

Bars und Diskotheken

An der nördlichen **Jl. Braga** sind einige lebhafte Bars mit allabendlicher Livemusik zu finden. Am originellsten ist am nördlichen Ende der Straße:

Classic Rock Café, Jl. Lembong 1, ✆ 022-420 7982, 🖳 www.classicrockcafe.co.id. Wie der Name schon verrät, bekommt man in der recht engen Bar jeden Abend rockige Livemusik zu hören. Auf der schallplattenförmigen Karte stehen günstige Biere, Cocktails und indonesische Speisen. ◷ 22–1.30 Uhr.

Außerdem:

Maja House, Jl. Sersan Bajuri 72, Cihideung, ✆ 022-278 8196, 🖳 www.majahouse.com. Szenetreff nordwestlich von Terminal Ledeng mit modern-gemütlicher Atmosphäre und 2 Restaurants. Auf der Dachterasse genießt man von einem Sofa aus den weiten Blick auf die Lichter der Stadt. Am Wochenende wird zu später Stunde entspannt gefeiert. ◷ Mo–Fr 11–24, Sa, So 11–3 Uhr.

Mansion Club, Paris van Java Mall, Jl. Sukajadi 137-139, ✆ 022-8206 3554. Derzeitig der größte Nachtclub der Stadt auf 2 Ebenen. Die elektronische Tanzmusik weist meist von DJs aus Jakarta und Europa aufgelegt. Eintritt Di–Do 30 000 Rp, Fr, Sa 80 000–100 000 Rp inkl. Getränk, So 20 000 Rp. ◷ Di–So 23–4 Uhr.

Sobers, Jl. Setiabudi 41 F, ✆ 022-203 9390. Neuester, luftiger Szene-Club in Setiabudi, 5 km nördl. des Zentrums. Elektronische Klänge, Laserlicht und gute Cocktails heizen der studentischen Menge ein. ◷ 22–4 Uhr.

Musik und Tänze

Saung Angklung Udjo, Jl. Padasuka 118, ✆ 022-727 1714, 🖳 www.angklung-udjo.co.id. Im Vorort Padasuka, in der Nähe des Cicaheum Busbahnhofs, werden in einem überdachten Amphitheater tgl. von 15.30–17 Uhr sundanesische Tänze und Bambus-Musik

(Angklung) von Kindern und Jugendlichen in mitreißenden und interaktiven Aufführungen präsentiert. Wer etwas früher kommt, kann sich zeigen lassen, wie ein *Angklung-Idiophon* hergestellt wird. Eintritt 100 000 Rp. Anreise: Taxis vom Zentrum kosten etwa 30 000 Rp, vom Terminal Kebon Kelapa fahren Angkot Nr. 02 Richtung Cicaheum für 3000 Rp bis an die Ecke Jl. Padasuka, von dort 500 m zu Fuß.

Themenpark

Trans Studio Bandung, Jl. Gatot Subroto 289, Bandung Supermal, ✆ 022-9109 9999, 🖳 www.transstudiobandung.com. Einer der größten und neuesten überdachten Vergnügungsparks der Welt mit 20 Fahrgeschäften und verschiedene Aufführungen in drei Themenbereichen auf über 4 ha. Eine Art indonesisches Disneyland, in dem besonders Kinder ihren Spaß haben werden. Eintritt Mo–Fr 150 000, Sa, So 200 000 Rp. ◷ 9–22 Uhr.

Ziegenbockkämpfe

Ein traditioneller Dorfsport in West-Java, bei dem zwei Ziegenböcke so lange aufeinander losgehen, bis einer k.o. ist. Jeden So 8–12 Uhr, abwechselnd in Ledeng, Jl. Sersan Bajurie, und in Rancabuni. Aktuelle Infos im Tourist Office, nach Adu Domba *(ram fighting)* fragen.

SONSTIGES

Geld

Alle großen indonesischen **Banken** sind mit Geldautomaten in der Jl. Asia Afrika oder Jl. Merdeka vertreten. **Geldautomaten-Center** sind auch in jedem Einkaufszentrum zu finden.

Guides und Reisebüros

Erfahrene Guides sind vor allem in den Losmen By Moritz und Pos Cihampelas anzutreffen, z. B. Ahmadi von **Enoss Traveller's**, ✆ 0852-2106 3788, der Tagestouren zum Tangkuban Perahu-Vulkan, Teeplantagen und nach Dago für 200 000 Rp p. P. inkl. Fahrzeug anbietet. Ein erfahrener und **deutschsprachiger Guide**, Supriatna Amieputra (Ami), ✆ 0813-2053 4434,

✉ supriatna_amieputra@yahoo.com, ist der Vorsitzende der Guide Association in Bandung, der für 300 000 Rp pro Tag gebucht werden kann.

Informationen

Tourist Information Center, Mesjid Agung, Jl. Alun Alun Timur 1, ✆ 022-420 6644. An der Nordostecke der Großen Moschee gegenüber der Mandiri-Bank berät der nette und englischsprachige Ajid Suryana schon seit Jahrzehnten Touristen und verteilt aktuelle Stadtpläne. ⊕ Mo–Sa 9–17, So 9–14 Uhr.

Internet

Viele Hotels, Cafés und Einkaufszentren bieten mittlerweile WLAN. Viele Internetcafés findet man in der Jl. Cihampelas und in Jl. Ir. Juanda, 3000–5000 Rp pro Std.

Medizinische Hilfe

Das beste Krankenhaus mit englischsprachigen Ärzten ist das **Rumah Sakit Santo Borromeus**, Jl. Ir. H. Juanda 100, ✆ 022-255 2000, 🖥 www. rsborromeus.com. ⊕ 24 Std.

Post

Kantor Pos, Jl. Asia Afrika 49, ⊕ Mo–Fr 8–20, Sa 8–12 Uhr. Eine kleine Filiale liegt an der unteren Jl. Cihampelas 194.

NAHVERKEHR

Angkot

Angkot fahren auf 35 festgelegten Routen quer durch die Stadt mit Endstationen an den Stadtgrenzen (z. B. Dago, Lembang, Terminal Leuwi Panjang, Terminal Cicaheum). Zentraler Umsteigeplatz, wo sich fast alle Angkot treffen, ist **Terminal Kebon Kelapa**, Jl. Dewi Sartika, Ecke Jl. Pungkur. Eine Strecke innerhalb der Stadt kostet 3000 Rp, zu Zielen außerhalb der Stadt 5000–8000 Rp.

Taxis

Wohl die einzige Alternative zum verwirrenden Angkot-System ist eines der klimatisierten Taxis, das in der Regel schnell gefunden ist. Trotz der vielen Einbahnstraßen kann man die meisten Ziele innerhalb der Stadt für 20 000 Rp

erreichen. Vom Flughafen sowie von den Busbahnhöfen verlangen Taxis 50 000 Rp für Fahrten ins Stadtzentrum. Am zuverlässigsten und sichersten ist:
Blue Bird, Jl. Terusan Buahbatu 194, ✆ 022-756 1234, 🖥 www.bluebirdgroup.com. Mindestgebühr bei Bestellung 30 000 Rp.

TRANSPORT

Busse

Der **Busbahnhof Cicaheum** für Fernbusse in östliche Richtungen liegt 8 km vom Stadtzentrum an der Jl. Jen. A. Yani, im Osten der Stadt (Angkot vom Kebon Kelapa 3000 Rp oder Stadtbus Nr. 1 vom Bahnhof 2000 Rp). AC-Busse fahren nach:
GARUT, in 2 Std. für 15 000 Rp;
PANGANDARAN, in 6 Std. für 40 000 Rp;
TASIKMALAYA, in 3 Std. für 35 000 Rp;
YOGYAKARTA, in 8–9 Std. für 95 000 Rp.
Der zweite wichtige **Busbahnhof Leuwi Panjang**, 5 km südl. des Zentrums, ist mit Stadtbus Nr. 2 für 2000 Rp ab Jl. Oto Iskandardinata oder mit einem Angkot ab Kebon Kelapa für 3000 Rp zu erreichen. AC-Fernbusse fahren nach:
BOGOR, in 3 Std. für 45 000 Rp;
CIANJUR, in 2 Std. für 20 000 Rp;
JAKARTA (zu allen Busbahnhöfen),
in 3–4 Std. für 50 000 Rp.
Zwischen beiden Busbahnhöfen pendeln Angkot für 3000 Rp und Damri-Busse für 2000 Rp.

Minivans

Nach JAKARTA und PANGANDARAN gibt es auch direkte Minivans, die man einen Tag vorher buchen sollte, wobei man in der Regel vom Hotel abgeholt und am Zielort wieder beim gewünschten Hotel abgesetzt wird:
Cipaganti, Jl. Gatot Subroto 94, ✆ 022-731 9498, 🖥 www.cipaganti.co.id. Alle 30 Min. Minivans nach:
BOGOR, alle 2 Std. in 3 Std. für 70 000 Rp;
JAKARTA, von verschiedenen Büros u. a. in der Jl. Asia Afrika 123, Jl. Dr. Djununan 143-149, Jl. Cihampelas 184/159 in 3 Std. für 70 000 Rp;
YOGYAKARTA, tgl. um 19 Uhr in 10 Std. für 170 000 Rp.

4848, Jl. Prapatan 34, ☎ 021-381 4488.
Der verlässliche Anbieter organisiert Minivans oder Busse nach PANGANDARAN mit Abholung vom Hotel für 80 000 Rp p. P.

Primajasa, Jl. Gatot Subroto 271, ☎ 022-7330 2340, 🖥 www.primajasatour.com. Direktbusse vom Bandung Supermall, Jl. Gatot Subroto 289, zum Soekarno-Hatta-Flughafen in Jakarta in 3 Std. für 75 000 Rp mit halbstündl. Abfahrzeiten ab 0.30 bis 16 Uhr.

Mietwagen

Autos mit Fahrern bekommt man in jedem Hotel für rund 800 000 Rp pro Tag (z. B. für Fahrten nach PANGANDARAN).

Eisenbahn

Der **Hauptbahnhof** (Stasiun Bandung) liegt im Gegensatz zu den Busbahnhöfen direkt im Stadtzentrum an der Jl. Kebon Kawung. Die Angkot-Haltestelle vor dem Bahnhof heißt „St. Hall". Nach JAKARTA fährt der Argo Parahyangan-Zug um 5, 6.30, 12, 14.30, 16.30 und 19.50 Uhr in etwa 3 Std. für 60 000 Rp (1. Kl.) bzw. 45 000 Rp (2. Kl.). Außerdem Züge nach:
SEMARANG, um 20.30 Uhr in 8 1/2 Std. ab 155 000 Rp (1. Kl.) und 110 000 Rp (2. Kl.);
SURABAYA, um 7, 17 und 19 Uhr in 11 1/2–13 Std. ab 175 000–245 000 Rp (1. Kl.);
SOLO, über YOGYAKARTA, um 8 und 20 Uhr in 8 1/2 Std. bzw. 7 3/4 Std. ab 170 000 Rp (1. Kl.) und 110 000 Rp (2. Kl.);
MALANG, über YOGYAKARTA, um 15.30 Uhr in 16 1/4 Std. bzw. 8 Std. ab 235 000 Rp (1. Kl.), 175 000 Rp (2. Kl.) und 115 000 Rp (3. Kl.).

Flüge

Der **Husein Sastranegara International Airport** (BDO) liegt 4 km westlich des Zentrums. Ein Coupon-Taxi in das Zentrum kostet 50 000 Rp.

Air Asia, Grand Serela Hotel, Jl. L.L.R.E. Martadinata, Ecke Jl. Riau, ☎ 021-2927 0999, 🖥 www.airasia.com, fliegt nach:
DENPASAR, 2x tgl. in 1 3/4 Std. ab 586 900 Rp;
KUALA LUMPUR, 3x tgl. in 2 Std. 10 Min. ab 816 000 Rp;

MEDAN, 2x tgl. in 2 Std. 20 Min. ab 659 500 Rp;
SINGAPUR, 2x tgl. in 1 Std. 40 Min. ab 389 000 Rp.
SURABAYA, 1x tgl. in 1 1/4 Std. ab 362 500 Rp;

Batavia, Paskal Hyper Square, Jl. Pasir Kaliki 25-27, ☎ 022-8606 0770, 🖥 www.batavia-air. com, fliegt 3x wöchentl. in 1 3/4 Std. nach SINGAPUR ab 514 000 Rp.

Garuda, im Grand Hotel Preanger, Jl. Asia Afrika 181, ☎ 022-420 9468, 🖥 www.garuda-indonesia.com, fliegt nur nach SURABAYA, 1x tgl. in 1 Std. 20 Min. ab 815 200 Rp.

Lion Air, Jl. Abdul Rahman Saleh, Komplek City Square 1 A, ☎ 022-8606 1717, 🖥 www. lionair.co.id. Mit Flugzeugen von Wings Air nach YOGYAKARTA, 1x tgl. in 1 Std. 10 Min. ab 763 000 Rp.

Merpati, Jl. Tamblong 11, ☎ 022-422 2488, 🖥 www.merpati.co.id, fliegt nach:
DENPASAR, 1x tgl. in 2 3/4 Std. ab 671 000 Rp;
SEMARANG, 1x tgl. in 1 Std. 10 Min. ab 341 000 Rp;
SURABAYA, 1x tgl. in 1 Std. 10 Min. ab 484 000 Rp;
YOGYAKARTA, 1x tgl. (außer Sa) in 1 Std. 10 Min. ab 583 000 Rp.

Die Umgebung von Bandung

Von Bandung aus können Tagestouren in das angenehm kühle **Preanger-Hochland** nördlich der Stadt unternommen werden. Besonders sehenswert sind der gut erreichbare Vulkan Tangkuban Prahu und die heißen Quellen von Ciater, die von weiten Teeplantagen umgeben sind.

Lembang

Die Jl. Dr. Setiabudi führt stets ansteigend von Bandung zum 15 km entfernten Bergort Lembang auf über 1300 m ü. d. M. Auf halbem Weg, kurz vor dem Minibus-Terminal Ledeng, passiert man die **Villa Isola**. Es ist eines der bekanntesten Art-déco-Gebäude der Stadt und wird heute von der Pädagogischen Universität genutzt.

In Lembang angekommen, lohnt in den Morgenstunden ein Bummel über den riesigen **Obst- und Blumenmarkt**. Rund um den Ort ziehen sich Gemüsegärten die Berghänge hinauf.

UMGEBUNG BANDUNG

Von Bandungs Hauptbahnhof und vom Terminal Kebon Jati fahren Minibusse für 5000 Rp nach Lembang. Alternativ enden viele Minibusse beim Terminal Ledeng, von wo Minibusse (ELF) über Lembang nach Subang fahren.

Tangkuban Prahu-Krater

Bei seiner größten Explosion wurde die einst kegelförmige Kuppe des 2076 m hohen Vulkans nördlich von Lembang abgesprengt. Seither sieht der Berg wie ein „umgekipptes Boot" (indonesisch: Tangkuban Prahu) aus. Mit einem Fahrzeug kann man direkt an den Kraterrand auf 1830 m fahren. Von dort wirkt die gigantische Caldera überwältigend, und man erkennt, dass einer der zwölf Krater des Vulkans noch immer heiße Schwefeldämpfe spuckt. Hinter den vielen Verkaufsstände führen verschiedene Pfade am Kraterrand entlang, z. B. zum Kawah Domas mit sprudelnden Geysiren und dampfenden Fumarolen. ⏱ 7–17 Uhr, Eintritt 50 000 Rp p. P. zzgl. 15 000 Rp pro Auto.

Der Vulkan ist mit dem Minibus ELF in Richtung Subang vom Terminal Ledeng (16 km) und von Lembang (9 km) für 8000–10 000 Rp zu erreichen. Man lässt sich am Beginn der Bergstraße absetzen und läuft die restlichen 4 km zum Gipfel. Nach 1,5 km hinter dem Tor biegt ein Alternativpfad nach rechts zum Kawah Domas ab – von hier sind es weitere 20 Minuten durch einen schönen Wald bis zum Krater. Ein Führer zu den heißen Quellen ist absolut nicht nötig. Gewarnt sei vor den aggressiven Verkäufern, die beim Abstieg folgen. Lohnenswert ist die Tour vor allem am frühen Vormittag, denn spätestens am Mittag ziehen Nebelschwaden in den Krater.

www.stefan-loose.de/indonesien DIE UMGEBUNG VON BANDUNG **183**

Ciater

Ein Resultat der vulkanischen Tätigkeit sind die **heißen Quellen** in der Umgebung, die zumeist touristisch erschlossen sind. Am nettesten sind die Ciater Hot Springs, 35 km nördlich von Bandung in einer Höhe von 1150 m ü. d. M. In dem landschaftlich reizvollen Gebiet wurde ein großes Resort mit vielen Freizeitmöglichkeiten und sechs Pools mit 42 °C heißem Quellwasser angelegt. Eintritt für Tagesgäste 18 000 Rp zuzüglich 10 000 Rp zum Baden. ⏲ 24 Std.

Ciater ist von einem Meer an dunkelgrünen Teesträuchern umgeben. Unweit des Sari Ater Hot Spring Resorts können die **P.T. Perkebunan Nusantara VIII Teeplantagen** besichtigt werden. Die Plantage wurde 1937 gegründet und blieb bis 1971 ein britisches Unternehmen, seitdem ist sie im Besitz des indonesischen Staats. Wie ein gewaltiger, erstarrter Ozean erstrecken sich in alle Richtungen die dunkelgrünen Hügel. In der Fabrik kann der Prozess der Teeverarbeitung verfolgt werden. ✆ 0264-470173, ⏲ Di–Sa 7–17 Uhr, Eintritt 20 000 Rp.

Das Resort bietet einen Shuttleservice zwischen der Jl. Tamansari 72 in Bandung und Ciater für 50 000 Rp p. P. an. Abfahrt in Bandung ist 11 Uhr, Rückfahrt um 14 Uhr, ✆ 022-250 3188.

ÜBERNACHTUNG UND ESSEN

Sari Ater Hot Spring Resort, Jl. Raya Ciater, ✆ 0260-471700, 🖥 www.sariater-hotel.com. Das weitläufige Resort liegt auf 1100 m an der Nordostflanke des Tangkuban Prahu-Vulkans. Neben heißen Pools gibt es unerschöpfliche Freizeitmöglichkeiten: Angeln, Minigolf, Offroad-Gokart, Paint Ball, Reiten, Tennis und Wanderungen durch Teeplantagen. Die komfortablen Zimmer, Doppelbungalows und Villas sind eine Übernachtung wert. Inkl. Frühstück. ❻–❼

Von Bandung nach Pandangaran

Garut

Eigentlich ein uninteressanter Ort, nur 65 km von Bandung entfernt, dessen landschaftlich einmalige Umgebung aber einen Aufenthalt lohnt. Denn das friedliche Städtchen mit seinem angenehmen Klima ist von Vulkanen buchstäblich umringt. Erst 1982 hat der **Gunung Galunggung** (2168 m), der sich östlich der Stadt erhebt, die fruchtbare Ebene von Garut mit Staub und Asche überschüttet. Eine Besteigung des Gunung Galunggung ist von Tasikmalaya aus möglich. Nicht schwierig und empfehlenswert ist eine Besteigung des **Gunung Papandayan** (2622 m), der südwestlich von Garut (Übernachtungsmöglichkeiten) aufragt.

Den besten Blick auf Gunung Guntur (2249 m), auch Gunung Gede (der Große) genannt, hat man von **Cipanas**, 5 km westlich von Garut, wo man auch am angenehmsten übernachten kann. Denn die Zimmer der zahlreichen Hotels und Losmen in dem kleinen Dorf sind in der Regel mit Badebecken ausgestattet, die ständig mit heißem Wasser versorgt werden, das direkt aus dem Berg sprudelt. Zwischen Cipanas und dem Zentrum von Garut pendeln von früh morgens bis spät abends graue Minibusse (2000 Rp).

ÜBERNACHTUNG

Antralina Hotel, Jl. Raya Cipanas 150, ✆ 0262-239471. Höchstgelegene Anlage mit der besten Aussicht am Ende der Straße in Cipanas. Die Zimmer sind recht einfach und verblasst, haben aber alle ein eigenes heißes Bad und gute Matratzen. Mit zwei großen Swimming Pools und günstigen Preisen unter der Woche. ❷–❹

Tirtagangga Hotel, Jl. Raya Cipanas 130, ✆ 0262-232549. Edles Hotel, das im Ort den besten Standard bietet. Die 40 komfortablen Zimmer sind in sehr gutem Zustand, sauber und mit Minibar sowie LCD-TV ausgestattet. Das heiße Quellwasser kann im eigenen Marmorbad oder im großen Pool genossen werden. Frühstück im Restaurant und WLAN in der Lobby inkl. Freundlicher Service. ❺–❻

Candi Cangkuang

10 km nördlich von Garut führt ein schöner Spaziergang von Leles 2,5 km durch Reisfelder und Bambushaine zum **Situ Cangkuang**, einem stillen See in sehr anmutiger Landschaft, Eintritt 3000 Rp. Der Gunung Haruman spiegelt sich im

Kampung Naga – sundanesische Kultur wie vor 400 Jahren

Die Straße von Garut nach Tasikmalaya führt entlang dem malerischen Sungai Ciwulan, an dessen Ufer saftig grüne Reisterrassen angelegt sind. Nach 25 km lohnt beim Ort Neglasari (Salawu) ein Abstecher in das sundanesische Bauerndorf **Kampung Naga** („Schlangendorf"), dessen 320 Einwohner sich seit vier Jahrhunderten ihre traditionelle Lebensweise erhalten haben. Über 439 Treppenstufen, die sich schlangenartig ins Tal winden, erreicht man das von Reisfeldern und Kardamomgärten umgebene Dorf mit 110 gleichartigen Adat-Häusern mit weiß angestrichenen Rattanwänden und Alang-Alang-Dächern. Die streng muslimischen Bewohner leben ohne Elektrizität und fließend Wasser ausschließlich vom Reis- und Gemüseanbau sowie von der Ziegen- und Hühnerhaltung. Freundliche und englischsprachige einheimische Guides warten am Parkplatz an der Hauptstraße, um Besucher durch ihr Dorf zu führen und die althergebrachten Traditionen und interessante Sozialstruktur zu erläutern. ⏲ 9–16 Uhr, Spende von 25 000 Rp wird erwartet.

See, den man mit langen Bambusflößen überqueren kann. Auf einem kleinen Hügel am anderen Ufer, unter alten Bäumen voller Fliegender Füchse, steht der einzige Hindutempel West-Javas, ein kleines, relativ schmuckloses Bauwerk. Der Candi aus dem 8. Jh. wurde erst 1967 bei Ausgrabungen entdeckt und 1974–1976 rekonstruiert.

Mit dem grünen Minibus von Garut in Richtung Bandung bis Leles, 13 km, 5000 Rp, danach zu Fuß. Vom Seeufer erreicht man den Tempel nur mit einem Floß für 75 000 Rp.

Gunung Papandayan

Der letzte verheerende Ausbruch des Papandayan (sundanesisch: „Schmiede") ereignete sich am 12. August 1772. Eine außerordentlich heftige Explosion führte zum Einbruch des nordöstlichen Teils der Kraterumrandung. Fast 40 Dörfer wurden zerstört, und rund 3000 Menschen fanden den Tod. Heute gibt es in der Gipfelregion des Vulkans vier Krater: Mas, Baru, Nanglak und Manuk, die allesamt gelb von Schwefelablagerungen sind und übel riechende, beißende Gase ausstoßen.

Den Gunung Papandayan (2622 m) kann man von Cisurupan aus (Minibus ab Garut, 25 km, 10 000 Rp) besteigen. Eine gut ausgebaute Straße (9 km) führt fast bis zur Kraterregion – falls nicht zufällig ein Minibus hinauffährt, läuft man ungefähr zwei Stunden oder nimmt ein Ojek für 25 000 Rp bis zum Parkplatz. Von dort sind es etwa 1,5 km zu Fuß bis zum ersten der vier Krater.

Pangandaran und Umgebung

Der Fischerort **Pangandaran** an der Südküste ist ein lohnender Zwischenstopp auf halbem Weg zwischen Bandung und Yogya. Er liegt auf einer nach Süden gerichteten Landzunge, **Pananjung** genannt, die an der schmalsten Stelle nur 300 m breit ist. Der 5 km lange dunkelgraue Weststrand lockt überwiegend einheimische Besucher an, die vor allem an Feiertagen den Ort geradezu überfallen. Zum Baden eignen sich nur der südliche Abschnitt des Weststrandes und der wesentlich schönere Pantai Pasir Putih im Naturschutzgebiet, ein weißer Sandstrand, dem ein Korallenriff vorgelagert ist. Der Oststrand wird dagegen hauptsächlich von Fischern genutzt. Das Strandparadies wurde im Sommer 2006 von einem Tsunami heimgesucht, dem mehrere hundert Einwohner zum Opfer fielen. Heute erinnern nur noch die obligatorischen Warnschilder am Strand an die Katastrophe.

Naturschutzgebiet

Nur ein paar hundert Meter südlich des Orts beginnt das mehr als 900 ha große Naturreservat (Cagar Alam): Durch einen der beiden Eingänge gelangt man zuerst in den **Touristenpark** (Taman Wisata), Eintritt 7000 Rp. Hier tummeln sich ungestört Makaken und Rehe. Breite Wege führen zu Grabstätten, Höhlen, japanischen Bunkern und kleinen Badestränden. Besonders schön ist **Pantai Pasir Putih** im Westen.

Abseits der öffentlichen Flächen sind über 400 ha der Halbinsel Wildnis, Primär- und Sekundärdschungel und offene Weideflächen mit Banteng-Herden. Dieses eigentliche Naturreservat darf nur mit einem Guide betreten werden und ist oft sogar monatelang gänzlich für Besucher gesperrt. Wer in guter Kondition ist, kann die Halbinsel in einem schweißtreibenden Tagesmarsch (zwölf Stunden) umrunden. Ein schmaler Fußpfad, schlüpfrig und überwuchert, läuft in einem ewigen Auf und Ab über die steilen Klippen und durch den Dschungel, fast immer an

Die Felsenschlucht Green Canyon: ein seltenes Naturschauspiel

UMGEBUNG PANGANDARAN

der Küste entlang, vorbei an lauschigen Wasserfällen und mit gelegentlichen Ausblicken aufs Meer. Versteckte Seitenpfade biegen in felsengesäumte Buchten ab, wo man die Strände garantiert für sich allein hat.

Nusa Kambangan

Die von dichtem Dschungel bewachsene Insel, etwa 25 km östlich von Pangandaran, wird von den Guides als **Paradise Island** vermarktet. In zwei Stunden erreicht man zunächst mit einem Fahrzeug, dann mit einem Boot den 5 km langen, einsamen **Permisan Strand** mit einigen guten Surf- und Schnorchelspots. Außerdem können Höhlen und Ruinen aus der Kolonialzeit entdeckt werden. Wer ein Zelt und genügend Verpflegung mitbringt, kann hier auch campen. Tagesausflüge werden von Guides ab 400 000 Rp angeboten.

Batu Hiu

Der „Haifischfelsen" ist ein Aussichtshügel mit schroffer Klippe zwischen dunklen Sandstränden, 14 km westlich von Pangandaran, Eintritt 2500 Rp. Durch das gigantische Maul eines Beton-Hais gelangt man zu einem Steinpfad über den Hügel, der von seltsamen Pandanus-Bäumen mit hohen Stützwurzeln bewachsen ist. Am Ende des Weges hat man eine weite Aussicht über die lang gezogene Küste mit meterhoher Brandung.

Green Canyon

27 km westlich von Pangandaran findet sich kurz hinter dem Ort Cijulang der Touristenmagnet der gesamten Region. Der hier grünlich gefärbte Fluss fließt durch eine tiefe, von Dschungel bewachsene Felsenschlucht. Boote bringen max. 5 Pers. in 15 Min. für 75 000 Rp zu den Naturbecken, von wo man bis zu Wasserfällen und herausragenden Felsen schwimmen kann. Wer das Boot länger als 45 Minuten in Anspruch nimmt, muss draufzahlen. Achtung: An Sonn- und Feiertagen kann es durch die vielen Boote zu Staus kommen. ⏱ Sa–Do 7.30–16, Fr 13–16 Uhr.

Der Green Canyon (Cukang Taneuh) ist mit einem Angkot von Pangandaran nach Cijulang (5000 Rp), danach die letzten 2,5 km zu Fuß oder mit einem Ojek für 10 000 Rp, zu erreichen. Eine Fahrt mit dem eigenen Auto oder Motorrad dauert 30–45 Minuten.

Batukaras

Das Surfermekka Batukaras, 7,5 km vom Green Canyon die Straße entlang zurück zur Küste, ist drauf und dran, Pangandaran den Rang als entspanntester Strandort abzulaufen. An der schönen, sauberen Badebucht mit feinem Sandstrand haben in den letzten Jahren dank dem steigenden Andrang von Surfern und Wochenendausflüglern einige nette Homestays,

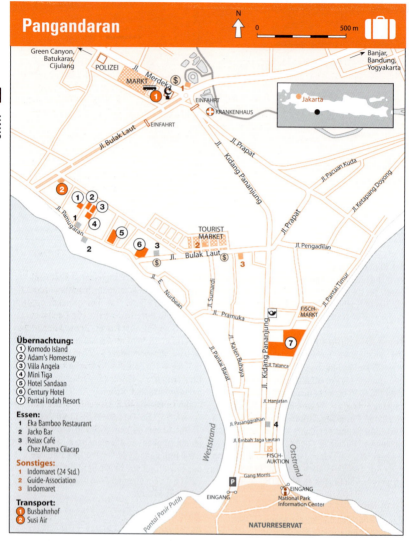

neuere Hotels und sogar westliche Restaurants eröffnet. Während es am Wochenende voll wird und Bananenboote mit indonesischen Familien durch die Bucht rasen, ist es sonst angenehm ruhig und entspannt. Neben Surfspots gibt es auch verschiedene Schnorchelmöglichkeiten.

Zu erreichen mit einem Ojek ab Cijulang für 20 000 Rp. Am Ortseingang muss man einmalig 2500 Rp Eintritt zahlen.

ÜBERNACHTUNG

Die meisten Unterkünfte in Pangandaran stehen unter der Woche leer. Hier wird das große Geschäft am Wochenende und während der Feiertage mit einheimischen Touristen gemacht, wenn die Preise auf das Doppelte steigen.

Pangandaran

Adam's Homestay, Jl. Pamugaran Bulak Laut, ✆ 0265-639396, 🖳 www.adams homestay.com. Mehr Privatresidenz als Homestay. Im weitläufigen tropischen Garten mit Pool und Lotusteichen liegen balinesisch dekorierte Zimmer jeder Preisklasse. Teils nur mit Ventilator und Gemeinschafts-Du/WC, teils mit AC, Warmwasser-Du/WC und edlem Marmorboden. Die ruhige Oase wird von der Deutschen Kirsten und ihrem Mann Adam geleitet. Gutes Restaurant. ❷−❺

Century Hotel, Jl. Pantai Barat Bulak Laut 86, ✆ 0265-639171, 🖳 www.centuryhotel.co.id. Das ehemalige Bulak Laut hat einen neuen Anstrich bekommen und ist eine gepflegte Adresse mit klimatisierten und geschmackvoll eingerichteten Zimmern mit Warmwasser-Du/WC. ❸−❹

Komodo Island, Jl. Baru Bulak Laut 105 (Gang Komodo), ✆ 0265-630753, ✉ komodohotel@ yahoo.com. Der deutsche Besitzer Christian und seine Frau Omih führen das nette Homestay mit unterschiedlichen Zimmern mit Ventilator oder AC in einem kleinen Garten mit Mango-Bäumen. Zimmer teils mit Du/Hocktoilette, teils Du/WC und größtenteils sehr sauber und mit guten Matratzen. Frühstück inkl. ❷−❸

Mini Tiga, Jl. Pamugaran Bulak Laut, ✆ 0265-639436, ✉ katmaja@yahoo.fr. Die Französin Catherine hat hier einen entspannten und beliebten Travellertreff geschaffen. 9 einfache Zimmer mit Schaumstoffmatratzen, Ventilator und großen Du/WCs. Im Schatten einer Kokospalme kann man sich austauschen und relaxen. Frühstück inkl. ❶

Pantai Indah Resort, Jl. Kidang Pananjung 151, ✆ 0265-639004, 🖳 www.pantaiindah.com. Derzeit das größte Hotel im Ort, das sich am Oststrand südlich des Fischmarkts ausdehnt. Sehr geräumige und komfortabel eingerichtete Zimmer, Bungalows und Villas. Mit Pool in

Schwimmbadgröße, Tennisplatz, Restaurant und Frühstück inkl. ❺−❼

Sandaan, Jl. Pamugaran Bulak Laut, ✆ 0265-639165, 🖳 www.sandaanhotel.com. Größeres Hotels an der Strandpromenade mit guten Angeboten in der Nebensaison. Um den Pool liegen preiswerte Zimmer mit Warmwasser-Bad/WC, guten Betten, TV und AC. Außerdem kleine, anspruchslose Backpacker-Zimmer. ❷−❸

Villa Angela, Jl. Pamugaran Pananjung, ✆ 0265-639641, 0821-1802 4000. Das nette Privathaus einer Deutschen lockt mit günstigen Preisen. Die Zimmer sind sehr geräumig und sauber mit Ventilator oder AC sowie im 2. Stock mit großen Balkons. Frühstück inkl. Unbedingt vorher reservieren. ❷

Batukaras

Vo Ost nach West der Straße zur Batukaras Badebucht folgend:

Sunrise Resort, ✆ 0265-702 9129, 0819-0965 4846, 🖳 www.sunriseresortbatukaras.com. An der Hauptstraße, kurz bevor man den lang gezogenen dunklen Sandstrand erreicht, auf dem sich ein Fischkutter an den anderen reiht. Bisher bestes Hotel im Ort mit einem gepflegten großen Garten und schönen Pool. Die Zimmer sind modern und geschmackvoll eingerichtet und bieten Warmwasser-Du/WC und AC. Frühstück inkl. ❹−❺

Pondok Putri, ✆ 0813-2310 6115. Größeres, familiär geführtes Hotel am Ende vom Fischerstrand, 500 m vor der Badebucht. Die netten Zimmer sind mit AC, TV und Du/WC ausgestattet und haben teils einen Balkon oder Terrasse zum Pool. Am Wochenende und an Feiertagen sind die Preise nahezu doppelt so hoch. ❸−❹

Bonsai Bungalows, ✆ 0265-709 3199, 0815-466 4177, 🖳 www.bonsaibungalows.com. Am Anfang der Badebucht, teils Holz- teils Steinbungalows mit Strohdächern unter hohen Palmen. Alle sind einfach eingerichtet, aber sehr sauber und mit ruhiger Terrasse. Die teureren auch mit AC und Warmwasser-Du/WC. ❷−❸

BK Homestay, ✆ 0265-701 5708, 0813-8345 9536. Direkt am Badestrand vermietet der freundliche

Ali im 2. Geschoss des Holzhauses 2 einfache Zimmer mit Balkon, Hängematte und Mandi/WC. Frühstück im kleinen Restaurant inkl. ❷
Java Cove Beach Hotel, ✆ 0265-708 2020, 🖥 www.javacovebeachhotel.com. Schickes Strandhaus direkt an der Bucht mit modernen Zimmern, die schöne Tropenduschen mit Warmwasser sowie LCD-TV und teils auch AC und Safe bieten. Große Terasse oder Balkon zum Meer. Frühstück im Restaurant inkl. ❹–❺

ESSEN UND UNTERHALTUNG

Chez Mama Cilacap, Jl. Kidang Pananjung 187, ✆ 0265-630098. Großes Fisch- und Seafood-Restaurant mit großer Auswahl. Mittlere Preise. ⏱ 7–23 Uhr.
Eka Bamboo Restaurant, Jl. Pamugaran. Direkt am belebtesten Strandabschnitt ist dies der Treffpunkt vieler Guides und Surflehrer. Auf der Karte stehen Travellerfood ab 20 000 Rp, frische Fruchtsäfte und kaltes Bier. ⏱ 8–24 Uhr.
Fischmarkt *(Pasar Ikan)*, Jl. Raya Timur. Hier öffnen abends ein Dutzend einfache Fischlokale. Der frische Fang liegt auf Eis aus, und man kann sich seine Portionen selbst zusammenstellen. Preis bestimmt sich nach Gewicht.
Jacko Bar, Jl. Pamugaran, ✆ 0813-2348 4211. Beliebte Bambusbar gegenüber vom Hotel Malabar am Strand. Bei rockiger Musik und gemütlicher Beleuchtung werden recht teure Cocktails und Bintang für 35 000 Rp serviert. ⏱ 16–2 Uhr.

Relax Café, Jl. Bulak Laut 74. Bei Travellern beliebtes schweizerisches Café, in dem Sandwiches mit selbst gebackenem Vollkornbrot und frische Salate zubereitet werden. Es werden aus gesammeltem Müll gebastelte Portemonnaies für einen guten Zweck verkauft. ⏱ 7.30–22 Uhr.

SONSTIGES

Einkaufen

Wichtigste Einkaufsstraße ist die Jl. Bulak Laut mit ihrem großen **Tourist Market** *(Pasar Wisata)*. An zahlreichen Ständen wird immer die gleiche Auswahl an Badekleidung, T-Shirts usw. angeboten.

Eine ausreichende Auswahl an Lebensmitteln und Drogerieartikeln findet man in jedem **Indomaret**, z. B. Jl. Bulak Laut, ⏱ 6.30–22 Uhr, oder an der Jl. Merdeka, ⏱ 24 Std.

Feste und Veranstaltungen

Hajat Laut, das Opferfest der Fischer zu Ehren der Meeresgöttin Nyai Loro Kidul wird meist kurz vor Weihnachten gefeiert und von einer Pesta Laut begleitet: Bootsrennen mit bunt geschmückten Kuttern, Tauchwettbewerbe und Entenfangen. Abends wird Wayang Golek-Theater am großen Platz am Oststrand aufgeführt.
Kite Festivals und **Surfwettbewerbe** finden an verschiedenen Stränden an der Küste in der Hauptsaison von Juni–Juli statt.

Geld

Cash, allerdings nur ungeknickte Scheine, und TC können in den kleinen Bankfilialen an der Jl. Kidang Pananjung und in der Jl. Merdeka gewechselt werden. Außerdem gibt es mehrere Money Changer. Die **BNI** an der Jl. Merdeka verfügt zudem über einen Geldautomaten.
In **Batukaras** gibt es eine Wechselstube neben dem Pondok Putri Hotel.

Informationen und Touren

Fast jedes Homestay vermietet Motorräder, Fahrräder und Surfboards zu ähnlichen Preisen und kann Busfahrten oder geführte Touren organisieren, z. B. mit dem Motorrad für 200 000 Rp p. P. zum Green Canyon. Der Guide sollte möglichst eine Lizenz der offiziellen Indonesian Guide Association haben.
Das Büro der **Guide-Association** ist auf dem Tourist Market *(Pasar Wisata)* zu finden und wird vom gesprächigen Ocid geleitet, ✆ 0812-2289 5300, ✉ ocidsutanabdulrosid@yahoo.com.
In Batukaras findet man neben dem Pondok Putri Hotel ein Reisebüro, in dem man Bus- und Zugfahrten buchen kann.

Medizinische Hilfe

Im kleinen **Krankenhaus** in der Jl. Prapat werden einfache Fälle versorgt. Wesentlich besser sind die Krankenhäuser in Bandung (s. S. 181).

Post

Das Postamt befindet sich an der Jl. Kidang Pananjung nahe der Einmündung der Jl. Pramuka. ⊕ Mo–Do und Sa 8–14, Fr 8–11 Uhr.

Wassersport

In sämtlichen Homestays und Hotels sowie am Strand werden **Surfboards** für 75 000 Rp pro Tag vermietet; einen einheimischen Surflehrer gibt es ab 150 000 Rp.

Gute **Schnorchelmöglichkeiten** sind mittlerweile begrenzt. Am Pantai Pasir Putih im Naturreservat, wo Schnorchelausrüstung für 25 000 Rp ausgeliehen wird, sind schon viele Korallen zerstört. Um die Insel Nusa Kambangan liegen noch die besten Riffe; eine Tagestour dorthin kann ab 500 000 Rp organisiert werden.

In **Batukaras** bieten einheimische Surfer im Batukaras Surfing Club (BSC), direkt an der Badebucht, ab 150 000 Rp einstündige Surfstunden an. Boards werden i. d. R. für 75 000 Rp pro Tag vermietet. Ein Fischerboot inkl. Masken und Flossen kann für einen Schnorchelausflug ab 500 000 Rp organisiert werden.

TRANSPORT

Becak

Die Becak-Fahrer des Orts sind gut organisiert und warten am Busterminal auf Touristen, um sie die 1–2 km zum Hotel zu fahren. Sie transportieren immer nur eine Person, sodass mehrere in den Genuss der Provision kommen, die sie von den Losmen- und Hotelbesitzern erhalten. Wegen dieser Provision verlangen die meisten Hotels/Losmen von Gästen, die nur eine Nacht bleiben wollen, einen entsprechend höheren Zimmerpreis. Der normale Fahrpreis vom Terminal nach Pananjung beträgt stolze 15 000 Rp pro Becak.

Minibusse und Busse

Vom **Busbahnhof** fährt alle 15 Min. ein Minibus in 1 1/2 Std. für 20 000 Rp nach BANJAR. Bis nachmittags verkehren auch Minibusse in 3 Std. für 30 000 Rp nach TASIKMALAYA.

Budiman, ✆ 0265-323714, betreibt Fernbusse und hat direkt am Terminal einen Schalter: BANDUNG, zwischen 4 und 11 Uhr fast stündl. in 6 Std. für 40 000 Rp (AC) und bis 18 Uhr auch für 35 000 Rp (Economy); JAKARTA, gegen 20 Uhr in 8 Std. für 50 000 Rp (Economy) oder 65 000 Rp (AC). Nach YOGYAKARTA gibt es keine direkten Busse. Man fährt möglichst früh nach BANJAR oder SIDARAJA und von dort mit einem Fernbus für 40 000 Rp in 5 Std. nach YOGYA. Alternativ von Banjar mit dem Zug weiter (s. u.).

Expressminibusse

Diverse private Anbieter organisieren Minibusse, die ohne Zwischenhalt direkt nach BANDUNG, JAKARTA oder YOGYAKARTA fahren und die Gäste am gewünschten Ziel absetzen.

Buana, Jl. Pantai Indah Batukaras 300 A, ✆ 0821-1582 1414, organisiert den Transport mit Minibussen und Zugfahrt direkt von Batukaras. Ab 5 Uhr für 250 000 Rp nach BANDUNG, ab 5 und 15.30 Uhr für 300 000 Rp nach JAKARTA und ab 8 Uhr für 250 000–450 000 Rp (1.–3. Kl.) nach YOGYAKARTA.

Eisenbahn

Von Pangandaran fahren Minibusse in 1 1/2 Std. zum nächstgelegenen **Bahnhof von Banjar**. Nach YOGYAKARTA fahren tgl. 6 Züge, die komfortabelsten und schnellsten morgens um 10.30 und 11.33 Uhr in ca. 3 1/2 Std. ab 280 000 Rp. Abends fahren weitere Züge um 19.12, 20.50, 22.30 und 23.33 Uhr ab 195 000 (1. Kl.) bzw. 140 000 Rp (2. Kl.), Fahrtzeit von bis zu 4 1/2 Std.
Nach BANDUNG ebenfalls 6 Züge, die besten um 2.45 und 15.45 Uhr in 3 1/2 Std. für 300 000 Rp. Günstigere Züge um 1.52, 2.26, 3.20 und 13.35 Uhr in 3 1/2 Std. ab 140 000 Rp.

Flüge

Susi Air, Jl. Merdeka 312, ✆ 0265-639120, 0811-212 3925, 🖥 www.susiair.com, fliegt mit einem 12-Mann-Propellerflugzeug tgl. um 13.30 Uhr in 1 Std. für 520 000 Rp nach JAKARTA (Halim). Shuttlebusse vom Susi Air-Büro zum 25 km westl. gelegenen Nusawiru-Flugplatz kosten 25 000 Rp.

www.stefan-loose.de/indonesien   PANGANDARAN UND UMGEBUNG   **191**

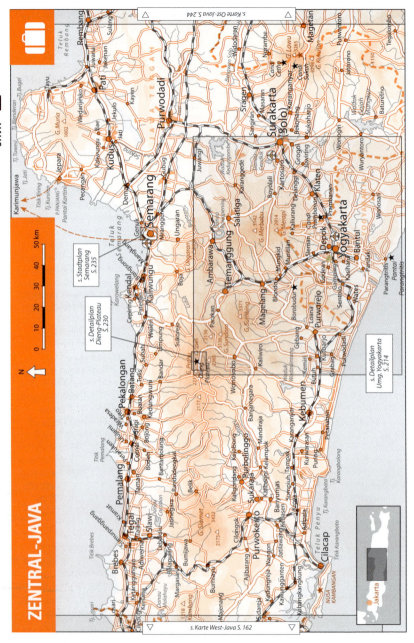

Zentral-Java

Mit ca. 35,7 Mio. Menschen auf einer Fläche von 37 000 km² ist die Provinz Zentral-Java das am dichtesten besiedelte Gebiet Indonesiens. Das Problem der Überbevölkerung wird hier deutlicher als in anderen Regionen sichtbar, z. B. an der Zersplitterung der Reisfelder. Auch dem Reisenden fällt die Besiedlungsdichte auf, denn auf dem Weg von einem Ort zum nächsten verlässt er fast nie den urbanen Großraum. Vor allem im Süden sind die Vororte Yogyakartas mit der Stadt zu einem Ballungszentrum zusammengewachsen.

Im Zentrum Javas beeindrucken Zeugnisse der einstigen hinduistischen und buddhistischen Hochkultur – die Tempelanlagen Prambanan und Borobudur sowie die Ruinen auf dem Dieng-Plateau und die Gunung Sewu. Nachdem das machtvolle, hinduistische Majapahit-Reich durch die Ausbreitung des Islam im 16. Jh. zerfallen war, erlangte in Zentral-Java ein muslimisches Sultanat, das Reich Neu-Mataram, das seinen Schwerpunkt im Gebiet von Demak und Kudus hatte, die Vorherrschaft. Durch Intrigen westlicher Händler im Kampf um das Monopol im Gewürzhandel zerfiel dieses Reich in vier Sultanate.

Von der höfischen Hochkultur dieser Zeit ist besonders im Sultanat von Yogyakarta viel erhalten geblieben: Wayang-Aufführungen, Theater in überaus prunkvoller Form, wie es sonst kaum zu sehen ist, oder Schulen, die traditionelle Tänze und Gamelan-Musik unterrichten und weiterentwickeln. Daneben ist Zentral-Java – vor allem Solo, Pengalokan und Yogyakarta – ein bedeutendes Zentrum der Batik-Industrie und der modernen Kunstszene Indonesiens.

3 HIGHLIGHT

Yogyakarta

Alle Wege führen nach Yogyakarta (auch Jogjakarta oder kurz Yogya) – auf jeden Fall die der Traveller und Touristen auf Java. Hier treffen sich Langzeiturlauber, die selbst den vierten Abend der *Ramayana*-Aufführung nicht verpassen wollen, und eilige Rucksacktouristen, die auf dem Weg von Jakarta nach Bali hier einen Zwischenstopp einlegen. Wohl nirgendwo sonst in Indonesien gibt es ein solch großes Angebot an alten Tempeln, kulturellen Darbietungen, Batik-Fabriken und Souvenirläden. Von Yogya kann man ans Meer oder in die Berge fahren, und nicht zuletzt findet man die für jede Brieftasche passende touristische Infrastruktur.

Die Geschichte der etwa 1,6 Mio. Einwohner zählenden Stadt begann erst 1755, als das Mataram-Reich auf holländischen Druck hin geteilt und Yogya Sultansstadt wurde. Als Java dann unter britischer Verwaltung stand, ließ Stamford Raffles 1812 den Kraton von europäischen Truppen erstürmen und den regierenden Sultan absetzen. Die Bibliothek und viele Kunstschätze wurden geplündert, ein großer Teil davon befindet sich heute im Britischen Museum in London. 1946 wurde Yogya provisorische Hauptstadt der Republik Indonesien. Zwei Jahre später versuchten die zurückgekehrten Holländer die letzten republikanischen Bastionen, darunter auch Yogya, zu erobern und nahmen die gesamte Führungselite Indonesiens gefangen. Hamengku Buwono IX., der damalige Sultan, ließ sich aber nur auf eine kurze Unterredung mit den Holländern ein – über ihren sofortigen Truppenabzug.

Im März 1989 wurde Prinz Mangkubumi, Sohn des verstorbenen Sultans, zum neuen Sultan Hamengku Buwono X. gekrönt. Heute ist Yogya das einzige relativ selbständige Sultanat der Republik. Noch immer sind im Kraton mehr als 2000 Angestellte und 1500 Soldaten tätig, die zum Teil allerdings nur zweimal monatlich ihren Ehrendienst verrichten.

Kraton

Wie eine kleine Stadt in der Stadt liegt südlich der Jl. Malioboro der Bereich des Sultanspalastes, ein Beispiel klassischer javanischer Hofarchitektur. Knapp 4 m hohe und ebenso dicke, weiße Mauern umgeben die Anlage, die ursprünglich zusätzlich durch einen Wassergraben gesichert und nur durch fünf Tore zugänglich war. 1755 ließ Sultan Hamengku Buwono I. diesen Palast errichten.

www.stefan-loose.de/indonesien YOGYAKARTA I Kraton **193**

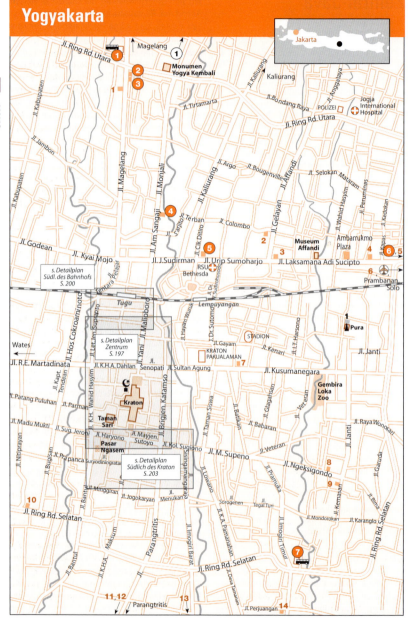

Übernachtung:
① Hyatt Regency

Essen:
1 Bu Komang

Transport:
① Terminal Jombor
② Joglosemar
③ Cipaganti
④ Merpati
⑤ Batavia
⑥ Sriwijaya
⑦ Terminal Giwangan

Sonstiges:
1 Liquid
2 Alam Bahasa Indonesia
3 Blue Earth Tours & Transport
4 Martha Tilaar Salon Day Spa
5 Sapto Hoedoyo
6 Seta Tour and Travel
7 Batik Research Centre
8 Tom Silversmith
9 Padma's Silver
10 Moodlines
11 Amri Gallery
12 Institut Seni Indonesia
13 Segoro Mas
14 Kayu Manis

Zwischen den Mauern und der eigentlichen Palastanlage liegt ein dicht bebauter Wohnbezirk, durch den schmale Gassen führen. Im Norden und Süden münden diese jeweils in einen großen, rechteckigen Platz, den **Alun Alun Lor** (im Norden) und **Alun Alun Kidul** (im Süden). Kommt man von Norden, liegt am südlichen Ende des Platzes der **Pagelaran**. Früher wurden die Pavillons für offizielle Empfänge genutzt. Dabei nahm der Sultan im hinteren, am höchsten gelegenen Bereich, **Siti Hinggil**, Platz. Heute ist dieses Areal u. a. während der Feierlichkeiten zum Ende des Ramadan geöffnet.

Läuft man westlich daran vorbei, kommt man nur wenige Meter vom Haupteingang entfernt zum Rotowijayan-Gebäude mit einem kleinen **Kutschenmuseum**. Hier können 18 z. T. prunkvolle Kutschen aus den Jahren 1761–1927 bewundert werden, die aus indonesischer, holländischer und deutscher Produktion stammen und alle im Besitz der Sultane waren. ⊙ Sa–Do 8–14, Fr 8–12 Uhr. Im Eintrittspreis von 7500 Rp ist die Führung durch einen Englisch sprechenden Guide inbegriffen.

Fliegende Händler, die Souvenirs anbieten, markieren den Weg zum ersten Vorhof des Kraton, **Kemandungan** *(Keben)*. Durch das **Srimanganti-Tor** *(Regol)* erreicht man einen weiteren Vorhof mit dem **Srimanganti-Pavillon** (rechts) und dem **Trajumas-Pavillon** (links).

In den eigentlichen Kraton, den **Ngayogyakarta Hadiningrat Palast**, dürfen Männer nicht mit schulterfreien T-Shirts hinein, für diesen Fall hält man am Eingang ein paar Hemden bereit. Wer sich in dem schlichten, hölzernen Palast in Ruhe umsieht, wird viele interessante Details entdecken. Faszinierend exotisch wirken die höfisch gekleideten Palastwachen und Führer mit ihrer Kopfbedeckung *Blangkon*, der traditionellen Jacke *Surjan*, unter der auf dem Rücken ein Kris herausragt, und einem Sarong mit Batik. Wenn im Kraton klassische Tänze aufgeführt werden, scheint längst Vergangenes wieder lebendig zu werden. Das älteste Gamelan-Orchester aus dem 16. Jh. gehörte dem Sultan von Demak und wird immer noch einmal im Jahr zu Mohammeds Geburtstag *(Sekaten)* in der großen Moschee gespielt. Es wird im **Purwaretna-Gebäude** rechts vom nächsten Tor aufbewahrt. Durch dieses **Danapratapa-Tor**, das von zwei dämonischen Figuren *(Gupala)* bewacht wird, gelangt man schließlich in den inneren Kraton. Noch heute lebt der Sultan mit seiner großen Familie und seinem Hofstaat hinter dem **Gedung Kuning** im westlichen Bereich, der für Besucher nicht zugänglich ist.

Im Westen des Platzes **Plateran Kedaton** liegt das mit Marmor, Lüstern und Spiegeln ausgestattete **Sekretariat** des Sultans – ein Gebäude, in dem sich javanische Architektur des 18. Jhs. mit europäischer Ausstattung aus viktorianischer Zeit auf ungewohnte Art verbindet. Dahinter der zentrale **Bangsal Kencono**, der Goldene Pavillon. An ihn schließt im Westen der **Bangsal Proboyakso** an, in dem die Familie des Sultans residiert, und im Süden der **Bangsal Manis**, der „Süße Pavillon". Hier fanden festliche Staatsbankette statt, zu denen Musiker in den drei kleineren, gegenüberliegenden Pavillons aufspielten. An diesen vorbei gelangt man in den östlichen Bereich des Kratons, **Kesatrian**. Hier werden verschiedene, zum Sultanshof gehörende Gegenstände aufbewahrt, darunter Wayang-Figuren und ein Gamelan-Orchester, das die regelmäßigen Tanzaufführungen begleitet.

Im letzten Bereich des Kraton sind ein **Museum** mit einer Ahnengalerie und den Stammbäumen der Sultane sowie das **Gedung Kopo Palastmuseum** untergebracht, in dem Geschenke der zweiten bis siebten Sultansfamilie und der Sultansthron ausgestellt sind, ✆ 0274-

373721, ◑ Sa–Do 8.30–14, Fr 8.30–12 Uhr. Für den Besuch des Palasts zahlt man an der Kasse 12 500 Rp Eintritt. Im Preis ist ein traditionell gekleideter Führer eingeschlossen, der in Deutsch, Englisch, Französisch oder einer anderen Fremdsprache durch den Palast führt.

Wasserschloss (Taman Sari)

Südwestlich des Kraton liegt das Wasserschloss Taman Sari, das man zu Fuß in lockeren zehn Minuten erreicht. Ein portugiesischer Architekt ließ 1765 den „Blumengarten" auf einer gedanklichen Linie zwischen Parangtritis und dem Merapi errichten, mit kühlen Innenhöfen, die durch unterirdische Bogengänge miteinander verbunden waren und in denen Springbrunnen und Schwimmbecken zusätzlich für Abkühlung sorgten. Im Zentrum lag der Jungbrunnen **Umbul Binangun**, ein Badeplatz der Hofdamen, zu dem der Sultan von einer Galerie aus Einblick hatte. Außer dieser vergnüglichen Funktion hatte das Wasserschloss aber auch eine strategische Bedeutung: Die unterirdischen Passagen boten die Möglichkeit, im Belagerungsfall aus dem Kraton zu entkommen. Die Gänge konnten anschließend geflutet werden, um so das Eindringen der Feinde in den Kraton zu verhindern.

Was während der britischen Besatzungszeit zerstört wurde, ist nur zu einem geringen Teil restauriert worden. Auf dem mehr als 10 ha großen Areal stehen zwischen den Ruinen zahlreiche einstöckige, ziegelgedeckte Wohnhäuser inmitten von Gärten. In dem Labyrinth der Gassen befinden sich zudem viele Batik-Galerien und **Ateliers**, deren Produkte u. a. für den Sultanspalast gefertigt, oft aber von Händlern aufgekauft und in der Jl. Malioboro wieder verkauft werden.

Mitten im **Segaran**, dem künstlichen See, lagen drei Gebäude, die man mit einem Boot und durch unterirdische Gänge erreichen konnte. Diese Gänge wurden durch die überbauten, mittlerweile restaurierten Schächte mit Licht und Frischluft versorgt. Das große **Kenongo-Gebäude** wurde zu repräsentativen Zwecken genutzt. Der südliche, kleine **Gedung Cemeti** diente vermutlich als Speisesaal, und der interessante Rundbau **Sumur Gemuling** war wahrscheinlich einmal eine Moschee.

Der Eingang zum restaurierten Umbul Binangun, dem Jungbrunnen, liegt im Südosten. Hier müssen 5000 Rp Eintritt extra gezahlt werden. Die dekorativen Steinmetzarbeiten sind vor allem an dem **Gedung Gapura Agung-Gebäude** hinter den drei Badepools noch gut zu erkennen. Der daran anschließende südliche Bezirk mit den Sultansgemächern ist weitgehend zerstört.

◑ 8.30–16 Uhr, Eintritt 7500 Rp. Allerdings ist das Gelände auch nach der offiziellen Schließzeit über den alten Vogelmarkt zugänglich, es wird jedoch schwierig werden, einen Guide zu finden, und in der komplizierten Anlage kann man sich vor allem im Dunkeln schnell verlaufen. Von den oberen Etagen der Wasserschlossruinen hinter dem alten Vogelmarkt hat man bei klarer Sicht einen herrlichen Blick über die Stadt bis zum Vulkan Merapi. Besonders zum **Sonnenuntergang** lohnt sich ein Besuch!

Vogelmarkt

Der Vogelmarkt *(Pasar Ngasem)* lag ursprünglich nördlich des Wasserschlosses. Heute befindet er sich weiter südlich an der Jl. Bantul und heißt Pasar Tambahan dan Taman Hias Yogyakarta – kurz **PASTY**. Von Norden kommend liegt zur linken Seite der große Tiermarkt: In schmalen Gängen hängen an Bäumen und Häusern Käfige mit tropischen Vögeln. Die berühmten Singvögel für Singwettbewerbe in ihren schönen, verzierten Käfigen sind z. T. mehrere Millionen Rupiah wert. Außerdem findet man Hunde, Kakadus und Papageien, Wildkatzen, Meerschweinchen – sogar Mungos, Fledermäuse und Schlangen. Für Tierfreunde ist es ziemlich deprimierend, die Tiere in ihren engen Käfigen hocken zu sehen.

Rings um den Alun Alun Lor

Am südwestlichen Alun Alun Lor steht die große Moschee, **Mesjid Agung**. Sie ist 1773 im traditionellen javanischen Stil mit dem typischen großen Dach erbaut worden.

Im **Sono Budoyo Museum**, Jl. Trikora 6, im Nordwesten des großen Platzes, kann man sich einen Überblick über die zentraljavanische Kultur verschaffen. Die ersten Räume sind der Frühzeit gewidmet – hier sind Steinfiguren aus Wonosari, Bronzetrommeln und Metallwaffen aus

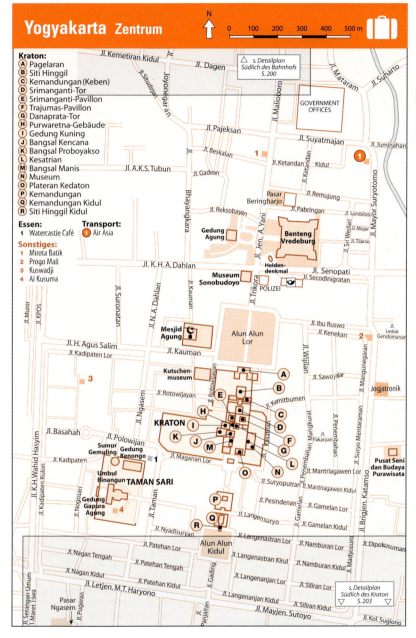

Die leidigen Guides

Der angebliche Kunststudent wird den ausländischen Besuchern geduldig die Sehenswürdigkeiten der Stadt zeigen und natürlich auch zu bestimmten Batik-Fabriken und Galerien führen. Dort hat man automatisch 20–50 % auf den Preis aufgeschlagen, die später der Guide kassiert. Ähnlich arbeiten Becak-Fahrer, die einen für den unrealistischen Preis von 5000 Rp den ganzen Tag herumfahren wollen. Einige Geschäfte locken auch damit, dass sie angeblich den letzten Tag geöffnet haben und gerade einen sehr günstigen „Räumungsverkauf" veranstalten.

Nusa Tenggara (Inseln östlich von Bali) ausgestellt. Islamische Kunst vom Majapahit-Reich bis zu kalligrafischen Werken aus jüngerer Zeit ist im nächsten Raum untergebracht. Schwerpunkt der Ausstellung ist eine Sammlung von Wayang Kulit (Schattenspiel)-Figuren, Wayang Golek (Stabpuppen) und Topeng (Masken). Außerdem gibt es eine Ausstellung über Batik, zahllose Kris-Dolche aus allen Ecken des Landes sowie zentraljavanische und balinesische Kunst. ⏰ Di–Do 7.30–14.30, Fr 7.30–11, So 7.30–13 Uhr, Eintritt 7000 Rp, ✆ 0274-376775. Ein zweites, kleineres Museumsgebäude befindet sich in der Jl. Wijilan. Gleiche Öffnungszeiten, Eintritt 750 Rp.

Weitere Museen

Geht man vom Alun Alun Lor aus weiter nach Norden und überquert die breite Straße Richtung Jl. Malioboro, liegt rechts hinter dem **Heldendenkmal** die **Benteng Vredeburg**, Jl. A. Yani 6. In der 1765 von den Holländern errichteten Befestigungsanlage ist heute ein Museum untergebracht, in dem die Geschichte des Freiheitskampfes Yogyakartas in 30 Dioramen dargestellt wird. ⏰ Di–Do 9–15, Fr 9–11, Sa, So 9–13 Uhr, Eintritt 750 Rp.

Von der Festung konnte der 1823 erbaute, gegenüberliegende Sitz des holländischen Residenten bewacht werden. Von 1946–1949, als Yogyakarta Hauptstadt der Republik Indonesien war, lebte Präsident Sukarno in diesem repräsentativen Gebäude (**Gedung Agung** oder Gedung Negara), das von einem großen Garten umgeben ist. Zurzeit dient es als staatliches Gästehaus für hochrangige Persönlichkeiten.

Das **Museum Perjuangan**, Jl. Kol. Sugiono 24, ein ungewöhnliches kreisrundes Gebäude, zeigt Fotos und Dokumente zur Geschichte der indonesischen Revolution. ⏰ Mo–Do 8–15, Fr 8–11 Uhr, Eintritt 1000 Rp.

Auf Dioramen und Fotografien stellt das Museum im **Monument Jogja Kembali**, Jl. Ringroute Utara, den Unabhängigkeitskampf dar. Das Gebäude ist ein imposanter kleiner „Vulkan", dem Merapi nahe der Stadt nachempfunden. ✆ 0274-868225, ⏰ Di–So 8–15 Uhr, Eintritt 7500 Rp (Fotografieren zusätzlich 1000 Rp).

Das **Museum Affandi**, Jl. Laksda Adisucipto 167, ist in Gestalt dreier Galerien einem der berühmtesten indonesischen Maler, Affandi (1907–1990), gewidmet. Der Autodidakt benutzte ausschließlich Spachtel und Tube für seine abstrakt verfremdeten Porträts und Landschaftsbilder und lebte und arbeitete in einem eigenwillig gestalteten Haus, dessen unterschiedlich große Dächer von oben wie ein Haufen Bananenblätter erscheinen – Affandi nutzte solche Blätter einst, um seine Bilder vor der Witterung zu schützen. Neben Gemälden stehen hier auch der zu einem Fisch umgestaltete Mitsubishi des Künstlers, einige seiner Skulpturen und Werke anderer Künstler aus Affandis privater Sammlung aus. Im Gajahwong Studio werden Malkurse für Groß und Klein offeriert. Ab Stadtzentrum je nach Abfahrtsort 3–5 km, 20 Min. per Becak, etwa 20 000 Rp. ✆ 0274-562593, ⏰ tgl. außer feiertags von 9–16 Uhr, Eintritt 20 000 Rp.

Jenseits von Batik

Die 2010 gegründete **Langgeng Art Foundation** betreibt in der Jl. Suryodiningratan 37 ein Kunstforum mit Ausstellungen, Workshops, Seminaren, Vorträgen und Performances. Der Fokus liegt auf indonesischer Gegenwartskunst, doch auch internationale Künstler werden eingeladen und ausgestellt. Das aktuelle Programm kann im Internet oder vor Ort in Erfahrung gebracht werden. ✆ 0274-417043, 🖵 www.langgengfoundation.org.

Zoo

Als weitläufiges Areal mit künstlichem See und zahlreichen Warung liegt Yogyas Zoo ca. 3 km westlich des Stadtkerns in der Jl. Kebun Raya 2, hinter der Brücke über den Gajawong. Der **Gembira Loka** darf getrost zu den besseren Zoos Südostasiens gezählt werden: Zu bewundern sind viele Tierarten, die in vergleichsweise großen Gehegen und artgerechten Mengen gehalten werden und dabei nicht nur Asiens Fauna repräsentieren. Besonders die Reptilien und Amphibien umfassen viele seltene und spektakuläre Arten wie etwa den Komodo-Waran, diverse Nattern, den Axolotl oder den Tomatenfrosch. Tapire, weiße Tiger und Nilpferde sind weitere Attraktionen des Zoos. An jeder Ecke stehen Warung und Eisverkäufer. ⏲ 7.30–17.30 Uhr, Eintritt 15 000 Rp am Wochenende, 12 000 Rp in der Woche, die Aktivitäten mit Tieren und Booten kosten extra. ✆ 0274-373861, 🖥 www.gembira lokazoo.com. Anfahrt mit Transjogja-Bus 2A, 20 Min. ab Marlioboro, 3000 Rp.

ÜBERNACHTUNG

Südlich des Bahnhofs

In den engen Gassen zwischen Bahnhof und Jl. Sosrowijayan ballen sich die meisten Billigunterkünfte. Die gesamte Wirtschaft der Straße scheint auf die Bedürfnisse der Backpacker ausgerichtet zu sein. Empfindliche Schläfer seien auf die mitten im Wohngebiet gelegene Moschee und ihre Gebetsrufe hingewiesen.

Untere Preisklasse

Bladok Losmen, Jl. Sosrowijayan 76, ✆ 0274-560452. Helle, saubere Zimmer mit Du/WC bzw. Hocktoilette, teils mit Balkon. Schlichtes, stilvolles Holzinterieur und mediterran angehauchte Architektur mit Swimming Pool im Innenhof. Von Gästen empfohlenes Restaurant. ❷

Chaterina Homestay, Jl. Sosrowijayan 41, ✆ 0274-828 8240. Kleine, ordentliche und etwas überteuerte Zimmer mit Mandi, erneuerungsbedürftigem WC und kostenlosem WLAN. Freundliche Betreiber, die ein kleines Restaurant im Erdgeschoss führen. ❷

Hotel Kristina, Jl. Dagen 71A, ✆ 0274-512076, 🖂 kristinahotel@gmail.com. Einfache, freundliche Zimmer mit bequemen Betten, sauberen Du/WC, AC, TV, Hygieneartikeln und ein paar Holzmöbeln. WLAN und indonesisches Frühstück inkl. Sehr freundliches englischsprachiges Personal. Gutes Preis-Leistungs-Verhältnis! ❷–❸

105 Homestay, Jl. Sosrowijayan Gang 1, ✆ 0274-582896, 🖂 homestay_105@yahoo.co.id. Bunt gekachelte Zimmer mit Ventilator und alter Du/WC, teils mit kleinem Lichthof. Freundliche Betreiber. ❶

La Javanaise Homestay, Jl. Sosrowijayan Gang 2, ✆ 0274-556054, 🖂 la_javanaise@live.com. Einfache, saubere, teils etwas ältliche Zimmer mit bequemen Betten, Ventilator, Du/WC und ein paar Möbeln in ruhiger Lage. Im Preis enthalten ist ein reichhaltiges Frühstücksmenü. ❷

Losmen Sastro Wihadi, Jl. Sosrowijayan Gang 2, ✆ 0818-3940 0248. Schlichte, ordentliche Zimmer mit Ventilator, Du/Hocktoilette und wenig Schnickschnack. Die Zimmer ohne eigene Du/WC zählen zu den billigsten der Gegend. ❶

Losmen Utar, Jl. Sosrowijayan Gang 1, ✆ 0274-560405. Saubere, ordentliche Zimmer mit eigener oder Gemeinschafts-Du/WC, Ventilator und eher harten Betten. Die sehr freundlichen Betreiber des ganz in Grün gestrichenen Homestays servieren ein kleines Frühstück und vermieten auch Motorräder ab 60 000 Rp pro Tag. ❶–❷

Setia Kawan Losmen, Gang 2, ✆ 0274-512452, 🖥 www.bedhots.com. Psychedelisch-bunt gestaltete, saubere Zimmer mit Du/WC, Ventilator und etwas Einrichtung. Freundliche Betreiber, die auch eine Kunstgalerie sowie ein kleines Internetcafé (mit Drucker) betreiben. Die zurückgezogene Lage verspricht Ruhe. ❷–❸

The Munajat, Jl. Malioboro 26, ✆ 0274-585138, 🖂 the_munajat@yahoo.com. Einfache, unspektakuläre Zimmer mit Matratzen und Ventilator und indonesischem Mandi auf dem Gang. WLAN kostenlos. Freundliche Betreiber und gute Lage in einer abends mit Essensständen belebten Seitenstraße der Einkaufsmeile. Eine der wenigen explizit gayfreundlichen Unterkünfte. ❶

JAVA

Yogyakarta Südlich des Bahnhofs

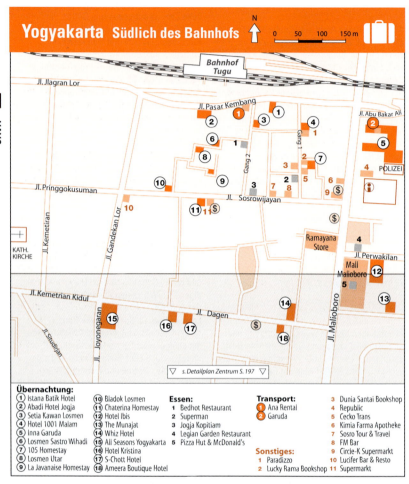

Übernachtung:
1. Istana Batik Hotel
2. Abadi Hotel Jogja
3. Setia Kawan Losmen
4. Hotel 1001 Malam
5. Inna Garuda
6. Losmen Sastro Wihadi
7. 105 Homestay
8. Losmen Utar
9. La Javanaise Homestay
10. Bladok Losmen
11. Chaterina Homestay
12. Hotel Ibis
13. The Munajat
14. Whiz Hotel
15. All Seasons Yogyakarta
16. Hotel Kristina
17. S-Chott Hotel
18. Ameera Boutique Hotel

Essen:
1. Bedhot Restaurant
2. Superman
3. Jogja Kopitiam
4. Legian Garden Restaurant
5. Pizza Hut & McDonald's

Transport:
1. Ana Rental
2. Garuda

Sonstiges:
1. Paradizzo
2. Lucky Rama Bookshop
3. Dunia Santai Bookshop
4. Republic
5. Cecko Trans
6. Kimia Farma Apotheke
7. Sosro Tour & Travel
8. FM Bar
9. Circle-K Supermarkt
10. Lucifer Bar & Resto
11. Supermarkt

Mittlere Preisklasse

Abadi Hotel Jogja, Jl. Pasar Kembang 49, 0274-563435, www.abadihoteljogja.com. Komfortable, helle Zimmer mit alter AC, TV, eher weichen Betten und Warmwasser-Du/WC. Außer dem im Preis enthaltenen indonesischen Frühstücksbuffet serviert das Restaurant gute Pasta-Gerichte zu gehobenen Preisen. Swimming Pool. Wegen der Lage gegenüber dem Bahnhof besser ein Zimmer nach hinten raus erfragen. ❺

Ameera Boutique Hotel, Jl. Dagen 13, 0274-580634, www.ameera-boutique hotel.com. Zimmer mit AC, WLAN, bequemen Betten, traditionell javanisch gestaltetem Mandi und Batik-Dekoration, teils ohne Fenster. Das Hotel ist mit javanischen Figuren und Mustern dekoriert – Siti und Rama empfangen den Gast auf bestickten Kissen in der Lobby zu Gamelan-Musik. Freundliches Personal, das Massagen anbietet. Indonesisches Frühstück inkl. ❸–❹

Hotel 1001 Malam, Sosrowijayan Gang 1, ✆ 0274-515087, 🖥 www.1001malamhotel.com. Schön designte, saubere Zimmer mit modernen, sauberen Du/WC, AC, TV und warmen Farben. Frühstücksmenü und WLAN inkl. Wandmalereien, sehr freundliches Personal und stilvolle Bepflanzung machen den Reiz dieser etwas teuren Unterkunft im Backpacker-Viertel aus. ❺

Istana Batik Ratna, Jl. Pasar Kembang 29, ✆ 0274-587012, 🖥 www.istanabatikratna hotel.com. Ruhige Zimmer mit Du/WC, TV, AC und eher weichen Betten. Die Zimmer des Hotels gruppieren sich um einen Restaurantpavillon im balinesischen und javanischen Stil sowie einen auch für Kinder geeigneten Swimming Pool. Freundliches Personal serviert dort tgl. das im Preis enthaltene indonesische Frühstück. ❹

S-Chott Hotel, Jl. Dagen 57, ✆ 0274-552686, 🖥 www.s-chotthotel.com. Ruhige, einfach, aber elegant gestaltete Zimmer mit AC, TV, Du/WC, WLAN und bequemen Matratzen. Freundliches Personal, das gutes Englisch spricht und gern weiterhilft. Kleines, indonesisches Frühstück inkl., etwas überteuert. ❹

Whiz Hotel, Jl. Dagen 8, ✆ 0274-554718, 583328, 🖥 www.whizhotels.com. Stilvoll gestaltete moderne Zimmer mit Du/WC, AC, TV und bequemen Betten, teils ohne Fenster (dafür umso ruhiger). WLAN in der Lobby, im schicken Frühstücksrestaurant wird das Frühstück nach Wahl serviert. Sehr freundliches Personal. ❹

Obere Preisklasse

All Seasons Yogyakarta, Jl. Dagen 107, ✆ 0274-588889, 🖥 www.all-seasons-hotels. com. Schicke, helle und angenehm kolorierte Zimmer mit bequemen Betten, AC, TV, Du/WC und den Annehmlichkeiten ihrer Preisklasse. Das Hotel in quietschbuntem Kaugummidesign hat einen Pool mit Bar im Obergeschoss und serviert im Restaurant außer dem im Preis enthaltenen Frühstück auch gute Küche. Empfohlen sei *Rawon Mercon*, eine ostjavanische Rindfleischsuppe mit diversen Gewürzen, Ei und Limonengras. ❺–❻

Ibis Hotel, Jl. Malioboro 52–58, ✆ 0274-516974, 🖥 www.ibishotel.com/2026. Luxuriöses 3-Sterne-Hotel mit hellen, modernen Zimmern und den Annehmlichkeiten der Preisklasse. Das Restaurant serviert ein im Preis enthaltenes, großes Frühstücksbuffet und exzellente *Sup Buntu*, außerdem einen Querschnitt der asiatischen und westlichen Küche. Sehr freundliches, englischsprachiges Personal sowie direkter Durchgang zur Malioboro-Shoppingmall. ❺–❼

Südlich des Kraton

Die Mehrzahl der Unterkünfte in dieser ruhigeren Traveller-Gegend hat richtige Grundstücke, teils mit Pool oder Restaurantpavillon und kostet über 100 000 Rp pro Nacht und Zimmer.

Untere Preisklasse

De Pendopo Homestay, Jl. Prawirotaman MG 3/573 (hinter dem Eclipse Hotel), ✆ 0813-9222 5812, 🖥 www.tinyurl.com/depen dopo. Reizendes kleines Homestay in ruhiger Lage mit Garten und Gemeinschaftsküche und -pavillon. Schicke Zimmer mit AC, TV, dazu ein wandgroßer Spiegel und Bad/WC mit Steinmosaik. Frühstück abwechseln oder nach Wunsch. Feundliche Betreiber und sehr gutes Preis-Leistungs-Verhältnis! ❸

Hotel Kampoeng Jawa, Jl. Prawirotaman 40, ✆ 0274-378318. Nette Anlage mit Wasserspiel im Innenhof. Sympathische Zimmer mit dunklem Holzinterieur, javanischen Dekorationen und originell gestalteten Du/WC, dazu kostenl. WLAN und ein tgl. wechselndes Frühstück. ❷

Mas Gun, Jl. Prawirotaman 29, ✆ 0274-379804, 🖂 widyanarto@yahoo.com. Schlichte Zimmer mit harten Betten, Du/WC, wenig Schnickschnack. Kein Frühstück. Budget-Alternative für alle, die in dieser Straße vor allem billig schlafen wollen, EZ ab 80 000 Rp. ❶–❷

Mercury Gh., Jl. Gerilya 595, ✆ 0274-370846. Schlichte, etwas dunkle Zimmer mit eher weichen Betten, Du/WC und teils AC. WLAN ist inkl. und in der Lobby am schnellsten. Indonesisches oder westliches Frühstück inkl. Das Restaurant punktet mit javanischem Interieur und floraler Deko. Mit Pool. ❷–❸

Prambanan Gh., Jl. Prawirotaman 14, ✆ 0274-376167, 🖥 www.prambanangh.be. Saubere, ältere, aber ordentliche Zimmer mit viel Bambus, Du/WC, teils AC. Frühstück und WLAN inkl. Kleiner Innengarten mit Swimming Pool. Sehr freundliches Personal, das auch Touren organisiert. ❷–❸

Tulips, Jl. Tirtodipuran 42, ☎ 0274-450137, 🖥 www.hotel-tulips.com. Teils mit AC und TV, aber stets mit Du/WC ausgestattete Zimmer mit bequemen Betten und kleiner Veranda zum Pool hin, der auch ein Kinderbecken umfasst. Ruhige Lage und charmantes, einfaches Design. Freundliches Personal, das Englisch spricht und gute Küche serviert. Das kostenlose WLAN ist in der Lobby am schnellsten, Frühstück inkl. ❸

Via Via Gh., Jl. Prawirotaman 514A, ☎ 0274-374748, 🖥 www.viaviajogja.com. Ordentliche Zimmer mit Ventilator/AC, Warmwasser-Du/WC und sehr freundlichem Personal, das exzellentes Englisch spricht. Im ganzen Haus hängen witzige Reminder und Rechenbeispiele, die zum Wasser- und Energiesparen anhalten, und die WCs im Bambus-Verschlag machen was her. Frühstück inkl. ❷–❸

Wisma Ary's, Jl. Suryodiningratan 29, ☎ 0274-387215, 🖥 www.wisma-arys.com. Saubere, moderne Zimmer mit bequemen Betten, Flachbildfernseher, AC und bunt angestrichenen Du/WC mit strukturierten Wänden. Üppiger Innengarten und elegantes Design, dazu moderne Kunstwerke aus dem Bestand der ehemaligen Galerie des französischen Betreibers. Freundliches, englischsprachiges Personal serviert das im Preis enthaltene Frühstücksmenü sowie indonesische Küche zu verträglichen Preisen. WLAN in der Lobby inkl. ❸

Mittlere Preisklasse

Agung Inn, Jl. Prawirotaman 30, ☎ 0274-383577. Das genaue Gegenteil des in derselben Straße gelegenen Agung Gh. Der moderne grün-rote Bau beherbergt außer einem Reisebüro nämlich 3 moderne, komfortable Zimmer mit sehr bequemen Betten, AC, Flachbild-TV, Bad/WC, WLAN und Frühstück; zudem kann die Küche genutzt werden. Gutes Preis-Leistungs-Verhältnis. ❸–❹

Duta Gh., Prawirotaman 26, ☎ 0274-372064, 🖥 www.dutagardenhotel.com. Einfache

Zimmer mit AC oder Ventilator und (bei Economy-Zimmern gemeinschaftlicher) Du/WC. Innengarten und Swimming Pool, die Fitnessgeräte waren bei der Recherche z. T. kaputt. Frühstücksbuffet inkl. ❷–❹

Eclipse Hotel, Jl. Prawirotaman 35, ☎ 0274-380976, 🖥 www.eclipsehtl.com. Schicke, moderne Zimmer mit allem Komfort, WLAN und bequemen Betten; minimalistisches Innendesign, das hier und da Akzente in den Fluren und in der Lobby setzt. Das Restaurant bereitet u. a. sehr gutes Sirloin Steak, vietnamesische Nudelsuppen und Wok-Food zu. ❺

Venezia Homestay, Jl. Tirtodipuran 27, ☎ 0274-374049, 🖥 www.venezia-homestay.com. Schicke Zimmer mit AC, TV, bequemen Betten, Du/WC und im Preis enthaltenem Frühstücksmenü. Elegantes Innendesign auf den Fluren, entspannte Atmosphäre, freundliche Betreiber. ❸–❹

Nördlich des Stadtzentrums

Hyatt Regency, Jl. Palagan Tentara Pelajar, ☎ 0274-869123, 🖥 www.yogyakarta.regency.hyatt.com. Das 5-Sterne-Hotel ist gestalterisch ganz dem Borobudur-Thema gewidmet: Ein siebenstufiger Bau beinhaltet die Zimmer, Stupas und Fresken zieren das Gelände, und weitflächige Grünanlagen wähnen den Gast eher auf dem Lande als in der Stadt. Am Borobudur lässt sich nur leider nicht so gut Golf spielen wir hier. Eine große Poollandschaft, wo *Ramayana*-Aufführungen und Live-Küche stattfinden, Futsal, Putting, Wasserpolo, Angeln, Fahrrad- und Kremsertouren, Kissenschlachten (!) sowie ein umfassendes Spa bieten auch für Golfmuffel genug Möglichkeiten für Aktivitäten. ❻–❽

ESSEN

Bedhot Restaurant, Jl. Sosrowijayan Gang 2. Gute indonesische und internationale Gerichte sowie große Auswahl an Säften zu üblichen Preisen. Entspannter Backpacker-Treff mit Blues- und Soul-Musik, verziert mit psychedelisch-asiatischen Malereien und Batik-Motiven. WLAN für 4000 Rp/30 Min.

Bu Komang, Jl. Pura 201. Tischt mitten im Wohngebiet östlich des Gajahwong-Flusses

Yogyakarta Südlich des Kraton

Übernachtung:
1. De Pendopo Homestay
2. Via Via Gh.
3. Hotel Indah Palace Yogyakarta
4. Venezia Homestay
5. Mas Gun
6. Eclipse Hotel
7. Wisma Ary's
8. Tulips
9. Prambanan Gh.
10. Duta Gh.
11. Agung Inn
12. Hotel Kampoeng Jawa
13. Delta Homestay
14. Mercury Gh.

Essen:
1. Gading Resto & Café
2. Turkish Café & Resto
3. Langgeng Bistro
4. Ministry of Coffee

Transport:
1. Mantrijero Tour and Travel (MJ Tours)

Sonstiges:
1. Swasthigita Studio
2. Supermarkt
3. Supermarkt
4. Slamet Riyanto
5. Via Via
6. Roro Jonggrang
7. Bonobo Art Shop
8. Batik Plentong
9. Batik Winotosastro
10. Sayana Salon & Spa
11. Satu Dunia Bookshop
12. Batik Soemihardjo
13. Hafa Kargo
14. Soemihardjo

---

balinesische Küche auf. *Babi Kecap* und *Ayam Betutu* dürfen durchprobiert werden, ohne dass es im Portemonnaie weh tut. ⏲ 12–22 Uhr.
Gading Resto & Café, Jl. Prawirotaman 9. Ist abends gut besucht und serviert die üblichen indonesischen und internationalen Gerichte zu gängigen Unkosten. Wer gern würzig und scharf isst, wird hier nicht glücklich, dafür lässt sich die Pizza nach Belieben selbst zusammenstellen.
Jogja Kopitiam, Sosrowijayan 12–14. WLAN und Kaffee sind das einzige, was hinter der schicken Fassade mitten im Backpacker-Viertel lohnt. Das Frühstücksmenü aus Pao, Porridge und Tee schmeckt so fad, wie es billig ist, und Gäste haben schon von halb gefrorenen Teigtaschen berichtet.
Langgeng Bistro, Jl. Suryiodiningratan 37, ✆ 0274-417043. Das in der Kunstgalerie untergebrachte Bistro serviert exzellente Pasta und Salate, dazu diverse Weine und Desserts zu leicht gehobenen Preisen. Junge, mondäne, kunstinteressierte Klientel und sehr entspannte Atmosphäre.
Legian Garden Restaurant, Jl. Perwakilan 9 (Obergeschoss), ✆ 0274-746 5375. Wohlschmeckende, teils etwas schärfere indonesische und internationale Gerichte und respektable Saft- und *Lassie*-Kombinationen. Das Seafood-Satay sowie *Ayam Betutu*, Huhn nach balinesischer Art, lohnen einen Besuch, der allerdings etwas teurer zu Buche schlägt. Große Räumlichkeiten mit traditioneller Vertonung und aufmerksamer, englischsprachiger Bedienung. Nebenan ist ein Billardsalon. ⏲ 12–22 Uhr.
Ministry of Coffee, Jl. Prawirotaman 15A (gegenüber vom Turkish Café), ✆ 0274-747 3828, 🖥 www.ministryofcoffee.com.

Beliebtes Restaurant mit hellem, schlichtem Interieur und freundlicher Bedienung. Leckere Kaffeevarianten (z. B. mit Avocado) und knackige Salate sowie indonesische und internationale Küche zu angemessenen Preisen. Frühstück bis 11 Uhr. ⏰ 8–24 Uhr.

Superman, Jl. Sosrowijayan Gang 1. Chinesische, indonesische und indische Gerichte gibt es neben der üblichen Traveller-Kost zu angenehmen Preisen. Außergewöhnliche oder scharfe Kost sucht man aber besser woanders. Freundliches Personal, frische Zutaten, dazu eine große Auswahl an Säften und Biersorten.

Turkish Café & Resto, Jl. Prawirotaman 11B. Gute Kebab-Gerichte mit Hummus und kräftiger Kaffee zu angemessenen Preisen bilden hier den Auftakt zu Shishas mit vielen Geschmacksrichtungen für 35 000 Rp.

Watercastle Café, direkt am Platz des alten Vogelmarkts am nördlichen Taman Sari, 🖥 watercastlecafe.blogspot.com. In dem ruhigen, bei Travellern beliebten, kreativ eingerichteten Café weht ein Hauch Nostalgie um die Schwarz-Weiß-Fotografien von Yogyakarta in den alten Tagen. Auch die uralten Schwestern, die das Treiben im Familienbetrieb begutachten, verleihen der Location Charme. Neben kleinen Snacks, Drinks und Kaffee lohnt sich hier besonders die Eigenkreation des früheren Willkommensdrinks der Sultane, Teh Sappan, der hier auch mit Koriander verfeinert wird. ⏰ 9–21 Uhr.

UNTERHALTUNG

FM Bar, Jl. Sosrowijayan. Wird abends von Backpackern auf der Suche nach kühlem Bali Hai-Bier und Snacks frequentiert. Bambus, Nelkenrauch und westliche Popmusik sorgen für die wohlbekannte Traveller-Atmosphäre.

Liquid, Jl. Magelang 158, ☎ 0274-589611 (Restaurant), 0274-619368 (Karaoke). Bei Yogyas Jugend beliebter Ort für Burger, Futsal, Karaoke. Schickes Interieur und gediegenes Flair. Regelmäßig auch Auftritte bekannter indonesischer Bands. ⏰ bis 3 Uhr.

Lucifer Bar & Resto, Jl. Sosrowijayan. Hier gibt's jeden Abend andere Musik von Reggae über Rock und Jazz, und das schummrig ausgeleuchtete Interieur mit surrealistischen

Dekorationen macht weniger Hunger auf die unspektakuläre Küche als vielmehr Durst auf den Pitcher Fassbier, der für 93 000 Rp zu haben ist. Im Grüppchen macht's mehr Spaß – der Laden ist manchmal gähnend leer.

Republic, Jl. Marlioboro 60 (am Parkplatz des Inna Garuda Hotel), ☎ 0274-560884. Bei Locals und Touristen beliebter Nachtclub mit Showtänzern und DJs, die tgl. ab 22 Uhr eine Mischung aus aktuellen Charts, den 90er-Jahren und einer Prise Rock auflegen.

KULTUR

Im Palast finden tgl. kulturelle Vorführungen statt: Mo–Do von 10–12 Uhr traditionelle **Gamelan-Musik**, Mi von 10–12 Uhr **Holzfigurentheater**, Fr von 9–11 Uhr wird alte javanische **Lyrik** rezitiert, Sa von 9–12.30 Uhr **Schattentheater** (Wayang Kulit) und So von 11–12 Uhr traditioneller **Tanz**, der Besuch ist jeweils im Kraton-Eintrittspreis eingeschlossen. Auf dem Alun Alun Kidul findet jeden 2. Sa. im Monat, im Sonobudoyo Museum sogar tgl. Schattentheater statt. Letzteres dauert erträgliche 2 Std., während Ersteres nach traditioneller Aufführungsart die ganze Nacht dauert, meist von 21–5.30 Uhr.

FESTE

Die exakten Termine der Feste verschieben sich jährlich, da sie sich nach dem javanischen und dem muslimischen Kalender richten. Deshalb sollte man sich im Tourist Office von Yogya den Calendar of Events des jeweiligen Jahres besorgen.

Die Reinigungszeremonie **Siraman** findet während des ersten javanischen Monats statt. In diesem heiligen Monat werden vor allem die Erbstücke des Sultans gereinigt. In einer öffentlichen, feierlichen Handlung werden die alten Kutschen gewaschen. Nicht öffentlich sind jedoch die Zeremonien der Waffenreinigung innerhalb der Kratonmauern. Dem Wasser, das hierfür benutzt wird, schreibt man magische Kräfte zu.

Das Ende des Ramadan, **Garebeg Syawal**, wird besonders festlich in Yogyakarta gefeiert. Bereits am Abend zuvor, dem Lebaran-Tag, ertönt aus allen Moscheen, aus Bussen und auf den Straßen ein endloses *„Allah-u-akbar"*.

Ramayana-Ballett

In Prambanan wird das Ramayana in imposanten Aufführungen inszeniert.

Eine stets sehenswerte Kunstform, die sich nach wie vor großer Beliebtheit erfreut, sind die Tänze, die traditionell aus den zwei großen Hindu-Epen, dem *Mahabharata* (dem „Großen Krieg") und – besonders häufig in Yogya – aus dem *Ramayana* (der „Geschichte von Rama") erzählen. Die eleganten Bewegungen und opulenten Kostüme der Darsteller, die Gamelan-Begleitung und die mit allen Zutaten für eine fesselnde Vorstellung versehene Dramaturgie der alten Texte sorgen auch bei wenig sachkundigen Besuchern allabendlich für Faszination. Im **Pusat Seni dan Budaya Purawisata**, Jl. Brigjend Katamso, wird jede Nacht von 20–21.30 Uhr das *Ramayana* in Kurzfassung getanzt – seit mehr als 37 Jahren ununterbrochen. Eintritt inkl. Willkommensgetränk 150 000 Rp. 0274-375705, www.purawisatajogja.com.

Spektakulärer ist die Aufführung im **Taman Wisata Candi**, Jl. Raya Yogya-Solo, KM 16, angrenzend an die Tempelanlagen von Prambanan. Di, Do und Sa wird ab 19.30 Uhr das *Ramayana* in 2 Std. entweder episodenhaft oder komplett aufgeführt, von Nov–April überdacht, von Mai–Okt im Freien. Die Freilichtbühne mit Blick auf den angestrahlten Tempel bietet die perfekte Kulisse für die mit Pyroeffekten und rund 250 Tänzern beeindruckende Inszenierung des Epos. Den Handlungsverlauf gibt es als Zusammenfassung auf einem Infoblatt vor Ort, die deutsche Fassung ist allerdings schlecht – besser die englische nehmen. Karten ab 75 000 Rp, Fotografieren 5000 Rp. Die genauen Veranstaltungstermine sind auf der Event-Seite unter www.borobudurpark.co.id zu finden.

Kinder ziehen mit großen, selbst gebastelten Papierlaternen durch die Straßen, und Jugendliche zünden Feuerwerk am nördlichen Alun Alun. Am nächsten Morgen versammeln sich dort Tausende von Menschen vor der großen Moschee zum Gebet. Anschließend ziehen die farbenprächtig gekleideten Truppen des Sultans vom Kraton über den Pakelaran zum Alun Alun zur *Garebeg*-Zeremonie. Ein hoher Turm aus Reis und Gemüse, der *Gunungan*, wird am Ende der Parade zur Moschee getragen und dort an die wartenden Menschen verteilt.

Wesak ist der wichtigste buddhistische Feiertag, an dem man Buddhas Geburt, seiner Erleuchtung und seines Eintritts ins Nirvana gedenkt. Während der Vollmondnacht (meist im Mai) pilgern gläubige Buddhisten zum Borobudur, um dort mit Gebeten und Prozessionen das Ereignis zu begehen.

Labuhan, der Krönungstag des Sultans Hamengku Buwono X., wird in verschiedenen Orten der Umgebung Yogyas gefeiert. Besonders prunkvoll in Parangtritis, wo der Meeresgöttin Nyai Loro Kidul Opfergaben dargebracht werden.

EINKAUFEN

Wer einen Überblick über all das bekommen will, was es in Yogya einzukaufen gibt, braucht nur einmal die Jl. Malioboro abzulaufen. Fliegende Händler bieten unter den Arkaden und auf dem Bürgersteig alles an, was in der billigen Preisklasse zu haben ist – Ledersandalen und -taschen, Lampenschirme und Wayang-Figuren aus ausgestanztem Ziegenleder, billige Batik-Sarongs, Hemden und andere Textilien, Stempel, Türschilder, Bambusflöten, Schnitzereien, Kassetten und vieles mehr. Zum Handeln muss man sich Zeit

Batik: ein Shopping Guide

Auf den ersten Blick herrscht in der Stadt ein verwirrendes Angebot verschiedenster stilistischer Richtungen und Qualitäten. Da Batik-Bilder leicht zu transportieren sind und traditionelle javanische Kunst mit modernem Design verbinden, sind sie ein beliebtes Souvenir. Leider besitzen nur wenige Touristen Fachkenntnisse über Batik-Malerei, sodass ein großes Angebot von schlechter Qualität herrscht. Generell entscheiden die Größe, die Seltenheit bzw. Gängigkeit des Motivs, der Detailreichtum sowie die Farbqualität und die Herstellungsart über den Preis. Ein kleines Bild mit gebräuchlichem Motiv bzw. gestempeltem Muster, großen monochromen Farbflächen, billiger Baumwolle und synthetischen Farben kann man für unter 100 000 Rp erstehen. Ein großes Bild aus aufwendig gemischten Naturfarben auf Seide, mit vielen Details, originellem Motiv und handgetupften Goldkonturen kostet mehrere Millionen, und die Herstellung dauert Wochen.

In Geschäften an der Jl. Marlioboro hängen oft gängige Muster und Motive, sodass man sich hier einen Überblick über die Massenware verschaffen kann, um anschließend die Arbeiten in den kleineren Galerien und Werkstätten besser beurteilen zu können.

Ausstellung und Einkauf

Wer ein preiswertes Mitbringsel sucht, ohne viel Wert auf Qualität zu legen, sollte sich in den kleinen Galerien, die es überall in der Stadt gibt, umsehen. Einkaufsstraßen sind vor allem die Jl. Malioboro und ihre südliche Verlängerung, die Jl. Jen. A. Yani. In **Batik-Fabriken** kann man den Prozess des Einwachsens und Färbens beobachten und ein besseres Gefühl für die Qualität einer Batik entwickeln. Den Fabriken ist immer ein Verkaufsraum angeschlossen.

Roro Jonggrang, Jl. Tirtodipuran 6 a, ✉ batik_raradjonggrang@yahoo.com. Hand- und Stempelbatik mit zumeist traditionellen floralen und javanischen Mustern, ◷ 9–19 Uhr. **Batik Plentong**, Jl. Tirtodipuran 28, und **Batik Winotosastro**, Jl. Tirtodipuran 54, sind die größten Fabriken in dieser Straße.

Galerien

Wer Wert auf gute Arbeit legt, sollte zuvor in den **Galerien bekannter Künstler** das Auge schärfen. Ihre Bilder sind allerdings nur selten unter US$100 zu bekommen. Viele Galerien liegen rings um den Taman Sari hinter dem alten Vogelmarkt (Pasar Ngasem) und in der Gegend südlich des Bahnhofs. Eine Auswahl:

Agus, Mergangsan Kidul, eine Seitengasse der Jl. Tamansiswa, ✆ 0274-375537. Agus malt Batik-Bilder im traditionellen Stil, z. B. balinesische Tänzerinnen, Szenen aus dem *Ramayana* und dörfliche Szenen; kleine Bilder kosten US$60–100, größere US$200–1000.

206 YOGYAKARTA I Feste   www.stefan-loose.de/indonesien

nehmen! Qualitativ bessere und keineswegs teurere Waren bekommt man in verschiedenen Geschäften abseits der Haupteinkaufsorte. In der **Malioboro Mall**, Jl. Malioboro, ist Markenkleidung und teils stark reduzierte Ware über mehrere Etagen erhältlich, ⏱ 10–22 Uhr. In der größten Mall der Stadt, dem **Ambarrukmo Plaza**, Jl. Laksda Adisucipto (per Transjogja-Bus 1A für 3000 Rp, 20 Min. Fahrt ab Jl. Marlioboro), gibt es neben den üblichen Food Stalls und Deli-Ketten Markenkleidung und Streetwear, einen Gramedia-Buchhandel, einen großen Carrefour-Supermarkt sowie Unterhaltungselektronik und Parfümerien – das Ganze über fünf Etagen. ⏱ 10–22 Uhr, Parkgebühr 2000 Rp.

Wer **Antiquitäten, Kuriositäten, Gegenwartskunst und Kunsthandwerk** aus anderen Teilen Indonesiens sucht, könnte in der Jl. Parangtritis und der Jl. Tirtodipuran, südlich vom Kraton, fündig werden, wo sich Geschäfte wie der **Bonobo Art Shop**, ⏱ 9–18 Uhr, und diverse Batik-Kunstwerkstätten befinden. Sehr gut zum Einkaufen von Kunstgewerbeartikeln ist **Mirota Batik**, Jl. Jen. A. Yani 29, gegenüber dem **Pasar Beringharjo**, wo nicht nur Batik verkauft wird.

Al Kusuma, im Wohngebiet hinter dem Taman Sari (am besten durchfragen). Gehört zur jüngeren Generation und malt u. a. filigrane javanische Motive aus dem *Ramayana* mit starken Blautönen. In seiner Werkstatt können auch Kurse belegt werden, Preise auf Anfrage.

Amri Gallery, Jl. Gampingan 6 (hinter ISI-Kunstinstitut), ✆ 0274-564525. Amri Jahya ist einer der bekanntesten (und teuersten) Batik-Künstler. Er bevorzugt abstrakte Motive in klaren Farben. Neben seinen Bildern entwirft er moderne Designs für Textilien, die ebenfalls in der Galerie verkauft werden. ⏱ Di–So 9–16 Uhr.

Astuti, Jl. Gading 18, ✆ 0274-372987. Astuti malt abstrakte und surrealistische Bilder von großer dynamischer Aussagekraft in Batik und Öl. Batik-Bilder kosten US$125–400, Ölgemälde ab US$300. ⏱ 9–21 Uhr.

Batik Soemihardjo, Jl. Mangkuyudan 23, ragt aus dem gängigen Angebot heraus. Soemihardjo und der 1984 verstorbene Soelardjo gelten als Wegbereiter des modernen Batik-Designs. Sie besaßen die technischen Möglichkeiten und erarbeiteten in den 60er-Jahren in Zusammenarbeit mit den Künstlern Kuswadji, Kussudiardjo, Oetono und Kusnadi u. a. neue Batik-Kreationen.

Kuswadji, Jl. Alun Alun Utara, Pojok Barat Daya. Der 1986 verstorbene Pionier der modernen Batik-Malerei bevorzugte dekorative Motive aus klassischen javanischen Epen und Volkssagen. Typisch für seinen Stil sind Wayang-Darstellungen. Elf seiner Kinder und einige Studenten führen seine Arbeit fort. Sie haben dabei völlig unterschiedliche Stilrichtungen entwickelt, von abstrakten Motiven bis zu fein ausgearbeiteten Pflanzendarstellungen. Zwei der Söhne leben und arbeiten heute noch nördlich der Mataram-Universität. Atrap, der ältere, malt abstrakt und teils mit Öl. Sein bekanntestes Motiv ist eine farbige Explosion vor rotem Hintergrund – eine Variation des Tsunami-Motivs.

Sapto Hoedoyo; die Werke des 2002 verstorbenen Künstlers kann man in einer Galerie in einem auffälligen Gebäude nahe dem Flughafen bewundern, das zudem unübersehbar durch Sapto Hoedoyos hohe, naive Skulpturen gekennzeichnet ist. Die Öl- und Batik-Bilder sind in dezenten Farben gehalten, favorisiert werden folkloristische Motive, die zentralamerikanische Vorbilder zu haben scheinen. ⏱ 10–16 Uhr.

Slamet Riyanto, Jl. Tirtodipuran 61, ✆ 0274-372615, malt abstrakte dynamische Kompositionen und halbabstrakte Landschaften in einem eigenwilligen Stil und in den meist dezenten Farben der traditionellen Batik. ⏱ Mo–Sa 9–21 Uhr.

Soemihardjo, Jl. Mangkuyudan 23 (s. u.), ✆ 0274-371785, bevorzugt javanische Motive aus dem alltäglichen Leben z. B. der Händler und Bauern und entwirft fein gearbeitete, arbeitsintensive Designs für Textilien. ⏱ 9–17 Uhr.

www.stefan-loose.de/indonesien   YOGYAKARTA I Einkaufen

Günstig ist auch das **Art & Craft Centre** im Pura Wisata, Jl. Brigjen Katamso.

Bücher

Dunia Santai, Jl. Sosrowijayan Gang 1 sowie in der Jl. Prawirotaman 33. Verkauft werden gebrauchte Taschenbücher. ⏰ 8–22 Uhr.

Gramedia, Ambarrukmo Plaza (2. Etage), Jl. Laksda Adisucipto. Einer der größten Buchläden der Stadt. Hier werden auch englischsprachige Bücher sowie eine große Auswahl an Wörterbüchern verkauft: zuletzt allein 4 verschiedene für Indonesisch–Deutsch. ⏰ 10–22 Uhr.

Rama Bookshop, ebenfalls im Gang 1, ✉ happy. yogyaholic@gmail.com. Kleine Auswahl an internationaler Literatur. ⏰ 8–21 Uhr.

Elektronik und Computer

Elektronikartikel aller Art gibt es im Kaufhaus **Jogjatronik** in der Jl. Brigadir Jenderal Katamso 75–77, unweit des Kraton, ⏰ 10–21 Uhr. Handys und Zubehör sind auch 500 m weiter nördlich in der **Progo Mall** zu finden, ⏰ 9–21 Uhr.

Holzmöbel

In modernem und traditionellem asiatischem Design gehaltene Holzmöbel gibt es u. a. bei **Kayu Manis**, ✆ 0274-747 1285, 🖥 kayumanis. asia, in der Jl. Monumen TNI-AU 8. Das Unternehmen verarbeitet ausschließlich legal geschlagene Hölzer mit Öko-Zertifikat. Möbel im neobarocken und amerikanischen Stil finden sich bei **Moodlines**, ✆ 0274-497786, 🖥 www.moodlines.com, in der Karang Pulih 21 in Tirtonirmolo. Bei **Segoro Mas Solo** in der Jl. Imogiri Barat, KM 4,5, in Sewon, ✆ 0271-821651, 🖥 www.segoromas.com, werden Innen- und Außenmöbel komplett aus recycletem Teakholz gefertigt.

Silber

Insgesamt kostet Silber in Java mehr als etwa in Sumatra oder auch in Thailand. Bekannt für seine Silberarbeiten ist das Dorf **Kota Gede**, 3 km südöstlich der Stadt; zu erreichen mit Bus Nr. 4 und Nr. 11 ab Jl. Malioboro oder Bus Nr. 11 ab Jl. Prawirotaman. Lohnenswert, wenn man die Silberschmiede bei der Arbeit beobachten

will – besonders arbeitsintensiv sind die Filigranarbeiten.

Tom Silversmith, Jl. Ngeksigondo 60, Kota Gede, ✆ 0274-525416, wird oft von Touristenbussen besucht. Er liegt mit seinen Preisen im Durchschnitt 20 % höher als die anderen Läden. ⏰ 8–18.30 Uhr.

Padma's Silver, Jl. Kemasan 9, Kota Gede. Preiswerter Silver-Shop. Schmuck wird nicht nach Gewicht verkauft, ist also noch teurer.

AKTIVITÄTEN

Batik-Kurse

Vor allem im Kraton und südlich davon findet man zahlreiche Batik-Fabriken und Batik-Maler. Man kann vorbeikommen und kostenlos den Herstellungsprozess beobachten. Die Preise für Kurse gehen weit auseinander.

Batik Research Centre, Jl. Kusumanegara 7, ✆ 0274-512557, bietet sehr umfassende und gute Batik-Kurse an. Zudem ist im Centre eine ausgezeichnete Ausstellung untergebracht. Preise auf Anfrage.

Batik Winotosastro, Jl. Tirtodipuran 54, ✆ 0274-375218, 🖥 www.winotosastro.com. Tageskurse für 50 000 Rp p. P. inkl. Farben und einem 30 x 100 cm großen Stoff zur Bearbeitung nach wahlweise traditioneller Machart per Hand oder der bequemen Variante per Stempel. Sehr freundliche und fachkundige Betreuung.

Sprachkurse

Alam Bahasa Indonesia, Jl. Kolombo 3, ✆ 0274-543420, 🖥 www.alambahasa.com. Die Sprachkurse sind mit den touristischen Angeboten Yogyas verknüpft: u. a. mit Ausflügen zu den Sehenswürdigkeiten, Batik-Workshops, Besuchen von Wayang-Aufführungen oder gemeinschaftlichem Kochen. Eine Woche derartig aktiven Sprachunterrichts kostet US$300 inkl. Unterkunft und 2 Mahlzeiten im Homestay, Transporte, Eintritte und Materialien. Separate Unterrichtsstunden kosten US$10 p. P. wie auch die einmalige Einschreibegebühr.

Tanzkurse

ISI (Institut Seni Indonesia), ✆ 0274-379133, 🖥 isi.ac.id. Die größte Kunstakademie des Landes gibt auch längere Kurse in traditionellen

Tänzen, die Einschreibegebühren sind allerdings recht hoch. Aktuelle Preise und Kontaktinfos auf der Webseite.

Wayang Kulit-Workshops

Wer wissen möchte, wie die Figuren aus dem javanischen Schattentheater hergestellt werden, sollte sich einen Wayang Kulit-Workshop ansehen. Dort können die langwierigen Arbeiten vom Ausstanzen des Leders über das Bemalen mit feinsten Farben bis zum Zusammenfügen der Lederteile und Befestigen der Hornstöcke verfolgt werden.

Swasthigita, Studio und Workshop, südlich des Kraton in einer kleinen Gasse links am Anfang der Jl. D. I. Panjaitan, Jl. Ngadinegaran MJ 7/50. Viele Variationen von Puppen, allerdings sehr teuer.

Via Via, Jl. Prawirotaman 30, ✆ 0274-386557, 🖥 www.viaviajogja.com. Tgl. 8–13 oder 14–19 Uhr findet der Workshop statt, in dessen Teilnahmegebühr von 100 000 Rp p. P. ein Stück Büffelhaut, sonstige Materialien und Trinkwasser enthalten sind.

TOUREN

Eine Vielzahl von Touranbietern organisiert Fahrten zu und Führungen durch die wichtigsten Sehenswürdigkeiten in und um Yogya. Auch alternative Touren sind im Angebot, z. B. die Begegnung mit traditionellen Handwerkern oder Flussfahrten durch eine Höhle auf einem Gummireifen. Dabei erlaubt die hohe Angebots-Dichte, sich den Anbieter für eventuelle mehrtägige und umfangreichere Touren genau auszusuchen. Man muss nicht mit dem Erstbesten gehen und sollte die Kontaktpersonen vorher genau auf Professionalität, Sicherheit (auch der Zustand der Fahrzeuge ist wichtig) sowie Sprach- und Sachkundigkeit prüfen. Preisbeispiele p. P.:

BOROBUDUR inkl. Candi Pawon und Candi Mendut, ca. 4 Std., 75 000 Rp, bei Sosro Tours und Cecko bereits ab 50 000 Rp bei Abfahrt tagsüber, d. h. ohne Sonnenauf- und -untergang.

BROMO inkl. Übernachtung und Rückfahrt bzw. Weiterfahrt nach BALI, 2 Tage, ab 350 000 Rp.

DIENG-PLATEAU inkl. Candi Arjuna und Besuch am Telaga Warna, 10 Std., 100 00 Rp. MERAPI inkl. Guide und Frühstück (gute Schuhe, Jacke und Taschenlampe sind angeraten), 14 Std., 300 000 Rp.

PRAMBANAN inkl. Sambisari, 4 Std., 75 000 Rp; einfacher Transport zum *Ramayana*-Theater für 50 000 Rp.

Blue Earth Tours & Transport, Perumahan Mahakam Permai A1, Jl. Wonosari 7, ✆ 0274-663 5773. Organisiert Tagestouren in und um Yogya, deren Stationen sich nach den individuellen Wünschen der Kunden richten. Preise auf Anfrage.

Cecko Trans, Sosrowijayan Gang 1, ✆ 0274-560966. Alle gängigen Touren inkl. Kaliurang, Kaliadem und Krakal im Angebot. Die Standardtouren nach Prambanan und Borobudur waren zum Zeitpunkt der Recherche mit 60 000 Rp recht günstig.

Mantrijero Tour and Travel (MJ Tours), Mantrijeron MJ 3/890 Gang Surami, ✆ 0274-383396, 🖥 www.mjtourstravel.com. Hauptsächlich Tagesausflüge zu den Tempelanlagen um Yogya, nach Kaliadem am Vulkan Merapi, nach Wonosobo, aber auch zu den alten Losari-Kaffeeplantagen, die heute auch ein luxuriöses Spa und Unterkunft in schicken Villen für je bis zu 10 Pers. bieten.

Satu Dunia/Dunia Santai, Jl. Prawirotaman 16 (im Buchladen) sowie Sosrowijayan Gang 1, ✆ 0813-9267 8888. Cave Tubing (8 Std. für 200 000 Rp p. P.) oder Rafting (750 000 pro Boot, max. 6 Pers.) auf dem Sungai Oya durch die

Der Shop-Stopp

Mitunter halten Fahrer von Kleingruppentouren an bestimmten Geschäften und Restaurants, in der Hoffnung auf Kommission. Wer (am besten geschlossen in der Gruppe) höflich, aber bestimmt von vornherein sagt, dass solche Stopps unerwünscht sind und kein Interesse an Nippes oder überteuertem Essen besteht, erspart sich Zeit und Nerven. Allerdings ist auch nicht gleich jedes Restaurant, an dem man zur Mittagspause hält, schlecht oder überteuert.

Goa Pindul, inkl. Ausrüstung und kleinem Mittagessen, sowie Elefantensafaris für 350 000–1,6 Mio. Rp ragen aus dem gängigen Angebot der meisten Touranbieter heraus.

Seta Tour and Travel, Airport Square Kav. 4, Jl. Laksda Adisucipto, ☎ 0274-488522, 🖥 www.setatour.com. Für eine 4-Tages-Tour inkl. Übernachtung, Auto mit englischsprachigem Guide, Eintritten und Teilnahme am Batik-Kurs bezahlen 2 Pers. je US$525. Bei größeren Gruppen verringert sich der Preis auf bis zu US$375 p. P. 7-Tages-Touren führen zudem ins Dieng-Plateau, nach Solo sowie zum Bromo und nach Surabaya.

Sosro Tour & Travel, Sosrowijayan Gang 1/62, ☎ 0274-512054. Touren nach Prambanan und Borobudur tagsüber bereits ab 50 000 Rp, zum Merapi inkl. Verpflegung 170 000 Rp, Nach Banyuwangi (Fährhafen nach Bali) via Bromo und Ijen-Krater geht es 3 Tage lang für 550 000 Rp.

SONSTIGES

Apotheken

Kimia Farma, Jl. Malioboro 123, ☎ 0274-514980. ⏱ 24 Std.

Auto- und Motorradverleih

Viele Unterkünfte und Tour Operator bieten Motorradverleih ab 50 000 Rp am Tag.

Ana Rental, Jl. Pasar Kembang 33 (schräg gegenüber vom Bahnhof), ☎ 0274-582617, 🖥 www.yogyaholiday.com. Motorräder mit manueller Schaltung für 50 000 Rp, mit Automatikgetriebe für 60 000 Rp, Autos ab 400 000 Rp am Tag.

Paradizzo, Jl. Sosrowijayan Gang 1, ☎ 0274-835 2507, 🖥 www.paradizzo-jogjatour.com. Viele verschiedene Fahrzeuge inkl. Fahrer und Benzin. Ein Innova kostet 600 000 Rp, der Avanza 450 000 Rp für 12 Std.

Immigration

Jl. Raya Solo auf Höhe des Flughafens, ☎ 0274-487165. ⏱ Mo–Fr 8–15, Sa 8–12 Uhr.

Informationen

Tourist Information Centre, Jl. Malioboro 16, ☎ 0274-566000, 🖥 www.visitingjogja.com,

www.yogyes.com. Kompetente Mitarbeiter versorgen die Traveller hier mit kostenlosen Stadt-, Umgebungs- und Busfahrplänen, Infos über kulturelle Veranstaltungen und aktuellen Tipps zu Hotels und Transport. ⏱ Mo–Do 7.30–14, 14.30–19, Fr 7.30–11.30, 13.30–18, Sa 7.30–14, 14.30–18 Uhr.

Medizinische Hilfe

Jogja International Hospital, Jl. Ringroad Utara, ☎ 0274-446 3555 (Ambulanz), 🖥 www.rs-jih.com.

RSU Bethesda, Jl. Jendral Sudirman 70, ☎ 0274-586688, 🖥 www.bethesda.or.id.

Polizei

Jl. Trikora, ☎ 0274-512511.

Post

Hauptpostamt in der Jl. P. Senopati (am Südende der Jl. Marlioboro). ⏱ 7.30–19.30 Uhr.

Spedition

Hafa Kargo, Jl. Gerilya 634, ☎ 0274-377157, ✉ hafa@indosat.net.id. Kauft man mehr ein, als man im Gepäck unterbringen kann, lässt man am besten alles verpacken und per See- oder Luftfracht verschicken. 30 m³ kosten bis Hamburg inkl. Abholung in Java ca. US$2000 und dauern per Schiff bis zu 3 Wochen. Wer Möbel abholen und verfrachten lassen möchte, kann für 2,5 % des Rechnungspreises eine Inspektion der Ware durch die Spedition buchen. Die überprüft, ob etwa das Holz die für eine Überfahrt nach Europa im Container zulässige Feuchtigkeit von 15 % nicht überschreitet – sonst drohen Holzbruch und Verformung.

Wellness

Martha Tilaar Salon Day Spa, Jl. Poncowinatan 88, ☎ 0274-561487, 🖥 www.martha tilaarspa.com. Exklusiv für Frauen: Von aromatischen Facials über Ingwer-, Rosen oder Kokosnuss-Behandlungen, Waxing, Haarpflege bis hin zu „post-nataler Erholung" kann Frau hier Fünf gerade sein lassen – für das gar nicht so kleine Kleingeld, versteht sich. ⏱ 9–20 Uhr.

Sayana Salon & Spa, Jl. Prawirotaman 16, ℡ 0274-411133. Von der Rasur über Haarschnitte, Gesichtskosmetik, Waxing bis hin zu javanischen Ölmassagen (60 Min. für 70 000 Rp) wird hier so ziemlich alles zu verträglichen Preisen angeboten. Englischsprachiges Personal klärt gern über die Besonderheiten der verschiedenen Kuren auf.

NAHVERKEHR

Selbstfahrer

Fahrräder sind eine Alternative zu den öffentlichen Verkehrsmitteln, denn abgesehen vom Autoverkehr ist Yogya gut mit dem Rad zu erkunden. Es führt sogar eine ausgeschilderte Fahrradroute durch die wichtigsten Viertel der Stadt. Für 15 000–20 000 Rp pro Tag werden Räder in der Jl. Pasar Kembang, der Jl. Sosrowijayan und der Jl. Prawirotaman vermietet. Allerdings ist man nicht versichert, auch nicht gegen Diebstahl.

Stadtbusse

Busse fahren für 3000 Rp vom Busbahnhof Umbulharjo (3 km außerhalb im Südosten der Stadt nahe Kota Gede) auf 17 verschiedenen Rundkursen durch die Stadt. Sie operieren nur bis Sonnenuntergang. Die 2 fährt vom Busbahnhof über Jl. Parangtritis zur Jl. Mataram in der Nähe der Jl. Malioboro und des Bahnhofs. Die 11 fährt ab Jl. Malioboro über Jl. Parangtritis zum Busbahnhof Giwangan. Die 4 fährt ab Jl. Malioboro, die 15 ab Jl. Parangtritis direkt zum Busbahnhof.

Transjogja-Busse halten an designierten Haltestellen und kosten 3000 Rp pro Fahrt. Sie sind tgl. von 5.30–22 Uhr in der ganzen Stadt unterwegs. An vielen Haltestellen ist der Umstieg in eine andere Linie möglich, und man kommt so relativ schnell und bequem von A nach B. Einen Plan der Linien und Haltestellen gibt es in der Touristeninformation. Die wichtigsten Linien: Linie 1A ab Prambanan über Adisujipto Airport, Tugu Station und Jl. Malioboro; Linie 1B ab Flughafen über Hauptpostamt und Pingit; Linie 2A zwischen Terminal Jombor im Nordwesten und Terminal Condongcatur; Linie 3B zwischen Terminal Giwangan im Südosten und Kota Gede.

Fahrrad-Rikschas (Becak)

Sie prägen das Bild von Yogyakarta. Die schätzungsweise 15 000 Becak sind das gängige Nahverkehrsmittel. Vor Fahrtantritt muss man den Preis aushandeln. An Touristen werden oft überhöhte Forderungen gestellt. Doch auch ein Becak-Fahrer muss seinen Lebensunterhalt und die Miete für sein Fahrzeug verdienen. Gängig sind für 1 km ca. 8000 Rp, für 1 Std. ca. 40 000 Rp. Vorsicht bei billigen Angeboten – sie führen oft zu Batik-Galerien und Verkaufsgesprächen!

Taxis

Sie stehen vor den großen Hotels und kurven in der Stadt herum. Die Einschaltgebühr beträgt 5000 Rp, jeder weitere Kilometer ca. 3000 Rp. Vom Airport in die Stadt 50 000 Rp Festpreis, von der Stadt zum Flughafen ab 35 000 Rp mit Taxameter. Pro Std. zahlt man für einen Wagen mit Fahrer 100 000 Rp. Taxiunternehmen:
Armada Taxi, ℡ 0274-512787;
Raja Wali Taxi, ℡ 0274-561459;
Centris Taxi, ℡ 0274-544977.

TRANSPORT

Busse

Der **Busbahnhof Umbulharjo** für Nah- und Fernbusse wie auch für alle Stadtbusse liegt 3 km außerhalb der City nahe Kota Gede (Jl. Menteri Supeno/Jl. Veteran). Für Touristen ist er jedoch irrelevant, da alle wichtigen Busse auch von den näheren Terminals abfahren. Nach Norden und Osten ab **Terminal Jombor** in der Jl. Magelang. Busse nach Süden und Westen ab **Terminal Giwangan**, Jl. Parangtritis, Ecke Jl. Kol. Sugiono. Viele Busunternehmen bieten jedoch zunehmend Fahrten in alle möglichen Richtungen an, unabhängig vom Terminal. Viele Busse fahren nur 1x tgl. und früh am Morgen ab. Es empfiehlt sich zur Hochsaison (Ende des Ramadan und Neujahr), mind. 1 Tag vor Abfahrt ein Ticket zu kaufen oder zu reservieren. Am Busterminal sind Tickets oft rund 10 000 Rp billiger als in der Travel Agency.

Preisbeispiele von Jombor:
BANDUNG, 398 km, in 9 Std. für 95 000 Rp;
BOGOR, 577 km, in 14 Std. für 135 000 Rp;

DIENG, 102 km, mit Umstieg. Zuerst nach MAGELANG, 40 km, in 1 Std. für 10 000 Rp. Weiter nach WONOSOBO, 65 km in 2 1/2 Std. für 15 000 Rp. In Temanggung muss man manchmal umsteigen (ohne ein weiteres Mal zu bezahlen);
JAKARTA, 540 km, in 10 Std. für 130 000 Rp;
MAGELANG, 40 km, in 1 Std. für 10 000 Rp;
MERAK, 650 km, in 11 Std. für 150 000 Rp;
SOLO, 70 km, in 1 1/2 Std. für 20 000 Rp.

Preisbeispiele von Giwangan:
CILACAP (östlich von Pangandaran), 175 km, in 5 Std. für 50 000 Rp;
CIREBON, 306 km, in 4 Std. für 64 000 Rp;
MALANG, 338 km, in 8 1/2 Std. für 80 000 Rp;
PARANGTRITIS, 28 km, in 1 1/2 Std. für 8000 Rp;
PROBOLINGGO (BROMO), 378 km, in 10 Std. für 180 000 Rp;
SEMARANG, 120 km, in 5 Std. für 150 000 Rp;
SURABAYA, 325 km, in 9 Std. für 65 000 Rp. Zwischen 6 und 16 Uhr fahren von beiden Terminals ca. alle 30 Min. Busse nach PRAMBANAN (von dort noch 1 km bis zum Tempel), 18 km, in 1 1/2 Std. (ohne Stau 1 Std.) für 10 000 Rp sowie nach BOROBUDUR (bis zum Parkplatz des Tempels), 40 km, in 2 Std. für 12 000 Rp.

OBL Safari Dharma Raya, Jl. P. Mangkubumi 70 sowie am Terminal Giwangan, ℡ 0274-581880, ⌨ www.safaridharmaraya.com. Klimatisierte Executive-Busse nach JAKARTA, TANGERANG, BOGOR, SURABAYA und DENPASAR auf Bali.
Pahala Kencana, Terminal Jombor Kios Yunita, Jl. Raya Magelang, ℡ 0274-782 6664, ⌨ www.pahalakencana.com. Großes Busunternehmen mit 55 Zielen in Java, Süd-Sumatra und Bali.

Minibusse
Direkte Minibustransporte in teils klimatisierten Fahrzeugen werden von Reiseagenturen (Travel) in alle wichtigen Orte Javas und nach Bali angeboten. Preisbeispiele:
BANDUNG, 398 km, in 8 Std. für 170 000 Rp;
BOGOR, 577 km, in 12 Std. für 190 000 Rp;
BROMO, 380 km, in 10 Std. für 160 000 Rp;

CILACAP, 175 km, in 4 Std. für 150 000 Rp;
DENPASAR, 700 km, in 15 Std. für 230 000 Rp inkl. Fährticket;
JAKARTA, 530 km, in 8 1/2 Std. für 170 000 Rp;
MALANG, 338 km, in 8 Std. für 110 000 Rp;
SEMARANG, 120 km, in 4 Std. für 95 000 Rp;
SOLO, 64 km, in 1 1/2 Std. für 40 000 Rp;
SURABAYA, 325 km, in 8 Std. für 110 000 Rp.

Cipaganti Tour & Travel, Jl. Magelang, KM 5,6, ℡ 0274-650 0000, ⌨ www.cipaganti.co.id. Busse fahren um 8 und 20 Uhr nach CIREBON, um 7 und 19 Uhr nach BANDUNG.
Joglosemar, Jl. Magelang, KM 5,6, ℡ 0274-623700, ⌨ joglosemarbus.blogspot.com. Stdl. bis 2-stdl. von 4–22 Uhr nach SOLO und SEMARANG.
Sosro Tour & Travel, Sosrowijayan Gang 1, ℡ 0274-512054. Auch Nachtbusse nach DENPASAR, GILIMANUK und PADANG BAI auf Bali ab 240 000 Rp inkl.

Eisenbahn
Der Bahnhof **Stasiun Tugu**, ℡ 0274-514270, liegt im Zentrum an der Jl. Pasar Kembang. Die Ticketpreise variieren je nach Datum, Zug und Klasse enorm. Tickets sollte man einen Tag vorher kaufen, und es empfiehlt sich, rechtzeitig vor Abfahrt am Bahnhof zu sein – die Warte-schlangen, besonders vor dem 3. Klasse-Schalter, sind beachtlich. Die Abfahrtszeiten der Züge ändern sich wie überall, deshalb erkundigt man sich besser vorher am Bahnhof nach Abfahrtszeiten. Man kann sich auf der Webseite ⌨ www.kereta-api.co.id die voraussichtlichen Preise und die Fahrtdauer anschauen. Preisbeispiele:
BANDUNG, 5x tgl. in 8 Std. für 110 000 Rp;
CIREBON, 6x tgl. in 4 1/2 Std., ab 230 000 Rp;
JAKARTA, bis zu 8x tgl. in 9 Std., ab 125 000 Rp;
MALANG, 2x tgl. in 7 1/2 Std., ab 95 000 Rp;
SEMARANG, 5x tgl. in 4 Std., ab 60 000 Rp;
SOLO, 13x tgl. in 1 Std., ab 10 000 Rp;
SURABAYA, 6x tgl. in 5 Std., ab 75 000 Rp.

Flüge
Flughafensteuer am **Adisucipto Airport** (JOG) 35 000 Rp für Inlandflüge, 60 000 Rp für Auslandflüge.

212   YOGYAKARTA I Transport

Air Asia, Melia Purosani Hotel, Jl. Suryotomo 3,
☏ 0274-5050 5088 (Callcenter), sowie am Flughafen, 🖥 www.airasia.com.
JAKARTA, 3x tgl. in 1 Std., ab 143 000 Rp;
KUALA LUMPUR, tgl. in 2 Std., ab 450 000 Rp;
SINGAPUR, tgl., ab 499 000 Rp.
Batavia, Jl. Urip Sumohardjo im Ruko Mas Plaza 12B, ☏ 0274-547373, sowie am Flughafen, ☏ 0274-484261, 🖥 www.batavia-air.com.
BALIKPAPAN, tgl. in 2 1/2 Std. für 618 000 Rp;
JAKARTA, 3x tgl. in 1 Std., ab 310 000 Rp;
MEDAN, via Batam, tgl. in 4 Std.
für 1,1 Mio. Rp;
PONTIANAK, tgl. in 2 1/2 Std., ab 510 000 Rp;
SURABAYA, tgl. in 1 Std., ab 327 000 Rp.
Garuda, im Hotel Inna Garuda, Jl. Malioboro 60,
☏ 0274-558470, 🖥 www.garuda-indonesia.com.
DENPASAR, 3x tgl. in 2 Std. 15 Min.,
ab 565 000 Rp;
JAKARTA (CGK), 8x tgl. in 1 Std., ab 470 000 Rp.
Lion Air, am Flughafen, ☏ 0274-783 1919,
🖥 www.lionair.co.id.
DENPASAR, tgl. in 1 1/2 Std., ab 412 000 Rp;
JAKARTA, 9x tgl. in 1 Std., ab 274 000 Rp;
SURABAYA, 4x tgl. in 1 Std., ab 459 000 Rp.
Merpati, Jl. A.M. Sangaji 87B, ☏ 0274-566889, 🖥 www.merpati.co.id, sowie am Flughafen,
☏ 0274-489727.
JAYAPURA, Di, Mi, Fr und So je 2x tgl.
in 3 Std. für 2,5 Mio. Rp;
MAKASSAR, 2x tgl. in 3 Std., ab 467 000 Rp.
Sriwijaya, Jl. Laksda Adi Sucipto 31,
☏ 0274-489339, 🖥 www.sriwijayaair.co.id.
BALIKPAPAN, tgl. in 2 1/2 Std. für 690 000 Rp;
JAKARTA, 2x tgl. in 1 Std., ab 330 000 Rp;
SURABAYA, tgl. in 1 Std., ab 300 000 Rp.

Borobudur

39 km nordwestlich von Yogyakarta liegt der größte buddhistische Tempelkomplex Südostasiens. Der Borobudur wurde zwischen 750 und 840 zur Zeit der Sailendra-Dynastie erbaut. Man vermutet, dass ca. 10 000 Arbeiter rund 100 Jahre zur Fertigstellung des quadratischen Baus mit einer Seitenlänge von 117 m gebraucht haben. Das Sailendra-Reich wurde 856 von hinduistischen Fürsten abgelöst und der prächtige Tempel durch einen verheerenden Ausbruch des Merapi für fast 1000 Jahre verschüttet. Borobudur aber lebte weiter in den Erzählungen der Menschen.

Erst 1814 wurde mit den Ausgrabungen, 1907 mit den ersten Restaurierungen begonnen. 1973 startete, unterstützt durch die Unesco, ein zehnjähriges Mammutprojekt, um den vom Zusammenbruch bedrohten Borobudur zu retten. Fresken mussten restauriert werden, und das Fundament wurde Stein für Stein erneuert. Insgesamt wurden bis zum Abschluss der Arbeiten 1983 exakt 1 300 232 Steine katalogisiert, gereinigt und chemisch behandelt und US$25 Mio. ausgegeben. Seit 1991 gehört das Monument zum Weltkulturerbe der Unesco.

Borobudur ist im Prinzip ein riesiger Stupa mit Mandala-Grundriss, dessen drei Ebenen der Dreiteilung des irdischen Daseins im *Mahayana*-Buddhismus entsprechen: *Khamadhatu*, die unterste Ebene des alltäglichen Daseins; die mittlere Ebene, *Rupadhatu*, die vergeistigte Form, und die obere Ebene, *Arupadhatu*, die vollständige Abstraktion und Loslösung von der diesseitigen Welt. Während des Aufstiegs vollzieht man dieses geistige Erlebnis symbolisch nach. Auf allen Stufen stellen nahezu vollplastisch gearbeitete Reliefs vielfältige Szenen aus dem Leben des Siddharta, des Buddha, dar: die Geburt als seine letzte Inkarnation, der mühsame Weg zur Erleuchtung und sein Ableben, mit dem er das Nirwana erreicht. Umrundet man die drei Ebenen im Uhrzeigersinn, dann läuft wie in einem Bilderbuch, über insgesamt 5 km, das Leben des Erleuchteten vor einem ab.

Auf der obersten Stufe ist das Nirwana erreicht – der Blick über die Reisfelder und Palmenhaine bis zum Menoreh-Gebirge scheint ebenso weltentrückt wie die zahlreichen Buddhafiguren, die, geschützt vor dem zersetzenden, tropischen Klima, in kleinen Stupas sitzen. Sie sind in Meditation versunken und symbolisieren mit ihren Handhaltungen *(Mudra)* eine bestimmte geistige Situation. Je nachdem, wie die Sonne sie im Laufe des Tages anstrahlt,

UMGEBUNG YOGYAKARTA

verändert sich ihr Gesichtsausdruck. Man sollte versuchen, bereits um 6 Uhr hier zu sein (die meisten Bustouren ab Yogyakarta fahren ohnehin gegen 4 Uhr früh ab), dann kann man die Aussicht über die dunstige Landschaft in der Morgensonne und die Schönheit des Tempels genießen. Andere empfehlen den Spätnachmittag ab 16 Uhr.

Durch einen Bombenanschlag im Januar 1985 wurden neun Stupas zerstört, inzwischen ist der Schaden behoben. Der Protest entzündete sich am 85 ha großen **Borobudur Historical Park**, für den ganze Dörfer aus der fruchtbaren Ebene umgesiedelt wurden. Dafür sind Parkplätze und gepflegte Rasenflächen entstanden. ⏲ 6–17.30 Uhr, letzter Einlass 17 Uhr. Eintritt 140 000 Rp, Studenten 70 000 Rp inkl. Willkommensgetränk (Wasser, Tee, Kaffee) und Sarong. Offizielle Guides für 70 000 Rp. In modernen Gebäuden sind Souvenirgeschäfte und eine Informationsstelle untergebracht. Hier werden Bücher über den Borobudur verkauft und kostenlose Broschüren mit Lageplan ausgegeben. Weitere Informationen unter 🖳 www.borobudur park.co.id.

2 km von Borobudur entfernt, Richtung Muntilan (vor der Brücke rechts ca. 300 m), liegt der kleine **Pawon-Tempel**, der erst 1903 freigelegt wurde. Wahrscheinlich war er ein Eingangstempel zum Borobudur.

Nur 1 km vom Borobudur entfernt, kurz hinter dem Fluss, erhebt sich der **Mendut-Tempel**, der Tempel im Bambushain. Das äußere Bauwerk stammt aus der Zeit, in der auch Borobudur gebaut wurde. In dem dunklen Innenraum stehen die nahezu 3 m hohen Figuren von Buddha (Mitte), Lokesvara (links) und Vairapani (rechts) – eindrucksvolle Monumente des *Mahayana*-Buddhismus. Hier gibt es billigere Souvenirs als am Borobudur. An Wesak findet jedes Jahr eine feierliche Prozession über alle drei Tempelanlagen statt. Mehr Infos bei der Parkverwaltung an der Jl. Raya Jogya-Solo, KM 16, in Prambanan, ✆ 0274-496402, 🖳 www.borobudurpark.co.id.

TRANSPORT

Die meisten Besucher kommen mit **Minibus-Touren** aus Yogyakarta, die je nach Umfang des Tourpakets ab 50 000 Rp kosten. **Selbstfahrer** fahren die Jl. Magelang 1 Std. lang nördlich geradeaus und biegen der Beschilderung folgend hinter Muntilan bzw. Temanggung links ab. Weitere 10 Min. ausgeschilderte Fahrt durch das Dorf Borobudur, und man gelangt zum Gelände. Motorräder parken außerhalb, 3000 Rp. Ab Terminal Jombor fahren stdl. auch öffentliche **Busse** in gemächlichem Tempo für 12 000 Rp nach Borobudur und halten direkt vor dem Parkplatz der Sehenswürdigkeit. Der Einlass schließt um 17 Uhr, also rechtzeitig losfahren!

Borobudur in Zahlen

Höhe:	35,29 m
Seitenlänge:	119 m
Fläche:	14 161 m²
Volumen:	42 250 m³
Gewicht:	ca. 3 500 000 t
Stupas und Figuren:	1464
Verbaute Blöcke:	ca. 2 000 000
Reliefstücke:	1460

Prambanan

Etwa 16 km nordöstlich von Yogya liegt die einst größte hinduistische Tempelanlage Südostasiens. Sie wurde wahrscheinlich im 8. Jh. unter den hinduistischen Herrschern des Mataram-Reichs in Zentral-Java erbaut und umfasste weit über 200 Tempel. Die hinduistische Sanjaya-Dynastie unter Raja Balitung gilt als Urheber dieser Bauwerke. Mitte des 16. Jhs. zerstörte ein Erdbeben große Teile der Tempel. Noch im 19. Jh. benutzte man die Steinquader zum Straßenbau. 1937 wurde mit der Rekonstruktion des 47 m hohen Shiva-Tempels begonnen. Das Heiligtum wurde 1991 zusammen mit Borobudur in den Weltkulturerbe-Katalog aufgenommen.

Das bedeutendste hinduistische Heiligtum Javas besteht insgesamt aus acht Tempeln und einer Reihe kleinerer Candi. **Loro Jonggrang**, der größte, zentrale Tempel mit 20 Ecken, ist Shiva gewidmet. Dieser Gott, Symbol der Zerstörung, die gleichzeitig Voraussetzung für ständige Erneuerung ist, genoss besondere Verehrung. Auf der Innenwand der äußeren Mauer sind in 42 Bildern Szenen aus dem *Ramayana* dargestellt.

Einen Rundgang sollte man am östlichen Eingang beginnen und dann im Uhrzeigersinn laufen. Die Fortsetzung des Epos entdeckt man an den beiden rechts und links des Shiva-Tempels stehenden, Brahma und Vishnu geweihten Tempeln. Gegenüber stehen drei kleinere, gut erhaltene Bauten, **Candi Vahana** genannt, die den mythischen Reittieren der drei Götter geweiht sind – Candi Nandi für Shivas Kuh, Candi Angsa für Brahmas Schwan und Candi Garuda für den mythischen Vogel, auf dem Vishnu fliegt. An allen Tempeln befinden sich Reliefs, in denen sich wohl auch König Balitung und seine Frau verewigt haben sollen. Neben den Resten unzähliger Tempel in der Gegend fand man nämlich auch Reste eines Kraton, was darauf hindeutet, dass um Prambanan einst eine Hauptstadt gelegen haben könnte.

In Prambanan ist ähnlich wie am Borobudur ein historischer Park angelegt worden, der neben dem Haupttempel auch **Candi Bubrah**, **Candi Lumbung** und **Candi Sewu** weiter nördlich umfasst. Letzterer wurde 856 als Tempelkomplex vom buddhistischen König Rakai Pikatan, der eine hinduistische Prinzessin aus der Sanjaya-Dynastie heiratete, komplett aus vulkanischem Gestein errichtet und liegt 800 m südlich des Loro Jonggrang. Vor den Eingängen wachen dicke *Dwarapala* (Wächter) mit großen Keulen über das Heiligtum. ⏰ 6–18 Uhr, letzter Einlass 17.30 Uhr, Eintritt: US$13, Studenten US$7.

Westlich des Opak-Flusses steht die große Freilichtbühne der **Ramayana-Aufführungen**, s. S. 205. Mehr Infos bei der Parkverwaltung an der Jl. Raya Jogya-Solo, KM 16, in Prambanan, 📞 0274-496402, 🖥 www.borobudurpark.co.id.

Kraton Ratu Boko

Von Prambanan geht es ca. 2 km in Richtung Süden. Hinter dem Dorf Gata führt links ein Fußpfad durch die Reisfelder auf einen Hügel hinauf. Auf dem Plateau stand einst eine Palastanlage, deren Mauerreste überall zu sehen sind. Eine breite Treppe führt zu einem monumentalen, dreifachen Eingangstor hinauf, das an klassische Tempel erinnert. Dahinter erkennt man noch die Grundmauern zweier Gebäude, die wahrscheinlich aus Holz erbaut waren und daher total zerstört worden sind. Eines davon war möglicherweise ein Tempel.

Von oben hat man eine fantastische Aussicht über die fruchtbare Prambanan-Ebene, die im Hintergrund vom Vulkan Merapi begrenzt wird. Mit dem eigenen Fahrzeug fährt man auf einem

Seitenweg bis zum Parkplatz dicht an die Ruinen. Eintritt US$10, Studenten US$6.

Geht man auf dem Pfad weiter nach Süden (später biegt er nach Osten ab), kommt man zu weiteren Ruinen: Es handelt sich um Grundmauern und Badeplätze sowie weitere Relikte einer möglichen Palastanlage. Ein Pfad führt hinter dem Palast durch einen kleinen Wald zu den Ruinen des Candi Sojiwan im gleichnamigen Dorf. Ebenso wie Candi Sewu wurde dieser kleine Tempel um 790 als kreuzförmige Anlage ausgebaut. Von hier sind es 2 km zurück nach Prambanan.

TRANSPORT

Die meisten Besucher kommen mit gebuchten Minibus-Touren aus Yogyakarta, die je nach Umfang des Tourpakets ab 75 000 Rp kosten. Selbstfahrer folgen der Jl. Ringroad Utara Richtung Osten und der Beschilderung nach Solo. Nach ca. 45 Min. taucht erst kurz vor dem Ziel das verheißungsvolle Straßenschild auf. Geparkt wird vor dem Gelände, 3000 Rp. Ab Terminal Jombor in Yogya fahren stdl. öffentliche Busse in 1 1/2 Std. für 10 000 Rp nach Prambanan. Letzter Einlass in den Tempel ist um 17.30 Uhr, also rechtzeitig losfahren!

Gunung Merapi

Der 35 km nördlich von Yogya gelegene „Feuerberg" (2930 m, die Höhe verändert sich ständig) im Herzen Javas gilt als einer der aktivsten und gefährlichsten Vulkane der Erde und macht sei-

---

Die Geschichte von Loro Jonggrang

Im Shiva-Tempel von Prambanan steht eine Statue, um die sich ein Mythos rankt: Prinz Bandung Bondowoso verliebte sich in die Prinzessin Loro Jonggrang des Nachbarreiches, das er zuvor okkupiert hatte. Da er auf der Liaison bestand, gab die Prinzessin unter der unerfüllbaren Bedingung nach, dass der Prinz innerhalb einer Nacht 1000 Tempel bauen müsse. Mit der Hilfe von Nachtgeistern hätte dieser die Aufgabe auch fast bestanden, doch die Prinzessin, ihr ungewolltes Schicksal fürchtend, täuschte durch Feuer und Geräusche die Morgendämmerung vor, sodass die Geister verschwanden. Prinz Bandung verwünschte daraufhin seine Angebetete vor Zorn zu Stein, und als solche können wir sie heute noch erleben. Die Statue Durgas, Shivas Frau, soll angeblich die „Verhärtete" sein. Der unbeendete tausendste Tempel soll der heutige **Candi Sewu** sein, 2 km nördlich von Prambanan. Nach dieser Legende nennt man den Hauptkomplex Prambanans auch Loro Jonggrang-Komplex.

nem Namen alle Ehre. Beinahe regelmäßig im Abstand von wenigen Jahren bricht er aus, zuletzt im Oktober und November 2010. Mehrere Tausend Menschen verließen aus Furcht vor den Lava-Strömen ihre Häuser. Seither sind dauerhaften Siedlungen in einem gewissen Umkreis verboten. Bei dieser Eruption starb der langjährige spirituelle Wächter des Vulkans im Dienste des Sultans, Mbah Marijan. Für die Javaner ist der Berg heilig, zu seiner Besänftigung bringen die Sultane von Yogya und Solo Opfergaben dar.

Schon im Jahr 2008 erreichte die Aktivität des Merapi kritische Ausmaße. Zahlreiche Menschen und ihr Nutzvieh kamen durch heiße Aschewolken ums Leben. Fachleute befürchteten schon eine neue Supereruption. Denn unter dem Vulkan wird eine Magmakammer vermutet, dreimal so groß wie die des Tambora auf Sumbawa (s. S. 423). Bei einem der größten Ausbrüche 1994 wurde einst sogar der ca. 40 km entfernt liegende Borobudur verschüttet. Um 1006 n. Chr. ist womöglich sogar das Mataram-Reich unter den Folgen einer Eruption zugrunde gegangen.

Man muss bereits um 1 Uhr nachts aufbrechen, wenn man den Sonnenaufgang auf dem Gipfel erleben will – bei gutem Wetter ein gigantisches Erlebnis. Zur notwendigen Ausrüstung gehören ausreichend Proviant, Wasserflaschen und warme Kleidung. Von Selo folgt man der Beschilderung. Nach 1 km auf einem befahrbaren Weg zweigt ein Pfad links ab, der steil bergauf führt. Nach zwei Stunden gelangt man an eine vulkanologische Station, und nach vier bis fünf Stunden ist man auf dem Gipfel.

Während die Gipfelregion kahl ist, wachsen an den Hängen des Bergs üppige Kasuarinenwälder. Über 6400 ha am Berg wurden 2004 als Nationalpark unter Naturschutz gestellt.

TRANSPORT

Will man den Merapi besteigen, was recht anstrengend ist, gibt es mehrere Möglichkeiten. Die meisten Besucher wählen eine **Tour** von Yogya oder Solo aus (s. S. 209 und S. 223 für Preisbeispiele). Sollte der Gipfel wegen vulkanischer Aktivitäten (Ausbruchgefahr) gesperrt sein, was nicht selten vorkommt, bieten Guides in der Umgebung oder Tourbüros in Yogya alternative Touren zu eventuellen Lavaströmen an.

Alternativ kann man in **Selo** (1600 m) zwischen dem Merapi und dem Merbabu einen Guide suchen und um den Preis handeln. Gut ist folgende Strecke: Bus nach Kartosuro (Richtung Solo ca. 1 1/2 Std. für 12 000 Rp). Von dort ca. 1 Std. für 10 000 Rp nach Boyolali, danach Minibus für 5000 Rp nach Selo. Eine weitere landschaftlich sehr reizvolle Strecke nach Selo führt von Blabak (3 km hinter Muntilan) über eine 30 km lange Nebenstraße am Nordhang des Merapi entlang.

Parangtritis

Rund 28 km südlich von Yogya erstreckt sich eine dunkle Dünenlandschaft, die im Osten von Felsklippen begrenzt wird. An Wochenenden und Feiertagen ist der Strand mit einheimischen Besuchern total überfüllt. Tausende Menschen kommen nach Parangtritis, um Drachen fliegen zu lassen, zum Baden, Sandburgenbauen und Fischessen. Im Juli und August kommt es hier allerdings manchmal zu schmerzhaften Begegnungen mit Quallen. Ohnehin zeigt sich die Südküste Javas hier von ihrer rauen Seite. Die Welt der Meeresgöttin Nyai Loro Kidul ist unberechenbar und hat schon vielen Menschen das Leben gekostet. Durch den nahe der Südküste von Java gelegenen Tiefseegraben kommt es zu tückischen Unterströmungen. Deshalb sollte man generell an den Stränden der Südküste besser nicht baden. Alljährlich während der **Labuhan-Zeremonie** versucht man in Parangtritis, durch Opfergaben die Meeresgöttin zu beschwichtigen.

Am Strand werden Quad-Bikes (ATVs) ausgeliehen, kleine für 50 000 Rp (die allerdings oft im Sand stecken bleiben) und große mit 250 ccm starken Motoren für 100 000 Rp, die zwei Personen tragen. Bei leerem Strand ein Heidenspaß! Im Ort gibt es einfache Losmen. Wer es gehobener mag, findet an der östlichen Steilklippe Obdach in den Bungalows des **Queen of the South Beach Resort**, ✆ 0274-367196. Komfortable Zimmer mit AC, Du/WC, TV und exklusivem Blick auf die Steilküste und das Meer. Das Restaurant unter einem luftigen Pavillon neben dem Pool serviert gutes Essen zu gehobenen Preisen. **❻**

TRANSPORT

Selbstfahrer fahren einfach die Jl. Parangtritis 45 Min. lang geradeaus bis zum Dorf Parangtritis und folgen dann weiter geradeaus der Beschilderung. Eintritt 4000 Rp, Parken 3000 Rp. In der Jl. Parangtritis fahren stdl. bis 17 Uhr auch **Busse** zum Strand und von dort wieder zurück, 1 Std., 15 000 Rp.

Solo (Surakarta)

Wer den Touristenrummel von Yogyakarta nicht länger ertragen möchte, wen die javanische Kultur auch ohne Banana-Pancake fasziniert, der sollte seinen Stützpunkt 60 km weiter nach Nordosten verlagern. Solo oder Surakarta, wie die offizielle Bezeichnung lautet, hat gut 600 000 Einwohner, die unter Javanern traditionell als äußerst höflich, wohlerzogen und sanftmütig gelten. Unter Paku Buwono II. wurde Solo zum Verwaltungszentrum des Surakarta-Hadiningrat-Königreiches. Während die Nachbarstadt Yogya die Unabhängigkeitsbewegung unter Sukarno und Hatta unterstützte, stand der Sultan von Solo hinter den holländischen Kolonialisten. Nach dem Ende des Krieges verlor er jede politische Macht, im Gegensatz zu seinem Kollegen in Yogya, der in vielen Nachkriegskabinetten Ministerposten innehatte.

Kraton Surakarta

Den von Mauern umgebenen Kraton Surakarta (oder Kraton Kasunanan bzw. Kraton Hadiningrat) im Südosten der City ließ der erste Herrscher 1745 erbauen. Vor dem Palast auf dem großen Alun Alun Lor-Platz wurden früher Soldaten der Palastwache ausgebildet. Von den eigentlichen Palastgebäuden, in denen royale Erbstücke, Waffen und Kunstwerke ausgestellt sind, kann nur ein Teil besichtigt werden, da der Sultan mit seiner vielköpfigen Familie und 200 Bediensteten immer noch im Palast residiert. Um ihm die gebührende Ehre zu erweisen, darf man nur in Schuhen (wer Sandalen trägt, muss barfuß laufen) das Palastgebäude betreten. Jeden Sonntag ab 10 Uhr wird hier traditioneller Tanz geprobt. Zum Kraton gehört auch ein **Turm**, in dem sich der Sultan mit der Köni-

Wayang Beber

Eine frühe javanische Kunstform aus der späten Majapahit-Zeit hat in Solo und Pacitan bis heute überlebt: **Rollbild-Theater**. Ein zwischen zwei Rollen abgewickeltes Breitbild erzählt in bunten Bildern, unterlegt von Musik und Erzählungen, ein Märchen, das oft dem *Mahabaratha* entlehnt ist und von Helden, Prinzessinnen und Dämonen handelt. Die Malerin Hermin Istianingsih malt in Solo noch Beber-Geschichten auf Leinwand und Glas. Ihre farbenfrohen Arbeiten wurden schon auf der ganzen Welt ausgestellt und sind in Wonosaren Rt. 04–Rw. 08 Nr. 44, Jagalan, zu sehen, ☏ 0815-4858 4659.

gin des Meeres Nyai Loro Kidul zum Tête-à-Tête trifft. Man kann den Turm jedoch nur aus einiger Entfernung sehen. In einem angeschlossenen **Museum** sind neben altjavanischen Bronzegegenständen und Wayang-Figuren auch einige alte Kutschen der Sultane ausgestellt. ☏ 0271-656432, ⏰ 9–14, So 8.30–13 Uhr, Eintritt 10 000 Rp.

Taman Sriwedari

Der Taman Sriwedari, der Vergnügungspark, liegt im Westen an der Jl. Brigjen. Slamet Riyadi. Keine größere Stadt auf Java kann auf diese Mischung aus Zoo, Rummel, Theater und Markt verzichten. Wayang-Aufführungen (tgl. 8–10 Uhr) gehören ebenso zum Programm wie Musikgruppen und Tänze. Jeden zweiten Dienstag im Monat gibt es Aufführungen aus dem *Ramayana* und *Mahabharata*. Hier kann man abends billig essen, begleitet von Livemusik und Kinderlachen. ☏ 0271-639230, ⏰ 17–23 Uhr, Eintritt 5000 Rp, Kinder 3000 Rp. Münzen für die Fahrgeschäfte kosten 500–1000 Rp.

Radya Pustaka Museum

Das Radya Pustaka Museum neben dem Taman Sriwedari enthält Waffen, Wayang-Figuren und eine schöne Sammlung alter javanischer Schriften und Bücher. ⏰ tgl. außer Mo 8.30–13 Uhr, Eintritt 5000 Rp.

Danar Hadi Antique Batik Museum

Das Museum, praktisch nebenan, zeichnet anhand Hunderter alter und neuer Stücke den Werdegang der Batik-Kunst in Java nach, erläutert die Bedeutungen der Motive sowie den Herstellungsprozess in der angegliederten Fabrik live und in Farbe. ✆ 0271-714326, ⏰ 9–16.30 Uhr, Eintritt 25 000 Rp, Studenten 15 000 Rp.

Mangkunegaran-Palast

Über die Jl. Diponegoro gelangt man zum Mangkunegaran-Palast, der 1757 vom zweiten Herrscherhaus erbaut wurde. Man betritt den im traditionellen javanischen Stil aus Teakholz *(Jati)* und ohne Verwendung eines einzigen Nagels errichteten Palast durch den südlichen Eingang. Im Zentrum des großen Hofes steht die fast 250 Jahre alte, mehr als 60 m lange und mehr als 50 m breite Empfangshalle Pendopo, deren Dach noch immer in traditioneller Weise mit Holzschindeln gedeckt ist.

Im südwestlichen Teil des Gebäudes werden die Instrumente eines Gamelan-Orchesters aus dem 17. Jh. aufbewahrt, das als Begleitung zu javanischen Tänzen jeden Mittwoch zwischen 10 und 12 Uhr gespielt wird. Im Norden schließen sich an dieses Gebäude die vor allem für Hochzeits- und Begräbnis-Zeremonien genutzten Räume **Dalem Ageng** an. Auf der Veranda zwischen beiden Gebäuden, **Pringgitan** ge-

nannt, werden offizielle Gäste empfangen. Hier finden auch die Wayang Kulit-Aufführungen statt, wobei die Frauen die Schatten vom Dalem aus beobachten, während die Männer hinter dem Orchester und dem Dalang in dem Pendopo Platz nehmen. Im Dalem sind in Schaukästen archäologische Funde aus der Zeit der Majapahit-Dynastie und des frühen Mataram-Reiches ausgestellt. Außerdem kann man eine Kollektion von Waffen, Masken, Wayang-Figuren, Wayang Beber-Rollen und anderen Gegenständen aus dem Besitz des Sultans sehen. In dem weitläufigen Areal lebt noch heute die Familie von Prinz Mangkunegoro. ⏰ tgl. außer Fr 9–14 Uhr, Eintritt 10 000 Rp.

ÜBERNACHTUNG

Best Western Hotel, Jl. Slamet Riyadi 6, ✆ 0271-666111, 🖥 www.bestwestern.com. 4-Sterne-Hotel mit schicken Zimmern, die allen Komfort bieten, dazu Fitness, Pool und Spa. Das Innere erstrahlt in Batik- und Holzdekor, wofür es schon Auszeichnungen hagelte. Selbst die griechische Statue in der Lobby trägt Batik! 3x wöchentl. Livemusik. Das Restaurant empfiehlt neben vegetarischen Gerichten und originellen Pizza-Varianten die gegrillten Rippchen sowie gegrillten Fisch zu leicht gehobenen Preisen. Sehr höfliches, hilfsbereites Personal. ❺–❻

Den Ahnen auf der Spur

Etwa 17 km nördlich von Solo, im Tal des gleichnamigen Flusses, liegt **Sangiran**. Der kleine Ort erlangte internationale Berühmtheit, als der deutsche Paläontologe Gustav von Königswald hier von 1936 bis 1941 zahlreiche Knochen des zur Hominiden-Art Homo erectus zählenden „Java-Menschen" entdeckte und untersuchte. Der Pithecanthropus erectus war damals einer der ersten bekannten Vorgänger des modernen Menschen, und die Unesco würdigte den Fund 60 Jahre später mit der Ernennung Sangirans zum **Weltkulturerbe**. Von Königswald fand in den 1940er-Jahren auch bedeutende Relikte frühmenschlicher Existenzformen, und selbst während seiner Gefangennahme durch die japanischen Besatzungstruppen arbeitete er an der Klassifizierung von Knochen. Trotz alledem bleibt dies eher ein Ort für anthropologisch Interessierte. Außer einem kürzlich renovierten, auch interaktiven paläontologischen **Museum** (englische Texte) ist dort wenig von Interesse. Umschauen kann man sich darin auch online unter 🖥 http://www.world-heritage-tour.org/asia/southeast-asia/indonesia/java/sangiran/museum/sphere-flash.html. Zu erreichen per Bus ab Tirtonadi Terminal Richtung Purwodadi, 10 000 Rp. Selbstfahrer folgen der Beschilderung. ⏰ Di–So 9–16 Uhr, Eintritt 10 000 Rp.

www.stefan-loose.de/indonesien

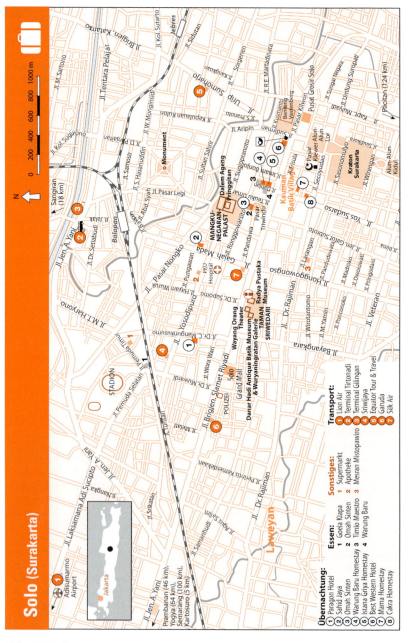

220 SOLO (SURAKARTA) www.stefan-loose.de/indonesien

Cakra Homestay, Jl. Cakra II Nr. 15, ✆ 0271-634743, ✉ hotelcakrahomestay@yahoo.co.id. Saubere, einfache Zimmer mit Ventilator/AC und WC/Du/Mandi; Frühstück inkl. Sympathischer Betrieb mit großem Innengarten, Pool, traditioneller Gestaltung und dem etwas nostalgischen Charme alter Kraton-Häuschen in Java. Touren werden organisiert und Fahrräder verliehen. ❷

Istana Griya Homestay, Jl. Kh. A. Dahlan 22, ✆ 0271-632667, 🖳 istanagriya.tripod.com. Einfache Zimmer mit AC, Du/WC oder gemeinschaftlichem Mandi und winzigem Ventilator. Indonesisches Frühstück inkl., die Küche serviert zudem einfache Standards. Billard und Internet kosten extra. Ruhige Lage und englischsprachige Betreiber, die auch Touren organisieren und Fahrräder (20 000 Rp), Motorräder (100 000 Rp) und Autos (500 000 Rp) vermieten. ❶–❷

Mama Homestay, Jl. Cakra 33 Rt. 03 Rw. 05, im Kauman-Viertel, südlich der Jl. Slamet Riyadi, ✆ 0271-652248, ✉ rosemarry3x@yahoo.com. Einfache Zimmer mit Ventilator und harten Betten, sauber und ordentlich; Mandi auf dem Flur. Kleines indonesisches Frühstück inkl., Batik-Kurse für 100 000 Rp am Tag, Motorrad 80 000 Rp. EZ für 50 000 Rp. ❶

Omah Sinten, Jl. Diponegoro 34/54, ✆ 0271-641160, 🖳 www.omahsinten.net. Schöne Sicht auf den Mangkunegaran-Palast haben 10 schicke Zimmer mit Du/WC, WLAN sowie tollen Batik-Arbeiten und Fotografien an Wänden und Decke. Herrliche Holzmöbel im Vintage-Look ergänzen sich erstaunlich gut mit den modernen Installationen. Hier ist alles aus recyceltem Holz, und das Restaurant serviert exzellente javanische Küche. ❹

Paragon Hotel, Jl. Dr. Sutomo, ✆ 0271-765 5888, 🖳 www.soloparagonhotel.com. Elegante Zimmer mit Aussicht, Raumteiler, modernem Design und den Annehmlichkeiten des 4-Sterne-Hotels in zentraler Lage. Nach körperlicher Betätigung im Swimming Pool, Fitnessraum oder auf dem Basketballcourt darf sich im Spa sowie an der d'Breeze Bar ausgeruht werden. Suiten mit 2 Schlafzimmern ebenfalls erhältlich. Sehr großes und abwechslungsreiches Frühstücksbuffet. ❹–❺

Sahid Jaya, Jl. Gajah Mada 82, ✆ 0271-644144, 🖳 www.sahidjayasolo.com. Schöne Zimmer mit den Komforts eines 5-Sterne-Hotels, dabei teils etwas älterer Ausstattung, WLAN, Pool, Fitness und Spa. Tgl. 17 Uhr Gamelan-Musik. Das Restaurant serviert javanische Klassiker wie *Timlo* oder *Nasi Goreng Sate* zu verkraftbaren Preisen. Wem's nicht schmeckt, der kann gegenüber zur Solo Bakery auf einen Snack gehen. ❻–❼

Warung Baru Homestay, Jl. A. Dahlan 23, ✆ 0271-656369, ✉ wb_solo_19179@yahoo.com. Saubere, ordentliche Zimmer mit Ventilator/AC, TV, bequemen Betten, Du/WC; dazu Frühstück und eine herzliche Betreiberin, die zudem eines der besten Traveller-Restaurants um die Ecke führt. Fahrräder 15 000 Rp am Tag, auch Touren werden organisiert. Gutes Preis-Leistungs-Verhältnis! ❶–❷

ESSEN

Die Jl. Teuku Umar ist für Solo-Food bekannt. Hier gibt es *Nasi Liwet*: Hähnchenbrustfleisch mit feinen Papaya-Scheibchen auf Reis und geronnener Kokosmilch, dazu Ei und *Rampak Betis* – Krupuk-Chips aus Büffelhaut. Das Ganze im Bananenblatt serviert ist ein Fest für den leeren Magen und den fast leeren Geldbeutel. Eine weitere lokale Besonderheit ist *Abon*, getrocknetes und mit Chili, Salz und Zucker gewürztes Rindfleisch, das in der Konsistenz faserig ist und in den Geschmacksvarianten *pedas* (scharf) und *manis* (süß) angeboten wird. Als Snack oder zum Reis ideal. Unter Letzteren mischt man idealerweise noch einen Löffel *Serundeng* dazu, krümelige, getrocknete Kokossplitter mit einer Prise Chili, Zucker und Salz. *Abon* und *Serundeng* kann man z. B. bei **Mesran Mistopawiro** probieren und kaufen, Jl. Larangan 71, ✆ 0271-647 033.

Goela Klapa, Jl. Menteri Supeno 3, ✆ 0271-718913, 🖳 www.goelaklapa.co.id. Authentische Küche aus allen Ecken des Landes, ohne Geschmacksverstärker und zu leicht gehobenen Preisen, wird in diesem schicken Kolonialbau gezaubert. *Palumara* (Fischsuppe) aus Makassar, *Pelecing Kangkung* (Wasserspinat) aus Lombok, Huhn nach Bali- oder Madura-Art, Satay nach Art des Hauses, acht verschiedene Arten von *Sambal* oder Rippcheneintopf Palembang-Style; von den javanischen Gerichten ganz zu schweigen. Traditionelle Drinks mit Tamarinde und Obstsäften sowie eine englische Karte. Am besten in der Gruppe hingehen und „sich durch die indonesischen Provinzen futtern"!

Omah Sinten, Jl. Diponegoro 34/54, ✆ 0271-641160, 💻 www.omahsinten.net. Ebenfalls sehr leckere, authentische Gerichte kommen in dem von einem großen Joglo-Pavillon beherrschten Restaurant des gleichnamigen Hotels auf den Tisch. Von Fisch, Huhn, *Rendang* oder vegetarischen Gerichten ist alles dabei, zudem ist es günstiger als etwa im Goela Klapa. ⊕ 6–23 Uhr.

Timlo Maestro, Jl. K. A. Dahlan 39. Wird seinem Namen gerecht, sitzen hier doch bis in die Nacht Leute und schlabbern *Timlo* – eine herzhafte Suppe mit Hähnchenleber, Ei, *Sosis* (panierten Fleischscheiben) und Sojasoße. Die Lokalspezialität gibt es *komplit* oder in Variation mit anderen Beigaben. Auch preislich lohnt die Verkostung. ⊕ ab 7 Uhr.

Warung Baru, Jl. K.A. Dahlan 23, ✆ 0271-656369. Seit Langem ist das rustikale Restaurant mit einer gleichsam rustikalen Betreiberin einer der abendlichen Traveller-Treffpunkte. Die Karte gibt von indonesischen Klassikern bis Western-Food (Pizza, Nudeln, Pancake, Burger) alles her. Nichts Ausgefallenes, dafür preisgünstig. ⊕ 10–22 Uhr.

KULTUR UND FESTE

Täglich außer So und Mo findet im Theater des Taman Swedari ab 20.30 Uhr **Wayang Orang** statt – (Tanz-)Theateraufführungen aus dem *Ramayana* und *Mahabharata*, begleitet vom Gamelan-Orchester. Es wird immer nur ein Abschnitt des jeweiligen Epos gespielt, den Monatsspielplan kann man am Theater oder in der Touristeninformation nebenan einsehen. Jede Vorführung ist in der Regel eine Reihenfolge von Akten, die jeweils ein Grundthema verfolgen – Liebe, Trauer, Kampf, Versöhnung. Ein Highlight sind die komödiantischen Intermezzi mit Clowns. Dialoge und Gesang sind auf Javanisch, doch neben der Bühne steht ein (bei der Recherche defekter)

Projektor, der den englischen Subtext einblendet. Eintritt 3000 Rp.

Alljährlich im Juni und Juli findet das **Solo International Performing Arts Festival** (SIPA) statt. Dabei treten im Kraton und anderen Orten Tänzer aus Indonesien und aller Welt auf und präsentieren traditionelle und moderne Tänze. Ein 3-Tagesticket kostet 150 000 Rp und ist erst kurz vor Beginn des Festivals erhältlich. Infos und Kontakt: ✆ 0271-205 8895, 💻 www.sipafestival.com.

Seit 2008 findet jährlich der **Solo Batik Carnival** statt, zu dem Hunderte Teilnehmer in themenspezifischer Kostümierung die Vielfalt von Batik die Jl. Slamet Riyadi entlangtragen, begleitet von Tänzen, Musik und zahlreichen Besuchern. Infos zum kommenden Karneval in der Touristeninformation oder per Mail an ✉ solobatikcarnivalcommunity@yahoo.com.

EINKAUFEN

Auf dem **Pasar Klewer**, am Westtor des Alun Alun Lor-Platzes, kann man von 10–16 Uhr günstig Batik einkaufen. Der größte Textil- und Batikmarkt Indonesiens ist durchaus einen Spaziergang wert, denn man sieht die Vielfalt von Batik-Stoffen und gleichzeitig die des Vielvölkerstaats auf einem großen Markt zirkulieren und wuseln. An zahlreichen Ständen werden Textilien aller Art verkauft.

Die Batik-Frauen von Yogya fahren zum Einkaufen nach Solo, denn hier gibt es die größten **Batik-Fabriken**. Viele Batik-Fabriken bzw. -Workshops findet man im Kampung Laweyan, ca. 2 km südwestlich des Zentrums. Am bekanntesten ist die **Wuryaningratan Galerie**, Jl. Slamet Riyadi, ✆ 0271-713140, wo man nicht nur moderne Batik kaufen, sondern auch antike Batik-Stücke betrachten kann, ⊕ 9–15 Uhr. Günstigere und vielfältigere Batik-Waren gibt es im sogenannten **Kampung Batik**, dem über 300 Jahre alten Wohngebiet südlich der Jl. Slamet Riyadi, in den kleinen Gassen um die Jl. Yos Sudarso und Jl. Secoyudan.

Auf dem **Pasar Triwindu** an der Jl. Diponegoro kann man zwischen Ramsch und Ersatzteilen noch manches entdecken, was hier nach langem Handeln wesentlich günstiger als in Yogya oder gar Jakarta zu bekommen ist, z. B.

Antiquitäten, Schattenspielfiguren, Masken, Porzellan etc. ⏱ 9–16 Uhr.

Zudem gibt es große Einkaufszentren mit einem großen Warenangebot zu gehobenen Preisen: **Solo Grand Mall**, Jl. Slamet Riyadi 313, ✆ 0271-725111; **Pusat Grosir Solo**, Jl. Pasar Kliwon, ✆ 0271-666803, ein beliebtes Whole-sale-Shoppingcenter unweit des Kraton Kasunanan, mit Bekleidung auf fünf Etagen zu günstigen Preisen.

TOUREN

Über die Unterkünfte sowie in der Touristen-information sind Transporte und Touren mit offiziellen Guides buchbar. Preisbeispiele: BROMO (nur Transport), für 160 000 Rp; CANDI SUKUH inkl. Candi Ceto, 5–6 Std. für 250 000 Rp; MERAPI, Trekking ab Selo, 1 Tag, mind. 2 Pers. für 350 000 Rp inkl. Übernachtung im Camp.

Eine Besonderheit sind Touren mit der 1896 in Deutschland gebauten **Dampflok Jaladhara**, der einzigen Dampflok Indonesiens. Es kommen Eisenbahn-Fans aus aller Welt, um mit der zu Kolonialzeiten zum Transport genutzten Lok durch die Landschaft zu zockeln. Eine 2 1/2-stündige, von einem Kulturprogramm begleitete Tour mit Lok und zwei Waggons von Purwosari nach Sangkrah (unweit des in einem Schlager verewigten Bengawan Solo) beginnt um 9 Uhr und kostet 150 000 Rp p. P., Kinder bis 5 Jahre 75 000 Rp. Kontakt und Info: ✆ 0856-4200 3322, 🖳 www.solosteamloco.com.

SONSTIGES

Apotheke
Kimia Farma, Jl. Yosodipuro 111. ⏱ 24 Std.

Immigration
Jl. Lapangan Adi Sucipto 8, ✆ 0271-718479. ⏱ Mo–Fr 8–14 Uhr.

Information
Touristeninformation, Jl. Slamet Riyadi 275, ✆ 0271-711435, 🖳 www.solothespiritofjava. com. Informative Broschüren und Stadtpläne, auch bei der Organisation von Touren ist man behilflich. ⏱ Mo–Fr 8–17, Sa 8–13 Uhr.

Medizinische Hilfe
PKU Hospital, Jl. Ronggowarsito, ✆ 0271-714578. **RSUD Moewardi**, Jl. Kol. Sutarto 132, ✆ 0271-632024.

Polizei
Hauptquartier in der Jl. Adisucipto 2, ✆ 0271-712600. Außerdem in der Jl. Slamet Riyadi 376, ✆ 0271-740684.

Post
Jl. Jend. Sudirman. ⏱ Mo–Sa 7–19 Uhr.

Supermarkt
Ein **Alfa Mart** liegt an der Jl. M.T. Haryono. ⏱ 24 Std.

NAHVERKEHR

Selbstfahrer
Viele Einbahnstraßen – hat man sein Ziel verpasst, muss man oft um den Block kurven. Die Jl. Slamet Riyadi ist ab 22 Uhr in beide Richtungen geöffnet, dafür aber So ab 18 Uhr für 3 Std. für alle motorisierten Fahrzeuge gesperrt (autofreier Abend). Fahrräder ab 15 000 Rp, Motorräder ab 50 000 Rp am Tag in den Backpacker-Unterkünften sowie bei Patrik Orlando in der Touristeninformation, ✆ 0857-2810 6622.

Becak
Vom Busterminal in die Jl. Slamet Riyadi ca. 12 000 Rp.

Busse
Es fahren öffentliche Busse durch die Gegend, die man anhalten und für 2000–3000 Rp als Transportmittel nutzen kann. Vorher erfragen, ob der Zielort überhaupt angefahren wird! Eine besondere Linie heißt **Solo Trans** und hält nur an offiziellen Haltestellen. Sie fährt die Jl. Slamet Riyadi entlang und kreuzt die Stadt von Nordwest nach Südost.

Taxi
Eine Taxifahrt kostet in der Innenstadt ca. 15–20 000 Rp, die Einschaltgebühr beträgt 5000 Rp. **Angkasa**, ✆ 0271-780704; **Kosti Taksi**, ✆ 0271-856300.

JAVA

www.stefan-loose.de/indonesien

SOLO (SURAKARTA)

TRANSPORT

Busse

Der **Tirtonadi Terminal**, Jl. Dr. Setiabudi, war einst das Badehaus des Sultans (*tirto* = jav. Wasser, *adi* = jav. schön). Heute besteht es aus zwei Busparkplätzen: einem für die Busse nach Norden und Westen, einem für Busse Richtung Süden und Osten. Eintritt 200 Rp. Die Preise und Distanzen hängen auf Tafeln aus. Möchte man nach Schließung der Counter noch eine Karte für den Nachtbus ergattern, kann man sich an die HABMA wenden – Himpungan Agen Bis Malam. Das sind offzielle, am braunen Shirt und am Ausweis erkennbare Agenten, die für leicht höhere Preise Karten verkaufen. Preisbeipiele:

AMBARAWA, 73 km, in 1 Std. für 10 300 Rp, Umstieg nach WONOSOBO und DIENG hier möglich;

BANDUNG, 457 km, in 9 Std. für 64 000 Rp;

BOGOR, 668 km, in 12 Std. für 93 000 Rp;

CILACAP (bei Pangandaran), 266 km, in 8 Std. für 37 000 Rp;

CIREBON, 340 km, in 7 Std. für 48 000 Rp;

DENPASAR, 630 km, in 12 Std. für 100 000 Rp, ein klimatisierter Nachtbus fährt nachmittags und kostet 230 000 Rp;

JAKARTA, 570 km, in 11 Std. 80 000 Rp via Semarang;

MALANG, 273 km, in 8 Std. für 52 000 Rp via Surabaya, ein direkter Nachtbus geht für 80 000 Rp;

PRAMBANAN, 48 km, in 1 Std. für 7000 Rp;

PROBOLINGGO, 317 km, in 9 Std. für 45 000 Rp;

SEMARANG, 102 km, in 2 1/2 Std. für 14 300 Rp; ein AC-Express des Unternehmens Rajawali geht für 20 000 Rp;

SURABAYA, 264 km, in 7 Std. für 38 500 Rp;

YOGYAKARTA, 60 km, in 1 1/2 Std. für 11 000 Rp.

Rosalia Indah, Jl. Raya Solo-Sragen, KM 7,5, ✆ 0271-825173, 🖥 www.rosalia-indah. com. Großes, verlässliches Busunternehmen mit vielen Destinationen, vor allem in Ost-Java.

Minibus

Ca. 500 m vom Terminal Tirtonadi entfernt in der Jl. A. Yani liegt der **Minibusterminal Gilingan**; aus dem Stadtzentrum per Ojek ca. 8000 Rp,

per Becak um 10 000 Rp. Hier sind von 6 bis etwa 22 Uhr Tickets erhältlich. Preisbeispiele:

BANDUNG, in 9 Std. für 280 000 Rp;

JAKARTA, in 8 Std. für 150 000 Rp;

MALANG, in 6 Std. für 100 000 Rp;

SEMARANG, in 3 Std., stdl., für 45 000 Rp;

SURABAYA, in 6 Std. für 100 000 Rp;

YOGYAKARTA in 2 Std. für 30 000 Rp.

Cipaganti, Graha Wisata Niaga, Jl. Slamet Riyadi 275, ✆ 0271-930 0093, 706 5050, 🖥 www.cipaganti.co.id. Kleine 8-Sitzer fahren 2–3x tgl. auch mit nur einem Passagier zu festen Zeiten nach BANDUNG oder YOGYAKARTA inkl. Abholung am Hotel und Drop-Off am Zielort.

Joglosemar, Jl. Slamet Riyadi, ✆ 0271-705 0441, 🖥 joglosemarbus.blogspot.com. Stdl. bis 2-stdl. Shuttle-Busse nach YOGYAKARTA und SEMARANG.

Rizky Tour & Travel, am Terminal, ✆ 0271-730347. 6x tgl. nach SURABAYA.

Surya Tour & Travel, am Terminal, ✆ 0271-719282, 🖥 www.surya-travel.com.

Eisenbahn

Solo hat drei Bahnhöfe, zwei davon sind wichtig: Balapan und Jebres. In Balapan fahren Züge der Executive- und Businessklasse ab, in Jebres die Economy-Züge. Wie überall in Indonesien sollten Abfahrtszeiten und Tickets im Voraus eingeholt werden, da sich Erstere regelmäßig ändern und Letztere je nach Zug und Wochentag im Preis schwanken.

Balapan, 1 km nördlich des Zentrums. Tickets für Yogya, Jakarta und Bandung werden an verschiedenen Schaltern verkauft, sodass man sich am richtigen anstellen muss. Die Schalter schließen um 22 Uhr.

BANDUNG, 5x tgl. in 8 1/2 Std., ab 110 000 Rp;

JAKARTA (Gambir), 2x tgl. in 8 Std., ab 255 000;

JAKARTA (Pasarsenen), tgl. in 10 Std., ab 130 000;

SEMARANG, 2x tgl. in 2 Std., ab 20 000 Rp;

SURABAYA/MALANG, 7x tgl. in 4 Std., ab 65 000 Rp;

YOGYAKARTA, 14x tgl. in 1 Std., ab 65 000 Rp.

Jebres, Jl. Ledok Sari 1. Hier fahren die Züge der Economy-Klasse ab. Pro Zug gibt es oft

nur 150 Karten, die man sich also rechtzeitig sichern sollte, zur Hochsaison schon mal 7 Tage vor Abreise. Einlass in den Wartesaal hat man 1 Std. vor Abfahrt. Das Ticketoffice öffnet um 7 Uhr und hat keine festen Schließzeiten – ist ein Kartenkontingent ausverkauft, macht der Schalter eine Pause und verkauft anschließend die Karten für die nächste Destination.
BANDUNG, 3x tgl., ab 29 000 Rp;
JAKARTA, tgl., ab 37 000 Rp;
MALANG, 3x tgl., ab 37 000 Rp;
SURABAYA, tgl., ab 24 000 Rp.

Flüge

Am **Adisumarmo International Airport** (SOC), ✆ 0271-781154, 8 km vom Stadtzentrum, liegt die Flughafensteuer bei 35 000 Rp für nationale und 75 000 Rp für internationale Flüge.
Garuda, Hotel Riyadi Palace, ✆ 0271-737500, sowie im Gebäude des Postamts, Jl. Slamet Riyadi, ✆ 0271-047223, 7650472, 🖥 www. garuda-indonesia.com. 4x tgl. in 1 Std. nach JAKARTA, ab 361 000 Rp.
Lion Air, am Flughafen, ✆ 0271-781999. 4x tgl. in 1 Std. 15 Min. nach JAKARTA ab 273 000 Rp. ⏱ 6–18 Uhr.
Silk Air, im Novotel, Jl. Slamet Riyadi 272, ✆ 0271-724604, 🖥 www.silkair.com. ⏱ Mo–Fr 8.30–16.30, Sa 8.30–13 Uhr. 3x wöchentl. in 2 Std. nach SINGAPUR, ab 2,2 Mio. Rp.
Sriwijaya, Jl. Yosodipuro 135, ✆ 0271-723 7777, 🖥 www.sriwijayaair.co.id. 2x tgl. in 1 Std. nach JAKARTA, ab 290 000 Rp.

Equator Tour & Travel, Jl. Urip Sumoharjo 47, ✆ 0271-64310, ✉ equator@indo.net.id. Englischsprachige Mitarbeiter finden und buchen schnell und unkompliziert Flüge und Hotels.

Candi Sukuh und Candi Cetho

Der **Sukuh-Tempel** an der Westseite des Vulkans Lawu (3265 m) liegt 910 m hoch, inmitten einer herrlichen Berglandschaft, ca. 42 km östlich von Solo. Das im 15. Jh. vom Majapahit-Reich erbaute Heiligtum wurde 1815 wiederentdeckt und heute ob seiner vielen recht unzweideuti-

gen Skulpturen und Reliefs auch der „erotische Tempel" genannt. Seine ursprüngliche Bedeutung ist nicht geklärt: Ähnlichkeit mit polynesischen Kultstätten weist auf Ahnenverehrung, Phallus-Skulpturen und rätselhafte Reliefs deuten auf einen tantrisch-magischen Geheimkult (Bima-Kult), durchsetzt mit Fruchtbarkeitskulten. Untypisch für javanische Hindu-Architektur ist der zentrale Bau der Tempelanlage, der einer Maya-Pyramide ähnlich sieht.

Der Tempel ist dreistufig: Der sündhaften und mit Dämonen assoziierten Ebene folgt die des alltäglichen Lebens – Reliefs zeigen einfache Menschen und Tiere. Die höchste Ebene ist die der spirituellen Reinigung und Erlösung (jav.: ruwat). Drei Schildkröten dienten als Altäre und gelten gleichzeitig als Reinkarnation Vishnus. Neben dem Tempel steht das Relief von Bima – dem „javanischen Herkules", der Schwerter mit bloßer Hand schmiedet. Die Reliefs sind sehr plastisch und treten weit aus dem Stein; es heißt, Holzschnitzer hätten den Stein bearbeitet und ihn gewohnheitsgemäß tief abgeschlagen. ⏱ 8–17 Uhr, Eintritt 10 000 Rp.

Anfahrt: Zuerst nimmt man vom Tirtonadi Terminal einen Bus nach Karangpandan für 7000 Rp, dann einen Minibus für 5000 Rp nach Kemuning. Die weiteren 2 km steil bergauf zum Tempel sind zu Fuß zu bewältigen, per Ojek für 10 000 Rp allerdings entspannter. Wer in Solo am frühen Vormittag abfährt, hat auf dem Rückweg keine Transportprobleme. Im Tourist Office von Solo erhält man eine Broschüre über den Tempel. Selbstfahrer zahlen vor dem Dorf bereits 5000 Rp Einlass pro Vehikel.

Der **Candi Cetho**, größer als der Candi Sukuh, aber weniger gut im Original erhalten und daher stärker restauriert, liegt 3 km nordöstlich um den Berg herum und auf über 1500 m Höhe im Dorf **Gumeng**. Die terrassenförmige Anlage aus dem 15. Jh. gab einst in Figuren und Reliefs die Mythen von Sanuderamanthana und Garudeya wieder, die von Versklavung und Befreiung, d. h. Fluch und Wiedergeburt, erzählen. Typisch hinduistisch sind die Gapura (Tore), durch die der Besucher auf jeder Ebene schreitet, und die einem auf Bali wiederbegegnen. Die Fahrt dorthin lohnt allein der schönen Aussicht auf die von endlosen Teeplantagen überzogenen Berge des

Hochlands wegen. Vormittags ist die Sicht am besten, wenn sich die Wolken noch nicht am Lawu zusammenziehen. Hier leben noch hinduistische Familien, und Pilger aus Bali kommen jedes Jahr zur Ehrung ihrer Ahnen. ⏰ 8–17 Uhr, Eintritt 10 000 Rp.

Wonosobo

Nordöstlich des Merapi, auf dem nach Westen gespannten Bogen von Yogyakarta nach Semarang, liegt das verschlafene Städtchen Wonosobo im gleichnamigen Distrikt, der immerhin 800 000 Einwohner zählt und für seine Tee- und Gemüseplantagen bekannt ist. Der Name leitet sich ab von Vanasabha, Sanskrit für „Versammlungsort im Wald". Die Höhenlage von 780 m sorgt für mildes Klima. Aus den heißen Großstädten Javas kommend, finden Besucher hier, am Tor zum Dieng-Plateau, kleinstädtische Entspanntheit, kühle Nächte – und guten Tee. Nördlich der Einkaufszeile in der Jl. Jend. A. Yani mit vielen Bekleidungs-, Schuh- und Handygeschäften liegt der **Alun Alun**, ein großer Platz, auf dem Fußball gespielt oder Frühsport betrieben wird, und der abends Jugendlichen und Familien als Treffpunkt dient.

In **Kejajar**, auf dem Weg nach Dieng, befinden sich die **Tambi Teeplantagen**, die 1865 von den Holländern angelegt worden sind, und die Besuchern Einblick in die Produktion des beliebten Getränks gewähren. Nachdem die indonesische Armee einst im Zuge der Unabhängigkeit die Besitzer enteignet hatte, ist der Plantagenbetrieb mittlerweile um ein agrartouristisches Resort erweitert worden.

ÜBERNACHTUNG

Duta Homestay, Jl. Rumah Sakit 3, ✆ 0813-3933 79934. Zimmer mit Ausgang zum Innengarten und modernen Du/WC, dazu Toastfrühstück. Besitzer Hely hat in Sachen Innendesign alles richtig gemacht und kombiniert modernes Mobiliar mit antiquarischer Dekoration, z. B. Vintage-Motorrädern. Familiäre Atmosphäre und der einzige Motorradverleih der Stadt runden die ganze Sache ab. ❹

Gallery Hotel Kresna, Jl. Pasukan Ronggolawe 30, ✆ 0286-324111, 🖥 www.kresnahotel.com. Zimmer mit modernem Bad/WC, bequemen Betten und vergleichsweise viel Ruhe. Pool, Restaurant, WLAN in der Lobby. Sehenswert ist die über das gesamte Hotel verteilte Gemäldesammlung des im Jahr 1918 eröffneten Betriebs. In der Nebensaison gute Discounts möglich! ❻–❽

Hotel Sindoro, Jl. Sumbing 14, ✆ 0286-321179. Einfache, ordentliche, hellhörige Zimmer mit harten Betten, teils ohne eigenes Mandi/WC. Die Mitarbeiter sprechen kein Englisch, die freundliche, chinesische Betreiberin dafür umso besser. ❶

Hotel Surya Asia, Jl. A. Yani 137, ✆ 0286-322992. Schöne, moderne Zimmer mit Du/WC und bequemen Betten. Im bepflanzten Innenhof ist das Restaurant, das ein im Preis enthaltenes Frühstücksbuffet serviert. WLAN in der Lobby, wo man auch englischsprachiges Personal findet. ❹

Parama Hotel, Jl. A. Yani 96–112, ✆ 0286-321788. Economy-Zimmer mit harten Betten und Mandi mit Hocktoilette, die Standard-Zimmer mit Du/WC und Federbetten. Das Ganze sauber und ordentlich. Der Innenhof ist zum Parkplatz ausgebaut, das Personal spricht etwas Englisch. ❷–❸

Sri Kencono, Jl. A. Yani 81, ✆ 0286-321522. Ordentliche Zimmer mit TV, bequemen Betten, WC und Warmwasser-Du/Mandi mit Hocktoilette. Dazu ein kleines Reisfrühstück. Leidliche Englischkenntnisse beim Personal. ❸

ESSEN

Zwischen der Jl. Merdeka und dem Plaza (Ecke Jl. Sumbing) öffnen abends viele **Warung** mit Satay, *Bakso* (Fleischklößchen in Nudelsuppe), *Martabak* (ein dicker Pancake mit wahlweise herzhaftem oder süßem Inhalt) und den indonesischen Klassikern. Zudem gibt es an jeder Ecke *Tempe Kemul* (in Panade frittiertes Tofu), *Carica* (eine süßliche Frucht, die zum Verzehr gekocht werden muss) und *Kripik Jamur* (frittierte Pilze) zu kaufen.

Dieng Restaurant, Jl. Sindoro (neben dem Arjuna Hotel). Bietet javanisches Buffet zur Selbstbedienung zu leicht gehobenen Preisen.

Wer sich durch Spezialitäten wie *Rawon* (Rindfleischsuppe), *Sate Jamur* (Pilz-Satay), *Siomay* (Teigtaschen) und *Pergedel* (Kartoffelmedaillons) durchkosten möchte, wird hier glücklich. Vieles kommt allerdings kalt und zu leicht gehobenen Preisen auf den Tisch.

Krishna Resto Garden, Jl. Mayor Muin 100. Serviert indonesische Küche und guten Fisch aus der Gegend *(Ikan Nila)* zu moderaten Preisen. Entspanntes Ambiente mit Garten und Pavillons, dazu Karaoke-Musik, WLAN und freundliches Personal.

Murni Rasa, Jl. A. Yani 122 A. Auf Seafood spezialisiert. Die Gerichte mit gebratenem Fisch sind besonders schmackhaft, und die Preise verderben einem nicht den Appetit.

Moshi-Moshi Steak & Shake, Jl. A. Yani, nördlich des Markts Richtung Alun Alun, linker Hand. Bereitet neben dem Genannten auch diverse Variationen von Huhn zu. Fällt nach europäischen Kriterien eher unter Fast Food, kostet aber mehr.

Restaurant Asia, Jl. Angkatan 45. Es wurde 1933 als kleines Restaurant gegründet und zimmert hier seither respektable chinesische Gerichte zusammen, etwa heiße Platten, *Gurame* (Fisch) und Variationen mit *Kangkung* (Wasserspinat). Im ältesten Restaurant Wonosobos hängen noch Fotos von damals. Gerichte kosten etwas mehr als üblich, ab 20 000 Rp.

SONSTIGES

Apotheke
Jl. Letjen S. Parman sowie Jl. Pasukan Ronggolawe. 8–20.30 Uhr.

Medizinische Hilfe
Krankenhaus in der Jl. Rumah Sakit, 0286-321091. Das Krankenhaus hat keinen guten Ruf, selbst Einheimische gehen eher zum einfachen Arzt als dorthin. Mit ernsthaften Wehwehchen lieber ins christliche Krankenhaus von Temanggung oder besser nach Yogyakarta.

Polizei
Am zentral gelegenen Plaza Raya zwischen Jl. Sumbing und Jl. Letjen S. Parman, 0286-321110.

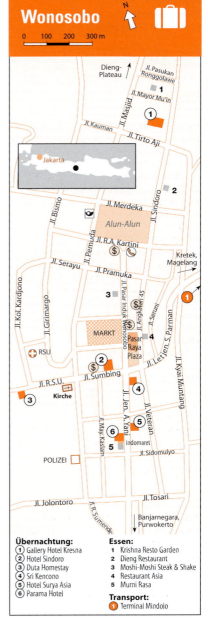

Übernachtung:
1. Gallery Hotel Kresna
2. Hotel Sindoro
3. Duta Homestay
4. Sri Kencono
5. Hotel Surya Asia
6. Parama Hotel

Essen:
1. Krishna Resto Garden
2. Dieng Restaurant
3. Moshi-Moshi Steak & Shake
4. Restaurant Asia
5. Murni Rasa

Transport:
1. Terminal Mindolo

Post

Jl. Pemuda, östlich des Alun Alun.
🕐 Mo–Sa 8–17 Uhr, schließt oft früher.

Supermarkt

Indomaret, in der Jl. Jen. A. Yani, neben dem
Hotel Parama sowie Jl. Masjid/Jl. Pasukan
Ronggolawel. 🕐 24 Std.

Telefon

Telkom, Jl. Jen. A. Yani 1, Ecke Jl. R. A. Kartini,
nördlich vom Markt, 📞 0286-321857. 🕐 Mo–Do
8–16, Fr 8–15 Uhr.

NAHVERKEHR

Innerorts fahren **Ojek** für um die 5000 Rp,
Angkot für 2000 Rp und **Dokar**, Pferdekutschen,
ab 7000 Rp pro Fahrt.

TRANSPORT

Nach DIENG geht es per **Minibus** 26 km über
schwindelerregende Serpentinen in 1 Std. von
780 m auf 2093 m Höhe, 15 000 Rp. Der erste
Minibus verlässt die Jl. A. Yani (nahe dem
Plaza) gegen 5 Uhr, ab dann je nach Fahrgastanzahl viertel- bis halbstdl. Ab 7 Uhr fahren
auch Minibusse in der Jl. Rumah Sakit, 1 Std.,
10 000–15 000 Rp.
Von der Stadt zum **Busterminal Mindolo** geht es
per Microbus für 2000 Rp, per Ojek für 6000 Rp.
MAGELANG, 50 km, in 1 1/2 Std. für 15 000 Rp,
von dort nach YOGYAKARTA, 40 km, in 1 Std.
für 10 000 Rp bzw. nach SEMARANG, 100 km,
in 4 1/2 Std. für 30 000 Rp
EDI Putra Travel, Jl. Veteran 36, 📞 0286-325063.
Direkte Minibusverbindungen nach SEMARANG,
100 km in 2 1/2 Std. für 40 000 Rp sowie
YOGYAKARTA, 102 km in 2 1/2 Std. für 40 000 Rp.

Dieng-Plateau

Auf einem sumpfigen Hochplateau (2093 m) inmitten der Bergwelt Javas zeugen acht schlichte, unauffällige Tempelbauten von der ehemaligen Größe einer Tempelstadt oder Klosteranlage.
Schon zu Beginn des 9. Jhs. befand sich hier ein
Zentrum des Shiva-Kults und ein Pilgerort, wo
neben Priestern und Mönchen auch bewun-
dernswerte Baumeister gelebt haben müssen.
Archäologen entdeckten die Grundmauern großer Gebäudekomplexe und 32 weiterer Tempel.
In Stein gehauene Treppen führten auf steile
Bergrücken, eine Riesenmauer stützte die rut-
schenden Hänge des Gunung Prahu (2565 m),
und eine unterirdische Kanalisation sollte die
sumpfigen Gebirgswiesen trockenlegen.

Das Plateau (*Di Hyang*, „Zuflucht der Götter",
genannt) ist der Krater eines schon lange erloschenen Vulkans, der passende Ort für die Verehrung Shivas, des kosmischen Zerstörers. Denn
obwohl verstummt, regt sich noch „Leben" im
Berg. Dampfschwaden wallen über heißen Seen
(Telaga), deren Wasserflächen in seltsamen,
grünblauen Farben schillern, Schwefelgeruch
liegt in der Luft, kochender Schlamm blubbert
in kleinen Tümpeln, und spätestens nachmittags fallen die Nebel ein und vermischen sich mit
dem Rauch der Holzfeuer, der aus den Dächern
der Bauerndörfer aufsteigt. Von einem der Aussichtshügel reicht der Blick an klaren Tagen –
besonders frühmorgens – über sechs, sieben
Vulkane in nächster Nähe – herausragend das
„Zwillingspaar" **Gunung Sundoro** (3151 m) und
Gunung Sumbing (3371 m) im Südosten – bis zu
den Küstenlinien im Norden und Süden und fernen Vulkankegeln, die sich im Osten (**Gunung
Merbabu**, 3140 m, und **Gunung Merapi**, 2800 m)
und Westen (**Gunung Slamet**, 3428 m) aus dem
Dunst der Ebene erheben.

Rundgang

Acht kleine Candi, erst in jüngster Vergangenheit nach Helden des *Mahabharata*-Epos benannt, sind auf einem bequemen Spaziergang zu
besichtigen. Westlich des Dorfes Dieng zweigt
links ein Weg zu den meistbesuchten Tempel-
ruinen, dem **Arjuna-Komplex**, in einem Sumpfgebiet ab. Der Fußweg führt vom Parkplatz an
Grundmauern eines ehemaligen **Palastes** vorbei. Nur wenige Meter weiter befindet sich der
erste und größte Tempel, **Candi Arjuna**, dem
der kleine, flache Bau des **Candi Semar** gegen-
überliegt. Er könnte einmal als Wohnraum ge-
dient haben. Besonders schöne Wandreliefs, die
Vishnu darstellen, erkennt man auf dem nächsten Tempel, **Candi Srikandi**. Dahinter die kleineren Bauten von **Candi Punta Dewa** und **Candi**

Neben der herrlichen Landschaft lohnt ein Morgenspaziergang durch das Dieng-Plateau auch der Stille wegen – der Besucherandrang steigt mit der Sonne.

Sembadra. Weiter im Süden steht **Candi Gatotkaca**. Südwestlich des Arjuna-Komplexes lockt ein kleines **Museum** mit Ausgrabungsfunden und einer Videopräsentation im Vorführungsraum. ⏱ 8–17 Uhr, Eintritt 5000 Rp.

Außergewöhnlich ist **Candi Bima** auf einem kleinen Hügel am Südwestende der Ebene: Eine Reihe von Gesichtern starrt dem Besucher aus Fensternischen entgegen. Dem Volksglauben nach erfüllt das siebenmalige Umrunden des Tempels einen Wunsch. Südlich vom Candi Bima weisen aufsteigende Schwefeldämpfe den Weg zum **Sikidang Krater**, Eintritt 5000 Rp, wo kochend heißes, stinkendes Schwefelwasser aus porösen Felsen emporsteigt. Folgt man den hinter dem Krater verlaufenden Trampelpfaden und Gasrohren für zehn Minuten durch die spärliche Botanik, so gelangt man auf die Westseite des Bergs. Hier bietet sich vormittags eine fabelhafte Aussicht über die Wolken, die Felder und das Tal.

Eintritt zum Arjuna-Tempelkomplex sowie zum Sikidang-Krater per Kombiticket 25 000 Rp.

Südöstlich am Candi Bima vorbei und an der nächsten Abzweigung wieder links, kommt man am **Telaga Warna** vorbei, einem wirklichen „Farbensee", dessen Oberfläche bei entsprechendem Licht in verschiedensten Farbtönen an unterschiedlichen Stellen schimmert: Blauschwarz, Türkis, Orange. Eintritt 9000 Rp, für 10 000 Rp kann man eine Seilbahn über den See heruntersausen (kurzes Vergnügen).

Tipps für die Fotografen

Die herrlichen Täler und Berge um Dieng wirken bei Sonnenaufgang am eindrucksvollsten. Vor Ort werden Touren auf Bergspitzen angeboten, die um 4.30 Uhr beginnen, doch auch in Eigeninitiative lassen sich schöne Plätzchen für das tägliche Spektakel finden. Während die Sicht auf die über den Tälern hängende Wolkendecke, auf zahllose Terrassenfelder an den Hängen und auf die umliegenden Bergkuppen vormittags ungetrübt ist, wird es am Nachmittag vielerorts dunstig, was klare Fotografien unmöglich macht. Achtung: Die Temperaturen liegen morgens zwar weit unter 20 °C, doch brennt die Sonne stärker als im Tiefland – an warme Kleidung und Sonnenschutz denken!

DIENG-PLATEAU

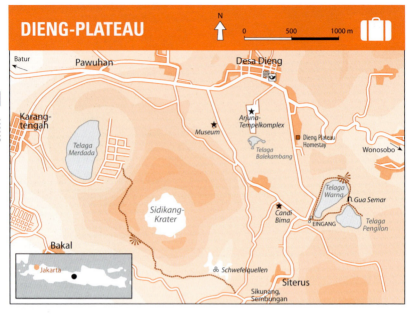

Zwischen diesem See und dem „Spiegelsee", **Telaga Pengilon**, liegt die **Gua Semar**, eine ehemalige Meditationshöhle. Nach ritueller Reinigung an der Quelle Bima Lukar nahmen Hilfesuchende im Inneren der Grotte spirituellen Kontakt mit Semar auf, dem weisen Clown, Ratgeber des Helden Arjuna und Schutzgottheit Javas. Die Höhle soll exakt im Zentrum der Insel liegen. An der nordöstlichen, dem Eingang gegenüberliegenden schmalen Seite des Telaga Warna führt linker Hand ein schmaler, gestufter Pfad den Abhang hinauf auf den Hügelkamm. Die drei Minuten Fußweg werden mit herrlicher Aussicht auf die Berge um Kejajar auf der einen, auf den Farben- sowie den Spiegelsee auf der anderen Seite belohnt.

ÜBERNACHTUNG

Dieng Pass Homestay, Jl. Raya Dieng, ☏ 0852-9125 0250. Kinderzimmer-Feeling in bunt eingerichteten Zimmern mit TV, Du/Hocktoilette, Warmwasser, dazu ein kleines Frühstück. ❷
Dieng Plateau Homestay, Jl. Raya Dieng (neben Dieng Pass Homestay), ☏ 0857-4337 70829.
Sehr einfache Zimmer mit harten Matratzen und Du/Hocktoilette mit Warmwasser auf Bestellung. Motorrad 70 000 Rp. Tito, der Betreiber, ist ein kauziger Kerl, der auch Touren und Transporte organisiert. ❶
Dwarawati Homestay, Jl. Raya Dieng 17, ☏ 0813-2680 2220. Schlichte Zimmer mit Du/Hocktoilette, Warmwasser und recht weichen Betten und freundlichen Betreibern. Kein Englisch. ❷

SONSTIGES

Internet
Internetcafé in der Jl. Raya, 3000 Rp pro Std. ⓧ 24 Std.

Post
Jl. Raya Dieng. ⓧ Mo–Do 7.30–14.30, Fr 7.30–12, 13–14.30 Uhr.

TRANSPORT

Selbstfahrer folgen ab Wonosobo einfach der Jl. Dieng, die 27 km durch die Dörfer geradeaus führt und zur Jl. Raya Dieng wird. Es müssen je nach Tageszeit Eintritte an diversen Gates und Parkplätzen gezahlt werden, deren Betrag zwischen 2000 und 4000 Rp liegt. Der erste **Minibus** ab Wonosobo verlässt die Jl. A. Yani (nahe dem Plaza) gegen 5 Uhr morgens, ab dann je nach Fahrgastanzahl viertel- bis halbstdl. Ab 7 Uhr fahren auch Minibusse in der Jl. Rumah Sakit nach DIENG, 1 Std., 10 000–15 000 Rp. Im Ort Dieng fahren um die selbe Zeit erst stdl., am frühen Nachmittag sogar alle 5 Min., Busse zurück nach WONOSOBO bzw. weiter nach BATUR, 1 Std. 15 000 Rp.

Semarang

Die Hauptstadt der Provinz Zentral-Java ist eine geschäftige Hafenstadt mit etwa 1,6 Mio. Einwohnern und einer bewegten, mehr als 400-jährigen Geschichte. Im 17. Jh. begannen die Häfen der blühenden Nachbarstädte Demak, Jepara und Pati zu versanden. Der bis dahin kleine Fischerort gewann dadurch plötzlich an Bedeutung. Weitläufige Stadtteile mit Alleen, flachen Bauten und einer geschäftigen Bevölkerung prägen das heutige Bild. Große und seit Langem ansässige chinesische und christliche Communities sorgen für eine multikulturelle Atmosphäre in der Handelsmetropole. Im Zentrum und im Norden konzentrieren sich Handel und Verkehr, während die südliche Oberstadt mit breiten Straßen, grünen Gärten und einem etwas kühleren Klima das bevorzugte Wohngebiet wohlhabender Leute ist.

Im Zentrum der Stadt liegt der große Platz **Simpang Lima**, in den fünf Hauptstraßen einmünden. Hier sitzen abends viele Kids und machen Musik, fahren Skateboard oder flirten. Neben der großen **Baiturrahman Moschee** im Westen umrahmen mehrere Einkaufszentren den Platz: Gajah Mada Plaza im Süden, Plasa Simpang Lima mit dem Matahari Department Store und vielen Restaurants im Osten. Im Süden erblickt man das Gajah Mada Theater, ein großes Kino. Im Norden steht das große Luxushotel Ciputra mit der Ciputra Mall, einem weiteren Einkaufszentrum.

Westlich vom Simpang Lima liegt am südlichen Ende der Jl. Pemuda ein weiterer Platz mit

Gegen alles ein Kraut

Schon vor Jahrhunderten mischten sich die Frauen an den javanischen Fürstenhöfen aus Blüten, Blättern, Wurzeln und Samen ihre eigene Medizin *(Jamu)*, die ihnen helfen sollte, Gesundheit und Schönheit zu bewahren. Die Rezepte hierfür werden bis zum heutigen Tag von Generation zu Generation weitergegeben. Überall in Indonesien, vor allem aber in Java, ziehen junge, hübsche Frauen mit ihren gefüllten Flaschen in großen Körben von Haus zu Haus, um ihre Kundinnen und Kunden täglich mit frischem *Jamu* zu versorgen. Seit Beginn des 20. Jhs. wird *Jamu*, vor allem in Semarang, in größerem Rahmen produziert. Hierfür werden die Bestandteile des ansonsten flüssigen *Jamu* in Pillen-, Tabletten- oder Pulverform verarbeitet und in bunte Päckchen verpackt. Männer, die in gewissen Situationen ihre Kraft verlieren, finden hier ebenso ein geeignetes Mittelchen wie Frauen vor und nach der Geburt. *Jamu* hilft bei Fieber, Erkältung und jeder Art von Schmerz, bei Appetitlosigkeit ebenso wie bei Übergewicht und schützt vor Akne wie vor dem Altern. Überall in Indonesien findet man die großen Werbetafeln für Air Mancur, Nyonya Meneer oder Jamu Jago, wobei die beiden letztgenannten Marken in Semarang produziert werden. Das **Nyoya Meneer Museum** in der Jl. Kaligawe Km. 4 zeichnet mit historischen Fotografien und Herstellungsmethoden die Entwicklung der *Jamu*-Medizin nach und macht nebenbei kräftig Werbung für die Branche. ✆ 024–658 2529, 🖥 nyonya meneer.com/english/profile-museum.php, 🕐 So–Fr 10–15.30 Uhr, Eintritt 4000 Rp.

dem **Tugu Muda-Denkmal**, das an den Kampf gegen die japanische Armee im Oktober 1945 erinnert. Jedes Jahr am 14. Oktober finden hier aus diesem Anlass die Pertempuran Lima Hari-Feiern statt. Am nördlichen Ende der Straße packen abends fliegende Händler, Warung und Masseure ihre sieben Sachen auf dem Bürgersteig aus.

Zu den wenigen erhalten gebliebenen Bauwerken aus der Kolonialzeit gehören auch einige Lager- und holländische Wohnhäuser in der

Jalan Letjen Suprapto, am nördlichen Ende der Jl. Pemuda, und dem Bahnhof Tawang. In dieser Straße steht auch die **Gereja Blenduk** mit ihrer herausragenden Domkuppel aus Kupfer. Diese zweitälteste Kirche auf Java wurde 1753 als „Indische Kerk" erbaut. Noch immer finden hier Gottesdienste statt. Die Barockorgel wurde in ihrem früheren Zustand belassen, scheint aber nicht mehr zu funktionieren.

Der **Klenteng Sampo Kong** in der Jl. Kaligarang gilt als der älteste chinesische Tempel auf Java. Ursprünglich befand sich hier nur eine Höhle zum Beten – daher der Name Gedung Batu – bis Admiral Cheng Ho, ein Gesandter der Ming-Dynastie, die Stadt besuchte. Von 1405–1430 leitete er sieben Expeditionen durch Südostasien und befehligte eine Flotte von 62 Schiffen und fast 27 000 Mann Besatzung. Jede seiner Expeditionen brachte ihn nach Java. Wo immer er an Land ging, errichtete er getreu seinem Glauben kleine Moscheen als private Andachtsstätten. Der Islam hatte gerade erst zögernd begonnen, sich im Archipel auszubreiten. Zeitgenössischen Chroniken zufolge bauten Auslands-Chinesen seine Andachtsstätten in Tempel *(Klenteng)* um, wo der Admiral als der heilige Sampo Kong verehrt und um Beistand angefleht wird. Heute stehen dort neben dem Haupttempel ein der Erdgöttin Hok Tik Tjin Sin sowie ein der Meeresgöttin Thian Sang Shen Mu geweihter Tempel. Der Klenteng lässt sich nicht eindeutig einer der Weltreligionen zuordnen. Äußerlich von einem chinesischen Buddha-Tempel nicht zu unterscheiden, beten hier Chinesen wie auch Javaner zu dem Heiligen. Eine kleine Statue des Konfuzius wird genauso verehrt wie ein riesiger Anker von einem der Schiffe Cheng Hos, ein sog. *Pusaka*, ein magiegeladenes Erbstück. ⏲ 7.30–18 Uhr, Eintritt auf das Gelände 10 000 Rp, Eintritt in den Tempel noch einmal 20 000 Rp. Anfahrt: Man nimmt zuerst einen Minibus zum Pasar Karang Ayu (3000 Rp), dann einen weiteren Minibus direkt zum Tempel (3000 Rp).

Die beste Aussicht über die Stadt genießt man vom großen Minarett der **Mesjid Agung**, der Großen Moschee von Zentral-Java, in der Jl. Gahah Raya im Distrikt Sambirejo (dorthin 3000 Rp per Angkot, 5000 per Ojek). Der dem Gestaltungsprinzip der großen Moschee in Me-

Die Mesjid Agung hat riesige, ausfahrbare Schirme, die Tausende vor Regen und Sonne schützen können. Ihr Minarett dient Besuchern als Aussichtsturm.

dina nachempfundene Sakralbau fasst bis zu 13 000 Menschen und ist architektonisch wirklich sehenswert. Vom 19. Stockwerk des mit 99 m höchsten Turms der Gegend überblickt man ganz Semarang von den Hügeln bis zum Meer. Im Turm befindet sich auch das kleine **Museum Kembang Islam**, das Museum über die Ausbreitung des Islam (leider keine englischen Texte). ⏲ 8–21 Uhr, geschlossen um 11.30–12.30 sowie 17.30–18.30 Uhr, Eintritt zur Aussichtsplattform und zum Museum 5000 Rp.

In einem modernen Bau in der Jl. Abdulrahman Saleh 1 ist das Central Java Museum, **Museum Ronggowarsito**, untergebracht. Es zeigt in vier Gebäuden eine knapp 60 000 Objekte umfassende Sammlung historischer Ausstellungsstücke und archäologischer Funde, von den Relikten des frühen Java-Menschen bis zum Unabhängigkeitskampf der Indonesier im 20. Jh. Besonders die historischen Pferdekutschen sind sehenswert. ✆ 024-760 2389, ⏲ Sa–Do 9–17, Fr 8–11 Uhr, Eintritt 4000 Rp. Per Angkot 3000 Rp, per Ojek 5000–7000 Rp.

ÜBERNACHTUNG

Amaris Hotel, Jl. Pemuda 138, ✆ 024-358 8558, 🖥 www.amarishotel.com. Komfortable, minimalistisch gestaltete und ruhige Zimmer mit Du/WC, Safe, LCD-TV, AC und WLAN. Indonesisches Frühstücksbuffet im Restaurant inkl. Das Hotel grenzt an den Gramedia-Store in der Jl. Pemuda und hat ein Parkhaus sowie freundliches englischsprachiges Personal. ❸

Hotel Candi Baru, Jl. Rinjani 21, ✆ 024-831 5272. Einfache Zimmer mit AC oder Ventilator und teils gemeinschaftlicher Du/WC, dazu Frühstück. WLAN im angegliederten Café. Schönes altes Gebäude aus der holländischen Zeit, von einigen Fenstern aus hat man Blick bis zum Meer. Freundliches Personal. ❶–❸

Hotel Pelangi, Jl. Merak 28 (gegenüber dem Bahnhof Tawang), ✆ 024-358 4813. Schlichte, saubere Zimmer mit AC, etwas Mobiliar, normalen bis weichen Betten und teils gemeinschaftlicher Du/Hocktoilette. Das Personal spricht wenig Englisch. Vom Teich vor dem Haus kommen zahlreiche Mücken ins Hotel. ❶–❷

Hotel Raden Patah, Jl. Letjen Suprapto 48, ✆ 024-351 1328. Einfache, ordentliche Zimmer

mit Mandi/WC. Das Hotel liegt mitten in der alten Chinatown, in einem Gebäude aus der holländischen Zeit. Das Personal spricht etwas Englisch. ❶

Hotel Santika, Jl. Pandanaran 116–120, ✆ 024-841 2115, 🖥 www.santika.com. Schöne 4-Sterne-Zimmer mit Aussicht, TV, Bad/WC und LAN-Anschluss. Frühstücksbuffet, Fitnessraum und Swimming Pool inkl. Schickes, neojavanisches Design, und das Spa bietet traditionelle Massagen. Im Delima Restaurant wird ein Crossover aus asiatischer und westlicher Küche zu gehobenen Preisen serviert. WLAN in der Lobby. Außerhalb der Saison gute Discounts möglich! ❺–❼

Novotel Semarang, Jl. Pemuda 123, ✆ 024-356 3000, 🖥 www.novotelsemarang.com. Luxuriöse 5-Sterne-Zimmer mit Aussicht und den Annehmlichkeiten ihrer Preisklasse. Pool, Jacuzzi, Fitness, und im Restaurant, das sehr gutes Lachsfilet zaubert, spielt wöchentl. ein Pianist zum Abendessen. Außerhalb der Saison gewährt das sehr freundliche Personal satte Discounts! Das Hotel liegt der Paragon Mall schräg gegenüber. ❻–❽

Permata Gh., Jl. Singosari 12, ✆ 024-831 5345, 🖥 www.permatagh.com. Saubere, schlichte Zimmer mit (teils gemeinschaftlicher) Du/WC, AC und TV. WLAN im Empfangsraum, der an ein kleines Café grenzt. Ruhige Lage in Laufnähe zu ein paar guten Restaurants in der Jl. Sriwijaya und freundliches, englischsprachiges Personal. ❷–❸

ESSEN

Dapoer Bistik, Jl. Sirojuddin 5 (Tembalang) sowie Jl. Kusumawardani (Zentrum). Leckere Rindfleisch- und Seafood-Gerichte mit Gemüse und Soße (kleine Portionen) sowie frische Säfte zu günstigen Preisen. Das Besondere liegt hinter der Kulisse: Der Betreiber der beiden Restaurants bietet Ex-Jihadis aus dem Umfeld der Jemaah Islamiyah einen Job und damit eine neue Perspektive. Die Grassroots-Initiative erhält keine weitere Unterstützung, wurde aber bereits in einem Dokumentarfilm in Deutschland vorgestellt. ⏲ 10–22 Uhr.

Kedai Santé, 50 m nördlich vom Dapoer Bistik in der Jl. Kusumawardani. Leckere Crêpes und

JAVA

www.stefan-louse.de/indonesien

SEMARANG **233**

An jeder Ecke: Lumpia

Ein Besuch in Semarang ohne eine Kostprobe des ortstypischen Snacks bleibt unvollständig. Die aus der chinesischen Community Semarangs stammenden Teigröllchen (auch: *Loenpia*) gibt es *goreng* (gebraten) oder *basah* (nass). Die alte Garde der Lumpia-Restaurants bilden **Siem Swie Kim** in Gang Lombok 11 und **Siem Swie Hie** in der Jl. Pemuda, die schon in der vierten Generation kochen. Über die Jahrzehnte haben sich auch Fast-Food-Franchises in den Malls der Gegend auf die kleinen Leckerbissen spezialisiert, die mit Huhn und Ei, mit Shrimps, Gemüse und Tofu gefüllt werden.

Pancakes mit allem, was süß und sündhaft schmeckt. Gut als Nachtisch! ⏰ 10–21 Uhr.
Le Wiji, Jl. Pemuda 76, ✆ 024-354 7776. Handgemachte Schokolade und Pralinen in allen Formen und Farben werden hier auch auf Bestellung zubereitet. Im angrenzenden Restaurant **Koning** gibt es u. a. 18 verschiedene Steak-Variationen zu leicht gehobenen Preisen. ⏰ 10–22 Uhr.
Seoul Restaurant, Jl. Pandanaran, 200 m vom Simpang Lima entfernt. Koreanische Küche zu leicht gehobenen Preisen. Flotter, englischsprachiger Service und gutes Barbecue (*Bibimbap*).
The Blue Lotus Coffeehouse, Jl. Jend. A. Yani 197, ✆ 024-841 3575. Kreiert gute Kaffeevariationen und Snacks, z. B. leckere Sandwiches und Kuchen, aber auch Nudelgerichte gegen leicht gehobenes Entgelt.

UNTERHALTUNG

Happy Puppy, Jl. Jend. A. Yani 180, 🖥 www.happy-puppy.com. Die Semarang-Niederlassung der in ganz Indonesien verbreiteten Karaoke-Franchise. Große Auswahl an Songs und modernes Design, die Getränkepreise sind noch moderat. Speziell auf Familien ausgerichtet. ⏰ 10–22 Uhr.
Rendezvous, Jl. Tirtoyoso, ✆ 024-356 7788. Musik vom DJ, dazu Mo, Mi, Fr Livemusik. So 2 Pitcher Bier bzw. 2 Cocktails zum Preis von 1. Dazu Karaoke und Billard.

Star Queen, Jl. Permata Hijau BB 25, Pondok Hasanuddin, ✆ 024-351 0626. Dieser schicke Club spielt elektronische und Popmusik aus allen Richtungen. Ab und an treten indonesische Bands mit Tänzern hier auf, und die Karaoke-Bar ist an Wochenenden bei jungen Erwachsenen beliebt.

EINKAUFEN

Paragon, Jl. Pemuda, gegenüber dem Novotel, ist das größte und modernste Einkaufszentrum der Stadt. Bread Talk, Starbucks, Hush Puppies und Co. laden zum Shopping auf europäischem Preisniveau ein, im Hypermart dürfen aber auch Dinge des täglichen Bedarfs gekauft werden. Teens hängen im Solaria Café auf der Restaurant-Ebene ab; der Buch- und Zeitungsladen führt ein paar Reiseführer. ⏰ 9–21 Uhr.
Die **DP Mall**, Jl. Pemuda 150, ist geringfügig preiswerter. Neben einem Carrefour, vielen Bekleidungsgeschäften und KFC gibt es eine Guardian-Drogerie, eine Spielhalle und Streetwear von Ripcurl. ⏰ 9.30–21.30 Uhr.
Die **Citrapura Mall** am Simpang Lima ist dem gleichnamigen Hotel angegliedert und führt Luxuswaren, viel Schmuck, Parfums, Bekleidung. ⏰ 9–22 Uhr.
Sri Ratu Plaza, Jl. Pemuda, ist da schon billiger und übersichtlicher. Bekleidungsgeschäfte, eine Schuhabteilung und Möbel nehmen den Großteil ein. Unten befinden sich ein Okisaki-Foodstall, das Spot Café und nebenan ein McDonald's. ⏰ 9.30–21.30 Uhr.

Bücher und Nützliches

Der **Gramedia**-Store neben dem Amaris Hotel, Jl. Pemuda 138, hat außer Büchern (darunter viele Deutsch-Indonesisch-Wörterbücher!) eine für Traveller besonders praktische Abteilung: **Rucksäcke und Taschen**, darunter auch große Reiserucksäcke. Der Gramedia Store neben dem Sartika-Hotel 400 m weiter Richtung Simpang Lima führt außerdem auch Elektronik im Erdgeschoss. ⏰ 10–22 Uhr.

TOUREN

Nusantara Tour & Travel, am Simpang Lima (dort auch im Foyer des Ciputra Hotels), ✆ 024-844 2888, 🖥 www.nusatovel.com.

Semarang

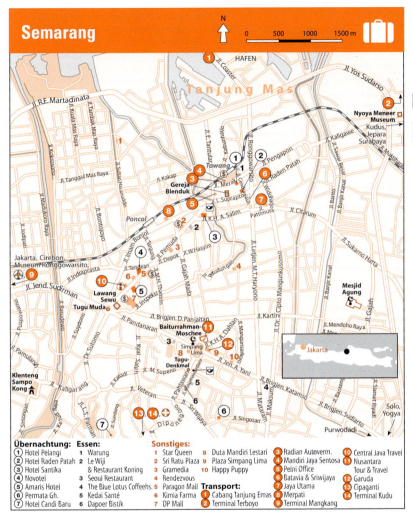

Übernachtung:
1. Hotel Pelangi
2. Hotel Raden Patah
3. Hotel Santika
4. Novotel
5. Amaris Hotel
6. Permata Gh.
7. Hotel Candi Baru

Essen:
1. Warung
2. Le Wiji & Restaurant Koning
3. Seoul Restaurant
4. The Blue Lotus Coffeehs.
5. Kedai Santé
6. Dapoer Bistik

Sonstiges:
1. Star Queen
2. Sri Ratu Plaza
3. Gramedia
4. Rendezvous
5. Paragon Mall
6. Kimia Farma
7. DP Mall
8. Duta Mandiri Lestari
9. Plaza Simpang Lima
10. Happy Puppy

Transport:
1. Cabang Tanjung Emas
2. Terminal Terboyo
3. Radian Autoverm.
4. Mandiri Jaya Sentosa
5. Pelni Office
6. Batavia & Sriwijaya
7. Jaya Utama
8. Merpati
9. Terminal Mangkang
10. Central Java Travel Nusantara Tour & Travel
11. Garuda
12. Cipaganti
13. Terminal Kudu
14.

Mindestens 2 Pers. können hier auf Touren durch Semarang und Umgebung fahren: zu den Tempeln der Stadt (3 Std., ab 295 000 Rp), zu den interessantesten Gebäuden der Altstadt (3 Std. 275 000 Rp), nach Dieng (10 Std., 706 000 Rp), Borobudur (8 Std., 1 Mio. Rp), Karimunjawa (2 Tage, 1,1 Mio. Rp) oder zur Kautschukplantage nach Tlogo (5 Std., 532 000 Rp). Alle Eintritte, ggf. auch Unterkunft und Verpflegung, inkl.

SONSTIGES

Apotheke

Kimia Farma, Jl. Pemuda 135 (südlich des Novotel), 🖥 www.kimiafarma.co.id. ⏰ 24 Std.

www.stefan-loose.de/indonesien   SEMARANG **235**

Autovermietung
Radian, Jl. Taman Tawang 1, ✆ 024-358 8804. Ein Avanza oder Kijang für 400 000 Rp am Tag.

Informationen
Touristeninformation, Jl. Pemuda 147, ✆ 024-351 5451, 🖥 www.central-java-tourism.com. Viele Informationen und freundlicher Service von englischsprachigem Personal, das gute Stadtpläne verschenkt und bei telefonischen Reservierungen hilft. ⊕ Mo–Fr 7.30–16 Uhr.

Internet
WLAN in allen großen Shopping Malls und gehobeneren Cafés wie Starbucks.

Medizinische Hilfe
Das beste Krankenhaus ist das **St. Elizabeth Hospital** im Süden der Stadt, Jl. Kawi, ✆ 024-831 0076.

Post
Jl. Pemuda (Hauptpostamt) sowie südlich des Simpang Lima an der Jl. Pahlawan. ⊕ 8–18.30 Uhr.

Reisebüros
Duta Mandiri Lestari, Jl. Simpang Lima Ruko, Gajah Mada Plaza Block C18, ✆ 024-831 2204. **Mandiri Jaya Sentosa**, Jl. Taman Tawang 1, Komplek Gedung Reservasi Kereta Api (neben dem Ticket-Büro des Bahnhofs, schräg gegenüber dem Bahnhofsgelände), ✆ 024-358 7585.

NAHVERKEHR

Selbstfahrer
Es scheint nicht möglich zu sein, sich einfach ein Moped auszuleihen. Ojek-Fahrer sind pro Tag für etwa 100 000 Rp zu haben. Autovermietung s. o.

Becak
Eine Fahrt im Zentrum kostet ca. 10 000 Rp, vom Bahnhof bis zum Simpang Lima ca. 15 000 Rp.

Angkot
Angkots fahren bis etwa 23 Uhr durch die Innenstadt und kosten 3000 Rp. Einfach

anhalten, Ziel erfragen und zusteigen. Es gibt ein Liniensystem (Plan in der *Yellow Pages*-Broschüre der Touristeninformation), doch bis man das raus hat, ist man längst am Ziel angekommen.

Busse
5 Damri-Linien durchkreuzen die Stadt. Linie B01 und B02 starten am Terboyo Terminal und fahren über die Jl. Pemuda, vorbei am Tugu-Monument, bis zum Terminal Mangkang. Ein Trans-Semarang-Bus (3000 Rp) fährt vom Terminal Mangkang über die Jl. Jend. Sudirman und die Jl. Pemuda via Simpang Lima zum Terminal Penggaron.

Taxi
Fahrten ab 15 000 Rp aufwärts. Vom Flughafen in die Stadt 50 000 Rp, zurück mit Taximeter 40 000 Rp.
Atlas, ✆ 024-659 1717;
Blue Bird, ✆ 024-670 1234;
Centris, ✆ 024-672 3624;
Kosti, ✆ 024-761 3333.

TRANSPORT

Busse
Der **Terboyo Busterminal** liegt 4 km außerhalb und ist per Minibus für 3000 Rp in 15 Min. erreichbar. Hier fahren auch Nachtbusse zu den entfernteren Destinationen. Diese machen aber nur Sinn, wenn zur Hochsaison die Flugpreise ins Unermessliche steigen und man viel Zeit hat. Busse nach Yogyakarta, Jakarta, Solo oder Surabaya fahren mehrmals tgl. und müssen nicht gebucht werden. Für Buchungen der anderen Destinationen sind von 8–21 Uhr die Ticketbüros am Terminal geöffnet.
Preisbeispiele:
BANDUNG, 370 km, in 8 Std. für 90 000 Rp;
CILACAP (bei Pangandaran), 230 km, in 5 Std. für 100 000 Rp;
CIREBON, 230 km, in 5 Std. für 200 000 Rp;
DENPASAR, 720 km, in 13 Std. für 225 000 Rp;
JAKARTA, 460 km, in 8 Std. für 200 000 Rp;
SOLO, 100 km, in 3 Std. für 20 000 Rp;
SURABAYA, 310 km, in 7 Std. für 110 000 Rp;
WONOSOBO, 105 km, in 3 1/2 Std. für 25 000 Rp;

YOGYAKARTA, 120 km, in 4 Std. für 30 000 Rp.
OBL Safari Dharma Raya, Jl. Dr. Cipto 82, sowie am Terboyo Terminal, ✆ 024-352 2222, 🖥 www. safaridharmaraya.com. Klimatisierte Executive-Busse nach JAKARTA, TANGERANG, BOGOR, SURABAYA und DENPASAR auf Bali.
Pahala Kencana, Jl. Siliwangi 476F und am Terboyo Terminal, ✆ 024-762 0532, 🖥 www. pahalakencana.com. Großes Busunternehmen mit 55 Zielen in Java, Süd-Sumatra und Bali.

Minibusse

Kleinere Busse (Travel) fahren zu etwas höheren Preisen die gleichen Destinationen an und sind besonders zur Hochsaison die bequemere Art zu reisen. Einige Unternehmen bieten kostenlosen Abholservice.
Preisbeispiele:
BANDUNG, in 8 1/2 Std. für 130 000 Rp;
JEPARA, 70 km, in 2 Std. für 30 000 Rp;
SOLO, in 2 1/2 Std. für 40 000 Rp;
SURABAYA, in 5 1/2 Std. für 110 000 Rp;
YOGYAKARTA, in 4 1/2 Std. für 55 000 Rp.

Central Java Travel, Jl. Pemuda 147 (hinter der Touristeninformation), ✆ 024-351 0016. 4x tgl. nach JEPARA. Zurück nach Semarang geht es vom Hotel Segoro in Jepara.
Cipaganti, Jl. Sultan Agung 92, ✆ 024-9128 8588, 🖥 www.cipaganti.co.id. Stdl. 6–20 Uhr in 2 Std. nach SOLO, stdl. 5–20 Uhr in 1 Std. nach YOGYAKARTA sowie 3x tgl. in 8 Std. nach BANDUNG.
Jaya Utama Travel, Jl. Patimura 5, ✆ 024-355339, betreibt u. a. einen Nachtbus nach Surabaya um 20 Uhr.
Nusantara Tour & Travel, Jl. Jend. A. Yani Pert. Simpang Lima Bl. C6, ✆ 024-844 2888, 🖥 www. nusatovel.com. Die professionelle Reiseagentur hat u. a. ebenfalls einen Nachtbus nach Surabaya um 21 Uhr.

Eisenbahn

Die meisten Züge verlassen den **Bahnhof Tawang**, nördlich des Stadtzentrums. Einige – die Economy-Züge – fahren dagegen am **Bahnhof Poncol** ab, halten jedoch zumeist in Tawang. Das Office für Reservierungen ist schräg gegenüber von Tawang im Komplek Reservasi Kereta Api, ◷ 9–21 Uhr. Die Preise variieren je nach Zug und Wochentag.
Preisbeispiele:
BANDUNG, 2x tgl. in 8 1/2 Std., ab 125 000 Rp;
JAKARTA, 13x tgl. in 6 Std., ab 105 000 Rp, Executive 215 000 Rp;
SOLO, 2x tgl. in 2 Std., ab 25 000 Rp;
SURABAYA, 7x tgl. in 4 1/2 Std., ab 85 000 Rp, Executive 125 000 Rp.

Schiffe

Büro der Fährgesellschaft **Pelni** in der Jl. Mpu Tantular 25, ✆ 024-354 6723, 🖥 www.pelni. co.id, ◷ Mo–Do 8–12, 13–14, Fr 8–12, Sa 8–12, am Monatsende bis 11 Uhr. Der Fahrplan hängt draußen auch außerhalb der Öffnungszeiten aus. Tickets sind zudem von 8–14 Uhr am Hafen **Tanjung Emas**, Jl. Coaster 10, erhältlich. Direkte Verbindungen ab Semarang bestehen allerdings nur nach Kalimantan, und die Schiffe fahren mitunter nur 1x alle zwei Wochen.
BALIKPAPAN, 1 Tag, 333 000 Rp;
BANJARMASIN, 1 Tag, 240 000 Rp;
MAKASSAR, 1 Tag, 315 000 Rp;
PONTIANAK, 1 Tag, 224 000 Rp.

Die Schnellfähre nach KARIMUNJAWA, 4 1/2 Std., heißt **Kartini** und kostet 115 000 Rp (Executive 130 000 Rp). Die Abfahrtszeiten ändern sich oft, zuletzt Sa 9 Uhr, Mo 7 Uhr hin und So 14 Uhr sowie Di 15 Uhr zurück. Sie fährt auch ab Jepara: Mo 10 Uhr hin, Di 11 Uhr zurück. Tickets müssen beim Dinas Perhubungan, Jl. Siliwangi 355–357, gebucht werden, am besten mind. 1 Woche im Voraus. ✆ 024-760 4640, 760 5660, 7040 0010, ✉ dinhubkom info@jatengprov.go.id. Für die öffentliche Fähre ab Jepara s. S. 243.

Flüge

Am **Bandara Internasional Achmad Yani** (SRG) liegt die Flughafensteuer bei 30 000 Rp für nationale und 75 000 Rp für internationale Flüge.
Air Asia, am Flughafen, ✆ 021-5050 5088 (Callcenter), 🖥 www.airasia.com.
JAKARTA, tgl. in 1 Std., ab 159 000 Rp;
KUALA LUMPUR, tgl. in 2 Std., ab 339 000 Rp.

www.stefan-loose.de/indonesien

Batavia, Jl. Letjen. M.T Haryono Ruko, Peterongan Plaza Bl. A6/719, ✆ 024-841 3777, 🖥 www.batavia-air.com.
JAKARTA, tgl. in 1 Std., ab 295 000 Rp; SINGAPUR, tgl. in 1 Std., ab 1,1 Mio. Rp.
Garuda, Jl. K.H. Ahmad Dahlan 2, ✆ 024-845 4737, 🖥 www.garuda-indonesia.com. 9x tgl. in 1 Std. nach JAKARTA, ab 470 000 Rp.
Lion Air, am Flughafen, ✆ 024-761 4315, 🖥 www.lionair.co.id. 6x tgl. in 1 Std. nach JAKARTA, ab 215 000 Rp.
Merpati, Jl. Imam Bonjol 180 E, ✆ 024-354 9888, sowie Jl. Brigjen Katamso 20, ✆ 024-8455000, 🖥 www.merpati.co.id. Tgl. in 1 Std. nach BANDUNG, ab 780 000 Rp.
Sriwijaya, Jl. Letjen. MT Haryono 719, Peterongan Plaza Bl A6, ✆ 024-841 3777, 🖥 www.sriwijayaair.co.id.
JAKARTA, 3x tgl. in 1 Std., ab 280 000 Rp; SURABAYA, tgl. in 1 Std., ab 350 000 Rp.
Trigana Air, am Flughafen, ✆ 024-761 7621, 🖥 www.triganaair.com. Tgl. in 3 Std. nach BANJARMASIN.

Karimunjawa

80 km nördlich von Semarang liegen 27 Inseln, die nach ihrer Hauptinsel unter dem Namen Karimunjawa, „ein Steinwurf von Java", zusammengefasst werden. Sie zählen mit nur 7000 Einwohnern, weißen Sandstränden, Mangrovenwäldern und schönen Tauch- und Schnorchelgründen zu den attraktivsten Urlaubsorten Javas. Hier errichteten die Briten während ihrer kurzen Kolonialherrschaft eine Strafkolonie, die von den Holländern nach dem Britisch-Niederländischen Krieg (1825–1830) wieder aufgelöst wurde. Die kleine Einwohnerschaft dieser ersten Siedlung etablierte neben der Fischerei vor allem Baumwollanbau und Goldschmieden als wichtigste Wirtschaftszweige. Inzwischen ist der Tourismus die zweitgrößte Einkommensquelle.

Der Legende nach hat Sunan Nyamplungan, Sohn des Sunan Muria (eines der neun Heiligen, die den Islam in Java verbreitet haben), den 78 km^2 kleinen Archipel entdeckt; daher die zweite etymologische Herleitung aus dem Javanischen: *Kremun kremun saking tanah jawi* – etwas, das man von Java aus verschwommen sieht (was nebenbei gesagt selbst mit Fernglas nicht möglich ist). Sunan Nyamplungans Grab auf Karimun wird heute noch von moslemischen Pilgern besucht.

Die Inseln im Westen sind Pulau **Cemara Besar**, **Cemara Kecil**, **Menjangan Besar**, **Menjangan Kecil**, **Gosong** und **Ujung Gelam**. Im Osten warten Pulau **Tengah**, **Cilik**, **Geleang**, **Sruni** und **Sembangan** auf Besucher. Weitere Inseln können besucht werden, sind aber entweder weiter weg oder bei Flut nicht begehbar. Besiedelt sind lediglich sieben Inseln. 22 wurden 2001 zum Nationalpark erklärt, die anderen sind entweder in Privatbesitz (**Seruni**, **Sembangan** und **Menyawakan**) oder unter Verwaltung der indonesischen Armee. Der Archipel wurde der naturschutzbedingten Zugangsbeschränkungen wegen in

Auffangstation für Delphine

Am Pantai Barracuda hat das **Lumba Lumba Rehabilitation Centre** seine Arbeit aufgenommen. Für einen Wanderzirkus waren Delphine aus den Gewässern von Karimunjawa gefangen und unter üblen Zuständen gehalten worden, was die Tierschutzabteilung des indonesischen Forstministeriums alarmierte. Mithilfe der NGO Jakarta Animal Aid wendete sich das Schicksal der Meeressäuger noch einmal. Die meisten der Delphine konnten befreit werden, man versucht nun, sie wieder an ihre natürliche Umgebung zu gewöhnen. Forscher untersuchen zudem, welche und wie viele Delfine den Archipel frequentieren. Im Juli und August können unter Umständen auch Besucher an solchen Bootstouren teilnehmen.

Wer am Barracuda Beach beim Rehabilitationszentrum übernachten will, sollte erst telefonisch anfragen, ✆ 021-7179 5892 (Jakarta Animal Aid Network) oder 0813-1496 2608 (Mobil), 🖥 www.jakartaanimalaid.com.

Das von der Fischerei bestimmte Leben der Javaner auf Karimun bleibt trotz des Tourismus vor allem gemächlich.

vier Zonen unterteilt, von denen eine komplett für den Tourismus gesperrt ist.

Auf **Pulau Burung**, der „Vogelinsel", werden oft seltene Spezies gesichtet. Auf **Kemujan**, der zweitgrößten Insel, befindet sich **Batulawang**, ein altes Bugis-Dorf, in dem noch traditionelle Häuser auf Stelzen stehen. Vor **Menjangan Besar** kann man in einem Becken mit an Menschen gewohnten Haien baden, die für Wagemutige zur Attraktion geworden sind. Daneben lockt Tierfreunde vor allem die Möglichkeit, auf Wanderungen durch die Mangroven seltene Spezies, vor allem Vögel wie den Weißbäuchigen Seeadler, zu beobachten, der u. a. auf der 10 000 Dollar-Note von Singapur abgedruckt ist und auf zahlreichen Emblemen vorkommt.

Rundfahrt

Mit dem Motorrad lassen sich die verbundenen Inseln Karimun und Kemujan an einem Nachmittag erkunden; mit dem Fahrrad sollte man einen Tag einplanen. Der nordwestlich aus dem Dorf Karimun führenden Straße folgend, gelangt man nach wenigen Kilometern über eine kleine Brücke auf die Insel Kemujan und nach insgesamt ca. 12 km zum **Mangrovenpark**. Ein Holzsteg führt fünf bis zehn Gehminuten durch den erst trockenen, später sumpfigen Mangrovenwald.

Im Dorf **Kemujan** führt kurz vor dem Ortsausgang ein Pfad aus der Straßenkurve zum idyllischen **Pantai Barracuda** – einfach auf das Schild achten. Gabelt sich der Pfad, folgt man dem größeren Abzweig. Der herrliche Strand an der Ostküste beherbergt nur wenige Häuschen, Palmen und schöne Aussicht. Übrigens: Eine Fischart, die in diesen Gewässern gefischt wird, hat blaugrüne Gräten und schmeckt vorzüglich. Bei Interesse die Einheimischen nach *Ikan Ijo*, „grünem Fisch", fragen.

Der Hauptstraße durch das Dorf weiter folgend, geht es rechter Hand auf Pfaden zum **Rumah Adat**, einem traditionellen Bugis-Haus, und dahinter zum **Pantai Batu Putih**. Weiter am Flugplatz vorbei und nach ingesamt etwa 20 km bis zur Kreuzung im Dorf **Telaga**: Der rechte Weg führt nach **Batulawang**. Nach etwa einem Kilometer am Homestay Ogik, führt ein Pfad nach links zum **Bare Beach**. Hier kann man den Bugis-Fischern bei der Arbeit zuschauen. Noch einen

KARIMUNJAWA

JAVA

Übernachtung:
1. Kura Kura Resort
2. Homestay Ojik
3. Wisma Apung
4. Menjangan Resort

Tauchen

0   5   10 km

N

P. SERUNI
P. SAMBANGAN
P. GENTING
O. P.GUNDUL
O. P.CENDIKIAN
P. GOSONG TENGAH
P.SINTOK
P. TENGAH
P. CILIK
Pantai Batu Putih
Rumah Adat
Pantai Baracuda
Lumba Lumba Rehabilitation Center
P. GOSONG SELOKE
Batu Pengantin
Batulawang
Telaga
②
Indonor-Wrack
Bare Beach
Merica
Pantai Merica
Kemujan
★
Mangrovenpark
Pantai Batu
Karimun
s. Detailplan Karimun S. 243

P. BANGKOANG

PULAU KEMUJAN

PULAU KARIMUN

P. CEMARA GOSONG
Korallenriff
P. CEMARA BESAR
P. CEMARA KECIL

Halfischbecken
③
④
P. MENJANGAN KECIL
P. MENJANGAN BESAR

Semarang   Jepara

P. GELEANG
P. BURUNG

Taka Menyawakan
P. MENYAWAKAN
①

Gosong Kumbing

PULAU PARANG

P. KUMBANG

Gosong Selikur

P. KEMBAR

P. KATANG

P. NYAMUK

P. KRAKAL KECIL
P. KRAKAL BESAR

Karang Kapal

Jakarta

240   KARIMUNJAWA

www.stefan-loose.de/indonesien

Kilometer weiter, und die Straße endet in einem Pfad, der wiederum sein Ende am **Pantai Tanjung**, dem nördlichsten Zipfel der Insel, findet. Von dort aus sind es fünf Minuten zu Fuß zu den Strandfelsen *(Batu Pengantin)*. Bei Ebbe kann hier über Steine und Korallenreste durch das Watt balanciert werden – Seesterne und Krebse schauen aus dem flachen Wasser zu.

Fährt man ab der Kreuzung hinter Kemujan dagegen links ab nach **Merica**, so führt gleich in der ersten größeren Rechtskurve ein Pfad aus der Straße heraus durch den Ortsteil im Wald (kommt man an ein Volleyballfeld, hat man den Pfad schon verpasst). Nach rund 400 m an der Gabelung rechts halten und weitere 500 m immer geradeaus – voilà, man ist am mangrovenumstandenen Meerbusen von Merica. Dieser Ort ist zum **Sonnenuntergang** eine schöne Alternative zur Bootsanlegestelle am **Pantai Merica**, die mit Westblick auf das Meer das Fotografenherz nicht minder hochschlagen lässt. Einen Straßenplan, der auch die Pfade und Sehenswürdigkeiten beinhaltet, findet man hinter dem Mangrovenwald am Ortseingang von Kemujan.

ÜBERNACHTUNG

Die Inseln sind zuallererst von Indonesiern als Urlaubsort entdeckt worden, und zur Hochsaison schlafen Kids aus Jakarta auf dem Dorfplatz von Karimun, da die wenigen Unterkünfte den Besucherandrang nicht aufnehmen können. Man kann entweder in einer der Hotelunterkünfte übernachten oder aber weniger isoliert in einem der vielen Homestays im Dorf. Gute Badestellen wird man hier jedoch nicht finden, das Wasser ist sehr flach, und stellenweise lauern Seeigel auf unschuldige Touristenfüße.

Karimun

Duta Karimun, Jl. Hasanudin 4, ☎ 0297-312207, 🖥 www.dutakarimun.com. Einfache Zimmer mit Du/WC, AC und bequemen Betten, die besseren und etwas größeren Zimmer befinden sich oben auf der Dachterrasse mit Meerblick. Frühstück inkl. ❷–❸

Escape Beach Hotel, Jl. Danag Joyo, ☎ 081-3257 48481, 🖥 www.escapekarimun.com. AC, bequeme Betten, Du/WC und Meerblick

machen die 12 Zimmer des Resorts östlich des Fährhafens wohnenswert. Das freundliche Personal spricht etwas Englisch und organisiert Wassersport-Aktivitäten. Frühstück inkl. ❷–❸

Karimunjawa Inn, Jl. Danang Jaya Kapuran, ☎ 0297-312253, 🖥 www.karimunjawainn.com. Zimmer mit AC, TV und bequemen Betten. Das Restaurant serviert einfache Gerichte, und freundliches Personal organisiert Fahrten mit dem Glasbodenboot oder Jetski. ❸

Mulya Indah, Jl. Pemuda, ☎ 0297-312106. Saubere, ordentliche Zimmer mit Fenster, Ventilator und Kommode in diesem aufgeräumten Homestay bei nettem Ehepaar. WLAN-Nähe zum Hotspot im Telkom-Office. Saubere, geteilte Du/Hocktoilette. Mahlzeiten 20 000 Rp, Motorrad 75 000 Rp, Schnorchelausrüstung 30 000 Rp. ❷

Puri Karimun, Jl. Dermaga Utama, ☎ 0813-2645 9910, ✉ puri.karimun@gmail.com. Zimmer mit Ventilator, Du/WC und bequemen Betten. Kleine Pavillons mit Strohdach laden zum Essen einfacher Mahlzeiten ein, die in der Küche bestellt werden können; freundliches Personal. ❷

🧳 **Wisma Apung**, ☎ 0297-312185, steht mitten im Meer zwischen Menjangan Kecil und Karimun. Zimmer mit AC/Ventilator, Du/WC und bequemen Betten. Frühstück und tagsüber Bootstransport nach Karimun inkl. Im flachen Wasser kann man zur nächsten Insel waten, und zum Sonnenuntergang auf dem Meer einen Drink zu schlürfen, hat schon was! ❷–❸

Kemujan

Homestay Ogik, Batulawang, ☎ 0821-3555 9987, ✉ anitamardaningsih@rocketmail.com. Ordentliche Zimmer mit Ventilator und sauberem Mandi mit Hocktoilette auf dem Flur; dazu TV. Mahlzeiten können bestellt werden, und nebenan gibt's den Bare Beach und einen kleinen Tante-Emma-Laden. ❶

Menjangan Kecil

Menjangan Resort, ☎ 0812-1576 5008, 🖥 www.menjanganresortkarimunjawa.com. Bungalows mit Du/WC und Moskitonetz über dem Bett mit komfortabler Matratze. Bei den Betreibern kann man einfache Gerichte ordern. Weißer Sandstrand vor der Tür macht den Reiz dieses kleinen Resorts aus, dessen Zimmer ansonsten etwas überteuert sind. ❺

Pulau Menyawakan

Kura Kura Resort, Office in der Jl. Pamularsih Raya 16D, Semarang, ✆ 024-7663 2510, 🖥 www.kurakuraresort.com. Luxuriöse Bungalows und Villen mit AC, Du/WC und Halbpension auf dieser abgelegenen Insel. Das Resort bietet

Tauchen und Schnorcheln

Alle zwölf Tauchspots liegen westlich von Karimun, und zumeist in den um die Insel befindlichen Riffen, wo es 35 Arten von Hartkorallen und über 240 Fischarten zu entdecken gibt. Zwischen den beiden Cemara-Inseln befinden sich sehenswerte **Korallenriffe**, und mit etwas Glück sind schon beim Schnorcheln Rochen zu sehen. Außerdem sind Tauchgänge zum holländischen Dampfschiff **Indonor** möglich. Das 30 m lange Wrack liegt auf Tiefen zwischen 3 und 17 m nördlich von Kemujan und wird besonders nachts von Krabben, Barrakudas, Füsilieren und Schildkröten besucht. Es liegen noch weitere Wracks etwas jüngeren Datums verstreut, etwa in **Taka Menyawakan**, wo sich u. a. Zackenbarsche, Spatenfische und Muränen tummeln. Im riesigen Riff **Karang Kapal** schwimmen zwischen zahllosen Kleinfischen auch Riffhaie. Im entlegenen **Torpedo Reef** liegen noch Granaten und die namengebenden Geschosse auf dem Meeresgrund, verziert durch schöne Weichkorallen und gesunde Meeresfauna. Im Dorf Karimun sind Tauchausrüstung und Bootstouren zu organisieren, z. B. im **Salma Dive Shop**, Jl. Raya, 15 m westlich der Post. ✆ 0297-312184, ✉ noor.choir@yahoo.com. Schnorchel und Flossen sind aber für 30 000 Rp auch in vielen Unterkünften auszuleihen. Das **Kura Kura Resort**, ✆ 024-7663 2510, 🖥 www.kurakuraresort.com, bietet zwei Tauchgänge für US$90, 10 für US$405 sowie den Open-Water-Kurs für US$400, alles inkl.

neben Honeymoon-Packages vor allem Tauchtouristen ein Rundumpaket. Ein Flugzeug des Resorts kann ab Semarang für gut US$200 gechartert werden, alternativ geht ein Boot ab Karimun. ❼–❽

ESSEN

Am **Alun Alun** im Dorf Karimun öffnen Warung bis spät in die Nacht, und lokale Speisen warten auf Verkostung. Sie lassen sich mit *Kelapa Bakar*, gerösteter Kokosnuss mit einem Schuss Milch, Zucker und Ingwer gut herunterspülen. Tagsüber hat meist nur ein Warung geöffnet, der buffetweise *Nangka* (Jackfrucht), *Tempe*, Krebse, Bananen, Omelett und Frittiertes führt. Das **Amore Café & Resto**, Jl. Jend. Sudirman, ca. 300 m östlich vom Fährhafen, ✆ 0812-2874 0066, ist das einzige wirkliche Restaurant außerhalb der Unterkünfte, mit überschaubarer Auswahl an indonesischen und internationalen Gerichten, Mocktails und Desserts. Kleine Portionen zu leicht gehobenen Preisen – hier bezahlt man vor allem das schöne Ambiente. Traditionelle Inneneinrichtung, sanfte Musik und Tische am Wasser sind zum Sonnenuntergang nicht der schlechteste Ort, um den Tag ausklingen zu lassen.

SONSTIGES

Einkaufen und Geld

Es gibt keinen Supermarkt auf der Hauptinsel (auch keinen Geldautomaten!), doch viele Bewohner in Karimun führen kleine Tante-Emma-Läden mit Getränken, Snacks und ein paar Hygieneartikeln.

Informationen

Touristeninformation am Hafen, ✆ 0297-312254, geöffnet nur zu Zeiten des Fährverkehrs.

Medizinische Hilfe

Puskesmas in der Jl. Raya im Dorf Karimun. ⏱ 7.30–18 Uhr.

Post

Jl. Raya. ⏱ Mo–Do 7.30–15.30, Fr 7.30–11.30, Sa 7.30–13 Uhr.

Karimun

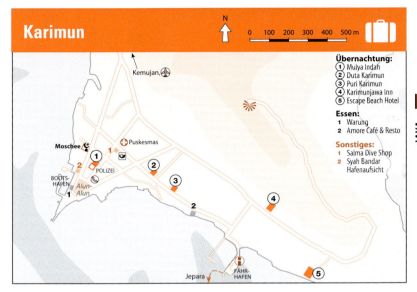

Übernachtung:
1. Mulya Indah
2. Duta Karimun
3. Puri Karimun
4. Karimunjawa Inn
5. Escape Beach Hotel

Essen:
1. Warung
2. Amore Café & Resto

Sonstiges:
1. Salma Dive Shop
2. Syah Bandar Hafenaufsicht

NAHVERKEHR UND TOUREN

Es fahren **Boote** von Insel zu Insel, und für einen Tag sind sie mit Fahrer für 425 000 Rp aufwärts zu chartern, also am besten als Gruppe ein Boot für die Tour zu den umliegenden Inseln oder Schnorchelspots teilen. An einem Tag sind allerdings kaum mehr als fünf Inseln zu schaffen. Halbtags kostet der Spaß 300 000 Rp und lässt sich über die Unterkunft oder direkt am Hafen organisieren. Auf Karimun und Kemujan kann man **Motorräder** ausleihen, 75 000 Rp pro Tag, und einige wenige **Becak** und **Ojek** verkehren für inseltypisch höhere Preise als auf dem Festland zwischen dem Fährhafen und dem Dorf: Eine Fahrt über 1 km zur Unterkunft kostet etwa 15 000 Rp. **Fahrräder** kosten ab 20 000 Rp pro Tag.

TRANSPORT

Vom Festland und zurück
Die Schnellfähre ab Semarang nach Karimunjawa, 4 1/2 Std., heißt **Kartini** und kostet 150 000 Rp, Executive 165 000 Rp. Die Abfahrtszeiten ändern sich oft, zuletzt Sa 9, Mo 8 Uhr hin und So 14 sowie Di 15 Uhr zurück. Tickets beim **Dinas Perhubungan**, Jl. Siliwangi 355–357, Semarang. Am besten mind. 1 Woche vorher buchen. ✆ 024-760 4640, 760 5660, ✉ dinhubkominfo@jatengprov.go.id. Wer hört, es sei ausgebucht, kann sein Glück trotzdem am Hafen versuchen – oft werden vor Ort noch Karten verkauft, und das Boot ist nur halbvoll. Eintritt zum Hafen in Semarang 2000 Rp.
Die Alternativen sind Schiffe **ab Jepara** (von Semarang 2 Std. per Bus, 15 000 Rp):
Die Schnellfähre **Express Bahari** fährt Mo, Di, Fr, Sa um 10.30 Uhr in 1 Std. 45 Min. für 65 000 Rp, Executive 80 000 Rp, hin und Mo um 13, Mi um 10.30, Sa um 8 und So um 14 Uhr zurück. Kontakt und Buchung: ✆ 0821-4457 7777 (Jepara), ✆ 0853-6664 8998 (Karimunjawa).

In Jepara übernachten …

… kann man im **Hotel Elim**, Jl. Dr. Sutomo 13–15, ✆ 0291-591406. Saubere Zimmer mit Ventilator oder AC, TV, Handtuch und Frühstücksbuffet zu günstigen Preisen. Das Restaurant serviert gutes Essen, und das freundliche Personal hilft bei der Organisation des Transports zum Fährhafen am nächsten Morgen. ❶–❸

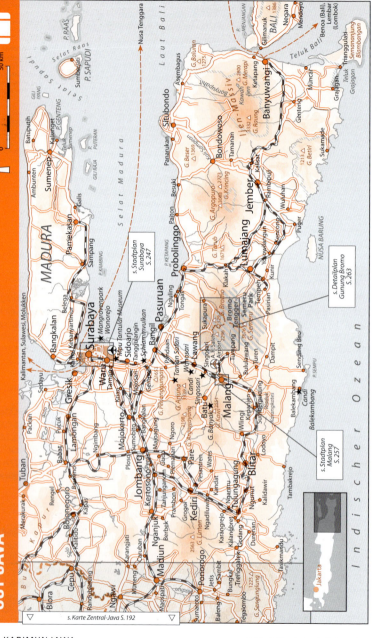

Die öffentliche Fähre ab Jepara heißt **Muria**, braucht 7 1/2 Std. und wird bei ASDP gebucht, ✆ 0291-591048. Tickets 45 000 Rp, Executive 90 000 Rp. Abfahrt zuletzt Mo, Mi und Sa 9 Uhr, zurück Di, Do, So 8 Uhr, mitunter außerplanmäßig. Man sollte sich am Vorabend nach Ankunft des Schiffs oder mind. 2 Std. vor der Abfahrt zum Ticketschalter in Jepara bzw. Karimun begeben. Schließt der Schalter nach Ausverkauf, so sind mit etwas Glück noch Karten zu haben, die jemand auf dem Schiff einsammelt und draußen wieder verkauft. Manchmal werden hinter dem Schalter zeitgleich Karten verkauft. Ansonsten fährt die Fähre ab, sobald sie voll ist, und das ist zu Ferienzeiten bereits vor dem fahrplanmäßigen Zeitpunkt! Wer keinen Sitzplatz ergattert und die 7-stündige Reise auf dem Oberdeck zurücklegt, sollte unbedingt an Sonnenschutz denken – viele spannen Laken an der Reling auf, und rot wird man ohne Sonnencreme selbst im Schatten.

Ost-Java

Der Ostteil der Insel Java hat 38 Mio. Einwohner auf 48 000 km² und war lange Zeit weniger touristisch entwickelt als seine Nachbarprovinzen. Weder Malang mit seinem kolonialen Stadtbild und einer reizvollen Umgebung noch das metropolitane Surabaya mit einem der schönsten Segelschiffhäfen der Insel und günstigen Einkaufsmöglichkeiten sind Pilgerstätten des Tourismus. Doch nach und nach entdecken auch Traveller die sehenswerten Ecken der touristisch abwechslungsreichen Provinz, mit abgelegenen Stränden und Hochebenen, zahlreichen Inseln, großen Naturreservaten und gut erhaltenen Tempelanlagen aus der Zeit der alten Königreiche von Majapahit und Singasari. Im Süden gibt es noch entlegene Orte. Diverse Vulkane können bestiegen werden, z. B. der Semeru, mit 3776 m der höchste Berg Javas, der Bromo mit seiner gespenstisch wirkenden Mondlandschaft oder der Ijen samt Kratersee (s. S. 266).

Historisch hat die Provinz einiges zu bieten. Als das zentraljavanische Mataram-Reich an Einfluss verlor, gelangten Kediri und Singasari zu Ruhm und Ansehen, und schon im 10. Jh. florierte der Handel mit den Nachbarinseln. Wenig später erlebte Ost-Java eine künstlerische und architektonische Blütezeit, geprägt von einem eigenen, eher volkstümlichen Stil. Viele Hindutempel sind jünger und in der Ausführung der Reliefs und Skulpturen weitgehend von indischen und zentraljavanischen Vorbildern verschieden. Die Relikte und Ruinen können noch heute an vielen Orten besichtigt werden, etwa in der Gegend um Malang.

Surabaya

Ein Schmelztiegel südostasiatischer Kulturen, herrliche Kolonialbauten im Art déco- und Jugendstil, die Vielfalt der indonesischen Küche und metropolitanes Flair erwarten den Besucher in der mit rund 4 Mio. Einwohnern zweitgrößten Stadt Indonesiens. Wer sich für die neuere Historie der Nation interessiert, trifft auf geschichtsbewusst restaurierte und dokumentierte Relikte der Kolonialzeit: Gebäude, Tafeln, Monumente, ganze Straßenzüge dieser schrecklich weitflächigen Stadt erzählen vom Wandel, den das Land im 20. Jh. erlebte und bis heute erlebt.

Das Stadtbild spiegelt die krasse Gegensätzlichkeit der indonesischen Großstädte wider – nur wenige Schritte trennen die Bettler und Blechhütten entlang der Flussufer und Bahndämme von den vorbeifahrenden, klimatisierten Limousinen und streng bewachten Luxusvillen. Dennoch ist es hier angenehmer als in Medan oder Jakarta, der Fluss wurde erfolgreich vom gröbsten Müll gereinigt, und die Kriminalität liegt weit unter dem Durchschnitt indonesischer Großstädte.

Allein im Großraum Surabaya, dem wichtigsten Industriezentrum nach Jakarta, leben heute rund 7 Mio. Menschen. Geprägt ist die Stadt von der Industrie und dem Hafen, von Business-Zentren und Shopping Malls, aber auch jahrhundertealten Kampung wie dem arabischen und dem indischem Viertel sowie der Chinatown.

Große Fabriken, die Stahl, aber auch Zucker und heute immer mehr Konsumgüter produzieren, sind am Stadtrand errichtet worden. Die größte Goldindustrie Südostasiens und die größte Marinebasis Indonesiens befinden sich hier. Seit 2009 verbindet die mit 5,4 km größte Brücke Südostasiens, die **Suramadu**, das Festland mit der Insel Madura. Die Stadt wird als ein wichtiger Verkehrsknotenpunkt von Touristen angesteuert. Zudem ist sie ein guter Ausgangspunkt für Ausflüge in die Umgebung und Einkaufstouren.

Trotz der starken Kriegszerstörungen sind in einigen Vierteln alte Kolonialgebäude, Relikte der holländischen Vergangenheit, erhalten geblieben und schön restauriert worden. Daneben schießen moderne Einkaufszentren, luxuriöse Hotels und repräsentative Verwaltungsgebäude aus dem Boden. Das wohlhabende Viertel im Westen wird nach dem Konglomerat, das hier Banken, Hotels und Malls umfasst, einfach **Citraland** genannt. Hier reihen sich schicke Restaurants und Villen aneinander, Expats und Einheimische treffen sich in angesagten Restaurants.

In Pagesangan, an der südlichen Ausfallstraße Richtung Flughafen, befindet sich in christlicher Gesellschaft von zwei Kirchen die imposante **Al-Akbar-Moschee**, die mit ihrem türkisblauen Dom und den charakteristischen Seitenflügeln weithin sichtbar und bei Nacht besonders schön anzuschauen ist. 25 000 Menschen fasst der Sakralbau an hohen Feiertagen wie Idul Fitri.

Tanjung Perak

Auf der langen Straße entlang des **Kali Mas**, des „Goldflusses", kommt man zum interessanten Teil des Hafens. Hinter Lagerhallen werden die großen Makassar-Schoner be- oder entladen. Die riesigen Segelschiffe und die Aktivitäten vor, auf und an den Schiffen sind faszinierend, Bugis arbeiten hier Seite an Seite mit Javanern und Maduresen. Im Gegensatz zum Segelschiffhafen von Jakarta lassen sich hier kaum Touristen blicken. Der Eingang zum Segelschiffhafen (Pangkalan Perahu Kalimas) befindet sich auf Höhe der Jl. Prapat Kurung, etwa 1 km südlich der Endstation der Busse. Von der Jl. Jen. Basuki Rahmat und Jl. Embong Malang fährt der Stadtbus A (Purabaya–Tanjung Perak) für 3000 Rp zum Hafengelände, und die meisten Minibusse (Angkot) steuern von Süden gen Hafen.

Zentrum

Im Taman Sampoerna 6 erhalten Besucher im Museum des **House of Sampoerna** Einblick in die Geschichte des größten Zigarettenimperiums des Landes sowie in den Herstellungsprozess der süßlich-aromatischen, mit Gewürznelken versehenen Kretek. Die Erfolgsgeschichte des aus China immigrierten Firmengründers Lim Sieng Tee erscheint auf Fotografien, in Memorabilien und den Erläuterungen junger, englischsprachiger Guides. Neben dem Gebäude steht der 1972er Rolls Royce Silver Shadow, den Aga Sampoerna (Gründersohn Lim Swie Ling) einst durch Singapur fuhr. Auf der 2. Etage kann man an Wochentagen bis 15 Uhr den Fabrikarbeiterinnen beim Drehen und Verpacken von Indonesiens beliebtester Kretek-Sorte Dji Sam Soe in Akkordarbeit zuschauen: pro Stunde bis zu 500 Stück! ⏰ 9–22 Uhr, Eintritt frei, ✆ 031-353 9000, 🖥 www.houseofsampoerna.museum.

Etwas nördlich davon erstreckt sich bis zur Jl. Indrapura das ehemalige **Europäerviertel**. In der Jl. Pahlawan und der Verlängerung bis zur Jembatan Merah ist eine Reihe repräsentativer Kolonialbauten erhalten geblieben und restauriert worden. Die kleinen Erker, runden Türmchen, Arkaden und Jugendstil-Fassaden heben sich wohltuend von dem ansonsten uniformen Stadtbild ab.

Östlich der **Jembatan Merah** (Rote Brücke), wo die größte Schlacht des Unabhängigkeitskampfes stattfand (s. Kasten), liegt die geschäftige Chinatown. Dort, an der Jl. Kembang Jepun, steht der **Klenteng Hok Teck Tian**, der älteste buddhistische Tempel der Stadt aus dem 18. Jh. (Spende). Entlang der schmalen Gassen stehen dicht gedrängt eine Reihe alter, kleinerer Häuser mit schweren Eisengittern, Coffeeshops (*Kopitiam*), wie sie auch in Malaysia vorkommen, sowie einige chinesische Tempel. Abends verwandelt sich die geschäftige Hauptstraße Jl. Kembang Jepun in den **Kya Kya**, einen kulinarischen Nachtmarkt mit Warung und gelegentlich sogar kulturellen Aufführungen der chinesischen Community.

Im Araberviertel Sasak nordwestlich der Chinatown liegt die enge Ampel Suci-Gasse, beherrscht vom **Pasar Ampel**. Zwischen den Auslagen der Geschäfte drängen sich die Menschen.

Parfüm und Datteln, Gebetsteppiche und Holzschuhe, Schals, Schleier und andere religiöse Artikel werden wie auf einem orientalischen Basar angeboten. Arabische Musik dröhnt aus den Boxen, und *Ondeh-Ondeh* – frittierte und gebackene Süßwaren – werden an kleinen Ständen verkauft. Die Gasse endet an der **Ampel-Moschee**, die von Sunan Ampel, einem der neun heiligen Wali, erbaut worden ist. Er starb 1481 und wurde auf dem Friedhof links hinter der Moschee beigesetzt. Zu seinem Grab pilgern viele Moslems, um zu beten. Frauen dürfen Teile der Moschee nicht betreten. Hat man Pech oder der Wächter schlechte Laune, darf der ungläubige Tourist in keinem Fall in die Moschee. Hat man Glück, darf man sich einen Sarong leihen und erhält Einlass. Zugang bis kurz vor Sonnenuntergang.

In der Jl. Gub. Suryo weht die indonesische Fahne vor dem ehemaligen **Gouverneurspalast** der Holländer. Im weißen, prachtvoll-kolonialen Säulenbau sind die Amtsräume des Gouverneurs von Ost-Java untergebracht. Gegenüber, im kleinen **Apsari-Park** neben dem Postamt, kommt man am Denkmal des ersten Gouverneurs von Ost-Java vorbei zu einer weitaus älteren Statue im hinteren Teil der Anlage. Hier me-

---

Shalom!

In der Jl. Kayon 6 steht die lange Zeit einzige **Synagoge** Indonesiens (eine weitere wurde mittlerweile in Manado hergerichtet), ein einfaches, einstöckiges Gebäude, das leicht zu übersehen ist. Die Mehrheit der größtenteils sephardischen Juden Indonesiens ist in Surabaya ansässig. Waren es einst Tausende, die bis zur Mitte des 20. Jhs. in Indonesien lebten, sind es inzwischen nur noch wenige Hundert, vielleicht ein paar Dutzend praktizieren noch ihren Glauben. In der jüngeren Vergangenheit gab es anti-israelische Ressentiments bei Muslimen, die sich in Protesten vor der Synagoge entluden. Bei der Ausübung der Religion auf Indonesisch borgen sich die Gemeindemitglieder oft Wörter aus anderen Glaubenskontexten, da das Indonesische keine Begriffe jüdischen Ursprungs kennt. So nennen die Gläubigen ihre Synagoge einfach *gereja*: Kirche.

---

ditiert völlig unbeeindruckt vom großstädtischen Trubel **Joko Dolog**, der buddhistische „Wächter des jungen Teakwaldes". Die Steinfigur war 1326 für den letzten König von Singosari errichtet worden. Die Holländer brachten sie vor mehr als 300 Jahren von ihrem ursprünglichen Platz nahe Malang nach Surabaya.

Am südlichen Ende der Jl. Pemuda liegt die KRI Pasopati 410, ein russisches **U-Boot** (Monumen Kapal Selam), das während der Neuguinea-Krise 1960 in der „Operation Trikora" und 1962 vor den Molukken zum Einsatz kam (der berühmte Admiral Yos Sudarso kam dabei ums Leben) und heute besichtigt werden kann. Es ist eines von nur zwei musealisierten Exemplaren weltweit. ℅ 031-549 0410, 🖥 www.monkasel.com, ⏱ 8–22 Uhr, Eintritt 5000 Rp.

Entlang der nördlichen Jalan Kayun, die vor der Brücke von der Jl. Pemuda abzweigt, findet täglich ein großer **Blumenmarkt** statt, wo neben Blumen auch Zierfische angeboten werden. Weiter im Süden dieser Straße kommt man zum **Kayun-Park**, wo viele Essensstände aufgebaut sind.

Im **Taman Budaya**, Jl. Gentengkali 85, finden regelmäßig Tanzaufführungen statt. Ein Veranstaltungsplan gibt die aktuellen Termine des Monats bekannt.. Der *Reyog Ponorogo*, ein ostjavanischer Trancetanz, ist besonders sehenswert, wenngleich selten im Programm. ℅ 031-534 5108, Eintritt frei.

ÜBERNACHTUNG

Hotel Majapahit, Jl. Tunjungan 65, ℅ 031-545 4333, 🖥 www.hotel-majapahit. com. Stilvolle Zimmer atmen koloniales Flair in diesem traditionsreichen Hotelbau, der seit 100 Jahren besteht. Hier hat 1945 ein von den Holländern provozierter Aufstand die Schlacht von Surabaya losgetreten. Schöne Gärten und Kolonnaden, Fitness, Spa, abendlich Livemusik sowie zentrale Lage, von der Zimmerausstattung nicht zu reden, rechtfertigen die 5 Sterne des einstigen Hotels Oranje. ❼–❽

Hotel Paviljoen, Jl. Genteng Besar 94–98, ℅ 031-534 3449. Saubere, einfache Zimmer mit bis zu 3 Betten, Ventilator, Mandi/WC und kleinem Frühstück in zentraler Lage. Das Personal könnte freundlicher sein. ❷

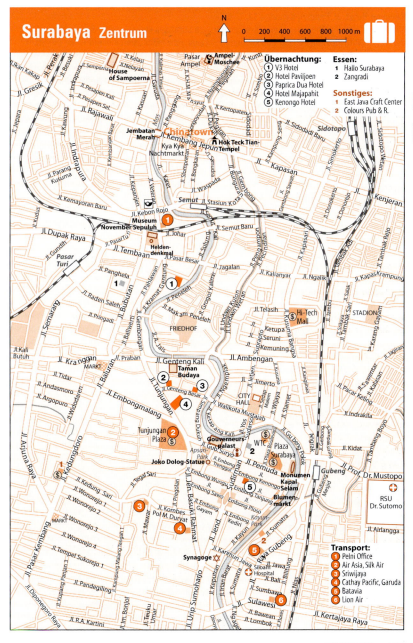

Kenongo Hotel, Jl. Embong Kenongo 12, ✆ 031-534 1359. Etwas ältliche, unspektakuläre Zimmer mit AC, Du/WC, kleinem Fenster und kleinem Frühstück; freundliches Personal. Unweit der Jl. Panglima Sudirman und Jl. Kayun. ❸

Paprica Dua Hotel, Jl. Genteng Besar 80, ✆ 031-535 3719, ✉ papricahotel@yahoo.com. id. Saubere, recht neue Zimmer mit AC, Du/WC und etwas Licht. Schlichtes, renoviertes Hotel mit WLAN in der Lobby, freundlichem Personal und indonesischem Frühstücksbuffet. Preis-Leistung hier vergleichsweise gut. ❸

Surabaya Youth Hostel/Penginapan Remaja Surabaya, Jl. Darmo Kali, ✆ 031-567 0964, 567 0964. Saubere, ruhige und große Zimmer mit Du/WC, bequemen Betten und AC. Bestes Preis-Leistungs-Verhältnis im Budgetbereich in diesem von der Regierung unterhaltenen Hostel mit englischsprachigem Personal, 15 Min. vom Stadtkern entfernt. ❷

V3 Hotel, Jl. Tambak Bayan Tengah 17–19, ✆ 031-531 9333. 224 einfache, aber komfortable Zimmer mit AC, Du/WC, TV; das Frühstück ist indonesisch und chinesisch, WLAN gibt es in der Lobby, die an ein großes, mit Teich und Pflanzen verziertes Atrium anschließt. Viele chinesische Gäste, das Personal spricht aber etwas Englisch. Karaoke nebenan. ❹

ESSEN UND UNTERHALTUNG

In Surabaya kommen viele Spezialitäten aus ganz Indonesien auf den Teller. Die Stadt selbst ist u. a. für *Rujak Cingur* bekannt – Nasen- und Lippenfleisch *(Cingur)* vom Rind in süß-scharfer Soße mit Nudeln und Früchten *(Rujak)*. Javaner schwören darauf und kippen am liebsten eine Schüssel *Es Tapeh Ketan Hitam* hinterher: fermentierten schwarzen Reis mit Jackfrucht, süßem Sirup und Eis. In der Jl. Embong Blimbing darf nach Herzenslust probiert werden. Wohltuend ist STMJ – Milch *(Susu)*, Ei *(Telur)*, Honig *(Madu)* und Ingwer *(Jahe)*, das Ganze warm und mit einem Schuss Arak serviert. Als Heil- und Potenzmittel gleichermaßen verbreitet, kostet ein Glas 25 000 Rp und schmeckt gar nicht so schlecht. Neugierige dürfen z. B. in der Jl. Gedungdoro nahe dem JW Marriott bei den Straßenständen danach Ausschau halten.

Colours Pub & Restaurant, Jl. Sumatera 81, ✆ 031-9122 1881. Nette Bar mit tgl. wechseln-den Livebands, die von Funk, Soul und Classics bis zu aktuellem Rock und Pop alles drauf-haben; außerdem bekannte indonesische DJs. Unter der Woche etwas Feierabendpublikum, am Wochenende gut gefüllt und einen Besuch wert. Eintritt 50 000 Rp inkl. Drink.

Die Schlacht von Surabaya

Da es nach der japanischen Kapitulation in Ost-Java 1945 keine holländischen Soldaten in Fernost gab, wollten die Engländer die immer noch vorhandenen japanischen Soldaten entwaffnen und die internierten alliierten Bewohner Surabayas evakuieren. Der mit der indonesischen Revolution sympathisierende japanische Admiral ergab sich zwar den Briten, hinterließ aber die Waffen den Indonesiern. In dieser explosiven Situation landeten englische Truppen und wurden von Indonesiern als Wegbereiter einer Rückkehr der Holländer angesehen. Neben den regulären 20 000 Soldaten der indonesischen Republik kämpften mehr als 120 000 Jugendliche aus Surabaya und den umliegenden Dörfern um die nationale Unabhängigkeit. Erst nach mehr als drei Wochen, während derer die Stadt vom Meer aus beschossen und aus der Luft bombardiert wurde, endete der Kampf, der Tausende Menschenleben kostete. Nur unter dem Einsatz überlegener Waffen und kriegserfahrener indischer Truppen gelang es den Engländern, die indonesischen Streitkräfte zu besiegen. Die Schlacht gilt als ein historischer Wendepunkt, denn die Entschlossenheit, mit der die junge Republik verteidigt wur-de, überzeugte die Alliierten von der breiten Basis, die sie im Volk besaß.

Seither werden Surabaya als „Stadt der Helden" und der 10. November als „Heldentag" gefeiert, und das hohe Heldendenkmal **Tugu Pahlawan** vor dem Gouverneursamt sowie das unweit davon gelegene **Museum November Sepuluh** (Eintritt 2000 Rp) erinnern an die Ereignisse vom November 1945. ⏰ Di–Do 8–14.30, Fr 8–14, Sa und So 8–13.30 Uhr.

Fajar Noodle House, Manyar Kertoarjo V 45–47, ✆ 031-594 3245. Gute chinesische Küche zu leicht gehobenen Preisen. 8 verschiedene Sorten *Dim Sum* (inkl. Lumpia) und – dem Namen gerecht werdend – Nudeln in allen Variationen. Freundliche Bedienung. In größeren Gruppen sollte reserviert werden.

Hallo Surabaya, Jl. Bubutan 93–95, ✆ 031-532 9889. Leckere indonesische und chinesische Gerichte zu leicht gehobenen Preisen in diesem weitläufigen, luftigen Bambusgebilde mit zahlreichen Pavillons ringsherum. *Nasi Tumpeng Kuning* – Klebreis mit Inseln aus Abon (s. S. 221), *Tempe*, Huhn und *Sambal* – empfiehlt sich für alle Entscheidungsmuffel, der Green Hallo Surabaya Mocktail für alle, die es grün, süß und saftig mögen.

IBC – Ikan Bakar Ciangur, Jl. Manyar Kertoarjo V 44–48. Indonesische Spezialitäten, die besonders Scharfessern sehr zusagen werden. *Pecel Lele* – Katzenfisch mit Sambal, Wasserspinat *(Kangkung)* nach Lombok-Art und *Karedok*, eine sundanesische Variation des *Gado-Gad*o, sind drei Highlights. Die Gerichte sind günstig, allerdings müssen Beilagen wie Reis und Gemüse extra bestellt werden, was ein Menü letztlich in die mittlere Preisklasse befördert.

Kahyangan, Puri Widya Kencana LL 05, Citraland, ✆ 031-741 1999. Gehobene indonesische Küche in stilvollem Ambiente serviert das von Locals und Expats gern besuchte Restaurant, das auf der gemütlichen Terrasse allabendlich Livemusik, z. B. *Cong Kean*, aufführt – eine abgespeckte Gamelan-Instrumentierung. Auch javanische Country-musiker in balinesischen Kostümen sind nicht ungewöhnlich. Die Fischgerichte *Lodeh Naga Sasra* (Rochen) und *Wader Renyah* (kleine würzige Fische) sowie *Gurame* (Fisch) nach Surabaya-Art sind besonders beliebt, doch auch Klassiker wie Satay schmecken vorzüglich.

Trattoria Valentino, Citra Raya G-Walk FG 10, ✆ 031-734 3124. Von Italienern betriebene Pizzeria, die sehr leckere Pizzen und Pasta-Gerichte mit hausgemachten Nudeln zu leicht gehobenen, aber gerechtfertigten Preisen serviert. Beliebt bei Expats und Einheimischen, daher am Wochenende besser reservieren.

Zangradi, Jl. Yos Sudarso, ist das älteste Eiscafé der Stadt und bei Europäern (vor allem Holländern) sehr beliebt. Hier kann man bei hausgemachtem Eis und Kuchen der Hitze des Nachmittags entgehen.

EINKAUFEN

Malls

Davon gibt es in der Stadt mehr als genug. Einige sind spezialisiert auf gewisse Produkte (z. B. Elektronik), andere (etwa die City of Tomorrow) verknüpft mit Universitäten oder Unterhaltungskomplexen.

Im **Tunjungan Plaza**, Jl. Basuki Rahmat 8–12, geben sich SOGO, Matahari, Gramedia, Hero und ein Kinokomplex die Ehre. Die größte Mall im Stadtzentrum besteht aus vier Gebäudeteilen, inkl. Foodcourt und den obligatorischen Spielhallen. Mehr als 20 Mio. Menschen strömen pro Jahr in die gut 110 000 m² große Shopping-Oase. Die **Galaxy Mall**, Jl. Dharmahusada Indah Timur 37 (Middle East Ring Road), ist die größte Mall im Ostteil der Stadt und bietet viele Luxuswaren. Günstiger geht es in der 2010 eröffneten **East Coast Center Retail Mall**, Jl. Kejawan Putih Mutiara 17, zu, wo auf 8 Stockwerken Waren recht günstig, teils zum Großhandelspreis verkauft werden. Die **Supermal Pakuwon Indah** ist die größte Mall im Westteil der Stadt, wo viele Luxuswaren angeboten werden. Computer, Laptops, Audio- und Videotechnik versammeln sich in der **Hi-Tech Mall**, Jl. Kusuma Bangsa.

Souvenirs

East Java Craft Center, Jl. Kedungdoro 86–90, ✆ 031-534 3807, 532 1602, 🖳 www.eastjava craftcenter.com. Traditionelle und moderne Deko-Objekte, Musikinstrumente, schicke Taschen mit Holzplättchen und Kleidung zu erschwinglichen Preisen. ⏰ 9–21 Uhr.

TOUREN

Stadtrundfahrt

Das **House of Sampoerna**, Taman Sampoerna 6, ✆ 031-353 9000, 🖳 www.houseofsampoerna. museum, bietet kostenlose, englischsprachig geführte Stadtrundfahrten per Bus an, die entweder 1 1/2 oder 2 Std. dauern. Die kurzen

Touren beginnen um 10, 13 und 15 Uhr und verlaufen an der Jembatan Merah, dem Tugu Pahlawan Monument und dem Kantor PTPN XI (ehemals Sitz des holländischen Zucker-Konglomerats) vorbei zur Kepanjen-Kirche und zurück. Die lange Tour um 9, 13 und 15 Uhr beinhaltet außerdem das Hotel Majapahit und das Balai Pemuda. An einigen Stationen wird ein kurzer Besichtigungsstopp eingelegt.

Ost-Java entdecken

Aneka Kartika Tours & Travel, Jl. Manyar Kertoarjo V/50, ✆ 031-592 9000, 🖳 www. aneka-tours.co.id. Seit über 30 Jahren einer der größten und professionellsten Anbieter von Touren in Java. Tour-Guides sind in allen gängigen Sprachen verfügbar, darunter auch Deutsch. Tagestour zum Bromo: Abfahrt in Surabaya um Mitternacht, Pferderitt zum Krater gegen Sonnenaufgang, Rückfahrt zum Hotel, US$100 p. P. (mind. 2 Pers.), inkl. Frühstück. 2-tägige Tour mit Übernachtung ab US$200 p. P. 3-Tage zum Ijen-Krater mit Weiterfahrt zum Bromo (Tag 2), anschließend Rückfahrt nach Surabaya, ab US$400 p. P. inkl. Übernachtung, Halbpension.

SONSTIGES

Autovermietung

Crown Rent Car, Jl. Graha Famili R191, ✆ 0816-543 9128, 🖳 www.crownrentcar.net. PKW mit Fahrer ab 365 000 Rp pro Tag exklusiv Benzin, Park- und Mautgebühren.

Geld

Geldautomaten sind in jeder Mall, im Postamt, zudem alle paar Blocks im Zentrum in ATM-Galerien zu finden, in denen alle großen Banken vertreten sind, z. B. in der Jl. Manyar Kertoarjo neben dem Kartika-Office.

Honorarkonsulat

Harjanto Tjokrosetio, Jl. Dr. Wahidin 29, ✆ 031-563 1871, ✉ 563 1872, 🖳 jakarta.diplo.de.

Immigration

Jl. Raya Darmo Indah 21, ✆ 031-731 5570. ⊙ Mo–Fr 8–16, Sa 8–12 Uhr. Am Hafen: Jl. Kalimas Baru 97A, ✆ 031-329 1485.

Informationen

Touristeninformation, Jl. Gubernur Suryo 15, ✆ 031-534 0444, 🖳 www.eastjava.com. Viele Broschüren, Veranstaltungshinweise, Lagepläne und Adressen zum Mitnehmen. ⊙ 8–17 Uhr.

Das **House of Sampoerna** (s. o.) hat zudem eine englische Broschüre mit kleiner Sehenswürdigkeiten-Karte und kurzen Erläuterungen sowie einer Auflistung von Restaurants und Märkten.

Internet

Die meisten Internetcafés (4000 Rp pro Std.) und WLAN-Hotspots (kostenlos) finden sich in den Shopping Malls oder in deren näherem Umkreis.

Medizinische Hilfe

Das größte Krankenhaus ist das **Dr. Sutomo Public Hospital**, Jl. Dr. Mustoppo 6–8, ✆ 031-5501 11112. Die besten Krankenhäuser sind allerdings folgende: **RSK St. Vincentius Hospital**, Jl. Diponegoro 51, ✆ 031-567 7652, 🖳 www.rkzsurabaya.com. **Siloam Hospital**, Jl. Raya Gubeng 70, ✆ 031-503 1333, 🖳 www.siloamhospitals.com.

Polizei

Polizeihauptquartier, Jl. Sikatan 1, ✆ 031-352 3927.

Post

Das **Hauptpostamt** hat seinen Sitz in einem alten Kolonialbau aus dem Jahr 1880 in der Jl. Kebon Rojo. ⊙ 7.30–19.30, Sa 8–18 Uhr.

NAHVERKEHR

Selbstfahrer

Viele Einbahnstraßen! Verpasst man sein Ziel, muss oft der ganze Block umfahren werden, um einen 2. Versuch zu starten. Der Verkehr im Stadtzentrum fließt tagsüber allenfalls stockend.

Becak

Sie dürfen im Stadtzentrum nicht verkehren, weshalb man sie nur außerhalb antrifft. Vom Hafen in die Stadt sind es 20 000 Rp.

Minibusse

Die Angkot fahren für 3000 Rp pro Fahrt kreuz und quer durch die Stadt. Die jeweilige Strecke steht zumeist an den Front- oder Heckscheiben, manchmal ist sie auch an der Seite aufgemalt. Minibusse in die nähere Umgebung sammeln sich im **Terminal Tambak** in Osowilangun.

Taxi

Sie starten bei 15 000 Rp. Eine Fahrt vom Flughafen in die Stadt kostet etwa 100 000 Rp. Im Stadtzentrum sind 25 000–35 000 Rp pro Fahrt realistisch. Taxiunternehmen:
Citra, ✆ 031-896 6711.
Metro, ✆ 031-870 8585.
Zebra, ✆ 031-841 1111.

TRANSPORT
Busse

Der **Terminal Purabaya** (auch: T. Bungurasih) ist der größte Busterminal Südostasiens und mit bis zu 120 000 beförderten Personen pro Tag der betriebsamste Indonesiens. Es liegt ca. 45 Min. Fahrtzeit vom Stadtzentrum entfernt in Sidoarjo und ist per Damri-Bus für 3000 Rp erreichbar, Eintritt 200 Rp. Im Terminal findet man Ticketschalter der klimatisierten und etwas komfortableren Busse, am Busparkplatz eine Tarifübersicht der billigen öffentlichen. Es gibt Preise *di bawah* (unten) und *di atas* (oben), ein von der Regierung festgelegter Rahmen, innerhalb dessen sich die Preise ändern dürfen. Zur Hochsaison gelten die Werte in der Spalte ganz rechts in der Tarifübersicht (mit Blick zum Busparkplatz stehend) als Mindestpreise. Monitore zeigen aktuelle Abfahrten, Destinationen und Preise an. Nachtbusse sind bei den am gelben Hemd und Ausweis erkennbaren offiziellen Agenten zu buchen. Preisbeispiele und -spannen der Economy-Klasse:
BANDUNG, 685 km, in 12 Std. für 65 000–107 000 Rp;
BANYUWANGI (Fähre nach Bali), 288 km, in 5 Std. für 14 000–21 000 Rp;
BOGOR, 810 km, in 14 Std. für 82 000 bis 134 000 Rp;
CIREBON, 550 km, in 9 1/2 Std. für 52 000–85 000 Rp;

DENPASAR, 415 km, in 9 Std. für 38 000–162 000 Rp;
JAKARTA, 800 km, in 13 Std. für 89 000–138 000 Rp;
JEPARA (Fähre nach Karimunjawa), 295 km, in 6 Std. für 29 000–47 000 Rp;
MALANG, 89 km, in 2 1/2 Std. für 7000–12 000 Rp;
MATARAM, 545 km, in 15 Std. für 43 000–70 000;
PADANG BAI, 450 km, in 10 Std. für 40 000–65 000 Rp;
PROBOLINGGO (nahe Bromo), 99 km, in 2 1/2 Std. für 8000–13 000 Rp;
SEMARANG, 310 km, in 7 Std. für 30 000–48 000 Rp;
SOLO, 264 km, in 7 Std. für 26 000–42 000 Rp;
YOGYAKARTA, 325 km, in 8 Std. für 32 000–52 000 Rp.

Minibusse

DENPASAR, **Harlin**, ✆ 031-866 1125;
Olivia, ✆ 031-376 1132.
SEMARANG, **Mentaya Raya**, ✆ 031-546 6311.
YOGYAKARTA (via SOLO), **Rachmalia**, ✆ 031-854 8951.

Eisenbahn

Für Passagiere gibt es 2 wichtige Bahnhöfe: **Pasar Turi** für Fahrten nach Nordwesten (Semarang, Pekalongan, Cirebon, Jakarta) und **Gubeng** für Destinationen im Süden und Südosten (Malang, Blitar, Kediri, Sidoarjo, Jember, Banyuwangi) sowie Südwesten (Madiun, Solo, Yogyakarta, Purwokerto, Bandung). Beide sind per Minibus für 3000 Rp zu erreichen. Die Ticketschalter sind von 5 bis 19.30 Uhr geöffnet, und mit etwas Glück trifft man im Kundenservice-Büro englischsprachiges Personal. Es gibt Broschüren mit aktuellen Preise und Zeiten. Infos unter ✆ 021-121 (Hotline), 🖥 www.kereta-api.co.id. Die Preise schwanken wie üblich je nach Wochentag und Zug. Beispiele:

Pasar Turi

JAKARTA (via Semarang und Cirebon), 5x tgl. in 10 Std., ab 165 000 Rp, Executive ab 310 000 Rp;
SEMARANG, 4–5x tgl. in 4 1/2 Std., ab 75 000 Rp, Executive ab 130 000 Rp.

Gubeng

BANDUNG, 3x tgl. in 12 Std., ab 185 000 Rp;
BANYUWANGI, 3x tgl. in 9 Std. für 24 000 Rp,
Business 45 000 Rp;
JAKARTA, 2x tgl. in 12 1/2 Std., ab 305 000 Rp;
PROBOLINGGO, 3x tgl. in 2 Std. für 24 000 Rp,
Business 45 000 Rp;
SOLO, 4–6x tgl. in 4 Std., ab 24 000 Rp,
Business 85 000 Rp, Executive ab 135 000 Rp.
YOGYAKARTA, 4–6x tgl. (via Solo) in 5 Std.,
ab 24 000 Rp, Business 85 000 Rp, Executive
ab 135 000 Rp.

Schiffe

Am nördlichen Ende der Jl. Perak Timur liegt
der Fährhafen **Tanjung Perak**, per Minibus für
3000 Rp erreichbar. Es halten auch Damri-
Busse, die vom Flughafen durch die Stadt bis
zum Fährhafen fahren, 15 000 Rp. Hier gibt es
Büros von Ticketagenten sowie ein Schalter
der staatlichen **Pelni** (ganz rechts im Haupt-
gebäude), ✆ 031-352 1694. Dieser öffnet von
8 Uhr bis zum Ausverkauf der Karten-
kontingente. Der Hauptschalter zum Kauf der
Tickets, der auch aktuellere Informationen zu
Abfahrtszeiten und Preisen vorliegen hat als
der Schalter am Hafen, liegt dagegen in der
Jl. Pahlawan 112, ✆ 031-353 9048, ⏲ Mo–Do
8–12, 13–15, Fr 8–11.15, 13–15, Sa, So 9–12 Uhr.
Preisbeispiele:
AMBON, in 2 Tagen, ab 476 500 Rp;
BALIKPAPAN, in 1 Tag, ab 333 500 Rp;
BIMA, in 2 Tagen, ab 222 500 Rp;
JAKARTA, in 1 Tag, ab 190 500 Rp;
JAYAPURA, in 6 Tagen, ab 753 500 Rp;
LABUAN BAJO, in 3 Tagen, ab 259 500 Rp;
MAKASSAR, in 1 Tag, ab 217 500 Rp;
MAUMERE, in 5 Tagen, ab 405 000 Rp;
PONTIANAK, in 1 1/2 Tagen, ab 262 500 Rp.
Die Executive-Klasse kostet in der Regel
2- bis 3-mal so viel. Man sollte wissen, dass
nur Schiffe nach Makassar und Jakarta
2–4x wöchentl. ablegen, für die anderen
Destinationen gilt: 2–3x im Monat.

Zwar gibt es die Suramadu-Brücke nach
MADURA, doch dürfen öffentliche Verkehrs-
mittel sie nicht benutzen, weshalb stdl. die
Fähre vom Tanjung Perak nach KAMAL ablegt,

um die gerademal 800 m zurückzulegen.
Die Fahrt kostet 3700 Rp, für Motorräder zahlt
man 5800 Rp. Nachts dauert es länger, bis die
Fähre voll ist, daher sind die Wartezeiten
entsprechend länger als die eigentliche Fahrt.
Abfahrt am Gebäude südwestlich des Haupt-
gebäudes am Fährhafen, Jl. Kalimas Baru 194A,
✆ 031-329 7165.

Flüge

Air Asia, Tunjungan Plaza 3, 1. Etage,
Jl. Basuki Rahmat 8–12, ✆ 021-5050 5088
(Callcenter), 🖥 www.airasia.com.
BANGKOK, 3x wöchentl. in 4 Std.,
ab 1,14 Mio. Rp;
BANDUNG, 4x wöchentl. in 2 Std.
für 362 000 Rp;
DENPASAR, 4x wöchentl. in 1 Std. 10 Min.,
ab 258 000 Rp;
KUALA LUMPUR, 5x tgl. in 3 Std., ab 319 000 Rp;
MEDAN, tgl. in 4 1/2 Std., ab 550 000 Rp;
PENANG, 3x wöchentl. in 3 1/2 Std.,
ab 689 000 Rp.
Batavia Air, Jl. Raya Gubeng 63 A-C,
✆ 031-504 9666, sowie am Flughafen,
✆ 031-298 6336, 🖥 www.batavia-air.com.
BATAM, tgl. in 2 Std., ab 830 000 Rp;
DENPASAR, 2x tgl. in 1 Std., ab 455 000 Rp;
JAKARTA, 6x tgl. in 1 1/2 Std., ab 340 000 Rp;
LOMBOK, tgl. in 1 1/2 Std., ab 304 000 Rp;
MAKASSAR (UJUNG PANDAN), tgl. in
1 1/2 Std., ab 357 000 Rp.
Cathay Pacific, Graha Bumi Modern,
Jl. Basuki Rahmat 124–128, ✆ 031-534 5052,
🖥 www.cathaypacific.com. Tgl. in 4 1/2 Std.
nach HONGKONG für 6,1 Mio. Rp.
Citilink, am Flughafen, ✆ 0804-108 0808
(Hotline), 🖥 www.citilink.co.id. 3x tgl. in
1 1/2 Std. nach MAKASSAR, ab 273 000 Rp.
Garuda, Graha Bumi Modern, 4. Etage,
Jl. Basuki Rahmat 124–128, ✆ 031-546 8501,
sowie Jl. Tunjungan 28, ✆ 031-534 5886,
🖥 www.garuda.co.id.
BALIKPAPAN, tgl. in 2 Std., ab 497 000 Rp;
BANDUNG, tgl. in 1 1/2 Std. für 533 000 Rp;
DENPASAR, 4x tgl. in 1 Std. 10 Min.,
ab 506 000 Rp;
JAKARTA, 14x tgl. in 1 1/2 Std., ab 565 000 Rp;
MAKASSAR, 2x tgl. in 1 1/2 Std., ab 770 000 Rp.

Lion Air, Jl. Sulawesi 75, ✆ 031-503 7111, 🖥 www.lionair.co.id.
AMBON, tgl. in 4 Std., ab 791 000 Rp;
BALIKPAPAN, 7x tgl. in 1 1/2 Std.
für 412 000 Rp;
BANJARMASIN, 6x tgl. in 1 Std. 10 Min.
für 346 000 Rp;
DENPASAR, 10x tgl. in 1 Std. 10 Min.
für 412 000 Rp;
JAKARTA, 15x tgl. in 1 1/2 Std., ab 384 000 Rp;
LOMBOK, 8x tgl. in 1 Std. 20 Min.,
ab 412 000 Rp;
MAKASSAR, 5x tgl. in 1 1/2 Std. für 531 000 Rp;
SEMARANG, 3x tgl. in 1 Std., ab 365 000 Rp;
SINGAPUR, tgl. in 2 1/2 Std., ab 550 000 Rp;
YOGYAKARTA, 4x tgl. in 1 Std., ab 470 000 Rp.
Merpati, Jl. Darmo 109–111, ✆ 031-568 8111,
568 6917, ✉ surabaya_reg@merpati.co.id,
sowie am Flughafen, ✆ 031-298 6386, ✉ subk
kmz@merpati.co.id, 🖥 www.merpati.co.id.
DENPASAR, 2x tgl. in 1 Std. 10 Min.,
ab 247 000 Rp;
MAKASSAR, tgl. in 1 1/2 Std., ab 478 000 Rp.
Silk Air, BBD Tower, 10. Etage, Plaza Tunjungan 2, Jl. Basuki Rahmat 2–5, ✆ 031-531 9215,
🕐 Mo–Fr 8.30–16.30, Sa 8.30–13 Uhr.
Außerdem im Flughafengebäude, ✆ 031-866
6639, 🖥 www.silkair.com. 2x tgl. in 2 Std. 15 Min.
nach SINGAPUR für 2,5 Mio. Rp.
Sriwijaya, Jl. Kombes Pol. M. Duryat 41,
✆ 031-549 1777, 🖥 www.sriwijayaair.co.id.
BALIKPAPAN, 2x tgl. in 1 1/2 Std., ab 452 000 Rp;
JAKARTA, 5x tgl. in 1 Std. 10 Min.,
ab 400 000 Rp;
MANADO, tgl. in 2 1/2 Std. für 840 000 Rp;
SEMARANG, tgl. in 1 Std. für 350 000 Rp;
PANDAN (UJUNG PANDAN), 3x tgl. in 1 1/2 Std.,
ab 360 000 Rp;
YOGYAKARTA, tgl. in 1 Std., ab 300 000 Rp.

Die Umgebung von Surabaya

Mangrovenpark Wonorejo

Etwa 15 km westlich der Stadt, am Kali Londo (dem „Holländerfluss"), befindet sich kurz vor dessen Einmündung ins Meer der **Ekowisata Mangrove Wonorejo**. Rund 870 ha Mangrovenwald werden hier in mühseliger Ar-

beit wiederaufgeforstet, unterstützt durch Universitäten, Großkonzerne und die staatliche Pertamina. So sponserte das meeresbiologische Institut der Hang Tuah Universität die Boote, auf denen Touristen hier für 25 000 Rp eine Führung durch die 300 ha bisher angelegter Mangrovenwälder und Einblick in die Komplexität dieses Lebensraums erhalten.

Guides erläutern die verschiedenen Arten, Nutzungsweisen und Anbaumethoden des Mangrovenwalds, dem man sich auch auf Holzstegen nähern kann. Man sieht Wasservögel, Flusseidechsen und manchmal sogar Krokodile. Die umstehenden Bäume der Sorte Avicennia tragen mitunter Früchte, aus denen man traditionell Sirup oder Kuchen gemacht hat. Andere Vertreter haben gifthaltigen Blattsaft, der von Fischern zum Fang benutzt worden ist (inzwischen verboten). Große Ameisen bauen ihre Nester und ummanteln sie zum Schutz mit den Blättern zu kleinen Kokons. Wieder andere Bäume entwickeln aromatische Rinde, die in Japan zum Grillen und Räuchern von Fisch begehrt ist. Die größten und stärksten Mangroven sind Rhizophora und Sonnerateria, die mächtiges, fest verwachsenes Wurzelwerk entwickeln und somit als Schutz vor Überflutungen ideal sind. 20 % beträgt der Anteil der Setzlinge, die in der kritischen Jungphase die Gezeiten überleben, die zu allem Übel noch Müll aus Madura anspülen.

✆ 031-879 6880, 🖥 www.micwonorejo.word press.com. Anfahrt: Per Microlet-Minibus (z. B. Linie U) Richtung Wonorejo, 3000 Rp, 30 Min., von dort per Ojek für 5000 Rp ab dem Elektrizitätswerk PLN zur Ablegestelle der Boote am Südufer des Kali Londo. Selbstfahrer düsen einfach immer am Südufer des Flusses Kali Londo geradeaus, bis ein Schild die Rechtsabzweigung auf eine Sandpiste anzeigt, die die Zufahrt zur Anlegestelle ist.

Sidoarjo

Im Mai 2006 wurde bei Bohrungen unweit von Sidoarjo versehentlich ein Heißwasserreservoir in über 2800 m Tiefe geöffnet. Der aus dem aufsteigenden Inhalt resultierende und mittlerweile weltgrößte **Schlammvulkan** hat heute einen Durchmesser von 70 m und eine Höhe von rund 20 m erreicht und verschüttete bereits ei-

www.stefan-loose.de/indonesien

nige Dörfer. Ringsherum hat sich ein großer Schlammsee gebildet. Weder die Regierung noch die Erdölförderer Lapindo Bratas haben das Problem bisher in den Griff bekommen, und Experten zufolge wird der Vulkan auch noch die nächsten Jahrzehnte so weiterspucken. Man kann auf dem Weg nach Malang hier anhalten und mit einem der örtlichen Ojek-Fahrer eine Tour über den das Gelände umgebenden Damm machen (ca. 30 000 Rp). Mit etwas Charme und Glück zeigen einem die örtlichen Aufpasser sogar das Sperrgelände von „Lusi" (*Lumpur Sidoarjo*: Schlamm von Sidoarjo). Es stinkt fürchterlich, und an das heiße Schlammloch selbst darf und sollte man auch nicht heran!

Das **Mpu Tantular Museum**, ein historisch-ethnografisches Museum, stand einst südlich des Zoos, wurde aber mit wachsendem Bestand eine halbe Stunde südlich nach Sidoarjo verlegt. Es zeigt Ausstellungsstücke aus der frühen Majapahit-Epoche, ostjavanische Wayang-Figuren und Batik, Bilder aus dem frühen Surabaya

---

Wie pflanzt man einen Baum ins Wasser?

Zum einen kann man Samen auf festem Uferboden aufgehen lassen und die jungen Setzlinge später direkt umpflanzen, wenn es die Bedingungen am neuen Ort erlauben. Sind diese rauer, z. B. an Küsten, bedarf es komplizierterer Methoden. Die Früchte samt Samen werden mit Erde in ausgehöhlten Bambus gepflanzt und das Ganze in den Wassergrund gerammt. Vor der Witterung und den Gezeiten geschützt, kann der junge Baum hier seine Wurzeln schlagen, um Halt zu finden. Wird er größer, bricht der Bambus irgendwann auseinander, und der Baum steht frei. In jüngerer Zeit entdecken Küsten- und Flusssiedlungen weltweit die Vorteile des urtümlichen Wuchses an Gewässern wieder: Schutz vor Überschwemmungen, Lebensraum für Vögel und Tiere, Ausbalancierung von Versandungs- und Versumpfungsprozessen an Ufern – wohlfahrtsökonomisch gesehen „erwirtschaftet" die Mangrove weit mehr als so manche Shrimpfarm, für die man sie vielerorts entfernt.

---

und Keramik aus China und Vietnam – außerdem eine Technik-Abteilung mit holländischen Schiffsmodellen, Apparaturen zur Veranschaulichung physikalischer Phänomene. ⏱ Di–Do 8–15, Fr 8–14, Sa 8–12.30, So 8–13.30 Uhr, Mo geschlossen, Eintritt 2000 Rp. Ab Terminal Joyoboyo mit dem gelben Bemo für 5000 Rp Richtung Sidoarjo (dem Fahrer sagen, dass man zum Museum möchte).

Taman Safari

In Prigen, 1 1/2 Autostunden südlich von Surabaya, liegt der Taman Safari, ein 600 ha großes Safari-Areal, das mit Wasserspaßbad, Stunt- und und Delphinshow aus den USA sowie einer Show zum Thema Erderwärmung für verschiedene Altersgruppen etwas bereithält. Anders als im Zoo begibt man sich hier in das „Gehege" der Tiere und hat die Möglichkeit, Zebras, Antilopen, Nilpferde, Giraffen oder Tiger auf der Safari-Tour mit dem Jeep zu sichten, wie auch exotische Vögel und Orang Utans. ⏱ 8.30–17.30 Uhr, letzter Einlass 17.30 Uhr, Eintritt 100 000 Rp inkl. Schwimmbadbesuch, ☎ 0343-773 5000, 🖥 www.tamansafari.com.

Malang

Von mächtigen Bäumen überschattete Alleen und Plätze, koloniale Architektur, große Obst-, Gemüse- und Tabakmärkte und eine bedeutende Universität (Brawijaya) prägen das „Bandung von Ost-Java". Eine freundliche Stadt mit mehr als 820 000 Einwohnern, 90 km südlich von Surabaya, 450 m hoch gelegen, mit angenehmem Klima. Nicht zuletzt ist Malang ein idealer Standort für zahlreiche Ausflüge in die von Vulkanen beherrschte, abwechslungsreiche Umgebung, zu wenig bekannten Stränden, zu abgelegenen, jahrhundertealten Hindu-Heiligtümern oder zu beliebten Erholungsorten in reizvoller Berglandschaft.

An der Westseite des **Alun Alun** stehen einträchtig die **Djamek-Moschee** und eine protestantische Kirche nebeneinander. Eine große katholische Kathedrale liegt im Norden der Stadt an der Jl. Ijen. Am östlichen Ende der Jl. Pasar Besar erhebt sich der alte chinesische Tempel

256 DIE UMGEBUNG VON SURABAYA

Malang

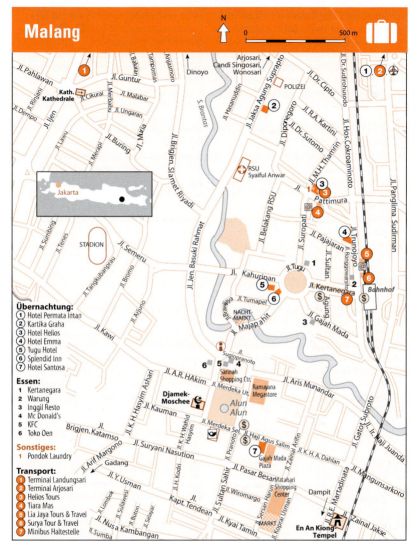

En An Kiong. In der Jl. Jen. Basuki Rahmat entdeckt man viele Batik- und Kunstgewerbeläden. Das **Tugu Hotel** ist nicht nur für Übernachtungsgäste einen Besuch wert: Es ist ein Hybrid aus Kunstgalerie, Museum, Hotel und Restaurant. Besitzer Anhar Setjatibrata sammelt seit Jahrzehnten Antiquitäten, Kunstobjekte und indonesisches Kulturgut wie Möbel, Designs und Legenden. Daraus wird eine Attraktion für sich: überall Fotografien, Statuen, Vasen, Reliefs, Holztore *(Gebyog)*, Gemälde, Licht- und Schattenspiele, etc. Das Personal führt Besucher des Restaurants oder Cafés gern herum. Highlights sind u. a. die Raden Saleh Suite, die den im Deutschland des 18. Jhs. protegierten javanischen Maler und Prinzen würdigt (man beachte das Gemälde im Wohnraum) sowie die hinteren Räumlichkeiten im Erdgeschoss. Diese entfalten besonders abends eine romantische, fast magische Atmosphäre.

ÜBERNACHTUNG

Hotel Emma, Jl. Truyono 21, ✆ 0341-363 198. Moderne, trotz der Lage erstaunlich ruhige Zimmer mit Du/WC, TV, WLAN, teils AC. Hübsches Interieur und freundliches Personal, das Ganze laufnah zum Bahnhof und zum Tugu Square. Frühstück inkl. ❷

Hotel Helios, Jl. Patimura 37, ✆ 0341-362741, 🖳 www.hotelhelios-malang.com. Einfache Zimmer mit Ventilator, Du/WC und TV, zum Frühstück (außer für die billigsten Zimmer) abwechselnd indonesische oder Pancake-Menüs. WLAN im Café, das übliche Traveller-Gerichte auftischt. ❷ – ❸

Hotel Permata Intan, Jl. Raden Intan 49, ✆ 0341-409429. Wer spät ankommt und früh weiter will, kann hier in ordentlichen Zimmern mit Ventilator bzw. AC, Du/Hocktoilette und indonesischem Frühstück nächtigen – der Lärm der Hauptstraße scheucht einen ohnehin am nächsten Morgen davon. 200 m vom Terminal entfernt. ❷

Hotel Santosa, Jl. K.H. Agus Salim 24, ✆ 0341-366889. Einfache, sehr saubere Zimmer mit und ohne Ventilator und Mandi/Hocktoilette. Bessere mit AC, TV, Warmwasser und Federkernmatratzen. Freundliches Personal, das etwas Englisch spricht. Hauptsächlich indonesische Gäste übernachten in dem zentral im Shopping-Kern am Alun Alun gelegenen Hotel, das auch preisgünstige Dorms hat. ❶ – ❸

Kartika Graha, Jl. Jaksa Agung Suprapto 17, ✆ 0341-361900, 🖳 www.kartikagrahahotel. com. Moderne Zimmer in Beige-, Braun- oder Rottönen und teilweise sogar Aussicht. Swimming Pool (für Kinder separat), WLAN und indonesisches Frühstücksbuffet inkl. Geometrisch-abstrakte Designelemente, ein paar Farbtupfen im Restaurant. Im Gebäude

veranstaltet der Myplace Pub alle drei Tage Partys mit Liveband und DJs. ❻ – ❼

Splendid Inn, Jl. Majapahit 4, ✆ 0341-366 618. Direkt neben dem Hotel Tugu befindet sich die wohl charmanteste aller Budget-Unterkünfte, mit sauberen, teils schön dekorierten Zimmern mit Du/WC und z. T. mit AC. Frühstück und WLAN inkl., dazu freundliches Personal. Antiquaria und dekorativer Nippes geben dem Areal ein gewisses Flair. ❸

Tugu Hotel, Jl. Tugu 3, ✆ 0341-363891, 🖳 www.tuguhotels.com. Beste Adresse der Stadt mit dezent auf antik designten, individuellen Zimmern und allen Annehmlichkeiten der Preisklasse. Sehr freundliches Personal und zentrale Lage. Vom *Stern* zu einem der zehn besten Hotels Asiens, vom *L'Officiel Voyage* zu den 100 schönsten Hotels der Welt gekürt; exzellentes Restaurant. Touren zu Tempeln, Wasserfällen und traditionellen Dörfern möglich. ❻ – ❽

ESSEN

Schräg gegenüber dem Bahnhofsgebäude öffnen abends Warung, die u. a. eine Köstlichkeit namens Bebek Klopo anbieten: gegrillte Ente mit einem Topping aus gerösteten Kokosraspeln; dazu Nasi Gurih, im Kokosblatt gegrillter Reis. Noch etwas Sambal und frische Minze dazu, und dem Genuss via „fünfzinkiger Gabel" steht nichts mehr im Wege.

Inggil Resto, Jl. Gajahmada 4, ✆ 0341-332110. Voller Geschichte stecken die Antiquaria und Fotos an den Wänden dieses beliebten Restaurants. Für leicht gehobenes Entgelt gibt es sehr gute javanische Gerichte und traditionelle Heißgetränke *(Wedang Ronde)*. *Pecel Terong* (Tempe mit Ei in herrlicher Soße), *Urap-Urap* (ein Mix aus Wasserspinat, Bambussprossen, getrockneten Fischlein und gerösteten Kokosraspeln), *Ayam Kendil* (Huhn im Suppentopf), *Sambal Pencit* (mit Mango) u. a. sind ausnahmslos weiterzuempfehlen. Tgl. Livemusik.

Kertanegara, Jl. Kertanegara 1, ✆ 0341-366203, 🖳 www.kertanegararesto.com. Solide indonesische und chinesische Gerichte zu verträglichen Preisen und sättigenden Portionen. Helle Räumlichkeiten mit Außen-

bereich, freundliches Personal, das Englisch spricht. Gute Seafood-Varianten und *Sop Buntut* (die berühmte Oxtail-Soup).
Toko Oen, gegenüber KFC am Alun Alun, ✆ 0341-364052. Ein seit den 1930er-Jahren vor allem bei holländischen Touristen beliebtes Café, das noch von Nachfahren der Gründerfamilie geführt wird (die nebenbei gesagt seit 1910 Cafés in Java betreibt). Neben guten Backwaren, Eis und Torten werden auch Burger und Steaks serviert, die europäische Geschmäcker jedoch eher unbefriedigt zurücklassen. Zum Kaffee empfiehlt sich immerhin *Selong* (andernorts auch *Apom*), eine Art Pancake mit Santan und Kokos!

TOUREN

Tagestour zum BROMO inkl. Frühstück, Eintritt, Permit und Halt am Tempel von Singosari ab 400 000 Rp p. P. (max. 4 Pers. je Jeep). Ojek, Pferd bzw. Jeep ab Tosari zum Krater kostet extra. Abfahrt 1 und 5 Uhr nachts. Kombi-Tour zum Bromo und weiter nach IJEN inkl. Lunch Stop und Halt in Pasir Putih, Übernachtung im Homestay in Sembol ab 950 000 Rp. Ab der Haltestelle ca. 1-stündige Wanderung zum Krater. Trekking am Gunung Semeru über 3 Tage und 2 Nächte inkl. Übernachtung im Camp und Permit für 2,8 Mio. Rp. Je nach Gusto sind der Weitertransport nach Ketapang und die Fähre nach Gilimanung auf Bali möglich, inkl. Drop-Off am Hafen. Das Ganze kann von Bali aus kommend auch in die andere Richtung gebucht werden, mit Endstation Malang oder Surabaya, kostet allerdings ca. 200 000 Rp mehr, je nach Personenzahl und Art der Unterkunft. Eine Safari im Baluran-Nationalpark östlich von Probolingga kostet inkl. der Bromo-Tour ab 1,8 Mio. Rp.
Helios Tour, Jl. Patimura 37, ✆ 0341-351801, ⌨ www.heliostour.net. Professionelle Touren zu Ost-Javas Hauptattraktionen – Bromo, Semeru und Ijen-Krater.

SONSTIGES

Auto- und Motorradvermietung

Man kann für 100 000 Rp am Tag im **Tour Office des Helios Hotels** Motorräder mieten, Autos mit Fahrer gibt es ab 400 000 Rp ebendort oder über die Unterkunft.

Geld

Geldautomaten gibt es genug, vor allem um den Alun Alun, in Bahnhofsnähe und vor Einkaufszentren.

Informationen

Touristeninformation, Jl. Jend. Basuki Rahmat 6, ✆ 0341-323966, ⊕ 8–18 Uhr.
Das **Bromo-Tengger-Nationalpark-Office** liegt in der Jl. Raden Intan 6, ✆ 0341-491828.

Internet

Internetcafés nehmen 3000 Rp pro Std. und sind nicht schwer zu finden, z. B. **Radisa Net**, Jl. Suropati, ⊕ 24 Std.

Medizinische Hilfe

RSU Syaiful Anwar, Jl. Jaksa Agung Suprapto, ✆ 0341-362101. Modernes Krankenhaus mit guter Grundausstattung. Bei ernsthaften Erkrankungen besser nach Surabaya.

Post/Telefon

Jl. Merdeka Selatan 5, im Gebäude auch ein Münztelefon. ⊕ 7.30–19 Uhr.

Reisebüros

Pundi Tours & Travel, Jl. Truyono 46, ✆ 0341-356356, ✉ punditours_malang@ yahoo.co.id.
Stasiun Tiket, Jl. Truyono 46-F1, ✆ 0341-322777, ⌨ www.stasiuntiket.com, bucht alles außer Zugtickets.

Wäscherei

Pondok Laundry, Jl. Pattimura Ecke Jl. M.H. Thamrin wäscht ab 2000 Rp pro Kilo.

NAHVERKEHR

Becak

Ein Becak sollte für Fahrten innerhalb der Stadt zwischen 10 000 und 20 000 Rp kosten.

Minibusse

Die Minibusse (Angkot) warten an den großen Transportkreuzen der Gegend, d. h. am Terminal Arjosari, am Bahnhof sowie am Terminal Landungsari (Minibusse nach Batu). Es gibt diverse Linien, A–G zwischen Arjosari und

Gadung sowie A–L zwischen Arjosari und Landungsari sind die wichtigsten. Eine Fahrt kostet 3000 Rp.

Taxi
Eine Fahrt in der Stadt kostet ca. 15 000–25 000 Rp; **Citra Taxi**, ✆ 0341-490555.

TRANSPORT

Busse
Vom **Terminal Arjosari** (30 Min. per Minibus für 3000 Rp, 20 Min. per Taxi für 25 000 Rp) fahren öffentliche Busse und teurere, klimatisierte Langstreckenbusse u. a. folgende Destinationen bei festgelegten Preisspannen an:
BANYUWANGI (Fähre nach Bali), 280 km, in 6 Std. für 25 000–40 200 Rp;
DENPASAR, 400 km, in 9 Std. inkl. Fährticket für 36 000–59 000 Rp, mit AC 100 000 Rp;
JAKARTA, 880 km, in 22 Std. für 220 000 Rp;
MATARAM, 530 km, in 20 Std. für 200 000 Rp inkl. Fährticket;
PROBOLINGGO (nahe Bromo), 90 km, in 2 Std. für 13 500–18 200 Rp;
SEMARANG, keine Direktverbindung, ca. 400 km in 9 1/2 Std. via Surabaya für 34 000–55 600 Rp;
SOLO, via Surabaya, für 31 000–50 000 Rp, ohne Umweg mit AC für 70 000 Rp;
SURABAYA, 90 km, in 2 1/2 Std. für 7500–11 600 Rp;
YOGYAKARTA, via Surabaya, für 36 7000–59 400 Rp, ohne Umsteigen, mit AC für 80 000 Rp.

Minibusse und Überlandtaxis
Alle wichtigen Ziele in Ost- und Zentral-Java sowie Bali sind auch per Minibus erreichbar, und man muss zu Zielen in Zentral-Java nicht über Surabaya fahren. DENPASAR, in 8 Std. für 160 000 Rp;
SEMARANG, in 8 Std. für 105 000 Rp;
SOLO, in 7 Std. für 90 000 Rp;
SURABAYA, in 2 Std. für 60 000 Rp;
YOGYAKARTA, in 8 Std. für 95 000 Rp.

Minibusunternehmen
Lia Jaya Tours & Travel, Jl. Truyono 46, ✆ 0341-331402. ⏰ 24 Std.

Surya Tour & Travel, Jl. Truyono 10E, ✆ 0341-354117. ⏰ 6–21 Uhr.
Tiara Mas, Jl. Patimura 30, ✆ 0341-737 6094.

Eisenbahn
Der **Bahnhof Kotabaru** liegt in der Jl. Trunojoyo, per Minibus für 3000 Rp erreichbar. Im linken Gebäudeteil werden bis 16.30 Uhr Tickets der Business- und Executive-Klasse verkauft, die man sich oft Tage im Voraus sichern muss. Die Economy-Tickets gibt es dagegen im rechten Schalterraum bis 19 Uhr. Sie sind mitunter nur halb so teuer wie die Executive-Klasse und auch spontan zu bekommen. Zudem gibt es ein hilfreiches Büro des Kundenservice, ⏰ 6–18 Uhr. Aktuelle Züge und Preise unter 🖥 www.kereta-api.co.id. Preisbeispiele:
BANDUNG, tgl. in 14 Std. ab 115 000 Rp;
BANYUWANGI, tgl. in 7 Std. ab 18 500 Rp;
CIREBON, tgl. in 14 Std. für 315 000 Rp;
JAKARTA (Pasar Senen oder Gambir), tgl. in 18 Std. ab 315 000 Rp;
PROBOLINGGO, tgl. in 3 Std. für 18 500 Rp;
SEMARANG, tgl. in 10 Std. für 145 000 Rp;
SOLO, 1–2x tgl. in 7 Std. ab 95 000 Rp, Executive 225 000 Rp;
SURABAYA, via Sidoarjo (5–8 km vom Busterminal und vom Flughafen entfernt), 5x tgl. in 3 Std. ab 8000 Rp;
YOGYAKARTA, 1–2x tgl. in 9 Std. ab 95 000 Rp, Executive 285 000 Rp.

Flüge
Der **Abdul Rachman Saleh Airport** (MLG) berechnet eine Flughafensteuer von 30 000 Rp.
Batavia, Jl. W.R Supratman Bl. C1, ✆ 0341-325889, sowie am Flughafen, ✆ 0341-791789, 🖥 www.batavia-air.com. Tgl. in 1 1/2 Std. nach JAKARTA ab 478 000 Rp;
Garuda, Hotel Kartika Graha, Jl. Jaksa Agung Soeprapto 17, ✆ 0341-369494, 🖥 www.garuda-indonesia.com. 2x tgl. in 1 1/2 Std. nach JAKARTA ab 764 000 Rp;
Lion Air, Jl. Sarangan 1B, ✆ 0341-400680, 🖥 www.lionair.co.id. Tgl. in 1 Std. nach DENPASAR ab 400 000 Rp;
Sriwijaya, Jl. Letjend. S. Parman 59, ✆ 0341-566777, 🖥 www.sriwijayaair.co.id. 2x tgl. in 1 1/2 Std. nach JAKARTA ab 540 000 Rp.

Die Umgebung von Malang

Singosari

Nur 12 km nördlich von Malang (Minibus ab Arjosari für 3000 Rp) findet man in der gleichnamigen Stadt, 500 m westlich des Markts und der Hauptstraße, den **Candi Singosari**. Der Shiva geweihte Tempel wurde um das Jahr 1300 erbaut und ist Vermutungen zufolge auch das Grab des Königs Kertanegara. 200 m westlich des Tempels stehen in kleinen Parks rechts und links der Straße zwei riesige Tempelwächter. Die meisten der ehemaligen Reliefs und Statuen befinden sich heute in holländischen Museen, weshalb der Tempel etwas nackt wirkt. Dennoch erkennt man deutliche Unterschiede im Vergleich zu balinesischen Hindutempeln. ⏲ 8–18 Uhr, Eintritt frei.

Batu

Der Jl. Mayjend. Panjaitan aus Malang folgend, gelangt man nach 17 km Fahrt nach Batu, einer Kleinstadt mit angenehmem Klima auf 700 m Höhenniveau. „Kleine Schweiz" nannten es die Holländer einst. Heute strömen an Feiertagen Städter aus Surabaya und Malang in den touristisch erstaunlich gut entwickelten Ort. Im Stadtzentrum befinden sich der **Jawa Timur Park**, ein Erlebnisbad sowie das **Batu Night Spectacular** am Alun Alun, ein abendlicher Vergnügungspark mit Riesenrad und Kirmes-Atmosphäre.

Auf dem **Gunung Banyak**, dem höchsten Hügel westlich der Stadt, an dessen Hängen Einheimische regelmäßig Rennen mit Downhill-Bikes veranstalten, befindet sich eine **Paragliding**-Station, die Tandem-Flüge mit ausgebildeten Piloten für 300 000 Rp anbietet (Equipmentverleih an erfahrene Flieger 50 000 Rp). Ein Ausflug zur Hügelkuppe lohnt allein schon der 300 m oberhalb von Batu zu genießenden Aussicht wegen. Kontakt: Haris Effendy, ✆ 0857-5597 0171, 🖳 www.paralayangbatu.com.

Westlich der Stadt, bei Pandesari, liegt der Wasserfall **Coban Rondo**, an Wochenenden das Ziel zahlreicher Familien und Kids aus Batu, Malang und Umgebung. Der Legende nach weinte hier eine Witwe um ihren verstorbenen Mann, der einen traditionellen „Hausarrest" von 36 Tagen nach der Vermählung nicht eingehal-

ten hatte und bei einem Überfall gestorben war. Besonders viel Wasser stürzt hier in der Regenzeit herunter, die Ufer des Wasserfalls sind dann manchmal für Besucher gesperrt. Warung säumen den Parkplatz, und in der Trockenzeit kommen zahlreiche Affen aus dem Wald, um sich von Touristen füttern zu lassen. Eintritt 5000 Rp.

ÜBERNACHTUNG UND ESSEN

Agrowisata Kusuma, ✆ 0341-593333, 🖳 www.kusuma-agrowisata.com. Auf dem Plantagenresort gibt es biologisch angebaute Jambu-Äpfel, Erdbeeren, Paprika und Blumen. Übernachtung in modern-schlicht bis luxuriös ausgestatteten Bungalows, die über das große Areal verteilt sind. WLAN und Frühstück im Restaurant inkl. Geführte Touren mit Obsternte und Besichtigung einiger exotischer Tiere (z. B. Flughunde und ein komplett schwarzes Huhn) für 40 000 Rp p. P. ❺–❼

Waroeng Bambu, Jl. Raya Selecta Batu, ✆ 0341-590754, 🖳 www.waroengbamboe.co.co. In der hübschen Anlage aus Bambus befinden sich Fischteiche, und des Fischs wegen kommen auch die Gäste: *Gurame*, *Bandeng*, *Kakap*, alle gängigen Süßwasserspeisefische kommen hier vorwiegend gegrillt oder gebraten zu vorzüglichem Sambal und Wasserspinat auf den Tisch. Moderate Preise und große Getränkeauswahl.

TOUREN

Trekkingtouren auf den Gunung Arjuna über 2 Tage und 1 Übernachtung im Camp beginnen bei den heißen Quellen in Cangar und kosten mit Guide um 300 000 Rp, mit Träger um 500 000 Rp, Kontakt in der Touristeninformation. Rafting und Tubing organisiert das Batu Adventure Center, ✆ 0341-502 5511.

SONSTIGES

Informationen

Touristeninformation in der Jl. Raya Bukit Berbunga 14 G–H, ✆ 0341-591706, 🖳 pariwisatabatu.wordpress.com. Auf Anfrage sind hier auch Vorführungen des *Tari Sembromo* buchbar, eines traditionellen Tanzes, bei dem bunte Pferdeattrappen zum Einsatz kommen.

www.stefan-loose.de/indonesien   DIE UMGEBUNG VON MALANG   **261**

TRANSPORT

Ab Landungsari Terminal in Malang gelangt man nach 30 Min. Fahrt per Minibus nach Batu, 3000 Rp, dort dann per Ojek alle für 5000–10 000 Rp.

Wonosari

Etwa 30 km nördlich von Malang, an den Ausläufern des Gunung Arjuna (3340 m), liegt auf über 1000 m Höhe das kleine Wonosari, das vor allem für seine Teeplantagen bekannt ist und nachts angenehm kühl wird. Im **Wisata Agro Wonosari**, ☏ 0341-426032, 🖥 www.agro-ptpn12.com, können Besucher nach Anmeldung an Führungen durch die Anlagen teilnehmen, bei denen die Arbeitsschritte erläutert werden. Die Führungen finden in Englisch oder einem Deutsch-Holländisch-Kauderwelsch statt, und zwar nachts, nachdem die Pflücker ihre Ernte eingebracht und zum Trocknen ausgelegt haben. Die verschiedenen Phasen, in denen der Tee nach Qualitätskriterien für den Export sortiert wird, sind schon allein vom Geruch her zu unterscheiden. Ab Arjosari Terminal in Malang fährt man per Bus oder Zug für 5000 Rp nach Lawang. Von der Hauptstraße im Ort fahren Angkot (3000 Rp) oder Ojek (8000 Rp) hoch zur Plantage. Auf dem Gelände kann auch in einfachen, aber ordentlichen und mit Warmwasser-Du/WC ausgestatteten Zimmern sowie luxuriöseren Bungalows übernachtet werden, die weitläufige, ältere Anlage bietet alle Einrichtungen eines in sich selbständigen Resorts. Frühstück inkl. ❹–❼

Bromo-Tengger-Semeru-Nationalpark

Von allen Vulkanen auf Java ist der **Bromo** (2329 m) der bekannteste. Da er zu den aktivsten und landschaftlich spektakulärsten Vulkanen der Insel zählt, ist er zugleich der am meisten besuchte. Die einmalige Kulisse des Sandmeers, des Vulkankegels und der umliegenden Gebirgslandschaft mit ihren Gemüsegärten an steilen Hängen kann man ohne stundenlange Klettertouren genießen. Ursprünglich existierten hier zwei große Vulkane. Einer davon, der **Semeru** (3776 m hoch und einer der aktivsten Vulkane Indonesiens), raucht noch im Hintergrund des Bromo majestätisch vor sich hin. Zwei gewaltige Eruptionen des Tengger formten zunächst einen riesigen Krater, die **Tengger-Caldera**, und das Sandmeer. Mit der Zeit entstanden darin fünf neue Kegel, darunter der heutige Bromo. Zuletzt brach dieser von Dezember bis Januar 2010/2011 aus und spuckte Unmengen Asche in die Umgebung. Das gesamte Bromo-Semeru-Massiv ist ein **Nationalpark** von 58 000 ha Fläche. ⏱ 6–17 Uhr. Der Eintritt in den Nationalpark beträgt am Eingangstor in Cemoro Lawang 50 000 Rp.

In der abgeschiedenen Bergwelt leben die Tengger. Als die hinduistischen Herrscher Ost-Javas vor dem sich ausbreitenden Islam nach Bali flohen, zog sich die einfache Bevölkerung in die Berge zurück, wo sie bis heute weitgehend eigenständig ihre hinduistischen Traditionen bewahrt hat. Der Legende nach stammen die heute über eine halbe Million zählenden Berg-Hindus von den Majapahit-Thronerben Roro Anteng und Joko Seger ab (daher Teng-ger).

Die übliche Anreise zum Bromo erfolgt von Nordosten über **Probolinggo** und **Ngadisari**. Hier oben kann es recht kalt werden, vor allem am frühen Morgen. Zwar gibt es in den Losmen dicke Decken, aber für den Aufstieg vor Sonnenaufgang sollte man schon einen dicken Pullover oder eine Jacke dabeihaben (einige Unterkünfte verleihen welche). Mit einer Taschenlampe findet man den Weg auch ohne Führer. Oder man folgt den kleinen Pferden der Tengger, die am frühen Morgen mit zahlungskräftigen Touristen auf dem Rücken zum Krater trotten.

Von Ngadisari fahren Jeeps und Minibusse für 6000 Rp hinauf nach **Cemoro Lawang** am Rand des Sandmeers. Zu Fuß braucht man etwa 45–60 Minuten (3 km). Von dort sind es weitere 30–45 Minuten bis zum Kegel. Der Weg ist mit weißen Markierungen auf den Steinen gekennzeichnet. Der übliche Preis für ein geführtes Pferd zum Bromo und zurück beträgt etwa 150 000 Rp. Faszinierend ist die Landschaft um den Bromo bei Sonnenaufgang – gutes Wetter

GUNUNG BROMO

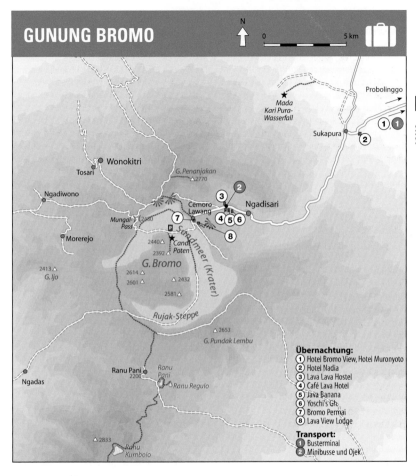

vorausgesetzt –, wenn die Vulkankegel und das graue Sandmeer in rötliches Licht getaucht sind. Die Sonne geht je nach Jahreszeit zwischen 4.30 und 5.30 Uhr auf, sodass man am besten schon kurz vor 3 Uhr von Ngadisari losgeht. Alternativ bietet sich der Sonnenuntergang an, der ähnlich faszinierend ist. Wem die Landschaft gefällt, der kann einige Tage in dem angenehmen Ort bleiben und weitere Wanderungen kreuz und quer durch das Sandmeer unternehmen.

Ein besonders guter Aussichtspunkt ist **Penanjakan 2**; auf dem gleichnamigen Berg „nebenan" von fast 2800 m Höhe hat man den Bromo, den Semeru, das Tal und die Wolkendecke ideal im Blick, und der zu Fuß recht anstrengende, halbstündige Marsch von der für Jeeps letzten befahrbaren Stelle des Wegs bis zum Gipfel lohnt sich.

ÜBERNACHTUNG

Von Juli–Sep sowie an wichtigen Feiertagen (Weihnachten, Idul Fitri etc.) ist oft alles ausgebucht; dann ist es ratsam, möglichst früh einzutreffen bzw. vorher anzurufen.

Probolinggo

Hotel Bromo View, Jl. Raya Bromo, KM 5,
☎ 0335-435435. Saubere, helle, gefliese Zimmer mit komfortablen Betten, etwas Mobiliar und Farbe, dazu Warmwasser-Du/WC. Das Personal spricht Englisch, organisiert Touren und serviert Frühstück inkl. ❸

Hotel Muronyoto, Jl. Raya Bromo 100A,
☎ 0335-432582. Einfache Zimmer mit Ventilator, Handtuch und etwas schmuddeligem Mandi, bessere mit AC und indonesischem Frühstück. Laufnah zum Busterminal. ❶–❸

Sukapura

Hotel Nadia, Jl. Raya Bromo, KM 31, ☎ 0335-581095. Saubere und ordentliche Zimmer mit AC, Du/WC/Waschbecken, Handtüchern und Frühstück nach Wunsch kontinental oder indonesisch. Bromo-Touren ab 350 000 Rp und Abholung vom Busterminal in Probolinggo für 150 000 Rp (hin und zurück).

Cemoro Lawang

Bromo Permai, neben dem Lava View direkt am Kraterrand, ☎ 0335-541049. Saubere Zimmer mit Du/WC, TV und im Preis enthaltenem Frühstücksbuffet. Freundliches Personal organisiert Jeeps ab 250 000 Rp pro Fahrt. ❹

Café Lava Hotel, ☎ 0335-541020. Einfache, etwas abgewohnte Zimmer mit Du/WC/Warmwasser, TV und bequemen Betten. Frühstücksbuffet inkl., das Restaurant ist ganz gut. Zur Hochsaison von Ende Sep bis Anfang Jan überteuert. ❸–❹

Java Banana, Jl. Raya Wonotoro, ☎ 0335-541193, 🖥 www.java-banana.com. Schickes

---

Vorsicht mit der Kleidung

Neben warmer Kleidung empfiehlt es sich, hier mit strapazierfähigen und gut zu reinigenden Hosen und Schuhen herumzuspazieren – die ganze Gegend um den Krater ist von vulkanischer Asche bedeckt. Wer die staubigen Schuhe in der Unterkunft vor dem Zimmer lässt, sollte wissen, dass diese über Nacht mit etwas Pech von herumstreunenden Hunden gemopst werden.

Boutiquehotel mit Galerie und Restaurant im Hauptgebäude (Toraja-Kaffee!). Stilvoll gestaltete, moderne Zimmer und Bungalows mit AC, LCD-TV und Du/WC, dazu Frühstück und gratis Mountainbike-Verleih. Sauna wie auch die mediterranen und indonesischen Gerichte auf der Speisekarte kosten allerdings nicht wenig. ❻–❽

Lava Lava Hostel, Jl. Raya Bromo, KM 5,
☎ 0335-437888. Relativ gut besuchte Unterkunft im Dorf, mit Zimmern im Bambushütten-Look, dazu AC, Du/WC, TV und Frühstück. WLAN und freundliches Personal, das auch Touren organisiert. ❸

Lava View Lodge, ☎ 0335-541009. Saubere Zimmer mit Du/WC, TV und viel Holz; gutes Essen und WLAN im Restaurant. Das Hotel liegt direkt am Krater, und zum Sonnenuntergang kann man von hier die Aussicht auf den Bromo genießen – zahlt aber auch überhöhte Preise. ❺–❻

Yoschi's Guesthouse, Jl. Wonokerto 17,
☎ 0335-541018, 🖥 yoschi.bromosurrounding.com. Einfach eingerichtete, saubere Zimmer und Bungalows mit Warmwasser-Du/WC. Schöner Garten und sehr gutes Restaurant, das neben den üblichen Traveller-Gerichten auch Bratkartoffeln und Gulasch führt (die Betreiber sind ein deutsch-indonesisches Paar). Außerdem Geldwechsel, Buchladen, Tour-Organisation. Yoschi's könnte schon mal voll sein, besser ruft man vorher an, um zu reservieren. ❷–❸

FESTE

Im 12. Monat des Tengger-Kalenders findet am Bromo das große **Kasodo**-Opferfest statt. Dem Feuergott Brama, der im Krater des noch aktiven Vulkans lebt und der Unheil wie auch Segen über die Landschaft und die Menschen bringen kann (zuletzt war der Bromo 2011 aktiv, der letzte große Ausbruch ereignete sich 1842), opfert man in einer farbenprächtigen Zeremonie Reis, Früchte, Blumen und ein paar Tiere, die in den Krater geworfen werden. Im Feb wird in den Tengger-Dörfern die **Karo-Zeremonie** begangen, um die Erschaffung der Menschen durch *Sang Hyang Widhi* zu feiern. Priester besuchen die Familien in ihren

Häusern, wo ein zeremonielles Festmahl stattfindet. Zum Beginn des Festes tanzen die Männer in traditioneller Kleidung überlieferte Tänze – *Tari Sodor*. Anschließend werden verehrte Erbstücke *(Pusaka)* gesegnet.

INFORMATION

Touristeninformation, Gegenüber des Bahnhof in Probolinggo, Jl. K.H. Mansyul. Viele nützliche Informationen, Broschüren und Transportübersichten; junges, englischsprachiges Personal. ⏲ 8–15.30 Uhr.

NAHVERKEHR

Der örtliche Verkehr funktioniert neben den Minibussen zwischen Probolinggo und Cemoro Lawang hauptsächlich über **Ojek** (dieselbe Strecke für 75 000 Rp) sowie am Krater bzw. im Sandmeer ringsherum über **Jeeps** (250 000 Rp pro Tour). **Pferde**, die ab 50 000 Rp mitsamt der touristischen Fracht auf dem Sattel von ihren Führern zum Aussichtspunkt oder zum Kraterrand geführt werden, sind die spritsparende Alternative für alle mit strapazierbarem Sitzfleisch.

TRANSPORT

Selbstfahrer

Man sollte wissen, dass der gesamte Verkehr aus Bali via Ketapang (Banyuwangi) und Probolinggo in Richtung Malang und Surabaya über dieselbe Straße verläuft. Stau, erhebliche Verzögerungen und nicht zimperliche Fahrmanöver zahlreicher Lastwagen sollten eingeplant werden.

Busse

Vom Bahnhof zum Busterminal in Probolinggo, von wo auch die Minibusse nach Ngadisari und Cemoro Lawang fahren, sind es etwa 4 km, für die abends meist nur Becak (20 000 Rp) zur Verfügung stehen.
BANYUWANGI (Fähre nach Bali) auf der Nordroute via Situbondo, 190 km, in 5 Std. für 30 000 Rp;
BONDOWOSO (Ijen-Plateau), 93 km, in 2 Std. für 14 000 Rp;
MALANG, 90 km, in 2 1/2 Std. für 14 000 Rp;
SOLO, 320 km, in 8 Std. für 58 000 Rp;

Ein Wort an die Wagemutigen

Es ist gefährlich, den inneren Krater des Bromo zu umrunden: Der hinter der Treppe noch einen halben Meter breite Fußpfad verengt sich bald auf Fußbreite. Teilstrecken kann man nur auf der brüchigen, verwitterten Lava rutschend bewältigen. Außerdem strömen manchmal giftige Gase aus, durch die man bewusstlos werden kann – abgesehen von den Schwefeldämpfen, die ständig die Lunge reizen. Selbst wer es bis hinunter an den Schlund des Kraters schafft, wird die sandige, steile Innenwand nur mit Mühen wieder hochkommen!

SURABAYA, 98 km, 2 1/2 Std. ab 14 000 Rp;
YOGYAKARTA, 380 km, in 9 Std. ab 78 000 Rp, AKAS-Busse fahren bis 11 Uhr halbstdl. via Surabaya, gegen 21 Uhr einer auf direktem Weg.

Minibusse

Die Minibusunternehmen haben gegenüber und neben dem Busterminal in Probolinggo ihre Ticketbüros. Preisbeispiele:
BONDOWOSO, für 225 000 Rp;
BROMO, für 150 000 Rp hin und zurück;
DENPASAR, für 150 000 Rp;
SURABAYA, für 80 000 Rp;
YOGYAKARTA, für 125 000 Rp.
Tagsüber fahren vor dem Terminal von 6–16 Uhr Minibusse für 25 000 Rp die 40 km nach NGADISARI und CEMORO LAWANG am Bromo. Manchmal sind die kleinen Fahrzeuge total überladen – 20 Leute und mehr mit Gepäck sind keine Seltenheit. Anderntags wartet man lange, bis der Bus voll wird. Wer spät abends in Probolinggo angelangt, sollte beim Chartern eines Minibusses bedenken, dass schon manche unterwegs plötzlich überhöhte Preise verlangt haben.

Eisenbahn

BANYUWANGI (Fähre nach Bali), 5x tgl. in 1 1/2 Std. ab 18 000 Rp, Business 45 000 Rp, Executive 70 000 Rp;
MALANG, 5x tgl. in 1 Std. 45 Min. ab 18 500 Rp;
SURABAYA, 4x tgl. in 2 Std. ab 24 000 Rp, Business 45 000 Rp, Executive 70 000 Rp.

Ijen-Massiv

Die ganz im Osten des Bromo-Tengger-Semeru-Nationalparks gelegenen Vulkane des Ijen-Massivs erheben sich über 2000 und 3000 m. Der noch aktive **Gunung Raung** misst stolze 3332 m und ist mit bis zu 600 m Tiefe einer der tiefsten Krater der Welt, zu dem senkrecht abfallende Kraterwände führen. Vom Gipfel aus erkennt man in der Ferne die Insel Bali. Der mit seinem zentral-javanischen Kollegen namensverwandte, jedoch erloschene **Merapi** kommt auf 2800 m.

Als Ursprung dieses Gebildes wird ein bis zu 4000 m hoher Zwillingsvulkan vermutet, der im Pleistozän zusammenbrach und eine der größten Calderen der Erde hinterließ, mit einem Durchmesser von bis zu 16 km. Gut erhalten ist davon noch der nördliche Kraterrand, das heutige 1700 m hohe Kendeng-Gebirge. In diesem Nordteil des Kessels liegt das eigentliche **Ijen-Hochland** mit dem Gunung Ijen und seinem beeindruckenden Kratersee **Kawah Ijen**. Der Gipfel des vulkanisch hochaktiven Bergs ist seit einem Ausbruch 1936 noch immer weitgehend kahl.

Hier entspringt der säurehaltige Fluss **Banyupahit**, der sich in Jahrtausenden durch das nördliche Kendeng-Gebirge in eine teils über 500 m tiefe Schlucht gefressen hat. Durch gelöste Mineralien seiner Zuflüsse wechselt die Farbe des Wassers zu einem milchigen Weiß, daher heißt der „bittere Fluss" weiter stromabwärts Banyuputih: „weißer Fluss".

Die grünlich-blaue Farbe des Kawah Ijen ist auf die hohen Konzentrationen von Alaun, Schwefel und Gips zurückzuführen. Wie sein Abfluss, so ist auch der See mit einem pH-Wert unter 0,3 extrem sauer und wird von einigen auch als „größtes Säurefass" der Erde bezeichnet. Das Wasser ist wärmer als die Luft, manchmal über 40 °C, sodass sich ständig Dampfschwaden über die Oberfläche bewegen.

Schon unter den Holländern wurde hier **Schwefel** abgebaut, und man sieht Arbeiter mit Körben voller großer Schwefelbrocken auf dem Rücken über den Kraterrand und ins Tal hinab laufen. Ein Job, der auch aufgrund der gefährlichen Dämpfe und der extremen körperlichen Belastung als einer der härtesten der Welt gilt. Schwefelblöcke waren der einzig brauchbare Baustoff zur Errichtung von Schleusen, mit deren Hilfe unerwünschtes Überlaufen des Kraters nach heftigen Regenfällen verhindert werden konnten. ⊙ 8–18 Uhr, in Paltuding sind 25 000 Rp Eintritt zum Ijen-Merapi-Maelang-Reservat zu zahlen.

TRANSPORT

Die meisten Besucher kommen im Rahmen einer geführten Tour ab Malang oder Surabaya hierher, s. S. 252 und S. 259.

Wer von Bali oder mit eigenem Fahrzeug anreist, nimmt zwischen Situbondo und Bondowoso die südöstliche Abzweigung vor Klabang oder in Wonosari. Sie führen nach Sempol, von wo aus eine etwas holprige Straße nach Paltuding führt. Der weitere Aufstieg ist nur noch zu Fuß zu bewerkstelligen und dauert gut 1 1/2 Std.

Bali

Stefan Loose Traveltipps

Kuta Wer will, kann einen Surfkurs belegen und zum ersten Mal auf dem Brett über das Wasser gleiten. S. 277

6 Tanzaufführung in Ubud Beim Besuch einer balinesischen Tanzaufführung wird man in eine andere Welt entführt. S. 308

Sangeh Durch den magisch anmutenden Affenwald von Sangeh toben freche Makaken. S. 324

7 Gunung Kawi und Pura Tirta Empul Die steile Schlucht des Pakrisan-Flusses birgt hinduistische Monumente und einstige Einsiedlerhöhlen. Das klare Wasser der von einer schönen Tempelanlage umrahmten heiligen Quellen soll eine heilende Wirkung haben. S. 327

Tanah Lot Der meerumtoste Tempel zeigt sich am schönsten im Farbenspiel des Sonnenuntergangs. S. 332

8 Jatiluwih Eine Wanderung durch die beeindruckenden Reisterrassenformationen in der Gegend um Jatiluwih. S. 334

Bedugul Magische Ruhe herrscht im Kebun Raya, dem Botanischen Garten von Bali, der einem Märchenwald gleicht. S. 352

BALI Übersicht

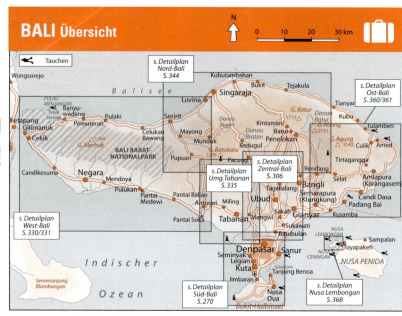

Bali ist die mit Abstand beliebteste Insel Indonesiens, denn sie hat schlichtweg alles zu bieten, was das Touristenherz höherschlagen lässt: abwechslungsreiche und spektakuläre Naturlandschaften, eine weltweit einzigartige, lebendige Kultur und lange Sandstrände mit atemberaubenden Sonnenuntergängen. Intakte, bunte Korallenriffe und Surfgebiete von Weltklasse, kunstvoll an die Berghänge gebaute Reisterrassen und riesige Vulkane. Exzellente Restaurants, Partymeilen und Shopping-Oasen. Beeindruckendes klassisches Kunsthandwerk, moderne und traditionelle Malerei und die höchste Tempeldichte der Welt mit teils spektakulären, reich verzierten Bauten.

Mit nur 5561 km² Fläche ist Bali eine der kleineren Inseln des indonesischen Archipels. Dank der gut ausgebauten Infrastruktur ist es problemlos möglich, jeden Winkel der Insel innerhalb weniger Stunden zu erreichen. Das am dichtesten besiedelte Gebiet liegt im Süden und erstreckt sich von der Ebene um die Hauptstadt Denpasar über die allmählich ansteigenden Südhänge einer Gebirgskette vulkanischen Ursprungs, die sich über die gesamte West-Ost-Achse Balis erstreckt und etwa drei Viertel der Inselfläche bedeckt. Von der großen Nachbarinsel Java im Westen wird Bali durch die Bali-Straße getrennt, die an ihrer engsten Stelle nur 2,2 km breit und 50 m tief ist. Im Osten trennt die 35 km breite und 3000 m tiefe Lombok-Straße Bali von seiner kleineren Nachbarinsel Lombok.

Die Bevölkerung von Bali (3,9 Mio. Einwohner) besteht zu 93 % aus Hindus und bildet damit eine Ausnahme inmitten des mehrheitlich muslimisch geprägten Inselarchipels. Dass die Balinesen ihre einmalige Kultur bis heute erhalten konnten, liegt nicht zuletzt daran, dass sich potenziellen Eroberern rings um die Insel äußerst unzugängliche Küsten entgegenstellen.

Wer die balinesische Kultur entdecken möchte, muss nur vor die Tür treten. Auf den schmalen Straßen liegen unzählige kleine Opfergaben für die Dämonen bereit, in erhöhter Position finden sich auch solche für die Götter. Tausende Tempel in mannigfaltigen Formen warten darauf, erkundet zu werden. Nicht nur die einheimische Baukunst, sondern auch detailgenaue

Reliefarbeiten mit einer Fülle an Motiven und die vielen verschiedenen traditionellen Tänze bringen Besucher zum Staunen. Bei einer Fahrt über die Insel wird man nicht selten festlichen Prozessionen begegnen und auf aufwendig geschmückte Tempelanlagen stoßen, denn dank des komplexen religiösen Lebens gibt es jeden Tag etwas zu feiern. Religion und Alltagsleben sind unmittelbar miteinander verbunden, weshalb die balinesische Kultur noch überall gelebt und gepflegt wird und auch für Touristen tagtäglich erlebbar ist.

Süd-Bali

Angelockt von den tropischen Stränden und der hoch entwickelten Infrastruktur, wohnen die meisten Bali-Touristen rund um die wenig attraktive Hauptstadt **Denpasar**. Hier hat sich die Insel in den letzten Jahrzehnten am stärksten verändert Das an der Westküste gelegene **Kuta** ist zum Herzstück des kommerziellen australischen Partytourismus geworden. Feierwütige Jugendliche und einheimische Wochenendtouristen sorgen dafür, dass es nie wirklich ruhig wird. Auch **Legian** hat sich von einem verschlafenen Fischerdorf zu einem Pauschaltouristenzentrum par excellence gewandelt. Die Hotel-

---

Stefan Loose Travel Handbuch Bali

Wer detailliertere Informationen zur Insel der Götter sucht, findet im Stefan Loose Travelhandbuch *Bali/Lombok* viele weitere praktische Tipps, Hintergrundinfos und Empfehlungen.

---

gäste sind lediglich etwas älter. **Seminyak** ist bekannt für seine hervorragenden Restaurants und stylischen Strandbars, die auch von der großen Zahl der hier dauerhaft lebenden Ausländer frequentiert werden. In **Sanur** auf der Ostseite Süd-Balis geht es geruhsamer zu. Die Auswahl an Unterkünften und Restaurants ist dessen ungeachtet ähnlich groß. Auf der staubtrockenen **Bukit-Halbinsel** im äußersten Süden von Bali liegen einige der besten Surfstrände der Welt und **Nusa Dua**, ein am Reißbrett entworfenes, von der Weltbank gefördertes Tourismusprojekt, das mit eigenen Eingangstoren Heimat zahlreicher Luxushotels ist. Direkt im Norden davon bieten sich am Strand von **Tanjung Benoa** zahlreiche Wassersportmöglichkeiten.

Die Region um Kuta, Legian und Seminyak hat vieles zu bieten: Hotels in jeder Preislage, zahllose Souvenirgeschäfte, Modeboutiquen und Kunstgalerien, Restaurants internationaler Klasse, riesige, kommerzielle Nachtclubs und blankpolierte Bars. Dazu gibt es noch den be-

---

Tauchreviere vor Bali

Amed und Tulamben – 5 Min. vor der Küste, Riffe in 6–30 m Tiefe und ein Schiffswrack, ein amerikanisches Versorgungsschiff, das 1942 von Japanern versenkt wurde, auf 40 m. Sehr fischreich, kaum Strömungen, Sicht 10–20 m, das beliebteste und meistbesuchte Tauchziel der Insel.

Nusa Penida – Sehr fischreiche Riffe mit Steilabfällen, zu erreichen über Padang Bai (1 Std.) oder Sanur bzw. Nusa Dua (1 1/2 Std.). Sicht ca. 15 m, aber starke und z. T. unberechenbare Strömungen, die mitunter unangenehm kalt sein können.

Padang Bai – Relativ flache Riffe, 15 Min. mit dem Auslegerboot vom Strand entfernt. Die Sicht variiert zwischen 6 und 15 m, keine starken Strömungen, aber relativ niedrige Wassertemperaturen.

Pulau Menjangan – Steil abfallende, zerklüftete Riffe, 30 Minuten mit dem Boot von Labuan Lalang. Sehr gute Sicht von 25–50 m. Die Insel Menjangan ist Teil des Bali Barat-Nationalparks.

Pulau Tepekong – Äußerst fischreiche, steil abfallende Riffe und ein Unterwasser-Canyon vor Pulau Tepekong (Pulau Kambing). 30 Minuten mit dem Boot ab Nusa Dua oder Padang Bai, Sicht 6–20 m, wegen starker Strömungen nur für erfahrene Taucher geeignet.

Sanur und Nusa Dua – Nicht das beste Riff der Insel, aber fischreich, in Strandnähe und in wenigen Minuten mit dem Boot zu erreichen. Die Sicht variiert zwischen 8 und 15 m.

---

www.stefan-loose.de/indonesien

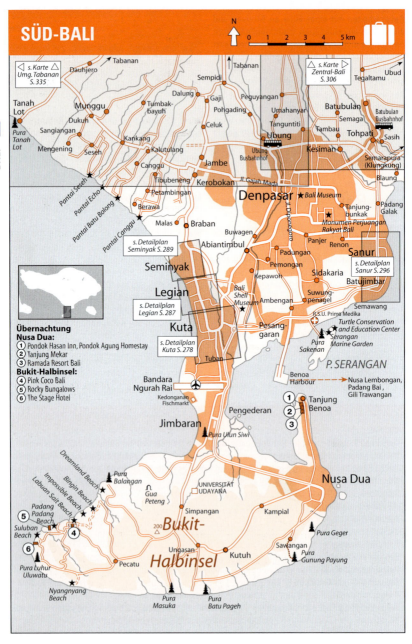

rühmten, sehr breiten Sandstrand. Idyllisch gelegene, einsame Strände wird man hier aber kaum mehr entdecken, und auch das Schwimmen ist bei den unberechenbaren, starken Strömungen oft sehr gefährlich. Im Westen der Region überwiegen steile Felsklippen, die von der tosenden Brandung umspült werden. Im Osten dehnen sich unzugängliche Mangrovensümpfe aus. Bis auf die trockene Bukit-Halbinsel ist die fruchtbare Ebene im Süden sehr dicht besiedelt. Entsprechend chaotisch ist der Verkehr.

Denpasar

Denpasar, bei Balinesen auch unter dem alten Namen Badung bekannt, ist mit fast 500 000 Einwohnern die größte Stadt der Insel und die Hauptstadt der Provinz Bali. Sie vereint all das, was man sich stereotyp nicht unter Bali vorstellt: lärmende Motorroller, Bemos und Minibusse, die kreuz und quer durch das Einbahnstraßenlabyrinth der Stadt kurven, Hektik und Abgasgestank. Dennoch ist die Stadt durchaus einen Besuch wert, schon allein wegen ihrer Museen. Doch auch Einkaufszentren, Märkte, Tempel sowie einige grüne Oasen machen den Aufenthalt lohnenswert.

Auf dem zentralen **Puputan-Platz** steht ein Denkmal, das an den *Puputan* – den kollektiven Selbstmord der balinesischen Königsfamilie, die damit der Unterwerfung durch die niederländische Kolonialmacht zuvorkam – erinnert. Direkt am östlichen Puputan-Platz steht der Tempel **Pura Jagatnata**. Er ist der obersten hinduistischen Gottheit Ida Batara Sang Hyang Widhi Wasa gewidmet, deren goldene Statue im Tempel zu sehen ist. Der Staatstempel feiert sein *Odalan* nicht wie sonst üblich nach dem *Pawukon*-Kalender (210 Tage), sondern nach dem *Saka*-Kalender, einmal im Jahr während des Vollmondes *(Purnama)* im Oktober/November.

In direkter Nachbarschaft zum Pura Jagatnata liegt in der Jl. Mayor Wisnu das sehenswerte **Bali Museum**, ✆ 0361-222680. Es wurde 1910 eröffnet, 1917 durch ein Erdbeben zerstört und 1932 von den Holländern im traditionellen balinesischen Stil wieder aufgebaut. Die in den drei Gebäuden untergebrachten Ausstellungsstü-

cke geben einen guten Überblick über die Entwicklung der balinesischen Kunst von prähistorischer Zeit bis heute: Die im ost-balinesischen Stil gestaltete Karangasem-Galerie erläutert die Details der sinnstiftenden hinduistischen *Panca-Yadnya*-Zeremonie, die Denpasar-Galerie im Stile Zentral-Balis zeigt historische Kunstsammlungen, und die Buleleng-Galerie im nordbalinesischen Stil stellt traditionelle Stoffe aus. Besonders schön ist die Sammlung von Tanzmasken. ⏰ Sa–Do 8–15.30, Fr 8–12.30 Uhr, feiertags geschlossen, Eintritt 10 000 Rp, Kinder 5000 Rp, mit Kamera zusätzlich 1000 Rp.

Ein Denkmal für den Unabhängigkeitskampf der Balinesen befindet sich im Regierungsviertel Renon im Osten der Stadt. Das **Monumen Perjuangan Rakyat Bali** selbst ist ein beeindruckendes Bauwerk und steht inmitten eines herrlichen Parks. In der zweiten Etage gibt es eine kleine Ausstellung zur Entwicklung der balinesischen Religion und Kultur von der Frühzeit bis heute zu entdecken. Von der Wendeltreppe weiter oben bietet sich eine gute Aussicht über die Stadt. ⏰ Mo–Fr 8.30–15.30, Sa, So 9–15 Uhr, feiertags geschlossen, Eintritt 10 000 Rp, Kinder 5 000 Rp.

Einen Besuch lohnt das **Taman Werdi Budaya Art Center** an der Jl. Nusa Indah, ca. 2 km östlich des Puputan-Platzes – eine schöne Anlage mit viel Grün, kleinen Teichen, Ausstellungsräumen und einer großen Bühne. In Vollmondnächten werden auf der Freilichtbühne Ardha Candra aufwendige Vorstellungen und gelegentlich auch *Kecak*-Tänze dargeboten. ⏰ Mo–Fr 8–13, Sa, So nur bis 12 Uhr, Eintritt 10 000 Rp.

ÜBERNACHTUNG

Hotel Griya Anom Sari, Jl. Pidada 32, ✆ 0361-410852. Wer nahe dem Ubung Terminal übernachten muss, findet hier, etwas östlich des Terminals, ordentliche, etwas dunkle Zimmer, teils mit AC. Kleines Frühstück inkl. ❷
Hotel Santhi, Jl. Patih Jelantik 1, ✆ 0361-224183, 🖥 www.hotelsanthi.com. Hotel mit einem älteren auf der einen und einem modernen, hohen Gebäude auf der anderen Straßenseite. Die hellen, komfortablen Zimmer haben AC, TV und Du oder Bad/WC. Manche bieten auch eine Kochzeile und einen schönen

Blick über die Dächer der Stadt. Pool, WLAN und Frühstück inkl. **⑤**–**⑥**

Nakula Familiar Inn, Jl. Nakula 4, ✆ 0361-226446, ✉ nakula_familiar_inn_adi@yahoo.com. 6 große, saubere Zimmer mit komfortablen Matratzen, Terrasse und Mandi/WC, teils auch mit AC, drängen sich rings um einen kleinen Garten in der Nähe des Pasar Burung. Die freundlichen Betreiber halten Stadtpläne und zahlreiche Informationen bereit. Motorräder werden für 50 000 Rp, Fahrräder für 30 000 Rp am Tag vermietet. **②**

ESSEN

In der Stadt gibt es überall kleine Warung und Restaurants, die preiswertes Essen anbieten. Im großen Marktgebäude des **Pasar Kumbasari**, in der Jl. Gajah Mada, Ecke Jl. Sulawesi, gibt es einige billige Restaurants. Hier findet auch ein **Nachtmarkt** statt.

Ein weiterer **Nachtmarkt** befindet sich im Norden, am Sportstadion, Jl. W. R. Supratman, Ecke Jl. Melati, sowie in der Jl. Hayam Wuruk, in Richtung des Art Centers.

Wer statt in Warung lieber in Restaurants essen gehen will, kann sich auf der Jl. Gajah Mada oder der Jl. Teuku Umar umsehen.

Bali Bakery, Jl. Hayam Wuruk 181, ✆ 0361-243147. Englische Frühstücksmenüs mit Ei Benedikt auf Walnussbrot, Schinken, gebackenem Omelette auf dunklem Sesam-Bagel oder auch die Tortilla mit Avocado, Salat, Bohnen, Käse und Ei – wer auf ein herzhaftes Frühstück Appetit bekommt, wird hier fündig.

Warung Satria, Jl. Kedondong 11, nahe dem Vogelmarkt. Hier gibt es balinesische Gerichte für den großen Hunger zu kleinen Preisen.

EINKAUFEN

Die Geschäfte in der Jl. Gajah Mada und der Jl. M. H. Thamrin verkaufen Textilien, Holzschnitzereien und andere Souvenirs.

Im bunten Gewühl der **Jl. Sulawesi** findet man eine Vielzahl von Geschäften, die Schmuck, Lederarbeiten und vor allem feine Stoffe anbieten. Wer mit dem Gedanken spielt, sich ein traditionelles balinesisches Gewand schneidern zu lassen, sollte einen Abstecher hierher machen.

Waren des täglichen Bedarfs bekommt man entweder auf den überall präsenten kleinen Märkten oder im **Tiara Dewata Supermarket**, Jl. Mayjen, Sutoyo.

Die Jl. Hasanuddin ist auch als die Straße der Goldschmiede bekannt. Es finden sich sehr schöne Stücke in den Auslagen.

Das große **Ramayana-Einkaufszentrum** liegt an der Jl. Diponegoro und bietet für Fastfood-Liebhaber auch eine McDonald's-Filiale.

Der **Matahari** und **Robinson Department Store**, zwei weitere Einkaufszentren, befinden sich in der Jl. Dewi Sartika. Neben Bekleidung und Haushaltswaren gibt es hier auch Apotheken.

SONSTIGES
Geld

Im Stadtgebiet gibt es zahlreiche Banken mit **Geldautomaten**. Die meisten davon sind in der Jl. Teuku Umar und Jl. Gajah Mada zu finden.

Immigration

Immigration Office, Jalan D.I. Panjaitan, Renon, ✆ 0361-227828.

Informationen

Bali Government Tourism Office, Jl. Letjen S. Parman, Niti Mandala, ✆ 0361-222387, 🖥 www.balitourismboard.org. Hier gibt es eine Karte der Insel, aktuelle Informationen und den *Calendar of Events*, in dem alle Feste aufgelistet sind. ⏱ Mo–So 7–14, Fr 7–13 Uhr.

Denpasar Government Tourism Office, Jl. Surapati 7, ✆ 0361-223602, 🖥 www.balidenpasartourism.com. Hier bekommt man umfangreiche Informationen über die unübersichtlichen öffentlichen Verkehrsmittel in Denpasar und Umgebung. ⏱ Mo–Do 8–16, Fr 8–13 Uhr.

Internet

In der gesamten Stadt gibt es Internetcafés, die pro Std. 3000–5000 Rp verlangen.

Medizinische Hilfe

In und um Denpasar gibt es eine Vielzahl von guten, professionell geführten Krankenhäusern und Kliniken:

Bali Royal Hospital, Jl. Tantular 6, Denpasar, ℡ 0361-222588, ✆ 226051, ⌨ baliroyalhospital.co.id. Neues, modernes Krankenhaus.

BIMC – Bali International Medical Center, Jl. By Pass Ngurah Rai 100X, ℡ 0361-761263, ✆ 764345, ⌨ www.bimcbali.com. Die direkt am großen Kreisverkehr in Kuta gelegene Einrichtung scheint die modernste und beste der Insel zu sein. Hier arbeiten auch ausländische Ärzte.

International SOS – Klinik Medika, Jl. By Pass Ngurah Rai 505X, Kuta, ℡ 0361-710505, ✆ 710515, ⌨ www.sosindonesia.com. Auch diese Klinik entspricht internationalem Standard.

RSU Sanglah, Jl. Kesehatan 1, am nördlichen Ende zwischen Jl. Teuku Umar und Jl. Diponegoro, Denpasar, ℡ 0361-227911-5, ✆ 226363, ⌨ www.sanglahhospitalbali.com (nur auf Indonesisch). Modernes und empfehlenswertes Krankenhaus, das auch eine International Wing unterhält, in der alle im Notfall wichtigen Ärzte anzutreffen sind. Hier gibt es auch eine für Taucher wichtige Dekompressionskammer.

Mietwagen

Es ist mit folgenden Mindestpreisen pro Tag zu rechnen (günstigere Preise lassen sich bei einer Mietdauer von mind. einer Woche aushandeln): Suzuki Katana (Jimny) 110 000 Rp, Toyota Avanza oder Daihatsu Xenia 200 000 Rp, Toyota Kijang 160 000 Rp.

Benzin (Premium) kostet an Pertamina-Tankstellen ca. 4500 Rp pro Liter, Diesel (Solar) gleich viel. Bei privaten Händlern ist das Benzin mit 5000 Rp teurer, in den Bergen kostet es mitunter sogar 6000 Rp.

Will man sich dem Verkehrschaos nicht aussetzen, kann ab 350 000 Rp pro Tag ein **Wagen mit Fahrer** gechartert werden. Die Fahrer fungieren vielmals auch als Guide und geben meist einige interessante Anekdoten zum Besten. Der Mietpreis beinhaltet zudem das Benzin, in der Regel jedoch nicht die Unterkunft und Verpflegung des Fahrers. Solange man in einer etwas größeren Gruppe unterwegs ist (ab 3 Pers.), ist dies eine gute Alternative für Tagesausflüge, denn es lohnt sich oft mehr,

ein Auto mit Fahrer zu mieten und sich ein eigenes Ausflugsprogramm zusammenzustellen, als auf festgelegte teure Touren zurückzugreifen.

Es spielt überhaupt keine Rolle, wo die Autovermietungen ihren Hauptsitz haben. Die meisten bringen das Auto gegen einen Aufpreis an fast jeden Ort der Insel und holen es auch wieder ab.

Andre Sewatama Rent a Car, Jl. By Pass Ngurah Rai 330, Sanur, ℡ 0361-288126, ⌨ www.andre-sewatama-bali.com. Der Anbieter mit deutschem Management vermietet verschiedene Jeeps und Autos für Selbstfahrer in tadellosem Zustand. Ein Suzuki Katana kostet 20 € pro Tag, ein Daihatsu Feroza 25 €, ein Daihatsu Xenia 28 € und ein Toyota Kijang 32 €. Bei längerer Mietdauer werden Rabatte von bis zu 15 % gewährt. Andre Sewatama scheint der einzige Vermieter auf Bali zu sein, der neben einer Vollkaskoversicherung auch eine deckende Haftpflicht anbietet. Die Übergabe des Autos findet immer im Büro statt, damit Andre seinen Kunden ein paar Ratschläge mit auf den Weg geben kann. Abholung vom Flughafen inkl.

Avis, Jl. Danau Tamblingan 27, Sanur, ℡ 0361-282635, ⌨ www.avis.com.

MBA Tours & Travel, Poppies Lane 1, Kuta, ℡ 0361-766346, ⌨ www.mba-sensational.com. Zuverlässiger Veranstalter und günstige Autovermietung mit zahlreichen Büros in Kuta und Legian. Die Autos sind in gutem Zustand und günstig. Ein Toyota Avanza kostet nur 200 000 Rp pro Tag, bei längerer Mietdauer weniger.

Sinar Sarana Surya, Jl. Jayagiri V 4, Denpasar, ℡ 0361-226022, ✉ sss_rentcar@yahoo.com. Hier können relativ günstige Fahrzeuge inkl. Fahrer gemietet werden. 8 Std. in einem komfortablen und für bis zu 4 Mitfahrern geeigneten Toyota Avanza oder Daihatsu Xenia kosten 300 000 Rp.

Trac – Astra Rent a Car, Jl. By Pass Nusa Dua, Jimbaran, ℡ 0361-703333, ⌨ www.trac.astra.co.id. In ganz Indonesien operierende Autovermietung mit weiteren Filialen am Flughafen in der internationalen und der nationalen Ankunftshalle.

Polizei

Die Polizeistation liegt in der Jl. W.R. Supratman, ☎ 0361-227711, Notruf ☎ 110.

Post

Hauptpostamt, in Niti Mandala, Renon, an der Jl. Raya Puputan, ☎ 0361-223565, ⏰ Mo–Fr 8–18, Sa bis 12 Uhr.
Außerdem Filialen in der Jl. Kamboja, Kreneng, ☎ 0361-222004, und Jl. Diponegoro, Sanglah, ☎ 0361-227727. Ein kleineres Postamt befindet sich in der Jl. Gunung Rinjani, ⏰ Mo–Do 8–14, Fr 8–12, Sa 8–13 Uhr.

Touren

Asian Trails Indonesia, Jl. By Pass Nguhrah Rai No. CL.260, nahe Sanur, ☎ 0361-285771, 🖥 www.asiantrails.info. Großer Tour Operator mit breit gefächertem Asien-Angebot, bietet sich auch für die Weiterreise in die Nachbarländer an.

NAHVERKEHR

Innerhalb von Denpasar fahren **Angkot** (Minibusse). Sie verkehren bis ca. 21 Uhr auf festen Routen mit Endhaltestellen am Krankenhaus, am Markt, an den Busstationen und an der Jl. R. A. Kartini nahe Jl. Gajah Mada. Jede Fahrt kostet 5000 Rp.

TRANSPORT

Die **Busse** und **Minibusse** zu anderen Ziele auf Bali fahren von den **Terminals in Batubulan und Ubung** ab. Große Busse verkehren nur auf den Hauptstrecken: Gilimanuk–Denpasar–Padang Bai und Denpasar–Singaraja–Gilimanuk, oft zum gleichen Preis wie Minibusse. Minibusse fahren von 6–16 Uhr fast jeden Ort der Insel an, vorausgesetzt das Fahrzeug ist voll. Deswegen muss oft schon ab mittags ein Fahrzeug gechartert werden.
Viele der hier angegebenen Preise sind für Touristen erst nach harten Verhandlungen zu bekommen.
Insgesamt gibt es im unüberschaubaren Stadtgebiet 5 Busbahnhöfe, von denen aber nur 2 für Touristen relevant sind:
Batubulan, die Station für Busse nach Ubud und nach Osten liegt nördlich von Denpasar:

AMLAPURA, für 20 000 Rp;
BANGLI, für 15 000 Rp;
CANDI DASA, für 30 000 Rp (über Semarapura);
GIANYAR, für 10000 Rp;
KINTAMANI, für 20 000 Rp;
PADANG BAI, für 30 000 Rp (über Semarapura);
SEMARAPURA (Klungkung), für 15 000 Rp;
SINGARAJA, für 25 000 Rp;
TERMINAL UBUNG, für 8000 Rp;
UBUD, für 10 000 Rp.

Ubung, Jl. Cokroaminoto, ist die größte, 5 km nördlich von Zentrum in Denpasar gelegene Busstation für Ziele im Norden und Westen sowie Java, Lombok, Sumbawa und Flores. Preisbeispiele aus der Tarifübersicht im Terminal Office, ☎ 0361-427172, Ziele auf den Nachbarinseln inkl. Fährticket:

GILIMANUK, für 25 000–30 000 Rp;
KEDIRI, in 16 Std. für 155 000 Rp;
LOVINA/SINGARAJA, für 25 000–30 000 Rp;
MATARAM, in 10 Std. für 150 000 Rp;
MENGWI, für 16 000 Rp;
NEGARA,für 25 000 Rp;
TABANAN, für 15 000 Rp;
MALANG (Java), in 14 Std. für 145 000 Rp;
BIMA (Sumbawa), in 29 Std. für 350 000 Rp;
SUMBAWA BESAR (Sumbawa), in 22 Std. für 250 000 Rp;
LABUAN BAJO (Flores), in 38 Std. für 440 000 Rp.

Nachtbusse nach Java (Executive Class):
BANDUNG, in 24 Std. für 325 000 Rp;
JAKARTA, in 24 Std. für 370 000 Rp;
SEMARANG,in 18 Std. für 215 000 Rp;
SOLO/YOGYAKARTA, in 18 Std. für 215 000 Rp;
SURABAYA, in 14 Std. für 145 000 Rp.

Busunternehmen (Auswahl):
Bandung Express, ☎ 0361-262109.
Continental, ☎ 0361-223921.
Pahala Kencana, ☎ 0361-223329.

Flüge

Der große internationale Flughafen von Bali, der **Ngurah Rai International Airport**, Flughafencode DPS, ☎ 0361-751011, ext. 5123, 🖳 dps. ngurahrai-airport.co.id/i/eng, Airport Tax 150 000 Rp (s. S. 84), liegt 3 km südlich von Kuta an der schmalsten Stelle der Insel und ist nach dem Passagieraufkommen nach dem Flughafen von Jakarta der zweitgrößte des Landes. Mittlerweile nehmen die Start- und Landebahn sowie die zwei Terminals fast die gesamte Ausdehnung der 3 km breiten Landenge zwischen Tuban und Jimbaran ein.

Ein 750 m langes Teilstück der Landebahn wurde bereits auf aufgeschüttetem Land ins Meer gebaut, sodass es bei der Ankunft bis kurz vor dem Aufsetzen sehr spektakulär über die tosende Brandung hinweggeht.

Im Jahre 2010 wurden hier über 11 Mio. Passagiere abgefertigt, deutlich mehr als die eigentliche Kapazität von 8 Mio. hergibt. Folgerichtig wird zurzeit am Bau eines neuen, modernen internationalen Terminals gearbeitet, der pünktlich zum APEC-Gipfel 2013 fertiggestellt sein soll.

Direkt links von der internationalen Abflughalle befinden sich ein McDonald´s, ein Dunkin Donuts und ein paar kleine Geschäfte. Vor dem Inlandsterminal liegt ein Starbucks. Die Kofferträger, die am Flughafen ihre Dienste anbieten, erwarten pro Gepäckstück 5000–10 000 Rp, etwa so viel wie ein Trinkgeld in einem guten Hotel.

Neben zahlreichen Verbindungen ins restliche Indonesien und in die Region Südostasien gibt es auch Flüge nach Europa und Australien:

Air Asia, 🖳 www.airasia.com. Der Klassenprimus fliegt 2x tgl. nach BANDUNG, 7x tgl. nach JAKARTA und tgl. nach SURABAYA (alle Java) sowie international nach Australien, Bangkok, Kuala Lumpur, Singapur und Phuket.

Lion Air, 🖳 www.lionair.co.id. Die große indonesische Billigairline fliegt nach BIMA (Sumbawa), JAKARTA (Java), MAKASSAR (Sulawesi), MATARAM (Lombok), SURABAYA (Java), YOGYAKARTA (Java). Von dort Anschluss zu vielen weiteren Destinationen im Inselarchipel.

Merpati, 🖳 www.merpati.co.id. Flüge nach BANDUNG (Java), BIMA (Sumbawa), ENDE (Flores), JAKARTA (Java), LABUAN BAJO (Flores), MAKASSAR (Sulawesi), MATARAM (Lombok), MAUMERE (Flores) und SURABAYA (Java).

Trans Nusa, 🖳 www.transnusa.co.id. Die kleine Fluggesellschaft fliegt 2x tgl. nach MATARAM (Lombok), tgl. nach BIMA (Sumbawa) und LABUAN BAJO (Flores) sowie 6x wöchentlich nach ENDE (Flores).

Preisbeispiele Inlandflüge ab Bali:
JAKARTA, 600 000 Rp;
MAKASSAR, 750 000 Rp;
MATARAM, 350 000 Rp;
SURABAYA, 430 000 Rp;
YOGYAKARTA, 530 000 Rp.

Flughafentransfers auf Bali

Direkt vom Flugplatz von Denpasar aus erreicht man alle Touristenzentren der Insel mit überteuerten Coupon-Taxis der Gesellschaft **Ngurah Rai**, ☎ 0361-751011. Die Firma besitzt ein fragwürdiges Monopol auf den Transport vom Flughafen aus und kann es sich daher erlauben, einen kräftigen Aufschlag im Vergleich zu den Taxameterpreisen zu verlangen. Die Schalter, an denen die Tickets erhältlich sind, befinden sich außerhalb der Ankunftshallen, nur wenige Meter vom Ausgang entfernt. Hier hängt auch eine Preisliste an der Wand, die allerdings zur letzten Recherche nicht mehr aktuell war.

Fahrten kosten ungefähr:
DENPASAR, 80 000–115 000 Rp;
JIMBARAN, 70 000–85 000 Rp;
KUTA, 55 000–60 000 Rp;
LEGIAN, 65 000 Rp;
PADANG BAI, 330 000 Rp;
SANUR und NUSA DUA, 105 000 Rp;
SEMINYAK, 70 000–80 000 Rp;
UBUD, 200 000 Rp.

Wem diese Preise zu hoch erscheinen, kann auch Richtung Ausgang laufen und entweder auf der Strecke oder außerhalb der Absperrungen zum Flughafengelände ein (Bluebird-)Taxi zu den normalen „Meter"-Preisen nehmen. Dann kostet die Fahrt nach Kuta ungefähr die Hälfte.

www.stefan-loose.de/indonesien

Kuta

Das ehemalige Fischerdorf Kuta an einem kilometerlangen, menschenleeren Sandstrand hat sich in den letzten Jahrzehnten in das quirligste und kommerziellste **Touristenzentrum** der Insel verwandelt. Zuerst kamen die Hippies, dann entstanden mehr und mehr billige Unterkünfte, die Traveller anzogen. Reiseveranstalter und große Hotels witterten das Geschäft, und mit ihnen kamen auch die Kurzurlauber. Bungalows und Swimming Pools, Restaurants und Boutiquen schossen ab den 1990er-Jahren wie Pilze aus dem Boden. Heute bevölkern geschäftstüchtige Händler die Straßen, während sonnen- und partyhungrige Touristen den Strand für sich erobert haben.

In Kuta sind sie alle vertreten: Globetrotter, Pauschaltouristen, australische Sonnenanbeterinnen und Javaner, die den halbnackten weißen Touristinnen nachschauen möchten. Neben den vielen Surfern und denen, die es werden wollen, kommen mehrheitlich australische Pauschalurlauber nach Kuta. Die zahlreichen Hotels, Bars, Restaurants, Souvenirstände, Nachtclubs und Surferläden haben sich gut auf ihre Klientel eingestellt und lassen es an nichts fehlen. Auf viele westliche Besucher, die bereits länger in entlegeneren Regionen Südostasiens unterwegs waren, wirkt Kuta wie ein Kulturschock. Der Ort wird nicht ohne Grund auch als das Mallorca der Australier bezeichnet.

Nach dem verheerenden **Bombenanschlag** im Oktober 2002 hielten sich die Touristen von Kuta fern. Der einst so hektische Ferienort glich stellenweise einer Geisterstadt. Zehn Jahre später erinnert nur noch die marmorne Tafel der **Gedenkstätte** an die 202 Toten. Das gepflegte Denkmal steht auf der Fläche des zu jener Zeit zerstörten Paddy's Pub und wird jeden Abend erleuchtet. Die damalige Situation hat sich ins Gegenteil verkehrt: Heute strömen mehr Urlauber hierher als je zuvor. Neben Australiern, Europäern und Japanern kommen immer mehr Besucher aus China, Taiwan, Südkorea und anderen südostasiatischen Ländern. Aus Angst vor weiteren Terroranschlägen gibt es vor vielen Hotels, Restaurants und Nachtclubs Sicherheitskontrollen, die aber in der Regel freundlich ablaufen.

Der feine **Sandstrand** von Kuta, Legian und Seminyak ist breit und ideal zum Sonnenbaden und Entspannen. Allerdings sind besonders auf

Die Erinnerungsstätte für die Opfer des Terroranschlags 2002 liegt im Herzen von Kuta.

Achtung beim Schwimmen

Außerhalb der mit roten und gelben Flaggen markierten Bereiche ist das Schwimmen aufgrund der starken und unberechenbaren Strömungen lebensgefährlich! Obwohl an allen belebten Strandabschnitten Rettungsschwimmer im Einsatz sind, kommt es jedes Jahr zu mehreren tödlichen Unfällen mit Touristen, die von der Strömung hinausgetragen werden und ertrinken. Auch sollte man beim Schwimmen immer ein Auge auf die Surf-Anfänger haben, die ihre Bretter noch nicht perfekt unter Kontrolle haben. Ein Zusammenstoß mit einem Surfbrett kann sehr schmerzhaft sein.

Höhe der Poppies Lane 1 und 2 viele aufdringliche fliegende Händler unterwegs. Die kilometerlangen breiten Sandstrände rund um Kuta sind für ihre wunderschönen **Sonnenuntergänge** bekannt. Zum späten Nachmittag füllt sich der Strand von Kuta mit Touristen und Einheimischen. Man unterhält sich, trinkt ein kühles Bier oder springt noch einmal kurz ins Meer, bevor dann alle gemeinsam das wunderschöne Naturschauspiel bestaunen.

Surfen lernen

Das erste Mal auf einer Welle dahinzugleiten, ist ein wunderbares Gefühl, und es gibt wenige Orte auf Bali, an denen man das Surfen so gut erlernen kann wie am Strand von Kuta. Die Wellen sind verhältnismäßig klein und die Strömung einigermaßen vorhersehbar. So wundert es kaum, dass sich gerade hier jede Menge Surfschulen (s. S. 282) angesiedelt haben, die es sich zur Aufgabe gemacht haben, blutige Anfänger zu leidenschaftlichen Surfern auszubilden.

Die Schulen unterscheiden sich, abgesehen von den günstigsten, nur geringfügig voneinander: Sie sind von Firmen wie Billabong, Rip Curl oder Oakley gesponsort, verfügen über relativ neue Surfbretter und bieten morgens und am frühen Nachmittag ihre Anfängerkurse an. Die genauen Anfangszeiten sind immer von Ebbe und Flut abhängig. Der Spaß am Surfen wird in den Kursen großgeschrieben, aber natürlich werden auch Verhaltensregeln und Sicherheitsfragen behandelt. Gruppen bestehen im Normalfall aus drei bis vier Personen und einem Surflehrer. Die Kursgebühr sollte eine Versicherung beinhalten. Fast alle Schulen bieten einen kostenlosen Abholservice vom Hotel an, sogar aus Nusa Dua, Jimbaran oder Sanur.

Die körperliche Anstrengung darf nicht unterschätzt werden: Zwei Stunden im Wasser können schon so ermüden, dass das Paddeln und Aufrichten schwerfällt und erste Koordinationsprobleme auftreten. Spätestens dann ist eine Pause angebracht. Auch auf die Sonne muss geachtet werden: Um einem Sonnenbrand oder sogar -stich vorzubeugen, sollte immer reichlich Sonnencreme aufgetragen und alle ein bis zwei Stunden erneuert werden. Dabei ein Körperteil zu vergessen, kann schmerzhafte Folgen haben.

ÜBERNACHTUNG

Neben den teuren Luxushotels in Strandnähe gibt es viele kleine Budget-Unterkünfte, oftmals mit ruhigen Innenhöfen im balinesischen Stil, und schöne Bungalowanlagen mit Pool in der mittleren Preisklasse. In der Hochsaison (Juli–Sep und Weihnachtszeit) können die Unterkünfte teurer werden oder ausgebucht sein. Es empfiehlt sich dann rechtzeitig zu reservieren.

Verwirrende Straßennamen

Besonders in Kuta, Legian und Seminyak werden oft mehrere Namen für ein und dieselbe Straße verwendet. Neben dem allgemein akzeptierten und verbreiteten Namen existiert meist noch ein offizieller, aber nicht sehr gebräuchlicher Name. Hier ein Überblick über die wichtigsten Straßen mit doppeltem Namen:

Poppies Lane 2	Jl. Batu Bolong
Jl. Pantai Kuta	Jl. Pantai Banjar Pande Mas
Jl. Kartika Plaza	Jl. Dewi Sartika
Jl. Doublesix	Jl. Arjuna
Jl. Werkudara	Jl. Pura Bagus Taruna
Jl. Padma	Jl. Yudistra
Jl. Laksmana	Jl. Oberoi
Jl. Dhyana Pura	Jl. Abimanyu oder Jl. Camplung Tanduk

Kuta

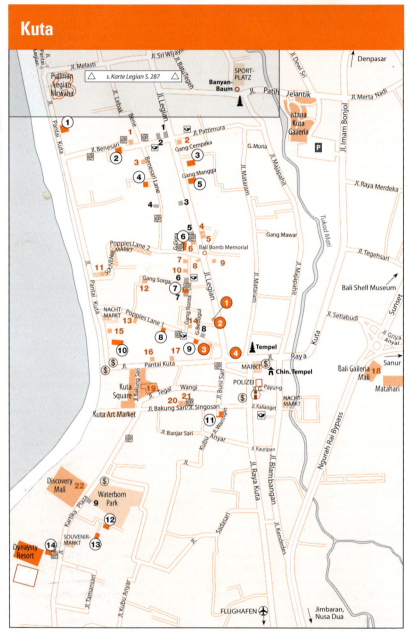

Übernachtung:
① Komala Indah II Sunset
② Un's Hotel
③ Villa de daun
④ Sari Indah Cottages
⑤ The 101
⑥ Taman Mekar Beach Inn 1
⑦ Mahendra Beach Inn
⑧ Fat Yogi Cottages
⑨ Poppies Cottages
⑩ Hard Rock Hotel
⑪ Bamboo Inn
⑫ Bunut Garden
⑬ Dayu Beach Hotel
⑭ Green Garden Hotel

Essen:
1 Mama's German Restaurant
2 Kunti II Sushi Restaurant
3 Café Kopi Pot
4 Mojo's Flying Burritos
5 Celato
6 Warung Pama
7 Gong Corner
8 Poppie's Restaurant
9 IFIORI

Transport:
① Perama Tours
② Bushaltestelle Perama und Shuttlebusse
③ MBA Tours & Travel
④ Bemo Corner

Sonstiges:
1 Buchladen
2 Pointsurf Shop
3 Buchladen
4 Eikon Bar & Lounge
5 M Bar Go
6 Shinkei Spa
7 Buchladen
8 Maccaroni
9 Sky Garden Lounge
10 Arztpraxis
11 Buchladen
12 Ayu Laundry Servicet
13 Buchladen
14 Buchladen
15 Odysseys Surf School
16 Smart Salon
17 Uluwatu (Hauptfiliale)
18 Gramedia, Periplus
19 Matahari Dept. Store
20 Uluwatu
21 Apotheke
22 Periplus Buchladen

Untere Preisklasse

Bamboo Inn, Jl. Singosari, Gang Kresek 1, ☏ 0361-751935. Ruhig, abseits der Touristenmassen gelegene, kleine und familiäre Anlage mit einfachen und sauberen Zimmer mit Du/WC. Frühstück inkl. ❷

Bunut Garden, Jl. Kartika Plaza, Gang Puspa Ayu, ☏ 0361-752971, ✉ bunutgarden@yahoo.com. Enge, aber gemütliche Anlage mit einfachen, sauberen Zimmern mit sehr weichen Matratzen, Bambusmöbeln und Bad/WC. Wegen des guten Preis-Leistungs-Verhältnisses eine Alternative für Budgettraveller, die dem Trubel der Poppies Lanes entkommen wollen. Viele Moskitos. Frühstück inkl. ❸

Komala Indah II Sunset, Jl. Pantai Kuta, ☏ 0361-751670, ✉ komalaindahsunset@yahoo.com. Die 2-stöckigen Bungalows in einem grünen Garten beheimaten 10 sehr einfache, aber saubere Zimmer mit älterer Du/WC und Terrasse, die teureren auch mit AC und Warmwasser. Freundlicher Service. Frühstück inkl. ❷–❹

Mahendra Beach Inn, Gang Ronta, Poppies Lane 2, ☏ 0361-752371. Die alten Zimmer sind nicht sehr ansprechend, die neuen gefallen dafür umso mehr: bequeme Betten, AC und ein schickes Open-Air-Du/WC mit steinbesetzten Wänden. Frühstück und WLAN inkl. ❷–❹

Sari Indah Cottages, Jl. Benesari, ☏ 0361-754047. Kleines empfehlenswertes Hotel mit netter Atmosphäre und ruhig gelegen, das vorwiegend von einem jungen Publikum besucht wird. Die einfachen und sauberen Zimmer mit weichen Schaumstoffmatratzen und Du/WC bieten ein sehr gutes Preis-Leistungs-Verhältnis und sind teils auch ansprechend gestaltet. Kleines Frühstück und lageabhängiges WLAN inkl. ❷

Taman Mekar Beach Inn 1, Poppies Lane 2 Nr. 6, ☏ 0361-761912, ✉ tamanmekar.inn@gmail.com. Saubere, gefliese, in der oberen Etage auch helle Zimmer, teils mit AC. Freundliches Personal. Nachts ist es hier wegen den Diskotheken in der Jl. Legian ziemlich laut. Einfaches Frühstück inkl. ❷–❸

Mittlere Preisklasse

Dayu Beach Hotel, Jl. Kartika Plaza, Gang Puspa Ayu, ☏ 0361-752263. Ruhiges, kleines Hotel mit Pool abseits der Straße und überteuerten, mit dunklem Holz eingerichteten Zimmern mit AC, TV, guten Matratzen und alten Bad/WC mit Warmwasser. Frühstück inkl. ❹

Fat Yogi Cottages, Poppies Lane 1, ☏ 0361-751665, 🖳 www.indo.com/hotels/fat_yogi. Die Zimmer im neuen Anbau auf der linken Seite der Anlage mit einem schönen Garten und kleinem Pool sind empfehlenswert: geräumig, ruhig, mit AC und schön verglaster Du/WC oder Bad/WC mit Warmwasser ausgestattet und mit Schrankwand und beleuchteten Bildern modern eingerichtet. Die Zimmer im hinteren und rechten Teil der Anlage sind älter und nicht so ansprechend gestaltet und ausgestattet. WLAN und amerikanisches Frühstück inkl. Das Personal ist nicht sehr hilfsbereit. ❹

Green Garden Hotel, Jl. Kartika Plaza 9, 0361-761023, www.greenbali.com. Ein empfehlenswertes Hotel mit 30 sauberen Zimmern mit LCD-TV, Kühlschrank, Bad/WC und kleinem Balkon, aber ohne Meeresblick. Ein Pool, Restaurant und eine kleine Bibliothek runden das Angebot ab. Gutes Preis-Leistungs-Verhältnis. WLAN inkl. ❺

Poppies Cottages, Poppies Lane 1, 0361-751059, www.poppiesbali.com. 20 komfortable und klimatisierte Bungalows im balinesischen Stil in einem tropischen Garten mit Pool. Alle sind sehr sauber und mit LCD-TV, WLAN und Open-Air-Du/WC ausgestattet. Guter Service, aber kein Frühstück. ❻

The 101, Jl. Legian 117, 0361-300 1101, www.the101bali.com. Neues Hotel mit modernen, farbenfroh gestalteten, sauberen Zimmern mit guten Matratzen, AC, TV, Du/WC, teils auch mit Balkon. Vom Dach des Hotels hat man eine schöne Aussicht über Kuta bis zum Meer, hier befindet sich auch der Pool. WLAN inkl. ❺–❻

Un's Hotel, Jl. Benesari 16, 0361-757409, www.unshotel.com. In einem sehr gepflegten Garten mit Pool liegen die 30 empfehlenswerten kühlen und sauberen Zimmer mit harten Matratzen, TV und Du/WC, teils auch mit AC, Moskitonetz und Open-Air-Bad. Auch Familienzimmer. Das Warmwasser wird mit den Solarzellen auf dem Dach der Anlage erhitzt. Frühstück und WLAN inkl. ❹–❺

Obere Preisklasse

Hard Rock Hotel, Jl. Pantai Kuta, 0361-761869, bali.hardrockhotels.net. Der riesige Hotelkomplex mit 418 Zimmern bietet neben einer gigantischen Poolanlage mit Beachvolleyball-Platz und 2 Restaurants auch einen Club in der Lobby, in dem jeden Abend Livebands auftreten. Die modernen Zimmer sind komfortabel und im Stil von 4 Musikrichtungen thematisch gestaltet. So gibt es z. B. Rock- oder Reggae-Zimmer. Tagesgäste können für US$10 den ganzen Tag im Pool tollen. Sehr freundliches Personal. WLAN kostet extra. ❽

Villa de daun, Jl. Legian, 0361-756276, www.villadedaun.com. Ideal zum Entspannen und Verwöhntwerden ist dieses wunderschöne Boutiquehotel im Herzen Kutas. Die 12 luxuriösen Villen sind elegant auf höchstem Niveau eingerichtet. Ein privater Pool, eine komplett ausgestattete Küche, ein Wohnzimmer und riesige Bäder gehören zu jedem Bungalow. Auch der Service eines Butlers, der das reichhaltige Frühstück frisch zubereitet, ist im Preis inbegriffen! ❽

ESSEN

In Kuta gibt es jede Menge Restaurants, die alle kulinarischen Wünsche befriedigen. Zahlreiche Cafés bieten auch ein Frühstück nach westlichen Vorstellungen an.

Café Kopi Pot, Jl. Legian, 0361-752614. Dieses kleine Café ohne viel Ambiente ist für seine große Auswahl an Kaffee- und Kuchenspezialitäten bekannt. Auf der Speisekarte finden sich auch viele Suppen und leckere Salate. 8–23 Uhr.

Celato, Jl. Legian. Leckere italienische Eisspezialitäten in vielen Geschmacksrichtungen gibt es hier zum Mitnehmen. Eine Kugel kostet 15 000 Rp. 10–1 Uhr.

Gong Corner, Gang Ronta. Die ruhiger gelegene Filiale des beliebten Bamboo Corner in der Poppies Lane 1 ist ein sehr günstiges Traveller-Restaurant mit einer großen Auswahl an westlichen, chinesischen und indonesischen Speisen. Empfehlenswert ist Hühnchen-Cordon Bleu. Hauptspeisen ab 10 000 Rp. 9–24 Uhr.

IFIORI, Jl. Kartika Plaza, 0813-3869 8267, www.ifioribali.com. Hier gibt es gehobene italienische Küche zu ebensolchen Preisen in stilvollem Ambiente mit ausgezeichnetem Service. Empfehlenswert ist die *Fettucini Di Fume Salmone*, geräucherter Lachs in Weißwein-Creme-Soße. Auch australische Steaks. Livemusik jeden Do 19.30–23.30 Uhr. 11–2 Uhr.

Kunti II Sushi Restaurant, Jl. Benesari 27, 0361-765148, Lieferservice 0816-582849, www.kunti2.com. Für alle Freunde guter japanischer Küche gibt es hier qualitativ hochwertiges Sushi mit viel frischem Fisch und wenig Reis. Besonders die Set-Menüs ab 60 000 Rp sind lohnenswert. Die Speisekarte bietet aber auch zahlreiche andere leckere japanische Gerichte. Freundliches Personal. Die erste, ältere Filiale befindet sich in der Jl. Legian 14, ✆ 0361-761454. ⏰ 11–24 Uhr.

Mama's German Restaurant, Jl. Legian, Ecke Jl. Benesari, ✆ 0361-761151, 🖥 www.bali-mamas.com. In bayerischer Biergarten-atmosphäre gibt es zu gehobenen, aber angemessenen Preisen alles, was das (süd-)deutsche Herz begehrt. Brezeln, Schweinshaxe, Wiener Schnitzel oder Nürnberger Bratwürste mit Sauerkraut finden in großen Portionen ihren Weg auf den Teller. Das riesige Eisbein reicht bei normalem Appetit locker für 2 Pers. Hauptspeisen ab 60 000 Rp. Bundesliga-Liveübertragungen, deutsche Tageszeitungen und Gratis-WLAN. ⏰ 24 Std.

🎒 **Mojo's Flying Burritos**, Benesari Lane, ✆ 0361-764930, 🖥 www.mojosflyingburritos.com. In dem kleinen, beliebten und farbenfrohen Imbiss werden äußerst schmackhafte und relativ preisgünstige Burritos und Enchiladas vor den Augen der Gäste frisch zubereitet. Neben den Standardvarianten kann man sich die Burritos auch nach eigenen Wünschen zusammenstellen. Sehr leckere hausgemachte Guacamole und Limonade. Es gibt auch Frühstück, einen nicht besonders schnellen Lieferservice und eine Margarita-Happy-Hour. Weitere Filialen in Seminyak und Ubud. ⏰ 9–24 Uhr.

Nachtmarkt, Jl. Pantai Kuta, neben dem Mercure Hotel. Auf dem zentral gelegenen Nachtmarkt gibt es eine vielseitige Auswahl an asiatischem Essen. In einem Rondell angeordnet sind hier allerlei Essensstände zu finden, die günstige Gerichte verkaufen, die an den Tischen in der Mitte des Marktes verspeist werden.

Poppie's Restaurant, Poppies Lane 1, ✆ 0361-751059, 🖥 www.poppiesbali.com. Das bereits 1973 eröffnete Restaurant ist eine Oase der Ruhe im Trubel des Kommerztourismus von Kuta. Es liegt in einem sehr schönen Garten und serviert äußerst leckere Seafood-Gerichte und

indonesische und westliche Speisen ab 49 000 Rp. Die Reistafel für 2 Pers. gibt einen guten Überblick über die indonesische Küche. WLAN inkl. Reservierung empfehlenswert. ⏰ 8–23 Uhr.

Warung Pama, Gang Ronta, ✆ 0361-752021. In dem Familienbetrieb bekommt man frische Obstsäfte, Sandwiches und Salate zu günstigen Preisen serviert. Der ideale Ort für einen guten Start in den Tag oder einen herzhaften Snack zwischendurch. ⏰ 8–22 Uhr.

UNTERHALTUNG

Wenn die Sonne untergeht, erwacht das Nachtleben in Kuta. Aus den modern gestalteten und mit guter Technik ausgestatteten Clubs schallt größtenteils kommerzielle elektronische Musik. Doch die Auswahl ist groß: Von Oldies bis Reggae ist für jeden Musikgeschmack und jede Altersstufe etwas dabei. Auch an stylishen Lounges und Cocktailbars herrscht kein Mangel.

Einige größere Etablissements verlangen ein symbolisches Eintrittsgeld, das ein Gratis-getränk beinhaltet, aber oft ist der Eintritt komplett frei. Es herrscht keine strenge Tür-politik, allerdings haben es Indonesier wesentlich schwerer, in einen Club zu kommen, als westliche Touristen. Normalerweise erreicht die Stimmung zwischen 1 und 4 Uhr nachts ihren Höhepunkt.

Eikon Bar & Lounge, Jl. Legian 178, ✆ 0361-750701. Stilvolle Mischung aus Bar und Club mit einer langen Theke, an der von 20–22 Uhr die Cocktails zum halben Preis gemixt werden. Martini- und Weinlounge im 2. Stock mit Gratis-WLAN. Alkoholische Getränke ab 20 000 Rp. ⏰ 19–3 Uhr.

Maccaroni, Jl. Legian 52, ✆ 0361-754662, 🖥 www.maccaroniclub.com. Gegenüber der Sky Garden Lounge befindet sich diese exklusiv anmutende, stilvolle und beliebte Lounge. Auf 2 Stockwerken kann man italienisch essen, Cocktails genießen oder der Musik lauschen. Hauptgerichte und Cocktails ab 50 000 Rp. Happy Hour ab 23 Uhr. ⏰ 9–1.30 Uhr.

M Bar Go, Jl. Legian, ✆ 0361-970048. Moderner Club, der sich besonders nach 1 Uhr mit einem jungen, größtenteils indonesischen Publikum

BALI

www.stefan-loose.de/indonesien

KUTA **281**

füllt, das zu Hip-Hop-, R&B- und Techno-Klängen die Hüften schwingt. Die Tanzfläche ist durch eine große Bar vom Loungebereich getrennt, der mit rotem Leder eingerichtet ist. Im 2. Stock gibt es eine weitere Lounge, in der am Wochenende Elektro aufgelegt wird. Eintritt frei. ⏷ bis 4 Uhr.

Sky Garden Lounge, Jl. Legian 61, ☎ 0361-755423, 🖥 www.skygardenbali.com. Der populärste und lauteste Club von Kuta. Jeden Abend ab 21 Uhr füllen sich die 4 Floors mit jungen Urlaubern, die zu House-Klängen im Club Cyclone oder Hip-Hop-Beats im Brandy's Cocktails und kleine Snacks zu sich nehmen. Eine tolle Aussicht über Kuta von der Lounge, tgl. wechselnde, extrem günstige Angebote, ein Unterhaltungsprogramm mit Tänzerinnen und Akrobaten und die sehr langen Öffnungszeiten sind einige der Gründe, warum die Location beim Partyvolk so beliebt ist. Biergarten, irisches Pub, der esc-Diner und eine Sportsbar runden das Angebot ab. ⏷ ab 20 Uhr.

EINKAUFEN

Das Angebot an Souvenirs, Kunsthandwerk und Textilien ist überwältigend, nicht immer gilt dies jedoch für die Preise und die Qualität. Man sollte sich von penetranten Verkäufern nicht zu Spontankäufen verleiten lassen, sondern sich Zeit nehmen zum Vergleichen und Handeln. Weitere Tipps zum Handeln s. S. 48.

Bücher

Einige Buchläden in der Jl. Benesari, Poppies Lane 1 und 2 und im Gang Ronta verkaufen überwiegend englischsprachige, gebrauchte Bücher. Oft gibt es auch ein kleines deutsch-sprachiges Angebot. Manchmal kaufen die Buchhändler auch gelesene Bücher zum halben Preis an.

Kerta Bookshop, Jl. Pantai Kuta 6B, ☎ 0361-758047. Der älteste Secondhand-Buchladen auf Bali existiert seit 1975 und führt Bücher in Englisch, Deutsch, Französisch und weiteren Sprachen. ⏷ 10–18 Uhr.

Periplus Bookshop, in der Bali Galleria Mall, ☎ 0361-752670. Die größte englischsprachige Buchhandlung mit einem breiten Angebot an aktuellen Reiseführern, Zeitschriften und neuen

Büchern. Weitere Filialen im Carrefour-Supermarkt, in der Discovery Shopping Mall, im Matahari im Kuta Square, im Seminyak Square und am Flughafen.

Einkaufszentren

Die **Bali Galleria Mall** an der Umgehungs-straße zum Airport ist das größte Einkaufs-zentrum der Insel mit zahlreichen Boutiquen und größeren Läden.
Im **Kuta Square** am südlichen Ende der Jl. Pantai Kuta befinden sich viele Mode- und Sport-geschäfte und der große **Matahari Department Store** mit einem breit gefächerten Angebot.
Die **Discovery Shopping Mall** an der Jl. Kartika Plaza vereint zahlreiche westliche Geschäfte unter einem Dach. So gibt es hier z. B. einen Marks & Spencer's und verschiedene Sport- und Souvenirläden.

Surfausrüstung

Pointsurf Shop, Jl. Legian 111, ☎ 0361-756474, 🖥 pointsurf.wordpress.com. Hier bekommen Wellenreiter gute Surfbretter, Body Boards, Taschen und Zubehör. ⏷ 8–21 Uhr.

Textilien

Alle bekannten Surf-Lifestyle-Marken wie Billabong, Roxy oder Rip Curl betreiben in Kuta große Geschäfte. Günstiger sind die Läden, die alle Marken unter einem Dach verkaufen. Vor dem Kauf sollte die Ware genau begutachtet werden, denn es lohnt sich auch immer wieder Fälschungen oder Ausschussware unter den Produkten.

Uluwatu, Hauptfiliale in der Jl. Legian 118 und weitere Filialen in der Jl. Legian 43, Jl. Pantai Kuta und Jl. Bakung Sari, ☎ 0361-287638, 🖥 www.uluwatu.co.id. Die eleganten Baum-wollkleider dieser balinesischen Marke gibt es nur in drei Farben: Schwarz, Weiß und Beige. Ein Stück kostet mind. 400 000 Rp. Vor allem japanische Touristen lieben die hochwertigen Textilien mit Lochstickereien.

AKTIVITÄTEN

Surfschulen

In verschiedenen Surfläden, einigen günstigen Unterkünften und am Strand werden Surfbretter vermietet. Sie kosten pro Std. ab 20 000 Rp. Mietet man pro Woche, bekommt man schon für 600 000 Rp ein nagelneues Surfbrett.

Odysseys Surf School, im Mercure Hotel, Jl. Pantai Kuta, ☏ 0361-742 0763, 🖥 www.odysseysurfschool.com. Diese von Oakley gesponserte Schule bietet 2 1/2-stündige Kurse für US$35 an, die von fachkundigen und engagierten Lehrern geführt werden und max. 4 Pers. gleichzeitig unterrichten. Die Ausrüstung wird gestellt, und es wird mit „weichen" Longboards trainiert. Fotos von den ersten Surfversuchen werden für 200 000 Rp verkauft. Kostenloser Abholservice und freundliches Personal.

Rip Curl School of Surf, Blue Ocean Boulevard, Seminyak, ☏ 0361-735858, 🖥 www.ripcurl schoolofsurf.com. Mit max. 5 Schülern werden 3x tgl. Kurse in verschiedenen Erfahrungsstufen abgehalten. Von Anfängern bis Fortgeschrittenen kann hier jeder Wellenreiter etwas dazulernen. Der Anfängerkurs mit insgesamt drei 2 1/2-stündigen Lektionen kostet 1,7 Mio. Rp inkl. eines Rip-Curl-T-Shirts. Außerdem gibt es die Möglichkeit, Privatstunden zu nehmen und in Sanur das Wakeboarden zu erlernen (s. S. 299). Bilder der ersten Surfversuche kosten 150 000 Rp. Weitere Filialen in Canggu und Sanur.

Vergnügungsparks

Waterbom Park, Jl. Kartika Plaza, ☏ 0361-755676, 🖥 www.waterbom.com. Im Süden von Kuta bietet der riesige, 3,8 ha große Park mit Jacuzzi, Spa und 16 Wasserrutschen, von denen 5 nur für Kinder sind, Nervenkitzel und Entspannung für die ganze Familie. Eintritt für Erwachsene US$26, Kinder von 2–12 Jahren US$16, unter 2 Jahren gratis. ⊙ 9–18 Uhr.

Wellness

An der Jl. Legian nördlich des Bali Bomb Memorials reiht sich ein billiger Massagesalon an den nächsten. Preise unterscheiden sich kaum und liegen um die 50 000 Rp pro Std. für eine normale Ganzkörperbehandlung. Es gibt einige wenige Salons, die einen überdurchschnittlichen Service zu etwas höheren Preisen anbieten:

Shinkei Spa, Jl. Legian 64, ☏ 0361-764515. Angenehmes und preisgünstiges Spa mit 2 Niederlassungen in der Nähe des Bali Bomb Memorials. Die entspannende Atmosphäre wird leider ab 21 Uhr von der Musik der benachbarten Nachtclubs zerstört. Traditionelle Massagen ab 90 000 Rp. ⊙ 9.30–23.30 Uhr.

Smart Salon, Jl. Pantai Kuta 204, ☏ 0361-858 0892. Großer, beliebter Salon mit 2 Niederlassungen in Kuta und professionellen Therapeuten. Balinesische Ganzkörpermassage ab 95 000 Rp pro Std., zudem u. a. Shiatsu, Thai-Massage und balinesische Massage mit heißen Steinen. Mehrstündige Wellnesspakete ab 400 000 Rp. ⊙ 10–24 Uhr.

TOUREN

Bali Adventure Tours, Jl. By Pass Ngurah Rai, Pesanggaran, ☏ 0361-721480, 🖥 www.baliadventuretours.com. Das breit gefächerte Programm des seit 1989 erfolgreich aktiven Anbieters beinhaltet Rafting und River Kayaking auf dem Yeh Ayung für US$76, Mountainbiking von Kintamani bis zum Elephant Safari Park in Taro für US$71, Trekking in Taro für US$64 oder eine Elefantensafari im 3,5 ha großen Park in Taro für US$86, inkl. Nachtausritt, touristischer Show und Abendessen für US$99. Kinder zahlen 30 % weniger. Reservierungen über die Homepage sind teilweise wesentlich günstiger.

MBA Tours & Travel, Poppies Lane 1, und zahlreiche weitere Niederlassungen in Kuta und Legian, ☏ 0361-766346, 🖥 mba-baliadventures. com. Hier können fast alle Freizeitangebote auf Bali günstig gebucht werden. Zudem auch Mietwagenverleih.

Perama Tours, Jl. Legian, ☏ 0361-751875, 🖥 www.peramatour.com. Der Veranstalter bietet gute Touren zu fairen Preisen, sachkundige Beratung und praktische Informationen und ist eine zuverlässige, aber nicht unbedingt die komfortabelste und günstigste Wahl, wenn es um Busfahrten in andere Regionen Balis geht. Mit den hier gekauften Tickets können beliebig viele Zwischenstopps entlang der Strecke eingelegt werden. So kann man z. B. während der Tour von Kuta nach Lovina ein paar Tage in Ubud rasten, ohne dafür mehr zu bezahlen. Gepäckaufbewahrung für 10 000 Rp pro Woche.

Sobek, Jl. By Pass Ngurah Rai 100X, Kuta, 📞 0361-768050, 🖥 www.balisobek.com.
Der etablierte Anbieter veranstaltet seit über 20 Jahren abenteuerliches Wildwasserrafting auf dem Yeh Ayung und dem Telaga Waja. Preis für eine 2-stündige Tour US$79, Kinder bis 15 Jahre US$52. Außerdem Mountainbiking für US$65 und Trekking im Angebot. Die erfahrenen und gut ausgebildeten Guides legen viel Wert darauf, dass alle Teilnehmer die Tour unbeschadet überstehen.

SONSTIGES

Autovermietungen
Näheres s. S. 81.

Geld
Zahlreiche Geldautomaten an den Hauptstraßen und in den vielen kleinen Supermärkten von Circle K und MiniMarket in Kuta sorgen für Nachschub. Einige Automaten spucken bis zu 3 000 000 Rp aus, während andere max. 1 250 000 Rp auszahlen.

Informationen
Perama Tours, Büro in der Jl. Legian, 📞 0361-751875, 🖥 www.peramatour.com. Empfehlenswerte Anlaufstelle für alle Fragen.

Internet
Es gibt zahlreiche **Internetcafés** in Kuta. Der gängige Tarif beträgt 150–300 Rp pro Min. Die Übertragungsraten sind im Vergleich zu anderen Teilen der Insel schnell und die Verbindungen zuverlässig.

Medizinische Hilfe
In Süd-Bali gibt es eine Vielzahl von guten und professionell geführten Krankenhäusern und Kliniken. Bei kleineren Blessuren gibt es zudem kleine Arztpraxen, die pro Konsultation ca. 300 000 Rp berechnen. Für mehr Details s. S. 272.

Post
Kuta Post Office, Gang Selamat, Jl. Raya Kuta, 📞 0361-754012. In der Hauptfiliale der Post

Vorsicht beim Geldwechsel

Liegt der Wechselkurs deutlich über dem gültigen Bankkurs, bekommt man oft Falschgeld oder zu wenig Geld ausbezahlt. Manchmal wird auch eine zusätzliche Kommission verlangt, die es eigentlich nicht geben sollte.

kann man Pakete sicher einnähen lassen und verschicken. ⊕ Mo–Do 8–14, Fr 8–12, Sa 8–13 Uhr, So geschlossen.
Briefe und Pakete können auch an kleinen Postannahmestellen abgegeben werden, die über das Stadtgebiet verteilt sind.
Postal Agents liegen in der Jl. Benesari, der Jl. Pattimura und im Gang Ronta. ⊕ Mo–Sa 9–18 Uhr, So geschlossen.

Wäscherei
Ayu Laundry Service, Gang Sorga, 📞 0859-3610 5044. Kleine, zuverlässige und günstige Wäscherei.

TRANSPORT

Angkot
Die traditionellen Verkehrsmittel, auch unter dem Namen Bemo bekannt, verkehren nicht mehr innerhalb der Orte Kuta, Legian und Seminyak. Sie fahren aber vom Bemo Corner am östlichen Ende der Jl. Legian für 10 000 Rp p. P. zum Busbahnhof Tegal in Denpasar. Von dort ist eine Weiterfahrt für 5000 Rp p. P. in die Innenstadt möglich.

Busse
Seit 2011 gibt es die Trans Sarbagita Buslinie, deren Busse von 5–21 Uhr alle 15–20 Min. von Nusa Dua im Süden durch Kuta und Denpasar bis zum Batubulan Terminal fahren und dabei an festen Haltestellen anhalten. Eine Fahrt kostet unabhängig vom Ziel 3500 Rp. Die Haltestellen von Süd nach Nord: BTDC Terminal – Nusa Dua Beach – Taman Griya (Jl. By Pass) – Jimbaran – Jl. Kedonganan – Jl. Tuban (Graha Asih Hospital) – Dewa Ruci Statue – Sunset Road (Carrefour) – Central Park Terminal – Jl. Pedungan (nahe der Militärbasis) –

Benoa Hafen – Jl. Serangan – Danau Poso – Sindhu Beach – Matahari Terbit Beach – Padang Galak Beach – Jl. I.B. Mantra – Tohpati – Batubulan Terminal.

Busse zu anderen Zielen auf Bali fahren am Perama-Büro in der Jl. Legian und von den verschiedenen Busstationen rund um Denpasar ab.

Tickets können bei zahlreichen Agenten gebucht werden. In der Regel wird man in relativ komfortablen Minibussen vom Hotel abgeholt und am Zielort zur gewünschten Adresse gebracht. Preisbeispiele:
PADANG BAI und CANDI DASA, um 6, 9, 11 und 13 Uhr für 85 000 Rp;
SANUR, um 6.30, 9, 11, 13 und 16 Uhr für 40 000 Rp;
UBUD, um 9, 11, 13 und 16 Uhr für 55 000 Rp.
Bei mind. 2 Fahrgästen werden auch folgende Strecke bedient:
BEDUGUL, um 10 Uhr für 60 000 Rp;
KINTAMANI, um 9 Uhr für 100 000 Rp;
LOVINA, um 9, 11 und 13 Uhr für 150 000 Rp.
Für den Transport nach Nusa Lembongan, Lombok oder auf die Gili-Inseln gibt es Angebote inkl. Bootstransfer:
GILI INSELN, um 6, 9 und 11 Uhr für 150 000 Rp;
KUTA (Lombok), um 6, 9 und 11 Uhr für 210 000 Rp;
MATARAM und SENGGIGI, um 6, 9 und 11 Uhr für 130 000 Rp;
NUSA LEMBONGAN, um 6 und 9 Uhr für 110 000 Rp.
Nähere Informationen zu Bussen s. S. 79.

Taxis

In Kuta, Legian und Seminyak ist es leicht, ein Taxi zu bekommen. Die Grundgebühr für Fahrten beträgt inkl. des ersten Kilometers 5000 Rp, jeder weitere Kilometer kostet 4000 Rp. Die überteuerten Coupon-Taxis vom Flughafen verlangen nach Kuta, Legian oder Seminyak 55 000–80 000 Rp.

Flüge

Informationen zum Flughafen und bestehenden Flugverbindungen s. S. 274.

Legian

Schlendert man entlang der Jalan Legian in Richtung Norden, ändert sich das Stadtbild. Die Zahl der Partytouristen nimmt ab, dafür tauchen häufiger Galerien und Kunsthandwerkerläden auf. Insgesamt geht es etwas geruhsamer und gesitteter zu als weiter südlich. Auch hier sind viele neue Hotels entstanden, die mit schickem Design und Komfort punkten können. Die Mehrzahl der Unterkünfte richtet sich an ein älteres und wohlsituiertes Publikum, aber auch einige günstige Alternativen locken Backpacker in Richtung Norden.

ÜBERNACHTUNG

Die Preise sind generell etwas höher als in Kuta, die günstigen Hotels sind meist älter. Fast alle Unterkünfte können auch Touren organisieren und bei der Anmietung von Motorrollern und Autos behilflich sein. Ein paar große, luxuriöse Hotelkomplexe dominieren die Strandgegend.

Untere Preisklasse

Bhuwana Beach Cottages, Jl. Padma Utara, Gang Abdi 2, ☏ 0361-752234. Backpacker-Unterkunft mit kleinen, einfachen 2-stöckigen Zimmern mit Du/WC und Balkon, die zwar älter, aber in Ordnung sind. Günstig für kleine Gruppen sind die größeren und teureren, aber sehr geräumigen Bungalows. ❷–❹

Hotel Oka, Jl. Padma, ☏ 0361-751085, ✉ okasaricv@yahoo.co.id. Ruhig abseits der Straße gelegen, wohnt man hier in freundlicher, familiärer Atmosphäre in sehr einfachen, alten und spartanisch eingerichteten, aber sauberen Zimmern mit weichen Matratzen und Du/WC bei einer herzensguten Besitzerin. Manche der Zimmer im Erdgeschoss stinken etwas. ❷

Sri Ratu Cottages, Gang Three Brothers, ☏ 0361-754468, ✉ sriratuhotel@yahoo.com. In einer recht engen, ruhig gelegenen Anlage mit Pool, aber ohne Garten liegen die großen, sauberen Zimmer mit alter Einrichtung, AC, TV und Warmwasser-Du/WC. Die Zimmer im oberen Stockwerk sind neuer und komfortabler. Frühstück inkl. ❸–❹

Mittlere Preisklasse

All Seasons Resort Legian, Jl. Padma Utara, ☎ 0361-767688, 🖥 www.allseasonslegian.com. Sehr modernes und farbenfrohes 3-Sterne-Hotel mit langem Pool, Spa und 113 sauberen Zimmern. Die teureren haben Open-Air-Du/WC und bunte Keramik-Badewannen. WLAN in der Lobby gratis, im Zimmer kostenpflichtig. Online-Buchungen sind deutlich günstiger. ❻–❼

🧳 **Hotel Kumala Pantai**, Jl. Werkudara, ☎ 0361-755500, 🖥 www.kumalapantai.com. Schöne 3-Sterne-Anlage in einem tropischen Garten, die mit riesigen Holzstatuen und anderem Prunk völlig überladen ist. Die 90 Zimmer mit Dusche, edlem Marmorboden und Bad/WC sind sehr geräumig und die beiden Pools riesig. Mit Restaurant an der Strand-promenade. Gutes Preis-Leistungs-Verhältnis. Frühstücksbuffet inkl. Eine Reservierung ist zu empfehlen. ❺–❼

Padma Surya, Jl. Padma 12, ☎ 0361-751452. Das von außen wenig einladende Hotel hat überraschend moderne, ordentliche Zimmer mit AC und sauberem Du/WC, aber wenig Tages-licht und etwas Straßenlärm zu bieten. Kleines Frühstück und WLAN inkl. ❹

Suriwathi, Jl. Sahadewa 12, ☎ 0361-753162, ✉ suriwathi@yahoo.com. In einem weitläufigen, grünen Garten liegt diese familienfreundliche Anlage mit Pool und 50 Zimmern. Die geräumigen, einfachen und sauberen Räume bieten AC, Terrasse oder Balkon und Warmwasser-Du/WC. Sehr freundliches und hilfsbereites Personal. Frühstück inkl. ❹–❺

🧳 **The Island**, Jl. Padma Utara, Gang Abdi 18, ☎ 0361-762722, 🖥 www.theisland hotelbali.com. Ein komfortabler Traveller-treffpunkt. Sehr viele alleinreisende weibliche Gäste finden den Weg in diese angenehme, moderne und ruhig gelegene Boutique-Unterkunft mit kleinem Pool und entspannter Atmosphäre. Neben 10 schönen Zimmern mit AC und privatem Du/WC gibt es auch einen äußerst sauberen, weißen Schlafsaal mit bequemen Doppelstockbetten, Schließfächern und Gemeinschafts-Du/WC für 250 000 Rp p. P. Sehr leckere Sandwiches und frisch zubereitete Smoothies im Restaurant im Eingangsbereich, zudem eine Bar auf dem Dach. Mi und So „Kinovorführungen". Freundliches Personal. WLAN inkl. ❺–❻

Three Brothers Inn, Jl. Legian, Gang Three Brothers, ☎ 0361-751566, 🖥 www.three brothersbungalows.com. Charmante Anlage mit prächtigem Garten und großem Pool in einer ruhigen Gasse. Es werden geräumige und saubere, aber ältere und etwas dunkle Zimmer mit AC, TV mit DVD-Player und Open-Air-Du/WC, teils auch mit Badewanne, geboten. Die Zimmer mit Ventilator sind überteuert. Frühstück inkl. ❸–❻

Obere Preisklasse

Legian Beach Hotel, Jl. Melasti, ☎ 0361-751711, 🖥 www.legianbeachbali.com. Die riesige 4-Sterne-Anlage liegt direkt am Strand und bietet 218 luxuriöse Zimmer, 2 Pools und 4 Restaurants in einem riesigen Garten. Das Hotel gehört nicht umsonst seit Jahren zu den 99 beliebtesten Hotels der Welt. Online-Buchungen sind wesentlich günstiger. ❼–❽

ESSEN

Indo-National, Jl. Padma 17, ☎ 0361-759883. In rustikaler und gleichzeitig schicker Atmo-sphäre gehen in dem Restaurant westliche, asiatische und Fusionsgerichte zu verträglichen Preisen an die hungrigen Gäste. Es gibt auch vegetarische Variationen aller Gerichte.

LemonGrass ThaiRestaurant, Jl. Melasti, ☎ 0361-369 8652, 🖥 www.lemongrassbali.com. Das freundliche, nach vorne offene Restaurant serviert schmackhafte thailändische Gerichte. Hauptgerichte ab 60 000 Rp. Auch Lieferservice. 🕗 8–24 Uhr.

MozzarellA Restaurant & Bar, Jl. Padma 9, ☎ 0361-755896, 🖥 www.mozzarella-resto.com. In modernem, aber rustikalem Ambiente mit viel recyceltem Holz werden eine große Auswahl an frischen Salaten, Steaks und indonesischen Gerichten sowie leckere Desserts serviert. Hauptgerichte ab 50 000 Rp. Sa begleitet eine Beatles-Coverband den Abend. 🕗 11–23 Uhr. In der Jl. Padma Utara liegt außerdem das **MozzarellA by the sea**, wo es günstige Cocktails gibt, ☎ 0361-751654.

Shisha Café, Jl. Raya Legian, ☎ 0361-761400, 🖥 www.shisha.co.id. In bequemen Sesseln

Legian

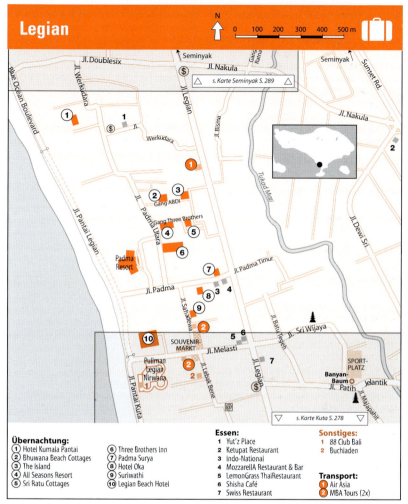

Übernachtung:
1. Hotel Kumala Pantai
2. Bhuwana Beach Cottages
3. The Island
4. All Seasons Resort
5. Sri Ratu Cottages
6. Three Brothers Inn
7. Padma Surya
8. Hotel Oka
9. Suriwathi
10. Legian Beach Hotel

Essen:
1. Yut'z Place
2. Ketupat Restaurant
3. Indo-National
4. MozzarellA Restaurant & Bar
5. LemonGrass ThaiRestaurant
6. Shisha Café
7. Swiss Restaurant

Sonstiges:
1. 88 Club Bali
2. Buchladen

Transport:
1. Air Asia
2. MBA Tours (2x)

und lässig-orientalischem Ambiente kommen die gängige Touristenkost, aber auch einige libanesisch-marokkanische Gerichte ab 50 000 Rp auf den Tisch. Shishas für 47 000 Rp. ⏲ 10–1, Fr und Sa bis 2 Uhr.
Swiss Restaurant, Jl. Legian, ✆ 0361-762345, 🖥 www.bali-swiss.webs.com. Seit Ende 2011 befindet sich das seit 1977 bestehende Restaurant des gastfreundlichen Hausherren Jon und seiner bezaubernden Frau Suci wieder an alter Wirkungsstätte mitten im Trubel. Auf der Karte der schwarz-weiß gefliesten Stube stehen Klassiker wie Geschnetzeltes, Raclette, Fondue oder Bratwürste mit Rösti, aber auch leckere indonesische Gerichte und Frühstück. Mit etwas Glück erzählt Jon dazu unterhaltsame Anekdoten aus seinem spannenden Leben oder spielt auf seiner Violine. Schweizer

Hauptgerichte ab 50 000 Rp, indonesische ab 35 000 Rp.

Yut'z Place, Jl. Werkudara 521, ✆ 0361-765047, ✉ yuti_59@hotmail.co.id. Die Speisekarte dieses gut besuchten Restaurants mit dunklen Holzstühlen und Tischen ist nicht ohne Grund auch deutschsprachig. Hier gibt es leckere Spätzle, Rösti und Weißwürste in großen Portionen zu vernünftigen Preisen. Hauptgerichte kosten ab 50 000 Rp. WLAN von 9–16 Uhr. ⏱ 8–23 Uhr.

SONSTIGES

Die Informationen im Kuta-Teil (s. S. 284) gelten auch für Legian, da sich der größte Teil der touristischen Infrastruktur im Süden befindet und die drei Orte Kuta, Legian und Seminyak mehr und mehr zusammenwachsen.

Seminyak

In nördlicher Richtung geht Legian nahtlos in Seminyak über, dem krönenden Abschluss der drei ineinander verschmolzenen Badeorte, die heute das Herz des kommerziellen Tourismus auf Bali bilden. In Seminyak geht es bedeutend schicker und kultivierter zu als in Kuta. Ausgefallene Restaurants, hochklassige Hotels und Villenanlagen sowie elegante Boutiquen reihen sich aneinander und laden zum niveauvollen Shoppen und Genießen ein.

Die absoluten Highlights von Seminyak warten am Meer: ein Dinner bei Sonnenuntergang im exquisiten Gado Gado, danach ein Cocktail im eleganten Ku De Ta und zu guter Letzt am Strand im La Planca die Nacht zum Tage machen.

ÜBERNACHTUNG

Die Zimmerpreise sind hier grundsätzlich höher als weiter im Süden. Die Auswahl an günstigen Unterkünften ist begrenzt, die vorhandenen Budgethotels sind meist älter. Die teureren Anlagen überzeugen dagegen durch ihre liebevolle Gestaltung und bieten z. T. Luxus pur.

Untere Preisklasse

Blue Ocean Bungalow, Blue Ocean Boulevard, ✆ 0361-730289. Direkt am Strand von Seminyak gelegene Unterkunft in einer Gartenanlage mit 30 alten, aber großen und kühlen Zimmern mit durchgelegenen Matratzen und Warmwasser-Bad/WC. Die teureren auch mit AC. Vernünftiges Preis-Leistungs-Verhältnis. Direkt davor liegt die Rip Curl School of Surf. ❸–❹

Inada Losmen, Jl. Raya Seminyak, Gang Bima, ✆ 0361-732269, ✉ putuinada@hotmail.com. Dieses kleine Losmen mit angenehmer Atmosphäre liegt sehr ruhig in einer winzigen Seitengasse und bietet die wohl günstigsten Zimmer in Seminyak. Alte, sehr einfache, aber saubere Räume mit recht guten Federkernmatratzen und großen Du/WC. Frühstück inkl. ❷

Tune Hotel Legian, Jl. Doublesix, ✆ 0361-735575, 🖥 www.tunehotels.com. In dem modernen, von der Jl. Doublesix zurückversetzten Bau liegen die 170 sauberen, wenn auch etwas beengten Zimmer mit AC, sehr bequemen Betten und kleiner Du/WC. Die Zimmer in den oberen Stockwerken sind hinten sind deutlich ruhiger. Das Personal ist sehr freundlich. Wie bei Tune üblich, kostet jedes Extra wie AC, Handtücher, WLAN oder Frühstück zusätzlich. Günstige Angebote im Internet. ❷–❹

Mittlere Preisklasse

Hotel Pearl, Jl. Doublesix, ✆ 0361-732743, 🖥 www.balihotelpearl.com. Modernes Hotel in einer etwas zurückversetzten, ruhigen Gartenanlage mit kleinem Pool und etwas abgewohnten, aber immer noch hübschen, geräumigen Zimmern in Doppelstockbungalows mit TV, Minibar, ruhiger Terrasse und großer Dusche oder Bad/WC. Im exzellenten, aber sehr hochpreisigen Restaurant werden heimische Spezialitäten des französischen Kochs Jeremy serviert. WLAN inkl. ❺–❻

Puri Puri Kecil, Jl. Raya Seminyak 25, ✆ 0361-738852. Die etwas zurückversetzte Anlage mit großem Pool bietet gute Budgetvillen, die alle nach einer anderen Hauptstadt benannt sind, und Zimmer. Alle sind gut instand gehalten und mit neuer AC, TV und Du/WC ausgestattet. Die 2-stöckigen Villen mit Privatgarten haben große, offene Wohnzimmer sowie voll ausgestattete Küchen mit Kühlschrank im

Seminyak

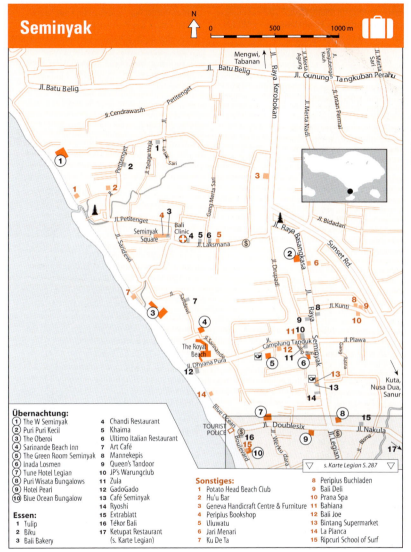

Übernachtung:
1. The W Seminyak
2. Puri Puri Kecil
3. The Oberoi
4. Sarinande Beach Inn
5. The Green Room Seminyak
6. Inada Losmen
7. Tune Hotel Legian
8. Puri Wisata Bungalows
9. Hotel Pearl
10. Blue Ocean Bungalow

Essen:
1. Tulip
2. Biku
3. Bali Bakery
4. Chandi Restaurant
5. Khaima
6. Ultimo Italian Restaurant
7. Art Café
8. Mannekepis
9. Queen's Tandoor
10. JP's Warungclub
11. Zula
12. GadoGado
13. Café Seminyak
14. Ryoshi
15. Extrablatt
16. Tékor Bali
17. Ketupat Restaurant (s. Karte Legian)

Sonstiges:
1. Potato Head Beach Club
2. Hu'u Bar
3. Geneva Handicraft Centre & Furniture
4. Periplus Bookshop
5. Uluwatu
6. Jari Menari
7. Ku De Ta
8. Periplus Buchladen
9. Bali Deli
10. Prana Spa
11. Bahiana
12. Bali Joe
13. Bintang Supermarkt
14. La Planca
15. Ripcurl School of Surf

Erdgeschoss und einen Schlafbereich im 1. Stock. Sehr freundliches Personal. ❹–❺ **Puri Wisata Bungalows**, Jl. Raya Seminyak, ☏ 0361-730322, ✉ puriwisata@yahoo.com. Besonders die neueren, sehr geräumigen und komfortablen Deluxe-Zimmer rund um den kleinen Pool sind zu empfehlen. Sie bieten bei gutem Preis-Leistungs-Verhältnis 2 große Betten, AC, TV, Kühlschrank, Kochnische und Bad/WC. Zudem schöne Liegen auf dem Balkon.

Etwas komische Klientel. Ab 2 Übernachtungen gibt es einen gratis Flughafentransfer. WLAN und Frühstück im Restaurant inkl. ❹

Sarinande Beach Inn, Jl. Sarinande 15, ✆ 0361-730383, 🖳 www.sarinandehotel.com. In der freundlich anmutenden und ruhigen Anlage mit Pool liegen 26 etwas ältere, aber helle und geräumige Zimmer mit AC, TV, großen Betten, Warmwasser-Du/WC und Terrasse. Die Zimmer sind für das nördliche Seminyak relativ günstig. WLAN und Frühstück inkl. ❹

The Green Room Seminyak, Jl. Dhyana Pura, Gang Puri Kubu 63B, ✆ 0361-738 208, 🖳 www.thegreenroombali.com. In der kleinen, aber feinen Anlage liegen die größtenteils mit Himmelbett ausgestatteten, kreativ gestalteten Zimmer mit Du/WC, teils auch mit AC und TV mit DVD-Player, rund um einen Natursteinpool. Hier wohnen viele Surfer. Nachts ist es wegen der Nachtclubs auf der Hauptstraße etwas laut. Frühstück inkl. ❹–❺

Obere Preisklasse

The Oberoi, Jl. Saridewi, ✆ 0361-730361, 🖳 www.oberoibali.com. Das berühmte Luxus-Boutiquehotel bietet auf 15 ha exklusive, höchst edel im balinesischen Stil eingerichtete Zimmer und Villen mit allem erdenklichen Komfort, teils auch mit Privatpool. Hochklassige Wellness-Programme im Spa. Großer Pool mit Meerblick. Hervorragender Service. ❽

The W Seminyak, Jl. Petitenget, ✆ 0361-473 8106, 🖳 www.starwoodhotels.com/whotels. Das neue, extrem stylishe Hotel zeichnet sich durch eine Mischung aus modernem und durchdachtem Design, lockerem, aber äußerst professionellem Service und höchstem Komfort und Luxus aus. Die riesige Poollandschaft und angesagten Restaurants und Lounges tun ihr Übriges dazu. ❽

ESSEN

Die Auswahl an kulinarischen Köstlichkeiten ist in Seminyak überwältigend: Es kommen Speisen aus aller Welt auf den Tisch. Das Angebot reicht von authentischen italienischen, indischen oder indonesischen Gerichten über hochklassiges Seafood, moderne Fusionsküche und vegetarische Kost bis hin zu traditionellem

nordafrikanischen, griechischen oder persischen Essen. Die Preise sind verhältnismäßig hoch, aber der z. T. hervorragenden Qualität des Essens angemessen. Die größte Auswahl bietet die auch als „Eat-Street" bekannte Jl. Laksmana. Auf 500 m finden sich hier neben Modeboutiquen einige der besten Restaurants Balis.

Asiatisch

Chandi Restaurant, Jl. Laksmana 72, ✆ 0361-731060, 🖳 www.chandibali.com. In indisch-kolonial angehauchtem Ambiente werden Spezialitäten aus ganz Asien serviert. Es werden ausschließlich biologisch angebaute Gewürze und Salate aus Ubud, Kaffee aus Sumatra und importierte Rinderfilets verwendet. Große Auswahl an Weinen, Hauptgerichte ab 70 000 Rp, Fleischgerichte um 125 000 Rp. WLAN inkl. 🕒 18–24 Uhr.

Ketupat Restaurant, Jl. Dewi Sri, ✆ 0361-758 9699, 🖳 www.ketupatrestaurant.com. Nachdem die Filiale in Kuta aufgrund ablaufender Pachtverträge schließen musste, bekommt man in dem schönen Garten neben dem azurblauen Pool exzellentes indonesisches Essen serviert, wie es sein sollte. Schon die ausführliche Speisekarte, die Gerichte aus dem ganzen Inselarchipel versammelt, lässt einem das Wasser im Mund zusammenlaufen. Die großen, schmackhaft angerichteten Portionen übertreffen dabei noch die Erwartungen. Sehr zuvorkommender Service. Hauptgerichte ab 40 000 Rp. 🕒 10–23.30 Uhr.

Queen's Tandoor, Jl. Raya Seminyak 73, ✆ 0361-732770, 🖳 www.queenstandoor.com. Das Restaurant an der lauten Hauptstraße, das bereits seit 1986 existiert, serviert authentische Gerichte vom indischen Subkontinent. Hauptgerichte um 50 000 Rp. 🕒 10–24 Uhr.

Ryoshi, Jl. Raya Seminyak 15. Die große 2-stöckige Hauptfiliale (unten AC-gekühlt, oben Open-Air) des japanischen Restaurants bietet neben leckeren Sushi, Sashimi und Ramen auch jeden Mo, Mi und Fr qualitativ hochwertigen Live-Jazz ab 21 Uhr. 🕒 12–23.30 Uhr.

Europäisch

Extrablatt, Jl. Nakula 10, ✆ 0361-732982. Während die Einrichtung mit einfachen Holztischen rustikalen Charme versprüht, steht eine gute Auswahl an deftigen deutschen Gerichten auf der Speisekarte. Neben Frühstück nach teutonischem Geschmack gibt es auch Kassler, Rinderzunge, Schweinebraten und einige andere bekannte Spezialitäten ab 40 000 Rp. Besonders lecker sind die 8 verschiedenen Wurstsorten. ⏲ bis 21 Uhr.

Gado Gado, Jl. Dhyana Pura 99, ✆ 0361-736966, ⌨ www.gadogadorestaurant.com. Absolut empfehlenswertes und gediegenes europäisches Seafood-Restaurant mit leichtem Fusionskücheneinschlag im puristischen Stil mit wunderschönem Blick auf das tosende Meer und den berühmten Sonnenuntergang. Exzellente Essensqualität und große Portionen zu angemessenen, aber gehobenen Preisen. Sehr aufmerksamer und freundlicher Service. Hauptgerichte ab 150 000 Rp. ⏲ 9–24 Uhr.

Mannekepis, Jl. Raya Seminyak 2, ✆ 0361-847 5784, ⌨ www.mannekepis-bistro.com. Das 2-stöckige Restaurant serviert neben belgischen Spezialitäten wie Rindereintopf und Stoemp auch eine große Auswahl an Weinen und belgischen Bieren. Von Do–Sa 21–23.30 Uhr treten gute Jazz- und Blues-Livebands auf. Oben zudem Kicker- und Billardtisch sowie ein in den Boden eingelassener Koi-Teich, der dank des Glasbodens auch vom Erdgeschoss aus bewundert werden kann. Hauptgerichte ab 80 000 Rp. WLAN inkl. ⏲ 10–2 Uhr, letzte Essens-Bestellung 23.30 Uhr.

Ultimo Italian Restaurant, Jl. Laksmana 104, ✆ 0361-738720. Italienisches Feinschmecker-lokal mit offener Küche und Steinofen. Es werden u. a. Antipasti, hausgemachte Nudel-gerichte, Pizzen und frische Meeresfrüchte zu sehr günstigen Preisen angeboten. Große Auswahl an Weinen. Hauptgerichte sind ab 30 000 Rp zu haben. ⏲ 17–24 Uhr.

International

JP's Warungclub, Jl. Dhyana Pura 6, ✆ 0361-731622, ⌨ www.jps-warungclub.com. Die Speisekarte des modernen Restaurants ist vorwiegend westlich geprägt, bei der Zubereitung wird aber das Beste aus aller Welt hinzugegeben. Ganz nach britischem Vorbild kann man hier auch seinen Nachmittagstee

schlürfen. Abends gibt es regelmäßig Live-musik wie Jazz und Rock. Hauptgerichte kosten ab 32 000 Rp. WLAN inkl. ⏲ 8–1 Uhr.

Tékor Bali, Blue Ocean Boulevard, ✆ 0361-735268. Egal, ob zum Frühstück, Brunch oder Sonnenuntergangsdinner – das Tékor bietet leckere, stets qualitativ hochwertige Gerichte und günstige Tagesangebote. Der Schwertfisch, die Lammkoteletts, die sautierten Riesen-garnelen und die leckeren Beerensäfte sind besonders zu empfehlen. Die eingerahmten Bilder an der Wand zeigen Stars, die hier gegessen haben. WLAN von 8–18 Uhr inkl. ⏲ 7.30–24 Uhr.

Zula, Jl. Dhyana Pura 5, ✆ 0361-731080, ✉ downtoearth@dps.centrin.net.id. Ein Paradies für jeden Vegetarier und die richtige Adresse für alle Bio-Fans. Die Speise-karte ist sehr kreativ: Alles Fleischlose wird hier auf sehr schmackhafte und attraktive Weise zubereitet. Sehr freundlicher, zuvorkommender Service. Fabelhafte Säfte und Energiedrinks. Hauptgerichte für 29 000–60 000 Rp. Außerdem Verkauf einer großen Auswahl an Bio-Produkten. ⏲ 8–24 Uhr.

Orientalisch

Khaïma, Jl. Laksmana, ✆ 0361-742 3925, ⌨ www.khaimabali.com. Genau das Richtige für alle, die exzellentes marokkani-sches Essen lieben. In minimalistisch-modernem Ambiente können hier hochklassige Mechoui-Kebabs und Tangine- sowie Couscous-Gerichte mit importierten Zutaten genossen werden. Original marokkanischer Minztee, Shishas und jeden Fr und Sa ab 21 Uhr Vorführungen von Bauchtänzerinnen runden das besondere kulinarische Erlebnis ab. Nur der Service war zur letzten Recherche leider so überfordert, dass die Bestellung 20 Min. dauerte! Haupt-gerichte kosten 60 000–100 000 Rp. Reservierung empfehlenswert. ⏲ 18–24 Uhr.

Tulip, Jl. Raya Petitenget 69, ✆ 0361-215 8787, ⌨ tulipbali.com. Licht am Ende des Tunnels für alle, die auch auf Bali nicht auf Döner, Lahmacun und türkische Salate verzichten können. Darüber hinaus auch andere Lecke-reien wie Piyaz, das aus Bohnen, Ei, Gemüse und Olivenöl zubereitet wird. Das Ganze kommt

SEMINYAK **291**

ortstypisch in schickem Ambiente und zu gehobenen Preisen. ◷ 11–16 und 17–24, Fr und Sa bis 5 Uhr morgens.

Cafés

Art Café, Jl. Saridewi 17, ✆ 0361-736751, 🖥 www.iloveartcafe.com. Ein sehenswertes, stilvolles Café, das sich ganz den lokalen Künsten verschrieben hat. Jeder kann in den Räumlichkeiten eigene Kunst ausstellen oder vortragen. Mi ist Akustikabend und Fr Romantik angesagt, von 20 Uhr bis spät in die Nacht treffen sich Künstler und musizieren gemeinsam in entspannter Atmosphäre. Indonesische und westliche Küche mit Bio-Salaten. ◷ 7.15–23 Uhr.

Biku, Jl. Petitenget 888, ✆ 0361-857 0888, 🖥 www.bikubali.com. Gemütlich und heiter geht es in diesem wundervollen, antik eingerichteten Lesecafé zu. Neben Kaffee, Kuchen, Burgern und Hauptgerichten ab 50 000 Rp gibt es Cocktails ab 65 000 Rp, jede Menge Bücher, von 8–12 und 15–19 Uhr WLAN, interessante Gesprächspartner und Jazzmusik. ◷ 8–23 Uhr.

Café Seminyak, Jl. Raya Seminyak 17, ✆ 0361-736967, 🖥 www.cafeseminyak.com. Direkt vor dem großen Bintang-Supermarkt an der Hauptstraße gelegen, bekommt man in dem beliebten Bistro reichhaltiges Frühstück und frische Säfte zu vernünftigen Preisen. Gute Auswahl an Kuchen für 12 000–30 000 Rp sowie Brot und Bagel. WLAN inkl. ◷ 7–23 Uhr.

UNTERHALTUNG

Die Clubs und Bars in Seminyak sind schicker und dementsprechend auch teurer als die in Kuta. Einige der Bars in der Jl. Dhyana Pura sind besonders bei Homosexuellen beliebt und ziehen ein buntes Publikum an. Am Strand finden sich vor allem nördlich des Blue Ocean Boulevards zahlreiche einfache Strandbars, die mit ihren bunten Sitzsäcken dem überaus populären La Planca nacheifern.

Bahiana, Jl. Dhyana Pura 4, ✆ 0361-738662. Rings um die zentrale O-förmige Bar wird allabendlich zu lauter kubanischer und brasilianischer Salsa-Musik das Tanzbein

geschwungen. Die vom freundlichen Personal servierten Cocktails kosten um 60 000 Rp, Essen gibt es ab 30 000 Rp. Happy Hour 17–22 Uhr. WLAN inkl. ◷ 17–3 Uhr.

Bali Joe, Jl. Dhyana Pura, ✆ 0361-730931. In dieser Schwulen-Bar kann man auf gemütlichen Sofas und gebrauchten Sesseln sitzend die einfachen Cocktails für 70 000 Rp schlürfen und dabei den durchtrainierten Barkeeper bewundern. ◷ 15–24 Uhr.

Hu'u Bar, Jl. Petitenget, ✆ 0361-473 6576, 🖥 www.huubali.com. Die hochpreisige, luftige und mediterran anmutende Lounge ist eine Institution. Einen Drink an der eleganten dunkelbraunen Bar oder unter freiem Himmel auf den Sitzkissen, umringt von im Wind flatternden balinesischen Gebetsfahnen, einzunehmen, ist ein Genuss. Aufgelegt wird entspannte balinesische Lounge-Musik. Riesige Auswahl an Cocktails. ◷ 17–1, am Wochenende bis 3 Uhr.

Ku De Ta, Jl. Laksmana 9, ✆ 0361-736969, 🖥 www.kudeta.net. Das exklusive und sehr elegante Lounge-Restaurant direkt am Meer lässt ein bisschen Café del Mar-Feeling auf Bali aufkommen. Hier treffen sich die Reichen und Schönen. Mit Blick auf das tosende Meer räkelt man sich auf überdimensionalen Sofas bei Champagner (300 000 Rp), einer großen Auswahl an kreativ zusammengestellten Cocktails (110 000 Rp) und exzellentem Essen (Hauptgerichte ab 250 000 Rp). Es werden auch Zigarren verkauft. Das Ganze ist natürlich nicht preiswert, aber etwas Besonderes. Sehr gründliche Security. ◷ 8–2 Uhr.

La Planca, direkt am Strand nördlich des Cocoon, ✆ 0361-890 0000, 🖥 www. laplanchabali.com. Die beste Sicht auf den spektakulären Sonnenuntergang bietet sich nicht etwa aus den edlen Lounges, sondern von den bequemen bunten Sitzsäcken des La Planca direkt am Strand. Zu entspannten Reggae-Klängen kann hier ein kühles abendliches Bier oder ein Eimer Sangria genossen werden. Die humanen Preise und die entspannte Atmosphäre machen die Strandbar zum beliebtesten Spot für junge Leute. Hier finden auch regelmäßig gigantische Strandpartys mit über 1000 Besuchern statt.

Potato Head Beach Club, Jl. Petitenget, ☎ 0361-473 7979, 🖥 www.ptthead.com. Der sehr beliebte Beach Club punktet mit Liegen und Gazebos mit Meerblick und einer ausgelassenen, aber dennoch feinen Atmosphäre. Die Drinks sind teuer und die Musik gediegen elektronisch. Das Restaurant Lilin ist direkt angeschlossen. ⊘ 11–2 Uhr.

WELLNESS

📖 **Jari Menari**, Jl. Raya Basangkasa 47, ☎ 0361-736740, 🖥 www.jarimenari.com. Nur männliche Therapeuten bieten hier ihre höchst professionellen Dienste an. Anspruchsvolle Massagetechniken finden sich u. a. in der Bewegungsmassage, Klangschalentherapie und der 4-Hände-Harmonie-Massage wieder. Es werden auch Gourmet-Massagen inkl. Mittagsmenü und dienstags von 9–15.30 Uhr ein Massagekurs für US$170 angeboten. 90-minütige Behandlungen 350 000 Rp. Oft muss man 2 Tage im Voraus reservieren. Eine weitere Niederlassung gibt es in Tanjung Benoa in der Nähe des Conrad Hotels. ⊘ 9–22 Uhr.
Prana Spa, Jl. Kunti, ☎ 0361-730840, 🖥 www.pranaspabali.com. In dem opulenten Komplex kann man sich in kitschig-orientalistischem Ambiente auf hohem Niveau verwöhnen lassen. Normale Massagen kosten mit mind. 450 000 Rp pro Std. zwar deutlich m ehr als in anderen Spas, aber mehrstündige Paketangebote wie Divine Unity oder Turkish Trio versprechen ein Erlebnis für alle Sinne. Es werden tgl. gute Yogakurse angeboten. Zudem auch ein Restaurant. Freundlicher Service. ⊘ 9–22 Uhr.

EINKAUFEN

Seminyak verfügt über die höchste Boutique-dichte Balis. Spaziert man die Jl. Raya Seminyak entlang, bekommt man einen guten Eindruck davon, welche Kunst und Mode gerade angesagt ist. Auch die Jl. Laksmana und die Jl. Dhyana Pura sind voller kleiner Läden.

Einkaufszentren
Bintang Supermarkt, Jl. Raya Seminyak. Der Supermarkt bietet eine große Auswahl an Lebensmitteln, teils auch Importprodukte,

Schreib- und Haushaltswaren. Hier bekommt man auch Moskitonetze. ⊘ 7.30–23 Uhr.
Seminyak Square, Jl. Laksmana, ☎ 0361-732106, 🖥 www.seminyaksquare.com. Kleines, modernes Shoppingcenter mit Boutiquen der bekannten Surfmarken und verschiedener balinesischer Labels, einem Periplus-Buchladen, Black Canyon Coffee und einer beliebten Bäckerei. Jeden So zwischen 9 und 17 Uhr findet hier ein großer Markt mit vielen interessanten Verkaufsständen statt.

Feinschmeckergeschäfte
Bali Deli, Jl. Kunti 117X, ☎ 0361-738686, 🖥 www.balideli.net. Was wären Seminyaks ausländische Bewohner ohne den frischen Bio-Salat aus dem Supermarkt des Bali Deli? Hier bekommt man allerlei importierte und lokale Leckereien, zudem gibt es eine gute Bäckerei und riesige Frischfleisch- und Fischauswahl: Wer für ein Picknick oder das Frühstück nach deutschem Geschmack einkaufen möchte, ist hier richtig. Das kinderfreundliche Restaurant bietet neben knackigen Sandwiches und Süßspeisen exzellente Fleischgerichte. Auf Wunsch auch Lieferservice. ⊘ 7–22 Uhr.

Souvenirs
📖 **Geneva Handicraft Centre & Furniture**, Jl. Raya Kerobokan 100, ☎ 0361-733542, 🖥 www.genevahandicraft.com. Etwas außerhalb gelegen, bietet Geneva auf 4 Stockwerken so ziemlich jedes Souvenir, das auf Bali hergestellt wird, zu sehr günstigen Festpreisen und ist damit der ideale Ort, um Mitbringsel zu erstehen. Im Erdgeschoss finden sich Möbel, während im 2. und 3. Stock Tausende von Souvenirs auf Abnehmer warten. Auf dem Dach wiederum stehen Statuen. Man sollte genügend Zeit mitbringen, um sich durch das riesige Angebot zu arbeiten. ⊘ 9–20 Uhr.

Textilien
Wer die Straßen von Kuta entlangspaziert, kann schon mal den Glauben an gutes Design und Qualität (und womöglich auch Nerven) verlieren. Weiter im Norden hat man aber die Chance, kleine Läden zu entdecken, in denen man sich sicher in das ein oder andere Teil

verliebt. Die Preise liegen zwar auf einem ähnlichen Niveau wie in der Heimat, die Qualität ist aber zumeist höher. Besonders auf der Jl. Raya Seminyak und der Jl. Laksmana findet sich ein großes Angebot an kleinen Läden zum Stöbern.

Twenty.One.Degrees (21dgrs), Jl. Raya Seminyak 47a, 🖥 21dgrs.com. Spannendes deutsches Label, das 2009 einen eigenen Shop auf Bali eröffnet hat. Hier wird keine Massenware verkauft, sondern individuelle, schöne, mit Liebe zum Detail gestaltete Kleidung für Mann und Frau. Geschmückt ist die Boutique mit Illustrationen der Designerin, die die Geschichte der Insel erzählen.

SONSTIGES

Die Infos im Kuta-Teil (s. S. 284) gelten auch für Seminyak, da sich ein Großteil der touristischen Infrastruktur im Süden befindet und die drei Orte Kuta, Legian und Seminyak mehr und mehr zusammenwachsen.

Strände nördlich von Seminyak

Entlang der Küste von Seminyak bis Tanah Lot erstrecken sich einige Strände, an denen immer mehr Villenanlagen gebaut werden. **Pantai Canggu** bietet ausgezeichnete Surfbedingungen. Hier findet man feinen schwarzen Sand. Unterkunft bieten vorwiegend Villen, die beide Straßenseiten säumen. Direkt am Strand können Besucher in einem kleinen, einfachen Restaurant ihren Hunger stillen. Direkt nördlich schließt sich der **Pantai Batu Bolong** an, der genauso wie der benachbarte **Pantai Echo** sehr beliebt bei Surfern ist, die sich hier in die hohen Wellen der gefährlichen Brandung stürzen. Der wunderbare Ausblick auf das Meer kann bei einem Snack oder leckeren Smoothie in einem der kleinen Restaurants direkt am Pantai Echo genossen werden. Der weiter nördlich gelegene **Pantai Seseh** eignet sich ebenfalls sehr gut zum Surfen.

ÜBERNACHTUNG

Pantai Batu Bolong

Coconuts Gh., Jl. Batu Bolong 92, 350 m vom Strand entfernt, 📞 0878-6192 7150, 🖥 www.

coconutsguesthouse.com. Neue, moderne Villa mit Pool und großen Zimmern mit AC, TV, Minibar, Safe und Warmwasser-Du/WC. Netter australischer Besitzer und familiäre Atmosphäre. WLAN inkl. Reservierung empfehlenswert. ❺

The Chillhouse Surf Retreat, Jl. Kubu Manyar 22, ca. 1 km vom Strand landeinwärts, 📞 0813-5337 6872, 🖥 www.thechillhouse.com. Dank innovativem Surfcamp-Konzept mit komfortablen Zimmern mit Open-Air-Du/WC, entspannten Aufenthaltsflächen, einem Pool und Bio-Restaurant das Surfcamp schlechthin. Verschiedene pauschale Wochenangebote für Einzelpersonen, Familien und Pärchen inkl. Surf- oder Yogakursen, Massagen und Ausflügen. Zimmer ohne Paket für 30 €, Zimmer mit Halbpension 55 € p. P. ❹–❺

Pantai Echo

Ecosfera, Jl. Batu Mejan, 📞 0361-889 0871, 🖥 www.ecosferabali.com. Kleines Boutiquehotel mit Pool und 28 großen Zimmern mit AC und Warmwasser-Du/WC, teils auch mit Balkon. Die teureren sind im marokkanischen Stil gehalten und mit schön geschnitzten Möbeln und dunklen Holzdielen eingerichtet. Eigenes Spa und Restaurant. Frühstück und WLAN inkl. ❺–❼

Jepun Bali Homestay, Jl. Batu Mejan, 📞 0361-361 0613, ✉ jepunbalihomestay@yahoo.com. Unterkunft mit einfachen, spartanisch eingerichteten, aber hellen Zimmern mit harten Schaumstoffmatratzen, AC, Veranda oder Balkon und muffigen Warmwasser-Du/WC ohne Waschbecken. WLAN inkl. ❸–❹

ESSEN

Deus Ex Machina Café, Jl. Batu Mejan 8, Pantai Batu Bolong, 📞 0813-3806 4000, 🖥 www.deus.co.id. Das stylishe Restaurant bietet neben den in der offenen einsehbaren Küche kunstfertig hergestellten panasiatischen Gerichten in kleinen Portionen zu hohen Preisen einen sehr interessanten, wenn auch hochpreisigen Shop. Hier wird neben restaurierten Vintage-Motorrädern, Fährrädern und Surfbrettern auch die aktuelle Modekollektion des Besitzers, Gründer der berühmten Surfmarke Mambo, angeboten.

Hauptgerichte ab 90 000 Rp, auch Frühstück. ⏲ 9–23 Uhr.

Sticky Fingers, Jl. Pantai Pura Batu Mejan, Pantai Echo, ☎ 0361-809 0903, 🖥 www.sticky fingersbali.com. Pizza Salsiccia e Cipolla oder Barilla in Weißweinsoße – die aus frischen, teils aus Italien importierten Zutaten auf den Teller gezauberten Gerichte schmecken authentisch und rechtfertigen die leicht gehobenen Preise. Die kleine, unscheinbare Pizzeria bietet außerdem einen Lieferservice und serviert auch Frühstück. ⏲ 7–22 Uhr.

Sanur

Sanur war die erste touristisch erschlossene Ortschaft der Insel. Bereits in den 1940er-Jahren entstanden hier auf westliche Touristen zugeschnittene Unterkünfte. Heutzutage wird der 6 km südöstlich von Denpasar gelegene Ort weithin sichtbar von der zehnstöckigen Anlage des Inna Grand Bali Beach Hotels überragt. Entgegen balinesischer Tradition ist das höchste Haus der Insel höher als die höchste Palme. Mehrere Luxushotels, aber auch viele preiswerte Unterkünfte konzentrieren sich in Sanur und ziehen eine bunt gemischte Klientel an. Die Atmosphäre ist ruhiger als in Kuta, sodass Sanur sich auch als Urlaubsort für ältere Besucher eignet, die Ruhe suchen und etwas mehr Geld ausgeben können. Viele Hotels kooperieren mit internationalen Reiseveranstaltern und beherbergen zahlreiche Pauschaltouristen.

Dem **Strand** ist ein großes Korallenriff vorgelagert, das die Unterwasserströmungen abschwächt und daher das Schwimmen sicherer macht als an der Westküste. Auch Kinder können hier ohne große Bedenken ins Wasser gehen. Allerdings ist der Strand bei Weitem nicht so schön breit wie in Kuta.

Wer sich für Kunst interessiert, sollte das **Le Mayeur Museum**, ☎ 0361-286201, besuchen. A. J. Le Mayeur, ein belgischer Maler, der 1958 in Brüssel starb, lebte fast 30 Jahre lang am Strand von Sanur. Er war mit Ni Polok verheiratet, einer der berühmtesten *Legong*-Tänzerinnen ihrer Zeit, die er auf vielen Gemälden verewigte. Mit zunehmender Popularität empfing Le Mayeur hohe

Staatsgäste wie Präsident Sukarno oder Jawaharlal Nehru. Sein Haus und sein Atelier bilden heute das Museum, das aber schon bessere Zeiten gesehen hat. Ausgestellt sind seine Gemälde in Öl und Wasserfarben sowie die antike Einrichtung. Das Museum liegt südlich der Jl. Hang Tuah an der Jl. Setapak direkt am Strand. ⏲ 8–16, Fr 8.30–12.30 Uhr, Eintritt 10 000 Rp.

Ein lohnendes Ausflugsziel ist der 1999 eröffnete **Bali Orchid Garden**, Jl. Bypass Tohpati, Kasamba 1, ☎ 0361-466010, 🖥 www.baliorchid gardens.com. In dem kleinen, aber feinen Orchideengarten, etwa 10 Autominuten außerhalb von Sanur, erwarten die Besucher wunderschöne Orchideen und andere tropische Pflanzen. Mutige können den *Kopi Luwak*, den Katzenkaffee, probieren, dessen Bohnen erst durch den Verdauungsprozess des Fleckmusangs ihr berühmtes Aroma erhalten. ⏲ 8–18 Uhr, Eintritt 100 000 Rp.

ÜBERNACHTUNG

Da Sanur auf eine lange touristische Tradition zurückblickt, sind viele der Unterkünfte schon etwas in die Jahre gekommen. Es gibt aber eine breitgefächerte Auswahl an Zimmern jeder Preisklasse, sodass sowohl Budgettraveller als auch komfortsuchende Kurzurlauber eine ihren Ansprüchen entsprechende Bleibe finden werden.

Untere Preisklasse

Keke Homestay, Jl. Danau Tamblingan 96, ☎ 0361-287282, 🖥 www.keke-homestay.com. Dieses freundliche, ruhig gelegene Guesthouse mit 7 einfachen Zimmern mit Du/WC, teils auch mit AC und Warmwasser, wird von einer liebenswerten balinesisch-japanischen Familie geführt. Frühstück inkl. ❷–❸

Little Pond Homestay, Jl. Tamblingan 19, ☎ 0361-289902. Das liebenswerte Homestay mit 15 kleinen, sauberen Zimmern mit Du/WC und einem Pool bietet zu sehr günstigen Preisen alles, was ein Traveller braucht. Die teureren Räume auch mit AC, TV und Warmwasser. WLAN inkl. ❷–❸

Pondok Narita, Jl. Danau Tamblingan 81, ☎ 0361-284315, ✉ ritagiftshop_bali@yahoo. com. Die angenehme und familiäre Atmosphäre

der kleinen, süßen Anlage spiegelt sich in den 18 sauberen und kühlen, aber etwas muffigen Zimmern mit AC, guten, harten Matratzen und Bad/WC wider. Das günstige Ventilator-Zimmer ist abgewohnt. ❷–❹

🧳 **Rita Hotel & Homestay**, Jl. Danau Tamblingan 152, ✆ 0361-287969, ✉ rita bali2@yahoo.co.id. Ruhepol zum Entspannen! Ein begrünter Weg führt in den idyllischen Garten, in dem 12 saubere, aber schon etwas ältere Zimmer mit AC, Kühlschrank, großen Warmwasser-Bad/WC und luftiger Open-Air-Dusche in tempelähnlichen Häuschen untergebracht sind. Die empfehlenswerten Zimmer im neu errichteten 2-stöckigen Bau im hinteren Teil der Anlage sind sehr geräumig, hell und mit Massivholzbetten mit guten Matratzen, Warmwasser-Du/WC, Terrasse oder Balkon und teils auch AC ausgestattet. Sehr freundliches Personal. Einfaches Frühstück inkl., WLAN kostenpflichtig. ❸–❹

Mittlere Preisklasse

Alit's Beach Bali Hotel, Jl. Hang Tuah 49, ✆ 0361-288567, 🖥 www.alitbeach.com. Direkt am Strand gelegene, weitläufige Anlage mit großen Bäumen, 3 Pools und Meerblick. Die Zimmer mit AC, TV, Minibar und kleinem Warmwasser-Bad/WC sind älter, aber gut in Schuss gehalten. Es werden auch komfortablere und teurere Suiten mit eigenem Wohnzimmer vermietet. Inkompetentes Personal. Frühstück inkl. ❸–❼

🧳 **Crystal Divers (Hotel Santai)**, Jl. Danau Tamblingan 168, ✆ 0361-287314, 🖥 www. crystal-divers.com. In einem stilvollen Hof mit Pool liegen die funktional eingerichteten und sauberen Zimmer mit weichen Matratzen, Kühlschrank und Warmwasser-Du/WC mit schönen Waschbecken, teils auch mit AC und TV mit DVD-Player. Hier wurde auch an kleine Details gedacht: So findet sich in jedem Zimmer Autan, um sich vor Mückenstichen zu schützen. Jedes Zimmer hat einen anderen fischigen Namen. Freundliches Personal. Reichhaltiges Frühstück inkl. WLAN für US$10 für den kompletten Aufenthalt. ❹

Flashbacks Bungalows and Rooms, Jl. Danau Tamblingan 110, ✆ 0361-281682, 🖥 www.

flashbacks-chb.com. Die von einem freundlichen australischen Aussiedler geleitete, sehr gepflegte und beschauliche Anlage mit kleinem Pool bietet 9 saubere Zimmer, teils mit AC. Frühstück im eigenen Café und WLAN inkl. Reservierung empfehlenswert. ❸–❺

Kayu Sugih Gh., Jl. Danau Tamblingan 76, ✆ 0361-282916, 🖥 kayusugihguesthouse. blogspot.com. In der sehr schön gestalteten und gepflegten Anlage mit saftigen Pflanzen und kleinen Teichen fühlt man sich bei singenden Minabirds fast wie in einer Oase. Die Zimmer sind pieksauber und komfortabel, aber etwas klein und daher für das Gebotene zu teuer. Sehr freundliches und hilfsbereites Personal, familiäre Atmosphäre. Leckeres Frühstück, Kaffee und WLAN inkl. ❹–❺

Puri Sading Hotel, Jl. Danau Tamblingan 102, ✆ 0361-286206, 🖥 www.purisadinghotel.com. In einer kleinen und gepflegten Anlage mit Pool liegen etwas zurückversetzt in 2-stöckigen Gebäuden modern mit viel dunklem Holz eingerichtete, geräumige und helle Zimmer mit AC, guten Matratzen, kleinem TV, Kühlschrank, Du und Bad/WC sowie Balkon, teils auch mit einer räumlich abgetrennten Ankleide und DVD-Player. WLAN und Frühstück inkl. ❺

Segara Agung Hotel, Jl. Duyung 43, ✆ 0361-288446, 🖥 www.segaraagung.com. In einer sehr gepflegten Gartenanlage mit kleinem Pool liegen die frisch duftenden, aber etwas beengten Zimmer mit guten Matratzen, AC, TV, sehr kleinem Warmwasser-Du/WC und Terrasse. WLAN und Frühstück inkl. ❹–❺

Obere Preisklasse

Segara Village, Jl. Segara Ayu, ✆ 0361-288407, 🖥 www.segaravillage.com. In einem schönen, weitläufigen Garten mit großem *Banyan*-Baum gelegene Anlage mit Tennisplatz und 3 Pools sowie sehr schönen, minimalistisch gestalteten Zimmern und Bungalows mit verglastem Bad/WC und allem Komfort. WLAN in Restaurant und Lobby inkl. ❽

The Oasis Lagoon, Jl. Danau Tamblingan 136A, ✆ 0361-282264, 🖥 www.theoasislagoon.com. Das im Sommer 2011 eröffnete 4-Sterne-Hotel begeistert mit einem riesigen, perfekt in die recht enge Anlage integrierten Pool. Die 126 mit Massivholzmöbeln eingerichteten Zimmer bieten alle Komfort und sind sehr sauber, aber nicht besonders geräumig. Etwas ineffizienter, aber freundlicher Service. ❼

ESSEN

Es gibt jede Menge Restaurants, die vor allem europäische Küche, aber auch indonesische Gerichte und andere asiatische Köstlichkeiten zubereiten. Die meisten befinden sich in der Jl. Danau Tamblingan und bieten auf Anfrage kostenlose Transfers von und zur Unterkunft. Viele Restaurants veranstalten auch regelmäßige traditionelle Tanzaufführungen.

Crystal Divers, Jl. Danau Tamblingan 168, ✆ 0361-286737. Im vor dem Hotel gelegenen Restaurant gibt es das empfehlenswerteste Frühstück Sanurs. Für 30 000 Rp bekommt man neben Milch und Cornflakes, Obst und einem Orangensaft-Trinkpäckchen auch Eier mit Bacon und Tomaten sowie selbst gebackene dänische Brötchen mit Marmelade. ⏲ 6–11 Uhr.

Manik Organik, Jl. Danau Tamblingan 85, ✆ 0361-855 3380, ✉ manik.organik@gmail.com. Das kleine, freundliche, vegetarische Restaurant bietet eine vielfältige Auswahl. Neben einer Tageskarte und verschiedenen Säften, Tees und Kaffees werden auch Bio-Produkte, Rohkost und homöopathische Mittel verkauft. Jeden Mo ab 19 Uhr findet ein Bauchtanzkurs statt, zudem auch tgl. Yoga-, Tai Chi- und Meditationskurse. Hauptgerichte um 55 000 Rp. ⏲ 8–22.30 Uhr.

Maya's Coffee & Smoothie Bar, Jl. Pantai Sindhu 7, ✆ 0361-283889, 🖥 www.smoothienow.com. In moderner Wohnzimmeratmosphäre wird eine große Auswahl an exzellenten, riesigen, frischen Smoothies für 20 000–30 000 Rp serviert. Außerdem gibt es mit importierten westlichen Zutaten belegte Baguettes und gegrillte Burger sowie frische Salate und sehr guten balinesischen Kaffee. In der gemütlichen Kuschelecke kann man es sich richtig bequem machen. WLAN inkl.

Piccadilly International Pub & Restaurant, Jl. Danau Tamblingan 27, ✆ 0361-289138, 🖥 www.sendokbali.com. Trotz seines englischen Namens hat dieses Restaurant eine schwäbische Leitung. Hier bekommt man daher authentische Schnitzel, aber auch Currywurst, Käsespätzle und balinesisches Essen ab 40 000 Rp serviert. Kostenloser Shuttleservice. WLAN inkl. ⏲ 9–24 Uhr.

Pregina Warung, Jl. Danau Tamblingan 106, ✆ 0361-283353. An den dunklen Holztischen mit roten Sitzkissen kann man die preisgünstigen, aber dennoch leckeren Gerichte des kleinen, gemütlichen Restaurants genießen. Die gebratene Ente und das Hühnchen in roter balinesischer Soße sind sehr zu empfehlen. Hauptgerichte ab 30 000 Rp. ⏲ 12–22 Uhr.

Ratatouille Restaurant & Bar, Jl. Danau Tamblingan 64, ✆ 0361-3858 8843. Modernes, helles Restaurant, in dem man nicht nur die namensgebenden vegetarischen Ratatouille genießen kann. Auch viele europäische Spezialitäten ab 45 000 Rp, leckere und sehr beliebte Barbecue-Spareribs, aber auch balinesische Gerichte. Di und Sa gibt es *Batak*-Livemusik. Gerichte ab 20 000 Rp. Kostenloser Shuttleservice. ⏲ 7–23 Uhr.

Ryoshi Japanese Restaurant, Jl. Danau Tamblingan 150, ✆ 0361-288473. Die Sanur-Filiale des bekannten japanischen Restaurants bietet frisches Sushi, Sashimi und andere leckere Spezialitäten aus dem Land der aufgehenden Sonne. Ein Teil des Lokals ist AC-gekühlt. Freundlicher Service. Hauptgerichte ab 35 000 Rp. WLAN inkl. ⏲ 12–24 Uhr.

The Village Cucina Italiana, Jl. Danau Tamblingan 47, ✆ 0361-285025. Elegantes, minimalistisch eingerichtetes italienisches Restaurant mit großem Weinkeller, das neben guter Pasta und sehr leckeren Pizzen mit knusprigem Boden sogar Gnocchi und Risotto serviert. Pasta und Pizza ab 70 000 Rp, Fleischgerichte sind teurer. Kostenloser Shuttleservice. ⏲ 11–23 Uhr.

UNTERHALTUNG

Gratang, im Bali Hyatt. Hier gibt es jeden Abend von 22–1 Uhr Livemusik.

Traditionelle Tänze werden regelmäßig in den großen Hotels und Restaurants und bei Tempelfesten aufgeführt. Alle vier *Banjar* von Sanur unterhalten ihre eigenen Gamelan-Orchester und Tanzgruppen.

EINKAUFEN

An der Jl. Danau Tamblingan liegen viele Galerien und Souvenirshops, die Kunsthandwerk aus Bali und teils kunstvolle Gemälde verkaufen.

Bücher
Periplus Bookshop, im Hardy's Supermarkt-Gebäude, Jl. Danau Tamblingan 136, ℘ 0361-282790, 🖵 www.periplus.co.id. Gute Auswahl an englischsprachigen Büchern und Zeitschriften. Auch viele Bücher über Bali.

Möbel
Viele Möbelgeschäfte und Antiquitätenhändler haben sich entlang der 4-spurigen Jl. By Pass Ngurah Rai zwischen Sanur und Kuta angesiedelt. Hier gibt es eine riesige Auswahl an preiswerten, größtenteils qualitativ hochwertigen Möbeln. Auch Auftragsarbeiten werden gerne angenommen.

Supermarkt
Hardy's Supermarket, Jl. Danau Tamblingan 136, ℘ 0361-282705. In dem großen Einkaufskomplex befindet sich neben dem Periplus-Buchladen auch ein riesiger Supermarkt mit einer guten Auswahl an Lebensmitteln, Getränken, Drogerieartikeln und Souvenirs zu Festpreisen. Jeden Abend von 19–20.30 Uhr finden vor dem Gebäude balinesische Tanzvorführungen statt. Das Programm liegt im Supermarkt aus. ⏱ bis 22 Uhr.

The Pantry, Jl. Danau Tamblingan 75A, ℘ 0361-281008. Ein Feinschmeckergeschäft mit einer riesigen Auswahl an importierten und selbst hergestellten Waren. Hier bekommt die strapazierte Backpackerseele echtes Grau- und Vollkornbrot und Marmelade aus Bali. Dazu eine Wurst- und Käsetheke, Obst und Gemüse aus biologischem Anbau und eine Fülle an internationalen Weinen. Natürlich nicht ganz günstig, aber höchst empfehlenswert. ⏱ 9–21 Uhr.

AKTIVITÄTEN

Surfen, Kite- und Wakeboarden
Rip Curl School of Surf, im Sanur Beach Hotel, Jl. Danau Tamblingan, ℘ 0361-287749, 🖵 www.ripcurlschoolofsurf.com. Neben den auch in Seminyak veranstalteten Surfkursen (s. Kuta „Aktivitäten" S. 282) kann man hier das Kite- und Wakeboarden erlernen. 2-stündige Anfängerkurse im Kiteboarden 950 000 Rp, Wakeboarden 1 Std. für 850 000 Rp. Transport aus Nusa Dua, Kuta, Legian und Seminyak inkl.

Tauchen und Schnorcheln
Eine Vielzahl von professionellen Tauchschulen hat sich in Sanur angesiedelt. Sie sind gut ausgerüstet und bieten verschiedene Touren in Tauchgebiete rund um ganz Bali an.
Crystal Divers, Jl. Danau Tamblingan 168, ℘ 0361-286737, 🖵 www.crystal-divers.com. Höchst professionell geführte 5-Sterne-PADI-Tauchschule unter dänischer Leitung mit sehr gut gewartetem Equipment. Open-Water-Kurse kosten US$450, 2 Tauchgänge direkt vor Sanur US$60, bei Nusa Penida US$135, Tulamben US$110. Hilfsbereites, freundliches Personal.

Wellness
Jamu Traditional Spa, Jl. Danau Tamblingan 41, ℘ 0361-286595, 🖵 www.jamutraditionalspa.com. Das in einem schönen Garten untergebrachte, elegante Spa bietet eine Vielzahl von teuren, aber professionellen Behandlungen an. Zur Zeit der Recherche wurden auf die offiziellen Preise von 800 000 Rp für eine 2-stündige Kur 50 % Rabatt gewährt.

TOUREN

Cocostravel, Jl. Latang Hidung 5A, Sanur, ℘ 0813-3764 0179, 🖵 www.cocostravel.com. Der deutsche Werner Duderstadt und sein engagiertes Team veranstalten mehrtägige, abenteuerliche Touren mit dem Mountainbike durch Bali, Java, Lombok oder Flores. Die 5-tägige Entdeckungstour durch Bali gibt es ab 499 €. Zudem können die guten Mountainbikes auch für 40 € pro Woche geliehen werden.
nicktours, Jl. Danau Tamblingan 68, Sanur, ℘ 0361-287792, 🖵 www.nicktours.com. Empfehlenswerter Tourveranstalter mit dänischem Management. Das breite Angebot umfasst alles von geführten Reisfeldwanderungen über Mountainbiken in Jatiluwih und Vulkanbesteigungen bis hin zu Schiffsreisen

www.stefan-loose.de/indonesien

SANUR **299**

nach Komodo und Flores. Außerdem Autovermietung mit Fahrer. ⏰ Mo–Sa 9–13 und
17–20 Uhr.

SONSTIGES

Autovermietungen
Näheres s. S. 273.

Post
Postamt im Banjar Taman, südlich der
Jl. Danau Buyan.

TRANSPORT

Die Fahrt mit einem **Angkot** (Bemo) sollte
innerhalb Sanurs ca. 5000 Rp p. P. kosten.
Teilweise verlangen die Fahrer von Touristen
allerdings deutlich mehr. Am besten ist,
man drückt ihnen das Geld beim Aussteigen
passend in die Hand.
Taxis sind in der ganzen Stadt leicht zu
bekommen. Am empfehlenswertesten sind
die blauen Fahrzeuge von Blue Bird.

Busse
Viele Unternehmen bieten den Transport zu
Zielen auf der ganzen Insel an. Die Angebote
von Perama liefern gute Anhaltspunkte, da sich
die Preise nur geringfügig voneinander unter-
scheiden.
Perama Tours, Jl. Hang Tuah, im Pondok Santhi.
Hier können Bustickets und Touren gebucht
werden. Die Busse halten direkt vor dem
kleinen Laden.
BEDUGUL, um 10.30 Uhr für 60 000 Rp;
CANDI DASA,um 6.30, 10.30 und 14 Uhr
für 60 000 Rp;
KINTAMANI, um 10.30 Uhr für 150 000 Rp
(mind. 2 Fahrgäste),
KUTA und FLUGHAFEN, um 9.15, 11.15, 12.45,
15.45 und 18.45 Uhr für 25 000 Rp;
LOVINA, um 10.30 Uhr für 125 000 Rp;
PADANG BAI, um 6.30, 10.30 und 14 Uhr
für 60 000 Rp;
UBUD, um 6.30, 10.30, 14 und 17 Uhr
für 40 000 Rp.
Für den Transport nach Lombok oder auf
die Gili-Inseln gibt es Pakete inklusive
Bootstransfer:

MATARAM und SENGGIGI, um 6.30 oder
10.30 Uhr für 150 000 oder 500 000 Rp;
GILI-INSELN, um 10.30 Uhr für 500 000 Rp.

Boote
Für den Transfer auf die vorgelagerten Inseln
NUSA LEMBONGAN und NUSA PENIDA gibt es
verschiedene Alternativen. Mittlerweile fahren
manche Anbieter sogar bis auf die Gili-Inseln
vor Lombok, u. a.:
Lembongan Fast Cruises, Jl. Hang Tuah 41,
✆ 0361-801 2324, 🖥 www.rockyfastcruise.
com. Der neueste Anbieter fährt mit 3 Booten
4x tgl. um 10, 12, 14 und 16.30 Uhr in 25 Min.
nach NUSA LEMBONGAN. Zurück geht es um
9, 11, 13 und 15.30 Uhr. Preis 450 000 Rp p. P.
für Hin- und Rückfahrt, einfach 250 000 Rp.
Abholung innerhalb Süd-Balis inkl.
Öffentliche Boote, Abfahrt am Pier am Ende
der Jl. Hang Tuah. Jeden Tag um 8 Uhr fährt für
60 000 Rp ein mit bis zu 70 Pers. besetztes
Fischerboot in 1 1/2 Std. nach JUNGUT BATU,
bei Bedarf auch ein weiteres um 10.30 Uhr für
80 000 Rp. Zusätzlich gibt es um 8 Uhr ein Boot
in die MUSHROOM BAY für 60 000 Rp. Falls man
dorthin möchte, sollte dies beim Ticketkauf
angekündigt werden, sonst landet man auf dem
anderen Schiff. Nach TOYAPAKEH auf Nusa
Penida geht es um 10 und 16 Uhr für 250 000 Rp
in 2 Std.
Scoot Fast Cruises, Jl. Hang Tuah 27, ✆ 0361-
285522, 🖥 www.scootcruise.com. Mit dem
Schnellboot kommen bis zu 15 Pers. in 30 Min.
auf die Insel nach JUNGUT BATU. Abfahrten
um 9.30, 11.30, 13.30 und 17 Uhr, zur Hochsaison
auch um 9 Uhr. Zurück um 8.30, 10.30, 12.30
und 16 Uhr, zur Hochsaison auch um 8.30 Uhr.
Der Preis liegt bei 500 000 Rp p. P. für Hin- und
Rückfahrt, einfach 300 000 Rp. Zudem fahren
die Boote von Jungut Batu weiter nach GILI
TRAWANGAN. Das Boot ab Sanur um 9.30 Uhr
kommt am frühen Nachmittag auf Gili
Trawangan an. Die Fahrt kostet 1,2 Mio. Rp
p. P. für Hin- und Rückfahrt, einfach 650 000 Rp.
Es kann auch ohne Aufpreis ein längerer
Zwischenstopp auf Nusa Lembongan eingelegt
werden. Im Preis ist eine Abholung innerhalb
Süd-Balis und aus Ubud inbegriffen.

Jimbaran

Das Fischerdorf Jimbaran, wenige Kilometer südlich des Flughafens, liegt in einer 4 km breiten Bucht, die von einem sehr schönen, hellen Sandstrand gesäumt wird. Da es keine starken Strömungen gibt, eignet sich der Strand auch gut zum Schwimmen. Hier haben sich einige Luxushotels und ein paar einfachere Unterkünfte angesiedelt. Allerdings kann man außer Baden, Faulenzen und Essen wenig unternehmen.

Jimbaran ist vor allem für seine zahlreichen günstigen **Fischrestaurants** bekannt, die ihre Gäste auf dem Strand mit fangfrischen, gegrillten Meerestieren bewirten. Entlang der Jl. Pantai Kedonganan reiht sich ein Strandlokal an das nächste. Die Tische füllen sich bei Sonnenuntergang besonders schnell, und wenn man nicht vor der ansteigenden Flut mitsamt Stuhl und Tisch flüchten muss, kann die angenehme Strandatmosphäre bis in den späten Abend genossen werden.

Am nördlichen Ende der Bucht findet täglich der überaus geschäftige **Kedonganan Fischmarkt** statt, der auf jeden Fall einen Besuch wert ist. Hier kaufen nahezu alle Restaurants in Süd-Bali ihren Fisch, und die Auswahl ist schier überwältigend. Besonders in den frühen Morgenstunden, wenn die Fischer mit ihren bunt angemalten Booten *(Prahu)* und ihrem Fang zurückkehren, bietet sich eine spannende und betriebsame Szenerie.

ÜBERNACHTUNG

Keraton Jimbaran Resort, Jl. Mrajapati, 📞 0361-701961, 🖥 www.keratonjimbaranresort.com. Elegantes strandnahes Hotel mit Pool und deutschsprachigem Service. Die 102 großen, hellen, voll ausgestatteten Zimmer und Villen sind mit Schnitzereien und rustikalen Möbeln einladend eingerichtet. Auf dem Gelände gibt es zudem eine umfangreiche Sammlung von alten und seltenen Bonsai-Bäumen zu bestaunen. Frühstück inkl. **❼**–**❽**

Villa Puri Royan, Jl. Pantai Sari 25, 📞 0361-708530, ✉ puriroyan@gmail.com. In der rosafarbenen und hellgrünen, recht kitschig wirkenden und engen Anlage mit kleinem Pool gibt es Zimmer mit Warmwasser-Du/WC, die teureren auch mit AC, sowie Villen mit Küche und separatem Wohnzimmer. Verschlafenes Personal. **❸**–**❹**

ESSEN

Blue Marlin Café, Jl. Pantai Kedonganan, 📞 0361-702242. Eines der vielen Seafood-Restaurants an der Strandpromenade. Etwas teurer als die Konkurrenz im Muaya Beach Foodcourt, aber auch hier eine gute Auswahl an frischem Fisch und Meeresfrüchten. Abends lassen Bauchtänzerinnen ihre Hüften kreisen. 🕐 8–24 Uhr.

🏛 **Menega Café**, Jl. Four Seasons Resort, Muaya Beach, w 0361-705888, 🖥 www.menega.com. In dem weiter südlich ebenfalls direkt am Strand gelegenen Foodcourt in der Nähe des Four Seasons Hotels reiht sich ein Fischrestaurant ans nächste. Hier gibt es fangfrische Snapper für 60 000 Rp, Tintenfischringe für 75 000 Rp pro kg, Riesengarnelen für 145 000 Rp pro kg und ganze Lobster für 400 000 bis 600 000 Rp pro Stück direkt vom Holzkohlegrill. Reis, Gemüsebeilagen, Soßen und Früchte zum Nachtisch sind inkl. Ein Menü bekommt man für 125 000 Rp p. P. Mit den Füßen im Sand wartet man auf das Essen und genießt den Blick auf die im Meer untergehende Sonne. 🕐 8–23 Uhr.

UNTERHALTUNG

🏛 **The Rock Bar**, im Ayana Resort Bali, Jl. Karang Mas Sejahtera, 📞 0361-702222, 🖥 www.ayanaresort.com/rockbarbali. Es ist die spektakulärste Bar Balis! Nicht ohne Grund wurde sie 2010 von CNN sogar zur besten Hotelbar der Welt gewählt. Aus 15 m Höhe bietet sich von der modernen, minimalistisch aus Glas gestalteten Plattform mit eleganter Bar ein sensationeller Blick auf das tosende Meer, besonders zum Sonnenuntergang. Mit einem exzellenten, wenn auch hochpreisigen Cocktail in der Hand kann sich hier jeder für eine kurze Zeit wie ein VIP fühlen. Tgl. legen DJs entspannte House-Musik auf. Strikter Dresscode (keine Board-Shorts oder Bintang-Shirts).

BALI

Nusa Dua und Tanjong Benoa

Die 140 km² große Bukit-Halbinsel im Süden von Bali bietet eine heiße, trockene Savannenlandschaft aus Kalkgestein mit Kakteen und wenigen kleinen Dörfern. In einer durch Korallenriffe geschützten Bucht im Osten der Halbinsel wurde das 300 ha große Touristenzentrum **Nusa Dua** aus dem Boden gestampft. Von der Weltbank gefördert, versuchte man hier ein neues Konzept zu verwirklichen. Nusa Dua verdankt seine Existenz der Befürchtung, dass der Pauschaltourismus mehr und mehr von der Kultur des Landes zerstören könnte. Eine vierspurige Schnellstraße verbindet die Touristenstadt mit dem Flughafen (20 Min. Fahrzeit). Besonders bei japanischen Urlaubern erfreuen sich die hier gelegenen Luxusanlagen höchster Beliebtheit.

Das **Museum Pasifika**, ☎ 0361-774935, 🖳 www.museum-pasifika.com, beherbergt 250 Gemälde verschiedener Künstler und brüstet sich damit, die weltweit größte Sammlung asiatisch-pazifischer Kunst zu besitzen. Die elf in einem Rondell angeordneten Ausstellungsräume sind dabei thematisch sortiert. Die ersten fünf Räume widmen sich dem indonesischen Archipel, in Raum 6 finden wechselnde Ausstellungen statt. Nur in Raum 6 und 9 darf fotografiert werden. ⊙ 10–18 Uhr, Eintritt 70 000 Rp.

Nördlich von Nusa Dua erstreckt sich auf einer langen, schmalen, nach Norden gerichteten Landzunge ein kleineres Touristenzentrum. **Tanjung Benoa** war früher das Handelszentrum der Bukit-Halbinsel, und noch heute zeugen die vielen Bugis- und chinesisch-stämmigen Einwohner von regem Betrieb und Warenaustausch vergangener Zeiten. Außer Luxushotels sind hier auch preiswerte Unterkünfte zu finden, die aber allesamt nicht am Strand liegen. Neben Bademöglichkeiten bietet der Ort jede Menge Gelegenheiten zum Wassersport, wie z. B. Wasserski, Windsurfing, Parasailing, Hochseefischen, Segeln, Tauchen oder Schnorcheln.

ÜBERNACHTUNG

Pondok Agung Homestay, Jl. Pratama 99, ☎ 0361-771143, ✉ pondok.agung@hotmail.com. In einem wunderschönen und sehr gepflegten Garten mit Blumen, Obst-bäumen und einem Lotusteich finden sich die sehr einladend mit viel Holz im balinesischen Stil gehaltenen, luftigen und sauberen Zimmer mit AC, TV, Warmwasser-Bad/WC und Terrasse oder Balkon. Sehr freundliches und hilfsbereites Personal. WLAN und Frühstück inkl. ❸ – ❺

Pondok Hasan Inn, Jl. Pratama, ☎ 0361-772456, ✉ hasanhomestay@yahoo.com. Renovierte und saubere Zimmer mit TV, Kühlschrank und Warmwasser-Du/WC und schönen Holzstühlen auf der Veranda. Auch geräumige Familienzimmer mit großem LCD-TV für 500 000 Rp. WLAN inkl. ❸

Ramada Resort Bali, Jl. Pratama 97A, ☎ 0361-773730, 🖳 www.ramadaresortbenoa.com. Die 3-stöckige Hotelanlage mit schönem Garten wurde zum GIZ-Pilotprojekt für Tsunamisicherheit auserkoren. Die geräumigen Zimmer und Villen mit AC, TV, Minibar und Du/WC sind liebevoll eingerichtet. Recht gutes Preis-Leistungs-Verhältnis. Viele kostenlose Freizeitangebote für die Gäste. WLAN inkl. ❻ – ❽

Tanjung Mekar, Jl. Pratama, ☎ 0361-772063. Hier gibt es 4 saubere und günstige, wenn auch leicht muffige Zimmer mit weichen Matratzen, Kühlschrank, TV und Bad/WC, teils auch mit AC in familiärer Atmosphäre. Auf dem Boden liegen Bastmatten. Gutes Preis-Leistungs-Verhältnis. Freundliche Besitzer. ❷

ESSEN

Bumbu Bali Restaurant & Cooking School, Jl. Pratama, 2 Filialen in Benoa, ☎ 0361-774502, 🖳 www.balifoods.com. Geschmacklich raffinierte balinesische Küche wird hier vom bekannten Schweizer Koch Heinz von Holzen, der 20 Jahre Erfahrung mitbringt, auf sehr ansprechende Weise in simplem Ambiente angerichtet. Empfehlenswert ist die Reistafel, die einen umfassenden Überblick über die einheimische Küche ermöglicht. Freundlicher Service. 3x wöchentl. werden für US$100 lohnenswerte Kochkurse angeboten. Frühmorgens geht es auf den Markt in Jimbaran, um die Zutaten einzukaufen, die später zu einem leckeren Mittagessen verarbeitet werden. ⊙ 11.30–23 Uhr, Kochkurse 6–15 Uhr.

Kazunoya, Jl. Pratama 73, ☎ 0361-775542. AC-gekühltes japanisches Restaurant mit

großer Auswahl an Tempura, Sushi und Sashimi. Kostenloser Shuttleservice.
⏰ 11.30–23 Uhr.

The Tao Bali, Jl. Pratama 96, 📞 0361-772902, 🖥 www.taobali.com. Stilvoll eingerichtetes Restaurant am Sandstrand. Die Speisen werden asiatisch, vor allem auf thailändische Art, zubereitet. Hauptspeisen ab 70 000 Rp, Seafood ab 100 000 Rp. Nach dem Essen kann man auf den Lounge-Sesseln am Pool entspannen. Kostenloser Shuttleservice.
⏰ 10.30–23 Uhr.

AKTIVITÄTEN

Wassersport
Besonders Ost-Asiaten betreiben hier alle Arten von **Wassersport**. Das finanzkräftige Publikum sorgt für relativ hohe Preise im Vergleich zu anderen Orten auf Bali. Dafür ist die Auswahl an Aktivitäten wesentlich höher.
BMR Dive & Water Sports, Jl. Pratama 99X, 📞 0361-771757, 🖥 www.bmrbali.com. Der größte und teuerste Anbieter für Wassersport hat angebaut und bietet neben einem Restaurant jetzt auch ein eigenes Spa. Parasailing (US$20), Wasserski (US$35 für 15 Min.), Banana-Boat (US$20 für 15 Min.), Jet-Ski (US$25 für 15 Min.), Wakeboarding (US$35 für 15 Min.) sowie Schnorcheln (US$25 für 1 Std.) und Tauchen (2 Tauchgänge US$100, Ocean Walker, US$80 für 30 Min.) sind im Angebot. Hilfsbereites Personal. ⏰ 8–17 Uhr.

Wellness
Jari Menari, Jl. Pratama 88X, auf der gegenüberliegenden Straßenseite nördlich des Conrad Hotels, 📞 0361-778084, 🖥 www.jari menari.com. Seit 2010 gibt es das erfolgreiche Spa auch in Nusa Dua. Nur männliche Therapeuten bieten hier ihre höchst professionellen Dienste an. Für weitere Details s. S. 293.
⏰ 9–21 Uhr.

Uluwatu

An der südwestlichen Spitze der Bukit-Halbinsel erhebt sich einsam auf einer steilen Klippe, 100 m über dem tosenden, türkisfarbenen Ozean,

der kleine, aber höchst bedeutsame Tempel **Pura Luhur Uluwatu**, der allein aufgrund seiner herrlichen Lage eine Besichtigung wert ist.

Er fehlt in keiner Liste der *Sad Kahyangan*, der sechs heiligsten Tempel Balis, obwohl diese Verzeichnisse sich oft nicht einig sind. Viele balinesische Tempel haben einen Schrein namens *Palinggih Uluwatu*, in dem bei einer Opferzeremonie Uluwatus Gottheiten zu Gast sind. Sein *Odalan* findet zehn Tage nach *Kuningan* statt, dem Schlusspunkt der zehntägigen Feier zu Ehren der Schöpfung der Welt.

Der Tempel ist Shiva Mahakala geweiht, dem Gott der Vernichtung und Auflösung der Welt. Ihm schreibt man z. B. schwere Stürme und Seuchen zu. Die Felsenklippe, auf der sich der Tempel erhebt, soll einer Sage nach das versteinerte Schiff der Göttin der Gewässer, Dewi Danu, sein, die übers Meer nach Bali kam. Die Göttin wird meist an Bergseen verehrt, z. B. im Pura Ulun Danau Bratan (s. S. 351).

Man sollte sich von den Tempelaffen nicht nervös machen lassen. Am besten ist es, einen Stock dabeizuhaben, mit dem man die Affen verscheuchen kann, falls sie allzu aufdringlich werden. Wie in allen Tempeln sind sittsame Kleidung sowie ein Sarong und eine Tempelschärpe *(Slendang)* erforderlich, die am Eingang geliehen werden können. Der Eintritt zum Tempel beträgt 3000 Rp. Es gibt zahlreiche einfache Essenstände am Parkplatz.

Der Kecak-Tanz am Uluwatu
Es lohnt sich, den Besuch des Pura Luhur Uluwatu so zu organisieren, dass man ihn mit einer abendlichen Tanzaufführung kombinieren kann. Die einstündigen **Feuertanzaufführungen zum Sonnenuntergang** ab 18 Uhr werden zwar immer von Touristenschwärmen besucht, sind aber aufgrund des spektakulären Bühnenplatzes hoch oben auf den Klippen absolut empfehlenswert. Man sitzt auf einer halbrunden Tribüne mit direktem Blick auf den Sonnenuntergang, während die hinduistische Legende des *Ramayana* zum Leben erweckt wird. Der Eintrittpreis von 50 000 Rp ist angesichts dieser Szenerie allemal gerechtfertigt. Die Farbenpracht der sinkenden Sonne bietet einen wunderschönen Hintergrund für den traditionellen Tanz um eine Öllampe. Im

Die Kecak-Tanzaufführung zum Sonnenuntergang am Uluwatu-Tempel ist ein feuriges Spektakel.

Schein der züngelnden Flammen singen sich über 40 *Kecak*-Sänger mit dem hypnotischen *cak-cak-cak* in eine Trance und bilden so den Rahmen für das *Ramayana*-Ballett, das von reich geschmückten Tänzern aufgeführt wird und mit dem beeindruckenden Feuertanz des rettenden Hanuman den Höhepunkt erreicht. Die Zuschauer sind so nah am Geschehen, dass es in den ersten Reihen beim feurigen Ende richtig heiß werden kann. Diese an Intensität nur schwerlich zu übertreffende Show ist für viele Besucher ein einprägsames Erlebnis balinesischer Kultur. Weitere Details zum *Kecak* s. S. 131.

Strände auf der Bukit-Halbinsel

In der Umgebung des Pura Luhur Uluwatu liegen die abenteuerlichsten Surfstrände von Bali. Sie sind nicht für Anfänger geeignet: Die Wellen sind bedeutend höher als in Kuta, und oft geht es über gefährliche Riffe hinweg und bedrohlich nah an spitzen Klippen vorbei. Hauptsächlich trifft man hier australische Surfer. Auf der Küstenstraße gibt es einfache Unterkünfte, die etwas überteuert, aber fast immer ausgebucht sind.

Seit 1980 wurden am **Suluban Beach** schon mehrmals internationale Surfwettbewerbe ausgetragen. Am **Labuan Sait Beach**, einem weiteren beliebten Surfstrand, kann man auf dem großen kostenpflichtigen Parkplatz halten und in einfachen Warung eine Kleinigkeit essen oder den Surfern bei ihren waghalsigen Manövern zuschauen. Weitere Surfstrände auf der Halbinsel sind **Bingin Beach**, **Impossible Beach**, **Nyangnyang Beach** und **Padang Padang Beach**. Nahezu alle diese Strände sind nur über schmale, unbefestigte Wege zu erreichen, häufig eine steile Kletterpartie. Mit einem eigenen Transportmittel gelangt man oft nur bis auf 2 km an den Strand heran.

Lohnenswert ist ein Ausflug zum **Dreamland Beach**, der mittlerweile kein Geheimtipp mehr ist. An dem strahlend weißen Sandstrand und Kalksteinkliff sollte ein zweites Kuta mit vielen großen Hotelbauten entstehen. Fast alle Bauprojekte wurden aber aufgrund der globalen Finanzkrise eingestellt. An dem abgelegenen, oft sehr trockenen und heißen Strand kann man die

Sonne genießen, schwimmen und surfen, aber sonst nicht viel unternehmen. Parken kostet 5000 Rp pro Motorrad und 15 000 Rp pro Auto.

ÜBERNACHTUNG

Pink Coco Bali, Jl. Labuan Sait, Padang Padang Beach, ☎ 0361-895 7371, ⌨ www.pinkcocobali. com. Die neue, mediterran gestaltete Anlage mit schönem Pool bietet geräumige und luftige Zimmer im oberen Stockwerk der 2-stöckigen, bordeauxroten Bauten mit guten Matratzen, AC, LCD-TV, Kühlschrank und Du/WC mit hübschen Waschbecken. Die günstigeren Zimmer im Erdgeschoss sind jedoch etwas enttäuschend. Italienisches Restaurant mit gratis WLAN. ❹–❻

Rocky Bungalows, Jl. Pantai Suluban 313, ☎ 0361-769845, ⌨ www.rockybungalowsbali. com. Recht nette Anlage mit Pool mit direktem Blick auf das tosende Meer und 16 kleinen, sauberen und gefliesten Bungalows mit TV mit DVD-Player und Du/WC, teils mit AC. Frühstück inkl. ❹–❺

The Stage Hotel, Jl. Pantai Suluban. Neben dem Jacko House gibt es rings um einen kleinen Teich empfehlenswerte, neue und sehr günstige Zimmer in Doppelstockbungalows aus Holz mit guten Matratzen und Du/WC. Gutes Preis-Leistungs-Verhältnis und freundliche Besitzer. Einfaches Frühstück inkl. ❷–❸

ESSEN

The Gang Restaurant, Jl. Pantai Suluban. Das zum The Stage Hotel gehörige Restaurant serviert einfache Travellerkost und indonesische Gerichte zu sehr günstigen Preisen.

Trattoria, Jl. Labuan Sait, Padang Padang Beach, ☎ 0361-822 7741, ⌨ www.trattoriaasia. com. Die bekannte italienische Restaurantkette hat auch hier eine Filiale. Im mediterran eingerichteten Restaurant können Gäste Pizza- und Pastagerichte ab 44 000 Rp verspeisen. ⊕ 6.30–23.30 Uhr.

Ulu Restaurant, Jl. Melasti, Padang Padang Beach, ☎ 0813-3866 9364. Rund um einen kleinen plätschernden Springbrunnen kann man an grün gedeckten Tischen das Panaeng-Curry und andere leckere Thai-Gerichte probieren. Hauptgerichte ab 50 000 Rp. ⊕ 10–23 Uhr.

AKTIVITÄTEN

Impossible Surf School, Jl. Melasti, Padang Padang Beach, ☎ 0813-3873 4339, ⌨ www.impossiblesurflessons.com. Die bekannteste und größte Surfschule in der Umgebung. Ein 2 1/2-stündiger Kurs kostet US$35 inkl. Transport, Trinkwasser und Surfbrett.

Zentral-Bali

Nördlich von Denpasar erstreckt sich bis zu den Hängen der Vulkane des Batur-Massivs die für Bali typische Reisterrassenlandschaft. Hier ist das Land saftig grün, fruchtbar, facettenreich und einfach zu schön, um es bloß auf einem Tagesausflug per Touristenbus abzuhandeln. Statt-

Eat, Pray, Love auf Bali

Im Film radelt Julia Roberts über die saftigen Reisfelder von Bali, wandert durch die bizarre Vulkanlandschaft am Gunung Batur und badet im glasklaren Meer. Sie wohnt in einer traumhaften Villa in Ubud, trifft ihren Traummann sowie Ketut, den wundersamen Heiler ihrer Psyche, und eine sympathische Heilerin für ihren verletzten Körper. Nach langer Suche ist es schließlich die Insel Bali, wo sie ihr Glück findet.

Selbst wenn es nur ein Buch bzw. Film ist, so beruht er doch auf der wahren Geschichte von Elizabeth Gilbert. Der Bestseller und die herrliche landschaftliche Filmkulisse sind in den letzten Jahren für viele Anlass gewesen, Bali zu bereisen. In den USA werden spezielle Touren zu den Drehorten angeboten, die bevorzugt von alleinstehenden Frauen im mittleren Alter gebucht werden. Man kann sich von Ketut gegen die nicht ganz geringe Gebühr von 250 000 Rp aus der Hand lesen lassen und kitschige Eat-Pray-Love-Souvenirs erwerben. Dass der durch das Buch und den Film losgetretene Boom nicht bei allen ankommt bezeugen die bei Naughty Nuri's Warung erhältlichen T-Shirts mit dem süffisanten Aufdruck „Eat, Pay, Leave." In diesem Sinne: „See you later, alligator!"

ZENTRAL-BALI

N

0 1 2 3 4 5 km

BALI

△ s. Karte Umg. Tabanan S. 335 △

Pelaga
Nung Nung
Punggang
Batur
Taro
Belong
Bonjaka
Penelokan
△ s. Karte Nord-Bali S. 344 △
Temen
Tigakawan
Elephant Safari Park
Pujung Kaja
Kayubihi
Lebah
Pujung Kelod
Sebatu
Manukaya
Lumbuhan
Kayang
Tiyingan
Bali Eco Adventure
Kedisan
Pura Gunung Kawi Sebatu
Pura Tirta Empul
Besangambu
Kampung Cottages
Bayad
Gunung Kawi
Tampaksiring
Panglipuran
Pura Dalem Agung
Kubu
Lebe
Petang
Payangan
Kelusa
Cebok
Manuaba
Penatahan
Pura Kehen
Rendang, Selat, Sibetan
Carangsari
Bang
Yehtengah
Keliki
Pura Griya Sakti
Tegallalang
Demulih
Bangli
Samuan
Babakan
Tangayuda
Kenderan
Jempeng
Bunutan
Sapat
Sanding
Petak
Panti
Taman Lembah
Warung Jati's
Pura Bukit Sari
Affenwald
Taman
Jungjungan
Kedewatan
Sembuwuk
Belusung
Panarukan
Sangeh
Taman Mumbul
Bongkasa
Lodpasar
Villa Suryana
Petulu
Pura Gunung Lebah
Tarukan
s. Detailplan Umg. Ubud S. 325
Sidawa
Ngalian
Teguan
Blakiuh
Sayan
Campuan
Penestanan
Ubud
Tatiapi
Galiang
Pejeng
Bunutin
Bukit Sari
Abeansemal
Aseman
Monkey Forest
Nyuh Kuning
Peliatan
Pura Samuan Tiga
Bedulu
Guliangkawan
Pura Puseh
Pengosekan
Lodtunduh
Teges
Goa Gajah
Tegallinggah
Sidan
Pura Merajan Agung
Pura Dalem
Mambal
Kengetan
Mas
Rudana Museum
Kutri
Yeh Puluh
Pura Taman Pule
Pura Durga Kutri
Buruan
Gianyar
Samplangan
Tegal
Lambing
Silungan
Sakah
Pura Yeh Tiba
Blahbatuh
Bono
Abianbase
Tulikup
Semarapura
Pura Canggi
Kemenuh
Pura Puseh Blabatuh
Belege
Tedung
Medahan
Mara River Safari Lodge
Siyut
Pantai Tegal Besar
Negari
Pura Sukawati
Tegenungan-Wasserfall
Keramas
Lebih
Kutri
Batuan
Markt Sukawati
Tojan
Pering
Bali Safari & Marine Park
Pantai Lebih
Bali Zoo
Singapadu
Celuk
Puaya
Pura Seni Sukawati
Sukawati
Saba
Pura Masceti
Pantai Masceti
Bali Bird Park
Tegaltamu
Tebune
Pinda
Umodesa
s. Karte Süd-Bali S. 270 ▽
Pura Puseh Batubulan
Guwang
Tabanan
Peguyangan
Batubulan
Batuyang
Pantai Purnama
Umahanyar
Semaga
Kokar (Konservatori Kerawitan)
Pabean
Ubung
Tanguntiti
Tembau
IHD (Institute Hindu Dharma)
Tohpati
Batubulan Busbahnhof Sasih
Akta
Pantai Air Jeruk
Pura Dalem Air Jeruk
Kesiman
Pura Petilan
Gumicik
Denpasar
Pantai Ketewel

Wos
Yeh Ayung
Petanu
Pokrisan

306 ZENTRAL-BALI

www.stefan-loose.de/indonesien

dessen bietet sich Ubud als gute Basis an, um das kulturelle Zentrum der Insel und die Umgebung ein paar Tage lang zu erkunden.

Neben zahlreichen Galerien, Kunstmuseen und dem Affenwald sind es besonders die Tanzaufführungen, die **Ubud** zum kulturellen Highlight der Insel erheben. Nirgends sonst hat man allabendlich die Möglichkeit, solch eine Vielzahl traditioneller Vorführungen zu genießen. Bei einer Wanderung über die Reisfelder der direkten Umgebung erschließt sich Besuchern zudem eine faszinierende Welt, die noch viel mit dem Bali vergangener Tage gemein hat. Wer sich ein bisschen mehr Zeit nimmt, wird verstehen, warum sich seit den 1930er-Jahren hier so viele europäische Künstler niedergelassen haben.

Westlich von Ubud liegt der märchenhafte Affenwald von **Sangeh**, der noch weit weniger touristisch ist als sein Pendant in Ubud. Nach Süden führen die schmalen Straßen durch das dichtbesiedelte Gebiet bis nach Denpasar, vorbei an Ortschaften, die sich jeweils auf ein Kunsthandwerk spezialisiert haben. Östlich der Touristenenklave ist es besonders die Höhle **Goa Gajah**, die Besucher anzieht, während der Norden mit einer ganzen Reihe spannender Attraktionen aufwartet. Das wunderschön inmitten von Reisfeldern in einer Schlucht gelegene Heiligtum **Gunung Kawi** und die heiligen Quellen von **Pura Tirta Empul** sind zwei der schönsten Tempelanlagen Balis, aber auch die Reisterrassenformationen von **Tegallalang** sind mehr als sehenswert. Beim Rückweg nach Ubud können zum späten Nachmittag in den Feldern von **Petulu** noch Scharen von weißen und gelben Reihern beobachtet werden.

Neben den klassischen Sehenswürdigkeiten gibt es in Zentral-Bali vor allem viele kleine Highlights zu bestaunen, die man auf eigene Faust entdecken kann: Reisfelder bei Sonnenuntergang, ein Maler beim Mischen seiner Farben, Bauern, die ihre Enten am Abend durch die Felder nach Hause treiben und Kinder beim Baden im Fluss – Bilder, die untrennbar mit Bali verbunden und hier noch tatsächlich zu sehen sind. Wer sich auf die Suche begibt und balinesisches Dorfleben kennenlernen möchte, wird genauso fündig werden wie Reisende, die einfach nur Ruhe und Erholung suchen.

Ubud

Umgeben von Reisterrassen und kleinen Dörfern, die schöne Ziele für Tagesausflüge und Wanderungen abgeben, liegt der wichtigste Ort Zentral-Balis – Ubud. Dass er sich zu dem Touristenzentrum im Inselinneren entwickelt hat, liegt nicht zuletzt daran, dass sich das ländliche Bali in der Umgebung in seiner ganzen Schönheit präsentiert. Außerdem scheint inmitten der fruchtbaren Landschaft fast jeder Balinese ein Künstler zu sein. In Zentral-Bali leben unzählige Maler, Tänzer, Gamelan-Musiker und Holzschnitzer.

Der moderne Tourismus hat sich in Ubud und den umliegenden Dörfern erst ab Ende der 1970er-Jahre entwickelt, zehn Jahre später als im Süden. Heute ist Ubuds touristische Infrastruktur sehr gut ausgebaut: Hotels aller Preiskategorien, hochklassige, aber auch preisgünstige Restaurants und nicht zuletzt unzählige Kunstgalerien, die Gemälde in allen nur erdenklichen Stilrichtungen zum Verkauf anbieten, buhlen um zahlungskräftige Kunden. Selbstverständlich brachte der Massentourismus nicht nur Positives, so sind die Hauptstraßen mittlerweile notorisch verstopft, und auf der Jl. Monkey Forest suchen einige Bettler, zumeist Zuwanderer aus Java und Madura, ihr Glück. Auf den geschäftigen Hauptstraßen reihen sich Souvenirläden an Modegeschäfte und Ateliers, in denen die naiven Bilder „junger Künstler" zu überhöhten Preisen verkauft werden. Auch wenn der Ort inzwischen sehr touristisch ist, hat er sich doch seinen ganz eigenen, dörflichen Charme bewahrt.

Zentrum der Kunst

Ubud ist ein Einkaufsparadies. Vor allem auf dem zentralen **Markt**, an dem fast alle Tagesbesucher abgesetzt werden, und in den Hauptstraßen findet sich ein riesiges Angebot an Kunstgewerbe und anderen Souvenirs. Auf der von zahllosen Geschäften, Restaurants und Hotels gesäumten **Jalan Monkey Forest** trifft man mehr Touristen als Einheimische, und die Geschäfte haben ihr Angebot vollkommen auf die ausländische Kundschaft ausgerichtet. Etwas entspannter bummelt man nördlich der Hauptstraße in der **Jalan Kajeng**, die auch unter dem Namen Jalan Han Snel bekannt ist.

Wer Bilder einkaufen will, sollte zuerst im **Museum Puri Lukisan**, dem ältesten Kunstmuseum von Ubud, ☎ 0361-971159, 🖥 www.museumpurilukisan.com, seinen Blick für die verschiedenen Stilrichtungen schärfen. Die Gebäude im traditionellen balinesischen Stil liegen mitten in einem großen Garten und präsentieren eine Zusammenstellung von Bildern der modernen balinesischen Malerei, die ihre Motive aus dem alltäglichen Leben schöpft. Während im Pitamaha-Haus Werke der Vorkriegszeit zu sehen sind, zeigt die Ida Bagus Made Galerie die mitunter surrealistischen Bilder des berühmten namensstiftenden Malers und das Wayang-Haus Wayang-Malerei der Nachkriegszeit. Hier werden zudem Kurse in Tanz, Malerei und sogar Korbflechten angeboten. ⏲ 9–17 Uhr, Eintritt 40 000 Rp.

Das **Blanco Renaissance Museum**, ☎ 0361-975502, 🖥 www.blancomuseum.com, befindet sich westlich des Puri Lukisan, oberhalb des Campuhan-Flusses in einem markanten, neoklassizistischen Kuppelbau. Auf 2 ha Land, die Blanco vom König von Ubud erhielt, wurde das Gebäude nach einem Entwurf des katalonischen „Dalí von Bali" höchstpersönlich errichtet und kurz nach seinem Tod 1999 eröffnet. Noch heute lebt die Familie des Malers hier. Ein kleines Amphitheater, ein Shop und ein Restaurant runden das Angebot ab. ⏲ 9–17 Uhr, Eintritt 50 000 Rp, Studenten 30 000 Rp.

Ein weiteres interessantes Kunstmuseum ist das von Suteja Neka aufgebaute **Neka Art Museum** an der Straße nach Kedewatan, etwa 2 km nördlich von Campuhan, ☎ 0361-975074, 🖥 www.museumneka.com. Die gesamte Bandbreite balinesischer Kunst ist hier in mehreren Häusern zu bestaunen. Die einzelnen Bilder sind mit erhellenden Erklärungen versehen, die die gegenseitige Beeinflussung westlicher und balinesischer Künstler erläutern. Immer wiederkehrende Motive der balinesischen Malerei sind Weiblichkeit, der Generationenwechsel und das Landleben. Neuere Bilder behandeln auch die Spannung zwischen Tourismus und ländlichen Traditionen. Im Bildarchiv im hinteren Bereich neben einem traditionellen Pavillon sind Fotos ausgestellt, die einen guten Einblick in das Bali der 1930er- und 1940er-Jahre ermöglichen. Außerdem gibt es eine Halle mit wechselnden Ausstellungen. ⏲ 9–17 Uhr, Eintritt 40 000 Rp.

Das Areal des 1996 eröffneten **ARMA – Agung Rai Museum of Art**, ☎ 0361-976659, 🖥 www.armamuseum.com, liegt südöstlich des Affenwaldes in Pengosekan. In der weitläufigen und aufwendig in balinesischer Architektur gestalteten Anlage mit schönen Gärten sind neben der permanenten Gemäldesammlung des Ehepaars Agung Rai auch Wanderausstellungen zu sehen. Das Spektrum reicht von klassischer *Kamasan*-Malerei auf Baumrinde und Werken Raden Salehs über Gemälde der Batuan-Gruppe aus den 1930er-Jahren bis hin zu den Werken von Walter Spies, Willem Dooijewaard und Rudolf Bonnet. Ferner werden Tanzaufführungen und sonntags morgens auch Workshops veranstaltet. Zu den abendlichen Veranstaltungen verkehrt ein Shuttlebus vom Yayasan Bina Wisata (Ubud Tourist Office). ⏲ 9–18 Uhr, Eintritt 40 000 Rp inkl. einem Getränk im Café.

6 HIGHLIGHT

Tanzaufführungen

Der Besuch einer der täglich stattfindenden Aufführungen gehört zum kulturellen Pflichtprogramm eines jeden Ubud-Besuchers. Jeden Abend finden auf verschiedenen Bühnen, meist in oder vor einem Tempel, **Tanzveranstaltungen** statt. Das Angebot ist überwältigend vielseitig und die Karten werden in der Regel bereits nachmittags von jungen Einheimischen in den Straßen zum Kauf angeboten. Die Darbietungen beginnen zumeist zwischen 19 und 20 Uhr und dauern etwa zwei Stunden. Zu den täglich stattfindenden Vorstellungen gehören anmutige *Legong*- und beeindruckende *Kecak*-Tänze sowie erzählerische *Wayang-Kulit*-Aufführungen. Mehrmals wöchentlich werden auch furchteinflößende *Barong*-, kriegerische *Kris*- sowie andere Trance-Tänze, *Ramayana*-Ballett und Gamelan-Konzerte veranstaltet. Hintergrundinformationen zu den einzelnen Tänzen s. Land und Leute ab S. 131.

Leider liegen einige Veranstaltungsorte sehr nahe an den geschäftigen Hauptstraßen, so-

Auch heutzutage werden die Opfergaben für die Götter noch auf dem Kopf durch die Straßen transportiert.

dass der rege Verkehr das stimmungsvolle Ambiente manchmal etwas trüben kann. Je nach Art und Ort der Aufführung variieren die Preise zwischen 75 000 und 100 000 Rp. Die aktuellen Termine sind auf dem beim Yayasan Bina Wisata (Ubud Tourist Office) erhältlichen Infoblatt *Schedule of Performances* abgedruckt. Zu außerhalb liegenden Veranstaltungsorten verkehren im Ticketpreis inbegriffene Minibusse.

Der Affenwald von Ubud

Eine der touristischen Hauptattraktionen von Ubud ist der heilige **Affenwald (Monkey Forest)**, 361-971304 www.monkeyforestubud.com, der im äußersten Süden der Jl. Monkey Forest beginnt. Der Wald wird von etwa 300 Makaken *(Macaca fascocilaris)* bevölkert, überwiegend Jungtiere, aber auch ältere Männchen, die bis zu 10 kg schwer werden und recht aggressiv reagieren können. Kommt man ohne Erdnüsse und andere Leckereien hierher, verhalten sich die Affen normalerweise friedlich. Dennoch gilt es Abstand zu wahren und Kameras, Brillen und andere lose am Körper baumelnde Gegenstände sicher zu verstauen, da sie sonst von den Affen geklaut werden könnten.

50 m hinter der Kasse führen rechts Stufen in eine kleine Schlucht hinab und unter einem *Banyan*-Baum hindurch. Läuft man den kleinen Pfad am Fluss entlang, betritt man eine magische Welt. Das dichte grüne Blätterdach der alten Bäume lässt nur ab und zu einige Sonnenstrahlen hindurch, sodass der dämmrige Ort von einer märchenhaften Atmosphäre erfüllt wird: Die Steine und Felsen sind von Moos bewachsen, und die herabhängenden Wurzeln der heiligen *Banyan*-Bäume strecken sich Richtung Erde. Dazwischen tollen neugierige junge Affen herum und beobachten die Besucher, die älteren wiederum liegen faul auf den Felsen und Bäumen. Am Flussufer geht es deutlich ruhiger zu als am Eingang zum Affenwald, wo sich die Makaken teils lautstark um Bananen und Erdnüsse streiten.

Im Affenwald von Ubud gibt es drei heilige Tempel: Der wichtigste ist der Unterwelttempel **Pura Dalem** des Banjar Padang Tegal im Südwesten der Parkanlage, den einige bizarre *Rangda*-Statuen und die omnipräsenten Affen bewachen. Die beiden anderen heiligen Stätten sind der Badetempel auf der nordwestlichen Seite und der **Pura Prajapati**, der sich am östlichen Rand des Waldes befindet. Ein kleiner

Hunderte von frechen Makaken entführen Besucher in den magischen Affenwald von Ubud.

Friedhof liegt auf einer Anhöhe direkt westlich neben dem Haupteingang. ⏱ 8–18 Uhr, Eintritt 20 000 Rp, Kinder 10 000 Rp.

Wer vom Affenwald Richtung Süden fährt, vorbei an Hotels und den Galerien einiger Maler und Holzschnitzer, erreicht das Dorf **Nyuh Kuning**, eine Bauernsiedlung, in der viele Maler, Holzschnitzer und Korbflechter leben.

🔅 Ökologische Lebensweisen

Ubud hat sich nicht nur zum Zentrum der Künste, sondern in den letzten Jahrzehnten auch zum Zentrum ökologischer, d. h. naturverträglicher Lebensweisen entwickelt. Nirgendwo sonst auf Bali kann man seinen Urlaub so naturnah, aktiv und zugleich entspannt gestalten wie hier.

Es gibt unzählige Wege, die Schätze der Natur zu bestaunen und sich von ihnen verwöhnen zu lassen. Bei **Spaziergängen** in und um Ubud lässt sich immer wieder Neues entdecken, und geführte Wanderungen und **Fahrradtouren** ermöglichen außergewöhnliche Einblicke in die Flora und Fauna der Insel. Zudem kann man aufschlussreiche und interessante Ausflüge zu den Öko-Bauernhöfen in der Umgebung unternehmen. Es bieten sich auch spannende und lehrreiche Perspektiven auf den traditionellen balinesischen Alltag. Warum nicht mal einen Kurs in balinesischer Kräuterheilkunde besuchen, ein ökologisch angebautes Tomatenbeet umgraben oder in einem gemeinnützigen Projekt als Englischlehrer aktiv werden? In Ubud bieten sich so viele Möglichkeiten, dass eine Auswahl schwerfällt.

Nach einem ereignisreichen Tag können Besucher sich auf einmalige Wellness-Erlebnisse freuen. In einem der vielen **ökologischen Spas** wird man in duftenden Rosenblüten gebadet oder verwöhnt die Haut mit feinstem Obst – ein berauschendes Erlebnis für Körper und Geist! Auch Freunde des **Yoga** kommen voll auf ihre Kosten und können in traumhafter Umgebung zu sich selbst finden.

Nach der körperlichen Entspannung warten Gaumenfreuden, die Ubud im Überfluss zu bieten hat. Unzählige Restaurants bieten eine breite Auswahl exquisiter Küchen. Immer mehr von ihnen legen dabei Wert auf biologisch angebautes Gemüse und verzichten auf chemische Zusatzstoffe. Auch ist die Auswahl an Kräutergetränken, Gesundheitscocktails und puren Fruchtsäften nirgendwo sonst auf Bali so groß wie hier.

Jeden Samstag findet von 9.30–14 Uhr in Padang Tegal vor dem Kafe ARMA ein kleiner **Bio-Markt**, 🖥 www.ubudorganicmarket.com, statt. Frisches Gemüse, Kräuter und Obst aus ökologischem Anbau werden hier ebenso angeboten wie Gesundheits-Drinks, Medizin, organische Seifen und Literatur zu alternativen Lebensstilen.

ÜBERNACHTUNG

Es gibt Hunderte Hotels, Bungalowanlagen und Homestays, die die Haupt- und Nebenstraßen sowie die schmalen begrünten Seitengassen der Dörfer säumen und auch noch weit verstreut in den umliegenden Reisfeldern zu finden sind.

Zwischen Jalan Monkey Forest und Jalan Hanoman

Agung Cottages, Jl. Gautama 18, ☎ 0361-975414, ✉ agungcott@yahoo.com. Die von vielen deutschen Gästen bewohnte Anlage mit schönem Garten bietet leicht abgewohnte, aber noch immer komfortable Zimmer mit Federkernmatratzen, älterer Du/WC und traditionellen Holzverzierungen. Das Zimmer im oberen Stock ist etwas besser. Nette Betreiberin und Frühstück inkl. ❸–❹

Argasoka Bungalows, Jl. Monkey Forest, ☎ 0361-970912, 🖥 www.argasokabungalows. weebly.com. In der weitläufigen, etwas chaotisch am Hang errichteten Anlage schauen morgens die Affen aus dem benachbarten Monkey Forest vorbei. Die günstigen und hellen Zimmer bieten gute Matratzen und riesige, halboffene Du/WC mit Warmwasser. Freundliches Personal. Frühstück, WLAN inkl. ❷–❸

Canderi Homestay, Jl. Monkey Forest, ☎ 0361-975054. Ibu Canderi war 1970 die erste in Ubud, die Rucksacktouristen eine Bleibe anbot. Auch heute ist die rüstige und liebenswerte Besitzerin immer noch in das Tagesgeschehen involviert und begrüßt Gäste auch gerne auf Deutsch. Die Zimmer in der engen Anlage sind zwar ein bisschen muffig, aber sehr sauber und bieten ein super Preis-Leistungs-Verhältnis, gute Matratzen und ein jeweils großes Bad/WC. ❷

Ubud

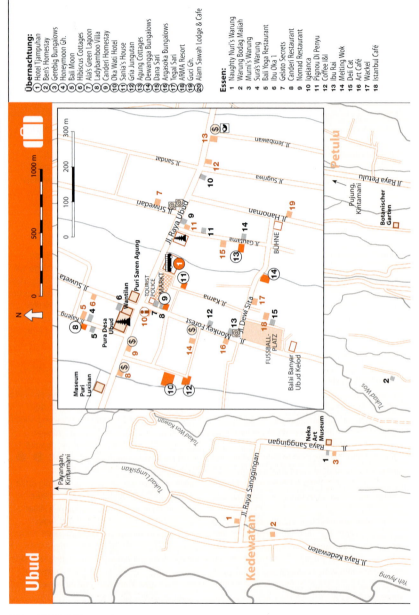

Übernachtung:
1. Hotel Tjampuhan
2. Ben's Homestay
3. Gerebig Bungalows
4. Honeymoon Gh.
5. Bali Moon
6. Hibiscus Cottages
7. Ala's Green Lagoon
8. Ladybamboo Villa
9. Canderi Homestay
10. Oka Wati Hotel
11. Sania's House
12. Gria Jungutan
13. Agung Cottages
14. Dewangga Bungalows
15. Dana Sari
16. Argasoka Bungalows
17. Tegal Sari
18. ARMA Resort
19. Guci Gh.
20. Alam Sawah Lodge & Cafe

Essen:
1. Naughty Nuri's Warung
2. Warung Bodag Maliah
3. Murni's Warung
4. Sura's Warung
5. Bali Yoga Restaurant
6. Ibu Oka 1
7. Gelato Secrets
8. Canderi Restaurant
9. Nomad Restaurant
10. Igelanca
11. Pignou Di Penyu
12. Coffee I&I
13. Ibu Rai
14. Melting Wok
15. Deli Cat
16. Art Café
17. Wackel
18. Istanbul Café

312 UBUD | Übernachtung   www.stefan-loose.de/indonesien

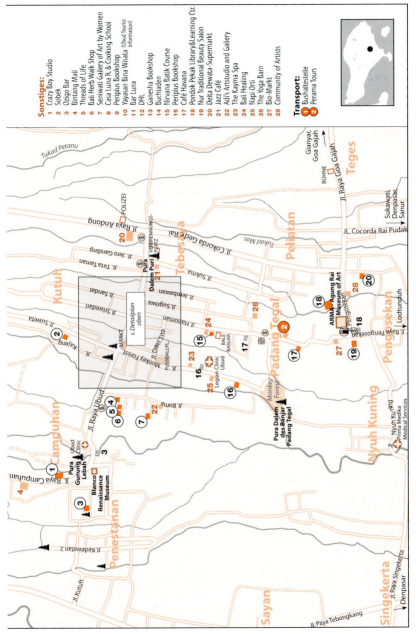

Sonstiges:
1 Crazy Boy Studio
2 Sobek
3 Ozigo Bar
4 Bintang Mall
5 Threads of Life
6 Bali Herb Walk Shop
7 Seniwati Gallery of Art by Women
8 Casa Luna R & Cooking School
9 Periplus Bookshop
10 Yayasan Bina Wisata (Ubud Tourist Information)
11 Bar Luna
12 DHL
13 Ganesha Bookshop
14 Buchladen
15 Nirvana Batik Course
16 Periplus Bookshop
17 Café Havana
18 Pondok Pekak Library&Learning Ctr.
19 Nur Traditional Beauty Salon
20 Delta Dewata-Supermarkt
21 Jazz Café
22 Adi's Artstudio and Gallery
23 The Kayma Spa
24 Bali Healing
25 Napi Orti
26 The Yoga Barn
27 Bio-Markt
28 Community of Artists

Transport:
1 Bushaltestelle
2 Perama Tours

BALI

UBUD | Übernachtung   313

Dana Sari, Jl. Hanoman 43, ☎ 0361-970539, 🖥 www.danasari.com. Die recht neue, 2-stöckige Anlage abseits der Straße bietet schicke, saubere und helle Zimmer mit Du oder Bad/WC und Blick auf die Reisfelder vor dem Haus. WLAN und Frühstück inkl. ❸–❹

Dewangga Bungalows, Jl. Dewi Sita, ☎ 0361-973302, 🖥 www.dewanggaubud.com. Weitläufige, grüne Anlage mit sauberen und hellen Zimmern mit Warmwasser-Bad/WC und teils AC. Vom Balkon der 2-stöckigen Bungalows hat man eine gute Aussicht auf den großen Garten. In der Hotelgalerie werden Werke von dem Künstler I Gusti Putu Suteja und seiner Frau Mega Sari ausgestellt. Tee gibt es den ganzen Tag über. ❸–❹

Gria Jungutan, Gang Beji Jungutan, ☎ 0361-975752. Direkt in der Nähe der belebten Hauptstraße liegt dieses großzügige Refugium, umringt von Palmen und Bananenstauden. Hier gibt es geräumige, saubere Zimmer mit Moskitonetzen und Warmwasser-Bad/WC. Vom großen Balkon hat man eine wunderschöne Aussicht auf den Fluss. ❷

Oka Wati Hotel, Gang Beji Junjutan, ☎ 0361-973386, 🖥 www.okawatihotel.com. 1980 war Oka Wati die erste in Ubud, die komfortablere Zimmer an Touristen vermietete. In der schönen, luftigen und gepflegten Gartenanlage mit Pool liegen die 12 balinesisch eingerichteten Zimmer mit AC und Kühlschrank, die nichts von ihrem Charme eingebüßt haben. Die teureren sind sehr geräumig und mit Dusche und Badewanne sowie sehr schönen Waschbecken ausgestattet. WLAN gegen Entgelt. ❺

Sania's House, Jl. Karna 7, ☎ 0361-975535, ✉ sania_house@yahoo.com. Die kleine, freundliche Anlage mit süßem Pool bietet Wohnräume in vielen Kategorien. Von einfachen, aber sehr sauberen Zimmern mit Schaumstoffmatratzen bis hin zu palastartigen Räumen mit wunderschön geschnitzten Türen und thronartigen Sesseln ist alles dabei. Guter Service und kleine Bibliothek. ❷–❹

Tegal Sari, Jl. Hanoman, ☎ 0361-973318, 🖥 www.tegalsari-ubud.com. Weitläufige, von Reisfeldern umgebene Anlage mit sehr stilvollen, individuell und gemütlich eingerichteten und geräumigen Bungalows mit Du/WC und Badewanne, teils auch mit AC und Veranda mit tollem Blick auf die Reisfelder oder den Affenwald. Pool, Fitnessbereich, Bibliothek und Restaurant, das ökologische Gerichte serviert, vorhanden. Freundliches Personal. ❹–❻

Jalan Bisma und Jalan Kajeng

Ala's Green Lagoon, Jl. Bisma, ☎ 0361-970476, 🖥 www.alasgreenlagoon.baliklik.com. Die Bungalows sind im traditionellen balinesischen Stil mit wunderschön verzierten Holztüren gebaut und liebevoll mit Himmelbett und Bad/WC eingerichtet. Vom erhöht gelegenen Pool bietet sich ein schöner Blick auf die Reisterrassen. WLAN und Frühstück inkl. ❸–❺

🧳 **Bali Moon**, Jl. Bisma, ☎ 0361-978293, 🖥 www.balimoon.baliklik.com. Neben sehr sauberen, liebevoll eingerichteten und komfortablen Zimmern bietet das Bali Moon auch wunderschöne Ausblicke auf die umliegenden saftig grünen Reisfelder. Anstatt Straßenlärm gibt es nachts nur Grillen-, Frosch- und *Tokee*-Konzerte. Das kleine familiengeführte Gästehaus bietet damit optimale Voraussetzungen für einen entspannten Aufenthalt. Die Zimmer mit schweren balinesischen Holzmöbeln und einem großen, traditionellen Himmelbett erzeugen eine romantische Atmosphäre. In das offene Bad/WC mit großzügiger Wanne führt ein Pfad aus hellen Kieselsteinen. Die 6 Zimmer verteilen sich auf einen älteren und einem neuen Komplex. Die freundlichen Besitzer des Gästehauses geben gerne Exkurse in balinesischer Kultur. WLAN und Frühstück inkl. Eine Reservierung ist empfehlenswert. ❸

Ben's Homestay, Jl. Suweta, ☎ 0361-973388, ✉ ben_bali88@yahoo.com. Am Ende der Jl. Kajeng führt eine steile Treppe mitten in einen Bambuswald. Hier liegen die hell gefliesten, geräumigen Zimmer mit Warmwasser-Du/WC und einladendem Balkon, auf dem man den Gamelan- oder Grillenkonzerten lauschen kann. ❷–❸

🧳 **Hibiscus Cottages**, Jl. Bisma, ☎ 0361-970475, 🖥 www.hibiscus-cottages.com. Genau wie das Bali Moon bieten auch die Hibiscus Cottages Reisfeldromantik – dazu

314 **UBUD** | Übernachtung

www.stefan-loose.de/indonesien

ebenfalls saubere, liebevoll eingerichtete, komfortablen Zimmer. Die 5 Zimmer mit geräumigem Warmwasser-Bad/WC und Balkon oder Terrasse, teilweise auch mit AC, sind sehr empfehlenswert. Von der Veranda des VIP-Zimmers kann man an klaren Tagen bis zum Strand von Sanur blicken. Gerne bezieht der freundliche Besitzer seine Gäste in die täglichen religiösen Rituale mit ein. Die Santan-Pancakes und Gemüse-Omelettes, die man mit Obstsalat oder frischem Saft zum Frühstück serviert bekommt, sind mit die besten ganz Balis. WLAN, Kaffee, Tee und reichhaltiges Frühstück inkl. Reservierung empfehlenswert ❸–❺

Honeymoon Gh., Jl. Bisma, ✆ 0361-973282, 🖥 www.casalunabali.com. In der großen, grünen Anlage mit Pool stehen die geräumigen, stilvoll mit dunklen Möbeln eingerichteten Bungalows mit gepflegten Zimmern, teils mit modernem Bad/WC, AC und schönen farbenfrohen, zweiflügeligen Eingangstüren. Das freundliche Personal gibt gerne Tipps für individuelle Wanderungen durch die Reisfelder um Ubud. Auch Kochkurse im Restaurant Casa Luna in der Jl. Raya werden angeboten. Reservierung empfehlenswert. WLAN und Frühstück inkl. ❺–❻

Ladybamboo Villa, Jl. Kajeng 13C, ✆ 0361-970048, 🖥 www.ladybamboo.com. Vom Bremer Lambert und seiner Frau Reki wird man nicht nur exzellent bekocht und unterhalten, sondern auch in die Geschichte der Ortschaft eingeführt oder in die angrenzenden Reisfelder entführt. Die geräumigen Zimmer mit Du/WC, teils auch mit AC, LCD-TV mit DVD-Player, iPod-Anlage, edlem Marmorboden und privater Terrasse, liegen um einen ruhigen, tropischen Garten mit Pool und kleinem Restaurant. Die Gastgeber haben immer gute Tipps parat und bieten Kochkurse an. Frühstück inkl. ❺–❻

Im Nordwesten von Ubud

In den Reisfeldern von Penestanan, weitab vom geschäftigen Treiben in Ubud, finden sich viele 2-stöckige Bungalows. Campuhan war in den 1930er-Jahren das Zentrum der modernen Malerei und bietet ebenfalls einige Übernachtungsmöglichkeiten. Weiter

im Norden in Kedewatan liegen einige der luxuriösesten Hotelanlagen von Bali.

Gerebig Bungalows, Penestanan Kelod, ✆ 0361-974582, 🖥 www.gerebig.com. Die Anlage wird von Palmen begrenzt, und ein kleiner Bach plätschert mitten durch den romantischen grünen Garten mit einem kleinen Pool. Die großen, gemütlichen Bungalows haben Küche, Warmwasser-Du/WC und Terrassen. Die Buchtauschbörse bietet auch viele deutsche Schmöker. Reservierung empfehlenswert. ❹–❺

Hotel Tjampuhan, Jl. Raya Tjampuhan, ✆ 0361-975368, 🖥 www.tjampuhan-bali.com. Das 1928 für die Gäste des Prinzen von Ubud im traditionellen balinesischen Stil erbaute Hotel hat mittlerweile etwas Staub angesetzt. Es liegt im engen Tal des Yeh Wos und bietet 67 geschmackvoll eingerichtete Zimmer mit dunklen Holzmöbeln und Warmwasser-Bad/WC, teils auch mit AC. Von 1928 bis 1940 wohnte hier der Maler Walter Spies, der sich den mittlerweile modernisierten Naturwasserpool bauen ließ. Originell eingerichtetes Spa. Transportservice ins Zentrum und Frühstück inkl. ❼

Im Südosten von Ubud

In Tebesaya und Peliatan bietet sich ein Bild kleinstädtischen Lebens. In den Nebenstraßen geht es weit weniger touristisch zu als weiter westlich. In- und ausländische Studenten sowie Kunstinteressierte bleiben gerne für längere Zeit in dieser Gegend.

Alam Sawah Lodge & Cafe, Peliatan, ✆ 0361-975797. Mehrstöckige Unterkunft mit Pool und Zimmern mit TV, Kühlschrank und Warmwasser-Du/WC. Bei Interesse gibt es hier Lehrstunden in *Anklung*, den traditionellen balinesischen Bambusmusikinstrumenten. Zudem besitzen die Söhne eine bemerkenswerte Sammlung von Oldtimer-Motorrädern, man sieht sie immerfort an Fahrzeugen basteln. ❷

ARMA Resort, Jl. Peliatan Raya, ✆ 0361-976659, 🖥 www.armaresort.com. Die weitläufige Anlage im Grünen hat etwas vom Charme alter Tempelanlagen. Die geschmackvoll und komplett eingerichteten Zimmer mit Bad/WC sowie die luxuriösen Villen mit Privatpool und schicken Open-Air-Du/WC sind höchst komfortabel. Es gibt freien Eintritt zum benachbarten ARMA – Agung Rai Museum of Art und ein großes Angebot an Kunstkursen. Fast tgl. finden Tanzvorstellungen statt. WLAN im Restaurant inkl. ❼–❽

Guci Gh., Jl. Raya Pengosekan, ✆ 0361-975975, 🖥 www.guci-bali.com. Hier fühlt man sich zu Hause. Denn der äußerst talentierte Maler Nyoman und seine deutsche Frau Ulli kümmern sich herzlich um ihre Gäste. In einem schönen Garten mit Kunstwerken stehen die älteren, aber sauberen und gepflegten Bungalows mit Veranda, Holzmöbeln und einladenden Betten mit Moskitonetz sowie Open-Air-Du/WC mit Warmwasser. Zudem gibt es 2-stöckige Doppelbungalow-Hälften, die neben einem schön gestalteten, offenen Schlaf- und Wohnraum und wunderschönen Bädern auch eine komplett ausgestattete Küche bieten. Das freundliche Personal serviert ein tgl. wechselndes Frühstück, WLAN inkl. ❹

ESSEN

Die Auswahl an Restaurants ist riesig groß. Neben vielen Lokalen, die ihre Speisen auf den Geschmack der Touristen abgestimmt haben, gibt es in Ubud auch viele erstklassige Restaurants, in denen fantastische Gerichte gezaubert werden.
Keinesfalls entgehen lassen sollte man sich eine **Bali-Ente** *(Bebek Betutu)* zum Abendessen, auch wenn sie nicht ganz billig ist und einen Tag vorher bestellt werden muss. In traditioneller Art auf Reisstroh gegart, ist das zarte Fleisch ein Genuss.

Amerikanisch

Naughty Nuri's Warung, Jl. Raya Sanggingan, ✆ 0361-977547. Rustikal und eng geht es in diesem gut besuchten, seit 1995 bestehenden Warung zu. Hier sitzen US-amerikanische Stammgäste an den Holztischen. Die schlagfertigen Bedienungen, ausnahmslos Frauen, servieren fantastische Barbecue-Rippchen vom Schwein für 85 000 Rp, die jeden Rupiah wert sind, leckere Hähnchenschenkel und Burger. Besonders zum Abend wird die Stimmung immer lustiger und gelöster. Ein großes Bintang Bier kostet 38 000 Rp. Ein

paar Häuser weiter südlich liegt der etwas modernere Nacho Mama Grill, der mexikanische Speisen anbietet. ⏱ 10–22 Uhr.

Asiatisch

Istanbul Café, Jl. Raya Pengesokan, ✆ 0361-971266. Köfte, Kebab, Lamm im irdenen Pott, Manti (türkische Teigtaschen) oder Aubergine mit Hackfleisch, Tomaten und grünem Pfeffer – der türkische Koch zaubert hier zu verträglichen Preisen authentische Gerichte. Die Speisekarte wird durch guten Kaffee und ein paar Cocktails zum Abend komplettiert.
Melting Wok, Jl. Gautama, ✆ 0821-5366 6087. Das kleine, 2011 eröffnete Restaurant der Französin Géraldine und ihres franko-laotischen Gatten Philippe bietet etwas ganz Besonderes, nämlich kein feststehendes Menü. Je nach Markteinkauf zaubert Philippe ein kleines, leckeres Buffet aus Gemüse, Fleisch und Beilagen, orientiert an den Küchen aus Réunion und Laos. Ein gut portionierter, flott servierter, Teller kostet 25 000 Rp und ist um die Mittagszeit die ideale Alternative zum Warten in den teuren Restaurants. ⏱ 11–21 Uhr.

Europäisch

Deli Cat, Jl. Monkey Forest, auf der anderen Seite vom Sportplatz, ✆ 0361-971284, ✉ delicat_ubud@hotmail.com. Das kleine, nette und ruhig gelegene Restaurant trumpft mit einer großen Auswahl an Sandwiches auf, die man sich mit solch exotischen importierten Belägen wie Parma-Schinken, Salami oder Camembert selbst zusammenstellen kann. Außerdem gibt es auch preisgünstige westliche Hauptgerichte, wie sehr leckere Burger und eine große Auswahl an Würstchen für 45 000 Rp. Empfehlenswert! WLAN inkl. ⏱ 9–24 Uhr.
Pignou Di Penyu, Jl. Gautama 5, ✆ 0361-972577, ✉ pignoudipenyu@gmail.com. Ob Gratins, Filet Mignon, Froschschenkel, Hase oder Schnecken nach Monsieur Bruns Art – die indo-französische Betreiberin sorgt für authentische Gerichte, die zu französischen Weinen und leicht gehobenen Preisen genossen werden können. Ein paar asiatische Alternativen sind ebenfalls erhältlich. WLAN inkl. ⏱ 11–22 Uhr.

Wackel, Jl. Hanoman, ☎ 0361-971555.
Die indonesische Besitzerin serviert diverse
deftige deutsche Spezialitäten, darunter
Leberkäse, Gulascheintopf, Zwiebelrostbraten
oder Weißwürste ab 26 000 Rp. Auch Reibe-
kuchen findet man auf der Speisekarte. Da sind
die angebotenen indonesischen Gerichte eher
Nebensache. ⏲ 10–22 Uhr.

Indonesisch

Canderi Restaurant, Jl. Monkey Forest,
☎ 0361-975054. Die rüstige Ibu Canderi war
1970 die erste in Ubud, die Rucksacktouristen
eine Bleibe anbot. Auch das Restaurant war
damals einer der Treffpunkte der Szene.
Die Tacos nach indonesischer Art für 25 000 Rp
sowie die anderen sehr günstigen einheimischen Gerichte bieten für preisbewusste
Reisende eine empfehlenswerte Alternative
zu den teuren Restaurants auf der Jl. Monkey
Forest.

Ibu Oka 1, Jl. Tegal 2, ☎ 0361-207 7490.
Gleich um die Ecke vom Palast Puri
Agung, direkt unter einem *Banyan*-Baum,
gibt es hier das typisch balinesische und sehr
leckere Spanferkel *(Babi Guling)* – ein Muss
für Freunde der deftigen Küche. Auch sonst
geht es in dem immer gut besuchten, modernen
Warung rustikal zu. Man teilt sich die Tische
oder Plätze auf dem Boden mit manch
Einheimischen und vielen anderen Touristen.
Eine weitere Filiale gibt es in der Jl. Suweta.
⏲ 11–18 Uhr.

Igelanca, Jl. Raya Ubud, ☎ 0361-809 9124.
Dieser sehr einfache, in Orange gehaltene,
2-stöckige Warung überzeugt mit frisch zuberei-
teten traditionellen, indonesischen Speisen wie
Gado Gado zu überraschend günstigen Preisen.
Hauptgerichte ab 15 000 Rp. ⏲ 8–23 Uhr.

Sura's Warung, Jl. Kajeng 10, ☎ 0852-3840 8899.
Das gemütliche kleine Warung bietet günstige
und sehr leckere balinesische Gerichte. Zu
Jazzmusik kann nach Vorbestellung auch *Bebek
Betutu* oder eine Reistafel verspeist werden.
Hauptgerichte ab 23 000 Rp. ⏲ 9–22 Uhr.

International

Art Café, Jl. Monkey Forest, ☎ 0361-970910.
Das kleine, künstlerisch mit vielen Spiegeln

eingerichtete Café bietet eine breite
Auswahl an Hauptgerichten ab 40 000 Rp in
sehr entspannter, freundlicher Atmosphäre.
Die Burritos und die Tiramisu sind besonders
lecker. Im hinteren Teil liegt auch ein netter
kleiner Garten. WLAN inkl. ⏲ 7–20.30 Uhr.

Ibu Rai, Jl. Monkey Forest 72, ☎ 0361-973472,
🖳 www.iburai.com. In dem alteingesessenen
und luftigen Restaurant werden neben sehr
leckeren Hauptspeisen, die sowohl westlich
als auch balinesisch beeinflusst sind, auch
thailändische Küche und frische Beerensäfte
angeboten. Die Großgarnele auf Pasta mit
Koriander und Basilikum-Pesto ist sehr zu
empfehlen. Wechselnde Wochenkarte und
Auswahl an Cocktails. Angemessene Preise.
⏲ 9–22.30 Uhr.

Murni's Warung, an der Brücke nach
Campuhan, ☎ 0361-975233, 🖳 www.murnis.
com. Eines der ersten Restaurants in Ubud und
mittlerweile eine alteingesessene Institution
auf 5 Stockwerken mit fantastischer Aussicht.
Viele Gäste werden das in der Speisekarte
abgedruckte Zitat von Cathay Cox unter-
schreiben können. Gerichte ab 35 000 Rp.
Ab 19 Uhr kostenlose Abholung vom Hotel.
WLAN inkl. ⏲ 8–22 Uhr.

Nomad Restaurant, Jl. Raya Ubud 35,
☎ 0361-977169, 🖳 nomad-bali.com.
Hier wird seit 1979 exzellente Fusionsküche
mit Gemüse vom eigenen Bio-Bauernhof im
Norden von Ubud serviert. Hausgemachte
Pasta, Thunfisch-Steak oder Rinder-Kebab –
schon beim Anblick der kreativ gezauberten
Köstlichkeiten läuft einem das Wasser im Mund
zusammen. Hinterher kann man bei Lounge-
musik die Cocktails ausprobieren. Gerichte ab
70 000 Rp, Cocktails ab 60 000 Rp. ⏲ 10–22 Uhr.

Warung Bodag Maliah, Subak Sok
Wayah, ca. 1 km nördlich des Zentrums,
☎ 0361-780 1839, ✉ sari-organik@hotmail.com.
Angeschlossen an den Bio-Bauernhof Sari
Organik, werden mitten in herrlich fotogener
Reisfeldlandschaft in einem ganz aus Holz
und Bambus konstruierten Pavillon asiatische,
internationale und vegetarische Gerichte ab
25 000 Rp serviert. Die Salate und die ausgefallenen Saftkreationen erfreuen sich
besonderer Beliebtheit. Die Zubereitung der

Speisen kann man dank der offen einsehbaren Küche verfolgen. Zudem stehen ökologische Reissorten, Weine und Bio-Bier aus Lovina zum Verkauf.
Auf der Farm nebenan können Besucher eigenhändig die Produkte pflücken und sie im Restaurant bezahlen. Abholung aus Ubud bzw. Lieferservice auf Anfrage möglich.
⊙ 8–21 Uhr.

Cafés

Bali Yoga Restaurant, Jl. Kajeng, ✆ 0361-971770. Wer am Morgen das Verlangen nach einem speziellen Frühstück verspürt, ist hier genau richtig, denn dieses einfache, kleine Restaurant bietet neben indonesischen Speisen auch ein vielfältiges, internationales Frühstücksangebot, darunter ein norwegisches Frühstück für 35 000 Rp.

Coffee I&I, Jl. Monkey Forest 67, ✆ 0361-972950, ✉ coffeeand@hotmail.com. Im AC-gekühlten Erdgeschoss der modernen Kaffee-bar servieren 3 lustige Balinesinnen guten einheimischen Kaffee, leckeren Erdbeersaft und verschiedene Sandwiches, während man im 1. Stock nett an der frischen Luft das Treiben auf der Hauptstraße beobachten kann. Kaffee und Säfte gibt es ab 16 000 Rp, Sand-wiches sind nur geringfügig teurer. WLAN inkl. ⊙ 8–22 Uhr.

Gelato Secrets, ✆ 0361-977899, 🖥 www.gelatosecrets.com. Der kleine, sehr zu empfehlende Eisladen stellt alle seine 24, teils sehr ausgefallenen, Eissorten selbst her. Dabei werden nur frische Zutaten verwendet, was man auch schmeckt. Auch wenn eine Kugel 20 000 Rp kostet, ist sie das Geld allemal wert. 2 Kugeln gibt es für 35 000 Rp, 3 für 45 000 Rp, auch zahlreiche Toppings stehen zur Auswahl. ⊙ 9–22.30 Uhr.

UNTERHALTUNG

Für Nachtschwärmer hat Ubud weniger zu bieten als Kuta oder Seminyak. Es gibt aber einige nette Orte, an denen man sich auf ein Bier oder einen Cocktail treffen kann, allerdings selten bis spät in der Nacht.

Bar Luna, Jl. Hanuman, ✆ 0361-971832, 🖥 www.casalunabali.com/bar-luna. In dem netten, mit Korbsesseln eingerichteten Café werden nicht nur leckere vegetarische Gerichte und eine gute Auswahl an Teesorten angeboten, sondern auch wechselnde Fotografien ausge-stellt. Zudem treffen sich hier die Literaten und Künstler. Di und Do findet ab 20 Uhr der Lit Club statt, bei dem die illustren Teilnehmer nicht nur ihre Werke vortragen, sondern auch mal zur Gitarre greifen. ⊙ 8–23 Uhr.

Café Havana, Jl. Dewi Sita, ✆ 0361-972973, ✉ info@cafehavanabali.com. Die freundlichen Bedienungen werden zu Tanzlehrerinnen und fordern die Gäste auf, zu temperament-voller Latino-Musik die Hüften zu schwingen. Für Hungrige gibt es Essen in kleinen Portionen. Livemusik Do–Sa 19–22, Salsa-Tanzkurs Sa 17.30–18.30 Uhr. WLAN inkl. ⊙ 10–24 Uhr.

Jazz Café, Jl. Sukma, ✆ 0361-976594, 🖥 www.jazzcafebali.com. Bei Livemusik und ausgewählter westlicher und asiatischer Küche kann man in gediegenem, ansprechendem Ambiente den Tag ausklingen lassen. Eintritt bei Livemusik 25 000 Rp. Abholservice. ⊙ Di–So 17–24 Uhr.

Napi Orti, Jl. Monkey Forest, ✆ 0361-970982, ✉ catoenx@yahoo.com. Gemütliche Reggae-Bar, in der man auch spät abends noch mit Bier und Pizzen versorgt wird.

Ozigo Bar, Jl. Sanggingan, ✆ 0361-974728, 🖥 ozigobarubud.blogspot.com. Der einzige Club in Ubud ist eine Mischung aus Bali, einer 1980er-Jahre-Disco und einem edlen Café. Während unten die Party rockt, gibt es in der 2. Etage auf schicken Ledersofas Cocktails. Jeden Abend Livemusik von Latin über Jazz bis Reggae. Ab 0.30 Uhr elektronische Tanz-musik. ⊙ ab 22 Uhr.

EINKAUFEN

Bücher

Ganesha Bookshop, Jl. Raya Ubud, ✆ 0361-970320, 🖥 www.ganeshabooksbali.com. Der Buchladen war der erste in Ubud und führt neben gebrauchten, neuen und antiquarischen Taschenbüchern aus allen Genres auch eine sehr gute Auswahl an Büchern über Bali und Indonesien. ⊙ 9–20 Uhr.

Periplus Bookshop, Jl. Raya Ubud 23, ✆ 0361-971803, 🖥 www.periplus.co.id. Eine der Ubud-

Filialen der Kette liegt direkt gegenüber dem Puri Lukisan Museum. Große Auswahl an englischsprachigen Büchern und Zeitschriften, auch gute Karten und Atlanten zu Bali und Indonesien. Weitere Filialen in der Jl. Monkey Forest und in Campuhan.

Gemälde

Entlang der Hauptstraße reiht sich eine Galerie an die nächste, die sowohl Gemälde im traditionellen Stil als auch moderner Richtungen anbieten. Diese Geschäfte bieten sich gut dafür an, einen Überblick über die beliebten Motive und Stilrichtungen und das Preisspektrum zu erhalten. Die Preise für Bilder sind meist in US$ ausgezeichnet. Die Qualität hat jedoch oft unter der Massenproduktion zu leiden. Wenn man etwas mehr Zeit hat, können Bilder auch wesentlich günstiger direkt bei den Malern, die sowohl in Ubud als auch in den umliegenden Dörfern wohnen, gekauft werden. Abzuraten ist aber von Bustouren, die auf ihrer Rundfahrt einen Halt in einer der großen Kunstgalerien einlegen. Die Provision für die Touranbieter wird von den Käufern getragen, die hier außerdem kaum Zeit zum Handeln bekommen. Es ist immer besser, man kommt alleine.

Adi's Artstudio and Gallery, Jl. Bisma 102, ☎ 0361-977104, 🖥 www.adi-s-gallery.com. Der deutsche Adi betreibt eine sehenswerte, kleine, aber feine, gemeinnützige Kunstgalerie und ermöglicht es jungen, talentierten Künstlern aus ganz Indonesien, ihre Stücke auszustellen. Vor der Galerie befindet sich das Sweet Komang's Gallery Café. ⏰ 10–17 Uhr.
Crazy Boy Studio, Jl. Raya Sanggingan, ☎ 0815-5801 4350, ✉ neckysodikin@yahoo.co.id. Der 1972 in Bandung auf Java geborene Künstler Necky malt höchst interessante expressionistische Gemälde, die keiner der traditionellen balinesischen Schulen zuzuordnen sind, sondern einen ganz eigenen Stil aufweisen. Die teils sehr bunten, teils in tristen Grau- und Blautönen mit Acrylfarben gemalten Bilder spiegeln die wechselhaften Gemütszustände ihres Schöpfers wider.
Seniwati Gallery of Art by Women, Jl. Sriwedari 2b, ☎ 0361-975485, 🖥 www.seniwatigallery.

com. Sehr empfehlenswerte kleine Galerie, die einen Besuch wert ist und ausschließlich Gemälde balinesischer Künstlerinnen ausstellt, die auch verkauft werden. Die freundlichen Mitarbeiterinnen führen durch die Ausstellungsräume. Zurzeit sind über 70 Malerinnen mit ihren Werken in der Galerie vertreten. Schöne Postkarten, T-Shirts sowie andere kleine Geschenke werden auch zum Verkauf angeboten. Eintritt frei. ⏰ Di–So 9–17 Uhr.

Supermärkte

In der **Jl. Monkey Forest**, **Jl. Hanoman** und **Jl. Raya Ubud** gibt es mehrere, rund um die Uhr geöffnete Minimärkte mit einem breit gefächerten Angebot.
Bintang Mall, Jl. Raya Campuhan. Hier gibt es einen großen Supermarkt, einen Deli, ein Dim Sum sowie ein vietnamesisches Restaurant und zahlreiche Geldautomaten. ⏰ 9–22 Uhr.
Delta Dewata-Supermarkt, im Osten von Ubud an der Hauptstraße nach Petulu. Preiswerter Supermarkt mit einem großen Angebot.

Textilien

Bunte Batikdecken, Tempelschals, Seidentücher und Sarongs in vielen verschiedenen Qualitäten werden überall angeboten, eine große Auswahl findet man auch auf dem zentralen Markt.
Threads of Life, Jl. Kajeng 24, ☎ 0361-972187, 🖥 www.threadsoflife.com. 1998 rief eine kleine Gruppe von Webern die Threads of Life ins Leben, die heute mit über 1000 Webern und Weberinnen in mehr als 400 Kooperativen auf elf indonesischen Inseln kooperiert. Die Stoffe von durchweg guter Qualität werden mit natürlichen Farben gefärbt und zu für die Produzenten fairen Preisen verkauft. Zudem sind Webkurse und sogar ein- bis mehrtägige Touren durch die Welt indonesischer Webkunst im Angebot. ⏰ 10–19 Uhr.

AKTIVITÄTEN

Kochkurse

Casa Luna Restaurant & Cooking School, Jl. Bisma, ☎ 0361-977409, 🖥 www.casaluna bali.com. Die Kochkurse (max. 10 Pers.) werden an einer zentralen Kochstelle abgehalten. Die Kurse für 300 000 Rp p. P. finden Mo–Fr ab 9.30 Uhr im Honeymoon Guesthouse statt und führen in die Geheimnisse der balinesischen Küche ein. Di und Do geht es bereits um 8 Uhr los, denn dann ist ein Marktbesuch mit eingeschlossen. So hingegen wird für 400 000 Rp p. P. nachmittags eine Ente zubereitet.

Kurse in balinesischen Künsten

Community of Artists, in Pengosekan, ☎ 0361-975321. Dieses Zentrum bietet günstige Kurse an. Bereits ab 100 000 Rp wird man in verschiedene Künste eingeführt. Das Programm kann nach eigenen Vorstellungen zusammengestellt werden. Rabatte für die Teilnahme an mehreren Kursen. Abholservice aus Ubud.

Nirvana Batik Course, Jl. Gautama 10. Hier werden ein- bis mehrtägige Batikkurse ab US$35 pro Tag angeboten.

Pondok Pekak Library & Learning Center, ☎ 0361-976194, ✉ librarypondok@yahoo.com. In der Bibliothek werden Tanz- und Gamelan-Unterricht für 50 000 Rp, 3-stündige Kurse im Malen und Holzschnitzen für 300 000 Rp und mehrtägige Indonesischkurse gegeben, wahlweise einzeln oder in der Gruppe.

WS Art Studio, Jl. Raya Silungan (von Ubud kommend links), Lodtunduh, ☎ 0859-3506 3719, ✉ wahana_silver@yahoo.com. Hier kann man selbst kreativ werden. Professionelle Schmuckdesigner geben 3-stündige Kurse im Schmieden von Silberschmuck oder dem Schnitzen von Holzmasken oder -figuren. Zudem stehen Unterweisungen in der Batikmalerei oder im Anfertigen von Opfergabenkörbchen auf dem Programm. In der Gebühr von 300 000 Rp p. P. sind 5 g Silber bzw. alle anderen Materialien enthalten, die mit den eigenen Händen verarbeitet werden. Voranmeldung erforderlich.

Rafting

Sobek, ☎ 0361-768050, 🖥 www.balisobek.com. Der seit Langem etablierte Anbieter veranstaltet seit über 20 Jahren abenteuerliches Wildwasserrafting auf dem Yeh Ayung und dem Telaga Waja. Für alle Touren Abholservice aus Ubud.

Wellness

Die Insel Bali ist für ihre Wellness- und Erholungsangebote berühmt, sie besitzt nicht umsonst die höchsten Spa-Dichte weltweit. Ubud ist das Zentrum der balinesischen Spas. Hier nur eine winzige Auswahl:

Bali Healing, Jl. Hanoman 43, ☎ 0361-791 1104. Hier wird eine Reihe von sehr guten und preisgünstigen Behandlungen angeboten. Peelings, Reflexzonenmassagen und Massagen mit heißen Steinen kosten pro Std. 50 000–100 000 Rp.

Nur Traditional Beauty Salon, Jl. Hanoman 28, ☎ 0361-975352, ✉ nursalonubud@yahoo.com. In dieser seit 1978 bestehenden Institution kann man sich bei einer Massage für 155 000 Rp, bei einem Körperpeeling mit indonesischen Kräutern *(Lulur)* oder in duftenden Blütenbädern erholen. Für Genießer gibt es eine 4-stündige königliche, javanische Schönheitskur für 795 000 Rp. Wer sich im Vorreiter der Spas und Schönheitssalons verwöhnen lassen möchte, sollte 1–2 Tage vorher buchen. Paketangebote ab 175 000 Rp. ⏰ 9–21 Uhr.

The Kayma Spa, Jl. Monkey Forest, ☎ 0361-910 0017, 🖥 www.kaymaspa.com. Von der Hauptstraße zurückversetzt in einem schönen Garten gelegenes, elegantes Spa mit Blick auf ein Reisfeld. Alle Pflegeprodukte werden ausschließlich aus natürlichen Zutaten hergestellt. Eine 60-minütige balinesische Massage gibt es für 180 000 Rp, 90 Min. Shiatsu für 250 000 Rp und verschiedene 2-stündige Körperpeelings für 260 000 Rp.

Yoga

The Yoga Barn, Jl. Hanoman 44, ☎ 0361-971236, 🖥 www.theyogabarn.com. In der idyllischen Anlage aus traditionellen Häusern finden tgl. von 7–21 Uhr Kurse in allen möglichen Yoga-Stilen und Meditationsformen statt. Oft kommen Gastlehrer aus dem Ausland, und wer selbst ein Yogi werden möchte, findet hier die entsprechenden Ausbildungsangebote.

TOUREN

Eine ganze Reihe von Veranstaltern bietet Ausflüge in die Umgebung an. Tagestouren zum Besakih, nach Nord- oder Ost-Bali kosten mind. 150 000 Rp, Sonnenaufgangs-Trekking zum Vulkan Gunung Batur 400 000 Rp p. P.

Bali Birdwalks, Penestanan Kelod, Campuhan, ☎ 0361-975009, 🖥 www.balibirdwalk.com. Niemand in Ubud weiß mehr über Vögel als Victor Manson. Auf den 3 1/2-stündigen Spaziergängen erhält man viele Informationen über die einheimischen Vogelarten und ihre natürliche Umgebung. Di und Fr–So um 9 Uhr ab Murni's Warung in Campuhan, Preis US\$37 p. P. inkl. Mittagessen. Individuelle Termine sowie weitere Touren auf Anfrage. 10 % der Einnahmen kommen Vogelschutzprojekten zugute.

Bali Eco Cycling, ☎ 0361-975557, 🖥 www.baliecocycling.com. Spannende Fahrradtouren durch die Dörfer und Felder des Batur-Massivs und Zentral-Bali mit wunderschönen Ausblicken, gutem Essen und informativen Zwischenstopps abseits ausgetretener touristischer Pfade. Abholung, Verpflegung und Regenkleidung inkl. Preis 360 000 Rp p. P., Kinder unter 12 Jahren zahlen 250 000 Rp. Abholung inkl. Für Kleinkinder sind Kindersitze verfügbar.

Herb Walks, ☎ 0812-381 6024, 🖥 www.bali herbalwalk.com. Auf einem 3-stündigen Spaziergang wird man in die Geheimnisse traditioneller balinesischer Heilpflanzen eingeweiht. Zudem gibt es Kurse zur Herstellung traditioneller Medizin und Körperpflegeprodukte. Preis US\$18 p. P.

🏠 **Nomad's Organic Farm**, Reservierungen einen Tag im Voraus im Restaurant oder bei Made unter ☎ 0361-749115. Das gleichnamige Restaurant organisiert Halbtagestouren zum eigenen Bio-Bauernhof 40 km nördlich von Ubud. Man erfährt, wie Bio-Dünger produziert und angewendet wird. Mittags gibt es Essen auf dem Hof mit selbst geerntetem Salat und den feinen Soßen des Restaurants. Die individuell gestalteten Touren dauern etwa 6 Std. und umfassen je nach Wunsch und Zeit auch einen Besuch des Gemüsemarktes in Bedugul. Preis 250 000 Rp p. P., Abholung vom Hotel inkl.

SONSTIGES

Autovermietungen

Autos ohne Fahrer kosten pro Tag je nach Modell 130 000–400 000 Rp. Autos mit Fahrer

gibt es je nach Fahrzeugtyp ab 360 000 Rp pro Tag inkl. Benzin. Bei längerer Mietdauer lässt sich der Preis oft noch herunterhandeln. Näheres zu Autovermietungen s. S. 273.

Fahrrad- und Motorradvermietungen

Fahrräder und Mopeds sind überall im Zentrum und in den Unterkünften ab 20 000 Rp bzw. 40 000 Rp pro Tag zu mieten.

Informationen

Yayasan Bina Wisata (Ubud Tourist Information), Jl. Raya Ubud, ☎ 0361-973285. Die offizielle und gut besuchte Touristeninformation ist ein empfehlenswerter Anlaufpunkt für Neuankömmlinge. Besonders der überaus hilfreiche, kompetente und fließend Englisch sprechende Agung Budi Darma wartet mit zahlreichen guten Informationen auf. Zudem bekommt man hier eine Karte von Ubud, eine Liste der zahlreichen kulturellen Aufführungen und den *Calender of Events*. Zum Angebot gehören ein Schwarzes Brett, verschiedene Touren, Tickets für Tanzveranstaltungen, Zeitungen und Bücher. ⏱ 8–20 Uhr.

Internet

Internet gibt es nahezu überall ab 6000 Rp pro Std., am günstigsten in der Jl. Raya Ubud. Viele Cafés und Hotels bieten kostenlosen WLAN-Zugang.

Medizinische Hilfe

Ubud Clinic, Jl. Raya Campuhan 36, ☎ 0361-974911. Zum Angebot des Hauses gehören neben 24-Std.-Notdienst auch ein Krankenwagen sowie ein zahnärztlicher Dienst.

Unterstützung für Behinderte bieten Ketut, ☎ 0819-9951 6997, ✉ sama_ketut@yahoo.com, und Made ☎ 0819 9987 7643, ✉ madenano81@ yahoo.com. Sie organisieren u. a. behindertengerechte Hotels, Restaurantbesuche und Touren.

Polizei

Am Markt, an der Abzweigung der Jl. Monkey Forest, befindet sich ein Stand der Tourist Police. Die Zentrale liegt in der Jl. Andong.

Rings um Ubud: Spaziergänge und Tagestouren

Für interessante Ausflüge mit dem eigenen Transportmittel und auch für schöne Spaziergänge bietet die Umgebung von Ubud vielfältige Möglichkeiten, zumal es in der Region vieles von Balis ursprünglicher Schönheit zu entdecken gibt. Längere Touren mit dem Fahrrad können wegen der starken Sonne und dem Auf und Ab in der hügeligen Landschaft jedoch schnell zu einer schweißtreibenden Angelegenheit werden, daher lohnt es sich, auf motorisierte Verkehrsmittel zurückzugreifen oder speziell für Zweiräder konzipierte Touren zu buchen. Die hier beschriebenen Touren und Wanderungen können je nach Interesse auch individuell kombiniert werden. In Ubud werden auch Wanderkarten verkauft, die die Orientierung erleichtern.

Viele Wege und Straßen verlaufen in Nord-Süd-Richtung, sie sind meistens breit und fast schnurgerade. Von Osten nach Westen schlängeln sich nur wenige schmale Pfade und noch weniger befahrbare Straßen in die tief eingeschnittenen Flusstäler hinab. Im Zweifel können die freundlichen Menschen überall nach dem Weg gefragt werden: „Di mana jalan ke …?" heißt „Wo ist der Weg nach …?". Viele Ausflugsziele lassen sich am besten zu Fuß erkunden. Entlang der schmalen Hauptstraßen trübt allerdings der dichte Verkehr die Wanderlust.

Spaziergänge

Nach Norden durch die Reisfelder bis zum Öko-Bauernhof

Ein schöner Spaziergang führt in die Reisfelder nördlich von Ubud und zum **Sari Organik/ Warung Bodag Maliah**, Subak Sok Wayah, ☎ 0361-780 1839, ✉ sari-organik@hotmail.com, einem Bio-Bauernhof. In einer guten halben Stunde kann man vom zentralen Markt durch die gemütliche **Jl. Kajeng** und weiter in die Felder wandern, um dem geschäftigen Ubud für kurze Zeit zu entfliehen. Der Fußweg beginnt bei den Abangan Bungalows an der Jl. Raya Ubud und ist ausgeschildert. Man wird mit atemberaubenden Ausblicken auf schier endlose Reisterrassen belohnt. Schließlich gelangt man zum Bio-Bauernhof Sari Organik, wo die Anbauweisen der verschiedenen Gemüsesorten anschaulich erklärt und demonstriert werden. Wer aktiv werden möchte, kann selbst geerntetes Gemüse im dazugehörigen Restaurant zubereiten lassen. Mittlerweile haben sich drei Bio-Bauernhöfe auf unterschiedliche Obst-, Gemüse- und Kräutersorten spezialisiert. Der Rückweg führt auf einem gepflasterten Weg durch die Reisfelder hinunter in die Stadt und endet kurz vor der Ubud Clinic auf der Jl. Raya Ubud. Die Strecke eignet sich auch gut für einen romantischen Abendspaziergang. Dann kann man das leckere Bio-Essen zum Sonnenuntergang genießen.

Nach Westen durch Campuhan und Penestanan

Auf der Hauptstraße geht es in westlicher Richtung hinab bis zur Brücke, die eine tiefe Schlucht überspannt. Links oben auf einer Anhöhe hinter der Brücke liegt das **Blanco Renaissance Museum**, ☎ 0361-975502 (s. S. 308). Im pompösen Anwesen des Ende 1999 verstorbenen Malers Antonio Blanco sind nur seine eigenen Werke ausgestellt. Außerdem können in der Galerie Kunstwerke seines Sohnes Marco erworben werden. ⏰ 9–17 Uhr, Eintritt 50 000 Rp.

Rechts unten in der Schlucht sieht man den Zusammenfluss (= Campuhan) des **Yeh Wos** mit einem seiner Nebenflüsse. Flüsse sind allen Hindus heilig und Flusskreuzungen ganz besonders. Auf der Landzunge erhebt sich der Subak-Tempel **Pura Campuhan**, auch bekannt als Pura Gunung Lebah, der der Reisgöttin Dewi Sri geweiht ist. Da der Wos in der Nähe von Penelokan unterhalb der Batur-Caldera entspringt und offensichtlich vom Batur-See gespeist wird, verehrt man in diesem Tempel auch die Gottheiten vom Gunung Batur. Der Tempel zählt zu den ältesten auf Bali: Seine Gründung geht auf den ostjavanischen Hindupriester Markandeya zurück, der im 8. Jh. lebte (s. S. 362). Er feiert sein *Odalan* an einem Mittwoch, zehn Wochen vor *Galungan*. Folgt man dem **Yeh Wos** durch die Reisfelder, kann man die Ruhe und Schönheit des Flusstals genießen.

Ein paar hundert Meter Richtung Norden liegt das **Tjampuhan Hotel**. Eines der Gebäude war in den 1930er-Jahren die Villa des Malers Walter Spies (s. S. 132).

Von Campuhan aus gelangt man auf zwei Wegen nach **Penestanan**. Der erste, eine asphaltierte Straße, beginnt hinter dem Blanco Renaissance Museum, der zweite ein paar hundert Meter nördlich vom Tjampuhan Hotel. Dort führt auf der gegenüberliegenden Straßenseite eine steile Treppe den Berg hinauf und geht dann in einen schmalen Fußweg über. Der schöne Spaziergang durch Reisfelder und vorbei an zahlreichen Ferienhäusern, die auch vermietet werden, führt schließlich zum Dorf der **Young Artists**, die heute gar nicht mehr so jung sind.

1960 ließ sich hier der holländische Maler **Arie Smit** nieder und animierte einige 12- bis 14-jährige Jungen zum Malen. Daraus entwickelte sich eine völlig neue Malschule mit eigenständigem Stil. Da die „jungen Künstler" aus Bauernfamilien stammten, wählten sie entsprechende Motive: das Dorfleben, die Arbeit auf den Feldern oder religiöse Zeremonien, meist eine ganze Anzahl von einzelnen kleinen Szenen in einem einzigen Gemälde.

Durch die Schlucht des Yeh Ayung

Diese kurze Wanderung beginnt an der Brücke über den Campuhan-Fluss bei Murni's Warung. Hier zweigt ein gut ausgebauter Feldweg ab, der vorbei am **Pura Gunung Lebah** Richtung Norden führt. Der Weg entlang des **Yeh Ayung Flusses** führt durch saftig grüne Reisfelder. Hier kann man vollkommen in die Ruhe und Schönheit des Flusstales eintauchen. Nach guten zwei Stunden wird westlich von Campuhan in **Sanggingan** wieder die Hauptstraße erreicht, die zurück nach Ubud führt. Der Weg zurück ist relativ weit und beschwerlich, da er an der belebten Hauptstraße entlangführt. Wer auf die Stunde Fußmarsch verzichten möchte, nimmt einfach ein Motorradtaxi oder *Angkot*.

Nach Süden entlang der Jl. Bisma zum Monkey Forest

Ein weiterer netter Spaziergang in der Nähe des Zentrums führt an der **Jl. Bisma** entlang. Folgt man ihr bis nach Süden, wird sie nicht nur zu einem ruhigen, kleinen Feldweg, sondern läuft auch gerade auf das westliche Ende des **Monkey Forest** zu.

Tagestour

Richtung Nordosten zum Gunung Kawi und Pura Tirta Empul

Zunächst führt der Weg von Ubud über **Peliatan** zur Einsiedlerhöhle **Goa Gajah**. Anschließend geht es über die Dörfer Galiang, Tarukan, Belusung und Sanding hinauf nach **Tampaksiring** zum wunderschön in einer Dschungelschlucht gelegenen Bergheiligtum **Gunung Kawi** und danach weiter zum ansehnlichen Wassertempel **Pura Tirta Empul** mit seinen heiligen und heilenden Quellen. Hier sollte man sich Zeit nehmen und das festliche Treiben beobachten. Anschließend besteht noch die Möglichkeit, den **Elephant Safari Park** bei Taro zu besichtigen. Auf dem Rückweg nach Ubud über den Ort **Tegallalang** mit seinen wunderschönen fotogenen Reisterrassenformationen kann noch ein letzter Halt in **Petulu** eingelegt werden. Am späten Nachmittag lassen sich hier die von den Feldern zurückkehrenden Reiher aus nächster Nähe beobachten. Für eine detaillierte Beschreibung der einzelnen Orte und Sehenswürdigkeiten s. Unterkapitel „Die Umgebung von Ubud", S. 324.

Post
POS Indonesia, Jl. Jembawan 1,
📞 0361-975764,
✉ sujanasamuh@yahoo.com.
🕐 Mo–Sa 9–17 Uhr.

TRANSPORT
Busse
Viele Reisebüros bieten in Ubud den Transport in andere Touristenzentren der Insel per Bus an, was weitaus schneller und komfortabler ist als die Fahrt mit den öffentlichen Minibussen. Die Preise und Abfahrtszeiten unterscheiden sich nur unwesentlich voneinander.

Preisbeispiele:
AMED, TULAMBEN und TIRTA GANGGA, um 7.30 und 11.30 Uhr für 120 000 Rp;
BEDUGUL, um 11.30 Uhr für 95 000 Rp;
KINTAMANI, um 11.30 Uhr für 95 000 Rp;
KUTA und FLUGHAFEN, um 9, 12.30, 15 und 18 Uhr für 50 000 Rp;
LOVINA, um 11.30 Uhr für 130 000 Rp;
MUNDUK, um 11.30 Uhr für 130 000 Rp;
NUSA LEMBONGAN, um 7 und 9 Uhr für 125 000 Rp;
PADANG BAI und CANDI DASA, um 7.30, 8.30 und 11.30 Uhr für 50 000 bzw. 60 000 Rp;
SANUR, um 9, 12.30, 15 und 18 Uhr für 50 000 Rp;
GILI INSELN, um 7.30, 8.30 und 11.30 Uhr für 150 000 Rp, mit Schnellboot um 7 und 11.30 Uhr für 660 000 Rp;
KUTA (Lombok), um 7 Uhr für 200 000 Rp;
MATARAM (Lombok) und SENGGIGI (Lombok), um 7.30, 8.30 und 11.30 Uhr für 130 000 Rp.

Minibusse
Von 6–17 Uhr fahren kleine Busse preisgünstig, aber in unregelmäßigen Abständen neben dem Marktgelände ab. Die braunen Minibusse fahren nach DENPASAR (Terminal Batubulan) für 15 000 Rp. Wer nach Osten oder Norden will, fährt mit einem blauen, grünen oder orangefarbenen nach GIANYAR für 10 000 Rp und kann dort umsteigen in Busse nach TAMPAKSIRING, BANGLI, PENELOKAN, KLUNGKUNG oder SINGARAJA.

Die Umgebung von Ubud

Der Affenwald von Sangeh
Mitten in einem dichten, märchenhaften Wald liegt nördlich des Dorfes Sangeh und westlich der Hauptstraße nach Kintamani der **Pura Bukit Sari** („Elixier des Berges"), ein moosbewachsener Tempel aus dem 17. Jh., errichtet von König Tjokorde Sakti Blambangan von Mengwi. Er war der erste Touristen zugängliche Affenwald auf Bali und diente als Meditationsort in Vollmondnächten. Bereits Charlie Chaplin besuchte ihn auf seiner Bali-Reise im Jahre 1932 und war von den zahllosen Makaken begeistert.

Am Eingang der magisch anmutenden, 14 ha großen Parkanlage wacht die riesige Statue des Gottes des Schlafes, Patung Kumbakarna, der jüngere Bruder von Rawana, über das Gelände und leitet Besucher auf dem zentralen Weg Richtung Tempel. In den schlanken, bis zu 50 m hohen *Pala*-Bäumen (Dipterocarpaceen) und auf dem Tempel selbst, der leider nur von außen begutachtet werden kann, tummeln sich die Makaken, die nur darauf warten, dass jemand ein Päckchen Erdnüsse kauft. Jeder Besuchergruppe wird ein Führer zur Seite gestellt, der durch den Wald lotst und den richtigen Umgang mit den Affen zeigt. Die wichtigste Regel dabei lautet, die Affen niemals mit den Händen zu berühren. Es kommt zwar hier deutlich seltener vor als im sehr touristischen Monkey Forest in Ubud, aber ab und zu wird einer der 400 Makaken aggressiv oder versucht, die Besucher zu bestehlen. Sonnenbrillen oder andere lose Gegenstände sollten gut in der Handtasche oder dem Rucksack verstaut werden. Wer möchte, kann sich von einem Fotografen mit einem Affen ablichten lassen. Die Makaken werden dreimal täglich gefüttert. Die Führer zeigen Besuchern auch gerne einen besonderen Baum, der einem Weg rechter Hand des Tempels folgend nahe der Straße steht und in seinem Stamm Verformungen aufweist, die abstrakt an die Geschlechtsorgane von sowohl Mann als auch Frau erinnern. Der Weg vom Tempel zurück zum Parkplatz ist von viel zu vielen Souvenirständen gesäumt.

Eintritt 10 000 Rp, Parkgebühr 5000 Rp pro Auto, Führer erwarten eine kleine Spende, 📞 0361-742 2740, eine knappe Stunde Autofahrt von

UMGEBUNG UBUD

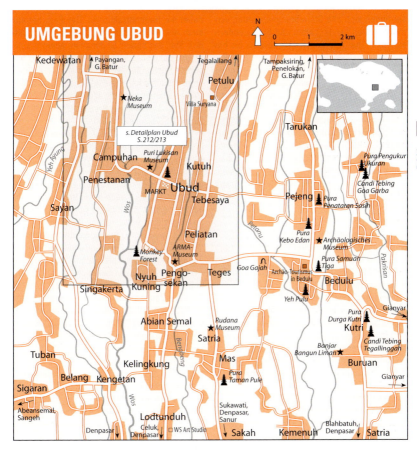

Ubud entfernt. An einem Mittwoch, 14 Tage vor *Galungan*, feiert man hier das *Odalan*.

Mas

Südlich von Ubud und 20 km nordöstlich von Denpasar liegt die Ortschaft Mas, das Dorf der Brahmanen. Viele Bewohner von Mas (das übersetzt Gold bedeutet) führen ihre Abstammung auf den Shiva-Priester und Religionserneuerer Danghyang Nirartha aus Java zurück. Viele Männer arbeiten hier als Holzschnitzer an Masken und unbemalten Statuen aus Edelhölzern. Schon kleine Kinder werden dafür angelernt. Die Hauptstraße ist gesäumt von Kunst-

galerien, in denen **Holzschnitzereien** aller Art, aber auch Möbel verkauft werden.

Das empfehlenswerte, von Reisfeldern umgebene, in einem großen Bau untergebrachte **Rudana Museum**, Jl. Cok Rai Pudak 44, 0361-975779, www.therudana.org, vermittelt einen umfassenden Überblick über die hochwertige Kunst und Malerei auf Bali und in Indonesien. Hier gingen schon einige hohe Staatsgäste ein und aus. Die mehr als 400 Werke 82 verschiedener, sowohl einheimischer als auch ausländischer Künstler sind auf den vier Stockwerken des 1995 eröffneten und gut in Schuss gehaltenen Museums ausgestellt. Dabei finden sich alle Stilrichtungen wieder, von traditionellen Landschaften und Bildkalendern auf Textil über fotorealistische Porträts bis hin zu modernen Gemälden balinesischer Tänzerinnen und sehr abstrakten Kunstwerken – hier ist für jeden Geschmack etwas dabei. In der angeschlossenen Fine Art Gallery kann man Künstlern bei der Arbeit über die Schulter schauen oder gleich ein Gemälde kaufen. Auch Werke so bekannter Künstler wie Antonio Blanco, Affandi oder Rudolf Bonnet werden hier feilgeboten. Wer das nötige Kleingeld nicht dabeihat, findet direkt am Eingang einen Geldautomaten. ⏲ 9–17 Uhr, Eintritt 100 000 Rp inkl. gratis *Slendang* und Getränk.

Celuk

5 km südlich von Mas liegt Celuk, das Dorf der **Gold- und Silberschmiede**: Hier reiht sich ein Laden an den anderen. Neben Gegenständen für den religiösen Gebrauch wird hauptsächlich Silberschmuck (800er oder 925er) nach westlichem Geschmack angeboten. Die Kunsthandwerker fertigen auf Bestellung auch Stücke in jedem gewünschten Design *(made to order)* an. Ein Einkauf zwischen 10 und 11.30 Uhr sollte vermieden werden, dann sind die großen Reisebusse unterwegs, und es ist schwer, die überhöhten Touristenpreise herunterzuhandeln.

Singapadu

Wer westlich von Celuk in Tegaltamu aus südlicher Richtung kommend nicht auf der Hauptstraße nach rechts abzweigt, sondern geradeaus auf einer schmalen Nebenstraße weiterfährt, gelangt in das Dorf Singapadu. Gut ausgeschildert ist die Zufahrtsstraße zum sehenswerten **Bali Bird Park**, ✆ 0361-299352, 🖥 www.bali-bird-park.com, der kurz vor dem Dorf zu finden ist. Neben spektakulären Kakadus, Paradies- und Nashornvögeln und einem Albino-Pfau sind auf dem nach Regionen angeordneten, 2 ha großen Gelände über 200 weitere Vogelarten, teils auch freifliegend, zu bewundern. Nicht umsonst brüstet sich der Park damit, die größte Sammlung indonesischer Vogelarten weltweit zu besitzen. Das große „Papua"-Freigehege mit einem nachgebauten Regenwald sowie die „Bird of Prey"-Show mit Eulen, Adlern und Falken sind dabei die Hauptattraktionen. Der Park betreut auch ein erfolgreiches Brutprogramm für den Bali-Star, das bereits 50 Jungtiere hervorbrachte. Das nach ebendieser bedrohten Vogelart benannte Restaurant serviert aus lokalen Zutaten ohne Glutamat hergestellte Gerichte und ungesüßte Saftkreationen, die alle Namen von Vögeln tragen, zu vernünftigen Preisen. ⏲ 9–17.30 Uhr, Eintritt US$25, Kinder US$13.

Nicht weit entfernt liegt auch der **Bali Zoo** (Kebun Binatang Bali), Jl. Raya Singapadu, Sukawati, ✆ 0361-294357, 🖥 www.bali-zoo.com. Die vielen tropischen Tiere wie Tiger, Krokodile oder Komodo-Warane können nicht nur in den Gehegen, sondern auch bei Fütterungen beobachtet werden. Auch bietet sich die fragwürdige Möglichkeit, verschiedene Tiere zu streicheln und mit ihnen ein Erinnerungsfoto schießen zu lassen. Ein *Canopy-Walkway* führt in luftiger Höhe durch die Baumwipfel. In den Stunden nach Sonnenuntergang werden auch Rundgänge angeboten, bei denen Guides die nachtaktiven Tiere des Zoos vorstellen. ⏲ 9–18, Mi und So bis 21 Uhr, Eintritt US$24, Kinder US$12, Familien mit max. 2 Kindern US$65 bzw. US$35, US$25 oder US$108 inkl. Fütterung, Show und Softdrink.

Petulu

Die kleine, 3,5 km nordöstlich von Ubud gelegene Ortschaft ist bekannt für ihre **Holzschnitzer**, die sich auf Bilderrahmen, aber auch Stühle spezialisiert haben. Das Besondere ist, dass die Stühle meist aus nur einem massiven Holzblock gesägt und geschnitzt werden. Die größte Attraktion des Dorfes sind jedoch die Scharen von Kokokan-Reihern, die hier jeden Nachmittag ihr Lager aufschlagen.

Wer in Sichtweite zu den Reihern übernachten möchte, ist in der **Villa Suryana**, Jl. Petulu Gunung 37B, ✆ 0361-976575, ✉ yansuryana@eksadata.com, genau richtig. Die freundliche österreichische Besitzerin und Künstlerin Marina sowie ihr indonesischer Mann Yan haben neben dem Guci Guesthouse in Pengosekan auch diese komfortable Villa mit Privatpool für bis zu 4 Pers. zu vermieten. Der Familienanschluss ist garantiert, denn im Haus direkt nebenan wohnen die Gastgeber. Frühstück und Transport von und nach Ubud sind bei einer Buchung inklusive Tanz- und Malkurse können organisiert werden. ❻

Tegallalang

Folgt man der Hauptstraße durch Petulu weitere 5 km nach Norden, erreicht man Tegallalang. Die Hauptstraße ist auf der Strecke von zahllosen Souvenir- und Kunsthandwerksgeschäften gesäumt, die die ganze Produktpalette Balis im Angebot zu haben scheinen. Die eigentliche Attraktion sind jedoch die ungeheuer fotogenen und leicht zu erreichenden **Reisterrassenformationen**, nicht die größten, aber vielleicht die schönsten ganz Balis. Von einem ca. 1 km langen Straßenabschnitt bietet sich ein atemberaubender Blick ins saftig grüne, komplett terrassierte Tal. Die besten Fotos lassen sich von den kleinen Terrassen aus schießen, die von Süden kommend rechter Hand der Straße über ein paar Treppenstufen zu erreichen sind. Da hier fast alle Ubud-Besucher vorbeischauen, herrscht ein reges Treiben. Die Ladenbesitzerinnen und Verkäufer sind ziemlich penetrant und lassen sich nicht leicht abschütteln. Auch scheinen ganze Heerscharen von Kindern Postkarten an den Mann bringen zu wollen. Mit einem freundlichen, aber resoluten Auftreten sollten aber auch sie davon zu überzeugen sein, dass man nichts kaufen möchte.

Gunung Kawi und Pura Tirta Empul

Im Norden von **Tampaksiring** liegt östlich der Straße in einer herrlichen, steilen Schlucht des Pakrisan-Flusses das von kunstvollen Reisterrassen umgebene Heiligtum **Gunung Kawi**. Aus zwei gegenüberliegenden Felswänden wurden neun Monumente in Form ost-javanischer *Candi* ausgemeißelt. Fast verwitterte Inschriften belegen, dass es sich dabei um die aus dem 11. Jh. stammenden Bestattungstempel des Königs Udayana und seiner Familie handelt.

Wenn man die in den Fels gehauenen Stufen, die von der Straße abgehen, hinunterkommt, sieht man fünf Monumente vor sich, die von links nach rechts folgenden Personen zugedacht sind: König Udayana, Königin Gunapriya, der Lieblingskonkubine des Königs und seinen Söhnen Marakata und Anak Wungsu. Die

Bei einem Spaziergang durch die Reisfelder bekommt man einen Eindruck vom Leben der Reisbauern.

vier *Candi* auf der westlichen Seite des Flusses sind dem Andenken der vier Konkubinen Anak Wungsus gewidmet.

Im Süden des Tals, nicht weit von den Grabmalen entfernt, entdeckt man an mehreren idyllisch gelegenen Plätzen Gruppen von ebenfalls aus Felswänden ausgemeißelten Höhlen, in welchen vermutlich Eremiten und Asketen ihr einfaches Dasein fristeten.

Die *Candi* von Gunung Kawi verweisen deutlich auf javanische Einflüsse, denn in der balinesischen Kultur sind Felsendenkmäler sehr selten. Die Heiligtümer auf der Insel wurden normalerweise aus vergänglicheren Materialien errichtet. **Goa Gajah** bildet das Gegenstück zum Gunung Kawi und stammt ebenfalls aus dem 11. Jh. Eintritt 15 000 Rp, Kinder 7500 Rp, Tempelschal *(Slendang)* erforderlich, Parken 7500 Rp.

Für die Balinesen erklärt sich die Entstehung beider Heiligtümer aus einem Volksmythos, demzufolge der Riese **Kbo Iwo** sie in einer einzigen Nacht mit seinen Fingernägeln aus dem Felsen gegraben haben soll. Weitere Informationen zu Kbo Iwo s. Kasten „Die Legende vom Batur-See", S. 355.

Das schöne Quellheiligtum **Pura Tirta Empul** liegt keine 2 km nördlich von Gunung Kawi und Tampaksiring, ca. 15 km nordöstlich von Ubud, und ist eines der beliebtesten Wallfahrtsziele auf Bali. Kurz hinter Tampaksiring führt rechts eine Straße zu den Quellen, die von der Gottheit Indra im Kampf gegen die Dämonen erschaffen worden sein sollen und wohl von einem der großen Vulkane gespeist werden. Schon seit über 1000 Jahren baden die Balinesen in dem heiligen Wasser. Das kühle Nass ergießt sich aus zwölf Fontänen in die Becken, in denen Kois und Blumenblüten schwimmen. Das Wasser verheißt sowohl spirituelle Reinigung als auch körperliche Heilung, so soll es verschiedene Krankheiten und Beschwerden lindern. Daher strömen täglich zahlreiche Einheimische und Besucher hierher, um sich einer rituellen Reinigung zu unterziehen. Oft haben sie sogar leere Flaschen oder Kanister dabei, um etwas vom heiligen Wasser mit nach Hause zu nehmen.

Der Petanu-Fluss und Pura Tirta Empul

Der Name „**Petanu**" (der Verfluchte) geht auf einen Mythos aus den Anfängen des Hinduismus auf Bali zurück. In dieser Zeit herrschte der mächtige König Maya Danawa über Bali. Er besaß die Gabe, sich in andere Gestalten zu verwandeln, aber missbrauchte seine Fähigkeiten und wurde zu einem bösen Magier. Ein Priester erbat die Hilfe der Götter, um dem Treiben des grausamen Dämonen Einhalt zu gebieten. Der Götterkönig Indra und seine Truppen waren auch siegreich, bis sich Maya Danawa eine List ausdachte: Er schlich sich nachts ins Lager von Indras Truppen und vergiftete deren Trinkwasser. Dies tat er, ohne auf den Seiten seiner Füße, um keine Spuren zu hinterlassen (*Tampak* = ohne, *Siring* = Spuren). Die Truppen tranken das Wasser und wurden sehr krank und kampfunfähig. Um sie zu retten, stieß Indra an der Stelle des heutigen **Pura Tirta Empul** (übersetzt: sprudelnde Quelle) seinen Fahnenmast in den Boden und ließ eine reinigende und heilende Quelle aus der Erde entspringen. Das Wasser kurierte seine Armee. Nachdem Maya Danawa vergeblich versucht hatte, Indra mit seinem immer wieder wandelnden Aussehen zu verwirren, konnte er – in die Form eines Steines verwandelt – endlich durch Indras Pfeil getötet werden. Sein Blut mischte sich mit dem Wasser des Petanu-Flusses, der dadurch für 1000 Jahre verflucht war. Reis, der mit Wasser aus dem Fluss bewässert wurde, wuchs schnell und hoch. Sobald er geerntet wurde, floss aber Blut aus seinen Ähren, und er roch nach Verwesung.

Erst als vor wenigen Jahrzehnten die 1000-Jahre-Frist abgelaufen war, wagte man es wieder, das Wasser des Petanu zu nutzen. Bis dahin galt der Fluss als unrein. So überrascht es kaum, dass an seinen Ufern so gut wie keine Tempel zu finden sind.

Ein ganz anderes Bild bietet sich am nächsten Fluss im Osten, dem Pakrisan, wo sich ein Heiligtum an das andere reiht. Der Pakrisan wird von Indras Quelle gespeist.

Selbst der Gouverneur ließ sich hier einen Palast erbauen, der die Quellen überblickt und den auch der ehemalige indonesische Präsident Sukarno häufig besuchte. Man munkelt der Aussicht auf die hübschen badenden Balinesinnen wegen. Heutzutage finden internationale Staatsgäste, wie etwa Angela Merkel, hier ihr Quartier.

Die Anlage ist trotz ihrer Schönheit weit weniger touristisch als andere Tempel in der Umgebung und hat sich ihren ursprünglichen und angenehmen Charme bewahren können.

Das *Odalan* von Pura Tirta Empul wird nicht wie sonst üblich alle 210 Tage nach dem *Pawukon*-Kalender, sondern einmal im Jahr nach dem *Saka*-Mondkalender gefeiert, nämlich an Vollmond *(Purnama)* im September oder Oktober, und ist eine berauschende Festlichkeit. Dann bringen die Menschen aus Manukaya, einem nahen Dorf nördlich des Quellheiligtums, einen heiligen Stein zur Reinigung in den Tempel. Eine Inschrift auf diesem Stein belegt die Gründung von Tirta Empul im Jahre 926 n. Chr. Da dies ein heiliger Ort ist, müssen Besucher einen Tempelschal *(Slendang)* tragen. Eintritt 15 000 Rp, Kinder 7500 Rp, Parken 5000 Rp.

Taro

6 km nördlich von Pujung erreicht man über eine Asphaltstraße das von Nelken- und anderen Plantagen umgebene und herrlich im Grünen gelegene Dorf Taro. Die einzigen weißen Kühe auf der Insel, natürlich heilige Tiere, sind in Taro Kelod zu finden.

Der von Bali Adventure Tours, ✆ 0361-721480, 🖳 www.baliadventuretours.com, betriebene, 3,5 ha große **Elephant Safari Park** in Taro beheimatet eine Herde von 30 Sumatra-Elefanten, auf denen Touristen reiten können. Ein etwa 30-minütiger Ausritt inkl. Transfer, Parkeintritt, Mittagessen und Show kostet US$86, für Kinder US$58, Familien US$259. Touristische Shows, die neben fragwürdigen artistischen Einlagen auch das Verhalten und die Lebensweise der bedrohten Art vermitteln sollen, finden um 11, 13, 15.30 und 18.45 Uhr statt. Zudem können sich Besucher mit den Dickhäutern fotografieren lassen, sie anfassen und waschen. Ebenfalls im Angebot ist eine Nachttour inkl. Elefantenshow sowie einem Ritt durch den beleuchteten Wald mit

4-Gänge-Menü am See für US$99/69/302. Zum Park gehören auch ein kleines, aber recht interessantes Museum mit Mammutskelett sowie nützlichen und witzigen Fakten über die Dickhäuter, ein komfortables, teures Hotel, ein Spa mit Blick auf die Elefanten, ein Restaurant am Badesee und ein Souvenirladen. ⏱ 9–17 Uhr, Eintritt US$16, Kinder US$8, Familien US$44.

Goa Gajah

Goa Gajah, „die Elefantenhöhle", liegt etwa 2,5 km östlich von Ubud an der Straße nach Bedulu. Der Eingang zur Höhle ist mit seltsamen Skulpturen verziert, die in den Felsen gehauen sind. Eine verzerrte Fratze scheint alle, die eintreten, mit ihrem riesigen Maul zu verschlucken. Es handelt sich dabei um die älteste auf Bali vorhandene Darstellung von Boma, dem Sohn des Gottes des Wassers Vishnu, und Ibu Pertiwi, der Mutter Erde. Die Skulpturen im Inneren lassen darauf schließen, dass die Höhle früher von einem Einsiedler bewohnt war. Es werden hier drei einfache schwarze Phallussymbole verehrt.

Vor der Höhle liegen Badeplätze mit Nymphen, die erst 1954 entdeckt wurden. Steigt man in die Schlucht hinab, findet man weitere Ruinen und einen schönen Wald, in dem überall kleine Steinfiguren stehen. Wenn gerade keine Busladung mit Touristen ankommt, ist Goa Gajah ein angenehm ruhiger und erholsamer Ort.

Eintritt 15 000 Rp, Kinder 7500 Rp, Parken 5000 Rp für Autos, 1000 Rp für Motorräder. Der obligatorische Tempelschal kann am Eingang kostenlos geliehen werden. Vielsprachige Führer bieten ihre Dienste für 20 000 Rp an.

Bali Safari & Marine Park

Seit wenigen Jahren bietet in der Nähe des Pantai Lebih, nördlich der Schnellstraße, der 40 ha große **Bali Safari & Marine Park**, Jl. Bypass Prof. Dr. Ida Bagus Mantra, KM 19,8, ✆ 0361-950000, 🖳 www.balisafarimarinepark. com, ein außergewöhnliches Safarierlebnis für die ganze Familie. Hier kann man Safaritouren durch das Freigehege mit 40 verschiedenen Tierarten unternehmen oder die Zeit mit Elefantenritten und Fotoshootings mit kleinen Orang-

WEST-BALI

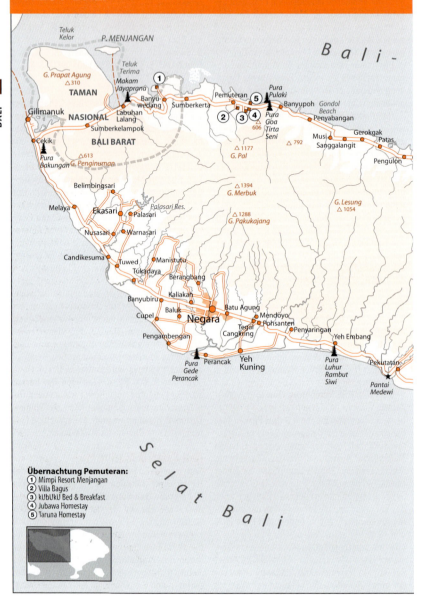

330 WEST-BALI www.stefan-loose.de/indonesien

Utans verbringen. Der Park hat sich dem Schutz vom Aussterben bedrohter Tiere verschrieben und unterhält deshalb ein Forschungszentrum. ⊕ 9–17 Uhr, Eintritt ab US$35 p. P. inkl. Abholservice in Süd-Bali.

West-Bali

Viele Bali-Besucher lernen West-Bali nur im Rahmen eines Tagestrips aus dem Süden oder aus Ubud kennen, der zum Tempel **Tanah Lot**, der bekanntesten Sehenswürdigkeit der Region, führt. Er liegt spektakulär auf einem Felsen in der reißenden Brandung des Indischen Ozeans und ist wohl der meistfotografierte Tempel der Insel. Doch auch zwei weitere Highlights sind allemal einen Besuch wert: der **Pura Taman Ayun** in Mengwi, zweitgrößter Tempelkomplex der Insel, und die saftig grünen Reisterrassen von **Jatiluwih**, die größten ihrer Art auf Bali. Die nördlich von **Tabanan** gelegenen Terrassenformationen sind die eindrucksvollsten ihrer Art, das älteste Beispiel für die traditionelle *Subak*-Bewirtschaftung und ein Muss für jeden Besucher. Nordwestlich von Tabanan führt zudem eine Straße in die Berglandschaft des **Gunung Batukaru**, der zweithöchsten Erhebung der Insel. Hier geht es merklich ursprünglicher zu als in vielen anderen Regionen Balis.

Die mit Lastwagen und Bussen aus Java stark befahrene Küstenstraße nach Gilimanuk führt zunächst vorbei an den beliebten Surfstränden **Pantai Balian** und **Pantai Medewi**, wo sich die Surfer halsbrecherisch von den gigantischen Wellen der Jembrana-Küste verschlingen lassen. Nördlich der Straße rücken die bewaldeten Berge näher an die Küste, die Dörfer werden spärlicher, und selbst die Tempel, sonst reich verziert, werden schlichter. Die Region rund um **Negara** lockt mit einmaligen **Wasserbüffelrennen** Besucher aus der ganzen Insel an.

Kurz vor **Gilimanuk**, dem Fährhafen für die Überfahrt nach Java, zweigt die weit weniger befahrene Straße nach Singaraja nach Osten ab und führt direkt durch den 190 km² großen **Bali Barat-Nationalpark**, in dem man bei Wan-

www.stefan-loose.de/indonesien   WEST-BALI   **331**

derungen den sehr seltenen Bali-Star und andere Tierarten erspähen kann. Die Landschaft ist savannenartig, die Vegetation eher karg, doch auch Mangrovenwälder an der Küste und Urwälder in den höher gelegenen Bergregionen bilden Teile des weitläufigen Nationalparks. Die **Korallenriffe** rund um die Insel **Pulau Menjangan** sind die Hauptattraktion und bieten Tauch- und Schnorchelplätze von Weltklasse. Östlich des Parks haben sich in **Pemuteran** viele Hotelanlagen angesiedelt, die wohl die angenehmsten Übernachtungsmöglichkeiten in West-Bali bieten.

Tanah Lot

Pura Tanah Lot, 31 km westlich von Denpasar, ist einer der landschaftlich am schönsten gelegenen Tempel, eine der am meisten besuchten Touristenattraktionen und das bekannteste Fotomotiv der Insel. Malerisch auf einer winzigen Felseninsel an der von Klippen gesäumten Küste aufragend, bietet er mit seinen bizarren Konturen eine fantastische Szenerie. Zum Sonnenuntergang versammeln sich zahllose Touristen, um das Heiligtum zu bestaunen. Der beste Blick bietet sich dann von den Terrassen der Restaurants an der Felsklippe direkt oberhalb der Tempelanlage. Tagsüber geht es hingegen ruhiger zu.

Obwohl er nur ein kleines Heiligtum ist, wird Pura Tanah Lot („Land inmitten des Meeres") in manchen Verzeichnissen der *Sad Kahyangan* (die sechs heiligsten Tempel von Bali) aufgeführt. Sogar in zahlreichen Bergtempeln findet man Schreine, an denen die Gottheiten von Tanah Lot, die Schutzgötter der Meere, verehrt werden.

Während der Flut ist der Felsen von einer starken Brandung umtost, bei Ebbe kann man auf einem von Meeresalgen bewachsenen Pfad hinüberlaufen und sich das Heiligtum genauer anschauen. Der Zugang zum Tempelinneren ist allerdings Gläubigen vorbehalten. Im Inneren stehen fünf den heiligen Berg Meru repräsentierende, mehrstöckige Schreine. In einer kleinen Höhle unterhalb des Tempels entspringt eine Süßwasserquelle, die ständig von Brahmanen bewacht wird. Gegen eine kleine Spende kann man hier von dem heiligen Wasser trinken und sein Gesicht darin waschen. In den Höhlen und Spalten am Fuße der Felsen auf der Küstenseite hausen schwarzweiß gestreifte Seeschlangen (Nattern-Plattschwänze), die Wächter des Tempels. Obwohl sie hochgiftig sind, haben sie angeblich noch niemanden gebissen.

Auf der Souvenirmeile zwischen Parkplatz und Tempelanlage drängen sich Touristen, Händler und Guides, die Führungen zu den Felsspalten und Fototermine mit den Schlangen anbieten. Frauen und Kinder wollen Postkarten und andere Souvenirs verkaufen. Hier gibt es neben kleinen Supermärkten auch Geldautomaten und zahllose Souvenir- und Bekleidungsgeschäfte. Das Essen in den Restaurants auf den Klippen ist nicht besonders. Hier findet tgl. um 18.30 Uhr für 50 000 Rp p. P. eine *Kecak*-Tanzaufführung statt.

Eintritt 10 000 Rp, Parkgebühr für Motorrad 2000 Rp, Auto 5000 Rp. Pura Tanah Lot feiert sein *Odalan* immer am Mittwoch nach *Kuningan*.

Naturkräfte bedrohen Tanah Lot

Tanah Lots Felseninsel ist in Gefahr, von der gewaltigen Brandung des Indischen Ozeans erodiert zu werden. Nachdem die Erosion in den frühen 1980er-Jahren gefährliche Ausmaße annahm, startete im Oktober 1987 ein 800 Mrd. Rp teures Schutzprojekt unter japanischer Beteiligung. Zwei Hubschrauber installierten rund um die Felseninsel an die 3000 Beton-Tetrapoden, jeder 1,5 bis 2 t schwer, die gleich einem Riff als Wellenbrecher fungieren. Auch einige Schreine des Tempels, der ständig den salzhaltigen Gischtwolken ausgesetzt ist, mussten restauriert werden. Heute ist knapp ein Drittel des Felsens vor den Touristenaugen gut versteckter, künstlicher Stein.

ÜBERNACHTUNG

Dewi Sinta Hotel & Restaurant, ☎ 0361-812933, 🖥 www.dewisinta.com. Große, ruhige Hotelanlage mit 2 Pools an der Souvenirpromenade zum Tempel. Alle der 20 älteren Zimmer sind mit

AC, TV und Warmwasser-Bad/WC ausgestattet, die teureren gut gepflegt. Frühstück inkl. Gut besuchtes Restaurant. ❹

Mutiara Tanah Lot Bungalow, ✆ 0361-812935. Wer günstig und direkt an der Tempelanlage unterkommen möchte, ist in den einfachen Zimmern des kleinen Hotels richtig. Die teureren sind mit AC etwas komfortabler. ❷ – ❹

TRANSPORT

Die Fahrt aus Kuta, Legian oder Seminyak sowie Ubud nach Tanah Lot dauert ca. 45 Min. Fast alle Besucher kommen mit dem eigenen Transportmittel oder im Rahmen einer Tour hierher. An der Abzweigung nach Tanah Lot warten Minibusse, die überhöhte Touristen-Charterpreise verlangen.

Tabanan und Mengwi

Die saubere, von Reisfeldern umgebene Distrikthauptstadt Tabanan ist abgesehen vom großen **Markt** für Touristen nicht besonders interessant. Das Umland hingegen hat einiges zu bieten, das es am besten mit dem eigenen Fahrzeug zu erkunden gilt.

Im Zentrum der Stadt steht auf der Hauptkreuzung die große **Dasa-Muka-Statue** mit zehn Gesichtern. Schräg gegenüber vom lebendigen Markt befindet sich der **Palast Puri Agung Tabanan** an der Straße zum Gunung Batukaru.

Tabanan war einst die Residenz eines Herrscherhauses. 1906, kurz nach dem *Puputan* von Badung, drangen die Holländer auch hierher vor. Der letzte *Raja*, Gusti Ngurah Agung, kapitulierte unter der Bedingung, seinen Titel und ein paar Landrechte behalten zu dürfen. Er wurde zusammen mit seinem Sohn gefangen genommen, und man drohte ihnen mit Deportation. Noch in derselben Nacht begingen beide den rituellen Selbstmord *Puputan*.

In **Mengwi**, 5 km östlich von Tabanan, liegt der zweitgrößte Tempelkomplex von Bali, der offizielle Staatstempel der Mengwi-Dynastie **Pura Taman Ayun** („Tempel des schwimmenden Gartens"). I Gusti Agung Putu, der erste Fürst von Mengwi, ließ ihn im Jahr 1634 über vier Ebenen auf einer Flussinsel erbauen.

Er gilt als einer der prächtigsten Tempel der Insel und repräsentiert den hinduistischen Kosmos. Eine Brücke führt über den breiten Wassergraben voller Lotusblumen zur ersten Ebene, wo an Feiertagen die Zeremonien und Hahnenkämpfe stattfinden. Besucher können zurzeit nur entlang der äußeren Tempelmauern laufen und das heilige Innere nicht betreten. Durch ein geteiltes Tor erreicht man über eine Treppe die zweite Ebene mit Schreinen und einem Brunnen. Auf der dritten Ebene steht der reich verzierte Bale Pengubengan. Das Haupttor zur letzten Ebene wird nur an hohen Feiertagen geöffnet und der Eintritt ist ausschließlich Hindus vorbehalten. In diesem heiligsten Tempelbezirk stehen 29 Schreine verschiedenster Größe mit bis zu elf übereinanderliegenden Dächern. Das steinerne Eingangstor und die geschnitzten Türen der Schreine sind gute Beispiele für balinesische Handwerkskunst. Pura Taman Ayun feiert sein *Odalan* zehn Tage nach *Kuningan*. Vor dem Tempel gibt es den üblichen Trubel mit Essen- und Souvenirständen. ⏰ 8–18 Uhr, Eintritt 5000 Rp, Kinder 1500 Rp. Minibusse fahren ab dem Terminal Ubung in Denpasar für 16 000 Rp nach Mengwi. Der Tempel steht östlich der Hauptstraße, Abzweigung am Markt.

Einmal Reisbauer sein

Das **Subak Museum**, ✆ 0361-810315, liegt 2 km östlich vom Zentrum, südlich der Hauptstraße in der Jl. Gatot Subroto Sanggulan. Hier sind die Geräte zu bestaunen, mit denen die schwere Arbeit auf den Reisfeldern bewältigt wird. Der Besucher erfährt auch Näheres über die *Subak*, die Zusammenschlüsse der Reisbauern, die besonders für die Organisation der Bewässerungssysteme der Felder verantwortlich sind. Die Führungen sind kostenlos und sehr anschaulich, da sich auf dem weitläufigen Gelände auch ein Museumsbauernhof samt eigenem Bewässerungssystem befindet. Viele Exponate, Figuren, Fotos und Erklärungen sind auf Englisch. Besonders für Kulturinteressierte spannend. ⏰ Mo–Do, Sa 8–17, Fr 8–13 Uhr, Eintritt 5000 Rp, Kinder 3000 Rp.

8 HIGHLIGHT

Jatiluwih

Das älteste **Anbau- und Bewässerungssystem** *(Subak)* von Bali ist ein unglaublich komplexes architektonisches Meisterwerk in rund 700 m Höhe. Nicht ohne Grund wird es als Unesco-Weltkulturerbe gelistet. Der Name „Jatiluwih" heißt übersetzt „ergreifende Schönheit", und das gilt für die saftig grünen Terrassen, die sich hier am Hang der Gunung Batukaru in die steilen Schluchten hinunterziehen, allemal. Von den zahlreichen Aussichtspunkten entlang der asphaltierten Straße bieten sich atemberaubende Ausblicke auf das ausgeklügelte, kunstvoll angelegte Bewässerungssystem: Hier kann man Bauern dabei zuschauen, wie sie ihre Felder bestellen, und kleine Schreine mit Opfergaben für die Reisgöttin Dewi Sri inmitten des satten Grüns erspähen. Bereits Walter Spies (s. S. 132) kam von Ubud aus oft in diese malerische Gegend, um sich inspirieren zu lassen. Bei einer längeren Wanderung entlang der verschachtelten Reisfelder oder einer Fahrradtour kann man die gigantischen Terrassenformationen gebührend genießen. Mehr Informationen zu den balinesischen Subak gibt es im Subak-Museum von Tabanan (s. S. 333).

Besucher mit dem Auto müssen eine Maut von 10 000 Rp p. P. zahlen.

ÜBERNACHTUNG

Entlang der Straße gibt es Homestays, die für ca. 100 000 Rp einfache Zimmer mit Mandi, Hocktoilette oder Du/WC ohne Frühstück bieten.

The Organic Farm Bali, Munduk Lumbang, ☏ 0813-5337 6905, 🖥 www.theorganicfarmbali.com. Wer im angenehm kühlen Hochland Balis im totalen Einklang mit der Natur leben und dabei noch die lokale Bevölkerung unterstützen möchte, ist hier genau richtig: Das Wasser zum Waschen kommt aus den nahen Quellen, die Früchte und das Gemüse werden von den Gästen selbst gepflückt und der Kaffee kommt von nebenan. Der Aufenthalt bei den freundlichen holländisch-balinesischen Gastgebern dauert mind. 2 Nächte und beinhaltet ein volles, aber entspanntes Programm. Mit Blick auf den Gunung Agung bieten die zwei Häuser etwas Komfort, aber absolute Abgeschiedenheit und Ruhe. ❼

Warung Teras.s. and Homestay, ☏ 0812-3702 6333. Wer eine direkte Aussicht auf die wunderschönen Reisterrassen haben und dennoch günstig unterkommen möchte, sollte sich hier einquartieren. Die 3 sauberen, recht einfachen Zimmer ohne Ventilator haben komfortable Betten und Du/WC. Zum Homestay gehört ein kleiner Warung. Frühstück inkl. ❸

TRANSPORT

Die **Anfahrt mit dem eigenen Fahrzeug** aus Zentral-Bali führt von Sangeh (s. S. 324) zunächst ca. 10 km nach Norden. In der Ortschaft Petang geht es dann nach Westen (links) auf eine kleine Nebenstraße ab. Nach 15 Min. über Stock und Stein folgt man in Luwus der großen Hauptstraße, die von Denpasar nach Singaraja führt, für 7 km nach Norden (rechts abbiegen), um in Pacung, kurz vor Batu Riti, nach Westen (links) auf die Jl. Pacung Jatiluwh Baturiti einzubiegen. Der Straße folgend, beginnt bereits nach weniger als 10 km in Senganan die auffällige Ausschilderung nach Jatiluwih. An der Straßengabelung im Ort geht es rechts ab, und schon bald ist die herrlich fotogene Postkartenlandschaft erreicht. Aus westlicher Richtung kommend, biegt man dagegen von der Tabanan-Batukaru-Straße in Wongayagede in Richtung Osten (links) auf die durchgehend asphaltierte Seitenstraße ab. Der Weg ist ebenfalls sehr gut ausgeschildert. Gleich hier beginnt die gewundene 14 km lange Strecke durch die beeindruckendsten Reisterrassen der Insel.

Batukaru

Die feuchten Berg-Urwälder auf dem Gunung Batukaru sind neben dem Nationalpark im Westen von Bali das einzige nennenswerte Wildgebiet der Insel. In dem 1762 ha großen Naturreservat **Cagar Alam Batukaru** finden

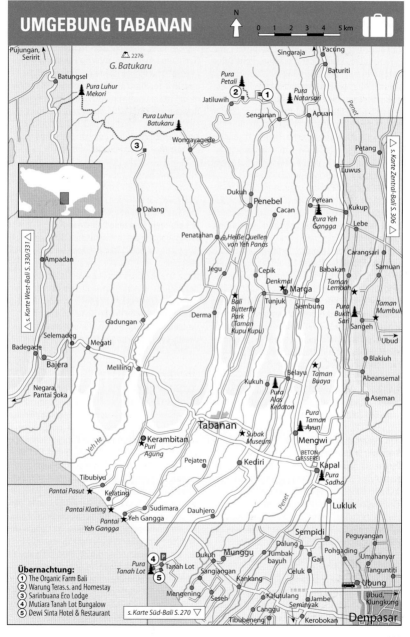

Ornithologen mit Geduld und Fernglas ein lohnendes Betätigungsfeld vor.

Am Südhang des 2276 m hohen erloschenen Vulkans, des „Muschelbergs", steht das wenig besuchte, kleine Bergheiligtum **Pura Luhur Batukaru** auf einer Lichtung im Dschungel in 825 m Höhe, im Hintergrund der Schlund des Vulkankraters. Nur wenige Meter östlich der Tempelbauten liegt ein Wasserheiligtum. Stufen führen hinab zu diesem stillen Teich mit einer winzigen Insel in seiner Mitte. Dichte Vegetation säumt die Ufer des Teiches. Man sollte sich genügend Zeit lassen, um die Stimmung dieser heiligen Stätte auf sich wirken zu lassen.

Pura Luhur Batukaru wird in allen Verzeichnissen der sechs heiligsten Tempel Balis (*Sad Kahyangan*) aufgeführt. Sein *Odalan* feiert man einen Tag nach *Galungan,* immer an einem Donnerstag.

Er ist wohl der einzige Tempel auf Bali, bei dem ein Schild den Zutritt für schwangere Frauen und Kinder unter fünf Jahren verbietet. Außerdem wird – auch auf Deutsch – darauf hingewiesen, dass der heiligste Teil der Anlage von Ungläubigen nicht betreten werden darf. Auch sonst finden sich über die gesamte Tempelanlage verteilt viele multilinguale Verbotsschilder. Batukaru ist eine ruhige Alternative zu dem von Touristen bevölkerten Pura Besakih. Selbst Getränkekioske sucht man hier vergeblich. ⏲ 8.30–17 Uhr, Eintritt 10 000 Rp, zudem Sarong- und *Slendang*-Verleih gegen Spende.

An der Straße zum Batukaru, etwa 6 km nördlich von Tabanan, ist der **Bali Butterfly Park** (Taman Kupu Kupu), ☎ 0361-894 0594, 🖳 balibutter flypark.itrademarket.com, für Freunde der Farbenpracht genau das Richtige. Hier leben Hunderte Arten von Schmetterlingen, darunter schöne Exemplare aus der Gattung der Vogelflügler (Ornithoptera) sowie Ritterfalter. Man kommt am besten morgens, wenn die Schmetterlinge am aktivsten sind. ⏲ 8–17 Uhr, letzter Einlass um 16 Uhr, Eintritt 60 000 Rp, Kinder 30 000 Rp.

ÜBERNACHTUNG

🔶 **Sarinbuana Eco Lodge**, Desa Sarinbuana, ☎ 0828-9700 6079, 🖳 www.balieco lodge.com. Nördlich von Dalang auf 700 m Höhe haben Linda und Norm ein ökologisches Paradies in familiärer Atmosphäre geschaffen. Die 4 Boutique-Bungalows stehen in einem tropischen Garten und haben Veranden mit wunderbarer Aussicht über Reisterrassen und Dschungel. Teilweise auch für Familien geeignet, bieten sie allen Komfort mit handgeschnitzter Einrichtung und liebevoll natürlich dekoriertem Open-Air-Du/WC mit Warmwasser. Reisfeldwanderungen und leckere Bio-Kost im Restaurant. Frühstück inkl. In der direkten Nachbarschaft wird zudem ein einfaches Zimmer für 250 000 Rp vermietet. **➐**

TRANSPORT

Ab Tabanan verkehren **Minibusse** nach WONGAYAGEDE (mind. 10 000 Rp) sowie nach PENEBEL (13 km, ebenfalls 10 000 Rp).
Mit eigenem Fahrzeug kann man von Wongayagede aus auf schmalen Straßen durch die wunderschöne Reisterrassenlandschaft von Jatiluwih nach PACUNG fahren.
Nach SARINBUANA geht es von Tabanan auf der Hauptstraße nach Westen und nach 8 km durch den Ort Meliling. Nach der großen Brücke zweigt eine Straße in nördliche Richtung nach Gadungan und Dalang ab. Danach der Beschilderung nach Sarinbuana folgen.

Jembrana-Küste

Pantai Balian

Die Abzweigung, die von der Hauptstraße zur Balian-Bucht führt, liegt 7 km nordwestlich vom Pantai Soka. Von hier sind es nochmals ca. 600 m bis zu den ersten Hotelanlagen. In Balian kommen Surfer bei den richtigen Strömungsverhältnissen genauso wie am bekannteren Medewi-Strand auf ihre Kosten. Hier ist das Wohnen jedoch deutlich angenehmer: Es gibt viele kleine Hotels, die auch für ruhesuchende Familien entspannende Zufluchtsorte darstellen. Die ländliche Umgebung voller grasender Kühe ist von Kokospalmen und zahlreichen plätschernden Bächen durchzogen. In entspannter Atmosphäre kann man am die wilde Brandung am schwarzen Sandstrand genießen. Aufgrund der zahlreichen spitzen Steine ist das Tragen von Riffschuhen äußerst empfehlenswert.

ÜBERNACHTUNG

Balian Riverside Sanctuary, ☎ 0813-3879 7722, 🖥 www.balianriversidesanctuary.com. Am östlichen Ende der Bucht direkt an der Flussmündung gelegene, schöne Anlage mit 5 gepflegten und geräumigen Holzbungalows mit TV, DVD-Player und Steinbädern mit schön verzierten Türen, teils auch 2-stöckig und mit funktionaler Küche. Nettes Personal. ④–⑥

🧳 **Kubu Balian Beach Bungalows**, ☎ 0815-5861 5061, 🖥 www.kububalian.com. Sehr nette, familienfreundliche, komfortable und ruhige Anlage, die sich perfekt für Familien eignet, die länger im Ort verweilen,. Hier lebt Honey, die Ente, gemeinsam mit ihrem besten Freund Jacky, dem Hund. Gepflegte, geräumige und saubere Bungalows mit guten Betten, großer Veranda, Warmwasser-Du/WC und teilweise auch einer Küche. Das große Familienhaus mit 3 Schlafzimmern kostet 900 000 Rp und bietet aus dem oberen Stockwerk eine tolle Aussicht über die Bucht. Kleiner schöner Pool. Einfaches Frühstück inkl. ④–⑥

Made's Homestay, ☎ 0812-396 3335. Das sehr hilfsbereite Personal vermietet saubere und geräumige Zimmer mit sehr gutem Preis-Leistungs-Verhältnis, teilweise sogar mit eigener Küche. Einfaches Frühstück auf der Terrasse im hinteren Teil der gepflegten Anlage inkl. ②

Shankaris Bali Retreat, an der Hauptstraße 500 m östlich der Abzweigung, ☎ 0361-814993, 🖥 www.shankarisbaliretreat.com. Süßes, auf einem Hügel gelegenes Hotel unweit des Meeres mit sauberen Bungalows mit großem mosaikverzierten Open-Air-Du/WC sowie Moskitonetz, ein Zimmer auch mit AC. Die teureren Zimmer haben ruhige Terrassen mit Blick über einen Palmenwald. 2 Pools, Yogakurse und Internetzugang für 20 000 Rp pro Std. Frühstück inkl. ④–⑤

ESSEN

Toki's Restaurant & Bar. Das Restaurant am unteren Ende der Straße serviert leckere Burritos und Quesadillas in großen Portionen ab 25 000 Rp und kaltes Bier. Ein Muss zum

Sonnenuntergang. Auch Frühstück. Kostenpflichtiges WLAN. ⊕ 7–21 Uhr.
Tom's Garden Café, ☎ 0813-379 7722. Das zum Pondok Pisces gehörende Café und Restaurant offeriert neben indonesischen Gerichten auch Hamburger, Sandwiches und Pasta. Jeden Freitag wird gegrillt. Hauptgerichte ab 23 000 Rp. WLAN bis 18 Uhr inkl. ⊕ 8–21 Uhr.

TRANSPORT

Zu den Abzweigungen, die von der Hauptstraße zum Pantai Balian oder Pantai Medewi führen, kommt man mit den **Bussen**, die zwischen Denpasar und Gilimanuk verkehren.

Pantai Medewi

Bei Pulukan und Pekutatan, weitere 25 km westlich in Richtung Negara, befindet sich am steinigen **Medewi-Strand** der bekannteste Surfspot von ganz West-Bali. Einschlägige Surfzeitschriften behaupten, dass es hier die längsten Lefthand Breaks der ganzen Insel gibt, und hin und wieder finden Surfcamps, -wettbewerbe und -veranstaltungen statt. Einige Restaurants, Unterkünfte und ein Surfladen haben sich hier angesiedelt, um am Ansturm der Surfer mitzuverdienen. Der steinige Grund empfiehlt, wie auch in Balian, das Tragen von Riffschuhen. Für Nicht-Surfer gibt es keinen Badestrand und kaum Freizeitalternativen. Maut bei der Einfahrt zu den Hotels 5000 Rp.

Negara und Umgebung

Negara liegt 74 km westlich von Tabanan an der Hauptstraße nach Gilimanuk und ist die Hauptstadt von Jembrana, dem Distrikt mit der niedrigsten Einwohnerzahl der Insel. Die freundliche Kleinstadt hat für Touristen neben den spektakulären **Wasserbüffelrennen** nicht viel zu bieten. Sie weist jedoch einen sehr ursprünglichen Charakter auf, der weit entfernt von den touristischen Ballungszentren im Süden der Insel einen ganz eigenen Charme versprüht. Die traditionellen Pferdekutschen werden hier noch als weitverbreitetes Fortbewegungsmittel genutzt.

BALI

www.stefan-loose.de/indonesien   NEGARA UND UMGEBUNG   **337**

Der große Supermarkt **Hardy's** in der Jl. Ngurah Rai bietet die breiteste Auswahl an Lebensmitteln und Kosmetikartikeln westlich von Denpasar. ⏲ 8–20 Uhr.

TRANSPORT

Busse von und nach Ubung (DENPASAR) kosten 25 000 Rp. Die Fahrt dauert 3 Std. Ab oder nach TABANAN geht es für 20 000 Rp. Nach GILIMANUK kostet es 5000 Rp und dauert 45 Min.

Palasari und Belimbingsari

Auf halbem Weg zwischen Negara und Gilimanuk zweigen Straßen zu zwei Dörfern ab, in denen balinesische Christen leben. In **Palasari** und dem benachbarten **Warnasari** leben etwa 1500 Katholiken, die 1700 Einwohner von **Belimbingsari** sind Protestanten. Sehenswert ist die katholische Kirche Gereja Santo Fransiskus in Palasari, die 1940 unter Schirmherrschaft des holländischen Pastors erbaut wurde und auf einmalige Weise balinesische Bau- und Dekor-

Wasserbüffelrennen von Negara

In den 1930er-Jahren entwickelten Reisbauern die im Westen Balis berühmten Büffelrennen *(Mekepung)*, um die langweilige, arbeitsarme Trockenzeit zu überbrücken. Daraus entwickelte sich ein ernstzunehmender, überaus beliebter Wettkampf zwischen zwei Jockeys. Früher wurden die Mannschaften entsprechend ihrer geografischen Herkunft aufgeteilt: Westlich des Flusses Tukad Ijo Gading, der direkt durch Negara fließt, trug das Team eine rote Fahne, während die östliche Mannschaft durch eine grüne Fahne identifizierbar war.

Heutzutage finden in den Monaten Juni bis Oktober jeden zweiten Sonntag auf den abgeernteten Reisfeldern rund um Negara kleinere Ausscheidungsrennen statt, die bereits Hunderte von Zuschauern anlocken. Hier ist die Stimmung festlich ausgelassen. Den Höhepunkt eines Rennjahres aber bildet der große, prestigeträchtige Jembrana Regent's Cup, der für gewöhnlich auf der Rennbahn von Negara abgehalten wird.

Ein bunt dekorierter zweirädriger Karren *(Cikar)* mit Jockey wird von zwei Büffeln gezogen, die kräftemäßig und farblich zueinander passen sollten. Die bis zu einer Tonne schweren Kraftpakete werden eigens zu diesem Zweck gezüchtet und müssen keine Feldarbeit verrichten. Vor dem Rennen werden die Köpfe der Büffel reich verziert *(Gelungan)*, die Hörner von bunten Stoffsocken eingehüllt, und auf der Deichsel wird ein Banner *(Badong)* befestigt. So erinnert ihr Aussehen etwas an traditionell geschmückte balinesische Tänzerinnen. Auf das Startsignal hin donnern diese sonst so sanft und plump wirkenden Tiere mit einer verblüffenden Geschwindigkeit von bis zu 60 km/h an den jubelnden Zuschauern vorbei die Strecke hinunter, um eine Wendemarke herum und wieder zurück. Da Wasserbüffel weiche Hufe haben, zieht man Reisfelder der Straße vor, damit sich die Tiere nicht verletzen.

Die Rennstrecke ist etwa 2 km lang und so schmal, dass sie nur für einen Karren Platz bietet. Es starten immer nur zwei Karren gleichzeitig, der eine 10 m hinter dem anderen. Sieger ist nicht unbedingt das schnellste Team, denn auch Stil und Eleganz werden bewertet. Der vordere Wagen muss jedoch auch 10 m vor dem hinteren ins Ziel kommen, um eine Chance auf den Sieg zu haben.

Es kommt immer wieder vor, dass der Jockey die Kontrolle über seine Bullen verliert und der Wagen von der Strecke ausbricht. Dann gilt es, der tonnenschweren Gefahr so schnell wie möglich auszuweichen. Hin und wieder fallen Jockeys in Trancezustände. Auch dann gilt es, ihnen aus dem Weg zu gehen.

Mit den Rennen erbitten die Balinesen den Segen der Götter für die nächste Ernte. Gleichzeitig geben die Büffel etwas von ihrer Kraft an die Reisfelder ab. Wie immer bei solchen Veranstaltungen wird hoch gewettet.

Die genauen Termine sind jedes Jahr verschieden, daher ist es am besten, sich vorher beim Touristeninformationsbüro in Negara, ✆ 0365-41210, ext. 3393, zu informieren.

elemente mit gotisch-christlicher Symbolik vereint. So sind beide Kirchen mit den gleichen Stilmitteln dekoriert, die von Balinesen während der *Galungan*-Feiern verwendet werden. Zur Weihnachtsmesse tragen die Gläubigen dieselbe Festtagskleidung, die sonst bei hinduistischen Tempelfesten getragen wird. In den kirchlichen Schulen wird zudem Musik und Tanz unterrichtet, wobei hier nicht *Mahabharata* und *Ramayana*, sondern biblische Themen mit balinesischen Tänzen dargestellt werden.

Gilimanuk

Der Hafen, von dem aus die Fähren von Bali nach Java übersetzen, liegt 128 km von Denpasar und 88 km von Singaraja entfernt auf einer kleinen Halbinsel. Auf der von javanischen Lastwagen stark befahrenen Schnellstraße kann man Gilimanuk in ca. drei bis vier Stunden von Denpasar aus erreichen. Die Straße nach Singaraja zweigt kurz vor der Stadt nach Osten ab und führt direkt durch den einzigen Nationalpark der Insel. In der Hafenstadt findet man einige kleine Supermärkte, in denen man sich mit dem nötigen Proviant eindecken kann, bevor man mit der Fähre nach Java übersetzt. Die Bevölkerung hier stammt mehrheitlich aus Java und Madura und ist folglich muslimisch geprägt.

ÜBERNACHTUNG

Für Hängengebliebene gibt es Unterkünfte in Gilimanuk, die meist alt, heruntergekommen, muffig und ohne Komfort, aber günstig sind. **Nusantara I**, ☏ 0815-5890 6977. In direkter Nähe zur Moschee gibt es hier spartanisch eingerichtete, aber saubere Zimmer mit Du/WC, teilweise auch AC, TV und Warmwasser. Frühstück inkl. ❶–❷

TRANSPORT

Busse

Die Busse fahren ab dem Terminal gegenüber vom Hafen (erst wenn sie voll sind) nach:
AMLAPURA, für 26 300 Rp;
DENPASAR (Terminal Ubung), 130 km, in 4 Std., Minibus für 28 500 Rp, Bus für 18 700 Rp p. P.;

NEGARA, in 45 Min. für 5000 Rp;
PADANG BAI, für 27 300 Rp;
SINGARAJA, 100 km, morgens in 2 1/2 Std. für 12 900 Rp (Bus) bzw. 19 500 Rp (Minibus).

Fähren nach Java

Abfahrt etwa alle 15–30 Min. rund um die Uhr. Preise: Erwachsene 6000 Rp, Kinder 5000 Rp, Motorrad 16 000–32 000 Rp, Auto 114 000 Rp, Minibus 230 000 Rp.
Es gibt 5 verschiedene Fährgesellschaften, die aber alle die gleichen Preise verlangen. Den Zeitunterschied beachten: In Java ist es 1 Std. früher als auf Bali.

Taman Nasional Bali Barat

Der 190 km² große Nationalpark im Westen der Insel ist der einzige Nationalpark auf Bali und umfasst im Wesentlichen eine Hügelkette mit dem Gunung Pal (1177 m) und dem Gunung Merbuk (1394 m). Er schließt auch den äußersten Zipfel der Insel, ein Kap um den Gunung Prapat Agung (310 m) nördlich von Gilimanuk, ein und bietet tolle Korallengärten, Schildkrötenstrände und Seevogelkolonien in der **Teluk Terima** und auf der Insel **Pulau Menjangan**. Somit ist er für Taucher und Vogelfreunde reizvoll.

In den gemischten Monsunwäldern des Hügellandes lebt eine ornithologische Rarität: der endemische weiße Bali-Star *(Leucopsar rothschildi, jalak putih)*. Wegen dieses seltenen Vogels wurde ein Teil des Nationalparks schon im Jahre 1947 von dem damaligen balinesischen *Raja* zum Naturschutzgebiet erklärt.

Neben der reichen Vogelwelt begegnet man Hirschen und Wildschweinen, zwei Affenarten (Makaken und den Black Monkeys) und dem *Banteng*, einem wilden Vorfahren des Bali-Rinds. Sogar Civet-Katzen können manchmal gesichtet werden.

Durch den westlichen Teil des Parks schlängeln sich viele Pfade, die es auf Tagestouren, möglichst mit einem Führer, zu erkunden gilt. Der östliche und größere Teil ist Schutzgebiet und somit Touristen unzugänglich. Hierfür benötigt man eine Sondergenehmigung vom Parkhauptquartier.

In **Cekik**, 3 km südlich von Gilimanuk, an der Abzweigung der Straße nach Singaraja, liegt das Parkhauptquartier **Kantor Informasi Taman Nasional Bali Barat**, ✆ 0365-61060, 🖥 www.tnbalibarat.com (Informationen nur auf Indonesisch). Dort gibt es Informationen und die Möglichkeit, Trekkingtouren zu buchen. Ein Dschungel-Trek für zwei Personen kostet 240 000 Rp für zwei Stunden, 320 000 Rp für drei Stunden und 550 000 Rp für sieben Stunden. Die vierstündigen Vogelbeobachtungs-Wanderungen kosten 500 000 Rp und starten um 6 Uhr morgens. Alle Preise beinhalten Nationalparkführer und Permits. Weiterhin können zweistündige Mangroventouren sowie Tierbeobachtungen für 500 000 Rp in vier Stunden zwischen 6 und 10 Uhr morgens sowie zwischen 15 und 19 Uhr nachmittags arrangiert werden. Die Touren können auch in den Tauchzentren und Hotels in Pemuteran und Umgebung gebucht werden.

Achtung auf der Straße von Gilimanuk nach Pemuteran: Auf dem Teilstück, das entlang des

Taman Nasional Barat verläuft, tollen Affen an der Straße herum, und es herrscht aufgrund der Trockenheit große Waldbrandgefahr!

Pulau Menjangan

Nach einer halbstündigen Bootsfahrt, bei der man in der Regel ordentlich nass wird, kann man in die Unterwasserwelt der Korallenriffe an den Ufern der unbewohnten, rund 175 ha großen Insel Pulau Menjangan eintauchen, einem der schönsten Tauch- und Schnorchelgebiete Indonesiens. Steile Riffe, große Artenvielfalt und Sichtweiten von bis zu 40 m machen Pulau Menjangan zu einem Muss für alle Taucher und Schnorchler.

In Labuhan Lalang kann ein Boot für einen Schnorcheltrip zur Pulau Menjangan gechartert werden. Frühmorgens ist es am schönsten. Zum Schnorcheln sind ein Führer und die nötige Ausrüstung erforderlich. Die meisten Hotels bieten Schnorchel- und Tauchtouren zur Insel an. Der ca. sechsstündige Ausflug inkl. Verpflegung, Ausrüstung, Guides und zwei Tauch- oder Schnorchelgängen kostet US$90 für Taucher bzw. US$40 für Schnorchler. Zusätzlich muss seit 2009 eine Eintrittsgebühr von US$2,50 pro Tauchrevier entrichtet werden, die lokalen Schutzprojekten zugutekommt.

Pemuteran

Dank der wunderbaren und leicht zu erreichenden Schnorchel- und Tauchreviere entwickelt sich der Tourismus in Pemuteran, einem Dorf nur wenige Kilometer östlich des Nationalparks Bali Barat, sehr gut. In den letzten Jahren wurden viele neue Unterkünfte errichtet, die Besuchern die größte Auswahl an Übernachtungsmöglichkeiten an der Nordküste West-Balis bieten. Viele der Hotels betreiben eigene Tauchschulen und veranstalten Wanderungen oder Bootstouren in die nahe gelegenen Nationalpark. Die zahlreichen teureren Unterkünfte liegen allesamt auf der Strandseite nördlich der Straße Richtung Singaraja, während die billigeren größtenteils im Landesinneren südlich der Straße zu finden sind. Abgesehen von der spannenden Unterwasserwelt passiert hier al-

---

Tauchreviere bei Pulau Menjangan

Menjangan verfügt über sieben beliebte Tauchreviere. Im Westen liegt **POS1** mit einem sandigen, bis zu 30 m abfallenden Hang, umgeben von Weichkorallen und unendlich vielen Fischen. Am seichten, sandigen **Garden Eel** bekommt man Hartkorallen, riesige Schwämme, Anemonen- und Trompetenfische sowie andere Meeresbewohner zu sehen. Die Überreste des **Anker Wreck** in 45 m Tiefe beherbergen Keramikwaren und Glasflaschen und sind ein guter Ort, um Schildkröten und Haie zu erspähen. Die **Korallengärten** im Norden entlang einer 8 bis 40 m steil abfallenden Wand beherbergen große Snapper-Fische und einen schwarz getüpfelten Riffhai. Im Osten schließt sich mit dem **Temple Point** ein sandiger Tauchspot an, in dem Krokodilfische und Nacktschnecken beheimatet sind. Das **POS2** im Südosten besteht aus einer bis zu 50 m tief abfallenden Riffwand mit Doktorfischen, Papageienfischen, Garnelen und Haien. Der benachbarte **Cave Point** beherbergt Unterwasserhöhlen mit interessanten Felsformationen.

---

340 TAMAN NASIONAL BALI BARAT

Das Meer vor dem Bali Barat Nationalpark ist ruhig und klar – perfekt zum Tauchen.

lerdings nicht sehr viel, sodass es für weniger enthusiastische Taucher schnell langweilig werden könnte.

Der Ort hat einen breiten Sandstrand, dem ein natürliches Korallenriff im Osten und ein **künstliches Riff** im Westen vorgelagert sind. In keiner anderen Region Balis ist ein so großes Terrain mit Korallengärten in flachem Wasser ohne starke Strömungen und hohe Wellen zugänglich. Die Riffe dienen als Zufluchtsorte unter anderem für Krokodilfische, Skorpionsfische, Clownfische, Rotfeuerfische und bunte Federsterne.

ÜBERNACHTUNG

Jubawa Homestay, ✆ 0362-94745. Die neuen, sauberen, komplett mit dunklen Holzmöbeln eingerichteten AC-Zimmer im hinteren Teil der empfehlenswerten Anlage sind wegen der lauten Durchgangsstraße zu bevorzugen. Die teuersten mit sehr bequemen dicken Matratzen, verglasten Bädern sowie Blick auf den schönen, recht großen Pool. Frühstück sowie 1 Std. Internet pro Tag inkl. ❸–❹

kUbUkU Bed & Breakfast, ✆ 0362-700 5225. Folgt man der Beschilderung entlang der holprigen kleinen Straße, erreicht man diese liebenswürdige, 2009 eröffnete, gepflegte Unterkunft. Das freundliche Homestay liegt zwar etwas ab vom Schuss, entschädigt aber mit 9 pieksauberen, modern eingerichteten Zimmern mit sehr guten Matratzen. Die teureren sind zudem sehr geräumig und mit dunklen Holzmöbeln, AC und schöner Du/WC mit großem Duschkopf, Lavasteinplatten und viereckigen Waschbecken ausgestattet. Sehr freundliche, familiäre Atmosphäre. Eigenes Tauchzentrum an der Straße. Frühstück im Restaurant und WLAN inkl. ❸–❹

Mimpi Resort Menjangan, Banyuwedang, ✆ 0362-94497, 🖥 www.mimpi.com. Preisgekröntes, ökologisches 4-Sterne-Hotel in Nationalparknähe mit individuell gestalteten Zimmern mit Open-Air-Du/WC und Warmwasser aus einer heißen Quelle. 2 große Pools, Tauchschule und Spa. WLAN und Frühstück inkl. Ganz in der Nähe liegen heiße Quellen, die angeblich eine heilsame Wirkung haben. ❼–❽

Taruna Homestay, ✆ 0813-3853 6318, 🖥 www.tarunahomestay.com. Kleiner Homestay mit Spa und sehr freundlichem Personal. Saubere Zimmer mit dunklen Möbeln, gefliester Stein-

Open-Air-Du/WC und Veranda. Die teureren Zimmer auch mit AC. Taruna, der Besitzer dieses kleinen Familienbetriebes, unterhält die Gäste gerne durch seine Musik. Frühstück inkl. ❸

Villa Bagus, ✆ 0852-3814 8851. Die versteckte, 100 m von der Hauptstraße zurückversetzte, neue Anlage mit kleinem grünen Garten hat nur 4 Zimmer. Die breiten Glastüren sowie die große Fensterfront lassen den modern eingerichteten Raum besonders hell erstrahlen. Die sauberen und komfortablen AC-Zimmer haben große Open-Air-Du/WC mit Warmwasser und schwarzweißen Kacheln. Für eine Abkühlung sorgen 2 kleine Pools, die sich direkt vor den Zimmern befinden. Reservierung empfehlenswert. Frühstück inkl. ❹

ESSEN

Pakis Ayu Warung, ✆ 0852-3753 5753, ✉ pakis_ayu@yahoo.co.id. Dass dieses kleine Restaurant einen griechischen Besitzer hat, wird beim ersten Blick auf die Speisekarte klar, denn neben indonesischen Gerichten gibt es auch Souvlaki. Dahinter wird für 700 000 Rp ein komfortables Zimmer mit Himmelbett, AC, TV und kleinem Privatpool und Open-Air-Du/WC vermietet.

Warung Nasi Small. Die sehr freundliche Besitzerin des kleinen Warung bietet neben einer begrenzten Auswahl an vegetarischen Gerichten ab 18 000 Rp auch frisch zubereiteten Fisch und Meeresfrüchte zu günstigen Preisen. Wer europäisches Essen bevorzugt, bekommt hier auch Pasta- und Nudelgerichte. Auf Bestellung zudem Bebek Betutu und Babi Guling. ⏲ 8–21 Uhr.

EINKAUFEN

Der **Supermarkt** westlich des Ortes, am Eingang zum Nationalpark, verfügt über eine große und gut sortierte Auswahl an Lebensmitteln und Drogerieartikeln. ⏲ 8–18 Uhr.

TAUCHEN UND SCHNORCHELN

Viele der Tauchschulen in Pemuteran sind teuer, die Preise bewegen sich fast auf europäischem Niveau und sind meist auch in Euro ausgezeichnet. Preiswerter ist es in den kleineren Tauchschulen der günstigeren Unterkünfte. Ein Schnorchelausflug vor die Küste von Pulau Menjangan kostet um die 350 000 Rp p. P. für 2 Std. inkl. Ausrüstung. Die Gäste werden mit dem Bus vom Hotel abgeholt, zur Bootsanlegestelle gebracht und mit kleinen Fischerbooten rausgefahren.

Bali Diving Academy, am Strand vom Taman Sari Resort, ✆ 0361-270252, 🖥 www.scubali.com. Beliebtes Tauchcenter mit deutschsprachigem Tauchlehrer, das Open-Water-Kurse für US$440 sowie Tauchgänge beim Biorock-Projekt ab US$35 offeriert.

 Diving Centers Werner Lau, im Pondok Sari Beach Bungalow Resort, ✆ 0812-385 9161, 🖥 www.wernerlau.com. Reservierungen in Deutschland unter ✆ 04105-690936. Die größte, am besten ausgerüstete und auch teuerste Tauchschule des Ortes bietet

---

Das Biorock Reef Structures Projekt von Pemuteran

Die farbenprächtigen Korallengärten vor Pemuteran haben wie viele andere Tauchreviere in Südostasien stark unter der Dynamitfischerei gelitten. Seit die lokale Bevölkerung und ausländische Hotels und Tauchschulen im Jahr 2000 erkannt haben, dass durch die mutwillige Zerstörung der Fischbestand sowie die Tauchattraktionen und damit ihre Lebensgrundlage verschwinden, haben sie als **Global Coral Reef Alliance** vor Pemuteran das mit ca. 2 ha größte Riff-Projekt der Welt initiiert. Das direkt vor der Küste gelegene, von Menschenhand geschaffene Korallenriff in 5–11 m Tiefe wird mithilfe von mehr als 50 Biorock-Stahlkäfigen, durch die eine 12 V und 5 Ampere niedrige Gleichstromspannung fließt, aufgeforstet und dient zudem noch als künstlicher Wellenbrecher. Alle Tauchschulen von Pemuteran beteiligen sich an diesem Projekt und haben teilweise auch weitere, eigene Schutzprojekte gegründet. Informationen unter 🖥 www.globalcoral.org.

Tauchkurse auf Deutsch und verschiedene Touren in den Nationalpark an. Außerdem betreut die Schule soziale und ökologische Projekte auf Bali. Ein erstklassig geleiteter Open-Water-Kurs kostet 330 €, ein Tauchgang am Strand 44 € inkl. Ausrüstung, jeder weitere 25 €, in den leicht zu erreichenden Riffen 51 €, vor Menjangan zwei Tauchgänge 115 €. 5 Std. Schnorcheln vor Menjangan für 54 €. Schnorchelausrüstung kann für 8 € pro Tag geliehen werden.

TRANSPORT

Da sich Pemuteran recht lang gezogen an der Straße zwischen Gilimanuk und Singaraja erstreckt, ist es zu empfehlen, für größere Distanzen innerhalb des Orts die roten **Angkot** anzuhalten, die ca. alle 15 Min. die Straße entlangfahren und für 3000 Rp Mitfahrer aufgabeln.
Außerdem fahren **Busse** zwischen GILIMANUK und SINGARAJA durch PEMUTERAN. Von Gilimanuk 8000 Rp, von Singaraja 12 000 Rp. Die Hotels vor Ort haben eine gemeinsame Preisliste und bieten Kurz- und Langstrecken-Fahrdienste zu überteuerten Preisen an.

Nord-Bali

Eine Auszeit vom hektischen Treiben im Süden können Besucher in Nord-Bali nehmen, wo es merklich ruhiger und weniger touristisch zugeht. Der schmale Küstenstreifen nördlich der zentralen Bergkette wurde bereits 1854 – 50 Jahre früher als der Süden der Insel – von den Holländern kolonialisiert. Der westliche Einfluss war hier entsprechend stärker, was vor allem in der größten Stadt **Singaraja**, dem ehemaligen Verwaltungszentrum der Holländer, deutlich wird. Das einzige wirkliche Touristenzentrum ist **Lovina**, das sich entlang eines 6 km langen Küstenabschnitts mit einer Vielzahl an Unterkünften aller Preisklassen erstreckt und Möglichkeiten für Tagesausflüge in die Umgebung bietet.

Die zentrale Bergkette mit dem aktiven Vulkan **Gunung Batur** und seinem Kratersee auf der östlichen und den Bergseen **Danau Bratan**,

Danau Buyan und **Danau Tamblingan** auf der westlichen Seite ist häufig in den Wolken versteckt. Besucher können hier dem Massentourismus entkommen und das Bali der Bergdörfer, wie z. B. **Kintamani**, **Toya Bungkah** oder **Munduk**, kennenlernen. Im Hochland kann es kühl werden, und die vulkanische Landschaft wirkt deutlich rauer und trockener als der Süden, was sich auch auf den recht derben Charakter der hiesigen Bewohner ausgewirkt hat. An den fruchtbaren und gemäßigt temperierten Berghängen werden Obst und Gemüse, Kaffee, Nelken und Tabak geerntet, denn das Klima eignet sich nicht für den Reisanbau. Selbst Erdbeeren und Salate wachsen hier. An der Küste gedeihen dagegen Reis und Früchte wie Mango, Durian, Rambutan, Mangosteen und sogar Weintrauben, die von kleinen Winzereien entlang der Nordostküste zu Bali-Wein verarbeitet werden.

Singaraja

Singaraja, vor mehr als 400 Jahren gegründet, ist die Hauptstadt des Distrikts Buleleng, des flächenmäßig größten Bezirks auf Bali, und mit 80 000 Einwohnern zugleich die zweitgrößte Stadt der Insel. Wörtlich als „Löwenkönig" übersetzt, benannte man sie zu Ehren des ersten Königs Ki Gusti Panji Sakti, der das Königreich Buleleng (= Mais) durch Eroberungen ungefähr auf seine heutige Größe, nämlich ein knappes Drittel der Insel, ausdehnte. Jahrhundertelang befand sich hier der wichtigste Hafen Balis, in dem chinesische, arabische, portugiesische, buginesische und javanische Händler aufeinandertrafen.

Singaraja wurde 1854 unter der holländischen Kolonialherrschaft die Hauptstadt der Provinz Nusa Tenggara und blieb bis 1953 das Verwaltungszentrum der Insel. Ganz und gar nicht balinesisch wirken die breiten Straßen und die Häuser im holländischen Kolonialstil. Heute ist Singaraja eine typische große Provinzstadt, in der es für ausländische Touristen nicht besonders viel zu entdecken gibt.

Eine Ausnahme bildet dabei die **Historische Bibliothek Gedung Kirtya** im alten Palastgebäude *(Sasana Budaya)* in der Jl. Veteran, die die weltweit einzige Sammlung an *Lontar*-Schriften

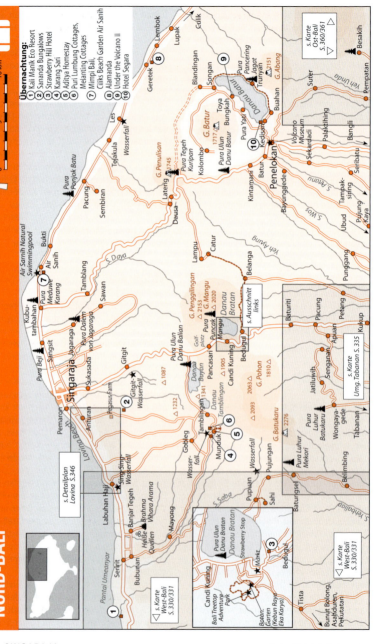

beherbergt. An die 7000 Exemplare sind vorhanden, darunter die ältesten schriftlichen Überlieferungen Balis. In den Anfangstagen des Museums zu Beginn des 20. Jhs. wagten geisterfürchtige Balinesen keinen Schritt hinein, aus Angst, von uralten Flüchen befallen zu werden. ☉ Mo–Fr 8–16 Uhr, Eintritt 10 000 Rp.

Ein großer Supermarkt der Kette **Hardy's** liegt in der Jl. Ngurah Rai, ☉ 9–21 Uhr. **Carrefour** ist in der Jl. Surapati 120, wenige Meter östlich des Flusses, auf der rechten Straßenseite, vertreten. ☉ 8–21 Uhr.

TRANSPORT

Vom **Banyuasri-Busbahnhof** im Westen der Stadt verkehren Busse nach:
AMLAPURA für 25 000 Rp;
DENPASAR, für 25 000 Rp;
GILIMANUK, für 12 900 Rp;
NEGARA, für 20 000 Rp.
Minibusse nach LOVINA kosten 5000 Rp.
Vom **Kampung-Tinggi-Busbahnhof** im Osten der Stadt fahren Busse nach:
KINTAMANI, für 25 000 Rp;
SANGSIT, für 5000 Rp.
Innerhalb von Singaraja verkehren **Bemos** für 3000–5000 Rp, der Transfer zwischen den beiden Busbahnhöfen kostet 5000 Rp.

Lovina und Umgebung

Die einst eigenständigen Dörfer Pemaron, Tukad Mungga, Anturan, Kalibukbuk, Kaliasem, Temukus und Banyualit sind mittlerweile zu Lovina zusammengewachsen. Der ausgedehnte Strandabschnitt 6 bis 12 km westlich von Singaraja bildet das touristische Zentrum von Nord-Bali und zieht viele Besucher an, die dem Trubel von Kuta entkommen möchten. Da die schwarzen Sandstrände hier nicht so schön und breit wie die im Süden sind und das ruhige Meer keine Surfer anlockt, geht es deutlich geruhsamer zu. In der Hauptsaison von Juli bis September herrscht auch in Lovina Hochbetrieb.

Delphintouren

Die touristische Hauptattraktion von Lovina sind die Delphine, die sich jeden Morgen vor der Küste tummeln, akrobatische Sprünge vollführen und miteinander sowie mit den Booten spielen. Die ökologisch fragwürdigen Delphintouren können in jedem Hotel oder Reisebüro gebucht werden und sollten inklusive Transport zur Anlegestelle ca. 60 000 Rp p. P. kosten. Zum Zeitpunkt der Recherche war eine Preiserhöhung auf 120 000 Rp für 2012 geplant. Abfahrt ist bereits gegen 6 Uhr früh. Im Preis ist natürlich keine Garantie für das Auftauchen von Delphinen enthalten.

Wenn sich in den seichten Gewässern keine Tümmler blicken lassen, fahren die kleinen Auslegerboote auch auf das offene Meer hinaus. Delphine sind sehr schnelle Schwimmer und machen sich gerne einen Spaß daraus, an einer Stelle aufzutauchen, um die Touristenboote anzulocken, und dann fünf Sekunden später wieder an einer völlig anderen Stelle ihre Schnauze aus dem Wasser zu strecken.

In den letzten Jahren wuchs die Anzahl der Boote erschreckend an, und Tierfreunden vergeht beim Anblick von 40 Booten, die auf einen gesichteten Delphin zu- und direkt über die Meeressäuger hinwegbrettern, schnell die Lust. Man sollte seinem Bootskapitän klar sagen, dass ein derart **aggressives Hetzen der Tiere** missbilligt wird. Sollte man keine Delphine zu Gesicht bekommen, kann man sich mit dem meist wunderschönen und klaren Sonnenaufgang über der Küste von Lovina trösten.

Auch sollte man nicht damit rechnen, wieder trockenen Fußes an Land zu gehen. Es wird daher empfohlen, Schwimmsachen zu tragen und Kamera, Handy und Geldgürtel wasserdicht zu verpacken. Die vordersten Sitze sollte man guten Gewissens anderen Leuten überlassen, denn hier wird es am feuchtesten.

ÜBERNACHTUNG

Zahlreiche Hotel- und Bungalowanlagen ziehen sich über 6 km an der parallel zum Strand verlaufenden Straße entlang. Es gibt mehr als genug Hotels in allen Preisklassen.

Untere Preisklasse
Hotel Angsoka, ☎ 0362-41841, 🖥 www. angsoka.com. In der gepflegten und weitläufigen Hotelanlage mit Pool gibt es je nach

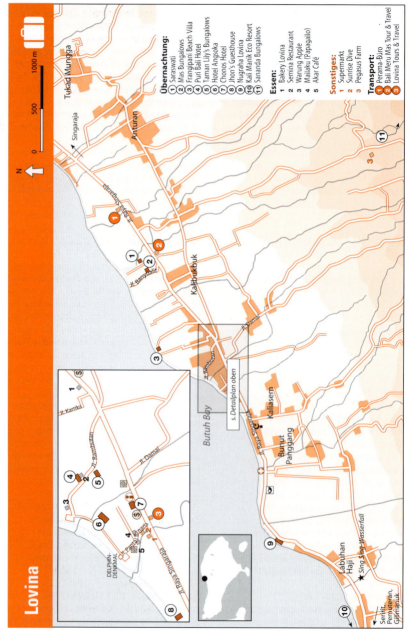

Preisklasse verschieden große Zimmer mit Du/WC, teils auch mit AC und Warmwasser. Sogar eine kleine Hütte auf Stelzen wird vermietet. Die neueren Zimmer im hinteren Teil sind ruhiger, in den älteren Zimmern vorn hört man nachts den Betrieb der Bars. Kleines Frühstück inkl. **②** – **③**

Jhon's Guesthouse, direkt hinter dem Puri Manggala am Strand, ☎ 0362-42189. Das wohl beste Preis-Leistungs-Verhältnis bietet die etwas versteckt zwischen Straße und Strand gelegene Anlage mit 4 modernen, kleinen Suiten mit Wohnbereich, Küche, schickem Bad mit Du/WC und Schlafzimmer. Frühstück, Ruhe sowie Meerblick sind gratis und lassen sich im Strandpavillon vor dem Haus bestens kombinieren. Das Ganze ist komfortabel und ruhig. **③**

Mas Bungalows, ☎ 0362-41773, 🖥 www. masbungalows.com. Ein Gästehaus mit viel Liebe zum Detail. Die Zimmer mit Moskitonetz und Warmwasser-Du/WC sind geschmackvoll mit Muscheln und winzigen Steinchen dekoriert und teils mit AC ausgestattet. Das Personal ist nett, der Pool recht groß und die Anlage gepflegt. Für das Gebotene etwas zu teuer, doch die resolute Betreiberin lässt mit sich handeln. Reichhaltiges Frühstück inkl. **③**

Puri Bali Hotel, ☎ 0362-41485, 🖥 www. puribalilovina.com. „Luxury on a shoestring" ist das Motto dieses Hotels. Die große Anlage mit schönem Pool beherbergt Zimmer und hübsche strohgedeckte Bungalows mit Du/WC in verschiedenen Preisklassen, teils auch mit AC und Warmwasser. Die neueren Zimmer sind zu bevorzugen. Frühstück inkl., WLAN kostet 15 000 Rp für 2 Std. **③** – **④**

Mittlere Preisklasse

Chonos Hotel, ☎ 0362-41569, 🖥 www.chonos hotel.com. An der Hauptstraße gelegenes Hotel mit Pool und sehr geschmackvoll und modern eingerichteten Zimmern mit Du/WC, teils auch mit Open-Air-Bad, AC und TV. WLAN für die großen und Spielecke für die kleinen Kinder inkl. Im Restaurant auf der Dachterrasse kann man sich an den Tischgrillen selbst als Koch versuchen. Reichhaltiges amerikanisches Frühstück inkl. **⑤**

Kali Manik Eco Resort, 15 km westlich von Lovina, ca. 1,7 km einer kleinen Straße Richtung Meer folgend, ☎ 0362-706 4888, 🖥 www.bali-eco-resort.com. Dieses einzigartige Resort unter österreichischer Leitung liegt abgeschieden inmitten kleiner Gärten am Meer. Hier werden Obst und Gemüse nach ökologischen Kriterien angebaut, Solarwärme genutzt und Abwässer gezielt wiederverwendet. Man wohnt in großen, individuell und liebevoll eingerichteten Hütten, die komfortabel und naturnah in erdigen, warmen Farbtönen mit viel Holz, Stein und Bambus gestaltet sind. Ausgestattet sind sie mit Moskitonetz, Minibar und geräumigen Warmwasser-Du oder Bad/WC mit stilvoll verzierten, dunklen Steinmosaiken. Im Restaurant können sich Gäste von den Kochkünsten der Besitzerin und ihrer freundlichen balinesischen Partnerin begeistern lassen. Die Zutaten kommen direkt aus dem eigenen Garten oder aus der unmittelbaren Umgebung. Wasser, Tee, Kaffee und Frühstück inkl. **⑤** – **⑦**

Nugraha Lovina, Jl. Raya Singaraja, ☎ 0362-41601, 🖥 www.nugraha-hotel.com. Sehr schöne Anlage mit Pool und angenehm gestalteten, kühlen Zimmern mit AC, TV, Kühlschrank, großem Du/WC und Meerblick, teilweise mit Teppichboden. Das Personal ist sehr freundlich und hilfsbereit. WLAN in der Lobby, amerikanisches Frühstück inkl. **④**

Sananda Bungalows, in Selat, 5 km landeinwärts von Lovina, ☎ 0362-700 0215, 🖥 www.sanandabungalows-bali.com. Das in einem idyllischen Garten mit Yoga-Pavillon gelegene sozial-engagierte Öko-Resort unter deutscher Leitung vermietet saubere, hübsch eingerichtete Zimmer mit guten Betten, Moskitonetzen und schicken Open-Air-Du/WC. Neben ökologisch verträglich angebauten Lebensmitteln und Sonnenkollektoren nutzt man hier auch kompostierbare Waschnüsse zum Wäschewaschen, zudem werden Schulmittel für einheimische Kinder gespendet. WLAN inkl. **④**

Saraswati, Jl. Saraswati, ☎ 0362-41462, 🖥 www.saraswati-bali.com. Sehr kuschelige, von einem deutsch-balinesischen Ehepaar geführte Anlage mit Salzwasserpool in ruhiger Lage direkt am Strand. Die zwei Bungalows sind liebevoll individuell gestaltet und haben Moskitonetze und Du/WC, deren Warmwasser aus Solarenergie gewonnen wird. Außerdem gibt es eine Küche zur gemeinschaftlichen Nutzung. Tee, Kaffee, Frühstück inkl. Reservierung empfehlenswert. ❺

Taman Lily's Bungalows, ✆ 0362-41307, 🖥 www.balilovinahotel-tamanlilys.com. Im holländischen Kolonialstil erbaute Anlage mit 6 geräumigen Bungalows mit großem Bett und älterem, aber sauberem Warmwasser-Bad/WC, teils auch mit Kühlschrank und AC. Sehr freundliches Personal, Frühstück inkl. ❸–❹

Obere Preisklasse

Frangipani Beach Villa, Jl. Kartika 99, ✆ 0819-3655 2532, 🖥 www.frangipanibeachhotelbali.com. Die komplett eingerichteten Zimmer dieser recht exklusiven Anlage sind modern, groß, hell und haben schöne Open-Air-Du/WC, dazu WLAN, TV und AC. Das Holzinterieur besticht durch stilvollen Antik-Look. Frühstück inkl. Reservierung empfehlenswert. ❼

ESSEN

Viele Unterkünfte haben ihr eigenes Restaurant und oft auch eine Bar. Zusätzlich säumen zahlreiche große und kleine Restaurants die Straßen, einige bieten auch Livemusik sowie balinesische Tanzvorführungen.

Akar Café, Jl. Pantai Binaria, ✆ 0817-972 4717. Grün ist die Hoffnung aller Vegetarier und Veganer, die in Lovina mal abseits der Standardküche essen möchten. Das ganz in Tönen der „Ökofarbe" gehaltene Café hat hinten einen gemütlichen Sitzbereich und serviert originelle, wohlschmeckende und erschwingliche Gerichte aus frischen Zutaten – ganz ohne Fleisch, teils auch vegan. Hummus, leckere Salate, Nudeln mit Sesampesto und Cashewnüssen, Lasagne oder selbst kombinierbare Gerichte – nichts ist wirklich teuer, aber alles wirklich lecker! Durstige finden in den ausgefallenen Saftkombinationen und Tees ausreichend gesunde Auswahl. Frühstücksmenüs um 30 000 Rp, Hauptgerichte ab 40 000 Rp. Entspannte Musik und WLAN inkl. ⏱ 8–22 Uhr.

Bakery Lovina, Jl. Raya Singaraja, ✆ 0362-42225. Ideal zum Frühstücken: Hier gibt es echtes Brot, original italienischen Schinken und Salami und allerlei importierte Köstlichkeiten. Die Sandwiches kommen mit mehr als daumendicken Scheiben Schwarz- oder Graubrots und den leckersten Belägen. Im Erdgeschoss werden Käse, Wurst, Sauerkraut, Jägermeister und alles, was das deutsche Herz sonst noch begehrt, verkauft. Selbstverständlich nicht ganz günstig. Freundliches Personal. ⏱ 7.30–21.30 Uhr.

Mailaku (Papagallo), Jl. Binaria, ✆ 0362-41163. Empfehlenswertes, nicht allzu teures Restaurant, das auch westliche Küche serviert und für seine Pizzen und Steaks beliebt ist. Wer möchte, kann sich hier seine eigene Pizza zusammenstellen. Auch Grau- und Schwarzbrot und eine große Auswahl an Cocktails, die man ganz oben im 3. Stock mit Blick auf das Meer genießen kann. WLAN im Erdgeschoss. ⏱ 10–23 Uhr.

Semina Restaurant, ✆ 0362-41094. Süßes, günstiges Restaurant, das authentische indonesische und balinesische Gerichte, Seafood und auch eine kleine Auswahl an westlichen Speisen zubereitet. Je nach Anzahl der Gäste werden hier traditionelle balinesische Tänze aufgeführt. ⏱ 8–22 Uhr.

Warung Apple, Jl. Rambutan, gegenüber dem Astina. In dem gut besuchten Restaurant servieren der deutschsprachige Betreiber und sein Team gute indonesische und balinesische Küche und zur Happy Hour ab 17 Uhr auch Säfte für 4000 Rp.

AKTIVITÄTEN

Reiten

Pegasus Farm, in Kayuputih, 10 Min. südlich von Lovina in den Hügeln, s. Karte S. 346, ✆ 0858-5746 9576, 🖥 pegasus-organic-farm.blogspot.com. Die Öko-Farm bietet Kurse für Anfänger und Fortgeschrittene sowie Ausritte, z. B. durch den Wald, die Reisfelder und kleine Dörfer. Ausritte sind mit 130 000 Rp pro 30 Min. oder 550 000 Rp pro 2 Std. nicht ganz billig, bei längeren Ausritten gibt's Getränke und einen kundigen Guide dazu. Anfängerreitstunden ab 300 000 Rp. Reiten von 7–10 und 15–16.30 Uhr.

Touren in Nord-Bali

Tour 1: Von Lovina nach Candi Kuning, Bedugul und Munduk

Die Tour ist für private Transportmittel ausgelegt und durchaus an einem Tag zu schaffen, wenn man auf lange Spaziergänge und Wanderungen verzichtet. Auf dem Weg finden sich aber auch mehrere Übernachtungsmöglichkeiten, besonders Munduk bietet sich hier an.

Man verlässt Lovina in Richtung Osten und fährt auf der Hauptstraße nach Singaraja. Im Zentrum der Stadt biegt man rechts ab und nimmt die Straße nach Süden. Die bergige Strecke führt zunächst in das Dörfchen Gitgit. Am Straßenrand wird gleich mehrmals die Hauptattraktion ausgeschildert: der **Gitgit-Wasserfall**. Danach geht es auf der kurvigen Straße über **Pancasari** nach **Bedugul**. Am See **Danau Bratan** liegt der beschauliche **Pura Ulun Danu Bratan** und etwas weiter die Hauptstraße entlang der wunderschöne **Botanische Garten** und der **Markt von Candi Kuning**. Der Weg mit dem Auto zurück nach Lovina führt über die landschaftlich wunderschöne Strecke auf dem Grat entlang der beiden Bergseen **Danau Buyan** und **Danau Tamblingan** und weiter in die beschauliche, schön in den Bergen gelegene Ortschaft **Munduk**. Hinter Munduk folgt man der Straße via Mayong bis zurück an die Küste. Hat man das Meer vor Augen, biegt man in Seririt nach rechts ab und fährt Richtung Lovina, während auf der linken Seite im Meer die Sonne untergeht.

Tour 2: Von Lovina nach Kintamani und zum Danau Batur

Auch bei dieser zweitägigen Tour verlässt man Lovina mit dem eigenen Transportmittel Richtung Osten und fährt durch Singaraja. Hat man das Verkehrschaos der Stadt erst einmal hinter sich gelassen, geht es gemütlich entlang der Küstenstraße Richtung Osten. Bei **Kubutambahan** zweigt die große Straße nach rechts in die Berge ab und wird bald steil und kurvig. Nach ca. 30 km ist das Hochplateau um den **Gunung Penulisan** erreicht. Etwas weiter südlich liegen **Kintamani** und das Dorf Batur, die einen kurzen Zwischenstopp wert sind. Weiter geht es über den Aussichtspunkt **Penelokan** in die beeindruckende Kraterlandschaft des **Gunung Batur**. Am See **Danau Batur** gibt es Unterkünfte und die Möglichkeit den Vulkan in einer frühmorgendlichen Tour zu besteigen. Jenseits des Sees liegt **Trunyan**, ein Dorf der balinesischen Ureinwohner, das ebenfalls ein spannendes Reiseziel darstellt.

Tour 3: Von Lovina nach Ost-Bali

Die dritte Tour ist in einem Tag zu schaffen und führt direkt nach Ost-Bali. Wieder fährt man von Lovina aus Richtung Osten und durch Singaraja. Auf der Hauptstraße geht es immer weiter geradeaus entlang der Küste über **Sangsit**. Hinter dem Ort zweigt eine Straße ins Landesinnere nach **Jagaraga** und **Sawan** ab. Hier kann man Tempelanlagen mit reichen, ausgefallenen Reliefs bewundern. Zurück auf der Hauptstraße geht es über Kubutambahan, Air Sanih, Sembiran, Tejakula und Sambirenteng in die Gegend der Tauchresorts von Tulamben und Amed in Ost-Bali.

Tauchen und Schnorcheln

Wer in den vorgelagerten Korallenriffen schnorcheln will, muss sich mit einem Boot hinausfahren lassen. 2-stündige Schnorcheltouren werden von den Tauchschulen für Preise ab 120 000 Rp p. P. inkl. Ausrüstung angeboten. Draußen ist das Meer glasklar, sodass man die farbige Unterwasserwelt ungehindert genießen kann. Die schönsten Tauch- und Schnorchel-Spots liegen jedoch im Naturschutzgebiet der Insel **Menjangan**, die per Boot in 1 Std. erreichbar ist. Weitere Details s. S. 340.

Sunrise Dive, Jl. Pantai Binaria, ✆ 0857-3729 7920. Empfehlenswerte PADI-Tauchschule, die Tauch- und Schnorcheltouren nach Amed, Pulau Menjangan und Tulamben anbietet. Manche der Tauchlehrer sprechen deutsch, und die Verpflegung an Bord ist reichhaltig. Tauchgänge kosten 40–60 €, Schnorcheln je

www.stefan-loose.de/indonesien

LOVINA UND UMGEBUNG **349**

nach Ziel 15 € vor Lovina oder 25–40 € vor Pulau Menjangan inkl. Mittagessen. Für den Open-Water-Kurs sind 315 € zu zahlen.

TOUREN

Halb- und Ganztagstouren in die Umgebung, etwa zum Wasserfall in Les, zum größten buddhistischen Tempel Balis, dem **Brahma Vihara Arama** im Dorf Dencarik, oder zu den heißen Quellen in Banjar, lassen sich entweder über die Unterkünfte oder einen der zahlreichen Touranbieter organisieren. Sie kosten ungefähr 350 000 Rp pro Auto und Guide, für Trekkingtouren im Nationalpark von Menjangan ca. 275 000 Rp p. P. inkl. Permit, Transport und Essen. Empfehlenswert sind:
Bali Meru Mas Tour & Travel, Jl. Raya Singaraja, ☎ 0362-41085. Bei diesem seriösen Touranbieter können auch inländische Flüge gebucht, Geld gewechselt und Zahlungen mit Kreditkarte vorgenommen werden.

SONSTIGES

Autovermietungen

Alle Autovermietungen in Lovina erwarten die Abgabe des Reisepasses oder Flugtickets als Sicherheit für die Leihdauer.
Lovina Tours & Travel, Jl. Raya Singaraja, ☎ 0362-41384, ✉ biluk20_lovina@yahoo.com. Fahrzeuge in gutem Zustand und (nach Handeln) zu angemessenen Preisen. Für einen Mietwagen sollte mit mind. 135 000 Rp pro Tag inkl. Teilkasko-Versicherung gerechnet werden. Gegen Aufpreis ist die Abgabe des Fahrzeugs auch in einem anderen Ort möglich.

Informationen

Ein kleines Informationsbüro befindet sich im Gebäude der Polizei in Kalibukbuk.
⊙ Theoretisch Mo–Sa 8–20 Uhr.

Internet

Internetcafés befinden sich vor allem in der Jl. Binaria und kosten um 10 000 Rp pro Std.
⊙ 10–22 Uhr. Günstiger kann man in den Internetcafés an der Hauptstraße zwischen Jl. Binaria und Jl. Rambutan im Netz surfen. Viele Restaurants und Hotels bieten inzwischen kostenloses WLAN.

TRANSPORT

Die besten Verkehrsverbindungen in die nähere Umgebung gibt es ab Singaraja. Ein **Bemo** von Lovina zum Banyuasri-Busbahnhof kostet 5000 Rp, die Fahrt dauert etwa 15 Min. Nach Pemuteran sind es 20 000 Rp.
Im Zentrum von Lovina wird der Transport zu verschiedenen Zielen angeboten. Meist wird man am Vormittag in kleinen **Minibussen** von seiner Unterkunft abgeholt, die oft schneller und bequemer, teils sogar billiger sind als die großen **Perama-Busse**.

Preisbeispiele:
BEDUGUL, für 80 000 Rp;
CANDI DASA oder PADANG BAI, für 130 000 Rp;
JIMBARAN und NUSA DUA, für 175 000 Rp;
KINTAMANI, für 110 000 Rp;
MATARAM oder SENGGIGI, für 235 000 Rp;
TULAMBEN und AMED, für 120 000 Rp;
UBUD, KUTA, SANUR oder Flughafen, für 90 000 Rp.

Brahma Vihara Arama

Das Brahma Vihara Arama ist das einzige **buddhistische Kloster** auf Bali und liegt 10 km westlich von Lovina, etwa 2 km oberhalb des Dorfes Banjar Tegeh, still und abgeschieden auf einem Hügel. Die Anlage stammt aus den 1970er-Jahren, wer also äonenaltes Kulturerbe erwartet, wird enttäuscht sein. Um einen Springbrunnen führen Treppen, die mit den buddhistischen Erleuchtungsstufen in Sanskrit und Indonesisch beschriftet sind, zu Gebetsräumen, in denen Buddhafiguren chinesischen und hinduistischen Stils stehen. Die Gebetshalle ist ganz dem sitzenden Buddha gewidmet und mit Reliefdarstellungen aus dem Leben des Siddharta verziert. Rechter Hand steht ein großer, mit floralen Mustern geschmückter, goldener Stupa, von vielarmigen Wächtern behütet. Auf der obersten Terrasse, die über eine Treppe erreicht wird, steht eine siebenstufige, entfernt an den Borobodur in Java erinnernde Anlage vor einem großen, offenen Meditationsplatz. Von hier bietet sich eine wunderschöne Aussicht bis zur Küste. Im begehbaren Bau blicken vier Buddhas in die vier Himmelsrichtungen, und die Reliefs ringsherum erzählen von seinem Leben. In einem der ruhigen Innenhöfe dieser mit Skulpturen und Blumen geschmückten Andachtsstätte lässt es sich bestens verweilen. Wer hier meditieren möchte, findet auf der Webseite 🖥 www.brahmaviharaarama.com die Termine der nächsten Meditationskurse. 🕐 7–22 Uhr, es wird eine Spende erwartet.

Bratan-Massiv

Das zentrale Bergmassiv der Insel liegt etwa 20 km südlich von Singaraja. Die hügelige Gebirgslandschaft mit den Bergen **Gunung Penggilingan** (2153 m) und **Gunung Mangu** (2020 m) sowie den drei großen Bergseen **Danau Bratan**, **Danau Buyan** und **Danau Tamblingan** ist von beeindruckender Schönheit. Hier oben befand sich einst eine riesige Kraterlandschaft. Reste des alten Kraterrandes befinden sich halbkreisförmig im Norden und Osten, mit dem **Gunung Penggilingan** als höchster Erhebung. In dem einstigen Krater befand sich bis 1818 ein einziger großer See. Der Ausbruch eines Nebenvulkans verschaffte einem Teil der Wassermassen einen Abfluss, was katastrophale Folgen für viele Dörfer am Berghang hatte. Zurück blieben drei kleinere, idyllisch gelegene Seen und eine Menge fruchtbaren Ackerlandes. Heutzutage bietet sich daher der Blick über eine stimmungsvolle, beschauliche Landschaft. Richtung Südwesten ragen in unregelmäßigen Abständen bis zum **Gunung Batukaru** (2276 m) jüngere Vulkankegel auf.

Gitgit

Von Norden kommend, gelangt man 9 km südlich von Singaraja auf halbem Wege nach Bedugul beim Dorf Gitgit zum **Gitgit-Wasserfall**, dem höchsten Wasserfall der Insel. Am Eingang sind 5000 Rp, erm. 3000 Rp, zu zahlen, ein optionaler Guide kostet um die 30 000 Rp. Anschließend geht es den 1 km langen Weg mit vielen, mitunter rutschigen Stufen entlang, vorbei an unzähligen Verkaufsständen, an denen um das eine oder andere Souvenir gefeilscht werden kann.

Der Pfad führt immer tiefer in den Bergwald hinein und gibt schließlich einen atemberaubenden Blick auf saftig grüne Reisfelder frei. Je nach Jahreszeit können auch Nelken-, Kakao- und Kaffeeplantagen in voller Blüte erspäht werden. Angekommen in der Dschungelschlucht, kann man die aus einer Höhe von 40 m herabstürzenden Wassermassen bewundern, die sich wie weiße Wolken auf dem Felsen ausbreiten. An diesem magisch anmutenden Ort spielt nur die Musik der Natur und des Wassers. Auf der linken Seite des Wasserfalls steht ein kleiner Schrein.

In der Gegend gibt es insgesamt drei Wasserfälle, die vom gleichen Fluss gespeist werden, untereinander liegen und alle mit dem Namen Gitgit werben. Etwa eine Fahrminute südlich des hier beschriebenen Gitgit-Wasserfalls liegt ein zweiter, der ebenfalls nur zu Fuß erreichbar ist. Nachdem man auf dem Parkplatz 2000 Rp Eintritt bezahlt hat, folgt man dem 200 m langen Betonpfad zu dem weniger spektakulären Wasserfall, der dafür mit ruhiger Abgeschiedenheit entschädigt.

Danau Bratan

Am Ufer des Bergsees Danau Bratan steht einer der meistfotografierten Tempel der Insel. Schon allein wegen seiner malerischen Lage ist der **Pura Ulun Danu Bratan** einen Besuch wert. Ein Teil der 1663 erbauten Anlage liegt auf zwei kleinen Inseln in Ufernähe. Auf der äußersten Insel steht ein dreistufiger *Meru* (balinesische Pagode), in dem der Gott Shiva in seiner Gestalt als Schöpfer und seine Gemahlin Parvati in ihrer Manifestation als Dewi Danu, Göttin der Gewässer, verehrt werden. Der schlanke, elfstufige *Meru* auf der zweiten Insel ist Sitz von Vishnu als Gott des Fruchtbarkeit spendenden Wassers und der Berge sowie seiner Gattin Dewi Sri, Göttin der Schönheit, des Reichtums und des Ackerbaus. Im größeren Tempelkomplex am Seeufer stehen u. a. ein siebenstufiger *Meru* für Brahma und ein dreistufiger Lotusthron *(Padmasana)* für die Hindu-Trinität Brahma-Vishnu-Shiva. Im Süden der Anlage sind die Schreine für die Vorfahren der *Rajas* von Mengwi untergebracht.

Morgens ist die beste Zeit, um den Tempel ohne Wolken zu fotografieren. Dann schallen oftmals die lautsprecherverstärkten Koranrezi-

Der im Hochland gelegene Pura Ulun Danu Bratan zählt zu den beliebtesten Fotomotiven Balis.

tationen der nahe gelegenen Moschee herüber. Wer möchte, kann die Tempelanlage auch vom See aus bewundern. Eintritt 10 000 Rp.

Wer in der Nähe übernachten möchte, findet im **Strawberry Hill Hotel** am Danau Bratan, ✆ 0368-21265, 🖳 www.strawberryhillbali.com, in einer gepflegten Anlage 10 sehr saubere, moderne und hübsch ausgestaltete Bungalows mit Terrasse, süßem Steinbad/WC mit Föhn, bequemen Betten und LCD-TV zu gutem Preis-Leistungs-Verhältnis. Frühstück und WLAN inkl. ❹

Candi Kuning

Candi Kuning ist der größte Ort der Gegend und liegt in 1200 m Höhe unmittelbar am Danau Bratan. Direkt an der Hauptstraße etwas weiter südlich befindet sich der sehenswerte **Markt von Candi Kuning**. Orchideen und andere Hochland-Dschungelgewächse sowie kunstvoll aufgetürmtes Obst und Gemüse in erstaunlicher Artenvielfalt locken Käufer aus ganz Bali an. Hier gibt es auch sehr schmackhafte, frische Erdbeeren zu kaufen. Für Touristen lohnt es, einen Blick auf die Souvenirs zu werfen. Auch Orchideensamen sind hier preiswert zu erstehen. Mit etwas Verhandlungsgeschick können die anfangs stark überteuerten Preise gedrückt werden, vor allem am Spätnachmittag, wenn kaum noch Touristen da sind.

Bei schönem Wetter kann man von Candi Kuning aus dreieinhalb bis vier Stunden entlang der Südseite der beiden **Seen Buyan und Tamblingan** wandern.

Der Botanische Garten von Bedugul

Direkt neben dem Markt in Candi Kuning, nur zehn Minuten Fahrt vom Danau Bratan entfernt, liegt die Einfahrt zum bereits 1959 gegründeten Botanischen Garten, **Kebun Raya Eka Karya** (*Kebun* = Garten). Alle 500 m wartet der riesige Garten mit einer neuen Naturlandschaft auf. Palmen, Farnwälder und Laubbäume sind hier vertreten. Das Kakteenhaus sowie der Rosen- und Orchideengarten überraschen mit vielen verschiedenen Arten und Züchtungen. Mehr als 20 000 Spezies sind hier insgesamt versammelt, die meisten davon endemisch. Seit seiner Erweiterung 1975 bedeckt der Garten ein Areal von 157,5 ha in einer Höhe von 1250 bis 1450 m an den Hängen des 2063 m hohen Gunung Pohon. Er ist einer von nur vier offiziellen Botanischen Gärten der indonesischen Regierung und dient neben der Erholung auch der Forschung und Dokumentation aller Pflanzen aus Hochlandhabitaten Ost-Indonesiens. Ein Herbarium, eine Bibliothek sowie eine Datenbank vervollständigen die wissenschaftlichen Einrichtungen.

Während des balinesischen „Frühlings" von April bis Juni lohnt sich ein Besuch ganz besonders, da zu dieser Zeit viele der Pflanzen in voller Blüte stehen und die ganze Farbpracht tropischer Vegetation zur Schau stellen.

In dem teils wie ein magischer Märchenwald wirkenden Areal stößt man immer wieder auf kleine, von Bäumen umgebene und idyllisch gelegene Tempelanlagen. Bis auf das Konzert der Zikaden und die Schreie der Affen herrscht hier eine beeindruckende Stille. An Wochenenden sind allenfalls Gruppen einheimischer Touristen zu sehen. Pärchen schätzen den Botanischen Garten als Ort für ein romantisches Rendezvous *(Kebun Jodoh)*. Wer sich zuvor auf dem Markt mit saftigen Erdbeeren und Trauben eingedeckt hat, kann hier, begleitet von den Klängen der Natur, ein Picknick veranstalten. Vorsicht sei dabei aber vor den dreisten Affen an einigen Tempeln geboten.

Aufgrund der Größe des Gartens wird eine Rundfahrt mit dem eigenen Auto empfohlen, aber auch ausgedehnte Spaziergänge sind möglich. Ein 8 km langer Fußweg führt ab dem Gästehaus im Norden durch die Hügel. Roller sind nicht erlaubt. ⏱ 7–18 Uhr, Eintritt pro Auto 12 000 Rp und 7000 Rp p. P. Englischsprachige Guides kosten 250 000 Rp und sind unter ☎ 0368-203 3211, ✉ kebunrayabali@yahoo.com, buchbar. Allgemeine Infos unter ☎ 0368-22050, 🖥 www.bali botanicgarden.org.

Der **Bali Treetop Adventure Park** bietet eine spannende Erweiterung des Botanischen Gartens. Auf sieben in den Bäumen befestigten Seil- und Netz-Parcours in einer Höhe von 2–20 m können sowohl Kinder ab zwölf Jahren als auch Erwachsene in verschiedenen Schwierigkeitsstufen klettern, springen und rutschen – Spaß und Nervenkitzel für die ganze Familie. ☎ 0361-852 0680, 🖥 www.balitreetop.com, Eintritt für 2 1/2 Std. für Erwachsene US$21, für Kinder US$14.

Danau Buyan und Danau Tamblingan

Kurz vor der Abzweigung der Straße nach Munduk gibt es eine weitere Möglichkeit, selbst frische Erdbeeren zu pflücken. Dafür folgt man der Zufahrtsstraße zum Tempel Pura Ulun Danu Balian am Nordufer des Danau-Buyan-Sees.

Wenige hundert Meter weiter, ca. 8 km nördlich von Bedugul, beginnt eine der landschaftlich interessantesten, beeindruckendsten und schönsten Strecken von Bali. Die Straße biegt hinter einer Haarnadelkurve nach Westen ab und führt durch einen märchenhaften Wald, immer auf einem schmalen Grat entlang durch mehrere kleine Dörfer. Es bietet sich ein fantastischer Blick auf die zwei Seen **Danau Buyan** und **Danau Tamblingan** im Süden und bis zum Meer im Norden. Am Beginn der Straße verkaufen Einheimische manchmal kleine Opfergaben für das Auto, die die Insassen auf der recht anspruchsvollen und kurvenreichen Strecke beschützen sollen. Besonders schön ist die Fahrt übrigens am späten Nachmittag. Unterwegs bieten sich viele Haltemöglichkeiten, von denen man wunderbare Landschaftsaufnahmen machen kann. Viele Warung stehen hier am Nordufer und bieten herrliche Aussicht auf den Danau Buyan. Bei den entsprechenden Wetterverhältnissen kommt es auch vor, dass man über den Wolken fährt, ein ebenso tolles Erlebnis. Die durchgehend asphaltierte, aber besonders zu Beginn von Schlaglöchern übersäte Straße führt weiter durch Wälder, Kaffee- und Nelkenplantagen bis hinunter nach Munduk.

Munduk

Der kleine Ort, 700 m über dem Meeresspiegel, ist von Kaffeeplantagen umgeben. Schon die Holländer besaßen hier Wochenend- und Ferienhäuser, um sich im milden Klima von der Hitze in Singaraja zu erholen. Einige Häuser stammen noch aus dieser Zeit. Neben dem Klima macht besonders die Aussicht den Ort attraktiv, liegt er doch genau auf einem Berggrat mit Blick auf die umliegenden Gebirgszüge. Munduk bietet sich besonders als Basis für verschiedene Ausflüge in die Umgebung an und weist eine hohe Dichte an einfachen Unterkünften und Restaurants auf, die sich alle entlang der schmalen Hauptstraße konzentrieren.

Etwas nördlich von Munduk liegt inmitten üppiger Dschungelvegetation der 30 m hohe Wasserfall **Air Terjun Munduk**, auch Melanting-Wasserfall genannt, der bisher nur selten von Touristen besucht wird. In dem glasklaren Wasser kann auch gebadet werden. Vom Danau Tamblingan aus kommend, geht kurz vor Munduk ein Weg rechts ab, auf dem das kühle Nass zu Fuß nach einem knappen Kilometer erreichbar ist. Eintritt 5000 Rp.

ÜBERNACHTUNG

Im milden Klima dieser Höhenlagen kommen die meisten Unterkünfte ohne Ventilator oder AC aus, dafür bieten alle Warmwasser.

Aditya Homestay, von der Hauptstraße im Ort nach Süden auf die Jl. Pura Puseh abzweigen, ✆ 0852-3888 2968, 🖥 www.adityahomestay.com. In dem 2011 eröffneten 2-stöckigen Bau gibt es schön eingerichtete, komfortable und saubere Zimmer mit großer Fensterfront, sehr guten Matratzen, Ventilator und Du/WC, im oberen Stockwerk auch mit atemberaubender Aussicht über das Tal. Die äußerst zuvorkommende Gastgeberin Ilo und ihre Familie inkl. des kleinen haarigen Hundes Micky kümmern sich rührend um ihre Gäste. Ein frischer Erdbeersaft als Willkommensdrink, ein tolles, liebevoll zubereitetes Frühstück und schmackhaftes, günstiges Abendessen gehören ebenso dazu wie die Gratis-Internetnutzung am Computer im Erdgeschoss. ❸–❹

Karang Sari, ✆ 0813-3845 5144, 🖥 www.karangsari-guesthouse.com. Gut ein Jahr alt sind die gefliesten Zimmer mit guten Matratzen und moderner, sauberer Du/WC. Die Anlage bietet eine tolle Aussicht auf die Plantagen und die umliegenden Steilhänge. Kleines Frühstück inkl. ❸

Melanting Cottages, ✆ 0362-700 5266, 🖥 www.melantingcottages.com. Schöne, gepflegte Anlage am Hang mit 12 hübschen, etwas dunklen, aber durchaus ansprechend eingerichteten Massivholzbungalows mit Balkon, großem bequemem Bett mit Moskitonetz, TV und Open-Air-Du/WC. Frühstück inkl. WLAN kostet extra. ❹

Puri Lumbung Cottages, ✆ 0362-701 2887, 🖥 www.purilumbung.com. Ein Ökotourismus-Projekt, das sich Wald- und Wasserproblemen annimmt, aber vor allem die lokalen Künste wie Tanz und Musik unterstützt. Gäste können an vielen Workshops, Kursen oder Wanderungen teilnehmen und auch zusammen mit den Kindern des Dorfes Tänze einstudieren. Auf dem Hauptgrundstück wohnt man in traditionellen *Lumbung* mit schönem Open-Air-Du/WC und Moskitonetz oder in der luxuriösen Villa mit steinernem Bad/WC. Auf der Anlage sind an vielen Stellen die angebauten Gewürze und Nutzpflanzen beschildert. Zum Mittagessen traditionelle Livemusik im Restaurant. Frühstück inkl. ❻–❼

TOUREN UND TRANSPORT

Im Ort gibt es einen freundlichen, als **Tourist Information Center** ausgeschilderten Anbieter, der neben Touren auch den Transport von Munduk in andere Touristenorte Balis organisiert und für 10 000 Rp pro Std. einen Internetzugang anbietet.

Eine einfache 2-stündige Wanderung zu den Wasserfällen in der direkten Umgebung kostet 150 000 Rp, ein 3-stündiger Trek durch die Reisfelder 250 000 Rp, anspruchsvolleres 3 1/2 Std.-Trekking 400 000 Rp, eine Halbtagestour 500 000 Rp und eine Tour zum zweitgrößten *Banyan*-Baum der Welt 300 000 Rp. Zudem auch Kochkurse im Angebot.

Für das Chartern eines Auto für max. 4 Pers. verlangt er nach LOVINA 200 000 Rp, BEDUGUL 270 000 Rp, KUTA oder UBUD 300 000 Rp, KINTAMANI 400 000 Rp und SANUR 380 000 Rp.

Batur-Massiv

Kintamani

Das kühle, oft von Wolken verhangene Kintamani, westlich des Gunung Batur und nördlich von Penelokan, ist der größte Marktort am Danau Batur. Alle drei Tage ist die Hauptstraße mit Gemüselastern und Minibussen hoffnungslos verstopft. Dann kann man die Gebirgsbewohner dabei beobachten, wie sie um Kaffeebohnen, Obst und Gemüse feilschen. In dem Dorf, das sich

Die Legende vom Batur-See

Einst lebte auf Bali der Riese **Kbo Iwo**, ein Wesen so groß wie ein Berg. Mit seiner ungeheuren Kraft half er den Menschen häufig bei der Anlage neuer Reisterrassen und Bewässerungssysteme und auch beim Bau großer Tempel. So soll er die Felsenheiligtümer **Gunung Kawi** und **Goa Gajah** in nur einer Nacht mit einem Fingernagel aus dem harten Gestein geschabt haben. Als Belohnung für seine Arbeit gab er sich mit einer Mahlzeit zufrieden, aber das bedeutete für die Dorfbewohner, jedes Mal die Nahrung für mehr als 1000 Menschen zu opfern.

Nach einer Missernte konnten die Dörfler den Forderungen des Riesen nicht mehr nachkommen, und in seinem Ärger zerstörte er Häuser und Tempel und fraß sogar einige Männer und Frauen. Die so geplagten Menschen bedienten sich einer List: Wenn er ihnen einen tiefen Brunnen graben könnte, würden sie ihn reichlich belohnen, sagten sie. Kbo Iwo begann, mit seinen Händen ein tiefes Loch auszuheben, auf dessen Grund sich auch schon das erste Grundwasser sammelte. Aber selbst für einen Riesen war es eine ermüdende Arbeit, und so pflegte er in dem kühlen Erdloch täglich seinen Mittagsschlaf zu halten.

Eines Tages versammelten sich die Menschen um den Brunnen und überschütteten den schlafenden Riesen mit Unmengen von Kalk, den man sonst zum Weißen der Hauswände gebrauchte. Der Kalk wurde im Wasser zu einer harten Masse, die dem Riesen seine Bewegungsfreiheit raubte und ihn schließlich begrub. Das Wasser stieg weiter, floss über den Brunnenrand und formte den heutigen See Danau Batur. Das aus dem Brunnen ausgehobene Erdreich liegt noch immer an seinem Platz als Gunung Batur. Manchmal regt sich der Riese noch, dann kommt es zu Erdbeben oder Vulkanausbrüchen.

---

entlang der Straße erstreckt, gibt es die **Kintamani-Hunde**, eine besondere Rasse, die für ihr langes, dichtes Fell und ihr aufmerksames Wesen, das sie zu guten Wachhunden macht, weltweit beliebt ist. Sie sehen dem Husky ähnlich, können sogar einigermaßen gut klettern und sind im Ausland teure Rassehunde.

Penelokan

In 1450 m Höhe bietet sich in Penelokan (der Name bedeutet „Aussichtspunkt") 6 km südlich von Kintamani ein wunderschöner Blick auf den Berg **Gunung Batur** und den dazugehörigen Kratersee. Bei gutem Wetter ist sogar die Südküste der Insel zu sehen. Im Westen des Sees verläuft die Hauptstraße von Bangli nach Singaraja über mehrere Kilometer auf dem Grat des Kraterrandes. Im Südosten ragt der Randkegel des **Gunung Abang** („älterer Bruder") auf, der mit 2151 m die höchste Erhebung des gesamten Massivs bildet.

Die tolle Sicht lockt zahlreiche Touristen an, die wiederum viele penetrante fliegende Händler nach sich ziehen. Die Restaurants in Penelokan bieten allesamt eine wunderschöne Aussicht auf den See und die Vulkane, sind aber überteuert, was vor allem an den Touristenbussen liegt, die hier zur Mittagszeit einfallen und ihre Gäste auf die Buffets loslassen. Wer durch Penelokan fahren möchte, muss eventuell einen geringen Eintritt bezahlen, je nachdem, wie aktiv die Geldeintreiber gerade sind.

Am Danau Batur

Weiter zum See geht es von Penelokan die sehr steile Straße in den Krater hinab. Die Straße fächert sich kurz hinter Penelokan auf, die linke Abzweigung führt über das Örtchen **Kedisan** nach **Toya Bungkah**, wo viele Besucher übernachten, um frühmorgens die Besteigung des Vulkans Gunung Batur in Angriff zu nehmen. Wer sich in Toya Bungkah nicht wohlfühlt, aber dennoch in der großen Kraterlandschaft wohnen möchte, findet auch in Kedisan einige nette Unterkünfte.

Einen guten Teil der zu den größten Vulkankratern der Welt zählenden Caldera füllt der halbmondförmige, 90 m tiefe **Danau Batur** aus, in dem die *Subak* (Organisationen von Reisbauern) aus der Region Gianyar jedes Jahr ei-

Warme Sachen einpacken

In den kleinen Dörfern wie auch auf den Bergen selbst kann es nicht nur nachts empfindlich kalt und feucht werden, daher sollten lange Hosen und ein Pullover in keinem Reisegepäck fehlen.

nen Büffel opfern. Im Laufe der letzten 200 Jahre war der **Gunung Batur** (1717 m) schon mehr als 20-mal aktiv, mit größeren Eruptionen in den Jahren 1905, 1917, 1926 und 1963. Der letzte Ausbruch fand im Jahr 2000 statt, forderte aber keine Todesopfer. Die zwei schwersten Ausbrüche in den Jahren 1917 und 1926 hingegen forderten viele Menschenleben und vernichteten ganze Dörfer. Daher liegen die heutzutage bedeutendsten Orte, Penelokan und Kintamani, etwas sicherer oberhalb des großen Kraters an der Straße auf dem alten Kraterwall.

ÜBERNACHTUNG

Viele Touristen, die den Batur besteigen oder nur ein paar Tage am See verbringen wollen, wohnen am nordwestlichen Ufer des Danau Batur. Alle beschriebenen Unterkünfte bieten den hier herrschenden Temperaturen entsprechend Warmwasser.

Under the Volcano II, ✆ 0366-52508, 🖥 www.kintamanihotel.com. Kleines Gästehaus am See mit liebenswerter Besitzerin. Nicht gerade geschmackvoll eingerichtete, aber saubere Zimmer mit großen Schaumstoffmatratzen und dunklem Bad/WC. Kleines Frühstück inkl. Im Volcano III gegenüber gibt es auch Zimmer mit Seeblick. Motorradverleih und Rabatte möglich. ❷

Hotel Segara, ✆ 0366-5113, ✉ hotelsegara@plasa.com. Freundliches und sauberes Hotel mit Zimmern mit guten Matratzen, dunklem Bad/WC und teils auch TV ohne internationale Kanäle. Zum Frühstück bietet sich im großen Restaurant ein schöner Blick auf den See. ❷–❺

Trunyan

Das Dorf wird wie Tenganan (s. S. 378) von den *Bali Aga*, den ursprünglichen Einwohnern der Insel, bewohnt. Eingezwängt auf einem schmalen Landstreifen zwischen See und steilem Kraterrand, leben hier rund 700 Menschen in fast völliger Isolation vom restlichen Bali. Besucher sind nicht so willkommen wie in Tenganan, werden aber geduldet. Übernachtungsmöglichkeiten sind hier allerdings nicht vorhanden.

Viel zu sehen gibt es eigentlich nicht: Mauern aus finsteren Lavablöcken umgeben die eng aneinandergereihten Gehöfte, in denen man die sonst üblichen tropischen Gärten und Bäume vermisst. Wenn man Glück hat, kann man einen Blick auf die Arbeitsweise der Weberinnen oder die Handwerkskunst der Männer werfen. Hinter dem Ort führt ein steiler, gewundener Pfad die Kraterwand hinauf zu einem weiteren Dorf außerhalb des großen Kraters. Hier liegen die Ländereien der *Bali Aga*.

Das größte Heiligtum von Trunyan ist der schmucklose **Pura Pancering Jagat** („Nabel der Welt"). In dem siebenstufigen *Meru* des Schreins verbirgt sich eine 3 m hohe Statue der obersten Lokalgottheit, Ratu Gede Pancering Jagat, die nur einmal im Jahr ein paar Auserwählten gezeigt wird. Es heißt, der Tempel sei über 1100 Jahre alt, und der imposante *Banyan*-Baum, der ihn schmückt, ist sicher nicht viel jünger.

Die *Bali Aga* wurden kaum vom Hinduismus oder anderen Fremdeinflüssen berührt und entwickelten eine einmalige Art der **Totenbestattung**. Die Leichen werden nicht wie bei hinduistischen Balinesen verbrannt, auch nicht wie bei den *Bali Aga* von Tenganan beerdigt, sondern in weiße Tücher gehüllt und im Freien aufgebahrt, wo sie dann unbeachtet verwesen. Ein oder zwei Mal im Jahr werden ausgewählte Verstorbene dann zeremoniell zum Friedhof gebracht, der eine kurze Bootsfahrt nördlich des Dorfs liegt. Frauen sind dabei nicht zugelassen, da ihre Anwesenheit dem Volksglauben zufolge Erdrutsche und Vulkanausbrüche verursacht. Bei Ankunft am Friedhof grüßen den Besucher die ordentlich aufgebahrten Gebeine und Schädel der Ahnen. Die Neuzugänge werden in Bambuskäfigen unter dem Baum *Taru Menyan* („süßer Duft") platziert, dessen süßliche Ausdünstung angeblich den Geruch der Verwesung neutralisiert.

Man kann den Ort im Rahmen einer organisierten Tour aus Kedisan besuchen oder aber selbst per Auto oder Motorrad anreisen, dann

Die Ureinwohner Balis, die Bali Aga, leben in Trunyan noch nach alten Traditionen.

biegt man an der Abzweigung von der Hauptstraße im Norden des Sees rechts ab. Auf einer asphaltierten Straße entlang einiger Plantagen und Felder erreicht man in ca. 15 Min. Trunyan. Im Ort lässt sich ein Preis von 250 000 Rp für eine Bootstour zum Friedhof und eine Führung durch das Dorf aushandeln. Die Bewohner sind allerdings nicht auf Touristen eingerichtet und entsprechend zurückhaltend gegenüber Fremden, daher ist hier Feingefühl im gegenseitigen Umgang gefragt.

Die Besteigung des Gunung Batur

Der Gunung Batur (1717 m) kann von Toya Bungkah aus in einer Tagestour bestiegen werden. Der Aufstieg beginnt meist um 4 Uhr morgens und findet mit einem Picknick auf dem Gipfel zum Sonnenaufgang seinen Höhepunkt. Bereits um 9 Uhr ist man wieder zurück am Ausgangsort. Eine Besteigung ohne Guide ist nicht möglich, denn die jungen Männer der Dörfer haben sich zusammengeschlossen und treten als eine „Regierungsorganisation" auf, die eine Besteigung im Alleingang verbietet. Sie zeigen sich schnell von einer ganz anderen, aggressiven Seite, wenn man versucht, den Berg auf eigene Faust zu bezwingen. Die Preise für die Touren sind allerdings erschwinglich, besonders wenn man sich in Gruppen zusammenschließt.

Feste Schuhe, mind. ein warmer Pullover und gute Kondition sind Pflicht. Dann wird der Aufstieg über die unwirklichen Lavaformationen zu einem großartigen Erlebnis. Touren zu noch aktiven Nebenkratern sollten nicht unternommen werden. Hier sind schon Touristen bei kleineren Ausbrüchen ums Leben gekommen.

Verlässliche Informationen bekommt man im Büro der **Association of Mount Batur Trekking Guides**, 0366-52362, volcanotrekk@hotmail.com, in Toya Bungkah. Für die vierstündige Tour zum Sonnenaufgang (3 Std. Marsch und 1 Std. Aufenthalt auf dem Gipfel) zahlt man zu zweit 300 000 Rp. Für die sechsstündige Tour, die auch den Kraterrand und den Pura Jabi umfasst, ungefähr das Doppelte. Das Frühstück kostet 25 000 Rp extra, der Transport von Pura Jabi nach Toya Bungkah weitere 60 000 Rp pro Auto. In der Hochsaison muss man diesen Preis jedoch erst aushandeln. Zwischen Juli und Dezember ist die Aussicht oft wolkenverhangen, sodass sich ein Aufstieg möglicherweise gar nicht lohnt.

Von Singaraja Richtung Amed

Jagaraga

In dem Dorf stehen Tempelanlagen, die mit reichen, fantasievollen Reliefdarstellungen an den Tempelmauern, bizarren Figuren und Dämonenköpfen ausgeschmückt sind. Bemerkenswert sind vor allem die häufigen „europäischen" Motive in den Reliefs, vielleicht Karikaturen der ungeliebten Kolonialherren, vielleicht auch Darstellungen von Dämonen, die als Europäer verkleidet die Welt (Bali) unsicher machen.

200 m westlich der Berdikari Cottages zweigt die Straße Richtung Süden ab, auf der nach 4 km der **Pura Dalem** von **Jagaraga** erreicht wird. Dieser Tempel zeigt die interessantesten Motive: Ozeandampfer inmitten von Seeungeheuern, ins Meer stürzende Flugzeuge, langnasige Europäer im Auto, die von einem Banditen mit Pistole überfallen werden usw. Die spannendsten Reliefs befinden sich zwar an der Außenwand, aber dennoch lohnt sich eine geführte Tour mit K. T. Suradnya, der auf lebendige Weise die Symbolik und Geschichte des Tempels erklärt und im gegenüberliegenden Warung zu finden ist.

Kubutambahan

Weiter auf der Hauptstraße von Sangsit Richtung Osten kommt man nach Kubutambahan. Nur 400 m östlich der Abzweigung nach Kintamani liegt nördlich der Straße der **Pura Meduwe Karang**, der zu den neun wichtigsten Staatstempeln Balis zählt. Meduwe Karang bedeutet übersetzt „der, dem die Erde gehört". Hier verehrt man den Sonnengott Surya, den Herrn der Felder, sowie Dewi Sri, die Reis- und Fruchtbarkeitsgöttin.

Am Sockel der zentralen Terrasse im dritten Innenhof findet sich das ungewöhnliche Relief eines Fahrrads. Der in Stein gehauene **Radfahrer** ist kein Balinese, sondern der holländische Forscher und Künstler W. O. J. Nieuwenkamp, der 1904 die Insel mit einem Zweirad erkundete, dem ersten seiner Art auf Bali. Das bis dahin unbekannte Fortbewegungsmittel beeindruckte die Balinesen so sehr, dass sie es scheinbar für ein magisches Vehikel hielten: Es lässt sich ohne Antriebskette fahren und Reifen und Speichen sind durch Ranken und Lotusblüten ersetzt. Die Einheimischen nennen es liebevoll „Blumen-

fahrrad". Sogar der Sarong des Radfahrers und der Hintergrund werden durch florale Elemente geschmückt. Seit einem schweren Erdbeben im Jahre 1917 und der darauf folgenden Restaurierung ist die Darstellung des Radfahrers deutlich balinesischer, als das Original war: Nieuwenkamps Initialen und sein Bart sind verschwunden, man erkennt aber an der langen Nase, dass es sich hier um einen Europäer handeln muss.

Die freundlichen Tempelwächter erzählen Besuchern bei einem Rundgang alles über die Entstehung des Tempels und die Geschichten der in Stein dargestellten Figuren. Mit einer Spende kann der Tempel instand gehalten werden, auch die Tempelwächter erwarten für die Führung ein kleine Spende. Parken kostet 2000 Rp, ein Sarong kann für 10 000 Rp geliehen werden.

ÜBERNACHTUNG

Alamanda, Geretek, ☎ 0812-465 6485, ⌨ www. alam-anda.de. Das angenehme und ruhige 4-Sterne-Resort unter deutscher Leitung liegt in einer weitläufigen Anlage und bietet traditionelle strohgedeckte Bungalows, Pool und viele Liegen in einem gepflegten Palmengarten am Strand. 29 saubere und komfortable Zimmer mit Bambusbetten und luftigen Du/WC. Restaurant, Spa und ein Tauchzentrum von Werner Lau, ⌨ www.wernerlau.com, komplettieren das Angebot. Das Korallenriff liegt praktisch vor der Haustür. WLAN und Frühstück inkl. **❺–❼**

Ciliks Beach Garden Air Sanih, am Strand von Air Sanih, ☎ 0812-360 1473, ⌨ www.ciliks beachgarden.com. 4 elegante, großzügig und komfortabel eingerichtete Bungalows für 1–6 Pers. in einem schönen, grünen und weitläufigen Garten am Strand. Teilweise verfügen die Bungalows über 2 Schlafzimmer, Terrasse, AC, Open-Air-Du/WC und sind geschmackvoll mit Bambusmöbeln ausgestattet. Die Anlage befindet sich fest in der Hand erholungssuchender deutscher Urlauber. Frühstück inkl. Reservierung empfehlenswert. **❼**

Mimpi Bali, 2 Min. mit dem Auto landeinwärts von der Hauptstraße, ☎ 0813-3857 9595, ⌨ www.mimpibali.com. Etwas abseits liegt die kleine Anlage der deutschen Besitzerin. Die 6 Zimmer mit Warmwasser-Du/WC sind in Weiß gehalten, AC sollen demnächst folgen.

Einladendes Restaurant auf der Dachterrasse. Vom Garten mit Pool hat man einen herrlichen Blick in die Berge. Durchgelegene Betten und leider etwas überteuert. Frühstück inkl. ❹

Ost-Bali

Der Osten von Bali ist mit seinen saftig grünen Reisterrassen, der Berglandschaft des alles überblickenden und als Weltnabel verehrten **Gunung Agung** und den in karger Landschaft gelegenen touristischen Küstenorten eine unglaublich vielfältige Region. Ob man nun bei der Besteigung des mit 3142 m höchsten Berges der Insel persönliche Grenzen ausloten oder in den Korallenriffen vor der Küste und den Inseln **Nusa Lembongan** und **Nusa Penida** mit Mondfischen, Mantarochen und Haien in die Tiefe hinabsteigen möchte: Sportlich kommt jeder auf seine Kosten.

Kulturelle Highlights sind der Muttertempel der Balinesen, der **Pura Besakih**, am Südhang des Gunung Agung und die Gerichtshalle Kerta Gosa in **Semarapura** (Klungkung). Landschaftlich haben das Hinterland zwischen Klungkung und **Tirtagangga**, Heimat des schönen Wasserpalastes, und die Gegend um **Sidemen** mit ihren spektakulären Reisterrassenformationen einiges zu bieten. An der Südküste warten der entspannte Hafenort **Padang Bai** und die luxuriösere Touristenenklave **Candi Dasa** mit tropischen Buchten, weißen Stränden und Korallenriffen auf.

Auch im Nordosten, im zunehmend populären **Amed** und **Tulamben**, gibt es gute Unterkünfte aller Preisklassen, die besonders Taucher anziehen. Sie kommen in erster Linie wegen des Wracks eines gesunkenen Frachtschiffs der US-Marine. Die Landschaft ist von spärlich mit Kakteen und *Lontar*-Palmen bewachsenen Lavafeldern geprägt. Sie reichen bis an die schwarzen Strände der Küste heran und erinnern an den letzten Ausbruch des Gunung Agung.

Semarapura (Klungkung)

Die geschichtsträchtige Hauptstadt des Bezirks Klungkung ist immer noch eines der kulturellen Zentren von Ost-Bali. Eine Tagestour hierher ist eine ideale Einführung in die Kunst und Geschichte der Region. Seit ihrer Umbenennung

Die Deckenmalereien im Kerta Gosa in Semarapura veranschaulichen auf drastische Art und Weise, welche Strafen Verbrechern einst blühten.

im Jahre 1995 heißt die Stadt Semarapura, ein Name, der den Balinesen zwar noch nicht ganz geläufig ist, aber von allen Ortsschildern prangt. Touristen kommen aus den landeinwärts gelegenen Unterkünften rund um Sidemen oft nur ins Stadtzentrum, um Geld abzuheben. Klungkung hat jedoch weit mehr zu bieten.

Im Herzen der Stadt steht das letzte Relikt aus der glanzvollen Zeit der Könige: der faszinierende **Taman Gili**, die 1930–1960 restaurierten Überreste des ehemaligen Königspalasts *Semara Pura*, der von den Holländern zerstört wurde. Am 28. April 1908 fand hier eine der als *Puputan* bekannten Kämpfe zwischen der Kolonialmacht und den balinesischen Streitkräften statt, die im kamikazehaften Ehrentod vieler einheimischer Kämpfer endete. Einzig das Südportal, **Pemedal Agung**, steht noch als Teil des ursprünglichen Baus.

In der Anlage befindet sich die berühmte **Kerta Gosa**, die Gerichtshalle, die unter dem ersten König (und gleichzeitig dem obersten Richter) von Klungkung, Dewa Agung Jambe, im 17. Jh. errichtet wurde. Eindrucksvoller als jeder Gesetzestext verdeutlichen die Deckenmalereien, welche Strafen ein Verbrecher zu erwarten hatte. Ähnlich beeindruckende Deckenbilder sind im **Bale Kambang** zu bestaunen, einem schwimmenden Pavillon auf einer kleinen Insel im Zentrum eines großen Wasserbeckens. In früheren Zeiten wurden hier Zahnfeilungszeremonien durchgeführt. Die schon mehrmals restaurierten Deckenmalereien in beiden Bauwerken sind dem traditionellen *Wayang*-Stil zuzuordnen, der heute nur noch in **Kamasan** gepflegt wird.

Das an den Taman Gili angeschlossene **Semarajaya Museum** ist etwas veraltet, bietet aber interessante Informationen über die Kunst des *Songket*-Webens, die traditionelle Palmweinherstellung, die Techniken der Salzgewinnung und den aufopferungsvollen, aber hoffnungslosen Kampf gegen die Holländer.

○ 7.30–17 Uhr, Eintritt in den Gesamtkomplex 12 000 Rp, Kinder 6000 Rp, Sarong inkl. Guide ab 20 000 Rp.

TRANSPORT

Busse
Vom **Busbahnhof** im Südosten verkehren zwischen 6 und 14 Uhr Busse nach:

360 SEMARAPURA (KLUNGKUNG)   www.stefan-loose.de/indonesien

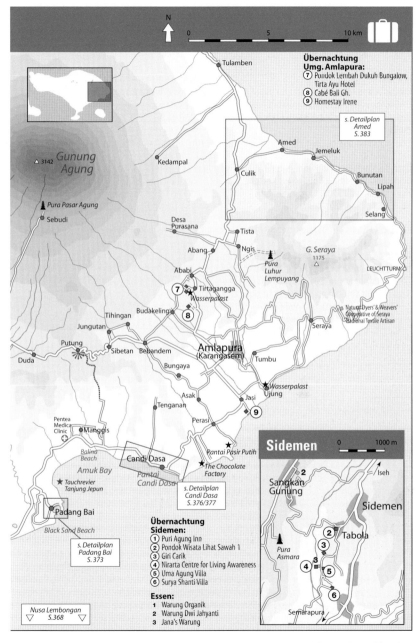

BATUBULAN bei DENPASAR, 40 km,
 für 15 000 Rp;
GIANYAR, für 5000 Rp;
SINGARAJA; für 25 000 Rp.

Minibusse

Blaue Bemos fahren für 10 000 Rp über CANDI DASA nach AMLAPURA. Man steigt am besten in der Jl. Diponegoro, ca. 500 m östlich der großen Kreuzung, zu.

Weiße Bemos fahren nach PADANG BAI für 10 000 Rp.

Rote Bemos fahren zum BESAKIH für 15 000 Rp, allerdings können die Preisverhandlungen ziemlich hart werden.

Besakih

Der 3142 m hohe Gunung Agung ist das Zentrum der balinesischen Welt und Sitz der Götter. 20 km nördlich von Semarapura (Klungkung) liegt auf 950 m Höhe am Fuße des heiligen Berges der größte, älteste und heiligste Tempel der Insel, **Pura Besakih**, der von allen Balinesen als „Muttertempel" verehrt wird. Jedes ehemalige Königshaus, jeder Familienclan und jede Berufsgruppe ist hier mit einem eigenen Tempel vertreten. Der bedeutendste davon ist der **Pura Penataran Agung**, der einst der Königsfamilie von Klungkung gehörte. Schon im 8. Jh. soll der legendäre Rsi Markandeya, ein Hindu-

Heiliger aus Java, Pura Besakih gegründet haben. Wahrscheinlich fand er hier schon ein uraltes prähinduistisches Megalithenheiligtum vor, das der Verehrung eines Berggottes und vor allem der Ahnen diente. Im Laufe der Jahrhunderte ist die Anlage immer wieder aufgebaut und erweitert worden. Heutzutage umfasst der spektakulär gelegene Tempelkomplex über 200 Gebäude.

Nur Hindus dürfen das Innere und damit Allerheiligste der Tempelanlage betreten, dagegen dürfen einige Nebentempel in korrekter Bekleidung auch von Touristen besichtigt werden.

Ein früher Besuch lohnt sich, denn ab 11 Uhr liegt der Berg oftmals schon in den Wolken. Eintritt 15 000 Rp, verhandelbare Preise für einen Führer.

Da der Pura Besakih aus zahlreichen Einzeltempeln besteht, wundert es nicht, dass hier sehr häufig Zeremonien abgehalten werden, meist nach dem *Saka*-Kalender bei Vollmond. Das *Odalan* des wichtigsten Tempels von Besakih, Pura Penataran Agung, ist z. B. an Vollmond im September oder Oktober.

TRANSPORT

Die meisten Touristen fahren in Reisebussen oder mit dem eigenen Fahrzeug zum Besakih. Von KLUNGKUNG kommt man an Festtagen mit einem Minibus für 15 000 Rp direkt zum Tempel. Ansonsten geht es mit dem Minibus bis MENANGA für 10 000 Rp. Von hier führt

---

Vorsicht vor Abzocke am Besakih!

Bei unserer letzten Recherche zeigten sich die einheimischen Guides am Eingang unbeeindruckt vom auf den Tickets genannten Eintrittspreis und verlangten von Besuchern, die nicht in organisierten Gruppenreisen in den Tempel wollten, grotesk überhöhte Summen (bis zu 30 €!). Auch Diskussionen auf Indonesisch vermochten den Preis nicht weiter als bis auf das Dreifache des ausgeschriebenen Ticketpreises zu senken.

Zudem wird behauptet die „über 1 km lange" Strecke bis zu Tempeleingang könne nur per Motorrad zurückgelegt werden. Es sind aber nur ca. 300 m, die man leicht zu Fuß gehen kann.

Am Tempeleingang warten bereits Frauen mit „Geschenken" auf ahnungslose Touristen. Selbstverständlich erwarten auch sie für die scheinbar selbstlos übergebenen Blüten eine satte Bezahlung.

Hat man sich einmal bis zum Eingang durchgekämpft, ist es noch nicht vorbei: Auf dem Gelände laden weitere Guides zur – mitunter als Fremdsprachentandem beschönigten – Führung durch den Tempelkomplex ein. Es sei an dieser Stelle ausdrücklich vor „kostenlosen" Angeboten gewarnt. Auch hier wird hinterher ein saftiges Geldgeschenk verlangt!

der Weg 6 km steil hinauf. Öffentliche Minibusse vom Besakih talabwärts gibt es kaum. Oft ist es die einzige Möglichkeit, für rund 100 000 Rp einen Minibus oder ein Auto bis nach KLUNGKUNG zu chartern.

Gunung Agung

Die Bergbesteigung

Einige steile und mehr oder weniger ausgetretene Pfade führen auf den mit 3142 m höchsten Berg der Insel, dessen Gipfel heilig ist. Die beste Zeit für eine Besteigung ist die Trockenzeit (Mai bis Oktober). Die meisten Touren starten nachts, um nach vierstündigem Aufstieg pünktlich zum Sonnenaufgang den Gipfel zu erreichen, und sind bis zum Mittag wieder zurück. Guides sind unbedingt erforderlich, da sich Wanderer regelmäßig in dem verwirrenden Weggeflecht verirren.

Der einfachste Weg beginnt am **Pura Pasar Agung** in **Sebudi** in etwa 900 m Höhe, nördlich von Selat. Der relativ leichte Aufstieg führt zunächst auf einem schmalen, unbefestigten Pfad durch den Bergwald, danach durch Lava-Felsbrocken und wird mit einem wundervollen Blick auf Süd-Bali und den Gunung Rinjani auf der Nachbarinsel Lombok belohnt. Kurz vor dem steilen Anstieg steht ein kleiner Tempel. Von hier sind es noch drei bis vier Stunden Kletterei bis zum Kraterrand. Der Gipfel, nur wenige Meter höher, liegt westlich des Kraters, dazwischen erstreckt sich ein schmaler, gefährlicher Grat aus losem Lavagestein, den man nicht überqueren sollte! Am Pura Besakih bieten Guides Touren ab 500 000 Rp an; ab drei Personen kosten sie nur noch 250 000 Rp p. P.

Auch wenn die Guides an der Touristeninformation am Besakih anderer Meinung sein mögen: Für diesen Aufstieg ist gute Kondition unbedingt notwendig. Untrainierte oder geschwächte Menschen schaffen es oft nicht bis zum Gipfel und müssen vorher umkehren. Für den Aufstieg benötigt man neben festen Schuhen, Regenschutz und warmer Kleidung auf jeden Fall auch eine Taschenlampe, ausreichend Trinkwasser und Verpflegung. Empfohlen werden kann der Guide I Wayan Dartha, ✆ 0852-3700 8513, ✉ trekkerfirstnamedartha@yahoo.com, der ganze Besteigungspakete von Selat aus inkl. Übernachtung, Transport und Verpflegung für ca. US$50 p. P. anbietet.

Sidemen

12 km nördlich von Klungkung, nahe den Flüssen Sungai Unda und Telaga Waja, liegt in einem malerischen Tal das idyllische Örtchen Sidemen. Hier haben sich zahlreiche komfortable Unterkünfte etabliert, die je nach Lage mit einem Ausblick zum mächtigen Agung, zum Meer bis nach Nusa Dua oder über die grünen Hänge und Hügel punkten können. Hier lassen sich gut ein paar entspannte Tage verbringen. Für Rastlose bieten sich Ausflüge zum Pura Besakih, nach Klungkung (Semarapura) und in die unmittelbare Umgebung sowie Webkurse, Rafting auf dem Telaga Waja oder Trekking am Gunung Agung an.

ÜBERNACHTUNG

Alle Unterkünfte liegen, wenn nicht anders angegeben, in Tabola, dem südwestlichen Ortsteil von Sidemen. Das Klima ist mild und besonders nachts so angenehm, dass auf Klimaanlagen im Zimmer verzichtet werden kann.

Giri Carik, ✆ 0819-3666 5821, ✉ giricarik@gmail.com. Die 3 schönen und sauberen Bungalows mit guten Matratzen, Moskitonetzen und schickem Open-Air-Du/WC mit Warmwasser bieten ein gutes Preis-Leistung-Verhältnis. Von der Veranda aus hat man eine schöne Aussicht auf den Gunung Agung. Freundliche Betreiber, familiäre Atmosphäre. Frühstück inkl. ❸

Nirarta Centre for Living Awareness, ✆ 0366-530 0636, 🖥 www.awareness-bali.com. Stilvoll mit viel Holz eingerichtete Bungalows mit Warmwasser-Du/WC in einem schönen Garten. Die teureren Zimmer bieten mit 3-seitiger Fensterfront Rundumsicht und eine schöne Sitzecke mit Kissen. Der englische Besitzer bietet tgl. Meditationskurse an, auch für Anfänger. Kein Pool, aber mit klarem Badefluss und gutem vegetarischem Restaurant. Sehr freundliches Personal, Frühstück inkl. ❹–❺

Pondok Wisata Lihat Sawah 1, ☏ 0366-530 0516, 🖥 www.lihatsawah.com. Die gepflegte Anlage samt einladendem Pool mit toller Aussicht auf die Landschaft bietet komfortable Zimmer mit dezenten Holzverzierungen und Warmwasser-Bad/WC, teils auch Open-Air-Du/WC und Balkon. Eine gute Basis für entspannte Tage. Es werden Web-, Koch und Tanzkurse sowie Touren organisiert. Sehr freundliches Personal. Restaurant mit großer Auswahl an guten thailändischen Gerichten. Frühstück inkl. Das in der Nachbarschaft gelegene Lihat Sawah 3 hat neuere, schickere Zimmer, aber weniger Personal. ❸–❺

Puri Agung Inn, in Selat an der Hauptstraße von Rendang nach Amlapura, ☏ 0366-530 0887. Leider dicht an der Straße gelegen, werden hier ältliche, aber nette Zimmer angeboten mit Warmwasser-Bad/WC. Die günstigeren sind etwas dunkel, die teureren groß und hell. Der freundliche Betreiber organisiert Trekking-Touren durch die Reisfelder und Gunung-Agung-Besteigungen. ❸

Surya Shanti Villa, ☏ 0828-9729 8500, 🖥 www.suryashantivilla.com. Die luxuriöse Anlage mit einladendem Pool bietet 2 schick gestaltete, helle, luftig und komfortabel ausgestaltete Doppelstockbungalows mit guten Matratzen und Schreibtisch im oberen sowie Sitzbereich und Open-Air-Bad/WC im unteren Stock. Zudem eine große Villa mit 4 Zimmern und 2 kleine mit je 2 Zimmern, die auch separat vermietet werden. Nachmittags untermalt traditionelle Musik das Reisfeldpanorama. WLAN und Frühstück inkl. ❼

Uma Agung Villa, ☏ 0366-530 5577, 🖥 www.umaagungvilla.com. Mitten in den Reisterrassen kann man in einem der 11 etwas spärlich eingerichteten, aber komfortablen Zimmer mit bequemen Matratzen und großem Open-Air-Bad/WC mit Warmwasser übernachten. Die teureren mit herrlicher Aussicht. Sehr schöner Überlaufpool. Frühstück im Restaurant inkl., Internet 5000 Rp pro Std. ❹

ESSEN

Jana's Warung, am Nirarta Centre. In dem kleinen, mit Bambusmöbeln eingerichteten Restaurant gibt es gute balinesische und Thai-Gerichte zu verträglichen Preisen. *Pepes Ikan*, Fisch mit Gemüse im *Pandan*-Blatt gegart, sowie der Pancake mit Kokosraspeln und Palmsirup sind besonders lecker.

Warung Dwi Jahyanti, zwischen Klunga und Sangkan Gunung am Bukit Asmara. Für die beste Aussicht ins Tal lohnt sich ein Mittagessen oder Kaffee in dem kleinen Warung am Hang. Einfache indonesische Gerichte ab 20 000 Rp, respektables *Nasi Campur* und gute Säfte reißen zwar nicht vom Hocker, der buchstäbliche Blick über den Tellerrand dafür umso mehr. ⏲ 9–18 Uhr.

Warung Organik, nördlich von Iseh, ☏ 0858-5701 3416, ✉ n.selamet@yahoo.com. Ebenfalls tolle Aussicht auf die Felder im Tal bietet dieses Restaurant, das auf einem Bambusgerüst an der Landstraße ruht. Die freundlichen Betreiber servieren indonesische und vegetarische Gerichte mit Zutaten aus eigenem Anbau ab 30 000 Rp. ⏲ 7–19 Uhr.

AKTIVITÄTEN
Rafting

2 1/2 Std. Rafting von Rendang nach Tangkup auf dem **Telaga Waja** sind für ca. US$75 p. P. inkl. Transport, Mittagessen und Guide zu bekommen. Eine Versicherung ist aber nicht immer eingeschlossen, auch die Streckenlänge variiert zwischen den Anbietern, beträgt aber durchschnittlich 16 km bei einer Schwierigkeitseinstufung von 3–4.

Trekking

Besteigungen des **Gunung Agung** (s. S. 363) sind über jede Unterkunft zu organisieren und kosten ab 400 000 Rp p. P. In der Regel wird man gegen 1 Uhr morgens vom Hotel abgeholt und besteigt nach 1-stündiger Fahrt je nach Fitness in ca. 4–7 Std. den Agung. Idealerweise sitzt man zum Sonnenaufgang beim Frühstück auf dem Gipfel und kann die Aussicht bis Lombok und Java genießen, bevor sich im Laufe des Vormittags die Wolken um den Berg zusammenziehen.

Wandern

Schöne Wanderungen durch das Tal und die Reisfelder kosten 50 000 Rp pro Std.

und dauern in der Regel 2–4 Std. Unterwegs werden den Teilnehmern je nach Route der Dorfzyklus, die Arbeitsweisen der Bauern, die diversen Nutzpflanzen und die balinesischen Traditionen der Region nähergebracht. Die Unterkünfte und Touristeninformationsstände in Sidemen organisieren das Ganze ab 2 Pers.

TRANSPORT

Von Selat fahren **Minibusse** nach BATUBULAN für 25 000 Rp. Nach AMLAPURA sowie SEMARAPURA kostet es 10 000 Rp und dauert 30 Min., allerdings verkehren die meisten Minibusse nur vormittags.
Gecharterte **Taxis** sind über die Unterkünfte zu buchen und kosten nach PADANG BAI ab 180 000 Rp in 1 Std., nach SANUR 250 000 Rp in 1 1/2 Std.

Nusa Penida

Die ehemalige Sträflingsinsel Nusa Penida ist mit 203 km² und etwa 7000 Einwohnern die größte der Nusa-Inseln im Südosten von Bali. Hier gibt es, im Kontrast zu dem saftigen Grün auf Bali, kaum Reisfelder. Stattdessen ist die Insel von einer überaus kargen Vegetation überzogen, bietet aber einige der spektakulärsten Tauchplätze von ganz Bali mit seltenen Großfischen und dramatischen Steilwänden.

Der Lebensstandard ist hier wesentlich niedriger als auf Bali, da die meisten Touristen ihr Geld auf der kleineren Nachbarinsel Nusa Lembongan lassen. In einigen Dörfern legen die Einwohner eine eher ablehnende Haltung gegenüber Touristen an den Tag. **Toyapakeh** hat einen wunderschönen Strand, an dem auch die Marktboote aus Nusa Lembongan ankommen. Leider

Tauchen vor den Nusa-Inseln

Die starke Strömung der Lombok-Straße vor Nusa Penida, Ceningan und Lembongan macht die Tauchplätze an den Küsten zu etwas ganz Besonderem. Zum einen gedeihen die Korallengärten in den aufsteigenden kalten Wassermassen besonders farbenprächtig, zum anderen können hier Hochsee-Großfische wie Makrelen, Haie, Mantarochen und auch der seltene Mondfisch *(Mola Mola)* gesichtet werden. Um Nusa Lembongan und Nusa Penida herum gibt es 247 Korallenarten und 562 verschiedene Riff-Fischarten.

Die Tauchbedingungen sind aufgrund des kalten Wassers und der heftigen Strömungen sehr anspruchsvoll. Für Anfänger sind vor allem die Tauchplätze im Nordwesten von Nusa Lembongan und im Kanal zwischen Nusa Penida und Ceningan nicht empfehlenswert. In jedem Fall ist die Begleitung durch einen erfahrenen und vertrauenswürdigen Tauchmaster unbedingt erforderlich!

Der bekannteste Tauchplatz ist die **Crystal Bay**, wo es in der Hochsaison recht turbulent zugehen kann. Im kristallklaren Wasser liegt ein bunter Korallengarten, und vom Riffhang aus kann man in eine geräumige Fledermaushöhle tauchen. Außerhalb der Höhle findet sich ein guter Platz, um Mondfische zu erspähen.

Beliebt ist auch der **Manta Point** vor den steilen Kalkklippen der Südküste. Die riesigen Mantarochen können bei dieser Putzerstation schon in wenigen Metern Tiefe beobachtet werden. Aber Vorsicht: Zeitweise herrschen sehr starker Wellengang und nur mittlere bis kurze Sichtweiten!

Der **Malibu Point** vor der Ostküste von Nusa Penida ist ein idealer Platz, um Haie, Mantarochen und andere Hochseefische zu sehen. Leider ist er für viele Tauchanbieter zu weit entfernt, um angefahren zu werden.

Der **Blue Corner** ist das beste Tauchrevier für Großfische. An dem Steilhang können bei guten Strömungsverhältnissen Mantas, Rochen, Haie, Schildkröten und mit etwas Glück auch Mondfische beobachtet werden.

Im weitläufigen Mangrovengebiet von Nusa Lembongan, dem **Mangrove Point**, ist man meist von allen Arten farbenfroher Fische umgeben. Schwärme von Kaiser- und Drückerfischen ziehen vorbei, und auch Haie und Thunfische sind vereinzelt zu sichten.

eignet sich die Bucht nicht zum Schwimmen, da hier in Bambusrahmen im Wasser Algen angebaut werden (s. S. 367).

Sampalan ist das Verwaltungszentrum der Insel und bietet neben den meisten Übernachtungsmöglichkeiten auch den einzigen Markt mit vielen Essensständen. Vom neuen Fährhafen setzt die große Autofähre „Kapal Roro" täglich nach Padang Bai über.

ÜBERNACHTUNG UND ESSEN

Quicksilver, Toyapakeh, ☎ 0813-3820 7515. Die komfortabelste Unterkunft der Insel mit großen Holzbungalows, die ruhig in der Nähe des Strandes liegen, von dem die Boote nach Nusa Lembongan ablegen. Saubere, etwas abgewohnte Zimmer mit AC und schönem Open-Air-Du/WC in einem Steingarten. Empfehlenswert, aber etwas überteuert. ❸–❹

Made's Homestay, Sampalan, ☎ 0852-3881 4998. Hier gibt es einfache und etwas ältliche, aber saubere Bungalows mit bequemem Matratzen und Mandi/WC. Kleines Frühstück aus Omelett und Brot inkl. ❷

Viele **Essenstände** befinden sich in der Nähe des Marktes und an der Hauptstraße, die durch das Dorf führt.

TRANSPORT

Minibusse und Motorräder

Vormittags fahren **Minibusse** die Nordküste der Insel entlang. Eine Fahrt von Toyapakeh nach Sampalan kostet 5000 Rp.

Motorräder sind für 60 000–70 000 Rp in den Unterkünften von Toyapakeh sowie im Motorradverleih in der Hafenzufahrt zu bekommen.

Boote

Nach LEMBONGAN geht es um 8 Uhr für 40 000 Rp in 30 Min. Danach sind nur noch gecharterte Boote für ca. 250 000 Rp zu haben.

Nach SANUR gibt es diverse Alternativen: Die öffentliche Fähre schippert um 8 Uhr für 60 000 Rp in 2 Std. zurück nach Bali. Daneben können Besucher mit resistentem Magen mit dem Schnellboot für 250 000 Rp in 30 Min. nach Bali:

Caspla Bali, ☎ 0361-720699, 🖥 www.baliseaview.com, macht die Fahrt ab Buyuk (1 km westlich von Sampalan) um 8 und 16 Uhr.

Maruti Express, ☎ 0852-686 4972, fährt um 9 und 15 Uhr von der Anlegestelle etwas nördlich von Toyapakeh ab.

Nach PADANG BAI geht es mit der Autofähre ab Sampalan in 1 Std., Abfahrt 12 Uhr, 16 000 Rp. Ein Schnellboot macht die Strecke um 7.30 Uhr in der halben Zeit für 50 000 Rp.

Nusa Lembongan

Die 8 km² große Nusa Lembongan ist umgeben von Korallenriffen und Kalksteinkliffs und wird durch die 12 km lange „Straße von Badung" von Bali getrennt. Die (Schnell-) Boote aus Sanur und das Marktboot aus Toyapakeh legen an dem idyllischen Strand von **Jungutbatu** an. Ein Großteil der Bucht wird mit Seetangfeldern bewirtschaftet, vor allem bei Ebbe kann man die Algenbauern bei ihrer Arbeit beobachten.

Erst nachdem australische Surfer in den 1990er-Jahren verschiedene Gebiete vor der Bucht für sich entdeckt hatten, entwickelte sich die Insel touristisch. Viele Besucher kommen nur für einen Tagesausflug mit Luxusbooten von Tanjung Benoa herüber (s. S. 302) und sind am Nachmittag wieder verschwunden. Für sie sind die vor der Küste von Jungutbatu gelegenen großen, schwimmenden Ponton-Inseln, die eine ganze Reihe von Aktivitäten ermöglichen, ohne an Land gehen zu müssen. Da aber immer mehr Touristen die Insel als Alternative zum hektischen Süden Balis entdecken, gibt es eine große Auswahl an Unterkünften – und von Jahr zu Jahr kommen neue hinzu. Auch Taucher, die ihre Tage unter Wasser vor der Nachbarinsel Nusa Penida verbringen, finden hier eine weit besser entwickelte touristische Infrastruktur vor. Trotz alledem hat sich die Insel bisher ihren idyllischen, außerhalb der Hauptsaison geradezu verschlafenen Charakter bewahrt.

Beim Strandspaziergang auf Nusa Lembongan wird schnell deutlich, dass der **Algenanbau** ein wichtiger Faktor der einheimischen Wirtschaft ist. Besonders in der Bucht von Jungut-

Die Algenfarmer

In den von Korallenriffen geschützten Buchten der tropischen Inseln auf der Wallace Linie ist Algenanbau zu einem lukrativen Geschäft geworden. Hier gedeihen die anfälligen Gewächse im sauberen, ruhigen Meerwasser besonders gut, da sie keinen größeren Temperaturschwankungen ausgesetzt sind.

Nach einer Reifezeit von knapp über einem Monat und dem dreitägigen Trocknen wird der Seetang für 1500 bis 4000 Rp pro Kilo nach Sanur verkauft, wo er zu Pulver zermahlen und nach Japan, China oder in die westlichen Industriestaaten exportiert wird. Aus Algenpulver werden zwei beliebte Stoffe gewonnen: Karrageen und Agar. Beide Stoffe sind sogenannte Polysaccharide und dienen als Lebensmittelstabilisatoren. Anwendung finden sie auch in der Kosmetik- und Pharmaindustrie.

Wer die heilende Wirkung der Algen testen möchte, kann sich in den Luxushotels von Nusa Lembongan mit Algen einpacken lassen oder bei einer Algen-Massage entspannen. Algen sind besonders reich an Eiweiß, Vitaminen, Mineralien und Spurenelementen.

batu und vor Nusa Ceningan wurden wie im Norden von Nusa Penida Algenfelder angelegt. Der Geruch von Seetang hängt überall in der Luft. Am Strand und in den Hinterhöfen der Dörfer wird massenweise weiß-gelbliches, grünes und dunkelrotes Seegras auf Plastikmatten getrocknet. Während die Männer des Dorfes mit ihren kleinen gelben Auslegerbooten die Felder abernten, verteilen die Frauen die Algenhaufen mit hölzernen Harken oder setzen entlang der Drahtseile junge Schösslinge in die Bambusrahmen.

Während in Jungutbatu viele einfache und Mittelklasse-Bungalows den Strand säumen, sind an den Buchten weiter südwestlich die luxuriöseren Hotelanlagen zu finden. Alle Hotels an der **Coconut Bay** liegen an einem Hang und bieten einen tollen Blick über die Bucht von Jungutbatu und auf die weiten Algenfelder. Die Hauptstraße führt von hier vorbei an dem Tempel **Pura Segara** einen steilen Hang hinauf zum Hauptort **Lembongan**. Hier leben die meisten der 5000 Einwohner der Insel.

Wer bei der ersten Hauptstraße im Dorf erst rechts und dann wieder links abbiegt und sich durchfragt, findet das Schild mit der Aufschrift „Underground House". Das Höhlenhaus **Goa Sigalagala** kann mit einer Taschenlampe besichtigt werden. Das unterirdische Labyrinth wur-

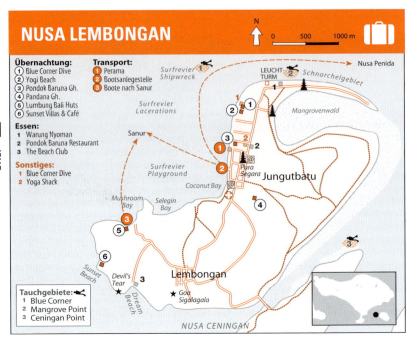

de zwischen 1961 und 1983 von einem einzigen Mann gegraben. Eintritt 20 000 Rp.

Westlich von Lembongan warten traumhaft weiße Strände in tropischen Buchten. Der belebteste ist **Mushroom Bay** mit einigen größeren Hotelanlagen. Empfehlenswert ist aber auch der weiter südlich gelegene **Dream Beach**. Achtung: Schwimmen und Surfen sind hier zwar möglich, aber aufgrund starker Strömungen und heftiger Brandung sehr gefährlich. Ein kleines Hinweisschild kurz vor dem Dream Beach weist den Weg querfeldein nach rechts zum **Devil's Tear**, wo sich die Wellen an den schwarzen Felsen dramatisch brechen.

ÜBERNACHTUNG

Günstige Unterkünfte finden sich vor allem in Jungutbatu nördlich der Bootsanlegestelle. In den Buchten weiter südlich sind die Übernachtungsmöglichkeiten durchweg hochpreisiger. **Achtung**: Kommt man in Jungutbatu an, ist es wahrscheinlich, dass selbst ernannte „Guides" ziemlich penetrant bei der Zimmersuche helfen wollen. Ihre Provision, die bis zu 25 % Aufschlag pro Nacht betragen kann, zahlen natürlich die Gäste. Am besten direkt am Hafen deutlich machen, dass keine Hilfe benötigt wird, und sich bemühen, schneller als der „Guide" in der gewünschten Unterkunft zu sein.

Blue Corner Dive, Jungutbatu, ✆ 0819-1623 1054, 🖥 www.bluecornerdive.com. Die Anlage mit Pool bietet moderne und schick ausgestattete *Lumbung*-Bungalows mit Veranda, AC, guten Matratzen und Open-Air-Du/WC. Die Bar ist Fr Schauplatz der einzigen Strandparty der Nusa-Inseln. Die sehr netten kanadischen Betreiber haben als Meeresbiologen ihr Augenmerk auf Umweltverträglichkeit gerichtet – traditionelle Architektur aus Kokospalmenholz und *Alang-Alang*-Gras, Uferbepflanzung als natürlicher Erosions- und Tidenschutz, Minimierung des Plastikverbrauchs und Kompostierung der Abfälle. Frühstück und WLAN inkl. ❹

Lumbung Bali Huts, Mushroom Bay, ☎ 0813-3837 8456, 🖥 www.lembonganbali huts.com. Die 4 kleinen, schönen *Lumbung* liegen direkt in der Bucht und haben im Erdgeschoss ein schönes Du/WC. Vom Balkon aus können romantische Sonnenuntergänge genossen werden. Mit kleinem Strand-restaurant. ❺

Pandana Gh., am Hügel südöstlich von Jungutbatu, ☎ 0812-396 4919, 🖥 www. pandanaguesthouse.com. Die terrassenartig an den Hang gebaute Anlage mit 2 Pools bietet tolle Aussicht über die Bucht und die Insel sowie saubere Zimmer mit guten Matratzen und Bad oder Du/WC, teils auch mit AC. Sehr freundliches Personal. WLAN und Frühstück inkl. ❺

Pondok Baruna Gh., Jungutbatu, ☎ 0813-3753 5152, 🖥 www.world-diving.com. Die australische Inhaberin Sue führt auch das Tauchcenter nebenan. Die günstigen Zimmer in Reihenbungalows sind älter, sauber, zweckmäßig mit Bambusmöbeln und Du/WC eingerichtet und haben eine Veranda mit Meerblick. Etwas abseits vom Strand gibt es neue, luxuriösere Zimmer mit AC, komfortablen Betten und Warmwasser-Du/WC. Pool. Im Restaurant serviert das freundliche Personal leckeres indonesisches Essen ab 35 000 Rp. Frühstück inkl. Reservierung empfehlenswert. ❷–❹

Sunset Villas & Café, Sunset Beach, ☎ 0813-3859 5776. Die hohen, mit *Alang-Alang*-Gras gedeckten, Bungalows in traumhafter Lage nahe dem Strand bieten viel Platz. Sie sind hell, etwas abgewohnt, aber sauber und teils mit AC, direktem Zugang zum Pool und schönem Open-Air-Du/WC. Vom Restaurant aus kann man beobachten, wie die Wellen spektakulär in die Bucht rauschen. Frühstück und Abholung vom Hafen inkl. ❹

Yogi Beach, im Norden von Jungutbatu am Ufer, ☎ 0817-978 2646, 🖥 www.bluecorner dive.com. Gutes Preis-Leistungs-Verhältnis bieten die 4 um eine große Wiese angelegten, sehr hellen und sauberen Bungalows mit Veranda und Du/WC, teils auch AC. Das Ganze ist mit Liegestühlen am Ufer schlicht, aber ansprechend gestaltet. ❷–❸

ESSEN

Pondok Baruna Restaurant, gegenüber der gleichnamigen Unterkunft. In diesem hübschen Restaurant mit Holzinterieur, Sitzecke und ent-spannter Musik wird solide indonesische und westliche Kost zu verträglichen Kosten serviert. Hauptgerichte ab 30 000 Rp.

The Beach Club, am Dream Beach, ☎ 0828-9700 5656. In stilvoller Strandatmosphäre mit Blick auf die Wellen kann man hier sein Frühstück, ein kühles Bier, Cocktails oder Wein genießen. Tgl. Barbecue, das neben Steak und Fisch auch Hummer auftischt. Zudem serviert das freundliche Personal indonesische und internationale Gerichte zu leicht gehobenen Preisen.

Warung Nyoman, am Nordende der Insel nahe dem Leuchtturm. Kleines, unspektakuläres Bistro mit Plastikbestuhlung, dessen nette Betreiberin allerdings sehr leckere indonesi-sche Gerichte zubereitet. Empfehlenswert ist der *Pepes Ikan*, im Bananenblatt mit Gemüse und Gewürzen gegarter Fisch. ⏲ 10–19 Uhr.

AKTIVITÄTEN

Surfen

3 Weltklasse-Surfreviere liegen direkt vor der Bucht von Jungutbatu: **Shipwreck**, **Lacerations** und **Playground** trumpfen mit meterhohen Wellen auf. Boote werden für 250 000 Rp angeboten, oder man paddelt einfach vom Strand zum nächstgelegenen Break.

Tauchen und Schnorcheln

Blue Corner Dive, ☎ 0819-1623 1054, 🖥 www.bluecornerdive.com. Die von 2 sehr netten Meeresbiologen und ihren Mitarbeitern betriebene Tauchschule legt besonderen Wert auf ökologisch verträglichen Umgang mit der Unterwasserwelt.

Gute Schnorchelplätze liegen an der Nord . küste der Insel. Viele Unterkünfte organisieren Halbtagsausflüge für Schnorchler. Boote können direkt am Strand für 50 000 Rp pro Std. gemietet werden. Bei World Diving sind 3- bis 4-stündige Schnorcheltouren für mind. 2 Pers. inkl. Equipment, Boot und Snack für US$25 im Angebot.

NUSA LEMBONGAN

Yoga

Yoga Shack, in Secret Garden Bungalows, ☎ 0813–5313 6861, 🖥 www.yogashack lembongan.com. Außer So finden hier in einem Pavillon im Garten Kurse in Vinyasa-, Ashtanga- und Hatha-Yoga sowie Pilates statt. Taucher könnten an Kursen in uralten Atemtechniken, Surfer an solchen zur Oberkörper- und Gleichgewichtskontrolle Interesse finden. Teilnahme am 1 1/2-stündigen Kurs 60 000 Rp, 4 Kurse 220 000 Rp.

SONSTIGES

Geld

Es gibt mehrere Wechselstuben und eine Bank BPD, aber noch keine Geldautomaten.

Internet

An der Straße von Jungutbatu wird in Warnets Internet ab 18 000 Rp pro Std. angeboten.

Medizinische Hilfe

PUSKESMAS Nusa Penida II, Jungutbatu, ☎ 0366-24473. Bei Krankheit und leichteren Verletzungen hilft die kommunale Poliklinik mit 2 Allgemeinärzten rund um die Uhr.

TRANSPORT

Die Insel ist relativ klein. Daher kann jeder Ort in weniger als einer Stunde zu Fuß erreicht werden. Außerdem werden Fahrräder und Mopeds für ca. 70 000 Rp pro Tag vermietet. Für den Transfer zurück nach Bali gibt es zahlreiche Alternativen:

Öffentliche Boote fahren morgens um 8 Uhr von Jungutbatu sowie der Mushroom Bay für 60 000 Rp nach SANUR.

Ein **Marktboot** nach TOYAPAKEH auf Nusa Penida sammelt morgens zwischen 5.30 und 6 Uhr Mitfahrer am Strand von Jungutbatu ein, braucht 30 Min. und kostet 50 000 Rp p. P.

Schnellboote zahlreicher Anbieter fahren nach BENOA oder SANUR, u. a.:

Lembongan Island Fast Boat Transfers, ☎ 0361-3610840, 🖥 www.lembonganisland fastboat.com. Schnellboote nach BENOA um 9 und 13.30 Uhr für 300 000 Rp inkl. Hotel-Transfer in Süd-Bali. An- und Ablegestelle ist die Mushroom Bay vor Desa Lembongan.

Lembongan Paradise Cruise, ☎ 0366-559 6386, 🖥 lembongancruise.com. Die Schnellboote fahren in 30 Min. nach SANUR und starten um 8, 9, 13 und 15.30 Uhr. Rückfahrt um 9.30, 11,30, 14.30 und 16.30 Uhr. 450 000 Rp p. P. für Hin- und Rückfahrt, einfach 250 000 Rp. Hoteltransfer inkl.

Optasal, ☎ 0361-918 9900. Nach SANUR in 40 Min. für 175 000 Rp pro einfache Fahrt. Nach TOYOPAKEH auf Nusa Penida um 10 und 16 Uhr in 2 Std. für 250 000 Rp pro Fahrt.

Perama, ☎ 0361-751875, 🖥 www.perama tour.com. Fährt ab Kuta um 10 Uhr für 125 000 Rp, ab Sanur um 10.30 Uhr für 100 000 Rp und ab Ubud um 8.30 Uhr für 150 000 Rp nach JUNGUTBATU. Zurück um 8.30 Uhr vom Strandabschnitt direkt vor dem Perama-Büro.

Scoot Fast Cruises Scoot, ☎ 0828-9700 5551, 🖥 www.scootcruise.com. In 30 Min. nach SANUR. Abfahrten 8.30, 10.30, 12.30 und 15.30 Uhr. Zurück um 9.30, 11.30, 13.30 und 16.30 Uhr. 500 000 Rp p. P. für Hin- und Rückfahrt, einfache Fahrt 300 000 Rp. Zudem um 10.30 Uhr nach GILI TRAWANGAN via Teluk Kode auf Lombok für 600 000 Rp und 1,15 Mio. Rp Hin- und Rückfahrt.

Goa Lawah

Die Küstenstraße von Sanur ist bis 3 km vor Goa Lawah zu einer breiten vierspurigen Schnellstraße ausgebaut worden. Ab Goa Lawah in Richtung Padang Bai, Candi Dasa und Amlapura wird die stark befahrene Straße zusehends enger und kurviger.

Links der Hauptstraße liegt ein großer Tempel, der den Eingang zur heiligen Fledermaushöhle **Goa Lawah** bildet. Tausende von Fruchtfledermäusen, eine kleinere Art der Flughunde, hängen in dicken Trauben kopfüber an der Höhlendecke und rund um deren Eingang. Sie baumeln so dicht nebeneinander, dass es so aussieht, als sei der Felsen von einer kompakten Masse zappelnder Leiber überzogen.

Pura Goa Lawah erscheint in allen Verzeichnissen der *Sad Kahyangan* (der sechs heiligsten Tempel von Bali), obwohl diese Listen selten in allen Punkten übereinstimmen. Der Tempel ist dem Gott Maheswara geweiht und gilt als Todestempel. Das *Odalan* von Pura Goa Lawah wird alle 210 Tage an einem Dienstag gefeiert, zehn Tage nach *Kuningan*.

Links des großen Tempels bezahlt man den Eintritt in Höhe von 9000 Rp und erhält einen Leih-Sarong mit Tempelschal, der im Tempel getragen werden muss, mit eigenem Sarong kostet es nur 6000 Rp. Vor der Kasse steht ein Heer von Verkäufern. Auch deutschsprachige Guides bieten hier für 20 000 Rp ihre Dienste an.

Padang Bai

Der geschäftige Hafen von Padang Bai liegt in einer schönen Bucht, 2 km abseits der Hauptstraße. Eng aneinandergereiht säumen Fischerboote den Strand, bunte Einbaumkanus mit Ausleger, deren Buge mit magischen Augen und einem Schnabel verziert sind. Von Padang Bai fahren die großen Fähren nach Lombok ab, die im Vergleich zu den eleganten Fischerbooten wie behäbige Schrottkisten wirken. Hier gibt es viele einfache, kleine Unterkünfte, die durch Freundlichkeit und Individualität bestechen.

Vorsicht: Am Hafen treiben sich lästige Straßenhändler herum, die überteuerte Fährtickets verkaufen oder Gepäck tragen wollen. Man sollte sein Gepäck nicht aus der Hand geben und Fahrscheine nur am offiziellen Schalter kaufen. Abends lungern zwielichtige Gestalten in den dunklen Gassen herum, daher sei besonders allein reisenden Frauen zur Vorsicht geraten. Auch sollten hier keine Trekkingtouren zum Gunung Rinjani auf Lombok gebucht werden, s. S. 418.

Das überschaubare Padang Bai hat Besuchern neben kleinen Sandstränden in der direkten Umgebung auch eine abwechslungsreiche Korallenwelt zu bieten. Auch Klettertouren in die Hügel hinter der Bucht werden mit wunderbaren Ausblicken belohnt. In westlicher Richtung führt ein kurzer Spaziergang zum schönen **White Sand Beach** in der Bias-Tugel-Bucht. Leider wurde der gesamte Hang über der Bucht von einem Investor gekauft und gleicht einer Bauruine. Etwas weiter, der Ortsstraße folgend, gelangt man über kleine Wege durch den Pal-

menwald zum sehr ruhigen **Black Sand Beach**. Dieser breite schwarze Sandstrand kann allerdings aufgrund seiner Farbgebung sehr heiß werden, und die heftige Strömung erschwert das Schwimmen. Östlich von Padang Bai liegt die kleine Bucht **Blue Lagoon** mit schönem Strand und Korallengärten, sie ist über einen kleinen Fußpfad zu erreichen. Hier gibt es auch Essenstände und hin und wieder Gitarrenmusik am Lagerfeuer. Im Wasser sollten Badeschuhe getragen werden, als Schutz vor den gefährlichen Stichen des Steinfisches.

ÜBERNACHTUNG

Bislang gibt es hier Luxushotels.
Das große Tourismusprojekt westlich der Hauptbucht wurde eingestellt, und die hochpreisige „ökologische" Anlage im Osten ist enttäuschend.

Homestay Made, Jl. Silayukti, ✆ 0363-41441, ✉ mades_padangbai@hotmail.com. Günstige, sehr saubere und einfache, geflieste Zimmer mit guten Matratzen und kleinem Du/WC. Von den Zimmern im 2. Stockwerk blickt man bis zum Meer. Mit nettem Café, wo das Frühstück, das inkl. ist, serviert wird. ❷–❸

Hotel Puri Rai, Jl. Silayukti 7X, ✆ 0363-41385, 🖥 www.puriraihotels.com. Beliebtes Mittelklassehotel mit 3 großen Pools und kühlen, renovierten Steinhäusern mit je 4 geräumigen Zimmern mit schattiger Veranda, weichen Matratzen, TV, Minibar und sauberem Warmwasser-Du/WC, AC gegen Aufpreis. Empfehlenswertes Restaurant mit breiter Auswahl an Seafood ab 35 000 Rp. WLAN in der Lobby und Frühstück inkl. Reservieren! ❹–❺

Padang Bai Beach Bungalows (Absolute Scuba), Jl. Silayukti, ✆ 0363-42088, 🖥 www. bali-absolute-scuba.com. Anlage mit Pool und 22 komfortablen, wenn auch etwas muffigen und ungepflegten Zimmern mit neuer AC, guten Matratzen und Warmwasser-Du/WC, die teureren auch mit Minibar und TV mit DVD-Player. Jeweils 2 der Zimmer teilen sich einen Balkon. Frühstück und WLAN inkl. ❺

Serangan Inn 2, Jl. Silayukti, ✆ 0363-41425. Das beste Preis-Leistungs-Verhältnis in Padang Bai bietet das etwas vom Strand entfernt in einem Hinterhof gelegene 3-stöckige

Hotel. 17 große, gefliese und saubere Zimmer mit guten Betten und Warmwasser-Du/WC, die teureren auch mit AC. Hier können auch der Transport nach Lombok und andere Touren gebucht werden, ☎ 0818-0550 2124. Einfaches Frühstück inkl. ❷–❹

Topi Inn, Jl. Silayukti 99, ☎ 0363-41424, 🖥 www.topiinn.nl. Das aus natürlichen Materialien erbaute Haus liegt am Nordende der Bucht. In relaxter Atmosphäre werden hier Workshops zur balinesischen Kultur (z. B. Batik, Weberei, Gamelan und Kochkurse) angeboten, einige waren bei der letzten Recherche aber nicht verfügbar. Neben 5 sehr einfachen kleinen Zimmern, teils ohne eigenem Du/WC und mit Hochbetten, gibt es auch ein 80 m² großes Atelier, das in der Hochsaison als Schlafsaal genutzt wird. Eine Matratze mit Moskitonetz kostet 40 000 Rp. Restaurant mit gesundem Essen und Internetcafé. WLAN inkl. ❷

🏨 **Zen Inn**, Jl. Segara, ☎ 0819-3309 2023, 🖥 www.zeninn.com. Ein Boutiquehotel für Traveller! Alle 3 kreativ gestalteten Zimmer sind mit großen Filmpostern witzig dekoriert und haben einen niedlichen Hinterhof. Zur Ausstattung gehören hübsche Bambusmöbel und ein sauberes Du/WC. Hier werden auch frischer Fisch und hausgemachte Burger serviert. Frühstück im stylishen Restaurant inkl. Reservierung empfehlenswert. ❷–❸

ESSEN

Einfache **Essenstände** in Hafennähe, von der Fähre kommend 50 m links hinter dem Schlagbaum; außerdem einfache und gute Restaurants in der Jl. Segara, den kleineren Seitenstraßen und auf der Jl. Silayukti am Strand.

Kerti Inn Restaurant, Jl. Silayukti, ☎ 0363-41391. Hier kann man sich frische Barrakudas, Makrelen und Riesengarnelen in der Auslage selbst aussuchen. Empfehlenswert ist der Red Snapper vom Grill mit würziger Soße. Fischgerichte ab 30 000 Rp.

Ozone Café, Jl. Segara, ☎ 0363-41501. Das von einer Belgierin geleitete, in Orange und Gelb dekorierte Restaurant ist ein beliebter Traveller-Treffpunkt. In gemütlichen Sitzecken genießt man balinesische Gerichte, Fisch und eine große Auswahl an Cocktails. Das Cordon Bleu ist sehr lecker und preiswert. Hauptgerichte kosten ab 30 000 Rp. ⏰ 11.30–22.30 Uhr.

Topi Inn, Jl. Silayukti 99, ☎ 0363-41424, 🖥 www.topiinn.nl. Im tropischen Garten mit entspannter Atmosphäre werden gesunde Mahlzeiten ohne chemische Zusätze serviert. Große Auswahl an Baguettes, vegetarischen Gerichten und knackigen Salaten. Die indonesischen Gerichte und das Seafood sind nicht immer lecker. Zum aromatischen Bohnenkaffee gibt es Kuchen. Was die Gäste übrig lassen, wird an die Straßenhunde verfüttert. Auswahl an Brettspielen. Freundliches Personal. Hauptgerichte ab 20 000 Rp. ⏰ 7–22 Uhr.

UNTERHALTUNG

Kinky Reggae Bar und **Babylon Bar**, Jl. Silayukti. In direkter Nachbarschaft spielt sich in diesen Bars das gesamte Nachtleben ab. Mehrmals wöchentl. spielt eine Reggaebzw. Rockband in den kleinen, schmalen Bars. Hier treffen sich Traveller und Einheimische, um bis in die Morgenstunden bei einem kühlen Bintang-Bier zu feiern.

AKTIVITÄTEN

Schnorcheln

Vom Blue-Lagoon-Strand kann man direkt zu den vorgelagerten Korallengärten schnorcheln, aber dabei sollte die teils starke Strömung beachtet werden.
Am Strand können Fischerboote gechartert werden, die Schnorchler zu dem beliebten Tauchrevier **Tanjung Jepun** bringen. Die Ausrüstung wird für 30 000 Rp pro Tag vermietet, 2-stündige Schnorcheltrips gibt es für 300 000 Rp.

Tauchen

Mehrere Tauchbasen haben sich in Padang Bai niedergelassen, von denen viele auch Kurse in deutscher Sprache anbieten. Der Open-Water-Diver kostet US$300–380, ein Schnupperkurs US$55–65, Taucher mit Zertifikat zahlen für eine Tagestour mit 2 Tauchgängen je nach Ziel US$55–115. Von hier werden Riffe und Wracks vor Padang Bai und der gesamten

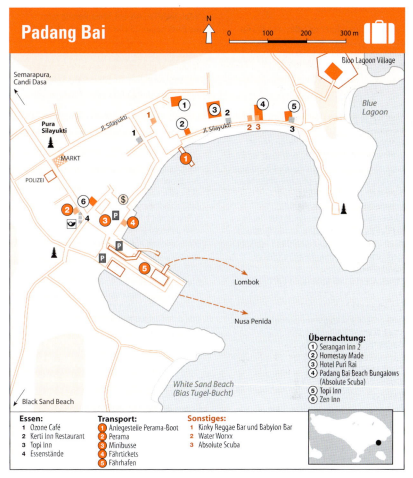

Ostküste, vor allem Pulau Tepekong, Tulamben, Amed und Nusa Penida, angesteuert.
Absolute Scuba, Jl. Silayukti, ℡ 0363-42088, 🖥 www.absolutescubabali.com. Größere, professionell geführte Tauchschule mit eigener Hotelanlage und der zur Happy Hour belebten Buddha Bar.
Water Worxx, Jl. Silayukti, ℡ 0363-41220, 🖥 www.waterworxbali.com. Die gute und professionelle Tauchschule wird von den beiden Deutschen David und Wolfgang geleitet.

SONSTIGES

Autovermietungen, Fahrrad- und Motorradverleih
Wer einen fahrbaren Untersatz sucht, findet an der Hauptstraße am Strand und in fast jedem Hotel schnell passende Angebote.

Geld
In der Nähe des großen Parkplatzes gibt es einen **Geldautomaten**. Geldwechsler finden sich überall in der Stadt.

Internet

Es gibt mehrere **Internetcafés**, die 400 Rp pro Min. verlangen. Eine schnelle und recht zuverlässige Verbindung bietet das **Topi Inn**.

TRANSPORT

Busse

Es pendeln Busse verschiedener Anbieter zwischen Padang Bai und den anderen Touristenzentren. Was die Fahrtkosten betrifft, bieten die Preise von **Perama**, 🖳 www.peramatour.com, eine gute Orientierung. Das Büro liegt 100 m von der Fähranlegestelle entfernt auf der linken Seite der Straße.
Von hier fahren die Busse nach:
CANDI DASA, in 20 Min. für 25 000 Rp;
KUTA bzw. zum Flughafen, um 9, 13.30 und 16.30 Uhr in 2 Std. über SANUR (1 1/2 Std.) für 60 000 Rp und über UBUD (1 Std.) für 50 000 Rp;
LOVINA, um 9 Uhr über Ubud für 150 000 Rp.

Minibusse

Vom großen Parkplatz vor der Fähranlegestelle fahren Minibusse nach:
AMLAPURA, für 15 000 Rp;
CANDI DASA, für 10 000 Rp;
DENPASAR, für 25 000 Rp.

Boote

Perama, 🖳 www.peramatour.com. Das Zubringerboot für das Perama-Schiff nach Lombok holt Passagiere an dem kleineren Pier um 13.30 Uhr ab. Dann geht es zunächst zu allen 3 GILI-INSELN, ab Bangsal dann per Shuttlebus weiter nach SENGGIGI oder MATARAM. Alle Ziele kosten 400 000 Rp inkl. Mittagssnack. **Achtung**: Das Schiff kann bei Wellengang kräftig durchgeschüttelt werden – kein Spaß für empfindliche Mägen.

Fähren

Die großen Fähren verkehren rund um die Uhr ca. alle 1 1/2 Std. nach LEMBAR auf Lombok. Die Überfahrtszeit beträgt je nach Wellengang 4–6 Std. Erwachsene zahlen 36 000 Rp, Kinder 23 000 Rp. Ein Motorrad kostet 101 000 Rp (inkl. 2 Pers.), ein PKW 659 000 Rp (inkl. 4 Pers.).

Nach SAMPALAN auf Nusa Penida fährt ein Boot gegen 13 Uhr in 2 Std. für 15 000 Rp.

Schnellboote

Zahlreiche Anbieter verbinden Padang Bai mit den Gili-Inseln. Da die Überfahrt bei starkem Seegang eine ziemlich schauklige und anstrengende Angelegenheit werden kann, ist sie für Kleinkinder ungeeignet. Je nach Wetterlage ist die Fahrt von Dez bis Feb auch für Erwachsene aufgrund des unberechenbaren, riskanten Wellengangs nicht zu empfehlen. Ein Transfer von Padang Bai zu den Touristenorten Süd-Balis ist zumeist im Preis inbegriffen. Zur Hochsaison kosten die Schnellboote die auf den Webseiten ausgeschriebenen 1,2 Mio. Rp für Hin- und Rückfahrt oder 690 000 Rp für die einfache Strecke. Die folgenden Preisbeispiele gelten für die Nebensaison, manchmal kann man sie sogar noch weiter runterhandeln.
Blue Beach Express, ✆ 0363-41187, 🖳 www.bluebeachexpress.com. Das Schnellboot fährt von Padang Bai um 12 Uhr in 75 Min. nach GILI AIR, GILI MENO und GILI TRAWANGAN sowie weiter auf das Festland nach TELUK NARA. Zurück geht es ab Gili Air um 8.40 Uhr, Gili Meno 8.50 Uhr, Gili Trawangan um 9 Uhr und Teluk Nara um 9.15 Uhr. Einfache Fahrt für 300 000 Rp. Transfer nach Mataram oder Senggigi inkl.
Dream Divers, ✆ 0370-693738, 🖳 www.dreamdivers.com. Tauchschule, die mit einem Schnellboot um 7 Uhr für 350 000 Rp in 75 Min. nach GILI TRAWANGAN übersetzt, zur Hochsaison auch um 11 Uhr.
Eka Jaya, ✆ 0361-752277, 🖳 www.baliekajaya.com. Ab Padang Bai nach GILI TRAWANGAN via TELUK KODEK um 8.30 und 13 Uhr für 300 000 Rp in 1 Std. Ab Gili Trawangan zurück um 10.30 und 15.30 Uhr. Abholservice innerhalb von Süd-Bali, in Mataram und Senggigi für 50 000 Rp.
Gili Gili, ✆ 0361-773770, 🖳 www.giligilifastboat.com. Von Padang Bai um 9.30 Uhr in 75 Min. nach GILI TRAWANGAN und GILI AIR via TELUK NARA. Von dort um 11.30 Uhr wieder zurück. Einfache Fahrt für 690 000 Rp bzw. 1,25 Mio. Rp hin und zurück.

Candi Dasa

Candi Dasa ist bereits seit den 1980er-Jahren die größte Touristenenklave in Ost-Bali. Auf über 2 km reihen sich viele ältere Mittelklassehotels, einige komfortable Tauchresorts und leider nur ein paar gute Restaurants entlang der stark befahrenen Hauptstraße aneinander. Der Strand des einstigen Fischerdorfs ist dem Korallenabbau fast vollständig zum Opfer gefallen.

Schnorchler können direkt von der Küste aus zu den Korallengärten schwimmen. Schnorchelausrüstung wird am Strand vermietet. Außerdem können Fischerboote gechartert werden, um die vorgelagerten Felseninseln zu erkunden. Hier liegen auch einige gute Tauchplätze.

Da Candi Dasa keinen breiten Sandstrand besitzt, müssen Badefans den 5 km langen Weg zur östlich gelegenen Bucht **Pasir Putih** („Weißer Sand") auf sich nehmen. Wer selbst hierherfahren möchte, sollte im Dorf Prasi nach einem kleinen Schild „White Sand Beach" Ausschau halten und dort rechts in eine Dorfstraße abbiegen. Am Eingang werden 3000 Rp p. P. verlangt. Von hier sind es noch knapp 300 m über eine schlechte, aber in der Trockenzeit problemlos befahrbare Piste bis zum Strand. Dort wird eine Parkgebühr von 5000 Rp fällig. Am Pasir Putih kann man den ganzen Tag in der Sonne liegen. Kleine Warung sorgen für das leibliche Wohlbefinden. Neben einfachen Gerichten können auch fangfrische Fische selbst ausgesucht werden, die im Anschluss direkt auf dem Grill landen.

Dank der guten Infrastruktur nutzen viele Besucher Candi Dasa als Basis für Ausflüge zu den Sehenswürdigkeiten der Region. Besonders schnell ist man in **Tenganan**, einem der ältesten Dörfer der Insel, das von den *Bali Aga* (balinesische Ureinwohner) bewohnt wird. Es ist nur 3 km von der Abzweigung in Candi Dasa entfernt. Gegen eine Spende erhält man einen Einblick in die uralten Traditionen der Einwohner (s. S. 378).

Abgesehen von der Hauptstraße, wo Motorradfahrer um Fahrgäste werben, ist Candi Dasa ein ruhiges Fleckchen mit wenig Verkaufsrummel. Wem es dennoch zu hektisch wird, der findet abgelegene Unterkünfte an den Stränden **Balina Beach** und **Sengkidu Beach** wenige Kilometer weiter westlich.

ÜBERNACHTUNG

Es gibt eine große Auswahl an Unterkünften, sodass für jeden Geldbeutel etwas dabei ist. Die meisten Hotels sind allerdings schon relativ alt und preislich in der oberen Mittelklasse angesiedelt.

Alam Asmara Dive Resort, ✆ 0363-41929, 🖥 www.alamasmara.com. Ein kleiner Bach plätschert durch die schöne Anlage mit Pool und 12 luxuriösen, von Fischteichen umgebenen Bungalows mit AC, TV, Safe und stilvollem Open-Air-Bad/WC. Deutschsprachige Tauchschule, Spa und Restaurant direkt am Strand. WLAN und Frühstück inkl. ❼

Amarta Beach Inn Bungalows, Sengkidu Beach, ✆ 0363-41230. Direkt am Strand finden sich recht geräumige, einfache Bungalows mit Schaumstoffmatratzen und Open-Air-Du/WC mit Warmwasser. Zudem auch neue, komfortabel und schön eingerichtete Zimmer im hinteren Teil der ruhigen Anlage mit großen bequemen Betten und steinernem Du/WC mit tropischem Duschkopf. Beliebtes Restaurant direkt am Meer. Ein Korallenriff liegt vor der Tür, Schnorchelausrüstung für 25 000 Rp pro Tag. Frühstück und Internet inkl. ❸–❺

Ari Homestay, ✆ 0817-970 7339. Hier gibt es unschlagbar günstige, saubere und einfache Zimmer mit Warmwasser-Du/WC in sehr entspannter Atmosphäre. An einer Wand können Gäste den Aufenthalt kommentieren oder sich nach Lust und Laune verewigen. Neben vielen wertvollen Tipps vom australischen Besitzer und seiner balinesischen Frau gibt es morgens ein gutes Frühstück. ❶–❷

 Ida's Homestay, ✆ 0363-41096, ✉ jsidas1@aol.com. Wer das Traveller-Bali von einst sucht, wird hier fündig. Seit 1974 führt der Stuttgarter Gastgeber diese Oase der Ruhe mit individuell eingerichteten, traditionellen Hütten mit Open-Air-Du/WC, teils AC und großer Veranda in einem romantischen, teils etwas dunklen, aber märchenhaften Palmengarten. Obwohl einfach ausgestattet, gehört oft ein Schmuckstück aus Teak-Holz aus der eigenen Restaurationswerkstatt zur Einrichtung. Frühstück inkl. Reservierung empfehlenswert. ❷–❹

Candi Dasa

Le48, ✆ 0363-41177, 💻 www.le48bali.com. In dem stylishen Hotel mit gepflegtem Rasen und gemütlichen Sitzen am Pool liegen modern und puristisch eingerichtete Bungalows sowie eine Villa mit AC, TV, Minibar, Safe, Terrasse und Open-Air-Du/WC mit Warmwasser. Von der Bar kann man die Sicht auf die Lagune genießen. Frühstück inkl. ❻

Lumbung Damuh, Balina Beach, ✆ 0363-41553, 💻 www.damuhbali.com. Weitab aller Touristenströme entführen die freundlichen Gastgeber Tania und Lempot in ihr kleines Paradies. Zwischen Palmen stehen die 5 etwas engen, aber liebevoll eingerichteten *Lumbung* mit Blick auf das Meer. Alle sind mit Moskitonetz, Kühlschrank und Du/WC ausgestattet, die teureren auch mit Bad/WC und Open-Air-Du. Jeden Abend gibt es selbst gebackene Pizza für 50 000 Rp. Frühstück mit selbst gebackenem Brot inkl. ❹

Nusa Indah Beach Bungalows, Sengkidu Beach, ✆ 0363-41062, 💻 www.nusaindah.de. Kleine, von einem Kölner Ehepaar geführte Anlage mit schönen Bungalows. Die Zimmer bieten AC und ein großes Warmwasser-Bad/WC aus Marmor. Das kleine Spa liegt mitten im grünen Garten. Sehr nettes Personal. Pool, Frühstück und Leihfahrräder inkl. ❺–❻ S. Karte oben

Puri Bagus Candidasa, ✆ 0363-41131, 💻 www.candidasa.puribagus.net. Die am Strand gelegene, weitläufige Anlage mit mehreren Pools hat 46 komfortabel eingerichtete Bungalows mit guten, harten Matratzen und Open-Air-Du/WC mit separater Badewanne. Hilfreiches und freundliches Personal. Zudem ein Spa, ein deutschsprachiges Tauchzentrum und ein Kinderspielplatz. Hohe Preisnachlässe zur Nebensaison. Online-Buchungen sind deutlich günstiger. Frühstück inkl. ❻–❼

Puri Pandan Bungalows & Restaurant, ✆ 0363-41541, ✉ tituspandan@telkom.net. Hier überzeugen der Service und das freundliche Personal. Man wohnt in hübschen, kleinen Bungalows mit ruhiger Veranda und Warmwasser-Du/WC, die teureren auch mit AC. Das Restaurant liegt direkt am Strand und bietet abends einen tollen Blick auf den Sonnenuntergang. WLAN und Frühstück inkl. ❸–❹

Rama Shinta Hotel, ✆ 0363-41778, 💻 www.ramashintahotel.com. Charmante, kleine

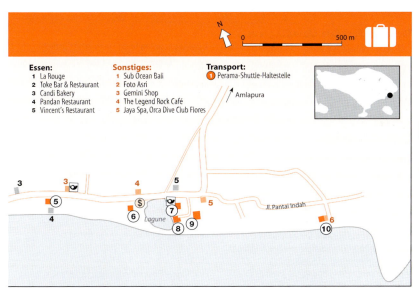

Anlage im balinesischen Stil mit Pool in einem tropischen Garten. Die 15 geräumigen Zimmer mit guten Matratzen und Du/WC, teils auch mit schönen Open-Air-Du/WC sowie AC, sind sauber und komfortabel. Freundliche deutsche Besitzer. WLAN und Frühstück inkl. ❹–❻

ESSEN

Candi Bakery, ☏ 0363-41883. Die kleine, etwas unscheinbar wirkende deutsche Bäckerei serviert Herzhaftes wie Bratwurst, Bauernfrühstück, Wiener Schnitzel, Gulasch oder Leberkäs zu sehr günstigen Preisen. Zudem gibt es leckeres Brot und Frühstückssets nach heimischem Geschmack. Hauptgerichte um 30 000 Rp.

La Rouge, ☏ 0363-41991, 🖥 www.larougebali.com. Auf etwas kitschigen roten Plüschsesseln und an rot gedeckten Tischen oder schön unter freiem Himmel im erhöht gelegenen Garten weiter hinten kann man die in der einsehbaren Küche oder im Tandoori-Ofen zubereiteten indischen Gerichte genießen. Die Portionen stillen auch den großen Hunger. Vegetarische Gerichte bereits ab 40 000 Rp, mit Fleisch ab 80 000 Rp, zudem auch internationale Gerichte und Cocktails. WLAN von 10–18 Uhr inkl. ⏰ 11–24 Uhr.

Pandan Restaurant, ☏ 0363-41541. Günstiger als in vielen anderen Strandrestaurants speist man hier direkt am Meer. Breite Auswahl an Meeresfrüchten, frischem Fisch und indonesischen Gerichten. Außerdem gibt es Schnitzel und frittierte Froschbeine. Hauptgerichte ab 30 000 Rp.

Toke Bar & Restaurant, ☏ 0363-41991. Neben balinesischer und internationaler Küche werden hier für die ältere Generation oft Tanzabende geboten. Hauptgerichte ab 30 000 Rp. Von 10–18 Uhr WLAN inkl. ⏰ 10.30–24 Uhr.

Vincent's Restaurant, ☏ 0363-41368, 🖥 www.vincentsbali.com. Exquisite balinesische und internationale Gerichte werden hier in einer angenehmen Jazz-Atmosphäre serviert. Große Auswahl an guten Weinen und vegetarischen Gerichten, aber auch leckeres Seafood, herzhafte Sandwiches und überzeugende Steaks. Das feine Ambiente wird durch den professionellen, sehr freundlichen Service abgerundet. Hauptgerichte ab 30 000 Rp. ⏰ 10–24 Uhr.

UNTERHALTUNG

The Legend Rock Café. Mo und Di gibt es hier Livemusik, zu der auch viele Einheimische feiern. Große Auswahl an Getränken, aber auch gutes Essen. Hauptgerichte sind ab 24 000 Rp zu haben, Cocktails ab 25 000 Rp. WLAN inkl. ◷ 9–23 Uhr.

EINKAUFEN

Foto Asri. Der Souvenirladen bietet auch Kopier- und Fotoservice. ◷ Mo–Sa 8–21 Uhr.
Gemini Shop. Laden mit guter Auswahl an Souvenirs, Kleidung, Toilettenartikeln, Snacks. Auch eine kleine Apotheke. ◷ 8–21 Uhr.

AKTIVITÄTEN

Tauchen und Schnorcheln

Fast jedes Hotel verleiht Schnorchelausrüstungen ab 20 000 Rp und organisiert Ausflüge mit Fischerbooten ab 150 000 Rp.
Viele größere Hotels haben ein eigenes PADI-Tauchcenter und bieten Trips zu den Tauchspots in unmittelbarer Nähe, aber auch rund um die Nusa-Inseln und vor der Küste von Amed an. Empfehlenswert sind:
Orca Dive Club Flores, im Puri Bagus Candidasa, ✆ 0363-41217, ✉ info@orca-diveclub-bali.com. Unter deutscher Leitung bietet diese Schule Tauchgänge um Bali und Flores mit erfahrenen Tauchlehrern an. Ein Tagesausflug mit 2 Tauchgängen kostet 60 €.
Sub Ocean Bali, neben dem Hotel Rama Candidasa, ✆ 0363-41411, ▭ www.subocean bali.com. Gut ausgestattete holländische Tauchschule mit deutschsprachigen Tauchlehrern. Einzelne Tauchgänge kosten ab 28 € und Tauchkurse ab 225 €. ◷ 8–19 Uhr.

Wellness

Jaya Spa, im Puri Bagus Candidasa, ✆ 0363-41131. Das Spa verwöhnt seine Gäste mit einer kleinen, etwas überteuerten Auswahl an Massagen und Schönheitsbehandlungen. Die spezielle Tirta Gangga After Sun Körper- und Haarpflege für 575 000 Rp zielt darauf ab, die nach dem Sonnenbaden geschädigte Haut und die Haare wieder zum Strahlen zu bringen. Andere Massagen ab 333 000 Rp pro Std. ◷ 10–21 Uhr.

SONSTIGES

Geld

2 **Geldautomaten** finden sich direkt östlich von Ida's Homestay.

Internet

An der Jl. Raya Candi Dasa liegen einige **Internetcafés**, alle jedoch mit sehr langsamen Verbindungen für 350 Rp pro Min.

Medizinische Hilfe

Penta Medica Clinic, Jl. Raya Manggis 88, ✆ 0363-41909, ▭ www.pentamedica.com. Kleine Privatklinik mit Notfallambulanz.

Motorradverleih

An fast jeder Straßenecke werden Mopeds vermietet. Der Preis liegt bei 60 000 Rp pro Tag.

Post

Eine kleine Post befindet sich im Foto Asri sowie vor der Lagune hinter dem Le48.

TRANSPORT

Größere **Busse** nach PADANG BAI halten an der T-Kreuzung. Von hier muss man noch ein Bemo oder ein Motorradtaxi (Ojek) zum Ort nehmen oder ca. 2 km laufen.
Perama Busse halten kurz hinter der Polizei. Um 8.30, 12.30 und 16 Uhr fährt ein Shuttle für 25 000 Rp nach PADANG BAI, von wo aus man in alle anderen Touristenorte kommt. Bei mind. 2 Pers. wird zudem 2x tgl. für 125 000 Rp ein Transport über TIRTAGANGGA und AMED nach TULAMBEN angeboten. Ojek (Motorradtaxis) bieten auch Kurzstreckentransporte an, vor allem nach TENGANAN und zum Strand PASIR PUTIH.
Alternativ können die orangefarbenen Angkot (Minibusse) für 5000 Rp Richtung Amlapura bis ins Dorf Prasi genommen werden.

Tenganan

Die Bewohner dieses 3 km von Candi Dasa entfernt im Landesinneren gelegenen Dorfes nennen sich *Bali Aga* („Original-Balinesen"). Sie führen ihre aristokratische Herkunft auf die Zeit der Pejeng- bzw. Bedulu-Könige im 10. bis 14. Jh. zurück und geben sogar Indra, den Götterkönig selbst, als ihren Stammesvater an. Neben den Einwohnern von Trunyan (am Batur-See) zählen sie zu den konservativsten *Bali Aga*. Seit Jahrhunderten sind sie ihren Traditionen treu geblieben, denn sie leben in fast völliger Isolation vom übrigen Bali. So sind sie von den Majapahit-Einflüssen nur geringfügig berührt worden.

Das Dorf besteht aus zwei Parallelstraßen, an deren äußeren Seiten sich jeweils eine Häuserzeile befindet. Dadurch ist die Siedlung wie eine Festung nach außen abgeschottet. Nur durch vier Tore kommt man gegen eine Spende hinein. Hier können in vielen Souvenirläden *Lontar* (Palmblattmanuskripte) und Doppel-*Ikat* zu Liebhaberpreisen erstanden werden. Auch können Interessierte I Wayan Muditadnana beim Schreiben der *Lontar*, die er nach alten Vorlagen in seinem Haus herstellt, zusehen. Daneben bekommt man auch allerhand andere Souvenirs angeboten, die sich zwar gut als Mitbringsel aus Indonesien eignen, aber wenig mit den *Bali Aga* und ihren Traditionen zu tun haben: Batik aus Java, bemalte Eier aus Ubud und einfachen *Ikat*, der eher in Fabriken in Amlapura als in Tenganan gewebt wurde.

Bei einem Besuch des Dorfes fällt auf, dass die sonst in Bali üblichen Kinderscharen fehlen. Die niedrigen Geburtenraten sind das größte Problem von Tenganan: Das strikte Tabusystem der *Bali Aga* verbietet eine Heirat außerhalb des Dorfes. Wer gegen das Gebot verstößt, wird verbannt und siedelt sich in einem der Nachbardörfer an. Daher ist schon lange kein frisches Blut mehr nach Tenganan gekommen.

Die Kinderlosigkeit vieler Frauen ist das schwerwiegendste Symptom einer allmählichen Degenerierung. Im Laufe des 20. Jhs. ist die Bevölkerung um mehr als die Hälfte geschrumpft. Aber wie könnte ein erzkonservativer *Bali Aga* die Traditionen brechen? Die übrigen Balinesen, die stolz auf ihre Anpassungsfähigkeit sind, haben für *die Bali Aga* meist nur noch ein mitleidiges Lächeln übrig. Nur an der magischen Kraft des *Gamelan Selunding* und des *Kamben Geringsing* besteht inselweit kein Zweifel.

In der Nähe von Tenganan befinden sich zwei weitere *Bali-Aga*-Dörfer, Asak und Bungaya, die aber längst nicht mehr so traditionell sind. **Asak** besitzt ein antikes *Gamelan* mit hölzernen Klangkörpern. **Bungaya**, wie Tenganan von Mauern umgeben, wird von Steinmetzen und Korbflechtern bewohnt.

Amlapura (Karangasem)

Die Bezirkshauptstadt mit ihrem verwirrenden Einbahnstraßensystem ist nicht nur wegen ihrer Paläste aus dem 19. Jh. für Besucher von Interesse. Auffallend ist die verhältnismäßig große Anzahl an Muslimen, ein Überbleibsel aus der Zeit, als die Könige von Karangasem auch über die Nachbarinsel Lombok herrschten und viele Handwerker und Arbeitskräfte von der Nachbarinsel holten.

Amlapura ist auch noch unter seinem alten Namen Karangasem bekannt. Nach dem katastrophalen Vulkanausbruch des Gunung Agung 1963 wurde die Stadt umgetauft, um die bösen Geister zu vertreiben, die die Stadt und ihre Umgebung unter den Lavamassen hätten begraben können.

Von den drei Palästen im Ort ist der **Puri Agung Kanginan**, Jl. Teuku Umar, am besten erhalten. Die hinteren Gebäude werden sogar noch bewohnt, und ein Teil der Anlage kann besichtigt werden. Der Puri Agung wurde Ende des 19. Jhs. von den Holländern gebaut, die damit ein Zeichen für die Zusammenarbeit mit den balinesischen Herrschern setzen wollten. Bewohnt wurde er von Anak Agung Gede Jelantik, den die Holländer als ersten Statthalter einsetzten. In der Architektur und den Verzierungen des Palastes sind neben balinesischen auch europäische und chinesische Einflüsse deutlich sichtbar. Auf der Insel in der Mitte des künstlichen Lotusteiches steht der **Bale Kambang**, wo die königliche Familie bei festlichen Anlässen zu speisen pflegte. Erwähnenswert sind außerdem das **Pemandesan**, das Gebäude für die Zahnfeilungszeremonie, und der **Bale London**, benannt nach seinen englischen Möbeln, wo die große Familie des *Rajas* wohnte. So soll der letzte *Raja*, Anak Agung Anglurah Ketut, allein 35 Frauen gehabt haben. Mit der Dienerschaft lebten damals rund 150 Personen im Puri Agung.

Auf der Veranda des Bale London hängen Fotos des letzten *Raja* und einiger seiner Frauen. ⏰ Mo–Sa 8–18 Uhr, Eintritt 5000 Rp.

In der direkten Umgebung der Stadt liegen die beiden Wasserpaläste von Karangasem. Einer der Adligen, Anglurah Ketut, war von Wasserschlössern so begeistert, dass er nach seinen Entwürfen 1921 die Anlage bei **Ujung** an der Küste und 1947 den Wasserpalast von **Tirtagangga** (s. S. 381) errichten ließ.

TRANSPORT

Busse

Busse fahren hauptsächlich vormittags vom **Busbahnhof** im Westen der Stadt nach SINGARAJA und BATUBULAN bei Denpasar jeweils in 4 Std. für 20 000 Rp.

Minibusse

Innerhalb der Stadt kosten **Angkot** 3000 Rp pro Strecke.
Von der Station hinter dem Markt fahren sie in die nähere Umgebung. Morgens sind die Busse schneller voll und die Wartezeiten kürzer als später am Tag. Dann kann manchmal nur mit einem teuer gecharterten Minibus das Ziel erreicht werden.
CANDI DASA, für 5000 Rp (orangefarbene Angkot);
CULIK (bei AMED), für 10 000 Rp (rote Angkot);
PADANG BAI, für 8000 Rp (orangefarbene Angkot);
SELAT und RENDANG, für 10 000 Rp (grüne Angkot);
SIDEMEN, für 15 000 Rp (grüne Angkot);
TIRTAGANGGA, für 5000 Rp (rote Angkot);
UJUNG, für 5000 Rp (blaue oder weiße Angkot).

Die Umgebung von Amlapura

Ujung

2 km südlich von Amlapura liegt der ältere der beiden Wasserpaläste von Karangasem. Der **Wasserpalast von Ujung** wurde 1919 zur Krönung des letztes Königs von Karangasem erbaut, 1921 eröffnet und 1963 bei der Eruption des Gunung Agung sowie dem großen Erdbeben von 1976 größtenteils zerstört. Seit 2001 wird der Palast mit Geldern der Weltbank wieder aufge-

Der romantische Wasserpalast von Ujung ist ein beliebtes Fotomotiv bei balinesischen Hochzeitspaaren.

baut und ist seit 2005 für Touristen zugänglich. Die weitläufige Anlage ist durchaus sehenswert, auch weil sie bisher von dem Touristenrummel verschont geblieben ist. Eintritt 20 000 Rp, Parken 2000 Rp.

Jasi

Folgt man vom Wasserpalast in Ujung kommend einer kleinen Straße ca. 1,5 km nach Westen, gelangt man in Jasi wieder auf die große Hauptstraße. Nimmt man diese Richtung Meer und weiter entlang der Küste, wird nach einem weiteren Kilometer kurz vor der Pertamina Tankstelle eine Abzweigung erreicht, wo ein großes Schild auf die kalten und günstigen Biere der Villa Matanai hinweist. Ein weiteres, leicht zu übersehendes Schild kündet von der eigentlichen Attraktion: The **Chocolate Factory**.

Tirtagangga

Der **Wasserpalast Taman Tirtagangga** des letzten *Raja* von Karangasem wurde erst 1948 erbaut und hat glücklicherweise nicht so stark unter den Erdbeben gelitten wie die Anlage in Ujung. Mehrere Wasserbecken, teils zum Schwimmen, teils als Lotusteiche angelegt, werden von heiligen Quellen gespeist, die sich am Fuße des Gunung Agung oberhalb des ehemaligen Palastes befinden. *Tirta Gangga* bedeutet daher auch „heiliges Wasser vom Ganges". Im Zentrum der Anlage steht ein hoher, pagodenartiger Brunnen. Seltsame Fabelwesen säumen als Steinstatuen die Becken, die mit dem heiligen Quellwasser gefüllt sind. Es heißt, wer darin badet, bleibt ewig jung – also Schwimmsachen nicht vergessen. ⏱ 7–18 Uhr, Eintritt 10 000 Rp, Parken 1000 Rp.

ÜBERNACHTUNG

Ujung

Homestay Irene, Jl. Pantai Jasri, ✆ 0813-3800 6901, 🖥 www.homestayirene.com. Versteckt in einem tropischen Garten liegen 2 Bungalows, 2 geräumige Villen, ein gemütliches Café und ein kleiner Pool sowie die einfachen Zimmer mit Moskitonetz und Du/WC, teils auch mit Open-Air-Du/WC, Warmwasser, AC und einem tollen Meerblick. Abendessen auf Vorbestellung, Frühstück inkl. Reservierung empfehlenswert.

Eine Schokoladenfabrik am Strand

Der US-amerikanische Aussteiger Charlie (wie sollte es auch anders sein), bereits Gründer der erfolgreichen Bali Soaps, baute 2009 mitten zwischen Kokospalmen seine kleine, aber feine Schokoladenfabrik **The Chocolate Factory**, ✆ 0813-3701 2121, 🖥 www.balichocolate.com, auf, die zwölf Frauen aus der Umgebung einen Arbeitsplatz bietet. Direkt am Ozean stehen vier außergewöhnlich gestaltete Bungalows, in denen neben verschiedenen leckeren Schokoladenprodukten auch wieder Seifen (diesmal unter dem Namen „Island Mystik") und andere Kosmetikprodukte aus natürlichen Inhaltsstoffen hergestellt werden. Auf Nachfrage zeigen die freundlichen Angestellten Besuchern in dem wie eine Hütte aus Schlumpfhausen aussehenden Bungalow gerne die verschiedenen natürlichen Zutaten der Schokoladen, wie etwa echte Vanille, Palmzucker und aus Singaraja im Norden der Insel stammende Kakaobohnen, und lassen sie kleine Stückchen der Köstlichkeit probieren. Die dunkle Schokolade weist einen Kakaogehalt von bis zu 85 % auf, eine ganze Menge für verweichlichte Milka-Esser, aber genau richtig für echte Schokoladenconnaisseure, die hier ihre Freude haben werden. Für die kleinen Besucher und alle Junggebliebenen gibt es noch eine riesige Schaukel, die mit Meerblick und ordentlich Tempo richtig Spaß macht. Die leckeren Schokoladenkreationen sowie die Seifen werden vor Ort verkauft.

Tirtagangga und Abadi

Cabé Bali Bungalows, Desa Temega, 2 km südlich von Tirtagangga abseits der Hauptstraße, ✆ 0363-22045, 🖥 www.cabebali.com. Eingerahmt von Reisterrassen liegt diese Oase. Die freundliche deutsche Gastgeberin bietet 5 geräumige und saubere Bungalows mit Du/WC mit Warmwasser aus Solarenergie. Im tropischen Garten liegt ein Pool. Frühstück, Tee, Kaffee und Kuchen am Nachmittag, geführte Spaziergänge durch die Reisfelder und wenn nötig auch die Abholung aus Tirtagangga sind inkl. Abends lockt das eigene Restaurant mit fantastischen 4-Gänge-Menüs. **❺**

Pondok Lembah Dukuh Bungalow, in Abadi, ✆ 0813-3829 5142. In einem liebevoll gestalteten Garten mit Bananenstauden und viel Grün liegen die hübschen, schlichten Zimmer, die teils mit Warmwasser, großem Open-Air-Bad/WC und eigener Küche ausgestattet sind. Die sehr hilfsbereiten Gastgeber geben gerne wertvolle Tipps weiter und zaubern abends für wenig Geld einfache, aber leckere indonesische Gerichte. Ein steiler, steiniger Trampelpfad führt in ca. 300 m direkt zum Wasserpalast. Frühstück inkl. **❷–❹**

Tirta Ayu Hotel, in Tirtagangga, ✆ 0363-22503, 🖥 www.hoteltirtagangga.com. Direkt auf dem Palastgelände hinter einen Lotusteich wird dieses Hotel mit Pool und Spa vom Sohn des letzten *Raja* geführt. Die Villen bieten AC, TV, Warmwasser und ein königliches Bad/WC mit Steinbadewanne. Sehr freundliches und hilfsbereites Personal. WLAN und Frühstück inkl. **❻–❼**

Amed und Umgebung

Die kargen Fischerdörfer **Amed**, **Jemeluk**, **Lipah** und **Selang** an der fernen Nordostküste von Bali haben in den letzten Jahren einen beachtlichen Zuwachs an Touristen erlebt. Besucher kommen größtenteils wegen der Ruhe und Abgeschiedenheit oder zum Tauchen und Schnorcheln hierher. Die Erforschung des Meeres ist an vielen Stellen möglich. Besonders attraktiv sind die Reviere um das Korallenriff bei Jemeluk, 2 km östlich von Amed, und das japanische Schiffswrack bei Selang.

Immer mehr Unterkünfte sind in den letzten Jahren auf dem 9 km langen Küstenabschnitt entstanden. Im Osten liegen die luxuriösesten Hotels, die mit ihren blühenden grünen Gärten einen absurden Kontrast zu der spärlichen Vegetation der Umgebung bilden. Entlang der Küste wechseln sich, nur von Felsklippen unterbrochen, schwarze und weiße Sandstrände mit Steinstränden ab. An einigen liegen die bunten Boote der Fischer, die *Jukung*. Zwischen den Hotels wird am Strand noch immer auf traditionelle Weise Meersalz gewonnen.

In Amed geht es in der Nebensaison relativ ruhig und entspannt zu. Hier gibt es keine Post und nur limitierte Einkaufsmöglichkeiten. Waren des täglichen Bedarfs sind oft teurer als in anderen Inselteilen, da alles auf langen Wegen in die Region transportiert werden muss. Auch öffentliche Verkehrsmittel sind äußerst selten. Auch gibt es keine Straßenbeleuchtung.

ÜBERNACHTUNG

Praktisch alle Unterkünfte liegen entlang der schmalen Küstenstraße und betreiben ein eigenes Tauchzentrum oder können problemlos Tauchtrips organisieren. Während die billigen Unterkünfte sich auf den Abschnitt um Jemeluk konzentrieren, steigt das Preisniveau Richtung Osten.

AIONA Garden of Health, Bunutan, ✆ 0813-3816 1730, 🖥 www.aionabali.com. Hübsches Gästehaus unter freundlicher schweizerisch-deutscher Leitung mit natürlich und liebevoll eingerichteten Räumen, in denen sich auch Familien sehr wohlfühlen. Durch ein spezielles Filtersystem wird das Grundwasser gereinigt und zu Trinkwasser verarbeitet. Der Garten besticht nicht durch künstlich bewässerten Rasen, sondern durch die karge Schönheit der Landschaft. Die beiden Besitzer haben ein kleines Muschelmuseum und bieten Ayurveda, Meditation und Yoga an. Die eigenen Produkte werden in einem kleinen Shop angeboten. Sehr gutes Frühstück inkl. Reservierung empfehlenswert. **❹**

Bamboo Bali Bungalows, Jemeluk, ✆ 0363-23478, 🖥 www.bamboobali.nl. Egal wie voll es in Amed auch sein mag, hier gibt es immer einen Schlafplatz – und wenn es nur eine Möglichkeit zum Ausrollen des Schlafsacks ist. Die Bungalows haben schön verzierte Holztüren, sind mit Open-Air-Du/WC, teils auch Warmwasser und AC, ausgestattet und liegen sowohl am Hang als auch am Strand. **❷–❹**

Bedulu Resort Amed, Bunutan, ✆ 0813-3866 1258, 🖥 www.beduluresort.blogspot.com. Die neue Anlage bietet schöne Bungalows im balinesischen Stil sowie moderne Zimmer

Amed

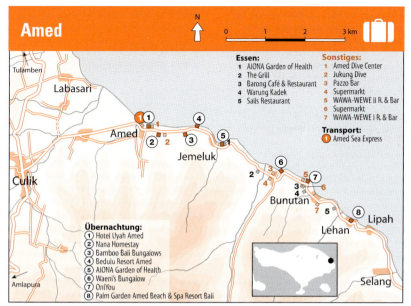

am Hang mit Warmwasser-Du/WC, teils auch mit Badewanne, AC, Terrasse und privatem Garten. Vom Überlaufpool genießt man die atemberaubende Aussicht auf das weite Meer. ❸–❺

Hotel Uyah Amed, Jemeluk, ✆ 0363-23462, 🖥 www.hoteluyah.com. Die ökologische Anlage am Meer befindet sich unter deutscher Leitung und bietet gemütliche Bungalows mit Bad oder Du/WC und teilweise auch AC. Das Hotel bezieht Strom aus Sonnenenergie, und das angeschlossene Tauchcenter, 🖥 www.ameddivecenter.com, forstet gemeinsam mit den Gästen Korallenriffe auf. Im Garten findet man neben einem Pool eine traditionelle Salzgewinnungsanlage. Es werden auch Touren ins Umland organisiert. Frühstück inkl. ❹

Nana Homestay, Jemeluk, ✆ 0878-612 5968, 🖥 www.balinanahomestay.com. In der kleinen Anlage mit Pool liegen die sauberen, hellen Zimmer mit kleinem Warmwasser-Du/WC. Die teureren haben auch AC und Balkon. Sehr freundliches Personal. Frühstück inkl. ❸

OnlYou, Bunutan, ✆ 0363-23569, 🖥 www.onlyou-bali.com. Die 2-stöckigen Villen im traditionellen und doch außergewöhnlichen Design sind luxuriös mit kompletter Küche, Entertainmentsystem und großer Badewanne unter freiem Himmel ausgestattet, teils auch mit Privatpool. Aus den Panoramafenstern blickt man weit auf das blaue Meer hinaus. WLAN und Frühstück inkl. ❺–❼

Palm Garden Amed Beach & Spa Resort Bali, Lehan, ✆ 0828-9769 1850, 🖥 www.palmgardenamed.com. Das 4-Sterne-Resort unter Schweizer Leitung liegt in einem grünen Palmengarten direkt am Strand und bietet neben den schönen Bungalows mit AC, Minibar, Open-Air-Bad/WC mit Mosaikverzierungen, Warmwasser und Terrasse auch geräumige Villen mit Privatpool. Frühstück inkl. Mindestaufenthalt von 2 Nächten, bei nur einer Übernachtung muss ein Aufpreis von 10 % bezahlt werden. ❻–❼

Waeni's Bungalow, Bunutan, ✆ 0363-23515, 🖥 www.baliwaenis.com. Kreativ gestaltete Zimmer mit großen Open-Air-Du/WC aus

Naturstein, teilweise mit Warmwasser, TV mit DVD-Player und AC. Die günstigeren Zimmer sind etwas überteuert. Zum Strand führt ein Trampelpfad. Gemütliches Restaurant mit großer Auswahl an Seafood und atemberaubender Sicht auf die Bucht und die Berge. ❹

ESSEN

AIONA Garden of Health, Bunutan, ℡ 0813-3816 1730, 🖥 www.aionabali.com. Natürliche vegetarische Kost aus aller Welt wird in dem kleinen, gemütlichen, rauch- und alkoholfreien Restaurant zubereitet, außerdem leckeres Frühstück. Abendessen nur nach Voranmeldung. ⏲ 8.30–10, 12–15, 17–19 Uhr.

Barong Café & Restaurant, Lipah, ℡ 0363-22053, ✉ sawyerkomang@gmail.com. Populäres Restaurant, das Suppen, Pasta-Gerichte und Gegrilltes in belebter Atmosphäre serviert. Zudem gibt es hier das billigste Bier der Stadt. ⏲ 10–22 Uhr.

Sails Restaurant, Lehan, ℡ 0363-22006, 🖥 www.sailsrestaurantbali.com. Hoch über der Bucht von Lean zu essen, ist ein außergewöhnliches Erlebnis. Die Besitzer haben bewusst auf balinesische Architektur verzichtet und eine mediterrane Oase geschaffen. Bei zauberhafter Aussicht können das exzellente Seafood und der Sonnenuntergang genossen werden. Ab 30 000 Rp pro Hauptgericht. Shuttleservice. ⏲ 10–22 Uhr.

The Grill, Bunutan, ℡ 0363-23530. Die Speisekarte des Restaurants unter australischer Leitung bietet Gerichte aus der ganzen Welt. Empfehlenswert sind die zarten Barbecue-Spare Ribs. Wunderschöner Ausblick auf das Meer. Hauptgerichte ab 75 000 Rp. ⏲ 9–22 Uhr.

Warung Kadek, Lipah, ℡ 0852-3799 7885. Eines der beliebten Billigrestaurants der Stadt. Hier gibt es gute indonesische Speisen zu günstigen Preisen. ⏲ 9–22 Uhr.

UNTERHALTUNG

Pazzo Bar, Bubutan, zwischen Bunutan und Lipah hinter Waeni's Bungalows, ℡ 0363-23476, 🖥 www.pazzobali.com. Das Restaurant bietet eine Auswahl an indonesischem und europäischem Essen ab 35 000 Rp. Hier kann selbst in der Nebensaison freitagabends bei Livemusik etwas los sein. Balinesische Tänze werden Mi und Sa von 20–21 Uhr aufgeführt. ⏲ 7–22 Uhr.

WAWA-WEWE I, II Restaurant & Bar, Lipah, ℡ 0363-23522, 🖥 www.bali-wawawewe.com. In den beiden Hotels wird gute Livemusik gespielt. Im WAWA WEWE I Mo und Di Reggae, im WAWA WEWE II Mi und Sa Reggae und Pop. Dazu internationale und indonesische Speisen ab 33 000 Rp sowie kühle Drinks. ⏲ 7–23 Uhr.

TAUCHEN UND SCHNORCHELN

Schnorchelausrüstung ist überall für 20 000 Rp zu mieten.
Nahezu jedes Hotel unterhält enge Verbindungen zu einer der zahlreichen Tauchschulen. Die Angebote unterscheiden sich kaum und umfassen neben Kursen vor allem Ausflüge zu den Schiffswracks und Korallengärten.

Folgende Tauchschulen bieten nicht nur neues Equipment und fachkundige Betreuung, sondern gestalten ihre Tauchgänge auch so ökologisch verträglich wie möglich und vermitteln viele Informationen über das hiesige Ökosystem und die massiven Umweltprobleme:

Amed Dive Center, Jemeluk, ℡ 0363-23462, 🖥 www.ameddivecenter.com. Die an das Hotel Uyah Amed angeschlossene Tauchschule bietet neben Strandreinigungen und dem Wiederaufbau von Riffen professionelle Tauchkurse und Lernmaterialen auf Deutsch.

Jukung Dive, Jemeluk, ℡ 0363-23469, 🖥 www.jukungdivebali.com. Als Teilnehmer des von PADI initiierten Go ECO werden hier bei Tauchgängen die Riffe vor Amed von Müll gesäubert und Tauchsafaris organisiert. Die ersten Tauchversuche können im eigenen Pool absolviert werden. Je nach Tauchgebiet kosten 2 Tauchgänge 40–50 €.

TOUREN

Lohnenswert ist auch eine **Fahrt mit einem Jukung**, einem traditionellen Fischerboot, das mit gespannten Segeln eine erstaunliche Geschwindigkeit erreichen kann. Die Fischer in Amed und der Umgebung sind in Kooperativen organisiert und fahren zu Festpreisen. Die spannende Fahrt dauert ca. 2 Std., kostet 200 000 Rp und kann problemlos mit einem Schnorchelausflug in die Korallenriffe oder zum Wrack kombiniert werden. Ein Boot bietet Platz für 2 Pers.

SONSTIGES

Einkaufen

Vor dem Amed Café, in dem Tuch Shop, etwas weiter östlich gegenüber dem OnlYou und gegenüber vom Pazzo Bali gibt es kleine **Supermärkte**, in denen von Chips bis Zahnbürsten alles angeboten wird.
Im Ganeshamed Hotel in Jemeluk kann man im kleinen **Buchladen** nach interessanten Büchern stöbern und kleine, zum Teil handgefertigte Schmuckstücke kaufen.

Fahrrad- und Motorradverleih

Fast alle Gästehäuser und Hotels vermieten Fahrräder für 25 000 Rp und Mopeds für 60 000 Rp pro Tag.

TRANSPORT

Nach Amed kommt man am besten **mit dem eigenen Fahrzeug**. Wer öffentliche Verkehrsmittel nutzen will, sollte früh aufstehen. Viele Unterkünfte organisieren allerdings auch Transporte zu den gängigen Touristenorten. Aus Amlapura oder Singaraja kommende **Busse** halten in CULIK. Von dort erwischt man mit Glück ein Angkot (hier ein Kleinlaster mit offener Ladefläche oder ein blau-weißgestreifter Minibus), das entlang der Küstenstraße bis AMLAPURA (25 000 Rp) fährt. Alternativ geht es mit Ojek bzw. Taxi.
Nach TULAMBEN gelangt man für 5000 Rp mit dem Bus in Richtung Singaraja.
Bis SINGARAJA 50 000 Rp.
Nach PADANG BAI oder CANDI DASA fährt um 7 und 11 Uhr bei mind. 2 Pers. ein Perama-Bus für 125 000 Rp.
Nach GILI TRAWANGAN geht es direkt mit den Schnellbooten von **Amed Sea Express**, Jl. Raya Amed, ✆ 0853-3925 3944, 🖥 www.amedseaexpress.com. Um 9 Uhr für 600 000 Rp p. P. in ca. 75 Min., zurück um 12 Uhr. In der Hauptsaison auch um 13.15 Uhr, zurück um 15 Uhr.

www.stefan-loose.de/indonesien

Tulamben

Auch die Riffe etwa 10 km nördlich von Culik bei Tulamben bieten bei 10 bis 15 m Sichtweite außerhalb der Monsunzeit (Februar bis Juni und September und Oktober) sehr gute Möglichkeiten zum Tauchen oder Schnorcheln. Hier liegen vier spannende Tauchreviere: Das bekannteste ist das *USS Liberty Wreck*, ein 1942 vor Lombok torpediertes und 50 m vor der Küste Balis gesunkenes US-Frachtschiff. Ein Tauchgang zum von Korallen überwachsenen und von Fischen umgebenen Wrack gilt als der leichteste Wracktauchgang der Welt. Zudem gibt es noch zwei bei Unterwasserfotografen beliebte Hausriffe sowie den *Drop-Off* mit großen Meeresfischen. Die Tauchgründe mit schwarzem Sand sind besonders bei Freunden des Makro-Tauchens beliebt, finden sich hier doch farbenfrohe Nacktschnecken und anderes seltenes und ausgefallenes Meeresgetier in den wohltemperierten Tiefen.

Das verschlafene Örtchen Tulamben hat sich in den letzten Jahren kaum verändert, erfreut sich aber bei deutschen Reisenden steigender Beliebtheit. In vielen Hotels und Tauchschulen gibt es entsprechend oft deutschsprachiges Personal. Wer in den hoteleigenen Tauchschulen taucht, kann mit Rabatten auf die Zimmerpreise rechnen oder umgekehrt als Hotelgast günstiger tauchen. Sonst bietet der Ort wenig: Es gibt weder Bars noch eine Post oder Geldwechsler. Der nächste Geldautomat befindet sich in Amlapura.

ÜBERNACHTUNG

Untere Preisklasse

Ocean Sun, ✆ 0363-22912, 🖂 info@ocean-sun. com. Von einer deutsch-indonesischen Familie geführte Anlage mit Restaurant, Tauchschule und einfachen Zimmern mit Du/WC. Dieter hat viele Tipps parat und bietet individuelle Touren nach Komodo, Flores und Ost-Java an. Hier gibt es einen, wenn auch langsamen, Internetzugang. Frühstück inkl. ❷
Puri Madha Beach Bungalows, ✆ 0363-22921. Die netten und sauberen Zimmer der weitläufigen Bungalowanlage sind mit Schreibtisch, TV, Du/WC und teils AC und Warmwasser ausgestattet. Das tiefblaue Meer und das Wrack

der *Liberty* liegen direkt vor der Haustür. Frühstück inkl. ❷–❹

Resort Mimpi Bali, ✆ 0819-9978 4099, 🖥 www.pondok-mimpibali.com. Unter Schweizer und balinesischer Leitung befindet sich dieses Mini-Resort mit 7 Bungalows rund um einen kleinen geschwungenen Pool. Die Zimmer haben Himmelbetten aus dunklem Massivholz, Warmwasser-Du/WC, AC und teils auch Terrasse mit Ausblick auf den Gunung Agung. Frühstück inkl. ❷–❹

Mittlere Preisklasse

Alam Batu Beach Resort & Bungalows, Batu Ringgit, 5 km nördlich von Tulamben, ✆ 0812 -385 9966, 🖥 www.alam-batu.com. Versteckt am Ende eines kleinen Pfades befindet sich dieses 1,6 ha große Resort unter deutscher Leitung. Die geräumigen, im balinesischen Stil eingerichteten und mit *Alang-Alang*-Gras gedeckten Bungalows liegen in einem liebevoll gestalteten, grünen Garten mit Pool und sind mit Open-Air-Du/WC, teils auch AC, ausgestattet. Im Spa können sich Gäste von traditionellen indonesischen Massagen verwöhnen lassen. Sehr freundlicher Service. Frühstück inkl. ❹–❼

🧡 **Tauch Terminal Resort & Spa**, ✆ 0361-774504, 🖥 www.tauch-terminal.com. Mitte 2008 ist hier eine Oase entstanden, in der man bestens ausspannen und abtauchen kann. Die geräumigen Zimmer sind edel eingerichtet sowie mit Du/WC, Liegen auf dem Balkon, Minibar und AC ausgestattet. Hier kann man sich im gepflegten Garten, in den vielen gemütlichen Sitzecken, den zwei Pools direkt am Meer oder dem angeschlossenen Spa nach dem Tauchen gründlich entspannen. Die Tauchschule mit deutscher Leitung bietet auch mehrtägige

Pakete mit No-Limit-Tauchen und Transfer aus Süd-Bali an. Frühstück inkl. ❺

Tulamben Wreck Divers Resort, ✆ 0363-23400, 🖥 www.tulambenwreckdivers.com. Gutes, von einem Australier geführtes Hotel mit Pool und 6 komfortablen Zimmern mit AC, TV mit DVD-Player, Minibar, Safe und Warmwasser-Du/WC. Frühstück inkl. Reservieren! ❹

ESSEN

Safety Stop, ✆ 0363-23593, 🖥 www.safety-stop.com. Hier hat der Deutsche Frank ein Restaurant aufgebaut, das neben der üblichen indonesischen und westlichen Küche auch Schnitzel serviert und einen Billardtisch hat. Außerdem 4 Bungalows für 350 000 Rp. ⏲ 10–22 Uhr.

Wayan Restaurant & Bar, gegenüber dem Wreck Divers Resort. Offener Pavillon mit Blick auf die Straße, in dem indonesische Küche, westliche Gerichte und Seafood zubereitet werden. Hauptgerichte ab 20 000 Rp. ⏲ 8–21 Uhr.

Warung Makan Rusty, gleich gegenüber, ✆ 0852-3734 4718. Preisgünstige indonesische Gerichte ab 10 000 Rp. ⏲ 8–21 Uhr.

TRANSPORT

Minibusse fahren für 20 000 Rp nach SINGARAJA. Nach AMLAPURA kosten sie 15 000 Rp. Dort kann man in Busse umsteigen, die weiter nach Westen oder in die Berge fahren. Früh am Tag verkehren viele Busse. Ab mittags kann das Fortkommen schwierig werden.
Perama fährt bei mind. 2 Pers. nach Padang Bai oder Candi Dasa um 7 und 11 Uhr für 125 000 Rp.

Nusa Tenggara

Stefan Loose Traveltipps

Gili-Inseln Beim Tauch- und Schnorchelurlaub vor der Küste von Lombok gibt es faszinierende Unterwasserwelten zu entdecken. S. 405

9 **Gunung Rinjani** Der zweithöchste Vulkan Indonesiens bietet einen wunderbaren Panoramablick auf den Kratersee. S. 418

Sumbawa Paradiesische Surfspots an abgelegenen Stränden locken Wellenreiter aus aller Welt an. S. 423

10 **Komodo-Nationalpark** Den großen Drachen auf der Spur oder einfach nur abtauchen. S. 435

Labuan Bajo Der rustikale Fischerort hat sich zu einem wichtigen Travellerzentrum gemausert und bietet für jede Brieftasche etwas. S. 441

11 **Todo und Bena** In den traditionellen Dörfern sind alte Bräuche und faszinierende Webkunst bis heute lebendig geblieben. S. 451 und S. 454

12 **Kelimutu-Seen** Hoch über Moni bezaubern die drei verschiedenfarbigen vulkanischen Seen mindestens ebenso wie der tägliche Sonnenaufgang. S. 459

Der indonesische Name Nusa Tenggara („süd-östliche Inseln") bezeichnet die kleinen Sunda-Inseln östlich von Bali. Sie sind unterteilt in zwei Provinzen: Nusa Tenggara Barat (20 177 km²) mit den Hauptinseln Lombok und Sumbawa und 4,5 Mio. Einwohnern sowie Nusa Tenggara Timur (47 876 km²) mit den Komodo-Inseln, Sumba, Flores, dem touristisch unbedeutenden West-Timor und 4,7 Mio. Menschen. Die Bevölkerungsdichte nimmt also nach Osten deutlich ab. Die jeweiligen Provinzhauptstädte sind Mataram (Lombok) und Kupang (West-Timor).

Zwischen Bali und Lombok verläuft die sog. **Wallace-Linie**. Östlich davon treten Arten asiatischer Flora und Fauna nur noch sporadisch auf. Große Säugetiere wie etwa Elefant, Tiger oder Tapir fehlen völlig, dafür dominieren australisch-melanesische Arten. Je weiter man nach Osten kommt, desto stärker wird der melanesische Einfluss auch innerhalb der Bevölkerung sichtbar. Während auf Sumbawa und Lombok hauptsächlich moslemische Malaien leben, findet man im Landesinneren von Flores und Timor christianisierte Melanesier.

Die Infrastruktur ist noch bescheiden, doch sind in den letzten Jahren beachtliche Verbesserungen eingetreten. Expressbusse verkehren täglich zwischen Java und Ost-Sumbawa. Sumbawa und Flores haben jeweils eine asphaltierte Straßenverbindung in West-Ost-Richtung. Dagegen erfordern Abstecher an die Nord- und Südküsten der Inseln Improvisationstalent, vor allem während der Regenzeit von November bis April. Fähren verkehren zwischen Bali, Lombok, Sumbawa und Flores. Die Schiffe der Pelni-Gesellschaft verbinden viele der Häfen auch mit Su-lawesi, Java und den Molukken. Wer längere Warte- und Reisezeiten vermeiden will, sollte allerdings besser fliegen.

Lombok

Auf Lombok erinnert vieles an Balis ursprüngliche Schönheit, an Zeiten, als Besucher noch selten und das Reisen noch abenteuerlich war. Auch wenn die Sehenswürdigkeiten der beiden Inseln sich ähneln – Vulkane, Unterwasserwelten, Strände und die indigene Kultur –, so fasziniert Lombok doch mit ganz eigenen Facetten und eigenem Charakter.

Die touristische Hauptroute führt durch West-Lombok, dem am besten entwickelten Inselteil, bis in den Norden. Die meisten Besucher kommen mit der Fähre aus Bali in Lembar an und fahren direkt weiter nach **Senggigi** (s. S. 400) und zu den vielbesuchten **Gili-Inseln** (s. S. 405), um anschließend den mächtigen **Gunung Rinjani** (s. S. 419) zu erklimmen. In **Kuta** (s. S. 392) und an den Stränden Zentral-Lomboks finden Surfer ganzjährig traumhafte Wellen und Taucher faszinierende Unterwasserwelten vor. Traveller, die nach Sumbawa weiterreisen wollen, müssen **Labuhan Lombok** ansteuern, den Fährhafen von Ost-Lombok.

Die 4700 km² große Insel ist von 26 kleinen, zumeist unbewohnten Inseln *(Gilis)* umgeben und hat eine Maximalausdehnung von etwa 160 km. Im Norden ist das Landschaftsbild von Indonesiens zweithöchstem Vulkan, dem Gunung Rinjani, geprägt, der zugleich auch der dritthöchste Berg des Landes ist. Bis auf beachtliche 3726 m erhebt sich das Massiv, das für die Einwohner der Insel den Sitz der Götter symbolisiert. Auf der Südhälfte der Insel erstrecken sich trockene Savannen, die nur in Küstennähe mit ausgedehnten Tabakfeldern bewirtschaftet werden. Hier befinden sich einige der schönsten unberührten Strände der Insel.

Etwa 85 % der 3,2 Mio. Einwohner Lomboks zählen zum Volk der **Sasak**, das wahrscheinlich im 1. Jt. v. Chr. aus Java hier eingewandert ist und sich trotz vieler Einflüsse aus Bali sprach-

Aktuelle Informationen zu Lombok

Eine gute Quelle für die neuesten Entwicklungen und Informationen zu den touristischen Destinationen auf Lombok ist die kostenlose Zeitschrift *The Lombok Guide*, die in vielen Hotels und Restaurants in den touristischen Zentren auf den Gili-Inseln, in Senggigi und Mataram ausliegt, sowie die dazugehörige Homepage 🖥 www.thelombokguide.com.

NUSA TENGGARA

lich wie kulturell von den anderen Volksgruppen unterscheidet. Die restliche Bevölkerung besteht aus **Balinesen**, aber auch aus kleinen Minderheiten von **Chinesen**, **Javanern**, **Sumbawanesen** und arabischstämmigen Indonesiern. Chinesen und **Araber** waren traditionell als Händler im Archipel tätig, und so findet man ihre Nachfahren auch heute noch vorwiegend in den kommerziellen Zentren von Mataram und Ampenan.

Heute sind offiziell über 90 % der Inselbewohner orthodoxe Moslems und somit Anhänger des *Waktu-Lima*-Glaubens. *Waktu Lima* („5 Mal") bezieht sich auf die fünf „Säulen des Islam", die von den Moslems auf Lombok befolgt werden: der Glaube an Allah und seinen Propheten Mohammed, die fünf täglichen Pflichtgebete, das Fasten während des Ramadan, die Pilgerfahrt nach Mekka und die Pflichtalmosen, die nach dem Fastenmonat entrichtet werden müssen.

Allerdings kam der Islam erst vergleichsweise spät nach Lombok. Wahrscheinlich brachten moslemische Gelehrte aus Sumbawa im 17. Jh. ihren Glauben auf die bis dahin hindu-buddhistische Insel. Als Folge der Bekehrung entstand eine selektive und anpassungsfähige Mischreligion: *Wetu Telu*. Diese war lange Zeit das originäre Glaubenssystem der Sasak. In der Sprache der Sasak bedeuten diese Wörter „Ergebnis" und „drei". Gemeint sind damit nicht nur die drei Wurzeln dieser Religion – Ahnenkult, Hinduismus und Islam –, sondern auch die magische Trinität allen Seins.

Doch die *Wetu-Telu*-Anhängerschaft ist im letzten Jahrhundert stark geschrumpft. Besonders seit der antikommunistischen Hatz 1965/66, als *Wetu-Telu*-Anhänger als Heiden verfolgt wurden, wird dieser ursprüngliche Glaube mitsamt seinen eigenständigen Zeremonien und Ritualen größtenteils hinter verschlossenen Türen oder in abgeschiedenen Bergdörfern praktiziert. Die Bedeutung der synkretistischen *Wetu-Telu*-Religion wird weiterhin öffentlich nicht anerkannt.

Den ältesten Aufzeichnungen zufolge existierte vor der Ankunft von Invasoren aus Bali und Makassar ein Königreich der Sasak namens Selaparang. Zu Beginn des 18. Jhs. wurde es von Bewohnern der Nachbarinsel erobert, die hier vier balinesische Fürstentümer gründeten.

Die ersten Holländer landeten 1674 auf der Insel, siedelten aber erst viel später an der Ostküste. Zusammen mit den Sasak revoltierten sie 1891 gegen die regierende Hindu-Dynastie aus Bali. 1894 nahmen die Kolonialisten die Insel vollständig ein und integrierten sie in den holländischen Kolonialbesitz, in dem die Insel bis 1949 blieb.

LOMBOK

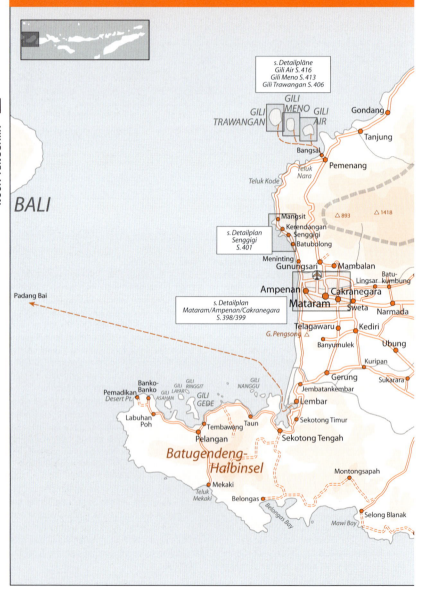

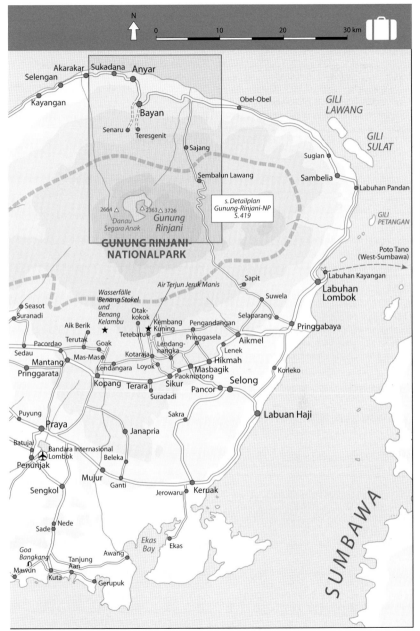

Leider waren während der nationalen Gewaltwellen, die in den 1960er-Jahren gegen Kommunisten und in den späten 1990er-Jahren gegen die chinesischen und christlichen Minderheiten gerichtet waren, die Unruhen auf Lombok besonders schwer. Das außergewöhnlich gewaltsame Vorgehen der moslemischen Randalierer im Jahre 2000 forderte mehrere Tote und zahlreiche Verletzte und hatte die Evakuierung aller ausländischen Feriengäste zur Folge. Die Besucherzahlen brachen ein und haben sich erst in den letzten Jahren wieder auf ein ähnlich hohes Niveau wie zuvor eingependelt.

Lembar

In einer malerischen Bucht an der Westküste von Lombok, 31 km südlich der Hauptstadt, liegt der wichtigste Hafen der Insel. Hier legen regelmäßig die großen Pelni-Passagierschiffe und die Fähren von und nach Bali an.

Achtung: Wegen der kleinkriminellen Banden, die auf dem Hafengelände ihr Unwesen treiben, sollten abends eintreffende Besucher ihre Weiterreise bereits gebucht haben. Auf wartende Taxis ist zu später Stunde jedenfalls kein Verlass, und das Chartern von Fahrzeugen ist absolut überteuert.

TRANSPORT

Minibusse
Zur MANDALIKA BUSSTATION in Bertais östlich von Cakranegara geht es für 20 000 Rp. Meist wird von Touristen aber ein deutlich höherer Charterpreis verlangt.

Taxis
Am Hafen von Lembar stehen Taxis, sogar mit Taxameter, die für ca. 60 000 Rp nach Mataram fahren. Motorradtaxis sind schon ab 30 000 Rp zu bekommen.

Boote
Fähren nach PADANG BAI, Bali, fahren alle 1 1/2 Std., Fahrzeit 4–6 Std., Preise: Erwachsene 36 000 Rp, Kinder 23 000 Rp, PKW 659 000 Rp (inkl. 4 Pers.), Motorrad 101 000 Rp (inkl. 2 Pers.).

Die Fahrkarten sollten nur an offiziellen Ticketschaltern gekauft werden. Außerhalb des Verkaufsschalters wird mit allerlei Tricks versucht, für die gleichen Fahrkarten mehr Geld einzustreichen. Büro der Hafenleitung ℘ 0370-681209.

Kuta Lombok

Der Ort hat mit dem berühmt-berüchtigten Namensvetter auf Bali nichts außer einem Strand gemein. Abgesehen von der Hochsaison, wenn Surfer aus aller Welt hierher pilgern, geht es in dem kleinen Fischerdorf an der Südküste sehr ruhig und beschaulich zu.

Es existieren Pläne, den gesamten östlich gelegenen Küstenabschnitt vom **Pantai Seger** bis **Tanjung Aan** in ein Mega-Resort mit Luxusanlagen zu verwandeln. Bislang gibt es aber auf dem 1200 ha großen Landstrich, der bereits den Namen Mandalika Resort trägt, nur eine voll ausgebaute zweispurige Schnellstraße und die sehenswerte 4-Sterne-Anlage des Novotels. Noch lassen sich also die beeindruckenden Buchten und Klippen an der Südküste von Lombok ungestört bewundern.

Am **Pantai Kuta** kann man aufgrund der Gezeiten oft nur bis mittags schwimmen. Den ganzen Tag über trifft man Strandverkäuferinnen, die billige Sarongs anbieten, oder Kinder, die, anstatt in die Schule zu gehen, Armbänder an die Besucher verkaufen wollen.

ÜBERNACHTUNG

Frühstück ist bei allen Unterkünften inkl. Viele haben ein eigenes Restaurant.
Puri Rinjani, ℘ 0370-654 849. Mitten in einem großen, schönen Garten wohnt man ruhig in einfachen, gemütlichen Bambushütten mit Du/WC oder in den stilvoll eingerichteten, geräumigeren Bungalows mit AC, TV und Warmwasser-Du/WC. Hier können Surfkurse der Schweizer Surfschule Symbiosis, 💻 www.symbiosis-surf.com, gebucht werden. ❷–❸
Segare Anak Bungalows, Jl. Raya Pantai Kuta, ℘ 0370-654 846, 💻 www.kutalombok.com/segara-anak-bungalow-and-conttage.html. Empfehlenswerte Zimmer im Reihenbungalow

392 LOMBOK | Lembar

www.stefan-loose.de/indonesien

mit riesigen Räumen und schönem Bad/WC. Außerdem sehr günstige, einfache Bambus- und neuere Massivbungalows mit Moskitonetz. Kleiner Pool, Wechselstube, Flugticketservice, Postservice sowie Surfbrett-, Motorrad- und Fahrradverleih. Auch Perama-Transporte werden organisiert. WLAN gegen Bezahlung. **❷–❸**

Sempiak Villas, Selong Belanak, ✆ 0817-470 4161, 🖥 www.sempiakvillas.com. Auf dem Bukit Sempiak, mit schöner Aussicht liegen 3 schicke, individuell gestaltete Villen mit AC, Küche, Wohnbereich, TV, DVD, iPod-Station und Spielesammlung. Es gibt eine kleine Bücherei, Internetzugang und einen einladenden Pool. Gäste schwärmen vom Essen im kleinen Restaurant. Das Personal kümmert sich gern um kleine Details und organisiert Schnorchel- touren sowie Ausflüge zu Fuß und verwendet nur umweltverträgliche Naturseifen und Reinigungsmittel. **❻–❼**

🧳 **Surfers Inn**, ✆ 0370-655 582, 🖥 www. lombok-surfersinn.com. Die hübsche, gut besuchte Anlage mit Pool, Restaurant und Bar ist das absolute Lieblingshotel der Surfer und oft ausgebucht. Die modernen und sauberen Zimmer gibt es in 4 Kategorien. Je nach Anspruch können sich die Gäste aussuchen, ob ein sparsam eingerichtetes Zimmer mit unspektakulärer Du/WC ausreicht oder auch AC, Warmwasser, Minibar, TV und DVD-Player benötigt werden. Alle Betten haben gute Matratzen. In der gemütlichen Bar kann man sich Surffilme ansehen und Tipps und Informationen über die besten Surfreviere austauschen. An der Rezeption gibt es einen Surfbrettverleih, hier kann man auch Surftrips und Massagen buchen. WLAN inkl. **❸–❺**

ESSEN UND UNTERHALTUNG

🧳 **Astari**, ✆ 0819-1599 4812. Wunderschön auf einem Hügel 2 km westlich von Kuta gelegenes vegetarisches Restaurant. Tagsüber bietet sich eine atemberaubende Aussicht über die Buchten von Kuta und Seger bis nach Gerupuk. Eine Vielzahl bunter Vögel schwirrt um die großzügige Terrasse. Im mediterran eingerichteten Restaurant wird morgens fantas- tisches Frühstück mit frischem Brot serviert.

Ansonsten gibt es frische Salate, Sandwiches und ein vorzügliches indonesisches Tages- gericht. Zum Nachtisch wird zum Kuchen ein Vanille- oder Kardamomkaffee gereicht. Alle Gerichte für unter 40 000 Rp. ⏱ Di–So 8.30– 18 Uhr.

Bong's Café, ✆ 0819-1611 5552. Manchmal bis spät in die Nacht voll. Bei entspannter Reggae- Musik werden frischer, gegrillter Fisch, mexikanische Spezialitäten und die üblichen europäischen und indonesischen Gerichte ab 25 000 Rp serviert. Viele Stammgäste bestätigen den guten Service und das leckere Essen.

Lombok Discovery Coffee House, ✆ 0370-653797. Lässige Lounge-Atmosphäre mit Sitzkissen, Fotografien und Möbeln im Antik- Look herrscht in diesem Café-Restaurant, das griechische und italienische Standard- gerichte, z. B. Salate, Pizza und Pasta, zu leicht gehobenen Preisen serviert. ⏱ 8–22 Uhr.

Warung Bule, ✆ 0819-1799 6256, ✉ hamiri. miri@yahoo.co.id. Sehr gute Gerichte in einem Mix aus asiatischen Zutaten und westlicher Zubereitung werden hier in entspannter Atmo- sphäre zu fairen Preisen aufgetischt. Neben thai-orientiertem und Sasak-Essen ist vor allem das Seafood ein Renner. Freundliches und zuvorkommendes Personal. ⏱ 13–22 Uhr.

AKTIVITÄTEN

Reiten

Kuta Horses, Jl. Raya Bypass, Rankap Satu, ✆ 0819-159 99436, ✉ kutahorses@hotmail. com. Verschiedene geführte Ausritte für Anfänger und Fortgeschrittene, die am Strand entlang oder durch entlegene Dörfer führen, auch Sonnenaufgangsritte. Die Pferde sind gesund, gepflegt und ausgeglichen und stehen den ganzen Tag auf der Weide. 1 Std. Ausritt 400 000 Rp, 2 Std. 630 000 Rp.

Surfen

Kimen Surf, ✆ 0370-655064, 🖥 www.kuta-lombok.net. Die wichtigste Adresse für Surfer in Kuta. Der Laden bietet Surfbrett- und Ausrüstungsverleih, Reparatur, An- und Verkauf von Brettern, Surftrips, Surfkurse und Auto- sowie Motorradvermietung. Preisbeispiele: Surfbrett 50 000 Rp pro Tag, Surftrip 320 000 Rp

p. P. Hier gibt es auch nützliche Informationen zu den besten Breaks der Umgebung, zudem liegt eine Gezeitentabelle aus.

Tauchen und Schnorcheln

Dive Zone, ✆ 0370-660 3205, ⌨ www.divezone-lombok.com. Die einzige Tauchschule in Süd-Lombok bietet nicht nur Tauchgänge in den Korallengärten von Sekotong, in Belongas Bay und Kuta Lombok an, sondern auch Kurse in deutscher Sprache. Open-Water-Kurse für 3,5 Mio. Rp, 2 Tauchgänge ab 950 000 Rp inkl. Equipment.

SONSTIGES

Auto-, Fahrrad- und Motorradvermietung

Autos, meist sind nur die großen Toyota Kijang verfügbar, kosten um 350 000 Rp pro Tag. Es gibt sie u. a. bei **Kimen Surf**, ✆ 0370-655064, ⌨ www.kuta-lombok.net.
Motorräder werden überall für 50 000 Rp pro Tag angeboten.
Die einzige Möglichkeit, ein Fahrrad zu leihen, ist beim Homestay **Mimpi Manis** an der großen Hauptkreuzung nördlich von Kuta.

Geld

Einige Hotels bieten Geldwechsel zu schlechten Kursen an, z. B. Segare Anak Bungalows. Ein Geldautomat befindet sich an der Jl. Raya Pantai Kuta neben dem Surfers Inn.

Internet

Ab 350 Rp pro Min. kann in einigen Unterkünften im Schneckentempo gesurft werden. Eine schnelle Verbindung gibt es im Internetcafé in der Parallelstraße zum Strand.

Sicherheit

Es ist schon länger nicht mehr vorgekommen, dass Urlauber an den einsamen Stränden ausgeraubt wurden. Auch die Zahl der **Einbrüche** und Motorraddiebstähle ist, seitdem nahezu jede Unterkunft einen Wachmann engagiert hat, zurückgegangen. Allerdings sollten keine Wertsachen mit zum Strand genommen und die entlegenen Strände, besonders von allein reisenden Frauen, nicht ohne Begleitung besucht werden. In der Vergangenheit gab

es wiederholt Fälle von **Vergewaltigungen** am helllichten Tag an einsamen Strandabschnitten. Zudem haben **marodierende Jugendgangs** nicht nur durch Vandalismus in Strandbars Aufsehen erregt, sondern auch durch explizite Feindseligkeit gegenüber ausländischen Touristen.

TRANSPORT

Perama-Busse fahren vor den Segare Anak Bungalows ab. Mind. 2 Pers. sind erforderlich, damit ein Bus um 6.30 Uhr für 125 000 Rp p. P. nach MATARAM, SENGGIGI oder LEMBAR fährt. Die anderen Transportanbieter sind wenig seriös und nutzen anstelle von eigenen Fahrzeugen die öffentlichen Transportmittel, die auch auf eigene Faust für einen Bruchteil des Preises genutzt werden können:
Mutiara Wisata Lombok Tour & Travel, Jl. Pariwisata Kuta Mawun, ✆ 0370-664 2445. Hier können Bus-, Fähr- und Flugtickets gebucht werden. Zudem auch eine Internetverbindung für 400 Rp pro Min. ⏱ 9–21 Uhr.

Praya

Seit Oktober 2011 kommt der 30 km südöstlich von Mataram gelegenen Distrikthauptstadt Praya größere Aufmerksamkeit zuteil, weil einige Kilometer südlich von hier der neue internationale Flughafen von Lombok, **Bandara Internasional Lombok** (BIL), nach jahrelangen Bauverzögerungen endlich in Betrieb genommen wurde. Das über US$111 Mio. teure Projekt auf dem 600 ha großen Areal wird als der essentielle Sprung zum Ausbau des Tourismus gelobt.

TRANSPORT

Busse

Vom neuen Flughafen fahren alle 30–60 Min. Damri-Busse in 1- bis 1 1/2 Std. nach MATARAM und SENGGIGI, 25 000 Rp, der letzte Bus fährt gegen 23 Uhr.

Minibusse

Eine Minibusfahrt vom Terminal in Praya nach MATARAM dauert ca. 1 Std. und sollte max. 15 000 Rp kosten.

Dorfalltag in schönster Natur erleben

Etwas Besonderes lässt sich im Dorf **Mas-Mas** an den Ausläufern des Rinjani erleben. Die Kemus-Initiative bestand ursprünglich aus Lehrern, die in ihrer Freizeit Unterricht für Kinder aus armen Verhältnissen gaben. Mit Beginn des touristischen Programms und einsetzender Unterstützung der deutschen GIZ konnten Computer angeschafft, die örtlichen Bauern unterstützt und das Unterrichtsangebot erweitert werden. Heutzutage werden Besucher in einer abwechslungsreichen, halbtägigen Tour durch den Ort geführt und bekommen Einblicke in das tägliche Leben. Dabei bietet sich die Gelegenheit, die Schule zu besuchen, Korbflechterinnen zu treffen und Ibu Erna bei der Herstellung von *Krupuk* aus Bananenstauden zuzuschauen oder selbst dabei mitzuhelfen. Kompetent erklärt Pak Habib den landwirtschaftlichen Zyklus im Dorf, der stark von dem angrenzenden Stausee abhängig ist, und macht Besucher bei einem Spaziergang auf zahlreiche Obstsorten, Blumen und Heilpflanzen aufmerksam. Den krönenden Abschluss bietet ein reichhaltiges, traditionelles Sasak-Essen, das natürlich gemeinsam auf einer *Beruga* eingenommen wird. Drei- bis vierstündige Touren nach Voranmeldung dienstags und samstags um 9 Uhr oder nach Vereinbarung, ab mind. zwei Personen für 150 000 Rp p. P., Kinder 75 000 Rp, Essen und Getränke inkl. Der Transport muss selbst organisiert werden. Besucher werden gebeten, aus Respekt vor der Kultur ihre Schultern zu bedecken. Einen Sarong bekommt man vor Ort. Übernachtungen im Dorf 50 000 Rp inkl. Frühstück im einfachen Homestay oder 30 000 Rp im Zelt.

Kontakt: Pak Habib, ✆ 0817-575 8182, Ibu Ayu, ✆ 0878-6467 8295, Pak Ulil ✆ 0819-0749 0434, 🖥 www.vbtmasmas.wordpress.com.

Anfahrt: Von Praya aus geht es an der Kreuzung hinter der Pertamina-Tankstelle rechts nach Kopang (13 km). Dort an der Kreuzung geradeaus auf eine schlechtere Straße. Nach 1 km steht links eine Moschee, dahinter bei der nächsten Gelegenheit rechts abbiegen. Bis hierhin ist Mas-Mas auch gelegentlich ausgeschildert. Nach ca. 4 km geht es wieder an einer Moschee vorbei – 100 m dahinter links abbiegen und rechter Hand nach dem Büro von Kemus Ausschau halten. Von Tetebatu aus fährt man nach Kotaraja und weiter Richtung Westen. Hinter Lendangara nicht der Straße folgen, sondern an der Kreuzung rechts abbiegen und nach Norden fahren. An der nächsten scharfen Rechtskurve dem Schotterweg geradeaus folgen und sich durchfragen.

Vom Terminal nach SENGKOL und von dort nach KUTA sind es jeweils 10 000 Rp und 1 Std.

Taxis

Ein Taxi vom Flughafen nach MATARAM kostet etwa 120 000 Rp.

Flüge

Von 6–23 Uhr starten und landen am neuen Flughafen von Lombok die Maschinen von:
Batavia Air, Jl. Sriwijaya 3, ✆ 0370-648998, 🖥 www.batavia-air.co.id. Tgl. Flüge nach SURABAYA in 1 Std. für 524 000 Rp und JAKARTA in 2 Std. 10 Min. für 892 000 Rp.
Garuda, im Flughafengebäude, ✆ 0370-637950, 🖥 www.garuda-indonesia.com. Tgl. nach JAKARTA in 2 Std. für 841 000 Rp und DENPASAR in 45 Min. ab 303 000 Rp.

Lion Air, im alten Flughafengebäude Selaparang in Ampenan, ✆ 0370-662 7444, 🖥 www.lionair.co.id. Tgl. nach DENPASAR in 30 Min. ab 290 000 Rp, JAKARTA in 2 Std. ab 642 000 Rp
und SURABAYA in 1 Std. 10 Min. ab 521 000 Rp.
Merpati, im Flughafengebäude sowie Jl. Pejanggik 69 in Mataram, ✆ 0370-621111, 🖥 www.merpati.co.id. Tgl. 3x tgl. nach DENPASAR in 45 Min. ab 204 000 Rp, 2x tgl. von dort nach SURABAYA sowie 1x tgl. nach JAKARTA.
Silk Air, im Flughafengebäude, ✆ 0813-3990 3128 (nur an Flugtagen aktiv), 🖥 www.silkair.com. Fliegt 3x wöchentl. direkt nach SINGAPUR in 2 1/2 Std. ab US$281.
TransNusa, Jl. Panca Usaha 28, ✆ 0370-624555, 🖥 www.transnusa.co.id.

BIMA (direkt), 1x tgl. in 1 Std;
DENPASAR, 2x tgl. in 30 Min;
ENDE, 3x wöchentl. in 2 1/2 Std.;
LABUAN BAJO (via Denpasar), 1x tgl.
in 2 Std;
SUMBAWA BESAR, 1x tgl. in 1 Std.

Mataram

Mataram, die Verwaltungshauptstadt West-Nusa Tenggaras (Nusa Tenggara Barat), ist mit den beiden Nachbarorten, der alten Hafenstadt **Ampenan** und dem chinesisch und balinesisch geprägten **Cakranegara**, zusammengewachsen. Hier kann man sich vor der Weiterreise mit Notwendigkeiten eindecken, die man auf Lombok sonst nicht bekommt, oder am Ende einer Reise nach letzten Souvenirs stöbern.

In Cakranegara östlich der Jl. Sultan Hasanuddin steht der größte Tempel von Lombok, **Pura Meru**. Er wurde 1720 auf Anordnung des balinesischen Prinzen Anak Agung Made Karang erbaut. Im Vergleich zu den Anlagen auf Bali ist er allerdings etwas enttäuschend und vernachlässigt. Im äußeren Hof sind die großen hölzernen Trommeln untergebracht, mit denen die Gläubigen zum Tempel gerufen werden. Der mittlere Hof besitzt zwei erhöhte Plattformen, die für die Opfergaben vorgesehen sind. Im inneren Hof stehen ein großer sowie 33 kleinere Schreine. Zu Vollmond im September oder Oktober findet hier und im Pura Lingsar fünf Tage lang **Pujawali**, das größte Hindu-Fest von Lombok, statt. ⏰ 8–17 Uhr, Eintritt gegen Spende.

Eine umfangreiche Sammlung zur Kultur, Geschichte und Geologie von Lombok und Sumbawa findet sich im **West Nusa Tenggara Museum**, Museum NTB, Jl. Panji Tilar Negara 6, ☎ 0370-632159, ⏰ Di–Do 8–15, Fr, Sa 8–12, So 8–13 Uhr, Eintritt 2000 Rp.

Kulturinteressierte können außerdem regelmäßige Musik- und Tanzvorführungen im **Taman Budaya**, Jl. Majapahit, erleben. Um das aktuelle Programm zu erfragen, ☎ 0370-622428.

Sehenswert sind im alten arabischen Viertel **Kampung Arab** die vielen bunt bemalten Fischerboote und früh morgens der Fischmarkt. Spaziert man noch etwas weiter nach Süden,

gelangt man zum **Hafen**, von dessen kolonialer Vergangenheit nach einem verheerenden Brand nicht mehr viel zu sehen ist. Zu später Stunde findet hier ein **Nachtmarkt** statt, der bekannt ist für seine leckeren, frischen Fischgerichte. Wer die geschäftige Atmosphäre eines typischen Obst-, Gemüse- und Fleischmarktes liebt, sollte durch die neue Markthalle des **Pasar Kebon Roek** schlendern.

ÜBERNACHTUNG

🏨 **Lombok Garden Hotel**, Jl. Bung Karno 7, ☎ 0370-636015, ✉ lombokgarden_htl@telkom.net. Eine grüne Oase in der Hauptstadt. Sehr schöne, gepflegte Anlage, 103 Zimmern, darunter 5 Doppelbungalows, um einen großen, grünen Garten mit 2 Pools. Die ruhigen Zimmer haben einen Balkon oder eine Veranda zum Garten und sind komplett mit AC, Minibar und LCD-TV sowie großem Du/WC oder Bad/WC mit Warmwasser ausgestattet. Frühstück im Restaurant und WLAN inkl. ❺–❻

Oka & Son Gh., Jl. Repatmaja, neben Oka Homestay, ☎ 0819-1600 3637. Saubere, neuere, Zimmer mit TV, guten Matratzen, kleiner Veranda und moderner Du/WC, teilweise auch mit AC. Kleines Frühstück inkl. Die bessere Alternative zum Oka Homestay nebenan. ❷

ESSEN

Gegessen wird hier vor allem in **Warung** am Straßenrand, die sich um die Mall und in den Seitenstraßen konzentrieren und Klassiker wie Nasi Goreng, *Ayam Goreng* und Padang-Küche anbieten. Das Ganze kostet 5000–15 000 Rp, wird immer frisch zubereitet und ist daher fast immer unbedenklich zu genießen. Der bekannteste Seafood-Warung der Stadt ist **Seafood 88** an der Jl. Pejanggik, gegenüber dem Nordende der Jl. Repatmaja. Wem das zu abenteuerlich ist, findet in der **Mataram Mall** KFC, McDonalds und Pizza Hut.

Denny Bersaudara, Jl. Pelikan 6, ☎ 0370-633619. Bekannt für seine authentischen und günstigen Sasak-Gerichte in einem einladenden Umfeld.

🏨 **Omah Cobék**, Jl. Maktal 6, ☎ 0370-658 0568. In entspannter Atmosphäre werden hier authentische lokale Speisen wie

Iga Bakar, *Gurameh* oder *Karedok* (kleingehackter Kohl in süß-scharfer Soße und Chilis) zu günstigen Preisen aufgetischt. Die Ente *Bebek Rica Rica* ist die Spezialität des Hauses, die Portionen und Reisbeilagen sind ordentlich, sodass schon wenige Teller eine Kleingruppe satt machen. ⏰ 10–22 Uhr.

EINKAUFEN

Souvenirs
Zum Feilschen um traditionell gewebte *Ikat*-Stoffe und alle Arten von Goldschmuck ist der **Pasar Cakra** die richtige Adresse.

Supermarkt
Mataram Mall, Jl. Pejanggik. In dem mehrstöckigen Einkaufszentrum gibt es neben dem großen Hero-Supermarkt auch Elektronik-, Bekleidungs- und Haushaltswarengeschäfte sowie einen Buchladen ohne große Auswahl an englischsprachiger Literatur. ⏰ 9–22 Uhr.

SONSTIGES

Geld
Die meisten **Banken**, **Geldautomaten** und **Wechselstuben** befinden sich in Cakranegara auf der Jl. Pejanggik zwischen der Mataram Mall und der Jl. Hasanudin.

Immigration
Kantor Imigrasi, Jl. Udayana 2, ✆ 0370-632520. ⏰ Mo–Do 7–14, Fr 7–11 und Sa 7–12.30 Uhr.

Internet
Viele **Internetcafés** befinden sich im Umkreis der Mataram Mall, Jl. Penjanggik, und in der Jl. Airlangga in Universitätsnähe. Sie verlangen 3000–5000 Rp pro Std. In der Jl. Airlangga gibt es auch viele Cafés mit kostenlosem WLAN.

Medizinische Hilfe
Rumah Sakit Risa Sentra Medika, Jl. Pejanggik 115, ✆ 0370-625560, ✉ rsrisasentramedika@yahoo.com. Das beste Krankenhaus der Insel mit Zahnklinik und Hals-Nasen-Ohrenarzt.

Polizei
Lombok Regional Police, Jl. Gajah Mada 7, Ampenan, Notruf ✆ 110.

Post
Das große **Hauptpostamt** liegt in Mataram an der Jl. Sriwijaya 37, ✆ 0370-632645. ⏰ Mo–Do und Sa 8–14, Fr 8–11 Uhr.
Weitere Postämter befinden sich in Ampenan an der Jl. Langko und in Cakra in der Jl. Kebudayaan.

NAHVERKEHR

Cidomo
Bei einer Fahrt mit dem *Cidomo*, kleinen zweirädrigen Pferdekutschen, muss der Preis ausgehandelt werden, ca. 3000 Rp pro km.

Minibusse
Von der **Mandalika Busstation**, 2 km östlich von Cakranegara, fahren die gelben Fahrzeuge auf verschiedenen Rundkursen durch die Stadt zum Minibus-Terminal **Kebon Roek** in Ampenan, Jl. Laksada Adi Sucipto. Der Fahrpreis beträgt immer 3000 Rp, egal wie lang die Strecke ist. Von Kebon Roek fahren auch Minibusse nach Senggigi für 6000 Rp.

Taxis
Bester Taxianbieter mit Fahrzeugen mit AC und Taxameter ist **Blue Bird**. In Mataram und Senggigi gibt es genügend dieser blauen Taxis. Bestellung unter ✆ 0370-627000.

TRANSPORT

Busse
Mandalika Busstation, 2 km östlich von Cakranegara in Bertais. Dies ist die sehr hektische zentrale Bus- und Minibus-Station. Man sollte sich aber nicht aus der Ruhe bringen lassen und gleich am Eingang nach einem Bus in die gewünschte Richtung fragen.
BAYAN, in 2 Std. für 30 000 Rp;
LABUHAN LOMBOK, in 2 1/2 Std. für 20 000 Rp;
LEMBAR, für 15 000 Rp;
PEMENANG, für 15 000 Rp;
PRAYA, für 7500 Rp.

Fernziele außerhalb Lomboks erreicht man in AC-Expressbussen. Sie legen auf Langstrecken regelmäßig Pausen in Restaurants ein.
BIMA (Sumbawa), in 14 Std. für 150 000 Rp;
CIREBON (Java), in 38 Std. für 450 000 Rp;

NUSA TENGGARA

www.stefan-loose.de/indonesien

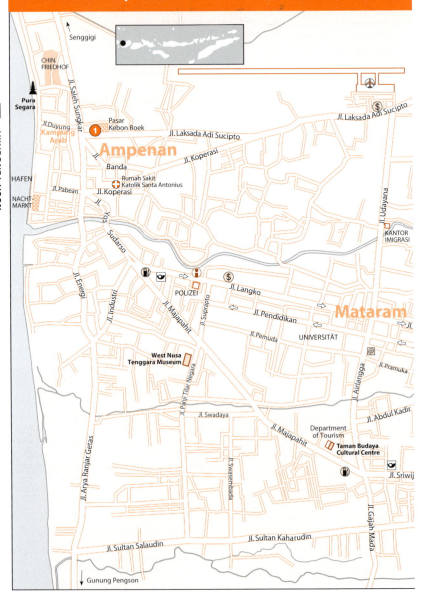

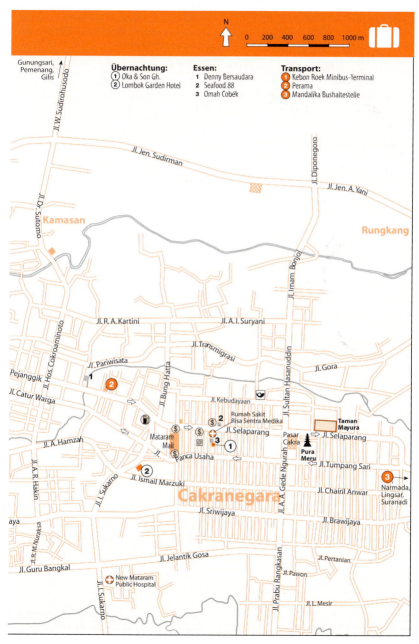

DENPASAR (Bali), in 10 Std. für 150 000 Rp;
JAKARTA (Java), in 36 Std. für 450 000 Rp;
LABUHAN BAJO (Flores), in 28 Std.
für 275 000 Rp;
SURABAYA und MALANG (Java), in 15 Std.
für 230 000 Rp;
YOGYAKARTA und SOLO (Java), in 25–26 Std.
für 350 000 Rp.

Minibusse

Teurer und schneller sind Minibusse, die
zu festen Zeiten abfahren und einen gegen
Aufpreis auch vom Hotel abholen.
Preisbeispiele (Ziele in Lombok):
BANGSAL, in 1 Std. für 60 000 Rp;
KUTA LOMBOK, via PRAYA, in 2 Std.
für 125 000 Rp;
SENGGIGI, in 30 Min. für 25 000 Rp.

Minibusunternehmen für Fernziele:
ABADI, Jl. K. H. Ahmad Dahlan 32, ✆ 0370-
623185. Eine der günstigsten Möglichkeiten,
den Transport über Lombok zu organisieren.
Langsung Indah, Jl. Pejanggik, 56B, ✆ 0370-
634669. Tgl. gegen 11 Uhr Busse nach Denpasar,
Surabaya, Semarang und Jakarta im Westen
sowie Sumbawa Besar, Bima und Sape im
Osten.
Panca Sari, Jl. Panca Usaha Blok A Nr. 8,
✆ 0370-665 0555, fahren um 8.30, 10, 14, 18 und
20 Uhr für 100 000 Rp nach Sumbawa Besar.
Perama Tours & Travel, Jl. Pejanggik 66,
Mataram, ✆ 0370-635928, 🖥 www.perama
tour.com. ⏲ 7–22 Uhr.

Flüge

Von Matarams Flughafen **Selaparang**, der im
Stadtteil Ampenan liegt, starten nur noch
Privatflüge, seit Lomboks neuer internationaler
Flughafen Bandara Internasional Lombok, in
der Nähe von Praya (s. S. 394), im Herbst 2011
eröffnet wurde.

Senggigi

Ehemals war Senggigi nur ein Fischerdorf an einem strahlend weißen Sandstrand, doch schon
Mitte der 1990er-Jahre hatte sich der Ort zur
größten und beliebtesten Touristenenklave von
Lombok entwickelt. Mittlerweile wird mit dem
Ortsnamen ein 13 km langer Küstenabschnitt assoziiert, der schon wenige Kilometer nördlich
von Ampenan beginnt.

Senggigi verfügt über eine gute touristische
Infrastruktur mit Geldautomaten, Internetcafés,
Restaurants und einem sehenswerten Kunstmarkt. Außerdem bietet der Ort einige Nachtclubs und Bars mit guter Livemusik – die einzigen ernstzunehmenden Ausgehmöglichkeiten
auf Lombok.

Sehenswert ist der **Batu Bolong-Tempel**, etwa 2 km südlich vom Ortszentrum. Der gut besuchte Hindutempel thront auf einem Fels-
vorsprung am Meer. An der gesamten Küste
können allabendlich die fantastischen Sonnenuntergänge über Bali und dem Gunung Agung
beobachtet werden, aber dieser Tempel ist einer der besten Plätze, um das Schauspiel zu erleben. ⏲ 7–19 Uhr, Eintritt 5000 Rp.

ÜBERNACHTUNG

Fast alle Unterkünfte von Senggigi liegen an
der Küstenstraße Jl. Raya Senggigi. Viele der
Hotels befinden sich nicht in unmittelbarer
Nähe von Senggigis Ortszentrum mit dem Gros
an Restaurants, Bars und Clubs.
In der touristischen Hochsaison von August
bis Mitte September kann es sehr schwer
werden, ein freies Zimmer zu finden. Frühzeitige
Reservierungen sind dann dringend anzuraten.

Mangsit

Qunci Villas, ✆ 0370-693800, 🖥 www.qunci
villas.com. Das Boutiquehotel bietet modern
und luxuriös eingerichtete Zimmer mit Open-
Air-Bädern und Poolvillen in tropischen Gärten,
die mit großen Gemälden eines balinesischen
Künstlers dekoriert sind. Ein lang gezogener
Überlaufpool, ein Spa und das Restaurant, das
köstliche Gerichte serviert, bieten direkt an der
Steilküste einen perfekten Ort zum Entspannen.
Sehr professioneller Service. **❼**–**❽**
Santai Beach Inn, ✆ 0370-693038, 🖥 www.
santaibeachinn.com. In einer kleinen, ruhigen,
dschungelartigen Anlage stehen traditionelle
Lumbung, in denen man Wohnen überraschend
anders erlebt. Die billigen mit Mandi/Du und

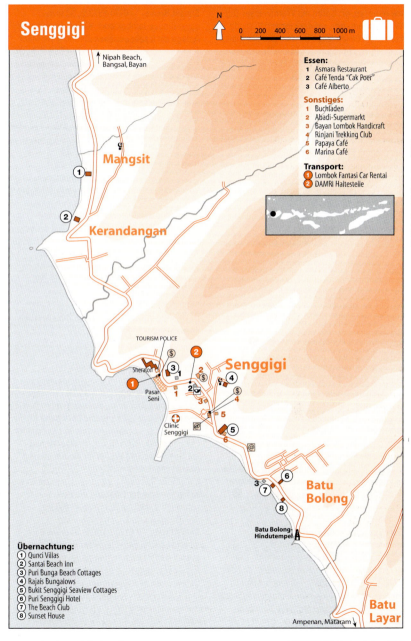

die teureren, größeren mit Warmwasser-Du/WC. Hängematten auf der eigenen Veranda laden zum Lesen eines Buches aus der Bibliothek ein. Herzensgute englische Besitzerin und Restaurant mit vegetarischer und veganer Kost. Frühstück inkl. ❷–❹

Senggigi

Bukit Senggigi Seaview Cottages, ☎ 0370-693173. In den steilen Hang gebaute Mittelklasseanlage im äußersten Süden von Senggigi, mit großem Pool und 27 geräumigen Zimmern mit Veranda, Verbindungstüren, neuer AC, TV mit internationalen Kanälen und Warmwasser-Bad/WC. WLAN im Restaurant und Lobbybereich inkl. ❸–❹

Puri Bunga Beach Cottages, ☎ 0370-693013, 🖥 www.puribungalombok.com. Das älteste Hotel des Ortes ist weitläufig in den steilen Hang gebaut und punktet mit einer tollen Aussicht von den oberen Zimmern sowie schön geschnitzten Betten und Türen und einem großen Pool. Die Zimmer mit AC, sehr harten Matratzen, Marmorboden, TV, Kühlschrank und Bad/WC sind zwar schon älter, aber gut instand gehalten. WLAN
im Lobby- und Poolbereich inkl. ❹–❺

Raja's Bungalows, Gang Arjuna, ☎ 0812-377 0138, ✉ rajas22@yahoo.com. Im Dorf kurz nach der Moschee rechts ab liegen die 4 einfachen Zimmer in einem schönen kleinen Garten. Alle sind sauber, mit sehr harten Matratzen, Bambusmöbeln, Moskitonetz, hellen Open-Air-Du/WC mit kleinem Garten und hübschen kleinen Details, wie etwa Vasen und *Ikat*-Stoffen, eingerichtet, aber ohne Warmwasser, WLAN und Frühstück. Eine kleine Bar mit gemütlichen Sitzecken und die familiäre Atmosphäre laden zum Entspannen ein. ❷

Batu Bolong

Puri Senggigi Hotel, ☎ 0370-692192. Hier wohnt man ruhiger als direkt in Senggigi, aber nur einen Katzensprung entfernt. Die geräumigen Zimmer bieten alle Veranda oder Balkon, TV und Bad/WC. Für einen Aufpreis auch AC und Warmwasser. Einfaches Frühstück inkl. Sehr gutes Preis-Leistungs-Verhältnis.
❷–❸

Sunset House, ☎ 0370-692020, 🖥 www.sunsethouse-lombok.com. Kleine, freundliche Anlage mit 6 sehr schönen Zimmern am Meer. Direkt von der Terrasse oder dem Balkon kann allabendlich der Sonnenuntergang genossen werden. Die edle Einrichtung in den hellen, großen Zimmern mit guten Matratzen, TV, AC, Minibar, Kühlschrank und Warmwasser-Bad/WC vervollständigt das Ambiente. Mit schön gelegenem Restaurant am Meer, kleinem Spielplatz für den Nachwuchs sowie neuem Pool. WLAN und Frühstück inkl. ❺

The Beach Club, ☎ 0370-693637, 🖥 www.thebeachclublombok.com. Von liebenswertem australischen Aussteigerpärchen geführte, sehr beliebte Bungalowanlage direkt an einem hübschen Strandabschnitt. Die 4 teureren, großen und sauberen Bungalows mit Veranda bieten alle gute Betten, TV mit DVD-Player und einer Auswahl an aktuellen Filmen für Regentage, Kühlschrank und schön gestaltete Warmwasser-Du/WC. Am Hotelpool sowie am Strand gibt es gemütliche Sitzgelegenheiten, Hängematten, Restaurant und Bar. WLAN inkl. Reservierung empfehlenswert. ❷–❺

ESSEN

Asmara Restaurant, ☎ 0370-693619, 🖥 www.asmara-group.com. Die deutsche Chefin Sakinah bietet ihren Gästen ein sehr angenehmes Ambiente, professionellen Service und leckere europäische und asiatische Küche sowie ausgezeichneten Kaffee. Mit Kunstladen, Leihbibliothek, Billardtisch, Spielbereichen für die Kleinen und WLAN für die Großen. Im oberen Stockwerk wird jeden Sa von 20–24 Uhr ein großer Biergarten geöffnet. Dann kann man zu Evergreens der Liveband die Hüften schwingen. Hauptgerichte ab 45 000 Rp. Abholung innerhalb Senggigis inkl.

Café Alberto, ☎ 0370-693039, 🖥 www.cafe alberto.com. In dem eleganten, ansprechend gestalteten Restaurant mit einem schönen Pool, der entgegen aller Vermutung auch zum Schwimmen genutzt werden kann, gibt es die leckersten Pizzen von ganz Senggigi. Zum Sonnenuntergang sitzt man wundervoll bei Kerzenschein am Strand. Größere Auswahl an Cocktails. Pizzen kosten 65 000 Rp. WLAN und Shuttleservice zwischen 18 und 24 Uhr inkl. ⏰ 8–24 Uhr.

Café Tenda „Cak Poer". Spätabends steht ein kleines, unscheinbares, blaues Zelt neben der Poststelle, in dem fantastische indonesische Küche und Seafood serviert werden. Bei Ausländern und Einheimischen gleichermaßen beliebt, sehr günstig. ⏰ ab 22 Uhr, So Ruhetag.

UNTERHALTUNG

Neben vielen zwielichtigen, auf einheimisches Klientel ausgerichteten Karaoke-Bars bietet Senggigi auch ein paar Kneipen mit guter Livemusik.

Marina Café, ☎ 0370-693136. Abends eine Pizzeria, wird das 2-stöckige Café nachts zum angesagtesten Club des Ortes. Von 22–2 Uhr gibt eine gute Liveband indonesische und westliche Songs aus den Charts zum Besten, um Mitternacht betreten zudem spärlich bekleidete Tänzerinnen die Bühne und heizen der Menge ein. Danach wird House und Elektro gespielt. Große Auswahl an teuren Alkoholika, auch Verkauf von Flaschen internationaler Spirituosen. WLAN inkl. Direkt nebenan liegt eine Sportsbar. ⏰ Restaurant 18–24, Club 22–2.30, am Wochenende bis 3 Uhr.

Papaya Café, ☎ 0370-693616. Auf gemütlichen Baststühlen sitzend, lauscht man der allabendlichen Livemusik bis Mitternacht. Cocktail-Happy Hour von 21.30–22 Uhr. Mittlere Preisklasse.

EINKAUFEN

Es lohnt sich über den **Pasar Seni (Kunstmarkt)** zu schlendern, um die kunstvoll bemalten Sasak-Masken und Schnitzereien zu begutachten. Allerdings sollte man Verhandlungsgeschick mitbringen, wenn man ein wirkliches Schnäppchen machen will, oder sich den Stress ersparen und im Bayan Lombok Handicraft einkaufen.

Abadi-Supermarkt. Hier bekommt man Snacks, Souvenirs sowie nützliche Schreibwaren und Kosmetikartikel, außerdem gibt es einen Kopierservice. ⏰ 9–21 Uhr.

Bayan Lombok Handicraft, ☎ 0370-693784, 🖥 www.bayanlombok.com. Wer traditionelle Kunstgegenstände ohne Verhandlungsstress erwerben möchte, sollte sich in aller Ruhe in hier umschauen. Es gibt eine breite Auswahl an Schnitzereien, Gemälden, *Ikat*-Stoffen und anderen Souvenirs aus Lombok und den östlichen Nachbarinseln zu sehr vernünftigen Festpreisen. ⏰ 11–22 Uhr.

TOUREN

Rinjani Trekking Club, ☎ 0370-693202, 🖥 www.info2lombok.com. Die professionell organisierten, etwas teureren Touren zum Rinjani werden in verschiedenen Ausführungen angeboten, so kann auch ein Deluxe-Paket mit extragroßem Zelt und üppiger Essensauswahl gebucht werden. Es gibt auch mehrtägige Alternativtouren, falls der Vulkan aktiv ist. 2-Tages-Tour ab 1,2 Mio. Rp, die Luxusvariante

---

Vorsicht beim Genuss von Arak!

Nachdem es in der jüngsten Vergangenheit unter Touristen zahlreiche Krankheits- und sogar Todesfälle im Zusammenhang mit dem Konsum methanolhaltiger Araks gegeben hat, ist strikt von seinem Konsum in billigen Cocktails abzuraten. Eine von der Polizei kaum gehinderte Alkoholmafia pansht die beliebte Schnapssorte mit gesundheits- und lebensgefährlichen Konsequenzen, um sie in den Touristenzentren von Bali, Lombok und Java fässerweise und oft unter falschen Labels in den Umlauf zu bringen. In Cocktails gemixt, fällt das Gift zunächst nicht auf. Je nach Mischung drohen jedoch bereits nach wenigen Gläsern **Erblindung**, **Kreislaufkollaps** oder sogar der **Tod**. Im Supermarkt gekaufte Flaschen mit Siegel sowie garantiert „reiner" Arak aus vertrauenswürdiger Quelle (z. B. teuren Hotelbars) sind zwar unbedenklich, doch im Zweifelsfalls sollte schlichtweg immer verzichtet werden!
2011 starb eine deutsche Touristin, die im **Happy Café** in Senggigi Cocktails getrunken hatte, an den Folgen des vergifteten Alkohols. Auch weitere Fälle in Senggigi und auf den Gilis sind uns bekannt.

für 1,85 Mio. Rp, 3-Tages-Tour ab 1,5 Mio. Rp. Der Aufstieg ab Sembalun Lawang kostet 100 000 Rp Aufpreis.

Touren nach Komodo, Rinca und Labuan Bajo auf Flores werden von verschiedenen Anbietern, wie z. B. **Kencana Tour**, ☎ 0370-642 493, 0812-3728 2171, ✉ gita.adventure@yahoo.com, veranstaltet. Eine 4-tägige Bootstour mit Übernachtung und Verpflegung an Bord inkl. allen Eintrittsgeldern gibt es für 1,55 Mio. Rp p. P. Sie beginnt ab Labuhan Lombok und führt am 1. und 2. Tag an der Nordküste Sumbawas entlang die kleinen Inseln Gili Bola, Pulau Moyo und Satonda, wo neben Schwimmen und Schnorcheln die Besichtigung eines Wasserfalls auf dem Programm steht. Am 3. Tag wird der Komodo-Nationalpark erkundet und am 4. Tag der Rinca-Nationalpark weiter östlich, bevor es nach Labuan Bajo geht.

SONSTIGES

Auto- und Motorradvermietungen

Fast alle Hotels und Reisebüros arbeiten mit Fahrzeugvermietungen zusammen und helfen gerne weiter. Ein Moped gibt es für ca. 50 000 Rp pro Tag, bei längerer Mietdauer kann man oft einen Rabatt aushandeln. Autos sind ab 150 000 Rp pro Tag zu bekommen.
Lombok Fantasi Car Rental, ☎ 0370-693657, 0817-571 6005. Hier gibt es eine recht große Auswahl an Mietwagen. Toyota Kijang, Avenza, Daihatsu Xenia oder Taruna kosten 250 000 Rp pro Tag, und der kleine Suzuki Katana (Jimny) schlägt mit 150 000 Rp zu Buche. Alle Preise inkl. Teilkasko mit US$500 Selbstbeteiligung. Motorroller kosten 40 000 Rp. Auch Flugbuchungen und Visaverlängerung.

Geld

Geldautomaten aller gängigen Banken sind reichlich im Umkreis des Senggigi Square vorhanden. Die beste **Wechselstube** liegt hinter dem Café Berri am südlichen Ende von Senggigi.

Internet

Einige **Internetcafés** finden sich im Ortszentrum. Sie bieten relativ schnelle Verbindungen ab 18 000 Rp pro Std. und einen Brenn-Service.

Außerdem haben einige Cafés und Restaurants kostenfreies WLAN.

Polizei

Senggigi Tourism Police, ☎ 0370-632733.

Post

Die kleine, freundliche Postfiliale liegt gegenüber der Parmour Art Gallery. ⏰ Mo–Do 7.30–15, Fr und Sa 7.30–13 Uhr, So geschlossen.

TRANSPORT

Zahlreiche Firmen bieten Transporte innerhalb von Lombok und nach Bali an. Es lohnt sich, nach den jeweils günstigsten Angeboten Ausschau zu halten.
Preisbeispiele p. P.:
BANGSAL, um 8.30 Uhr für 50 000 Rp;
BIMA (Sumbawa), um 10.30 Uhr für 275 000 Rp;
GILI-INSELN, um 8.30 Uhr für 60 000–75 000 Rp;
KUTA LOMBOK, um 10.30 Uhr für 150 000–175 000 Rp;
LABUAN BAJO (Flores), um 10.30 Uhr für 375 000 Rp;
LEMBAR, um 10.30 Uhr für 105 000 Rp;
PADANG BAI (Bali), um 10.30 Uhr für 120 000–135 000 Rp;
SENARU, für 200 000 Rp.

Die Firma DAMRI betreibt **Zubringerbusse zum neuen internationalen Flughafen**, die von 4–22 Uhr stdl. ab Senggigi mit Halt in Mataram verkehren. Sie fahren ca. 150 m südlich vom Asmara Restaurant auf der anderen Straßenseite ab, brauchen etwa 1 Std. bis zum 40 km entfernten Airport in Praya und kosten 25 000 Rp p. P.
Minibusse verkehren in südlicher Richtung (bis zum KEBON ROEK Terminal in Ampenan, 6000 Rp). Nach Norden zum Hafen in Bangsal fahren keine Minibusse. Man muss in KEBON ROEK nach REMBIGA (in der Nähe des Flughafens) umsteigen und von dort nach PEMENANG fahren, was sich in die Länge ziehen kann. Einfacher ist es, für 60 000 Rp ein Angkot zu chartern oder ein **Blue Bird Taxi** (65 000–70 000 Rp), ☎ 0370-627000, zu nehmen.

Bangsal

Ausgangspunkt für die Überfahrt zu den drei Gili-Inseln ist der Strand von **Bangsal**. Wer vor 14 Uhr hier ankommt, wird auf dem Parkplatz etwa 500 m vom Strand entfernt abgesetzt. Von dort muss man zum Strand laufen oder sich mit einem *Cidomo* fahren lassen. Man sollte sich von den hier anzutreffenden dunklen Gestalten nicht aus der Ruhe bringen lassen und zielsicher das **Loket-Gebäude** direkt am Strand ansteuern, ✆ 0370-649028, ⏲ 7.30–16.30 Uhr. Dort gibt es die Tickets für die öffentlichen Auslegerboote zu den Inseln.

Zu den Booten, die vor dem Strand verankert sind, muss man ein paar Meter durchs Wasser waten. Es bieten sich junge Männer an, das Gepäck zu den Booten zu tragen; sie erwarten dafür eine Bezahlung von ca. 4000 Rp pro Gepäckstück. Wer diesen Service nicht wünscht, sollte dies klar und deutlich sagen.

TRANSPORT

Busse
Busstopp für die Busse von Perama ist der 500 m vom Strand entfernte Parkplatz.

Minibusse
Minibusse fahren ab der MANDALIKA BUSSTATION in Bertais für 15 000 Rp in das 33 km entfernte PEMENANG. Von hier aus läuft man entweder 500 m oder fährt mit einem *Cidomo* weiter zur Bootsanlegestelle.

Taxis
Einige Taxis warten auf dem Parkplatz von Bangsal. Schon ab 2 Pers. sind sie eine günstigere Variante als die meisten Busse. Eine Fahrt nach SENGGIGI kostet 60 000–70 000 Rp.

Boote
Der Preis für die Überfahrt in einem der **öffentlichen Boote** beträgt p. P. nach GILI AIR 8000 Rp, GILI MENO 9000 Rp und GILI TRAWANGAN 10 000 Rp. Die Boote fahren erst ab, wenn sie voll sind, d. h., wenn mind. 20 Leute darin Platz gefunden haben. Die beste Chance, ein öffentliches Boot ohne lange Wartezeiten zu erwischen, hat man zwischen 9 und 11 Uhr morgens, wenn die Inselbewohner vom Markt in Pemenang zurückkommen.

Während nach GILI TRAWANGAN regelmäßig öffentliche Boote fahren, ist die Wahrscheinlichkeit, nach 10 Uhr nach GILI MENO zu gelangen, ziemlich gering. Um 14 Uhr setzt noch ein Boot für 20 000 Rp zur Insel über. Ein Boot, das für die Fahrt nach GILI AIR 26 000 Rp, GILI MENO 27 000 Rp und GILI TRAWANGAN 28 000 Rp verlangt, fährt außerdem um 17 Uhr ab und ist am Nachmittag die letzte günstige Möglichkeit, die Inseln zu erreichen.

Natürlich kann man jederzeit ein Boot chartern. Dabei ist es wichtig, zuerst abzuklären, wie viele Personen im **Charterboot** mitfahren, sonst müssen die neuen Passagiere noch einmal extra zahlen. Einfache Strecke nach GILI AIR 155 000 Rp, GILI MENO 170 000 Rp und GILI TRAWANGAN 185 000 Rp, hin und zurück 20 000 Rp weniger als das Doppelte.

An Feiertagen sind die Transportmöglichkeiten sehr eingeschränkt, teilweise fährt nur ein Boot nach Lombok – besser ist es, sich ein oder zwei Tage vorher an der Anlegestelle zu erkundigen.

Ein paar Kilometer südlich fahren die meisten Schnellboote, die zwischen den Gilis und Bali verkehren, auch **Teluk Kode** an. Einige Schnellboote steuern stattdessen das nahe gelegene **Teluk Nara** an.

Gili Trawangan

Die größte und meistbesuchte der drei Inseln lässt sich gut in einer zwei- bis dreistündigen Strandwanderung umrunden. Während sich fast alle Unterkünfte und der extreme Trubel im südlichen Abschnitt der Ostküste konzentrieren, ist die Westküste weniger überfüllt und auch der Rest der Insel relativ ruhig.

Noch vor zehn Jahren wurden die Gili-Inseln als absoluter Geheimtipp gehandelt. Heute trifft man an den Stränden der Inseln nicht mehr nur auf Traveller, die in ihrer Hängematte auf der Veranda einer einfachen Holzhütte entspannen, sondern auch auf Partytouristen, Familien und

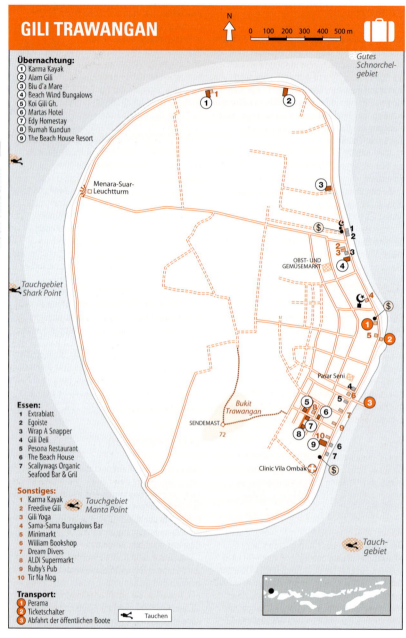

Rentner, die gerne ihren Urlaub in einer der vielen Mittelklassebungalowanlagen verbringen.

Während es auf den anderen beiden Inseln Gili Air und Gili Meno noch etwas beschaulicher zugeht, ist Gili Trawangan mittlerweile als Partyinsel „Gili T" bekannt. Neben einer großen Auswahl an Bungalowanlagen jeder Preisklasse gibt es zahlreiche Cafés, Pubs und Restaurants. Wie auf den anderen Gilis gibt es auch auf Gili Trawangan keine motorisierten Fahrzeuge, sondern nur *Cidomo* (Pferdekutschen).

Der rasante Wandel der Insel bringt nicht nur positive Resultate: So muss aufgrund des hohen Wasserverbrauchs der Touristen reichlich Frischwasser vom Festland eingeführt werden. Zudem sinkt der Grundwasserspiegel immer mehr ab, sodass das aus immer tieferen Erdschichten hervorgeholte Brackwasser einen zunehmenden **Salzgehalt** aufweist. Auch der steigende Energiehunger der Unterkünfte wird von den Generatoren kaum noch gedeckt; als Folge mehren sich die Stromausfälle. Schließlich wird das in Indonesien allgegenwärtige **Müllproblem** auf den kleinen Inseln besonders sichtbar: Bei einem Spaziergang über die Insel wird man sich an den Anblick der vielen Plastikmüllhaufen gewöhnen müssen.

ÜBERNACHTUNG

Untere Preisklasse

Beach Wind Bungalows, ☎ 0812-376 4347, ✉ benbeachwind@gmail.com. Die Bungalows im vorderen Teil der schmalen Anlage bieten ein gutes Preis-Leistungs-Verhältnis, die Zimmer weiter hinten sind relativ sauber und mit älteren Bambusmöbeln, TV mit DVD-Player und Warmwasser-Du/WC ausgestattet. Zur Zeit der Recherche 2011 wurden viele neue Zimmer gebaut. ❷–❸

Edy Homestay, ☎ 0812-373 4469. Von amüsanten Beachboys betreut, wohnt man hier in massiven Holzbungalows und wird jeden Morgen mit einem Lächeln begrüßt. Die Zimmer sind sehr gemütlich und teils mit AC und Open-Air-Du/WC ausgestattet. Auf der Veranda kann man in der Hängematte entspannen. Frühstück inkl. ❷–❹

Koi Gili Gh., ☎ 0819-1599 5760. Abseits des Strands stehen 4 sehr saubere, helle Zimmer mit guten Matratzen, etwas verkalkter Du/WC

Preispolitik auf den Gili-Inseln

Besonders in den letzten Jahren sind Reisende und Bewohner regelmäßig wegen unterschiedlicher Preisvorstellungen aneinandergeraten. Oft wurden viel höhere **Zimmerpreise** verlangt, als in der Reiseliteratur angegeben. In der Hauptsaison von Juni bis September sind die Gili-Inseln ein ausgesprochen beliebtes Reiseziel. Dann stehen Touristen teilweise wortwörtlich vor den Hotels Schlange oder übernachten am Strand. In dieser Zeit sollte eine Unterkunft unbedingt im Voraus gebucht werden, sonst kann es passieren, dass man gar nicht erst auf die Insel gelassen wird und wieder umkehren muss. Ein Aufschlag von 100–300 % im Vergleich zu den hier angegebenen Nebensaisonpreisen ist durchaus üblich. 400 000 Rp für eine einfache Bambushütte sind dann keine Seltenheit. Das kann man gerechtfertigt finden oder nicht, die Fassung sollte man dennoch nicht verlieren. Es lässt sich ohnehin nicht ändern.

Völlig normal hingegen ist, dass sämtliche **Waren** hier um einiges mehr kosten als auf Lombok oder Bali. Schließlich muss buchstäblich alles mit den kleinen Booten hierher gebracht werden. Man bezahlt am besten mit kleinen Scheinen, denn auch Wechselgeld scheint, vor allem auf Gili Meno, Mangelware zu sein. Am besten deckt man sich vor der Anreise mit ausreichend 50 000-Rp-Scheinen ein.

und Veranda mit Bambusmöbeln in kleiner Gartenanlage. Einfaches Frühstück inkl. ❸

Rumah Kundun, ☎ 0813-3863 1414, 🖥 www.rumahkundun.hotnoodle.net. Die sauberen und individuell gestalteten Bungalows mit Du/WC und teils AC stehen in einem schönen Garten mit Orangenbäumen und einem Sandkasten, in dem sowohl kleine als auch große Gäste buddeln können und damit für die 300 m bis zum Strand entschädigt werden. Familienanschluss und für Musikfreunde eine Gitarre. ❷–❸

Mittlere und obere Preisklasse

Alam Gili, ☎ 0370-613 0466, 🖥 www.alamgili.com. Sehr ruhig im Norden der Insel in karger

www.stefan-loose.de/indonesien

LOMBOK | Gili Trawangan **407**

Umgebung gelegene, luftige und gepflegte Anlage mit schönem Garten. Bambusmatten-Bungalows mit traditionell gedeckten Dächern, schön verzierten Türen, Open-Air-Du/WC mit Warm- und Frischwasser und einer netten Terrasse mit vielen Kissen, teils auch mit AC. Im schattigen Salzwasserpool unter hohen Bäumen kann man dem Vogelgezwitscher lauschen. Am Strand laden Hängematten und Liegen zum Verweilen ein. Aufmerksamer und persönlicher Service. Frühstück inkl. ⑤–⑥

Blu d'a Mare, ✆ 0858-5735 17890. Die italienische Besitzerin hat 4 traditionelle, javanische Holzhäuser auf die Insel gebracht, die im Inneren zwar dunkel, aber gepflegt und komfortabel mit wunderschönen schweren, antiken Möbeln, AC und Open-Air-Du/WC mit Frischwasser eingerichtet sind. Kostenlose Einweisungen in die Geheimnisse der italienischen Küche. ③–④

Karma Kayak, ✆ 0818-0559 3710, 🖥 www.karmakayak.com. Kleine Anlage mit Pool und 6 stilvollen und sehr sauberen Bungalows, die mit viel Liebe zum Detail im orientalischen, afrikanischen, karibischen oder Lombok-Stil eingerichtet wurden. Dazu werden noch 2 zweistöckige Häuser mit AC, toller Aussicht, Warm- und Frischwasser vermietet, die im Erdgeschoss chinesisch/griechisch und im 2. Stock indisch/balinesisch gestaltet sind. Die holländische Chefin Grace betreibt die erste Tapas-Bar der Insel. Ihre Kollegin Astrid bietet professionelle Hochsee-Kajaktouren an (s. S. 409). Frühstück und Schnorchelausrüstung inkl. Reservierung empfehlenswert. ⑤

Martas Hotel, ✆ 0812-372 2777, 🖥 www.martasgili.com. Vermietet werden 9 zu empfehlende und sehr saubere 2-stöckige Bungalows mit schöner Terrasse mit Liege, neuer AC, guten und sehr großen Matratzen, Kühlschrank und schönen Bädern. Die Zimmer wirken durch viel dunkles Holz wohnlich und komfortabel, die ganze Anlage mit Pool einladend. Auch Familienzimmer. Generator für zuverlässige Stromversorgung. Geleitet wird die Anlage von einer netten Australierin, sehr freundliches Personal. WLAN und Frühstück inkl. ④–⑤

The Beach House Resort, ✆ 0370-614 2352, 🖥 www.beachhousegilit.com. Ein innovatives Resort mit Pool und unschlagbaren Angeboten in der Nebensaison. Breite Auswahl von günstigeren, traditionellen Stelzenbungalows bis hin zur Luxusvilla mit Privatpool. Die Mittelklassebungalows sind klein, aber kunstvoll mit Liebe zum Detail eingerichtet und mit AC, Safe und Warmwasser-Open-Air-Du/WC ausgestattet, teils auch mit TV mit DVD-Player sowie Frischwasser. Frühstück inkl. Reservierung empfehlenswert. ⑤–⑦

ESSEN

Die beste Auswahl ist in den Restaurants direkt am Strand im belebten südöstlichen Teil der Insel zu finden.

Egoiste. Mit vielen Sonnenliegen schön direkt am Strand positioniert, bietet dieses Lounge-Restaurant unter französischer Leitung dieselbe Speisekarte wie das Gili Deli mit Baguettes, Salaten und Smoothies, die man sich nach eigenen Wünschen zusammenstellen kann. Zudem Shishas in 11 Geschmacksrichtungen für 100 000 Rp, Nachfüllen 10 000 Rp. WLAN inkl. Direkt dahinter werden auch 2 geräumige Doppelstockbungalows für jeweils 4 Pers. vermietet. ⏰ 7.30–22.30 Uhr.

Extrablatt. Im Anfang 2011 eröffneten Ableger des beliebten Restaurants in Seminyak werden in einfachem Ambiente direkt am Strand leckere deutsche Gerichte serviert. Die große Auswahl an Würsten für unter 50 000 Rp ist einer der Hauptgründe für den Erfolg. Auch Pizzen und Cocktails, zudem Happy Hour 16–20 Uhr. ⏰ 8–22 Uhr.

Gili Deli, ✆ 0819-0732 0172. Zum Frühstück oder Mittagessen ist eines der Sandwiches mit selbst gebackenem Brot, ein reich belegter Bagel oder ein Panini mit viel frischem, biologisch-angebautem Salat genau das Richtige. Außerdem gibt es eine Auswahl von über 10 aromatischen Kaffeesorten aus ganz Indonesien. Sandwiches ab 30 000 Rp. ⏰ 7–19 Uhr.

Pesona Restaurant, ✆ 0370-623521, 🖥 www.pesonaresort.com. Am Strand steigen hier süßliche Apfeltabak-Rauchwolken auf. Doch das Angebot des Restaurants mit indischem

Flair ist nicht nur auf Shishas begrenzt. Man bekommt auch authentische indische Currys, Tandoori-Kebabs und kühle Fruchtlassies. Hauptgerichte ab 50 000 Rp, 1 Shisha 115 000 Rp. ⏱ 7–1 Uhr.

📖 **The Beach House** und **Scallywags Organic Seafood Bar & Grill**. Genau das Richtige für Fischfreunde. Die beiden benachbarten Restaurants bieten die besten Seafood-Barbecues der Insel mit im Preis inbegriffenen Salatbuffets. Die Qualität der Fische, Hummer und Meerestiere ist hervorragend. Zur Abendstunde werden die frischen Fische und Meeresfrüchte auf einer Theke für die Gäste zum Aussuchen ausgebreitet und frisch zubereitet. Zwar nicht ganz billig, aber dafür umso leckerer. Frischer Fisch kostet ab 20 000 Rp pro 100 Gramm. Ein Fischbarbecue gibt es ab 60 000 Rp inkl. Beilagen. ⏱ 19–23 Uhr. **Wrap A Snapper**, ☎ 0370-624217, 🖥 www. beachhousegilit.com. Für den schnellen Hunger (auch mittags zu empfehlen) wirbt das Restaurant mit den „besten Fish'n'Chips auf Gili Trawangan". Die Salatbar bietet mit leckeren Antipasti und frischen Salaten eine gesündere und günstigere Alternative. Der kleine Salatteller kostet 20 000 Rp, frischer Fisch ab 50 000 Rp, andere Gerichte ab 30 000 Rp, auch Burger. ⏱ 7–23 Uhr.

UNTERHALTUNG

Die Insel ist für ihr Nachtleben bekannt. Außerhalb der moslemischen Fastenzeit Ramadan steigt fast jeden Abend eine Party. Montags findet die große Party im Blue

Vorsicht beim Feiern!

Wie überall sonst sollte man auch auf Gili Trawangan beim Feiern ein gesundes Maß an Vorsicht walten lassen. **Getränke nie aus den Augen lassen**, damit keine Substanzen zugemischt werden können. Es ist wiederholt vorgekommen, dass junge Frauen nach einer ausgelassenen Nacht auf diese Weise gefügig gemacht und vergewaltigt wurden! Zudem sollte man beim **Genuss von Arak** (s. Kasten S. 403) sehr vorsichtig sein.

Merlin, mittwochs im Tir Na Nog und freitags im Ruby's statt.
Ruby's Pub. Jeden Fr versammelt sich das Partyvolk hier, um zu abwechslungsreicher Musik zu feiern. Immer geöffnet.
Sama-Sama Bungalows Bar. Hier kann man den Tag etwas ruhiger ausklingen lassen. Jeden Abend tritt eine Liveband auf.
Tir Na Nog, 🖥 www.tirnanogbar.com. Die irische Kneipe und Strandbar ist vor allem bei Sportfans beliebt. Die meiste Zeit wird international oder Fußball oder Motorsport übertragen und jeden Mi legt ein DJ auf. Donnerstags ist Ladies' Night.

EINKAUFEN

In der Nähe der Bootsanlegestelle ist der **Pasar Seni**, ein Souvenirmarkt, zu finden. Dort befindet sich auch **William Bookshop**, wo gebrauchte Bücher in vielen Sprachen an- und verkauft werden und auch Briefmarken zu haben sind. ⏱ 8–21.30 Uhr. In dem im Dorf gelegenen **Aldi-Supermarkt** (!) bekommt man alles Nötige von Snacks und Kosmetikartikeln bis hin zu Spirituosen und Bier zu vertretbaren Preisen. ⏱ 7–22 Uhr. Ein Minimarkt befindet sich außerdem direkt gegenüber dem Ticketschalter an der Anlegestelle.

AKTIVITÄTEN

Kajakfahren
Karma Kayak, ☎ 0818-0559 3710, 🖥 www. karmakayak.com. Die Holländerin Astrid bietet professionelle Hochsee-Kajaktouren an. Halbtagstouren (4–5 Std.) mit Einerkajaks für bis zu 5 Pers. nach Gili Meno kosten 250 000 Rp. Zu Beginn einer jeden Tour werden verschiedene Paddeltechniken sowie das Verhalten in Notfällen geübt. Manchmal sind aufgrund der starken Strömung keine Touren möglich.

Schnorcheln
Gute Schnorchelgebiete befinden sich vor der Nordküste und der nördlichen Hälfte der Ostküste. **Achtung**: Die Strömung kann teilweise sehr heftig sein. Daher sollte man niemals zu weit ins offene Meer schwimmen!

Tauchen vor den Gili-Inseln

Die tropische **Unterwasserwelt** ist die Hauptattraktion der Gili-Inseln. Ausgezeichnete Tauchreviere mit einer einmaligen Artenvielfalt liegen in Reichweite der Inseln. Auch wenn viele Korallengärten vor den Küsten durch Dynamitfischerei stark beschädigt worden sind, lohnt ein Schnorchelausflug oder Tauchgang, um im kristallklaren Wasser die bunten Fischschwärme und zahlreichen Schildkröten zu bestaunen. Aufgrund der vielen Korallen eignen sich allerdings nur wenige Stellen zum unbeschwerten Schwimmen. Beim Strandspaziergang sollte man sich auch vor Korallensplittern im Sand, die teilweise sehr scharf sein können, in Acht nehmen.

Der **Shark Point** östlich von Gili Trawangan ist ein beliebtes Tauchrevier mit Tiefen von 10 bis 40 m. Hier kann man im flacheren Teil Weichkorallen und Schildkröten beobachten und in den tieferen Gefilden Bekanntschaft mit Riffhaien, Barrakudas und Rochen machen. Etwas weiter nördlich im **Coral Fan Garden** ist der Name Programm. Man taucht in einen bunten Korallengarten mit unzähligen Kleinfischen. Am **Manta Point** tummeln sich vor allem in der Regenzeit viele dieser faszinierenden Tiere, um sich am Plankton satt zu fressen. Der Tauchspot **Halik**, ein Steilabfall, der in einer Reihe von Schluchten mit Tiefen bis zu 35 m endet, bietet neben sehr schönen Hartkorallen, Papageienfischen, Schildkröten und Moränen im flacheren Teil erfahrenen Tauchern im **Deep Halik** die Möglichkeit, auf die Suche nach Mantas, Oktopussen und Haien zu gehen.

An der **Meno Wall** östlich der Insel geht es bis zu 25 m in die Tiefe. An der für Nachttauchgänge beliebten Stelle tummeln sich vor allem Schildkröten, eine Vielzahl kleiner Korallenbewohner und manchmal sogar Ammenhaie. In den außergewöhnlichen Bogen und Überhängen der mit Weichkorallen bewachsenen und bis in 30 m Tiefe reichenden **Air Wall** kann man quirligen Korallenbewohnern, Oktopussen und Skorpionsfischen begegnen. Taucht man etwas tiefer ab, trifft man Haie und Anglerfische. Am **Hans Reef** vor Gili Air können auch Anfänger zwischen Seepferdchen und Mantis Shrimps sicher ihre ersten Tauchgänge absolvieren. Auch Muränen und Geisterfische werden hier bisweilen gesichtet. Ein gutes Stück nördlich zwischen Gili Meno und Gili Air liegt das **Simon Reef** in 14 bis 35 m Tiefe, das sich vor allem für erfahrene Taucher anbietet. Hier finden sich sehr schöne, intakte Korallen sowie verschiedene Großfische und sogar Leopardenhaie.

Schnorchelausrüstung kann an vielen Ständen entlang des Strands für 30 000 Rp pro Tag gemietet werden.

Tauchen

Die 7 Tauchanbieter haben sich mit den Bewohnern der Inseln zum Gili Eco Trust zusammengeschlossen, um die umliegenden Korallenriffe zu schützen und das Müllproblem an den Stränden in den Griff zu bekommen. Jeder Taucher beteiligt sich an diesem Programm, indem er eine einmalige **Gebühr** (Riffsteuer) in Höhe von 50 000 Rp bezahlt. Die gesammelten Gelder werden für Strandsäuberungen, Recycling und den Schutz der Riffe verwendet. Die Tauchschulen haben sich innerhalb dieses Programms auch auf **feste Preise** geeinigt: Schnupperkurs 590 000 Rp, Open-Water-Diver-Kurs 3,4 Mio. Rp, 1 normaler Tauchgang 370 000 Rp, Nachttauchgang 470 000 Rp.

Dream Divers, ✆ 0370-613 4496, 🖥 www. dreamdivers.com. Die professionelle Tauchschule, die erste, die auf Lombok von einer Deutschen geführt wird, bietet freundlich geleitete Tauchkurse auf Deutsch an. Außerdem Schnorchelausflüge für US$20. Es werden Zimmer mit AC und Warmwasser-Du/WC vermietet.

Freedive Gili, ✆ 0370-614 0503, 0871-5718 7170. Der auf den Gili-Inseln erste Anbieter dieser zunehmend beliebten Art des Tauchens ohne Ausrüstung hat verschiedene 2- bis 4-tägige Kurse im Programm, die Neulinge in die Welt des Freedivings einführen. Mit ein wenig Übung und der richtigen Technik kann man seinen Atem doppelt so lange anhalten wie normal und auf Tiefen von über 20 m hinabsteigen.

Yoga

Gili Yoga, ✆ 0370-614 0503, 🖥 www.gili yoga.com. Neuerdings gibt es auch auf Gili Trawangan die Möglichkeit, den Tag mit Hatha- oder Vinyasa-Yoga zu begrüßen und zu verabschieden. Die freundlich geleiteten Kurse finden tgl. um 6.30 und 17.30 Uhr statt, teils auch nur 1x tgl. und dauern 90 Min. Eine Stunde kostet 90 000 Rp, ab 3 besuchten Kursen gibt es Rabatte.

SONSTIGES

Fahrräder

Überall am Oststrand werden Fahrräder für 10 000–15 000 Rp pro Std. bzw. 40 000–50 000 Rp pro Tag vermietet. Man sollte sich bei der Auswahl der oft stark abgenutzten Räder besonders die Bremsen genau anschauen.

Geld

2 **Geldautomaten**, die alle gängigen Karten akzeptieren, gibt es an der Ostküste direkt gegenüber der Anlegestelle sowie ca. 500 m weiter nördlich beim Blue Beach Hotel. Ein weiterer befindet sich im Süden an der Strandpromenade vor der Vila Ombak. Die großen Hotels und mehrere **Wechselstuben** in der Nähe des Pasar Seni wechseln Bargeld zu relativ schlechten Kursen.

Internet

Mehrere Internetcafés finden sich unweit der Anlegestelle der Boote, sie verlangen 400 Rp pro Min.

Medizinische Hilfe

Clinic Vila Ombak, ✆ 0370-642336. Die private Klinik steht rund um die Uhr für Notfallbehandlungen von Touristen bereit.

Sicherheit

Die praktische Absenz einer Polizei sowie die inselübliche Selbstverwaltung in für Besucher undurchschaubaren Verhältnissen machten es in der Vergangenheit so gut wie unmöglich, **Diebstahl** oder die immer häufiger werdenden **Vergewaltigungen** unter Anwendung von K.O.-Tropfen zu ahnden! Vor allem allein reisende Frauen sollten besonders aufpassen, mit wem sie abends einen Drink nehmen und in bedrohlichen Situationen immer den Schutz anderer Traveller(-Gruppen) suchen!

NAHVERKEHR

Man ist am schnellsten mit einem **Cidomo** unterwegs. Allerdings ist dieses Fortbewegungsmittel nicht billig. Von der Bootsanlegestelle sollte eine Fahrt zum Hotel 20 000–50 000 Rp kosten, eine Inselrundfahrt etwa 100 000 Rp. Es ist ratsam, vor der Fahrt darauf zu achten, dass die Tiere gesund sind und keine offensichtlichen Verletzungen haben. Fußgänger sollten auf die schnell die schmalen Wege entlangpreschenden Kutschen Acht geben. Zwar werden auch Fahrräder vermietet, aber auf den oft sandigen Wegen ist man am besten zu Fuß oder per Pferdekutsche unterwegs.

TRANSPORT

Öffentliche Boote: Abfahrt ist nördlich des Piers. Ein Bootsticket für 10 000 Rp bekommt man im *Loket*, einem unscheinbaren Häuschen am Strand. Das **Island-Hopping-Boot** transportiert Passagiere 2x tgl. um 9.30 und 16 Uhr für 20 000 Rp nach GILI MENO und für 23 000 Rp nach GILI AIR. Ein Boot fährt zusätzlich um 8.15 Uhr für 28 000 Rp nach BANGSAL.

Charterboote: Nach GILI MENO kosten sie 190 000 Rp, nach GILI AIR 195 000 Rp und nach BANGSAL 185 000 Rp.

Perama-Boot: Das Boot legt um 7 Uhr zu verschiedenen Zielen in Lombok und Bali ab.

Schnellboote: Zahlreiche Anbieter verbinden Gili Trawangan und Bali. Da die Überfahrt bei starkem Seegang eine ziemlich schaukelige Angelegenheit werden kann, ist sie für Kleinkinder ungeeignet. Je nach Wetterlage ist die Fahrt von Dezember bis Februar auch für Erwachsene nicht zu empfehlen. Ein Transfer von Padang Bai zu den Touristenorten Süd-Balis ist meist im Preis inbegriffen. Zur Hochsaison kosten die Schnellboote die auf den Webseiten ausgeschriebenen 1,2 Mio. Rp für Hin- und Rückfahrt oder 690 000 Rp für die einfache Strecke. In der Nebensaison kostet die einfache Strecke allerdings nur 300 000–350 000 Rp, mit etwas Verhandlungsgeschick sogar noch weniger. Blue Water Express, Gili Cat und Gili Gili beharren auch dann noch auf ihre Hauptsaisonpreise.

Blue Beach Express, ☎ 0363-41187, 0878-6431 1133, 🖳 www.bluebeachexpress.com.

Blue Water Express, Jl. Tukad Punggawa (Serangan), ☎ 0361-895 1082, 🖳 www.bwsbali.com. Verkehrt auch bis nach SERANGAN für 690 000 Rp einfache Fahrt und 1,3 Mio. Rp hin und zurück.

Dream Divers, Jl. Raya Senggigi, ☎ 0370-693738, 🖳 www.dreamdivers.com.

Eka Jaya, Jl. Setia Budi 11, Kuta, ☎ 0361-752277, 🖳 www.baliekajaya.com.

Gili Cat, Jl. Danau Tamblingan 51B, Sanur, ☎ 0361-271680, 🖳 www.gilicat.com.

Gili Gili, Jl. By Pass Ngurah Rai 1C, Nusa Dua, ☎ 0361-773770, 0818-0858 8777, 🖳 www.giligilifastboat.com.

Marina Srikandi, Jl. Suwung Batan Kendal 8C, Denpasar, ☎ 0361-212799, 0821-4417 7340. Verkehrt auch nach BENOA.

Ocean Star Express, Jl. Tukad Penggawa, Serangan, ☎ 0361-927 1019, 0811-385 6038, 🖳 www.oceanstarexpress.com.

Gili Meno

Gili Meno ist die kleinste und ruhigste der drei Inseln. Sie kann in einer gemütlichen Wanderung in ein bis zwei Stunden umrundet werden und hat deutlich weniger Bungalowanlagen, dafür aber die schönsten Strände zu bieten. Mittlerweile hat Meno auch einen eigenen Generator, der alle Unterkünfte den ganzen Tag mit Strom versorgt – theoretisch jedenfalls. Rund um die Insel liegen einige schöne **Tauch- und Schnorchelgebiete**, und es gibt gut ausgestattete Tauchschulen. Alle Schnorcheltrips, die von den anderen Inseln kommen, machen vor der Nordostküste Gili Menos Halt, wo große Meeresschildkröten, blaue Korallen und sogar ein Weihnachtsbaum unter Wasser bestaunt werden können. Bei entsprechenden Strömungsverhältnissen kann man an der Südküste **surfen**. Allerdings ist mit den Korallen nicht zu spaßen. Bretter können am Oststrand geliehen werden.

Für Vogelfreunde lohnt ein Besuch des **Gili Meno Bird Park**, ☎ 0370-642321, wenige hundert Meter landeinwärts von der Bootsanlegestelle. Unter einem großen Netzdach kann man auf dem 2500 m² großen Gelände auch an einer Fütterung der rund 300 Vogelarten teilnehmen. ⏰ 9–17 Uhr, Eintritt 50 000 Rp.

Es gibt zwei Aufzuchtstationen für Babyschildkröten, das **Gazebo Turtle Sanctuary** am Oststrand und die **Balenta-Aufzuchtstation** am Nordstrand. An beiden Orten kann man gegen

GILI MENO

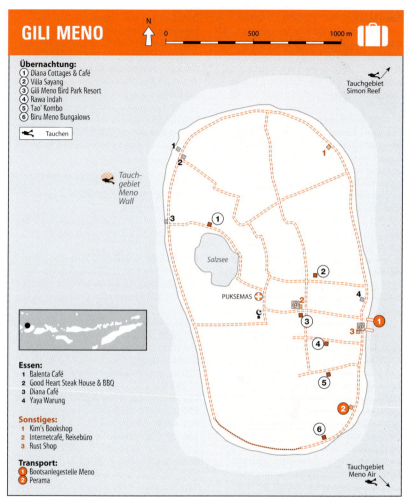

Übernachtung:
1. Diana Cottages & Café
2. Villa Sayang
3. Gili Meno Bird Park Resort
4. Rawa Indah
5. Tao' Kombo
6. Biru Meno Bungalows

Tauchen

Essen:
1. Balenta Café
2. Good Heart Steak House & BBQ
3. Diana Café
4. Yaya Warung

Sonstiges:
1. Kim's Bookshop
2. Internetcafé, Reisebüro
3. Rust Shop

Transport:
1. Bootsanlegestelle Meno
2. Perama

---

eine Spende den Aussetzungszeremonien kräftiger junger Schildkröten beiwohnen.

Nach Einbruch der Dunkelheit sollte man immer eine Taschenlampe dabeihaben, denn die Wege sind nicht beleuchtet. Auch lässt sich die Insel nur zu Fuß erkunden, Fahrradfahren ist wegen des feinen Sands nicht möglich. Alternativ kann man die relativ teuren *Cidomo* (Pferdekutschen) mieten.

ÜBERNACHTUNG

Untere Preisklasse

Diana Cottages & Café, ✆ 0813-5355 6612, ✉ dj.hixs@yahoo.com. Die 3 liebevoll eingerichteten Bungalows liegen neben dem Salzsee und bieten Abgeschiedenheit, Ruhe und Frischwasser-Du/WC. Das dazugehörige Café direkt am Strand bietet leckeres Barbecue und frische Drinks. ❸

Rawa Indah, ☎ 0817-578 6820, ✉ wandi. sultan@gmail.com. Bescheidene, etwas dunkle Bambusbungalows mit Moskitonetz und sauberem, gefliestem Frischwasser-Du/WC. Für Abwechslung sorgen Ziegen, Hühner und Kühe, die zwischen den Hütten ihre Runden drehen. Trinkwasser und Frühstück inkl. ❷

Mittlere Preisklasse

Biru Meno Bungalows, ☎ 0813-3975 8968, 🖥 www.birumeno.com. Diese schönste Bungalowanlage des ruhigen Südteils wird von einer netten Österreicherin und ihrem indonesischen Mann geführt. Die gepflegten, mit Naturmaterialien gestalteten, geräumigen, aber etwas dunklen Bungalows haben Du/WC. Für 50 000 Rp p. P. kann mit Frischwasser geduscht werden. Das Restaurant bietet eine große Auswahl an indonesischen und italienischen Speisen zu guten Preisen. ❹

Gili Meno Bird Park Resort, ☎ 0361-287727, 🖥 www.balipvbgroup.com. Das an den Vogelpark angeschlossene Hotel ist den Beatles gewidmet. Jedes der komfortablen Zimmer mit TV, Minibar und Du/WC, teils auch mit AC, ist nach einem der Pilzköpfe benannt. Zudem neue günstige Traveller-Zimmer. Ein 6-Bett-Schlafsaal für 30 000 Rp p. P. ist ebenfalls vorhanden. ❷–❺

Tao' Kombo, ☎ 0812-372 2174, 🖥 www.taokombo.com. 200 m vom Oststrand entfernt stehen diese 8 gemütlichen Bungalows in einem liebevoll angelegten tropischen Garten. Die strohgedeckten Bambushütten mit Frischwasser-Du/WC unter freiem Himmel in einem kleinen Steingarten bieten erstaunlich viel Komfort. Im Garten lädt die ausgefallene Bar mit Lounge zum Entspannen und zum Kennenlernen anderer Traveller ein. Xavier, der französische Besitzer, unterstützt soziale Programme auf der Insel und freut sich über jede Art von Hilfe. Frühstück inkl. ❸–❹

🏠 **Villa Sayang**, ☎ 0818-361052, 🖥 www. villasayanggilimeno.com. Etwas abseits vom Strand liegt die mit kunstvollen Schnitzereien verzierte Holzvilla in einem großen Garten. Die Liebe zum Detail sieht man den Schlafzimmern im 2. Stock, dem großen Balkon, dem Open-Air-Du/WC und auch den Bungalows mit Du/WC an. Die sehr freundliche Rundumbetreuung von Silvia und Saleh, die Transporte organisieren, ihre Gäste mit Spezialitäten aus Deutschland verwöhnen und gemütliche Abende am Lagerfeuer veranstalten, ist dabei immer inkl. Der produzierte Müll wird zurück auf das Festland gebracht, und auch die Wäsche wird dort gewaschen, um eine zusätzliche Belastung der Insel zu vermeiden. Familien mit Kindern sind sehr willkommen. Kaffee, Tee sowie Wasser inkl. Voranmeldung erforderlich. ❹–❺

ESSEN

Fast jede größere Bungalowanlage hat ihr eigenes Restaurant.

Sehr angenehm und günstig speist man in den *Berugas* der Strandrestaurants südlich der Bootsanlegestelle.

Balenta Café, ☎ 0819-3312 2903. Hier gibt es sehr gute Seafood- und Sasak-Gerichte ab 30 000 Rp. Bei Gitarrenklängen kann man bis in die frühen Morgenstunden Cocktails oder Bier trinken. ⏲ 8–15 und 18–22 Uhr.

Diana Cottages & Café. Schönes Café direkt am Strand mit frischem Barbecue, indonesischen und internationalen Gerichten sowie frischen Drinks zu verträglichen Preisen. Pünktlich zum Sonnenuntergang erklingt Reggaemusik. ⏲ ab 8 Uhr.

Good Heart Steak House & BBQ, ☎ 0813-3955 6976. An der Nordküste der Insel gelegenes Restaurant, von dem aus der Sonnenuntergang über Gili Trawangan zu beobachten ist. Hier bekommt man das beste Fisch-Barbecue der Insel. Hauptgerichte ab 22 000 Rp, gegrillter Fisch ab 55 000 Rp. ⏲ 6–22 Uhr.

Yaya Warung. Dieses kleine Strandrestaurant macht einen etwas verlotterten Eindruck, das Essen jedoch ist frisch und sehr lecker. Die einfachen Gerichte gibt es zu relativ niedrigen Preisen. Ab und zu bekommt man eine Gitarren-Kostprobe der einheimischen Beach Boys zu hören.

EINKAUFEN

Am Oststrand gibt es einige Warung und den **Rust Shop** mit einer ausreichenden Auswahl an Gebrauchsgütern.

Direkt gegenüber vom Ana Warung liegt der einfache **Kim's Bookshop**. Hier findet man unter anderem eine kleine Auswahl an gebrauchten deutschen und englischen Büchern.

AKTIVITÄTEN

Tauchen und Schnorcheln

Der nordwestliche Küstenabschnitt eignet sich gut zum Schnorcheln. Die Strömung kann jedoch ziemlich stark werden, sodass man darauf achten sollte, sich nicht allzu weit vom Strand zu entfernen. Die nötige Ausrüstung gibt es für 30 000 Rp pro Tag.

SONSTIGES

Internet

Internetcafés findet man gegenüber dem Bird Park im Zentrum der Insel und neben dem Rust Shop, schräg gegenüber der Bootsanlegestelle. 500 Rp pro Min.

Medizinische Hilfe

Eine kommunale Poliklinik ist im Dorf nahe dem Bird Park zu finden. Den nächsten englischsprachigen Arzt gibt es auf Gili Trawangan in der **Clinic Vila Ombak**, ✆ 0370-642336.

TRANSPORT

Boote ankern am Oststrand gegenüber von Rosi's Hut. Direkt am Strand werden auch die Fahrkarten für das **Island-Hopping-Boot** verkauft, das Passagiere für 23 000 Rp um 8.50 und 15.20 Uhr nach GILI TRAWANGAN und für 20 000 Rp um 9.50 und 16.20 Uhr nach GILI AIR bringt. Das öffentliche Boot nach BANGSAL um 8 Uhr kostet 10 000 Rp.
Außerdem verkehren **Charterboote** nach GILI TRAWANGAN für 250 000 Rp und nach GILI AIR für 300 000 Rp.
Für weitere Details zum Transport s. S. 412, Gili Trawangan, Transport.

Gili Air

Die der Küste von Lombok am nächsten liegende Insel ist mit knapp 1000 Einwohnern im Vergleich zu den anderen Gili-Inseln am dichtesten besiedelt. Auch wenn es in der Hauptsaison in den vielen Strandbars recht lebhaft zugeht, ist Gili Air noch immer bedeutend ruhiger und übersichtlicher als die populäre Gili Trawangan. Die Unterkünfte liegen zudem nicht so dicht beieinander, und besonders abends ist bis auf wenige Bars und sporadische Partys am Nordstrand nicht viel los. Der schmale Oststrand eignet sich aufgrund der vielen Korallenbänke nur bedingt zum Schwimmen, dafür umso besser zum Schnorcheln. Schildkröten und Fischschwärme sind bei einem Blick unter die Wasseroberfläche keine Seltenheit.

Auf Gili Air gibt es noch einen ansehnlichen, von Palmenplantagen durchsetzten Baumbestand, sodass man auf schattigen Wegen spazieren gehen kann. Die gesamte Insel lässt sich bequem auf einem schönen, knapp zweistündigen Strandspaziergang umrunden. Dagegen ist es nicht immer einfach, den Pfaden quer über die Insel zu folgen. Wer nach Einbruch der Dunkelheit unterwegs ist, tut gut daran, eine Taschenlampe mitzunehmen, denn die Wege sind allesamt nur spärlich bis gar nicht beleuchtet.

ÜBERNACHTUNG

Bis auf wenige Ausnahmen zählen die meisten Bungalowanlagen auf Gili Air zur unteren und mittleren Preisklasse, d. h. der Preis für eine Hütte liegt bei 150 000–400 000 Rp. In der Hochsaison von Juli bis September wird aber deutlich mehr verlangt.

Untere Preisklasse

Bintang Beach Bungalows, ✆ 0878-6434 8227. Ganz in Weiß erstrahlt das Innere der günstigen Bungalows. Gute Matratzen, Moskitonetze und teils schöne Open-Air-Du/WC. Auch AC-Bungalows mit Kühlschrank und TV. ❷–❸
Gusung Indah Bungalows, ✆ 0812-378 9054. An einem schönen Strandabschnitt gelegene hübsche, helle, gefliese Bungalows mit großem Bett, teils auch mit AC, Open-Air-Du/WC und Hängematte auf der Veranda. Die vorderste Reihe der Bungalows bietet einen sehr schönen Blick auf das Meer. Abends sitzt man beim Essen gemütlich am Strand. Freundliches Personal. Nach Rabatten fragen. ❸
Kira Kira Cottages, ✆ 0370-641021, 🖥 www. kirakiracottage.com. Ruhig und etwas im

NUSA TENGGARA

www.stefan-loose.de/indonesien LOMBOK | Gili Air **415**

GILI AIR

Übernachtung:
1. Oceans 5 Bungalows
2. Sunrise Cottages
3. Sejuk Cottages
4. Kira Kira Cottages
5. Orong Villages
6. Gusung Indah Bungalows
7. Bintang Beach

Essen:
1. Frangipani Garden Restaurant
2. The Zipp Bar
3. Scallywags Organic Seafood Bar & Grill
4. The Deck

Transport:
1. Perama
2. Bootsanlegestelle

Sonstiges:
1. Legend Pub
2. H2O Yoga & Meditation Centre
3. Ozzy's Shop
4. Gita Gili

Inselinneren stehen die 5 einfachen Holzbungalows. Jedes Häuschen ist geschmackvoll eingerichtet und mit sauberer Open-Air-Du/WC und großem Bett ausgestattet, teils mit Warmwasser. Kleine Buchtauschbörse und sehr freundliches Personal. ❷

Mittlere Preisklasse

Oceans 5 Bungalows, ☎ 0813-3877 7144, 🖥 www.oceans5dive.com. Rund um den großen Pool liegen die ansprechend gestalteten und mit Massivholzmöbeln eingerichteten Bungalows mit LCD-TV, AC und Warmwasser-Du/WC mit Tropenregen-Duschkopf. Der holländische Besitzer betreibt zudem eine Tauchschule und eine kleine Schildkrötenaufzuchtstation. WLAN inkl. ❺

Orong Villages, ☎ 0818-0500 6492, 🖥 www.orongvillages.wordpress.com. Gute Anlage mit 5 sauberen, weiß gefliesten Zimmern. Die günstigeren in Doppelbungalows mit Bambusbetten und Schaumstoffmatratzen, die teureren schön dekoriert mit AC, TV mit DVD-Player, Federkernmatratze und sehr schönem, mit

Pflanzen, Korallen und Steinen dekoriertem Open-Air-Du/WC. WLAN und Frühstück inkl. ❸–❹

🏨 **Sejuk Cottages**, ✆ 0370-636461, 🖥 www.sejukcottages.com. Etwas abseits vom Strand hinter einem Palmenwald versteckt sich diese entspannte Oase der Ruhe unter französischer Leitung, perfekt geeignet, um die Seele baumeln zu lassen. In einem gepflegten tropischen Garten mit einem schönen Pool und zahlreichen Fischteichen stehen einladende, ältere Holzbungalows mit teils etwas durchgelegenen Matratzen, großer Veranda und gemütlicher Hängematte sowie neuere Häuser, die teils AC, Safe, Warmwasser-Du/WC, Kühlschrank und eine luftige Sitzgelegenheit im oberen Stock bieten. ❹

🏨 **Sunrise Cottages**, ✆ 0370-642370, 🖥 www.sunrisegiliair.com. Freundliche, gepflegte, grüne Anlage mit großen, sauberen, 2-stöckigen Bungalows im Stil traditioneller *Lumbung* mit javanischen Schnitzereien. Je nach Preisklasse mit Mandi, Du oder Bad/WC, AC und Kühlschrank. Im Erdgeschoss ein gemütlicher Wohnraum. *Bales* mit Sitzkissen am Strand. ❸–❺

ESSEN

Praktisch jede Bungalowanlage führt ihr eigenes Restaurant. Empfehlenswert sind: **Frangipani Garden Restaurant**, den Coconut Cottages angeschlossen. Hier speist man in einem tropischen Garten. Es gibt schmackhafte Gerichte ab 30 000 Rp und ein großes Sasak-Menü für 130 000 Rp für 2 Pers., das einen Tag vorher bestellt werden muss.

Scallywags Organic Seafood Bar & Grill, ✆ 0370-639434. Schickes Strandrestaurant mit stilvollem Interieur und Sitzecken, das mit schöner Atmosphäre, Liegen am Strand und WLAN punktet. Gute Auswahl an gemischten Säften, leckeren Sandwiches, Burgern und Desserts sowie einige indonesische Gerichte, vieles davon aus Bio-Zutaten. Hauptgerichte ab 50 000 Rp. Abends auch reichhaltiges Barbecue zu gehobenen Preisen. ⊕ ab 7 Uhr.

🏨 **Zipp Bar**, am Oststrand nahe dem Scallywags. Freundliches Personal serviert frisches Seafood in großen Portionen

zu gemäßigten Preisen sowie einige westliche und indonesische Gerichte. Die Auswahl an frischem Fisch reicht von Barrakuda über Thunfisch bis Red Snapper. Gesessen wird am Tisch oder auf Sitzkissen direkt am Strand.

UNTERHALTUNG

Auch auf Gili Air steigen in der Hochsaison ab und zu Partys. Besonders im Norden findet sich immer ein gemütliches Tischchen am Meer und eine große Auswahl an Spirituosen. **Legend Pub**. Die Bar hat bis in die späte Nacht geöffnet. Mittwochs steigt die größte Party der Insel, wenn zur ausgefallenen Beleuchtung Reggae und psychedelische Beats aufgelegt werden. Im Ramadan keine Partys.

The Deck, am Südstrand vor der Villa Karang, ✆ 0370-631687. Zu Cocktails, Nachos und entspannter Musik kann man hier in stilvoller Atmosphäre den Tag ausklingen lassen. WLAN und schöner Meerblick inkl.

AKTIVITÄTEN

Tauchen und Schnorcheln

Lomboks größte Tauchschulen sind schon seit mehreren Jahren auf der Insel vertreten und haben gutes Equipment sowie viel Erfahrung mit den umliegenden Tauchplätzen. Für mehr Informationen s. Kasten „Tauchen vor den Gili-Inseln", S. 410. Schnorchelausrüstung ab 25 000 Rp bei Ozzy's Shop oder in den Unterkünften.

Yoga

H2O Yoga & Meditation Centre, im landeinwärts gelegenen Dorf, ✆ 0878-6026 2541. 90-minütige Yogakurse für Einsteiger und Fortgeschrittene um 10 und 17.30 Uhr für 100 000 Rp. Nach 3 besuchten Kursen ist der nächste kostenlos.

SONSTIGES

Fahrräder

Bei **Ozzy's Shop** und **Gita Gili** können Fahrräder für 25 000 Rp pro Tag geliehen werden.

Information und Internet

Ozzy's Shop bietet eine Fülle von Informationen und Touren. Hier kann man Flugtickets kaufen und mit Master- oder Visacard zahlen.

Auch gibt es Internet und WLAN für 600 Rp pro Min. mit recht schneller Verbindung. Ein weiteres Internetcafé liegt am östlichen Strand und verlangt 400 Rp pro Min.

Medizinische Hilfe

Eine kommunale **Poliklinik** liegt im südlichen Teil des Dorfes. Den nächsten englischsprachigen Arzt gibt es auf Gili Trawangan in der **Clinic Vila Ombak**.

TRANSPORT

Abfahrt und Ankunft der öffentlichen Boote ist neben dem Pier im Süden der Insel. In dem weißen Gebäude auf dem Pier kauft man die Fahrkarten zu festen Preisen.
Empfehlenswert ist ein Tagesausflug zu einer der anderen beiden Inseln. Dazu eignet sich das **Island-Hopping-Boot**, das um 8.30 und 15 Uhr Fahrgäste nach GILI MENO für 20 000 Rp und GILI TRAWANGAN für 23 000 Rp transportiert.
Charterboote nach GILI TRAWANGAN für 195 000 Rp, nach GILI MENO für 170 000 Rp und nach BANGSAL für 155 000 Rp. Alternativ fahren öffentliche Boote mit mind. 20 Pers. für 8000 Rp p. P. und ein verlässliches **Boot** um 8.15 Uhr für 26 000 Rp nach Bangsal.
Das **Perama-Boot** legt um 7 Uhr zu verschiedenen Zielen in Lombok und Bali ab. Man sollte 24 Std. im Voraus buchen.
Schnellboot: Das Boot von Gili Gili verkehrt auch von Gili Air nach PADANG BAI.
Für weitere Details zum Transport s. S. 412, Gili Trawangan, „Transport".

9 HIGHLIGHT

Gunung Rinjani

Schon unter den Holländern wurde ein 40 000 ha großes Gebiet rund um den 3726 m hohen Vulkan unter Naturschutz gestellt. Inzwischen ist das Reservat sogar um mehr als die Hälfte erweitert und zu einem Nationalpark erklärt worden. Priorität genießen dabei die ausgedehnten Bergwälder, die praktisch den einzigen Wasserspeicher der Insel darstellen. Lombok ist wie ganz Nusa Tenggara mit keiner allzu großen Vielfalt an Säugetierarten gesegnet, umso interessanter ist die Vogelwelt, die schon einen australischen Einschlag verrät. So kommen hier z. B. der Honigesser und der Kakadu vor.

Anders als auf der fruchtbaren Südseite des Berges sind seine nördlichen Ausläufer in Küstennähe durch trockene, versteppte Vegetation gezeichnet. Im niederschlagsreichen Gebiet rund um den Rinjani nimmt es mit zunehmender Höhe jedoch immer grüner: Kakao, Kaffee, Vanille und Nelken gedeihen hier auf den fruchtbaren Vulkanböden.

Der Rinjani ist für die Sasak und Balinesen auf Lombok der heiligste Ort der Insel und Wohnsitz der Götter. Ziel ihrer jährlichen Pilgerreise ist der ausgedehnte blaue Kratersee **Danau Segara Anak** („Kind des Ozeans") auf knapp über 2000 m Höhe. Dort werfen die Gläubigen während der *Pekelan*-Zeremonie Opfergaben ins Wasser und baden in den nahe gelegenen **heißen Quellen**. Das *Aik Kalak* (heiße Wasser) der Quellen soll eine heilende, lebensverlängernde Wirkung haben. Aus der Ostseite des Sees erhebt sich der **Gunung Baru**, ein kleinerer aktiver Vulkan, der beim Ausbruch des Rinjani 1994 entstanden ist. Erst 2010 war der zweithöchste Vulkan des Landes zuletzt aktiv. Im Februar und Mai trat Lava in die Caldera aus, und Aschewolken stiegen kilometerhoch in die Umgebung. Auch der kleine **Gunung Barujari** regte sich im April merklich.

Die indonesische Regierung beantragte 2008 bei der Unesco den Status eines international anerkannten Geoparks für die Region. Er wäre der erste seiner Art in Indonesien.

Batu Kok und Senaru

Batu Kok und Senaru Von vielen Dörfern, die den Rinjani umgeben, führen Wege zum Kratersee, doch die meisten Besucher steuern **Batu Kok** und **Senaru** an, wo es die meisten Unterkünfte gibt. Das Rinjani Trekking Center in Senaru am Eingang zum Naturschutzgebiet bietet zudem die ausführlichsten Infos und Serviceleistungen.

Doch auch wer nicht vorhat, den Gipfel des gigantischen Gunung Rinjani zu erklimmen, kann

GUNUNG-RINJANI-NATIONALPARK

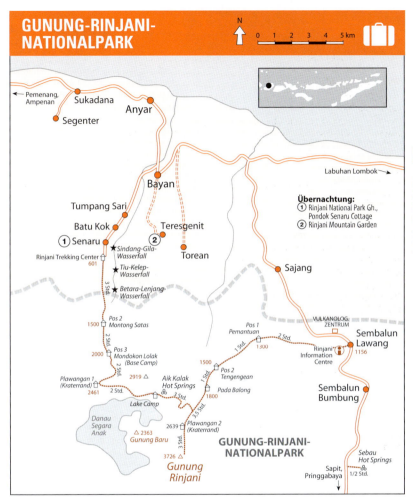

hier durchaus auf seine Kosten kommen. Die angebotenen Soft-Trekking-Touren führen durch tropischen Dschungel zu den beeindruckenden **Wasserfällen** Tiu Kelep, Sindang Gila oder Betara Lenjang.

Die Gipfelbesteigung

Die Besteigung des 3726 m hohen Gunung Rinjani ist ein berauschendes, aber auch außerordentlich anstrengendes Abenteuer. Man darf den Vulkan nur mit (mindestens) einem lizenzierten Träger besteigen. Größere Gruppen engagieren meist gleich mehrere Träger, einen (oft auch deutschsprachigen) Guide und ab zehn Personen noch einen Trekking Leader, der die Gruppe der Träger und Guides koordiniert und Erfahrung im Umgang mit großen Gruppen hat. Obwohl ein Träger die nötige Verpflegung und Campingausrüstung schleppt, muss man in guter körperlicher Verfassung sein, um die Besteigung genießen zu

Wer nicht auf den Gipfel des Rinjani will, kann auch zu den Wasserfällen des Nationalparks wandern.

können. Außerdem sind festes Schuhwerk mit Profil, ein guter Wanderrucksack sowie warme und windabweisende Kleidung, die nötige Campingausrüstung und ausreichend Trinkwasser unbedingt erforderlich. Spätestens am **Rinjani Trekking Center**, am Parkeingang, kann man über die Preise einer Bergtour verhandeln. Dort werden Trekking-Pakete angeboten, die normalerweise zwei bis vier Tage umfassen und je nach Zeit und Wunsch zum Kraterrand, Kratersee, zu den heißen Quellen und/oder bis zum Gipfel führen. Generell ist zu beachten, dass Preise für Gruppen von unter drei Personen viel zu hoch veranschlagt sind. Deshalb empfiehlt es sich, die Besteigung in einer möglichst großen Gruppe zu unternehmen oder sehr viel Zeit zum Verhandeln mitzubringen.

Eine Tour zum Gipfel, die drei Tage und zwei Nächte dauert, startet früh morgens in Senaru. Am Rinjani Trekking Center (600 m) beginnt der Aufstieg. Es geht in fünf bis sechs Stunden auf einer 7,4 km langen Wanderung durch dichten Wald und schließlich über die kaum bewachsenen Berghügel bis zum **Base Camp** (Pos 3) auf 2000 m. Viele Gruppen übernachten hier, doch die beeindruckende Nachmittagssonne und den herrlichen Sonnenuntergang am Kratersee bekommt man nur zu sehen, wenn auch noch der nächste sehr steile Abschnitt mit viel Schutt, Geröll und Steinen zum **Kraterrand** (2461 m) zurückgelegt wird.

Die meisten Gruppen schlagen hier nach insgesamt 9,2 km Strecke ihr Nachtlager auf, um den spektakulären Sonnenuntergang genießen zu können und noch genügend Kraft für den nächsten Tag in den Beinen zu haben. Hier verbringen sie eine sehr windige und kalte Nacht, bevor es kurz nach dem schönen Sonnenaufgang weitergeht.

Achtung: Besonders der erste Tag der Besteigung kann auch für den Kopf sehr anstrengend sein, da fast 2000 m Höhenunterschied überwunden werden müssen. Es empfiehlt sich daher, viel Wasser zu trinken und regelmäßige Pausen einzulegen, um die Höhenkrankheit und die damit verbundenen starken Kopfschmerzen in den Griff zu bekommen.

Ist man sehr gut in Form und schnell unterwegs, kann am ersten Tag noch vor Sonnenuntergang der Abstieg in den Krater bis zum **Lake Camp** in Angriff genommen werden (insgesamt etwa neun Stunden und 12 km ohne längere Pausen). Bei Regen ist dieser Pfad allerdings äußerst rutschig und gefährlich.

Am Kratersee bietet das Lake Camp einen Zeltplatz mit einer Trinkwasserquelle, und auch die heißen Quellen sind nicht allzu weit entfernt. Der sechs bis acht Stunden dauernde Aufstieg vom See zum **Rinjani-Gipfel** ist wesentlich schwieriger als der bereits zurückgelegte Weg. Die Belohnung ist aber ein unvergesslicher Sonnenaufgang, der vom höchsten Punkt auf Lombok genossen werden kann. Bei wolkenfreiem Himmel hat man eine tolle Sicht bis nach Sumbawa Richtung Osten und Bali im Westen.

In der Regenzeit, besonders von Dezember bis Februar, sind die Pfade in solch schlechtem Zustand, dass der gesamte Nationalpark geschlossen wird. Im November werden meist nur Touren bis zum Kraterrand zugelassen. Mit der Schließung des Gipfels, von Lake Camp oder des ganzen Parks muss auch gerechnet werden, wenn der aktive kleinere Vulkan Gunung Baru wieder gefährlich viel Lava speit.

Für weitere Informationen, Bilder, Trekking-Routen und den Wetterdienst ist die Webseite ⌨ www.rinjaninationalpark.com zu empfehlen.

ÜBERNACHTUNG

Inzwischen gibt es 12 Unterkünfte. Viele der Besitzer bieten ihren Gästen einen Abholservice von Mataram, Lembar oder Senggigi an. Der Preis sollte telefonisch vereinbart werden.
Pondok Senaru Cottage, ✆ 0818-0362 4129. Die beste Unterkunft von Senaru bietet große Zimmer und Bungalows mit Veranda und Aussicht auf das Tal mit Wasserfall in einer kargen Anlage. Die günstigeren haben harte Federkernmatratzen und Du/WC, die teureren TV, Warmwasser-Bad/WC, Minibar. Das Essen im Restaurant ist preiswert und gut. ❸–❺

Rinjani Mountain Garden, beim Dorf Teresgenit (Abzweigung in Richtung Süden direkt in Bayan), ✆ 0818-569 730, ✉ rinjanigarden@hotmail.com. Einmalige Anlage in den Reisterrassen! Dieses ca. 2 ha große Grundstück bietet dank der gastfreundlichen Besitzer nicht nur einen von Quellwasser gespeisten Pool, sondern auch ein nahezu einmaliges Erlebnis. Hier übernachtet man inmitten der Natur und mit toller Aussicht in komfortablen Wigwams mit Matratze und warmen Decken, kleinen Holzhütten oder in einem der traditionellen *Lumbung*-Bungalows. Die Anlage teilt man sich mit zahlreichen Tieren, die überwiegend frei herumlaufen. Das Essen ist gut: Auf der Speisekarte stehen sowohl Sasak-Gerichte als auch traditionelle deutsche Küche, bei der sich die Frage stellt, wie es die Gastgeberin Toni an diesem abgelegenen Ort hinkriegt, solch wohlschmeckende Kreationen zu zaubern. Das Frühstück mit frischgebackenem Brot, Marmelade und Schinken ist ebenso herzhaft. Bei Bedarf organisiert der Gastgeber Roland, der ein Arsenal an spannenden Geschichten parat hält, auch die Abholung aus Bangsal oder Senggigi und viele Touren in die Umgebung sowie auf den Rinjani. Voranmeldung erforderlich. ❷–❹

Rinjani National Park Gh., ✆ 0817-575 0889. In der Anlage mit Blick auf Maisfelder stehen die dunklen, aber sauberen Bungalows mit 2 Eingangstüren, eine hinten und eine vorne, guten Matratzen, TV und einfachen indonesischen Bädern mit Hocktoilette, Mandi und Dusche. ❷

AKTIVITÄTEN

Ausrüstung

Rinjani Trekking Center, ✆ 0818-0362 8893 (Senaru), 🖥 www.lombokrinjanitrek.org. Kurz vor dem Eingang in den Nationalpark am Beginn des Wanderweges versorgt das offizielle Parkzentrum Interessenten mit Kartenmaterial, Informationen zum Berg und

---

Vorsicht bei Buchungen in Bali!

In der Vergangenheit gab es Betrugsfälle, bei denen Touristen von Anbietern in Padang Bai vorgegaukelt wurde, Touren über das offizielle Rinjani Trek Management Board zu buchen. Dieses hat jedoch nur ein Büro in Mataram, ✆ 0370-641124, sowie 2 Niederlassungen: das Rinjani Trekking Center in Senaru und das Rinjani Information Center in Sembalun.

Trekking-Angeboten. Hier können bei Selbstbesteigung auch Schlafsäcke (20 000 Rp pro Tag), Zelte (50 000 Rp), Luftmatratzen (25 000 Rp) und Kochutensilien (25 000 Rp) geliehen werden. ⏰ 6–18 Uhr.

Eintritt

Wer die Besteigung selbst organisiert, muss 150 000 Rp Eintritt für den Nationalpark zahlen.

Guides

Immer muss mind. ein erfahrener Träger engagiert werden, der die Wege des Nationalparks kennt und beim Tragen der Ausrüstung und des Essens behilflich ist.

TOUREN

Das **Rinjani Trekking Center** hat sich seit 1999 dem Ökotourismus verschrieben. Im Office liegt eine Liste mit „festen" Preisen für Tourpakete aus. In allen Angeboten sind ein lokaler Guide, lokale Träger, der Parkeintritt, Zelt, Schlafsack, Kochutensilien, Wasser und 3 Mahlzeiten pro Tag inbegriffen.

Auch wenn man nur alleine oder zu zweit im Zentrum ankommt, wird der Berg meist in Gruppen von ca. 6 Pers. mit 3 Trägern und einem Guide bestiegen. Das sollte man bei den Preisverhandlungen auch unbedingt zur Sprache bringen, da die Preise bei steigender Gruppengröße niedriger werden.

Preisbeispiele:
2 Tage: 3 Mio. Rp (1 Pers.), 1,8 Rp p. P. (2 Pers.), 1,5 Mio. Rp p. P. (3–5 Pers.)
3 Tage inkl. Gipfel: 3,7 Mio. Rp (1 Pers.), 2,2 Mio. Rp p. P. (2 Pers.), 1,7 Mio. Rp p. P. (3–5 Pers.).
Günstigere Angebote gibt es in Senggigi und den Unterkünften in Senaru.

TRANSPORT

In Senaru, Batu Kok oder Teresgenit bieten sich **Motorradfahrer** an, Besucher für 20 000 Rp nach BAYAN zu bringen. Von dort verkehren regelmäßig **Minibusse** nach MATARAM für 40 000 Rp.

Praktisch jede Unterkunft bietet gegen einen verhandelbaren Preis einen **Transportservice** zur An- und Abreise an.

Ein **Taxi** von SENGGIGI nach Bayan kostet 300 000 Rp.
Von MATARAM nach Sembalun muss man mit 400 000 Rp rechnen.
Das **Chartern** eines Fahrzeugs von SENGGIGI oder MATARAM nach Sembalun kostet ca. 500 000 Rp.
Minibusse fahren vom MANDALIKA Busbahnhof nach AIK MEL (15 000 Rp) und von dort unregelmäßig nach SEMBALUN (40 000 Rp). Für das Chartern eines Minibusses von SENARU nach SEMBALUN oder anders herum sind 200 000 Rp zu veranschlagen.
Eine Fahrt mit dem **Ojek** auf der Strecke sollte ca. 80 000 Rp kosten.

Labuhan Lombok

Labuhan Lombok ist ein wenig interessantes Dorf in der Provinz Ost-Lombok. Von hier aus legen regelmäßig Fähren nach Poto Tano, dem Hafen von West-Sumbawa, ab. Der Fährhafen des Ortes, als **Labuhan Kayangan** ausgeschildert, liegt ungefähr 3,5 km außerhalb. Man erreicht ihn, wenn man beim Markt an der Hauptkreuzung des Ortes rechts abbiegt und dann der Straße folgt.

Labuhan Lombok eignet sich nicht für Übernachtungen. Wer doch hier stecken bleibt, muss sich mit einfachen Unterkünften an der Straße zum Fährhafen zufriedengeben, in denen vorwiegend indonesische Fernfahrer absteigen.

TRANSPORT

Busse vom Markt in Labuhan Lombok in Richtung MATARAM zum Mandalika Busbahnhof in Bertais fahren häufig und kosten etwa 20 000 Rp.
Nach POTO TANO verkehrt die **Fähre** rund um die Uhr alle 45 Min. Die Überfahrt dauert etwa 2 Std. und kostet 18 000 Rp p. P., 10 500 pro Kind, 50 000 Rp pro Motorrad und 378 000 Rp pro Auto.
Ein Ojek vom Markt zum Hafen kostet 5000 Rp.
Ticketverkauf für Einzelpersonen am ersten Eingang zum Hafen, für Fahrzeuge am zweiten Schalter.

Sumbawa

Weite Graslandschaften, schwer zugängliche Bergregionen, einsame Sandstrände, aber auch fruchtbare Täler prägen das Bild des dünn besiedelten Sumbawa zwischen Lombok und Komodo. Im Jahr 1815 ereignete sich hier die größte Eruption seit Beginn der Geschichtsschreibung, als der Vulkan **Tambora** ausbrach und das gesamte Weltklima veränderte. Etwa 70 000 Menschen kamen bei der Naturkatastrophe ums Leben. Der Vulkan stürzte von 4300 auf 2821 m zusammen, blieb aber dennoch die höchste Erhebung der Insel.

Das rund 15 500 km² große Sumbawa zählt heute etwa 1,4 Mio. Einwohner. Vollständig islamisiert sind die im Westen lebenden Sumbawanesen und die im Osten siedelnden Bimanesen. In den Bergen leben die ältesten Völker der Insel, die Dou Donggo und Kolo. Während im Westen eine Sprache vorherrscht, die mit der der Sasak auf Lombok verwandt ist, spricht man im Osten Bimanesisch. Die beiden Sprachgruppen sind nicht miteinander verwandt, waren sie doch einst durch das im Herzen der Insel gelegene Königreich Tambora voneinander getrennt.

Da Sandelholz ein wichtiger Exportartikel war, war die Insel früh über ihre Küsten hinaus bekannt. Einst gehörte der Westen noch zum Herrschaftsgebiet der Gelgel-Könige von Bali. Später betrachteten die islamischen Sultane von Süd-Sulawesi die Insel als ihr Einflussgebiet, denn die kleinen Sultanate an der Nordküste waren größtenteils ihre Gründungen oder standen zu ihnen in Abhängigkeitsverhältnissen.

Heute sorgen Exporte von Gold, Kupfer und Reis für relativen Wohlstand, der sich aber nur zögerlich in vernünftiger Infrastruktur niederschlägt. Die einzige ausgebaute Straße verläuft in West-Ost-Richtung von Taliwang über den Fährhafen Poto Tano, Sumbawa Besar, Dompu und Bima bis nach Sape. Zwischen Sumbawa Besar und Dompu ist sie teils stark beschädigt, sodass eine Fahrt hier sehr zeitaufwendig und nervenaufreibend werden kann. Sehr schlecht zu erreichen sind zudem die Südküste und das Gebiet um den Tambora.

www.stefan-loose.de/indonesien

SUMBAWA

West-Sumbawa

Die Landschaft im Westen der Insel ist schroff und wild. An den Küsten erstrecken sich schöne, oft menschenleere, weiße Sandstrände, die von kleinen, teils bewachsenen Felsen unterbrochen werden, die im Meer oft in Korallenriffe übergehen.

Der relativ junge Distrikt West-Sumbawa ist Heimat von 119 500 Einwohnern, Hauptstadt ist Taliwang. Seit zwölf Jahren wird West-Sumbawa stark durch die Aktivitäten der US-amerikanischen Firma **Newmont** geprägt. Das Unternehmen, das bereits auf Sulawesi und anderswo für Umweltskandale gesorgt hat, fördert im **Batu Hijau** Gold und Kupfer, liegt hier doch eines der größten Kupferreservoirs der Erde. Insgesamt arbeiten 7000 Menschen in den Minen der Firma, die damit der mit Abstand wichtigste Arbeitgeber, Steuerzahler und Wachstumsmotor im Distrikt ist. Ganze Ortschaften, wie das an der Westküste gelegene Maluk, haben sich auf die Bedürfnisse der Minenarbeiter eingestellt.

Es gibt einige kleine touristische Attraktionen: So kann im Ortszentrum des 15 km nördlich von Taliwang gelegenen **Seteluk** ein traditionelles Haus besichtigt oder in der direkten Umgebung eine Trekkingtour zum traditionellen Dorf **Mantar** unternommen werden. Der 856 ha große See **Danau Lebo** auf halber Strecke zurück nach Taliwang ist mit Lotusblüten bewachsen und schön anzuschauen. 14 km südlich von Taliwang locken in der Nähe von Jereweh die Höhlen **Goa Serunga** und **Goa Kalela**, während im Hochland

im Landesinneren bei Bangkat Monteh die **Goa Mumber** nach einem zweistündigen Fußmarsch besichtigt werden kann. Die große Attraktion sind jedoch die beeindruckenden Wellen an den Küsten West-Sumbawas.

Da die touristische Infrastruktur hier bei Weitem nicht so gut ausgebaut ist wie auf Bali und auch Lombok, ist es am besten, alles an gegebenenfalls notwendiger Ausrüstung, wie etwa Mietwagen oder Schnorchelausrüstung, mitzubringen.

Poto Tano

Mit der **Fähre** von Labuhan Lombok landet man nach einer Überfahrt von zwei Stunden in dem kleinen Fischerdorf, rund 9 km abseits der Hauptstraße. Die Fähren nach Lombok fahren tgl. rund um die Uhr ca. alle 45 Minuten. Fahrpreis 18 000 Rp, Kind 10 500 Rp, Motorrad 48 000 Rp, PKW ab 378 000 Rp.

Bei der Ankunft aus Lombok warten **Busse** und **Minibusse** meist direkt am Pier. Nach Sumbawa Besar, 93 km, für 30 000 Rp in etwa drei Stunden. Nach TALIWANG sind es eine Stunde und 15 000 Rp, bis nach MALUK anderthalb Stunden und 20 000 Rp.

Spätaufsteher aufgepasst!

Die meisten Busse verkehren bis zur Mittagszeit! Nachmittags kann es passieren, dass man länger warten oder ein Bemo chartern muss. Nach Maluk sollte dies 200 000 Rp kosten.

SUMBAWA | West-Sumbawa 425

Taliwang

Die Hauptstadt West-Sumbawas, 26 km südlich von Poto Tano, hat neue, große Verwaltungsbauten, eine riesige Moschee und einen Busterminal, aber nichts was für Touristen von Interesse sein könnte.

Maluk

Die kleine, 23 km südlich von Taliwang gelegene Ortschaft hat sich dank der Goldvorkommen in der Region und dem Zuzug von raubeinigen Minenarbeitern aus Timor, Flores und West-Papua zu einer Grenzstadt mit Wildwest-Charakter entwickelt. Maluk hat sich voll auf die Bedürfnisse der Arbeiter eingestellt: Das Angebot an neuen Wohngebäuden mit kleinen Zimmern, Restaurants und Geschäften ist ganz auf ihre Wünsche zugeschnitten. Besonders am Zahltag, wenn die Minengesellschaft Newmont die Löhne auszahlt, sind hier abends alle Männer auf den Beinen, Frauen sieht man auf den staubigen Straßen jedoch so gut wie keine. Auch die großen, schlammverkrusteten Newmont Pickups zeugen vom harschen Charakter der Kleinstadt, die für Touristen nichts außer ein paar Unterkünften, Geschäften und einem Strand zu bieten hat.

Pantai Sekongkang

An die wunderschön gelegenen Buchten 7 km südlich von Maluk verschlägt es größtenteils Surfer. Die Unterkünfte liegen alle direkt an den Sandstränden, haben sich auf diese Klientel eingestellt und vermieten daher größtenteils einfache Zimmer.

ÜBERNACHTUNG UND ESSEN

Maluk

Maluk Resort, Jl. Pasir Putih, ✆ 0372-635424. 15 saubere, teils schlecht beleuchtete Zimmer mit AC, ordentlichen Matratzen, etwas Mobiliar, TV und Veranda bzw. Balkon, dazu Du/WC und Frühstück. **❸**

Trophy Hotel, Jl. Raya Maluk 3, ✆ 0372-635119, ✉ trophyhotel@yahoo.com. Leicht überteuerte, unspektakuläre Veranda-Zimmer mit AC, guten Betten, großem TV, Kühlschrank und älterem Du/WC. Das Hotel bietet einen Pool sowie einen kleinen Supermarkt. **❹–❻**

Pantai Sekongkang

Nomad Tropical Surf Resort, ✆ 0813-3767 0152, ▭ nomadsurfers.com. Die Anlage bietet den größten Komfort aller Unterkünfte in der Gegend. Hier übernachten professionelle Surfer in sehr überteuerten, aber komfortablen Zimmern rund um einen großen, etwas vernachlässigten Pool. Das schön in einem grünen Garten am Strand gelegene, empfehlenswerte Restaurant serviert recht gutes mexikanisches Essen zu humanen Preisen von 60 000 Rp, und allein hierfür lohnt sich eine Fahrt von Maluk nach Sekongkang. WLAN inkl. **❽**

Rantung Cottage, ✆ 0819-1700 7481, ✉ yunrumahjepun@gmail.com. Die lustige, etwas exzentrische Besitzerin Yuniati vermietet in der hübsch mit vielen Pflanzen gestalteten Anlage 4 geräumige, modern eingerichtete Zimmer mit großen Himmelbetten, guten Matratzen, TV, Kühlschrank, Schreibtisch, Warmwasser-Du/WC und großer Veranda. Empfehlenswert, wenn auch etwas kostspielig. Mit Restaurant. **❻**

Santai Beach Bungalows, ✆ 0878-6393 5758. In 2 kleinen, kasernenartigen Häusern stehen je 3 Betten in einem Zimmer. Die Sanitäranlagen liegen im hinteren Bereich. Die einfache, aber saubere und sehr beliebte Unterkunft ist ein guter Ort, um mit anderen Surfern in Kontakt zu kommen. Am Strand ist eine Bar mit familiärer Atmosphäre und gutem Essen, das aber nur für Gäste zubereitet wird. Billardtisch und Tischtennis. Unbedingt reservieren! **❶**

Yoyo's Hotel, ✆ 0819-3591 7888, ✉ yoyoshotel@yahoo.co.id. Weitläufige, karge Anlage mit 11 älteren Zimmern und Restaurant, ⏱ 7–23 Uhr, direkt am Meer. Die geflisten Deluxe-Zimmer sind etwas klein, muffig und dunkel, haben aber gute Matratzen, AC, TV mit internationalen Kanälen, Wasserkocher, eine Küchenzeile und relativ saubere Du/WC. Die Standard-Zimmer sind deutlich kleiner und fensterlos. Frühstück inkl. Der Wäscheservice ist ziemlich teuer. **❹–❺**

SONSTIGES

Autovermietung

Es ist schwer, einen Mietwagen zu organisieren, ohne Fahrer nahezu unmöglich.

Surfstrände in West-Sumbawa

In der Surfsaison von Mai bis zur Regenzeit im November tummeln sich zahlreiche Wellenreiter an den weißen Sandstränden. Kein Wunder, zählen die Spots an der Küste West-Sumbawas doch zu den besten, aber auch schwierigsten Surfgebieten weltweit.

Das **Scar Reef** am Pantai Jelenga nördlich von Maluk, mit eigenem Transportmittel in ca. 40 Minuten zu erreichen, trägt seinen Namen nicht ohne Grund, ziehen die Wellen doch direkt über ein spitzes Korallenriff hinweg. Am Strand befinden sich sehr einfache Unterkünfte für Surfer.

Direkt in der Bucht von Maluk liegt der populäre **Donut**, auch bekannt als „Right-Hand Mystery", denn hier weiß man nie genau, wie sich die von rechts brechenden Wellen verhalten.

Weiter südlich, mit eigenem Transportmittel ca. 5 Minuten, zu Fuß etwa 25 Minuten von Maluk entfernt, liegt der bekannteste Surfspot der Region, der **Supersuck**. An diesem Reefbreak sorgen bei stärkerem Seegang bis zu 4 m hohe Left-hand Breaks und Barrels für spektakuläre, aber ebenso gefährliche Surfbedingungen. Die Wellen ermöglichen einen extrem langen Ride. Auch hier gibt es nur sehr einfache Unterkünfte.

Am schönen Sandstrand **Pantai Sekongkang** südlich von Maluk (mit dem Motorroller ca. 25 Minuten) erfreut sich die bis zu 2 m hohe Brandung von **Yoyo's** großer Beliebtheit. Hierbei handelt es sich um den einzigen Break, der nicht nur für Profis, sondern auch für Fortgeschrittene empfehlenswert ist. Zudem ist das Wasser zwischen den Right-hand Breaks ruhig und eignet sich gut zum Schwimmen und Schnorcheln. Allerdings wird das Meer bereits nach ein paar Metern sehr tief.

In der südlich gelegenen Bucht brechen sich die Wellen im **Tropical Left** und einem kleineren Right-hand Break ebenfalls surfgerecht. Der Strand ist der schönste der Region, und das Restaurant des teuren **Nomad Tropical Surf Resort** lädt zu einem Snack ein.

In Maluk befindet sich eine Niederlassung der Kette **Trac Astra**, 0372-635163, trac.astra.co.id, die Autos sind jedoch nahezu immer an die Mitarbeiter der Goldmine von Newmont vermietet. Eine Alternative sind Privatwagen: So bietet der Besitzer des Supermarkts **Absal**, 0812-372 3489, Autos inkl. Fahrer, aber ohne Benzin, für 600 000 Rp pro Tag an. Dieser (hohe) Preis war allerdings erst nach zähen Verhandlungen zu bekommen.

WEST-SUMBAWA

Übernachtung:
1. Trophy Hotel
2. Maluk Resort
3. Santai Beach Bungalows
4. Rantung Cottage
5. Yoyo's Hotel
6. Nomad Tropical Surf Resort

Transport:
1. Fährhafen
2. Bus- und Taxiparkplatz
3. Trac Astra Autovermietung

Geld
Ein **Geldautomat** der BNI gibt es neben dem Trophy Hotel in der Jl. Raya Maluk.

TRANSPORT
Busse
An dem Parkplatz der Goldmine in **Benete**, nördlich von Maluk (per Ojek 20 000 Rp), fahren mehrmals tgl. Minibusse in 1 Std. nach TALIWANG, 25 000 Rp, oft warten sie, bis genug Fahrgäste da sind.

Vom Busbahnhof in **Taliwang** geht es in 1 Std. nach POTO TANO, 25 000 Rp, sowie in 2 Std. nach SUMBAWA BESAR, 30 000 Rp. Auch tgl. Verbindungen nach MATARAM auf Lombok.

Taxi

Wer den Bus verpasst oder nur wenig Zeit hat, findet in Benete Fahrer, die einen Direkttransport nach SUMBAWA BESAR (400 000 Rp, 2 1/2 Std.) oder BIMA (600 000 Rp, 8 Std.) anbieten.

Sumbawa Besar und Umgebung

Die 60 000 Seelen kleine Distrikthauptstadt hat wenig Interessantes zu bieten. Einzig der **Sultanspalast** *(Dalam Loka)* von 1885, ein imposanter, hölzerner Pfahlbau, der vollständig restauriert wurde, ist sehenswert. Das Gebäude steht leer und ist meist verschlossen, doch mit etwas Glück ist die Hintertür offen, sodass man in das Gebäude hineinkommt. Das **Balai Kuning** an der Jl. Dr. Wahidin ist ein prächtiger Kolonialbau aus dem Jahr 1932, in dem heute die Stadtverwaltung residiert (daher auch: *Pendopo Bupati*). Im Inneren kann man noch einige Ausstellungsstücke aus der Zeit des Sultanats bewundern.

Die Umgebung bietet immerhin einige Ausflugsziele: **Pantai Kencana**, 12 km Richtung Alas, Minibus 3000 Rp, ist ein Kieselstrand in einer Bucht samt kleinem Hindutempel. Schnorcheln ist möglich. Wohnen kann man in der Bungalowanlage des **Hotels Kencana**, Jl. Raya Badas, KM 11, ✆ 0813-3981 4555. Hier liegen ältere, aber gepflegte Holzbungalows mit AC, TV und Du bzw. Bad/WC. Die nette Anlage fällt durch obskure Tierfiguren auf, hat einen Pool und freundliches Personal, das auch Schnorchelzubehör verleiht. Frühstück inkl. ❸–❹

In **Boak**, etwa 7 km südöstlich auf dem Weg nach Lunyuk, kann man bei traditionellen Schmieden vorbei- und ihre schweißtreibende Arbeit anschauen. Rund 6 km weiter südwestlich liegt **Batubulan** an einem riesigen, 5000 ha großen Stausee, der den Moyo zur Bewässerung der trockenen Gegend staut und auf dessen Damm man zum Sonnenuntergang einen herrlichen Blick über die Landschaft genießt.

Am **Tanjung Menangis**, einem Kap ca. 15 km nördlich von Sumbawa Besar, hat man einen tollen Ausblick auf die Felsen und das Meer. Einer Legende nach weinte sich einst eine Prinzessin auf der Suche nach ihrem Geliebten, den sie auf Verbot des Sultans nicht heiraten durfte, bis hierhin und versank im Meer. Heute stehen hier die luxuriösen **Samawa Seaside Cottages**, ✆ 0371–23779, 🖥 samawaseasidecottages. com, mit großen, halb traditionell, halb modern gestalteten Bungalows und Ausflugsangeboten zum Schnorcheln, Wandern oder Angeln. ❽

Pulau Satonda ist ein sehr alter, versunkener Vulkan, dessen Krater von Meerwasser überflutet und von herrlichen **Korallenriffen** umgeben ist.

Die Nachbarinsel **Pulau Moyo**, wesentlich größer und bewohnt, steht zu etwa zwei Dritteln (22 460 ha) unter Naturschutz. Hier lockt das bei der internationalen High Society beliebte Luxus-Resort **Amanwana**, 🖥 www.amanresorts.com. Für etwa 200 000 Rp kann man sich mit etwas Glück am Hafen westlich von Sumbawa Besar ein Fischerboot chartern, das einen hin und wieder zurückbringt. Für Hotelgäste ist der Transfer inklusive.

ÜBERNACHTUNG

Hotel Dewi, Jl. Sultan Hasanuddin 60, ✆ 0371-21170. Einfache, etwas abgewohnte Zimmer, teils mit alter AC, TV, Heißwasser und Du/WC. Freundliches Personal und faire Preise. ❷

Hotel Suci, Jl. Sultan Hasanuddin 57, ✆ 0371-21589. Saubere, gefliesste Zimmer mit TV, Du/WC, etwas Einrichtung und AC – man sollte aber darauf achten, dass diese auch gut funktioniert. Moschee nebenan. Das nette Personal organisiert auch Motorräder. Dürftiges Frühstück inkl. ❷–❸

Laguna Biru, Jl. Raya Badas, KM 8, ✆ 0813-3987 3455. Die von außen eher unscheinbar, fast verlassen wirkende Anlage westlich der Stadt überrascht im Innern mit modernen, komfortablen Zimmern mit AC, TV, Du oder Bad/WC, guten Betten und sogar etwas Stil in der Dekoration. Gute Aussicht über die Bucht. ❹

Samawa Transit Hotel, Jl. Garuda 41, ✆ 0371-23779, 🖥 samawatransithotel. com. Empfehlenswertes, modernes Hotel mit gutem Preis-Leistungs-Verhältnis. Hübsch

---

NUSA TENGGARA

www.stefan-loose.de/indonesien   SUMBAWA | Sumbawa Besar und Umgebung   **429** möblierte Zimmer mit AC, TV, guten Betten und Du/WC. WLAN gegen kleines Entgelt, gutes Frühstück inkl. Es werden auch Motorräder und Autos mit Fahrer vermietet. ❹

ESSEN

Rumah Makan Aneka Rasa Jaya, Jl. Sultan Hasanuddin 14 A, ✆ 0371-21291. Das seit Jahrzehnten im Familienbetrieb geführte Restaurant mit nüchterner Einrichtung und einem kleinem Lebensmittelladen serviert gute chinesisch-indonesische Gerichte wie *Cap Cay*, *Mie Kuah* und Seafood. Ordentliche Portionen zu günstigen Preisen. ⏱ 10–22 Uhr.

Rumah Makan Putra Jogya, Jl. Barat Kerangka Baja Bugis, ca. 500 m westlich der Jl. Sultan Hasanuddin, ✆ 0813-3970 8080. Gute indonesische Küche mit Klassikern, aber auch Spezialitäten des Hauses, z. B. Huhn oder Fisch mit Honigsoße. Gegessen wird am Boden von Pavillons *(lesehan)* oder am Tisch. ⏱ 8–15 und 16.30–21 Uhr.

Petung Roto, Jl. Hasanuddin Ecke Jl. Kamboja. Der Warung serviert nur drei Gerichte: *Nasi Rawon*, die typisch ostjavanische Rindersuppe mit Reis, *Soto Ayam* mit Huhn sowie *Bakso Bakwan*, Fleischklöße in herzhafter Nudelsuppe. Große Auswahl an frischen Fruchtsäften.

SONSTIGES

Autovermietung

Meist sind die Verleihe auf mehrere Tage ausgebucht, und i. d. R. werden Autos nur mit Fahrer ausgeliehen. Man versuche sein Glück bei:

Bimbim Rent Car, Jl. Kebayan, ✆ 0852-3958 0588. Der Toyota Avanza kostet hier pro Tag 300 000 Rp. Kommunikation nur auf Indonesisch.

Samawa Transit Hotel, Jl. Garuda, ✆ 0371-21754. Vermietet Motorräder für 75 000 Rp, Autos ab 400 000 Rp pro Tag. Stunden- oder Halbtagsmiete möglich.

Einkaufen

Taschen und Rucksäcke gibt es bei **Green Mountain**, Jl. Kartini. ⏱ 7–21 Uhr.

Geld

Ein **Geldautomat der BNI** in der Jl. R. A. Kartini 10. Weitere zwischen Jl. Yos Sudarso und Jl. Sultan Hasanuddin.

Internet

In kleinen Internetcafés ist Surfen ab 3000 Rp pro Std. möglich, z. B. bei **Ridho Tour & Travel** in der Jl. Kartini. Auch in der Jl. Sultan Hasanuddin und Jl. Jen. Sudirman.

Medizinische Hilfe

Klinik Lawang Gali, Jl. Sudirman 18–20, ✆ 0371-270 5993.

Post

Kantor Pos, Jl. Yos Sudarso 6. Ein weiteres kleines Postamt befindet sich in der Jl. Garuda 99, ✆ 0371-21290. ⏱ beide Mo–Fr 8–17, Sa 8–12 Uhr.

Reisebüro

Ridho Tours & Travel, Jl. Kartini 19, ✆ 0371-21433, ✉ ridho.ticketing@gmail.com. Hier wird Englisch gesprochen. Man bucht Flüge und bekommt Bustickets. ⏱ 8–22 Uhr.

NAHVERKEHR UND TRANSPORT

Angkot und Ojek

Innerhalb der Stadt fahren Angkot für 3000 Rp durchs Zentrum, Ojek-Fahrer hängen hier und da an Straßenecken rum und fahren übliche Strecken ab 5000 Rp.

Busse

Der **Busterminal** liegt ca. 2 km nordwestlich des Stadtzentrums an der Straße nach Poto Tano, per gelbem Minibus für 3000 Rp, per Ojek für 5000 Rp in 10 Min. erreichbar. Die meisten Busse fahren vormittags. Preisbeispiele:
BIMA, in 6 Std. für 60 000 Rp bzw. 90 000 Rp mit AC;
TALIWANG, in 2–3 Std. in kleineren Bussen für 20 000 Rp;
MATARAM (Lombok), in 7 Std. für 60 000 Rp bzw. 90 000 Rp mit AC;
SURABAYA (Java), in 2 Tagen für 235 000 Rp (selten).

Sumbawa Besar

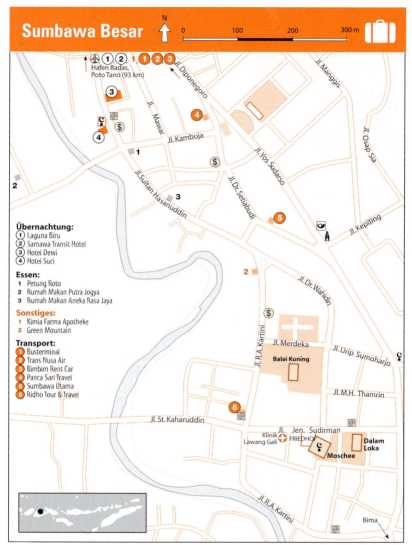

Minibusse

Kleinbusse fahren mehrmals tgl. in 6 Std. nach MATARAM (Lombok) für 100 000 Rp inkl. Fähre.
Panca Sari, Jl. Diponegoro 49, ✆ 0371-21513.
Sumbawa Utama am nördl Ende der Jl. Setiabudi, ✆ 0371-21168.

Flüge

TransNusa, im Flughafengebäude, ✆ 0371-626161, 🖥 transnusa.co.id. ⏲ 8–15 Uhr. Tgl. in 30 Min. nach MATARAM, dort Umstieg nach DENPASAR. Es empfiehlt sich, einen Tag im Voraus zu buchen.

Bima und Umgebung

Fischteiche bestimmen das Bild in der Bucht südwestlich der wenig attraktiven, aber geschäftigen Stadt Bima, die mit der Nachbarstadt Raba zusammengewachsen ist. Einen Überblick und schöne Sonnenuntergänge bietet die Aussicht vom unweit des Busterminals gelegenen Hügel **Dana Taraha**.

Von der einstigen Größe des ehemals einflussreichen Sultanats ist nichts mehr zu spüren. Im 17. Jh. lagen Sumba, große Teile von Flores und Solor noch in seinem Machtbereich. Nach dem Ausbruch des Tambora 1815 schwand die Bedeutung von Bimas Sultanat, während der Einfluss der Holländer im ostindonesischen Raum zunahm. Sultan Ibrahim führte Mitte des 19. Jhs. ein neues Rechtssystem ein, welches das Adat mit der Scharia verband. Noch heute ist Bima mit seinen 145 000 Einwohnern stärker als andere Landesteile vom Islam bestimmt.

Einzige Sehenswürdigkeit ist der **Sultanspalast** aus dem Jahr 1927, der 1973 nach Auszug der Sultansfamilie restauriert wurde. Auf dem großen Areal leben hinter dem Palastgebäude in einfachen Häusern Familien, die sich um die Instandhaltung kümmern – sowie 27 Rehe, die der Sultan hier ehemals ansiedelte. Heute dient der Palast u. a. als Kulturstätte für die einheimische Jugend. Hier werden Tänze und Aufführungen geprobt, und es wird gemeinsam musiziert. Falls man den Palastwächter findet, schließt er gegen eine kleine Spende das ebenfalls hier untergebrachte und trotz offizieller Öffnungszeiten häufig geschlosse Museum auf. Das bescheidene **Museum Asi Mbojo** befindet sich im zweistöckigen Hauptgebäude der Anlage, die von alten portugiesischen Kanonen umgeben ist, und sieht nur wenige ausländische Besucher. Die kleine Sammlung im Erdgeschoss besteht aus alten Waffen, Komodo-Trommeln aus dem 17. Jh. sowie alltäglichen Gebrauchsgegenständen wie Fischreusen, Schuhen und traditionellen Kochutensilien. Im oberen Stockwerk können die Wohnräume der Sultansfamilie besichtigt werden. Im Arbeitszimmer zeigen alte Fotos die Familie in westlicher Kleidung und mit Auto.

🕐 Mo–Do 8–14, Fr, Sa 8–12 Uhr, So geschlossen, Eintritt 3000 Rp.

Von Bima aus lassen sich Ausflüge zu Dörfern in der Umgebung unternehmen. In **Panda**, 6 km südwestlich, findet im April, Juli, August und Dezember je ein traditionelles Pferderennen statt, bei denen Fünf- bis Achtjährige auf winzigen, einheimischen *Kuda Anjing*, „Hundepferden", eine Rennbahn entlangzischen – ohne Sattel.

Sehenswert ist auch das traditionelle Dorf **Maria**, 15 km südöstlich. Der Hauptstraße durch den Ort folgend, weist ein Schild linker Hand in eine schmale Straße, die zu einer Ansammlung nachgebauter Stelzenhütten urtümlicher Bauart *(Uma Lengge)* führt. In den strohgedeckten oberen Kammern wurden einst Reis und Lebensmittel gelagert. Das Gelände ist verschlossen, Besucher müssen nach Pak Jon fragen oder ihn anrufen, 📞 0818-0573 2380, Spende erwartet. Ein kurioses Ritual des Dorfs ist das auf Anfrage aufgeführte *Ntumbuh*, bei dem zwei festlich gekleidete Männer ihre Köpfe gegeneinander rammen.

ÜBERNACHTUNG

Hotel Lambitu, Jl. Sumbawa 4, 📞 0374-42222. Das 4-stöckige Hotel hat dunkle Zimmer in verschiedenen Kategorien rund um einen überdachten Innenhof mit verwirrend angelegten Treppen. Die günstigsten Zimmer sind sehr muffig, die teureren Deluxe deutlich besser und mit bequemen Betten, AC, TV, Kühlschrank und Warmwasser-Du/WC recht komfortabel ausgestattet. Ein Moskitonetz empfiehlt sich, denn Mücken kommen durch die Belüftung ins Zimmer. Einfaches Frühstück inkl. ❸–❹

Hotel La Ode, Jl. Sutami 40, an der Straße nach Raba, 📞 0374-42609. 24 saubere und komfortable Zimmer bei einer freundlichen Betreiberin in einem 2-stöckigen Hotel mit Homestay-Atmosphäre und Balkon mit Aussicht. Alle Zimmer mit guten Betten, einfacher Möblierung, und teils gemeinschaftlichem, sauberem Mandi oder Du/WC. Überall hängen traditionelle Hüte *(Tutung Saji)* an den Wänden. Kleines Frühstück, Tee und Kaffee inkl. ❷–❸

Kalaki Beach Hotel, Jl. Lintas Sumbawa, Belo, 📞 0852-3961 5172, ✉ kalakibeachotel@yahoo.com. Etwas abgelegen zwischen dem Flughafen und der Stadt warten 10 ordentliche, komfortable, gefliste Zimmer mit dunklen

Bima

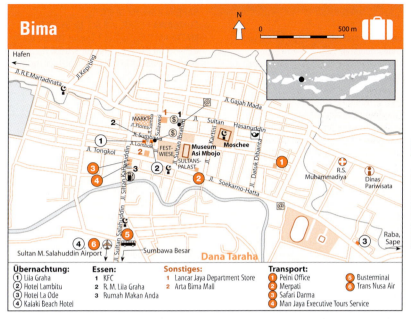

Übernachtung:
1. Lila Graha
2. Hotel Lambitu
3. Hotel La Ode
4. Kalaki Beach Hotel

Essen:
1. KFC
2. R. M. Lila Graha
3. Rumah Makan Anda

Sonstiges:
1. Lancar Jaya Department Store
2. Arta Bima Mall

Transport:
1. Pelni Office
2. Merpati
3. Safari Darma
4. Man Jaya Executive Tours Service
5. Busterminal
6. Trans Nusa Air

Möbeln und schöner Aussicht auf die Bucht sowie TV, Wasserkocher, Kühlschrank und Sessel. Das Restaurant serviert gutes Essen. Frühstück inkl. Freundliches Personal. ❹
Lila Graha, Jl. Lombok 20, ☎ 0374-42740, ✉ lilagraha@gmail.com. Das 30 Jahre alte Hotel ist mit 70 dunklen Zimmern das größte in Bima. Die günstigen, alten, gefliesten Zimmer sind gut instand gehalten und in Ordnung. Auf den sehr schmalen Betten mit Federkernmatratzen wird es jedoch schwer werden, eine entspannte Nacht zu verbringen. Die Presidential-Suite ist auch nur ein etwas größerer Raum mit Mickey-Maus-Stickern an der Wand, immerhin mit Bad/WC und Kühlschrank. WLAN und Frühstück inkl. ❷–❹

ESSEN

R. M. Lila Graha, Jl. Sumbawa, ☎ 0374-42740. Eines der wenigen Restaurants in Bima, das Bier serviert! Eine große Flasche Bintang kostet allerdings stolze 50 000 Rp. Zudem kann an den himmelblau bezogenen Plastikstühlen und Tischen mit roten Wachsdecken sehr günstig gegessen werden. Hauptgerichte gibt es ab 15 000 Rp. WLAN inkl. ⏱ 11–21 Uhr.
Rumah Makan Anda, Jl. Sultan Kaharuddin. In dem kleinen, einfachen Laden unter chinesischer Leitung wird bereits seit den 1970er-Jahren eine breit gefächerte Auswahl an einfachen Gerichten serviert. Seafood für 30 000 Rp, Nasi Goreng für 15 000 Rp. ⏱ 8–22 Uhr, So geschlossen.
Ein **KFC**, das einzige zwischen Lombok und West-Timor, liegt in der Jl. Sultan Hasanuddin.

EINKAUFEN

Im **Lancar Jaya Department Store**, Jl. Sultan Hasanuddin, bekommt man alle Waren des täglichen Bedarfs, ⏱ 7–22 Uhr. In der Jl. Sultan Kaharuddin und der Jl. Flores gibt es einige **Klamottengeschäfte**, die zum Teil recht ansehnliche, in Bandung hergestellte Textilien verkaufen. Die Preise liegen selbstverständlich deutlich höher als auf Java. Die neue **Arta Bima Mall** mit Eingang in der Jl. Soekarno-Hatta stand bei der letzten Recherche noch komplett leer.

SONSTIGES

Geld
Im Stadtgebiet gibt es einige Banken mit **Geldautomaten**, z. B. in der Jl. Sultan Hasanuddin und der Jl. Sumbawa direkt um die Ecke vom Hotel Lambitu.

Informationen
Eine **Touristeninformation** liegt in der Jl. Soekarno-Hatta in Raba, sie ist jedoch oft geschlossen und bietet wenig Nützliches. Besser im Büro des **Dinas Pariwisata** nach Infos, Broschüren und Karten fragen, Jl. Gajah Mada, ⏰ Mo–Do 7–14, Fr 7–11, Sa 7–12.30 Uhr.

Internet
In der Jl. Sultan Ibrahim gibt es ein lautes **Internetcafé**, in dem Jugendliche an den Computern hängen. Der Zugang kostet 4000 Rp pro Std.

Medizinische Hilfe
R.S. Muhammadiya, Jl. Gajah Mada, ✆ 0374-646822.

Mietwagen
Ein Toyota Avanza mit Fahrer ist über die Unterkunft für 400 000 Rp am Tag zu mieten, s. Transport.

Post
Ein **Postamt** in der Jl. Sultan Hasanuddin 42 sowie Jl. Gajah Mada 161, beide ⏰ Mo–Do 8–15, Fr 8–11.30, Sa 8–13 Uhr.

TRANSPORT

Busse
Am Terminal stehen Agenten und verkaufen Tickets. Kleinere Busse zu Nahzielen fahren bis zur Mittagszeit ab, Fernziele werden mit Nachtbussen ab 19 Uhr bedient. Nachtbus-unternehmen sind in der Jl. Sultan Kaharuddin ansässig, z. B. **Safari Darma**, ✆ 0374-42183, oder **Lansung Indah**, ✆ 0374-42544. Preisbeispiele:
CALABAI, am Tambora, in 7 Std. für 55 000 Rp;
DOMPU, in 3 Std. für 15 000 Rp;
HU'U, in 5 Std. für 25 000 Rp;
SAPE, in 2 Std. für 20 000 Rp;
SUMBAWA BESAR, in 8 Std. für 55 000 Rp;
MATARAM (Lombok), in 1 Tag für 160 000 Rp;
DENPASAR (Bali), in 1 Tag für 350 000 Rp;
JAKARTA (Java), in 2 Tagen für 550 000 Rp.

Taxi
Wer unabhängig herumkommen und dafür das nötige Kleingeld ausgeben möchte, kann sich ein Taxi chartern, z. B. bei **Yamin**, ✆ 0852-3953 7704:
DOMPU, in 3 Std. für 300 000 Rp;
HU'U, in 6 Std. für 600 000 Rp;
POTO TANO, in 10 Std. für 1,25 Mio. Rp;
SAPA, in 2 Std. für 300 000 Rp;
SUMBAWA BESAR, in 7 Std. für 950 000 Rp;
TAMBORA, in 8 Std. für 950 000 Rp.

Schiffe
4 Fähren von **Pelni**, Jl. Kesatria, ✆ 0374-42046, 🖳 pelni.co.id, verkehren je ca. alle 2 Wochen von Bima u. a. nach:
BENOA (Bali), für 170 000 Rp in 1 1/2 Tagen;
GORONTALO (Sulawesi), für 480 000 Rp in 3 Tagen;
LABUAN BAJO (Flores), für 100 000 Rp in 6 Std.;
LEMBAR (Lombok), für 150 000 Rp in 24 Std.;
MAKASSAR (Sulawesi), für 170 000 Rp in 20 Std. Außerdem nach MAUMERE (Flores), AMBON (Molukken) und SURABAYA (Java). Tickets können in Reisebüros gebucht werden, z. B. bei **Man Jaya Executive Tours Service**, Jl. Sultan Kaharuddin 36, ✆ 0821-4447 2333.

Flüge
Die Flughafengebühr am **Sultan M. Salahuddin Airport** beträgt 11 000 Rp. Nach Flores muss man via Denpasar oder Mataram, denn es gibt keine Direktflüge.
Merpati, Jl. Soekarno-Hatta 58, ✆ 0374-42857, 🖳 merpati.co.id.
MAKASSAR, Fr und Sa in 1 1/2 Std., ab 511 000 Rp;
MATARAM, tgl. in 1 Std., ab 406 000 Rp, von hier Weiterflug nach DENPASAR.
TransNusa, am Flughafen, ✆ 0370-624555 (Office in Mataram), 🖳 transnusa.co.id.
Tgl. in 1 Std. nach MATARAM und DENPASAR.

Sape

Das wenig einladende Hafenstädtchen wird von ausländischen Touristen nahezu ausschließlich der Fährverbindungen nach Flores und Sumba wegen besucht. An den Küsten und auf den vorgelagerten Inseln befinden sich Bugis-Dörfer, die vom Fischfang leben. Trotz gesetzlichen Verbots werden noch immer Fischer aus Sape beim Dynamitfischen im Komodo-Nationalpark erwischt.

ÜBERNACHTUNG

Direkt an der Straße zum Hafen:
Mantika Hotel, Jl. Yos Sudarso, 20 m vom Hafen entfernt, ✆ 0374-71178. 10 saubere, gefliese Zimmer mit Du/WC, die günstigeren mit Hocktoilette, alle aber mit guten Betten. Freundliche Betreiber, die nur wenig Englisch sprechen. Parkplatz vor dem Haus. ❷
Mutiara Losmen, praktisch nebenan, ✆ 0813-5469 7649. Saubere, zu Zeiten des Fährbetriebs etwas laute Zimmer mit AC und Du/WC. Die besseren Zimmer sind etwas überteuert, dafür die einzigen mit AC weit und breit. ❸–❹

TRANSPORT
Schiffe
Vom Hafen legt tgl. zwischen 8 und 9 Uhr die Fähre nach LABUAN BAJO ab, 46 000 Rp, Kinder 30 000 Rp, Motorräder 70 000 Rp, 9 Std. Fahrzeit. Di, Mi und Do zusätzlich am Spätnachmittag zwischen 16 und 18 Uhr. Die genauen Abfahrtszeiten sind beim **Cabang Sape**, ✆ 0374-71075, zu erfragen, aber oft erhält man bei wiederholten Anfragen widersprüchliche Informationen. Für die Fähre nach Sumba gilt ebenfalls die tägliche Abfahrt, nur dass sie Di, Mi, Do nicht nach Sumba, sondern nach Flores fährt und somit die Spätnachmittagsfahrt nach Sumba ausfällt. An allen anderen Tagen fährt sie für 45 000 Rp in 8 Std. nach WAINGAPU.

„Sabar, sabar …"

Da es für den Fährverkehr im Dreieck Sape–Labuan Bajo–Waingapu nur drei Schiffe gibt, verzögern sich die Abfahrten notorisch, also Geduld *(sabar)* mitbringen. Der Ticketschalter öffnet erst, sobald die Fähre angekommen ist und entladen wurde.

 10 HIGHLIGHT

Komodo-Nationalpark

Großes Aufsehen in der Welt der Naturforscher erregte 1912 die Entdeckung einer Riesen-Landechse, die zu den größten Reptilien überhaupt zählt: der Komodo-Waran. Schon 1938 richteten die Holländer dem seltenen „Drachen" ein Reservat ein, das 1980 zum 1733 km² großen **Komodo-Nationalpark**, 🖥 www.komodo-park.com, erweitert wurde. Seit 1991 zählt der Park zum Unesco-Weltnaturerbe, und 2011 wurde er schließlich zu einem der neuen sieben Weltnaturwunder gewählt. Entsprechend besuchen jährlich über 35 000 Touristen den Park, der die Inselgruppe zwischen Sumbawa und Flores umfasst. Neben **Pulau Komodo** (33 937 ha), **Pulau Padar** (2017 ha) und **Pulau Rinca** (19 625 ha) gehören ungefähr 100 kleinere Inseln und eine große Meeresfläche mit ausgezeichneten **Korallenriffen** zum Schutzgebiet. Diese sind leider teils durch das Fischen mit Zyaniden und Dynamit bedroht oder bereits beschädigt.

Das zerklüftete Hügelland verrät den vulkanischen Ursprung der Inseln, die bedauerlicherweise durch unkontrollierte Brände fast sämtliche Wälder eingebüßt haben. Übrig geblieben ist eine eigenartige Savannenlandschaft, in der vereinzelt oder in Gruppen schlanke Lontar-Palmen aufragen. Der Nationalpark zählt zu den niederschlagsärmsten und heißesten Regionen Indonesiens. In der Trockenzeit klettern die Temperaturen regelmäßig auf über 40 °C.

Auch wenn in jüngster Zeit keine Aktivität des nordordöstlich von Sumbawa gelegenen, zuletzt 1996 ausgebrochenen **Gunung Sanggeang Api** verzeichnet worden ist, rumort es dort immer wieder ein wenig. Das ursächliche Aufeinandertreffen zweier tektonischer Erdplatten

Tauchen und Schnorcheln im Komodo-Nationalpark

Neben den Waranen ist die vielseitige Unterwasserwelt die Hauptattraktion des Nationalparks. Die innerhalb des Schutzgebiets gelegenen Tauchreviere zählen zu den besten der Welt und sind berühmt für ihre Artenvielfalt, aber aufgrund der oft **starken Strömungen** nicht für unerfahrene Taucher geeignet. 2008 wurden fünf Taucher von der Strömung 32 km weit von ihrem Tauchspot weggedriftet und erst nach zwei Tagen an der Küste von Rinca gefunden! Schnorcheln in den Korallengründen um die Inseln ist da ungefährlicher, doch sollte man auch hier nur in ruhigen Gewässern nahe dem Strand schwimmen.

Die farbenprächtigen und fischreichen Tauchreviere im Norden des Parks bestehen mehrheitlich aus Hartkorallen und bieten Sporttauchern gute Sichtweiten von 20 m und mehr sowie angenehme Wassertemperaturen von 27–29 °C. Im Süden wachsen hingegen auch Weichkorallen, das Wasser ist mit 24 °C deutlich kühler, und die Sichtweiten sind geringer.

Die anzutreffenden Meeresbewohner unterscheiden sich grundsätzlich voneinander: Während man im Norden auf alle großen, tropischen Riffbewohner stößt, ist der Süden bekannt für seine bunte und dicht besiedelte Makrotierwelt. Hier finden sich noch zahlreiche unerforschte, unbekannte Arten, die einen Tauchgang zu einem weltweit einmaligen Erlebnis machen können. Die Tauchgebiete im Nationalpark werden also nicht umsonst als eine der artenreichsten Unterwasserregionen der Erde angepriesen. Hier leben über tausend verschiedene Fisch- und Hunderte Korallenarten. Auch zwölf Delphinarten, Wale, Haie, Schwärme von Mantarochen und Schildkröten sowie bunte Nacktschnecken bevölkern das Meer.

Tauchen ist das ganze Jahr über möglich. In den Monaten Dezember bis März allerdings können die Sichtweiten geringer und die Strömungen deutlich stärker sein.

Eine kleine Auswahl der besten Tauchgebiete:

Castle Rock: An der nordöstlichen Spitze von Komodo liegt dieses Revier. Die starken Strömungen schwächen sich mit zunehmender Tiefe schnell ab. Hier ziehen viele Fledermausfische, Makrelen und Barrakuda-Schwärme ihre Kreise. In 20 m Tiefe können farbenprächtige Weichkorallen und Seepferchen gesichtet werden. Die Spitze des namensstiftenden Felsens liegt in 3–4 m Tiefe und bietet Schutz vor der starken Strömung.

Nusa Kode: Am südwestlichen Zipfel der Insel Kode sind besonders große Fische inmitten riesiger bewachsener Felsblöcke zu beobachten. Große Zackenbarsche, Kartoffel-Dorsche und Malabar-Barsche sowie Schwärme von Bohar-Schnapperfischen beeindrucken selbst erfahrene Taucher.

Pantai Merah (Pink Beach): Das Tauchgebiet im Südosten der Insel Komodo ist das beliebteste Tauchrevier im Nationalpark und eignet sich auch gut für Nachttauchgänge und zum Schnorcheln. Hier finden sich in bis zu 28 m Tiefe Aale, Nacktschnecken, Krokodils- und Skorpionsfische und allerlei buntes Seegetier. Die Sichtweiten sind bei abnehmender Flut am besten.

Sebayur Kecil: Einer der besten Spots in direkter Nähe von Labuan Bajo liegt nordwestlich der vorgelagerten Insel. Der fischreiche Steilabfall geht bis auf Tiefen von 40 m und bietet neben Weißspitzen-Riffhaien und Kaiserfischen auch viel Makrogetier. Starke Strömungen.

Three Sisters: Drei ungefähr 5 m unter Wasser liegende Felsen bilden dieses Tauchgebiet mit schwächeren Strömungen und maximalen Tiefen von 30 m. Die Felswände sind mit Weich- und Kelchkorallen bewachsen und sehr fischreich. An den Spitzen finden sich beeindruckende Korallengärten.

---

schaffte hier auch die vielen hochstehenden Korallenriffe des Nationalparks.Nur eine schmale Meerenge trennt Pulau Rinca von der Westküste von Flores, wo sich die charakteristische Steppenlandschaft fortsetzt. Der Nationalpark umfasst hier auch ein schmales Küstengebiet. Im dünn besiedelten West-Flores profitiert die reiche Avifauna von diesem Reservat.

KOMODO-NATIONALPARK

Insgesamt arbeiten im Nationalpark 100 Ranger. Die Siedlungen innerhalb des Naturschutzgebiets sind Heimat von ca. 4000 Menschen, zumeist ethnische Bugis aus Sulawesi, Bima aus Sumbawa oder Manggarai aus West-Flores. Wo Menschen sich den Lebensraum mit den Waranen teilen, ist ihr Verhältnis zu den Echsen gespalten: Einerseits leben sie in ständiger Bedrohung durch die Echsen, die auch Nutzvieh reißen, in ihren Stelzenhütten, andererseits bringt der Waran-Tourismus neben der Fischerei die meisten Einnahmen.

PRAKTISCHE TIPPS
Reisezeit
Die beste Reisezeit für einen Besuch der Inseln ist zwischen April und Juni. Später wird es sehr heiß, und erst die im Dezember einsetzende Regenzeit bringt etwas Abkühlung. Außerdem ziehen sich die Warane zur Paarungszeit (Juni bis August) in die Wälder zurück. Gefährlich sind Bootstouren während der großen Stürme im Februar und März.

Anfahrt
Besucher gelangen zunächst nach **Loh Buaya** (Rinca) oder **Loh Liang** (Komodo), wo man bei dem örtlichen **PHKA**-Büro registriert wird.

Eintritt
Der Eintritt zum Nationalpark beträgt 20 000 Rp, weitere 50 000 Rp werden für eine Fotogenehmigung fällig, und noch mal 50 000 Rp für den Guide (obligatorisch) für max. fünf Personen, jede weitere Person kostet 10 000 Rp extra. Die Fütterung der „Drachen" erlebt man auf diesen Touren nicht mehr, da die Echsen zu abhängig davon wurden und keinen Drang mehr

verspürten, selbst auf Jagd zu gehen. Ab und an, wenn große Boote mit vielen asiatischen Touristen kommen, werden noch Fleischstücke verfüttert, das ist jedoch selten der Fall. **Gebühren für Tauchen, Schnorcheln und Kanufahren** betragen 75 000, 60 000 bzw. 40 000 Rp pro Stunde.

Übernachtung

Auf keinen Fall sollte man auf den Hauptinseln campen. Wer unbedingt übernachten will, sollte auf dem Boot oder in einer der einfachen, aber immerhin auf Stelzen errichteten Unterkünfte von Rinca und Komodo schlafen.

Sicherheit

Immer wieder, wenn auch selten, kommt es zu Angriffen der Warane auf Menschen, wobei sie zumeist durch den Geruch von Lebensmitteln angelockt oder auf Wanderungen von Menschen aufgescheucht werden.

Die Legende der Drachen-Prinzessin

Vor langer Zeit lebte die wunderschöne Prinzessin Putri Naga (*Naga* = Drache) auf der Insel Komodo. Sie heiratete einen Mann und gebar Zwillinge, einen Jungen und einen Drachen. Während ihr Sohn Si Gerong unter Menschen aufwuchs, verstieß sie den Drachen Ora in den Wald. Jahre später erlegte Si Gerong auf der Jagd ein Reh, aber als er seine Beute einsammeln wollte, kam plötzlich ein riesiger Waran aus dem Unterholz hervor. Si Gerong versuchte den Drachen zu verjagen, doch dieser stellte sich über das getötete Tier und fletschte die Zähne. Si Gerong hob seinen Speer, um den Waran zu töten, doch just in diesem Moment erschien die Drachen-Prinzessin, eine wunderschöne Frau, und erklärte dem verdutzten jungen Mann: „Töte sie nicht, denn sie ist deine Schwester Ora. Ihr beide seid Zwillinge!" Seit diesem Vorfall behandelten die Einwohner der Inseln die Warane mit Respekt, waren sie doch mit ihnen verwandt. Schwache, hilflose oder alte Drachen wurden fortan von den Menschen gefüttert.

Rinca

Die Grassteppe im Norden der 198 km² großen Insel ist das Weidegebiet wilder Pferde, Hirsche, Schweine und mächtiger Büffel, die ab und an den hier lebenden Waranen zum Opfer fallen. Von **Kampung Rinca** im Norden führen Wege ins Innere der Insel. Das Gebiet im Süden rings um den **Gunung Ora** („Drachenberg") ist stärker bewaldet und die Heimat interessanter, zur australischen Fauna zählender Vogelarten wie auch gefährlicher Wespen und Skorpione.

Wanderungen ins Landesinnere sind nur mit offiziellem Führer der Naturschutzbehörde möglich. Mit einem gecharterten Boot kann man in der Bucht **Loh Buaya** vor Anker gehen, wo Neuankömmlingen ein Guide zugewiesen wird. Anschließend geht es in das Besucherzentrum der Nationalparkverwaltung, das neben Infos und einer Einweisung zur Wanderung auch ein Bistro und einen kleinen Souvenirladen besitzt. In dem einfachen Guesthouse kann man übernachten.

Auf Rinca ist die Wahrscheinlichkeit, Warane zu sichten, höher als auf Komodo, denn hier leben relativ viele Tiere auf kleinerer Fläche. Allein im und um das Ranger-Camp sind meist einige „Drachen" zu sehen – der Geruch von Essen zieht sie an.

Komodo

Die 390 km² große Insel Komodo, die mit ihrer hügeligen Steppenlandschaft auch in puncto Fauna und Flora Rinca ähnelt, hat immerhin 2000 Bewohner. Hauptort ist **Kampung Komodo** mit etwa 700 Einwohnern. Die Parkverwaltung sowie die hier arbeitenden Ranger haben ihren Sitz in der Bucht Loh Liang unweit der Anlegestelle an der Ostküste der Insel. Hier befindet sich auch ein Gästehaus. Allerdings sind Lebensmittel und Getränke auf der Insel teuer und sollten daher mitgebracht werden. Die besten Plätze zum Beobachten der Warane findet man im **Poreng-Tal** und am Fluss **Liang**.

Die meisten Boote legen in der Bucht von **Loh Liang** an, wo sich auch das PHKA-Office (Nationalparkverwaltung; Eintrittspreis s. S. 437) befindet. Die gängige Wanderroute führt von hier

Die größte Echse der Welt

Der *Varanus komodoensis* wurde erst 1912 von P. A. Ouwens für die westliche Wissenschaft entdeckt. Die Tiere werden bis zu 3 m lang und 135 kg schwer. Einige erreichen das stolze Alter von 20–25 Jahren. Auch wenn sie einen trägen Eindruck machen, so sind die Komodo-Warane doch in der Lage, eine Geschwindigkeit von 18 km/h zu erreichen und mehrere Kilometer am Tag zurückzulegen, Bäume zu besteigen und zu schwimmen.

Weder Augen noch Ohren der Warane sind besonders gut, dafür besitzen sie einen exzellent ausgeprägten **Geruchssinn**, mit dem sie ihre Beute aus vielen Kilometern Entfernung wahrnehmen können. Während Jungtiere meist Kleingetier fressen, ernähren sich die ausgewachsenen Warane hauptsächlich von Aas, aber auch Rehe, Wildschweine, Ziegen und Pferde stehen auf dem Speiseplan, wobei sie während der Jagd – eigentlich artuntypisch – manchmal auch Gruppenverhalten zeigen.

Hauchdünnes Gewebe überzieht ihr Gebiss, während Drüsen im Unterkiefer ein **Gift** produzieren. Im Maul der Warane gedeihen durch das Aas auch Bakterien sehr gut, und ihr Speichel ist somit so giftig, dass ein Biss mittelfristig jedes Tier (und jeden Menschen) tötet. So sterben selbst Büffel nach ein paar Tagen an einer Blutvergiftung. Die Komodo-Warane, deren Schädel nur eine geringe Beißkraft haben, müssen nur warten, bis ihr Gift wirkt. Selbst wenn sie Menschen nur selten gefährden, wirken sie mit ihren großen Kiefern und der gespaltenen Zunge sehr bedrohlich. Eine gefährliche Waffe ist der lange **Schwanz**, der eingerollt werden kann, um dann kräftige Schläge zu verteilen.

Warane sind Einzelgänger. Nur während der Paarungszeit von Juni bis August können sie auch in Gruppen beobachtet werden, wobei das Verhältnis zwischen Männchen und Weibchen mit 3:1 für ordentliche **Konkurrenz** zwischen den Männchen sorgt. In bis zu 9 m tiefen Löchern legen sie Eier ab. Nach neun Monaten schlüpfen im April/Mai die etwa 45 cm langen Jungtiere und verbringen ihre ersten Lebensmonate auf Bäumen, denn auch sie sind nicht vor ihren Artgenossen sicher. Erst wenn sie eine Länge von etwa 1 m erreicht haben, trauen sie sich, die Bäume zu verlassen; die Einheimischen nennen diese Jungtiere *Ora*, die Erwachsenen *Komodo*.

Etwa 2500 Komodo-Warane leben heute auf den Inseln Komodo, Rinca, Kode und Motang, ein paar Dutzend auch an der Westküste von Flores. Gefährliche Gezeitenströmungen zwischen dem Indischen Ozean im Süden und der Flores-See im Norden isolieren die Echsenpopulation von Sumbawa, aber nicht von Flores.

Noch ist ungeklärt, wie die Warane auf die Inseln gelangten. Eine Theorie besagt, dass der Meeresspiegel während der letzten Eiszeit so tief abgesunken war, dass die Warane sich von Insel zu Insel bewegen konnten.

Auch ist der Waran wohl ein Verwandter mittlerweile ausgestorbener Riesenechsen, die in Australien lebten. Auf den Inseln im heutigen Nationalpark hatten sie keine natürlichen Feinde und konnten daher bis heute überleben. Ihr größter Gegenspieler sind Wilderer, die ihre Hauptnahrung, die Rehe, dezimieren, wie auf Padar geschehen. Die Warane selbst sind für Wilderer wenig interessant, da ihr Hautskelett (Osteodermis) eine Häutung praktisch unmöglich macht.

---

etwa 30 Minuten nach **Banu Nggulung**, einem zumeist trockenen Flussbett, an dem sich oft Warane blicken lassen. Will man den **Gunung Arab** (823 m), die höchste Erhebung der Insel, besteigen oder auf anderen Wegen ins Landesinnere vordringen, muss man sich von einem Führer begleiten lassen.

Die Südwestspitze der Insel besitzt einen von weltweit nur sieben rosafarbenen Stränden, **Pantai Merah** genannt. Die Färbung des Sands resultiert aus dem spezifischen Mischverhältnis zwischen weißem und rotem Sand und Muschelkalkteilchen. Die Gewässer hier sind besonders gut zum Schnorcheln geeignet. Allerdings sollte man den Strand niemals alleine aufsuchen, denn auch die Komodo-Warane kommen gern hierher, um sich zu sonnen.

Lasa

Schön ist ein Ausflug (ohne Guide) zur vorgelagerten Insel Lasa zum Schwimmen und Schnorcheln. Direkt vor der Haustür liegt ein passables Korallenriff. Ein Motorboot kostet pro Tag um 500 000 Rp.

Typisch für die Inseln sind die Segelplattformen *(Bagan)*. Zwischen zwei schmalen, langen Booten wird eine bis zu 5 m lange, hölzerne Plattform befestigt, auf der ein flaches Häuschen errichtet ist.

Padar

Die *Selat Lintah*, „Blutegelmeerenge", genannte Meeresströmung trennt die mittig gelegene Insel Padar von Komodo. Hier sind die Meeresströmungen sehr gefährlich. Deshalb sollte man sich nur von erfahrenen Bootsleuten fahren lassen und allenfalls in Strandnähe schnorcheln. Das Land ist unbewohnt, trocken und unzugänglich. Es gibt weniger Tiere als auf der Nachbarinsel, und der Waran ist hier seit den späten 1970er-Jahren ausgestorben. Doch locken schöne Strände mit unberührten Korallenriffen nach wie vor Besucher an.

TOUREN

Verschiedene Reisebüros in Bali bieten **mehrtägige Touren** nach Komodo an (Flug, Fähren, Mahlzeiten und Übernachtungen inkl.). Preise variieren je nach Teilnehmerzahl zwischen US$300 und US$500.
Auf **Bootstouren** von Bali über Komodo nach Flores werden oft Stopps vor Lombok und Sumbawa eingelegt. Generell sind diese Touren nur sehr seefesten Naturen zu empfehlen, denn das Meer kann unruhig und rau werden, übernachtet wird auf dem Boot.

TRANSPORT

Die meisten Besucher kommen von Flores in **Tagesausflügen** auf die Inseln, oft kombiniert mit Stopps an Schnorchel- und Tauchspots. Von Labuan Bajo aus sind es etwa 2 Std. nach Rinca und 4 Std. nach Komodo und Padar. In LABUAN BAJO können Boote gechartert werden, s. S. 445.

Tauchanbieter in Labuan Bajo (Flores) kombinieren Tagesausflüge zu Tauchspots mit Besuchen auf Komodo oder Rinca, s. S. 445.

Flores

Im Jahr 1544 sichtete ein portugiesisches Handelsschiff das östliche Kap der Insel und taufte es „Cabo des Flores" (Kap der Blumen). Seitdem hat die Insel ihren europäischen Namen, sogar in Malaiisch nennt man sie *Pulau Bunga* (Blumeninsel), obwohl hier auch nicht mehr Blumen wachsen als in anderen Teilen Indonesiens. Auf der fast 700 km langen Trans-Flores-Straße von Labuan Bajo nach Larantuka begegnet man nicht nur faszinierenden Menschen und uralten Kulturen, sondern auch umwerfenden Landschaften und einem so gar nicht typischen Indonesien.

Mit 14 250 km^2 ist Flores – 360 km lang und nur zwischen 12 und 60 km schmal – die zweitgrößte Insel Nusa Tenggaras und zugleich die landschaftlich schönste und abwechslungsreichste. Eine stark zerklüftete, bewaldete Gebirgskette mit mehreren über 2000 m hohen **Vulkanen** erstreckt sich über die gesamte Länge der Insel. Tapioka und Bananen waren ehemals die einzigen Grundnahrungsmittel, bevor die Holländer vor etwa 100 Jahren den Reisanbau einführten.

Während in den Küstengebieten der malaiische Bevölkerungsanteil überwiegt, ist in den Dörfern im Landesinneren der melanesische Einschlag nicht zu übersehen. Wichtige Volksgruppen sind die **Manggarai** in West-Flores, verwandt mit den **Riung** an der Nordwestküste, die **Ngada** in der Gegend um Bajawa und das Volk der **Lio-Ende** in den Bergen nördlich von Ende. Der Bezirk um Maumere wird als ein Übergangsgebiet zwischen Zentral- und Ost-Flores (Larantuka) betrachtet und hauptsächlich von den **Sikka** und einer Minderheit von Bugis bewohnt. Ost-Flores bildet zusammen mit den östlichen Inseln Adonara, Solor und Lembata eine eigene Kulturzone und den Lebensraum der **Lamaholot**. Der portugiesische Einfluss ist dort heute noch am stärksten zu spüren. Vor allem in der Gegend um Larantuka tragen viele Menschen portugiesische Familiennamen, katholische Feiertage werden mit Prozessionen im alten portugiesischen Stil begangen, und ein südeuropäischer Einschlag ist in einigen Gesichtern unverkennbar.

Vor Erscheinen der Europäer gehörten Flores und der Solor-Alor-Archipel zum Herrschaftsbereich des mächtigen Majapahit-Reiches auf Java. Funde aus der Bronzezeit und Zeugnisse der Megalithkultur beweisen, dass auch die prähistorischen Kulturen die Insel erreichten und tiefgreifend geprägt haben. Schon im 16. Jh. begann die Bekehrung zum Katholizismus durch den als Heiligen verehrten portugiesischen Dominikaner Franz Xaver.

Später setzten die Holländer die Missionierung fort, sodass sich heute mehr als drei Viertel der 1,9 Mio. Einwohner zur römisch-katholischen Kirche bekennen. Den Rest, vorwiegend im Westen der Insel und in den Hafenstädten, bilden Anhänger des Islam. Doch konnten die Hochreligionen die alten Glaubensvorstellungen nur zu einem geringen Teil verdrängen. Noch heute existieren, hauptsächlich in den Dörfern und im Landesinneren, Megalithkulturen und animistische Rituale. So kann in ein und demselben Ort nicht weit von der Kirche, aber doch so weit, dass der Schatten des Kirchturms nicht darauf fällt, ein von Geisterhäuschen und heiligen Steinen umgebener Tanzplatz liegen, und die Dorfbewohner werden trotz Geld und guter Worte nicht einverstanden sein, dass ihr Zeremonialhaus und die darin befindlichen Holzstatuen fotografiert werden.

Seit 1914 ist Flores das Arbeitsfeld der zumeist deutschen Missionare der Steyler Mission

Hier spielt die Musik

Auf musikalischem Gebiet nimmt Flores eine hervorragende Stellung innerhalb der kleinen Sunda-Inseln ein. So haben die Manggarai den Jodlern ähnliche Gesänge, die Lio singen diatonische Erntelieder im Dur-Moll-System, und sogar der drei- oder vierstimmige Gesang ist verbreitet. In Ost-Flores leben gar aus Südwest-Europa stammende Volkslieder des 17. Jhs. in abgeänderter Form fort.

(S.V.D.), deren Stationen sich fast überall finden. Dank ihrer Energie und ihres Idealismus wurde Flores zu einem Zentrum des Katholizismus in Indonesien. Die Patres und Ordensschwestern haben sich aber auch hinsichtlich der Erforschung der alten Kultur und der Sprachen enorme Verdienste erworben – sie sind eine wahre Fundgrube für Informationen.

Labuan Bajo

Der kleine Ort am äußersten Westende der Insel erstreckt sich entlang einer geschützten Bucht, die mit vor Anker liegenden Segel- und Motorbooten übersät ist, sodass man sich mitunter eher an einem See als am Meer wähnt. Von den umliegenden Bergen bietet sich eine fantastische Aussicht auf unzählige kleine Inseln mit weißen Sandstränden sowie Tauch- und Schnorchelplätzen. Orientierungsprobleme dürfte es in Labuan Bajo eigentlich nicht geben, da das Dorf praktisch nur aus einer langen Straße besteht, die das Ufer der Bucht säumt.

Labuan Bajo hat sich mit dem Tourismus im Komodo-Nationalpark zu einem kleinen Traveller-Zentrum entwickelt, dem bisher einzigen auf Flores. Die Bewohner des Ortes, überwiegend Bugis aus Süd-Sulawesi, Manggarai und eine Handvoll Balinesen, haben sich schon auf den zunehmenden Besucherstrom eingestellt und bauen fleißig Hotels, Restaurants usw. Bei all den Besuchern, ein paar schicken Lounges und zahlreichen touristischen Angeboten bleibt der fotogene, entspannte Grundcharakter des Fischerdorfs dennoch erhalten.

Für Ausflüge in den Nationalpark, Tauchgänge oder Wanderungen zu abgelegenen Dörfern, Vulkanen und Seen im Hinterland ist Labuan Bajo der komfortabelste Ausgangspunkt mit einer guten Auswahl an Angeboten – und Besuchern aus aller Welt.

ÜBERNACHTUNG

Bagus Bagus Homestay, ☎ 0813-3905 0009. 5 saubere, freundliche, etwas hellhörige Zimmer mit Open-Air-Du/WC, Moskitonetz, bequemen Matratzen und teils AC werden in schöner Lage am Hang im Norden

FLORES

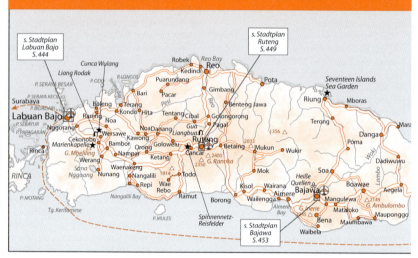

der Stadt von einer freundlichen Familie unterhalten, die auch bei der Organisation von Touren und Weiterreise behilflich ist. Gutes Preis-Leistungs-Verhältnis. Prima Frühstück inkl. ❸
Bajo Eco Lodge, ✆ 0385-41362, 41452. Kühle, überwiegend weiße, gefliese AC-Zimmer mit Ventilator und Moskitonetz, großem Bett, Safe und Stein-Du/WC. Auch EZ und Familienbungalows. Große Wiese und freundliches Personal. Ein Internet-PC kann 15 Min. gratis genutzt werden. Eine Solaranlage ziert das Dach. ❺
Bayview Gardens, ✆ 0385-41549, 🖥 www.bayview-gardens.com. Hübsch an den Hang gebaute Anlage mit tollem Ausblick über die Bucht. Zimmer haben Balkon mit Aussicht, Du/WC und AC. Frühstück und WLAN inkl. Regen- und Abwasser werden aufgefangen und weiterverwendet, Abfälle zu Kompost verarbeitet und Wasser durch Solarenergie vorerhitzt. Der Garten zählt Hunderte Pflanzenarten. ❺
Bintang Flores Hotel, Jl. Pantai Pede, ✆ 0385-42000, 🖥 www.bintangfloreshotel.com. Gutes

4-Sterne-Hotel mit einladendem Pool, Fitnessraum, Dachterrasse, Tauchschule und modern-minimalistischem Design. Zimmer mit AC, komfortablen Betten, TV, Du/WC und Blick in den schönen Garten. Guter Strand und WLAN in Lobby und Restaurant obendrein. ❻–❼
Gardena Bungalows, Jl. Yos Sudarso, ✆ 0385-41258. Die an den steilen Hang gebaute Anlage besteht aus 29 sauberen, teils sehr einfachen Bungalows mit Schaumstoffmatratzen und Du/WC. Die teureren Zimmer punkten mit toller Aussicht über die Bucht und gefliesten Böden. Frühstück inkl. ❷–❸
Golo Hilltop, ✆ 0385-41337, 🖥 www.golohilltop.com. Schöne, gärtnerisch gepflegte Bungalowanlage mit Blick über die Bucht. Die Zimmer haben teils AC, eher harte Matratzen, Safe, saubere Du/WC und sind in Weiß und Violett gestaltet. Freundliches Personal, das auch Touren und Autovermietung organisiert, WLAN und Frühstück inkl. ❸–❹
Hotel Pagi, Jl. Soekarno Hatta, ✆ 0385-41999, ✉ pagi.hotel@yahoo.de. Das neue, erst 2011 eröffnete Mittelklassehotel liegt direkt über einem großen Supermarkt und hat 19 etwas

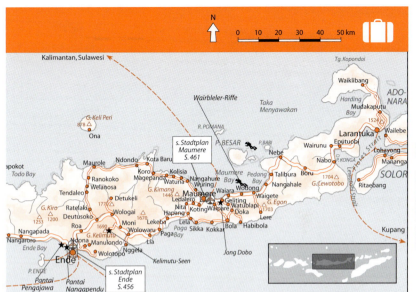

kleine und muffige, aber modern in Weiß und Giftgrün gehaltene Zimmer mit AC und Du/WC zu vermieten. Leicht sterile Atmosphäre. ❹
Komodo Indah Hotel, Jl. Soekarno Hatta, ℅ 0821-4643 9489. Die kleinen Zimmer des Anfang 2011 eröffneten Hotels haben sehr weiche Matratzen und einfache Mandi/Hocktoiletten, sind aber recht sauber. Hier können auch Touren nach Komodo und Rinca gebucht werden. ❷–❸
Puri Sari Beach Hotel, Jl. Pantai Pede, ℅ 0385-42010, 🖥 www.purisarihotel.com. 13 gefliste Zimmer mit AC, großer Du/WC, guten Betten, Safe, Minibar und schlichten, aber eleganten Holzmöbeln. Swimming Pool im großen Garten. WLAN und Frühstück inkl. ❺

ESSEN

Bajo Bakery, Jl. Soekarno Hatta, ℅ 0852-5356 2512. Frische, dick belegte Sandwiches für 40 000 Rp und sehr leckere Eiskaffees sind Grund genug, hier in AC-gekühltem Ambiente (vorausgesetzt es gibt Strom) den schnellen Hunger oder Durst zu stillen oder einfach der Nachmittagshitze zu entfliehen. ⏰ 8–18 Uhr.

Made in Italy, Jl. Soekarno Hatta, ℅ 0385-41366, 🖥 www.miiflores.com. In dem stilvoll mit dunklem Holz mediterran eingerichteten, offenen Restaurant werden exzellente, erstaunlich authentische Gerichte aus dem mediterranen Stiefel aufgetischt. Die Pizza aus dem Steinofen und die hausgemachte Pasta sind die Preise von 60 000–70 000 Rp definitiv wert. Besonders empfehlenswert sind die schwarzen Nudeln *Tagliolini Neri Al Calamaretti* sowie die *Spaghetti Allo Scoglio* mit viel frischem Seafood. Sehr netter Service. WLAN inkl. ⏰ 10–23 Uhr.

Mediterraneo, Jl. Soekarno Hatta, ℅ 0821-4616 1663, 🖥 www.floresexperienceadventure.com. Lounge-Restaurant mit großer, gemütlicher Chill-Out-Fläche mit großen Sitzkissen, schönen, aus wiederverwendetem Holz von alten Booten gebauten Stühlen und Tischen sowie Blick auf den Hafen. Serviert werden gute Pizzen ab 50 000 Rp sowie Pasta aus eigener Herstellung für 60 000 Rp und einige westliche Kreationen, die besser sein könnten. Sehr freundliches Personal. Jeden So von 17–18.30 Uhr gibt es ein Buffet. Man muss nur

Labuan Bajo

Übernachtung:
1. Golo Hilltop
2. Bagus Bagus Homestay
3. Bayview Gardens
4. Gardena Bungalows
5. Komodo Indah
6. Hotel Pagi
7. Bintang Flores Hotel
8. Bajo Eco Lodge
9. Puri Sari Beach Hotel

Essen:
1. Paradise Bar & Restaurant
2. Restaurant Corner
3. Pesona Bali
4. The Lounge
5. Made in Italy
6. Mediterraneo
7. Bajo Bakery
8. Tree Top

Sonstiges:
1. Dive Komodo
2. Bajo Dive Club
3. Flores Remo Tour
4. Flores Spa
5. Sebayur Diving
6. Apotheke
7. Supermarkt
8. Pagi-Supermarkt
9. Lagona Divers

Transport:
1. Wings Air
2. Pelni
3. ASDP
4. Perama
5. Lion Air & TransNusa
6. Merpati

ein Getränk kaufen, dann ist das Essen inkl. Hauptgerichte ab 60 000 Rp. WLAN inkl. 9–23 Uhr.

Paradise Bar & Restaurant, 0385-41733, kakamaxrasta@gmail.com. Gute indonesische Klassiker wie Gado-Gado und solide internationale Gerichte ohne Überraschungen. Von der hoch gelegenen Steinterrasse tolle Aussicht über die Bucht im Norden. Tgl. ab 20 Uhr Livemusik. 11–24 Uhr.

Pesona Bali, Jl. Soekarno Hatta, 0385-41950. Außer den internationalen Evergreens auch balinesische Küche nach Art des manggarai-balinesischen Betreiberpärchens, das Ganze zu günstigen Preisen. Rustikales Holz bestimmt die Inneneinrichtung, dazu Ausblick auf den Hafen. 9–23 Uhr.

Restaurant Corner, Jl. Soekarno Hatta, 0821-444 4204. Neben indonesischen und internationalen auch einige vegetarische Gerichte mit teils ökologisch angebautem Gemüse. Vom Obergeschoss mit einfacher Bestuhlung gute Aussicht auf den Hafen. WLAN inkl. 8–22 Uhr.

The Lounge, Jl. Yos Sudarso, 0385-41962, suryaman21@yahoo.com. Indonesische und mediterran angehauchte westliche Gerichte aus offener Küche, serviert von freundlicher, kommunikativer Bedienung, außerdem Frühstücksmenüs. Abends wird die Location ihrem Namen gerecht: Die Sitzecken werden von durstigen Travellern zum Tagesausklang frequentiert, und der Soundtrack wechselt von Bossanova zu House.

Tree Top, Jl. Soekarno Hatta, unweit der Post. Große Auswahl an Burgern und Pasta-Gerichten sowie Frühstücksmenüs. Großes Bintang für 25 000 Rp, und vom Balkon im 2. Stock des Holzbaus schöne Aussicht auf den Bootshafen. Billard im Erdgeschoss. ⊙ 7–22 Uhr.

AKTIVITÄTEN

Kajakfahren

Über die meisten Tour Operator an der Hauptstraße im Ort sind Kajaktouren durch die Küstengewässer für 200 000 Rp p. P. buchbar.

Schnorcheln

Schnorchelausflüge sind in den üblichen Touren nach Komodo und Rinca enthalten. Die Ausleihe von Maske und Flossen kostet 15 000 Rp, wer seinen Ausflug über die Unterkunft bucht, bekommt sie meist dazu, wie auch ein kleines Lunchpaket.

Tauchen

Die meisten Tauchanbieter haben sich in der „Komodo National Park Dive Operators Association" zusammengetan, die sich u. a. für nachhaltigen Tauchtourismus im Nationalpark einsetzt. Der Open-Water-Kurs kostet in den örtlichen Tauchschulen ca. 3,6 Mio. Rp, 2 Tauchgänge inkl. Verpflegung 800 000– 1 Mio. Rp. Bei mehr Tauchgängen wird es günstiger. Spezialkurse, z. B. Tauchen bei Nacht, kosten zwischen 1,2 und 1,6 Mio. Rp.
Bajo Dive Club, ☎ 0385-41503, 🖥 www.bajodive.com. Die unter deutscher Leitung stehende und zugleich älteste Tauchschule von Labuan Bajo ist seit über 20 Jahren dabei und schafft heute mit ihrem schnellsten Boot locker 3 Tauchgänge pro Tag und Ausflug, auch kombinierbar mit Wanderungen auf Komodo oder Rinca. Das Equipment sollte allerdings genau überprüft werden.
Dive Komodo, Jl. Soekarno Hatta, ☎ 0385-41862, 🖥 www.divekomodo.com. 2 Tauchgänge für 800 000 Rp p. P. Außer Tauchkursen und Tagesausflügen vom Festland aus auch mehrtägige *Liveaboard*-Touren auf einem Segel-

schiff, der aktuelle Fahrplan ist auf der Website zu finden.
Lagona Divers im Bintang Flores Hotel, ☎ 0858-5731 7267, 🖥 www.lagona-divers.com. Tauchschule mit deutschsprachigen Lehrern, gutem Equipment und dem nach eigenen Angaben schnellsten Boot Labuan Bajos. Bei 3 Übernachtungen im Hotel ist eine Tour nach Rinca inkl.
Sebayur Diving, ☎ 0385-42094, 🖥 www.sebayurdivingkomodo.com. Ausflüge für 800 000 Rp inkl. Verpflegung, 2 Tauchgängen und Equipment. Ein Schnorcheltrip kostet 250 000 Rp inkl. Mittagessen, aber ohne Ausrüstung. Zur Zeit der Recherche im Herbst 2011 wurde ein Dive Resort auf der Insel Sebayur Kecil gebaut. Eine Übernachtung inkl. 2 Tauchgängen, Frühstück und Mittagessen für 1,2 Mio. Rp bei mind. 6 Pers.

Wellness

Flores Spa, Jl. Soekarno Hatta, ☎ 0857-3958 0888, 🖥 www.floresspa.com. Seit Juni 2011 können erschöpfte Reisende in dem kleinen, entspannten, aber dennoch professionellen Spa Erholung finden. Neben klassischen und balinesischen Massagen kommen auch Therapien aus Flores zur Anwendung. Eine 1-stündige Massage oder ein Körperpeeling kosten je 100 000 Rp. Zur Happy Hour von 10–13 Uhr gibt es 90 Min. zum Preis von 60 Min. ⊙ 10–20 Uhr.

TOUREN

Komodo und Rinca

Ein Tagesausflug nach Rinca kostet bei Organisation über die Reisebüros oder Unterkünfte ca. 150 000 Rp p. P. oder 700 000–1 Mio. Rp pro Boot inkl. Benzin, einer Mahlzeit und Schnorchelausrüstung, jedoch ohne Permit in den Nationalpark (s. S. 437). Wer sich direkt am Hafen bei den Fischern umhört und etwas handelt, bekommt das Ganze mitunter bereits für 600 000 Rp. Komodo erfordert etwa die doppelte Fahrzeit und schlägt deshalb teurer zu Buche. Es empfiehlt sich, bereits früh am Morgen nach Komodo (4 Std. Fahrzeit) oder Rinca (2 Std.) zu fahren, um aktive Komodo-Warane zu erleben.

Bootstouren

Komodo Cruises, ✆ 0814-2500 1499, 🖥 www.
komodocruises.com. Der professionelle
Veranstalter unter holländischer Leitung
betreibt verschiedene Boote, darunter auch
schöne Segelschiffe, mit denen mehrtägige
Touren inkl. Tauchen möglich sind. Eine
3-tägige Tour kostet 3,6 Mio. Rp p. P. inkl.
Tauchausrüstung, 7 Tauchgängen, Besuch
des Komodo-Nationalparks und Verpflegung.

Ins Landesinnere

Flores Remo Tour, Jl. Soekarno Hatta,
✆ 0812-3682 6044, 🖥 www.floresremo.com.
Die belgisch-floresisch geführte Organisation
ermöglicht Trekkingtouren zu abgelegenen
Dörfern wie Wae Rebo im Südosten oder
Wanderungen zu Wasserfällen, Seen und
Bergbesteigungen. Eine 3-tägige Trekkingtour
inkl. Besuch traditioneller Dörfer und Berg-
besteigung für 1,8 Mio. Rp p. P. einschl. Guide,
Permits und Verpflegung.

SONSTIGES

Apotheke
Eine Apotheke befindet sich in der Jl. Soekarno
Hatta unweit des Treetop Restaurants.

Fahrradverleih
Bei **Flores Remo Tour** in der Jl. Soekarno
Hatta können für 75 000 Rp pro Tag Fahrräder
geliehen werden.

Geld
Geldautomaten der BNI und BRI finden sich
in der Jl. Soekarno Hatta. Dort auch einige
wenige Money Changer mit schlechten Kursen.

Informationen
Touristeninformation, an der Haupstraße
östlich des Ortszentrums, ✆ 0385-41170.
Etwas unterbesetztes kleines Büro mit einigen
Broschüren und gutem Kartenmaterial von
West-Flores. ⏰ Mo–Do 8–14, Fr 8–11,
Sa 8–12.30 Uhr.

Internet
Im **Internetcafé** in der Jl. Soekarno Hatta
gegenüber dem Pesona Bali kostet die Std.

8000 Rp, Drucken 2000 Rp pro Seite.
⏰ 8–22 Uhr.

Motorradverleih
In den Büros des Perama-Agenten sowie bei
Flores Remo Tour und im Lion Air Agenten-
Office, alle Jl. Soekarno-Hatta, sind Motorräder
für 70 000 Rp pro Tag ausleihbar.

Post
Das **Postamt** liegt zentral in der Jl. Soekarno
Hatta, ✆ 0385-41210. ⏰ Mo–Sa 8–15 Uhr.

Supermarkt
Ein Supermarkt befindet sich unter dem
Hotel Pagi in der Jl. Soekarno-Hatta.
⏰ 8–21 Uhr.

NAHVERKEHR

Angkot verkehren nur sporadisch. Aber fast
alle Hotels bieten kostenlosen Transfer
(mit Boot oder Auto) ins Dorf, zum Hafen oder
zum Flughafen. Außerdem kann man in den
meisten Hotels Autos für ca. 500 000 Rp pro
Tag inkl. Fahrer chartern. **Ojek** bieten sich für
Kurzstrecken an und kosten 5000–10 000 Rp
pro Fahrt.

TRANSPORT

Minibusse und Überlandtaxis
Die Straße hinauf nach RUTENG ist gut ausgebaut und asphaltiert. Die vor allem vormittags
fahrenden Minibusse brauchen dorthin etwa
5 Std., kosten 10 000 Rp und fahren am Hafen
ab. Fast jede Unterkunft und jedes Tourbüro im
Ort vermittelt zudem Plätze in gecharterten
Überlandtaxis (Travel). Die Fahrt nach Ruteng
kostet in einem solchen PKW 80 000 Rp p. P.
und dauert 4 Std.
Perama, Jl. Sukarno Hatta, ✆ 0376-42015,
🖥 www.peramatour.com.
BAJAWA, in 8 Std. für 170 000 Rp;
DENPASAR, in 30 Std. für 375 000 Rp;
ENDE, in 13 Std. für 240 000 Rp;
MATARAM, tgl. in 24 Std. für 250 000 Rp
inkl. einer Mahlzeit;
MAUMERE; in 18 Std. für 350 000 Rp.
MONI (Kelimutu), in 15 Std. für 280 000 Rp;
RUTENG, mehrmals tgl. in 4 Std. für 85 000 Rp.

Schiffe

Eine Fähre der **ASDP**, Jl. Soekarno Hatta am Hafen, ✆ 0385-41095, pendelt tgl. zwischen Labuan Bajo und SAPE, Sumbawa, Abfahrt 8 Uhr, Fahrtzeit 9–10 Std., Fahrpreis 46 000 Rp. Sie hält nicht auf Komodo. Dorthin muss man in Labuan Bajo ein Boot chartern oder an einer der von Travel Agents angebotenen Touren teilnehmen. Und: Da es für das Dreieck Sumbawa-Flores-Sumba nur 3 Fähren gibt, sind Verspätungen an der Tagesordnung.
Die **KM. Tilongkabila** kommt alle 2 Wochen und fährt weiter nach MAKASSAR (Sulawesi), BIMA (Sumbawa), LEMBAR (Lombok), sowie BENOA (Bali). Die aktuellen Preise und Abfahrtszeiten sind im **Pelni**-Office zu erfragen, ✆ 0385-41106.

Flüge

Am **Komodo Airport**, ✆ 0385-41132, 🖥 www.komodoairport.com, beträgt die Flughafensteuer 11 000 Rp.
Merpati, unweit vom Flughafen in der Jl. Eltari 6, ✆ 0385-41177, 🖥 www.merpati.co.id. 🕐 8–17 Uhr.
DENPASAR, tgl. in 1 Std., ab 600 000 Rp, von dort Weiterflug nach MATARAM, SURABAYA und JAKARTA.
MAUMERE, Di, Fr und So in 1 Std. für 335 000 Rp.
TransNusa, Jl. Soekarno Hatta, ✆ 0385-41800, 🖥 www.transnusa.co.id.
DENPASAR, tgl. in 1 Std.;
KUPANG via ENDE, 3x wöchentl. in 2 Std.
Wings Air, im Flughafengebäude, ✆ 0385-41124, 🖥 www.lionair.co.id. 🕐 8–16 Uhr, an Flugtagen 6.30–16, So bis 13 Uhr.
DENPASAR, Di, Do und Sa in 1 Std., ab 728 000 Rp;
KUPANG via ENDE, Di, Do und Sa in 2 Std. für 974 000 Rp.

Die Umgebung von Labuan Bajo

Gua Batu Cermin

Rund 3 km östlich des Stadtzentrums liegt die Gua Batu Cermin („Spiegelsteinhöhle"). Je nach Jahreszeit steht die Sonne hier zwischen 9 und 10 Uhr genau so, dass die reflektierenden Einschlüsse in der Gesteinsoberfläche das Licht zurückwerfen und dadurch auf faszinierende Art die ganze Höhle ausleuchten. Hinter dem Bupati Office geht es immer geradeaus, zur Not einfach Einheimische fragen. 🕐 7–17 Uhr, Eintritt inkl. Führung 10 000 Rp, Kontakt: Kanesius Lakirabeng, ✆ 0813-3930 4024.

Cunca Wulang

Rund 20 km östlich von Labuan Bajo geht auf der Straße nach Ruteng nach Passieren der Marienkapelle in Cekonobo ein asphaltierter Weg links ab. Folgt man ihm 5 km in nördlicher Richtung, so gelangt man zum Dorf **Wersawe** nahe dem **Cunca Wulang Canyon**. Ein kleiner Posten markiert das Ende des Fahrwegs, wo 10 000 Rp p. P. bzw. 50 000 Rp pro Guide und Gruppe gezahlt werden müssen. Ein etwa einstündiger Fußweg führt zu mehreren **Wasserfällen**, die besonders vormittags zwischen 8 und 11 Uhr am schönsten wirken. Bei starken Regenfällen sind die Wasserfälle oft unzugänglich. Auf dem Rückweg nach Wersawe kann die **Liang Rodak** besucht werden, eine sehenswerte Kalksteinhöhle.

Sano Nggoang

10 km südlich von Werang, das in drei Fahrstunden ab Labuan Bajo erreichbar ist, liegt einer der tiefsten vulkanischen Kraterseen der Erde (auch: Wae Sano). Mit 500 m Tiefe erreicht das Wasser auch viele Erdschichten und löst große Mengen an Schwefel. Besonders im Morgengrauen entsteht so ein unwirkliches Bild voller Dampf über der Wasseroberfläche. Die Einheimischen schwören auf eine heilende Wirkung des Wassers.

Pulau Bidadari

Die 14 ha große, hügelige „Engelsinsel" westlich von Labuan Bajo ist nur von Bäumen „bewohnt" und von reizvollen, weißen Sandstränden gesäumt. In den umliegenden Gewässern findet man schöne Schnorchelgründe und Tauchspots, die sich auch für Anfänger eignen. Der 20-minütige Bootstrip ab Labuan Bajo sollte hin und zurück nicht mehr als 150 000 Rp inkl. Schnorchelausrüstung kosten.

Pulau Kanawa

Die idyllische, karg bewachsene Insel liegt 15 km westlich von Labuan Bajo an der Grenze zum Komodo-Nationalpark. Sie ist von exzellenten Tauch- und Schnorchelspots umgeben, in denen man auf Schildkröten, Riffhaie und Rochen trifft. Viele Touren nach Komodo und Rinca halten hier auf dem Rückweg zum Schnorcheln. Auf der Insel kann man sogar übernachten, und zwar in den einfachen **Kanawa Beach Bungalows**, 0385-42089 (Office: Jl. Soekarno Hatta, Labuan Bajo), 0858-5704 3197, www.kanawaislandresort.com. 14 schlicht ausgestattete, ältere Bungalows mit schöner Aussicht und Du/WC garantieren hier Abgeschiedenheit und Ruhe. Das Dive Resort ist besonders für Taucher interessant, liegen die guten Tauchspots doch quasi vor der Tür. Frühstück inkl. ❹

Seraya Kecil

Auf dem hügeligen, grünen Eiland nördlich von Labuan Bajo befinden sich ein Fischerdorf und schöne Strände, vor denen sich ein farbenprächtiges Korallenriff etwa 150 m ins Meer hinein erstreckt, wo es dann steil abfällt. Im Süden der Insel herrschen starke Strömungen. Eine Übernachtung in den einfachen, aber wunderschön gelegenen **Seraya Island Bungalows**, www.serayaisland.com, mit Moskitonetz und Mandi/WC bietet eine schöne Abwechslung zum Urlaub auf dem Festland. Im Zimmerpreis sind der Bootstransfer um 11 Uhr und das Frühstück mit inbegriffen. Zu buchen über die Gardena Bungalows in Labuan Bajo. ❸

Ruteng und Umgebung

Die kühle, oft wolkenverhangene Hauptstadt des Distrikts Manggarai liegt in über 1000 m Höhe in den Bergen am Fuße des Gunung Ranaka und ist Sitz einer großen Akademie zur Ausbildung von Laien-Katechesen. Nördlich der Stadt hat man vom **Golo Curu**, dem „Willkommenshügel", aus eine schöne Aussicht über die Stadt und die umliegenden Dörfer und Reisfelder. Hinter der Kirche des Heiligen Franz von Assisi führt ein Fußpfad in 20 Minuten den Hügel hinauf, wo die Sicht morgens am besten ist. Einzig die traditionellen *Rumah Adat*, die heute der Verwal-

Die Spinnennetz-Felder in Cancar lassen sich am besten von den umliegenden Hügeln betrachen und gehen auf Erbteilungen der Familiengrundstücke zurück.

tung dienen, und ein Gang über den abendlichen Fischmarkt sind touristisch von Interesse.

Von Ruteng aus lassen sich schöne Ausflüge in die Umgebung unternehmen. Die **Gua Liangbua**, eine Höhle mit prähistorischen Relikten, liegt 13 km nordwestlich des Ortes. Hier wurde 2003 das Skelett des als **Homo florensiensis** neu klassifizierten Flores-Menschen entdeckt, einer verzwergten Hominiden-Art mit kleinem Schädel, die noch vor 18 000 Jahren parallel zum Homo sapiens existierte.

Der Gipfel des 2011 zuletzt bedrohlich aktiven **Gunung Ranaka** (2400 m) kann in zwei Tagen (hin und zurück) bestiegen werden. Eine Straße führt zu einem Sendemast auf seinem Gipfel, ein idealer Ort, einige der seltenen, endemischen Vogelarten zu beobachten. 30 000 ha unberührte Hügel- und Bergregenwälder um Gunung Ranaka, Gunung Nembu, Gunung Humde und den See Ranamese sind Naturschutzgebiet. Schwierig zu erreichen ist ein kleineres Reservat (5500 ha) in 1000 m Höhe weiter westlich am Danau Sano, einem grünlichen Kratersee, umgeben von bewaldeten Hügeln.

Beachtung verdienen in der Umgebung die seltsam strahlenförmig angelegten Felder *(Lingko)*, besonders die berühmten **Spinnennetz-Reisfelder** von **Cancar** (am besten zu sehen von einem Hügel im Dorf Cara), 17 km westlich von Ruteng. Dorfbewohner führen gegen ein kleines Entgelt (etwa 20 000 Rp) den Hügel hinauf durch die Gemüsebeete und erklären die Funktion der Muster. Zudem ist die Region bekannt für das alte Ritual des **Peitschenkampfs** *(Caci)*, das zu Hochzeitsfeierlichkeiten oder Erntedankfesten, zunehmend aber auch in verkürzter Form für Touristen aufgeführt wird.

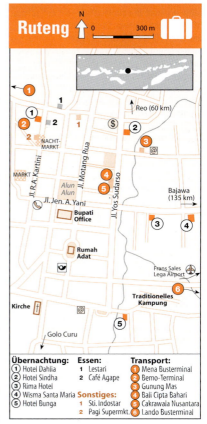

ÜBERNACHTUNG

Hotel Bunga, Jl. Merak Nekang, ✆ 0853-3895 9184. Einfache, kleine Zimmer mit harten Schaumstoffmatratzen, Mandi mit Hocktoilette und einem kleinen Tisch. Günstige Budget-Option ohne großartigen Service seitens des freundlichen, zurückhaltenden Personals. ①

Hotel Dahlia, Jl. R. A. Kartini, ✆ 0385-21377. Die mittelgroße Anlage mit Innenhof bietet 38 ältliche, etwas überteuerte und unspektakuläre Zimmer, teils mit Warmwasser-Du/WC und TV. Die günstigsten Zimmer nur mit Gemeinschafts-Mandi und schlechten Federkernmatratzen. Kleines Frühstück inkl. Autovermietung und Tour-Organisation über die Rezeption. ②–④

Hotel Sindha, Jl. Soekarno Hatta 26, ✆ 0385-21197. Einfache, ältliche Zimmer mit harten Matratzen, Plastikstühlen und Mandi mit Hocktoilette oder bessere mit TV, bequemen Betten, großen Fenstern und WLAN im neuen Gebäude. Indonesisches Frühstück inkl. ②–④

Rima Hotel, Jl. Jen. A. Yani 14, ✆ 0385-22196, ✉ rimahotel@yahoo.com. Traveller-Unterkunft in einem großen, aus dunklen Holzlatten gebauten, rustikalen Haus, das an eine Berghütte erinnert. Die günstigsten, sehr einfachen, älteren Zimmer haben Doppelstockbetten und kein Du/WC. Die teureren, sauberen Zimmer sind größer und mit Warmwasser-Du/WC. Alle mit recht durchgelegenen Matratzen, aber sauber. Im Haus befindet sich ein Internetcafé, und die Rezeption kann Touren und Transport organisieren. Freundlicher Betreiber. Einfaches Frühstück und WLAN inkl. ❷–❸

Wisma Santa Maria, Jl. Ahmad Yani 45, ✆ 0385-22834. Das Schwesternheim bietet sehr saubere, ruhige Zimmer mit Du/WC und bequemen Matratzen rund um einen kleinen Garten. TV mit internationalen Fernsehsendern im Aufenthaltsraum, freundliche Betreiber. Kleines Frühstück inkl. Reservierung 2–5 Tage im Voraus empfehlenswert. ❷–❸

ESSEN

Café Agape, Jl. Bhayangkari 8, ✆ 0385-22100, ✉ unta_coffee@yahoo.com. Einfache indonesische und chinesische Gerichte zu günstigen Preisen bietet dieses schlichte, aber eben einzige herkömmliche Restaurant des Ortes. Kulinarische Höhepunkte sollte man nicht erwarten, doch man wird satt und schont den Geldbeutel. ⏰ 7–21 Uhr.

Lestari, Jl. Komodo 2, ✆ 0385-211393. Hier kann man einheimische Gerichte authentischer Machart probieren. Der renommierte Koch hat sich vor allem auf Seafood spezialisiert. Aufwendigere Fleischgerichte sollten einen Tag im Voraus bestellt werden.

SONSTIGES

Auto- und Motorradvermietung

Hotel Sindha vermietet ein Motorrad für 60 000 Rp und ein Auto für 700 000 Rp pro Tag, inkl. Benzin und Fahrer. Das **Hotel Bunga** organisiert ebenfalls Motorradverleih von privat zu den gleichen Konditionen.

Geld

Geldautomaten in der Jl. Yos Sudarso (BRI) sowie Jl. Adisucipto (BNI).

Internet

Im Internetcafé in der Jl. Diponegoro kostet die Std. Surfen 5000 Rp.

Medizinische Hilfe

Das beste Krankenhaus im Ostteil der Insel ist das **R.S. St. Rafael** in Cancar, 🖥 www.cancarhospital.com.

Post

Kantor Pos, Jl. Dewi Sartika 6, im Süden des Ortes nicht weit vom *Rumah Adat*. Zwei Parallelstraßen weiter liegt **Telkom**.

Reisebüros

Bali Cipta Bahari, Jl. Yos Sudarso 5, ✆ 0385-22772. Hier können Flugtickets und Touren organisiert werden.

Cakrawala Nusantara, Jl. Yos Sudarso, ✆ 0821-444 2890, ✉ cakrawala_ruteng@yahoo.com. Das Reisebüro ist bei der Buchung von Tickets für die Pelni-Fähren und Busse behilflich und vermittelt Mietwagen.

Sti. Indostar, Jl. Pemuda 2, ✆ 0385-21337. Hier können Flugtickets gebucht werden.

TRANSPORT

Busse und Minibusse

Der **Mena Busterminal** liegt ca. 3 km westlich des Ortszentrums, per Minibus aus der Stadt für 3000 Rp, Ojek 5000 Rp. Von hier verkehren Busse Richtung LABUAN BAJO von 8–16 Uhr ca. alle 2 Std. (wenn sie voll werden) für 80 000 Rp in 5–6 Std. Zudem ein zuverlässiger Bus um 9 Uhr für 50 000 Rp.

Der **Lando Busterminal** liegt ca. 3 km östlich des Zentrums. Von hier fahren Busse Richtung Osten:
BAJAWA, um ca. 7.30, 8, 11, 12 und 15 Uhr in 4 Std. für 50 000 Rp;
ENDE, um 7 Uhr in 9 Std. für 90 000 Rp;
MAUMERE, um 6 Uhr in 15 Std. für 150 000 Rp.

Zudem fahren Minibusse am **Bemo-Terminal** westlich des Markts in westlicher Richtung ab sowie in die nähere Umgebung von Ruteng.

Nonstop-Busse und Überlandtaxis (Travel)

Gunung Mas, ✆ 0385-21407, 0812-3663 3333. Das zuverlässigste Transportunternehmen auf Flores bietet alle relevanten Verbindungen

an. Reservierung empfehlenswert. Abfahrt vor dem Büro.
BAJAWA, in 4 Std. für 60 000 Rp;
ENDE, in 8 Std. für 120 000 Rp;
LABUAN BAJO, in 4 Std. für 60 000 Rp;
MAUMERE in 12 Std. für 200 000 Rp.

Flüge
Vom kleinen Flughafen **Frans Sales Lega** fliegt TransNusa, ✆ 0385-22322, 🖳 www.transnusa.co.id, tgl. nach KUPANG in West-Timor.

Todo

Etwa 36 km südwestlich von Ruteng liegt in den Hügeln das idyllische Dörfchen Todo, das sich als ehemaliger Sitz der Königsfamilie sowie als Ursprung der Manggarai-Kultur versteht und in dem ein holländischer Pater 1992 mit Spendengeldern ein traditionelles Haus, **Mbaru Niang**, neu errichten ließ, das seitdem zusammen mit dem runden, rituellen Steinplatz *(Compang)* in der Dorfmitte besichtigt werden kann.

Hier liegen die **Gräber des zweiten Manggarai-Königs** sowie der angeblich ersten Frau des Stammes, die noch aus dem Minangkabau-Gebiet eingewandert sein soll. Da der erste, aus Sumatra kommende Stammvater Mashur nach seiner Ankunft in Flores aus jedem Dorf, das er passierte, eine einheimische Frau genommen habe, so heißt es, seien heute weitverzweigte Verwandtschaften im ganzen Manggarai-Gebiet zu finden.

Highlight des Orts ist das große, traditionelle Haus mit seiner konischen Form und dem Palmblattdach, unter dem auf Wunsch auch übernachtet werden kann. Zudem liegt eine uralte, heilige Trommel *(Gendong Tutung)* unter Verschluss, die nur gegen hohe Geldzahlung (etwa 100 000 Rp aufwärts) hervorgeholt wird, und deren Trommelfell einst aus der Rumpfhaut einer jungen Frau gefertigt worden sein soll.

Besucher werden herumgeführt und in die Bedeutung ritueller Steinplätze, traditioneller Baustrukturen und Schnitzereien, in das Rechtssystem und diverse Bräuche eingeweiht. Frauen produzieren und verkaufen *Ikat*, und die vielen Kinder freuen sich über den interessierten Besuch. Eintritt 30 000 Rp inkl. Sarong und Führung. Übernachtung inkl. Abendessen und Frühstück 150 000 Rp. Kontakt: Titus, ✆ 0812-3798 4914.

Von Ruteng aus geht es Richtung Westen nach Cancar, dort fragt man sich zur richtigen Linksabzweigung nach Todo durch und folgt dem asphaltierten Weg in die Hügel für 25 km bis ans Ende. Die Straße ist schmal und erfordert bei Gegenverkehr etwas Fahrgeschick. Nach zwei Stunden sollte man mit dem Auto am Ziel sein. Per Minibus ab dem Terminal Mena kommt man immerhin die Hauptstraße entlang bis zur Abzweigung (8000 Rp), dort sollte ein Ojek genommen werden (15 000 Rp).

Bajawa

Ein kühler Ort in den Bergen mit einer freundlichen Bevölkerung vom Volk der Ngada. Bajawa ist buchstäblich von Vulkanen umzingelt, darunter der fast exakt konische, spitze Kegel des **Gunung Inerie** (2245 m), der in gut drei Stunden

Auf ein Tässchen!

In der Umgebung von Bajawa wird viel **Kaffee** in kleinen Kooperativen (UPH Kopi = *Unit Pengolahan Hasil Kopi*) produziert, z. B. in Manggulewa oder Bosiko. Flores ist für seinen vollmundigen Kaffee aus Bohnen der Sorten Arabica und Robusta bekannt. Nach Ernte und Auslese der Bohnen beginnt das Schälen. Anschließend fermentieren die geschälten Bohnen 36 Stunden in Wasser. Nun wird wieder sortiert: Die schwimmenden Bohnen eignen sich nicht für die Kaffeeherstellung, die auf den Grund gesunkenen dagegen umso besser. Diese werden so lange auf Bambustischen zum Trocknen ausgelegt, bis der Wasseranteil nur noch 10–12 % beträgt. Es folgt eine zweite Schälung, und dieser eigentliche Kern der Bohne wird geröstet (Ngada: *sangrai*). Das Endprodukt wird gemahlen, aufgebrüht und genüsslich geschlürft.

dauernden, anstrengenden Trekkingtouren bestiegen werden kann. Den besten Überblick hat man von den Hügeln im Westen der Stadt.

Im Zentrum des Ortes liegt ein sehr fotogener **Markt**. Hier bieten Marktfrauen Obst und Gemüse in allen Farben und Formen feil, oft dekorativ aufgeschichtet zu kleinen Pyramiden, Stapeln oder Häufchen aus Salat, Möhren, Tomaten, Mais, Chilis, Schlangenfrüchten und was sie ihren kleinen Ackerflächen sonst so abringen. Die Vielfalt der Farben und Gerüche, das fröhliche Geschnatter der Frauen und die Möglichkeit, bisher unbekannte Früchte zu probieren, lohnen den Spaziergang. Der anschließende Hunger kann in einfachen, aber guten Padang-Restaurants an der Marktstraße gestillt werden.

In der Gegend um Bajawa werden die Menschen überdurchschnittlich alt, und bis vor wenigen Jahren war es nicht schwer, Großmütterchen zu finden, deren Japanisch aus der Besatzungszeit noch gut funktionierte. Die Vielzahl der Dialekte und ihre Lokalfärbungen fallen dem Besucher zwar kaum auf, doch können sich die Einheimischen schon an der Aussprache des Gegenübers herkunftsmäßig erstaunlich präzise verorten.

ÜBERNACHTUNG

Hotel Edelweis, Jl. A. Yani 76, ☎ 0384-21345, ✉ ivan_bth@yahoo.com. Das in rosa Pastellfarben gehaltene Hotel in einer recht verschachtelten Anlage mit insgesamt 26 Räumen hat günstige, gefliese Zimmer mit sehr durchgelegenen Federkernmatratzen, niedrigen Eingangstüren, kleiner Veranda und Du/WC sowie teurere, saubere Zimmer in den oberen Stockwerken mit besseren Matratzen und Warmwasser-Du/WC, bei der der Duschkopf direkt über dem Klo hängt, teils auch TV. Freundliches Personal. ❷–❹

Hotel Happy Happy, am südlichen Ortseingang, ☎ 0384-21763, 0853-3370 4455, ✉ hotel.happy.happy@gmail.com. Die beste Unterkunft in Bajawa. Saubere Zimmer mit den bequemsten Betten der Stadt und Warmwasser-Du/WC. Wasser-Refill, nachmittags Tee/Kaffee, gutes Frühstück und WLAN inkl. Ein indonesisches und ein holländisches Ehepaar leiten das Hotel, das auch Touren und Transport organisiert. Motorradverleih. ❹

Hotel Kembang, ☎ 0384-21072. 8 gefliese, recht saubere Zimmer mit Federkernmatratzen und Warmwasser-Du/WC ohne Klobrille.

Ein Gang über den lebhaften Markt von Bajawa lohnt allein schon der freundlichen Menschen wegen.

Warmwasser braucht 5 Min. Vorlauf, da es aus der Küche kommt. Die teureren Räume haben Doppelbett, TV und Schrank, die billigeren sind eher spartanisch eingerichtet. Auch ein Triple-Zimmer. Einfaches Frühstück inkl. ③
Hotel Nusantara, Jl. El Tari, ✆ 0813-3923 8860. Einfache, saubere Zimmer in ruhiger Lage, teils mit Du/WC. Die besseren Zimmer haben weiche Matratzen und sind recht dunkel. Kleines Frühstück inkl. ①–②
Hotel Silverin, am Ortsausgang an der Straße Richtung Ende, ✆ 0384-222 3865. 20 saubere Zimmer mit Du/WC, weichen Matratzen, etwas Mobiliar und in der oberen Etage guter Aussicht. Freundliches Personal serviert das Frühstück inkl. ③–④
Korina Hotel, Jl. A. Yani 81, ✆ 0384-21162. Alte, halbwegs saubere Zimmer mit Du/WC, teilweise Warmwasser, einfaches Mobiliar. Netter Sitzbereich im oberen Stockwerk, aber konfuses Personal. Frühstück inkl. ②–③

ESSEN

Entlang des Gemüsemarkts, z. B. neben der Kirche bzw. gegenüber der neuen Moschee in der Jl. Gajah Mada, liegen einige Restaurants mit Padang-Gerichten, die das stark gewürzte Fleisch und Gemüse gegen verträgliches Entgelt auftischen.
Restaurant Camellia, Jl. Jen. A. Yani 82, ✆ 0384-21458. Gutes, kleines Restaurant mit soliden chinesischen, indonesischen und europäischen Gerichten zu günstigen Preisen und bei nüchternem Interieur. Abends Blues-lastige Livemusik.

SONSTIGES

Apotheke
Eine Apotheke liegt in der Jl. Marta Dinata, ✆ 0384-21080.

Geld
Geldautomaten findet man in der Jl. Soekarno-Hatta und Jl. Gajah Mada.

Internet
Ein Internetcafé in der Jl. A. Yani nimmt 5000 Rp pro Std.

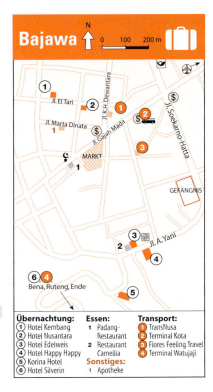

Motorradvermietung
Das **Happy Hotel** vermietet für 100 000 Rp am Tag Motorräder mit Automatik sowie manueller Gangschaltung; letztere können beim **Hotel Nusantara** auch für weniger Geld organisiert werden.

Post
Das **Kantor Pos** befindet sich an der Jl. Sukarno-Hatta. ⊕ Mo–Do und Sa 8–15, Fr 8–12 Uhr.

TRANSPORT

Busse und Minibusse
Der **Terminal Watujaji** liegt 3 km südl. vom Zentrum; Minibusse fahren von hier zum Markt für 3000 Rp. Die meisten Busse fahren vormittags bis 14 Uhr ab.
AIMERE, 39 km, in 1 Std. für 15 000 Rp (an Fährtagen bis zum Hafen);

ENDE, 125 km, in 4 Std. für 45 000 Rp;
LABUAN BAJO, nur morgens in 10 Std.
für 90 000 Rp;
MAUMERE, in 10 Std. für 90 000 Rp;
RUTENG, 135 km, in 5–6 Std. für 45 000 Rp.
Vom **Terminal Kota** in der Jl. Gajah Mada
fahren Minibusse vor allem nach RIUNG via
SOA in 3 Std. für 30 000 Rp. An den Markttagen
Mo und Di kommen morgens Busse von Riung
und fahren nachmittags wieder zurück.

Taxis

Travel-Taxis fahren für 70 000 Rp p. P. in 4 Std.
nach ENDE oder RUTENG. Über die Unterkunft
organisieren oder via **Flores Feeling Travel**,
Jl. Palapa 4, ✆ 0813-5392 1909, ▭ www.flores
feeling-travel.com. Weitere Preisbeispiele:
LABUAN BAJO, in 8 1/2 Std. ab 120 000 Rp;
MAUMERE, in 9 Std. ab 100 000 Rp;
MONI, in 6 1/2 Std. für 85 000 Rp.

Flüge

Vom Flughafen, etwa 18 km nordwestlich, fliegt
TransNusa, Jl. K. H. Dewantara, ✆ 0384-21755,
▭ www.transnusa.co.id, 4x wöchentl. in
1 Std. nach KUPANG. Auch **Merpati**, Jl. Kartini,
✆ 0381-21355 (Office in Ende), ▭ www.
merpati.co.id, fliegt die Stecke 4x wöchentl.
ab 423 000 Rp.

Ngadhu und Bhaga

Ngadhu, die kleinen, schirmförmigen Pfähle mit Schnitzereien und einer Kriegerfigur
auf der Spitze, repräsentieren das Maskuline
im Kosmos der Ngada. Nachdem ein Ngadhu
aus einem speziellen Baumstamm geschlagen
worden ist, wird er in einer feierlichen Prozession von den Männern ins Dorf getragen. Frau-
en müssen dabei im Haus bleiben, wohnt dem
Pfahl doch ein mitunter aggressiver, böser
Geist inne. **Bhaga** dagegen sind die weiblichen
Ahnenschreine in Gestalt kleiner Hütten mit
Strohdach. Sie symbolisieren häusliche Geborgenheit und Mutterschaft. In ihnen finden zwei
Personen Platz für Rituale der Verehrung weib-
licher Ahnen, die allerdings von den Männern
vollzogen werden müssen.

---

11 HIGHLIGHT

Bena

Etwa 16 km südlich von Bajawa, am Fuße des
Gunung Inerie, liegt das sehr schöne, traditionelle Ngada-Dorf mit **Geisterhäuschen**, **Totenhäu-
sern** und emsigen *Ikat*-Weberinnen. Bena besteht aus zwei sich gegenüberliegenden Reihen
von Wohnhäusern mit Vordächern aus Bambus –
ein Stil, den man nur in dieser Gegend antrifft.
Anthropomorphe Figuren zieren die Dachfirste,
und an den Balken sind Dutzende von Büffelhörnern angebracht, die an vergangene Opferfeste
erinnern. Insgesamt 40 Bauten stehen hier, und
die **Megalithen** auf dem Dorfplatz, auf dem die
Ältesten quasi-gerichtliche Versammlungen abhalten, sind von der indonesischen Regierung
unter Denkmalschutz gestellt worden.

Je nachdem, wen man fragt, erhält man in
puncto Einwohnerzahl unterschiedliche Antwor-
ten. Bis zu 300 sagen die einen – und zählen dabei ihre verstorbenen Ahnen noch mit. Stamm-
bäume sind leichter zu zählen: Neun Clans gibt
es und insgesamt 18 Totems, je ein Ngadhu und
ein Bhaga für jede Sippe.

Beim Dorfvorsteher, *Kepala Desa*, muss man
sich ins Gästebuch eintragen und 20 000–30 000
Rp spenden – erst dann darf man durch das Dorf
gehen und fotografieren. Vom südlichen, erhöhten Ende des Dorfs hat man einen guten Überblick über die Häuser und die landschaftlich
schöne Umgebung. Jede Familie pflegt eigene *Ikat*-Muster und verkauft sie auf der Veranda. Auch der, der nur Fotos, aber keine Schals
oder Sarongs mitnimmt, wird freundlich und mit
einem Lächeln verabschiedet.

Östlich von Bena stehen an der Südflanke des
Gunung Ambulombo (2149 m) 5000 ha Bergwald
unter Naturschutz. Nicht ganz so perfekt geformt
wie der Inerie, aber doch ein beeindruckender
Vulkankegel, dessen Schwefelfumarolen davon
zeugen, dass noch Leben in ihm steckt.

Minibusse fahren nur sehr selten direkt nach
Bena (15 000 Rp), aber bis spätnachmittags nach
Mangulewa (10 km, 10 000 Rp). Von hier aus
führt hinter der Kirche eine asphaltierte Straße
durch die Landschaft, an einem Aussichtspunkt

In Bena zeugen Hörner und Talismane von vergangenen Zeremonien und Festlichkeiten – und bieten gleichzeitig Schutz vor Dämonen.

vorbei (hier Blick über Berge und Täler bis hin zum Meer, 2000 Rp Gebühr) rund 8 km hinunter ins Dorf.

Ende und Umgebung

Die wichtigste Stadt der Insel hat etwa 60 000 Einwohner, einen interessanten Morgenmarkt und zwei Häfen. Wer zum Sonnenuntergang an den großen Bootssteg des Westhafens kommt, hat Gelegenheit zum Austausch mit den einheimischen Jugendlichen, die die Seefahrt hierher verschlug – Makassaresen, Bugis, Sumbawanesen und Javaner.

Der **Taman Kota**, der Stadtpark von Ende, wirkt recht vernachlässigt. Ziegen grasen rund um einen ausgetrockneten Springbrunnen, die Pflanzen wuchern wild durcheinander. Trotzdem kann man es sich hier im Grünen zu Vogelgezwitscher auf einer Bank gemütlich machen. Das **Museum Bakari** (Ende Maritime Museum), Jl. M. Hatta, ist ein kleines, nicht besonders ansprechendes Naturkundemuseum, das in einem schon im Zerfall begriffenen Bau im Taman Kota untergebracht ist. Neben ein paar ausgestopften Tieren und einer Muschel- und Korallensammlung stehen ein ausgestopftes *Dugung* (Seeschwein) und ein riesiges Fischskelett in der Mitte des Raumes. Eintritt 3000 Rp, Kinder 1000 Rp.

Indonesiens erster Präsident Sukarno schrieb hier im Jahre 1934 im von der holländischen Kolonialmacht verhängten Exil diverse Theaterstücke sowie eine obskure Version des Frankenstein-Mythos mit dem Titel *Dr. Satan*. Sein ehemaliges Haus *Rumah Bung Karno* ist seit 1992 das etwas vernachlässigte, aber interessante **Sukarno Museum** in der Jl. Perneira. Im vorderen Raum des kleinen Hauses stehen zwei alte Holzschränke mit Büchern über Sukarno, alten Fotos und Haushaltsutensilien aus der Zeit seiner Verbannung sowie ein von Sukarno gemaltes Bild mit balinesischem Motiv. Rechts davon befindet sich das Arbeitszimmer mit einem Marmortisch und dahinter das Schlafzimmer. Im Hof entdeckt man den Brunnen und auf der linken Seite das Esszimmer, die Küche und das Bad. Zu Zeiten Sukarnos lebten hier sechs Personen. ⏲ 8–12 Uhr. Wenn das Haus abgeschlossen ist, sollte man nach Hausmeister Sayfrudin fragen.

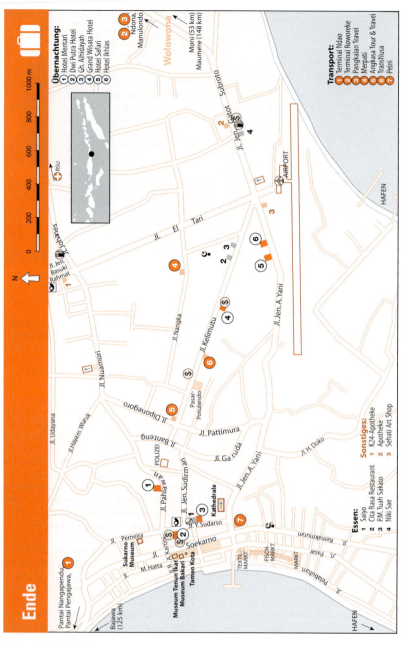

Er wird dann gegen ein kleines Entgelt zu Hause abgeholt.

Der **Textilmarkt** in der nördlichen Jl. Pelabuhan ist der ideale Ort um sich einen Überblick über die verschiedenen *Ikat*-Stile und -Preise zu verschaffen. Kleine Geschäfte bieten eine gute Auswahl an Stoffen aus verschiedenen Ecken von Flores (Manggarai, Bajawa, Kelimara und Ende) sowie den Inseln Sumba und Sawu an. Die Preise beginnen bei 100 000 Rp für einen einfachen und kleinen Schal mit chemischen Farben und aus importiertem Garn und steigen mit zunehmender Größe und Qualität auf bis zu 800 000 Rp. Antike Stoffe, die noch aus handgesponnener Baumwolle gewebt und mit natürlichen Farben gefärbt wurden, können noch teurer sein. Man sollte die Preise verschiedener Geschäfte vergleichen und zum Einkauf etwas Zeit mitbringen. ⊕ 6–16.30 Uhr.

Im **Museum Tenun Ikat** an der Ecke Jl. Soekarno und Jl. R.A. Kartini sind die für die Herstellung der Stoffe notwendigen Webstühle und Werkzeuge ausgestellt. Zur Zeit der Recherche war das Museum krankheitsbedingt geschlossen. Eintritt frei.

Die 3 bis 5 km nördlich gelegenen Strände **Pantai Nangapendu** und **Pantai Pengajawa** haben dunklen feinen Sand und gute Badestellen, frei von Steinen. Dabei hat man das blaue Wasser oft ganz für sich, denn Einheimische suchen die Ufer erst gegen Abend auf, wenn die Nachmittagshitze verflogen ist.

Fährt man in der Jl. Gatot Subroto an der Kreuzung vor dem Markt rechts ab, so gelangt man zu den etwa 5 km östlich in den Hügeln gelegenen Dörfern **Ndona** und **Manulondo**. Besonders Letzteres hat noch einen schönen rituellen Steinplatz und einige traditionelle Häuser, vor denen die Frauen sitzen und *Ikat* weben.

ÜBERNACHTUNG

Dwi Putra Hotel, Jl. Yos Sudarso 27–29, ✆ 0381-21685. Ältliches Hotel mit einfachen, sauberen Zimmern, die von spartanisch mit Mandi/Hocktoilette bis komfortabel mit AC, TV und Warmwasser-Du/WC einen Eindruck vom Stand der indonesischen Hotellerie in den 1980er-Jahren vermitteln. Die chinesischen Betreiber sind etwas unfreundlich. Frühstück inkl. ❷–❹

Gh. Alhidayah, Jl. Yos Sudarso, ✆ 0381-23707. Das muslimische Guesthouse bietet 7 leicht muffige Zimmer mit harten Schaumstoffmatratzen und Mandi/WC rund um einen kleinen Innenhof. Die teureren auch mit AC und Warmwasser. Kleines Frühstück inkl. ❷–❸

Grand Wisata Hotel, Jl. Kelimutu 32, ✆ 0381-22974, ⌨ www.grandwisata-ende.co.cc. Das 2010 eröffnete Hotel bietet die komfortabelsten Zimmer der Stadt und einen Pool. Insgesamt 36 recht saubere Mittelklassezimmer mit AC, TV, Minibar und Du/WC, teils aber ohne Fenster. Restaurant. ❺–❻

Hotel Ikhlas, Jl. Jen. A. Yani 69, ✆ 0381-21695. Recht einfache, aber saubere Zimmer mit Mandi oder Du/Hocktoilette, guten Matratzen und kleinem Frühstück inkl. Hier werden Motorräder für 100 000 Rp pro Tag verliehen. ❶–❷

Hotel Mentari, Jl. Pahlawan 19, ✆ 0381-21802. Saubere, gefliese Zimmer mit guten Twin- oder Doppelbetten, AC und Du/WC, teils mit Kühlschrank und etwas Mobiliar. Überschaubares Frühstücksbuffet inkl., WLAN gegen geringes Entgelt. ❸–❹

Hotel Safari, Jl. Jen. A. Yani 65, ✆ 0381-21997. Um einen Innengarten liegen 25 einfache, etwas dunkle, gefliese Zimmer in verschiedenen Kategorien, etwa mit weichen Schaustoffmatratzen und Mandi oder mit bequemeren Betten und Du/Hocktoilette, teils auch mit AC und Frühstück. Freundliches Personal, das aber kaum Englisch spricht. ❶–❹

ESSEN

Cita Rasa Restaurant, Jl. Kelimutu 59, ✆ 0381-24035. Westliche, chinesische und indonesische Küche kommt hier zu verträglichen Preisen auf den Tisch. Die Auswahl ist groß. Von Fisch und Seafood über Rippchen und Vegetarisches ist alles dabei. Hübsches Design, dazu freundliches Personal und WLAN inkl.

Niki Sae, Jl. Gatot Subroto, ✆ 0381-21311. Gutes chinesisches Essen, z. B. *Sae*, gebratenes und geräuchertes Fleisch auf heißer Platte, bekommt man hier von der freundlichen Bedienung serviert. Wer von Reis genug hat, findet auch Nudelgerichte auf der Karte.

P.M. Tuah Sakato, Jl. Kelimutu 65, ✆ 0381-21913. In recht modernem Ambiente gibt es

NUSA TENGGARA

Kleine Ikat-Kunde

Die mit kunstvollen Details handgewebten *Ikat*-Stoffe haben je nach ihrer Herkunft verschiedene Muster. An dieser Stelle sollen die wichtigsten vorgestellt werden:

Ende-*Ikat* ist in dunklen Erdfarben, meist Braun, gehalten. Hier sind die Muster durchgehend feinmaschig in den Stoff eingewebt und verlaufen in Spalten über die Breite des Stoffes. Sie setzen sich farblich voneinander ab und bestehen aus dreieckigen, floralen oder sich wiederholenden karoförmigen Motiven.

Ikat aus der Region **Manggarai** sind sehr bunt bestickt und weisen verschiedene kleine geometrische Muster auf, die sich in einer Reihe verlaufend wiederholen, aber auch viel vom dunklen Grundstoff übrig lassen. Sie sind sehr grobmaschig gewebt.

Die Stoffe aus **Bajawa** sind hingegen deutlich dichter mit Mustern gewebt, die sich in der Regel in Gold oder Gelb vom dunklen Untergrund abheben. Hier werden oft achtkantige Sternsymbole oder andere sich wiederholende geometrische Formen verwendet. Auch verlaufen die Muster durchgehend über die gesamte Länge des Stoffes, ähnlich einer Bordüre. Die Stoffe sind nur ein- oder zweifarbig bestickt.

Ikat aus **Kelimara** ist recht weich und eignet sich daher auch gut als Schal oder Decke. Die Motive ähneln denen des Ende-*Ikat*, sind aber feiner gewebt und weniger geometrisch. Meist sind die Grundstoffe schwarz, die Muster weiß und rot- oder gelbbraun.

Die Webkunst auf **Sumba** setzt sich durch ihre Motivwahl deutlich von allen anderen *Ikat* ab. Auf den größtenteils erdfarbenen Stoffen finden sich grobmaschig gewebte menschliche Gestalten, Tiere und Fabelwesen, oft mit Muscheln verziert und nur von einer Leiste geometrischer, viereckiger Formen unterbrochen. Die Stoffe sind sehr hart.

Ikat der Insel **Sawu** ähneln den Stoffen aus Bajawa, die beliebtesten Farben sind allerdings Rotbraun und Weiß. Die sich wiederholenden Muster verlaufen bordürenförmig entlang der Länge des Stoffes und sind teils floral und wappenähnlich.

---

hier auch noch spätabends Padang-Essen zu vernünftigen Preisen. Besonders lecker sind die Auberginen, fast schon wie Antipasti. ⏰ 8–24 Uhr.

Saiyo, Jl. Yos Sudarso. Auch hier bekommt man noch bis spät in den Abend solide Padang-Küche zu günstigen Preisen in schlichtem Ambiente, auf Wunsch auch zum Mitnehmen. Die Auswahl ist weniger groß, und Vegetarier finden nur tagsüber wirklich frisches Gemüse.

SONSTIGES

Apotheke

Eine 24 Std. geöffnete **K24**-Apotheke mit Lieferservice in der Jl. Basuki Rahmat, ✆ 0381-22446.

Geld

Geldautomaten in der Jl. Yos Sudarso, Jl. Kelimutu sowie in der Jl. Gatot Subroto westlich des Niki Sae Restaurant nahe der Tankstelle.

Medizinische Hilfe

RSU in der Jl. Johanes, ✆ 0381-21031.

Post

Die **Hauptpost** befindet sich etwas außerhalb, Jl. Jen. Basuki Rahmat 15, ✆ 0381-21203. ⏰ Mo–Do 8–15, Fr 8–12, Sa 8–13 Uhr. Zentraler liegt ein kleines **Postamt** in der Jl. Yos Sudarso.

Reisebüro

Angkasa Tour & Travel, Jl. Kelimutu, ✆ 0381-24810. Hier können zuverlässige Flugbuchungen, aber auch der Transport über die Insel organisiert werden. ⏰ 8–20 Uhr.

Souvenirs

Sehati Art Shop, Jl. A. Yani, ✆ 0812-3946 8356. Kleiner Laden mit *Ikat* in Kunst- und Naturfarben ab 100 000 Rp sowie Holzschnitzereien, Schmuck und Korbtaschen zu leicht überdurchschnittlichen Preisen.

TRANSPORT

Busse

Vom **Terminal Ndao** (per Minibus aus der Stadt 3000 Rp) fahren bis 14 Uhr Busse (sobald sie halbwegs voll sind) nach Westen:
AIMERE und BAJAWA, in 3 Std. für 45 000 Rp;
LABUAN BAJO, nur bis RUTENG (s. o.), dort umsteigen oder übernachten;
RUIUNG via MBAI, um 6 und 12 Uhr in 5 Std. für 45 000 Rp;
RUTENG, um 8 Uhr in 8 1/2 Std. für 90 000 Rp.

Vom **Terminal Roworeke** (per Minibus aus der Stadt 7000 Rp) fahren bis 15 Uhr Busse nach Osten:
LARANTUKA, in 8 Std. für 80 000 Rp, 4 Busse frühmorgens;
MAUMERE, bis 12 Uhr in 4 Std. für 20 000 Rp;
MONI, in 2 Std. für 15 000 Rp.

Taxis

Etwa 4 km östlich des Zentrums auf dem Weg zum Terminal Roworeke ist linker Hand ein **Pangkalan Travel**, ein Platz, an dem Shuttle-Taxis nach MONI, 50 000 Rp p. P., und MAUMERE, 70 000 Rp p. P., warten. Wer ein Taxi nach Moni chartern möchte, um unabhängig unterwegs zu sein, sollte mit 300 000 Rp inkl. Fahrer rechnen.

Schiffe

Pelni, Jl. Jen. A. Yani 2, ✆ 0381-21043, ⏰ werktags 8–14 Uhr. Ende wird alle zwei Wochen von Pelnis **KM. Awu**, **KM. Siriman**, **KM. Bukit Siguntang** und **KM. Wilis** angelaufen, die die Stadt mit BALIKPAPAN (Kalimantan), BENOA (Bali), BIMA (Sumbawa), KUPANG (West-Timor), MAKASSAR (Sulawesi), SURABAYA (Java) und WAINGAPU (Sumba) verbinden. Der aktuelle Fahrplan hängt vor dem Office aus.

Flüge

Die Flughafengebühr beträgt 10 000–15 000 Rp.
Merpati, Jl. Nangka 10, ✆ 0381-21355, 🖥 www.merpati.co.id. Tgl. in 1 Std. nach KUPANG ab 297 000 Rp.
TransNusa, Jl. Kelimutu 37, ✆ 0381-24222, 🖥 www.transnusa.co.id.

DENPASAR, 6x wöchentl. in 2 Std.;
KUPANG, tgl. in 45 Min.;
LABUAN BAJO, 3x wöchentl. in 1 Std.;
TAMBOLAKA (Sumba), 3x wöchentl. in 45 Min.

12 HIGHLIGHT

Moni und die Kelimutu-Seen

Drei **Kraterseen**, die auf faszinierende Weise in verschiedenen Farben leuchten, sind die Attraktion des Gunung Kelimutu. Im Laufe der letzten Jahre hat sich die Farbe der Seen bereits mehrmals drastisch geändert, zuletzt 1987. Das Phänomen lässt sich so erklären, dass wahrscheinlich Wasser in immer tiefere Gesteinsschichten vordringt und dabei unterschiedliche Mineralien löst.

Die Krater sind dem Volksglauben nach die Ruhestätten der Geister. Die Seelen der Knaben und Mädchen wohnen im *Tiwu Nuwa Muri Koo Fai*, einstmals türkisfarben, dann tiefblau, jetzt grünlich. Die Seelen der Alten ruhen im *Tiwu Ata Mbupu*; der einst dunkelblaue See war zwischenzeitlich fast schwarz und ist jetzt leuchtend-hellblau. Im *Tiwu Ata Polo* warten die Sünder bis zur Nacht, um mit dem Wind emporzufliegen und jeden lebenden Eindringling zu vernichten; dieser einst rote, später dunkelgrüne See hat jetzt eine dunkelbraune Farbe (mit schwachem Rotstich im Sonnenlicht) angenommen. Während des Kelimutu-Festivals im August werden zwischen den Seen traditionelle Tänze der Lio aufgeführt.

Man sollte nach Möglichkeit schon frühmorgens oben auf dem Berg sein, nur so kann man bei Sonnenaufgang den Fernblick auch wirklich genießen. Ist der Berg erst von Wolken umhüllt, sieht man nichts mehr. Das Gebiet ist ein **Nationalpark**, der außer den Seen viele endemische Pflanzen- und Tierarten wie den nur hier vorkommenden Weißbrust-Dickkopf beherbergt. Etwa auf halbem Weg werden daher 20 000 Rp Eintritt am PHKA-Posten, ✆ 0381-23405, 🖥 www.tnkelimutu.com, verlangt, pro Kamera noch einmal 50 000 Rp. Am Parkplatz

NUSA TENGGARA

www.stefan-loose.de/indonesien   FLORES I Moni und die Kelimutu-Seen   **459** haben Warung geöffnet, an denen man sich bei Kaffee und Instant-Nudeln stärken kann.

Das Dorf **Moni** ist der Ausgangspunkt für einen Trip auf den Gunung Kelimutu. Das verschlafene Nest lebt von den Besuchern, die zumeist nur eine Nacht bleiben und nach ihrem Trek zu den Seen schon wieder weiterziehen. Eine Handvoll Unterkünfte und einfache Restaurants liegen an der Durchgangsstraße. **Heiße Quellen** zum Baden findet man 1 km von Moni entfernt Richtung Ende. Näher ist da ein zum Baden geeigneter **Wasserfall** im Süden, wenige Schritte einem Pfad gegenüber dem Rainbow Café folgend.

ÜBERNACHTUNG

Eine Auswahl von West nach Ost:

Christine Lodge, ✆ 0812-4659 4236. 3 saubere, geflieste Zimmer mit guten Matratzen, Warmwasser-Du/WC und spärlicher Deko nahe des westlichen Ortseingangs auf der linken Straßenseite. Kleines Frühstück inkl., für diesen Ort relativ gutes Preis-Leistungs-Verhältnis. ❸

Arwanty (Lovely Rose) Home Stay. 3 einfache, aber geräumige Bungalows mit Sitzgelegenheiten auf der Veranda, Holzböden, Federkernmatratzen und sehr alten Du/WC. Einer eignet sich mit 2 Zimmern auch für 3 Pers. Verschlafenes Personal. ❸

Hidayah, ✆ 0853-3901 1310. Die 4 großen, grün gestrichenen, einigermaßen sauberen Zimmer auf der rechten Straßenseite wirken abgewohnt und haben alte Du/WC mit geringem Wasserdruck und ohne Tür zum Zimmer, dazu komfortlose Betten mit Schaumstoffmatratzen und Moskitonetz. Durchaus überteuert. ❸

Bintang Gh., ✆ 0852-3916 8310, ✉ longinusl@nhm.co.id. 3 preisgünstige, ältere, aber saubere Zimmer mit harten Matratzen, Moskitonetz, Warmwasser-Du/WC bei freundlichen Betreibern. Im kleinen Bintang-Restaurant nebenan WLAN. ❷

ESSEN

Bintang Café, zentral im Dorf, ✆ 0852-3790 6259, ✉ cafe.bintang@ymail.com. Abends belebtes, kleines Restaurant mit rustikaler Bestuhlung und lässigem Flair, das auch auf die etwas tranige Bedienung auszustrahlen

scheint. Von Nasi Goreng bis Pancake die gängige Traveller-Verköstigung zu verkraftbaren Preisen.

Chenty Restaurant, praktisch nebenan. Die sehr einfache Gastronomie dieser Holzveranda sticht neben einer freundlichen Köchin wenigstens mit einem Minimum an Originalität und Hausmannskost hervor: Es gibt annehmbare kleine Gemüse-Kartoffel-Medaillons nach eigenem Rezept. Sonsten wie Bintang und Rainbow.

Rainbow Café, am westlichen Ortseingang, ✆ 0813-3947 7300. Auch hier kommt das übliche Sortiment an westlichen und internationalen Gerichten in guten Portionen auf den Teller. Der Service agiert ortstypisch zeitvergessen.

TRANSPORT

Von Ende kommend etwa 1,5 km vor Moni zweigt rechts eine Straße ab, die auf den Berg hinaufführt. Etwa 14 km geht es bergauf, aber nicht sehr steil – ohne Führer und zu Fuß machbar in etwa 4 Std. Man sollte sich also früh und mit Taschenlampe bewaffnet auf den Weg machen, am besten gegen 2 Uhr, wenn man den Sonnenaufgang oben erleben will. Machbar ist der Trip mit einem gecharterten **Auto** (bis zu 5 Pers.) ab Moni, Hin- und Rückfahrt um die 400 000 Rp. Man kann sich auch auf einem **Ojek** für etwa 40 000 Rp hinauffahren bzw. für 80 000 Rp hin- und zurückfahren lassen. Selbstfahrer können ein **Motorrad** für 70 000 Rp in einigen Cafés und Unterkünften mieten.

Busse nach ENDE (65 km, 2 Std., 30 000 Rp) und MAUMERE (83 km, 3 Std., 50 000 Rp) kommen bis in den Spätnachmittag durch den Ort (per Wink anzuhalten) und warten 1/2 Std. an einem der beiden Restaurants im nahen Wolowaru. **Travel-Taxis** nach MAUMERE, 3 Std., kosten 80 000 Rp p. P. Wer dorthin ein Auto chartern möchte, muss um die 400 000 Rp zahlen.

Maumere

Der Hafenort an der Nordküste von Flores ist neben Ende der wichtigste Verkehrsknotenpunkt der Insel. Hier lebt das Volk der Sikka. Die Stadt wurde von den Portugiesen gegründet, welche

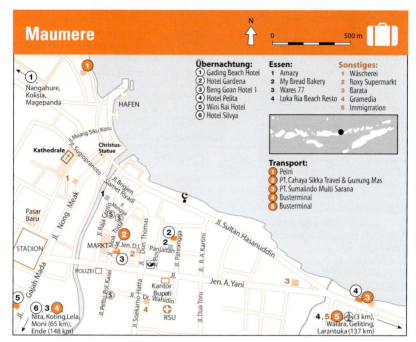

nach ihrer kurzen, aber intensiven Herrschaft die ganze Insel 1851 schließlich an die Niederlande verkauften. Unter dem großen Erdbeben, das Ost-Flores im Dezember 1992 heimsuchte, hat die Stadt Maumere am meisten gelitten. Inzwischen sind aber fast alle Schäden beseitigt.

Auf einem Spaziergang die Jl. Sugiopranoto entlang kommt man zur katholischen **Kathedrale**. Der auf einem Wandbild hinter dem Altar dargestellte Jesus ist hier ein Indonesier! Obwohl die Kathedrale durch das Erdbeben sehr stark beschädigt worden war, ist das Wandbild erhalten geblieben.

Auf dem großen **Markt** werden in einigen Läden *Ikat*-Sarongs verkauft. Es kommen auch häufig Frauen aus den umliegenden Dörfern und bieten ihre *Ikat*-Arbeiten an. Eine lange Tradition hat die Elfenbeinschnitzerei in Ost-Flores. Als Zeichen für Reichtum und als allgemeines Statussymbol wurde das wahrscheinlich von Portugiesen eingeführte Elfenbein benutzt – hauptsächlich zum Bezahlen des Brautpreises.

Maumere eignet sich gut als Ausgangspunkt für Ausflüge in die Umgebung sowie als Startpunkt einer Flores-Reise von Ost nach West.

ÜBERNACHTUNG

Beng Goan Hotel 1, Jl. Moa Toda, ☏ 0382-21347. Nicht mit dem Benggoan Hotel I direkt nebenan zu verwechseln, gibt es hier 10 ebenso günstige, aber etwas weniger abgewohnte Zimmer mit sehr einfachen, nicht besonders sauberen Du/WC, teils auch mit fast schon antiker AC, aber ohne Fenster. ❶–❷

Gading Beach Hotel, Jl. Don Slipi Kelurahan Hewuli, Nangahure, ca. 2 km westlich vom Zentrum, ☏ 0813-3910 1242. Teils gefliesete Bungalows mit AC, TV und neuer Du/WC, allerdings recht kernigen Matratzen. Rustikales Restaurant mit Meerblick und Muscheldeko. Gutes Preis-Leistungs-Verhältnis. ❷–❸

Hotel Gardena, Jl. Patirangga 28, ☏ 0382-22644, ✉ benymoi@gmail.com. Sauberes Hotel mit 9 einfachen Zimmern, davon 6 mit schlechten

Matratzen sowie 3 mit AC und guten Matratzen, alle mit Mandi/WC. Frühstück inkl. Das Hotel kann Transport organisieren. ❷

Hotel Pelita, Jl. Jend. Sudirman 33, etwa 1 km östlich der Stadt am Ufer, ☎ 0382-23849. Moderne, saubere AC-Zimmer mit Du/WC, guten Betten, TV und teilweise Meerblick zu etwas überzogenen Preisen. Frühstück und WLAN inkl. ❸–❺

Hotel Silvya, Jl. Gajah Mada 88, ☎ 0382-21289, ✉ sylviahotelmaumere@gmail.com. Relativ gutes Mittelklassehotel mit günstigen, überwiegend sauberen AC-Zimmern mit guten Betten, teilweise auch Balkon, aber beim Putzen vernachlässigten Du/WC. WLAN, indonesisches Frühstücksbuffet, Pool und Fitnessraum inkl. Guter Service und gutes Restaurant. Insgesamt erschwinglicher Komfort. ❹–❺

Wini Rai Hotel, Jl. Gajah Mada 50, ☎ 0382-21388, 0821-4476 0004, ✉ magdalena_ipir@yahoo.com. Rund um den kleinen, begrünten Innenhof liegen die alten, aber sauberen Zimmer mit Mandi oder Du/WC, teils AC, ein paar Holzmöbeln und TV. Frühstück inkl. ❷–❹

ESSEN

Amazy, Jl. Raja Centis (Jl. Don P.C.X. DaSilva 11), ☎ 0852-1808 0800. Der KFC-Verschnitt hat günstige Burger, Reis- und Nudelgerichte sowie frittierte Hähnchenteile im Angebot und auch Lieferservice. ⏱ bis 22 Uhr.

Loka Ria Beach Resto, Pantai Paris, Jl. Jend. Sudirman, ☎ 0813-3942 9690 (Flores Tourism Cooperative). Leicht überteuertes Seafood in diesem netten Restaurant unter Palmen am Strand. Bestuhlung im Holzpavillon oder unter freiem Himmel. Freundliche Bedienung. Leider recht weit vom Zentrum entfernt. ⏱ 9–22 Uhr.

My Bread Bakery, Jl. Jen.D.I. Panjaitan. Die kleine, neue Bäckerei verkauft günstige Donuts und andere süße oder herzhafte Backwaren. ⏱ 7–21, Sa erst ab 8, So ab 9 Uhr.

Wares 77, Jl. Gajah Mada (neben dem Silvya Hotel). Netter, kleiner Warung in Familienbetrieb mit leckeren indonesischen, auch vegetarischen Gerichten und gutem Sambal, das sich am besten zu Fisch probieren lässt.

EINKAUFEN

Barata, Jl. Jen. A. Yani. Die Niederlassung der Warenhauskette verkauft auch hier hauptsächlich moderne Bekleidung und Accessoires zu leicht überdurchschnittlichen Preisen. ⏱ 9–21 Uhr.

Gramedia, Jl. Dr. Wahidin. Bis auf ein paar Wörterbücher und Kartenmaterial kaum englischsprachiges Angebot. ⏱ 9–21 Uhr.

Roxy, Jl. Don Thomas. Der Supermarkt hat ein breites Sortiment an Waren im Angebot. ⏱ Mo–Sa 9–21, So 9–16 Uhr.

SONSTIGES

Geld

Ein **Geldautomat** der Mandiri-Bank liegt in der Jl. Moa Toda, BRI in der Jl. Soekarno-Hatta und Danamon in der Jl. Raja Centis.

Immigration

Die Immigration befindet sich in der Jl. Adi Sucipto 24, ☎ 0382-211 5051.

Medizinische Hilfe

RS St. Elisabeth, in Lela, 🖥 www.lelahospital.com.

RSU St. Gabriel, Kewapante (Geliting), ☎ 0382-22056, ✉ rs.stgabriel@yahoo.com. Das beste und modernste Krankenhaus der Gegend.

Post

Die Post liegt an der Jl. Pos. ⏱ Mo–Sa 8–15 Uhr.

Reisebüros

PT. Cahaya Sikka Travel, im Benggoan Hotel I, Jl. Moa Toda 49, ☎ 0382-21283. Hier können Transportmittel und Flüge gebucht werden. ⏱ 8–23 Uhr.

PT. Sumalindo Multi Sarana, Jl. Jen. Sudirman 9, ☎ 0382-21929. Das kleine Reisebüro organisiert neben Flugtickets auch den Transport nach Larantuka oder Richtung Westen. ⏱ 8–20 Uhr.

Tourguide

Ein erfahrener und empfehlenswerter Guide ist **Augustinus**, ☎ 0821-4561 2271, ✉ augusflor02@hotmail.com. Er war zuvor als Fahrer der katholischen Kirche in Flores, Sumbawa und Bali unterwegs und spricht fließend Englisch und annehmbares Deutsch. Eine Tour sollte im Voraus vereinbart werden.

TRANSPORT

Busse

Maumere hat **2 Busterminals**: einen 3 km östlich der Stadt für Busse nach LARANTUKA, 137 km, in 4–5 Std. für 30 000 Rp; vom zweiten Terminal, 1 km südlich der Stadt, fahren Busse nach ENDE, 148 km, in 5 Std. für 20 000 Rp. Abfahrt vormittags bis 12 Uhr. Die Busbahnhöfe erreicht man mit einem Minibus für 3000 Rp. Ein Minibus nach WAIARA kostet 10 000 Rp. **Gunung Mas**, im Beng Goan Hotel 1, Jl. Moa Toda, ✆ 0382-21347. Hier können Tickets für den um 7 Uhr abfahrenden, recht zuverlässigen Bus gebucht werden. ⊙ 8–23 Uhr.
BAJAWA, für 140 000 Rp in 8 Std.;
ENDE und MONI, für 70 000 Rp in 4 Std.;
RUTENG, für 200 000 Rp in 12 Std.

Schiffe

Pelni, Jl. Brigjen. Slamet Riyadi, ✆ 0382-21013, ⊙ Mo–Fr 7.30–12 und 13–15 Uhr. Tickets können frühestens 4 Tage vor Ankunft des Schiffes gebucht werden. Maumere wird regelmäßig von der **KM. Awu** und **KM. Tatamailau** angelaufen.
BALIKPAPAN (Kalimantan), in 3 Tagen für 320 000 Rp;
BENOA (Bali), in 3 Tagen für 310 000 Rp;
BIMA (Sumbawa), in 1 1/2 Tagen für 170 000 Rp;
KUPANG (West-Timor), in 1 1/2 Tagen für 200 000 Rp;
LABUAN BAJO, in 1 Tag ab 135 000 Rp;
MAKASSAR (Sulawesi), in 1 Tag ab 160 000 Rp;
SAMARINDA (Kalimantan), in 2 Tagen ab 320 000 Rp.

Flüge

Der kleine **Waioti Airport** liegt etwa 3 km östlich des Stadtzentrums, per Ojek 5000 Rp, per Minibus 3000 Rp p. P. Flughafensteuer 11 000 Rp.
Merpati, Jl. Don Thomas 18, ✆ 0382-21342, 🖥 www.merpati.co.id.

LABUAN BAJO, 3x wöchentl. in 1 Std., ab 396 000 Rp, und von dort in 2 Std. weiter nach DENPASAR für 600 000 Rp.
MAKASSAR, 3x wöchentl. in 1 1/2 Std., ab 671 000 Rp.
TransNusa, Jl. Anggrek 2, ✆ 0382-21393, 🖥 www.transnusa.co.id. 6x wöchentl. in 1 Std. nach KUPANG ab 297 000 Rp.
Wings Air, im Flughafengebäude, ✆ 0382-299317, 🖥 www.lionair.co.id.
DENPASAR, 3x wöchentl. in 2 Std., ab 953 000 Rp;
KUPANG, 3x wöchentl. in 1 Std., ab 350 000 Rp.

Die Umgebung von Maumere

Ledalero

Mit dem Minibus ab Maumere (5000 Rp) erreicht man das südlich von Maumere gelegene Örtchen Ledalero mit einer schönen, über 150 Jahre alten **portugiesischen Kirche**. Im Ort kann das katholische **Priesterseminar** besucht werden, dem das anthropologische **Bikon Blewut Museum**, ✆ 0382-21893, angeschlossen ist. Neben außergewöhnlichen, antiken *Ikat*-Arbeiten sind Elfenbeinschnitzereien, Schmuck, Muscheln, uralte Fotoalben und Ming-Porzellan aus China ausgestellt. Sehenswert ist ebenfalls die Münzsammlung. ⊙ 8–14 Uhr, Eintritt gegen Spende. Eine herrliche Aussicht über die riesigen Kokospalmenhaine hat man von der Veranda an der Rückseite des Seminars.

Der Westen

Eine landschaftlich abwechslungsreiche Tour bietet sich auf der guten Straße Richtung Westen an. An der Küste liegt **Wuring** (4 km, Minibus 5000 Rp), ein auf Pfählen erbautes Bugis-Fischerdorf in einer Lagune. Schon vor Hunderten von Jahren haben die seefahrenden Bugis aus Südwest-Sulawesi Orte und Dörfer an den Küsten des Archipels gegründet. Bis heute haben sie sich ihre eigene sprachliche und kulturelle Identität bewahrt und sich kaum mit der lokalen Bevölkerung vermischt. In vielen Orten Nusa Tenggaras gibt es einen *Kampung Bugis*. Wuring ist ein Beispiel für solch eine völlig unabhängige Gründung. Der Ort war von einem Tsunami im Jahre 1992 zu 80 % zerstört wor-

NUSA TENGGARA

den. Mittlerweile ist er aber wieder gut ausgebaut, die Menschen sind zurückgekehrt, und im Hafen liegen erneut traditionelle **Bugis-Schiffe** aus Holz vor Anker. Man kann dabei zusehen, wie neue Holzschiffe gebaut werden, oder den Fischern beim Verladen des Fangs Gesellschaft leisten. Große Bottiche mit Thunfisch wechseln den Besitzer, und ein Blick auf die Fischkutter enthüllt die clevere Fangmethode: Schläuche sprühen Wasser vom Heck auf die Meeresoberfläche, was die Thunfische nach oben lockt. Die Fischer stehen mit Harpunen bereit, die großen Fische zu fangen. In einer Fabrik (von Maumere aus an der Gabelung im Ort dem rechten Weg folgend) wird der Fang dann wie Stock-fisch getrocknet und für den Export nach Japan vorbereitet.

In **Nangahure**, 10 km westlich von Maumere an der Straße nach Magepanda (bei der Gabelung in Wuring dem linken Weg folgen), befindet sich das **Kinderheim Maria Stella Maris**. In dem kirchlich finanzierten Heim leben rund 40 behinderte, aber auch kranke oder allgemein pflegebedürftige Kinder. Interessierte Besucher kommen gern vorbei, um sich den bunten **Skulpturenspielplatz** anzuschauen, in dem ein einheimischer Künstler aus Beton und viel Farbe den Bildern der Kinder von sich und ihrer Umwelt eine Form gab. Die Kleinen empfangen Gäste nicht minder neugierig und sind sichtlich stolz

Rundfahrt durch die Umgebung von Maumere

Ein schöner Halbtagsausflug führt im Uhrzeigersinn von Maumere östlich nach Geliting, von dort südwärts nach Bola und nordwestlich wieder zurück nach Maumere. Der schmale Inselabschnitt von nur 12 km Breite ermöglicht einen Besuch der Südküste in nur 45 Minuten Fahrt durch traditionelle Dörfer.

In **Geliting** geht es hinter dem Markt rechts die Straße landeinwärts, an der Kirche vorbei und immer geradeaus in die Hügel. Hier wachsen Hibiskus, Mais, Kakao und Jackfrucht buchstäblich am Straßenrand. Mitunter bietet sich ein Ausblick auf die Erosionsschutzterrassen. Nach etwa 9 km erreicht man den Ort **Watublapi**. Nach Voranmeldung führt die Tanzgruppe Seosina an der Kirche traditionelle Tänze für Besucher auf, 500 000 Rp pro Tanz und Besuchergruppe von max. fünf Personen. An der Gabelung im Ort geht es rechts den Hügel hoch, vorbei an Nelken-Bäumen und an der nächsten Gabelung links, vorbei an schmalen Betelnuss-Palmen (auch: Areka-Palmen). Insgesamt 12 km von der Küstenstraße in Geliting entfernt, gelangt man nach **Doka**, einem hübschen, traditionellen Dorf, dessen Bewohner Demonstrationen von *Ikat*-Herstellung geben. Die Tanzgruppe Doka Tawa Tana führt ortstypische Tänze auf, oft zur Musik von Saiteninstrumenten oder vom Gong, der früher aus Holz war, heute aber aus Eisen besteht. Kontakt: Cletus, ☏ 0813-7229 0368, ✉ lopez_gabby@yahoo.com. Auf Anfrage werden auch Speisen nach alten, lokalen Rezepten zubereitet.

An Pfeffersträuchern und Vanillepflanzen vorbei geht es bergab an die Südküste. Die Dörfer, deren Umgebung noch heute als *Uma Uta* (Waldgarten) bezeichnet wird, waren lange Zeit völlig isoliert. Nach 20 km Fahrt erreicht man das verschlafene Küstendorf **Bola**. In der Brandung steht ein großes Kreuz auf einem Felsen *(Batu Cruz)*, das angeblich an die Zeit Franz Xavers erinnern soll. Die starken Wellen erfordern massive, steinerne Wellenbrecher am Ufer.

Auf dem Rückweg muss man an der Gabelung im Ort links abfahren und gelangt an Bambushainen vorbei über noch ziemlich schlechte Straßen nach **Wolokoli** (5 km ab Bola). „Schnapshügel" heißt das Dorf nicht umsonst: In einer Töpferei werden nach altem Brauch Krüge aus bloßer Erde geformt, mit Steinen oder Hölzern gehärtet und gerundet. Nach dem Trocknen werden sie gebrannt und schließlich für die Herstellung von Arak eingesetzt. Drei bis vier Tage dauert das Ganze, und für 50 000 Rp kann man sich die Herstellung 1–2 Std. anschauen. Selbstverständlich kann man die Töpferware auch kaufen.

Nach 10 km wird die Straße besser, und vorbei an Cashew-Bäumen erreicht man bald **Waipare**. Geradeaus geht es nach Maumere, rechts ab, am Pasar Baru vorbei, zurück nach Geliting.

auf ihren Spielplatz. Es empfiehlt sich, mit Pater Bollen vom Sea World Club (s. u.) hier hinzufahren, der das Heim maßgeblich mit aufgebaut hat und heute noch persönliche Beziehungen zu den Kindern pflegt. Wenige Fahrminuten weiter westlich im Dorf **Waturia** befindet sich ein SOS-Kinderdorf.

Weiter westlich, der Straße folgend, liegt **Kolisia**. Hinter dem Ortseingangsschild geht ein Weg rechts zum **Wairnokerua** ab. An dieser heiligen Quelle soll sich der Sage nach schon der portugiesische Missionar Franz Xaver gelabt haben. Seither heißt sie in der Sprache der Sikka entsprechend „Priesterwasser" (*Wair*: Wasser, *Nokerua*: Priester).

Schließlich erreicht man nach insgesamt 30 Minuten Fahrzeit die von der Küste im Norden und prächtigen Hügelmassiven im Süden eingerahmte Ebene von **Magepanda**. Nachdem die Regierung durch ein Bewässerungsprojekt den Reisanbau hier möglich gemacht hatte, wurden Familien aus dem Süden von Maumere hier angesiedelt. Sago-Bäume, aus deren Stamm das Sago-Mehl entsteht, und Indigo-Sträucher, aus denen Naturfarbe hergestellt wird, sind links und rechts zu sehen. Die Häuser zwischen den Bäumen landeinwärts zeigen eine deutliche Verbesserung der Lebensqualität vieler Menschen an, seit die Landwirtschaft in dieser trockenen Gegend bessere Erträge liefert.

Der Süden

Ikat-Webereien findet man in den Dörfern **Nita** (11 km von Maumere), **Koting** (14 km), **Lela** (24 km) und **Sikka** (27 km). Sikka war einer der ersten Orte auf Flores, in denen Portugiesen landeten. Im nur 3 km entfernten Lela (hier ein gutes Krankenhaus) sind einige koloniale Gebäude erhalten, sehenswert ist die **Kirche des Heiligen Josef**. Nach Lela und Sikka gelangt man mit einem Minibus ab Maumere für 10 000 Rp.

Der Osten

Auf der Straße nach Osten weist ein Schild den Weg landeinwärts zum **Jong Dobo** (7 km). Hier wird ein kupfernes, 60 cm langes Miniaturschiff (*Jong* = Boot) aus der Dongson-Zeit verehrt. Man muss den Hüter des Schiffes finden und um Besichtigung bitten. Es ist sogar mit einer kleinen Besatzung versehen, und die Einheimischen schreiben dem Artefakt magische Kräfte zu.

In **Geliting** findet nicht nur ein bunter Markt, sondern jeden Sonntagmorgen nach der Erwachsenen- auch eine Kindermesse statt, die der alte, deutsche Pfarrer Heinrich Bollen leitet. Dann ist die Kirche vom Gesang der Kleinen erfüllt. Gegenüber liegen ein gutes Krankenhaus sowie eine Apotheke, die auch Naturmedizin vertreibt.

Waiara

Der weitflächig zersiedelte Küstenort, der scheinbar fließend anfängt und aufhört, wäre touristisch eigentlich nicht von Interesse, wären da nicht die schönen Tauchgründe. Die vor der Nordküste gelegenen Korallenriffe zählen zu den größten Attraktionen von Flores. Tauchexperten meinen, dass der portugiesische Name der Insel *Cabo des Flores* sich nicht auf die Blumen an Land beziehe, sondern auf die einmalige Farbenpracht der Korallenriffe. Die Riffe vor Flores sind aus verschiedenen Gründen einmalig. Zum einen befindet sich die Insel mitten im sog. „Sonnengürtel", der äquatorialen Region, die das Wachstum der Korallen besonders begünstigt. Zum Zweiten liegen die Riffe am Bruch zwischen der eurasischen und der australischen Platte. Aus diesem Zusammentreffen zwischen zwei unterschiedlichen Flora- und Faunazonen resultiert der extreme Reichtum der Unterwasserlandschaft.

Tauchen

An den Riffen am Gusung Bone und der Pulau Pamana Besar gibt es Steilabfälle von mehreren hundert Metern. Unterhalb von 10 m beträgt die Sicht mehr als 50 m, für tropische Gewässer also optimale Verhältnisse. Dank in der Nähe liegender Steilabfälle zwischen 2000 und 3000 m trifft man hier nicht selten auf größere Fische.

Pulau Besar, die größte Insel in der Bucht von Maumere, besitzt ähnliche *Drop-Offs* und bietet nach Aussagen erfahrener Taucher die besten Tauchmöglichkeiten. Nur 4 km östlich von Waiara, und damit am billigsten und günstigsten zu erreichen, sind die Riffe von **Wair-**

NUSA TENGGARA

www.stefan-loose.de/indonesien FLORES | Waiara **465**

bleler. Mehrere bisher unbekannte Arten von Fischen sind hier von Wissenschaftlern entdeckt worden. Der der Küste gegenüberliegende Steilabfall von etwa 30 m eignet sich besonders zum Tauchen. In den Monaten Dezember bis Februar ist Tauchen oder Schnorcheln kaum möglich.

Bei dem Erdbeben im Dezember 1992 wurden die Riffe vor Waiara zu ca. 40 % zerstört. Während die Weichkorallen zwei Jahre später zum großen Teil schon wieder nachgewachsen waren, musste man auf die Regenerierung der Hartkorallen noch vier bis fünf Jahre länger warten.

Heute fahren Tauchtouristen bereits wieder begeistert die Tauchspots vor Maumere an, und zwei Tauchschulen bieten Kurse, Tauchgänge und Equipment an.

ÜBERNACHTUNG

Ankermi Bungalows, Watumita, ✆ 0812-466 9667, 🖥 www.ankermi-happydive.com. An einem Strandabschnitt weiter im Osten liegt die entspannte Anlage unter schweizerischer Leitung mit angeschlossener Tauchbasis. Die 6 recht eng zusammenstehenden Bungalows sind etwas klein, aber gefliest, sauber und mit Open-Air-Du/WC ausgestattet. Eine Leiter im Zimmer führt auf die Veranda im oberen Stockwerk. WLAN und Frühstück inkl. ❹

Flores Sao Resort (Sao Wisata), ✆ 0382-270 0168. Ein Wachhäuschen am Eingang der weitläufigen, kargen Anlage und die überdimensionierte Lobby wirken sehr verlassen. Nur 11 Zimmer sind verfügbar, alle anderen befinden sich wie der direkt am Strand gelegene Pool unter dauerhafter Renovierung. Die teuren Zimmer sind sehr sauber und geräumig und mit kleinem TV, guten, harten Federkernmatratzen, großem Vorraum mit Sitzgelegenheiten und Warmwasser-Du/WC ausgestattet. Schnorchelmöglichkeiten direkt vor der Haustür. ❹–❺

🏨 **Sea World Club Dive Resort**, Jl. Nai Roa KM 13, ✆ 0382-21570, 🖥 www.sea-world-club.com. Das von der katholischen Stiftung YASPEM und dem alten Pater Heinrich Bollen geleitete Resort mit gepflegter Gartenanlage und Tauchbasis (s. unten) bietet sehr einfache Bungalows mit Gemeinschaftsbad sowie ordentliche Bungalows mit Veranda und Du/WC und teurere, luxuriöse direkt am Strand mit AC und schickem Bad, teils auch mit schönen Himmelbetten. Alle haben gute Matratzen und direkten Zugang zum Strand. Das Duschwasser wird mit Solarenergie erhitzt. Frühstück inkl. WLAN 15 000 Rp Std. Die gute Küche überrascht mit Lebensmitteln aus Eigenanbau, hausgemachtem Brot und Western-Food – hier darf guten Gewissens sogar Spaghetti Bolognese bestellt werden! Der 82-jährige Pater hat tolle Geschichten über Flores auf Lager. Alle Überschüsse aus dem Hotel- und Tauchbetrieb gehen in soziale Projekte wie Malariabekämpfung, Behinderten- und Waisenhilfe oder Schulen. ❸–❻

Sunset Cottages, 25 km östlich von Maumere an der Straße nach Larantuka, ✆ 0812-4602 3954, 0821-4768 7254. Wer wie Robinson in Bambushütten am Strand wohnen möchte, ist hier richtig: 8 abgelegene Holzbungalows mit Strohdach und guten Betten mit Moskitonetz sowie Open-Air-Mandi auf einem palmenbestandenen Areal. Die freundliche Besitzerin spricht sehr gutes Englisch und sorgt nicht nur für Pancake-Frühstück, sondern auch für Schnorcheltouren oder Trekking-Ausflüge zum Gunung Egon. ❷

TAUCHEN UND SCHNORCHELN

Ankermi – Happy Dive, Watumita, ✆ 0812-466 9667, 🖥 www.ankermi-happydive.com. Hier kosten 2 Tauchgänge inkl. Ausrüstung 65 €, ein Open-Water-Kurs 350 € und das Ausleihen von Schnorchelausrüstung 30 000 Rp pro Tag. Die Tauchlehrer sprechen Deutsch.

Sea World Club im Sea World Club Dive Resort, Jl. Nai Roa, KM 13, ✆ 0382-21570, 🖥 www.sea-world-club.com. 2 Tauchgänge inkl. Transport, Equipment, Lunch und Softdrinks für US$70, bei 1 Pers. US$80. 5-Tage-Paket für US$500. Schnorcheltour für mind. 4 Pers. inkl. Mittagessen US$20 p. P. Zum Schnorcheln am Strand können Flossen und Maske für US$5 pro Tag geliehen werden.

Sunset Cottages, ✆ 0812-4602 3954. Die Besitzerin organisiert Schnorcheltrips nach Pulau Pangabatang und Pulau Babi für 400 000 Rp pro Boot, Mittagessen kostet 10 000 Rp extra.

Sumatra

Stefan Loose Traveltipps

Medan Die multikulturelle Metropole Sumatras steckt voller Geschichte. S. 469

13 Gunung Leuser-Nationalpark Orang Utans und anderen selten gewordenen Tieren auf der Spur. S. 483

Berastagi Der Sibayak ist einer der am leichtesten zu erklimmenden Vulkane Indonesiens. S. 484

14 Toba-See Idyllische Landschaft und faszinierende Batak-Kultur am größten See Südostasiens. S 492

Banda Aceh Die „Veranda von Mekka" besitzt eine der schönsten Moscheen Asiens. S. 503

Pulau Weh In den Gewässern um Sabang warten farbenfrohe Unterwasserwelten auf Taucher und Schnorchler. S. 511

Padang und Bukittinggi Heimat der berühmten Padang-Küche im Land der Minangkabau. S. 516 und S. 525

467

SUMATRA Übersicht

Mit 473 482 km² ist die Insel Sumatra fast so groß wie Deutschland, Österreich und die Schweiz zusammen. Die Nord-Süd-Entfernung beträgt 1800 km, die breiteste Stelle nur 435 km. Beinahe ein Drittel der Insel, nämlich die gesamte Ostküste zwischen Medan und Palembang, besteht aus Sumpfgebiet, das weiter westlich in tropischen Regenwald übergeht. Schon gegen Ende des 19. Jhs. begannen europäische Pflanzer damit, hier große Plantagen anzulegen. Das Barisan-Gebirge zieht sich die gesamte Westküste entlang. Insgesamt liegen hier 50 Vulkane, neun sind heute noch aktiv. Viele Berge sind über 3000 m hoch, der höchste ist der Gunung Kerinci mit 3805 m.

Im Vergleich zum übervölkerten Java scheint Sumatra geradezu menschenleer. Nur etwa 50,4 Mio. Menschen leben hier, und obwohl die meisten im Einzugsbereich der großen Straßen wohnen, fährt man mit dem Bus manchmal mehr als 40 km, ohne durch eine Siedlung zu kommen. Auf Sumatra erstrecken sich bis heute riesige, noch völlig unbesiedelte, ursprüngliche Dschungelgebiete, während nicht minder große Flächen inzwischen zu eintöniger Plantagenlandschaft geworden sind.

Besonders bemerkenswert ist die ethnische Vielfalt: In Aceh wohnen die orthodoxesten Moslems Indonesiens, in Nord-Sumatra die größtenteils christianisierten Batak, in West-Sumatra findet man die moslemische, aber matrilinear organisierte Gesellschaft der Minangkabau, auf der Insel Nias eine Megalithkultur und auf den Mentawai-Inseln archaische Dschungelbewohner. Im Süden siedelten sich im Rahmen der staatlichen Transmigrasi-Programme viele Sundanesen und Javaner an.

Der Tourismus konzentriert sich auf vier Regionen: den Toba-See und seine Umgebung (Nord-Sumatra), das Gebiet um Bukittinggi (West-Sumatra), den Gunung Leuser-Nationalpark sowie kleinere Traveller-Zentren auf den vorgelagerten Inseln, etwa Pulau Weh (Aceh), die vor allem bei Tauchern hoch im Kurs steht. Aufgrund der geografischen Nähe zu Malaysia und Singapur bestehen preisgünstigere Ein- und Ausreisemöglichkeiten als in den meisten anderen Regionen Indonesiens (s. S. 44).

Nord-Sumatra

Tiefe Dschungelgebiete, kühles Hochland, eine pulsierende asiatische Großstadt und maritimes Inselflair am größten Vulkansee der Erde – all dies bietet Nord-Sumatra auf relativ kleinem Raum und für vergleichsweise wenig Geld. Die meisten Sumatra-Reisen beginnen oder enden hier, in einer Region, die reich an beeindruckenden Naturlandschaften ist. Wer aus Java, Bali oder Malaysia anreist, dem mögen die Verhältnisse als sehr einfach und weniger komfortabel erscheinen, dafür wird man jedoch mit viel Ursprünglichkeit und ganz besonderen Eindrücken belohnt. Alle touristischen Ziele der Provinz sind per Bus von Medan aus in ein paar Stunden erreichbar.

Die 70 787 km² große Provinz zählt 13 Mio. Einwohner. Etwa 30 % der Bevölkerung sind christlich, die restlichen zwei Drittel moslemisch oder einer der Minderheitenreligionen Sumatras zugehörig. In einem etwa 250 km breiten Küstenstreifen wird auf beinahe 1000 km² Plantagenwirtschaft betrieben. Heute sind zwar viele dieser Großbetriebe in Staatsbesitz, doch ein erheblicher Teil gehört weiterhin den internationalen Konzernen wie Goodyear, Uni-Royal oder Harrison & Crosfield. Jeweils ein Drittel der gesamten landwirtschaftlich genutzten Fläche wird für den Anbau von Kautschuk und Ölpalmen genutzt. Tee, Tabak und Kakao sind weitere Exportprodukte.

Dennoch sind weite Teile der Insel noch mit Urwald bedeckt. Reservate wie der Gunung Leuser-Nationalpark beherbergen bedrohte Tierarten wie den Orang Utan, Elefanten, das Sumatra-Nashorn oder den Sumatra-Tiger. Die üppige Natur zieht Traveller an, und mittlerweile bildet auch der Tourismus einen nicht unbedeutenden Wirtschaftszweig.

Medan

Die Hauptstadt und das ökonomische Zentrum Nord-Sumatras besitzt einen auffallend kosmopolitischen Charakter. Nachfahren chinesischer und javanischer Kulis, eingewanderte Sikhs, Araber und Tamilen, aber auch Batak, Minangkabau und Angehörige anderer malaiischer Volksgruppen prägen das Stadtbild. Es gibt eine Chinatown und ein indisches Viertel – aber auch Christen, Muslime und die Kolonialmacht haben deutliche Spuren hinterlassen, die vom Völkerpotpourri Sumatras berichten. In Medan spiegelt sich der rasante Wandel wider, den das Land seit der Kolonialzeit, vor allem aber in den letzten 50 Jahren durchlebt hat. Dazu gehören der nie endende Verkehrsstrom, Großstadtlärm und eine ausgesprochen weiträumige Stadtlandschaft.

Touristen machen meist einen großen Bogen um die Stadt bzw. nur die nötigsten Abstecher dorthin, was bei der schwülen Hitze, dem lauten Verkehr und den Abgasen der Autos und Becak (Motorradtaxis) verständlich ist. In der Regel kommt man nur zum Einkaufen nach Medan oder um von hier weiterzureisen, dabei hat die Stadt durchaus auch kulturelle Reize. Wer sich z. B. für die koloniale Baukunst des frühen 20. Jhs. interessiert, kommt in Medan auf seine Kosten. Denn in kaum einer anderen indonesischen Stadt ist die koloniale Architektur so gut

www.stefan-loose.de/indonesien

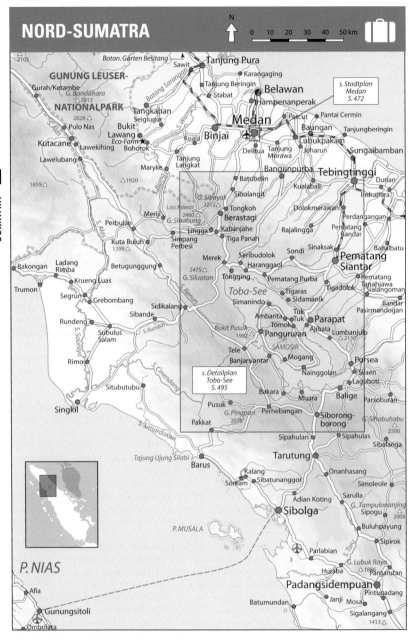

erhalten wie hier. Auch für die kulinarischen Genüsse sollte man sich Zeit nehmen, denn in keiner anderen Stadt Sumatras finden sich derart viele Küchen auf engstem Raum versammelt. Gleiches gilt für das Gemisch unterschiedlichster Volksgruppen, das nirgends sonst auf der Insel so bunt und faszinierend ist. Ein Spaziergang über den **Pajak Ikan** genannten Textilmarkt südlich des Platzes der Unabhängigkeit ist ideal, um Eindrücke zu sammeln.

Sehenswert ist auch der mit geometrischen und floralen Muster verzierte **Maimoon Palast**, Jl. Brigjend. Katamso, der 1887–1891 von einem italienischen Architekten entworfen und als Wohn- und Wirkstätte des Sultans erbaut wurde. Die Audienzhalle im Untergeschoss ist der Öffentlichkeit zugänglich. Leider sind die wenigen für Besucher zugänglichen Räume z. T. mit Souvenir-Auslagen zugestellt. Innen- und Außenarchitektur des 30 Zimmer umfassenden Prachtbaus mit sichtbaren Anleihen an der Moghul-Architektur vereinen islamische, italienische und spanische Elemente. In einem kleinen Karo-Batak-Haus vor dem Palast ist eine von manchen als heilig erachtete Kanone untergebracht, die mit der Legende von der grünen Prinzessin (Putri Hijau) in Verbindung gebracht wird (s. Kasten). ⏰ 9–17 Uhr, Eintritt 5000 Rp.

Die **Mesjid Raya**, die „Große Moschee" der Stadt, steht an der Jl. Sisingamangaraja und war einst die Moschee der Sultansfamilie. Sie wurde zum Teil aus den Steinen alter buddhistischer und hinduistischer Tempel errichtet und 1909 von der niederländischen Königin Wilhelmine höchstpersönlich eingeweiht. ⏰ 8–18 Uhr, Eintritt 3000 Rp.

Die größte Moschee der Stadt ist allerdings die **Mesjid Agung** in der Jl. Diponegoro, ein flacher, fast spartanisch anmutender Bau mit sparsamen, geometrischen Formen und zwei goldenen Kuppeln.

Beispiele holländischer Kolonial-Architektur findet man besonders in der Jl. Jen. A. Yani und deren Verlängerung Jl. Balai Kota. Gleich nördlich vom **Lapangan Merdeka**, dem Freiheitsplatz, befindet sich das **Hauptpostamt** aus dem Jahre 1911. Schräg gegenüber wurde das alte Hotel De Boer in das neue **Dharma Deli Hotel** integriert. Die Kuala Bar mit ihrem 1930er-Jahre-

Die Legende von Putri Hijau

Es war einmal ein wunderschönes Mädchen aus dem Karo-Batak-Land namens Putri Hijau, dessen zwei Brüder sich jeweils in einen Drachen und eine Kanone verwandeln konnten, wofür sie alle drei aus dem Dorf verbannt wurden. Sie zogen ins Sultanat Haru, wo die Brüder in die Armee eintraten. Als der Sultan von Aceh von der Schönheit des Mädchens hörte, wollte er es zur Frau nehmen, doch wurde sein Antrag vom Sultan von Haru abgelehnt. Der erzürnte Acehnese brach darüber einen Krieg vom Zaun, ließ seine Armee gegen den Kanonen-Bruder kämpfen und sperrte das Mädchen schließlich in einen Glaskäfig, in dem sie per Schiff nach Aceh verfrachtet wurde. Bevor sie dort von Bord ging, bat sie um eine Begrüßungszeremonie, und während ihr Wunsch erfüllt wurde, tauchte ihr Bruder in Gestalt eines Seedrachens, von der Gewalt des Meeres begleitet, aus dem Wasser, umschlang den Käfig und verschwand damit für immer im Indischen Ozean. Der Dritte im Bunde, die Kanone, steht noch heute vor dem Maimoon Palast in Medan, während Teile des Kanonenlaufs in den Dörfern Suka Nalu und Seberaya in der Gegend von Berastagi, der Heimat des Trios, aufbewahrt werden.

Interieur ist noch heute ein beliebter Treffpunkt. Früher kamen hier ausländische Pflanzer und Verwalter nach meist wochen- oder monatelangen Aufenthalten auf ihren Plantagen zusammen und versoffen gewaltige Summen.

Ein paar Schritte weiter südlich befindet sich das Gebäude der **Bank of Indonesia** aus dem Jahr 1908, in dem früher die Javaanse Bank britisches und spanisches Geld aus dem Verkehr zog, um holländisches einzuführen. Etwa zur gleichen Zeit entstanden auch die daneben liegende **Bank Negara**, früher der exklusive Witte Société´t Club, und das **Rathaus** (Balai Kota). Auf der Jl. Jen. A. Yani weiter in Richtung Süden, gelangt man zu einem imposanten Granitgebäude aus den 1920er-Jahren. Die Niederlassung von **Harrison & Crosfield** war damals das größte britische Handelshaus in Südostasien.

SUMATRA

www.stefan-loose.de/indonesien

MEDAN **471**

Medan

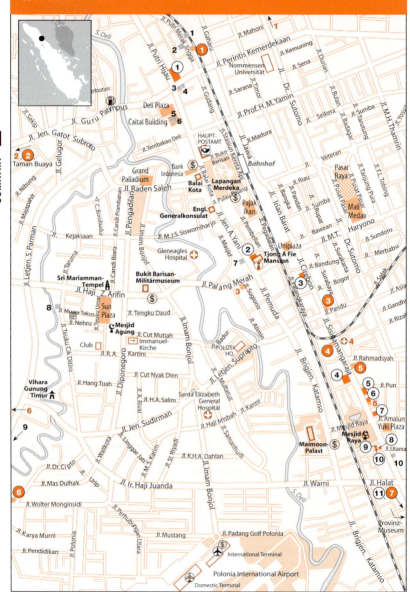

472 MEDAN www.stefan-loose.de/indonesien

Übernachtung:
1. JW Marriott
2. Kesawan Hotel
3. Hotel Soechi International
4. Garuda Plaza Hotel
5. Ibunda Hotel
6. Hotel Garuda Citra
7. Madani Hotel
8. Angel Gh.
9. Jannah Gh.
10. Residence Hotel
11. Hotel Grand Antares

Essen:
1. Nelayan
2. Joko Solo
3. Putri Hijau
4. Anna Patisserie
5. Wasabi Nami
6. Taipan
7. Tip Top Café
8. Cahaya Baru
9. Roland's
10. Surya Bakery & Café

Transport:
1. Graha Tour & Travel
2. Pinang Baris Terminal
3. Tower Tour
4. Siar Tour
5. Karona Tour
6. Medan Rent Car
7. Amplas Terminal

Sonstiges:
1. Sumatra Savages
2. Mawar Bakery
3. Immigration
4. Arztpraxen
5. DHL
6. Honorarkonsulat

Heute sind die P.T. London Sumatra, der British Council und das englische Generalkonsulat hier untergebracht.

Bereits 1884 ließ die indische Minderheit den großen **Sri Mariamman-Tempel** an der Jl. Zainul Arifin erbauen. Früher wurde diese Gegend nicht ganz grundlos als Kampung Keling, **indisches Viertel**, bezeichnet. Noch heute wird hier das Thaipusam-Fest, einer der wichtigsten Hindu-Feiertage, gefeiert. Bei einem Spaziergang durch das indische Viertel können die vielen Küchen Medans probiert werden, denn hier gibt es längst nicht nur indische Essenstände und Restaurants.

Der Stadtteil **Polonia** ist mit seinen breiten, von Bäumen gesäumten Alleen im Gegensatz zum Stadtzentrum einen Spaziergang wert. Hier zeigt sich die Metropole von einer völlig anderen Seite, mit weitläufigen Arealen, kolonialer Straßenplanung und repräsentativen Bauten, in denen sich Hotels, Verwaltung oder Armee ein hübsches Plätzchen gesichert haben.

Dagegen empfiehlt sich ein Streifzug durch die von Auspuffgasen geschwängerte **Chinatown** nur am Wochenende oder gegen Abend, wenn der Verkehr nachlässt. An der Jl. Hang Tuah hübsch am Ufer des Sungai Babura gelegen, befindet sich der größte chinesische Tempel der Stadt und womöglich ganz Sumatras, der **Vihara Gunung Timur**, von weißen Steinlöwen bewacht und von unzähligen Göttern und Dämonen bewohnt (⏰ 8–17 Uhr). Den ältesten Tempel findet man in der Jl. Pandu. 2011 befand sich zudem ein neuer, großer Tempel im Südosten des Bahnhofs im Bau. Der größte Markt, **Pasar Raya**, wird immer mehr von modernen Einkaufszentren in den Hintergrund gedrängt, hat aber nichts vom chaotischen, asiatischen Charme der alten Tage verloren. In den schmalen Seitenstraßen findet man noch viele kleine chinesische Läden. Obwohl die Schilder der Geschäfte selten mit chinesischen Schriftzeichen versehen sind, ist der Stadtteil doch charakteristisch für eine Chinatown in Südostasien. Das **Café Tip Top** von 1934 besitzt noch nostalgischen Charme, und hier kann man einen guten Eiskaffee trinken.

Schräg gegenüber dem Café Tip Top in der Jl. Jendral A. Yani steht das beeindruckende Haus des chinesischen Millionärs **Tjong A Fie**, der in den 1920er- und 1930er-Jahren ein Vermögen machte und wieder verlor. Sein Reichtum erwuchs aus dem Besitz von Plantagen und der Rekrutierung chinesischer Kulis. Im Gebäude wird bildhaft und anschaulich über das Leben in Medan zu Zeiten des Magnaten informiert. Einige Nachfahren leben noch heute dort. ⏰ 8–16 Uhr, Eintritt 35 000 Rp.

In der Jl. Palang Merah liegt das **Bukit Barisan Militärmuseum**, das den Schwerpunkt, wie jedes Militärmuseum in Indonesien, auf den Kampf um die Unabhängigkeit von der holländischen Kolonialmacht und die Auseinandersetzungen mit den separatistischen Bewegungen Ende der 1950er-Jahre legt. ⏰ Mo–Fr 8–15 Uhr, Eintritt frei.

Das **Provinz-Museum** (Museum Negeri) mit seinen interessanten geschichtlichen und völkerkundlichen Ausstellungen liegt nicht weit südöstlich der großen Moschee in der Jl. H. M. Joni und hat englische Beschriftungen und Texttafeln. Hier gibt es z. B. Informationen zu *Zaman Belanda*, der holländischen Kolonialzeit, oder zu den Lebensweisen der diversen ethnischen Gruppen in der Provinz. Viele alte und neue Fotografien illustrieren die historischen Infos. ⏰ Di–Do 9–15, Fr 9–12, Sa 9–13.30 Uhr, Eintritt 5000 Rp.

ÜBERNACHTUNG

Untere Preisklasse

Angel Gh., ✆ 061-732 0702. Die einfachen, älteren Zimmer mit/ohne Du/WC und teils AC heben sich von den benachbarten Billigunterkünften durch etwas Farbe und ein hinreichendes Frühstück ab, sind aber genauso laut. Freundliches Personal. ❶–❷

Garuda Citra Hotel, Jl. Sisingamangaraja 27/39, ✆ 061-736 7733. Mittelklassehotel mit ruhigen, sauberen Zimmern mit AC, TV und Du/WC, teils aber ohne Fenster. Zudem ein Tour Office und jeden Abend Livemusik. Indonesisches Frühstück und WLAN inkl. ❸

Ibunda Hotel, Jl. Sisingamangaraja 31–33, ✆ 061-734 5555, 🖵 www.ibundahotel.com. Ganz in Grün gehaltenes Hotel mit sauberen Zimmern mit AC, TV, Fenstern und Du/WC. Das freundliche Personal spricht nicht viel Englisch, ist aber dennoch sehr hilfsbereit. Indonesisches Frühstück inkl. Nach Rabatten fragen lohnt sich. ❸

Jannah Gh., Jl. Tengah 1F, ✆ 061-732 3980, 0813-7036 9385. Neu eröffnetes, sauberes Guesthouse hinter der Mesjid Raya, das von einem Belgier und seiner indonesischen Frau betrieben wird. Helle, freundliche, aber spartanisch eingerichtete Zimmer mit bequemen, eher harten Betten, Ventilator und Stuck an den Decken, teils mit eigener Du/WC und Balkon mit Ausblick. WLAN inkl., auf den oberen Etagen kein Empfang. Nach Rabatt fragen. ❷

Kesawan Hotel, Jl. A. Yani 97, ✆ 061-451 6380, 🖵 www.kesawanhotel.com. Zentral direkt gegenüber dem Café Tip Top gelegenes, Ende 2010 eröffnetes Hotel mit erstaunlich ruhigen, sauberen, stuckierten Zimmern mit bequemen Betten, TV, AC und Du/WC. Karaoke-Bar und kleines Restaurant mit indonesischen, chinesischen und westlichen Gerichten ab 20 000 Rp. ❸

Madani Hotel, Jl. Sisingamangaraja/Jl. Amaliun 1, ✆ 061-735 8000, 🖵 www.madanihotel medan.com. Großes Mittelklassehotel mit hellen Zimmern mit guten Betten, LCD-TV, Sitzecke mit Sofa und sauberen Bad/WC. Besser nach einem Zimmer abseits der lauten Hauptstraße fragen. Freundliches Personal.

WLAN inkl. Im Haus ist ein Spezialist untergebracht, der Kurse im „Blindfolded Reading" gibt. Restaurant mit indonesischer und westlicher Küche, tgl. außer Mo Livemusik. ❸

Residence Hotel, Jl. Tengah 1, ✆ 061-7760 0980, 🖵 www.residencehotelmedan.com. Das ganz in Grün gehaltene Hotel in Nachbarschaft der Mesjid Raya hat schon bessere Tage gesehen, bietet aber preisgünstige Zimmer mit AC, Mandi und WC sowie einen Wäscheservice ab 4000 Rp pro kg. Bis auf die Gebetsrufe relativ ruhig. ❶–❷

Mittlere Preisklasse

Danau Toba International, Jl. Imam Bonjol 17, ✆ 061-415 7000, 🖵 www.hoteldanautoba.com. Riesiges 4-Sterne-Hotel mit über 300 Räumen in Nähe des Flughafens. Die mit komfortablen Betten, AC, TV, Föhn, Minibar und Bad/WC komplett ausgestatteten Zimmer bieten ein gutes Preis-Leistungs-Verhältnis. Pool, 24 Std. geöffnetes Café, Bar, ⏰ 22–2 Uhr, und Restaurant, das für seine *Sop Buntut* bekannt ist, runden das Angebot ab. Frühstück bereits ab 5.30 Uhr. ❹

Garuda Plaza Hotel, Jl. Sisingamangaraja 18, ✆ 061-736 1111, 🖵 www.garudaplaza.com. Hotel mit dem üblichen Komfort der gehobenen Preisklasse inkl. Pool. Die besten Zimmer mit bequemen Betten und schönen Badezimmern liegen im neuen Gebäudeteil mit Fenstern nach hinten. Schlicht designte Lobby mit Café, in dem der teure Kopi Luwak serviert wird, Zugang zum Air Asia Büro und Restaurant mit u. a. einigen Thai-Gerichten zu leicht gehobenen Preisen. ❹

Hotel Grand Antares, Jl. Sisingamangaraja 328, ✆ 061-788 3555, 🖵 www.grandantares.com. Das beliebte Hotel ist innerhalb dieses Stadtteils die beste Wahl im mittleren Preissegment, wird gerade teilrenoviert und bietet helle, komfortable Räume mit toller Aussicht, AC, TV und DVD-Player, teils auch mit Verbindungstür. Das Restaurant ist bekannt für seine speziellen Currygerichte. Tgl. Livemusik und Karaoke. Von 7–12 Uhr kostenloser Flughafentransfer (ca. 15–20 Min.). ❹

Hotel Soechi International, Jl. Cirebon 76A, ✆ 016-456 1234, 🖵 www.soechi-hotel.com.

474 MEDAN

www.stefan-loose.de/indonesien

Großes, luxuriöses Hotel nahe des Lapangan Merdeka. Die Zimmer mit bequemen, nicht zu weichen Matratzen sind sauber und mit allen Annehmlichkeiten dieser Preisklasse ausgestattet. Die zentrale Klimaanlage lässt sich leider nicht individuell regulieren. Pool und Fitnessstudio. ❺

Obere Preisklasse

JW Marriott, Jalan Putri Hijau No. 10, ✆ 061-455 3333, 🖥 www.marriott.com/hotels/travel/mesmc-jw-marriott-hotel-medan. Die beste Adresse der Stadt mit 5-Sterne-Komfort und toller Aussicht von den oberen Etagen des Hochhauses. Poolterrasse im 17. Stockwerk, Fitnesscenter, elegantes Quan Spa und WLAN, zudem Restaurants und Cafés, teils im eleganten chinesischen Stil und mit Spezialitäten wie dem teuren Oolong-Tee. Sehr freundliches Personal und an Wochenenden das Zimmer schon ab 661 000 Rp. ❻–❼

ESSEN

Im Viertel westlich des Sun Plaza sowie entlang der Jl. Sisingamangaraja befinden sich **Warung**, die diverse einheimische Gerichte anbieten. Besonders beliebt sind die Nudelsuppen *Mie Bakso*, *Mie Pangsit* und Varianten von Nasi Goreng, aber auch Padang-Essen (s. S. 52) ist in Medan nicht schwer zu finden. Überall in der Stadt gibt es Konditoreien mit einen verlockenden Angebot an Kuchen, Torten, Brötchen und anderen Backwaren, z. B. **Anna Patisserie**, Jl. Perintis Kemerdekaan (gegenüber dem JW Marriott Hotel), ✆ 061-

Pancake nach Medan-Art

Roti Jala, „Netzbrot", heißen die durchlöcherten Pfannkuchen, die so typisch für Medans Straßen-Cuisine und auch auf der malaysischen Halbinsel beliebt sind. Aus Mehl, Salz, Kurkuma, Kokosmilch und Ghee entsteht ein flüssiger Teig, der sich netz- oder spiralförmig in die Pfanne gießen und als *Roti* schließlich zu Curry, Sambal oder einfach so als Beilage servieren lässt. Besonders im Ramadan ein beliebtes Mitbringsel vom Nachtmarkt. Probieren!

452 4369, und **Surya Bakery & Café**, Jl. Brig. Jend. Katamso 219A, ✆ 061-451 6738, sowie in der Jl. Sisingamangaraja XII 85H, ✆ 061-732 5889.

Cahaya Baru, Jl. Teuku Cik Ditiro 12/16, ✆ 061-453 0962. Im indischen Viertel von Medan, in der Nähe des Sri Mariamman-Tempels gelegenes Restaurant, das preiswerte, auch vegetarische nordindische Gerichte anbietet.

Joko Solo, Jl. Merak Jingga, ✆ 061-6849 8246. Hier wird scharfe javanische Küche serviert. Gegessen wird draußen, überdacht und auf Plastikbestuhlung.

Nelayan, Jl. Merak Jingga 80, ✆ 061-452 5532. Das bei Gästen des nahe gelegenen JW Marriott beliebte Restaurant serviert indonesische Gerichte, vor allem aber gutes Seafood zu Preisen zwischen 16 000 und 30 000 Rp.

Putri Hijau, Jl. Putri Hijau 8 J–K, ✆ 061-455 1175, und in der Jl. Ir. H. Juanda 14, ✆ 061-457 6043. Gegenüber dem JW Marriott wird Essen nach Padang-Art auf kleinen Tellern aufgetischt. Hauptgerichte wie *Nasi Ikan Lele Goreng* (gebratener Fisch mit Reis) oder *Nasi Kari Kambing* (Ziegenfleischcurry) kosten etwas mehr als im Warung. Wer sich bei der ganzen Auswahl nicht entscheiden kann, bestellt eines der Menüs für 15 000–20 000 Rp, die Reis, eine Fleischsorte, Gemüse, Krupuk und Wasser beinhalten.

Roland's, Jl. Setiabudi 262, ✆ 061-821 4379, 🖥 www.rolands-indonesia.com. Wer nach der langen und beschwerlichen Reise durch Sumatra Heißhunger auf Bratwurst, Kartoffelbrei, Bayrisch Kraut oder Schnitzel hat, findet hier seit 2010 Abhilfe. Etwas außerhalb, westlich des Flughafens, gelegen, gibt es einen überdachten Außenbereich und eine Bar. Hier treffen sich vornehmlich Batak, Chinesen und Expats. Leicht gehobene Preisklasse, aber der Apfelkuchen mit Vanillesoße tröstet darüber hinweg.

Taipan, Capital Building, 1. Stock, Jl. Putri Hijau 1A, ✆ 061-455633. Schickes Restaurant mit mehrsprachiger Speisekarte, das gehobene chinesische Küche zu gleichsam gehobenen Preisen serviert. Beliebt sind das Tofugericht *Tahu Taipan*, die Seafood-Auswahl und der

SUMATRA

Durian Pancake. So gibt es ein Frühstücks-buffet. ◷ 11–2 Uhr.

Tip Top Café, Jl. A. Yani 92A, ✆ 016-451 4442, 🖥 www.tiptop-medan.com. Das seit 1934 bestehende Café und Restaurant versprüht noch einen Hauch von Kolonialflair – auf Fotos, im Design und der Vintage-Kasse, die im Eingangsbereich steht. Hier kehrt man auf Kaffee, Kuchen oder Eis ein und kann das hektische Treiben auf der Straße an sich vorbeiziehen lassen. Eiscafé, Früchteeis und die hausgemachten Kuchen sind besonders zu empfehlen. Mittlere Preisklasse. Livemusik Mi, Sa und So 19.30–23 Uhr.

Wasabi Nami, Capital Building, 6. Stock, Jl. Putri Hijau 1A, ✆ 061-453 4585. Für Freunde der japanischen Rohkost werden hier neben Sushi und Sashimi auch Sabu Sabu und japanische Pizzen serviert. 5 Nigiri kosten 40 000 Rp, Platten mit einer Auswahl an Sushi zwischen 80 000 und 120 000 Rp. ◷ 11–15 und 17–22 Uhr.

FESTE

Während des Fastenmonats Ramadan kann man vor der Mesjid Raya die allabendlichen Festlichkeiten zum Fastenbrechen, die „Ramadan Fair", genießen. Dann gibt's bis spät in die Nacht köstliche Spezialitäten und Musik.

EINKAUFEN

Das 6-stöckige **Sun Plaza** in der Jl. H. Zainul Arifin 7 ist das größte Einkaufszentrum Medans. Hier finden sich neben Starbucks, Mango und den üblichen Verdächtigen auch die japanische Kaufhauskette Sogō, ein großer Hypermart, der **Buchhandel** Gramedia und ein Factory Outlet mit in Indonesien produzierter Markenkleidung zu reduzierten Preisen. In den oberen Etagen gibt es einige Foodcourts.
In der Nähe des Bahnhofs Medan befindet sich in der Jl. Raden Saleh das **Grand Palladium**. Direkt am Bahnübergang, vom Lapangan Merdeka kommend, liegt das **Uni Plaza**, etwas weiter östlich der **Pasar Raya**, ein großes Marktgelände, auf dem es Kleidung und Schmuck aller Couleur zu kaufen gibt. Der Markt setzt sich in die **Medan Mall** fort, wo es zwar klimatisiert, dafür aber auch etwas teurer ist.

Wer Stoffe und Tücher sucht, ist in der Gegend um die Jl. Perniagaan und Jl. Pembeli, die von den Medanern auch liebevoll **Pajak Ikan** oder Pasar Ikan, „Fischmarkt", genannt wird, am besten aufgehoben. Hier reiht sich ein Textilgeschäft ans andere. Die angebotene Kleidung beschränkt sich aber auf muslimische Outfits für die Pilgerreise nach Mekka. In der **Jl. A. Yani** können Sportbekleidung und Musik-instrumente gekauft werden.
Supermärkte gibt es an jeder Ecke, so z. B. direkt neben dem Restaurant Nelayan in der Jl. Merak Jingga oder im Obergeschoss des **Yuki Plaza** in der Jl. Singsingamaraja (gegenüber der Mesjid Raya). Nicht mehr als 500 m nördlich davon befindet sich in der Jl. Sisingamangaraja ein 24 Std. geöffneter **Minimarkt**.

AKTIVITÄTEN

Kayaking und Rafting

Sumatra Savages, Jl. Perbatasan 39, ✆ 061-663 5279, 0813-6207 5875 (Halim), 🖂 linoa@indosat.net.id. Der von einem Deutschen gegründete Rafting- und Kajak-Anbieter hat ausgebildete Bootsführer, die jeden Teilnehmer gründlich einweisen, bevor es mit Schlauch- bzw. Hartschalen-Booten auf dem Bohorok (Stufe 2–3) für 15 €, auf dem Lau Biang für 40 € (Stufe 3–4) oder auf dem rauschenden Asahan (Stufe 3–5+) zur Sache geht. Kajakanfänger können in Medan ihre ersten Sicherheitsrollen im Pool üben.

SONSTIGES

Autovermietung

Medan Rent Car, ✆ 0812-6666 6812, 🖥 www.medanrentcar.com. Große Auswahl an Wagen jeder Größe und Preisklasse. Der Toyota Avanza kostet US$30 pro Tag und wird kostenfrei zum Flughafen gebracht. Ein Fahrer kostet zusätzlich 100 000 Rp am Tag.
Yoga Rent A Car, Komplek Permata Setiabudi 1, Jl. Kamboja, ✆ 061-7516 0852, 🖥 www.yogarentalcars.com. Ein Toyota Avanza ab 275 000 Rp, ein Kijang ab 250 000 Rp pro Tag inkl. Versicherung (die aber nur in Verbindung mit einer internationaler Fahrlizenz greift!). Ein Fahrer kostet 100 000 Rp am Tag.

Geld

Geldautomaten befinden sich u. a. um den Lapangan Merdeka, östlich des Sun Plaza oder auch am Flughafen. Geldwechsler mit schlechten Kursen z. B. schräg gegenüber dem Maimoon-Palast.

Immigration

Jl. Mangkubumi 2, ⏰ Mo–Fr 8–12, 13–16, Sa 8–12 Uhr. Man sollte möglichst mit langen Hosen erscheinen, Besuchern in Shorts oder kurzem Rock wird der Eintritt verwehrt.

Informationen

Touristeninformation, Jl. A. Yani 107, ✆ 061-452 8436, 🖥 www.northsumatratourism.info. Freundliche Leute, die gern Broschüren (sogar in schlechter deutscher Übersetzung), aber leider kaum Kartenmaterial an die Besucher bringen.

Internet

Rumah 16, Jl. Muara Takus 16. Hier gibt es den Internetzugang für 3000 Rp pro Std. Ansonsten WLAN in den Cafés des Sun Plaza sowie in den meisten besseren Hotels.

Konsulat

Deutsches Honorarkonsulat, Herr Liliek Darmadi, Jl. Abdullah Lubis 47A, ✆ 061-415 2323, 📠 415 2424, ✉ medan@hk-diplo.de.

Medizinische Hilfe

Arztpraxen liegen in der Jl. Sisingamangaraja 8, ✆ 062-734 1987, sowie einen Block weiter nördlich auf der gegenüberliegenden Straßenseite, Jl. SM Raja 17. Schräg gegenüber befindet sich eine Apotheke.
Das beste Krankenhaus, in dem man auch englischsprachige Ärzte findet, ist das **Gleneagles**, Jl. Listrik 6, ✆ 061-456 6368, 566368. Gut ist auch das **Santa Elizabeth General Hospital**, Jl. Misbah 7H, ✆ 061-414420.

Post

Das **Hauptpostamt** befindet sich am Lapangan Merdeka in der Jl. Bukit Barisan. Wer größere Umschläge oder Pakete schnell und sicher verschicken möchte, findet in der Jl. Sisingamangaraja unweit des Ibunda Hotels eine **DHL-Niederlassung**. Preisbeispiele in US$: Umschlag 0,5 kg für US$41,20, Paket 10 kg für US$192,60. Lieferdauer 2–4 Tage

NAHVERKEHR

Motorradtaxis

Motorradtaxis sind bei stockendem Verkehr die schnellste Transportvariante und kosten im Stadtzentrum 5000–15 000 Rp. Oft verlangen die Fahrer hohe Preise von Touristen, hier sind Verhandlungsgeschick und Durchsetzungsvermögen gefragt. Liegt das Ziel weiter außerhalb, sollte man allerdings nicht auf den niedrigen Innenstadtpreisen beharren. Ab der Jl. Sisingamangaraja bis zum Busterminal Pinang Baris ca. 25 000 Rp. Zum Terminal Amplas ca. 15 000 Rp.

Minibusse

Die sogenannten Opelet sind nummeriert, fahren festgelegte Routen und kosten 2000–3000 Rp für Fahrten in der Innenstadt. Man muss sie anhalten, um zuzusteigen. Zwischen den Busterminals Amplas und Pinang Baris fahren die Opelet Nr. 120 (Rot) und 64 (Gelb) für 6000 Rp. Von der Jl. Sisingamangaraja zum Flughafen nimmt man z. B. einen roten Bus (15 Min., 2000 Rp).

Taxis

Eine Fahrt innerhalb des Stadtkerns sollte nicht mehr als 20 000–25 000 Rp kosten. Fahrten in die Außenbezirke, etwa zu einem der Busterminals, kosten um die 50 000 Rp. Oft schlagen die Fahrer höhere Preise vor, dann gilt es zu handeln. Beharrt man auf der Benutzung des Taxameters, verlangen die Fahrer mitunter überhöhte Mindestpreise bei Einstieg, die weit über den eigentlichen Fahrtkosten liegen. Taxis der Unternehmen **Express**, ✆ 061-455 2211 (Hotline, bei Bestellung 25 000 Rp Aufpreis), und **Blue Bird**, ✆ 061-846 1234, fahren prinzipiell mit Taxameter und sind zuverlässig. Wer sich auf die übeteuerten Preise vom Polonia Airport in die Stadt nicht einlassen will, kann zur gegenüberliegenden Tankstelle laufen, wo Taxis der beiden Unternehmen halten.

TRANSPORT

Busse

In Medan gibt es zwei Fernbusterminals: **Terminal Terpadu Amplas**, Jl. Pertahanan, ca. 7 km südöstlich des Zentrums. Von hier verkehren die Sejahtera-Busse Richtung Süden. Das Ticket Office hat bis 23 Uhr geöffnet.
DUMAI, 540 km, um 19 Uhr für 100 000–120 000 Rp in 12 Std.
PARAPAT am Toba-See, 180 km, alle 40 Min. von 6–18 Uhr, für 22 000 Rp in 2 1/2 Std. Die Busse um 6 und 6.40 Uhr fahren außerhalb des Parkplatzes vor dem Terminal ab.
SIANTAR, 130 km, alle 30 Min. von 7–19 Uhr für 22 000 Rp in 2 Std. mit Bussen des Unternehmens **Mitra**, ✆ 061-787 6025.

Terminal Pinang Baris, Jl. Gatot Subroto, 10 km nordwestlich des Zentrums. Von hier fahren Busse Richtung Norden und Westen. Ein Taxi aus der Innenstadt zum Terminal kostet ca. 50 000, für Becak ca. 30 000 Rp.
BANDA ACEH, 830 km, alle 30–60 Min. von 7–24 Uhr für 120 000–150 000 Rp in 12 Std.
BERASTAGI, 66 km, alle 30 Min. von 7–17 Uhr in den blauen Bussen (Sutra) für 15 000 Rp in 2 1/2 Std.
BUKIT LAWANG, 90 km, alle 30 Min. von 7–17 Uhr in den gelben Bussen für 15 000 Rp in 2 1/2 Std. Minibusse kosten 20 000 Rp.

Überlandtaxis

Alternativ zu den großen Bussen können mittelgroße Kleinwagen inkl. Fahrer gebucht werden, die 6–7 Pers. mitnehmen und innerhalb der Provinz Nord-Sumatra dieselben Ziele wie Busse anfahren. Sie sind teurer, allerdings auch schneller und komfortabler. Überlandtaxis warten an speziellen Haltestellen, bis das Auto voll ist und fahren etwa stdl. für 60 000–80 000 Rp p. P. Einfacher ist es, in der Unterkunft zu buchen und sich abholen zu lassen; preislich macht es keinen Unterschied.

Büros der Transportgesellschaften

Anju Wisata Travel, Jl. A.H. Nasution/Tritura Komp. Tritura Mas Blok C 15, ✆ 061-785 1160,
Tower Tour, Jl. Sisingamangaraja 5B, ✆ 061-734 7788.

Vorsicht am Terminal Pinang Baris!

Zuletzt fuhren am eigentlichen Busparkplatz keine großen Busse mehr ab. Diese hielten stattdessen vor der **Mawar Bakery**, 150 m nördlich die Straße hoch. Am Busterminal warteten dagegen Ojek-Fahrer, die einen deutlich höheren Preis verlangten, den unwissenden Traveller lediglich bis vor die Bakery fuhren und dort die Provision kassierten. Daher Tickets nur im Bus bezahlen! Sollte man auf dem Weg zum Terminal einen der gewünschten Busse erspähen – einfach anhalten und zusteigen.

Karona Tour, Jl. Sisingamangaraja 28, ✆ 061-852 6141.
Siar Tour, Jl. Sisingamangaraja 18, ✆ 061-732 3519, 🖥 www.siartour.com.
Graha Travel & Tour, Jl. Putri Merak Jingga 216, ✆ 061-414446.

Eisenbahn

Der **Bahnhof** befindet sich am Lapangan Merdeka im Stadtzentrum, in der Jl. Kereta Api. Es fahren 2x tgl. Züge nach TANJUNG BALAI für 10 000 Rp und 4x tgl. nach RANTAUPARAPAT für 40–60 000 Rp.

Schiffe

20 km nördlich des Zentrums liegt Belawan, zwischen dessen Hafen und Medan der Opelet 81 fährt, 8000 Rp. Die MV Kelud, eine Fähre der staatlichen Pelni, Jl. Krakatau 17A (Medan), ✆ 061-662 2524, 🖥 www.pelni.co.id, fährt hier 1x wöchentl. um die Mittagszeit nach JAKARTA und BATAM ab, 335 000 Rp p. P.

Flüge

Vom Polonia Airport (MES) zu den meisten Unterkünften sind es etwa 10–15 Min. Fahrt. Die Flughafensteuer beträgt 35 000 Rp für Inlandflüge und 75 000 Rp für Flüge ins Ausland.
Air Asia, im Gebäude des Garuda Plaza, Jl. Sisingamangaraja 18, ✆ 061-733 1988, 🖥 www.airasia.com.
BANGKOK, 5x wöchentl. in 3 Std. für 564 000 Rp;
BANDUNG, tgl. in 2 1/2 Std., ab 473 000 Rp;

KUALA LUMPUR, 3x tgl. in 1 Std.,
ab 269 000 Rp;
PENANG, 3x tgl. in 1 Std., ab 199 000 Rp;
SURABAYA, tgl. in 3 1/2 Std., ab 759 000 Rp.
Batavia Airlines, Jl. S. Parman 20C,
☎ 061-453 7620, 🖥 www.batavia-air.com.
BATAM, 1x tgl. in 1 1/2 Std., ab 380 000 Rp;
JAKARTA, 3x tgl. in 2 Std. für 760 000 Rp;
YOGYAKARTA, via Batam, in 4 Std., ab
1,1 Mio. Rp.
Firefly, Jl. Brig. Jend Katamso 62D,
☎ 061-415 0077, 🖥 www.firefly.com.my.
IPOH, 3x wöchentl. für 614 000 Rp;
MELAKA, 2x wöchentl. für 593 000 Rp;
PENANG, 2x tgl. in 1 Std. 10 Min.,
ab 272 000 Rp;
SUBANG (Kuala Lumpur), 1x tgl. in
1 Std. 10 Min. für 330 000 Rp.
Garuda, direkt neben dem Inna Dharma Deli
Hotel am Lapangan Merdeka, Jl. Balai Kota 3,
und in der Jl. Mongonsidi 34A, ☎ 061-455 6777,
🖥 www.garuda-indonesia.com. ⏰ Mo–Fr
8–16.30 Uhr.
BANDA ACEH, 2x tgl. in 1 Std. für 450 000 Rp;
JAKARTA, 10x tgl. in 2 1/2 Std., ab 942 000 Rp.
Lion Air, am Garuda Plaza Hotel, Jl. Sisinga-
mangaraja 18, ☎ 061-735 1168, sowie am
Flughafen, ☎ 061-7715 4449, 🖥 www.lionair.
co.id. ⏰ 8–17 Uhr.
BANDA ACEH, 1x tgl. in 1 Std., ab 312 000 Rp;
JAKARTA, 12x tgl. in 3 1/2 Std., ab 583 000 Rp;
PENANG, 3x tgl. in 1 Std., ab 475 000 Rp.
Malaysia Airlines, im Hotel Danau Toba,
Jl. Imam Bonjol 17, ☎ 061-7513 5888,
🖥 www.malaysiaairlines.com. 2x tgl. in 1 Std.
nach KUALA LUMPUR für 453 000 Rp.
Merpati, Jl. Iskandar Muda 54, ☎ 061-455 1888,
🖥 www.merpati.co.id. Oft macht die Website
Probleme, also notfalls anrufen oder per E-Mail
bzgl. Flügen nachfragen.
GUNUNGSITOLI auf Nias, 9x wöchentl.,
ab 357 000 Rp;
SIBOLGA, 3x wöchentl., ab 401 000 Rp;
SINABANG, 2x wöchentl., ab 390 000 Rp.
Silk Air, am Flughafen ☎ 061-414 7196,
🖥 www.silkair.com. 1x tgl. in 1 Std. nach
SINGAPUR, ab 1,1 Mio. Rp.
Sriwijaya Airlines, Jl. Brigjend. Katamso 294,
☎ 061-455 2111, 🖥 www.sriwijayaair.co.id.

BANDA ACEH, in 1 Std. für 440 000 Rp;
BATAM, 1x tgl. in 1 1/2 Std. für 460 000 Rp;
JAKARTA, 4x tgl. in 2 1/2 Std. für 700 000 Rp;
PADANG, 1x tgl. in 1 Std. für 440 000 Rp.

Bukit Lawang

Bukit Lawang, 86 km westlich von Medan in einem engen Flusstal am Ufer des Bohorok gelegen, ist ein guter Ausgangspunkt für Touren in
den **Gunung Leuser-Nationalpark** (s. S. 483). Der
Ort hat rund 6000 Einwohner und lockt vor allem
mit vielen einfachen Übernachtungsmöglichkeiten inmitten üppiger, tropischer Vegetation.
Entlang des Weges am Flussufer befinden sich
zahlreiche Souvenir-, Bekleidungs- und Snack-
Shops, die preislich etwas über dem Niveau der
Geschäfte in den großen Orten liegen. Nahe
dem Waisenhaus warten eine **Fledermaushöhle**
sowie die Seilbahn „Flying Foxes" auf mutige
Entdecker. Beides liegt außerhalb des Nationalparks und bedarf somit keiner Permits. Die Wege dorthin sind ausgeschildert. Eine Taschenlampe kann nützlich sein.

Ausflug nach Tangkahan

Ein schöner Tagesausflug führt drei Fahrstunden ins nördlich gelegene Tangkahan am Sungai
Buluh. Im Ort können Elefanten beobachtet, gefüttert und gewaschen werden. Die Tiere dienen
hauptsächlich den Patrouillen der Nationalpark
Ranger, können aber auch für kürzere Touren
von Besuchern gemietet werden. Man kann von
Bukit Lawang aus mit dem Bus bis Binjai und
dort mit einem anderen Bus bis Tangkahan fahren, 2 1/2 Std., Kostenpunkt ungefähr 15 000 Rp.
Oder man mietet für einen Tag ein Ojek und fährt
über den Waldpfad etwa die gleiche Zeit direkt
nach Tangkahan. Selbstfahrer finden jedoch
den Weg aller Wahrscheinlichkeit nicht! Der
Wegzoll von 20 000 Rp, den man an einer Brücke zum Eintritt nach Tangkahan entrichtet, gilt
für drei Tage. Im Ort findet man ein Restaurant
und Übernachtungsmöglichkeiten wie z. B. die
unter deutscher Leitung stehende **Beach Jungle Lodge**, ☎ 0813-7633 4787, 🖥 www.jungle
lodge.net. Zweistöckige, einfache Bungalows
aus Naturmaterialien mit Du/WC und Veranda

bei freundlichen Betreibern und in herrlicher Lage oberhalb des Steilufers. Strom nur abends, Frühstück inkl. ❷

ÜBERNACHTUNG UND ESSEN

Preislich gibt es große Unterschiede (50 000–300 000 Rp.), qualitativ aber nur kleine – eine Klimaanlage, einen Pool oder WLAN wird man in keinem der angebotenen Zimmer finden. In Medan wird man oft zu hören bekommen, es sei alles ausgebucht, und man solle im Voraus reservieren. Vor Ort stellt sich dann meist heraus, dass fast jeder Betrieb noch Zimmer frei hat. Auf der Fläche westlich oberhalb des Rainforest Guesthouse darf gezeltet werden. Im **Bukit Lawang Indah**, in **Brando's Restaurant** (Junia Gh.) sowie im **Rainforest** ist das Essen erfahrungsgemäß gut. **Tony's Restaurant** macht für ein Restaurant im Dschungel respektable Pizza, und **vegetarisches Essen** bekommt man im Restaurant des Indra Valley. Hauptgerichte ab 15 000 Rp, Fleischgerichte ab 20 000 Rp.

Rechtes Ufer (stromabwärts)

Jungle Border, ✆ 0813-6179 2728. Schön ausgestaltete Holzbungalows mit Blick auf den Fluss, z. T. mit eigener Du/WC und Balkon. Ruhige Lage, die wenig vom Lärm der Abend-unterhaltung in den anderen Unterkünften heranlässt. ❷

Plan's Stones Gh., ✆ 0821-6596 4047, ✉ joegangstarasta@yahoo.co.id. Alle Zimmer haben Bad mit Du/WC, dazu Matratzen, die bequemer sein könnten. Einige Zimmer haben TV (kosten aber auch etwas mehr). Frühstück inkl. Freundliches Personal – nach Discounts fragen! ❷–❸

🛏 **Junia Gh.**, ✆ 0813-9677 2804. Eine Dschungeloase! Hier findet man nicht nur hübsche, saubere und bequeme Bungalows mit Ventilator, Bad, Veranda und Blick auf den Fluss zu günstigen Preisen, sondern auch eine gute Küche. Das Essen im Restaurant schmeckt hervorragend und frisch, und man serviert Ingwer-Cappuccino (nicht auf der Speisekarte zu finden!). Das Personal ist äußerst hilfsbereit, der Gast fühlt sich bestens aufgehoben. Überdies gibt es hier jeden Samstagabend Livemusik. ❶

Bukit Lawang Indah, ✆ 0812-6020 1220. Einfache, saubere Zimmer mit Ventilator und Mandi, alle etwa 25 m vom Fluss entfernt. Das Restaurant serviert sehr gute indonesische und internationale Gerichte. Abends gibt es oft Gitarren-Livemusik. Viele der Trekking-Guides hängen hier ab. ❶

Bukit Lawang Reloaded

Eines der beliebtesten Reiseziele Sumatras existierte lange Zeit nicht mehr. In den frühen Morgenstunden des 3. November 2003 kam es nach stundenlangen Regenfällen zu einer blitzartigen Überschwemmung, als der Bohorok River plötzlich mehrere Meter hoch über die Ufer trat. Die Wassermassen und die gewaltigen mitgeführten Baumstämme rissen alles weg, was sich ihnen in den Weg stellte. Nachdem das Wasser wieder weitgehend abgeflossen war, bot Bukit Lawang ein Bild der Verwüstung. Unter den 239 Todesopfern waren auch einige Touristen aus Europa. Mitverantwortlich für das Unglück waren illegale Holzfäller, die rund um den Nationalpark bereits große Teile des Waldes, der normalerweise das Wasser zurückhält, gerodet und so die Katastrophe erst möglich gemacht haben. Tourismus ist hier neben etwas Obstanbau und kleinen Kautschukplantagen die wichtigste Erwerbsquelle, und so wurden bis 2006 viele der zerstörten Häuser und eine verbesserte touristische Infrastruktur zügig wiederhergestellt. Der Bukit Lawang Trust kümmert sich um die Hinterbliebenen der Opfer und um bessere Gesundheitsversorgung der Einwohner. Etwas abseits der Unterkünfte liegt das von der Holländerin Saskia Landman und ihrem indonesischen Mann Sugianto betriebene Waisenhaus **Stichting Kinderhuis Bukit Lawang**, ✆ 0813-7608 2284, in dem rund 35 Kinder, deren Familien bei der Flut umkamen und denen als Waisen der Schulbesuch verweigert wird, Bildung, Essen, eine Gemeinschaft und eine Zukunftsperspektive bekommen. Mehr Infos: 🖳 www.kinderhuisbukitlawang.nl.

Wisma Leuser Sibayak, ✆ 0813-6101 0736. Einfache, ordentliche Zimmer mit Ventilator und Mandi, z. T. mit Aussicht auf den Fluss. Freundliches Personal; nebenan ist eine Tischtennisplatte. In Nachbarschaft zum Indah, wo es gutes Essen gibt. ❶

Eco Lodge, ✆ 0821-260 9983, ✉ eco lodge_blc@yahoo.com. Alle Bungalows in dem großen, gärtnerisch ansprechenden und ökologisch nachhaltig bewirtschafteten Areal haben (teils bepflanzte Open-Air-)Du/WC, bequeme Betten und Veranda. Im Restaurant regelmäßig Tanzperformances. Viele Zutaten stammen aus dem eigenen Bio-Garten, und die Stiftung PanEco betreibt hier ein Umweltbildungszentrum. Das Personal spricht gutes Englisch. Frühstück inkl. ❸

Linkes Ufer (stromabwärts)

Jungle Inn, ✆ 0813-7532 4015, ✉ jungleinn 2012@gmail.com. Zimmer mit schönem Holzinterieur, sauberer Du/WC und teils schöner Aussicht. Die Lage ganz am Ende der touristischen Anlagen verspricht bei entsprechendem Fußweg ins Dorf viel Ruhe, und das Restaurant macht respektable Satay sowie speziellen Tee. ❷–❸

Indra Valley, ✆ 0813-9737 5818. Schlichte, saubere, ordentliche Zimmer mit Du/WC, Ablage und kleinem Balkon. Das Personal ist freundlich, und das Restaurant bietet vegetarische Küche sowie Frühstück inkl. ❶–❷

Green Hill Gh., ✆ 0813-7034 9124, 🖥 www. greenhill-bukitlawang.com. Familientaugliche Zimmer für 3 Pers. und Bambus-Du/WC. Die englische Betreiberin weiß gut über den Ort Bescheid, und das Restaurant bietet die üblichen indonesischen und europäischen Gerichte. ❷

Garden Inn, ✆ 0813-9600 0571. Recht neue, 2-stöckige Bungalows mit Du/WC und Balkon mit toller Aussicht auf den Fluss und den Dschungel. Die Zimmer im alten Gebäude sind billiger und haben bequeme Betten, gefliese Böden und gute Luft. Im Restaurant empfiehlt sich besonders der Veggie Taco. Frühstück inkl. ❶–❸

Farina 53 Gh., ✆ 0813-6137 1958, 0813-6150 2900. Große, einfache Zimmer mit Waschbecken

und Mandi vor der Tür. Außerdem gibt es ein Flitterwochenzimmer am Fluss, mit Veranda und moderner Du/WC, dazu ein Internetcafé und die Möglichkeit saftiger Preisnachlässe. Frühstück inkl. ❶–❸

Rain Forest Gh., ✆ 0813-6207 0656. Der Treffpunkt für Backpacker auf dieser Seite des Flusses. Hier gibt es außer Bungalows für 3 und 5 Pers. mit eigener Du/WC auch billige und sehr einfache Zimmer mit Du/Hocktoilette auf dem Flur. Alles in ordentlichem Zustand und mit soliden Matratzen und Moskitonetzen ausgestattet, aber hellhörig. Das ganz aus Holz und Bambus konstruierte Haus atmet familiäre Atmosphäre. Nora, die den Laden schmeißt, gibt Kochkurse nach Hausmannsart. Frühstück inkl. ❶–❸

UNTERHALTUNG UND KULTUR

Musik von der Gitarre gibt es abendlich im Bukit Lawang Indah sowie im Rainforest Gh., und im Junia Guesthouse spielt jeden Samstagabend eine **Liveband** ihr rockiges Repertoire. Das Firani 53 veranstaltet wöchentl. Fr oder Sa (außer im Ramadan) seine **Jungle Party**. Laute Musik, kühles Bintang und viele Einheimische, die sich auf die Mischung aus aktueller Musik und veraltetem Techno die ganze Woche über freuen. Im Yuri Café, vor dem Permit Office, gibt es So und Mi um 19 Uhr sowie auf Anfrage **traditionellen Tanz**, ✆ 0813-9670 8053.

AKTIVITÄTEN

Fütterung der Orang Utans
Wer nur die Orang Utans im Nationalpark sehen möchte, geht mit Reisepass und Permit zur Anlegestelle flussaufwärts der Unterkünfte und setzt dort zum Orang Utan Rehabilitation Center (s. S. 483) über, das Permit kostet 20 000 Rp. Von dort aus etwa 1,5 km Fußweg in den Wald zur Fütterungsplattform. Fütterungen finden um 8 und 15 Uhr statt.

Kayaking
Sumatra Savages, Jl. Perbatasan 39, Medan, ✆ 061-663 5279, 0813-6207 5875 (Halim), 🖥 www.sumatrasavages.com. Der von einem Deutschen gegründete Rafting- und Kajak-Anbieter hat verlässliche Guides, die jeden

Teilnehmer in die Kajakrolle einweisen, bevor es mit Hartschalen-Booten auf dem Bohorok (Stufe 2–3) für 15 € oder auf dem Sungai Wampu für 40 € p. P. über kleine Stromschnellen von leichtem bis mittlerem Schwierigkeitsgrad geht.

Rafting

Der Bohorok ist an vielen Stellen zu flach für Rafting-Boote, doch die Tourveranstalter **Green Xplorer Tour & Travel** sowie das Besucherzentrum von Bukit Lawang bieten Rafting-Touren auf dem Sungai Wampu an. Preisbeispiele p. P. (inkl. Ausrüstung, Zelt, Verpflegung und Wetsuit): 1 Tagesausflug 50 €/2 Tage für 100 €/3 Tage für 160 € (mind. 3 Pers.). ℡ 0813-6045 5231, ✉ xplorergreen@yahoo.com. Billiger ist es über **Sumatra Savages** (s. S. 476) in Medan.

Trekking

Der Tourismus konzentriert sich hier auf Trekking-Touren in den Dschungel des Gunung Leuser-Nationalparks. Diese sind auch für Unerfahrene geeignet und führen zu Orang Utans, besonderen Pflanzen, Wasserfällen und Höhlen. Man kann sie über die Unterkunft organisieren, sollte sich aber vorher bei der Touristeninformation informieren, vor allem, was die Preise angeht. Preisbeispiele aus deren Broschüre (inkl. Permit, Essen, Übernachtung im Zelt und Wasser): Tagesausflug 35 €, 1 Tag mit Übernachtung 60 €, 4 Tage 120 €, 10 Tage 210–300 €.

Es gibt Hunderte Guides im Ort, man muss also nicht mit dem erstbesten auf Wandertour gehen. Besonders für längere Aufenthalte im Dschungel lohnt sich ein längeres Gespräch mit potenziellen Guides, um im Vorfeld sicherzustellen, dass man weder mit unsympathischen noch mit unerfahrenen Guides auf Tour geht. Bei Gesprächen mit Einheimischen sei Vorsicht angeraten – jeder empfiehlt entweder sich selbst oder seinen nächsten Verwandten oder Freund als den angeblich fähigsten Dschungelguide. Am besten bei anderen Travellern umhören!

Je nach Dauer und Planung der Treks führen diese entweder die üblichen Pfade entlang und verlassen nie die Nähe der Basiscamps, oder aber sie steuern fernere Ziele über weniger ausgetretene Wege an. Der Trek nach Kutacane oder Ketambe dauert 5 Tage, ebenso nach Berastagi (s. S. 484). Der frühere Pfad nach Tangkahan ist mittlerweile eine Waldstraße.

Bei **Simolap Eco Tourism**, ℡ 0816-210 0982, werden besondere Touren mit Höhlenübernachtung und Aufenthalt an den heißen Quellen angeboten. Das Büro befindet sich auf der rechten Flussseite auf Höhe der Souvenirgeschäfte, einer Seitengasse nach rechts folgend.

Tubing

Viele Dschungeltreks enden mit einer Tubing-Tour zurück ins Dorf. Man kann aber vielerorts für 15 000 Rp Wasserreifen (Tubes) selbst leihen und sich weiter flussabwärts ins Dorf Bohorok treiben lassen. Die Fahrt dauert 2 Std., die Einheimischen machen sie oft, um dem touristischen Treiben für eine Weile zu entfliehen. Zurück geht es per Bus (10 000 Rp). Oder aber man trägt bzw. rollt die Reifen flussaufwärts, um dann zurück nach Bukit Lawang zu „tuben".

SONSTIGES

Informationen

National Park Visitor Center, ℡ 061-414 4491 (Medan), 0852-7529 9305. ⏰ 8–17 Uhr. Im Internet unter 🖥 gunungleuser.or.id stehen unter „Perijinan" aktuelle Permit-Preise, „Mancanegara" bezeichnet dabei ausländische Besucher.

Internet

Es gibt einige wenige Internetcafés im Ort. Außerdem hat das Waisenhaus (s. o.) WLAN, für dessen Nutzung keine Kosten anfallen, doch eine Spende wird erwartet.

Medizinische Hilfe

Ärzte oder ein Krankenhaus gibt es in Bukit Lawang nicht. An der Busstation praktiziert allerdings ein mit sehr begrenzten Mitteln und Fähigkeiten gesegneter Arzt. Wer jedoch ernsthafter Behandlung bedarf, sollte mind.

nach Binjai bzw. am besten nach Medan
zurückfahren.

Post
Die Eco Lodge hat einen kleinen Briefkasten,
ansonsten gibt es keine Post in Bukit Lawang.

NAHVERKEHR
Der örtliche Nahverkehr besteht aus **Becak**,
die für 5000 Rp zwischen dem Busparkplatz,
dem Touristenviertel und dem eigentlichen
Kampung der Einheimischen fahren. Man findet
sie am Parkplatz nahe der Holzbrücke und der
Touristeninformation. Der **Fußweg** zum Busterminal nimmt allerdings auch nur ca. 15 Min.
in Anspruch. Vom Dorf aus einfach flussabwärts
am kleinen Kanal entlang, diesen nach etwa
10 Min. über eine kleine weiße Steinbrücke
überqueren und quer über den Sportplatz laufen
– voilà, man ist am Busterminal.

TRANSPORT
Busse
Die öffentlichen Sejahtera-Busse nach MEDAN
fahren halbstündl. von 7–19 Uhr am Busparkplatz ab, 15 000 Rp. Wer mit den Öffentlichen zu
den anderen Touristendestinationen Sumatras
möchte, muss hier umsteigen.

Minibusse und Ferntaxis
Transportunternehmen bieten hier Direkt-
fahrten in Kleinbussen bzw. PKWs an. Diese
starten um 8.30 Uhr und befördern die Gäste
direkt zum Wunschziel im Ort (z. B. zum
Flughafen oder Hotel). Hierfür spätestens einen
Tag vor Abfahrt erkundigen und buchen.
Preisbeispiele:
BANDA ACEH, 750 km, in 14 Std. für 220 000 Rp;
BERASTAGI, 160 km, in 4 Std. für 100 000 Rp;
MEDAN, 90 km, in 2 1/2 Std. für 75 000 Rp;
PARAPAT AM TOBA-SEE, 250 km, in 7 Std.
für 150 000 Rp inkl. Frühstück und Fährticket,
Stopp am Sipiso-piso-Wasserfall möglich.

Büros der Transportunternehmen liegen ca.
alle 250 m am rechten Ufer, flussaufwärts.
Anggrek Leuser Taxi, ✆ 0813-9670 8053.
Bagus Taxi, ✆ 0813-7678 8570.
Sejahtera Tourist Office, ✆ 0813-7018 9501.

---

13 HIGHLIGHT

Gunung Leuser-Nationalpark

Die Begegnung mit selten gewordenen Groß-
tieren gehört zweifellos zum faszinierendsten
Erlebnis einer Sumatra-Reise. Naturliebhabern
bietet der 9000 km² große Gunung Leuser-Nationalpark (Taman Nasional Gunung Leuser), benannt nach dem gleichnamigen 3381 m hohen
Vulkan, Gelegenheit zu spannenden Dschungel-
Expeditionen, bei denen man die Chance hat,
zumindest Spuren des Sumatra-Tigers, der Su-
matra-Nashörner, Elefanten oder Leoparden zu
finden. Thomas-Languren, Schweinsaffen und
Siamang sind dagegen häufig anzutreffen.
    In Bukit Lawang starten **Dschungel-Trekking-
touren** (s. S. 479) durch den 1980 gegründeten
Nationalpark, der zu drei Vierteln in der Provinz
Aceh liegt. Hier, im Distrikt Langkat, locken nicht
nur viele Höhlensysteme, sondern auch der
Botanische Garten in Besitang.
    Außerdem bietet das in den 1970er-Jahren
vom WWF gegründete **Bohorok Orang Utan
Rehabilitation Centre** die Möglichkeit, eine
Handvoll der Menschenaffen in freier oder halb-
freier Wildbahn und aus nächster Nähe zu erleben. Schätzungsweise 5000 der Menschenaffen
leben im Nationalpark. Wie der Name impliziert,
handelt es sich um halbwilde Tiere, die wieder
an ihre natürliche Umgebung gewöhnt wer-

Ein Wort zu Fütterungen

Anders als bei den kontrollierten Fütterungen
im Rehabilitation Center sollten Orang Utans
weder im Dschungel noch in Nähe des Camps
gefüttert oder angefasst werden! Da die Tiere
sehr anfällig für Krankheiten sind, bedeutet jeder Kontakt mit Menschen oder deren Lebensmitteln eine Gefahr für das Wohl der bedrohten
Tierart. Oft arrangieren Guides zur Unterhaltung der Touristen solche Fütterungen, ohne
sich über die Konsequenzen Gedanken zu machen. Verstöße können beim Büro der Nationalparkverwaltung (PHPA) angezeigt werden.

den sollen. Sie bekommen nur Bananen und Milch und werden somit zur eigenständigen Suche nach ergänzender Nahrung im Wald angeregt. Wilden Exemplaren begegnet man eher auf Wanderungen in den Dschungel, jedoch kaum in unmittelbarer Nähe der Station.

Neben dem östlichen Besucherzugang in Bukit Lawang gibt es im ca. 60 km nordwestlich gelegenen acehnesischen **Ketambe** einen weiteren Ausgangsort für Treks.

Der offizielle Eintrittspreis (Permit) des Nationalparks beträgt 20 000 Rp, für eine Fotokamera zahlt man weitere 50 000 Rp. Bei einer geführten Tour werden diese Permits im Vorfeld von den Guides besorgt und sind bereits im Preis der Tour enthalten.

Berastagi

Die Fahrt von Medan 66 km Richtung Südwesten führt in endlosen Kurven hinauf in die Hochebene und Heimat der Karo-Batak (s. Exkurs S. 498). Berastagi (wörtlich: Reiskammer) liegt 1320 m hoch inmitten von hügeligem, weitem Land, eingerahmt von den beiden aktiven Vulkanen Sibayak (2212 m) und Sinabung (2460 m). Schon in den 1920er-Jahren kamen die weißen Verwalter der in malariaverseuchten Sümpfen liegenden Plantagen hierher, um die kühle Bergluft in ihren Residenzen auf dem Gundaling Hill zu genießen oder ihre Kinder in das hier betriebene Internat zu bringen.

Heute zählt der Verwaltungsbezirk knapp 50 000 Einwohner. Im Zentrum von Berastagi, an der Hauptstraße und nahe dem Busparkplatz, liegt der **Markt**, auf dem Obst, Gemüse und Fisch verkauft werden. Mitunter wimmelt es hier von Fliegen, doch ein kurzer Spaziergang über das vom Geschnatter der Marktfrauen und dem Gekreische der Hühner vertonte Chaos vermittelt einen Überblick über alles, was im Hochland angebaut und gehandelt wird. Am Denkmal an der Jl. Veteran werden in Souvenir- und Antiquitätenläden Gegenstände der Batak angeboten, außerdem befindet sich hier hinter dem Tourist Office ein großer Obst- und Souvenirmarkt. In der Jl. Veteran liegen einige kleine Restaurants, die von Batak-Küche (mit Schweinefleisch) über indonesische Küche (mit Rindfleisch) oder KFC-

Auf dem Markt von Berastagi verkaufen die Frauen aus den umliegenden Dörfern ihr Gemüse – und tragen dabei mitunter noch traditionelle Gewänder, Ulo genannt.

Verschnitte (mit Huhn) alles auftischen; das Padang-Restaurant darf natürlich auch nicht fehlen. Abends öffnen entlang der Hauptstraße Warung und servieren Nudelgerichte, Fisch, gegrillte Maiskolben oder *Martabak*, gebratene Süßbrotschnitten mit einer Füllung nach Wahl.

An den Hängen westlich der Hauptstraße stehen die Wochenendvillen der wohlhabenden Bewohner von Medan, und vom **Gundaling Hill** bietet sich eine schöne Aussicht über die Hochebene. Am Ortseingang von Berastagi liegt der Vergnügungspark **Mikie Holiday** (mit angegliedertem 4-Sterne-Hotel). Die Fahrgeschäfte und Geschicklichkeitsspiele ziehen an den Wochenenden vor allem indonesische Besucher an. ⊙ 9–21 Uhr, Eintritt 48 000 Rp.

Nach über 400 Jahren Ruhe brach der Sinabung im September 2010 erstmals wieder aus und spuckte Lava und Asche, welche bis zu 5 km hoch in die Atmosphäre stieg. Tausende Menschen wurden evakuiert.

Gunung Sibayak

Der 2172 m hohe Vulkan Sibayak hatte seine letzte Eruption 1881. Er ist relativ bequem zu Fuß und ohne besondere Ausrüstung in einem Tagesausflug zu meistern. Man kann direkt von Berastagi aus loslaufen oder aber die Besteigung in Raja Berne beginnen. Die meisten bevorzugen jedoch erstere Variante und den Abstieg über jenes Dorf. Um zum Sonnenaufgang am Gipfel zu sein, sollte spätestens gegen 4 Uhr mit dem Aufstieg begonnen werden.

Ab der Bushaltestelle am Ende der Jl. Pendidikan (grüner Kama-Minibus, 2000 Rp) am Fuße des Berges geht es nach Zahlung von Eintritt (5000 Rp) zu Fuß etwa zwei Stunden die asphaltierte und ausgeschilderte Strecke hinauf bis auf ein kleines Plateau, von wo aus man Aussicht auf das Hochland hat. Über einen steil ansteigenden Pfad mitten durch die Vegetation erreicht man in ca. einer Stunde den Krater.

Am Krater erwarten den Besucher Steinwüsten, Schwefel- und Wasserdämpfe – eine unwirkliche Atmosphäre. Einige Guides kochen ihren Gästen hier oben ein Ei in den heißen Quellen. Der von den Einheimischen abgebaute Schwefel findet seinen Weg in Arzneien und Pestizide. Wer Glück hat, erwischt einen Tag,

Achtung bei Vulkanbesteigungen!

Schon mehrere Touristen haben sich auf dem Sibayak verirrt. Einige wurden durch Zufall nach Tagen entdeckt, bei anderen hat man nach Jahren nur noch die Skelette gefunden, wieder andere sind bis heute spurlos verschwunden. Wie den Berichten der Geretteten zu entnehmen ist, müssen sie wohl ab dem Unterstand am Krater dem Pfad nach Nordosten gefolgt sein. In Unterkünften und in der Touristeninformation hängen schaurige Verschollenenberichte aus früheren Jahren aus. Wir raten daher jedem, im Zweifelsfall auch für die recht einfache Besteigung des Sibayak einen Guide zu nehmen!

an dem der Sibayak wolkenfrei ist. Dann überblickt man das gesamte Tana Karo im Süden und Westen und die glitzernde Küstenlinie mit Medan im Norden. Am Nordhang des Berges, oberhalb von Bandar Baru, sind 250 ha Bergwald unter Naturschutz gestellt worden – die Wälder sind relativ unberührt und Heimat vieler Vogelarten und des Siamang. Von hier oben sieht man zudem die eigentliche Spitze des Bergs, Gunung Pintau genannt. Nur wenige haben es je zu diesem entlegenen Punkt geschafft, und kaum ein Guide kennt den Weg dorthin.

Die großen Schwefelfumarolen zur Linken und etwas bergauf gehend, gelangt man auf der Rückseite des Gipfels, dem Puncak Tapal Kuda („Hufeisengipfel"), bald an einen primitiven Unterstand. Wer nun über die Stufen nach Raja Berne absteigen will (nach Süden), muss sich hier an dem Unterstand unbedingt rechts halten und die steile Kraterwand hinaufklettern. Oben angelangt, folgt man einem Pfad abwärts und erreicht nach ca. 40 m den Anfang der Stufen. Auf keinen Fall sollte man vom Unterstand aus nach links (Nordosten) gehen (s. Kasten), auch wenn dieser Pfad einfacher und ebener aussieht!

Läuft man zum Abstieg aber den weitaus angenehmeren Hinweg wieder zurück, bietet sich zehn Minuten unterhalb des Plateaus zur linken Seite eine asphaltierte Linksabzweigung, die beim Aufstieg noch rechts liegen gelassen werden konnte. Diese führt weniger direkt, aber

SUMATRA

www.stefan-loose.de/indonesien

BERASTAGI **485**

landschaftlich schön zwischen Plantagen (sowie an einer Geothermie-Anlage vorbei) zu den heißen Quellen (Air Panas) in Raja Berne, ca. eine Stunde Fußweg. Hier kann man in einem der Pemandian Air Panas für 5000 Rp die des Wanderns müden Glieder in unterschiedlich warme bis heiße Becken tauchen. Anschließend geht es mit dem Minibus in 20 Minuten zurück in die Stadt (5000 Rp).

Wer bei den heißen Quellen in Raja Berne (auch Semangat Gunung genannt) schlafen möchte, kann dies in einer der wenigen Unterkünfte dort tun; diese sind meist mit dem jeweiligen Badebetrieb assoziiert, z. B. **Pemandian Air Panas & Coffee Shop**, ✆ 0813-6119 8189. Zimmer mit guten Betten, Du/WC, AC und Frühstück, inkl. Zugang zu den Quellwasserbecken. ❸

Lingga

Das Karo-Batak-Dorf (Eintritt) mit über 20 noch erhaltenen, z. T. rund 250 Jahre alten **Rumah Adat** (traditionelle Wohnhäuser, s. dazu S. 502) liegt etwa 15 km westlich von Berastagi. 1 km vor dem Ort steht rechts ein kleines **Batak-Museum**. (⏰ 8–17 Uhr). Gegen eine Spende (kleine Gruppe 100 000 Rp) führen Tänzer im Garten den traditionellen Masken- und Stocktanz auf, und man kleidet die Besucher in Karo-Kleidung und lehrt sie Tanzen.

In Lingga selbst sind mehrere Häuser restauriert worden, und im großen **Si Waluh Jabu** leben noch heute acht Familien. Man erreicht Lingga per Minibus in 20 Minuten, 10 000 Rp. Billiger ist der Minibus nach Kabanjahe, von wo aus man für den Fußweg nach Lingga eine Stunde benötigt.

ÜBERNACHTUNG UND ESSEN

Untere Preisklasse

Ginsata Hotel & Gh., Jl. Veteran 27, ✆ 0628-91441. Das Guesthouse abseits der Hauptstraße hat ruhige, einfache Zimmer mit Mandi/Hocktoilette. Wer gern auf harter Unterlage schläft, wird hier glücklich. Die Hotelzimmer haben bequemere Betten und Mandi/WC, aber ebenfalls kein warmes Wasser und dazu den Straßenlärm. Discount erfragen. ❶–❷
Sibayak Losmen Gh., Jl. Veteran 119, ✆ 0628-91122. Ordentliche Zimmer mit (teils eigenem)

Mandi/WC, bequemen Betten mit Moskitonetz und leicht gedämpftem Straßenlärm. Die Zimmer ohne Mandi befinden sich in einem Bambusaufbau auf der Dachterrasse. Das englischsprachige Personal ist freundlich und hilfsbereit. Zudem bietet die im gleichen Haus betriebene Reiseagentur viele Touren und Infos. WLAN kostet 25 000 Rp am Tag. Frühstück inkl. ❶

Talitha Gh., Jl. Kolam 60B, ✆ 0628-91480, ✉ willemfonny@hotmail.com. Nettes Guesthouse mit Garten, Hund und familiärer Atmosphäre bei dem alten Holländer Willem und seiner indonesischen Frau Efonia; zwei nicht minder betagte Hilfskräfte komplettieren den übersichtlichen Betrieb. Die Zimmer für 2–4 Pers. sind sauber, ordentlich und haben bequeme Betten sowie Du/WC. Der selbst angebaute Kaffee schmeckt vorzüglich, wie auch Efonias Erdbeermarmelade, die zum Frühstück, das inklusiv ist, serviert wird. Bis auf die Gebetsrufe aus der angrenzenden Moschee viel Ruhe. ❶–❸
Wisma Sibayak Gh., Jl. Udara 1, ✆ 0628-91104. Hier finden Traveller saubere, einfache Zimmer mit Du/WC, Moskitonetz und bequemen, eher harten Matratzen. Die billigere Variante ohne eigenes Bad, die noch billigere nur mit Einzelbett. Das Personal ist sehr freundlich, das Restaurant serviert indonesische und die üblichen „Traveller-Gerichte". Es gibt viel Infomaterial und aufgrund der Lage auch etwas Straßenlärm. Frühstück inkl. ❶–❷
Wisma Sunrise View, Jl. Kaliaga, ✆ 0628-92404. Einfache, etwas muffige Zimmer mit älterem Mandi/WC, die schon bessere Tage gesehen haben. Gut ist die Aussicht über die Stadt, schlecht dagegen der Lärm, den die vorbeifahrenden Mopeds auch nachts verursachen. Für 100 000 Rp. kann man sich hier ein solches ausleihen. Der Betreiber spricht gut Englisch. ❶–❷

Obere Preisklasse

Mikie Holiday, Jl. Raya Medan Berastagi (am Ortseingang), ✆ 0628-453 9957, 🖥 www.mikieholiday.com. Moderne Hotelanlage mit teils englischsprachigem Personal, Swimming Pool, luxuriösen, komfortablen Zimmern

Berastagi

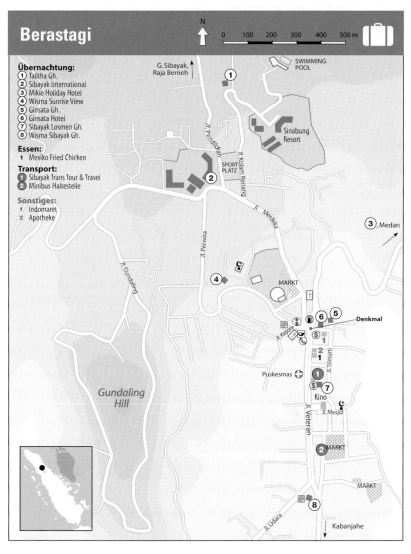

und den Annehmlichkeiten der Preisklasse. Die Sonderangebote mit Halbpension, Zutritt zum angrenzenden Vergnügungspark und weiteren Extras sind unter der Woche besonders günstig. Preise schwanken zwischen Haupt- und Nebensaison erheblich. ❻–❽

Sibayak International, Jl. Merdeka, ✆ 0628-91301, 🖥 www.hotelsibayak.com. Das kleine Resort in ruhiger Stadtrandlage bietet luxuriöse Zimmer und Bungalows (auch für Familien) mit modernen Du/WC, guten Betten, TV, Schreibtisch und diversen Annehmlichkeiten

Aus der Batak-Küche

Ein typisches Batak-Gericht ist *Babi Panggang*, marinierte, gegrillte oder geröstete Scheiben Schweinefleisch in einer scharf-würzigen Soße, oft auf einem Bett aus Weißkraut oder Kräutern *(Acar Campur)* serviert. In der Jl. Veteran, etwas südlich vom Wisma Sibayak auf der anderen Straßenseite, kann in einem einfachen Warung die authentische Variante probiert werden.

wie Swimming Pool, Minikino, Pub und Karaoke. Es gibt Massagen und diverse Sportangebote wie Golf, Tennis, Tischtennis sowie einen Kinderspielplatz. Das Restaurant serviert indonesische und internationale Küche zu gehobenen Preisen. Frühstück inkl. ❻–❽

AKTIVITÄTEN

Rafting
Rafting wird in der Touristeninformation oder auch im Guesthouse für mind. 3 Pers. im Lau Biang („Hundefluss"), wie der Sungai Wampu hier heißt, organisiert. Der Tagesausflug beginnt in Bintang Meriah und folgt dem Lau Biang durch ein tiefes Tal. Bevor dieser schließlich in einen Wasserfall stürzt, endet die Fahrt in Limang. Bei 4 Pers. nur 150 000 Rp p. P. inkl. Transport, Ausrüstung und Verpflegung.

Trekking
Zum Gunung Sibayak und Sinabung sind 3- bis 4-stündige Trekkingtouren mit Guide buchbar, die mitunter auch Dschungel-Etappen beinhalten können. Hierbei hat man die Möglichkeit, seltene Tiere wie den Hornbill zu sehen oder in den heißen Quellen zu baden, Essen und Transport inkl. Mind. 2 Pers. zahlen dafür ca. 200 000 Rp p. P. Für Infos und Guide in der Touristeninformation, der Unterkunft oder beim Reiseveranstalter nachfragen.

SONSTIGES

Geld
In der Jl. Veteran gibt es zwei Geldautomaten der Banken Danamon und BNI sowie einige Money Changer mit mäßigen Kursen.

Informationen
Touristeninformation in der Jl. Veteran, gegenüber dem Denkmal, Jl. Gundaling 1, ✆ 0628-91558, 🖥 www.karokab.go.id.

Internet
Internetcafés sind nicht schwer zu finden. Ein Telkom-Warnet ist neben dem Postamt, ein weiteres 50 m die Straße hoch, weitere in der Jl. Veteran. Dort, im Restaurant Mexico Fried Chicken, gibt es kostenloses WLAN (allerdings weniger gutes Essen).

Medizinische Hilfe
Das **Puskesmas** befindet sich in der Jl. Veteran 36, ✆ 0628-91028. Das nächste Krankenhaus ist das **RSU Flora**, Jl. Mariam Ginting in Kabanjahe, ✆ 0625-20625.

Post
Das Postamt befindet sich am Denkmalplatz gegenüber der Touristeninformation, ✆ 0625-91491. ⏱ Mo–Do 7.30–15, Fr 7.30–12, Sa 7.30–13 Uhr.

Reisebüro
Sibayak Trans Tour & Travel, Jl. Veteran 119, ✆ 0628-91122, ✉ dicksonpelawi@yahoo.com. Organisieren Touren und Transporte in ganz Nord-Sumatra, vor allem zwischen Medan, Bukit Lawang, Berastagi und Toba-See.

Souvenirs
Andenken gibt es alle paar Meter in der Jl. Veteran sowie östlich davon in den kleinen Geschäften unweit des Marktes und des Busparkplatzes (wo sie auch etwas billiger sind).

Supermarkt
20 m vom Denkmalsplatz entfernt liegt gegenüber dem Ginsata Guesthouse ein Indomaret. ⏱ 7–22 Uhr.

NAHVERKEHR

Die **Minibuslinien** in Berastagi sind übersichtlich und am einfachsten an den Farben zu unterscheiden. Alle Buslinien befahren die Hauptstraße im Minuten- oder gar Sekundentakt, und bei Zustieg sollte man sich beim Fahrer erkundigen, ob das gewünschte Ziel angefahren wird. Die Gegend um den Gundaling Hill, wo sich einige der Unterkünfte befinden, wird z. B. von den gelben Karya-Bussen (KT = Karya Transport) angefahren, letztlich ist innerhalb Berastagis aber alles auch zu Fuß gut erreichbar. Zum Gunung Sibayak fahren grüne Busse der Marke Kama, auch KT & Bayu für 3000 Rp.

TRANSPORT

Busse
Die meisten Busverbindungen laufen über den zentralen Busparkplatz bzw. die Jl. Veteran. Die wichtigsten Verbindungen:
KUTACANE, 150 km, in 5–6 Std. für 50 000 Rp in roten oder weißen Bussen der Marke Karsima oder Pinem; dort Umstieg nach KETAMBE möglich, 1 Std., 12 000 Rp;
MEDAN, 66 km, in 2 1/2 Std. für 15 000 Rp in blauen Bussen der Marke Sutra, Borneo oder Sinabung;
Nach PARAPAT am Toba-See, 114 km, gibt es zwei Varianten: Von der Jl. Veteran fährt man mit dem Minibus zum Terminal nach KABANJAHE (20 Min., 3000 Rp); dort Umstieg nach PEMATANG SIANTAR (2 1/2 Std., 20 000 Rp), von wo aus Busse nach PARAPAT fahren. Der Minibus dorthin kostet 10 000 Rp, der große Sejahtera-Bus kostet 7000 Rp und hält vor der France Bakery. Die 5- bis 6-stündige Tour kostet insgesamt ca. 30 000–35 000 Rp. Will man nicht in Parapat übernachten, sollte man spätestens um 10 Uhr (besser früher) im Minibus ab Berastagi sitzen, um in Siantar am Nachmittag gegen 15 Uhr den großen Bus und in Parapat schließlich die letzte Fähre nach Pulau Samosir zu erwischen.
Die zweite Möglichkeit ist der „Touristenbus" (in der Touristeninformation oder im Reisebüro buchen). Ein Kleinwagen oder Minibus fährt um 11 und 14 Uhr in Berastagi ab, nimmt den direkteren Weg und hält am schönen Sipiso-piso-Wasserfall sowie an den Überbleibseln des alten Königspalasts nahe Haranggaol. Von dort geht es weiter nach Parapat. Für 100 000–150 000 Rp ist man in ca. 4 Std. am Tiga Raja-Fährterminal.

Von Berastagi zum Toba-See

Sipiso-piso-Wasserfall
In Merek, am Nordzipfel des Sees, gibt es eine Abzweigung mit der Hinweistafel „Air Terjun Sipiso-piso". 3 km muss man dann auf der gut asphaltierten Straße durch fast baumloses Hochland wandern oder per Ojek (6000 Rp) zurücklegen. Noch eine Abzweigung nach rechts und nach 300 m erreicht man mehrere Aussichtsplattformen (Eintritt) mit atemberaubendem Fernblick: Tief unten schmiegt sich das Dorf **Tongging** ans Ufer des Toba-Sees, dessen spiegelnde Fläche sich bis zur fernen und steilen Insel Samosir erstreckt. In eine Schlucht zur Rechten ergießt sich eindrucksvoll der über 100 m hohe Wasserfall (*Air Terjun*) Sipiso-piso.

Da sich dieser Aussichtspunkt in den letzten Jahren zu einem beliebten Ausflugsziel entwickelt hat, blieb auch er nicht davon verschont, zu einem Touristenpark ausgebaut zu werden, mit Parkplatz, Restaurant, Souvenirshops und viel Müll. An Sonn- und Feiertagen sollte man diesen Platz meiden, sich ansonsten aber nicht von gelegentlich auftauchenden Touristenbussen abschrecken lassen. Nach den üblichen Gruppenfotos verschwinden sie auch genauso schnell wieder, wie sie gekommen sind.

Pematang Purba
10 km östlich von Seribudolok („1000 Hügel"), steht in Pematang Purba das **Rumah Bolon**, der Königspalast der Simalungun Batak. Es ist der sehenswerteste Batak-Palast Sumatras. Auf einer großen Lichtung, umgeben von mächtigen Bäumen, findet man hier noch acht von ehemals 20 Gebäuden des alten Königshofes der Purba-Dynastie (1624–1947), u. a. die Gerichtshalle, das Haus der Leibgarde und den Palast selbst: ein imposanter Pfahlbau, der schon über 200 Jahre alt ist, bis 1945 bewohnt und 1964 restauriert wurde. Hier lebte der König mit seinen Palasteunuchen und zwölf seiner häufig doppelt so vielen Frauen. Das lang gestreckte Bauwerk, das ohne einen Nagel errichtet ist, enthält zwölf Feuerstellen – für jede Frau eine – in einem Gemeinschaftsraum, das private Gemach des Königs, ein Empfangszimmer und sogar eine Schatzkammer im Dachstuhl. Am Eingang zur

SUMATRA

www.stefan-loose.de/indonesien VON BERASTAGI ZUM TOBA-SEE **489**

Anlage wurde ein großer Parkplatz angelegt, mit Rumah Makan, Souvenirshops und Toiletten. Eintritt: 5000 Rp.

Parapat

Der größte Ort am Toba-See (s. S. 492) ist die meiste Zeit des Jahres ruhig, fast verschlafen. Zur Hochsaison an Feiertagen jedoch ist alles ausgebucht, und es wird klar, warum sich hier zahlreiche Hotels in allen Preisklassen angesiedelt haben. Während Backpacker zumeist direkt auf die Insel Samosir fahren, verbringen vor allem asiatische Touristen ihren Urlaub in den hiesigen Resorts, auf Bootstouren über den See oder bei Wanderungen in die Umgebung. Sehenswert ist der große **Markt**, der jeden Samstag auf dem Tiga Raja-Platz an der Bootsanlegestelle stattfindet. Aus allen Dörfern kommen die Frauen in Booten und Minibussen hierher, um Obst und Gemüse, Fische und Reis zu verkaufen. Während sie ihre schweren Lasten durch das Getümmel des Marktes tragen, genießen die Männer den frischen *Tuak* (Palmwein). In der Jl. Haranggaol, die zum Markt hinunterführt, und in der Jl. Sisingamangaraja gibt es Antiquitäten- und Souvenirläden sowie Money Changer.

ÜBERNACHTUNG

Kommt man spät abends in Parapat an oder muss einen sehr frühen Bus nach Bukittinggi oder Padang nehmen, sollte man in der Stadt übernachten. Plant man einen längeren Aufenthalt, sollte man die Unterkünfte auf der Insel Samosir vorziehen. Sie sind besser und günstiger. Wer dagegen luxuriöse Hotels bevorzugt, ist wiederum in Parapat besser aufgehoben.

Atsari Hotel & Bungalow, Jl. Kol. Tpr. Sinaga 9, ☎ 0625-41219, ✉ atsarihotel@ymail.com. Auf halber Strecke zwischen der Jl. Sisingamangaraja und dem Fährhafen. Zimmer mit AC, TV, Warmwasser, guten Betten und modernen Du/WC. Teils etwas dunkel, aber ordentlich und sauber. Im Preis ist ein Frühstück enthalten. ❸–❹

Niagara Hotel, Jl. Pembangunan 1, ☎ 061-415 8877, 🖥 www.niagaralaketoba.com. Hoch oben auf dem Hügel gelegenes Luxusresort

mit teilweisem Blick auf Parapat und den See. Die einfachen Zimmer entsprechen dem Standard ihrer Preisklasse, mit AC, Bad/WC, bequemen Betten und schönem Ausblick. Die teureren sind etwas überteuert. Allerdings sind die Preise außerhalb der Saison und bei Online-Buchung erheblich niedriger. Mit Pool und Sportanlagen für Tennis, Basketball, u. a. Frühstück und WLAN inkl. ❺–❼

Pelangi Parapat Hotel, Jl. Sisingamangaraja 12, ☎ 0625-41058. Zimmer mit AC, Warmwasser-Du/WC, z. T. mit Balkon und Blick auf den See. Das im Preis enthaltene Frühstück ist indonesisch, das Personal spricht wenig Englisch, ist aber sehr zuvorkommend. ❹

Siantar Hotel Parapat, Jl. Sisingamangaraja 8, ☎ 0625-41564. Das direkt am Ufer des Ortseingangs gelegene Hotel, in dem zuletzt noch viel renoviert wurde, hat Zimmer mit AC, Du/WC und guten Betten, die aber etwas überteuert sind. Einige Zimmer haben Fenster bzw. Balkon direkt zum See hinaus. Es gibt eine Karaokebar und indonesisches Frühstück. Das Personal spricht wenig Englisch. ❸–❹

Singgalang Gueshouse, Jl. Sisingamangaraja 52, ☎ 0625-41260. Einfache, saubere Gästezimmer etwas abseits der Straße mit Mandi auf dem Flur. Vergleichsweise ruhig, die jüngeren Mitarbeiter sprechen Englisch. Das im Vorderhaus betriebene Restaurant serviert chinesische Küche. ❶

ESSEN

Wer experimentierfreudig genug ist, die exotische Batak-Küche zu probieren, sollte sich in den Warung rings um den Markt am Hafen umsehen. Wie in den Padang-Restaurants kann man sich aus großen Töpfen mit verschiedenen, fertig gekochten Gerichten etwas aussuchen – wie wär's mit *Sak Sang*, Hundefleisch-Curry, oder für weniger Mutige *Nani Arsik*, Fisch in einer scharfen Soße? In Parapat werden ebenso wie in Berastagi während der Saison ausgezeichnete Markisa (Marquisa, Passionsfrüchte) und Mangos an Straßenständen und auf dem Markt angeboten. Die meisten Restaurants und Warung findet man in der Jl. Sisingamangaraja.

Vermächtnis der Kolonialherren

Man schrieb schon das Jahr 1853, als zum ersten Mal ein Europäer den Toba-See erblickte, und zwar der holländische Linguist Van der Tuuk, der später die Bibel in die Batak-Sprache übersetzte. Die anschließenden Aktivitäten der Missionare und der holländischen Kolonialherren führten zu durchgreifenden Veränderungen in der Kultur der Batak (s. Exkurs S. 498). Kokosnüsse, Tapioka, Erdnüsse, Obst, Gemüse und Nelken sind zu den wichtigsten Anbauprodukten der Region geworden. Eine besondere Spezialität des Hochlandes sind dabei die Markisa (Passionsfrüchte) und Avocados.

Café Sopo Soba Strawberry, schräg gegenüber der Pertamina-Tankstelle in der Jl. SM Raja. Hier bekommt man die indonesischen Standardgerichte und gute Obstsäfte zu moderaten Preisen.
Erlina, Jl. Sisingamangaraja 11. Gutes Padang-Essen, leider von den meisten Unterkünften aus ein Stück zu fahren.
Rumah Makan Nuraini, Jl. Haranggaol, ist das letzte vernünftige Restaurant, bevor man den Hafen erreicht. Kleine Auswahl an indonesischen Gerichten, vor allem die Reisgerichte sind lecker.
Sinambela, Jl. Sisingamangaraja 97. Serviert Batak-Küche, und das Babi Panggang (Schweinefleisch in würzig-scharfer Soße mit Kräutern) ist durchaus den Besuch wert.

SONSTIGES

Aktivitäten
An den Bootsstegen in der Jl. B. Jamin Purba und der Jl. Kol. Tpr. Sinaga können stunden- oder tageweise Tret- oder Ruderboote gemietet werden, ca. 50 000 Rp pro Tag.

Feste
Seit 1980 wird zur Förderung des Tourismus und zur Erhaltung der Kultur in einigen Orten rings um den See jährlich das **Lake Toba Festival** (auch Horas-Festival) veranstaltet – mit traditionellen Tänzen, Folklore, Drachenbootrennen in Parapat und Muara (Südufer) sowie

Pferderennen in Siborongborong (südlich von Muara). Meist findet das Fest während der europäischen Sommermonate statt.

Geld
Einen Geldautomaten findet man in der Jl. Sisingamangaraja 88. Zur Not kann man in den großen Hotels wechseln. Weitere Money Changer mit nur mäßigen Kursen in der Jl. Haranggaol.

Internet
In der Jl. Haranggaol, nahe dem Marktgelände, gibt es ein Warnet, ein weiteres ist in der Jl. Josep Sinaga 87.

Post/Telefon
Die **Post** liegt an der Jl. Sisingamangaraja, ☉ Mo–Do 8–15, Fr 8–12, 13.30–15, Sa 8–13 Uhr. Ein **Wartel** befindet sich an der Jl. Sisingamangaraja neben der Post. Ein zweites Wartel liegt an der Jl. Haranggaol.

Supermarkt
Der Indomaret in der Jl. Sisingamangaraja, gegenüber der Moschee, hat von 7–22 Uhr geöffnet.

NAHVERKEHR

In der Stadt verkehren **Minibusse**, die man nach dem altbekannten Prinzip einfach anhält, um einzusteigen. Vorher sollte man sich vergewissern, ob das gewünschte Ziel vom Bus angefahren wird. Da die Straße zwischen der Jl. Sisingamangaraja und dem Hafen nur in eine Richtung führt, fahren die meisten Opelet-Busse gegen den Uhrzeigersinn durch die Ortschaft. Fahrten in der Stadt kosten etwa 2000 Rp.

TRANSPORT

Busse
Die Bus Station liegt etwas außerhalb an der Straße nach Sibolga; Minibus zur Bootsanlegestelle 2000 Rp. Alle Fernbusse (z. B. Sejahtera) wie auch die lokalen Busse stoppen außer am Busbahnhof meist auch vor den Reisebüros an der Jl. Sisingamangaraja, einige auch an der Bootsanlegestelle zur Insel Samosir. Dies gilt für alle Tage außer Sa:

Dann nämlich ist der Hafenvorplatz von Marktständen beschlagnahmt, sodass die großen Busse (z. B. Sejahtera) am Busterminal losfahren. Die lokalen Minibusse fahren stündl. bis halbstündl. von 5 bis 17 Uhr, z. B. nach PEMATANG SIANTAR (7000 Rp) und von dort nach BERASTAGI (umsteigen in Kabanjahe, 30 000 Rp.). Buchungen für Fernbusse klappen leider meist nicht, denn in Parapat weiß natürlich niemand, wie voll die Busse schon sind, wenn sie hier durchkommen. Am besten einfach bei den Reisebüros bzw. an der Busstation warten. Preisbeispiele:
BUKITTINGGI, 500 km, in 15 Std. für 70 000 Rp;
MEDAN, 180 km, in 4 1/2 Std. für 22 000 Rp;
PEMATANG SIANTAR, 48 km, in 1 1/2 Std. für 7000 Rp;
SIBOLGA, 90 km, in 2 Std. für 30 000 Rp;
TEBINGTINGGI, 90 km in 4 Std. für 15 000 Rp.

Minibusse

Eine gute Alternative zu den oft strapaziösen Fahrten mit öffentlichen Bussen sind die von einigen Travel Agents angebotenen Trips mit Minibussen bzw. kleineren Bussen zu den nächsten Touristenzentren, z. T. mit interessanten Zwischenstopps. Die Minibusse sind in der Regel bequem, und man fährt tagsüber. Sie sind nicht unbedingt sehr viel schneller, denn sie müssen durch denselben Verkehr wie die öffentlichen Busse, doch man hat in jedem Fall einen Sitzplatz und Luft zum Atmen. Bei den öffentlichen Bussen ist das manchmal Glückssache. Langstreckenbusse haben zudem AC und WC. Preisbeispiele:
BERASTAGI in 2 1/2 Std. für 100 000 Rp;
BUKITTINGGI in 15 Std. für 200 000 Rp (Bus mit AC und Toilette);
BUKIT LAWANG in 4 Std. für 120 000 Rp, via Sipiso-piso 150 000 Rp;
MEDAN in 4 1/2 Std. für 65 000 Rp;
PADANG, 595 km, in 17 Std. für 230 000 Rp;
SIBOLGA in 5 Std. für 80 000/150 000 Rp (mit/ohne AC).

Bus- und Taxiunternehmen:
Bagus Wisata Tour & Travel, Jl. Pelabuhan 2, ✆ 0625-41747.

Paradep Taxi, direkt am Tiga Raja-Fährhafen, ✆ 0625-42233, 0812-648 2728.
Sejahtera Transindo, schräg gegenüber vom Busterminal in der Jl. Sisingamangaraja, ✆ 0625-42345.

Fähren

Zu verschiedenen Anlegestellen auf der Insel Samosir fahren von 7 Uhr morgens bis etwa 18.30 Uhr ab Anlegestelle am Markt Boote in einstündigen Abständen. Fahrpreis 4000 Rp nach Tomok bzw. 7000 Rp nach Tuk Tuk, bezahlt wird erst während der Überfahrt.
Die meisten Boote fahren nach Tomok, Tuk Tuk und Ambarita. Man wird zur Anlegestelle der ausgesuchten Unterkunft gebracht bzw., falls eine solche nicht vorhanden ist, zu der am nächsten gelegenen. Die Überfahrt dauert etwa 45 Min., nach Ambarita 20 Min. länger zum gleichen Preis. Das erste Boot ab Insel Samosir geht morgens gegen 6.30 Uhr ab Tomok, 7 Uhr ab Tuk Tuk. Die letzte Fähre ab Tuk Tuk geht gegen 15.30 Uhr, wer danach noch von der Insel will, sollte innerhalb der nächsten 2 Std. nach Tomok und von dort abfahren. Eine Autofähre verkehrt zwischen Tomok und Ajibata, 2 km südlich von Parapat. Abfahrtszeiten sind auf einer Tafel angegeben (mind. 5x tgl. zwischen 8.30 und 21 Uhr).

14 HIGHLIGHT

Toba-See: Pulau Samosir

Der vor rund 75 000 Jahren bei der Eruption eines Supervulkans entstandene Krater bildet heute den größten See Südostasiens und den größten vulkanischen See der Erde. Rund 87 km lang und 27 km breit, erreicht er eine Tiefe von 505 m. „Wie Schottland im ständigen Hochsommer" – so ist die Landschaft schon beschrieben worden, und das mildwarme Klima erinnert vor allem morgens an heiße, europäische Sommertage. Nachmittags ziehen sich oft Wolken über den Berggipfeln zusammen, und es kommt zu kräftigen Regenschauern.

An den Bergkämmen gehen abends oft Gewitter nieder – von der Insel betrachtet ein Spektakel.

Pulau Samosir, die rund 40 km lange und 20 km breite Insel im Toba-See, die flächenmäßig etwa der Größe Berlins oder Singapurs entspricht, ist seit mehr als 30 Jahren *der* Traveller-Treffpunkt in Sumatra, vor allem während der europäischen Sommermonate. Neben den einfachen, billigen Unterkünften direkt am Seeufer haben sich mittlerweile auch größere und luxuriöse Hotels angesiedelt. Die Landschaft ist idyllisch, die Menschen sind freundlich, und für Entspannung sind hier alle Variablen gegeben: mildes Klima, komfortable Unterkünfte, wenig Verkehr und das typisch zeitvergessene Insel-Feeling.

Zu Fuß, mit dem Fahrrad oder einem gemieteten Motorrad kann man auf schmalen, ruhigen Straßen die hügelige, von Reisfeldern durchzogene Landschaft zwischen den Dörfern der Insel erkunden, in deren Mitte sich ein Hügel auf 780 m erhebt. Dabei hat eine Rundfahrt mit dem Motorrad von Tomok in Richtung Süden gleich mehrere Vorteile: Bei einem Start am Morgen ist es höchst unwahrscheinlich, dass es auf der landschaftlich aufregendsten Strecke entlang dem Bergkamm regnet. Fahrer mit wenig Geländeerfahrung legen die schwierigste Strecke auf der unbefestigten Straße hinauf in die Berge zuerst zurück. Normalerweise fahren die Holztransporter am Morgen von der Autofähre hinauf und am frühen Nachmittag etwa ab 14 Uhr voll beladen wieder hinunter. Man fährt also mit den Trucks hinauf und muss kaum dem Gegenverkehr ausweichen. Eine Rundfahrt gegen den Uhrzeigersinn hat hingegen den Vorteil, dass das Museum in Simanindo gut eingeplant werden kann. Die 124 km lange Strecke kann bequem mit Zwischenstopps in sechs bis sieben Stunden zurückgelegt werden; besucht man Simanindo, müssen weitere 1 1/2 Stunden eingeplant werden. Motorräder können in Tuk Tuk an jeder Ecke für ca. 70 000–90 000 Rp pro Tag gemietet werden.

Tomok

Pauschaltouristen kommen oft nur von Parapat herüber, um die Königsgräber zu besichtigen. Entsprechend reihen sich von der Anlegestelle der Boote bis hinauf zum Grab des Königs Sidabutar Verkaufsstände, die so ziemlich alles anbieten, was an altem und neuem Kunsthandwerk der Batak zu haben ist. Man sollte nichts kaufen, wenn gerade eine große Touristengruppe gelandet ist. *Ulos*, die traditionellen Tücher der Batak, kosten je nach Qualität bis zu 300 000 Rp, doch gehandelt werden darf natürlich immer. Außerdem gibt es Holz- und Knochenschnitzereien, Batak-Kalender, Musikinstrumente, Textilien u. a.

Rechts des Weges kommt man von der Hauptstraße zu einem etwas abseits gelegenen und weniger besuchten, freien Platz. Hier steht ein steinerner Tisch mit Stühlen neben dem **Grab von König Sidabutar**, das von zwei Elefanten bewacht wird. Das steinerne Grab, dessen Vorderseite eine hockende menschliche Figur ziert, die von einem maskenhaften, gehörnten Gesicht gekrönt wird, ähnelt dem weitaus berühmteren Grab weiter oben. Im Hintergrund sind steinerne Figuren aufgereiht, die wahrscheinlich ehemalige Herrscher darstellen. Dahinter stehen an einem freien Platz drei alte Batak-Häuser: Hier finden ab und an Vorführungen der tanzenden hölzernen Puppen *(Si Gale Gale)* statt, und für 80 000 Rp treten echte Tänzer auf dem Vorplatz auf.

Die Souvenirstände enden am Aufgang zu den Grabmälern anderer Familienmitglieder des Königs Sidabutar, seines Sohnes und Enkels. Neben den Gräbern wurden vor über 200 Jahren am Tag der Beisetzung *Hariars*-Bäume gepflanzt. Einer der Bäume steht noch heute. Daneben findet man fünf weitere alte Batak-Häuser und kreisförmig angeordnete steinerne Statuen, darunter auch mehrere Frauenfiguren.

Südlich hinter den Verkaufsständen befindet sich das **Museum**, das einmal das Haus des Königs gewesen sein soll. Innen sieht man neben verschiedenen Haushaltsgeräten, Waffen und Bildern, auch Beteldosen, Musikinstrumente und andere Kleinigkeiten (Spende). Läuft man den Weg von den Gräbern aus weiter den Berg hinauf, gelangt man nach etwa 1 1/2 Stunden in ein Dorf, das auf dem Grat liegt. Von hier hat man bei gutem Wetter herrliche Aussicht.

Tuk Tuk

Das Travellerzentrum am Toba-See. In dem kleinen Dorf auf der Halbinsel gegenüber von Prapat findet man überall am Ufer komfortable Hotels und einfache Unterkünfte in nachgebauten oder gar alten Batak-Häusern. Man badet im See, und in kleinen Restaurants gibt es preiswerte Gerichte. Einige Europäer haben sich im Laufe der Jahre hier angesiedelt; Ehen zwischen Einheimischen und Westlern sind keine Seltenheit, sodass auch verschiedene europäische Spezialitäten auf der Speisekarte stehen. So auch die Magic Mushrooms, ein Überbleibsel aus der Zeit, als viele Hippies und Abenteurer ihren Weg über die damalige Südostasien-Travellerroute vieler Traveller hierher fanden. Da die meisten Batak in Tuk Tuk vom Tourismus leben, sprechen viele Englisch.

Die Halbinsel kann man in einer angenehmen zweistündigen Tour umrunden. Vom Süden führt der Feldweg durch Reisfelder und Wiesen, vorbei an der katholischen Kirche. An der nördlichen Bucht kann man entweder einen Abstecher nach Ambarita (s. u.) machen oder die Straße rechts hinauflaufen. Von den am Hang gelegenen Losmen und Restaurants bietet sich ein guter Ausblick auf die Bucht.

Die Straße verläuft nun etwas weiter landeinwärts, bietet aber auf den nächsten 1,5–2 km kaum noch Ausblicke auf die nach wie vor schöne Landschaft. Beiderseits der Straße sind die letzten freien Plätze zwischen den Hotels und Homestays mit Moneychangern, Reisebüros, Souvenirshops, Geschäften und Restaurants zugebaut worden.

An der Polizeistation, nachdem das eigentliche Dorf Tuk Tuk erreicht ist, führt eine Abzweigung zu den Carolina Bungalows, die mit schönen Batak-Schnitzereien verziert sind. Geht man die kurvenreiche Strecke weiter, eröffnet sich eine schöne Aussicht auf die südliche Bucht, vor allem auf Höhe des Funkturms.

ÜBERNACHTUNG

Während der Feiertage zwischen Weihnachten, Neujahr und chinesischem Neujahr sowie zu Idul Fitri am Ende des Ramadan verwandelt sich die ansonsten ruhige Halbinsel zum Mekka asiatischer Touristen, weshalb die Unterkünfte ihre Preise um ein Vielfaches anheben! Wer den Ort zu dieser Zeit besucht, begreift den Grund für das ansonsten nicht beanspruchte Überangebot an Souvenirs und Nippes, das in Tomok und Tuk Tuk in den Geschäften hängt. **Abadi Gh.**, ✆ 0625-451195. Die einfachen Zimmer des Budget-Guesthouse Abadi haben

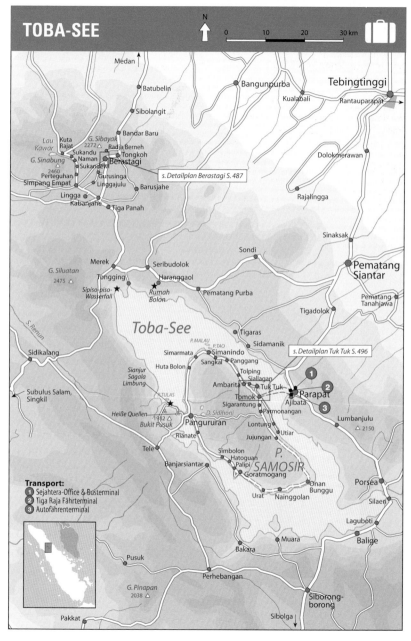

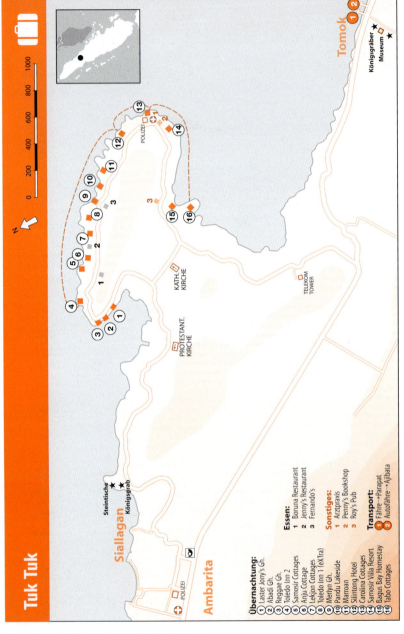

Du/WC, Blick auf die kleine Bucht vor Ambarita und optisch schon einige Jahre auf dem Buckel. Die Badestelle ist in Ordnung, wenn auch nicht ganz so schön wie in anderen Unterkünften. ❶

Anju Cottage, ✆ 0625-451265. Hübsche Zimmer mit Du/WC, TV und Blick auf den See, dazu sehr freundliches Personal und faire Preise. Die Badestelle mit Sprungbrett und Leiter eignet sich auch tatsächlich zum Baden. Das Restaurant serviert indonesisches und Western Food und liegt etwas oberhalb an der Hauptstraße; außerdem ist dort eine Zweigstelle des Anju-Reisebüros. ❷

Bagus Bay Homestay, ✆ 0625-451287, ⌨ www.bagus-bay.page.tl. Einfache, gefliese Zimmer und Batak-Häuschen, mit Moskito-netzen an den Betten und teils Warmwasser-Du/WC. Kleine Minigolfanlage und Volleyball-feld, Massage-Service, Computer mit kostenpflichtigem Internetanschluss und eine Auswahl an Büchern. Ab und an finden Batak-Tanzvorstellungen statt. ❶–❷

Carolina Cottages, ✆ 0625-451 2109, ⌨ www.carolina-cottages.com. Weitläufige Anlage mit Badestelle und teils am Hang, teils in Batak-Häusern gelegenen Zimmern in verschiedenen Preisklassen. Die günstigeren sind älter, aber ordentlich und mit ein paar Möbeln und Du/WC ausgestattet. Nettes Restaurant und viele Reiseinformationen über die Insel. Freundliches Personal und Frühstück inkl. ❶–❸

Laster Jony's Gh., ✆ 0812-6343 7443. Die mit Abstand billigsten Zimmer haben dünne Matratzen und teilen sich ein ältliches Mandi mit Hocktoilette in der schmucklosen Anlage mit netter Betreiberin und weniger einladendem Warung. Ein Zimmer im traditionellen Batak-Haus kostet ebenfalls wenig und hat immerhin eine eigene Du/WC mit Warmwasser. Wer die schlechte Badestelle verkraftet, kann hier getrost seinen Geldbeutel schonen. ❶

Lekjon Cottages, ✆ 0625-451259, ✉ lekjon cottage@yahoo.com. Preisgünstige, ordentliche Zimmer in Batak-Häusern mit Du/WC, unter-schiedlich weichen und harten Betten sowie Blick auf den See. In dem auf der anderen Straßenseite gelegenen Restaurant kann man kostenlos Billard und Tischtennis spielen;

die Anlage hat zudem eine Badestelle. ❶–❷

Marroan, ✆ 0625-451380. Ein etwas wirr organisierter Betrieb mit sauberen Zimmern und Du/WC in nachgebauten Batak-Häusern und einer Badestelle. Das Personal spricht leidliches Englisch, und die Anlage hat außer den Unterkünften nichts zu bieten. ❷

Merlyn Gh., ✆ 0625-451057. Traditionelle Batak-Häuser mit schlichtem Holzinterieur und einfachen, eher harten Betten sowie Du/WC. Das Restaurant serviert außer indonesischen Klassikern auch Batak-Gerichte. Leider keine Badestelle. ❷

Pandu Lakeside, ✆ 0625-451088. Ruhige Anlage mit ordentlichen, sauberen Zimmern mit Du/WC, Warmwasser (1 Std. morgens und abends) und im Preis enthaltenem Frühstück. Das Hotel sowie sein Counterpart in Parapat gehören Chinesen, entsprechend serviert das Restaurant vergleichsweise gutes chinesisches Essen. Der Badesteg ist weniger einladend. WLAN inkl. ❷

Reggae Gh., ✆ 0625-451040. Im Budgetbereich eine der besten Unterkünfte, mit Zimmern z. T. in traditionellen Batak-Häusern (mit hölzerner Innenverkleidung) sowie toller Aussicht auf die kleine Bucht zwischen Tuk Tuk und Ambarita. Die Küche ist gut, das Personal freundlich, und die Badestelle mit Baumschaukel und Minifloß eine der besseren. Der Betrieb ist vergleichs-weise klein, man hat also viel Ruhe und Zeit für sich. Einzig die hohen Stufen sind nicht unbedingt etwas für ältere oder motorisch eingeschränkte Traveller. ❶

Samosir Cottages, ✆ 0625-451170, ⌨ www.samosircottages.com. Ein von Travellern gern besuchter Ort, sind doch die Zimmer mit Warmwasser-Bad/WC oder Kaltwasser-Du/WC komfortabel, sauber und haben z. T. Aussicht auf den See. Billard und Tischtennis, freundliches Personal und ein Internetcafé. Die gärtnerisch gepflegte Anlage hat eine gute Badestelle mit Sprungbrett und Sonnenliegen. Gute, aber etwas langsam arbeitende Küche mit westlichem und indonesischem Menü. WLAN inkl. ❶–❸

Samosir Villas Resort, ✆ 0625-451399, ⌨ www.samosirvillaresort.com. Neues Luxus-

SUMATRA

www.stefan-loose.de/indonesien   TOBA-SEE: PULAU SAMOSIR | Tuk Tuk   **497**

Die Batak

Das Hochland des nördlichen Barisan-Gebirges, in dessen Zentrum der Toba-See liegt, ist die Heimat verschiedener Batak-Stämme. Indonesien zählt insgesamt 8 bis 10 Mio. Batak.

Bereits in der *Suma Oriental*, den ältesten europäischen Aufzeichnungen zur Geografie, Kultur und Natur des malaiischen Archipels, aus dem 15. Jh. findet ein Reich der „Bata" im Gebiet des Sriwijaya-Imperiums Erwähnung, doch in der Abgeschiedenheit der Berge lebten die Batak bis zur Mitte des 19. Jhs. nahezu völlig isoliert und konnten so ihre eigene Kultur bewahren. Unter anderem hielten übertriebene Berichte über die kriegerischen, menschenfressenden Batak die Weißen davon ab, ins Hochland einzudringen. Familiennamen und archäologische Funde deuten aber auch auf Handelskontakte mit der Außenwelt hin, etwa mit Chinesen oder indischen Tamilen.

Die sechs Stämme

Die Batak unterteilen sich in sechs ethnische Stämme mit drei verschiedenen Sprachen und mehreren Dialekten gemeinsamen sprachlichen Ursprungs. Die **Toba**, die als die ursprünglichen Batak gelten, siedeln im Zentrum des Batak-Landes auf der Insel Samosir und an den Ufern des Toba-Sees, wo sie intensiven Nassreisanbau betreiben, sich aber auch auf die Kultivierung von Trockenreis verstehen. Etwa 400 000 **Karo** leben in über 200 Dörfern nördlich des Toba-Sees im Hochland um Berastagi und Kabanjahe; da die meisten Dörfer in einer Höhe von 1000 m oder mehr liegen, bauen die Karo in erster Linie Gemüse an. Im Osten schließt sich das Land der **Simalungun** mit der Hauptstadt Pematang Siantar an. Im Nordwesten des Sees rings um Sidikalang siedeln die **Pakpak**, auch Dairi genannt, und im Süden die **Angkola** und die **Mandailing**.

In Nord-Sumatra leben über 3 Mio., die zu zwei Dritteln Christen sind; der Rest bekennt sich überwiegend zum Islam. Die Toba- und Karo-Batak, ebenso wie die Pakpak und Simalungun, sind Christen überwiegend protestantischer, aber auch katholischer Glaubensrichtung, die noch viele Elemente ihrer alten Kultur bewahrt haben. Sie bilden die größte zusammenhängende Gruppe von Christen in Indonesien.

Geschichte und Kultur

Über die Geschichte der Batak gibt es keine Aufzeichnungen, sodass noch viel im Dunkeln liegt. Es ist wissenschaftlich nachgewiesen, dass Menschen im Gebiet des Toba-Sees bereits vor über 6000 Jahren Wald rodeten. Allerdings sollen die Batak erst vor etwa 2500 bis 3000 Jahren aus Südchina, Nordthailand und Burma nach Süden gewandert sein. Die Insel Sumatra erreichten sie zuerst an der Westküste zwischen Barus und Sibolga. Doch als ehemalige Bergbewohner zogen sie schon bald hinauf in die gebirgigen Regionen, wo sie rings um das zuerst besiedelte Gebiet am Berg Pusuk Bukit weitgehend isoliert von den malaiischen Küstenbewohnern ihre Königreiche gründeten.

Die Kultur der Batak weist in vielen Bereichen frühhinduistische Einflüsse auf. Diese lassen sich sowohl im Vokabular, in den Schriftzeichen und der Religion belegen als auch in den Kenntnissen des Schachspiels und der Baumwollweberei. Dagegen scheinen die Metallverarbeitung, der Reisanbau auf bewässerten Feldern, der Gebrauch von Pflug und Wasserbüffel usw. schon vor den Kontakten mit indischen Händlern bekannt gewesen zu sein.

Als erste Europäer besuchten Burton und Ward 1824 das südliche Batak-Land und fanden dort eine weit entwickelte Ackerbau-Kultur vor. 1864 begann die christliche Missionierung der Toba durch die protestantische Rheinische Missionsgesellschaft, geleitet von dem charismatischen Missionar Ludwig Ingwer Nommensen, der noch heute als „Apostel der Batak" verehrt wird. Daraus ging in den 1930er-Jahren des 20. Jhs. eine eigenständige Batak-Kirche (HKBP = Huria Kristen Batak Protestan) mit heute über 1 Mio. Mitgliedern hervor. Im Gegensatz zu den Toba wurden die Karo erst im 20. Jh. zum Christentum bekehrt.

Gesellschaft und Sozialstruktur

Die Batak lebten in Dorfgemeinschaften, die eine hierarchische Gesellschaftsstruktur aufwiesen. Die Karo-Batak hatten einen *Sibayak*, der auch Raja Urung genannt wurde, denn er war das Oberhaupt eines *Urung*, einer aus mehreren Dörfern bestehenden Gemeinde. Ihm oblag die Rechtsprechung, und in Kriegszeiten hatte er das Oberkommando inne; ansonsten waren seine politischen Machtbefugnisse gering. Die Dörfer der Toba-Batak wurden von einem Dorfoberhaupt, dem *Raja*, geleitet, der immer aus der Adelsklasse stammte. Er musste das Dorf nach außen repräsentieren, Recht sprechen und die Einhaltung des Adat, der von den Ahnen übernommenen, ungeschriebenen Gesetze und Verhaltensweisen, überwachen. Ein Raja konnte durch die Privilegien des Handels und des Sklavenbesitzes zu beachtlichem Wohlstand gelangen.

Der Raja bzw. der Sibayak herrschte über eine Klassengesellschaft, die aus Adel, freien Bauern und Sklaven bestand. Der Adel wurde gebildet von Mitgliedern der Familie, die das Dorf gegründet hatte und der auch das gesamte das Dorf umgebende Land gehörte. Die Freien waren meist entfernt mit der Gründerfamilie verwandt und konnten von ihr das zeitlich befristete Recht erhalten, einen Teil des Landes zu bebauen. Kriegsgefangene und verschuldete Dorfbewohner schließlich waren die Sklaven. Die Sozialstruktur der Batak basiert fast ausschließlich auf verwandtschaftlichen Bindungen. Das soziale Leben im Dorf wurde bestimmt durch ein System von Rechten und Pflichten, die sich aus sozialer Stellung und verwandtschaftlichen Beziehungen ergaben. Von großer Bedeutung für die Batak war die Einheit der Großfamilie. Bis zu zehn Großfamilien der väterlichen Verwandtschaft wohnten zusammen in einem Dorf und bildeten einen *Huta*.

Das Zusammenleben in dieser kleinsten sozialen Einheit wurde durch strenge Adat-Gesetze geregelt. Probleme und alle Fragen der Gemeinschaft wurden bei regelmäßigen Treffen auf dem Versammlungsplatz außerhalb des Dorfes, dem *Partukoan*, oder im *Bale*, dem zentralen Versammlungshaus, besprochen. Unter der Leitung des Dorfvorstehers nahmen alle Mitglieder der Gemeinschaft, außer den Sklaven, daran teil und hatten volles Mitspracherecht.

Über die *Huta* hinaus fühlt sich jeder Batak verwandtschaftlich einer größeren Familiengruppe, einem Clan (Toba: *Marga*), zugehörig; jeder Clan geht auf einen mythischen Urahnen zurück. Zu Begräbnissen oder anderen wichtigen Festen wird noch heute die Marga eingeladen. Während bei den Toba über die Anzahl der einzelnen Clans widersprüchliche Angaben vorliegen, haben die Karo fünf Marga, die *Sembiring*, *Karo-Karo*, *Perangin-Angin*, *Ginting* und *Tarigan*, die sich wiederum in viele Sub-Clans unterteilen.

Aufgrund ihrer christlichen Vergangenheit sind viele Batak mit westlichen Ideen, Kulturen und Techniken vertrauter als ihre muslimischen Landsleute. Zudem sind sie wegen der z. T. ziemlich unfruchtbaren Böden, hohen Kinderzahl und wenigen außerlandwirtschaftlichen Erwerbsmöglichkeiten oft gezwungen, auszuwandern. In der Regierung und der Armee sind sie überdurchschnittlich vertreten, ebenso in der indonesischen Musikszene, was wohl auf die große Vorliebe der Batak zur Musik zurückzuführen ist. Die Gitarre oder ein Kassettenrecorder ist immer dabei – ob bei Spaziergängen, unterwegs im Bus oder bei abendlichen Treffen. Angeregt von dem lokalen Palmwein, dem *Toddy*, singen junge Männer melodische Batak-Lieder und westliche Pop-Songs. Die Frauen hingegen bestreiten überwiegend die musikalische Umrahmung der sonntäglichen Gottesdienste.

Siehe auch Exkurs: Batak-Häuser, S. 502.

hotel vom Betreiber der Samosir Cottages, mit schicken Zimmern, guten Betten und betuchteren Gästen, die Wert auf Abgeschiedenheit und Ruhe legen. Hier hat man Blick auf den See, schwimmt jedoch trotz der Uferlage lieber im Pool. Kostenl. WLAN, Billard, freundliches Personal und gehobene Küche. Frühstück inkl. ④–⑤

Silintong Hotel, ✆ 0625-451242. Die Zimmer haben gute Betten, eigene Du/WC und teils gute Aussicht auf den See. Die Gartenanlage ist recht groß und ansehnlich, die Badestelle dafür weniger. Im Preis ist ein indonesisches oder kontinentales Frühstück enthalten. Nach Discount fragen. ❸

Tabo Cottages, ✆ 0625-451318, 🖥 www.tabocottages.com. Sehr schöne, große Anlage am Seeufer mit nett eingerichteten und sauberen Bungalows und Zimmern mit Warmwasser-Du/WC; viele deutsche und holländische Gäste. Ruhige Lage und luftige Restaurant-Lobby. Hier kocht (sehr gut und auch vegetarisch) die deutsche Chefin, und das selbst gemachte Brot ist sehr beliebt. WLAN inkl. ❸

Toledo Inn 2, ✆ 0625-451007. Diese große Hotelanlage mit Häusern im Batak-Stil und schicken, hellen, stuckierten Zimmern mit Du/WC hat eine kleine, künstliche Bucht, in der man im flachen Wasser laufen und im tiefen schwimmen kann, ohne auf große Steine zu stoßen. ❸

ESSEN UND UNTERHALTUNG

Boruna, schräg gegenüber den Samosir Cottages. Neben der üblichen Traveller-Küche gibt es in dem netten, ruhigen Veranda-Restaurant auch hausgemachtes Brot und Joghurt.

Fernando's Restaurant bietet ebenfalls gutes Seafood, allerdings muss man sich hier auf längere Wartezeiten einstellen.

Jenny's Restaurant, wenige Meter vor den Anju & Samosir Cottages. Während andere Restaurants abends gewohnt leer oder gerade halb voll sind, war das Jenny's zuletzt gut besucht, auch dank des exzellenten Fischs, den man hier vom Grill zu Preisen um 45 000 Rp serviert bekommt.

Roy's Pub, ✆ 0812-649 6956. Hier findet abends oft Livemusik statt, und viele Traveller und Locals treffen sich im einzigen wirklichen Ausgehort von Tuk Tuk auf ein Bier. Laut Menü bezahlen Erstere für Letzteres allerdings mehr als die Einheimischen. Der Laden ist zugleich auch eine Kunstgalerie.

SONSTIGES

Bücher
In Tuk Tuk haben viele Unterkünfte eine Auswahl an gebrauchten fremdsprachigen Büchern, und es gibt zwei kleine Buchläden mit einer etwas größeren Auswahl.

Geld
Es gibt Moneychanger, jedoch keinen Geldautomaten auf der Insel (der in Ambarita funktioniert bei ausländischen Karten nicht).

Internet
Mittlerweile haben immer mehr Unterkünfte WLAN oder zumindest einen PC mit Internetanschluss, den man für ca. 20 000 Rp pro Std. nutzen kann.

Medizinische Hilfe
Eine kleine Arztpraxis befindet sich unweit der Carolina Cottages.

Post
Es gibt Briefkästen in einigen Unterkünften, eine richtige Post erst in Pangururan.

Siallagan

Die Uferstraße von der Halbinsel nach **Ambarita** führt an verschiedenen ruhiger gelegenen Losmen vorbei. Auf halbem Wege liegt das traditionelle Dorf Siallagan mit dem großen steinernen Königsgrab, das von drei annähernd lebensgroßen Figuren der bestatteten Siallagan-Herrscher gekrönt wird. Daneben, etwas weiter Richtung See, stehen die aus Stein gehauenen Stühle, Bänke und Tische. Hier versammelten sich früher der König und die Vertreter der Dörfer, um ihr Palaver abzuhalten. Es wurde aber nicht nur diskutiert, sondern auch Recht gesprochen und hart geurteilt. Hinrichtungen fanden gleich nebenan statt, wo die Verurteilten auf einem großen Stein geköpft wurden. Viele nützliche Infos und sehr gutes indonesisches Essen bekommt man bei **Joe's Restaurant & Coffee Shop**, zwischen Tuk Tuk und Ambarita, ✆ 0813-6217 2110, ✉ joe.marpaung@yahoo.com, in familiärer Atmosphäre bei netten Leuten.

Simanindo

Richtung Norden verläuft die Straße am Seeufer entlang durch eine hügelige, abwechslungsreiche Landschaft, über hölzerne Brücken und durch kleine Dörfer. 15 km nördlich von Ambarita, kurz vor Simanindo, führt ein Weg rechts ab zu der in seiner traditionellen Form erhaltenen **Huta Bolon**, der alten Siedlung des früheren Königs Sidauruk. Sie ist zum **Freilichtmuseum** umfunktioniert worden. Direkt gegenüber der Kasse befinden sich unter einem schützenden Dach das königliche Boot (Solu Bolon) und dahinter ein Museumsgebäude. Über eine Treppe geht es ins Innere, wo Holzschnitzereien, Waffen, Küchenutensilien, Messinggefäße und Ritualgegenstände der Batak ausgestellt sind.

Durch einen engen Durchgang in der Mauer gelangt man ins Freilichtmuseum. Rings um den großen Platz verteilen sich verschiedene Gebäude, darunter fünf alte Häuser, deren Dächer leider z. T. nicht mehr wie früher mit Palmfasern, sondern mit Wellblech gedeckt sind. Das ehemalige Haus des Königs Sidauruk (Rumah Bolon) ist mit besonders vielen Schnitzereien und Skulpturen verziert, die böse Geister fernhalten sollen. Gegenüber den Häusern stehen fünf Reissspeicher (Sopo). Eventuell wird man eingeladen, auch die Innenräume der anderen, z. T. noch bewohnten Häuser gegen eine Spende zu besichtigen. Bei vorheriger Anmeldung über die Unterkunft oder (billiger) direkt bei den Dorfbewohnern wird mit etwas Glück und Kleingeld der *Sigale-gale*-Tanz für Besucher aufgeführt, dessen Star eine hölzerne Puppe ist, die als Repräsentant der Verstorbenen auftritt. ⏰ tgl. 9–17 Uhr, Eintritt 80 000 Rp.

Pangururan

Die Fahrt geht durch **Simarmata** (23 km) und **Huta Bolon** (27 km, nicht zu verwechseln mit dem Freilichtmuseum bei Simanindo) mit schönen alten Batak-Häusern, bevor man nach 37 km

(ab Ambarita) **Pangururan** erreicht, das durch einen Damm mit dem Festland verbunden ist. In der Jl. Pulo Samosir 1 befindet sich die **Post**, ⏰ Mo–Do 8–15, Fr 8–11.30, Sa 8–13 Uhr. Eine Polizeistation liegt gegenüber dem Monument in der Jl. Sisingamangaraja 3.

Rechts hinter der Brücke führt eine Straße etwa 3 km hinauf zu den heißen **Schwefelquellen**, die aus dem Felsen sprudeln, aber kaum den Weg lohnen. Dahinter erhebt sich der 1982 m hohe **Bukit Pusuk**, der in zwei Stunden bestiegen werden kann. Die Batak verehren ihn als Ursprung ihres ersten Herrschers, Si Raja Batak.

Die Straße von den Quellen weiter Richtung Nordwesten führt etwa 6 km gefährlich steil hinauf. Nordöstlich des Berges soll die erste Siedlung der Batak gelegen haben. Ein riesiger Steintisch, **Sianjur Sagala Limbung**, ist dort noch zu sehen. Etwas weiter kommt man zu den sieben Frischwasserquellen, die alle anders schmecken sollen.

Ein Fahrweg führt ab Pangururan hinauf zum **Danau Sidihoni**. Da die Nadelwälder im Innern der Insel abgeholzt werden, ist ein Netz von Logging Roads entstanden, die z. T. bis zur Ostküstenstraße führen.

Die Südhälfte von Pulau Samosir

Die asphaltierte Straße um die Insel verläuft durch ein Schwefelabbaugebiet kurz hinter **Rianate** (44 km ab Ambarita) und durch das landschaftlich schönste Gebiet von Samosir. Belohnt wird man mit fantastischer Aussicht auf die steilen Berge und abgelegenen Dörfer des Festlandes. Bei **Goratmogang** (56 km) befindet sich ein großes Nelkenanbaugebiet, und im Süden der Insel gibt es kunstvoll angelegte Reisfelder, die bis in den See reichen.

Nainggolan (72 km) liegt zwischen lieblichen Hügeln, die für den Reisanbau terrassiert wurden. Hinter **Onan Bunggu** (84 km) wird die Straße recht abenteuerlich und führt landeinwärts hinauf in die Berge. In den zerklüfteten Bergen wurden Reiseterrassen angelegt und somit jedes Fleckchen bebaubaren Bodens ausgenutzt. Bei gutem Wetter bieten sich atemberaubende Ausblicke auf das im Osten gelegene Festland und den See. Etwa 8 km von Onan Bunggu kann man auf die Küste bis nach Tuk Tuk sehen.

Nochmal 8 km weiter ist in **Jujungan** (100 km) das Plateau erklommen, und tief unten erkennt man das kleine Dorf **Utiar**, wo die Küstenstraße nach Norden beginnt. Durch Kiefernwälder und Hochmoore kommt man nach 8 km an die erste große Logging Road, die ins Innere der Insel führt. Nach einem letzten Blick auf die Bucht von Prapat führt die schlechte und unbefestigte, von Holztransportern arg in Mitleidenschaft gezogene Straße steil nach unten, und bald ist Tomok erreicht (118 km).

NAHVERKEHR

Auf der Insel verkehren einige wenige **Minibusse** linear zwischen Tomok und Pangururan. Sie fahren jedoch nicht durch Tuk Tuk, da sie nur auf der Hauptstraße um die Insel verkehren. Einfache Fahrt von einem Ort zum nächsten 2000 Rp. Einfacher geht es mit einem der ebenfalls nicht häufig anzutreffenden Motorradtaxis; die Fahrt von Tomok nach Pangururan für 30 000 Rp, von Ort zu Ort ca. 6000 Rp. Die Schwierigkeit, eins zu finden, besteht eher in Tuk Tuk und Tomok, in Pangururan dagegen

findet man sie an jeder Straßenecke im Ortszentrum. Schneller und zeitlich ungebundener ist man hier als Selbstfahrer. Motorräder kann man in Tuk Tuk und Ambarita an jeder Ecke ausleihen, 70 000–90 000 Rp.
Zu Fährverbindungen mit Parapat s. S. 489.

Aceh

Die gut 58 000 km² große Provinz am Nordwestzipfel Sumatras zählt ca. 4,5 Mio. Einwohner und ist eines der fünf autonomen Gebiete Indonesiens. Ein Großteil der Fläche ist gebirgig und bewaldet. Die Bevölkerung besteht zu 80 % aus ethnischen Acehnesen, daneben gibt es Gayo in Zentral- und Ost-Aceh, ein paar Tausend Malaien und Chinesen sowie weitere Minderheiten.

Aceh war über Jahrhunderte einer der wichtigsten Handelshäfen Asiens, und auch im Inland profitierte man von der Begehrtheit gewisser Handelsposten, etwa Pfeffer. Um der

Batak-Häuser

Rumah Adat, bei den Toba-Batak auch *Jabu*, heißt das traditionelle Wohnhaus einer Großfamilie mit dem typischen sattelförmigen Dach (Toba) bzw. einem pyramidenförmigen Dach (Karo). Die Häuser sind aus Holz auf Pfählen 1–2 m über dem Boden errichtet. Die überdimensionalen Dächer sind mit Fibern der Zuckerpalme oder Holzschindeln gedeckt. Über eine steile Treppe gelangt man in das geräumige, dunkle Innere der Häuser. Im hinteren Bereich befindet sich die Küche mit einer offenen Feuerstelle. Der gesamte Innenraum ist nicht durch Wände unterteilt, obwohl in einem solchen Haus mehrere Kleinfamilien leben. Die Bauweise mit ihren drei Ebenen repräsentiert die drei Ebenen des Kosmos. Die Wohnebene, auf Pfählen über dem Erdboden, symbolisiert die Mittelwelt. Unterhalb der Wohnebene zwischen den Pfählen werden die Haustiere gehalten. Das hohe Dach, in dem sich Vorratskammern und Opferaltäre für die Ahnen befinden, repräsentiert die Oberwelt. Vor allem bei den Häusern der Karo-Batak werden die Spitzen der Dachgiebel von stilisierten Büffelköpfen gekrönt. Die Außenwände der Häuser, besonders die Frontseiten, sind mit eingeschnitzten Ornamenten bedeckt. Die Motive dieser traditionellen Schnitzereien – geometrische Muster und stilisierte Darstellungen von Menschen und Tieren – werden mit weißer, rostbrauner und schwarzer Farbe hervorgehoben. Die Farben symbolisieren wieder die Dreiteilung der Welt in Ober-, Mittel- und Unterwelt. Die Schnitzereien sollten das Haus und seine Bewohner vor dem verderblichen Einfluss bösartiger Geister schützen sowie Krankheit und Unglück abhalten. Die alten Dörfer, vor allem am Toba-See, sind von hohen, meist mit Bambus bepflanzten Erdmauern umgeben und nur durch ein schmales Tor zugänglich. Wohnhäuser, Versammlungshaus *(Bale)* und Reisspeicher (*Sopo* oder *Sapo*) umgeben einen zentralen Platz, den *Alaman*.

502 TOBA-SEE: PULAU SAMOSIR | Die Südhälfte von Pulau Samosir

Besteuerung und Kontrolle durch das Sultanat zu entgehen, etablierten sich acehnesische Communities in Penang (Malaysia), deren Spuren dort noch heute sichtbar sind. In Aceh entstand eines der ersten moslemischen Sultanate Indonesiens, das mit der Zeit zu einer Station auf der Pilgerreise nach Mekka wurde, weshalb es auch als Serambi Makkah, „Veranda Mekkas", bezeichnet wird. Kunst, Architektur und Literatur sind stark vom Sufismus geprägt, besonders die Poesie von Hamzah Fansuri und Shamsul-Din seien hier exemplarisch erwähnt.

Die Kultur Acehs ist aufgrund der Tatsache, dass die Region Schmelztiegel arabischer, indischer, malaiischer und europäischer Völker war, zwar sehr facettenreich (es finden sich viele Traditionen und Sprachelemente verschiedenster Herkunft), zugleich aber auch stark durch den Islam und ein stolzes Nationalgefühl der Acehnesen geprägt und geeint.

Neben Landwirtschaft und Fischerei ist heute die Öl- und Gasindustrie ein wichtiger Wirtschaftszweig, von deren Gewinnen die Acehnesen selbst jedoch lange kaum etwas sahen, kommen die Rohstofffförderer (z. B. die PT Arun) doch von außerhalb. Mit dem Status als autonome Provinz strebt die lokale Politik an, dass sich das ändert. Vor allem dank der Gasvorkommen in Aceh ist Indonesien der weltgrößte Flüssiggasexporteur.

In der jüngeren Vergangenheit machte Aceh nicht durch seine paradiesischen Strände und Inseln, sondern durch den blutigen Separatistenkrieg zwischen der GAM und der indonesischen Armee sowie im Dezember 2004 als am schlimmsten vom Tsunami betroffene Region Schlagzeilen – rund 230 000 Menschenleben wurden im Zuge der Naturkatastrophe ausgelöscht, davon 167 000 allein in Aceh. Nicht zuletzt aufgrund dieser Faktoren ist die Provinz heute bedeutend ärmer als andere Provinzen Indonesiens.

Dennoch erwarten Traveller, die sich gern abseits der Hauptattraktionen Indonesiens bewegen, sehenswerte Orte, eine faszinierende Kultur und herzliche Gastfreundschaft. Der Tourismus und andere Dienstleistungsbranchen gewinnen seit dem Wiederaufbau an den Küsten

Hier gilt islamisches Recht

Da Aceh eine islamisch orthodoxe Provinz ist und hier das islamische Recht, die **Scharia**, gilt, sollten Besucher einen respektvollen Umgang mit religiös bedingten Einschränkungen pflegen.

und der Befriedung der Region als Wirtschaftsfaktor zunehmend an Bedeutung. Für den internationalen Tourismus ist bisher nur die Insel Weh gut entwickelt. Hierher kommen viele **Taucher**, und die Atmosphäre ist dem typischen Inselflair entsprechend etwas entspannter als auf dem Festland.

Banda Aceh und Umgebung

Die Hauptstadt Acehs (225 000 Einwohner) liegt an Sumatras Nordspitze zwischen den Flüssen Daroy und Aceh. Im Vergleich zu anderen Städten Indonesiens macht Banda Aceh mit seinen zahlreichen Grünanlagen nicht nur einen saubereren, sondern auch einen weitaus entspannteren Eindruck: Der Verkehr ist ruhig und geordnet, die Kriminalität gering (hier lässt man noch seinen Helm am Motorrad hängen), und die Leute sind sehr freundlich, doch nie aufdringlich. Viele Straßen sind recht jung, eine Müllabfuhr hält sie sauber, und auch die sonstige Infrastruktur hat von der jahrelangen Aktivität internationaler Hilfsorganisationen profitiert. Aus den Gesichtern der Bevölkerung spricht die Migrationsgeschichte der Gegend. Chinesische, indische, malaiische und europäische Gesichtszüge lachen den Besucher an und grüßen: „How are you?". Einer Redewendung zufolge setzt sich das Wort Aceh aus den Anfangsbuchstaben von Arabien, China, Europa und Hindustan zusammen, die alle früher oder später hier ihre Spuren hinterlassen haben.

Banda Aceh war bis 1945 noch ein Sultanat. Hier ist man stolz, eine der prächtigsten Moscheen Südostasiens zu haben, die **Mesjid Raya Baiturrahman**. Der zwischen Jl. Mohammed Jam und Jl. Perdagangan gelegene Sakralbau ist das Wahrzeichen der Stadt. Eine

SUMATRA

erste Moschee entstand hier bereits im 13. Jh., und der berühmte Sultan Iskandar Muda ließ sie im 17. Jh. erweitern. Nachdem diese alte Moschee 1873 beim Angriff der holländischen Truppen auf Kutaraja (wie die Stadt früher hieß) zerstört worden war, ließ die Kolonialmacht als Zeichen der Versöhnung eine neue Moschee im Moghulstil bauen. Der Architekt hatte im 1881 fertiggestellten Objekt zunächst nur eine Kuppel vorgesehen, doch im Laufe des 20. Jhs. kamen vier weitere hinzu, womit nun die fünf Säulen des Islam im Bau repräsentiert sind. Auch die Gebetsräume bezaubern mit ihrer hellen, weißen, erhabenen Innenarchitektur im Moghul-Stil, und ihre Kapazität von 8000 Menschen ist zum Freitagsgebet schnell erschöpft. ⊕ tgl. 8–18 Uhr, außer zu Gebetszeiten, Eintritt frei (Spende), gelegentlich werden Touristen nur mit einem Führer eingelassen (am Eingang erhältlich).

Unweit der Moschee, gegenüber dem Gouverneursgebäude, befindet sich der **Taman Sari**, die ehemaligen Wassergärten des Sultans. Heute sind sie ein multifunktionaler kleiner Park mit Spielplatz und Aufführungsfläche, der auch als Symbol der Erneuerung und der Hoffnung nach dem Tsunami gestaltet worden ist. Auf dem Gelände befindet sich der Gunongan, eine Art künstlicher kleiner Hügelbau in Form einer Blüte, den Sultan Iskandar Muda (1607–1636) für seine Frau, eine malaiische Prinzessin vom Sultanat Johor, erbauen ließ, um ihr die Landschaft ihrer Heimat nachzubilden, weshalb der Park auch Taman Putroe Phang genannt wird – der Garten für die Prinzessin aus Pahang. Wahrscheinlich diente der oktagonale, knapp 10 m hohe Bau als Umkleidekabine für die Badenden. ⊕ 8–18 Uhr, Eintritt 2000 Rp.

Das Grab des Sultans, dessen Herrschaftszeit dank des damals florierenden Handels mit Gujarat in Indien noch heute als „Goldene Zeit" betrachtet wird, befindet sich direkt neben dem **Aceh State Museum** (Museum Negeri Aceh) in der Jl. Sultan Mahmud Syah, Ecke Jl. Sultan Iskandar Muda, ✆ 0651-752 1033, das Kunstschätze und genuin acehnesisches Kulturgut wie Kalligrafie oder Keramik ausstellt und auch auf Englisch erläutert. 10 000 Bücher soll seine Bibliothek angeblich umfassen. Ein besonde-

res Ausstellungsstück ist die *Cakra Donya*, eine große Glocke aus dem 15. Jh., die Sultan Iskandar Muda vom Ming-Kaiser geschenkt und von Admiral Cheng Ho (s. S. 232) persönlich überreicht wurde und um die sich magische Geschichten ranken. (⊕ Mo–Do, Sa und So 8.30–12 und 14–16 Uhr, 5000 Rp). Sehenswert ist auf dem Gelände auch das **Rumoh Aceh**, ein 1914 unter Gouverneur Van Swart errichtetes traditionelles Holzhaus auf Stelzen, in dem nicht ein einziger Nagel verbaut worden ist.

Nahe dem Fluss Kreung Aceh, im einstigen chinesischen Viertel Peunayong, stehen noch einige der traditionellen **Shophouses**, die für eine Chinatown typischen 2-Stöcker, in denen oben gewohnt und unten ein Geschäft betrieben wird.

Auch die Tsunami-Katastrophe ist in der ansonsten wieder intakten Stadtlandschaft und der Umgebung präsent: Vor dem **Kherkhoff**, dem Friedhof holländischer Kolonialoffiziere, an der Jl. Teuku Umar, auf dem auch die 2200 acehnesischen Gefallenen des Kriegs zwischen der Kolonialmacht und den Streitkräften des Sultans liegen, befindet sich heute das große, von geometrischen Reliefs verzierte **Tsunami-Museum**, Jl. Sultan Iskandar Muda. Während der Bau von oben selbst wie eine Welle erscheint, ist sein Erdgeschoss mit der traditionellen Bauweise ausgestaltet, nämlich auf Stelzen stehend, um einem eventuell nächsten Tsunami zu trotzen. Neben Fotos und Geschichten von Überlebenden sieht man u. a. eine Simulation des Unglücks. Die Namen der unzähligen Opfer sind in einer Wand eingraviert. ⊕ Mo–Do, Sa, So 9–12 und 14–16.30 Uhr, Eintritt frei.

Wenige Schritte westlich des Museums steht das **RI 001 Monument**: Das auf Geheiß Sukarnos von den Acehnesen unter burmesischer Registrierung gekaufte Flugzeug, mit dem die Blockade der Holländer gebrochen werden konnte und das später das erste Flugzeug der nationalen Fluggesellschaft Garuda wurde. 20 kg Gold hatten die Sukarno-Anhänger in Aceh zu diesem Zweck gesammelt.

Drei Blocks weiter, abseits der Jl. Sultan Iskandar Muda, liegt mitten im Kampung das **Kapal Apun**: ein großes, Tausende Tonnen schweres Schiff, das beim Tsunami von den

Im Zentrum Banda Acehs erstrahlt die große Moschee bei klarem Wetter in ihrer weißen Pracht.

Wassermassen 4 km hierher geschwemmt wurde und zwei Häuser unter sich begrub, während sich Ertrinkende verzweifelt daran festhielten. Vom Oberdeck des Schiffes erkennt man die von deutschen und chinesischen Helfern neugebauten Häuser an den blauen Dächern, die das Bild über viele Kilometer sprenkeln. Vom Tsunami-Museum kommend, geht es nach links (an der Abzweigung steht ein Miniaturschiff) und anschließend die dritte Querstraße nach rechts. Das Schiff ist gerade ob seiner Größe zunächst kaum als solches erkennbar, wirkt es doch im ersten Moment eher wie ein Haus. ⏲ Sa–Do 8–16.30, Fr 8–11.30 und 14–16.30 Uhr, Eintritt frei (Spende erbeten).

Noch etwas weiter die Jl. Sultan Iskandar Muda entlang, fanden in einem von mehreren **Massengräbern** (Kuburan Massal) der Stadt Zehntausende Opfer der Katastrophe ihre letzte Ruhe und Angehörige einen Ort der Trauer.

Schließlich liegt fünf Fahrminuten nördlich der Stadt das **Kapal Apung Lampulo** – ein 25 m langes und 65 t schweres Boot, das von der Flut auf ein Hausdach im angrenzenden Fischerdorf Lampulo gespült und von der Regierung als Mahnmal so belassen wurde.

Lhampu'uk

Ein schönes Ausflugsziel ist der 4 km breite, weiße Sandstrand von Lhampu'uk, südwestlich von Banda Aceh, der an Wochenendtagen relativ leer und folglich recht idyllisch ist. Hier kann man baden, surfen, angeln und relaxen. Viele Strandbistros bieten einfaches Essen und gegrillten Fisch. An den belebteren Wochenenden fährt auch ein Bananenboot für 25 000 Rp p. P. vor dem Strand auf und ab. Die Sonne brennt ordentlich – an Sonnenschutz denken! Überdachte kleine Pavillons stehen in großer Zahl bereit und spenden Schatten. Frauen sollten aus Respekt vor den Einheimischen nicht im Bikini, sondern ausreichend bekleidet an den Strand gehen.

Anfahrt: Mit dem Motorrad oder Auto fährt man die Jl. Teuku Umar stadtauswärts immer geradeaus. Nach 16 km in einer Kurve mit einem alleinstehenden, großen Baum nimmt man an der Gabelung die rechte Abzweigung und folgt dem Straßenverlauf 1 km. Zur Not nach dem Pantai Lhampuuk (sprich: Lampu – U) fragen. Am Golfplatz vorbei geht es links durch ein Tor zum „betriebsamen" Strandabschnitt mit Restaurants und Liegeplätzen. Mit dem Labi-Labi (öffentlicher Kleinbus) geht es vormittags

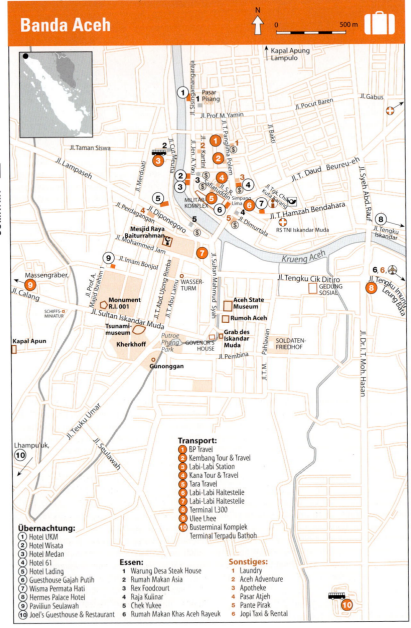

506 BANDA ACEH UND UMGEBUNG

für 10 000 Rp in einer halben Stunde dorthin, nachmittags muss damit gerechnet werden, zu warten, bis das Labi-Labi genügend Passagiere für die Rückfahrt hat.

Ruhiger ist der Strandabschnitt weiter geradeaus an der Moschee vorbei. Einem kleinen Schild folgend, steht man am Strandende vor **Joels Guesthouse & Restaurant**, Jl. Eume Neulu, Pantai Lhampuuk, ☏ 0813-7528 7765. Neue Holzbungalows, hoch an die Felswand gebaut, mit Blick auf den Strand und das Meer. Schlichte, saubere Zimmer mit Ventilator und moderner Open-Air-Du/WC, das Ganze in idyllischer und komfortabler Lage. Das Restaurant serviert die übliche Traveller-Küche aus indonesischen und ein paar internationalen Gerichten und mit etwas Glück sogar einen Schluck Alkohol. Surfbretter für 100 000 Rp pro Tag. ❸

Der etwas weiter südwestlich gelegene Strand von **Lhok Nga** ist ebenfalls sehr beliebt, wenn auch nicht mehr ganz so schön, seit sich dort eine Beton-Fabrik angesiedelt hat.

ÜBERNACHTUNG

Untere Preisklasse

Hotel Lading, Jl. Cut Meutia 19, ☏ 0651-635123, 🖳 www.ladinghotelaceh.com. Zimmer für 2–5 Pers. mit AC/Ventilator, TV, indonesischem Frühstück und Du/WC. Die Zimmer nach hinten sind ruhiger und haben Blick auf den Fluss. Zentrale gelegen. Kein englischsprachiges Personal. Dreibettzimmer ab 225 000 Rp. ❸–❹

Hotel Medan, Jl. A. Yani 17, ☏ 0651-21501, ✉ hotelmedan@yahoo.com. Zentral gelegenes Hotel mit schicker, stuckverzierter Lobby und des Englischen mächtiger Rezeption. Eher weiche Betten, AC, TV, sauberes, modernes Bad/WC. In einigen Gebäudeteilen mit Blick auf den Fluss und kostenloser WLAN-Empfang (sonst nur in der Lobby). Indonesisches Frühstück inkl. Wäsche-, Fotokopier- sowie Mietwagenservice. ❸

Hotel UKM, Jl. Tgk. Hasan Krueng Kale 71, ☏ 0651-28280. Die Zimmer mit Du/WC haben Ventilator, TV und teilweise Blick auf den Krueng Aceh, der hinter dem Haus fließt. Das Personal spricht kein Englisch. Nebenan eine Moschee, also auf morgendliche Gebetsrufe gefasst machen. ❷–❸

Vorsicht vor den Strömungen!

So herrlich die Wellen und Breaks hier für Surfer geeignet sind, so gefährlich sind sie für Schwimmer. Es sollte nie weiter als 50 m vom Ufer geschwommen werden, und manchmal kann man sich an der Position der in Ufernähe im Wasser stehenden Fischer orientieren.

Hotel Wisata, Jl. Jend. A. Yani 19–20, ☏ 0651-21834. Saubere, ordentliche Zimmer mit eher weichen Betten und moderner Du/WC, AC bzw. Ventilator und TV. Außer der Standard-Kategorie ist ein indonesisches Frühstück inkl. Das Personal ist freundlich und zuvorkommend. ❷–❸

Paviliun Seulawah, Jl. Prof. A. Majid Ibrahim II 3, ☏ 0651-22788, ✉ paviliun_seulawah@ yahoo.com. In Laufnähe zu vielen Sehenswürdigkeiten hat dieses schicke Mittelklassehotel im modernen, ansprechenden Design saubere Zimmer mit Du/WC und bequemen Betten, aber kaum englischsprachiges Personal. Frühstück inkl. ❸–❹

Wisma Permata Hati, Jl. T. Hamzah Bendahara 11, ☏ 0651-28164. In Laufnähe zum großen Krankenhaus und dem Simpang Lima bietet das Hotel ordentliche, helle Zimmer mit AC, TV, bequemen, nicht zu weichen Betten und sauberem Mandi/WC. Das Personal spricht kein Englisch, ist aber freundlich und zuvorkommend. Indonesisches Frühstück inkl. ❷–❸

Mittlere und obere Preisklasse

Guesthouse Gajah Putih, Jl. Sri Ratu Safiatuddin Simpang 5, ☏ 0651-636813, ✉ gajah putihaceh@yahoo.com. Gegenüber dem Pante Pirak Supermarkt am Simpang Lima gelegenes, kleines Hotel mit modernen, hellen Zimmern mit Warmwasser-Du/WC und kostenlosem WLAN. Im Preis enthalten ist indonesisches oder kontinentales Frühstück. Wäscherei und Motorradverleih sowie ein kleiner Fitnessraum. Besser ein Zimmer zum Hof hinaus nehmen. Das Personal spricht etwas Englisch. ❹–❺

Hermes Palace Hotel, Jl. T. Panglima Nyak Makam, ☏ 0651-755 5888, 🖳 www.hermes palacehotel.com. 4-Sterne-Hotel mit über-

www.stefan-loose.de/indonesien

teuerten EZ und DZ mit AC, TV, Minibar, Teppichboden und modernem Bad/WC. Englischsprachiges Personal. Gruppen können für 100 000 Rp p. P. einen Kochkurs mit dem Küchenchef des Hauses belegen. WLAN und Frühstück inkl. **7**

Hotel 61, Jl. T. Panglima Polem 28, ☎ 0651-638866, ✉ reservation@hotel61.web.id. Im kommerziellen Herz bietet dieses neue Hotel schicke Zimmer, teilweise ohne Fenster (dafür umso ruhiger), mit AC, TV und moderner Du/WC, Warmwasser je 3 Std. morgens und abends. Frühstück inkl. Im gleichen Gebäudekomplex sind eine Fast-Food-Kette und eine Spielhalle asiatischer Machart untergebracht. Rabatt möglich. **4**–**5**

ESSEN

Zahlreiche **Warung** in der Innenstadt bereiten hauptsächlich Variationen von Reis- und Nudelgerichten zu. Abends öffnen kleine Nachtmärkte in der Jl. Jen. A. Yani sowie um die Jl. Mohammad Jam. Ein beliebter Foodcourt mit Essenständen ist **Rex** gegenüber dem Hotel Medan. Restaurants mit acehnesischen Gerichten (Khas Aceh) sind vor allem in der Jl. T. Nyak Arief sowie der Jl. Cut Meutia zu finden. In den Seitengassen östlich der Jl. R. A. Kartini finden sich kleine **chinesische Coffee Shops**.

Chek Yukee, am Krueng Aceh, abseits der Jl. Pante Pirak (Südufer). Beliebter Coffee Shop, der einige wenige Gerichte und kleine Desserts serviert.

Raja Kulinar, Jl. Pante Pirak, schräg gegenüber dem Einkaufszentrum. In diesem leicht zu übersehenden Restaurant gibt es indonesische und ein paar chinesische Gerichte zu günstigen Preisen.

Rumah Makan Asia, Jl. Cut Meutia 37. Lokale Küche nach Padang-Art. Es sind nicht immer alle Gerichte verfügbar, und während des Ramadan wird es abends recht voll. Faire Preise.

Rumah Makan Khas Aceh Rayeuk, Jl. Raya Banda Aceh-Medan, Lueng Bhata, ca. 3,5 km Richtung Flughafen. Bei Einheimischen sehr beliebtes Restaurant mit freundlicher Bedienung und acehnesischen Gerichten

Acehnesische Spezialitäten

Immer freitags kann man sich nach *Plik-U*, einer acehnesischen Spezialität aus Kokosnuss und kleingehacktem Gemüse, umhören. Im irdenen Topf gekochtes Rindfleisch mit geröstetem Kokosnussfleisch, Ingwer, Knoblauch und diversen anderen Gewürzen nennt sich *Sie Teulheu* und ist ebenfalls eine lokale Besonderheit. Lecker ist *Daging Masak Putih*, weißes, mariniertes Rindfleisch in heller Kokossoße. Wer es süß mag, sollte die Warung nach kleinen Kuchen absuchen, etwa *Kekarah*, *Timphan* oder *Adee*, die alle mit Kokosmilch in unterschiedlicher Konsistenz zubereitet werden und zu einer Tasse Kaffee am besten schmecken.

zu verträglichen Preisen. Gute Currys und Desserts.

Warung Desa Steak House, Jl. Muh. Daudsyah 51. Kleines, unspektakuläres Steak House, wo man gut essen kann.

EINKAUFEN

In dem Viereck aus Jl. Mohammad Jam, Jl. Panglima Polem, Jl. W.R. Supratman und Jl. K.H.A. Dahlan schlägt das kommerzielle Herz der Stadt. Es hat zahlreiche Geschäfte, die hauptsächlich Kleidung, Taschen, Elektronik, Motorrad-, Telefonzubehör, Haushaltswaren, Snacks und Getränke verkaufen. In großen Department Stores wie dem **Pante Pirak**, Jl. Pante Pirak, ⏰ 8–22 Uhr, oder dem Bekleidungs-Outlet **Pasar Atjeh**, Jl. Perdagangan, ⏰ 8.30–22 Uhr, kann man sich die Lauferei verkürzen und klimatisiert shoppen, bezahlt dann aber auch etwas mehr als in den kleineren Geschäften.

TOUREN

Aceh Adventure, Jl. Kartini 51, ☎ 0813-9957 8873, 🖥 www.aceh-adventure.org. Das von der Holländerin Lisa betriebene, kleine Tourismusbüro ist Anlaufpunkt für Traveller auf der Suche nach interessanten Touren in und um Banda Aceh mit dem Fahrrad, Becak, Auto, Motorrad oder zu Fuß. Die Touren inkl.

Unterkunft, Eintritt und Verpflegung kosten 50 000 Rp (Fahrradtour, 1 Tag) bis 2 Mio. Rp (4 Tage, 120 km) und werden individuell abgestimmt. Sie führen durch Dörfer, Reisfelder und auf Dschungelpfaden zu abgelegenen Stränden (z. B. Lhok Mata), Höhlen, Wasserfällen und Seen. Lisa und ihre englischsprachigen Guides kennen traumhafte Spots in Aceh und informieren über Unterkünfte in der Gegend sowie auf Pulau Weh, die nicht unbedingt in Reiseführern auftauchen.

SONSTIGES

Apotheke
Jl. T. Panglima Polem, zwischen Hotel Cakradonya und Hotel 61, ✆ 0651-34130. ⏲ 24 Std.

Autovermietung und Taxiservice
Jopi Taxi & Rental, Jl. Bandara Sultan Iskandar Muda, KM 12, ✆ 0852-6015 5600 (Jopi), ✆ 0821-6126 3231 (Fidos, spricht Englisch).

Fahrrad- und Motorradverleih
Wer wenig Zeit hat, kann sich getrost ein Motorrad oder Fahrrad mieten und die Stadt erkunden. Fahrräder für 50 000 Rp am Tag bei Aceh Adventure (s. Touren), Motorräder 100 000 Rp pro Tag.

Geld
Geldautomaten u. a. mehrfach in der Jl. Panglima Polem sowie Jl. S.R. Safiatuddin.

Informationen
Touristeninformation, Jl. Tgk. Chik Kuta Karang 3, ✆ 0651-23962, 26206, 🖥 www.acehtourismagency.com. ⏲ Mo–Do 8–16, Fr 8–12 Uhr.

Internet
Internetcafés gibt es viele, z. B. in der Jl. T. Panglima Polem, neben dem Hotel 61 oder in der Jl. Prof. A. Yamin, Ecke Jl. Sisingamangaraja. ⏲ 24 Std.

Medizinische Hilfe
RSU Zainal Abidin, etwa 1 km vom Zentrum entfernt in der Jl. Nyak Arief, ✆ 0651-22077.

Großes, öffentliches Krankenhaus und in den meisten Reiseführern empfohlen. Das Armeekrankenhaus **Rumah Sakit TNI Iskandar Muda**, Jl. T. Hamzah Bendahara, ✆ 0651-26090, 28187, ist etwas besser ausgestattet, da viele Geräte im Rahmen der internationalen Tsunamihilfe erworben wurden.

Post
Jl. Hamzah Bendahara 33, gegenüber vom Fremdenverkehrsamt und dem großen Krankenhaus, ✆ 0651-33985. ⏲ Mo–Fr 8.30–17, Sa 8.30–13 Uhr.

Reisebüros
Kana Tour & Travel, Jl. Sri Ratu Safiatuddin 5, ✆ 0651-635700, 635261, ✉ kanatour_nad@yahoo.com.
Kembang Tour & Travel, Jl. T. Panglima Polem 161, ✆ 0651-637695.
Tara Travel, Jl. Sri Ratu Safiatuddin 38, ✆ 0651-33541, 0852-9760 1888.

Wäscherei
Jl. T. Panglima Polem 176. ⏲ 8.30–17 Uhr.

NAHVERKEHR

Selbstfahrer
Durch den Wiederaufbau nach dem Tsunami sind die Straßen so gut wie in kaum einer anderen indonesischen Stadt. Der Verkehr fließt geordnet und vergleichsweise entspannt, Kreisverkehre verhindern lange Staus. Wichtige Knotenpunkte sind die großen Kreisel **Simpang Lima** und **Simpang Surabaya**, in denen die wichtigen Verkehrsadern zusammenlaufen.

Stadtbusse
Die öffentlichen Kleinbusse heißen **Labi-Labi** und fahren auf festen Routen. Man kann an einer der Haltestellen bzw. am Labi-Labi-Terminal gegenüber der Großen Moschee warten oder unterwegs zusteigen. Eine Innenstadtfahrt kostet 5000 Rp. In der Jl. Teuku Amir Hamzah Bendahara, nahe Simpang Lima, halten Busse Richtung Flughafen. Wer es eilig hat, sollte besser ein Taxi nehmen, da die Busse erst fahren, wenn sie halbwegs voll sind. Gegenüber der Großen Moschee, in der Jl. Diponegoro,

SUMATRA

fahren zumeist morgens und am frühen Nachmittag Busse nach Lhok Nga ab, 15 000 Rp.

Becak

An jeder Ecke findet man Becaks, deren Preis ausgehandelt werden muss. Eine Fahrt in der Innenstadt kostet 5000–10 000 Rp, zum Hafen Ulhee Lee 15 000–20 000 Rp.

Taxis

Taxis sind für indonesische Verhältnisse recht teuer. Eine Fahrt vom Flughafen in die Stadt kostet 70 000 Rp, eine Innenstadtfahrt etwa 20 000 Rp. Die Taxis sind groß, komfortabel und kommen zügig voran.

TRANSPORT

Busse

Der Busterminal **Komplek Terminal Terpadu Bathoh** liegt in der Jl. Dr. Teuku H. M. Hasan, ca. 3 km südlich vom Simpang Surabaya. Hier fahren zahlreiche Transportunternehmen gen Süden, Abfahrt zumeist gegen 14 Uhr. Man sollte einen Tag vor Abreise ein Ticket im Reisebüro bzw. beim Busunternehmen im Terminal reservieren. Preisbeispiele Economy/Executive (mit AC und WC):
BUKITTINGGI, 1200 km, in 24 Std.
für 230 000/260 000 Rp;
JAMBI, 1550 km in 32 Std.
für 330 000/365 000 Rp;
MEDAN, 830 km in 14 Std.
für 110 000/120 000 Rp;
PADANG, 1300 km in 27 Std.
für 240 000/270 000 Rp;
PALEMBANG, 1980 km in 38 Std.
für 330 000/370 000 Rp;
PARAPAT, 810 km in 12 Std.
für 140 000/160 000 Rp.

Busunternehmen

Anugrah Jaya, im Terminal Bathoh,
☎ 0852-6007 0421, 6191 7174.
Pelangi, Jl. Mohammad Jam, ☎ 0651-423 500.

Minibusse

Minibusse fahren ab dem **Terminal L300** in der Jl. Cik Ditiro nahe Simpang Surabaya die Ziele innerhalb der Provinz an. Dies ist ein illegaler Busterminal, und entsprechend geht es dort zu. Besser im offiziellen **Busterminal Terpadu Bathoh** buchen, wo sie ebenfalls abfahren, oder bei Reisebüros, z. B. bei **BP Travel**, Jl. Panglima Polem 75, ☎ 0812-691 8787. Preisbeispiele:
BLANKEJEREN, 500 km in 8 Std.
für 140 000 Rp;
KUTACANE via Medan, ca. 573 km in 20 Std.
für 180 000 Rp;
RIMAU, 640 km in 10 Std. für 220 000 Rp;
SINGKIL, 700 km, in 11 Std. für 230 000 Rp.

Schiffe

Vom Hafen in **Ulee Lhee** (Becak 20 Min., 20 000 Rp) nach SABANG auf der Insel Weh Fähre Mo–Fr um 14, Sa, So um 16 Uhr in 90 Min. ab 17 000 Rp Economy, inkl. Hafengebühr; Autos und Motorräder extra. Die schnelleren Personenfähren Pulo Rondo und Express Bahari um 9 und 16 Uhr in 60 Min. ab 60 000 Rp. Zurück Mo–Fr um 8 Uhr (die langsame sowie eine der schnelleren Personenfähren) und um 16 Uhr (die zweite Personenfähre); Sa, So fahren die Schnellfähren um 13.30 und 16 Uhr. Tickets dort am Schalter.

Flüge

Vom **Flughafen**, Bandara Sultan Iskandar Muda (BTJ), ☎ 0651-21341, in die Stadt per Becak in 20 Min. für 50 000 Rp oder per Taxi in 15 Min. für 70 000 Rp. Die Steuer auf internationale Flüge beträgt 115 000 Rp, auf Inlandflüge 30 000 Rp.
Air Asia, am Flughafen, 🖥 www.airasia.com. 4x wöchentl. in 4 1/2 Std. nach KUALA LUMPUR, ab 299 000 Rp.
Batavia, am Flughafen, ☎ 0651-34423, 🖥 www.batavia-air.com. 3x wöchentl. in 3 Std. nach JAKARTA via MEDAN, ab 564 000 Rp.
Firefly, am Flughafen, 🖥 www.firefly.com.my. 2x tgl. in 1 Std. nach PENANG für 272 000 Rp
Garuda, Jl. Sultan Iskandar Muda Blang Bintang, ☎ 0651-21419, sowie Jl. Tgk Imuem Luang, ☎ 0651-33666, 🖥 www.garuda-indonesia.com. 2x tgl. in 3 Std. nach JAKARTA, ab 950 000 Rp, via MEDAN, 1 Std. ab 449 000 Rp.

Lion Air, am Flughafen, ☎ 0651-638888, 🖥 www.lionair.co.id. 1x tgl. in 1 Std. nach MEDAN, ab 302 000 Rp, von dort in 1 1/2 Std. direkt weiter nach JAKARTA für insgesamt 850 000 Rp.
Sriwijaya, Jl. Teuku Cik Di Tiro 172, ☎ 0651-635777, 🖥 www.sriwijayaair.co.id. 1x tgl. in 1 Std. nach MEDAN, ab 400 000 Rp.

Pulau Weh

Die Insel Weh, auch Sabang genannt, liegt eine Stunde Bootsfahrt nördlich von Banda Aceh in der Andamanensee und gehört geografisch derselben, relativ jungen Inselkette an wie die Nikobaren und Andamanen. Besonders im Westen ragen steile Klippen aus dem Meer, doch stellenweise finden sich schöne Strände wie z. B. der nordöstliche **Pantai Sumur Tiga**. Die etwa 25 000 Einwohner leben hauptsächlich von der Landwirtschaft und Fischerei, zunehmend auch vom Tourismus. Viele schöne Meeresbiotope in den umliegenden Gewässern machen die Insel zum Unterwasserparadies für Taucher, Schnorchler und solche, die es werden wollen. Davon abgesehen gibt es auf der verschlafenen Insel kleine Perlen zu entdecken, etwa **Höhlen**, einen **Wasserfall** und **heiße Quellen**. Alle Jubeljahre findet die internationale Regatta von Sabang statt. Im Jahr 2000 wurde die Insel zur Freihandelszone erklärt.

Die Hauptstadt **Sabang** ist der Ort für Besorgungen und Organisatorisches. In der Jl. Perdagangan konzentrieren sich viele der essentiellen Einrichtungen sowie kleine Geschäfte mit Lebensmitteln und Haushaltsartikeln. Ein **Nachtmarkt** öffnet täglich gegen Sonnenuntergang auf dem Foodcourt. Die tourististischen Hauptorte sind jedoch die Dörfer **Gapang** und **Iboih** im Nordwesten, wo sich die meisten Unterkünfte ballen.

Als **Iboih Recreational Park** stehen umliegend 62 km² Land und Wasser unter Naturschutz, damit sich die u. a. durch extensive Dynamitfischerei beschädigten Korallenriffe regenerieren können. Um die Insel finden sich Arten wie der äußerst seltene Riesenmaulhai oder

Tauchen und Schnorcheln vor Pulau Weh

Die Korallenriffe haben den Tsunami von 2004 fast unbeschadet überstanden. Während es in den Gewässern rund um die Insel Weh eine artenreiche Tierwelt gibt, ist die marine Biodiversität in puncto Korallen allerdings eher gering. Der Tauchspot **Battee Tokong** ist als unterseeisches Plateau mit vielen Felsen überaus artenreich. In der starken Strömung tummeln sich Fischschwärme (z. B. Füsiliere, Schnapper oder Makrelen), Schwarzspitzen-Riffhaie, Napoleonfische und Rochen. Zehn Arten von Muränen, etwa Netz- und Geistermuränen, leben in einem Unterwasserwald aus Gorgonien. Schöne Korallen bedecken die Wände des bis zu 75 m Tiefe abfallenden **Canyons**. Erfahrene Wracktaucher erkunden in der Bucht von Pria Laot in 30–70 m Tiefe das im Zweiten Weltkrieg versenkte, 134 m lange deutsche Handelsschiff **Sophie Rickmers**. Die Besatzung hatte das Schiff auf Befehl selbst versenkt und entzog es so der Konfiszierung durch die holländische Marine. Einfacher zu betauchen ist das Wrack eines kleinen Schleppers in nur 14 m Tiefe im Hafen von Sabang, wo sich Seepferdchen und Geisterpfeifenfische aufhalten. Ein besonderes Highlight ist der 9 m tiefe **Unterwasservulkan**, aus dem dicke, heiße Gasfumarolen aufsteigen und einen regelrechten Vorhang aus Gasbläschen bilden. Die Sichtweite beträgt bei gutem Wetter bis zu 20 m. Mantarochen sind besonders in der ersten Jahreshälfte häufig anzutreffen, während es in den europäischen Sommermonaten aufgrund starker Westwinde stellenweise gefährlich wird. Oft werden dann unerfahrene Taucher an unberechenbaren Stellen wie **Arus Paleh** von der Strömung erfasst und weit ins Meer gezogen (daher auch der Name: Witwenströmung!). Schnorchler können von Iboih aus in zehn Minuten zur kleinen Pulau Rubiah hinüberschwimmen. Im dortigen **Sea Garden**, einem die Insel umgebenden Korallenring, leben zahlreiche Spezies, darunter Oktopusse, Barrakudas, Schildkröten und natürlich eine große Vielfalt an Korallenfischen.

www.stefan-loose.de/indonesien

die nur auf Pulau Weh endemische Valhalla-kröte. 2005 wurden viele Tausende Sämlinge gepflanzt, um den natürlichen Mangrovengürtel der Insel wiederherzustellen, der durch den Tsunami 2004 zerstört worden war.

Folgt man der Straße weiter ans Nordwestende der Insel, so gelangt man an den **Kilometer Null** des indonesischen Straßennetzes. Ein kleines Monument mit Inschrift markiert den besonders bei indonesischen Touristen beliebten Ort, der aus diesem Grund das Sprichwort „Von Sabang bis Merauke" ziert. Das eigentliche Westende Indonesiens ist jedoch die kleine Insel **Pulau Rondo**, die man in der Ferne sehen kann und von der es nicht mehr weit zu den Nicobaren ist. Man kann mit einem Fischerboot mitfahren und sich das unbewohnte Eiland anschauen.

ÜBERNACHTUNG

Gapang ist insgesamt übersichtlicher und auch im Dunkeln leicht zu durchqueren. In Iboih geht es vom Parkplatz aus durch ein Steintor parallel zum Wasser über zwei Hügel mit vielen Stufen. Nachts sollte man hier nicht ohne Handy oder Taschenlampe unterwegs sein, denn es gibt fast keine Beleuchtung.

Sabang

Guesthouse Pantai Kasih, Jl. Sultan Hasanuddin 10, ☏ 0652-21066, 🖳 www.pantaikasih.com. Ordentliche, saubere Zimmer mit Du/WC, bequemen, nicht zu weichen Betten, neuer AC und TV. Kleines, erhöht gelegenes Guesthouse mit freundlichem Personal und wohnlicher Atmosphäre. Batman und Jimi Hendrix hängen an der Wand im Flur, Hängematte im Garten. Unverheirateten Paaren werden keine Zimmer vermietet. ❸

Hotel Holiday, Jl. Perdagangan, ☏ 0652-21131. Ordentliche Zimmer mit harten Betten, alten Möbeln und Ventilator, dazu Mandi und Hocktoilette. Freundliches Personal, das viele Infos bereithält und Englisch spricht. Das Hotel liegt abseits der geschäftigen Hauptstraße. ❷

Santai Sumur Tiga

🏨 **Casanemo**, ☏ 0813-6299 9942. Große, flitterwochentaugliche Zimmer mit Moskitonetzen, bequemen Betten und schickem Interieur. Bad mit Waschbecken, WC und in den Boden eingelassener Badewanne. Vom Balkon Ausblick auf das Meer. Der weiße Sandstrand ohne Steine im Wasser ist die wohl beste Badestelle der Insel. ❸

Freddie's, 150 m nördlich vom Casanemo, ☏ 0813-6025 5001, 🖳 www.santai-sabang.com. Hübsche Zimmer mit Meerblick, bequemen Betten, Kleiderablagen, bestuhltem Balkon und moderner Du/WC. Das Restaurant serviert gutes westliches und indonesisches Essen, die Bar bietet eine vergleichsweise große Auswahl an Spirituosen. Der schöne Strand komplettiert das lässige Inselflair der Anlage. Frühstück inkl. ❸

Anoi Itam

Rasa Seni Hotel Resort, Jl. Hasanudin 10, ☏ 0652-22068, 0813-9685 8460, 🖳 www.rasaseniresort.com. Südöstlich von Sabang liegt diese luxuriöse, ruhige Bungalowanlage eines deutschen Betreibers. Schicke Zimmer mit AC, einem modernen Badezimmer, TV und stilvollem Interieur, minimalistisch dekoriert mit modernen und asiatischen Elementen. Der Anoi Itam, ein steiniger, schwarzer Sandstrand, liegt direkt vor der Tür. ❹–❺

Gapang

🏨 **Lumba Lumba Diving Centre**, ☏ 0811-682787, 🖳 www.lumbalumba.com. Von zwei Holländern, Marja und Ton, betriebene, moderne Anlage für Gäste des Tauchzentrums. Saubere Zimmer mit/ohne Du/WC, guten Betten und großem Gemeinschaftsbereich in der Mitte der Anlage. Es gibt hübsche Gärten, viel Heiterkeit und kostenloses LAN. ❷–❹

Rahmadilla, ☏ 0813-6077 7612. Die billigste Unterkunft in Gapang, mit schlichten, ordentlichen Zimmern am Hang, alle mit Fenster, Moskitonetz und Gemeinschafts-Du/WC, nur wenige Schritte vom Ufer entfernt. Der Betreiber ist sehr freundlich. ❶

Iboih

Erick's Green House, ☏ 0852-7748 3299. Ordentliche Holzbungalows mit und ohne eigene Du/WC, dazu eine Veranda, ein paar einfache Bambusmöbel und kostenloses

PULAU WEH

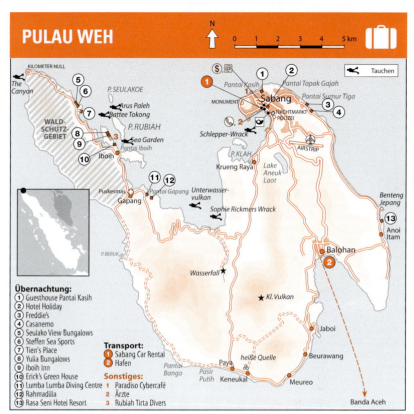

Übernachtung:
1. Guesthouse Pantai Kasih
2. Hotel Holiday
3. Freddie's
4. Casanemo
5. Seulako View Bungalows
6. Steffen Sea Sports
7. Tien's Place
8. Yulia Bungalows
9. Iboih Inn
10. Erick's Green House
11. Lumba Lumba Diving Centre
12. Rahmadilla
13. Rasa Seni Hotel Resort

Transport:
1. Sabang Car Rental
2. Hafen

Sonstiges:
1. Paradiso Cybercafé
2. Ärzte
3. Rubiah Tirta Divers

WLAN. Frühstück inkl. Der Betreiber spricht gutes Englisch. In Laufnähe zum Parkplatz und den Geschäften. ❶
Iboih Inn, ☎ 0811-641 570, 0812-699 1659, ✉ iboih.inn@gmail.com. Etwas überteuerte Zimmer mit Meerblick, Ventilator und bequemen Betten, eigene Du/WC. Hübsche Sitzplattform auf dem Wasser. Backpacker sind hier kaum zu Gast, dafür mehr Familien und Einheimische.
Yulia Bungalows, ☎ 0821-6856 4383, 0852-7070 6003, ✉ yuliarestaurant@yahoo.co.id. Einfache, preisgünstige Holzbungalows mit Schaumstoffmatratzen, Moskitonetz und Hängematte. Gutes Restaurant und freundliches, junges Personal. Direkt am Ufer gute Schnorchelgründe. Frühstück inkl. ❶–❷

Teupin Reudeup, nordwestlich von Iboih
Seulako View Bungalows, ☎ 0852-6092 0505, ✉ seulako.view@gmail.com. Ruhe Anlage am Wasser mit Blick auf die namensgebende kleine Felsinsel und einfachen, ordentlichen Holzbungalows, z. T. mit Veranda. Die Zimmer mit eigener Du/WC oder geteiltem Mandi, in jedem Fall aber mit Moskitonetz. ❶–❷
Steffen Sea Sports, KM 7, hinter Iboih und Tien's Place in Richtung des „Kilometer Zero", ☎ 0813-6081 1848, 🖥 www.steffen-sea-sports.com. Ordentliche Zimmer für 3–8 Pers., mit Ventilator, Du/WC und witzig bemalten, bunten Wänden. Freundliches Personal und gute Lage unmittelbar am Strand. Die Unterkunft ist in erster Linie etwas für Taucher. ❶

www.stefan-loose.de/indonesien   PULAU WEH **513**

An Stränden wie dem Pantai Tapak Gajah zeigt sich die Insel als postkartenreifes Idyll.

Tien's Place, Iboih Beach KM 7, 📞 0852-7734 3147, ✉ martimbang@web. de. Das von dem Deutschen Jürgen und seiner indonesischen Frau Tien betriebene Guesthouse hat sich durch Mundpropaganda einen Namen gemacht und bietet hübsche Holzbungalows mit Schlafbereich oben, Wohnbereich unten und guter Aussicht auf die Bucht. Witzig ist die in eine Steinwand integrierte Open-Air-Du/WC. Gekocht wird auf Wunsch, die Familie spricht Deutsch, und Jürgen mahlt den sehr guten Kaffee noch von Hand. ❸

ESSEN

Westlich des Hafens, am Ortsausgang von Sabang Richtung Gapang/Iboih, lockt in der Jl. Perdagangan der **Warung-Foodcourt REK** abends all diejenigen, die der Travellerküche müde sind.

AKTIVITÄTEN

Schnorcheln

Für 10 000–15 000 Rp pro Tag sind in jeder Unterkunft sowie in einigen Geschäften von Iboih Taucherbrille, Schnorchel und Flossen auszuleihen. Die schönsten Schnorchelgründe liegen vor Iboih, wo man lediglich ins Wasser zu gehen braucht, um bereits nach wenigen Metern von Korallen und bunten Fischen umgeben zu sein, und um Pulau Rubiah, das von Iboih aus auch ohne Boot zu erreichen ist.

Tauchen

Lumba Lumba Diving Centre, Gapang, 📞 0811-682 787, 🖥 www.lumbalumba.com. Das von zwei Holländern betriebene Tauchzentrum bietet außer schicken Unterkünften Tauchpakete zu folgenden Preisen: 1 Tauchgang für 27 €, 2 für 50 €, 5 für 110 €, 10 für 200 €. Mit eigener Ausrüstung etwas weniger. Nacht- und Wracktauchen zusätzlich 10 €. Fr kein Tauchbetrieb.

Rubiah Tirta Divers, Iboih, 📞 0652-332 4555, 0815-3402 0050, 🖥 www.rubiahdivers.com. Die älteste Tauchschule der Insel bietet Tauchgänge zu leicht geringeren Preisen als in Gapang: 1 Tauchgang für 25 €, 2 für 45 €, 5 für 100 € und 10 für 185 €. Preisnachlässe für Taucher mit eigenem Equipment, außerdem

Spezialtauchgänge wie Nacht- und Wracktauchen.

Steffen Sea Sports, 4 km hinter Iboih, in Nachbarschaft zum Seulako View, 📞 0813-6081 1848, 🖥 www.steffen-sea-sports.com. Das vom Chinesen Steffen Ng, einem Tauchpionier aus Malaysia, betriebene Zentrum beschäftigt ein relativ junges Team, bietet Tauchgänge für 210 000 Rp an und ist damit der billigste Anbieter auf der Insel. Allerdings sollte hier die Ausrüstung vor jedem Tauchgang genau geprüft werden.

SONSTIGES

Auto- und Motorradverleih

Sabang Car Rental, Jl Perdagangan, 📞 0812-691 8787. Der Avanza kostet hier 350 000 Rp am Tag, doch kommt der durchschnittliche Traveller auf der verkehrsarmen Insel und selbst im betriebsameren Sabang gut mit Motorrädern aus. Über die meisten Unterkünfte lässt sich ein solches für 60 000 Rp am Tag mieten, wenn bedeutend höhere Summen gefordert werden, lohnt es sich, ein bisschen herumzufragen. Die Betreiberin der Oong Bungalows in Iboih hat sich als hilfreich erwiesen.

Internet/Telefon

Telkom, Sabang, Jl. Perdagangan 69, 🕐 8.30–16 Uhr. **Internetcafé**, nahe Telkom, mit 6000 Rp/Std. etwas billiger als in Iboih oder Gapang. In der Jl. Mahalayati, Ecke Jl. Hasanuddin, das **Paradiso Cybercafé** mit kostenl. WLAN, 🕐 10–22 Uhr.

Medizinische Hilfe

Ärztehaus neben dem Telkom-Gebäude; empfangen nur von 17–20 Uhr Patienten. **Puskesmas** an der Straße zwischen Gapang und Iboih.

Polizei

Jl. Perdagangan 185, 📞 0652-22264, in der Nachbarschaft zum Foodcourt.

Post

Ein paar Meter von der Polizei die Straße runter auf der anderen Straßenseite. 🕐 Mo–Do 8–14, Fr 8–11, Sa 8–14 Uhr.

www.stefan-loose.de/indonesien   PULAU WEH   **515**

TRANSPORT

Schiffsverbindungen s. Banda Aceh. Der kleine Flughafen wird bisher nur von Militärflugzeugen genutzt. Wer nachmittags auf der Insel ankommt, wird wahrscheinlich keinen Minibus mehr am Hafen vorfinden. Dann ist die Weiterfahrt nur noch mit gecharterten Taxis oder Ojek möglich. Die halbstündige Rückfahrt von Iboih bis zum Hafen kostet um die 50 000 Rp p. P.

West-Sumatra

Etwa 5 Mio. Menschen leben in der Provinz West-Sumatra. 90 % davon gehören zum Volk der **Minangkabau**, die eine einmalige, faszinierende Kultur besitzen. Denn obwohl die Minangkabau schon vor Jahrhunderten im Zuge der politischen und wirtschaftlichen Dominanz des Sultanats Aceh den islamischen Glauben angenommen haben, dominiert bei ihnen ein traditionelles, matrilinear orientiertes Gesellschaftssystem. Auffällig ist vor allem ihre typische Architektur mit verschachtelten, wie Büffelhörner geformten Hausdächern.

Die 42 138 km² große Provinz West-Sumatra erstreckt sich zum größten Teil über den zentralen Abschnitt des Barisan-Gebirges. Im Osten grenzt sie an die Schwemmlandebenen des Tieflands mit den Provinzen Riau und Jambi, während sie im Westen steil zur Küste hin abfällt, wo sie außer einer fast 375 km langen Küstenlinie auch die im Indischen Ozean gelegene Gruppe der Mentawai-Inseln umfasst. Überall überragen Vulkankegel die üppig grüne Landschaft,

---

Respekt vor den Sitten

Dem Adat und der islamischen Tradition folgend, legen die Minangkabau auf ihre Kleidung großen Wert. Entsprechend wird ebenso von Touristen ein sauberes, gepflegtes Äußeres erwartet. Der Besucher, der so die Sitten respektiert, wird auch seinerseits respektiert werden, und man wird ihm mit Höflichkeit und Freundlichkeit begegnen.

---

die mit ihren zahlreichen kleinen Dörfern, blauen Seen, Schluchten und Wasserfällen ein abwechslungsreiches Bild bietet. Die vielen Flüsse, die das Land durchziehen, wurden noch bis vor hundert Jahren als Hauptverkehrswege für den Inlandtransport genutzt.

Neben dem Handel und kleineren Industriezweigen wie Kohlebergbau wird die Wirtschaft West-Sumatras von der Landwirtschaft bestimmt, in erster Linie vom Reisanbau. Dank der vulkanischen Böden war das Hochland der Minangkabau schon immer sehr fruchtbar. Mit der Unterstützung von deutschen Entwicklungshelfern (in den 1970er-Jahren) und durch die Einführung von Kunstdünger und Insektiziden konnte die landwirtschaftliche Produktion in den vergangenen Jahrzehnten deutlich gesteigert werden. West-Sumatra ist heute von Reisimporten unabhängig und führt Reis in die Nachbarprovinzen Jambi und Riau aus. Andere wichtige Exportartikel sind Kopra, Rotan, Kaffee, Harz und Gambir (Farbstoff); knapp ein Drittel der Provinz ist von Wäldern bedeckt.

Die bedeutendsten Städte sind die Provinzhauptstadt **Padang**, die über den größten Hafen an Sumatras Westküste verfügt, und die deutlich kleinere Gebirgsstadt **Bukittinggi**. Neben dem Toba-See in Nord-Sumatra sind Bukittinggi und der fast 100 km² große **Maninjau-See** mit seiner landschaftlich reizvollen Umgebung für den Tourismus West-Sumatras die wichtigen Regionen. Surfer zieht es zudem auf die **Mentawai-Inseln**, deren Volk eine nicht minder faszinierende, uralte Kultur pflegt.

Padang

Padang ist der wichtigste Hafen an der Westküste mit regelmäßigen Schiffsverbindungen nach Java, auf die Mentawai-Inseln und an die nördliche Westküste Sumatras. Die großflächig angelegte Provinzhauptstadt mit rund 1 Mio. Einwohnern scheint ohne den für andere Städte typischen stickigen und unsympathischen Großstadtcharakter auszukommen. Die großen Verwaltungsgebäude wurden im modernen **Minangkabau**-Stil errichtet und prägen das Stadtbild. Die Bevölkerung ist recht jung,

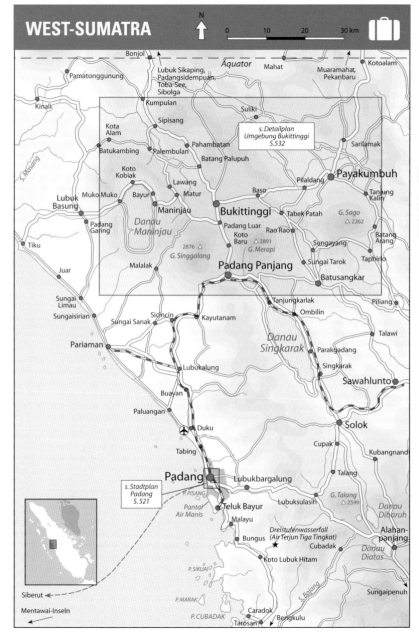

Mythen und Ursprünge der Minangkabau

Über die Entstehung des Namens der Minangkabau gibt es eine alte Legende: Minang (auch Menang) bedeutet „Sieg" – Kabau (heute Kerbau) „Büffel". Ein javanisches Heer wollte das Land erobern. Die Soldaten müssen so zahlreich gewesen sein, dass die Felsen, an denen sie ihre Schwerter gewetzt hatten, verschwanden. Der König der Minangkabau schloss eine Übereinkunft mit seinem javanischen Gegenspieler. Zwei Büffel sollten gegeneinander kämpfen, um dadurch Blutvergießen zwischen den Heeren zu vermeiden. Die Minangkabau ließen heimlich ein junges Kalb längere Zeit hungern und befestigten vor dem Kampf eine Speerspitze auf seiner Nase. Durstig stürzte sich das Kalb auf den Bauch seines Gegners, wo es den Euter seiner Mutter zu finden hoffte. Dabei tötete es den Büffel der Javaner. Seit der Zeit bauen die Minangkabau Häuser, deren Dachgiebel wie Büffelhörner geformt sind, ein Symbol, das sich auch in den traditionellen Kopfbedeckungen der Frauen wiederfindet.

Der Kampf der Büffel geht wahrscheinlich auf ein geschichtliches Ereignis zurück und könnte sich im 13. oder 14. Jh. abgespielt haben. Möglicherweise bezieht sich diese Legende sogar auf die Ankunft des Adityawarman, womit wir wieder den Boden historischer Tatsachen betreten. Adityawarman, Sohn eines javanischen Adligen und einer Prinzessin aus Malayu, wird 1347 von seinem König ausgesandt, um Sumatra für das Majapahit-Reich zu erobern. In Sumatra, das im Altertum als Suwarnadwipa, „Goldland", bekannt war, wobei das Gold zum größten Teil aus dem Hochland West-Sumatras kam, hatte sich im 14. Jh. das Minangkabau-Reich zu einem wichtigen Machtfaktor entwickelt, nachdem Sriwijaya zu einem unbedeutenden Piratennest verkommen war. Adityawarman lässt sich folglich im Hochland der Minang nieder, wo er, da er das herrschende Adat respektiert, als König akzeptiert wird. Dieser Kompromiss könnte eine Folge des Büffelkampfes gewesen sein.

Aus der Zeit des Königs Adityawarman, der ein Anhänger des tantrischen Buddhismus war, sind zahlreiche Steininschriften in Sanskrit und Kawi, der altjavanischen Schrift, erhalten. Zudem taucht der Name Minangkabau zum ersten Mal in einem Manuskript auf, und zwar in dem aus dem Jahre 1365 stammenden *Negara Kertagama*, in dem die Majapahit-Herrscher von Java alle tributpflichtigen Staaten und Reiche auflisten ließen. Unter der Herrschaft Adityawarmans erreichte die Minangkabau verstärkt hindu-buddhistisches Gedankengut, das sich zwar mit dem älteren Animismus und dem

---

besonders gegen Abend sind viele Jugendliche auf den Straßen und in den Cafés am Strand sowie in der Chinatown unterwegs. Um diese Zeit scheint die Stadt nach trägen, oft heiß-schwülen Tagen erst richtig zum Leben zu erwachen.

Früher war die Stadt ein wichtiger Handelshafen für Gold, Gewürze und Holz, was viele chinesische Händler anzog. Padangs **Chinatown**, *Kampung Cina* genannt, wird durch die Jl. Dobi, das nördliche Flussufer und die Jl. Nias begrenzt. Restaurants, Coffee Shops und kleine Geschäfte prägen das Bild. Abends öffnen hier am Treffpunkt der Jl. Pondok und der Jl. Niaga viele Warung, und die Straße ist ob ihrer Belebtheit für den tagsüber Vorübergezogenen kaum wiederzuerkennen. Unweit des Flusses in der Jl. Klenteng steht der **Vihara Buddha Warman**, den sich die chinesische Community erst 2006

erbaut hat. Wer den Fluss überquert, kann zum **chinesischen Friedhof** hinaufsteigen.

Das riesige **Museum Adityawarman** in der Jl. Diponegoro mit seinen schönen Schnitzereien wurde einem großen Minangkabau-Haus (Rumah Gadang) nachgebaut. Im Untergeschoss werden traditionelle Fischfangmethoden veranschaulicht sowie Textilien und Kleidung aus allen Teilen Sumatras, z. T. auch von anderen Inseln, ausgestellt. Im Obergeschoss werden traditionelle Minangkabau-Hochzeitsbräuche erklärt und Schmuck, Holzschnitzereien, Werkzeuge, Küchengegenstände und anderes Kunsthandwerk (Bronze, Rotan) ausgestellt. Insgesamt entspricht das Museum aber nicht den Erwartungen, die an ein Provinzmuseum eines so wichtigen Volkes gestellt werden. Eingang Jl. Gereja. ⏰ Di–So 8–16 Uhr, Eintritt 1000 Rp.

Die Gebäude des Taman Budaya in Padang haben typische Minangkabau-Dächer.

Ahnenkult der Minangkabau vermischte, aber weder das Adat, die von den Ahnen übernommenen, ungeschriebenen Gesetze und Verhaltensweisen, noch die matrilineare Gesellschaftsordnung beeinträchtigte. Sogar der Islam, der sich später in West-Sumatra etablierte, konnte die matrilineare Sozialordnung nicht verdrängen und musste sich dem Adat unterordnen.

Im gegenüberliegenden **Art Centre** (Taman Budaya) finden mehr oder weniger regelmäßig Tanz- und Musikveranstaltungen, Lesungen, Ausstellungen usw. statt. ⊕ tgl. 8–14 Uhr.

Auf dem **Pasar Raya**, dem großen Markt im Stadtzentrum, und in den Geschäften der umliegenden Blocks gibt es von Lebensmitteln über Elektronik, Bekleidung und Nippes bis hin zu Spielwaren und Möbeln so ziemlich alles zu kaufen.

Im Westen grenzt die Stadt direkt ans Meer, im Süden an den Batang Arau. Hier, am alten Hafen, stehen noch einige, mittlerweile verfallene Gebäude aus der holländischen Kolonialzeit; kleine Küstenschiffe, die auch hinüber zu den Mentawai-Inseln fahren, liegen vor Anker.

Am südlichen Ufer des Batang Arau entlang führt ein Weg in Richtung Flussmündung, vorbei an einer alten holländischen Kanone, auf den **Gunung Padang**. Dieser Hügel, auch Bukit Monyet, „Affenhügel", genannt, beherbergte einst die erste Siedlung der Gegend überhaupt, und er war im 19. Jh. ein beliebtes Motiv holländischer Maler. Heute grenzt er an den **Siti Nurbaya Park**, und die Aussicht auf die Stadt von hier oben wird nur noch vom Flugzeug aus übertroffen.

Hiervon kann man sich seit 2005 leicht selbst überzeugen, fliegen doch indonesische und andere südostasiatische Airlines den damals eröffneten Minangkabau International Airport an (23 km nordwestlich von Padang) und verbinden West-Sumatra so mit wichtigen indonesischen Flughäfen sowie Kuala Lumpur und Singapur.

2009 zerstörte ein schweres Erdbeben große Teile der Stadt und tötete über 1000 Menschen. Seither ist vieles neu gebaut worden, jedoch nie höher als drei oder vier Stockwerke.

ÜBERNACHTUNG

Untere Preisklasse

Brigitte's House, Jl. Kampung Sebelah I 14D, ✆ 0751-785 4421, ✉ brigittanola@gmail.com. Familiäres Homestay mit sauberen, einfachen Zimmern und Dorms; Bad mit Du/WC auf dem Flur, Zimmer z. T. mit eigenem Bad. Freundliche Betreiber, die auch Touren zu den vorgelagerten Inseln, Tauchgänge oder Paragliding organisieren können und Motorräder vermieten. ❷

D'Dhave Hotel, Jl. Purus IV 12, ✆ 0751-892333, 💻 www.ddhavehotelpadang.com. Moderne Zimmer mit AC, Du/WC, WLAN und bequemen Betten in ruhiger Lage unweit des Stadtzentrums und des Strands. Die engen Aufenthaltsräume werden durch schlichtes, minimalistisches Design aufgehübscht. Das Personal spricht etwas Englisch. ❸

edOTEL, Jl. Bundo Kandung 18, ✆ 0751-32239, ✉ edotelbundokandung@yahoo.com. Schlichte, saubere und helle Zimmer mit AC, Du/WC, TV, WLAN und bequemen, eher weichen Betten. Freundliches Personal, das Englisch spricht und das im Preis enthaltene Frühstück serviert. Zentrale Lage im Einkaufsviertel der Stadt. ❸

Golden Backpackers, Jl. Nipah 1C, ✆ 0751-32616, ✉ golden.backpacker@gmail.com. Freundliches Hotel mit Dorms und DZ, modernen Badezimmern (eines mit Whirlpool), Sitzbereichen und WLAN. Große Aufenthaltsbereiche auf allen Etagen, die zudem mit Jugendstilelementen versehen sind. Freundliches Personal, das gutes Englisch spricht und gern weiterhilft. ❷ – ❸

Havilla Maranatha, Jl. Bandar Pulau Karam 10D, ✆ 0751-2631, 31546, 💻 www.maranathahomestay.blogspot.com. Saubere, ordentliche Zimmer mit Du/WC, AC, TV und eher weichen Betten. Das Hotel macht einen gepflegten Eindruck, das Personal ist allerdings mitunter etwas mürrisch. ❸

Hotel Hangtuah, Jl. Pemuda 1, ✆ 0751-26556, 💻 www.hotelhangtuah.com. Helle Zimmer mit AC, kleinem TV, Kommode und Schrank sowie älterer Du/WC. Das im Preis enthaltene Frühstücksbuffet ist indonesisch. Freundliches Personal, das etwas Englisch spricht. ❸

Spice Homestay, Jl. Hos Cokroaminoto 104, ✆ 0751-25982, ✉ spicehomey@yahoo.com. Freundlicher Betrieb mit guten Betten in ordentlichen Zimmern, zumeist Mehrbettzimmern mit geteilter Du/WC. Es gibt kostenl. WLAN, gutes Frühstück inkl. und auskunftsfreudiges Personal. Viele Surfer steigen hier für eine oder zwei Nächte ab. ❷

Mittlere und obere Preisklasse

HW Hotel, Jl. Hayam Wuruk 16, ✆ 0751-893501, ✉ reservasi@hotelpadang.com. Helle Zimmer mit Du/WC, Föhn, bequemen Betten und schicker, raumteilender Fernseherkommode mit Flachbild-TV. Das ganz in Weiß, Beigetönen, Braun und Schwarz gehaltene Hotel ist bei Australiern beliebt und bietet WLAN, ein Restaurant sowie saftige Preisnachlässe. ❻ – ❼

Plan B Hotel, Jl. Hayam Wuruk 28, ✆ 0751-892100, ✉ plan.b.hotel@gmail.com. Zimmer mit AC, TV, moderner Du/WC und komfortablen Betten. Es gibt WLAN und Frühstück. Das ganz in Grün, Braun und Magenta designte Hotel hat eine Bar und eine übersichtliche Restaurantkarte. Freundliches Personal. ❺

Savali Hotel, Jl. Hayam Wuruk 31, ✆ 0751-27660, 💻 www.savalihotel.com. Ruhige Zimmer mit Bad (Du/WC/Föhn), TV, AC, WLAN und komfortablen Betten; dazu ein Safe und eine Minibar. Das Hotel hat einen Swimming Pool und einen kleinen Teich, ist stilvoll in modernen und Thai-Elementen gestaltet. Es ist schön ausgeleuchtet und bietet Wein und gehobene Küche zu ebensolchen Preisen. Sehr freundliches Personal. ❻

ESSEN

In ganz Indonesien sehr beliebt und der Exportschlager Padangs in Südostasien ist die Küche der Minangkabau, die als **Nasi Padang** bekannt und durch die Verwendung zahlreicher, z. T. scharfer Gewürze charakterisiert ist. Typischerweise werden die Gerichte (bzw. einzelne Komponenten wie Salat, Reis, Gemüse oder Ei) vorgekocht oder frittiert und stehen als Buffet in der Auslage oder werden dem Hungrigen auf kleinen Tellern portioniert vorgesetzt. Es gibt wohl kaum eine indonesi-

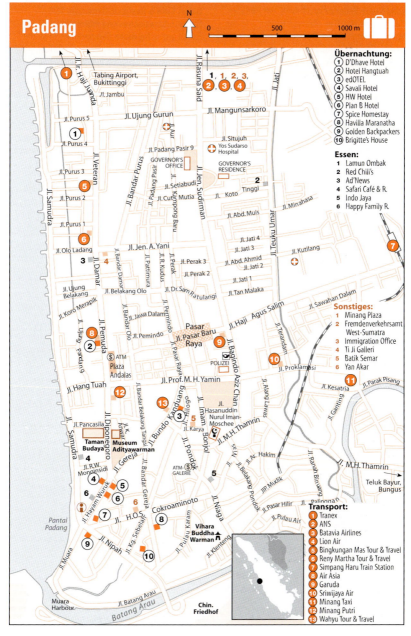

sche Stadt, in der es nicht mind. ein Padang-Restaurant gibt. Der allzeitige Favorit und das höchste Kriterium zur Beurteilung eines solchen ist das *Rendang*, stundenlang in Kokosmilch, Chili, Ingwer, Kurkuma und anderen Gewürzen geschmortes Rindfleisch, das beim Garen alle Flüssigkeit und Würze aufnimmt.

Ad'News, Jl. Damar 67 C–D, ✆ 0811-667431. Restaurant-Café mit lässigem Flair, kühlem Bintang und guter Küche. Sonntags gibt's Livemusik mit Band. Größere Gruppen sollten reservieren.

Happy Family, Jl. Hayam Wuruk 26B, ✆ 0751-29848. Indonesische und internationale Gerichte zu leicht über dem üblichen Niveau liegenden Preisen. Jugendliche und junge Erwachsene kommen in Gruppen hierher, um nach dem Essen Karaoke zu singen.

Indo Jaya, Jl. Niaga. Macht sehr gutes Padang-Food. Vor allem das *Rendang* (in Kokosmilch und Curry gekochtes Rindfleisch) und das *Tempe* (geröstetes Tofu mit Erdnüssen und Sambal) sind zu empfehlen. Etwas teurer als die Konkurrenz.

Lamun Ombak II, Jl. S. Parman 208, serviert exzellentes Seafood zu leicht gehobenen, aber verträglichen Preisen. Sogar noch in Bukittinggi lobt man die hiesige Küche! ⏰ tgl. 9–22 Uhr.

Red Chili's, Jl. Perintis Kemerdekaan 71, ist für seine diversen internationalen Gerichte besonders bei trendbewussten Teens und Twens beliebt. Das Spektrum reicht von Tenderloin Steak über Tom Yam hin zu Créme Caramel. ⏰ tgl. 10–22 Uhr.

Eisdielen

An der Kreuzung Jl. Pulau Karam/Jl. Hos Cokroaminato finden sich Eisdielen, die vor allem zum Probieren von **Durian-Eis** in allen möglichen Varianten einladen. Hier treffen sich Familien und Teenager-Gruppen, um sich bei Eis und Säften einen geselligen Abend zu machen. Serviert werden die auch bei uns üblichen Eissorten, die aber mit einer Art Durian-Sirup je nach Gusto veredelt bzw. „verschandelt" werden – über dieser Frucht scheiden sich ja bekanntlich die Geister.

Safari Café & Resto, Jl. Samudera 16H. Gutes indonesisches und internationales Essen sowie herrliche Saftcocktails zu leicht gehobenen Preisen. Vom Tisch am Balkon im 2. Stock herrscht schöne Aussicht auf den Strand und das abendliche Treiben. ⏰ tgl. 11–22 Uhr.

EINKAUFEN

Batik Semar, Jl. Karya 16, ✆ 0751-32512. Dieses kleine Geschäft vertreibt schöne und solide Batik-Kleidung für Ihn und Sie zu Preisen, die leicht über dem Niveau offener Märkte liegen.

Plaza Andalas, Jl. Pemuda, umfasst Kleidung, Handyzubehör, Spielzeug, einen Supermarkt, Haushaltswaren sowie die obligatorische Spielhalle im obersten Stockwerk. ⏰ tgl. 9–22 Uhr.

SONSTIGES

Autovermietung
Wahyu Tour & Travel, Jl. Bundo Kandung, ✆ 0751-823 4000.

Geld
Die **Geldautomaten** aller Banken sind in der Geldautomaten-Galerie (ATM Galeri) in der Jl. Pondok versammelt und in der Gegend rund um die Post an jeder Ecke zu finden.

Immigration
Jl. Khatib Sulaiman, ✆ 0751-55113. ⏰ Mo–Do 8–16, Fr 8–12, 14–16 Uhr.

Informationen
Touristeninformation in der Jl. Samudera 1, ✆ 0751-34186. Das **Fremdenverkehrsamt der Provinz West-Sumatra** liegt in der Jl. Khatib Sulaiman 7, ✆ 0751-705 5183, 🖥 www.minangkabautourism.info.

Medizinische Hilfe
M. Djamil General Hospital, Jl. Perintis Kemerdekaan, ✆ 0751-25181. **Yos Sudarso Hospital**, Jl. Situjuh 1, ✆ 0751-33230.

Polizei
Jl. M. Yamin, ✆ 0751-33724.

Post
Jl. Bagindo, Ecke Jl. Prof. M. Yamin.
🕐 Mo–Sa 8–18, So und feiertags 9–16 Uhr.

Souvenirs
Ti Ji Galleri, Jl. A. Yani 12. Textilien,
Holzarbeiten und Schmuck aus West-Sumatra
zu günstigen bzw. verhandelbaren Preisen.
🕐 Mo–Sa 9–18 Uhr.

Supermarkt
Yan Akar in der Jl. Hos Cokroaminoto.
🕐 9–24 Uhr.

NAHVERKEHR
Selbstfahrer
Motorräder können in vielen Unterkünften,
z. B. Brigitte's House, ab 60 000 Rp pro Tag
ausgeliehen werden.

Busse
Zwischen Flughafen und Stadtzentrum
verkehren die Busse des Unternehmens **Tranex
Mandiri** halbstündl. für 18 000 Rp pro Fahrt.
Dabei fahren sie wichtige Straßen und Land-
marks an, etwa das Minang Plaza, den Bahnhof
und die Jl. Sudirman. Steigt man nicht vorher
am gewünschten Ort aus, dauert die ganze
Fahrt ca. 1 Std.
In der Stadt fahren farblich unterscheidbare
Opelet-Busse, die vom Passagier per Wink
angehalten werden müssen und die in Padang
oft als tiefergelegte, aufgemotzte kleine Disco-
Busse daherkommen, in denen Indo-Tech,
Rockmusik oder schmalzige Liebessongs aus
den Boxen dröhnen. Eine Fahrt in der Innenstadt
2000 Rp; die Busterminals von Tranex und ANS
werden von den gelben *Opelet* angefahren.

Taxi
Für 100 000 Rp fahren Taxis von der Stadt
zum Flughafen. Im Stadtzentrum kosten Fahrten
ca. 20 000 Rp.

Taxiunternehmen
Angkasa Taxi, im Flughafengebäude,
✆ 0751-55800;
Buana Taxi, Jl. Samudera 28, ✆ 0751-33451;
Kosti Taxi, Jl. Veteran, ✆ 0751-50333.

TRANSPORT
Busse und Minibusse
Das wichtigste Verkehrsmittel für Fernreisen
über Land sind Busse. Diese fahren am
jeweiligen Parkplatz des Transportunter-
nehmens ab und sind bei längeren Fahrten
einen Tag im Voraus zu buchen; wer nach
Bukittinggi will, braucht lediglich spontan zum
Busunternehmen zu fahren. Preisbeispiele:
BANDUNG, 1500 km, 1x tgl. in 30 Std.
für 280 000 Rp;
BUKITTINGGI, 95 km, stündl. bis halbstündl.
in 3 Std., ab 16 000 Rp bzw. in 2 1/2 Std.
für 30 000 Rp im gecharterten Minibus (Travel);
JAKARTA, 1350 km, 1x tgl. in 27 Std.
für 260 000 Rp;
MANINJAU, 115 km, in 3 Std. für 25 000 Rp
(großer Bus) bzw. 40 000 Rp (Minibus);
MEDAN, 762 km, stündl. in 22 Std.
für 280 000 Rp via PARAPAT und BERASTAGI;
PARAPAT, 598 km, 1x tgl. in 17 Std.
für 150 000 Rp;
PEKANBARU, 312 km, 2x tgl. in 6 1/2 Std.
für 100 000 Rp.

Büros von Bus- und Minibusunternehmen
ANS, Jl. Khatib Sulaiman, 200 m von der großen
Kreuzung (Simpang) entfernt, ✆ 0751-51572, ist
eines der größten Fernbusreiseunternehmen.
🕐 8–19 Uhr.
Bingkungan Mas Tour & Travel, Jl. Veteran 36C,
✆ 0751-36950.
Erni Tour & Travel, Jl. Veteran (schräg gegenüber dem Plaza Andalas), ✆ 0751-35252.
Minang Putri, Jl. Diponegoro 2,
✆ 0751-787 8219.
Minang Taxi, Jl. Dr. Wahaidin 9,
✆ 0751-30420.
Reny Martha Tour & Travel, Jl. Veteran 94,
✆ 0751-21812, ✉ purwanto_md@yahoo.com.
Tranex, Terminal Regional Bingkuang,
✆ 0751-32358.

Eisenbahn
Vom Bahnhof **Simpang Haru** in der Jl. Stasiun 1,
✆ 0751-35945, fahren ausschließlich Züge
nach PARIAMAN. Abfahrt in Padang 8.20 Uhr,
von Pariaman in die andere Richtung 13.55 Uhr,
9000 Rp (Executive 150 000 Rp).

Schiffe

Es fahren drei Fähren zwischen Padang und den Mentawai-Inseln:

Die **KP Sumber Rezeki** des Unternehmens **Asimi**, ✆ 0751-23321, fährt Mo nach SIBERUT und Fr nach TUA PEJAT, jeweils um 20 Uhr, für 100 00 Rp. Von dort fährt sie Di um 20 Uhr ab Siberut und Sa ab Tua Pejat zurück nach PADANG. Das Schiff legt im Hafen von Padang in der Jl. Batang Arau ab, gelegentlich fährt es ersatzweise auch Mi.

Die **Beriloga**, ein recht rustikales, altes Schiff der PT Simeulue, fährt dort ebenfalls unregelmäßig für 125 000 Rp Richtung Mentawai. Das Büro liegt in der Jl. Batang Arau 7, in einer Seitengasse. Die meisten Interessenten schreckt jedoch der Zustand des Schiffes ab – zu Recht!

Die am häufigsten genutzte und verlässlichste Fähre ist die **Ambu-Ambu**, ✆ 0751-27153. Nach SIBERUT geht es Do um 20 Uhr für 69 000 Rp (mit Kabine 90 000 Rp), nach SIKAKAP am Di um 17 Uhr ab 84 000 Rp und nach TUA PEJAT am So um 20 Uhr für 69 000 Rp. In die Gegenrichtung fahren Fr um 17 Uhr ab Siberut, Mi um 17 Uhr ab Sikakap und Mo ab Tua Pejat um 21 Uhr Fähren nach PADANG. Diese Schiffe fahren im Hafen Pantai Bungus, südöstlich von Padang, ab. Der *Opelet*-Bus 437 fährt in ca. 20 Min. für 5000 Rp dorthin.

Die Fahrten dauern etwa 10 Std. Je nach Wetterlage ändern sich Abfahrtszeiten und Fahrtdauer.

Flüge

Für den Transfer zum Minangkabau Airport (PDG) siehe Nahverkehr, außerdem Taxis für 70 000 Rp. Die Flughafensteuer beträgt 60 000 Rp auf internationale Flüge und 30 000 auf Inlandflüge.

Air Asia, Jl. Pemuda 1, ✆ 0751-35888, 🖳 www.airasia.com. Tgl. in 1 1/2 Std. nach KUALA LUMPUR, ab 329 000 Rp.

Batavia Airlines, Jl. Khatib Sulaiman 63C, ✆ 0751-446600, sowie am Flughafen, ✆ 0751-787 6655.

BATAM, 1x tgl. in 1 Std., ab 321 000 Rp; JAKARTA, 3x tgl. in 1 1/2 Std., ab 514 000 Rp.

Garuda, Jl. Jend. Sudirman 343, ✆ 0751-30737, 🖳 www.garuda-indonesia. com. 4x tgl. in 1 1/2 Std. nach JAKARTA für 595 000 Rp.

Lion Air, Hotel Pangeran Beach, Jl. I.H. Juanda 79, ✆ 0751-446100, sowie am Flughafen ✆ 0751-819123.

BATAM, 1x tgl. in 1 Std., ab 346 000 Rp; JAKARTA, 3x tgl. in 1 Std., ab 502 000 Rp; MEDAN, 1x tgl. in 1 Std., ab 379 000 Rp.

Sriwijaya Air, Jl.Proklamasi 39, ✆ 0751-811777.

BATAM, 1x tgl. in 1 Std. für 420 000 Rp; JAKARTA, 1x tgl. in 1 1/2 Std., ab 500 000 Rp; MEDAN, 1x tgl. in 1 Std., ab 370 000 Rp.

Die Umgebung von Padang

Pantai Air Manis

Zehn Kilometer südlich der Stadt befindet sich der Pantai Air Manis, der „Süßwasserstrand". Bei Ebbe kann eine kleine, vorgelagerte Insel, **Pulau Pisang Ketek**, in einem Spaziergang von 200 m durch den hellbraunen Sand erreicht werden. Unter Indonesiern ist der Strand mit seinen wie Schiffswracks geformten Felsen zudem als Ort der Legende um Malin Kundang bekannt (s. Kasten). Es gibt Essenstände und kleine Ge-

---

Die Legende von Malin Kundang

Malin Kundang war ein armer Fischerssohn, der bei seiner Mutter lebte. Eines Tages bestieg er ein Handelsschiff und fuhr in die Welt hinaus. Er machte sein Glück, wurde reich und heiratete eine Prinzessin. Mit ihr fuhr er in seine Heimat zurück. Doch als ihn seine arme Mutter empfangen wollte, leugnete Malin Kundang aus Scham der neuen Frau gegenüber seine Herkunft aus armen Verhältnissen und stritt ab, dass diese alte Vettel seine Mutter sei. Zutiefst gekränkt, verwünschte die Alte ihren missratenen Sohn, und als er wieder in See stach, wurde sein Schiff von einem Sturm versenkt und die Besatzung auf dem Meeresgrund zu Stein – wo sie in Gestalt von Felsen und Korallen noch heute liegt.

schäfte. Per Taxi für 30 000 Rp in 15 Minuten, per Minibus (nur vormittags) für 10 000 Rp in 20 Minuten erreichbar.

Dreistufenwasserfall

25 km südlich von Padang liegt auf 600 m Höhe der Dreistufenwasserfall (**Air Terjun Tiga Tingkat**). Mit dem Minibus ab Pasar Raya in 30 Minuten nach Bungus, Teluk Kabung, für 15 000 Rp. Das Dorf nahe dem Wasserfall heißt **Koto Lubuk Hitam**; einfacher und schneller geht es per Taxi für 30 000 Rp.

Sikuai

Die gut 1 km lange und 600 m breite Insel, ca. 20 km südlich von Padang, gehört schon zu den äußeren Mentawai-Inseln. Ihre weißen Sandstrände und guten Schnorchelgründe in blauem Wasser werden noch kaum von Touristen besucht und sind vielleicht gerade deshalb noch so schön. Ein Hügel erhebt sich auf dem Eiland, das in einer guten Stunde zu Fuß zu umrunden ist, und in der Mitte treffen sich die wenigen Besucher der Hotelanlagen gern abends auf einem freien Platz, Sunset Plaza genannt. Man kann in der Sonne liegen, schnorcheln, angeln oder Tauchtouren zu den umliegenden Inseln Parsumpahan und Sironjong buchen.

Auch als Halbtagesausflug von Padang aus ideal: Per Boot vom Dermaga Wisata Bahari (AW Restaurant) an Padangs Hafen Pelabuhan Muara ist man in einer Stunde dort, das überteuerte und veraltete **Sikuai Island Resort**, ☎ 0751-33163, 🖥 www.newsikuai-island.com, betreibt um 10 Uhr einen Bootsshuttle dorthin, Rückfahrt um 16 Uhr, 250 000 Rp p. P. und Tag inkl. Lunchpaket. Oder man handelt mit den örtlichen Fischern eine Tour aus, die bei 250 000 Rp p. P. liegen sollte, inkl. Stopps zum Schnorcheln und Ausrüstung.

Bukittinggi

920 m ü.d.M. liegt der „Hohe Hügel", eine wörtliche Übersetzung von Bukittinggi. Bis zur Unabhängigkeit hieß die Stadt Fort de Kock, benannt nach dem Gouverneur von Holländisch-Ostindien, unter dessen Regentschaft hier im Jahr 1825 während der Padri-Kriege eine wichtige Befestigung errichtet wurde (s. Kasten S. 529). Damals verbündete sich die Kolonialmacht mit den vom Adat (traditionellem Gewohnheitsrecht) geprägten Minangkabau-Fürsten gegen die Padri, aggressive Reformer, die den orthodoxen Islam in West-Sumatra einführen wollten. Später schätzten die Holländer den Ort als „Paris von Sumatra", gründeten Schulen und Universitäten.

Ist Padang das kommerzielle und administrative Zentrum West-Sumatras, so ist Bukittinggi das kulturelle Herz der Minangkabau. Die Stadt hat viele bedeutende Persönlichkeiten und Intellektuelle hervorgebracht – Assaat Mudo, 1950 für kurze Zeit Präsident der provisorischen Regierung, und Mohammed Hatta, erster Vizepräsident Indonesiens, sind hier geboren worden.

Bukittinggi hat heute 111 000 Einwohner und ist eine entspannte Stadt mit mildem Klima sowie Ausgangspunkt für zahlreiche Ausflüge. Touristen halten sich meist in der Altstadt (Kampung Cina) auf, die sich um zwei Hügel herum bis zum Sianok Canyon erstreckt. Zwischen den beiden Hügeln verläuft die Jl. Jen. A. Yani. Alle Sehenswürdigkeiten sind von hier bequem zu Fuß zu erreichen. Südöstlich der Altstadt breiten sich Bukittinggis neue, unattraktive Vororte aus, die sich noch über einige Kilometer hinziehen.

Schön ist ein Abendspaziergang auf den westlichen Hügel hinauf zum **Fort de Kock**. Von der alten Befestigungsanlage ist allerdings nicht mehr viel zu sehen, stattdessen genießt man die schöne Aussicht und die Sonnenuntergänge, Eintritt 10 000 Rp.

Eine aufwendige Hängebrücke führt direkt vom Fort über die Jl. Jen. A. Yani hinweg auf den gegenüberliegenden Hügel. Hier findet man den

---

Vorsicht vor ungewollten Führungen!

Auf dem Weg in den Canyon bieten sich nicht selten junge Männer an, dem Besucher den Weg zu zeigen. Wenn nicht anders vereinbart, erwarten sie dann hinterher eine Entlohnung für ihre Dienste als Fremdenführer. Wer das nicht möchte, sollte höflich, aber bestimmt anzeigen, dass er/sie den Weg auch allein findet.

---

www.stefan-loose.de/indonesien

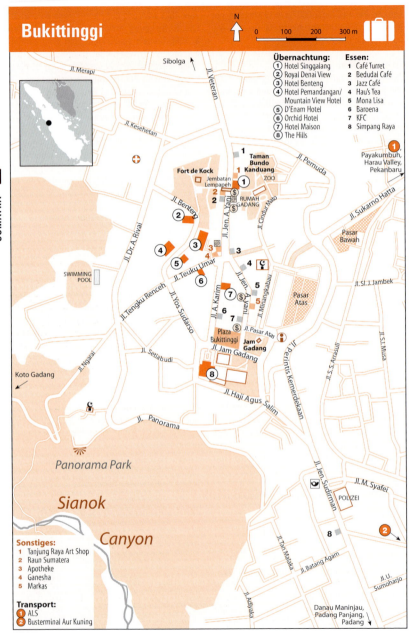

Taman Bundo Kanduang, einen Park mit kleinem Zoo (Eintritt 5000 Rp, Kinder 2500 Rp, für Fort und Park). In einem originalgetreu nachgebauten Minangkabau-Haus ist das **älteste Museum West-Sumatras** (Eintritt 3000 Rp) untergebracht. Es besitzt eine wertvolle Sammlung von Ausstellungsstücken von historischem und kulturellem Interesse, so z. B. traditionelle Kleidung, antiken Schmuck, Haushalts- und Küchengeräte und einige Modelle alter Minangkabau-Gebäude. Daneben gibt es auch Kuriositäten wie ausgestopfte, zweiköpfige Kälber. Erläuterungen sind teils in Englisch. ⏰ Park Sa–Do 8–18, Fr 8–12 und 14–18 Uhr.

Vom **Jam Gadang**, dem großen Uhrturm aus dem Jahr 1926, sind die beiden Vulkane im Süden der Stadt zu sehen, hier der 2891 m hohe Gunung Merapi, der heute noch aktiv ist, dort der Gunung Singgalang mit 2877 m. Gleich am Uhrturm steht auch das Gebäude des **Pasar Atas**, des oberen Marktes, mit seinen vielen Läden. Jeden Mittwoch und Samstag findet an und auf den Treppen, die von hier hinunterführen, ein großer Markt statt, einer der größten und faszinierendsten Märkte Indonesiens. Dorfbewohner aus der Umgebung kommen dann in die Stadt. Auf dem **Pasar Bawah**, dem unteren Markt, werden täglich an offenen Ständen Obst, Gemüse, Gewürze und Fisch verkauft. In den beiden Marktgebäuden am unteren Markt findet man zahlreiche Geschäfte, im südlichen werden u. a. auch kunsthandwerkliche Produkte angeboten (Minangkabau-Schmuck, Korbwaren usw.).

Von dem kleinen **Panorama-Park** (Eintritt 2500 Rp, Kinder 1000 Rp) gegenüber vom Armeemuseum kann man in den 15 km langen und 200 m breiten **Sianok Canyon** hinuntersehen und über einen schmalen Weg mit vielen Treppenstufen sogar hinabsteigen. Dieser Fußweg beginnt 50 m westlich vom Westende des Parks; alternativ kann man mit dem Auto die 2 km in den Canyon fahren und dort parken. Noch im 19. Jh. lebten in diesem von zwei Steilwänden eingeschlossenen Tal wilde Büffel.

Während der japanischen Besatzung wurde die Stadt zum Hauptquartier der Japaner und blieb es bis zu deren Kapitulation 1945. Die bereits ab 1942 angelegten Munitionslager können auch besucht werden, der Eingang liegt innerhalb des Panorama-Parks. Die **Stollen und Höhlen** (Lobang Jepang), deren Errichtung Tausende Zwangsarbeiter beschäftigte, führen tief hinab und sind bis zu 1400 m lang.

Die größte Blume der Welt

Die **Rafflesia arnoldi**, benannt nach Sir Stamford Raffles und Joseph Arnold, die sie im 19. Jh. erstmals wissenschaftlich beschrieben, ist eine Blüte, die mehr als 1 m im Durchmesser haben und 10 kg auf die Waage bringen kann. Streng genommen ist die Spezies ein Parasit, der innerhalb der Wirtspflanze nur die Blüte, nicht jedoch die anderen Bauteile einer Pflanze ausbildet. Die Knospen sehen aus wie kleine, braune Kohlköpfe. Jede Pflanze blüht nur einmal, sodass Rafflesia-Blüten zu sehenswerten Attraktionen in Sumatra zählen. Nahe Bukittinggi, im Naturreservat Rimba Pati, vor allem in der Gegend um **Batang Palupah**, finden sich besonders viele Exemplare. Anders als in einigen Quellen behauptet, blühen diese Blumen hier das ganze Jahr über – man muss lediglich in den Dschungel gehen und sie suchen. Sobald ein blühendes Exemplar gefunden wird, macht die Info in kürzester Zeit die Runde vom Dorf in die Stadt, sodass die Guides von Bukittinggi in der Regel über jede aktuelle Rafflesia-Blüte informiert sind. Die größte Blume der Welt wächst übrigens nur in der Äquatorgegend von Sumatra – der Titanenwurz (Bunga bangkai).

ÜBERNACHTUNG

D'Enam Hotel, Jl. Yos Sudarso 4, ✆ 0752-21333. Schlichte, saubere Zimmer mit Matratzen auf dem Boden, Spiegel und kleinen Kommoden, Mandi und WC (ohne Brille) auf dem Flur. Vom Gemeinschaftsbalkon Aussicht über die Dächer der Stadt bis zum Gunung Singgalang. Der freundliche Betreiber spricht gutes Englisch. ❶

Hotel Benteng, Jl. Benteng 1, ✆ 0752-21115. Ruhige, helle Zimmer mit bequemen Betten, Du/WC mit Warmwasser, dazu TV und teils gute Aussicht. Im übrigen Hotel finden sich schöne

Holzdekorationen und ornamentales Mobiliar. Das Restaurant serviert gute indonesische Menüs zu leicht gehobenen Preisen. ❹–❺

Hotel Maison, Jl. A. Karim 12, ☎ 0752-33216, ✉ hotelmaison@ymail.com. Ruhige, saubere Zimmer mit komfortablen Betten, AC, Du/WC, TV in zentraler Lage. Indonesisches Frühstücksbuffet und WLAN inkl. Das freundliche Personal spricht Englisch, das tröstet aber auch nicht über die zu hohen Preise hinweg – nach Discount fragen! ❹–❺

Hotel Pemandangan/Mountain View Hotel, Jl. Yos Sudarso 31, ☎ 0752-21621. Muffige Zimmer mit Du/WC, Warmwasser und ältlichen, eher weichen Betten. Im Preis ist ein einfaches Toastfrühstück enthalten, und dem Namen entsprechend genießt die Anlage eine hübsche Aussicht ins Tal. Nach Discounts fragen! ❷

Hotel Singgalang, Jl. A. Yani 130, ☎ 0752-628709. Ältere, ordentliche Zimmer mit weichen Betten, TV und Du/WC oder Mandi und Hocktoilette. Das Hotel liegt zentral in Laufnähe zu Restaurants und den Märkten. Das sehr hilfsbereite Personal spricht gutes Englisch und gewährt Preisnachlässe. ❷

Orchid Hotel, Jl. Teuku Umar 11, ☎ 0752-32634. Helle, ordentliche Zimmer mit Mandi/Hocktoilette, Kommode und Balkon. Das Personal spricht gutes Englisch, organisiert Touren und vermietet Motorräder und Fahrräder. Nahe der geschäftigen Hauptstraße des Stadtkerns. ❷

Royal Denai View, ☎ 0752-22953, ✉ royal denaiview@yahoo.com. Hotel mit 2 Sternen in ruhiger Lage nahe dem Fort de Kock; viele holländische Gäste. Saubere Zimmer mit bequemen Betten, TV, AC und moderner Du/WC mit Warmwasser. WLAN und Frühstücksbuffet inkl. ❸–❹

The Hills, Jl. Laras Datuk Bandaro, ☎ 0752-35000, 🖥 www.thehillshotel.com. Luxuriöse Zimmer mit AC, TV, WLAN, bequemen Betten und z. T. Blick auf die Stadt und den Gunung Singgalang. Schickes Hotel mit Jugendstil und Moghul-Architektur, traditionellen Holzvertäfelungen, Springbrunnen, Sportanlagen und Swimming Pool. Freundliches Personal, das gutes Englisch spricht und Preisnachlässe gewährt. ❺–❼

ESSEN

Baroena, Jl. A. Karim. Wird von Einheimischen noch bis spät in die Nacht frequentiert. Neben acehnesischen Gerichten wie *Mie Rebus Seafood* (Nudeln mit Seafood in würzigscharfer Soße) ist besonders der *Kopi Telur Pinang* empfehlenswert: Kaffee mit einem Topping aus gezuckertem Eischaum und Betelnusssplittern. Das Ganze verrührt – ein Gedicht! Flotte Bedienung und veträgliche Preise.

Bedudal Café, Jl. A. Yani 95/105, ✉ bedudal crew_99@yahoo.com. Bei Travellern beliebtes Café mit Bambusinterieur, Reggaemusik und informativem, englischsprachigem Personal, das auch Touren organisiert. Die Speisekarte bildet von kontinentalem Frühstück (mit guten Bratkartoffeln!) über kühles Bintang bis zu indonesischen Gerichten die übliche Kulinarik indonesischer Backpacker-Treffpunkte ab.

Café Turret, Jl. A. Yani, ☎ 0751-625956. Gute Pizza und die berüchtigte Guacamole machen dieses Restaurant mit Internetzugang und freundlichem Personal zum zweiten kulinarischen Backpacker-Treffpunkt. Der Künstler Lala stellt hier seine Bilder aus, die dann und wann von Touristen gekauft werden.

Hau's Tea, Jl. A. Yani. Ist abends gut besucht. Einheimische wie Touristen treffen sich hier auf einen Drink und Snacks der mittleren Preisklasse. Das ganz in Orange designte Haus ist schon optisch kaum zu übersehen.

Jazz Café, Jl. A. Yani. Macht wohlschmeckendes, preisgünstiges *Mie Goreng*. Die Nudel-

Manche mögen's heiß

Das mild temperierte Bukittinggi ist kulinarisch vor allem für seine Heißgetränke bekannt. Da wäre z. B. *Sikotang*, das neben rotem Ingwer, Zimt und Muskatnuss auch Ei, grüne Bohnen und Palmzucker enthält. *Teh Talwa* besteht aus gesüßtem Tee, verrührt mit Milch und Ei. Vor allem die ältere Generation schwört auf *Daun Kawa*, aufgebrühte Kaffeeblätter, in einer Kokosnuss serviert. Einige Getränke sollen nicht nur gegen kalte Füße helfen. So gilt der Saft des Betelbaums, *Jus Pinang*, als Stimulans der besonderen Art.

Der Padri-Krieg

Es ist unklar, wann genau der Islam die Minangkabau erreichte. Das Königshaus und die Bewohner des Hochlandes scheinen schon im 15. Jh. von der Ostküste aus Kontakte mit Moslems gehabt zu haben. Die Hafenstädte an der Westküste wurden dagegen erst im 16. und 17. Jh. von Aceh aus islamisiert, das gleichzeitig den Pfefferhandel entlang der Küste monopolisiert hatte. Wie schon erwähnt, musste sich der bekanntlich stark patriarchalisch geprägte Islam dem Adat der matrilinear orientierten Minangkabau beugen, was 1821–1838 zu einem blutigen Konflikt führte, der als „Padri-Krieg" in die Geschichte Sumatras eingegangen ist. Die Padri waren orthodox islamische Minangkabau, die, nachdem sie in Mekka inspiriert worden waren, die Absicht hatten, den Islam in seiner reinen, ursprünglichen Form in West-Sumatra durchzusetzen. Um die Lehre des Propheten vom Adat und allen animistischen Ritualen zu befreien, waren die Padri bereit, wenn nötig auch von den Waffen Gebrauch zu machen, d. h. zum Jihad, dem Heiligen Krieg, aufzurufen.

Obwohl die Padri den Krieg verloren hatten, war es ihnen trotzdem gelungen, den Islam im Land der Minangkabau zu konsolidieren. Zudem fühlten sich die orthodoxen Moslems ebenso wie die Anhänger des Adat gleichermaßen von der holländischen Oberherrschaft unterdrückt, worauf sich die beiden Parteien enger zusammenschlossen. Letztendlich wurden so die Padri in die traditionelle Adat-Gesellschaft integriert. Heute zählen die Minangkabau zu den überzeugtesten Moslems des indonesischen Archipels, die es aber dennoch geschafft haben – trotz Aufnahme fremder Religionen, trotz Kolonialismus und modernen Einflüssen des 20. Jhs. – ihr überliefertes Adat und die matrilineare Kultur zu erhalten.

suppen *(Kuah)* sind allerdings recht fad und lieblos zusammengekocht.

Mona Lisa, Jl. A. Yani, schräg gegenüber der Apotheke und dem Geldautomaten (BCA). Dieses chinesische Restaurant macht gute, preiswerte Gerichte, z. B. *Babi Kluyuk*, frittierte Fleischbällchen mit Gemüse in süß-saurer Soße. Ein altes Mütterchen, das für die Getränke zuständig scheint, verfeinert zudem Avocadosaft nach eigenem Rezept mit etwas Milch und einem Hauch Schokolade – Tipp!

Simpang Raya, Jl. S. Sudirman 8, ✆ 0752-22163. Das bei Einheimischen beliebte Restaurant macht gutes Padang-Food, und man sollte unbedingt das *Cancang Daging* probieren, ein Rindfleischgericht mit würziger Soße. Einzelne Teller zwischen billiger und mittlerer Preisklasse. Abgerechnet wird nach verzehrter Menge.

EINKAUFEN

Das **Plaza Bukittinggi** in der Jl. A. Yani, gegenüber der Turmuhr, ist von 9–22 Uhr geöffnet und umfasst zahlreiche Bekleidungs-, Spielwaren- und Elektronikgeschäfte sowie ein Fast-Food-Restaurant der Kette CFC.

Bei **Markas** in der Jl. A. Yani 36B gibt es Trekking- und Kletterausrüstung, Rucksäcke und allerlei Outdoor-Accessoires (Seile, Zelte, Brillen, regenfeste Kleidung etc.).

AKTIVITÄTEN UND TOUREN

Viele Hotels organisieren englischsprachig geführte Touren und Treks, etwa in den Syanok-Canyon oder zu den wöchentlich und an Feiertagen stattfindenden Kuhrennen in den Dörfern, zum Maninjau-See sowie ins malerische Harau Valley. Dazu zählen auch Ausflüge zu den jeweils aktuell blühenden Rafflesia-Blumen. Zudem sind **Trekking**-Touren auf die Vulkane Singgalang (inaktiv) und den Gunung Merapi (aktiv), **Paragliding** über dem Maninjau-See (80 € pro Flug), **Klettern** im Harau Valley und Kayaking auf dem Sianok River im Angebot. Kulturell Interessierte finden sicher Gefallen an der klassischen Minangkabau-Tour, die den Königspalast in Pagaruyung, das Rumah Adat in Blimbing sowie auf gewisse Handwerke spezialisierte Dörfer abdeckt, z. B. Schmiederei in Koto Gadang oder Kaffeeröstung und *Songket*-Weberei in Pandai Sikek. Bis zu 8 Dörfer können besichtigt werden.

Solche Tagestouren kosten 300 000–450 000 Rp inkl. Ausrüstung, Eintritte und ggf. Benzin und Fahrer bzw. 100 000–150 000 Rp p. P.
Lite 'N' Easy Tours, im Bedudal Café, Jl. A. Yani, ✆ 0813-7453 7413, 🖥 www.liteneasy. nl. Umfangreiches Tourangebot und kundige Guides. Im Café wird Interessierten gern Auskunft erteilt, und auch für Ausflüge in Eigenregie findet man hier gute Berater, die mit Karten, Infos und Kontakten weiterhelfen und ggf. Motorräder und Autos vermieten. Touren sind hier etwas billiger, da die Kommission für Hotels wegfällt.

SONSTIGES

Apotheke
Jl. A. Yani 57, ✆ 0752-31034.
🕐 Mo–Sa 8–21 Uhr.

Geld
Geldautomaten diverser Banken finden sich überall in der Jl. A. Yani zwischen dem Uhrturm und dem Bedudal Café.

Informationen
Touristeninformation, am Platz des großen Uhrturms (Jam Gadang), ✆ 0752-21300. Viele Broschüren und Karten, gern ausgegeben von hilfsbereitem, jungem Personal, das mitunter zu wenig Englisch beherrscht.
🕐 8–15 Uhr.

Internet
Orange Net, Jl. A. Yani. 30 Min. für 2000 Rp.
🕐 24 Std.

Polizei
Jl. Sudirman 23, ✆ 0752-21450.

Post
Jl. Sudirman. 🕐 Mo–Do 8–16, Fr 8–12.30 und 14–16 Uhr.

Reisebüro
Raun Sumatera, Jl. A. Yani, ✆ 0752-624 451.

Souvenirs
Ganesha, Jl. Teuku Umar. Hat schöne Schnitzarbeiten und Wandschmuck.

Tanjung Raya Art Shop, Jl. A. Yani 102. Verkauft filigrane Porzellanarbeiten, Geschirr sowie Tischdekorationen.

NAHVERKEHR

Der örtliche Verkehr funktioniert bis auf wenige Taxis, die in der Stadt verkehren, durch **Opelet**-Busse, die farblich zu unterscheiden sind und spezifische Routen fahren. Einfach anhalten, Zielort nennen und ggf. zusteigen. Rote Busse fahren durch das Zentrum und zum Busterminal Aur Kuning. Eine Fahrt kostet 2000 Rp.

TRANSPORT

Wer in die Stadt und aus ihr heraus möchte, ist auf Fernbusse angewiesen. Der **Busterminal Aur Kuning** liegt ca. 2,5 km außerhalb des Stadtkerns und ist mit roten Opelet-Bussen erreichbar, 2000 Rp (ein kurzer Fußweg ist je nach Ausstiegsort vonnöten). Auf dem Terminal herrscht wenig Ordnung – am besten geht man direkt zu einem der kleinen Büros der vielen Busunternehmen, um sich nach Bussen zu erkundigen und ein Ticket zu kaufen. 🕐 6–18 Uhr. Preisbeispiele von Indah Travel, ✆ 0821-2665 18151:
BANDA ACEH (via Medan), 1x tgl., 200 000 Rp (Flugverbindung ab Padang ratsam);
JAKARTA, 1x tgl., 25 Std., ab 240 000 Rp (Flugverbindung ab Padang ratsam);
MEDAN (via Parapat und Pematang Siantar), 4x tgl., 18 Std., ab 115 000 Rp;
PADANG, stdl., 3 Std., 20 000 Rp;
PALEMBANG, 1x tgl., 20 Std., 145 000 Rp;
SIBOLGA, 1x tgl., 18 Std., ab 80 000 Rp.

Busse des Unternehmens **ALS**, Jl. Soekarno Hatta, ✆ 0752-22288, fahren nonstop zu ähnlichen Preisen. Die Busstation und das Büro befinden sich ca. 2,5 km westlich vom Terminal Aur Kuning: Vom Ausgang des Terminals nach links und geradeaus, bis man die zweite Ampel erreicht; dort nach rechts und weitere 500 m auf der linken Straßenseite. Blaue und schwarze Opelet fahren zwischen Aur Kuning und diesem Ort, der als Simpang Limau bekannt ist, 2000 Rp. Vom Stadtzentrum Bukittinggis aus ist es einfacher, die Jl. Soekarno Hatta entlangzufahren, per Opelet 2000 Rp.

Die Umgebung von Bukittinggi

Harau Valley

Eines der landschaftlich schönsten Täler Sumatras wird von 320 m hohen Felswänden aus Kalkstein begrenzt und liegt nahe **Payakumbuh**, 55 km nordöstlich von Bukittinggi. Von den 300 ha des Reservats sind 10 % zu einem Erholungspark ausgebaut worden mit Spazierwegen, Rastplätzen und Aussichtsplattformen. Dieses Gebiet grenzt an etwa 20 000 ha (mehr oder weniger) geschützten Wald auf den Bergen im Osten (Richtung Riau), wo Tiger, die Waldziegenantilope, Siamang und andere bedrohte Tierarten leben. Das Tal lockt mit idyllischer Ruhe und **Wasserfällen**, die aus großer Höhe an verschiedenen Stellen aus dem Fels sprudeln – schöne Ziele für einen Tagesausflug per Motorrad, Auto oder Minibus. Zudem finden sich hier für Kletterer gut geeignete Steilwände – **Klettertouren** sind bei Lite'N'Easy buchbar, ✆ 0813-7453 7413, 🖥 www. liteneasy.nl. Schon die Landschaft auf dem Weg dorthin ist sehenswert: Reisfelder und -terrassen prägen das Bild, durchbrochen von Palmenhainen und umrahmt vom Barisan-Gebirge.

Man erreicht das Harau Valley, indem man der Jl. Soekarno Hatta aus der Stadt heraus für ca. eine Stunde geradeaus folgt und Payakumbuh passiert, bis ein Schild die Einfahrt zum „Objek Wisata Harau" ankündigt. Ohne eigenes Transportmittel (im Tal eher unpraktisch) mit dem Bus ab Aur Kuning, Bukittinggi, nach Payakumbuh fahren, 10 000 Rp. Von dort mit einem Ojek-Motorradtaxi für 15 000 Rp nach Harau. 2500 Rp

---

Mich laust der Affe!

Die Blumengeschäfte am Parkplatz vor den Wasserfällen (auf der rechten Seite des Bergs) bieten zwei besonders faszinierende Spezies an: *Pakis Monyet*, der Affenfarn, hat braune Behaarung und einen Spross, der das Ganze wie das Hinterteil eines Äffchens aussehen lässt – täuschend echt! Die fleischfressenden Pflanzen dagegen bilden Kelche aus, in denen Insekten, angelockt vom Duft und dem leuchtenden Violett, in verdauender Flüssigkeit ihr Ende finden.

Eintritt werden an der Schranke verlangt, die von 6.30–18.30 Uhr Besucher durchlässt.

Im Dorf **Tarantan** gabelt sich die Straße: Der linken Seite folgend, gelangt man zu einem recht hohen **Wasserfall**, **Sarasah Bunta** genannt, unter dem auch geschwommen werden darf, sowie direkt daneben zu einem Aussichtspunkt, der viele Stufen erfordert und aufgrund der umstehenden Vegetation wenig Aussicht gewährt. Unten befinden sich einige Essenstände. Die Straße führt noch 1–2 km weiter durch die schöne Szenerie, bevor sie zum Schotterweg wird und zum Umkehren einlädt. Die rechte Straße dagegen führt ab der Gabelung etwa 1 km weit zu einem Parkplatz mit Souvenir- und Blumengeschäften. Von hier aus zu Fuß geht es zu zwei weiteren sehr hohen Wasserfällen, **Sarasah Murai** und **Sarasah Aka Barayun**.

ÜBERNACHTUNG

Übernachten kann man hier im **Echo Homestay**, ✆ 0752-775 0306, 🖥 echohomstay.blogspot.com. Hübsche kleine und große, teils traditionelle Holzbungalows für 2–6 Pers. Kleine Hütten ohne eigenes Bad und mit eher harten Betten, oder große familientaugliche Häuschen mit Hochbett, Schlafzimmer, Wohnbereich und moderner Du/WC. Das grüne, hübsche Areal liegt idyllisch inmitten des Tals, umgeben von üppiger Vegetation und den imposanten Felswänden. Das Restaurant serviert indonesische und internationale Gerichte, das Personal spricht Englisch und ist sehr freundlich und hilfsbereit. ❷–❺

Billiger ist **Abdi Homestay**, ✆ 0852-637 81842, ✉ ikbal_harau@yahoo.com. 3 einfache, aber saubere, kleine Hütten mit Mandi/WC. Freundlicher Betreiber, der gern über Aktivitäten in der Umgebung informiert und Touren organisiert. ❷

Ngalau Indah

Kurz vor Payakumbuh (aus Bukittinggi kommend) geht es linker Hand den Hügel hinauf, in dessen Kuppe die Höhle Ngalau Indah besucht werden kann. Von oben hat man eine tolle Aussicht über die Stadt und das Umland. In der Höhle am Ende der Straße, oberhalb des Park-

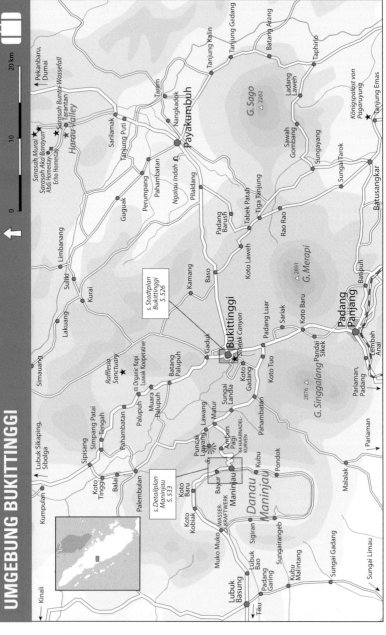

platzes, nisten Tausende Fledermäuse, die man tagsüber quietschen hört und von Nest zu Nest flattern sieht. Ein befestigter Pfad führt um die erstaunlichen Felsformationen der Höhle herum und oberhalb des Eingangs wieder aus ihr heraus. ⊙ tgl. 6.30–18.30 Uhr, Eintritt 4000 Rp.

Maninjau-See

Einer der landschaftlich schönsten Seen Sumatras, der Danau Maninjau, liegt 38 km von Bukittinggi entfernt. Sein Krater entstand bei einem Vulkanausbruch vor 52 000 Jahren und ist rund 20 km lang und bis zu 8 km breit, der See selbst ist 16 km lang und 7 km breit. Seit den 1980er-Jahren wird das Wasser des sich aus ihm speisenden Antokan River in Muko Muko an der Westseite zur Gewinnung von Energie genutzt. An den Berghängen ringsrum gedeihen Obstbäume wie Jackfruit, Rambutan, Durian, Jambu sowie Kaffeesträucher und Gewürze wie Zimt, Kardamom und Muskat.

Besonders beeindruckend ist der Blick auf den See und die ihn umgebenden Berge von der 760 m hohen Bergkuppe **Puncak Lawang**: Vom Dorf Maninjau aus sind es 60 Minuten Fußmarsch bzw. zehn Minuten Fahrt, vorbei an Zuckerrohrfeldern, bis zur Spitze; oder per Minibus für 2000 Rp von Lawang zum Aussichtspunkt. Eintritt 2000 Rp.

Ein Fußpfad führt vor dem Schlagbaum durch den Dschungel hinunter nach **Bayur**. Besonders im oberen Bereich ist er sehr zugewachsen und nicht allzu leicht zu finden. Der Abstieg dauert zwei Stunden, von Bayur sind es 3 km bis zum Dorf Maninjau.

Es lohnt sich, im ruhigen Maninjau einige Tage zu verbringen, zumal hier nur wenige Touristen anzutreffen sind. Man kann angeln, paddeln, wandern und die reizvolle Landschaft genießen. Seit die Besucherzahlen hier vor einigen Jahren nachgelassen haben, sind vor den Ufern jedes Dorfs zahlreiche Fischfarmen errichtet worden, deren für den Export bestimmte Erträge für immer mehr Menschen die wichtigste Einnahmequelle darstellen. Der Nachteil ist die verschlechterte Wasserqualität, die an vielen Stellen leider nicht mehr zum Baden einlädt.

Südlich und östlich des Sees sind über 22 000 ha Wald unter Naturschutz gestellt wor-

den. Die Rufe der dort lebenden Siamang sind noch in Maninjau zu hören, selbst Tiger werden gelegentlich gesichtet.

Jeden Dienstag findet an der Kreuzung im Dorf ein betriebsamer **Markt** statt, der an den übrigen Wochentagen durch weitere Dörfer am See die Runde macht.

ÜBERNACHTUNG

Maninjau

Muaro Beach Bungalows, Jl. Muaro Pisang 53, ☎ 0752-61189, 0813-3924 0042, ✉ neni1967@yahoo.com. Ordentliche Bungalows mit Seeblick, sauberem Mandi/WC und bequemen Matratzen. Die Betreiberin ist freundlich, spricht Englisch, kocht gut und arbeitet zeitweise auch als Guide. In Laufnähe zum Dorf. Motorradverleih für 60 000 Rp. ❶

Pasir Panjang Permai, ☎ 0752-61111. Helle Zimmer mit bequemen Betten, etwas Mobiliar und sauberen Du/WC mit Warmwasser, teilweise mit Seeblick. Freundliches Personal, das im großen Restaurant gutes Essen serviert und auch Feierlichkeiten dort austrägt. ❸–❹

Tan Dirih Hotel, KM 1 Desa Angek Maninjau, ✆ 0752-61263. Hübsche Zimmer mit bequemen Betten, Leselampen, Seeblick und modernem Warmwasser-Bad/WC. Dazu Frühstück nach Wunsch und freundliches Personal, das leider kaum Englisch spricht. Etwas dicht an der Hauptstraße, Baden ist hier nicht möglich. ❸

Bayur, nördlich von Maninjau

Arlen – Nova's Paradise, ✆ 0878-8369 6109, 🖥 www.nova-maninjau.id.or.id. Schicke Bungalows mit bequemen Betten inkl. Moskitonetz und sauberem Mandi/WC. Die gärtnerisch sehenswerte Anlage hat eine gute Badestelle, und das Restaurant serviert zu jazziger Musik indonesische und internationale Gerichte. Motorradverleih 80 000 Rp am Tag. ❷

Bayur Beach Inn Homestay, ✆ 0813-7408 0485. Saubere, ordentliche Bungalows mit Mandi/WC und Seeblick. Kleines, gemütliches Restaurant, das die gängigen indonesischen und internationalen Gerichte serviert. Freundliches Personal. Motorradverleih für 70 000 Rp. ❶

ESSEN

Bagoes Café, Maninjau, ✆ 0752-614 1815. Gängige, im Frühstücksbereich etwas fade indonesische und internationale Gerichte zu üblichen Preisen. Freundliches Personal, das auch Touren und Transport organisiert. WLAN kostet etwas weniger als die Stunde am PC für 5000 Rp. Selbst im Ramadan bekommen Touristen hier tagsüber etwas zwischen die Zähne.

Muaro Beach Restaurant, Maninjau. Indonesische und internationale Gerichte werden zu verträglichen Preisen in entspannter Atmosphäre am Seeufer serviert. Neni, die Köchin, bereitet besonders die indonesischen

Gesellschaft und Adat der Minangkabau

Das gesellschaftliche System der Minangkabau ist verhältnismäßig komplex. Vier Clans (Suku) werden heute als die ältesten Volksgruppen bezeichnet. Die Bodi, Caniago, Koto und Piliang leben über das gesamte Land verstreut. Jeder Clan hat ein männliches Oberhaupt, einen auf Lebenszeit gewählten Penghulu, der den Titel Datuk trägt und seinen Clan im überregionalen Adat-Rat vertritt. Innerhalb seines Suku hat ein Datuk hauptsächlich die Aufgabe, bei Familien- oder Clan-Problemen Ratschläge zu erteilen, er hat aber keine Entscheidungsgewalt. Entscheidungen, wie z. B. auch die Wahl des Datuk selbst, trifft man durch gemeinsame Beratungen, ein demokratischer Auswahlprozess, bei dem weibliche und männliche Clan-Mitglieder oft monatelang diskutieren.

Die wichtigste soziale Einheit ist das Dorf (Nagari) mit den dazugehörenden Feldern und Ländereien. Ein Nagari ist nur vollständig, wenn die vier Suku darin vertreten sind. Gemäß dem Adat wird von einem Minangkabau erwartet, dass er sich seinen Ehepartner zwar aus demselben Nagari, aber aus einem anderen Suku aussucht.

Die Frauen der Minangkabau besitzen die Reisfelder sowie die Häuser. Im Erbfolgesystem geht, materiell wie geistig (z. B. in der Namensgebung), der Besitz immer von der Mutter auf die Tochter über. Die von den Ahnen übernommenen Gesetze und Verhaltensweisen, die man Adat nennt, bestimmen das gesamte Leben. Männer haben nach dem Adat die Funktion, das System zu beschützen. Im Haus der Frau gilt der Mann als Gast. Seine Arbeitszeit muss er zwischen seiner Mutter und seiner Frau aufteilen. Nur von den Erträgen seiner Mutter bekommt er einen bestimmten, nach dem Adat genau geregelten Anteil. Der Teil seiner Arbeitskraft, den er für seine Frau aufwendet, kommt allein der Frau und den Kindern zugute. Ist er der älteste Sohn, verwaltet er das Vermögen seiner Mutter. Für die Kinder ist danach der wichtigste männliche Verwandte nicht der leibliche Vater, sondern der älteste Bruder der Mutter, der Ninik Mamak.

534 DIE UMGEBUNG VON BUKITTINGGI · www.stefan-loose.de/indonesien

Gerichte sehr gut zu, Fisch muss allerdings 5 Std. im Voraus bestellt werden.

Waterfront Zalino, Bayur. Auf Fisch spezialisiertes Restaurant, das diesen allerdings in der gegrillten Variante noch am besten serviert – die süß-saure dagegen wird in Tomatensoße ertränkt. Guter Kaffee mit gesüßtem Eischaum, der sich entspannt auf dem Wasserpavillon schlürfen lässt.

AKTIVITÄTEN

Paragliding
Flüge im Alleingang oder mit Pilot sind vom **Puncak Lawang** möglich, wo auch der Paragliding-Club sitzt: 80 € pro Flug. Hierfür empfehlen sich die Trockenmonate zwischen März und September. Jährlich finden hier im Mai Paragliding-Wettbewerbe statt, und so mancher Flug dauerte schon Stunden. Kontakt: Joe Mairi, ℡ 0812-673 8152, ▭ www.sumatra-paragliding.id.or.id.

Rafting
Für US$39 p. P. sind Rafting-Touren mit mind. 2 Pers. auf dem **Antokan-River** möglich. Besonders nach starkem Regen macht eine solche Fahrt den Fluss hinunter Spaß. Zu organisieren über die Unterkunft oder **Lite 'N' Easy Tours**, im Bedudal Café, Jl. A. Yani, Bukittinggi ℡ 0813-7453 7413, ▭ www.lite neasy.nl.

Trekking
Ein- oder mehrtägige Trekkingtouren durch den umliegenden Dschungel sind bei der Unterkunft, im Bagoes Café oder direkt beim Guide buchbar. Je nach Gusto können die Routen auch durch kleine, traditionelle Dörfer oder (weniger anstrengend) über einen wohlbekannten Pfad zurück nach Bukittinggi führen. Ein erfahrener Guide, der Englisch und sogar Deutsch spricht, ist Zal, ℡ 0752-61766, 0815-3541 1074. Mit ihm sind auch Bootstouren und die Teilnahme an einer traditionellen Wildschweinjagd im Dschungel möglich.

SONSTIGES
Die folgenden Angaben beziehen sich auf Maninjau.

Einige Minangkabau-Begriffe:

Rumah Gadang Das traditionelle „Große Haus" eines Clans oder einer Großfamilie. Charakteristisch sind die auffälligen, verschachtelten Dächer. Die Anzahl der wie Büffelhörner spitz nach oben gebogenen Dachgiebel entspricht der Anzahl der einzelnen Räume im Haus. Die Rückseite des Hauses besteht aus Bambus, um eine gute Durchlüftung des ansonsten dunklen Hauses zu gewährleisten. Die hölzernen Wände, Pfähle und Decken sind mit feinen Holzschnitzereien verziert. Eine offene Plattform, Anjung, an einem Ende des Hauses dient als Aufenthaltsort für alle Mitglieder des Clans.
Bundo Kanduang Die Muttergöttin oder Erdgöttin, auch die ursprüngliche Clan-Mutter, und in neuerer Zeit der Name einer Frauen-Organisation.
Rantau Die Randgebiete des Minangkabau-Hochlandes, im Gegensatz zum Darat, dem zentralen Kernland; folglich bedeutet das Verb *merantau*, sich ins Rantau zu begeben, auf Auslandsreise zu gehen oder eine Handelsreise zu unternehmen.

Apotheke
Jl. Telaga Biru, nahe der Hauptkreuzung im Dorf, ℡ 0831-8058 9500. ⏱ 7–15 Uhr.

Geld
Seit Kurzem gibt es einen Geldautomaten der Bank Rakyat Indonesia neben der Niederlassung. Ob eine Abhebung funktioniert, ist oftmals Glückssache.

Medizinische Hilfe
Mediziner findet man im Puskesmas, Jl. H.U. Rahman, nahe der östlichen Moschee. Mit ernsthaften Erkrankungen besser nach Padang fahren.

Polizei
Gegenüber der Post, ℡ 0752-61110. Zuletzt war das Telefon kaputt, und eine Reparatur erschien den Beamten für die nahe Zukunft „eher unwahrscheinlich".

SUMATRA

www.stefan-loose.de/indonesien

DIE UMGEBUNG VON BUKITTINGGI

Post

Hinter dem Telkom-Office an der Kreuzung im Dorf. ⏱ Mo–Do 7.30–15, Fr 7.30–11.30, Sa 7.30–13 Uhr.

TRANSPORT

Busse

Ab Aur Kuning in Bukittinggi fahren stündl. bis 17.30 Uhr Busse in 1 1/2 Std. nach MANINJAU für 15 000–20 000 Rp. Die asphaltierte Straße führt über 44 Haarnadelkurven steil nach unten – auch von hier hat man gute Aussicht, wenn der Bus nicht überbesetzt ist.

Ab Maninjau fahren in die andere Richtung zwischen 5 und 17 Uhr Busse nach BUKIT-TINGGI. Sie kommen aus den umliegenden Dörfern durch Bayur und Maninjau und müssen angehalten werden – es gibt keinen zentralen Busterminal. Einheimische bezahlen 13 000 Rp, von Touristen werden, wie auch in der umgekehrten Richtung, oft 15 000–20 000 Rp verlangt. Der letzte Bus zurück nach BUKIT-TINGGI fährt gegen 17.30 Uhr.

Wer nach PADANG möchte, hat zwei Optionen: Mit dem Bus nach Bukittinggi (s. o.) und von dort in die Provinzhauptstadt, 20 000 Rp, 3 Std. Oder aber mit dem Opelet für 7000 Rp von Maninjau nach LUBUK BASUNG und von dort mit dem Bus für 18 000 Rp nach PADANG. Beide Varianten dauern mind. 4 Std., allerdings ist die zweite die landschaftlich schönere, führt sie doch streckenweise am Ozean entlang.

Taxi

In jeder Unterkunft sowie im Bagoes Café im Dorf können Taxis nach PADANG bestellt werden, ca. 2 Std. via Pariaman für 80 000 Rp p. P. inkl. Drop-Off am Zielort, z. B. Flughafen. Nach BUKITTINGGI in ca. 1 Std. für 20 000 Rp. Den Sitzplatz nach PADANG sollte man einen Tag im Voraus buchen.

Taxiunternehmen

Putra Antokan Express, Jl. Gajah Mada 121, Lubuk Basung, ✆ 0752-76916, 0812-6681 1177.

Kalimantan

Stefan Loose Traveltipps

15 Banjarmasin Eine Bootsfahrt durch die Kanäle und Flussarme der Stadt führt durch Hinterhöfe und zu den größten schwimmenden Märkten des Landes. S. 539

Loksado Der verschlafene Ort ist Ausgangspunkt für Dschungel-Trekkingtouren in das Meratus-Gebirge oder Wildwasserfahrten mit einfach zusammengebundenen Bambusflößen. S. 545

16 Tanjung Puting-Nationalpark Entspannt tuckert man mit einem traditionellen Hausboot durch das größte geschützte Sumpfgebiet Südostasiens und kommt Orang Utans, Nasenaffen und Krokodilen ganz nah. S. 547

Mahakam-Fluss Mit Riverbussen und motorisierten Langbooten geht es den zweitlängsten Fluss von Borneo hinauf, durch schwimmende Dörfer bis hin zu den Langhäusern der Dayak. S. 556

Pulau Derawan Ein Paradies mit türkisfarbenem Meer, blendend weißen Palmenstränden, Meeresschildkröten und Schwärmen von Mantarochen wartet auf Traveller, die es bis auf die abgelegenen Inseln in der Celebes-See schaffen. S. 559

KALIMANTAN

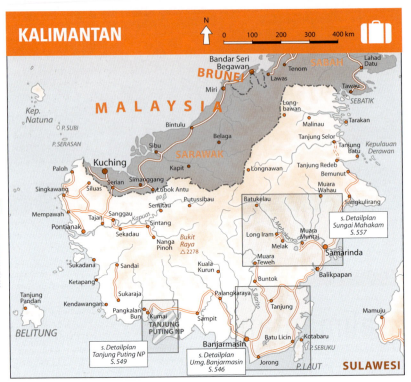

Trotz immenser Waldzerstörung ist der indonesische Teil von Borneo (73 %, 544 150 km²) noch immer größter Lebensraum der rothaarigen Orang Utans und Heimat der Dayak-Völker, der einst als Kopfjäger bekannten Ureinwohner (s. Kasten S. 542). Riesige Urwaldströme durchziehen die vier Provinzen und sind trotz fortschreitender Entwicklung und Entwaldung weiterhin die wichtigsten Verkehrsadern Kalimantans. Sie verbinden die wenigen großen muslimisch geprägten Küstenstädte mit den dünn besiedelten Regionen und äußerst traditionellen Dörfern im Inselinneren.

Neben der interessanten animistisch geprägten Kultur der Dayak bietet Kalimantan noch immer vielfältige Naturräume mit seltenen Pflanzen- und Tierarten. Besonders nah kann man Orang Utans, aber auch Nasenaffen, Koboldmakis und Rhinozerosvögeln im Tanjung Puting- und Kutai-Nationalpark kommen. Traditionelles Flussleben ist dagegen am besten rund um Banjarmasin und entlang dem Sungai Mahakam zu erleben. Das bei Travellern noch recht unbekannte Inselparadies Kepulauan Derawan mit Südsee-Flair und guten Tauchmöglichkeiten liegt vor der nördlichen Küste von Ost-Kalimantan.

Süd-Kalimantan

Kalimantan Selatan ist die kleinste und am dichtesten besiedelte Provinz der Insel. Auf nur 37 660 km² leben 3,6 Mio. Menschen. Ein großer Teil der Provinz ist von Sümpfen bedeckt, und auch das wichtigste urbane Zentrum, Banjarmasin, wurde in einer sumpfigen Gegend am Ostufer des Barito gegründet. Die schwimmenden Märkte der Stadt sind Indonesien-weit bekannt, aber längst nicht so touristisch überlaufen wie jene in Thailand. Im Norden der Provinz erhebt sich das Meratus-Gebirge, das mit tropischem Regenwald bedeckt ist und sich für Floßfahrten und Trekkingtouren eignet.

15 HIGHLIGHT

Banjarmasin

Zahlreiche Kanäle und Flussarme durchziehen Banjarmasin wie ein Labyrinth. Von morgens bis abends herrscht auf ihnen ein reger Verkehr. Die freundliche Stadt mit bisher wenigen Besuchern zählt 625 481 Einwohner. Die Orang Banjar sind ein wohlhabendes Volk von Küstenmalaien, streng muslimisch und sehr gastfreundlich.

Die Stadt scheint nur aus **Märkten** zu bestehen, denn der Handel ist die Hauptbeschäftigung der Banjaresen. Entlang der Jl. Pasar Baru im Süden des Zentrums breitet sich der geschäftige **Pasar Baru** mit vielen Läden aus. Direkt um die Ecke erwachen Jl. Katamso und Jl. Niaga Utara abends zum Leben, wenn zum **Nachtmarkt** zahlreiche Warung die Straße säumen. Ein Muss ist eine Flussfahrt entweder in den frühen Morgenstunden zu einem der **schwimmenden Märkte** oder am Nachmittag durch die Hinterhöfe der Stadt. Dann baden die Einwohner in den schlammbraunen Fluten, und Frauen machen zwischen den Pfählen der wellblechgedeckten Häuser große Wäsche.

Das 45 m hohe Minarett der Ufo-artigen **Mesjid Raya Sabilal Muhtadin** überragt im nördlichen Zentrum das Ufer des Sungai Martapura. Hier stand zu Kolonialzeiten das holländische Fort Benteng Tatas. Heute ist es eine der wichtigsten Gebetsstätten Kalimantans und fasst bis zu 15 000 Gläubige. Eintritt nur mit langen Hosen und bedeckten Schultern gegen Spende.

Der interessante alte **chinesische Tempel Po An Kiong** befindet sich an der Jl. Niaga 45. Noch besser erhalten und farbenfroher ist der **Soetji Nurani-Tempel** in der Jl. P. Tendean 34 am östlichen Ufer des Sungai Martapura.

Bootsfahrten und schwimmende Märkte

Auf jeden Fall sollte man sich Banjarmasin vom Wasser aus ansehen. Die Fahrt zum **schwimmenden Markt von Kuin** *(Pasar Terapung Muara Kuin)*, 2 km nördlich des Stadtzentrums, beginnt noch vor Sonnenaufgang gegen 5.30 Uhr bei der Anlegestelle am Sungai Martapura an der Jl. Ujung Murung. Am Zusammenfluss des Sungai Kuin mit dem großen Sungai Barito ist nach 30 Minuten der schwimmende Markt erreicht, der sich meist gegen 7 Uhr schon wieder auflöst. Die mit tropischen Früchten und frischem Gemüse beladenen Boote liegen nah beieinander, und nur mit Körperkraft hangeln sich die Kunden von einem Verkaufsboot zum nächsten. Zum Schutz gegen die Sonne und den häufigen Regen tragen die Menschen in den Kanus breite, geflochtene Hüte, die wie umgestülpte Körbe aussehen. Einige Boote sind sogar mit Gasherd und Wok ausgestattet und servieren zum Frühstück leckere frittierte Bananen und Kaffee.

Wer Erdnüsse oder Bananen kauft, kann auch die halbzahmen Affen füttern, die eine chinesische Pilgerstätte auf der **Pulau Kembang** bewachen, eine Insel im Sungai Barito, 15 Minuten südlich vom Kuin-Markt. Die Orang Banjar glauben, dass es Glück bringt, von Affen umgeben zu sein. An der Insel vorbei, den Sungai Barito flussabwärts, kommt man an Sägewerken vorbei zum großen Pelni-Hafen **Trisakti**. An den Ufern werden die traditionellen Segelschoner der Bugis gebaut, und stattliche Pinisi aus Sulawesi und Java liegen an Anker.

Ein weiterer schwimmender Markt, der **Pasar Terapung Lokbaintan**, liegt ca. eine Stunde nördlich von Banjarmasin nahe dem Dorf Sungai Pinang und kann bis 9 Uhr besucht werden. Oft ist er noch geschäftiger als der Markt von Kuin, da er für die Dörfer im Inland besser zu erreichen ist.

ÜBERNACHTUNG

Banjarmasin hat eine breite Auswahl an Mittelklassehotels, die sowohl an der Jl. Jen. A. Yani außerhalb des Zentrums sowie entlang der Jl. Pangeran Samudra im Stadtzentrum liegen. Das Angebot an sauberen Budgetunterkünften ist deutlich eingeschränkter.

KALIMANTAN

www.stefan-loose.de/indonesien

Untere Preisklasse

Borneo Homestay, Jl. Hasanuddin 33, ✆ 0511-4343 66545, 0812-5182 8311. Sehr abgewohntes Gästehaus mit den billigsten Zimmern der Stadt. Schaumstoffmatratzen, Ventilator und einfache Gemeinschafts-Du/Hocktoilette bieten nur wenig Komfort. Auf dem Gang stolpert man über alte Kinosessel und eine kleine Leihbibliothek mit vielen deutschen Büchern. Der Besitzer Joe organisiert Trips. ❶

Hotel Cahaya, Jl. P. Tendean 22/64, ✆ 0511-325 3508. Beliebtes Hotel nahe der Hasanuddin-Brücke mit 21 unterschiedlich großen Zimmer; allesamt mit Warmwasser-Du/WC, AC, TV und Kühlschrank. Frühstück inkl. ❸

Hotel Perdana, Jl. Jen. Katamso 8, ✆ 0511-335 3276, ✉ hotelperdanabanjarmasin@yahoo.com. Die moderne grau-rote Fassade lässt erahnen, dass das freundliche Hotel in jüngster Zeit renoviert wurde. Die neuesten und größten Zimmer liegen im 3. Stock und wurden mit guten Betten, Ventilator und kleinen TV-Geräten eingerichtet, sind aber recht aufgeheizt. Weiter unten bekommt man auch AC-Zimmer mit Bad oder Du/WC. Linda an der Rezeption spricht ausgezeichnet Englisch und versorgt die Gäste mit verlässlichen Informationen. Frühstücks-, Nachmittagssnack und WLAN inkl. ❷–❸

Hotel SAS, Jl. Kacapiring Besar 2, ✆ 0511-335 3054. Zum Zeitpunkt der Recherche wurde das dunkle Teakhaus komplett renoviert. Einfache Zimmer mit Ventilator und geräumigere klimatisierte Zimmer mit Warmwasser-Du/WC, AC und Kühlschrank bieten voraussichtlich aber ein gutes Preis-Leistungs-Verhältnis. Frühstück inkl. ❷–❸

Wisma Antasari, Jl. Lambung Mangkurat 26, ✆ 0511-336 3119. Ruhige Unterkunft an der Hauptstraße mit sehr geräumigen, sauberen Zimmern. Die Einrichtung ist anspruchslos, die Betten sind groß. Alle mit Warmwasser-Du/WC, TV und Kühlschrank. Frühstück inkl. ❸–❹

Mittlere und obere Preisklasse

Mercure, Jl. Jen. A. Yani, KM 2, Nr. 98, ✆ 0511-326 8888, 🖥 www.mercurebanjarmasin.com. Das neueste Businesshotel der Stadt eröffnete im März 2012 in den oberen Stockwerken der Duta Mall. 180 blitzblanke Zimmer und Suiten mit moderner Einrichtung und elegantem Design, teils sehr geräumig und mit gutem Ausblick. Außerdem Internetzugang, Pool, Spa und Restaurant. ❻–❼

Swiss-Belhotel Borneo, Jl. Pangeran Antasari 86 A, ✆ 0511-327 1111, 🖥 www.swiss-belhotel.com. Beliebtes Businesshotel, das Anfang 2012 mit einem modernen Neubau erweitert wurde. Die Zimmer sind komfortabel ausgestattet, haben aber teils keine Fenster und nur ein kleines Du/WC. Gegen Aufpreis mit Flussblick. Frühstücksbuffet und WLAN inkl. ❺–❼

Victoria River View, Jl. Lambung Mangkurat 48, ✆ 0511-336 0111, ✉ hotel_victoria48@yahoo.com. 3-Sterne Haus direkt am Sungai Martapura mit schöner Aussicht aus den Zimmern mit Flussblick. Die modernen Zimmer haben teils Wasserkocher, LCD-TV, Minibar und gute Matratzen. WLAN und Frühstück inkl. ❹–❻

ESSEN

Zum Abendessen streift man am besten über den Nachtmarkt in der Jl. Niaga oder kehrt in einem der traditionellen Restaurants auf der Jl. Pangeran Samudra oder in der Chinatown, Jl. Veteran, ein. Mittags bringt die traditionelle *Soto Banjar*, eine köstliche Hühnersuppe mit Klebreis, die nötige Stärkung.

Depot 59, Jl. Veteran 53/54, ✆ 0511-325 0472. Leckere Fruchtsäfte und günstige chinesische und indonesische Gerichte ab 15 000 Rp. ⏰ 7–20 Uhr.

Eskimo, Jl. Pangeran Samudra 28, ✆ 0511-436 7440. Günstiges chinesisches Restaurant, das auch als *Warung Bir* bekannt ist, da es eine der wenigen Bars ist, in denen Bier ausgeschenkt wird. ⏰ 10–22 Uhr.

Jorong Café, Jl. S. Parman 115, ✆ 0511-336 0823, 🖥 http://caferesto.jorong.com. Wer Lust auf Steaks, chinesische oder japanische Gerichte hat, ist hier goldrichtig. Im 2-stöckigen Restaurant mit großer Bühne, wo allabendlich ein Keyboardspieler oder eine ganze Liveband für Unterhaltung sorgen, gibt es auch günstige Fruchtsäfte, WLAN und bei Nachfrage auch Bier. Tenderloin Steaks mit kleiner Gemüse- und Pommesbeilage ab 50 000 Rp. ⏰ 9–24 Uhr.

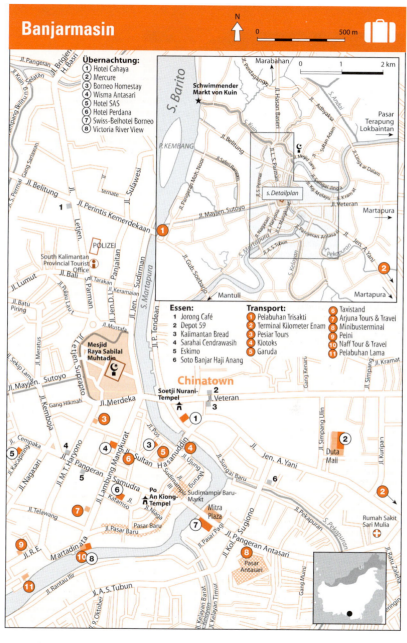

Die Dayak

Langhaus in Mancong

Die indigene Bevölkerung Kalimantans wird unter dem Sammelbegriff „Dayak" zusammengefasst, auch wenn sich diese **protomalaiischen Völker** aus 150–200 verschiedenen Gruppen zusammensetzen, die sprachlich wie kulturell äußerst heterogen sind. Die Bidayuh, Iban, Kayan, Kenyah und Ngaju und viele andere Dayak sind Jäger, Bauern und begabte Kunsthandwerker und leben an den Flussläufen im Inselinneren. Ganz selten noch bewohnen ganze Dorfgemeinschaften ein einziges **Langhaus** *(Lamin* oder *Rumah Panjang)* – einen bis zu mehrere hundert Meter langen Pfahlbau, der auch Lager- und Arbeitsräume umfasst. Heute findet man intakte Langhäuser nur noch weit oberhalb der Flussläufe, z. B. des Mahakam. Viele werden nicht mehr bewohnt, dienen aber noch als zeremonielle Versammlungsorte, z. B. in Malaris (s. S. 546) oder Mancong (s. S. 557), und sind mit mystischen Totemfiguren dekoriert. Sie sind das deutlichste Zeichen dafür, dass **animistische Naturreligionen** mit schamanistischen Zügen trotz Konvertierung der meisten Dayak zum Christentum, Hinduismus oder Islam noch einen wichtigen Stellenwert haben. Die damit zusammenhängenden Zeremonien und Tänze sind am besten am größten Feiertag der Dayak, dem **Gawai Dayak**, mit Höhepunkt am 1. Juni jedes Jahres zu erleben. Das Fest symbolisiert die Einheit der Dayak und wurde 1957 eingeführt. Traditionell waren einige Dayak-Stämme **Kopfjäger**. Aufgrund einer Mischung aus u. a. wirtschaftlicher Marginalisierung, Transmigration und politischer Instrumentalisierung kam es 1999 in West-Kalimantan und 2001 in Zentral-Kalimantan zu gewalttätigen ethnischen Konflikten zwischen Dayak und maduresischen Transmigranten, in deren Folge uralte Kopfjagd-Rituale wiederbelebt wurden. Obwohl die Geschehnisse nie ganz aufgeklärt oder politisch verarbeitet wurden, sind die betroffenen Regionen heute befriedet – hauptsächlich weil sämtliche Maduresen vertrieben wurden. Heute leben noch ca. 3 Mio. Dayak in den vier Provinzen West-, Zentral-, Süd- und Ost-Kalimantan.

Kalimantan Bread, Jl. Veteran 19/12, ✆ 0511-325 8286. Chinesische Bäckerei mit guten Backwaren, die sich zum Frühstück und als Snacks für eine Tagestour eignen. ⏱ 6.30–18 Uhr.

Sarahai Cendrawasih, Jl. Pangeran Samudra 65/24, ✆ 0511-336 4560. Einfaches, aber beliebtes Restaurant mit großer Auswahl an vorgekochten Banjar-Spezialitäten und frischem Fisch sowie Seafood direkt vom Grill. Günstige Preise. ⊕ 7–22 Uhr.

Soto Banjar Haji Anang, Jl. Pekapuran. Das kleine, stadtweit bekannte Warung öffnet schon zum Sonnenaufgang an der Uferpromenade vom Sungai Martapura und serviert die leckere Banjar-Spezialität nur so lange, bis der Topf mittags leer ist. Dazu gibt es *Lontong*, in Bananenblatt gekochten Klebreis. ⊕ Sa–Do 6–14 Uhr.

SONSTIGES

Einkaufen

Beliebte Mitbringsel aus Banjarmasin sind bunt bemalte Dayak-Schwerter *(Mandau)*, -Schilde *(Tameng)* und -Schmuck sowie Urwald-Honig und die traditionellen Batik-Sarongs *Kain Sasirangan*. Sie sind sowohl in den kleinen Läden auf dem **Sudimampir Baru-Markt**, Jl. Ujung Murung und Jl. Sudimampir III, als als auch entlang der **Jl. Pangeran Antasari** zu finden.

Duta Mall, Jl. Jen. A. Yani, KM 2,5, Nr. 5, ✆ 0511-327 8888, 🖳 www.dutamall.co.id. Riesiges modernes Einkaufszentrum mit großem Supermarkt, Matahari-Kaufhaus, Foodcourt und Kino auf 4 Stockwerken. ⊕ 9.30–21.30 Uhr.

Geld

Die meisten **Banken** mit Cirrus/Maestro-Geldautomaten sind entlang der Jl. Lambung Mangkurat zu finden. Weitere **Geldautomaten** auch in den großen Shoppingmalls. Einen Moneychanger findet man in der Jl. M.T. Haryono 11, ✆ 0511-335 6055.

Guides/Touren

Wer Ausflüge und Bootstouren nicht auf eigene Faust unternehmen will, kann einen der vielen Guides oder Reiseveranstalter ansprechen, die von Touren zu einem der schwimmenden Märkte bis hin zu tagelangen Trekkingtouren durch die Meratus-Berge alles organisieren können. Beste Adresse ist die **Süd-Kalimantan Guide Association**, Jl. A. Yani, KM 4,5, Nr. 1 E, ✆ 0511-326 8932, 🖳 www.hpikalsel.org. Viele Guides trifft man aber auch in den üblichen Traveller-bleiben, z. B. im Hotel Perdana. Empfohlen werden können die professionell arbeitenden

und englischsprachigen Guides: **Sarkani**, ✆ 0813-5187 7858, ✉ kani286@yahoo.com; **Syadie**, ✆ 0813-4954 5994, 🖳 http://borneo ecoadventure.com; **Mukani**, ✆ 0813-5150 0500, ✉ mukani_bmc@yahoo.com; und **Tailah**, ✆ 0858-2103 5791.

Ein Klotok mit Guide für eine Flussfahrt kostet in der Regel 250 000–300 000 Rp. Geführte 3-Tages-Touren nach Loksado inkl. Tageswanderung und Floßfahrt werden ab 2 Pers. für 1,9 Mio. Rp p. P. mit öffentlichen Verkehrsmitteln und für 2,9 Mio. Rp p. P. mit Mietwagen angeboten. Bei mehreren Reisenden werden sie entsprechend günstiger. Tourpackages, aber auch Flüge und Pelni-Tickets bekommt man bei den folgenden Reisebüros:

Arjuna Tours & Travel, Arjuna Plaza, Jl. Lambung Mangkurat 62, ✆ 0511-65235, ✉ arjuna_travel@telkom.net. Hier kann neben Flügen und Touren auch die Amandit River Lodge bei Loksado gebucht werden. ⊕ 9–18 Uhr.

Naff Tour & Travel, Jl. Lambung Mangkurat 48, Hotel Victoria, ✆ 0511-335 1777. ⊕ 9–18 Uhr.

Pesiar Tours, Jl. M.T. Haryono 15 A, ✆ 0511-336 4004, 🖳 www.pesiartours.com. ⊕ 9–17 Uhr.

Informationen

South Kalimantan Provincial Tourist Office, Jl. Pramuka 4, ✆ 0511-326 3960, 🖳 http://disporbudpar.kalselprov.go.id. Etwas außerhalb gelegen, aber freundliches, informatives Personal, das Englisch spricht. ⊕ Mo–Do 7.30–14.30, Fr 7.30–11.30 Uhr.

Medizinische Hilfe

Rumah Sakit Sari Mulia, Jl. P. Antasari 139, ✆ 0511-252570. Bestes Privatkrankenhaus der Stadt mit rund um die Uhr geöffneter Notaufnahme. ⊕ 24 Std.

NAHVERKEHR

Angkot

Gelbe Angkot, **Taksi Kuning**, verkehren auf festen Routen innerhalb der Stadt und kosten 3000 Rp, egal wie weit. Sie fahren z. B. von der Jl. Lambung Mangkurat zum Busbahnhof Kilometer Enam (KM 6) an der Jl. Jen. A. Yani, zum Kuin Floating Market wie auch zum Trisakti-Hafen am Sungai Barito.

Flussboote

Die fast parallel verlaufenden Flüsse Barito, Kapuas und Kahayan sind im Deltagebiet durch zahlreiche Kanäle und Flussarme verbunden, die ein zusätzliches Straßennetz über Banjarmasin spannen. Um zu den schwimmenden Märkten zu gelangen, muss man ein **Klotok**, einen Kahn mit schwachem Motor, an der Anlegestelle am Sungai Martapura nahe der Hasanuddin-Brücke für 200 000–300 000 Rp chartern.

Taxis

Koperasi-Taxis, ☎ 0511-449 4949, stehen an der Kreuzung der Jl. Bank Rakyat und Jl. Hasanuddin bereit. Die Fahrt zum Flughafen kostet 75 000 Rp.

TRANSPORT

Minibusse und Busse

Der Busbahnhof **Terminal Kilometer Enam** (KM 6) liegt, wie der Name schon sagt, 6 km außerhalb des Zentrums an der Jl. Jen. A. Yani, zu erreichen ab Stadtzentrum mit Taksi Kuning für 3000 Rp. Von hier fahren **Taxi-Colts** den ganzen Tag, sobald sie voll besetzt sind, in die umliegenden Orte, z. B. nach:
BANJAR BARU, in 30 Min. für 10 000 Rp;
FLUGHAFEN, in 30 Min. für 10 000 Rp;
KANDANGAN, in 4 Std. für 30 000 Rp;
MARTAPURA, in 1 Std. für 16 000 Rp.
AC-Busse fahren tagsüber stündl. nach:
BALIKPAPAN, in 12 Std. für 165 000 Rp, und weiter in 15 Std. für 180 000 Rp nach SAMARINDA;
PALANGKA RAYA, in 5 Std. für 75 000 Rp;
PANGKALAN BUN, in 17 Std. für 165 000 Rp.

Schiffe

Banjarmasin besitzt zwei Häfen. Der **Pelabuhan Lama**, der alte Hafen, liegt am Sungai Martapura an der Jl. R.E. Martadinata. Vor allem traditionelle Pinisi-Schoner legen hier an. Große Schiffe und Pelni-Passagierfähren sind am **Pelabuhan Trisakti** direkt am Sungai Barito zu finden. Nach TRISAKTI gelangt man mit einem Taksi Kuning ab Terminal Pasar Antasari für 3000 Rp oder mit einem Ojek für etwa 20 000 Rp.
Pelni, Jl. R.E. Martadinata 10, ☎ 0511-336 0289, 335 3077, 🖥 www.pelni.co.id, am alten Hafen.

Banjarmasin wird regelmäßig von der Pelni-Autofähre KM. Egon bedient, die ca. 3x pro Monat um 15 Uhr in 27 Std. nach SEMARANG fährt: 1. Klasse für 395 500 Rp, 2. Klasse für 333 000 Rp.

Flüge

26 km südöstlich der Stadt, nicht weit von Banjar Baru, liegt der **Flughafen Syamsudin Noor**. Zu erreichen ist er mit einem Taksi Kuning für 3000 Rp bis zum Busbahnhof Terminal KM 6; von dort weiter mit einem grünen Colt für 10 000 Rp Richtung Banjar Baru. Von der großen Kreuzung am Rollfeld muss man die letzten Kilometer laufen.
Batavia Air, Jl. Jen. A. Yani, KM 4, Nr. 221 B, ☎ 0511-327 4111, 747 7200, 🖥 www.batavia-air.com.
BALIKPAPAN, 1x tgl. in 50 Min. ab 416 900 Rp;
JAKARTA, 1x tgl. in 1 Std. 35 Min. ab 466 900 Rp;
SURABAYA, 1x tgl. in 1 Std. ab 288 900 Rp.
Garuda, Jl. Hasanuddin 31, ☎ 0511-336 6747, 🖥 www.garuda-indonesia.com, fliegt direkt nach JAKARTA, 4x tgl. in 1 Std. 35 Min. ab 551 000 Rp.
Kalstar, Jl. Jen. A. Yani, KM 6, Nr. 553, ☎ 0511-327 2470, 🖥 www.kalstaronline.com, fliegt u. a. tgl. um 13.10 Uhr in 1 1/4 Std. ab 577 000 Rp nach PANGKALAN BUN.
Lion Air, Ankunftshalle, ☎ 0511-747480, 🖥 www.lionair.co.id.
JAKARTA, 6x tgl. in 1 3/4 Std. ab 510 000 Rp;
SURABAYA, 6x tgl. in 1 Std. 10 Min. ab 279 000 Rp;
YOGYAKARTA, 1x tgl. in 1 1/4 Std. ab 675 000 Rp.
Sriwijaya, Jl. Jen. A. Yani, KM 3,5, Nr. 210 C, ☎ 0511-3272377, 🖥 www.sriwijayaair.co.id.
BALIKPAPAN, 1x tgl. in 45 Min. ab 450 000 Rp;
JAKARTA, 1x tgl. in 1 Std. 40 Min. ab 440 000 Rp;
SURABAYA, 1x tgl. in 1 Std. ab 400 000 Rp.
Trigana Air, Ankunftshalle, ☎ 0511-470 5300, 🖥 www.trigana-air.com.
BALIKPAPAN, 1x tgl. in 40 Min. ab 512 500 Rp;
BERAU, 1x tgl. in 1 Std. 50 Min. ab 859 600 Rp;
PANGKALAN BUN, 1x tgl. in 40 Min. ab 539 600 Rp.

Die Umgebung von Banjarmasin

Pulau Kaget

Die Insel im Sungai Barito südlich von Banjarmasin ist Naturschutzgebiet und Heimat des Nasenaffen. Vom Trisakti-Hafen passiert man zunächst die Westküste der lang gestreckten Insel. Manchmal sind hier bereits die ersten Nasenaffen zu sehen. Nachdem die Südspitze der Insel umfahren ist, führt an der Ostküste ein Kanal tief durch die Mangroven in die Insel hinein. Hier wird der Motor abgestellt und gewartet, bis sich die Tiere sehen lassen. Auf dem Hin- oder Rückweg fahren Boote oft durch das schwimmende Dorf **Mantuil**. Die Charterkosten für ein Klotok vom Trisakti-Hafen betragen für den fünfstündigen Ausflug ca. 250 000–300 000 Rp.

Banjar Baru

In dem Ort, 36 km südöstlich von Banjarmasin, gibt es außer dem **Museum Negeri Lambung Mangkurat** nur wenig zu sehen. Das Museum hat eine gute ethnografische Sammlung, interessant sind auch die Ausgrabungsstücke, die am hinduistischen Candi Laras entdeckt wurden. Jl. Diponegoro 15, ✆ 0511-336 3479, ⏰ Di–Do, Sa, So 9.30–14.30, Fr 9.30–11 Uhr, Eintritt 3000 Rp.

Riam Kanan-Stausee

500 m vom Museum geht es am Kreisverkehr geradeaus zum 28 km entfernten, sehr schön gelegenen Stausee Riam Kanan. Man kann auf die Hügel am Ufer klettern oder ein Klotok für eine Rundfahrt zur **Pulau Pinus** chartern (2 Std., 150 000 Rp) und dort baden. Zerfurchte, aufgerissene Bergflanken rund um den See zeugen von der Suche nach Diamanten. Östlich und nördlich vom See erstreckt sich das Meratus-Gebirge, ein riesiges **Naturreservat** und die letzte Wildnis in der relativ dicht besiedelten Provinz.

Cempaka

Am Kreisverkehr nach rechts Richtung Pleihari erreicht man nach 6 km Cempaka, wo mit einfachen Mitteln Diamanten ausgewaschen und Edel-, Halbedelsteine und viel Glas zum Verkauf angeboten werden. Man nimmt zunächst einen Colt von KM 6 nach Martapura bis zum Kreisverkehr; von dort mit einem grünen Angkot für 2000 Rp nach Alur und von der Hauptstraße den letzten Kilometer zu Fuß zu den **Diamantenfeldern**.

Martapura

Ab dem Kreisverkehr nach links kommt man nach weiteren 7 km zum Marktort Martapura. Im südlichen Teil des Markts ist das **Handelszentrum für Diamanten** und Souvenirs zu finden. Neben teuren Edelsteinen werden viel billiger Schmuck, Dayak-Kunsthandwerk, T-Shirts und traditionell gewonnener Urwald-Honig verkauft. Einige Männer tragen weiße Umschläge mit noch ungeschliffenen Diamanten mit sich, blinzeln durch Lupen oder debattieren um den angemessenen Preis. Nicht weit entfernt liegt die **Diamantenschleiferei** P.T. Kayu Tangi in der Jl. Sukaramai, wo die Steine nach alter Methode geschliffen und zum Verkauf angeboten werden.

Loksado

Der angenehme Bergort liegt direkt am rauschenden **Sungai Amandit** in den Meratus-Bergen. Es ist das größte von etwa 20 Dörfern, die sich entlang des Gebirgsflusses angesiedelt haben und über eine geteerte Straße am besten mit der Distrikthauptstadt **Kandangan** verbunden sind. Bevor die Straße fertiggestellt wurde, dauerte es einen ganzen Tag zu Fuß nach Loksado. Flussabwärts wurden traditonell Bambusflöße als schnellstes Transportmittel genutzt, und so gibt es im Ort noch rund 80 geschickte Floßfahrer, die heute Touristen durch die Stromschnellen zurück gen Kandangan manövrieren. Im Ort führen nur Holz- oder Hängebrücken über den reißenden Fluss, in jedem Hinterhof steht ein bunter Rambutan-Baum, und kaum ein Bewohner spricht Englisch. Dank einiger netter Unterkünfte ist es ein idealer Ausgangspunkt für ein- oder mehrtägige **Trekkingtouren** durch die Wälder des Meratus-Gebirges. Allerdings ist im Umkreis des Flusses kein Primärwald mehr vorhanden. Lokale Guides führen Gäste bei Tageswanderungen stattdessen durch Wälder voller Bambus-, Obst- und Zimtbäume zu verschie-

KALIMANTAN

UMGEBUNG BANJARMASIN

N
0 10 20 30 40 50 km

KALIMANTAN

Muara Teweh · Samarinda · Tanjung · Kelua · Tanta · Sei Turak · Telaga Silaha · Amuntai · Alabio · △ 1591 · Babirik · Barabai · Negara · Pagat · S. Barito · S. Negara · G. Besar △ 1892 · Angkinang · ★ Haratai-Wasserfall · Kandangan · Loksado · Padang Batung · Malaris · Sei Raya · S. Amandit · Margasari · Hulu · Kuala Kapuas · Marabahan · Tambarangan · Rantau · △ 1260 · s. Detailplan Banjarmasin S. 541 · Binuang · S. Riamkiwa · Gua Sogung · Kota Baru · Banjarmasin · Simpang Empat · S. Kusan · Meratus-gebirge · Berangas · Sei Bati · Mantuil · Markt · Martapura · Rantaubalai · P. KAGET · Syamsudin Noor Airport · Banjar Baru · Desa Tiwingin · △ 1255 · Rantaubetung · Batu Licin · Museum Negeri Lambung Mangkurat · Cempaka · Gudang Balahang · Diamanten-felder · Riam Kanan-Stausee · P. LAUT · Bati Bati · △ 1150 G. Aurbunak · Satui · Pagatan · Takisung · Pleihari · Kintap · Tg. Seloka · Jorong · Lontar · Batakan · P. SEBUKU

denen Dörfern der Kaharingan-Dayak, teils mit noch intakten Langhäusern. Erst bei mehrtägigen Trekkingtouren, die man am besten mit einem erfahrenen Guide in Banjarmasin plant, dringt man bis zum unberührten Dschungel vor.

Ohne Guide kann man in einer halben Stunde nach **Malaris**, dem wichtigsten Ort der Meratus-Region, wandern. Man läuft flußabwärts, überquert an der Schule den Sungai Amandit und biegt nach links, den Stromleitungen folgend, ab. Im Ort steht das größte Langhaus der Region, das ausschließlich für die *Aruh Ganal*-Zeremonie genutzt wird, wenn dreimal im Jahr den Göttern für die Reisernte gedankt wird.

Etwas anstrengender, aber auch ohne Guide zu meistern, ist die dreistündige Wanderung flussaufwärts zum 8 km entfernten **Haratai-Wasserfall**. Bevor der Zementweg zum Wasserfall erreicht wird, passiert man das Dorf **Balai Haratai**, wo vor den Häusern die Rinde der Zimtbäume getrocknet wird, bis sie sich zu den uns bekannten Zimtstangen rollt.

ÜBERNACHTUNG UND ESSEN

Amandit River Lodge, 3 km westl. von Loksado, Buchung über Arjuna Tours & Travel in Banjarmasin, ☎ 0511-65235, ✉ arjuna_travel@telkom. net. Wunderbar gelegen in einer Senke des Flusses mit einfachen, aber sehr sauberen Zimmern und Restaurant. ❸

Penginapan Alia, direkt am Ortseingang links am Flussufer, ☎ 0813-4894 3728. Grün-pinkes Holzhaus in wunderbarer Lage am rauschenden Fluss. Die 5 einfachen Zimmer mit guten Matratzen teilen sich eine gemeinsame Du/Hocktoilette. Das Haus wird von einer netten Familie geleitet, die gegenüber wohnt. ❷

Wisma Loksado, direkt im Ort auf einer kleinen Insel im Sungai Amandit gelegen, ☎ 0852-5154 4398. Nur über Hängebrücken erreicht man das recht charakterlose Hotel mit 10 sauberen, gefliesten Zimmern und Du/WC. ❸

Im Ort gibt es eine Handvoll einfache Warung, die oft nur Hühnchen und Reis zubereiten, manchmal gibt es gebratene Auberginen dazu. Empfehlenswert ist das Warung 50 m flussabwärts von der Penginapan Alia. Zum Frühstück gibt es süßes Siedegebäck, das an Berliner bzw. Krapfen erinnert.

TOUREN

Englischsprachige Guides für **Trekkingtouren** findet man nur in Banjarmasin. Sie berechnen pro Tag 350 000 Rp exkl. Transport- und Übernachtungskosten. Für empfehlenswerte Führer s. S. 543. Für Tageswanderungen kann man einen lokalen Guide aus Loksado für 250 000 Rp pro Tag nehmen, z. B. Yayan, ☎ 0813-4954 5770.

TRANSPORT

Um von Banjarmasins Terminal KM 6 nach Loksado zu kommen, muss man mind. 5 Std. einplanen. Am besten nimmt man früh morgens den Taxi-Colt L300 für 30 000 Rp in 4 Std. direkt nach KANDANGAN. Von dort fahren nur bis 11 Uhr Minibusse und Pick-ups in 40 Min. für 10 000 Rp nach LOKSADO. Nachmittags ist die einzige Wahl ein Ojek für 50 000 Rp. Von Loksado zurück nach KANDANGAN fahren Minibusse und Pick-ups bereits morgens um 6 Uhr für 10 000 Rp. Am besten man nimmt für 250 000 Rp ein Bambusfloß und lässt sich nach entspannter,

2-stündiger Wildwasserfahrt von einem Ojek-Fahrer in Muara Tanuhi abholen und für 50 000 Rp direkt zur Minibusstation in KANDANGAN fahren.

Zentral-Kalimantan

Die 152 600 km² große Provinz Kalimantan Tengah, kurz Kalteng, hat rund 2,2 Mio. Einwohner, die überwiegend verschiedenen Dayak-Stämmen angehören. Abgesehen vom Tanjung Puting-Nationalpark und den angeschlossenen Orang Utan-Rehabilitationszentren wird die Provinz kaum besucht. Sie erstreckt sich von den Gebirgen im Zentrum der Insel bis an die Java-See im Süden, durchzogen von mehreren großen Flüssen. Die Küste wird von Sümpfen und Mangroven gesäumt, die stellenweise bis zu 100 km ins Landesinnere reichen. Traveller reisen in der Regel mit dem Flugzeug von Java oder mit dem Bus aus Banjarmasin an. Wer aus Banjarmasin kommt, beachte den Zeitunterschied von einer Stunde.

16 HIGHLIGHT

Tanjung Puting-Nationalpark

An der südwestlichen Küste der Provinz liegt die sumpfige Halbinsel Tanjung Puting, die 1982 zu einem über 4150 km² großen Nationalpark erklärt wurde. Die Sümpfe und Wälder beheimaten neben rund 6000 Orang Utans (*Pongo satyrus*) u. a. auch die vom Aussterben bedrohten Nasenaffen (*Nasalis larvatus*), Matronenlanguren (*Presbytis rubicunda rubida*), Malaienbären (*Helarctos malayanus euryspilus*) und Nebelparder (*Neofelis nebulosa*). Das **Unesco-Biosphärenreservat** war das erste Auswilderungsstation für die „Waldmenschen" in Indonesien. Besonders im Rehabilitations- und Forschungszentrum Camp Leakey kann man den stattlichen Primaten auch außerhalb von Fütterungszeiten ganz nah kommen.

KALIMANTAN

Das Gebiet ist nur mit einem langsam dahintuckernden Hausboot *(Klotok)* oder einem laut röhrenden Schnellboot erreichbar (weniger umweltfreundlich). Die Stadt der Klotoks ist **Kumai**, 15 km östlich des Flughafens in Pangkalan Bun. Es ist eine ruhige, kleine Hafenstadt mit knapp 40 000 Einwohnern – eine bunte Mischung aus Banjaresen, Küstenmalaien, Javanern, Bugis, Sundanesen, Dayak und Chinesen.

Von Kumai steuern die Klotoks direkt den **Sungai Sekonyer** an, der entlang der nördlichen Grenze des Nationalparks fließt. Etwa 2 1/2 Std. dauert die Fahrt bis **Tanjung Harapan**, der ersten Auswilderungsstation für aufgepäppelte Orang Utans inmitten von Sekundärwäldern. Neben der Fütterung der Menschenaffen (tgl. 15 Uhr), kann hier auch das traditionelle Dorf mit Informationszentrum, Guesthouse und Aussichtsturm besucht werden. Schöne Wanderwege führen durch die Mangroven- und Kiefernwälder, in denen viele seltene Vogelarten, u. a. auch der Rhinozerosvogel *(Buceros rhinoceros)*, gesichtet werden können.

Danach passiert man ein Gebiet, wo Makaken am Ufer in den Baumwipfeln sitzen, und mit etwas Glück taucht auch ein Krokodilkopf aus dem schlammigen Wasser auf, bis die zweite Orang Utan-Station **Pondok Tanggui** erreicht wird (Fütterung tgl. 9 Uhr). Es ist nicht nur Anpassungsgebiet für ausgewilderte Primaten, sondern auch Lebensraum für Hirsche, Wildschweine und verschiedene Vogelarten.

Weitere zwei Stunden das fast stille Gewässer flussaufwärts gelangt man zum 1971 gegründeten Orang Utan-Rehabilitationszentrum **Camp Leakey**. Hier warten Orang Utans manchmal schon an der Bootsanlegestelle auf die Besucher oder versperren spielerisch den Holzplankenweg, der zum Camp, Forschungszentrum und Museum führt. Eine halbe Stunde dauert die Wanderung durch den Dschungel, bis der Fütterungsplatz erreicht wird. Hier sind die Tiere besonders an den Menschen gewöhnt, und so hat man bei der täglichen Fütterung um 15 Uhr die besten Chancen, sie nah vor die Kamera zu bekommen.

Ein schöner, weißer Sandstrand liegt an der Küste südlich von Kumai am **Tanjung Keluang**, 1 1/2 Stunden mit dem Klotok von Kumai.

ÜBERNACHTUNG

Viele Besucher lassen sich vom Flughafen abholen und verbringen die Nacht schon an Bord eines Klotoks. Wer am Nachmittag ankommt oder mit den Bootsbesitzern verhandeln will, übernachtet am besten in Kumai. Einen höheren Standard bieten die Hotels in Pangkalan Bun.

Pangkalan Bun

Avilla Hotel, Jl. Pangeran Diponegoro 81, ☎ 0532-27710, ✉ avilla2182008@yahoo.com. 33 Zimmern mit gutem Mittelklassestandard. Alle Zimmer haben TV, AC und Warmwasser-Du/WC. Ein kleiner Pool, freundliches Personal und ein recht gutes Restaurant. WLAN gegen Bezahlung; Frühstück inkl. ❹–❺
City Hotel, Jl. Kasumayuda, ☎ 0532-82569. Recht modernes Hotel nahe dem Markt. Jedes der günstigen Zimmer ist mit Du/WC und AC ausgestattet. Frühstück inkl. ❷
Tiara Hotel, Jl. Antasari 16, ☎ 0532-22717. Beliebte, saubere Bleibe am Flussufer des Sungai Arut unweit der Moschee. Alle Zimmer mit Ventilator oder AC und eigenem Mandi/Hocktoilette. Frühstück inkl. ❷–❸

Kumai

Hotel Mentari, Jl. Gerliya 98, ☎ 0532-61558. 2-stöckige, heruntergekommene Bleibe mit gefliesten Zimmern und recht guten Betten. Frühstück inkl. ❷
Losmen Aloha, Jl. H.M. Idris 465, ☎ 0532-61210. An der Ecke zur Jl. Gerliya, recht nah am Hafen. Sehr einfache Backpacker-Unterkunft mit kleinem Restaurant und 7 anspruchslosen Zimmern mit Ventilator, Gemeinschaftsmandi/Hocktoilette. ❶

Losmen Permata Hijau, Jl. Bendahara 229, ☎ 0532-61325, 0813-528175. 20 m vom Hafen entfernt, ist das Gasthaus nicht nur strategisch gut gelegen, sondern auch die sauberste Unterkunft im Ort. Die günstigeren Zimmer nur mit Ventilator und Gemeinschaftsbad, die teureren mit AC und Du/WC. ❷–❸

Im Park

Im Regelfall sind die Klotoks groß genug und entsprechend ausgestattet, um auf Deck auf dünnen Matratzen unter Moskitonetzen und umgeben von Dschungelgeräuschen zu übernachten. Einfache Homestays sind alternativ im Dorf von Tanjung Harapan zu finden. ❶ Deutlich teurer direkt am Ufer des Sungai Sekonyer:

Rimba Ecolodge, ☏ 0532-671 0589, 💻 www.rimbalodge.com. 35 Zimmer mit Moskitonetz, Ventilator, teils AC und Warmwasser-Du/WC in rustikalen Holzpavillons, die mit Holzplanken verbunden sind. Mit Restaurant, WLAN und Frühstück inkl. Einnahmen werden z. T. in lokale Schutzprojekte investiert. ❻–❼

ESSEN

Pangkalan Bun
Rumah Makan Meranti, Jl. Kasumayuda, ☏ 0532-27487. Bestes Restaurant im Ort, das frischen, gegrillten Fisch, Seafood und verschiedene indonesische Spezialitäten serviert. Ganze Gerichte ab 40 000 Rp. ⏰ 11.30–21.30 Uhr.

Kumai
Entlang der **Jl. H.M. Idris** sind viele Warung mit dem bekannten indonesischen Essensangebot und teils frischem Fisch zu finden. Günstige Preise.

Im Park
Die Rimba Ecolodge (s. o.) verfügt über ein gutes Restaurant. Wer ein Klotok für mehrere Tage chartert (s. Klotok-Touren), wird an Bord abwechslungsreich mit indonesischen Gerichten bekocht.

SONSTIGES

Informationen und Permits
Nach der Ankunft am Flughafen oder mit dem Bus muss sich jeder Tourist zunächst bei der örtlichen **Polizei** von Pangkalan Bun in der Jl. Antasari kostenlos registrieren lassen, ⏰ 7–17 Uhr. Dafür bringt man am besten schon Kopien des Reisepasses und des Visums mit. Wenn nicht gerade ein Stromausfall das System blockiert, benötigt dies nur 10 Min. Permits für den Tanjung Puting-Nationalpark bekommt man in dem PHKA-Büro in Kumai, Jl. H.M. Idris, ⏰ Mo–Do 7–14, Fr 7–11 Uhr. Auch hier muss

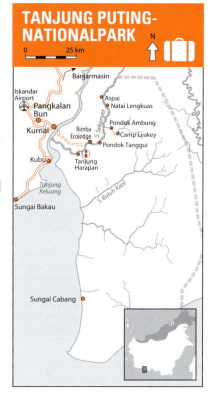

TANJUNG PUTING-NATIONALPARK

eine Fotokopie vom Pass und Visum eingereicht werden. Oft organisiert auch der Klotok-Besitzer Permits. Gesamtkosten für die Erlaubnis inkl. Gebühr für eine Kamera liegen derzeit bei 148 000 Rp.
Informationen zu Naturschutz, Freiwilligenprogrammen und Gemeindeprojekten im Park sind auf der Internetseite der **Friends of the National Park Foundation**, 💻 www.fnpf.org, zu finden. Informationen zum Schutz von und zur Forschung über Orang Utans können auf der Webseite der **Orang Utan Foundation**, 💻 www.orangutan.org.uk, aufgerufen werden.

Klotok-Touren
Im Internet sowie über viele Reisebüros in Jakarta, Banjarmasin, Samarinda und Pangkalan Bun kann ein mehrtägiger Klotok-

Trip gebucht werden. Preise für eine 3-Tages-Tour liegen inkl. Transfer vom und zum Flughafen, Vollverpflegung und Übernachtung bei 2–3 Mio. Rp p. P. (bei 2–8 Pers. pro Boot). Alternativ kann man selbstständig vom Flughafen mit Taxi, Ojek oder Minibus nach Kumai fahren und direkt mit den Klotok-Besitzern verhandeln. Am günstigsten ist es, wenn 4–6 Pers. ein ganzes Klotok chartern. Dann werden meist je nach Verhandlungsgeschick ca. 1,5 Mio. Rp p. P. inkl. 3 Mahlzeiten pro Tag, Übernachtung an Bord und Rangerkosten berechnet. Hinzu kommen Kosten in Höhe von 250 000 Rp pro Tag, wenn ein englischsprachiger Guide benötigt wird. Empfohlene Klotok-Besitzer sind:

Arsil Majid, Jl. H.M. Idris 600, ✆ 0532-61740, 0852-4859 0487, besitzt das recht große „Satria Boat", ideal für 6 Pers.
Rudi, ✆ 0813-4916 3970, besitzt verschiedene Klotoks und organisiert Schnellboote für Tagestrips für 600 000 Rp pro Tag und max. 4 Pers.
Zulhan, ✆ 0857-5405 5601. Wer in der Rimba Ecolodge im Park übernachtet, bezahlt für den Transfer mit einem Klotok 1 Mio. Rp und zu den Homestays von Tanjung Harapan 800 000 Rp pro Fahrt.

TRANSPORT

Vom Flughafen, 8 km außerhalb von Pangkalan Bun, fahren Taxis für 60 000 Rp bis zur Polizei in die Stadt. Von dort nimmt man entweder ein Angkot für 10 000 Rp, ein Ojek für 25 000 Rp, oder das Taxi wird für die gesamte Strecke nach Kumai gechartert, ca. 120 000 Rp. Öffentliche Minibusse vom Flughafen sind selten. Ojeks vom Flughafen direkt nach Kumai bekommt man ab 50 000 Rp.

Busse

AC-Busse verbinden Pangkalan Bun tgl. in einer holprigen Fahrt in 8–10 Std. für 120 000 Rp mit PALANGKA RAYA und in 15–18 Std. für 165 000 Rp mit BANJARMASIN. Die Busse fahren direkt von den Büros der Busgesellschaften ab:
Candi Agung, Jl. Hahi Udan Said, ✆ 0532-27475;
Logos, Jl. Antasari, ✆ 0532-27275;
Yessoe Travel, Jl. Rangga Santrek, ✆ 0532-21212.

Schiffe

Pelni-Fähren verbinden den Hafen von Kumai alle 2 Wochen in 24 Std. für 558 000/456 000/144 500 Rp (1./2./3. Klasse) mit SEMARANG und ebenfalls alle 2 Wochen in 26 Std. für 594 500/486 000/153 500 Rp (1./2./3. Klasse) mit SURABAYA. Aktuelle Abfahrtszeiten und Preise unter ⌨ www.pelni.co.id. Das Büro befindet sich in der Jl. Iskandar 16, ✆ 0532-24420.

Flüge

Der **Iskandar Airport** von Pangkalan Bun (PKN) liegt 8 km außerhalb der Stadt und ist am besten mit einem Taxi für 60 000 Rp vom Stadtzentrum oder für 120 000 Rp direkt aus Kumai zu erreichen.
Kalstar, Jl. Hasanuddin 39, Pangkalan Bun, ✆ 0532-28765, ⌨ www.kalstaronline.com, fliegt u. a. nach:
BANJARMASIN, tgl. um 8.45 Uhr in 1 1/4 Std. ab 577 000 Rp;
SEMARANG, tgl. um 13.45 Uhr in 1 Std. 20 Min. ab 588 000 Rp.
Trigana Air, Jl. Iskandar 3, Pangkalan Bun, ✆ 0532-27115, fliegt von Jakarta tgl. 2x um 14.40 und 15.50 Uhr in 1 Std. nach PANGKALAN BUN. Von Pangkalan Bun nach:
BANJARMASIN, tgl. 13.40 Uhr in 40 Min. ab 504 000 Rp;
JAKARTA, tgl. 14.50 Uhr in 1 Std. 10 Min. ab 740 400 Rp;
SEMARANG, tgl. 10.55 Uhr in 55 Min. ab 706 300 Rp;
SURABAYA, 4x wöchentl. in 1 Std. 10 Min. ab 734 200 Rp.

Ost-Kalimantan

Mit einer Fläche von 245 238 km^2 ist Kalimantan Timur die größte Provinz Kalimantans. Riesige Sumpfgebiete mit Hunderten von Seen in den Mündungsdeltas der großen Flüsse sind ebenso schwer zu bereisen wie die dichten Regenwälder im Inland. Verkehrsknotenpunkt ist die Ölstadt Balikpapan, von der aus die Hauptstadt Samarinda nur auf dem Landweg zu erreichen ist.

550   TANJUNG PUTING-NATIONALPARK

Die Provinz mit 3,5 Mio. Einwohnern hat touristisch gesehen ein breit gefächertes Angebot. Bekannt ist sie für Mahakam-Flussfahrten, die an schwimmenden Dörfern vorbei zu beeindruckenden Langhäusern führen. Unbekannter, jedoch nicht weniger interessant sind der Kutai-Nationalpark rund 120 km nördlich von Samarinda, wo nach Parkangaben noch 2000 Orang Utans leben, und die Derawan-Inseln vor der Küste von Berau, ein Taucherparadies mit Südseefeeling.

Samarinda und Umgebung

Mehr als 726 000 Einwohner leben in der geschäftigen Provinzhauptstadt, die insgesamt deutlich preiswerter, freundlicher und überschaubarer ist als Balikpapan. Sie wurde 1668 von Bugis-Siedlern etwa 50 km flussaufwärts vom Mündungsdelta von Borneos zweitlängstem Fluss gegründet. Selbst größere Schiffe können hier den bis zu 500 m breiten Sungai Mahakam hinauffahren. Die Stadt lebt von der Holzindustrie, denn der Mahakam ist der beste Transportweg für die riesigen Baumstämme, die tief im Inselinneren noch immer in rauen Mengen abgeholzt werden.

Erster Blickfang der Stadt ist das 2008 eröffnete, monumentale **Samarinda Islamic Center**, das gut 3 km, bevor man das Stadtzentrum erreicht, passiert wird. Es ist Indonesiens zweitgrößte Moschee mit starken arabischen Einflüssen und sieben Minaretten. Eines davon ragt 99 m empor und kann gegen eine Spende bestiegen werden.

Im Stadtzentrum liegen der Morgenmarkt **Pasar Pagi**, die zentrale Moschee **Mesjid Raya Darussalam** und der Souvenirmarkt **Citra Niaga** recht nah beieinander, sodass man gut umherspazieren kann.

Seberang

Samarinda ist für die meisten nur der Ausgangspunkt für eine Mahakam-Flussfahrt. Bevor jedoch ein Wasserbus oder -taxi bestiegen wird, sollte man mit einem Boot ab der Anlegestelle am Pasar Pagi den Fluss für 4000 Rp nach Seberang überqueren. Von der Anlegestelle läuft man bis zur Straße am Terminal Seberang und geht dann links die Jl. Bendahara entlang, bis die häuslichen **Sarong-Webereien** *(Pertenuan*

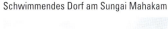
Schwimmendes Dorf am Sungai Mahakam

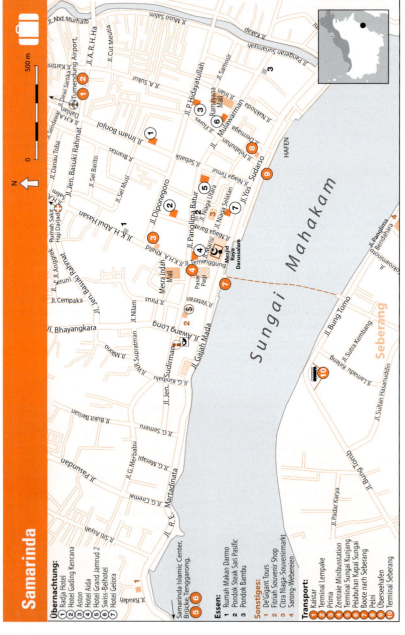

Sarung) ausgeschildert sind und man die Webstühle klacken hört. Der Samarinda-Sarong ist Indonesien-weit für seine hohe Seidenqualität und die aufwendigen Muster bekannt. Die Weberinnen der Kooperativen verkaufen maschinell produzierte Sarongs der großen Fabriken ab 25 000 Rp, ihre eigenen Stücke, die in aufwendiger Handarbeit hergestellt wurden, kosten hingegen bis zu 400 000 Rp.

Pampang

Ein längerer Ausflug lohnt sonntags zum 26 km westlich gelegenen **Transmigrationsdorf der Kenyah-Dayak**. Hunderte Kilometer von ihrem Heimatdorf Apokayan an der malaysischen Grenze entfernt, hat die Dorfgemeinschaft ihre Kultur über die Jahrzehnte farbenfroh und lebendig gehalten. Im großen Langhaus mit schönen Schnitzereien und abstrakten, bunten Mustern werden jeden Sonntag von 14 bis 15 Uhr **traditionelle Dayak-Tänze** in typischen Trachten aufgeführt. Auch die für einige Stämme bekannten Tätowierungen und gedehnten Ohrläppchen sind bei den älteren Dayak zu finden. Auf dem kleinen **Kunsthandwerksmarkt** können authentische Mitbringsel erworben werden. Eintritt 15 000 Rp; Achtung: Wer fleißig fotografiert, wird von den kostümierten Kindern am Ende zur Kasse gebeten und muss um die Höhe der „freiwilligen" Spende hart verhandeln. Anreise nur mit einem gecharterten Auto oder Angkot in 45 Min. für 50 000 Rp pro Strecke.

ÜBERNACHTUNG

Untere Preisklasse

Hotel Aida, Jl. K.H. Mas Tumenggung 12, ✆ 0541-742572. Leicht überteuerte, sehr einfache, aber saubere Zimmer mit weichen Matratzen, Mandi/Hocktoilette und teils alten AC. Frühstück inkl. ❸

Hotel Gading Kencana, Jl. Sulawesi 4, ✆ 0541-731512. Großes, stilvolles Hotel mit pompösen Sofas und Kronleuchtern, das aber schon bessere Zeiten gesehen hat. Die geräumigen, klimatisierten Zimmer teils mit Warmwasser-Du/WC sind schon recht abgewohnt. Indonesisches Frühstück inkl. ❸–❹

Hotel Gelora, Jl. Niaga Selatan 62, ✆ 0541-742024, ✉ gelora@smd.mega.net.id. Günstige

Travellerbleibe direkt am Citra Niaga-Markt. Die billigsten Zimmer mit Ventilator im 3. Stock sind anspruchslos und haben ein eigenes Mandi/Hocktoilette. Andere auch mit AC und Warmwasser-Du/WC. ❷–❹

Mittlere und obere Preisklasse

Aston, Jl. P. Hidayatullah, ✆ 0541-732600, 🖥 www.aston-international.com. Modernes Haus der bekannten Hotelkette mit angenehmen, gut ausgestatteten Zimmern, die teils einen schönen Ausblick auf den Mahakam bieten. Gutes Restaurant, Schwimmbad und Spa. Frühstück und WLAN inkl. ❻–❼

Hotel Grand Jamrud 2, Jl. Panglima Batur 45, ✆ 0541-731233, ✉ grand_jamrud2@yahoo.com. Nettes, sauberes Mittelklassehotel, mit gefliesten Zimmern, die AC, TV und teils Warmwasser-Du/WC bieten. Im Café indonesisches Frühstücksbuffet inkl. ❹–❺

🏨 **Radja Hotel**, Jl. Imam Bonjol 3, ✆ 0541-739958, ✉ radjahotel@yahoo.com. Sehr freundliches, neues Hotel mit blitzsauberen und liebevoll eingerichteten Zimmern in 3 Preisklassen. Alle klimatisierten Zimmer mit verglaster Du/WC, neuem TV, guten Betten und WLAN. Professionelles Personal. Frühstück inkl. ❹–❺

Swiss-Belhotel, Jl. Mulawarman 6, ✆ 0541-731717, 🖥 www.swiss-belhotel.com. Beliebtes Businesshotel mit ausgezeichnetem Service in zentraler Lage. Recht teure, luxuriöse Zimmer und Suiten, exzellentes Restaurant, Spa und Pool. Frühstücksbuffet inkl. Günstige Angebote bei Internetbuchung. ❻–❼

ESSEN

Pondok Bambu, Jl. Mulawarman 11, ✆ 0541-795 6060. Entspanntes, offenes Restaurant unter einem breiten Bambusdach, teils im *Lesehan*-Stil (man sitzt auf dem Boden). Die Besitzer kommen aus Sulawesi und servieren dementsprechend typische Bugis-, Minahasa- und Toraja-Speisen ab 25 000 Rp. ⏱ 10–23 Uhr.

Pondok Steak Sari Pasific, Jl. Panglima Batur Blok A5–A7, ✆ 0541-743289. Großes Restaurant mit vielen chinesischen Gästen und störender Karaoke ab 20 Uhr. Auf der umfangreichen Karte stehen japanische Gerichte, Steaks und

KALIMANTAN

indonesische Spezialitäten. Chaotischer Service. ⊙ 9–22 Uhr.

Rumah Makan Darmo, Jl. KH. Abdul Hasan 38, ✆ 0541-737287. Sehr beliebtes, rustikales chinesisches Restaurant auf 2 Stockwerken mit einer großen Auswahl an vegetarischen, Seafood- und Fischgerichten. Große Portionen ab 20 000 Rp. ⊙ 11–14.30, 18–22 Uhr.

SONSTIGES

Einkaufen
Bei einem Spaziergang über den **Citra Niaga-Markt** kann man sowohl günstige Samarinda-Sarongs als auch Dayak-Souvenirs aus den Dörfern im Inselinneren erstehen. Höherpreisiges Kunsthandwerk ist dagegen im **Fitriah Souvenir Shop** in der Jl. Sudirman 24 zu finden. Die **Mesra Indah Mall** an der Jl. Khalid war das erste Einkaufszentrum der Stadt. Mittlerweile ist die **Ramayana Mall** an der Jl. Mulawarman mit Pizza Hut, McDonalds, Ramayana-Kaufhaus und großem Foodcourt im 5. Stock der Treffpunkt für Samarindas Shoppingwütige.

Geld
Im Stadtkern sind an den größeren Kreuzungen Cirrus/Maestro-Geldautomaten. Banken haben ihre Niederlassungen entlang der Jl. Sudirman und tauschen auch ausländische Geldnoten.

Guides und Touren
Da in Samarinda nur selten Touristen über die Straßen spazieren, wird man schon bald von frei arbeitenden Guides angesprochen. Sie können Mietwagen mit Fahrer, Charterboote und Übernachtungen auf dem beschwerlichen Weg stromaufwärts organisieren und damit einen Mahakam-Trip deutlich beschleunigen. Nicht alle warten dabei mit informativen Details auf. Für eine 4-Tages-Tour nach Muara Muntai, Tanjung Isuy und Mancong inkl. Transport, Übernachtung und Essen in einer Gruppe ab 4 Pers. bezahlt man rund 1,5 Mio. Rp. p. P. Empfehlenswerte Guides sind: **Abdullah**, ✆ 0813-4727 2817, ✉ doe1l@ yahoo.com; **Suryadi**, ✆ 0816-459 8263, ✉ surya57@hotmail.com; **Rustam**, ✆ 0812-585 4915, ✉ rustam_kalimantan@yahoo.co.id; und **Darmawi**, ✆ 0852-4695 1216.

Für eine der berühmten Hausboot-Trips auf dem Mahakam oder Dschungel-Trekkingtouren durch den abgelegenen, noch verbliebenen Urwald kontaktiert man den erfahrenen, holländischen Reiseveranstalter Lucas, der seit über 10 Jahren Reisen in ganz Kalimantan organisiert: **De' Gigant Tours**, Jl. Martadinata Raudah 1, Nr. 21, ✆ 0812-584 6578, 🖥 www.borneotourgigant.com. 4-tägige Ausflüge mit dem Hausboot inkl. Verpflegung kosten in einer größeren Gruppe mind. 4 Mio. Rp p. P.

Informationen
East Kalimantan Regional Tourist Office, Jl. Jen. Sudirman 22, Ecke Jl. Awanglong, ✆ 0541-41669. ⊙ Mo–Fr 8–15.30 Uhr.

Medizinische Hilfe
Rumah Sakit Haji Darjad, Jl. Dahlia 4, ✆ 0541-732609. Modernstes Privatkrankenhaus der Stadt mit Notaufnahme. ⊙ 24 Std.

NAHVERKEHR

Die öffentlichen **Minibusse** im Nahverkehr kosten 3000 Rp. *Taksi Hijau* (A, grün) fahren in Ost-West-Richtung vom Hafen, Jl. Yos Sudarso, zum Busbahnhof Sungai Kunjang und der Bootsanlegestelle. *Taksi Merah* (B, rot) fahren Rundtouren durch die Stadt, u. a. für 10 000 Rp zum **Tumendung Airport**. *Taksi Biru* (C, blau) fahren in die nördlichen Vororte der Stadt. Die zentrale Minibusstation befindet sich vor dem Pasar Pagi.

TRANSPORT

Busse
Ab **Terminal Seberang** auf der anderen Flussseite fahren ab 7 Uhr bis nachmittags Busse in 2 1/2 Std. für 20 000 Rp nach BALIKPAPAN und in 15 Std. für 180 000 Rp nach BANJARMASIN. Seberang erreicht man mit einem Boot von der Anlegestelle am Pasar Pagi für 4000 Rp. Ab **Terminal Sungai Kunjang**, ca. 6 km westl. von Samarinda, zu erreichen mit einem grünen *Taksi A* für 3000 Rp, fahren Busse in 2 1/2 Std. für 20 000 Rp nach BALIKPAPAN; in 1 Std. für 15 000 Rp nach TENGGARONG; in 3 Std. für 25 000 Rp nach KOTA BANGUN; und in 8 Std. für 125 000 Rp nach MELAK.

Ab **Terminal Lempake**, 3 km nördl. vom Stadtzentrum und zu erreichen mit einem roten *Taksi B* für 10 000 Rp, fahren Busse in 3 Std. für 25 000 Rp nach BONTANG und in 4 Std. für 30 000 Rp nach SANGATTA.

Flussboote und Fähren

Alle Boote flussaufwärts starten am **Pelabuhan Kapal Sungai**, der Anlegestelle beim Terminal Sungai Kunjang, 6 km flussaufwärts vom Stadtzentrum, zu erreichen mit einem grünen *Taksi A* für 3000 Rp. **Flussboote** (Wasserbus oder Wassertaxi) fahren allmorgendlich gegen 7 Uhr in 2–3 Std. für 20 000 Rp nach TENGGARONG; in 9–10 Std. für 50 000 Rp nach MUARA MUNTAI und in 16 Std. für 120 000 Rp nach MELAK. Seltener fahren die Boote von Melak auch weiter und erreichen nach 21 Std. LONG IRAM und nach 36 Std. LONG BAGUN.

Pelni-Passagierfähren laufen regelmäßig aus dem Überseehafen an der Jl. Yos Sudarso aus, z. B. in 24 Std. nach PARE PARE auf Sulawesi oder in 3 Tagen nach SURABAYA. Das Pelni-Büro befindet sich in der Jl. Yos Sudarso 76, ✆ 0541-741402. Aktuelle Abfahrtszeiten und Preise unter 🖥 www.pelni.co.id.

Flüge von Samarinda

Samarinda bekommt voraussichtlich 2013 einen neuen Flughafen. Der **Sungai Siring Airport**, auch Bandara Samarinda Baru (Samarindas neuer Flughafen), wird eine 1600 m lange Landebahn bekommen, sodass auch größere Maschinen landen können. Der alte **Tumendung Airport** (SRI) wird derzeit nur von kleinen regionalen Fluggesellschaften mit Zielen in Ost-Kalimantan angeflogen, z. B. **Kalstar**, Jl. Gatot Subroto 80, ✆ 0541-743780, 🖥 www.kalstar online.com. Es werden BALIKPAPAN, 2x tgl. in 20 Min. für 352 600 Rp, und BERAU, 3x tgl. in 1 1/2 Std. ab 785 500 Rp bedient. Rote *Taksi B* fahren vom Stadtzentrum für 10 000 Rp zum 3 km entfernten Flughafen.

Flüge von Balikpapan

Wichtigster Flughafen für Samarinda ist derzeit noch immer der **Sepinggan International Airport** (BPN) in Balikpapan. Kijangs für die 2 1/2-stündige Fahrt von Samarinda zum

Flughafen in Balikpapan werden u. a. von **Prima**, im Hotel MJ, Jl. KH. Khalid 1, ✆ 0541-737777, 🖥 www.travelprima.com, für 75 000 Rp p. P. angeboten. Abfahrtszeiten in Samarinda um 3, 5, 8, 11 und 13 Uhr und vom Flughafen um 10, 13, 15, 17 und 20 Uhr. Mietwagen mit Fahrer kosten 350 000 Rp.

Air Asia, Ankunftshalle, ✆ 021-2927 0999, 🖥 www.airasia.com, fliegt nach KUALA LUMPUR, 3x wöchentl. in 2 Std. 35 Min. ab 429 000 Rp.

Batavia Air, Jl. Jen. A. Yani 43 AB, Samarinda, ✆ 0541-777 0387, 🖥 www.batavia-air.com. BANJARMASIN, 1x tgl. in 50 Min. ab 416 900 Rp;
BERAU, 1x tgl. in 50 Min. ab 546 900 Rp;
JAKARTA, 1x tgl. in 2 Std. ab 526 900 Rp;
MANADO, 1x tgl. in 1 1/2 Std. ab 826 900 Rp;
SURABAYA, 2x tgl. in 1 Std. 25 Min. ab 416 900 Rp;
YOGYAKARTA, 1x tgl. in 1 Std. 40 Min. ab 666 900 Rp.

Garuda, Jl. S. Parman Komplek Mall Lembuswana, Samarinda, ✆ 0541-747200, 🖥 www.garuda-indonesia.com.
JAKARTA, 8x tgl. in 2 Std. ab 1 Mio. Rp;
MAKASSAR, 1x tgl. in 1 Std. 5 Min. ab 361 000 Rp;
SURABAYA, 1x tgl. in 1 1/2 Std. ab 466 000 Rp;
YOGYAKARTA, 1x tgl. in 1 Std. 55 Min. ab 551 000 Rp.

Lion Air, Kompleks Mal Lembuswana, Samarinda, ✆ 0541-743252, 🖥 www.lionair.co.id.
JAKARTA, 8x tgl. in 2 Std. 10 Min. ab 488 000 Rp;
MAKASSAR, 2x tgl. in 1 Std. 10 Min. ab 389 000 Rp;
SURABAYA, 7x tgl. in 1 1/2 Std. ab 433 000 Rp;
YOGYAKARTA, 1x tgl. in 1 3/4 Std. ab 653 000 Rp.

Silk Air, Gran Senyiur Hotel, Jl. ARS Muhammad 7, Balikpapan, ✆ 0542-730800, 🖥 www. silkair.com, fliegt tgl. um 11.10 Uhr in 2 1/4 Std. für US$331 nach SINGAPUR.

Sriwijaya Air, Jl. Juanda 22, Samarinda, ✆ 0541-777 9866, 🖥 www.sriwijayaair.co.id. BANJARMASIN, 1x tgl. in 45 Min. ab 410 000 Rp;
BERAU, 2x tgl. in 55 Min. ab 540 000 Rp;
JAKARTA, 1x tgl. in 2 Std. ab 580 000 Rp;

KALIMANTAN

www.stefan-loose.de/indonesien

SAMARINDA UND UMGEBUNG **555**

MAKASSAR, 1x tgl. in 1 Std. 5 Min.
ab 430 000 Rp;
SURABAYA, 2x tgl. in 1 Std. 25 Min.
ab 410 000 Rp;
YOGYAKARTA, 1x tgl. in 1 3/4 Std. ab 670 000 Rp.

Sungai Mahakam

An der Grenze zu Sarawak entspringt der zweit-
längste Fluss Borneos. Unternimmt man einen
Trip nach Ulu, wie hier das Gebiet flussaufwärts
genannt wird, ist die wichtigste Voraussetzung
eine gehörige Portion Zeit. Je weiter man nach
Ulu kommt, desto unregelmäßiger sind die öffentlichen Bootsverbindungen bzw. höher sind
die Preise für motorisierte Langboote *(Ces)*, die
man chartern kann.

Die ersten 500 km auf dem Mahakam sind
kein Dschungelabenteuer. Die Ufer sind weitgehend auf viele Kilometer landeinwärts abgeholzt und besiedelt. Auf dem Fluss schwimmen
zu Flößen zusammengebundene Baumstämme,
und an den Ufern passiert man die Sägemühlen
der großen Holzunternehmen. Richtige Dschungeltouren sind nur sehr weit flussaufwärts oder
auf einem der kleineren Nebenflüsse möglich.

Tenggarong

Die Flussschiffe legen den ersten Stop in Tenggarong ein, seit mehr als 200 Jahren die Residenz der Sultane von Kutai. Das Sultanat war
lange Zeit eine bedeutende Handelsmacht, die
aus Furcht vor Piraten ihre Hauptstadt immer
weiter flussaufwärts verlegte. Als Vorläufer von
Kutai betrachtet man das Hindu-Königreich von
Mulawarman, dessen Geschichte bis ins 4. Jh.
n. Chr. zurückreicht.

Tenggarong ist ein relativ ruhiger, kleiner Ort,
der sich um den Markt und die Bootsanlegestelle konzentriert. Der letzte Sultanspalast, eine Betonkonstruktion, beherbergt seit 1976 das
Mulawarman Museum. Zu besichtigen sind der
Thronsaal des Sultans, zahlreiche Gräber, eine
Ausstellung zur Geschichte des Sultanats und
Ethnografika der Dayak-Stämme. Glanzstück
des Museums ist die Sammlung alter Dayak-
Statuen und -särge *(Lungun)*. ⏰ Di–Do, Sa, So
11–16 Uhr, Eintritt 2500 Rp.

Von Tenggarong flussaufwärts

Das Dorf **Senoni** besteht aus einer langen Reihe
schwimmender Warung, wo jeder Flussbus einen Essensstopp einlegt. Danach gelangt man
zum Ort der Schiffsbauer, **Kota Bangun**, der alternativ auch gut mit dem Bus oder einem gecharterten Auto erreichbar ist. Westlich der Stadt
durchströmt der Mahakam die riesige Seen-
platte von Ost-Kalimantan: mehr als 100 kleine
und große, fischreiche, aber flache Gewässer,
die fast alle miteinander durch Flussläufe und
Kanäle verbunden sind und in denen der Maha-
kam-Delphin heimisch ist. Die drei größten Seen
sind der **Danau Jempang** (15 000 ha), der **Danau
Semayang** (13 000 ha) und der **Danau Melintang**
(11 000 ha).

Muara Muntai

Ein sehenswerter Ort, in dem die Häuser auf
Holzstelzen stehen und die Straßen aus dicken
Planken des widerstandsfähigen Eisenholzes
bestehen. Hier leben ausschließlich streng muslimische Banjar. Es gibt einige einfache Pensionen und Restaurants, und man kann ohne Probleme ein motorisiertes Langboot *(Ces)* für die
Fahrt über den Jempang-See nach Tanjung Isuy
(1 1/2 Std., 300 000 Rp) oder nach Melak (6 Std.,
750 000 Rp) chartern.

ÜBERNACHTUNG UND ESSEN

Zwei Losmen bieten einfache, günstige Zimmer
mit Gemeinschaftsmandi/Hocktoilette und
bereiten auch Mahlzeiten zu:
Penginapan Tiara, Jl. RA. Kartini 40, ✆ 0813-
4737 6794. Etwa 50 m von der Bootsanlegestelle
entfernt mit 8 Zimmern mit Ventilator. Nette
Besitzerin. ❶
An der zentralen Promenade findet sich ein
weiteres, größeres **Losmen** mit einfachen
Matratzen und offener Terrasse zur Hauptstraße. ❶
An der zentralen Promenade sind ebenfalls
einige einfache, günstige Warung zu finden.

Danau Jempang

Die große Banjar-Siedlung **Jantur** ist das Tor
zum Danau Jempang. Auf der weiten Seeflä-
che verankert sieht man lange Reihen von Häusern, die einzeln auf dicken Flößen schwimmen.

SUNGAI MAHAKAM

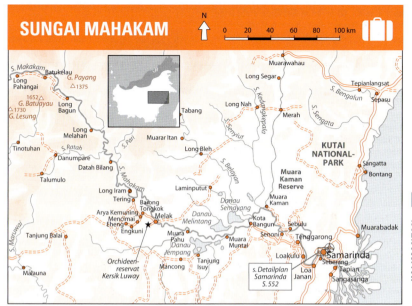

Danach wird das schwimmende Dorf **Tanjung Haur** passiert, bis man in die offenen Weiten des 15 000 ha großen, aber nur 8 m tiefen Sees vorstößt. Er ist Teil des größten Feuchtgebiets von Kalimantan. Neben einer hohen Biodiversität besonders bezüglich der hier lebenden Vogelarten, ist in dem See auch der vom Aussterben bedrohte **Irrawaddy-Delphin** *(Orcaella brevirostris)* beheimatet, den man besonders in der Regenzeit am frühen Morgen oder frühen Abend erspähen kann.

Tanjung Isuy

Nach zwei- bis dreistündiger Fahrt über den See kommt man nach **Tanjung Isuy**, einem Dorf der Benuaq-Dayak. Dort kann man im für Touristen und christliche Gottesdienste umfunktionierten Langhaus **Louu Taman Jamrout**, ✆ 0813-4718 3352, in netten, sauberen Zimmern mit Moskitonetzen und Gemeinschaftsmandi/Hocktoilette übernachten. Der Flur hängt voller Büffelhörner, und auf dem Vorhof steht eine beeindruckende Sammlung alter und neuer Geisterstatuen. Man kann mit den Kindern spielen, bei einigen Frauen Dayak-Schnitzereien und -Schmuck erwerben und wird bekocht. ❶

Hat man Glück, findet abends im Dorf eine stark vom Animismus geprägte Heilungszeremonie statt, die von mehreren Schamanen in traditionellen Kostümen geleitet wird und bei der meist ein Schwein und mehrere Hühner geopfert werden.

Von Tanjung Isuy kann für 900 000 Rp ein *Ces* nach Melak gechartert werden.

Mancong

Von Tanjung Isuy lohnt ein Abstecher ins 8 km entfernte Dayak-Dorf Mancong, entweder zu Fuß, falls einem die Hitze nichts ausmacht, oder auf dem Rücksitz eines gecharterten Ojeks (50 000 Rp) oder Pick-ups (200 000 Rp). Falls der Fluss genug Wasser führt, ist ein angenehmer dreistündiger Bootstrip mit einer gecharterten *Ces* für 300 000 Rp durch die Dschungel- und Sumpfwildnis am interessantesten.

In Mancong steht ein schönes, altes, zweistöckiges **Langhaus** mit überdachten Balkonen, deren Geländer durch Schnitzereien verziert sind. Das ca. 60 m lange Gebäude steht leider leer, da die Dayak-Familien nun in Wellblechhütten am Fluss umgesiedelt sind. Touristen können in den Räumen des Langhauses für 50 000 Rp p. P. eher unbequem übernachten.

Melak

Melak ist Ausgangspunkt einer abwechslungsreichen Rundfahrt (7–8 Std.) mit dem Motorrad. Montag und Donnerstag ist großer Dayak-Markt in **Barong Tongkok**. Langhäuser der Dayak Tunjung stehen in **Mencimai**, **Eheng** und **Sekolaq Darat**.

Lohnend ist ein Streifzug durch das 5000 ha große Naturreservat **Kersik Luway**, 4 km von Sekolaq Darat. In der gespenstischen Nachbarschaft toter, verbrannter Wälder gedeiht auf sandigem Boden ein für Kalimantan seltener, trockener Heidewald. In der dichten Strauchwildnis verbergen sich Insekten fressende Kannenpflanzen und etwa ein Dutzend verschiedener Orchideenarten, darunter die bei Sammlern begehrte schwarze Orchidee *(Anggrek Hitam)*. Nach ergiebigen Regenfällen hat man die größte Chance, die Orchideen in Blüte zu sehen. Erfrischung bietet anschließend ein Bad bei dem kleinen Wasserfall **Jantur Gemuruh**, 1 km von Sekolaq Darat entfernt.

ÜBERNACHTUNG

Hotel Monita, Jl. Dr. Sutomo 76, ✆ 0545-41798. Schönste Pension im Ort mit sauberen Zimmern und teils Warmwasser-Du/WC und AC. ❹–❺
Penginapan Rahmat Abadi, Jl. Tendean, ✆ 0545-41007. Günstigstes Gästehaus mit Gemeinschaftsmandi/Hocktoilette und sehr einfachen Zimmern. ❶–❷

TRANSPORT

Von Long Iram kommende **Boote** fahren gegen Mittag von Melak in 16 Std. für 125 000 Rp bis nach SAMARINDA. Stromaufwärts fahren die Boote in 5 Std. für 35 000 Rp nach LONG IRAM. Gecharterte *Ces* nach MUARA MUNTAI kosten 750 000 Rp, nach TANJUNG ISUY 900 000 Rp. Von Hafennähe fahren auch Busse mehrmals tgl. in 8 Std. für 125 000 Rp nach SAMARINDA.

Kutai-Nationalpark

Schon 1936 hat der Sultan von Kutai die Tieflandregenwälder um den Sungai Sangatta unter Schutz gestellt, um die artenreiche Fauna zu erhalten, u. a. Orang Utans, Gibbons, Nasenaffen und Banteng. In den folgenden Jahren wurde trotzdem durch Waldrodungen, Ölbohrungen und Straßenbau viel natürlicher Lebensraum der bedrohten Tiere zerstört. Glücklicherweise erkannte die Regierung später wieder den Wert des Reservats (2000 km²) und kontrolliert seit 1979 den strengen Stopp jeglicher Zerstörung. Seitdem scheint sich der Dschungel etwas zu erholen, und bei der letzten Erhebung im Jahr 2010 wurde eine Population von rund 2000 Orang Utans gezählt.

Nachdem man sich schon in Samarinda, spätestens jedoch in Bontang oder Sangatta, mit Proviant eingedeckt hat, muss ein Permit zum Besuch des Nationalparks beim Parkhauptquartier in **Bontang**, Jl. Mulawarman 236, ✆ 0548-27218, ⏰ Mo–Do 7.30–16, Fr 7.30–12 Uhr, oder in **Sangattas** PHKA, Jl. Suromo, ✆ 0549-24651, ⏰ Mo–Do 7.30–16, Fr 7.30–12 Uhr, erworben werden. Am besten man meldet sich schon im Voraus beim leitenden Parkaufseher Pak Supiani, ✆ 0813-4634 8803, an. Er spricht gutes Englisch und organisiert ein Motorboot, das Besucher in 30 Minuten von Sangatta bis zur **Prefab Orang Utan Research Station** im Schutzgebiet bringt. Der Parkeintritt kostet 15 000 Rp zzgl. Kameragebühr von 50 000 Rp und Kosten für einen Guide von 200 000 Rp pro Tag. Von der Forschungsstation führt der Guide durch den unberührten Dschungel.

TRANSPORT UND UNTERKUNFT

Um zum Park zu gelangen, nimmt man einen Bus vom **Terminal Lempake** in Samarinda in 4 Std. für 30 000 Rp nach SANGATTA. Nachdem Parkeintritt und Guide bezahlt sind, wird man in 30 Min. mit einem motorisierten Langboot für 100 000 Rp den Sungai Sangatta flussaufwärts in das Schutzgebiet zur Prefab Orang Utan Research Station gefahren. Hier gibt es eine sehr einfache Unterkunft mit Moskitonetz, Gemeinschafts-Du/WC und Strom von 18–21 Uhr. ❷

Für den Rückweg nach SAMARINDA oder BALIKPAPAN kann man den zuverlässigen Fahrer Pak Lukman, ☏ 0813-4631 7884, kontaktieren, der für Fahrten mit einem Kijang bis in die Provinzhauptstadt 500 000 Rp und bis nach Balikpapan 800 000 Rp verlangt.

Kepulauan Derawan

Nur 40 km vor der Küste von Berau liegen die winzigen Derawan-Inseln, die unter Tauchern schon längst kein Geheimtipp mehr sind. Touristisches Zentrum der paradiesischen Inselgruppe mit weißen, von Palmen gesäumten Sandstränden, türkisfarbenem Meer und einer beeindruckenden Unterwasserwelt ist **Pulau Derawan** mit rund 20 meist einfachen Unterkünften, vielen Fischlokalen und einigen Souvenirläden. Die 45 ha große Insel kann in einer Stunde zu Fuß umwandert werden. An dem ruhigeren Oststrand von Pulau Derawan, wo es keine Losmen gibt, legen in den späten Abendstunden Meeresschildkröten ihre Eier in den Sand – wo sie leider allzu oft von den Inselbewohnern geklaut werden. Eine Schildkröten-Aufzuchtstation versucht die geschlüpften Tierchen aufzupäppeln.

Von den Pieren am Südstrand können Motorboote für Schnorchel- und Tauchtrips zu den umliegenden Inselchen gechartert werden.

Pulau Sangalaki ist eine der kleinsten Nachbarinseln und dafür bekannt, dass bei einsetzender Flut täglich Schwärme von bis zu 20 Mantarochen auf der Suche nach Plankton vor der Küste vorbeiziehen.

Eine absolute Besonderheit und weltweit sonst nur mit Mikronesien vergleichbar, ist die Süßwasserlagune von **Pulau Kakaban**, die vor 90 000 Jahren durch vulkanische Aktivität entstanden ist. Seitdem haben sich in dem See einzigartige, nicht nesselnde Ohrenquallen vermehrt. Mit Schnorchelausrüstung springt man in den See voller Quallen und kann die wundersamen Tiere aus nächster Nähe begutachten und behutsam anfassen.

Pulau Maratua, ein größeres sichelförmiges Atoll, dessen nördlicher Teil steil aus dem Wasser ragt, ist besiedelt. Die südliche Hälfte liegt unter dem Wasserspiegel. In der idyllischen Lagune liegt im Westen die kleine **Pulau Nabucco**, wo ein exklusives Resort, (🖥 www.nabucco

Südseefeeling pur: Pulau Maratua

islandresort.com, ❼), und vor der Küste schöne Korallengärten zu finden sind. Hier sind regelmäßig auch seltene Drescherhaie anzutreffen.

ÜBERNACHTUNG UND ESSEN

Am günstigsten wohnt und isst man auf Pulau Derawan. Hier eine kleine Auswahl, von der Bootsanlegestelle dem Weg durchs Dorf Richtung Westen folgend:

Derawan Dive Resort, östlich der Anlegestelle, ☏ 0811-542 4121, 🖥 www.divederawan.com. Ältere Holzbungalows für bis zu 6 Pers. am Strand und auf einem langen Steg mit einfachen, sauberen Warmwasser-Bädern und alter AC, teils auch mit großer Veranda. Im Internet werden Packages inkl. Transfer, Vollpension und Tauchgängen angeboten. ❹–❺

Homestay Dina, erste Unterkunft am Meer nach dem Sandstrand, ☏ 0813-4776 4865. Einfache, holzverkleidete Zimmer mit guten Matrazen auf dem Boden, Gemeinschaftsmandi/Hocktoilette, Ventilator und großer Gemeinschaftsterrasse. Angemessener Preis für das Gebotene. ❷

🏠 **Homestay Reza**, direkt daneben auf einem größeren Pier, ☏ 0813-4795 5950, 🖥 http://derawanhomestay.com. 5 riesige, neue Holzbungalows mit Du/WC, großer Terrasse zu beiden Seiten des Stegs und guten Matrazen. Der nette Besitzer John hält die Zimmer sauber und plant, das Homestay mit teureren AC-Zimmern am Strand zu erweitern. ❶–❸

Miroliz Pelangi Cottage, am Ende des Dorfes auf einem Steg, ☏ 0812-586 3696. Recht neue, knallig bunte Unterkunft auf einem langen Steg mit Restaurant. Zur einen Hälfte AC-, zur anderen Hälfte Zimmer mit Ventilator, eigener Du/WC und Balkon oder Terrasse. Alle sind geräumig und sauber. ❸–❹

Lestari I, wenige Meter dahinter ebenfalls auf einem Steg, ☏ 0813-4722 9636. 20 nette Zimmer, teils mit AC und privatem Mandi/Hocktoilette. Die Unterkunft ist eine der ersten der Insel und wird seit 12 Jahren vom freundlichen Pak Hadji geführt. Mit empfehlenswertem PADI-Tauchzentrum. ❶–❷

Es gibt mehrere einfache **Fischrestaurants** im Ortszentrum, wo gegrillter Fisch mit Reis und Gemüse ab 20 000 Rp angeboten wird. Huhn und Bier sind auf Derawan deutlich teurer als auf dem Festland.

AKTIVITÄTEN

Schnorchelausrüstung kann in vielen der Souvenirläden im Ort für 50 000 Rp pro Tag ausgeliehen werden. Besonders morgens kann man direkt von den Bootsanlegestellen ins Wasser springen und hat gute Chancen, eine der riesigen grünen Meeresschildkröten anzutreffen, da sie von Bananenblättern angelockt werden, die die Einheimischen an den Pieren festbinden.

Ein gutes **Dive Center** ist Lestari I angeschlossen, wo 250 000 Rp pro Tauchgang berechnet werden.

TRANSPORT

Zunächst fliegt man zum **Kalimarau Airport** in Tanjung Redeb. Folgende Airlines stehen zur Auswahl:

Batavia Air, ☏ 0554-26777, 🖥 www.batavia-air.com. 1x tgl. in 50 Min. ab 546 900 Rp von und nach BALIKPAPAN.

Kalstar, ☏ 0554-21007, 🖥 www.kalstaronline.com. 3x tgl. in 45 Min. ab 621 000 Rp von und nach SAMARINDA.

Sriwijaya, ☏ 0554-202 8777, 🖥 www.sriwijaya air.co.id. 2x tgl. in 55 Min. ab 540 000 Rp von und nach BALIKPAPAN.

Trigana Air, ☏ 0554-2027885, 🖥 www.trigana-air.com. 1x tgl. in 40 Min. ab 593 300 Rp von und nach BALIKPAPAN und 1x tgl. in 2 Std. ab 859 600 Rp von und nach BANJARMASIN. Von Tanjung Redeb fahren regelmäßig mit genügend Passagieren **Minibusse** in 2 Std. für 50 000 Rp bis zu Uferpromenade von Tanjung Batu. Dort chartert man für 200 000 Rp und max. 4 Pers. ein Speedboat für die 30-minütige Überfahrt nach Pulau Derawan. Für die Rückfahrt verlangen die Bootsführer oft 250 000 Rp. Minibusse fahren von Tanjung Batu zurück nach Tanjung Redeb ebenfalls erst dann, wenn genügend Mitfahrer an Bord sind.

Sulawesi

Stefan Loose Traveltipps

Makassar In der Hauptstadt Ost-Indonesiens lockt das umfassend restaurierte Fort Rotterdam aus dem 16. Jh. S. 563

Bira Die Küste mit ihren weißen Sandstränden bietet nicht nur gute Tauchgründe, sondern auch die Möglichkeit, die beeindruckende traditionelle Baukunst der Pinisi-Schiffsbauer zu bewundern. S. 574

17 Tana Toraja Ein Muss: Wanderungen durch das malerische Toraja-Hochland zu traditionellen Dörfern und Höhlengräbern, wo man aufwendigen Totenfeiern beiwohnen kann. S. 577

Togian-Inseln Die paradiesischen Inseln im Golf von Tomini sind hervorragende Anlaufpunkte für Tauchausflüge und bieten gute Möglichkeiten zur Entspannung. S. 594

18 Bunaken-Nationalpark Beim Schnorcheln und Tauchen lässt sich die vielfältige Unterwasserwelt mit ihren bunten Korallengärten entdecken. S. 605

Tangkoko-Dua-Saudara-Nationalpark Einer der vielfältigsten Naturparks Indonesiens lädt zu Wanderungen ein – in der Abenddämmerung begleitet von aufmerksamen Koboldmakis. S. 611

SULAWESI

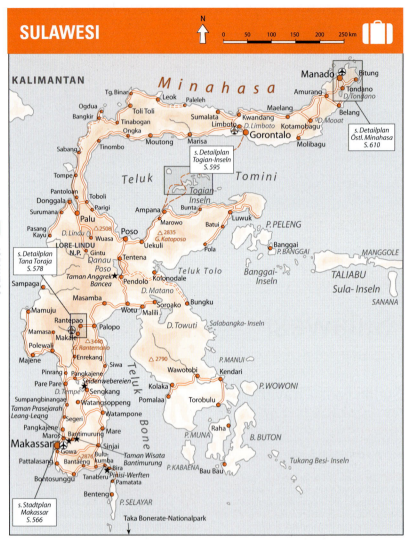

Die Insel Sulawesi hat fast die gleiche Nord-Süd-Ausdehnung wie Deutschland. Die eigentümliche Form der Insel erinnert an eine Orchidee, manche meinen auch, einen riesigen Tintenfisch zu erkennen. Ihr europäischer Name, Celebes, wurde von den Portugiesen eingeführt, als diese im 16. Jh. die Insel umsegelten. *„Ponto dos Celebres"* bedeutet so viel wie „Punkt der Berüchtigten", was entweder auf die damals zahlreich vertretenen Piraten oder die gefährlichen Monsunstürme der Region zurückzuführen ist.

Seit der indonesischen Unabhängigkeit trägt die Insel ihren modernen Namen Sulawesi, der sich aus den Worten „sula" (Insel) und „besi" (Eisen) zusammensetzt und sich auf das große Eisenvorkommen der Insel bezieht. Die mit rund 17,4 Mio. Menschen bevölkerte und viertgrößte Insel des Landes ist in die sechs Provinzen Nord-Sulawesi, Gorontalo, Zentral-Sulawesi, West-Sulawesi, Süd-Sulawesi und Südost-Sulawesi unterteilt. Im Süden siedeln die Makassaren und das bekannteste Seefahrervolk des Archipels, die Bugis. Im zentralen Hochland findet man die Toraja, ein protomalaiisches Volk, das heute zum größten Teil christianisiert ist und mit seinen aufwendigen Bestattungsritualen die meisten Touristen anzieht. An der Nordspitze leben die Minahasa, die zu 90 % Protestanten sind.

In Bezug auf Flora und Fauna bildet Sulawesi zusammen mit den kleinen Sunda-Inseln eine Art Übergangszone zwischen der indischen und der australischen Pflanzen- und Tierwelt. Die meisten Großsäugetiere Borneos sind nicht mehr anzutreffen, die für die Inseln weiter östlich typischen Beuteltiere, Kasuare und Paradiesvögel aber ebenfalls nicht. Dafür existieren mehrere nur auf Sulawesi vorkommende Tierarten, so z. B. der Hirscheber (Babirusa) und das Zwergrind (Anoa), das kaum 2 m lang wird und eine Schulterhöhe von 1 m erreicht.

Nur wenige Orte sind mehr als 40 km vom Meer entfernt – überall findet man herrliche Sandstrände, Korallenriffe und häufig gleich dahinter steil aufragende Berge. Im Landesinneren sind sie bis zu 3500 m hoch. In allen Teilen der Insel gibt es ausgedehnte und unberührte Dschungelgebiete.

Touristische Schwerpunkte sind in erster Linie das Toraja-Land in Süd-Sulawesi sowie Manado und Umgebung in Nord-Sulawesi. Kleinere Travellerzentren haben sich in Bira in Süd-Sulawesi und auf den Togian-Inseln (Zentral-Sulawesi) gebildet. Der Trans-Sulawesi-Highway von Palopo über Palopo, Poso und Gorontalo nach Manado ist inzwischen komplett ausgebaut. Da er die einzige Straßenverbindung zwischen Nord- und Süd-Sulawesi darstellt, muss ansonsten auf Flüge oder regelmäßig verkehrende Pelni-Passagierschiffe ausgewichen werden.

Süd-Sulawesi

Süd-Sulawesi ist mit Abstand die am dichtesten besiedelte Provinz der Insel; ca. 9 Mio. Einwohner leben auf 72 781 km². Die wichtigsten ethnischen Gruppen sind die Makassaren in der Umgebung von Makassar, die mit ihnen verwandten Bugis, die als Seefahrer, Fischer und Händler entlang der Küsten siedeln, und im gebirgigen Norden der Provinz die Toraja, deren ausgeprägte protomalaiische Stammeskultur in aufwendigen Totenbestattungen gipfelt. Tator (Tana Toraja = Land der Toraja) ist das wichtigste Touristenzentrum der Region.

Hauptstadt der Provinz ist Makassar. Bis zur holländischen Eroberung im 17. Jh. war dieser Hafen das Tor zum mächtigen Makassar-Reich von Gowa. Die Einflusssphäre seiner Könige reichte von Sumbawa und Lombok im Süden über die Molukken im Osten bis nach Kalimantan im Westen. Der VOC (Vereenigde Oost-Indische Compagnie) gelang es zwischen 1615 und 1666 nur durch die Unterstützung der Bugis unter dem legendären Arung Palakka, den König von Gowa militärisch zu besiegen und damit politisch zu entmachten. Arung Palakkas Kriegszüge endeten nicht mit dem Sieg über Gowa, sondern es wurden noch viele kleinere Staaten unterworfen, sodass Not und Elend über die Menschen Süd-Sulawesis kamen. Viele Bugis und Makassaren flohen in ihren Schiffen nach Sumbawa, Flores, Lombok, Kalimantan, Java, Sumatra und der Malaiischen Halbinsel, wo sie neue Siedlungen gründeten, meist Fischerdörfer, die z. T. bis heute noch überwiegend von den Nachfahren der Aussiedler bewohnt werden. Bis weit ins 19. Jh. waren diese wilden Piraten der Schrecken des Archipels.

Makassar

Die Hauptstadt Süd-Sulawesis ist ein wichtiger wirtschaftlicher Motor Indonesiens. Die mit knapp 1,6 Mio. Einwohnern größte Stadt Sulawesis gilt schon seit Jahrhunderten als eine der bedeutendsten Hafen- und Handelsstädte des Archipels und als Tor nach Ost-Indonesien. In den 50er-Jahren des 20. Jhs. wurde Makassar in Ujung Pandang umbenannt, womit die Stadt wieder den alten Namen erhielt, den die Befestigungsanlage des Königs von Gowa bis 1667 getragen hatte. Seit 2001 heißt sie allerdings offiziell wieder Makassar.

In den letzten zehn Jahren wurden viele Megaprojekte gestartet, um das touristische und wirtschaftliche Potenzial der „Hauptstadt Ost-Indonesiens" auszuschöpfen. Doch neben einer Flut an überfüllten Business Hotels, modernen Einkaufszentren und großen Hafenanlagen hat die Küstenstadt auch einige kulturelle Sehenswürdigkeiten zu bieten.

Fort Rotterdam

Direkt am Meer steht das gut erhaltene Fort Rotterdam, das oft auch Benteng Ujung Pandang genannt wird. Vom 9. König von Gowa wurde 1545 hier eine Befestigungsanlage mit Erdwällen angelegt, die zu den elf Festungen des Königreichs gehörte. 1634 wurden neue steinerne Mauern errichtet. 1667 musste Gowa das Fort an die Holländer abtreten, und Admiral Cornelius Speelman machte es zum militärischen und administrativen Mittelpunkt. Die meisten Gebäude innerhalb der Mauern wurden als Unterkünfte der holländischen Garnison und der Verwaltung gegen Ende des 17. und zu Beginn des 18. Jhs. erbaut.

Der Rundgang auf den 2 m dicken und 7 m hohen Mauern beginnt auf der dem Meer gegenüberliegenden Bastion. Über die nördliche Bastion gelangt man hinüber zur östlichen und dann an der steinernen Treppe an der Bibliothek vorbei in den Innenhof. Bis Dezember 2011 wurde die gesamte Anlage für rund US$4 Mio. restauriert und gilt als eine der noch am besten erhaltenen, frühen holländischen Bauten in Indonesien. Die Kolonialgebäude beherbergen mehrere Museen, die zum Zeitpunkt der Recherche komplett neu gestaltet wurden. Im **Museum Negeri La Galigo** sind neben prähistorischen Funden die Insignien, Siegel, Porträts und Stammbäume der Sultansdynastien ausgestellt. Besonders interessant sind im südlichen Gebäude die ethnologischen und ethnografischen Sammlungen. ⏱ 7.30–18 Uhr, Museum nur Di–So, Spende.

Pelabuhan Paotere

Der Paotere-Hafen, etwa 3 km nördlich des Zentrums gelegen, ist der geschäftigste und sehenswerteste Hafen der Stadt. Hier liegen alle Arten von Fracht- und Fischerbooten vor Anker. Besonders am frühen Morgen, wenn Fischer ihre frische Ware feilbieten, und am Nachmittag, wenn bei den Schiffswracks am westlichen Ende badende Kinder das Hafenbecken bevölkern, lohnt ein Besuch. Rund um die Uhr werden die großen traditionellen Bugis-Schoner *(Pinisi)* noch immer wie vor einem halben Jahrtausend be- und entladen. Sie beliefern die östlichen Inseln hauptsächlich mit Zement und Lebensmitteln. Vom **Pasar Sentral** fahren Pete-pete (s. S. 570) in Richtung Sabutang bis zum Hafen. Eintritt 2000 Rp.

Zentrum

Südlich des Fort Rotterdam laden in der **Jl. Somba Opu** neben den chinesischen Goldläden auch viele Souvenir- und Kunstgeschäfte zum Stöbern ein. Zum Sonnenuntergang lohnt ein Spaziergang entlang der mit Kokospalmen gesäumten Küstenpromenade **Jl. Penghibur**, um die kühle Abendbrise zu genießen. Auf dem großen Platz **Pantai Losari** treffen sich die jungen Leute der Stadt zum Sonnenuntergang, oder es treten an Feiertagen und Wochenenden lokale Musiker auf einer Bühne auf.

Tanjung Bunga

Bestes Beispiel für die boomende Wirtschaftsentwicklung Makassars ist dieser neu gegründete Stadtteil im Südwesten der Stadt. Südlich des Pantai Losari geht die Küstenstraße ab auf die neu aufgeschüttete Halbinsel. Vorbei am **Celebes Convention Center** erreicht man nach 2 km das **Trans Studio Resort**. Neben dem modernsten Konsumtempel der Stadt, der **Trans Studio Mall**, wurde hier bis 2011 der mit knapp 3 ha größte überdachte Themenpark Asiens erbaut. In vier verschiedenen Themenbereichen à la Universal Studios werden 22 Fahrgeschäfte, ein 4-D Kino und ein Dutzend Restaurants geboten. Mehrere Luxushotels, ein Jachthafen und private Residenzen sind noch im Bau. ⏱ Mo–Fr 10–21, Sa und So 10–22 Uhr, Eintritt 110 000 Rp inkl. 15 Fahrgeschäften.

ÜBERNACHTUNG

Makassar bietet ein unüberschaubares Angebot an Hotels aller Preisklassen. Während die billigeren meist abgewohnt sind und sich entlang der südlichen Jl. Sudirman und in der Chinatown befinden, häufen sich immer neuere Mittelklassehotels entlang der Jl. Sultan Hasanuddin und der Jl. Penghibur, die oft mit Geschäftsreisenden ausgebucht sind. Von Nord nach Süd:

Untere Preisklasse

Hotel Mutiara Sari, Jl. Bonerate 26 A, ✆ 0411-363 6068. Günstige und saubere Unterkunft mit fensterlosen Zimmern in 2 Preiskategorien. Alle mit AC, TV und kleiner Warmwasser-Du/WC. Einfaches Frühstück inkl. ❷–❸

New Legend Hostel, Jl. Jampea 5 G, ✆ 0411-313777, 🖳 www.newlegendhostel.com. Bekannter Traveller-Treff in der Chinatown mit einfachen, kleinen, aber sauberen Zimmern und Dorm-Betten ab 75 000 Rp. Die teureren haben eigene Du/WC und AC. Die hilfsbereite Besitzerin organisiert Touren und vermietet Mopeds. Kleines Frühstück im Café und WLAN inkl. ❶–❷

Hotel Yasmin, Jl. Jampea 5, ✆ 0411-362 8329, ✉ yasmin4hotel@yahoo.com. Gutes Business-Hotel mit hervorragendem Preis-Leistungs-Verhältnis am Rande von Makassars Chinatown. Neben älteren, geräumigen Deluxe-Zimmern im viktorianischen Stil gibt es einen neuen Flügel mit engeren, penibel sauberen Standard-Zimmern ohne Fenster, aber mit guten Matratzen, neuer AC, TV und Minibar. Reservierung empfohlen. ❸–❹

New Legend Hotel, Jl. Jampea 1, ✆ 0411-363 2163, 🖳 www.newlegendhotel.com. Erst Ende 2011 eröffnetes, helles Hotel mit sauberen Zimmern, guten Matratzen, AC und großem LCD-TV. Die günstigen fensterlos, die teureren geräumiger und teils mit großen Fenstern zur Straße hin. ❸–❹

Asoka Homestay, Jl. Yosep Latumahina 21, ✆ 0411-873476, 0852-3274 9317. Privathaus mit schönem Innenhof nur einen Steinwurf von der geschäftigen Promenade entfernt. Die 5 Doppel- und Familienzimmer mit hohen Decken sind sauber und ruhig. Mit Du/WC, großem TV, AC, Frühstück, aber ohne Warmwasser. Reservierung erwünscht. ❸–❹

Die koloniale Bastion Fort Rotterdam wurde 2011 komplett restauriert.

Makassar

N

SULAWESI

Pelabuhan Paotere, **1**

Jl. Insinnnyur Sutami
Jl. Tol Reformasi

Maros,
Pare Pare

Jl. Tinumbu

HAFEN

FRIEDHOF

Jl. Dawah

Jl. Cakalang

1

Pasar
Butung
Jl. Butung

Jl. Tentara
Jl. Dr. Wahidin Sudirhusodo
Jl. Barang Caddi
Jl. Barang Lompo
Jl. Irian
Jl. Pelajar

Jl. Saleno
Jl. Tarakan

Jl. Nusantara
Jl. Kalimantan

Jl. Sarappo

Jl. Banda

Jl. Muhammadiyah

Jl. Buru

Jl. Pasar
Cidu

Jl. Tinumbu

Ponampu Comal

Jl. Sangir

Jl. Sulawesi

Jl. Lembeh

Jl. Diponegoro

Makam
Diponegoro

Jl. Bunga Raya

Jl. Kandea

2

Jl. Timor

Jl. Bali

Jl. Sumba

Satanga

Pasar
Sentral

Jl. Andalas

Jl. Pajenekang

Jl. Bandang

Jl. Lamuru

3 , **2**

Jl. Mesjid Raya

2

3

4

5

HAFEN

Jl. Seurapate

Jl. Lampea

Jl. Ributane

Jl. Serui

POLIZEI

Jl. J.A. Yani

Jl. Jend. Sudirman

Jl. Nusa

Jl. Kembong

Jl. H.O.S. Cokroaminoto

Jl. K.H.J. Agus Salim

Jl. Laiya

Jl. Bulusaraung

Jl. Cerenang

Masjid
Raya

7

4

2

4

RRI

BALAI
KOTA

Fort
Rotterdam

GPO

Jl. Balai Kota

Jl. Penghibur

Jl. Balai Kota

5

5

3

$

3

Jl. Gunung

Lapangan
Karebosi

Jl. Gunung

Jl. Gunung

Bawakaraeng

Jl. Gunung Latimojong

Jl. Titang

Jl. Baronang

4

4

P. Samalona (7 km)
P. Lae Lae (1,5 km)
P. Kayangan (2 km)

Jl. Supratman

Jl. Pattimura

Jl. Pasar Ikan

Jl. Kajaolalido

Jl. Kartini

$

Jl. Thamrin

6

6

Jl. Amanagappa
Jl. Baumasepe

Jl. Sultan Hasanuddin

Jl. Sungai cpt.

Jl. Ali Malaka

Jl. Ranggong

Mandala
Monument

Pelamonia
Hospital

Jl. Ince Nurdin

Jl. Lombang
batang

Jl. Sungai Poso

Jl. Bulu 2

Jl. Bulu Salaka

Jl. G. Salahutu

Jl. Veteran Utara

Jl. Balana

Jl. Kerung
Kerung

6

5

7

5

Jl. Ch. Anwar

Jl. Jend. Sudirman

Jl. S. Gading

Jl. Gunung Merapi

Jl. S. Pareman

Jl. G. Salahutu

Limboto

7

9

Jl. M. Luthfi

Jl. Datu Musseng

8

8

9

7

Jl. Botolempangan

Jl. Sutomo

Jl. E. Saelan

Jl. S. Lariang

Jl. Sungai Tangka

Jl. S. Klabat

8

Jl. Sungai

Jl. Sungai Nona

Pantai
Losari

Stella Maris
Hospital

Jl. Maipa

8

Jl. Penghibur

Jl. Lamadukelleng

12

Govenor's
Residence

Jl. Karunrung

Jl. Sungai Saddang

10

Jl. Kenari

11

Jl. H.I.S. Daeng Tompo

Jl. A. Rate

Jl. Lasinrang

S. Sulawesi
Provincial
Tourist Office

Jl. Lagaligo

Jl. Gunung Batu Putih

Jl. Bulukunyi

9

Jl. Veteran Selatan

Jl. Sungai
Walanae

Jl. Haji Bau

Jl. R.W. Monginsidi

Wisma
Kalla

Jl. Dr. Sam Ratulangi

Jl. Rajawali

Jl. Merpati

Jl. Pelandok

Jl. Rusa

Jl. Domba

Jl. Pelanduk

Jl. Gajah

Jl. Lembu

Jl. Annuang

14

Jl. Metro Tanjung Bunga

Jl. Garuda

Jl. Cendrawasih

Jl. Kasuan

Jl. Mappanyukki

Jl. L.D. Pasewang

Tanjung Akarena, **9**

Malino (75 km) **13**

10 **10**

Ratu Indah Mall

Jl. Mawar

FRIEDHOF

566 MAKASSAR | Übernachtung

www.stefan-loose.de/indonesien

Dodo's Homestay, Jl. Abdul Kadir, Komp. Hartaco Indah Blok I Y/25, ℡ 0411-509 1644, 0812-412 9913, 🖥 www.dodopenman.blogspot.com. Der beliebte Guide und Hobby-Zauberer Dodo nimmt nach Voranmeldung Backpacker sehr günstig in seinem Haus im Süden der Stadt mit AC und Kaltwasser-Du/WC auf. Abholung vom Flughafen für 100 000 Rp und Frühstück inkl. ❶

Mittlere Preisklasse

Hotel Dinasti, Jl. Lombok 30, ℡ 0411-362 5657, 🖥 www.dinastihotelmakassar.com. 4-stöckiges, ruhiges Hotel in der alten Chinatown. Große Zimmer mit chinesischem Dekor, TV, Wasserkocher und Kühlschrank, kleine Bäder mit alten Sanitäreinrichtungen. Die günstigsten nur mit Du/WC und ohne Fenster. Frühstücksbuffet und WLAN inkl. ❹–❺

Singgasana Hotel, Jl. Kajaolaliddo 16, ℡ 0411-362 7051, 🖥 www.singgasanahotels.com. Freundlich geleitetes, sauberes, gut ausgestattetes Mittelklassehotel in einem 14-stöckigen Hochhaus mit Restaurant und sauberem Pool mit ein paar Liegen. Die etwas ältere Einrichtung mit Teppichböden wird in den oberen Stockwerken durch die Aussicht wettgemacht. Frühstück und WLAN inkl. ❺

Hotel Santika, Jl. Sultan Hasanuddin 40, ℡ 0411-332233, 335599, 🖥 www.santika.com. Modernes Business-Hotel in zentraler Lage mit stilvoll eingerichteten Zimmern mit großen Betten, LCD-TV, Fitness- und Wellnesscenter. WLAN und Frühstücksbuffet inkl. ❺–❻

D'Bugis Ocean, Jl. Penghibur 51, ℡ 0411-363 6400. Recht neues, 9-stöckiges und farbenfrohes Hotel direkt an der Küstenpromenade. Die modernen Zimmer sind etwas eng und teils fensterlos oder mit Glasblöcken, aber bieten gute Betten, TV und AC. WLAN in Lobby und Frühstück inkl. ❹–❺

Quality Plaza Hotel, Jl. Somba Opu 235, ℡ 0411-333111, 🖥 www.qualityplazahotelmakassar.com. Etwas älteres Hotel mit freundlichem jungen Management und breitem Freizeitangebot inkl. Fitnesscenter, Sauna, Spa, Karaoke und beliebtestem Nachtclub der Stadt. Die alte Einrichtung der Zimmer wird mit neuen, großen LCD-TVs aufgewertet. Internet und Frühstück inkl. ❻

Kenari Tower, Jl. Yosef Latumahina 30, ℡ 0411-874248, 874250, 🖥 www.kenaritowerhotel.com. Das 3-Sterne Haus wurde 2010 rund erneuert, was den frischen Zimmern noch immer anzumerken ist. Gute Matratzen, neue AC, Minibar, Wasserkocher und kleine, saubere Bäder. Sauna, Fitnesscenter und WLAN in Lobby inkl. ❹–❼

Obere Preisklasse

Hotel Aryaduta, Jl. Somba Opu 297, ℡ 0411-870555, 🖥 www.aryaduta.com. Erstes 5-Sterne-Hotel der Stadt, das gerne für Hochzeiten genutzt wird. Die Zimmer sind schon etwas älter, mit Teppich, aber marmorne Bäder und große LCD-TVs verleihen den nötigen Glanz. Restaurant, Fitnesscenter und Pool. ❻–❼

Grand Clarion, Jl. A. P. Pettarani 3, ℡ 0411-833888, 🖥 www.clarionhotelmakassar.com. Riesiger Gebäudekomplex mit 333 komfortablen Zimmern, Konferenzräumen, Restaurants,

Nachtclub, Spa und Pool. Recht weit vom Stadtzentrum in einem neu entwickelten Geschäftsviertel mit Einkaufszentren und Supermärkten gelegen. ❻–❼

ESSEN

Die besten Fischrestaurants sind am Paotere Hafen und in der **Essensstraße** Jl. Datu Musseng zu finden. Zudem bietet die geschäftige Jl. Penghibur viele (Hotel-) Restaurants und Warung. Ein **Nachtmarkt** mit günstigen Garküchen befindet sich schräg gegenüber des Fort Rotterdam.

Coto Nusantara, Jl. Nusantara 46. Das einfache Warung ist bekannt bis Jakarta und immer überfüllt mit Schülern, Beamten und Geschäftsleuten, die die landesweit bekannte Coto Makassar aus kleinen Schalen löffeln. Dazu gibt es in Palmblättern gepressten Reis *(ketupat)*. Suppe für 12 000 Rp, Reis 1000 Rp. ⏲ 7–17 Uhr.

Gelael Supermarket, Jl. Sultan Hasanuddin 16, Ecke Jl. Amanagappa. Im Erdgeschoss größte Auswahl an Lebensmitteln für Selbstversorger mit Salatbar und Drogerieartikeln. Im 1. Stock ein **KFC** sowie das Selbstbedienungsrestaurant **Murah dan Baik** mit günstigen Reisgerichten und Bakso. ⏲ 24 Std.

Jl. Datu Musseng, zwischen der Küstenpromenade und Jl. Sultan Hasanuddin verläuft die „Fressmeile" der Stadt mit ausgezeichneten Fischrestaurants und anderen Spezialitäten. Bei einem kleinen Spaziergang entlang der Straße und Blick auf die Teller der Gäste kann man sich in Ruhe für die passende Mahlzeit entscheiden.

Kios Semarang, Jl. Penghibur 20, ✆ 0411-313932. Bester Platz für ein kühles Bintang zum Sonnenuntergang. Im 3. Stock der beliebten Kneipe werden bei schöner Aussicht über die Küstenpromenade neben Bier auch ausgezeichnete Chicken Wings und gutes Seafood serviert. Günstiges Bier und große Portionen ab 20 000 Rp. ⏲ 12–24 Uhr.

Kampoeng Pops, Jl. Ujung Pandang. Schön gelegener, moderner Foodcourt schräg gegenüber dem Fort Rotterdam am Meer. Große Auswahl an westlichen, japanischen und indonesischen Gerichten. Abends Livemusik und tolle Sonnenuntergangsstimmung an den Tischen auf dem Steg.

Lae Lae, Jl. Datu Musseng 8, ✆ 0411-363 4326. Seine Beliebtheit bei einheimischen Familien verdankt dieses große, einfache Seafood-Restaurant sicherlich nicht seiner simplen, kantinenartigen Einrichtung, sondern den frischen, preiswerten Fischen und Meeresfrüchten, die auf den Punkt gegrillt mit Sambal, eingelegtem Gemüse und geraspelten, sauren Mangos serviert werden. ⏲ 12–22 Uhr.

Resto Hade, Jl. Lamadukelleng 12a, ✆ 0411-363 4204. Im schönen Garten mit Goldfischteich lässt es sich hervorragend in einem Gazebo entspannen. Speisekarte auf Indonesisch. Empfehlenswert sind neben unterschiedlich zubereiteten Fischen mit leckerem Sambal (Preis nach Gewicht) auch Krebse in Padang-Soße und Hähnchen. Mittlere Preislage. Sa Livemusik ab 20 Uhr. Achtung Mücken und kein Bier! ⏲ So–Fr 11–22, Sa 11–24 Uhr.

Rumah Makan Paotere, Jl. Sabutong 46, ✆ 0411-326366. Eines der einfachen, aber exzellenten Fisch-Warung westlich des Hafeneingangs vom Pelabuhan Paotere. Hier kommt der Fisch direkt vom Kutter.

Warung Kopi Phoenam, Jl. Jampea, neben Hotel Yasmin. Bekanntestes Kaffeehaus der Stadt mit Ablegern in Jakarta und Bandung. Das einfache Warung ist ein beliebter Treffpunkt aller Gesellschaftsschichten und Schauplatz einer politischen Radiosendung. Guter Toraja-Kaffee und zum Frühstück leckere *Roti Bakar*, Toasts mit Marmelade, Käse oder Corned Beef. Günstige Preise. ⏲ 6–22 Uhr.

UNTERHALTUNG

In der boomenden Hafenstadt ist das lebendigste Nachtleben Ost-Indonesiens zu finden. Viele Bars sind direkt an der „Vergnügungsmeile" Jl. Penghibur zu finden. Es gibt nur 2 größere Nachtclubs:

Botol Music, Quality Hotel. Durch die Tiefgarage gelangt man zu dem stimmungsgeladenen Club auf 2 Stockwerken. Eine unterhaltsame Liveband mit Chartliedern und Elektro-DJs wechseln sich stdl. ab, und das junge Partyvolk feiert ausgelassen. Der Eintritt ist kostenlos, kleines Bier ab 65 000 Rp,

Cocktails ab 95 000 Rp. ⊙ So–Fr 22–2,
Sa 22–4 Uhr.
Zona Café, Jl. Ujung Pandang 2, ⌨ www.
zonacafe.info. Die größte Diskothek der Stadt
mit modernsten Sound- und Lichtanlagen,
insgesamt aber recht dunkel. Sa wird es zwar
voll, aber das vorwiegend männliche Publikum
ist wenig entspannt. Elektro und Progressive-
DJs, leicht bekleidete Tänzerinnen und Live-
Chartmusik. Eintritt 75 000 Rp inkl. kleinem Bier.
⊙ So–Do 21.30–2, Fr, Sa 21.30–4 Uhr.

EINKAUFEN

In der oberen **Jl. Sompu Opu**, der „Goldstraße",
werden inmitten der Goldläden auch Makassar-
Sarongs aus Seide, Toraja-Schnitzereien und
andere Souvenirs verkauft. Große Auswahl an
Kunsthandwerk wie Filigranarbeiten aus Silber
(Kendari), Holzschnitzereien (Tana Toraja)
oder Seidensarongs (Sengkang) findet man im
Pasar Inpres, Jl. Pattimura, **Kanebo Souvenir**,
Jl. Pattimura 29, und **Toko Kerajinan**, Jl. Somba
Opu 34.
Bugis-Sarongs können bei **Sutera Alam**,
Jl. Onta Lama 47, ✆ 0411-854179, erstanden
werden. Die Seide kommt direkt aus Soppeng
und wird erst hier gefärbt und gewebt. Bis
15 Uhr kann den Weberinnen zugeschaut
werden. Günstige Seidenprodukte verkauft
Aneka Sutra, Jl. Gunung Lompo Batang 2.
Pasar Sentral (Makassar Mall), Jl. Laiya,
einst der größte Umschlagsplatz von Waren,
ist im Herbst 2011 abgebrannt und war zuletzt
vollständig geschlossen. Die Händler haben
ihre Stände nun um die Markthalle herum und
entlang der Jl. H.O.S. Cokroaminoto aufgebaut.
Ratu Indah Mall, Jl. Sam Ratulangi. Eine
typische Mall, wie sie in jeder indonesischen
Millionenstadt zu finden ist mit einem obligatorischen Matahari-Kaufhaus, amerikanischen
Fastfood-Ketten, Gramedia und teuren
Boutiquen. ⊙ 10–22 Uhr.
Trans Studio Mall, Jl. Metro Tanjung Bunga.
Hinter dem größten Parkplatz Asiens erhebt
sich die modernste Mall der Stadt. Hier sind alle
internationalen Designerläden und amerikani-
sche Fastfood-Ketten sowie ein Gramedia-
Buchladen und ein riesiger Carrefour-Supermarkt vertreten. ⊙ 10–22 Uhr.

TOUREN

Caraka Travelindo, Jl. Samalona 12, ✆ 0411-
361 8877, ⌨ www.sulawesi-indonesia.com.
Professionelles Reisebüro mit großem Angebot
an All-in-Touren (Touren inkl. Fahrer, Guide,
Mahlzeiten, Übernachtungen, Führungen usw.)
ab 5 Tagen durch Süd-Sulawesi bis hin zu
19-tägigen Transsulawesi-Touren von Makassar
bis Manado. Informative Website und Miet-
wagenverleih. ⊙ Mo–Fr 9–17, Sa 9–14 Uhr,
So und feiertags geschlossen.
Cycle Indonesia, ⌨ www.cycleindonesia.
com.au. Sulawesi-Kenner und begeisterter
Radfahrer Colin Freestone organisiert geführte
Radtouren durch ganz Sulawesi ab 10 Tage.
Nähere Informationen auf seiner Webseite.
Dodo the Penman, Jl. Abdul Kadir, Komp.
Hartaco Indah, Blok I Y/25, ✆ 0411-509 1644,
0812-412 9913, ⌨ www.dodopenman.blog
spot.com. Sehr empfehlenswerter Guide und
Zauberkünstler mit eigenem Auto und Fahrern.
Nach Absprache können günstige, individuelle
Trips durch Süd-Sulawesi organisiert werden.
Auch Abholung vom Flughafen und 2 günstige
Zimmer im eigenen Homestay werden
angeboten.
Trans Sulawesi, Ankunftshalle Hasanuddin
Airport, ✆ 0813-4243 0789, ✉ trawesi@yahoo.
com. Bekannter Guide Nico Embatau aus Tana
Toraja und sein Team sind besonders auf
Trekking-Touren durch ganz Sulawesi speziali-
siert. Er kennt sich auch in abgelegenen
Gebieten hervorragend aus.

SONSTIGES

Autovermietungen

Alle größeren Hotels sowie oben genannte
Reiseanbieter vermieten Autos inkl. Fahrer
und Benzin. Preise Ende 2011 beziehen sich
auf einen Tag (8 Std.) und variieren zwischen
450 000 Rp (Dodo the Penman) und 800 000 Rp
in den meisten Hotels.

Geld

Geldautomaten aller größeren indonesischen
Banken sind sowohl am Flughafen als auch
im Stadtzentrum ohne Probleme zu finden und
akzeptieren Cirrus, Mastercard und Visa.
Bargeld und Travellers Cheques können bei

den Hauptfilialen um den Lapangan Karebosi und bei teureren Money Changern am Flughafen getauscht werden.

Informationen
South Sulawesi Provincial Tourist Office, Jl. Jend. Sudirman 23, ✆ 0411-878912, ✉ disbudpar_sulsel@telkom.net, im Gedung Mulo, einem Gebäude aus der Kolonialzeit. Die Mitarbeiter sind sehr hilfsbereit, aber nur einige sprechen gutes Englisch. ⏰ Mo–Fr 8–16 Uhr.

Internet
Besonders Business-Hotels bieten mittlerweile zumindest in der Lobby kostenloses WLAN. Internetcafés *(Warnet)* gibt es an jeder größeren Straßenecke; meist kosten sie 4000 Rp pro Std.

Medizinische Hilfe
Rumah Sakit Pelamonia, Jl. Jend. Sudirman 27, ✆ 0411-324710. Gut ausgestattetes Militärkrankenhaus.
Rumah Sakit Stella Maris, Jl. Somba Opu 273, ✆ 0411-871391. Zentral gelegenes und generell als bestes Privatkrankenhaus der Stadt bekannt.

Polizei
Jl. Ahmad Yani, W 110.

Post
Jl. Slamet Riyadi 10, Ecke Jl. W. R. Supratman. ⏰ Mo–Fr 8–18 Uhr.

Visaangelegenheiten
Kantor Imigrasi, Jl. Perintis Kemerdekaan, KM 13, Biringkanaya, ✆ 0411-584559. ⏰ Mo–Fr 9–16 Uhr.

NAHVERKEHR
Minibusse
Sie werden in Makassar **Pete-pete** oder **Mikrolet** genannt und kosten 3000 Rp innerhalb der Stadt. Die zentrale Minibusstation liegt am großen Pasar Sentral (Makassar Mall) an der Jl. H.O.S. Cokroaminoto. Von hier fahren sie in alle Richtungen, z. B. DAYA (Busbahnhof).

Becak
Fahrradtaxis lassen sich von Touristen für Fahrten im Stadtzentrum kaum auf unter 10 000 Rp herunterhandeln. Pro Std. sollten nicht mehr als 50 000 Rp gezahlt werden.

Taxis
Sie sind im Stadtgebiet günstiger als Becaks. Die Einschaltgebühr beträgt inkl. der ersten 800 m 5000 Rp, jede weitere 200 m kosten 350 Rp.
Empfehlenswerte Taxiunternehmen sind:
Bosowa, Jl. Dr. Leimena (Antang) 47, ✆ 0411-454545.
Lima Muda, Jl. Barawaja 14, ✆ 0411-445566.
Mitra, Jl. Borong Raya 13, ✆ 0411-494949.
Flughafen-Taxis bringen Neuankömmlinge für Festpreise, die in drei Zonen eingeteilt sind, in die Stadt: 75 000 Rp für nahe Ziele, 87 000 Rp für Hotels im Stadtzentrum und 95 000 Rp für Ziele in den Außenbezirken.

TRANSPORT
Mietwagen
Mietwagen mit Fahrern nach RANTEPAO werden in Hotels und Reisebüros ab 800 000 Rp angeboten. Für längere Touren durch Süd-Sulawesi verlangen sie mind. 400 000 Rp pro Tag.

Busse
Es gibt drei Terminals in Makassar, allerdings fahren Busse hauptsächlich vom **Terminal Daya** in den Norden. In den Süden und Südosten verkehren oft nur Kijangs (Minivans) oder Minibusse (Pete-pete) vom **Terminal Mallengkeri** und **Terminal Sungguminasa**. Das **Terminal Daya**, 8 km nördl., erreicht man in 1 Std. mit den blauen Pete-pete in Richtung DAYA. Von hier fahren Busse nach:
PAREPARE, in 3 Std., ab 30 000 Rp;
RANTEPAO, in 8 Std., ab 70 000 Rp;
SENGKANG, in 4 Std., ab 38 000 Rp.

Empfohlene Busgesellschaften für die Fahrt nach Rantepao sind die Scania Busse von Bintang Prima, Jl. Perintis Kemerdekaan Ruko Tello 22, ✆ 0411-477 2888, um 10 und 22 Uhr für 120 000 Rp, und Litha, Jl. Gunung Merapi 135,

0411-324847, um 7.45, 10, 14, 20, 21 und 22 Uhr für 100 000 Rp. Empfehlenswert ist es, direkt von dem Büro der Busgesellschaften abzufahren. Ein früher Bus gibt die Möglichkeit, die fantastische Landschaft des Toraja-Hochlands anzusehen.

Vom **Terminal Mallengkeri** im Südosten fahren nur Kijangs (Minivans) in südliche Richtung von morgens bis nachmittags. Ein Auto fährt erst ab 8 Fahrgästen nach:
BANTAENG, in 3 Std. für 25 000 Rp;
BIRA, in 5 Std. für 50 000 Rp;
BULUKUMBA, in 4 Std. für 35 000 Rp;
PULAU SELAYAR, inkl. Fähre,
für 100 000 Rp.
Wer nicht auf Mitfahrer warten will, kann einen Kijang nach BIRA für 500 000 Rp chartern. Rote und blaue Pete-pete verbinden Pasar Sentral und Mallengkeri für 3000 Rp.

Vom **Terminal Sungguminasa** östlich der Stadt fahren Pete-pete in 2 Std. für 14 000 Rp nach MALINO. Beide Terminals im Osten erreicht man mit Pete-pete für 3000 Rp vom Pasar Sentral in Richtung „S Minasa".

Schiffe
Pelni, Jl. Sawerigading 14, Ecke Jl. Jend. Sudirman, ✆ 0411-362 0082, 🖵 www.pelni. co.id, ⏰ Mo–Sa 8–14 Uhr. Von den zurzeit 30 Passagierschiffen der staatlichen Schiffsgesellschaft Pelni legen 17 Schiffe in Makassar an, sodass von hier auf dem Seeweg praktisch jeder Winkel des Archipels zu erreichen ist. Fahrpläne und Preise sind auf der Website immer aktuell abrufbar. Fahrkarten werden auch in Hafennähe in der Jl. Nusantara und am Terminal Daya von Pelni-Agenten verkauft.

Flüge
Der **Hasanuddin-Flughafen**, offiziell noch Ujung Pandang (UPG) genannt, liegt 22 km nördlich der Stadt. Es verkehren offizielle Flughafentaxis in 3 Preiskategorien (75 000/87 000/95 000 Rp) je nach Entfernung. Ein Flughafenshuttle bringt Ankömmlinge alle 15 Min. an die Hauptstraße, von wo Pete-pete zur zentralen Minibusstation verkehren (3000 Rp).

Air Asia, Hasanuddin Airport, ✆ 021-2927 0999, 🖵 www.airasia.com, fliegt 4x wöchentl. in 3 1/4 Std. ab 639 000 Rp nach KUALA LUMPUR. Ab 2012 sollen Direktflüge nach BRUNEI, HONGKONG, MANILA und SINGAPUR hinzukommen.
Batavia Air, Jl. Pengayoman 21 D, ✆ 0411-422800, 🖵 www.batavia-air.com, hat bereits viele Flüge eingestellt.
JAKARTA, 4x tgl. in 2 1/4 Std. ab 600 000 Rp;
KENDARI, 1x tgl. in 50 Min. ab 430 000 Rp;
SURABAYA, 2x tgl. in 1 1/2 Std. ab 420 000 Rp.
Garuda, Jl. Slamet Riyadi 6, ✆ 0411-365 4747, 🖵 www.garuda-indonesia.com, hat den Flughafen zu einem ihrer drei Flugdrehkreuze gemacht und bedient nun u. a.:
BALIKPAPAN, 1x tgl. in 1 1/4 Std.
ab 423 000 Rp;
DENPASAR, 1x tgl. in 1 Std. ab 742 000 Rp;
JAKARTA, 8x tgl. in 2 Std. 20 Min.
ab 1,2 Mio. Rp;
MANADO, 1x tgl. in 1 Std. 40 Min.
ab 594 000 Rp;
SINGAPUR, 1x tgl. in 4 1/4 Std. ab 1,9 Mio. Rp;
SURABAYA, 2x tgl. in 1 1/2 Std. ab 654 000 Rp.
Lion Air, Jl. A. Yani 22–24, ✆ 0411-350777, 350888, 🖵 www.lionair.co.id, fliegt u. a. nach:
BALIKPAPAN, 2x tgl. in 1 1/4 Std.
ab 455 000 Rp;
DENPASAR, 2x tgl. in 1 Std. ab 510 000 Rp;
GORONTALO, 1x tgl. in 1 1/2 Std. ab 521 000 Rp;
JAKARTA, 14x tgl. in 2 Std. 20 Min.
ab 642 000 Rp;
MANADO, 2x tgl. in 1 Std. 40 Min.
ab 598 000 Rp;
SURABAYA, 5x tgl. in 1 1/2 Std. ab 554 000 Rp.
Merpati, Jl. G. Bawakaraeng 109, ✆ 0411-553040, 442471, 🖵 www.merpati.co.id, fliegt u. a. nach:
BALIKPAPAN, 1x tgl. in 1 Std. ab 385 000 Rp;
BANJARMASIN, 3x wöchentl. in 1 Std.
ab 539 000 Rp;
JAKARTA, 2x tgl. in 2 1/4 Std. ab 671 000 Rp;
MANADO, 3x wöchentl. in 1 1/2 Std.
ab 858 000 Rp;
POSO, 3x wöchentl. in 1 1/2 Std. ab 374 000 Rp;
SURABAYA, 1x tgl. in 1 1/2 Std. ab 517 000 Rp;
YOGYAKARTA, 1x tgl. in 1 3/4 Std.
ab 693 000 Rp.

SULAWESI

Sriwijaya, Jl. Boulevard Raya 23, ✆ 0411-424800, 🖥 www.sriwijayaair.co.id, fliegt u. a. nach:
BALIKPAPAN, 2x tgl. in 1 Std.
ab 410 000 Rp;
JAKARTA, 3x tgl. in 2 1/4 Std.
ab 590 000 Rp;
SURABAYA, 3x tgl. in 1 1/2 Std.
ab 440 000 Rp.

Die Flughafensteuer muss nach dem Check-in entrichtet werden und beträgt 40 000 Rp für Inland- und 150 000 Rp für internationale Flüge.

Die Umgebung von Makassar

Die vorgelagerten Inseln

In der Straße von Makassar, nur wenige Kilometer vor der Küste, liegen die Inseln des **Spermonde Archipels** mit teils blendend weißen Stränden und kristallklarem Wasser. Die beliebteste Insel mit den besten Schnorchelmöglichkeiten ist die 7 km entfernte **Pulau Samalona**. Man erreicht die Korallengärten, wo sich viele bunte Kleinfische tummeln, direkt vom Sandstrand aus. Es gibt ein einfaches Hotel und Restaurant sowie Leihschnorchel und -flossen.

Pulau Kayangan und **Pulau Lae Lae** sind nicht einmal 2 km von der Küste entfernt und leider mit Restaurants und billigen Unterkünften recht zugebaut. Auch das Wasser ist hier nicht ganz so klar. Sonntags strömen einheimische Ausflügler auf die Inseln, sodass es überall recht voll werden kann. An den Pieren gegenüber vom Fort Rotterdam ankern Motorboote, die man für den ganzen Tag chartern kann (400 000 Rp, bis 10 Pers.).

Gowa (Sungguminasa)

Dieser kleine Ort, wenige Kilometer südöstlich von Makassar (Pete-pete ab Pasar Sentral 3000 Rp), war früher der Sitz der Könige von Gowa, deren letzter Palast, ein hölzerner Pfahlbau aus dem Jahr 1936, jetzt das **Balla Lompoa Museum** beherbergt. Es gibt allerlei Waffen und Trachten zu sehen. Wertvollster Besitz des Museums sind die symbolträchtigen **Kroninsignien** der Könige von Gowa, darunter die 16 kg schwe-

re Krone. ⊕ Mo–Do 8–16, Fr 8–11 Uhr, Sa und So meist geschlossen; Spende.

Etwa 3 km vom Museum zurück in Richtung Makassar liegen die **Königsgräber**, u. a. das von Sultan Hasanuddin (1629–1670), der wegen seines Widerstands gegen die Holländer als Nationalheld verehrt wird. ⊕ Mo–Fr 8–17 Uhr, Sa und So geschlossen. Außerhalb der Friedhofsmauern steht der **Tomanurung-Stein**, auf den zu Beginn der Geschichte himmlische Vorfahren der Gowa-Könige herabgestiegen sein sollen und wo die Könige in prunkvollen Zeremonien gekrönt wurden.

Taman Wisata Bantimurung

Der Naturpark liegt 40 km nordöstlich von Makassar inmitten einer einzigartigen Landschaft von steilen, überwucherten Kalkfelsen. Glanzstück ist ein 20 m breiter und 30 m hoher **Wasserfall** – zwischen zwei senkrechten Wänden aus Kalkstein ergießt sich der Fluss über einen breiten, schrägen Basaltfelsen und entfaltet sich zu einem Fächer aus weißschäumendem Wasser, das am Fuße des Felsens in ein flaches Becken strömt. Betonstufen führen am Wasserfall hinauf zu einem Pfad durch die Schlucht. Weiter hinten entdeckt man einige schöne Naturbecken zum Baden unter Kaskaden, Affen in den Baumwipfeln, eine Tropfsteinhöhle und Felsengrotten. Rechts vom Wasserfall, 20 Minuten zu Fuß durch den Dschungel über einen betonierten Weg mit vielen Treppenstufen, kommt man zu weiteren großen Höhlen, z. B. zur **Gua Mimpi**.

Die zweite Attraktion des Parks sind Tausende farbenprächtige **Schmetterlinge**, darunter einige seltene Arten. Schon der bekannte Naturforscher A. R. Wallace war 1857 von diesem Naturreichtum begeistert. Obwohl Unmengen von Schmetterlingen gefangen und als beliebtes Souvenir an die Touristen verkauft werden, scheint das die Populationsdichte dieser Insekten kaum zu beeinträchtigen. Auch kleine fliegende Eidechsen, sog. Flugdrachen (*Draco volans*), sind in Bantimurung vertreten und werden leider ebenfalls zum Kauf angeboten.

⊕ 9–18 Uhr, Eintritt 10 000 Rp. Beste Zeit für einen Besuch sind die Monate Mai bis Oktober (Trockenzeit), wenn die meisten der Bäume blühen. In den Verwaltungsgebäuden am Parkeingang erhält man Informationen und kann gegen Spende eine Insektenausstellung besuchen. Anfahrt: Pete-pete fahren vor dem Terminal Daya nach Maros für 10 000 Rp, hier umsteigen und für 5000 Rp nach Bantimurung. Den letzten Kilometer vom Dorf zum Naturpark *(Taman Wisata)* muss man laufen.

Taman Prasejarah Leang-Leang

Zwischen Bantimurung (3 km) und Maros (8 km) führt in **Bakalu** eine Brücke über den Fluss. Von hier sind es noch 5 km bis zu den Leang-Leang-Höhlen, die man zu Fuß, per Minibus oder Ojek erreicht. Die Wände der Höhlen, in die man nur einige Meter hineingehen kann, sind mit prähistorischen, mehr als 5000 Jahre alten **Wandmalereien** bedeckt – wohl die ältesten Kunstwerke des Archipels. Sie sind jedoch stark verwittert und kaum noch zu erkennen. Erst 1950 wurden sie von einem niederländischen Professor entdeckt. In einem kleinen Museum sind die Ausgrabungstätigkeiten mit Fotos dokumentiert (Spende). Die Umgebung mit den abrupt aus der Ebene steil aufragenden, teilweise überhängenden Kalksteinbergen und bizarren Felsformationen verlockt zu ausgedehnten Wanderungen.

Südküste

Die Busse zwischen Makassar und Bira/Pulau Selayar machen in **Bantaeng** eine kurze Rast. Es ist ein ruhiger, uninteressanter Ort mit Berghängen auf einer und weiten Buchten auf der anderen Seite. Aus Makassar kommend, werden vorher ausgedehnte Salzgewinnungsanlagen (Salzgärten) passiert: Meerwasser wird auf riesige, von niedrigen Dämmen eingefasste Felder geleitet, um dort in der Tropensonne zu verdunsten. Zurück bleibt das Salz, das wie Schnee in der Sonne glänzt und an europäische Winterlandschaften erinnert.

Ein Zwischenstopp lohnt bei der Ortschaft **Tanaberu**, wo an den Stränden in mühevoller Handarbeit bis zu 40 m lange und 400 t schwere *Pinisi* (Bugis-Schoner) und kleinere Fischerboote gebaut werden. Schiffe in allen Größen und in den verschiedensten Bauphasen können bestaunt werden. Ganz ohne Baupläne und Eisennägel werden die Planken aus schwerem Eisenholz mit Holzdübeln verbunden und mit Kapokfasern oder Baumrinde abgedichtet. Zwischendurch baden die Facharbeiter lachend im Meer und lassen sich gegen Zigaretten-

In den Pinisi-Werften am Strand von Tanaberu lässt sich die Schiffsbaukunst der Bugis bestaunen.

geschenke und andere Geschenke auch gerne bei der schweißtreibenden Präzisionsarbeit fotografieren.

Bira

Das kleine malerische Fischerdorf an der äußersten Südostspitze Süd-Sulawesis ist ein entspannter Strandort mit meist einfachen Bungalow-Anlagen, die für Wochenendausflügler aus Makassar bereitstehen. Bira liegt fast am Ende einer ziemlich kargen, trockenen Halbinsel, die von niedrigen Steilküsten aus Korallenkalk gesäumt und von einer Buschwildnis bedeckt ist. Am Oststrand werden *Pinisi*-Schoner gebaut, und von einem **kleinen Hafen** legen die Fähren nach Pulau Selayar und Labuhan Bajo ab. Der breite Weststrand mit pulverfeinem, weißen Sand ist ebenfalls kilometerlang. Es gibt weder eine nennenswerte Brandung noch starke Strömungen, sodass gefahrlos gebadet werden kann. Allerdings wurden alle Schatten spendenden Palmen abgeholzt, und stattdessen zieht sich eine lange Reihe an Garküchenzelten gen Norden. Entlang der schlechten Straße durch das Dorf und einen lichten Wald von Mango-Bäumen – oder bei Ebbe auch entlang der Küste Richtung Norden –, erreicht man nach 3 km den traumhaften, ruhigeren **Bara Beach**, wo die Kokospalmen noch stehen. Hier findet man auch zwei bessere Unterkünfte und die einzige empfehlenswerte Tauchschule der Region.

Insgesamt gibt es 28 **Tauchplätze** entlang der Küste sowie um die vorgelagerten Inseln Pulau Liukang, Pulau Kambing, Pulau Pasi und Pulau Selayar. Dort tummeln sich vor allem Schwarzspitzen-, Weißspitzenriff- und Grauhaie, aber auch Thunfische, Schildkröten, Zackenbarsche, Barrakudas sowie Mantas und Adlerrochen. Die farbenprächtigen Korallengärten rund um Pulau Liukang und Kambing sind auch für Schnorchler sehenswert. Speziell im April können Delphine und im November der größte Barsch der Welt *(Giant Grupa)* gesichtet werden.

Bira hat weder eine Bank noch eine Post oder ein Krankenhaus. Der nächste **Geldautomat** befindet sich direkt am Fährhafen und akzeptiert sowohl Kreditkarten (Mastercard und Visa) als auch Bankkarten (Maestro und Cirrus). Gäste zahlen einmalig 5000 Rp Eintrittsgebühr auf dem Weg zum Strand.

Die Bucht von Bira wartet mit einem kilometerlangen weißen Sandstrand auf.

ÜBERNACHTUNG UND ESSEN

Bira Beach

Vom Ortseingang kommend bis zum Strand: **Salassa Gh. & Restaurant**, im Ortszentrum links der Straße, ☎ 0413-258 9087, 0812-426 5672, ✉ salassaguesthouse@yahoo.com. 2-stöckiges Stelzenhaus mit beliebtem Restaurant und einfachen Zimmern mit Ventilator, Federkernmatratzen und Gemeinschafts-Du/WC im 2. Stock. Der Hausherr Eriq und seine Frau sprechen gutes Englisch, sind erfahrene Guides und können Transporte sowie Touren organisieren. Im gemütlichen Restaurant werden an robusten Holztischen Fruchtsäfte, frischer Snapper, Spaghetti und indonesische Gerichte serviert. PC mit langsamem Internet für 15 000 Rp pro Std. Gerichte und großes Bier ab 35 000 Rp. ❷

Riswan Gh., direkt nach dem Salassa links der Straße, ☎ 0413-82127. Hinter den alten Bungalows an der Straße und einem hölzernen Stelzenhaus stehen die 10 Reihenbungalows aus Stein in einem schattigen Garten. Alle Zimmer sind gefliest, mit Ventilator, einfacher Du/WC, harten Matratzen in Betonrahmen und kleiner Veranda. Der Besitzer Riswan ist ein guter Guide. Frühstück inkl. ❷

Anda Bungalows, nach Riswan ebenfalls links der Straße, ☎ 0813-5511 1668, 0813-5596 3628. Hinter dem großen Restaurant. 28 etwas abgewohnte Bungalows in einem gepflegten tropischen Garten. Sowohl große Doppelbungalows aus Stein mit einfacher Du/WC und Waschbecken aus Perlmutt als auch billigere, muffige Holzbungalows weiter hinten mit guten Betten und schäbigen Du/WC. ❹

Sunshine's Gh., links der Straße, 100 m einen Pfad hinauf, ☎ 0821-9093 1175, ✉ ninibone@hotmail.com. Das große Haus, das auf einem Hügel ganz Bira überblickt, ist der Traveller-treffpunkt schlechthin. Von Nini fühlt man sich sofort gut umsorgt, und die einfachen Zimmer mit Schaumstoffmatratzen und Gemeinschafts-Du/WC sind mit die günstigsten im Ort. Hänge-matte, Billard-Tisch und Frühstück inkl. In der Regenzeit kann es sehr windig werden. ❷

Bira View Inn, am Ende der Straße links ab, ☎ 0852-4235 5681. Von den Stelzenbungalows, die hier in einer Reihe auf einem Korallenfelsen herrlich am Meer liegen, sind viele deutlich heruntergekommen. Jene, die noch bewohnt werden können, haben Du/WC, einfache Betten, schöne Veranden und teils neue AC. Kleines Frühstück inkl. ❸

Amatoa Resort, am südlichen Ende des Ortes hinter Bira View Inn, ☎ 0813-35337 6865, 🖥 www.amatoaresort.com. Teuerstes Hotel im Ort mit Korallensteinmauern, Kakteengärten und einem künstlerischen Touch. Die 7 sehr unterschiedlichen, großen, aber schlichten Zimmer bieten AC, halboffene Du/WC mit Warmwasser und verschiedene einfallsreiche Bettkonstruktionen mit Moskitonetzen und großen Gemälden an der Wand. Pool und Frühstück inkl. Die Tauchbasis kann aufgrund von Sicherheitsmängeln nicht empfohlen werden. ❼

Anda Beach Hotel, direkt am Strand weiter nördl., ☎ 0813-5511 1668. Größere Anlage mit Tauchcenter und neuem Restaurant in Schiffs-form mit Segelmasten direkt am Strand. Die Zimmer sind allerdings eher enttäuschend und ohne Geschmack eingerichtet. Alle mit guten Betten, Warmwasser-Du/WC, AC und gegen Aufpreis mit Terrasse zum Meer. ❻

Bara Beach

Bara Beach Bungalows, Jl. Bara, ☎ 081-3556 23372, 🖥 www.bara-beach.com. Gut ausgestattete, geräumige Bungalows aus Stein und Bambus mit AC, Kühlschrank, DVD-Spieler und Warmwasser-Du/WC in 2 Preis-klassen. Alle mit eigener Terrasse und Meer-blick. Ebenfalls unter deutschem Management. Frühstück inkl. ❺

🧳 **Mangga Lodge**, Jl. Bara, ☎ 0413-2700756, 081-244436626, 🖥 www.mangga-lodge.com. Nur wenige Schritte vom paradiesischen Bara-Palmenstrand entfernt hat der Deutsche Elvis eine traumhafte Oase der Ruhe erschaffen und leitet zugleich das angeschlossene Tauchzentrum **South Sulawesi Divers** (www.south-sulawesi-divers.de). Die klimatisierten Zimmer sind liebevoll mit hoch-wertigen Schreibtischen, Muscheln und guten Betten mit Moskitonetzen eingerichtet und bieten Warmwasser-Du/WCs. Im Familien-zimmer können Kinder ohne Aufpreis im Hochbett übernachten. Zusätzlich stehen günstigere Gartenbungalows mit Terrasse, Marmorboden, AC und in Korallengestein gefasste Open-Air-Du/WC bereit. Außerdem Turmbar mit Ruhebereich, WLAN und gutem Restaurant mit familiärer Atmosphäre. Reservierung empfohlen. ❺

TRANSPORT

Mietwagen

Kijangs können für 400 000 Rp nach Makassar und 500 000 Rp zum Flughafen gechartert werden. Nach Tana Toraja muss ein Auto mit Fahrer ab 1,5 Mio. Rp gechartert werden.

Busse

Zuerst mit einem Kijang oder Bus von Terminal Mallengkeri nach BULUKUMBA (35 000 Rp, 154 km), dann umsteigen in einen Minibus nach BIRA (15 000 Rp, 41 km). Oder bei genügend Mitfahrern für 50 000 Rp mit einem Kijang direkt nach Bira. Rückfahrten zum gleichen Preis kann jede Unterkunft organisieren.

Fähren

Vom Hafen fährt Di–Fr und So um 10 und 16 Uhr sowie Mo und Sa nur um 15 Uhr eine Autofähre in ca. 2 1/2 Std. nach PULAU SELAYAR zum Hafen von Pamatata an der Nordspitze der Insel (zurück 8 und 14 Uhr, Mo und So nur 10 Uhr). 20 000 Rp p. P., Motorrad: 55 000 Rp, PKW: 350 000 Rp.

Jeden So fährt eine Autofähre um Mitternacht für 115 000 Rp in 24 Std. nach LABUHAN BAJO auf Flores. Teurere Sitzplätze der 1. Klasse werden nur nach eingehenden Nachfragen angeboten.

Sengkang

Die Kleinstadt mit ihren über 50 000 Einwohnern liegt in einer fruchtbaren Ebene zwischen Pa-re Pare und Watampone am schönen See **Danau Tempe**. Der See befindet sich nur 3 km westlich vom Ortszentrum, aber es ist so gut wie unmöglich, sein Ufer zu Fuß zu erreichen (zumindest während der Regenzeit), da er von Sümpfen umgeben ist, durch die zudem mehrere Flussarme verlaufen. In Richtung Danau Si-denreng erstrecken sich noch Reste sumpfiger Wälder, die zum Naturschutzgebiet (9445 ha) erklärt worden sind. Der Danau Tempe ist ein sehr seichter See – weite Flächen sind von Wasserpflanzen bedeckt – und äußerst fischreich, wie man schon an der erfreulichen Vielfalt der Wasservögel erkennen kann.

Man kann sich am Flussufer in Sengkang eines der langen, sehr schmalen *Prahu Motor* chartern und sich die **schwimmenden Dörfer der Bugis** auf dem See aus nächster Nähe anschauen.

Die Sengkang-Region ist in Indonesien für ihre Seidenproduktion berühmt. Allerdings sind

---

Taka Bonerate – drittgrößtes Atoll der Welt

Nur eine fünfstündige Bootsfahrt trennt Pulau Selayar von dem drittgrößten Atoll der Welt, das südöstlich der Insel in der Floressee liegt. Lediglich das Kwajalein-Atoll der Marshall-Inseln und das Suvadiva-Atoll in den Malediven sind größer als dieses 2200 km² umspannende indonesische Korallenriff. Der 2001 gegründete **Taka Bonerate-Nationalpark** umfasst 5307 km², knapp 20 Inseln und mit 261 Korallenarten, 295 Fischarten und 244 Mollusken sowie verschiedenen Schildkrötenarten eine der weltweit höchsten maritimen Artenvielfalt.

Boote fahren nur von Pulau Selayar zu dem Taucherparadies, und bisher bietet nur die 1,5 km lange und 400 m breite Insel **Tinabo** offizielle Unterkünfte. Die pulverfeinen, blendend weißen Sandstrände und kristallklares Wasser umgeben jede der Robinson Crusoe-Inseln.

Um den Nationalpark zu erreichen, nimmt man die Autofähre nach Pamatata auf Pulau Selayar, von dort mit einem Minibus in 1 1/2 Std. nach Benteng, wo einheimische Fischer Boote nach Rajuni Kecil (5 Std.) anbieten.

Mehr Informationen unter 🖳 www.takabonerate.net oder bei Elvis am Bara Beach.

Die Seidenweberei von Sengkang

In einigen Dörfern um Sengkang wie in Sempange oder in Ujung Pero wird handgesponnene Naturseide zu sehr feinen Sarongs verarbeitet. Frauen sitzen unter den Pfahlhäusern und klappern mit Webstühlen, die erst seit 40 Jahren benutzt werden. Früher wurden die Sarongs in monatelanger Handarbeit am Boden sitzend in traditionellen Webrahmen gefertigt. Heute ist man schneller und produktiver, und in Webstühlen lassen sich auch meterlange Seidenbahnen herstellen, die zu Hemden und Kleidern verarbeitet werden.

die Menschen hauptsächlich mit der Seidenweberei beschäftigt – die Seidengewinnung wird in den Dörfern um Watangsoppeng, 42 km südlich von Sengkang, betrieben.

ÜBERNACHTUNG

Hotel Al Salam II, Jl. Emmi Sailan 8, ✆ 0485-21278. Recht nachlässig gemanagtes und abgewohntes Budgethotel mit günstigen EZ und Zimmern mit Ventilator und Du/WC. Teurer sind die großen, hellen Zimmer mit AC, TV und teils auch Warmwasser-Bad/WC sowie Kühlschrank. Unbedingt auf eines der Zimmer mit Federkernmatratzen bestehen. Mit Restaurant und Frühstück inkl. ❶–❸
Pondok Eka, Jl. Maluku 12, ✆ 0485-21296. Bestes Hotel der Stadt mit strahlend gelben Wänden und geräumigen, sauberen Zimmern auf 3 Stockwerken um einen Pool. Alle mit AC, großer Du/WC, guten Matratzen und Kabel-TV. Die teureren auch mit Warmwasser, Wasserkocher, Kühlschrank und Balkon zum Hinterhof. ❸–❹

EINKAUFEN

Die Seide wird hauptsächlich in den Dörfern um Sengkang herum in Heimproduktion verarbeitet. 5 km nördl. der Stadt an der Straße nach Palopo bestehen ganze Dörfer aus Seidenkooperativen. Ein größeres Produktionshaus mit Laden und großer Auswahl ist **Losari Silk**, Jl. Andi Baso 4, gegenüber des Marktes von Sempange, ✆ 0485-22489.

SONSTIGES

Geld

Bank Negara Indonesia, Jl. Puangrimagalatung 1, Ecke Jl. Jend. Sudirman, wechselt Bargeld und Travellers Cheques verschiedener Währungen. ⏰ Mo–Fr 7.30–12 und 13–14 Uhr.

Guides

Ortskundige, lizenzierte Führer für Touren kann man in allen Hotels finden. Eine 2-stündige Bootstour auf dem Danau Tempe für bis zu 5 Pers. kostet 100 000 Rp.

Informationen

Tourist Information Center, Jl. Mesjid Raya 6. ⏰ Mo–Do 8–13, Fr 8–11, Sa 8–12.30 Uhr.

TRANSPORT

Busse und Kijangs fahren vom zentralen **Busbahnhof** u. a. nach:
MAKASSAR, 192 km, in 4–5 Std. für 38 000 Rp;
PALOPO, 174 km, in 4–5 Std. für 38 000 Rp;
WATAMPONE, 70 km, in 2 Std. für 25 000 Rp;
von dort fahren Kijangs über BULUKUMBA nach BIRA in 5 Std. für 55 000 Rp.
Um von Sengkang nach RANTEPAO zu gelangen, nimmt man einen Bus Richtung Pare Pare oder Makassar und steigt in LAWAWOI (Puluale) aus, 20 000 Rp; an der Abzweigung kommen regelmäßig Busse nach Rantepao vorbei, 40 000 Rp.

17 HIGHLIGHT

Tana Toraja

Im gebirgigen Hochland ca. 300 km nördlich von Makassar liegt Süd-Sulawesis attraktivste und von Touristen meistbesuchte Region, das Tana Toraja (Tator, „Land der Toraja"). Steile Kalkfelswände und hohe, bewaldete Berge umgeben fruchtbare Flusstäler, die eine malerische Kulturlandschaft aus Reisfeldern und Bambushainen bilden, in die sich harmonisch die traditionellen Dörfer der Toraja mit ihren reich verzierten Häu-

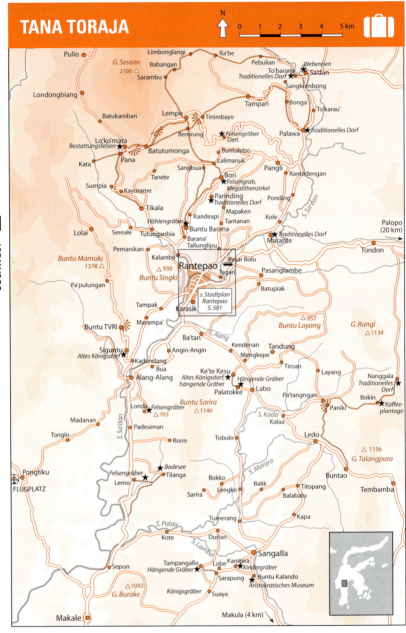

sern einfügen. Das protomalaiische Volk der Toraja hat, obwohl weitgehend zum Christentum bekehrt, die Ahnenverehrung und damit einen wichtigen Teil seines alten Glaubens beibehalten. Dies zeigt sich in den aufwendigen Bestattungszeremonien, zu denen manchmal über hundert Wasserbüffel und Schweine geopfert werden. Die Toten werden meist in Höhlen oder herausgemeißelten Felsengräbern bestattet; davor stehen lebensechte Holzfiguren, welche die Verstorbenen repräsentieren.

Die Hauptstadt des Regierungsbezirks Tator ist zwar Makale, der Tourismus konzentriert sich aber in dem für Ausflüge günstiger gelegenen Marktstädtchen Rantepao, einem Ort voller Hotels, Pensionen und Restaurants.

Die durchschnittlich 700 m hoch gelegene Region eignet sich dank ihres relativ kühlen Bergklimas bestens für Wanderungen wie auch für anspruchsvolle Trekking-Touren. Regenzeit herrscht von Dezember bis März, aber auch in den restlichen Monaten des Jahres regnet es häufig am Nachmittag.

Rantepao

Neben der Bezirkshauptstadt Makale ist Rantepao, 328 km nördlich von Makassar in einer Flussbiegung des Saddang-Flusses gelegen, der wichtigste Ort und das Touristenzentrum von Tator. Außerdem ist die kleine Stadt mit 50 000 Einwohnern der beste Ausgangspunkt für Ausflüge in die Umgebung.

Im Stadtkern führt ein Kreisverkehr um eine Verkehrsinsel, die ein kleines *Tongkonan* (s. S. 582) trägt. Hier treffen sich die geschäftigen Hauptstraßen Jl. A. Mappanyuki, Jl. Diponegoro, Jl. Jend. A. Yani und Jl. Landorundun. Westlich ragt erst seit wenigen Jahren ein 10 m hohes **Denkmal vom reitenden Pong Tiku**, dem Nationalhelden der Toraja, empor. Der Anführer der Toraja-Armee, die sich gegen das holländische Kolonialheer stellte, wurde 1907 auf diesem Platz zum Tode verurteilt. Heute ist der Platz neben dem kleinen Markt Rantepaos rundum erneuert worden und beherbergt u. a. ein **Museum** und ein **Art Centre**, wo zweiwöchentlich Kulturveranstaltungen stattfinden.

Alle sechs Tage findet etwa 3 km außerhalb der Stadt an der Straße nach Palopo der sehenswerte Markt, **Pasar Bolu**, mit großem Büffel- und Schweinemarkt *(Pasar Hewan)* statt (Eintritt 10 000 Rp). Ab Sonnenaufgang werden hier für anstehende Begräbnisse die teuersten Büffel der Region auf Kleinlaster geladen und an Bambustragen festgebundene, quiekende Schweine fortgeschafft. Auf dem Tagesmarkt bieten Bauern aus der Umgebung frisches Obst, Gemüse und den bekannten Toraja-Hochlandkaffee feil. Selbst wenn man den Markt verpasst, stehen die Chancen gut, dass in einem der umliegenden Dörfer ein kleinerer Wochenmarkt stattfindet.

Um einen ersten Überblick über Rantepao und die Umgebung zu bekommen, bietet sich der kleine Berg **Gunung Singki** (930 m) auf der anderen Seite des Flusses, westliche der Stadt, für eine Besteigung an. Vorsicht: Verschiedene Wanderer sind zwar hinaufgekommen, haben aber oben den überwucherten Pfad nach unten nicht mehr gefunden.

ÜBERNACHTUNG

Rantepao besitzt eine große Zahl von zentral gelegenen Wisma (meist von einer Familie geführte Pensionen) und Hotels in allen Preislagen. Neben dem neuen Luta Resort sind die teureren Hotels etwas außerhalb inmitten von Reisfeldern zu finden. Viele Hotels sind schon älter, verlangen aber immer noch stolze Preise, sodass man besonders in der Nebensaison gut Rabatte einfordern kann. Von Nord nach Süd:

Untere Preisklasse

Wisma Imanuel, Jl. W. Monginsidi 16, ✆ 0423-21416. Etwas enttäuschendes Gästehaus dicht am reißenden Fluss, mit schönem Garten und nettem Familienanschluss. Die spartanisch eingerichteten, aber großen Zimmer sind nur z. T. mit Warmwasser-Bad/WC ausgestattet; sonst Mandi/WC. Frühstück inkl. ❷

Wisma Irama, Jl. Abdul Gani 16, ✆ 0423-21371. Etwas abseits in einer ruhigen Gegend nahe dem Markt übernachtet man günstig in älteren, saubereren Zimmern mit Warmwasser-Du/WC und umgeben von Toraja-Kunstwerken. Frühstück inkl. ❷

Duta 88, Jl. Sawerigading 12, ☎ 0423-23477. Der sehr freundliche Hausherr Patrick vermietet 7 ältere Holzbungalows im traditionellen Toraja-Stil, umgeben von einem wilden tropischen Garten. Innen ist es etwas dunkel, dafür gibt es aber gute Betten, TV und Warmwasser-Du/WC. Frühstück inkl. ❸

Wisma Monika, Jl. Sam Ratulangi 36, ☎ 0423-21216, 0813-5585 0594. Großes, helles Privathaus mit großen Fenstern und 9 unterschiedlichen Gästezimmern. Die günstigsten sind sehr alt und haben Du/WC ohne Spülung, die teuren sind größer und haben bessere Bäder. Alle mit Warmwasser und Frühstück inkl. ❷–❸

Wisma Maria 1, Jl. Sam Ratulangi 23, ☎ 0423-21165, ✉ adespasaka1@yahoo.com. In einem schönen Garten voller Blumen gelegen, bietet das Haus recht heruntergekommene, billige Zimmer. Gegen einen kleinen Aufpreis bekommt man auch Warmwasser und ein funktionierendes Du/WC. Zum Frühstück frisch gebackenes Brot und leckere Säfte. Mit Auto-, Motorrad-, und Fahrradverleih. ❶–❷

Pia's & Poppies, Jl. Pongtiku, ☎ 0423-21121, 0813-4202 6768. Im Süden des Ortes, sehr beliebtes Homestay mit recht teurem Restaurant und 7 unterschiedlichen Zimmern. Alle mit weichen Matratzen, Du/WC mit Natursteinwänden und Warmwasser gegen Aufpreis. Von der Terrasse schönen Blick über den Garten mit Goldfischteich. EZ ab 99 000 Rp ohne Frühstück. Büchertausch, Spa und Mopedvermietung. ❷

Hotel Pison, Jl. Pongtiku II/8, ☎ 0423-21344, 21221. Ebenfalls an der Straße nach Makale, sehr ruhig an den Reisfeldern gelegen. Saubere Zimmer mit etwas älterer Einrichtung, kleinem Warmwasser-Bad/WC und teilweise Minibalkons. WLAN für 4000 Rp pro Std. ❷

Rantepao Lodge, Jl. Pao Rura, 3 km südl., ☎ 0423-23717. Sehr schön in einem großen Garten mit Pool gelegenes Hotel mit sauberen, einfach möblierten Zimmern und Bungalows mit Warmwasser-Du/WC. Frühstück inkl. ❸

Mittlere Preisklasse

Madaranda, Jl. Sadan 21 B, ☎ 0423-23777. Mehrere traditionelle Toraja-Häuser sind hier im Inneren modern ausgebaut, aber überteuert.

Die 16 gefliesten, hohen Zimmer sind geräumig, einfach ausgestattet und haben saubere Bäder mit Warmwasser. Professioneller Service und Restaurant mit Auswahl an westlichem Essen. Frühstück inkl. ❹

Indra Toraja, Jl. Landorundun 63, ☎ 0423-21583, 21442, 🖳 www.indratorajahotel.com. Älteres Mittelklassehotel mit einem schönen, grünen Innenhof. Die Zimmer in 4 Kategorien mit Bambusverkleidung sind sauber und bieten teils Warmwasser-Bad/WC, Satelliten-TV sowie AC. Leider recht durchgelegene Betten. Frühstück inkl. ❹–❻

Luta Resort Toraja, Jl. Dr. Ratulangi 26, ☎ 0423-21060, 🖳 www.torajaluta resort.com. Beste Adresse direkt in der Stadt am reißenden Fluss mit verwinkelten Gängen und ungewöhnlicher Architektur, die auch traditionelle Toraja-Elemente aufweist. 36 unterschiedlich ausgestattete Zimmer mit Marmorböden, guten Betten und Natursteinbädern, teilweise mit winzigem Balkon zum begrünten Innenhof. Zimmer zur Hauptstraße recht laut. Mit Restaurant, kleinem Pool und Spa. Professioneller Service und Frühstück inkl. ❺–❻

Pondok Toraja Torsina, Jl. Pao Rura, 2 km südl., ☎ 0423-21293. In bester Lage, umgeben von Reisfeldern, südlich der Stadt. Angenehmes, sauberes Haus mit netten Zimmern, Warmwasser-Du/WC und freundlichem Personal. Mit Pool und Restaurant. Frühstück inkl. ❹

Obere Preisklasse

Toraja Heritage, Jl. Kete Kesu, 3 km südöstl., ☎ 0423-21192, 🖳 www.torajaheritage.com. Das ehemalige Novotel bietet noch immer den höchsten Luxus in der Region. In atemberaubender Landschaft gelegen und mit stilvoll eingerichteten Zimmern, Toraja-Häusern, großem Pool, Spa und Restaurant. Frühstück inkl. ❼

ESSEN

Viele Restaurants haben sich auf die Wünsche der Traveller eingestellt und servieren eine breite Auswahl an westlichen Speisen. Empfehlenswert sind aber die Toraja-Gerichte, die in der Regel 3 Std. vor Verzehr vorbestellt

Rantepao

Übernachtung:
1. Madaranda
2. Wisma Imanuel
3. Wisma Irama
4. Duta 88
5. Indra Toraja
6. Luta Resort Toraja
7. Wisma Monika
8. Wisma Maria 1
9. Pia's & Poppies
10. Hotel Pison
11. Pondok Toraja Torsina (2 km), Rantepao Lodge (3 km), Toraja Heritage (3 km)

Essen:
1. Rimiko Restaurant
2. Riman Restaurant
3. Rumah Makan Saruran
4. Mambo Restaurant
5. Mart's Café
6. Restaurant Pia's & Poppies

Sonstiges:
1. Indo' Sella Expeditions
2. Art Center, Mseum
3. Toko Abadi
4. Money Changer
5. Tirta Salon & Spa Toraja
6. Todi Weaving Shop

Transport:
1. Terminal Bolu
2. Batutumonga Bus
3. Rappan Marannu Bus
4. Bintang Prima Bus

werden müssen, so z. B. *Pa'piong*, auf offenem Feuer in Bambusrohr gegartes, würziges Huhn, Schwein oder Fisch. Interessant sind auch Büffelfleisch- sowie Avocadogerichte und die leckeren Tamarillen- und Markisasäfte.
Mambo Restaurant, Jl. Sam Ratulangi 34, ☏ 0423-21134. Wandgemälde und traditionelle Schnitzereien sorgen trotz der Metallstühle und -tische in dem großen Restaurant für eine angenehme Atmosphäre. Auf der englischsprachigen Karte stehen kreativ zubereitete Geflügel- und Büffelfleischgerichte, zumeist um 50 000 Rp, auch leckere Salate und Säfte sowie kaltes Bier, das sich vor allem Touristen schmecken lassen. ⊕ 7–23 Uhr.
Mart's Cafe, Jl. Sam Ratulangi 44, ☏ 0423-25732. Sehr beliebtes, mit Bambus eingerichtetes Restaurant mit kleinem Garten, in dem auch viele Guides verkehren. Die in englischer Sprache abgefasste Speisekarte ist dem Geschmack der Backpacker angepasst, Gerichte mit Hähnchen und Büffelfleisch, nach Vorbestellung außerdem Toraja-Gerichte. Auch große Auswahl zum Frühstück inkl. Rösti. Große Protionen um 40 000 Rp. Abends oft Jamsessions mit den Guides. ⊕ 8–24 Uhr.

Die Toraja

Geschichte

Die Urahnen der Toraja, heute ca. 750 000 Menschen, kamen zwischen etwa 2500 und 1500 v. Chr. aus dem indochinesischen Raum nach Sulawesi. Wie die Batak oder die Dayak, gehören sie zur proto-malaiischen Bevölkerungsgruppe. Schwer zugängliche Wälder und Gebirgsketten isolierten die Toraja bis vor rund 500 Jahren vom Rest Sulawesis. Im 16. Jh. eroberte Arung Palakka, König von Bone, das Land der Toraja, wurde aber bald wieder vertrieben.

Das 19. Jh. war von inneren Auseinandersetzungen der Toraja geprägt. Verschiedene Historiker führen das auf verstärkte Feuerwaffenverkäufe von Bugis-Händlern an die Toraja zurück, einige Toraja-Fürsten beschäftigten sogar Bugis als Militärberater. Im März 1906 kamen holländische Truppen nach Tana Toraja und gliederten das Gebiet ihrem Kolonialreich ein.

Sozialstruktur

Trotz der zahlreichen äußeren Einflüsse im Laufe der vergangenen Jahrhunderte haben sich die grundlegenden Traditionen, Sitten und Gebräuche nur wenig verändert. Zu einem nicht geringen Teil liegt das an der starren Sozialstruktur, die auch heute im ländlichen Tana Toraja bestimmend ist. 70 % aller Toraja sind Kleinbauern, die vom Nassreisanbau und der Schweine- oder Büffelzucht leben. Sie gehören zur Klasse der Besitzlosen *(Tobuda)*. Eine landbesitzende Mittelschicht, die etwa 25 % der Bevölkerung umfasst, wird *Tomakaka* genannt, was „älterer Bruder" bedeutet. Die restlichen 5 % sind *Tokapua*, Angehörige des landbesitzenden Adels.

Hausform

Die beeindruckende Architektur der traditionellen Toraja-Häuser mit den Dächern in Schiffsform ragt überall im Hochland aus den Reisfeldern heraus. Ein typisches Dorf besteht aus zwei parallel verlaufenden Häuserreihen in Ost-West-Richtung. Die Wohnhäuser *(Tongkonan)* sehen nach Norden und damit den Göttern entgegen und sind auf eckigen Holzpfählen errichtet. Ihnen gegenüber werden die Reisspeicher *(Alang)* von runden Pfählen getragen.

Das Dach aus übereinander gelegten Bambusschichten oder bei neueren Bauten öfter aus Wellblech ähnelt nicht nur einem Schiff, sondern seitlich auch der Form eines Büffelhorns. Die vorderen Stützbalken der Häuser sind z. T. mit zahlreichen Büffelhörnern von vergangenen Begräbnissen geschmückt und geben Aufschluss über die soziale Stellung und den Reichtum der Bewohner. Die Außenwände sind mit geschnitzten geometrischen Ornamenten in den Farben Rot, Schwarz, Weiß und Gelb verziert. Nägel werden bei der traditionellen Bauweise nicht benutzt.

Religion

Das Wort *Toraja* stammt von *To ri aja*, was so viel wie „die, die von oben kamen" bedeutet. Wahrscheinlich ist damit der Norden gemeint. Selbst wenn viele Toraja heute Christen sind, so werden noch immer alte Überlieferungen bewahrt und befolgt. Das Christentum der Toraja ist damit nur eine dünne Schicht auf der traditionellen animistischen Religion *Aluk Todolo*.

Nach dem *Aluk Todolo* ist das Universum dreigeteilt: Oberwelt, Erde und Unterwelt. Am Zenit der Oberwelt steht *Puang Matua*, der allgegenwärtige Schöpfer aller Dinge. Er sendet die *Dewata* auf die Erde, Gottheiten, die auf die Einhaltung der Religion und der religiös bestimmten Überlieferungen achten.

Rituelles Verhalten und religiöse Gegenstände sind auf diese drei Sphären ausgerichtet. Der Osten repräsentiert die Götter im Allgemeinen, der Norden den Zenit und damit *Puang Matua*, der Westen die Ahnen und der Süden den *Nadir*, die Unterwelt.

Die aufwendig geschnitzten Tao Tao-Figuren sind Ebenbilder der Verstorbenen und werden vor den Höhlengräbern platziert.

Totenrituale

Nach dem Glauben der Toraja ist das Leben im Diesseits nur ein Übergang, und allein das Sein danach ist von Bedeutung. Aus diesem Grund werden wochenlange Totenfeste gefeiert.

In der Vorstellung der Toraja bleiben die Toten auf der Erde und müssen sich auf die lange, gefährliche Reise nach *Puya* begeben, einem mythischen Ort weit im Süden hinter dem Horizont. Ihr Weg beginnt im Tunnel eines Felsengrabs *(Liang)*. Erreichen sie tatsächlich *Puya*, und sind die erforderlichen religiösen Rituale von den lebenden Verwandten durchgeführt worden, können sie den heiligen Berg *Bambapuang* besteigen und damit in die Oberwelt eingehen.

Die meisten Verstorbenen erreichen zwar *Puya*, kommen aber nicht in die Oberwelt, sondern leben mit den ins Grab genommenen Opfern in Frieden in *Puya*. Daraus ergibt sich für die nächsten Angehörigen ein starker sozialer und religiöser Zwang, die vorgeschriebenen und äußerst kostspieligen Rituale durchzuführen. Eine Bestattung wird erst bekannt gegeben, wenn die nächsten Angehörigen des Verstorbenen die notwendigen materiellen Mittel aufgebracht haben. Damit können Hunderte Millionen von Rupiahs gemeint sein. Die Verwandten und sonstigen Gäste bringen aus diesem Anlass Geschenke mit: Büffel, Schweine, *Tuak* (Palmwein), Zigaretten oder andere Dinge.

Bis zum eigentlichen Begräbnis wird der Tote aufgebahrt. Die Totenfeiern laufen nach genau festgelegten Riten ab. Der Leichnam wird einbalsamiert, in Tücher eingebunden, und bei der oberen sozialen Schicht wird ein aus Holz geschnitztes Ebenbild des Verstorbenen *(Tao Tao)* stellvertretend für den Toten hergestellt. Dann beginnt der Empfang der Gäste, und die Büffel werden geopfert.

Begräbniszeremonien werden in sechs unterschiedliche Kategorien unterteilt:

Disili – das Begräbnis eines Kindes der untersten Klasse. Dabei wird nur ein Schwein geopfert. Babys, die noch keine Milchzähne haben, werden in dem Stamm eines lebenden Baumes beigesetzt.

Dipasang Bongi – eine Begräbniszeremonie von nur einer Nacht für einfache oder junge Menschen. Dabei können vier Schweine und ein oder zwei Büffel geopfert werden.

Die Toraja *(Fortsetzung von S. 583)*

Dipatallung Bongi – Zeremonie für Angehörige der *Tomakaka* (Mittelschicht), die drei Tage dauert und bei der ca. vier bis zwölf Büffel und viele Schweine geopfert werden.

Dipalimang Bongi – dauert fünf Tage und ist für einen wohlhabenden *Tomakaka* vorgeschrieben. Zwei bis über zwölf Büffel und viele Schweine werden geopfert.

Dipapitung Bongi – eine einwöchige Totenfeier. Mehr als zwölf Büffel und zahlreiche Schweine werden geschlachtet, Stierkämpfe veranstaltet. Um die vielen Gäste willkommen zu heißen, werden Tänze aufgeführt.

Dirapai – ist die größte und seltenste aller Begräbniszeremonien für *Tokapua*. Sie ist in zwei Hälften unterteilt, wobei jede sieben Tage dauert. Die Zeit zwischen den zwei Teilen kann sechs Monate, ein Jahr oder auch mehr umfassen. Das letzte *Dirapai* fand Anfang 1987 in Ke'te Kesu statt. Tausende von Gästen wurden empfangen, die Zahl der geopferten Büffel ging in die Hunderte.

Gräber

Die Toraja setzen ihre Toten in Gräbern *(Liang)* bei. Hier werden fünf Arten unterschieden:

Liang Gua Erong – Der Körper des Verstorbenen wird in einem Holzsarg in eine natürliche Höhle gelegt (z. B. in Londa).

Liang Pa – Diese Gräber sind seit dem 17. Jh. gebräuchlich. Sie werden von den Toraja in einem langwierigen und arbeitsaufwendigen Prozess in Felsen geschlagen. Die Toten werden ohne Särge in die Felsen geschoben, die Öffnung des Felsengrabs wird dicht verschlossen (z. B. in Lemo).

Liang Pia – Gräber für Kinder, die noch keine Milchzähne haben. Sie werden in den Stamm eines lebenden Baumes gebohrt. Nach wenigen Jahren ist das Loch im Baumstamm wieder zugewachsen (z. B. in Kambira und Katebang).

Liang Patane – In Gebieten ohne Felswände werden die Toten in der Erde begraben, und ein kleines Toraja-Haus wird darauf errichtet. Alle Familienmitglieder werden zusammen ohne Särge begraben (z. B. in Buntao und Ke'te Kesu).

Liang Erong – Bei den sog. „hängenden Gräbern" sind die Särge zumeist an Holzgestellen an hohen Felswänden aufgehängt (z. B. in Kete Kesu und Palatokke).

Die hölzernen *Tao Tao*-Statuen in den Kleidern der Verstorbenen stehen vor den einzelnen Gräbern, meist in den hohen Felswänden. Oft wurden Wertgegenstände mitgegeben, die besonders seit der Ankunft der Holländer im 17. Jh. häufig von Grabräubern gestohlen wurden. Seit den 1980er-Jahren wurden vermehrt die *Tao Tao* selbst gestohlen, um in Antiquitätenläden in Jakarta und im Ausland verkauft zu werden. Somit sind die Ahnenfiguren, die noch heute bestaunt werden können, größtenteils Repliken oder Originale von gerade erst stattgefundenen Bestattungen.

Restaurant Pia's & Poppies, Jl. Pongtiku, ✆ 0423-21121. Bei dem gleichnamigen Hotel werden abends schmackhafte lokale Gerichte in angenehmer Umgebung serviert. Der Service ist aber langsam. Gerichte um 50 000 Rp. ⊕ 18–22 Uhr.

Riman Restaurant, Jl. A. Mappanyuki 113, ✆ 0423-23626. Direkt neben dem Rimiko. Es stehen u. a. indonesische, chinesische und Traveller-Gerichte zur Auswahl. Leider stört der Straßenverkehr an der Hauptstraße das Vergnügen, draußen zu sitzen, und drinnen läuft der Fernseher. ⊕ 7–23 Uhr.

Rimiko Restaurant, Jl. A. Mappanyuki 115, ✆ 0423-25223. Ein Restaurant, das seit Jahren Traveller bekocht. Die Karte listet chinesische, indonesische und auf Vorbestellung auch leckere Toraja-Spezialitäten sowie typisches Traveller-Essen. Es wird auch Kunsthandwerk verkauft. Gerichte um 30 000 Rp. ⊕ 7–23 Uhr.

Rumah Makan Saruran, Jl. Diponegoro 19. Bei Einheimischen beliebtes, preiswertes toraja-chinesisches Restaurant. Überwiegend gebratene Nudeln und Reis, zudem „Kentucky"-Chicken und vegetarische Gerichte, auch zum Mitnehmen. Bebilderte zweisprachige Speisekarte mit Gerichten ab 15 000 Rp.

UNTERHALTUNG

Im **Art Center** am zentralen Platz findet an jedem zweiten Sa ab 19 Uhr eine kostenlose Kulturveranstaltung mit traditionellen Tänzen und Musik von Oberschülern wie Lehrern der Sonntagsschule statt.
Begräbniszeremonien in den Dörfern rund um Rantepao werden zu jeder Jahreszeit abgehalten. Die größten Feste finden jedoch oft zur Ferienzeit im Sommer oder um Weihnachten herum statt, damit möglichst viele Familienmitglieder anreisen können. Das **Tourist Office** sowie **Guides** wissen, wann und wo ein Begräbnis besucht werden kann. Es ist ratsam, sich von einem Guide führen zu lassen.

EINKAUFEN

Die **Souvenirgeschäfte** im Zentrum an der Jl. A. Mappanyuki bieten alle die gleichen Produkte: Holzschnitzereien, Miniatur-*Tongkonan* sowie Web- und Flechtarbeiten. Schnitzereien sind immer in den überlieferten Farben Schwarz, Weiß, Rostrot und Ockergelb gehalten. Man kann sie auch direkt bei den Schnitzern, z. B. in Ke'te Kesu und Londa, erwerben.
Todi Weaving Shop, Jl. Pembangunan 19, ✆ 0423-27003, 🖥 www.todi.co.id. Johannes Todi und seine Familie aus Kalumpang haben die dort noch aktive Tradition der *Ikat*-Weberei mit Naturfarben nach Tana Toraja gebracht. In dem großen Laden demonstriert er diese traditionelle Abbindetechnik und verkauft Stoffe der Weberinnen aus seinem Dorf, gewebte Stoffe aus Sa'dan, Batiken und andere traditionelle Textilien sowie Antiquitäten, Souvenirs und T-Shirts mit hübschem Design. Kreditkarten werden akzeptiert. ⊕ 8–19 Uhr.
Toko Abadi, Jl. Mappanyukki. Größter Supermarkt im Ort mit riesiger Auswahl an Getränken, Nahrungsmitteln und Süßigkeiten. Empfehlenswert, um sich vor Trekking-Touren und Begräbnisbesuchen einzudecken. ⊕ Mo–Sa 8–20, So 10–20 Uhr.

Der weltbekannte Hochlandkaffee

Indonesien ist der drittgrößte Kaffeeproduzent der Welt. Neben dem Ijen-Plateau von Java und dem Hochland von West- sowie Zentralsumatra ist Tana Toraja eines der wichtigsten Anbaugebiete des Archipels. Dank seiner intensiven Fülle und leichten Süßholz- und Karamellaromen und der traditionellen Kultivierung ist der **Kopi Toraja** einer der begehrtesten und teuersten Kaffeesorten der Welt. Die teils 50 Jahre alten Kaffeebäume, die eine Höhe von bis zu 6 m erreichen, befinden sich ausschließlich in privaten kleinbäuerlichen Gärten und werden meist nicht gedüngt. Das kühle Klima ist ideal für die Bäume, und die reichen Böden sorgen für wertvolle Mineralienzufuhr. Aufgrund der steilen Landschaft werden die reifen Kaffeekirschen auf althergebrachte Weise per Hand gepflückt und handverlesen. Durch diese Arbeitsweise werden pro Hektar in der Regel nie mehr als 300 kg geerntet und nur die besten Früchte weiterverarbeitet – eine Arbeitsweise, die den Kaffee exklusiv und rund um den Globus begehrt macht.

TOUREN

Guides

Besuche der touristisch etablierten Orte wie Ke'te Kesu, Londa, Lemo und Sa'dan sowie schöne Wanderungen in der Berglandschaft um Palawa und Batutumonga können gut mit öffentlichen Verkehrsmitteln selbst organisiert werden. Es ist aber ratsam, für den Besuch einer Feierlichkeit sowie für längere Treks auf die Dienste eines offiziellen Guides zurückzugreifen. Sie sind in der „Guide Association" zusammengeschlossen und an feste Preise gebunden. Man trifft sie meist bereits vor den Unterkünften, abends in Mart's Café oder über das Tourist Office. Pro Tag verlangen sie 250 000 Rp, hinzu kommen Kosten von mind. 350 000 Rp, falls ein Mietwagen inkl. Fahrer und Benzin benötigt wird; günstig also nur für Gruppen von 4–6 Pers.
Empfehlenswert ist **Enos Tandiarrang**, Jl. Landorundun 63, ✆ 0852-5572 5432,

Verhaltensweisen bei Toraja-Festlichkeiten

Ausländer sind bei Toraja-Festlichkeiten gern gesehen, denn viele Gäste machen die Gastgeber stolz und sollen ihnen Glück bringen. Wie bei vielen anderen indonesischen Festlichkeiten, muss auch bei den Toraja auf bestimmte Regeln und Formen geachtet werden. Ein guter Guide kann nicht nur die Hintergründe des Festes erklären, sondern im richtigen Moment auch Hinweise zu richtigen Verhaltensweisen geben. Hier ein paar Tipps:

- Niemals sollte man vor den Teilnehmern stehen, aber auch das Sitzen auf den Reisspeichern, wo die einflussreichsten und wichtigsten Leute Platz nehmen, ist nicht angebracht. Als Regel gilt: immer im Hintergrund warten, bis man platziert wird.
- Bei der Kleidung gilt Folgendes: Schultern müssen bedeckt sein, lange Hose oder besser ein Sarong ist angebracht. Bei Begräbnissen möglichst dunkle Farben und kein Rot tragen.
- Es besteht kein Zwang, Geschenke mitzubringen, die Höflichkeit gebietet es aber, einem der nächsten Verwandten etwas zu geben. Eine Stange Zigaretten oder 1 kg Zucker sind besser als Bargeld.

✉ enostoraja@yahoo.com. Er spricht sehr gutes Englisch und ist seit 1987 ein beliebter Guide mit unerschöpflichem Wissen über Tana Toraja. Immer wieder von Travellern empfohlen, deshalb ist eine frühe Kontaktaufnahme empfehlenswert.

Trekking-Touren

Bei mehrtägigen Wanderungen, z. B. sehr schön von Nanggala oder Buntao nach Makula, östlich von Makale, ist ein Guide unerlässlich. Sie verlangen ab 350 000 Rp pro Tag plus 100 000 Rp pro Übernachtung. Normalerweise werden tgl. 15–20 km zurückgelegt (5–6 Std.). Genächtigt wird in einfachen Gästezimmern der Toraja-Häuser, wo die Trekker von der Gastfamilie bekocht werden. Da es im Hochland auch in der Trockenzeit oft regnet, gehört Regenschutz zur Grundausstattung. Empfehlenswert ist **Trans Sulawesi Tours & Travel**, Jl. A. Mappanyukki G2/8, ✆ 0423-21873 oder 0813-4243 0789, 🖥 http://sulawesi tourntravel.webnode.com. Geführt von Nico Embatau, einem der ältesten und erfahrensten Guides der Gegend. Er versucht ständig neue, touristisch unberührte Gebiete zu bewandern und ist auch für Reisen in abgelegene Regionen außerhalb Tators der richtige Mann.

Rafting

Die reißenden Flüsse Mai'ting und Sa'dang mit teils heftigen Stromschnellen eignen sich hervorragend für Wildwasserfahrten mit einem Schlauchboot und können gut mit schönen Wanderungen kombiniert werden.
Sichere Touren mit erfahrenen Raftern von:
Indo' Sella Expeditions, Jl. A. Mappanyuki 113, ✆ 0423-25210, 0813-42505301, 🖥 www.sella tours.com.

SONSTIGES

Geld

Recht gute Kurse erzielt man bei dem Money Changer in der Jl. Landorundun.
Geldautomaten, die EC-Maestro, Visa und Mastercard akzeptieren, u. a. von Bank Mandiri, Jl. A. Mappanyuki, Bank Danamon und BNI, Jl. Diponegoro.

Informationen

Tourist Office, Jl. Jend. A. Yani 62 A, ✆ 0423-21277. Die Beamten sprechen gutes Englisch und haben verlässliche Informationen zu Unterkünften, aktuellen Veranstaltungen (z. B. Begräbniszeremonien), Transportmöglichkeiten, lizenzierten Guides und verteilen kostenloses Kartenmaterial. ⏲ Mo–Do 7.30–14, Fr 7.30–11.30 und Sa 7.30–12.30 Uhr.

Internet

An den Hauptstraßen kann in mehreren **Internetcafés** für 3000 Rp gesurft werden, z. B. bei Cybernet, Jl. Diponegoro 10, oder neben Mart's Café, Jl. Sam Ratulangi.

Medizinische Hilfe
Rumah Sakit Elim, Jl. Jend. A. Yani, ✆ 0423-21258. Das größte Krankenhaus der Stadt mit guter Beratung bei leichten Erkrankungen. Nicht ausgestattet für größere Eingriffe.

Mietwagen und Zweiräder
Einige Unterkünfte und Reisebüros vermieten Motorräder für 60 000 Rp und Mountainbikes für 30 000 Rp pro Tag, z. B. Pia's & Poppies und Wisma Maria I.
Ein Auto, z. B. ein Super Kijang, kostet mind. 350 000 Rp pro Tag, die Fahrt nach Makassar ca. 1 Mio. Rp und die nach Ampana ca. 2 Mio. Rp.

Post
Kantor Pos, Jl. Jend. A. Yani 111.
⊙ Mo–Do 8–14, Fr 8–11, Sa 8–14 Uhr.

Spa
Tirta Salon & Spa Toraja, Jl. Landorundun 25, ✆ 0813-1477 6889. Nettes, kleines Spa, das Reflexzonenmassagen für 80 000 Rp, einstündige Körpermassagen für 130 000 Rp und Body Scrubs für 150 000 Rp anbietet.
⊙ Mo–Sa 9–21, So 9–11 Uhr.

NAHVERKEHR

Motorradrikschas
Die motorisierten **Becaks** verkehren entlang der Hauptstraße und im gesamten Stadtgebiet und kosten für Touristen mind. 10 000 Rp.

Bemos und Minibusse
Minibusse halten in der Jl. Diponegoro und rings um den Kreisverkehr. Sie kosten bis zum TERMINAL BOLU und in die nähere Umgebung 2000–3000 Rp.
Vom schlammigen **Terminal Bolu** starten alle Minibusse in die Dörfer nach NORDEN, z. B. nach LEMPO oder seltener BATUTUMONGA für 10 000 Rp, SA'DAN für 6000 Rp sowie MARANTE für 5 000 Rp.
Nach SÜDEN und MAKALE halten sie auch am **Kreisverkehr** in der Stadt. Nach BUNTAO ab Jl. Mangadil, Ecke Jl. Jend. A. Yani. Preise ab 3000 Rp nach KETE KESU, LONDA und LEMO bis 10 000 Rp nach BUNTAO. Nach MAKALE verkehren auch oft **Kijangs** für 5 000 Rp.

TRANSPORT

Mietwagen
Ein gechartertes Auto nach MAKASSAR kostet mind. 1 Mio. Rp und benötigt 8 Std., nach TENTENA ab 1,5 Mio. Rp und nach AMPANA ab 2 Mio. Rp.

Busse
Alle Busgesellschaften haben Büros in der Jl. Jend. A. Yani und Jl. Mappanyuki beiderseits des Kreisverkehrs, wo die Plätze möglichst einen Tag im Voraus gebucht werden sollten. Von dort starten auch die Busse. Manche holen Passagiere von der Unterkunft ab.
Nach MAKASSAR ist der beste Nachtbus Scania von **Bintang Prima**, südl. des Kreisels, für 120 000 Rp um 21 Uhr, weitere für 85 000–100 000 Rp, auch um 9 und 13 Uhr. Sie brauchen 8–9 Std.
Nach PENDOLO für 80 000 Rp in 8 Std., TENTENA für 110 000 Rp in 10 Std. und weiter nach POSO für 125 000 Rp in 12 Std. sowie PALU für 150 000 Rp in 20 Std. fahren weniger komfortable Busse der Gesellschaften **Ketty**, **Batutumonga** (Jl. Mappanyuki 65, ✆ 0423-25690) und **Rappan Marannu** (Jl. Mappanyuki 52, ✆ 0423-25193).

Flüge
P. T. Sabang Merauke Air Charter fliegt nur bei gutem Wetter nach einem vorläufigen Flugplan. Tickets bei Metro Permai, Jl. Mappanyukki 15, ✆ 0423-21785, 0852-5516 8899.
MAKASSAR, Fr und Sa für 250 000 Rp;
POSO, Sa für 295 000 Rp;
SAMARINDA, Mo für 350 000 Rp.
Vom Pongtiku-Flugplatz nahe Makale fahren nach der Ankunft eines Flugzeugs ein oder zwei Minibusse für 50 000 Rp p. P. direkt nach Rantepao, 28 km, 1 Std. – oder man geht bis zur Hauptstraße, 500 m, und wartet auf einen der seltenen Minibusse.

Die Umgebung von Rantepao

Wanderungen und Rundfahrten durch Tator gehören zu den Highlights einer Reise durch Süd-Sulawesi. Entlang üppig grüner Reisfelder mit grasenden Büffeln, ausgedehnter Kaffee- und Kakaoplantangen sowie schöner Bambuswälder sind die spektakulären Begräbniszeremonien, traditionellen Toraja-Dörfer und beeindruckenden Felsengräber meist in Tagestouren erreichbar. Südlich von Rantepao sind die bekanntesten (und touristischsten) Begräbnisstätten mit großen Sammlungen lebensechter Ahnenfiguren *(Tao Tao)* und sehr gut erhaltene Toraja-Dörfer zu finden. Das Gebiet im Norden um Sa'dan ist hingegen für seine Webkunst bekannt, wartet aber auch mit beeindruckenden *Tongkonan* (s. S. 582) auf. Im Nordwesten um Batutumonga und im Osten um Nanggala führen einsame Pfade durch die Bergwälder und bieten immer wieder atemberaubende Panoramablicke hinab in die Täler.

Zu vielen der Orte fahren öffentliche Minibusse nach einiger Wartezeit direkt aus Rantepao oder vom Terminal Bolu. Aussteigen kann man jederzeit auf der Strecke, um in die einzelnen Dörfer zu laufen. Die Temperaturen in 700–800 m Höhe sind nicht so schweißtreibend wie an der Küste. In jedem Ort gibt es ein Warung oder einen kleinen Laden, wo einfache Speisen serviert werden und die Wasservorräte aufgefüllt werden können.

Richtung Süden

Zu diesen häufig besuchten Dörfern nimmt man zuerst einen der zahlreichen Minibusse Richtung Makale und läuft dann die letzten Kilometer in die Dörfer.

Siguntu

Rund 2 km westlich der Hauptstraße Rantepao – Makale liegt das alte Königsdorf auf einer Hügelkuppe mit drei gut erhaltenen *Tongkonan*, die einer imposanten Reihe von *Alang* gegenüberstehen. Ein Rundwanderweg führt von Rantepao über Singki nach Siguntu und über die Flussbrücke zurück zur Hauptstraße. Anfahrt: mit dem Minibus direkt ab Markt, 3000 Rp.

Londa

In einem Tal, aus dem eine massive Karstwand emporragt, sind die berühmtesten **Felsengräber** von Tana Toraja zu finden. Nur Verstorbene, für die ein *Dirapai* (s. S. 584) ausgerichtet wor-

den ist, sind hier bestattet. Für das Fotografieren der Felswand eignet sich am besten das Nachmittagslicht.

Viele der alten *Tao Tao* wurden gestohlen, stattdessen blicken von der Balustrade nun 20 neuere, eingekleidete und lebensgroße Figuren herab. Jugendliche aus dem Dorf führen Besucher mit Petroleumlampen durch die **Höhlen** im Bestattungsfelsen. Sie verlangen dafür 25 000 Rp, dazu kommt ein Eintritt von 10 000 Rp. ⏲ tgl. 8–17.30 Uhr.

In beiden Höhlen links und rechts der *Tao Tao* stehen Särge, und auf den Felsen und in Nischen liegen viele Schädel. Am Eingang werden Opfergaben für die Verstorbenen abgelegt. Vor der Höhle auf halber Höhe steht ein Sarg in Form eines Schweines. Die beiden Höhlen sind durch einen sehr engen, 25 m langen Gang miteinander verbunden.

Folgt man dem Pfad, der vor der Felswand nach rechts verläuft, führen Treppen wieder hinauf ins Dorf. Fast am Ende der Treppe sind oben in der Felswand in etwa 60 m Höhe weitere in die Felswand eingelassene Särge zu erspähen. Ein **Tao Tao-Schnitzer** verkauft kleine, lebensecht wirkende Figuren.

Der schmale Fußpfad führt von hier rund 1 km durch Reisfelder ins Tal hinab zurück zur Hauptstraße, auf die man etwa 3 km südlich der eigentlichen Straße nach Londa gelangt. Die linke Abzweigung auf dem Weg an den Reisfeldern führt hinauf auf die Anhöhe und endet in Tilanga.

Anfahrt: Minibusse verkehren nur auf der Hauptstraße, 3000 Rp; danach biegt man links ab und läuft knapp 2 km auf einer schattigen, kaum befahrenen Straße nach Londa.

Tilanga

In dem Bambuswald liegt im Schatten einer Felswand ein schöner, tiefer See, der zum Baden einlädt. Sonntagsbesuche sollte man jedoch meiden, denn dann versammeln sich Dutzende Großfamilien an diesem natürlichen **Badeplatz** (⏲ tgl. 8–18 Uhr, Eintritt 10 000 Rp). Von Tilanga führt ein Fußpfad weitere 3 km durch Reisfelder nach Lemo. Anfahrt: mit dem Minibus, 3000 Rp; die letzten 2 km von der Hauptstraße muss man zu Fuß zurücklegen.

Lemo

Hinter dem Ort Lemo ragt eine 40 m hohe Fels-wand empor, in der zahlreiche Gräber einge-lassen sind, sodass die Felswand durchlöchert scheint. Auf mehreren **Galerien** stehen knapp 50 *Tao Tao* – eines der bekanntesten Fotomotive Tators. Ältere Figuren sucht man vergeblich, da sie fast vollständig von Grabräubern gestohlen wurden. Die beste Zeit zum Fotografieren ist morgens. Links der Felswand arbeitet in einer kleinen Hütte der **Holzschnitzer** Anton Tangdi-embong, der von seinem Großvater gelernt hat, lebensechte *Tao Tao* zu fertigen. Neben den gro-ßen Figuren mit teils echten Haaren (andere be-stehen aus Ananasfasern) schnitzt er auch inte-ressante, abstrakte Statuen und verkauft kleine Figuren als Souvenirs. Nicht weit davon führt eine steile Treppe hinauf zu weiteren Felsen-gräbern auf halber Höhe.

Lemo ist mit einem Minibus aus Rantepao in Richtung Makale erreichbar, 3000 Rp. Nach 12 km wird man an der Hauptstraße abgesetzt und erreicht das Dorf nach einem 2 km-Fuß-marsch entlang der Seitenstraße.

Makale

Die saubere Bezirkshauptstadt von Tana Toraja, 310 km von Makassar entfernt, wurde in den 20er-Jahren des 20. Jhs. von den Holländern an-gelegt. Ein großer, interessanter **Markt** findet einmal in der Woche statt. Ansonsten ist Ma-kale geschäftiger als Rantepao, insgesamt aber unattraktiv. Zwar gibt es auch hier einige Unter-künfte in allen Preisklassen, besser wohnt man aber im nur 18 km entfernten Rantepao. Häufige Kijangs und Minibusse verbinden Makale und Rantepao für 5000 Rp.

Richtung Südosten

Minibusse fahren auf schmalen Straßen von Rantepao nach Buntao (10 000 Rp) und von Ma-kale nach Sangalla (5000 Rp). Die Dörfer Suaya, Buntu Kalando und Makula sind 13, 14 und 16 km von Makale entfernt.

Ke'te Kesu

Es ist das wohl bekannteste und am besten er-haltene Toraja-Dorf, das für seine Schnitzkunst bekannt ist (Eintritt 10 000 Rp). Den fünf *Tongko-nan* (s. S. 582) stehen ein Dutzend Reisspeicher *(Alang)* gegenüber. Hinter dem zweiten *Tong-konan* führt ein betonierter Weg an einigen Ver-kaufsständen vorbei durch ein Tal zur Felswand mit **hängenden Gräbern**. Am Fuß des Felsens er-kennt man jüngere, aus Zement errichtete Grab-mäler. Darüber sind in einer ebenerdigen, **künst-lichen Höhle** eine Gruppe neuerer *Tao Tao* zu sehen. Auf niedriger Höhe hängen viele verwitter-te, aufwendig geschnitzte Holzsärge, aus denen Schädel und Knochen hervorschauen, und auch am Boden sind die Gebeine und Opfergaben ver-streut.

Rund 500 m, bevor man Ke'te Kesu erreicht, liegt links der Straße das Haus des **Holzschnit-zers** Mesa, der sich auf Büffelköpfe spezia-lisiert hat, und wenig weiter das des alten Rakka Sangpulo und seiner Helfer, die noch nach alten Traditionen arbeiten.

An der Hauptstraße, gegenüber der Abzwei-gung nach Ke'te Kesu, kann man im **Dapo'ta Res-taurant** einkehren und sich, umgeben von Reis-feldern, mit Säften, Shakes, Ingwer-Kaffee, Bier sowie Fisch- und Hähnchengerichten stärken. Anfahrt: Minibusse fahren von Rantepao 4 km entlang der Hauptstraße, 3000 Rp. Von der Ab-zweigung sind es weitere 2 km zu Fuß.

Palatokke

Ein schmaler, zum Teil sehr steiler Weg über Ge-röll, durch Wälder und Reisfelder (2,5 km, ca. 30 Min. ab der Straße) führt nach Palatokke mit seinen beiden hängenden Gräbern *(Liang Erong)*, 700–800 Jahre alt, die auf dicken Holz-stangen stehen, welche in die Felswand einge-lassen sind. Einige Schädel liegen dekorativ am Fuße des Felsens.

Alte Überlieferungen besagen, dass der Be-griff *Palatokke* einen Menschen bezeichnet, der wie ein Gecko die steilen Felswände hinauf- und hinunterklettern konnte. Bei der Anbringung der beiden hängenden Gräber wäre diese Eigen-schaft durchaus von Vorteil gewesen.

Anfahrt: Man erreicht Palatokke, 9 km, über Ke'te Kesu und Sullukan. Minibusse fahren für 6000 Rp nach **Labo**, dem Dorf der Schmiede. Hier gabelt sich die Straße: Links geht es nach Buntao, Paniki und rechts nach Sangalla. Weiter fahren nur wenige Minibusse.

Sangalla und Buntu Kalando

Ursprünglich und geschäftig wirkt der kleine Ort Sangalla, 12 km östlich von Makale, an Markttagen. Nicht weit davon liegen auf einem Berg mehrere Kindergräber in einem Bambushain in **Kambira**. Die etwa 100 Jahre alten Gräber *(Liang Pia)* für kleine Kinder, denen noch keine Zähne gewachsen waren, wurden in einem Baum angelegt. Man glaubte, dass sie dadurch mit den Bäumen weiter wachsen könnten.

Nur wenig weiter lädt in **Buntu Kalando** ein kleines Museum in einem ehemaligen Königshaus zum Verweilen ein. Es wird noch heute von den aristokratischen Nachfahren bewohnt. Die Sammlung umfasst Textilien, Schmuck, Fotos und andere Besitztümer der Königsfamilie sowie eine große Ausstellung verschiedener Küchengeräte. ⏰ tgl. 8–18 Uhr, Eintritt 10 000 Rp.

Anfahrt: Minibusse fahren häufig ab Makale nach Sangalla für 5000 Rp. Der Endhaltepunkt heißt **Tumanete**. Nach Kambira läuft man von hier eine Abkürzung über Reisfelder 900 m den Berg hinauf und an der Schule (SMA) vorbei. Buntu Kalando ist nur etwa 800 m von den Kindergräbern entfernt.

Lobe, Tampangallo und Suaya

In **Lobe**, dem angrenzenden Ort nahe dem Königshaus, ist ein altes *Rante* (Megalithenzirkel) mit seltsam geformten Megalithen zu entdecken. Etwas weiter zweigt links ein Weg zu zwei weiteren Kindergräbern ab, die jüngeren Datums sind.

Eine Abzweigung nach rechts (ausgeschildert) führt nach 700 m zu den hängenden Gräbern von **Tampangallo** (⏰ tgl. 8–17.30 Uhr, Eintritt 10 000 Rp). Nicht weit entfernt in Richtung Südwesten befindet sich in einem kleinen Tal eine Höhle mit vielen Schädeln, alten Särgen und einigen neueren *Tao Tao*.

In **Suaya** sind neben den Königsgräbern noch mehr als 40 *Tao Tao* erhalten (⏰ tgl. 8–17.30 Uhr, Eintritt 10 000 Rp). Die Särge aus dem Holz des Jackfrucht-Baumes stehen geschützt in einem kleinen Haus mit großen Glasfenstern. Vormittags ist das Licht am besten, um die antiken *Tao Tao*, die in drei Galerien in der steilen Felswand stehen, zu fotografieren. Nach einem langen Aufstieg auf einer asphaltierten Straße blickt man hinab auf das Saddang-Tal und Makale.

Richtung Osten

Richtung Palopo fahren etwa stündlich Minibusse. Man muss damit rechnen, den Weg zurücklaufen zu müssen, wenn man spätnachmittags unterwegs ist. Die Dörfer liegen alle nahe der Straße.

Marante und Tondon

Marante ist ein sehenswertes traditionelles Dorf mit einem Bestattungsfelsen an der Straße nach Palopo; ähnlich präsentiert sich auch **Tondon**, das nächste Dorf weiter östlich an der selben Straße. Anfahrt: Minibus, 3000 Rp.

Nanggala und Umgebung

Der Ort **Nanggala** hat zahlreiche *Alang* (Reisspeicher) mit besonders schönen Verzierungen an den Unterseiten, die Dorf- und Kriegsszenen darstellen. Außerdem ist ein besonders gut erhaltener *Tongkonan* (s. S. 582) zu sehen. In dem nahen Bambushain am Ende des Dorfes hält sich eine große Zahl an Flughunden auf (Eintritt 10 000 Rp).

Unterhalb des Dorfes beginnt rechts der etwa 8 km lange Fußpfad über die Berge nach **Paniki** (herrliche Aussicht!). Der einsame Weg führt durch Palmen- und Nadelwälder, entlang von Reisfeldern und grasenden Wasserbüffeln zu einer weitläufigen Kaffeeplantage (PT. Toarco Jaya) in **Bokin**, wo der Hochlandkaffee gekostet und erworben werden kann. Folgt man einem Fußpfad auf den Berggrat bis oberhalb von Paniki, gibt es wieder eine befestigte Straße. Ab Paniki fahren Minibusse zurück nach Rantepao, oder man folgt einem ca. 5 km langen Fußweg nach **Buntao**, wo es ebenfalls alte Gräber gibt, die aber ausgeraubt worden sind. Von Buntao fahren Minibusse für 10 000 Rp zurück nach Rantepao. Die Umgebung von Nanggala eignet sich auch sehr gut für Rundwanderungen über Reisterrassen und durch Bambushaine, vorbei an versteckt liegenden Dörfern.

Anfahrt: Minibus, 10 000 Rp.

Richtung Norden

Die Region um Sa'dan ist bekannt für ihre traditionellen Webereien. Die Dörfer Palawa und Sa'dan kann man an einem Tag besuchen und sind mit Minibussen ab Pasar Bolu erreichbar.

Palawa und Umgebung

Palawa ist ein recht touristisches, vollständig im traditionellen Stil erhaltenes Dorf, 9 km nördlich von Rantepao (Eintritt 10 000 Rp). Eines der Häuser ist mit 150 Büffelhörnern geschmückt. Im Dorf reihen sich zahlreiche *Tongkonan* aneinander, denen die Reissspeicher in einer geraden Reihe gegenüberliegen. In einigen alten Häusern und Buden hinter den Reisspeichern werden Souvenirs verkauft. Bevor das Dorf erreicht wird, passiert man südlich der Straße zwei verwitterte Megalithenzirkel *(Rante)* etwas versteckt hinter neueren Gräbern.

Von Palawa führt eine schmale, schlechte Straße ein landschaftlich abwechslungsreiches Seitental hinauf 2 km nach **Bonga** und als Betonweg weitere 2 km nach **Tampan**, das oberhalb wunderschöner Reisterrassen liegt. Wer früh aufbricht, kann von hier über Lempo weiter Richtung Batutumonga wandern – ein langer Tagesmarsch.

Anfahrt: Minibusse ab Pasar Bolu nach Palawa kosten 6000 Rp, der Dorfeingang liegt 700 m auf einem Hügel abseits der Straße.

Deri

In diesem weitläufigen Areal, das viele kleine Ansiedlungen umfasst, stehen viele traditionelle Häuser, darunter auch einige mit einem *Rante*. Inmitten von Reisterrassen und Bambushainen liegen die Felsgräber der Ahnen. Von hier führt eine angenehme 5-stündige Wanderung hinunter an die Hauptstraße zwischen Sa'dan und Rantepao. Alternativ kann man von hier auch in 1 1/2 Stunden nach Bori (s. u.) wandern und eine herrliche Weitsicht auf das Sa'dan-Tal genießen. Anfahrt: Von Rantepao fahren Minibusse für 10 000 Rp nach Deri.

Sa'dan

Bereits vor der Brücke am Ortseingang führt links eine Straße hinauf nach **To'barana** (Malimbong). An der Gabelung geht es nach rechts und vorbei an einigen modernen Wohnhäusern zu den traditionellen *Tongkonan* von **Sa'dan**, darunter einer mit 60 Büffelhörnern. In ihnen kann man auch auf Matratzenlagern für 100 000 Rp p. P. inkl. Frühstück übernachten. Der Weg ist gesäumt von zahlreichen Buden, in denen Frauen an einfachen Webstühlen zumeist einfarbige Stoffe weben (*tenun* = weben). Die meisten hier angebotenen Stoffe stammen allerdings von anderen Inseln oder sind gar Fabrikware. Die Enkelin des ehemaligen Dorfchefs Erni Pongpadati ist mit den schönsten Stoffen der professionellen Weberinnen schon in Jakarta auf dem Laufsteg aufgetreten. Ihre Produkte werden auch in Jakarta und unter 🖥 www.torajamelo.com vermarktet. Anfahrt: Minibus von Pasar Bolu für 6000 Rp.

Richtung Nordwesten

Für die Tour zu den Dörfern Batutumonga und Lo'ko'mata sollte man mindestens einen Tag einplanen und bereits früh am Morgen aufbrechen, um die herrliche Landschaft zu genießen. Die Straße ist allerdings voller Schlaglöcher. Bis Lempo, 3 km vor Batutumonga, verkehren relativ häufig Minibusse für 10 000 Rp oder Ojek ab der Abzweigung in Pangli für 10–15 000 Rp. Eine Alternative ist die Wanderung ab Deri.

Tinimbayo und Lempo

Es lohnt sich, etwa 3 km vor Lempo in **Tinimbayo** an einer Spitzkehre am kleinen, einfachen Restaurant mit fantastischer Aussicht anzuhalten. Direkt unterhalb erstreckt sich ein weites Tal voller Reisterrassen, links erheben sich die Berge, und rechts reicht der Blick bis weit über Pangli hinaus. Auch der Büffelkopf an der Wand lohnt einen Blick. Von hier und **Lempo** gibt es auch zu Fuß (am besten mit Guide) in zwei bis drei Stunden über Berurung, Sangbua und Kandeapi hinab nach Rantepao.

Bori und Parinding

In der reizvollen Landschaft lohnt eine Wanderung durch die Reisfelder nach **Parinding**. Bei **Bori** befindet sich direkt an der Straße ein Felsengrab und im Dorf selbst ein *Rante* mit mehreren Megalithen (🕐 tgl. 8–17.30 Uhr, Eintritt 10 000 Rp). Hier haben schon etliche Bestattungszeremonien für Adelige stattgefunden. Jeder einzelne der aufgerichteten Megalithen steht für eine Bestattung, bei der mindestens 25 Büffel geschlachtet wurden. Gut erhalten sind der *Lakkian*, das Haus, wo die Leiche während der Feier aufgebahrt wird, und der *Balaka-*

www.stefan-loose.de/indonesien   DIE UMGEBUNG VON RANTEPAO **591** *yan*, die Plattform in den Bäumen, von der aus das Büffelfleisch an die Gäste verteilt wird.

1 km weiter in südliche Richtung steht in **Parinding** ein gut erhaltener *Tongkonan* nebst *Alang*. Den *Tongkonan* zieren vier hölzerne Büffelköpfe und schön geschnitzte *Katik*, aus dem Frontgiebel herausragende und Häuptlingswürde symbolisierende Fabelwesen, die auf ihrem Schlangenkörper einen Hahnenkopf tragen.

Barana'

Südlich von Parinding folgt **Kandeapi**; rechts 1,5 km bergauf (mit Guide) entdeckt man ein schönes traditionelles Dorf. Weiter südlich im Dorf **Barana'** sollte man nach *Buntu Barana (Buntu* = Hügel) fragen; über steile Pfade gelangt man zu Höhlengräbern mit *Tao Tao* und den Resten einer mindestens 500 Jahre alten Befestigungsanlage mit tiefen Höhlen auf dem Hügel, von dem man eine schöne Aussicht hat.

Batutumonga und Umgebung

Das beste Panorama genießt man jedoch auf der Wanderung von Lempo in das Bergdorf Batutumonga, wo eine schöne Aussicht auf die weite Ebene von Rantepao und das nördlich anschließende Tal die Mühe belohnt. 30 Minuten hinter dem Dorf Richtung Lo'ko'mata beginnt ein Fußweg, der zurück über **Pana** (30 Min., im Bambushain Gräber) und **Tikala** (1 1/2 Std., von hier

auch Minibusse) nach Rantepao führt. Durch Bambuswälder und über Reisterrassen steigt man hinab – zu Fuß dauert die gesamte Tour etwa vier Stunden.

ÜBERNACHTUNG UND ESSEN

In Batutumonga gibt es mehrere Unterkünfte mit Familienanschluss. Die beste Unterkunft ist: **Mentiro Tiku Batutumonga**, am östlichen Ortseingang, ℡ 0813-5508 5651. Großes Restaurant, von dem man das ganze Tal überschaut. Zweisprachige Karte mit lokalen und indonesischen Gerichten um 30 000 Rp. Suppen und Gemüse sind günstiger. Hier essen auch Reisegruppen. Dahinter 4 kleinere, rustikale *Tongkonan* mit je 2 Zimmern und Matratzen für 6 Pers. für 100 000 Rp p. P. Der Weg zum Gemeinschaftsmandi mit Kaltwasser ist etwas beschwerlich. Zudem im Reihenhaus 3 überteuerte Deluxe-Zimmer mit Doppelbett, TV, Mandi und Terrasse mit toller Aussicht. Frühstück inkl. ❹

Lo'ko'mata

Der Ort liegt etwa 35 km nördwestlich von Rantepao und 6 km westlich von Batutumonga. Besuchern bietet Lo'ko'mata eine der schönsten Landschaften der gesamten Region. An den Hängen des **Gunung Sesean** bis hinab ins Tal sind herrlich terrassierte Reisfelder angelegt. Zahl-

---

Lore Lindu-Nationalpark

Etwa 50 km südlich von Palu beginnt der 2290 km² große Nationalpark. Besucher können auf den alten, oft von Einheimischen benutzten Pfaden über bewaldete Bergketten und durch weite, offene, savannenartige Täler wandern oder reiten. Ziel dieser Ausflüge sind der **Danau Lindu** und die Täler von **Napu**, **Besoa** und **Bada**, wo uralte seltsame Megalithe zu finden sind, die einzeln oder in Gruppen beisammenstehen. Es handelt sich um mächtige Steinbottiche mit Deckel, genannt *Kalamba*, in die Gesichter eingemeißelt sind (möglicherweise Begräbnisurnen), und monolithische, menschenähnliche Statuen. Herkunft, Alter und Bedeutung sind bis heute ein ungelöstes Rätsel.

Dem Tierfreund bietet das Reservat ein breites Spektrum der endemischen Fauna Sulawesis, z. B. Anoa, Babirusa, der seltene Celebes-Palmenroller (eine Schleichkatze), Makaken, Nashornvögel, Kakadu, Maleo etc.

Der Park ist über mehrere schlechte Straßen zugänglich: im Norden und Osten von Wuasa und Gintu, im Westen von Sidaunta (65 km von Palu), von Kulawi oder von Gimpu am Ende der Straße. **Dolidi Ndano Towale** (s. S. 593) organisiert max. fünftägige geführte Treks ab Tentena zum Preis von 2,5 Mio. Rp p. P. bei zwei Teilnehmern.

reiche Gräber wurden in den gewaltigen Bestattungsfelsen geschlagen, und zudem finden sich neben neueren Steingräbern auch mehrere jahrhundertealte Megalithen. Anreise: Ab Rantepao fahren Minibusse direkt nach Lo'ko'mata für 15 000 Rp, allerdings nur selten.

Von Tator auf die Togian-Inseln

Tentena und Umgebung

Der kleine, von Nelkenplantagen umgebene Ort liegt am Nordende des pittoresken **Danau Poso**. Hier hat der See auch seinen Abfluss, den Sungai Poso, der bei der Stadt Poso in den Golf von Tomini mündet. Rund um den Danau Poso warten kleine, weltabgeschiedene Dörfer darauf, entdeckt zu werden (täglich pendeln Motorboote). Nicht weit vom Ort am Nordufer des Sees liegt die **Gua Pamona**, eine Höhle, in der 1972 frühgeschichtliche Bronzeringe, Schmucksteine und Muschelschalen gefunden wurden. Im Dorf **Peura** am Ostufer grub man vier Jahre später Bronzeäxte aus, die im Stil auf die *Dongson*-Kultur zurückgehen.

Air Terjun Sulewana ist ein spektakulärer Wasserfall beim gleichnamigen Dorf an der Straße nach Poso, 12 km von Tentena. Ein zweiter sehr schöner, mehrstufiger Wasserfall, gut zum Baden, verbirgt sich 18 km von Tentena in den Bergen am nordwestlichen Seeufer, **Air Terjun Salopa**, auch bekannt als Air Terjun Wera, zu erreichen über **Tonusu**, 15 km; von der Straße ist nur noch ein kurzes Stück zu laufen (Eintritt 10 000 Rp).

Ein attraktiver Strand samt Bungalowanlage (s. u.), der **Siuri Beach**, liegt 5–6 km südlich von Tonusu. Weiter südlich, etwa 40 km von Tentena entfernt, erstreckt sich auf 5000 ha der Orchideengarten **Taman Anggrek Bancea**. Bei Spaziergängen durch den Dschungel wilder Orchideen sind auch die seltenen schwarzen Orchideen zu entdecken. Es gibt ein einfaches Gästehaus in dem Park.

Tentenas heilende Wunden

Wenn der Blick vom idyllischen Städtchen Tentena über die friedliche Kulisse des Poso-Sees schweift, ist es kaum noch vorstellbar, dass der Ort mit seinen hauptsächlich christlichen Einwohnern noch bis vor wenigen Jahren zum Schlachtfeld eines der größten religiös motivierten Konflikte in Indonesiens junger Demokratie gehörte. Zwischen 1998 und 2001 forderte die paramilitärische Auseinandersetzung über 500 Leben und vertrieb über 80 000 Menschen aus ihrer Heimat. Tentena war in diesen Jahren ein Auffangbecken vieler christlicher Flüchtlinge. Bis 2007 kam es immer wieder zu Bombenanschlägen und gewalttätigen Übergriffen zwischen den Konfessionsgruppen, u. a. gab es im Mai 2005 zwei verheerende Anschläge auf dem Markt von Tentena mit 22 Todesopfern.

In den vergangenen Jahren hat sich die Situation beruhigt, und es scheint endlich Friede eingekehrt zu sein. Die Regierung scheint den Terror nun effizient und entschlossen zu bekämpfen, allerdings sollten Reisende sich hier besonders sensibel verhalten und stets informieren.

Ein mehrere Tage dauernder Trek führt in westliche Richtung nach **Gintu** im Badatal, am Südrand des Lore Lindu-Nationalparks; die Geländestrecke ist nur bedingt befahrbar.

ÜBERNACHTUNG

Dolidi Ndano Towale, Jl. Peura, 5 km südl., ☏ 0813-5465 8837, 🖥 www.dolidi-ndano-towale.com. Große Cottages direkt am Seeufer mit gemütlicher Einrichtung, Warmwasser-Du/WC und guten Matratzen sowie 3 Mahlzeiten inkl. Sehr freundlicher Gastgeber Herson und Joice, die hier auch ein Hilfsprojekt für Waisenkinder gegründet haben. Kostenlose Abholung aus Tentena. ❺

Hotel Intim Danau Poso, Jl. Yos Sudarso 22, ☏ 0458-21345. Teuerstes Haus Tentenas und mit Blick über den See vom oberen Stockwerk. Sonst recht dunkel. Frühstück inkl. ❸

Hotel Victory, Jl. Diponegoro 18, ☏ 0458-21392. Die empfehlenswerteste Anlage des Orts mit

www.stefan-loose.de/indonesien

TENTENA UND UMGEBUNG **593**

etwas älteren, teils klimatisierten, stets sauberen Zimmern. Sehr freundliche Gastgeber und Frühstück inkl. Ein gutes Restaurant ist direkt gegenüber. ❷

Suiri Cottages, 20 km südlich an der westlichen Straße nach Pendolo, ✆ 0813-4116 7345. Einfache, nette Bungalows am weißen Sandstrand mit schönem Blick über den See. Mit Restaurant und Kanuverleih. Frühstück inkl. ❸

TRANSPORT

Von der **Busstation**, 3 km außerhalb der Stadt, fahren Busse und Minibusse für 25 000 Rp in 1 1/2 Std nach POSO und weiter nach PALU. Für die 5-stündige Weiterfahrt von Poso nach AMPANA fahren in der Jl. Sumatera regelmäßig Minibusse für 60 000 Rp ab.

Fahrten nach RANTEPAO können direkt bei den Unterkünften oder Reisebüros im Ortszentrum gebucht werden.

Gecharterte Jeeps nach GINTU im Lore Lindu-Nationalpark kosten ca. 1 Mio. Rp.

Ampana

Der kleine Hafenort mit dörflichem Charakter liegt in einer schönen Bucht an der Halbinsel Tanjung Api, nordöstlich von Poso. Ziegen und Kühe tummeln sich beschaulich auf den stillen Straßen. Ampana ist der beste Ausgangspunkt für Bootstrips zu den **Togian-Inseln** und zum Besuch des nahen Naturreservats.

ÜBERNACHTUNG

Losmen Irama, Jl. R. A. Kartini 11, ✆ 0464-21055. Eine günstige, einfache Alternative mit fast ausschließlich einheimischen Gästen. Alle Zimmer mit indonesischem Mandi, eines davon auch mit AC und TV. ❶–❷

Marina Cottages, Jl. Tanjung Api 33, ✆ 0464-21280. Ca. 2 km außerhalb in Richtung Labuhan ist hier die netteste Unterkunft zu finden. Schöne, saubere Bungalows mit Veranda und Mandi an einem steinigen Strand. Gutes Restaurant; die Boote nach Bomba fahren vom nahen Pier ab. ❷

Oasis Hotel, Jl. R. A. Kartini 5, ✆ 0464-21058. Die strategisch gut gelegene Unterkunft

50 m vom Strand und in Hafen- sowie Marktnähe gehört zum Kadidiri Paradise Resort. Die Zimmer in verschiedenen Kategorien haben teils AC und Warmwasser-Du/WC, sind aber nicht immer ganz sauber. Bett im Schlafsaal mit Gemeinschafts-Du/WC schon ab 70 000 Rp p. P. Leider gibt es immer wieder Beschwerden, dass sich hier betrügerische Guides aufhalten. Mit Restaurant. ❷

TRANSPORT

Minibusse
Der **Busterminal** befindet sich 300 m östlich vom Hafen. Mehrmals tgl. Minibusse und Busse nach POSO für 60 000 Rp in 5 Std. und seltener nach PALU für 125 000 Rp in 11 Std. und LUWUK für 100 000 Rp in 6 Std.

Schiffe
Der Fahrplan der Fähren nach Wakai und teils weiter nach Gorontalo kann sich ständig ändern. Zuletzt fuhr vom Hafen im Ortszentrum außer Fr tgl. mind. eine Fähre der 3 Gesellschaften um 10 Uhr in 4 Std. für 40 000 Rp nach WAKAI, KATUPAT (+2,5 Std.), MALENGE (+4 Std.) und DOLONG (+5 Std.). Nur Tuna Tomini überquert Do und So den gesamten Golf von Tomini bis nach GORONTALO (110 000 Rp, 19 Std.). Gegen einen Aufpreis können an Bord Kabinen reserviert werden. Von Wakai holen die Boote der einzelnen Unterkünfte ihre Gäste ab. Kleinere Boote fahren von einem kleinen Anleger, ca. 300 m von Marina Cottages, tgl. um 9 Uhr für 25 000 Rp direkt nach BOMBA und weiter nach WAKAI auf Pulau Batudaka. Allerdings ist bei schlechtem Wetter vor gecharterten, kleinen Booten zu warnen, da diese oft nicht ausreichend Sicherheit bei hohem Wellengang bieten.

Togian-Inseln

Die paradiesischen Togians sind ein idyllischer Inselarchipel im Golf von Tomini und gehören dank der artenreichen Unterwasserwelt zu den bekanntesten Tauchregionen Indonesiens. Doch den langen, beschwerlichen Land- und Seeweg hierher bezwingen nur die Abenteurer unter den

TOGIAN-INSELN

Tauchtouristen, und so finden sich auf den Inseln statt 5-Sterne-Resorts noch menschenleere Strände und unberührter Dschungel.

Der 120 km lange Inselbogen besteht aus sieben eng beieinanderliegenden Hauptinseln und vielen kleinen, sehr dicht bewaldeten Koralleninseln mit etwa 40 000 Einwohnern. Die lokale Bevölkerung, bestehend aus knapp zehn verschiedenen ethnischen Gruppen, lebt hauptsächlich von der Fischerei, der Kopra-Produktion und an einigen Orten auch vom Algenanbau. Interessant kann ein Ausflug zu einer der Pfahlbausiedlungen der Orang Bajo, der sogenannten „Seenomaden", sein.

Wakai auf **Pulau Batudaka** ist das wirtschaftliche und administrative Zentrum der Region und Hauptanfahrtspunkt aller Fähren aus Ampana und Gorontalo. Neben einem geschäftigen Markt sonntagmorgens, kleinen Läden, einem Postamt, Telefon und einer Poliklinik bietet der Ort aber wenige Gründe für einen längeren Aufenthalt. Größtenteils einfache Bungalow-Anlagen an schönen Stränden sind in **Bomba**, drei Stunden mit dem Motorrad von Wakai, auf der beliebten **Pulau Kadidiri** und auf den kleineren **Pulau Malenge**, **Pulau Pangempa** und **Pulau Bolilangga** zu finden. Oft ist eine Tauchschule der Unterkunft angeschlossen, und es wird Schnorchelausrüstung ausgeliehen.

Etwas abseits im Nordwesten, drei Stunden Fahrt mit dem Motorboot von Wakai, liegt die Vulkaninsel **Pulau Una Una**. Der Gunung Colo (508 m), ein aktiver Vulkan auf Una Una, ist zuletzt im Juli 1983 ausgebrochen. Seitdem ist die

Robinson Crusoe-Feeling

Es lohnt sich, zumindest für einen Tag ein kleines Fischerboot zu chartern und die Inseln zu erkunden. So können herrliche Strände entdeckt werden, an denen man sich wie Robinson Crusoe fühlt. Bei den Riffen von **Batu Lomoto** sind morgens Delphine und viele Wasservögel zu beobachten. Gut geeignet zum Schnorcheln sind die Gewässer vor **Pulau Taipi**, vor dem Dorf **Bomba** und rund um die Halbinsel **Tanjung Kramat**.

Insel nicht mehr permanent bewohnt; übrig geblieben sind einige Plantagen, die nur gelegentlich aufgesucht werden.

Ein Gebiet von 362 605 ha rund um die Inselkette wurde 2004 von der indonesischen Regierung zum **Nationalpark** erklärt. Hier leben Dugong, Seeschildkröten, Salzwasserkrokodile und Palmendiebe *(Birgus latro)*, Krebse, die auf Kokospalmen klettern, um die Nüsse zu verspeisen. In den Primärwäldern der Inseln können unter anderem die vom Aussterben bedrohten Hirscheber *(Babirusa)*, Kuskus *(Phalanger)*, Sulawesi-Hornvögel *(Penelopides exhartus)*, Tonkeana-Makaken *(Macaca tonkeana)* und Koboldmakis *(Tarsius)* gesichtet werden. Die dichten Mangrovengürtel, die die Inseln säumen, werden häufig von kleinen Sandstränden unterbrochen. Alle Typen und Formen von Korallenriffen sind vertreten und zum Teil noch in relativ unberührtem Zustand. Gebietsweise hat allerdings die vor noch wenigen Jahren exzessiv betriebene Cyanid- und Dynamit-Fischerei deutliche Schäden hinterlassen.

ÜBERNACHTUNG

Alle Bungalowanlagen bieten 3 Mahlzeiten pro Tag und kostenlosen Kaffee und Tee im eigenen Restaurant. Die angegebenen Preise gelten für 2 Pers., da selbst bei Einzelbelegung in der Hochsaison oft der doppelte Preis p. P. verlangt wird. Strom und fließend Wasser sind bisher meist auf wenige Stunden am Tag begrenzt. Zum Schutz gegen unliebsame Krabbeltiere sollten Lebensmittel immer dicht verschlossen und aufgehängt werden. Es ist ratsam, die Gastgeber per SMS zu kontaktieren, da der Handyempfang sehr instabil ist. Reservierungen werden besonders in der Hochsaison von Juni bis September empfohlen.

Pulau Kadidiri

Black Marlin Dive Resort, ☎ 0856-5720 2004, 0815-2588 7961, 🖥 www.black marlindiving.com. Die Bungalows mit Veranda und Hängematte liegen alle direkt am Strand mit Meerblick und sind sauber und gepflegt. Jedes Zimmer ist mit Federkernmatratze, Ventilator und Du/WC ausgestattet. Mit nettem Personal, angenehmer Atmosphäre und einer

empfehlenswerten, professionellen PADI-Tauchschule, die auch Gäste anderer Anlagen empfängt. Es werden verschiedene Programme zum Schutz der Riffe unterstützt. Ab 2012 soll der Strom aus Solarenergie stammen. Visa und MasterCard werden akzeptiert. ❸–❺

Kadidiri Paradise Resort, ☎ 0852-4228 9909, 🖥 www.kadidiriparadise.com. Erste Anlage auf der Insel mit langem Steg am idyllischen Strand und einst schönen Holzbungalows in verschiedenen Preisklassen. Leider sind die Hütten nicht sauber und besonders die hinteren im Garten recht muffig und feucht. Großer Billardpavillon und kleine angeschlossene Tauchbasis. ❹–❺

Pondok Lestari, ☎ 0857-5624 2120. Ein sehr authentisches Homestay bei einer Bajo-Familie, die kaum Englisch spricht. Einfache Bungalows mit Gemeinschafts-Mandis. Meist sind kostenlose Angel- und Schnorchelausflüge inkl. ❸

Bomba, Pulau Batudaka

Ein ruhiger Ort mit Unterkünften an einsamen Stränden und schönen Korallenriffen, am besten erreichbar mit den morgendlichen Booten, die von Labuhan bei Ampana abfahren.

Island Retreat, ☎ 0868-1101 7582, 0852-4115 8853, 🖥 www.togian-island-retreat.com. Nette, abgeschiedene Anlage der Besitzerin Sylvie mit einer guten, kleinen Tauchschule. Bungalows mit Moskitonetzen und Mandi/WC am Strand sowie billigere mit Gemeinschaftsmandi/WC im gepflegten Garten. Im Restaurant werden frische und abwechslungsreiche Mahlzeiten, manchmal auch selbst gebackenes Brot, zubereitet. ❹

Poya Lisa Cottages. Die von Ismael und seiner herzensguten Familie geführte, private Unterkunft liegt an einem abgeschiedenen Strand unter Palmen auf einer kleinen Insel vor Bomba. Die sehr einfachen Holzhütten bieten Moskitonetze und indonesische Mandis mit stets ausreichend Frischwasser. 4 Mahlzeiten pro Tag werden mit dem Boot gebracht, das die Gäste auch kostenlos auf Schnorcheltrips mitnimmt. ❸

Katupat, Pulau Togian

Bolilanga Island Resort. Eine kurze Bootsfahrt von Katupat entfernt findet man auf der kleinen Pulau Bolilanga eine gut geführte Anlage mit einfachen Bungalows, Mandi/WC und ausreichend Frischwasser. Der freundliche, wenn auch geschäftstüchtige Besitzer schafft eine angenehme Atmosphäre und serviert gutes Essen. Farbenprächtiges Hausriff zum Schnorcheln, keine direkten Tauchmöglichkeiten. ❸

Fadhilha Resort. Ebenfalls nur wenige Minuten mit dem Boot von Katupat erwartet einen auf Pulau Pangempa eine beliebte Unterkunft mit einfachen Bungalows in einem netten Garten. Die Hütten haben simple Open-Air-Du/WC, gute Moskitonetze und teils eine große Veranda samt Hängematte. Ausreichend Frischwasser, gutes Essen und ein Tauchanbieter werden auch geboten. ❸–❹

Pulau Malenge

Malenge Indah. Einige Bungalows sind hier auf beiden sehr abgeschiedenen Stränden zu finden. Alle sehr einfachen Doppelbungalows mit indonesischem Gemeinschaftsmandi und ohne Strom. Es gibt schöne Wanderwege und für Schnorchler interessante Korallenriffe unweit der Strände. ❸

Tanjung Kramat, Pulau Waleabahi

Walea Dive Resort, ✆ 0411-402101, 🖥 www.walea.com. Wohl das luxuriöseste Resort der gesamten Region unter dem Management eines sehr freundlichen italienischen Paars. Die 14 kühlen Häuschen mit Meerblick sind sehr sauber und geschmackvoll eingerichtet. Bäder mit kunstvollem Mosaik und Warmwasser aus Solarenergie. Besonders bekannt für gute, italienisch angehauchte Küche und leckere Espressos. Mit Spa, Jacuzzi und professionellem Tauchcenter. ❽

AKTIVITÄTEN

Tauchcenter findet man fast bei jeder Unterkunft mit Preisen um 25 € pro Tauchgang, Bei mehreren Tauchgängen reduzieren sich die Preise.

Oft werden **Schnorchelausflüge** von den Homestaybesitzern kostenlos angeboten, oder man chartert ein Fischerboot, um zu schönen Riffen zu gelangen. Für die nötige Schnorchel-

ausrüstung fällt allgemein eine Leihgebühr von 50 000 Rp pro Tag an.

Auch **Wanderungen** im Dschungel, **Ausflüge** zur Vulkaninsel Pulau Una Una oder zu einem Bajo-Dorf sind interessant und können von vielen Gastgebern organisiert werden.

SONSTIGES

Einkaufen

Der größte **Markt** findet sonntags in Wakai statt. In jedem größeren Dorf findet man ebenfalls eine begrenzte Auswahl an Snacks und Getränken. Die Preise von Waren, die in kleinen **Shops** bei den Unterkünften angeboten werden, sind meist doppelt so hoch wie auf dem Festland, besonders von Toilettenpapier, Trinkwasser, Softdrinks, Snacks und Bier.

Geld

Auf den Inseln gibt es keine Geldautomaten, und nur selten werden Kreditkarten akzeptiert, und wenn, dann fallen Gebühren an. Es ist daher zu empfehlen, bereits aus den größeren Städten Rantepao, Poso oder Gorontalo ausreichend **Bargeld** mitzubringen. Während Übernachtungen immer in Rp abgerechnet werden, fallen Tauchkosten in € an. So ist es ratsam, mit beiden Währungen ausgestattet zu sein.

Telefon

Nur an ausgewählten Plätzen hat man auf den Inseln Netzempfang, um **Handys** zu nutzen. In den größten Anlagen werden sogar SIM-Karten und Guthaben verkauft. Nur in Wakai gibt es ein Festnetztelefon für Ferngespräche.

TRANSPORT

Motorboote können für den Transport zwischen den einzelnen Inseln gechartert werden, wenn kein öffentliches Boot verkehrt. Preise liegen in der Regel bei 200–300 000 Rp für größere Entfernungen.

Von den Unterkünften werden Gäste zur Abreise oft kostenlos nach WAKAI gebracht. Von dort fahren **Fähren** tgl. außer Mo und Fr zwischen 9 und 11 Uhr in 4 Std. nach AMPANA. Die Fähren aus Ampana kommen tgl. außer

Fr gegen 14.30 Uhr an und fahren nach einer Std. Aufenthalt weiter nach KATUPAT (1 Std.), MALENGE (2 1/2 Std.) und DOLONG (4 Std.).

Nach GORONTALO fährt eine Fähre Do und So um 16.30 Uhr in 19 Std.

Die Fahrpläne können jederzeit geändert werden, und oft fallen einzelne Verbindungen aufgrund technischer Problemen aus.

Von Pulau Kadidiri werden **Speedboote** nach MARISA, 150 km westl. von Gorontalo, ab 2,5 Mio. Rp angeboten.

Bei schlechtem Wetter ist ausdrücklich von der Fahrt mit kleineren Booten abzuraten, da diese keine ausreichende Sicherheit bieten und oft nicht mit ausreichend vielen Schwimmwesten ausgestattet sind.

Nord-Sulawesi

Die sich im Norden Sulawesis erstreckende Halbinsel ist durchschnittlich nur 50 km breit, aber rund 600 km lang. Sie ist seit 2002 administrativ in zwei Provinzen aufgeteilt: Sulawesi Utara und Gorontalo, die zusammen auf einer Fläche von 27 515 km² ca. 3,5 Mio. Einwohner haben. Nach Nordosten findet die Halbinsel ihre Fortsetzung in den Sangihe- und Talaud-Inselgruppen. Touristen kommen in erster Linie nach Manado, um zwischen den kleinen Inseln des Pulau Bunaken Marine-Nationalparks zu tauchen oder zu schnorcheln. Aber auch das gebirgige Hinterland der Stadt bietet lohnende Ausflugsziele wie den schönen Tondano See, einige aktive Vulkane, heiße Quellen und das Dua Saudara Naturschutzgebiet.

Zahlreiche Völker siedeln in Nord-Sulawesi, von denen die bekanntesten die Minahasa von Manado und Umgebung sind. Der sichere, natürliche Hafen von Bitung war für den Gewürzhandel und damit für die Entwicklung der gesamten Region von großer Bedeutung. Die ersten Kontakte der Minahasa mit Europäern fanden im 16. Jh. statt, als zuerst Portugiesen und später auch Spanier hier landeten. Zu Beginn des 18. Jhs. folgten die Holländer, und 100 Jahre spä-

ter war der größte Teil der Minahasa im Gegensatz zu ihren islamischen Nachbarvölkern zum Christentum übergetreten. Wichtige landwirtschaftliche Produkte sind heute Kopra, Nelken, Muskatnuss und andere Gewürze.

Gorontalo

Der zweitgrößte Ort auf der Nordhalbinsel Sulawesis liegt am Rande einer von Bergen umgebenen Ebene, in deren Zentrum sich der nur wenige Meter tiefe **Danau Limboto** befindet. Im Süden der Stadt durchschneidet der mächtige Sungai Bone die Bergketten und bildet an seiner Mündung in den Golf von Tomini einen natürlichen Hafen. Abgesehen von einigen Sehenswürdigkeiten in der Umgebung der Stadt ist Gorontalo für den Reisenden vor allem als Verkehrsknotenpunkt zwischen den Provinzen Nord-Sulawesi und Zentral-Sulawesi von Interesse.

Das Bild der konservativ-islamischen Stadt wird von zahlreichen, bunten *Bendi* geprägt, den zweirädrigen Pferdekutschen. Sitz der Verwaltung der Provinz Gorontalo ist der kleine Ort **Limboto**, nördlich des gleichnamigen Sees.

ÜBERNACHTUNG

Hotel Melati, Jl. Gajah Mada 33, ☎ 0435-821853, ✉ avelberg@hotmail.com. Die alte Villa mit großer Veranda und modernem Anbau ist eine gute Fundgrube von Informationen für die Weiterreise. Die Zimmer sind alle mit Ventilator oder AC und teilweise nur mit Mandi/Hocktoilette ausgestattet; viele werden derzeit aber grunderneuert. Der Besitzer hat holländische Vorfahren und spricht Holländisch und Englisch. Kleines Frühstück und WLAN inkl. ❷–❸

NAHVERKEHR

Minibusse kosten 2000 Rp innerhalb der Stadt. Minibusse in die nördliche Umgebung fahren ab dem **Terminal Telaga**, 2,5 km nordwestlich vom Zentrum, 500 m vom Bus Terminal Andalas.

Minibusse mit Zielen im Süden, z. B. dem Hafen, fahren ab **Terminal Pasar Sentral**.

TRANSPORT

Busse

Der Terminal für Fernbusse, Andalas, liegt 3 km nördl. vom Zentrum. Stündl. fahren AC-Busse nach:
MANADO, 400 km, in 10 Std. für 80 000 Rp;
PALU, 607 km, in 17 Std. für 110 000 Rp.

Schiffe

Der Schiffsverkehr ist auf zwei Häfen, ca. 4 km vom Stadtzentrum, aufgeteilt.
Vom **Pelabuhan Talumolo** fährt eine oft überfüllte Fähre am Di und Fr Abend für 110 000 Rp in 15 Std. über den Golf von Tomini nach AMPANA, Zentral-Sulawesi, mit Zwischenstopps auf den TOGIAN-INSELN. Wenn möglich ist es ratsam an Bord gegen einen Aufpreis eine Kabine mit Kojen zu reservieren. Da der Zeitplan oft geändert wird, ist es besser, sich die Abfahrtszeiten beim Büro des Black Marlin Dive Resorts, Jl. Kasuari 9 A, ✆ 0435-831869, 🖥 www.blackmarlindive.com, bestätigen zu lassen.
Vom **Pelabuhan Leato** legen die großen Pelni-Schiffe und Fähren nach PAGIMANA ab. Alle 3 Wochen läuft ein Schiff für die 18-stündige Fahrt nach BITUNG und 1x monatl. auch nach POSO und LUWUK aus. Aktuelle Informationen unter www.pelni.co.id oder beim Pelni-Büro, Jl. 23 Januari 8, ✆ 0435-828669.

Flüge

Der **Jalaluddin-Flughafen** (GTO) liegt 32 km nordwestl. bei Isimu. Sammeltaxis kosten 50 000 Rp bis ins Stadtzentrum.
Batavia Air, Jl. DI Panjaitan 233, ✆ 0435-823388, 🖥 www.batavia-air.com, fliegt 3x wöchentl. in 1 Std. 20 Min. nach MAKASSAR ab 640 000 Rp mit Anschlussflügen nach JAKARTA und SURABAYA.
Garuda, Gorontalo Business Park, Jl. Sultan Botutihe Block A-9, ✆ 0435-830444, 🖥 www.garuda-indonesia.com, fliegt nach MAKASSAR, 1x tgl. in 1 1/2 Std. ab 495 000 Rp mit Anschlussflügen nach DENPASAR, JAKARTA und SURABAYA.
Lion Air, Jl. Rahmat 15, ✆ 0435-830035, 🖥 www.lionair.co.id, fliegt nach:

JAKARTA, 1x tgl. in 4 1/2 Std. ab 1 Mio. Rp;
MAKASSAR, 1x tgl. in 1 1/2 Std. ab 708 000 Rp.
Sriwijaya Air, Jl. Agus Salim 18, ✆ 0435-827878, 🖥 www.sriwijayaair.co.id, fliegt tgl. nach MAKASSAR in 1 Std. 20 Min. ab 440 00 Rp.

Manado

Die Hauptstadt der Provinz Sulawesi Utara und mit 500 000 Einwohnern die zweitgrößte Stadt Sulawesis liegt an der Bucht von Manado, umgeben von einer schönen Berglandschaft mit Seen und Vulkanen. Ihren Wohlstand verdankt die Stadt der Tatsache, dass sie bereits zu Kolonialzeiten ein wichtiger Umschlagplatz im Gewürzhandel war. Als der Naturforscher Alfred Russell Wallace 1859 für ein Jahr im 46 km südlich gelegenen Dorf Rurukan forschte, besuchte er Manado und erwähnte sie als eine der schönsten Städte des Ostens.

Seitdem hat sich hier viel getan. Die Stadt wurde sowohl im Zweiten Weltkrieg von Alliierten als auch 1958 als Hochburg sezessionistischer Rebellen vom indonesischen Militär bombadiert. Danach ist sie als wichtiger Warenumschlagspunkt dank des nahen Tiefseehafens **Bitung** und zunehmendem Tourismus stark gewachsen. So wurde erst vor wenigen Jahren ein über 4 km langer Küstenstreifen aufgeschüttet, wo nun die vor Minibussen stets verstopfte Jl. Pierre Tendean (auch: **Boulevard**) an zahlreichen, modernen **Einkaufszentren**, luxuriösen Hotelbauten und einigen netten Restaurants vorbeiführt.

Durch den großen Einfluss holländischer Missionare besteht die Bevölkerung Manados hauptsächlich aus protestantischen Christen. Die erste Kirche der Stadt, **Gereja Sentrum**, kann noch heute in der Jl. Sarapung besichtigt werden. Die christliche Dominanz wurde zudem im neuen, exklusiven Vorort Citraland (auch: City of Blessings), 7 km südlich, mit einer gewaltigen **Jesusstatue** (Monumen Yesus Memberkati, Monument des auferstehenden Jesus) untermauert. Die gigantische weiße Jesus-Figur soll mit etwa 30 m die zweitgrößte Asiens und viertgrößte weltweit sein.

Sehenswert ist auch das renovierte **Museum Negeri Propinsi Sulawesi Utara**, Jl. W.R. Supratman 72, mit einer großen Sammlung von traditionellen Trachten und Haushaltsgegenständen. ✆ 0852-9854 5453, ⏱ Mo–Do 8–16, Fr 8–11.30, Sa 9–14 Uhr, Spende.

Weiter nördlich, in der Nähe des Hafens, lohnt ein Besuch einiger chinesischer Tempel. Der älteste buddhistische Tempel Ost-Indonesiens steht gut erhalten in der Jl. Jend. D.I. Panjaitan. Der **Ban Hing Kiong-Tempel**, Jl. Panjaitan, wurde Anfang des 19. Jhs. errichtet und musste zuletzt in den 1970er-Jahren nach einem großen Brand wieder neu aufgebaut werden. Vom ersten Stock hat man eine gute Sicht über das geschäftige Stadtzentrum und den Hafen. Bekannt ist er durch die spektakuläre **Goan Siau Prozession**, die am 15. Tag nach dem Chinesischen Neujahr stattfindet. Ein weiterer interessanter Tempel, der **Kwan Seng Tay Tee**, steht schräg gegenüber.

ÜBERNACHTUNG

Manado bietet eine riesige Auswahl an Hotels aller Preisklassen. Zentral und nicht allzu weit vom Hafen entfernt, wohnt man in der Jl. Jend. Sudirman, wo sich ein Hotel ans nächste reiht. In den teureren Hotels werden meist Rabatte gewährt.

Untere Preisklasse

Hotel Celebes, Jl. Rumambi 8 A, ✆ 0431-870425, 🖥 www.hotelcelebesmdo.com. Die empfehlenswerteste Unterkunft nahe dem Hafen. Große Auswahl an unterschiedlichen, älteren Zimmern, teils nur mit Ventilator und sauberer Gemeinschafts-Du/WC, teils mit Warmwasser-Du/WC und neuer AC. Hilfreiches Personal. WLAN in Lobby und kleines Frühstück inkl. ❷–❹

Griya Sintesa Hotel, Jl. Dr. Sutomo 4, ✆ 0431-855196, 🖂 lily.virlanti@sintesapeninsulahotel.com. Gut geführtes Haus mit 38 Zimmern recht nah an der Chinatown und dem Hafen. Das Preis-Leistungs-Verhältnis der sauberen Räume mit Warmwasser-Du/WC, AC und guten Betten stimmt. Frühstück inkl. ❸–❹

Hotel Regina, Jl. Sugiono 1, ✆ 0431-850090. Älteres, 3-stöckiges Hotel mit 33 schlichten, aber blitzsauberen Zimmern zu einem sehr fairen Preis. Alle mit AC, Warmwasser-Du/WC, TV und Federkernmatratzen. Frühstück inkl. ❸

Kawanua Hotel, Jl. Jend. Sudirman 30, ✆ 0431-863842. Einfache, preiswerte Pension mit grünem Innenhof und schönem Kunsthandwerk in den Gängen. Die Zimmer sind sehr einfach ausgestattet, mit Mandi/WC, kleinem TV und, für den Preis, guten Matratzen. ❷–❸

Minahasa Hotel, Jl. Sam Ratulangi 199, ✆ 0431-862059, 874871 🖥 www.hotelminahasa.com. Hinter dem Kolonialgebäude an der Straße liegen am Hang um einen Garten mehrere 2-stöckige Gebäude und über dem Pool mit toller Aussicht bis zum Meer die Suiten. Unterschiedliche, zum Teil großzügige Zimmer mit älteren Matratzen und Bädern sowie Terrasse oder Balkon. Frühstück und WLAN im kleinen Restaurant inkl. Jamie leitet gute, vom Hotel angebotene Tagestouren in die Umgebung. ❸–❺

Rex Hotel, Jl. Sugiono 3, ✆ 0431-851136. Günstigste Travellerbleibe der Stadt, nicht allzu weit vom Hafen. Sehr abgewohnte Zimmer mit Gemeinschaftsmandi oder muffig mit AC und Du/WC. Einfachste EZ ab 35 000 Rp. ❶–❷

Mittlere Preisklasse

Hotel Prince Boulevard, Jl. P. Tendean, ✆ 0431-854331, 🖂 princeboulevardhotel@yahoo.com. Im Stile der Tune Hotels sind in dem 6-stöckigen Gebäude alle Zimmer gleich, blitzsauber und neu. Je höher, desto teurer und besser ist der Blick auf die Küste, die hier allerdings sehr dreckig ist. Mit AC, Warmwasser, LCD-TV, Minibar, WLAN und professionellem Service. ❹–❺

Swiss-Belhotel Maleosan, Jl. Jend. Sudirman 85–87, ✆ 0341-861000, 🖥 www.swiss-belhotel.com. Makellose Adresse der bekannten Hotelkette im Zentrum der Stadt mit stilvoll eingerichteten Zimmern. Pool, Fitnesscenter, Spa, Restaurant und Schweizer Café. Reichhaltiges Frühstücksbuffet inkl. Gute Preise. ❺–❽

Travello Hotel, Jl. Jend. Sudirman 123, ✆ 0431-855999. Neues, komfortables Hotel

Manado

Übernachtung:
1. Santika Seaside Resort
2. Hotel Celebes
3. Griya Sintesa Hotel
4. Rex Hotel
5. Hotel Regina
6. Sintesa Peninsula
7. Kawanua Hotel
8. Travello Hotel
9. Swiss-Belhotel Maleosan
10. Minahasa Hotel
11. Hotel Prince Boulevard
12. Mapia Resort, Murex Resort, Lumbalumba Diving

Essen:
1. Singapura Bakery & Bakmi Singapura
2. d'Terrace
3. McDonald's
4. the Club
5. Raja Sate
6. Puncak Manado
7. Wisata Bahari
8. Fisch-Warungs

Sonstiges:
1. Safari Tours & Travel
2. Score
3. Rainbow Tours & Travel
4. Kantor Imigrasi
5. Corner

Transport:
1. Öffentliche Boote
2. Charter-Boote
3. Zero Point
4. Terminal Paal Dua
5. Batavia Air
6. Garuda Indonesia
7. Sriwijaya Air
8. Terminal Karombasan

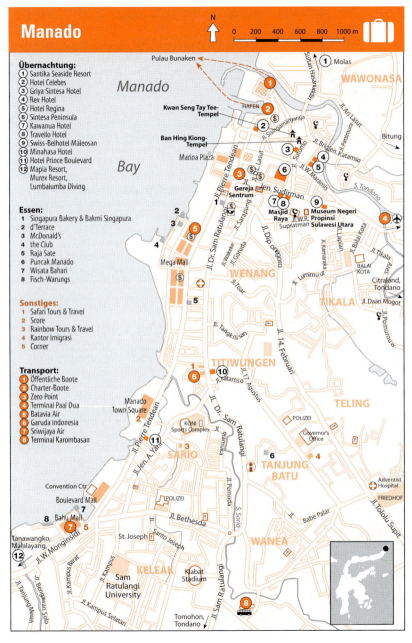

MANADO 601

Tauchresorts im Umland von Manado

Wer am weißen Sandstrand liegen und ab und an zu einem Tauchgang aufbrechen möchte, muss nicht zwangsläufig auf den Inseln des Bunaken Marine-Nationalparks übernachten. In Molas, 8 km nördlich, sowie in Malalayang, 10 km südlich von Manado, haben sich zahlreiche gute Resorts mit professionellen Tauchzentren angesiedelt. Von hier ist es zu einigen Tauchspots sogar näher als von den Inseln aus. Eine kleine Auswahl:

Lumbalumba Diving, Jl. Raya Trans Sulawesi, 18 km südl., ✆ 0431-838440, 🖵 www.lumbalumba diving.com. Sehr empfehlenswertes Tauchresort, geleitet von einem holländischen Paar. In einem 3,5 ha großen, gut gepflegten Garten stehen 5 behaglich eingerichtete Bungalows in absoluter Ruhe und mit bestem Blick auf Pulau Manado Tua. Freundliches Personal, gutes Essen und professionelles Tauchcenter. Frühstück inkl. ❺–❻

Mapia Resort, Jl. Raya Trans Sulawesi, Pantai Kalasey, ca. 10 km südl., ✆ 0431-838877, 🖵 www.celebesdivers.com. 11 komfortabel eingerichtete, helle Holzbungalows im Minahasa-Stil mit AC und teils sehr geräumig. Von der Terrasse hat man einen schönen Blick auf den tropischen Garten mit Pool. Mit einem luxuriösen Ableger auf Pulau Siladen. Vollpension inkl. ❼

Murex Resort, Jl. Raya Trans Sulawesi, Pantai Kalasey, ca. 10 km südl., ✆ 0431-838774, 839013, 🖵 www.murexdive.com. Nettes Resort mit 15 Zimmern und 4 Holz-Cottages mit Veranda, Ventilator oder AC in einem herrlichen Garten am Meer. Die Anlage hat einen Ableger auf Pulau Bangka und organisiert Tauchkreuzfahrten. Pool, freundlicher Service und Vollverpflegung inkl. ❻–❼

Santika Seaside Resort, Pantai Molas, 8 km nördl., ✆ 0431-858222, 🖵 www.santika.com. Großes Luxushotel mit 101 Bungalows, Zimmern und Suiten in Hanglage am herrlichen Strand und Mangrovenwald. Außerdem 4 Pools, Spa und Fitnessraum, 2 Restaurants und empfehlenswertes Tauchzentrum. Gute Angebote in der Nebensaison. ❺–❻

---

mit gut ausgestatteten, klimatisierten Zimmern und eleganter Einrichtung in angenehmen Holztönen. Neben sehr guten Betten auch Safe, Minibar, Wasserkocher, LCD-TV und schöne Bäder. Frühstück und WLAN in Lobby inkl. ❹–❻

Obere Preisklasse

Sintesa Peninsula, Jl. Jend. Sudirman, ✆ 0431-855008, 🖵 www.sintesapeninsulahotel.com . Das luxuriöse 5-Sterne-Hotel erhebt sich auf einem Hügel mitten im Zentrum der Stadt, sodass man von hier einen herrlichen Blick über ganz Manado hat. Alle vorstellbaren Annehmlichkeiten. Guter Sonntagsbrunch für 95 000 Rp inkl. Poolnutzung. ❼–❽

ESSEN

An der Mega Mas Waterfront, hinter der Mega Mall, finden sich die nettesten Restaurants mit künstlerischem Flair, Kerzenschein und frischer Meeresbrise:

d'Terrace, Mega Mas Waterfront, ✆ 0431-888 0939. Gemütlicher Treffpunkt mit netten Tischen, Stühlen und Sofas unter einem Schilfdach und im Freien. Große Auswahl an Säften, Tee und Kaffee aus verschiedenen Anbaugebieten. Auf der umfangreichen zweisprachigen Karte stehen Steaks, Seafood, indonesische und Minahasa-Gerichte (leckere *Sate*) sowie Pasta und Salate zu Preisen zwischen 25 000 und 50 000 Rp, die Steaks sind teurer. ⏱ 9–4 Uhr.

 the Club, Mega Mas Waterfront, ✆ 0431-888 0889. Das stilvolle Café und Restaurant bietet das netteste Ambiente, um an der Küste bei angenehmer Gitarren-Livemusik den Sonnenuntergang, Cocktails und erwählte Speisen zu genießen. Es werden Fisch-, Steak- und chinesische Gerichte ab 40 000 Rp sowie eine große Auswahl an Weinen und Cocktails serviert. Beim romantischen Kerzenlicht überzeugt auch der professionelle Service. ⏱ So–Fr 16–24, Sa 16–2 Uhr.

Die **Minahasa-Küche** ist mit scharf gewürzten Gerichten nur etwas für Experimentierfreudige. Das Essen wird in bis zu 15 kleinen Schälchen serviert, die neben kross gebratenem Schwein auch Hund (*Rintek Wuuk*, abgekürzt R.W.), Ratte und Fledermäuse beinhalten. Man zahlt nur, was man auch isst. Gute, authentische Minahasa-Warung mit viel Auswahl sind in Tinoor an der Straße nach Tomohon zu finden. Westlicher geht es in den **Foodcourts** der gigantischen Malls zu, wo es kaum an indonesischen und westlichen Restaurantketten mangelt. Größte Auswahl bieten **Mega Mall** und **Bahu Mall**. Hinter der Bahu Mall an der Küstenstraße werden zudem in einfachen Warung günstige, frische Fischgerichten zubereitet.

Außerdem zu empfehlen im Zentrum der Stadt: **Puncak Manado**, Jl. 17. Augustus, ✆ 0431-866581. Auf einem Hügel oberhalb der Stadt, am besten mit einem Taxi zu erreichen. Großartige Sicht über ganz Manado, nachts bunt erleuchtet. Relativ teuer, aber große Portionen chinesischer Gerichte. Im 1. Stock Karaoke.

Raja Sate, Jl. P. Tendean 39, ✆ 0431-852398. Am Boulevard südl. der Mega Mall. Hier wird eine breite Auswahl an leckeren Steak-, Curry-, *Sate*- und Fischgerichten serviert. Mittags gibt es Sonderangebote. Gerichte um 30 000 Rp, kühles Bier, WLAN kostenlos. ⏲ Mo–Sa 11.30–23, So 18–22.30 Uhr.

Singapura Bakery, Jl. Sam Ratulangi 22. Große Auswahl an Gebäck, Donuts und Toastbrot. Im 2. Stock wird im **Bakmi Singapura** günstiges chinesisches Essen zubereitet.

TOUREN

Rainbow Tours & Travel, Jl. Pemuda 7, ✆ 0431-888 0333, 0812-4429 8081, 🖳 www.rainbowtourmanado.com. Freundliches Reisebüro, das Tagestouren durch Manado, ins Umland, z. B. zum Tangkoko-Nationalpark, nach P. Bunaken sowie Wildwasserrafting anbietet. US$50–100 p. P. Autovermietung ab 500 000 Rp für 12 Std. inkl. Fahrer und Benzin. ⏲ 8–18 Uhr.

Safari Tours & Travel, Jl. Sam Ratulangi 178, ✆ 0431-857637, 0815-230 1023, 🖳 www.

manadosafaris.com. Tauchpackages für Lembeh Straße und Bunaken-Nationalpark, verschiedene Touren inkl. Hochland, Tangkoko Naturreservat, Wildwasserrafting, Reiten, Tagestouren US$60–100 p. P. ⏲ 8–17 Uhr.

SONSTIGES

Einkaufen

Die beliebtesten Einkaufszentren **Mega Mall**, **Manado Town Square** (kurz „Mantos") und **Bahu Mall** liegen allesamt direkt an der Küste und wurden größtenteils erst 2010 fertiggestellt. Sie sind mit großen Supermarktketten, Foodcourts, westlichen Fastfood-Ketten und Boutiquen gefüllt.

Geld

Alle größeren **Banken** sind in Manado im Zentrum an der Jl. Dotulong Lasut oder an der Jl. P. Tendean vertreten. Zudem findet man sowohl in jeder Mall als auch am Flughafen und Hafen **Geldautomaten**, bei denen man mit der Kreditkarte oder der EC-Maestro-Card Geld abheben kann.

Informationen

Direkt am Flughafen befindet sich vor der Ankunftshalle das **North Sulawesi Tourism Information Center**, in dem die freundlichen, unbefangenen Beamten mit vielen hilfreichen Informationen aufwarten und besonders bei der Reservierung von Hotels und Organisation von Transport behilflich sein können. Außerdem das zentrale Büro: **North Sulawesi Culture and Tourism Office**, Jl. Sam Ratulangi 103 A, ✆ 0431-851723, 🖳 www.disbudparsulut.com. ⏲ Mo–Sa 8–14 Uhr.

PHKA, Naturschutzbehörde, Jl. W.R. Supratman 68, ✆ 0431-862688. Informationen und Genehmigungen für die Nationalparks in Nord-Sulawesi. ⏲ Mo–Do 9–16, Fr 9–12 Uhr.

Nachtleben

Corner, Jl. P. Tendean, Bahu Mall. 2-stöckige Bar mit angeschlossenem Club und tgl. Livemusik. Eintritt 50 000 Rp.

Score, Manado Town Square Blok A, 2. Stock, ✆ 0431-888 1657. Hinter dem 21st Century-Kino trifft sich hier das Partyvolk in einer großen

Halle, die zur Hälfte mit Billardtischen gefüllt ist. Voll wird es Mi zur Ladies' Night mit kostenlosen Cocktails für die Damen und Sa mit DJs aus Jakarta. Eintritt 50 000 Rp inkl. erstes Bier. ⊙ 21–3 Uhr.

Polizei
Jl. 17. Agustus, ✆ 0431-852162, Notruf 110.

Post
Jl. Sam Ratulangi 21, ✆ 0431-852301.
⊙ Mo–Do 8–20, Fr 8–11 und 14–20,
Sa 8–18 Uhr.

Visaangelegenheiten
Kantor Imigrasi, Jl. 17. Augustus,
✆ 0431-841688.

NAHVERKEHR

Minibusse
Ein endloser Schwarm von blauen Minibussen (Mikrolet) kreist durch die Hauptstraßen von Manado, jedes ein Schild mit dem entsprechenden Zielort an der Frontscheibe. Sie drängen sich an der zentralen Minibus Station **Zero Point**, um Fahrgäste aufzunehmen, halten ansonsten überall und fahren kleinere Umwege, um Passagiere vor der Tür abzusetzen. Eine Fahrt im Stadtgebiet kostet 2000 Rp.

Taxis
In Manado ist nun auch das zuverlässige Taxiunternehmen **Bluebird**, Jl. Arie Lasut 97, vertreten, das rund um die Uhr im Dienst ist:
✆ 0431-861234.

TRANSPORT

Busse und Minibusse
In die nähere Umgebung fahren Mikrolet und Busse von drei Stationen ab:
Von **Paal Dua** nordöstl. der Stadt fahren sie nach Ost-Minahasa:
AIRMADIDI, 19 km, 3500 Rp;
BITUNG, 47 km, 7500 Rp;
FLUGHAFEN, 13 km, 3500 Rp;
LIKUPANG, 46 km, 10 000 Rp.

Von **Karombasan** im Südosten fahren sie in den Süden:

TOMOHON, 25 km, 6000 Rp;
TONDANO, 36 km, 7000 Rp.

Fernbusse fahren vom Terminal **Malalayang** im Südwesten, ca. 5 km außerhalb der Stadt, nach:
KOTAMOBAGU, 164 km, 24 000 Rp;
GORONTALO, 400 km, in 10–12 Std.,
70 000 Rp.

Boote und Schiffe
Vom kleinen Hafen **Pelabuhan Manado** fahren die öffentlichen Boote vom nördlichen, kleineren Hafenbecken hinter dem Pasar Bersehati tgl. um 14 und 15 Uhr für 20 000 Rp nach BUNAKEN und SILADEN. Von hier auch unregelmäßiger Passagierboote nach BITUNG, TERNATE und AMBON. Vom größeren, südlichen Hafenbecken legen ausschließlich Charter-Boote nach BUNAKEN für 300 000 Rp ab.
Größere Schiffe, darunter die Pelni-Fähren, legen nur am Seehafen **Bitung**, 55 km östl., an. Ziele sind u. a. TERNATE, SORONG, AMBON, LUWUK und TAHUNA. Aktuelle Informationen und Preise unter ▢ www.pelni.co.id. Tickets in Manado u. a. bei **PT Virgo Ekspres**, Jl. Sam Ratulangi 5, ✆ 0431-858610.

Flüge
Sam Ratulangi Airport (MDC) liegt 13 km nordöstl. der Stadt. Mikrolets fahren ab Paal Dua für 3500 Rp. Taxis ab/zum Stadtzentrum kosten 85 000 Rp. Die Flughafengebühr beträgt 40 000 Rp für Inland- und 100 000 Rp für Auslandflüge.
Batavia Air, Megamas Mall, Jl. P. Tendean,
✆ 0431-877878, ▢ www.batavia-air.com.
BALIKPAPAN, 1x tgl. in 1 1/2 Std.
ab 810 000 Rp;
JAKARTA, 1x tgl. in 3 Std. ab 870 000 Rp.
Garuda, Jl. Sam Ratulangi 212, ✆ 0431-877737,
▢ www.garuda-indonesia.com.
JAKARTA, 3x tgl. in 3 Std. 20 Min.
ab 1,2 Mio. Rp;
MAKASSAR, 1x tgl. in 1 Std. 40 Min.
ab 844 000 Rp.
Lion Air, Komp. Itc. Marina Plaza,
✆ 0431-847000, ▢ www.lionair.co.id.
DENPASAR, 1x tgl. in 3 Std. 40 Min.
ab 1,1 Mio. Rp;

GORONTALO, 1x tgl. in 40 Min. ab 389 000 Rp;
JAKARTA, 6x tgl. in 3 Std. 20 Min.
ab 895 000 Rp;
MAKASSAR, 2x tgl. In 1 Std. 40 Min.
ab 642 000 Rp;
SURABAYA, 1x tgl. In 2 1/2 Std. ab 785 Rp.
Silk Air, Jl. Sarapung 5, ✆ 0431-863744,
🖥 www.silkair.com, fliegt 4x wöchentl. in
3 1/4 Std. ab US$331 nach SINGAPUR.
Sriwijaya Air, Jl. W. Monginsidi, Komplek
Bahu Mal, ✆ 0431-837667, 🖥 www.sriwijaya
air.co.id
JAKARTA, 1x tgl. in 3 1/2 Std. ab 812 00 Rp;
SURABAYA, 1x tgl. in 2 1/2 Std.
ab 700 000 Rp.

---

18 HIGHLIGHT

Pulau Bunaken

Rund um die Inseln **Bunaken**, **Manado Tua**, **Si-laden**, **Mantehage** und **Nain** wurde 1991 ein 89 065 ha großes Gebiet als Marine-National-park ausgewiesen. In der faszinierenden Unter-wasserwelt zwischen den Inseln erwarten den Besucher einige der vielfältigsten und buntesten Korallenriffe Indonesiens, eine ungeheure Ar-tenvielfalt – und damit eines der schönsten und abwechslungsreichsten Tauchreviere weltweit. Einige Riffe, die von zahlreichen bunten Koral-lenfischen belebt sind, liegen nur knapp unter der Wasseroberfläche, andere fallen mehrere hundert Meter steil ab.

Zentrum des Nationalparks ist die von Man-groven und Kokospalmen bewachsene halb-mondförmige **Insel Bunaken**, auf der etwa 3500 Menschen leben. An der südlichen Spitze der Insel befindet sich das Dorf **Bunaken**. Der Groß-teil der Unterkünfte reiht sich an der Straße von Bunaken gen Norden am **Pantai Pangalisang** auf, wo man herrliche Schnorchelgebiete direkt vor der Tür hat. In der Beuge des **Pantai Liang** an der Südwestküste sind ebenfalls einige Re-sorts sowie das Besucherzentrum des National-parks zu finden, das mit interessanten englisch-sprachigen Informationstafeln aufwartet.

Tauchen und Schnorcheln im Nationalpark

Die abfallenden Riffe von **Likuan** und **Alung Banua** eignen sich mit einer Sicht von bis zu 30 m und Großfischen wie Barrakudas, Thun-fischen und Napoleonfischen vor allem zum Tauchen, während die Insel **Siladen** mit ihren blendend weißen Sandstränden und schöns-ten Korallenformationen ein beliebtes Schnor-chel-Ziel ist. Am sichersten ist das Schnor-cheln am mit Mangroven bewachsenen Pantai Pangalisang auf Bunaken, wo die Korallengär-ten gut vom Strand erreichbar sind. Auf **Mana-do Tua** erhebt sich ein erloschener Vulkan, der das Landschaftsbild prägt und umwandert wer-den kann. Bei der Wanderung entlang von Ko-kos- und Mangoplantagen entdeckt man auch bisweilen Schildkrötennester.

Jeder, der den Marine-Nationalpark be-sucht, also nicht nur Taucher und Schnorchler, muss zur Finanzierung von Schutzmaßnahmen 150 000 Rp für eine Plastik-Plakette, die für das laufende Kalenderjahr gültig ist, bzw. 50 000 Rp für ein Tagesticket bezahlen. Weitere Infor-mationen unter 🖥 www.bunaken.org. Die bes-te Zeit zum Tauchen oder Schnorcheln ist zwi-schen April und November. In der Regenzeit können die Bootsverbindungen vollständig ein-gestellt werden, und es wird besonders viel Müll aus der Bucht von Manado vor die Korallenriffe geschwemmt.

ÜBERNACHTUNG UND ESSEN

Auch wenn sich mittlerweile fast alle Unter-künfte mit dem Beinamen „Resort" schmücken, heißt dies nicht zwangsläufig, dass ein gewisser Standard geboten wird. Oft sind es einfache Holzbungalows mit eigener Kaltwasser-Du/WC. Das Wasser ist in der Regel leicht salziges Brackwasser. Ein Tauchcenter ist fast immer angeschlossen. Preise gelten p. P. inkl. 3 Mahl-zeiten pro Tag und werden vor Ort in Euro abgerechnet. Oft gibt es bei einem Aufenthalt ab 3 Tagen bis zu 20 % Rabatt oder kostenlosen Transfer zum Flughafen. Auf den Webseiten werden ebenfalls All-inclusive-Tauchangebote offeriert. Eine Auswahl der Unterkünfte von Süden nach Norden entlang der Straße von Bunaken nach Liang:

SULAWESI

www.stefan-loose.de/indonesien

PULAU BUNAKEN

Übernachtung:
1. Froggies Divers
2. Bastiano's
3. Panorama Cottages & Dive Center
4. Bunaken Island Resort
5. Living Colours
6. Lorenso Beach Garden Cottages
7. Two Fish Divers
8. The Village Bunaken
9. Bunaken Kuskus Resort
10. Daniel's Resort
11. Raja Laut
12. MC Bunaken Cottage
13. Novita Homestay

Transport:
1. Boote
2. Öffentl. Boote

Pantai Pangalisang

Novita Homestay, ☏ 0812-443 0729, 0853-4234 6912, ✉ novita.caroles@yahoo.co.id. Einziges Homestay direkt im Ort bei einer netten, älteren Dame, die Englisch spricht und auf Wunsch auch westliches Essen kocht. Die 5 Zimmer sind nur mit Ventilator, Schaumstoffmatratze und löchrigem Moskitonetz ausgestattet. Teilweise auch mit eigener Du/WC. ❷–❸

MC Bunaken Cottage, ☏ 0813-2633 5199, 0852-5598 4558, 🖳 www.mcbunaken.com. An einem schönen Strandabschnitt gelegen, wohnt man hier in stabilen Holzbungalows mit recht guten Matratzen, Moskitonetz und einfacher Du/WC. Das Gelände ist etwas vernachlässigt, aber die neueren Bungalows am Strand machen einen guten Eindruck. ❸

Raja Laut, ☏ 0813-4060 8933, 0852-9853 4312, 🖳 www.rajalaut-bunaken.com. Sehr neue und mit Liebe zum Detail gestaltete Anlage mit 4 freistehenden, geräumigen Bungalows im Minahasa-Stil in einem weitläufigen Garten. Betten und Moskitonetze sind qualitativ hochwertig, und die Bäder unter freiem Himmel sind von einem schönen Steingarten umgeben. Mit großer Veranda, Hängematte und italienisch angehauchter Küche. ❸–❹

Daniel's Resort, ☏ 0431-872077, 0852-4096 1716, 🖳 www.danielslembeh.com.

Beliebte Bungalowanlage in einem schönen, tropischen Garten mit Tauchbasis. Auswahl zwischen sehr einfachen Hütten mit Salzwasser-Du/WC, gefliesten, nett eingerichteten Bungalows mit Ventilator und Warmwasser oder Zimmern im Reihenhaus mit AC. Angebote auf der Webseite. ❷ – ❹

Bunaken Kuskus Resort, ☎ 0812-4407 6463, 🖥 www.bunakenkuskusresort.com. Kleines Tauchresort mit einem günstigen, einfachen Bambusbungalow und 4 geräumigen Holzbungalows im Minahasa-Stil mit halboffenen Bädern im schönen Garten. Die Einrichtung beschränkt sich auf kleine Betten, Ventilator, Moskitonetz und einen kleinen Schrank. ❷ – ❸

The Village Bunaken, ☎ 0813-4075 7268, 0813-5666 6618, 🖥 www.bunakenvillage.com. Nettes, kleines Boutique-Tauchhotel mit stilvoll eingerichteten Bungalows im gepflegten Garten. Alle Zimmer mit Federkernmatratze, Warmwasser-Du/WC und gegen Aufpreis AC. Ein kleiner Pool, ein Spa und eine Cocktailbar runden das Konzept ab. WLAN inkl. ❹

Two Fish Divers, ☎ 0811-432805, 🖥 www.twofishdivers.com. Reines Tauchresort unter englischem Management mit Ferienclub-Atmosphäre und breitem Tauchangebot inkl. deutschsprachigem Personal. Alle Bungalows und Zimmer bieten Warmwasser, teils haben sie auch AC und sind renoviert. Außerdem Pool, Chill-out-Ecken und WLAN. ❸ – ❺

Lorenso Beach Garden Cottages, ☎ 0852-5697 3345, 🖥 http://members.tele2.nl/bunaken/images/resort_uk.swf. Lorenso ist ein erfahrener Bootsmann und hervorragender, heiterer Gastgeber. Die 11 Bungalows und ein Familienbungalow sind einfach eingerichtet und teils nur mit Gemeinschafts-Du/WC. Dafür ist das Essen schmackhaft, und schöne Schnorchelmöglichkeiten sind direkt vor der Bambustür zu finden. Kein Tauchcenter. ❸ – ❹

Living Colours, ☎ 0812-430 6063, 🖥 www.livingcoloursdiving.com. Eines der teuersten Tauchresorts am Oststrand. Die insgesamt 10 geräumigen, alleinstehenden Bungalows mit Natursteinwänden, großer Veranda, Warmwasser, Ventilator und Moskitonetz sind gemütlich eingerichtet und liegen an einem gepflegten Hang mit schöner Aussicht bis zur Pulau Siladen. Gutes Essen und nettes Personal. ❺

Pantai Liang

Bunaken Island Resort, ☎ 0813-4021 7306, 🖥 www.bunaken.nl. Wunderbar am Hang gelegen, ist das Resort vom Wasser aus an der massiven Buddhastatue am Palmenstrand erkennbar. Elegante, blitzsaubere Bungalows und Villen mit Warmwasser-Tropendusche, Teakmöbeln aus Java, neuen AC und schönem Blick aus der Hängematte vom Balkon. Einzigartig auf der Insel ist der Frischwassertank, der salzloses Duschvergnügen bereitet. Ester spricht sehr gut Deutsch, und ihr deutscher Mann Sven führt das angeschlossene Tauchzentrum. WLAN inkl. ❺

Panorama Cottages & Dive Center, ☎ 0813-4021 7306, ✉ ester_kasehung@hotmail.com. Preiswerte Cottages für Backpacker! Unter gleichem Management wie das Bunaken Island Resort werden hier die Backpacker versorgt. In netter Dorfatmosphäre ältere, einfache Holzbungalows mit schöner Aussicht sowie 4 saubere, geflieste Zimmer im Reihenbungalow. Alle mit Moskitonetz, Ventilator, Du/WC und Hängematte, allerdings nur die vorderen Hütten mit neuen Federkernmatratzen. ❷

Bastiano's, ☎ 0811-435176, 🖥 www.bastianos.com. Größte, teils 3-stöckige Anlage mit 30 unterschiedlichen Zimmern an einer Betonpromenade am Strand. Die Zimmer sind insgesamt gut in Schuss, bieten Federkernmatratzen und sind teils künstlerisch mit Muscheln dekoriert und mit AC sowie Open-Air-Du/WC aufgewertet. Tauchcenter unter deutscher Leitung. ❹ – ❺

Froggies Divers, ☎ 0431-850210, 0812-4301356, 🖥 www.divefroggies.com. Professionell und freundlich geleitetes Tauchresort, das auch Nicht-Taucher empfängt, mit 9 gut ausgestatteten Bungalows am Hang mit Meerblick. Die angeschlossene Tauchbasis ist eine der ersten der Insel und zelebriert „long lazy diving". ❹

SULAWESI

www.stefan-loose.de/indonesien

PULAU BUNAKEN **607**

Pulau Siladen

Martha's Homestay. 4 sehr einfache, herunter-gekommene Bungalows ohne fließendes Wasser und nur mit Mandi/WC bei der herzensguten Martha am schönen Strand mit guten Schnorchelmöglichkeiten. ❷

Siladen Resort & Spa, ☎ 0811-430 0641, 🖥 www.siladen.com. Schönstes und teuerstes Resort der Insel mit großem lagunenartigen Pool, Spa und Tauchzentrum. ❽

Onong Resort, ☎ 0431-865506, 🖥 www.celebes divers.com. Selbsternanntes „entspanntes Barfuß-Resort" unter freundlichem, italienischen Management. Funktional eingerichtete Holzcottages im Minahasa-Stil mit AC, Warmwasser und großer Fensterfront. Empfehlenswertes Tauchcenter. ❻–❼

Tanta Moon Luxury Villas, ☎ 0431-364 3859, 🖥 www.tantamoon.com. 6 luxuriöse Villen direkt am Meer mit allen Annehmlichkeiten, Restaurant und Tauchbasis. ❼–❽

AKTIVITÄTEN

Alle **Tauchresorts** der Insel bieten sogenannte Packages, die Übernachtung, Vollverpflegung, zwei Tauchgänge pro Tag und Transport zu einem Sonderpreis beinhalten. Außerhalb dieser Angebote kostet ein Tauchgang in der Regel zwischen 25 und 30 € und ein Open-Water-Tauchkurs etwa 350 €.

Schnorchelausrüstung ist bei den Tauch-anbietern oder bei Einheimischen ab 50 000 Rp pro Tag erhältlich.

Außerdem werden in vielen Unterkünften **Delphin-, Angel- und Schnorcheltouren** sowie **Exkursionen** zum Manado Tua-Vulkan, Tangkoko-Nationalpark und in das Tinoor-Hochland für jene angeboten, die vom Tauchen genug haben.

TRANSPORT

Auf Pulau Bunaken sind die einzigen motorisierten Fahrzeuge einige wenige **Motorräder**. Ein **Ojek** für die Strecke von Bunaken nach Pantai Liang kostet ca. 10 000 Rp.

Öffentliche Boote fahren vom kleineren Hafenbecken von Manado, das nördlich vom großen Hafenbecken versteckt hinter dem Pasar Bersehati zu finden ist. Mehrere Boote nach BUNAKEN und SILADEN gegen 14 und 15 Uhr (außer So) in 1 Std. für 20 000 Rp.

Charterboote fahren ab dem großen Hafenbecken für 300 000 Rp mit bis zu 15 Passagieren. Rückfahrt nach MANADO von Bunaken morgens um 7 und 8 Uhr (außer So). **Boote direkt zum Hotel** können von den größeren Anlagen organisiert werden und sind ab 3 Nächten Aufenthalt oft kostenlos.

Die Umgebung von Manado

Sawangan

Eine kurvenreiche Straße führt über Airmadidi Richtung Tondano durch das schmale Tal des Tondano-Flusses mit einer üppigen Vegetation aus Bambus, Kokospalmen, Obst- und Nelken-Bäumen. Nach 4,5 km ab Airmadidi erreicht man Sawangan (Minibus ab Abzweigung 2000 Rp). Ein ausgeschilderter Pfad führt von der Hauptstraße 100 m nach links zum **Taman Purbakala Waruga Waruga**, dem bedeutensten Kulturdenkmal der Provinz. Hier wurden 144 Waruga aus der gesamten Minahasa-Region zusammengetragen. Die neuere Friedhofsmauer stellt in großen Reliefs das Alltagsleben der vorzeitlichen Minahasa und ihre Begräbniszeremonien dar. Ein Teil der Grabbeigaben ist in einem kleinen Museum im traditionellen Minahasa-Gebäude rechts neben dem Friedhof zu besichtigen, Spende.

Tomohon

Vom Terminal Karombasan fahren regelmäßig Mikrolet für 6000 Rp direkt nach Tomohon. Nach dem ersten steilen Anstieg der kurvigen Straße hinauf in die spürbar kühleren Berge laden mehrere Ausflugslokale in **Tinoor** (ausgesprochen Tino-or) zu einem Zwischenstopp ein. Sie locken mit einer herrlichen Aussicht auf die Bucht von Manado. Hier wird traditionelle Minahasa-Küche zubereitet, d. h. neben Schwein werden auch Gerichte mit Hunde-, Ratten- und Fledermausfleisch serviert.

Das kühle, freundliche Gebirgsstädtchen **Tomohon**, 22 km von Manado, liegt in einem Tal, umrahmt von Bambushainen, Bergwäldern mit Baumfarnen, fruchtbaren Gärten mit Obst-, Nel-

608 PULAU BUNAKEN

www.stefan-loose.de/indonesien

SULAWESI

Waruga: ungewöhnliche Bestattungsform

Waruga sind hohe Sarkophage, in denen die Toten in hockender Position bestattet wurden. Die oben offenen, angeblich bis zu 1000 Jahre alten Steinsärge wurden mit schweren, dachförmigen Deckeln verschlossen, die sie wie kleine Tempel aussehen lassen. Die Dächer und Wände sind mit aufwendigen Steinmetzarbeiten verziert, die von abstrakten Ornamenten bis zu Personendarstellungen reichen. Am häufigsten sind gebärende Frauen oder Kolonialherren mit europäischer Kleidung dargestellt.
Männer erhielten als Grabbeigabe ihre Waffen, während Frauen Schmuck (Armreifen, Ketten) und chinesisches Porzellan mitgegeben wurden.

---

ken- und Zimt-Bäumen sowie großen Gemüsefeldern an den Hängen der aktiven Vulkane **Gunung Soputan** und **Gunung Lokon**, die bestiegen werden können. Hübsche Holzhäuser schmücken die Vororte, und farbenprächtige Blumengärten säumen die Straßenränder. Dieser floristische Reichtum hat der Stadt den Beinamen *Kota Bunga* (Stadt der Blumen) eingebracht.

Entlang der Straße werden Korbwaren aus Bambus und Gebrauchskeramiken der Töpfer aus Pulutan verkauft. Im Zentrum, neben der Mikrolet-Station, liegt der sehenswerte **Markt** mit einem großen Angebot an Obst und Gemüse von den fruchtbaren Feldern an den Hängen der Vulkane. Die eigentliche Attraktion des Marktes ist jedoch die Fleischabteilung mit ihrem exotischen Angebot an frisch geschlachteten Hunden, zerteilten Fledermäusen und sogar Python-Fleisch.

Der erst 2006 eröffnete **Botanische Garten** (Kebun Raya Tomohon) am Fuße des Gunung Mahawu bietet schöne Ausblicke auf das Tomohon-Tal. Er wurde als spiritueller Ort für Christen mit schönen Wanderwegen, einer kleinen Kapelle, einem Amphitheater und Ferienwohnungen angelegt. Eintritt 2000 Rp.

Im gesamten Tal kann man herrliche Spaziergänge und Wanderungen unternehmen, zum Beispiel zum **Danau Linow**, einem kleinen schwefelhaltigen See mit heißen Quellen.

ÜBERNACHTUNG

Gardenia Country Inn, Jl. Kakaskasen II, 0431-351282, www.gardeniacountryinn.com. Nette Steinbungalows und Holzchalets in einem traumhaften Garten voller Blumenbeete, Bäche und Fischteiche. Alle mit großen

ÖSTL. HALBINSEL MINAHASA

N

0 5 10 km

Celebes-See

P. BANGKA

P. MANTEHAGE

Paputungan

Likupang-Straße

Munte

Likupang

Pulisan

Lantung

Maliambao

Batu

Kalinaun

P. MANADO TUA

Bulo

s. Detailplan P. Bunaken S.606

Buda

Batu

Likupang

Maen

Batuputih

P. BUNAKEN Bunaken

Wori

Tombohon

TANGKOKO-DUA SAUDARA-NATIONALPARK

Molas

△1351

Makawidei

s. Stadtplan Manado S.601

Bengkol

Tatelu

Dua Saudara

Tanao Wudu

Bitungkarangria

Kaiwatu

Manado Bay

Matungkas

G. Kalabat △ 1995

Girian

Bitung

Manado

Malalayang

Airmadidi

Papusungan

Pineleng

Koka

Kauditan

Pimpin

P. LEMBEH

Tanawangko

Tinoor

Sawangan

Tasikkoki

Lemoh

G. Lokon △ 1595

Suluan

Taman Purbakala Waruga Waruga

Sawangan

Kakaskasan

Kinilow

Lansot

Ranowangko

Ranowu

Kebun Raya Tomohon

Tondano

Tara Tara

Tomohon G. Mahawu

Kinaleosan

Mangkit

Timbukar

Tondano

Linow-See

Tondano-See

Dulo

Sonder

Kolongan

Molukken-See

Rumoonglansort

Remboken

Kombi

Kombi

Kawangoan

Eris

Pinabetengan

Tompaso

Kakas

G. Soputan △ 1825

Pangu

Atep

Pasolo

Ratahan

Bädern mit Warmwasser und ruhiger Veranda. Im Bio-Garten werden Erdbeeren und Gemüse angebaut. WLAN und Frühstück inkl. ❻–❼

The Highland Resort & Spa, Kinilow Jaga VI, ☎ 0431-353333, 🖥 www.highlandresort.info. Große, rustikale Ferienhäuser mit Warmwasser-Du/WC, TV, Wasserkocher und guten Betten

an einem weitläufigen Hang mit schöner Aussicht von der Terrasse. Mit Restaurant, Spa und WLAN. Frühstück inkl. ❹–❻

Gunung Mahawu

Einen guten Eindruck von der landschaftlichen Vielfalt erhält man bei einer Wanderung auf den Gunung Mahawu. Man nimmt ein Mikrolet von

610 DIE UMGEBUNG VON MANADO

www.stefan-loose.de/indonesien

Tomohon an der Abzweigung oberhalb der Mikrolet-Station Richtung Tondano und fährt bis zur ausgeschilderten Abzweigung. Von dort geht es auf einer schmalen, von Schlaglöchern übersäten Straße durch Felder und wunderschöne Bergwälder 2 km hinauf. Ab und an hat man einen wunderschönen Ausblick über das Tal von Tomohon bis hinüber zum Tondano-See. Hinter dem Parkplatz mit einem Posten der Forstbehörde (dort registrieren, Spende) geht ein Fußweg weiter hinauf. Nach etwa 15 Minuten ist der Kraterrand erreicht, den man nach rechts teils durch dichtes Alang Alang (Schilf) entlangspazieren kann. Vorsicht, es ist lebensgefährlich, den steil abfallenden Krater hinabzusteigen. Bis zur kleinen seismologischen Station ist der Weg recht gut passierbar, danach aber ziemlich überwachsen.

Linow-See

Etwa 1 km vom Dorf **Lahendong** entfernt liegt der idyllische Kratersee inmitten einer Gegend, die von vulkanischen Aktivitäten geprägt ist. An mehreren Stellen steigt schwefelhaltiger, heißer Dampf aus dem Erdinneren empor, aus dem in einer Versuchsstation jenseits des Sees Thermalenergie gewonnen wird. Den Schwefelquellen verdankt der See seine ungewöhnliche Farbe, die je nach Sonneneinstrahlung von Graugrün, über verschiedene Türkistöne bis zu Dunkelgrün wechseln kann. Eintritt 25 000 Rp. Minibusse fahren von Tondano nach Lahendong in 20 Min. für 3500 Rp.

Tondano-See

Zahlreiche Kirchen zeugen davon, dass **Tondano** ein bedeutendes Zentrum christlicher Mission ist. Der Ort auf 600 m liegt in einer hügeligen Landschaft, die von Vulkanen überragt wird. Südlich der Stadt erstreckt sich der etwa 50 km² große **Tondano-See**. Zum Wasser hin gehen die Reisfelder in ein Sumpfgebiet über, in dem Pferde weiden und Enten gezüchtet werden.

Das kühle Hochlandklima bietet die Möglichkeit zu schönen Wanderungen. Das Ufer des Sees säumen Ausflugsrestaurants und kleine Dörfer, deren Bewohner von der Fischzucht leben. Nur selten fahren öffentliche Verkehrsmittel auf der schmalen Straße am See entlang.

Landschaftlich reizvoll ist die Strecke bis **Remboken** am Westufer. In dem größeren Ort wurde für Touristen ein Park mit Angelmöglichkeiten angelegt, der aber uninteressant ist. In der Mitte des Sees liegt die kleine Insel **Likri**, die man mit einem Charterboot erreicht (500 000 Rp).

Zum Unabhängigkeitstag und zum Nordsulawesi-Tag am 23. September werden in **Tontimomor**, einem kleinen Dorf am Westufer, Stierrennen veranstaltet. Traditionelle Musik mit Bambusflöten *(Bulu* = Bambus) wird besonders im Dorf **Tara Tara** gepflegt, wenige Kilometer westlich von Tomohon.

Vom Terminal Karombasan fahren stündlich Mikrolet für 7000 Rp über Tomohon nach Tondano und zurück. Minibusse zum See fahren von Tondano nach Remboken.

Tangkoko-Dua-Saudara-Nationalpark

Das 8867 ha große Reservat um die beiden Berge Dua Saudara (1351 m) und Tangkoko (1109 m) im äußersten Nordosten Sulawesis bietet gute Möglichkeiten für interessante Dschungeltouren durch einen schönen Wald mit einigen Urwaldriesen, vielen Würgefeigen und Farnen. Wer am Nachmittag den Eingang in **Batuputih** erreicht, kann bei einer Abendwanderung im Wald sogar die seltenen, nur nachts aktiven Koboldmakis *(Tarsius)* sehen. An mehreren Stellen sind Hochsitze errichtet worden. Der Gunung Tangkoko lässt sich in drei bis vier Stunden besteigen.

Häufig machen Makaken und Kletterbeutler *(Kuskus)* auf sich aufmerksam, aber auch Nashornvögel, Kakadus und die seltenen Celebes-Makaken können in den Baumwipfeln des Parks entdeckt werden. Noch 75–100 der kleinen Anoa-Rinder, die es nur auf Sulawesi gibt, leben in den dichten Bergwäldern, die von den scheuen Tieren nur am frühen Morgen und abends verlassen werden, um an den Flüssen zu trinken. Am Parkeingang werden 85 000 Rp Eintritt verlangt.

Im Anschluss an eine reichlich schweißtreibende Dschungeltour kann man hinunter zu den **schwarzen Sandstränden** wandern, um ein

Bad zu nehmen oder mit einem Schnorchel die vorgelagerten Korallenbänke zu erkunden. An der Küste legen manchmal die vom Aussterben bedrohten Lederschildkröten ihre Eier im Sand ab. Auch Maleo-Vögel haben hier ihre Nistplätze. Im August und September vergraben sie im Sand ihre Eier, die dort von der Sonne ausgebrütet werden.

ÜBERNACHTUNG

In Batuputih haben sich einige einfache Homestays angesiedelt. Weiter nördlicher in Pulisan gibt es ein empfehlenswertes Naturresort einer deutschen Ethnologin.

Tangkoko Homestay, auch als Mama Roos bekannt, am Ortsende kurz vor dem Eingang zum Naturschutzgebiet, ✆ 0813-4042 1454. Einfache, saubere Zimmer inkl. 3 guten Mahlzeiten bei der netten Gastgeberin, 150 000 Rp p. P. ❹.

Tarsius Homestay, nahe des Strandes am Eingang, ✆ 0813-5622 5545. In dem großen Familienhaus ebenfalls saubere Zimmer mit Du/WC. ❷–❸

Pulisan Jungle Beach Resort, Kinunang, nahe Pulisan, die letzten 15 Min. zum Resort nur Waldpfad, ✆ 0431-838185, 0811-430744, 🖥 www.pulisanresort-sulawesi.com. Abgeschiedene Anlage mit 8 Strandbungalows im Minahasa-Stil am weißen Sandstrand, umgeben von dichtem Dschungel. Die deutsche Gastgeberin Katrin unterstützt tatkräftig Projekte für die Lokalbevölkerung. Mit schönem Hausriff, Preise p. P. und inkl. Vollpension. ❹

TRANSPORT

Mit dem Mikrolet oder Bus geht es ab Manado 40 km Richtung Bitung bis GIRIAN, 7500 Rp. Von hier fahren Mikrolet oder Pick-ups über TANAO WUDU und DUA SAUDARA nach Kampung BATUPUTIH (20 km, 45 Min.). Die letzte Strecke ist nicht ausgebaut. Bei Regen wird die Fahrt in den offenen, überfüllten Fahrzeugen zu einer nicht enden wollenden Tortur und die letzte abschüssige Strecke auf dem schwarzen Vulkansand zu einer gefährlichen Rutschpartie. In diesem Fall sollte man besser ein Fahrzeug mit Allradantrieb chartern oder zu Fuß gehen.

Anhang

Sprachführer S. 614
Glossar S. 622
Reisemedizin zum Nachschlagen S. 624
Bücher S. 631
Index S. 635
Danksagung S. 652
Bildnachweis S. 654
Impressum S. 655
Kartenverzeichnis S. 656

Sprachführer

„Eine Nation – ein Land – eine Sprache": Der Slogan der indonesischen Nationalisten in den 1920er-Jahren verdeutlicht den politischen Stellenwert einer einigenden Sprache. Seit 1945 ist das aus dem klassischen Malaiisch entwickelte Indonesisch Staatssprache.

Viele Wörter wurden aus Fremdsprachen übernommen – aus indonesischen Regionalsprachen ebenso wie aus dem Arabischen, dem Sanskrit, dem Chinesischen, dem Holländischen und – vor allem in jüngerer Zeit – dem Englischen.

Relativ neue Wortschöpfungen, die einem auch ohne Übersetzungshilfen verständlich sein dürften, sind z. B.: Wenn ein *jerman intelektual* mit viel *emosi* im *Restoran* am *telepon* hängt, um vom *imigrasi* endlich den *pas* und die *permisi* für den *impor* von einem *mobil* zu kriegen. Doch der *agen polisi* hat eine *infeksi* und ist mit dem *taksi* zum *dokter* und zur *apotik*. Leider ist nicht alles so einfach zu verstehen, deshalb im Folgenden einige Hilfestellungen.

Rechtschreibung

Mit der Rechtschreibreform von 1972 wurde eine Vereinheitlichung von Sprache und Schrift mit *Bahasa Malaysia* angestrebt. So wurde *(dj)* zu *(j)* – Djakarta zu Jakarta, *(j)* zu *(y)* – Jogja zu Yogya, *(tj)* zu *(c)* – Tjirebon zu Cirebon, um nur die wichtigsten Änderungen zu nennen. Ab und an tauchen auf alten Karten sogar noch Relikte aus holländischer Zeit auf, z. B. *Bandoeng* statt *Bandung*. Ebenso bei indonesischen Familiennamen, z. B. *Soekarno* statt *Sukarno*.

Grundregeln

Generell gehören Attribute immer hinter das Bezeichnete, also ist z. B. *langit biru* nicht „himmelblau", sondern der „blaue Himmel" – diese wichtige Syntaxregel ist besonders beim Lesen von Speisekarten von Nutzen. Auch werden alle Worte, bis auf Namen, die höflichen Anredeformen und Sonderbezeichnungen, kleingeschrieben.

Zudem werden das Hilfsverb „sein" *(ada)* und seine Konjugationen im Indonesischen nur dann verwendet, wenn exakt auf dieses Sein Bezug genommen wird (z. B. bei der Aussage, dass etwas nicht ist – *tidak ada*). Wenn man etwa sagen möchte: „Ich bin hungrig", aber nur die Worte für „Ich" *(saya)* und „hungrig sein" *(lapar)* kennt, braucht man sich also keine weiteren Gedanken machen.

Aussprache

Generell werden die Wörter so ausgesprochen, wie sie geschrieben werden – mit wenigen Ausnahmen:

(m)	selten wie in „Meer", häufig verschluckt oder wie „gekommen"
(c)	*candi* (Tempel): wie in „rutschen"
(j)	*jalan* (Straße): ein weiches dsch wie z. B. in „Gin"
(kh)	*akhirnya* (endlich): wie in „Loch"
(ng)	*bunga* (Blume): wie in „singen"
(ngg)	*tunggu* (warten): wie in Tango
(ny)	*nyanyi* (singen): ähnlich „Champagner"
(r)	*roti* (Brot): gerolltes R wie im bayerischen Dialekt
(y)	*wayang* (Theater): wie in „ja"

Wörterbücher und Sprachführer

Hallo

Wer sich intensiver mit der indonesischen Sprache befassen will, kann sich in jeder deutschen Buchhandlung einen praktischen Sprachführer für unterwegs kaufen.

Lehrbuch der Indonesischen Sprache von Erich-Dieter Krause, Hamburg 2004. Die 6. überarbeitete und aktualisierte Auflage des Standardwerks wird vom Hamburger Helmut Buske Verlag herausgegeben. Im gleichen Verlag und vom gleichen Autor erschien 2003 das **Gesprächsbuch Deutsch – Indonesisch**.

Indonesisch Wort für Wort von Gunda Urban, 16. Auflage, Bielefeld 2009. In dieser Kauderwelsch-Reihe sind auch ein Sprachführer **Balinesisch** erschienen sowie ein Titel zu **indonesischem Slang und Jugendsprache** von Bettina David aus dem Jahr 2007.

Kamus Jerman – Indonesia von Adolf Heukens, Jakarta 2003. Das empfehlenswerteste Wörterbuch ist in jeder Gramedia-Buchhandlung zu bekommen.

Kamus Jerman – Indonesia von R. Yunia und T. Kühne, Jakarta 2010. Kleiner, handlicher und als Taschenbuchausgabe auch billiger ist dieses relativ neue und gut sortierte Wörterbuch.

Schließlich ist auch das kostenlose Online-Wörterbuch 🖳 **www.jot.de** zu empfehlen, das über 15 500 Übersetzungen von Wörtern und Wortgruppen umfasst und automatisch in beide Richtungen funktioniert (Deutsch-Indonesisch, Indonesisch-Deutsch).

Wortschatz

Fragen

Was?	*Apa?*
Was ist das?	*Apa ini?*
Wer?	*Siapa?*
Wie heißt du?	*Siapa nama kamu?*
Wie viel?	*Berapa?*
Wie lange?	*Berapa lama?*
Wie weit?	*Berapa jauh?*
Wann?	*Kapan?*
Wann kommt der Bus an?	*Kapan bis datang? / Jam berapa bis datang? (Frage nach Ankunftszeit)*
Warum?	*Mengapa? / Kenapa?*
Warum (ist das) so?	*Mengapa begitu?*
Wie?	*Bagaimana?*
Wie geht / funktioniert das?	*Bagaimana caranya?*
Wo?	*Di mana?*

Personen

ich	*saya (förmlich) aku (umgangssprachlich)*
du / Sie	*kamu / Anda*
er / sie	*dia*
wir	*kita / kami* *(*ohne die angesprochene Person)*
ihr	*kalian*
sie (Plural)	*mereka*

Anrede

Herr, Vater	*Bapak (Pak)*
Frau, Mutter	*Ibu (Bu)*
älterer Bruder, ältere Person (freundschaftlich)	*kakak (kak)*
jüngerer Bruder, fremdes Kind	*adik (dik)*

Familie

Großmutter	*nenek*
Großvater	*kakek (kek)*
Bruder / Schwester (förmlich)	*saudara*
Freund	*kawan / teman*
Kind	*anak*
Frau	*perempuan / wanita*
Mann	*laki-laki*

Zeit

jetzt	*sekarang*
bald (bis 12 Stunden)	*sebentar lagi*
später	*nanti*
noch nicht	*belum*
schon / fertig	*sudah*
vor …	*…yang lalu*
lange andauernd	*lama*
vorher, früher	*dulu*
gerade, vorhin	*tadi*
vor, bevor	*sebelum*
Minute	*menit*
Stunde	*jam*
Tag	*hari*
Woche	*minggu*

ANHANG

www.stefan-loose.de/indonesien

SPRACHFÜHRER **615**

Monat	bulan	**13**	tiga belas
Jahr	tahun	**14**	empat belas
Jahrhundert	abad	**15**	lima belas
Ära, Zeitalter	zaman	**20**	dua puluh
jeden Tag	setiap hari	**30**	tiga puluh
Montag	hari Senin	**50**	lima puluh
Dienstag	hari Selasa	**100**	seratus
Mittwoch	hari Rabu	**200**	dua ratus
Donnerstag	hari Kamis	**1000**	seribu
Freitag	hari Jumat	**2000**	dua ribu
Samstag	hari Sabtu	**10 000**	sepuluh ribu
Sonntag	hari Minggu	**100 000**	seratus ribu
Morgen (bis 11 Uhr)	pagi	**1 000 000**	sejuta
Mittag	siang		
Nachmittag	sore	**1/2**	setengah
Abend	malam	**1/4**	seperempat
heute, dieser Tag	hari ini	**viel**	banyak
morgen	besok	**wenig**	sedikit
übermorgen	lusa	**weniger (–)**	kurang
gestern, zuletzt	kemarin	**mehr (+)**	tambah / lagi / lebih
Zeit	waktu		
Wie spät ist es?	Jam berapa?		

ANHANG

„Gummizeit" (die typische indonesische Unpünktlichkeit) — jam karet

Zahlen

0	nol / kosong
1	satu
2	dua
3	tiga
4	empat
5	lima
6	enam
7	tujuh
8	delapan
9	sembilan
10	sepuluh
11	sebelas
12	dua belas

Smalltalk

Wie geht's?	Apa kabar?
Mir geht's gut.	Kabar baik. / Baik-baik.
Wie heißt du?	Siapa nama kamu?
Ich heiße …	Nama saya …
Woher kommst du?	Dari mana?
Aus Deutschland, der Schweiz, Österreich	dari Jerman, dari Swiss, dari Austria
Wohin gehst du?	(Pergi / Mau) ke mana?
Zum Strand	Ke pantai
Spazierengehen	jalan-jalan
Wo wohnst du?	Tinggal di mana?
Im Hotel	Di hotel
Wie lange bist du schon in Indonesien?	Sudah berapa lama di Indonesia?
Schon lange	Sudah lama
einen Tag	Satu hari
eine Woche	Satu minggu
Sprichst du Indonesisch?	Bisa bicara bahasa Indonesia?

Nur ein wenig	*Sedikit saja*
Ich verstehe kein Indonesisch.	*Saya tidak mengerti bahasa Indonesia.*
Wie alt bist du?	*Umur berapa?*
20 Jahre	*Dua puluh tahun.*
Alleine? (Sofern man alleine unterwegs ist)	*Sendiri? / Kok sendiri?*
Schon verheiratet?	*Sudah kawin?*
Falls „Ja", folgt:	
Wie viele Kinder?	*Berapa anak-anak?*
3, 10 (niemals keine)	*tiga, sepuluh*

Grußformeln

Guten Morgen	*Selamat pagi*
Guten Mittag	*Selamat siang*
Guten Nachmittag (von ca. 14 Uhr bis Sonnenuntergang)	*Selamat sore*
Guten Abend	*Selamat malam*
Schlafe gut	*Selamat tidur*
Herzlich willkommen	*Selamat datang*

Essen und Trinken

essen	*makan*
trinken	*minum*
Frühstück	*sarapan / makan pagi*
Mittagessen	*makan siang*
Ich habe Hunger / Durst.	*saya lapar/haus*
Ich hätte gern …	*saya minta …*
Ich will essen.	*saya mau makan.*
mögen	*suka*
Ich mag kein Fleisch.	*saya tidak suka daging.*
Teller	*piring*
Glas	*gelas*
Portion / zum Mitnehmen	*porsi / bungkus*
(sehr) lecker	*enak / lezat*
Essen	*makanan*
Das Essen ist gut!	*Makanan itu enak!*
Wasser	*air*
kalt	*dingin*

warm	*hangat*
heiß	*panas*
gebraten, frittiert	*goreng*
gekocht (in Wasser)	*rebus*
Brot	*roti*
Fleisch	*daging*
Rind	*sapi*
Büffel	*kerbau*
Schwein	*babi*
Huhn	*ayam*
Ziege	*kambing*
Ente	*bebek*
Hund	*anjing*
Fisch	*ikan*
Krabben	*udang*
Tintenfisch	*cumi-cumi*
Gemüse	*sayur*
Kartoffel	*kentang*
Zwiebel	*bawang bombay*
Knoblauch	*bawang putih*
Frucht	*buah*

Weiteres im Kapitel Essen und Trinken, s. S. 49.

Einkaufen

(etwas) kaufen	*(mem)beli*
(etwas) verkaufen	*(men)jual*
(etwas) bezahlen	*(mem)bayar*
Geld	*uang / duit*
teuer	*mahal*
billig	*murah*
zu (teuer)	*terlalu (mahal)*
Preis / Kosten	*harga / ongkos, biaya*
Wie viel kostet es? (wörtl.: Wie viel der Preis?)	*Berapa harganya?*
Kann man handeln / feilschen?	*Boleh menawar?*
Geht es billiger?	*Bisa turun?*
normaler (richtiger) Preis	*harga biasa*
Festpreis	*harga pas*

ANHANG

www.stefan-loose.de/indonesien

SPRACHFÜHRER **617**

Einkaufsladen	*toko, kedai*
Supermarkt	*pasar swalayan*
Buchhandlung	*toko buku*
Internetcafé	*warnet*
Postamt	*kantor pos*
Kleidung	*pakaian*
Hose	*celana*
T-Shirt	*kaos*
Hemd	*kemeja*
(gewebter) Stoff	*kain*
Baumwolle	*kapas*
Seide	*sutra*
Moskitocoils, Mückenschutz	*obat nyamuk*
Brille	*kaca mata*
Shampoo	*obat langir*
Papier	*kertas*
Brief / Briefmarke	*surat / pranko*
Briefumschlag	*amplop*
Tageszeitung	*koran*
Lohn, Verdienst / Ernte, Einkommen	*gaji/hasil*

Übernachten

Wo gibt es ein Hotel?	*Di mana ada hotel?*
Haben Sie ein freies Zimmer?	*Ada kamar kosong?*
für 2 Personen (Nächte)	*untuk dua orang (malam)*
Zimmer	*kamar*
leer	*kosong*
voll	*penuh*
Bad	*kamar mandi*
Bett	*tempat tidur*
Warmwasser	*air panas*
Klimaanlage	*AC*
Kühlschrank	*kulkas*
Decke (zum Zudecken)	*selimut*
Handtuch	*handuk*
Schlüssel	*kunci*
Moskito	*nyamuk*

Moskitonetz	*kelambu*
Tür	*pintu*
Fenster	*jendela*
Tisch	*meja*
Stuhl	*kursi*
sitzen	*duduk*
Kleidung waschen	*cuci pakaian*
baden, duschen	*mandi*
schlafen	*tidur*
aufstehen	*bangun*

Orientierung

geradeaus	*terus*
vorbei	*lewat*
links / rechts abbiegen	*belok kiri / kanan*
Norden / Süden	*utara / selatan*
Osten / Westen	*timur / barat*
Weit / nah	*jauh / dekat*
Unten / oben	*di bawah / di atas*
Vor / hinter	*di depan / di belakang*
eintreten	*masuk*
hinausgehen	*keluar*

Reisen und Transport

Wo ist / gibt es …?	*Dimana ada …?*
Nach / in / von	*ke / di / dari*
Ich gehe nach …	*Saya pergi ke …*
Ich komme aus …	*Saya datang dari …*
Ich wohne (übernachte)	*Saya tinggal (nginap)*
in … Richtung	*di arah …*
Welche Richtung?	*Arah mana?*
Flugzeug	*pesawat*
Flughafen	*bandara*
Busbahnhof	*terminal bis*
Schiff / Fähre	*kapal laut / feri*
Hafen	*pelabuhan*
Eisenbahn	*kereta api*
Bahnhof	*stasiun*
Taxi	*taksi*

Tankstelle	pompa bensin
mieten	sewa
(etwas) mieten	menyewa (mobil, sepeda motor etc.)
Auto, Wagen	mobil
Motorrad	sepeda motor
Fahrrad	sepeda
laufen; zu Fuß	jalan kaki
Autofahren	naik mobil
Flugzeug fliegen	naik pesawat
Fahrkarte	karcis, tiket
(Fahrkarten-) Schalter	loket
günstigste Klasse	ekonomi
Businessklasse	bisnis
Sitzplatz	tempat duduk
Gepäck / Koffer	barang / koper
schnell	cepat
langsam	pelan
Vorsicht!	hati-hati
Achtung!	awas
Umherreisen	keliling
Straße	jalan
Brücke	jembatan
Kreuzung	perempatan
aufbrechen, abfahren	berangkat
gehen nach	pergi ke
zurückkehren	pulang
hin und zurück	pergi pulang (pp)
fliegen	terbang
Auf Wiedersehen! (zu dem, der bleibt)	Selamat tinggal!
Auf Wiedersehen! (zu dem, der geht)	Selamat jalan!

Umwelt

Zentrum	pusat
Dorf	kampung / desa
Stadt	kota
Gesellschaft	masyarakat
Insel	pulau
Land	negeri

Berg	gunung
Vulkan	gunung berapi
Gipfel	puncak
Hügel	bukit
Höhle	goa
Wald	hutan, rimba
Baum	pohon
Tier	binatang
Vogel	burung
Fisch	ikan
Hund	anjing
Katze	kucing
Pferd	kuda
Schlange	ular
Ameise	semut
Elefant	gajah
Blume	bunga
Blatt	daun
Holz	kayu
Silber	perak
Eisen	besi
Gold	(e-)mas
See	danau
Quelle	mata air
Wasserfall	air terjun
Flut	air pasang
Ebbe	air surut
Fluss	sungai
Meer	laut
Strand	pantai
Stein	batu
Sand	pasir
Bucht	teluk
Welle	ombak
Welt	dunia
Nassreisfeld	sawah
Luft	udara
Stern	bintang
Mond	bulan
Sonne	mata hari

Wetter

Wolken	awan
Blitz	kilat
Regen	hujan
Wind	angin
nass	basah
trocken	kering

Freizeit

spielen	(ber)main
Fußball	sepak bola
tauchen	menyelam
entspannen, relaxen	bersantai
schwimmen	berenang
ein Buch lesen	membaca buku
Party, Feier	pesta

Farben

schwarz	hitam
weiß	putih
gelb	kuning
rot	merah
(hell-) blau	biru (muda)
grün	hijau
braun	coklat

Krankheit

Ich bin krank / habe Schmerzen.	Saya sakit.
gesund	sehat
Mein Kopf /Bauch / Zahn schmerzt.	Saya sakit kepala / perut / gigi.
Husten	batuk
Schnupfen	pilek
Fieber	demam
Durchfall haben	berak air
sich übergeben	muntah
Erkältung	flu, masuk angin
Blut	dara
sterben	meninggal
Krankenhaus	rumah sakit

kommunale Poliklinik (meist nur mit Krankenschwestern)	puskesmas (pusat kesehatan masyarakat)
Medizin	obat
Arzt / Apotheke	dokter / apotik

Körperteile

Kopf	kepala
Auge	mata
Zahn	gigi
Zunge	lidah
Nase	hidung
Bauch	perut
Brust	dada / payudara (bei Frauen)
Arm	lengan
Finger	jari
Bein, Fuß	kaki
Zeh	jari kaki
Haar	rambut
Ohr	telinga
Hand	tangan
Mund	mulut
Rücken	punggung

Gefühle / Gemütszustände

Glücklich / fröhlich	bahagia / gembira
froh, glücklich, sich wohlfühlen	senang
mögen / lieben / vermissen	suka / cinta / rindu
müde	lelah, cape
wütend, zornig	marah
enttäuscht	kecewa

Wichtige Adjektive

Alt / jung / neu	tua / muda / baru
gut aussehend (für Frauen / für Männer)	cantik / ganteng
schön (Dinge)	indah
freundlich	ramah
schmutzig / hässlich	kotor / jelek

leise, still	*sepi*
friedlich / sicher	*damai / aman*
laut, betriebsam, voller Leute	*ramai*
kaputt	*rusak*
lang / kurz	*panjang / pendek*
hoch / niedrig	*tinggi / rendah*
groß / klein	*besar / kecil*

Gespräch

Ich mag / möchte	*saya suka / mau /*
kann / muss / brauche	*bisa / harus / perlu*
Vielen Dank.	*Terima kasih banyak.*
Antwort: desgl.	*Sama-sama!*
Bitte! (fordernd / bittend / anbietend)	*Tolonglah…! / Saya minta… / Silahkan..!*
Entschuldigung!	*Permisi! (vorher) Maaf! (nachher)*
Ja / Nein (bei Substantiven)	*ya / tidak (bukan)*
Tu (das) nicht! (verneinter Imperativ)	*jangan*

Bsp.: Renn nicht (so rum)!	*jangan lari*
Fass das / mich / etc. nicht an!	*jangan memegang*
Das macht nichts, kein Problem.	*Tidak apa-apa.*
Ich lerne Indonesisch.	*Saya belajar bahasa Indonesia.*
Gut / okay	*bagus / baik-baik*
Sprechen Sie Englisch?	*Apakah Anda bisa bicara bahasa Inggris?*
Bitte sprich langsam!	*Tolonglah bicara kurang cepat.*
Ich verstehe nicht.	*Saya tidak mengerti.*
Was ist das?	*Apa ini? / Apa itu?*
Wie heißt das auf Indonesisch?	*Bagaimana dalam bahasa Indonesia?*
Was ist die Bedeutung von …?	*Apa artinya…*
Darf ich fotografieren?	*Boleh memotret foto?*
Religion / Glaube	*agama / kepercayaan*
kennen	*tahu (Dinge)*

ANHANG

www.stefan-loose.de/indonesien

SPRACHFÜHRER **621**

Glossar

Adat Der umfassende Begriff für alle traditionellen Normen, Bräuche, Rechtssysteme und Audrucksformen (z. B. Architektur) eine Volks.

Alang Alang Schilfartige Gräser, die oft zum Decken traditioneller Dächer verwendet werden.

Angkot Öffentlicher Minibus, der auf einer festgelegten Strecke verkehrt und entlang dieser überall angehalten werden kann.

Animismus Schriftlose Religion, die von der Beseeltheit der Dinge und einem Regelwerk der Naturelemente ausgeht.

Bengkel Kleine Straßenwerkstatt, die hauptsächlich Motorradreifen flickt und kleinere technische Probleme behebt.

Benteng Fort, oft eine Festung aus der Kolonialzeit.

Beruga Traditionelle, hölzerne Pavillons, manchmal mit einem Strohdach.

Bule Indonesische, früher abwertend, heute jedoch neutral verwendete Bezeichnung für Menschen europäischen Typs.

Candi Tempel

Cidomo Pferdekutsche

Danau See

Dangdut Indonesische Popmusik mit Elementen der traditionellen arabischen, indischen und malaiischen Musik.

Desa Dorf, auch administrativ gebraucht.

Dokar Pferdekutsche

Endek Handgewebter Stoff, bei dem die einzelnen Kettfäden schon vor dem Weben im sehr arbeitsintensiven Ikat-Verfahren im gewünschten Muster eingefärbt werden.

Gamelan Typisch balinesisches Orchester, das von einem Gong angeführt wird, um den herum sich die anderen Instrumente formieren. Klingt für europäische Ohren unrhythmisch.

Gazebo Traditioneller, offener Pavillon auf Holzpfeilern, oft mit Strohdach und mit gemütlichen Kissen ausgepolstert.

Goa Höhle

Kampung Dorf oder ältliches, ärmliches Stadtviertel.

Ketupat In Bananenblatt gepresster Reis.

Klotok Hausboot

Bali-Glossar

Banjar Dorfrat, Dorfversammlung auf Bali.

Barong Magiegeladene, menschenähnliche riesige Figur.

Galungan Erster Tag einer zehntägigen Feier zu Ehren der Schöpfer der Welt.

Kuningan Letzter Tag einer zehntägigen Feier zu Ehren der Schöpfer der Welt.

Melasti Aufwendige Prozessionen, die zu einer Wasserquelle, zumeist zum Strand, führen, und die rituelle Reinigung von Figuren, Masken oder anderen Heiligtümern beinhalten.

Meru Balinesische Pagode, ein turmartiges Bauwerk, vor allem bei Tempeln zu finden.

Moksa Vorgang der Nirwana-Erlangung.

Ngaben Rituelle Verbrennung, durch die ein Verstorbener seine nächste Wiedergeburt erreicht. Die Asche wird anschließend im Meer oder in Flüssen verstreut.

Nyepi Großes Neujahrsfest.

Odalan Jahresfeier eines Tempels; wichtigstes Tempelfest.

Penjor Mit Opfergaben behängter Bambusstab.

Puputan Der in ausweglos erscheinenden Situationen von den Königshäusern durchgeführte rituelle Massenselbstmord.

Sad Kahyangan Bezeichnung für die sechs heiligsten Tempel auf Bali.

Subak Gemeinschaft von Reisbauern.

Trimurti Dreiheit von Shiva, Vishnu und Brahma (Hinduismus).

Wantilan Hahnenkampfarena, oft im Inneren eines Tempels.

Kopi Luwak Kaffee, dessen Bohnen durch den Verdauungsprozess des Fleckmusangs ihr berühmtes Aroma erhalten. Die ausgeschiedenen, unverdauten Bohnen werden zu Kaffee gemahlen. Der Kaffee ist eine begehrte Spezialität, die sich in Europa kaum jemand leisten kann.

Kraton Javanische Bezeichnung der Palastanlage eines Sultans oder Rajas.

Kris Asymmetrischer, traditioneller Dolch, dem eine spirituelle Bedeutung beigemessen wird. Er gilt als Symbol für die Würde des Mannes. S. 134.

Lontar Altjavanisches Wort, das ein Blatt *(ron)* vom Rontal-Baum *(tal)* bezeichnet.

Lontar-Schriften In die Blätter der Lontar-Palme geritzte Schriften, die einen bibelgleichen Stellenwert haben.

Lumbung Traditionelle Reisspeicher auf Pfählen.

Mahabharata Altindisches Epos über den Kampf der Brüder Pandawa gegen die familiär verwandten Kaurawa, wird im javanischen Wayang aufgeführt.

Majapahit Hindu-buddhistisches Großreich in der Zeit von 1293 bis etwa 1500, S. 109.

Mandi Indonesische Art zu duschen. Besteht aus einem großen Wasserbehälter und einer kleinen Schüssel, mit der man den Körper mit Wasser übergießt.

Mikrolet Minibus

Ojek Motorradtaxi

Pantun Indonesische Gedichtform, oft im Duett vorgetragen.

Pemangku Laien-Priester

Perahu Malaiische Segelboote

Pinisi Traditionelle Bugis-Schoner, die noch heute als Frachtensegler genutzt werden.

Pulau Insel

Purnama Vollmond

Puskesmas Pusat Kesehatan Masyarakat, örtliche, staatliche Gesundheitszentren und Ärztehäuser.

Raja Indonesisch: König

Ramayana Indisches Heldenepos, das von der Entführung Sitas durch die Dämonen und ihrer Rettung durch Prinz Rama erzählt.

Sambal Scharfe Sauce auf Chili-Basis, die traditionell als Würzbeilage zu jedem Gericht gereicht wird.

Sarong Indonesischer Wickelrock, oft mit Batik- oder Ikat-Mustern.

Sawah Reisfeld im Nassreisanbau.

Songket Stoff mit Gold-/Silberstickerei; Brokat

Sriwijaya Malaiisches Großreich in der Zeit vom 7. bis ins 13. Jh. S. 108.

Stasiun Bahnhof

Taman (Nasional) (National-) Park

Tao Tao Aus Holz geschnitzte Figur, die in Tana Toraja einen Verstorbenen repräsentiert.

Topeng Javanisches Maskenspiel

Warung Essenstand

Wayang Kulit Schattenspiel, bei dem die flachen Spielpuppen aus Tierhaut *(kulit)* bestehen.

Wayang Golek Puppentheater mit dreidimensionalen, aufwendig geschnitzten Stabpuppen.

Wayang Wong Theaterspiel von unmaskierten Schauspielern, das meist Geschichten aus den hinduistischen Epen Ramayana oder Mahabharata erzählt.

ANHANG

www.stefan-loose.de/indonesien

GLOSSAR **623**

Reisemedizin zum Nachschlagen

Chikungunya-Fieber

Die vereinzelt in Sumatra und West-Java auftretende Virusinfektion wird durch Mücken übertragen, die besonders häufig auf Plantagen und Baustellen vorkommen. Die Infektion verursacht Kopfschmerzen, Gelenkschmerzen, Übelkeit und Fieber. Die Symptome klingen nach einigen Tagen ab und sind normalerweise nicht tödlich, doch sterben noch immer jedes Jahr mehrere Dutzend Menschen in Indonesien an einem schweren Krankheitsverlauf.

Cholera

In Indonesien infizieren sich jährlich mehrere hundert Menschen mit der hochansteckenden Durchfallerkrankung, besonders in armen Regionen West-Papuas. Übertragen wird sie durch Lebensmittel und infiziertes Wasser. Erkrankte können zumeist schon durch oral verabreichte Rehydrierungssalze behandelt werden, nur stark Dehydrierten muss intravenös Flüssigkeit zugeführt werden. Der Impfschutz durch handelsüblichen Impfstoff ist umstritten, Reaktionen sind häufig. Geimpft wird deshalb nur dann, wenn eine entsprechende Einreisebestimmung besteht, was für Indonesien nicht zutrifft.

Dengue-Fieber

Dengue-Fieber ist global rasant auf dem Vormarsch, die Fallzahlen haben sich in den letzten 50 Jahren verdreißigfacht. Die Viruserkrankung tritt immer häufiger epidemieartig auf, am ehesten während der Regenzeit, und nimmt besonders bei Kindern und Jugendlichen einen schweren Verlauf. Vor allem aus den ländlichen Regionen Javas wurden 2011 Epidemien gemeldet.

Überträger ist die Aedes aegypti-Mücke mit schwarz-weiß gebänderten Beinen, die während des ganzen Tages stechen kann und sich anders als die Anopheles-Mücke auch in Städten wohlfühlt. Nach der Inkubationszeit von bis zu einer Woche kommt es zu plötzlichen Fieberanfällen, Kopf- und Muskelschmerzen. Nach drei bis fünf Tagen kann sich ein Hautausschlag über den ganzen Körper verbreiten. Bei Stufe 1 klingen nach ein bis zwei Wochen die Krankheitssymptome ab.

Ein zweiter Anfall (Stufe 2) kann zu Komplikationen (inneren und äußeren Blutungen) führen. Wie bei der Malaria sind ein Moskitonetz und der Schutz vor Mückenstichen der beste Weg der Vorsorge. Es gibt keine Impfung oder spezielle Behandlung. Schmerztabletten, Fieber senkende Mittel und kalte Wadenwickel lindern die Symptome.

Keinesfalls sollten ASS, Aspirin oder ein anderes acetylsalicylsäurehaltiges Medikament genommen werden, da diese einen lebensgefährlichen hämorrhagischen Verlauf herausfordern!

Ein einfacher Test kann Dengue-Fieber bestätigen: Fünf Minuten den Oberarm abbinden, öffnen und in der Armbeuge nachsehen – falls rote Flecken erscheinen, ist es zu 90 % Dengue-Fieber.

Durchfall

Auch Asien-Reisende plagen manchmal Durchfälle (Diarrhöe), die durch Infektionen hervorgerufen werden. Verdorbene Lebensmittel, ungeschältes oder zu lange bereits aufgeschnittenes Obst, Salate, kalte Getränke oder nicht sachgerecht gelagerte Eiscreme sind häufig die Verursacher. Da auch Mikroorganismen im Wasser durchschlagende Wirkung zeigen können, sollte man nur abgekochtes oder abgefülltes Wasser trinken.

Eine Elektrolyt-Lösung (Elotrans bzw. für Kinder Oralpädon), die verlorene Flüssigkeit und Salze ergänzt, reicht bei den meist harmlosen Durchfällen völlig aus. Zur Not, z. B. vor langen Fahrten, kann auf Imodium, das die Darmtätigkeit ruhiglegt, zurückgegriffen werden (aber nur in geringen Dosen, da die Ausscheidung von Krankheitserregern verzögert wird!).

Hausrezept bei Durchfall

Bei leichten Durchfallerkrankungen kann man auf Medikamente verzichten. Stattdessen stellt man eine Lösung aus 4 gehäuften Teelöffeln Zucker oder Honig, 1/2 Teelöffel Salz und 1 l Orangensaft oder abgekochtem Wasser her.

Wer Durchfälle mit Fenchel, Kamille und anderen uns bekannten Kräutertees lindern möchte, sollte sich einen Vorrat mitnehmen. Zudem hilft eine Bananen- oder Reis-und-Tee-Diät und Cola in Maßen, denn es enthält Zucker, Spurenelemente, Elektrolyte und ersetzt das verloren gegangene Wasser. Generell sollte man viel trinken und die Zufuhr von Salz nicht vergessen. Bei länger anhaltenden Erkrankungen empfiehlt es sich, einen Arzt aufzusuchen – es könnte sich auch um eine bakterielle oder eine Amöben-**Ruhr** (Dysenterie) handeln. Bei Durchfällen ist zu bedenken, dass die Wirksamkeit anderer Medikamente, darunter die Antibabypille, beeinträchtigt werden kann.

Verstopfungen können durch eine große Portion geschälter Früchte, z. B. Ananas oder eine halbe Papaya (mit Kernen essen), verhindert werden.

Erkältungen

Erkältungen kommen in den Tropen häufiger vor, als man denkt. Schuld sind vor allem Ventilatoren und Klimaanlagen, die krasse Temperaturwechsel und zu viel Zugluft bescheren. Nassgeschwitzt in klimatisierte Räume zu flüchten, ist nicht ratsam, wenn man nicht etwas zum Wechseln oder Überziehen dabeihat. Auch in klimatisierten Bussen und in den Bergen ist wärmere Kleidung wichtig.

Geflügelpest / Vogelgrippe

In den letzten Jahren sind auf Java und Bali immer wieder Infektionen mit dem hochlethalen Geflügelpesterreger, auch mit der pandemischen Influenza H1N1, registriert worden. In den meisten dieser Fälle hatten die Erkrankten direkten Kontakt mit Geflügel, wovon daher generell abzuraten ist.

Gelbsucht / Hepatitis

Die schwere Lebererkrankung **Hepatitis B** ist die gefährlichste Hepatitis-Ausprägung und wird vor allem durch sexuellen Körperkontakt und durch Blut (ungenügend sterilisierte Injektionsnadeln, Bluttransfusionen, Tätowierung, Piercen, Akupunktur) übertragen. Eine rechtzeitige vorbeugende Impfung, z. B. mit Gen H-B-Vax, ist sehr zu empfehlen.

Die **Hepatitis A** wird durch infiziertes Wasser und Lebensmittel oral übertragen. Vor einer Ansteckung schützt der Impfstoff Havrix (auch als Kombi-Impfung Twinrix für Hepatitis A und B erhältlich). Während in Indonesien die meisten Menschen nach einer harmlosen Hepatitis A-Infektion im Kindesalter gegen diese Krankheit immun sind, trifft dies nur auf ein Drittel aller Europäer zu. Ob die Impfung notwendig ist, zeigt ein Antikörpertest.

Hepatitis C und D werden auf demselben Weg übertragen wie Hepatitis B und können ebenfalls zu gefährlichen Langzeitschäden führen.

Geschlechtskrankheiten

Gonorrhöe und die gefährlichere **Syphilis** sind in Asien weitverbreitete Infektionskrankheiten, vor allem bei Prostituierten. Bei den ersten Anzeichen einer Erkrankung (Ausfluss/Geschwüre) unbedingt ein Krankenhaus zum Anlegen einer Kultur und zur Blutentnahme aufsuchen.

Giardiasis / Lambliasis

Giardiasis ist eine Infektion des Verdauungstraktes, ausgelöst von dem Parasiten *Giardia lamblia*, der über fäkal verunreinigtes Wasser oder Lebensmittel aufgenommen wird. Die Symptome treten ein bis zwei Wochen nach der Infektion auf: Durchfälle, Bauchkrämpfe, Blähungen, Müdigkeit, Gewichtsverlust und Er-

ANHANG

www.stefan-loose.de/indonesien REISEMEDIZIN ZUM NACHSCHLAGEN **625** brechen. Bei ausbleibender Behandlung mit Antibiotika verschlimmert sich das Krankheitsbild, daher sollte unverzüglich ein Arzt aufgesucht werden.

Hauterkrankungen

Bereits vom Schwitzen kann man sich unangenehm juckende Hautpilze holen. Gegen zu starkes Schwitzen hilft Körperpuder, das angenehm kühlt und in Apotheken oder Supermärkten erhältlich ist. Für andere Erkrankungen sind häufig Kopf-, Kleider-, Filzläuse, Flöhe, Milben oder Wanzen verantwortlich. Die beste Vorbeugung ist eine ausreichende Hygiene. Nicht selten treten an Stellen, an denen die Kleidung eng aufliegt, Hitzepickel auf, die man mit Zinkoxyd oder Titanoxyd behandeln kann. Gegen Kopfläuse hilft Organoderm, oder, falls man wieder in Deutschland ist, Goldgeist forte.

HIV / Aids

HIV/Aids ist auch in Indonesien zu einem großen Problem geworden. Schätzungen der Unaids zufolge lebten im Jahr 2009 in Indonesien 270 000 Menschen, die Aids haben oder mit dem HIV-Virus infiziert sind. Obwohl die indonesische Regierung häufig die *Waria*, Transvestiten, für die Verbreitung der Krankheit verantwortlich macht, sind über 80 % der Infizierten männlich. Trotz diverser Aufklärungskampagnen steigt die Zahl der Infizierten jährlich.

Besonders auf Bali ist Aids zu einem ernsten Problem geworden, das erhöhte Aufmerksamkeit erfordert. Zuletzt wurden dort auch Tätowierungen als Ansteckungsursache ermittelt. Hauptübertragungsweg ist und bleibt aber der Sexualkontakt. Nicht zu glauben, dass es immer noch Männer gibt, die während ihres Urlaubs vom Freiheitsdrang beseelt beim Verkehr mit Prostituierten auf das Kondom verzichten, ja sogar darauf bestehen, es „ohne" machen zu wollen!

Auf das schützende Kondom sollte auf keinen Fall verzichtet werden. Kondome sind in Süd-Bali überall zu bekommen. Asiatische Kondome stehen allerdings in dem Ruf, für europäische Proportionen zu klein und von schlechter Qualität zu sein. Wer in abgelegenere Orte reisen möchte, sollte sich ohnehin einen Vorrat zulegen, denn in den Dörfern sind Kondome oft weder bekannt noch erhältlich.

Insektenstiche und -bisse

Insekten und Fliegen sind allgegenwärtig und zu Beginn der Trockenzeit eine wahre Plage. Auch in der heißen Jahreszeit lassen sie sich in Scharen von Lichtquellen und Wärme anlocken, doch die meisten sind eher lästig als gefährlich. Vorsicht ist vor Moskitos geboten, da gewisse Arten Dengue-Fieber und Malaria übertragen. Wo viele Mücken auftreten, sollte man lange Hosen und langärmlige Blusen oder Hemden tragen und Insektenschutzmittel benutzen. Zudem sollte man sich nach Regenfällen und am frühen Morgen, wenn die Mücken besonders zahlreich auftreten, möglichst nicht im Freien aufhalten.

An einigen Sandstränden treten vor allem am Nachmittag und Abend **Sandfliegen** auf, deren gemeine Bisse sich erst einige Stunden später durch extreme und juckende Hautrötungen bemerkbar machen. Kratzen erhöht die Gefahr einer Entzündung, die mitunter erst nach einem Monat abklingt und hässliche Narben hinterlässt. Da sich die kleinen Plagegeister nur in begrenzten Bereichen aufhalten, sollte man sich von diesen Stränden fernhalten. Zudem hilft es, sich vor dem Strandbesuch mit Babyöl einzureiben.

Flöhe und **Wanzen**, deren Bisse fürchterlich jucken können, verstecken sich bevorzugt in Betten, s. S. 85. Wanzenbisse bilden gewöhnlich eine säuberliche Linie. Nicht kratzen, sondern ein Antihistaminikum (Salbe) gegen Entzündungen auftragen!

Auf dem Land sind viele Tiere mit **Zecken** infiziert, die sich in gesättigtem Zustand von ihrem Wirt fallen lassen und auf das nächste Opfer warten, dem sie ihre mit Haken besetzten Köpfe ins Fleisch bohren können, um Blut zu saugen.

Es ist wichtig, sie vorsichtig zu entfernen, damit keine Haken stecken bleiben.

Blutegel sind zur Regenzeit im Dschungel eine Plage, besonders beim Durchqueren feuchter Stellen und von Wasser, s. S. 99.

Japanische Enzephalitis (Hirnentzündung)

Diese Krankheit wird durch Moskitos in Agrarregionen übertragen. Zu den Symptomen zählen Fieber, Kopfschmerzen, Nackenschmerzen und Erbrechen. Eine Vorbeugung empfiehlt sich nur bei einem langen Aufenthalt in entsprechenden Verbreitungsgebieten. Der Impfstoff der Firma Biken konnte allerdings lange Zeit nur über wenige große Impfzentren (z. B. Landesimpfanstalten und Tropeninstitute) direkt aus Japan mit Kühlkette importiert werden und kostet um 40 € pro Injektion. Es sind nur wenige Nebenwirkungen bekannt.

In Deutschland gibt es mittlerweile einen weiteren zugelassenen Impfstoff gegen die Japanische Enzephalitis. Der Impfstoff Ixiaro ist ab einem Lebensalter von 16 Jahren zugelassen

und wird zweimal im Abstand von vier Wochen gespritzt. Eine Impfung ist für Reisende zu erwägen, die einen langen Aufenthalt in gefährdeten Regionen oder Endemie-Gebieten planen.

Kinderlähmung

Selbst in Europa treten immer noch Epidemien auf. Wer während der letzten zehn Jahre die Schluckimpfungen versäumt hat, sollte sich vom Hausarzt den Impfstoff verschreiben lassen.

Malaria

Die touristischen Gebiete auf Java und Bali sowie Großstädte gelten als malariafrei. Sumatra und Sulawesi sind Gebiete von sehr geringer Ansteckungswahrscheinlichkeit. Einfacher Mückenschutz reicht hier aus.

Östlich von Bali gilt dagegen mittlere bis hohe Ansteckungsgefahr. Das bezieht sich auf Lombok und die Gili-Inseln, Flores, Sumba, Timor, aber auch auf Zentral- und Nord-Sulawesi. Ein Stand-By-Medikament ist hier ratsam.

Schutz vor Mücken

Am Abend schützt helle **Kleidung** (einige Reisende schwören auch auf dunkle Kleidung); wichtig sind lange Hosen, langärmlige Hemden, engmaschige lange Socken und ein **Mücken abweisendes Mittel** auf der Basis von DEET, das auf die Haut aufgetragen wird und die Geschmacksnerven stechender Insekten lähmt. Einige Apotheken bieten sanftere Mittel an, die auf Zitronella- und Nelkenöl basieren. Als eines der besten Mückenmittel auf dem deutschen Markt gilt Autan Family, das sowohl hautverträglich als auch wirksam ist. Einige Tropen-erfahrene schwören auch auf die Einnahme von Vitamin B in hohen Dosen, bei anderen scheint dies jedoch wirkungslos zu bleiben.

In den USA hat sich der Wirkstoff **Permethrin** bewährt, mit dem die Kleidung und das Moskitonetz eingesprüht werden. Er geht eine Verbindung mit dem Gewebe ein (ohne zu ölen) und bleibt wochenlang wirksam. Ähnliche Produkte sind auch in deutschen Apotheken erhältlich.

Wer ganz sichergehen will, sollte ein eigenes **Moskitonetz** mitbringen. Löcher werden am besten mit Klebeband verschlossen. Bei niedrigen Temperaturen in klimatisierten Räumen sind Mücken zwar weniger aktiv, aber keineswegs ungefährlich.

Notfalls verringern auch **Moskito-Coils**, grüne Räucherspiralen, die wie Räucherstäbchen abbrennen und für ca. acht Stunden die Luft verpesten, das Risiko. Oft werden sie abends in Restaurants unter die Tische gestellt, um die herumschwirrenden Moskitos zu vertreiben.

---

www.stefan-loose.de/indonesien   REISEMEDIZIN ZUM NACHSCHLAGEN

Vor allem auf Kalimantan und im von der Malaria geradezu verseuchten West-Papua kommt die *Malaria tropica* vor, die unbehandelt zum Tode führen kann und 65 % der Malariafälle in Indonesien verursacht. Wer sich außerhalb großer Städte bewegt, sollte unbedingt ein chemo-prophylaktisches Medikament einnehmen.

Weitere Malaria-Typen sind die *Malaria tertiana* und *Malaria quartana*. Die Mücke Anopheles, die den Malaria-Erreger *Plasmodium falciparum* übertragen kann, sticht während der Nacht, also zwischen Beginn der Dämmerung und Sonnenaufgang.

Die beste Vorbeugung ist, nicht gestochen zu werden (**Expositionsprophylaxe**): Am Abend schützen helle Kleidung, lange Hosen, langärmlige Hemden, engmaschige lange Socken und ein Mücken abweisendes Mittel auf der Basis von DEET, das auf die Haut aufgetragen wird und die Geschmacksnerven stechender Insekten lähmt. Als bestes Mückenmittel auf dem deutschen Markt gilt das österreichische No Bite, alternativ kann man auf Autan Family zurückgreifen. Einige Apotheken und Bioläden bieten sanftere Mittel an, die auf Zitronella- und Nelkenöl basieren.

Manche Hotelzimmer haben Mückengitter an Fenstern und Türen oder ein Moskitonetz über dem Bett. Wer ganz sichergehen will, bringt ein eigenes Netz mit. Löcher verschließt man am besten mit Klebeband. In klimatisierten Räumen sind Mücken weniger aktiv, aber keineswegs ungefährlich.

Über die beste **medikamentöse Prophylaxe** ist immer wieder heftig debattiert worden. Allen Mitteln gemein ist, dass sie unangenehme Nebenwirkungen hervorrufen können. Zu den am häufigsten verschriebenen Präparaten gehören Lariam (Wirkstoff Melfloquin) und Malarone (Wirkstoff Atovaquon/Proguanil). Wer sich in einem höchst seltenen Fall in einem Gebiet ohne ärztliche Versorgung infiziert hat, kann zur Überbrückung mit einer **Standby-Therapie** mit Lariam, Malarone oder Riamet beginnen.

Wer nach der Rückkehr an einer ungeklärten fieberhaften Erkrankung leidet, auch wenn es sich nur um Kopfschmerzen und leichtes Fieber handelt und die Beschwerden erst Mona-te nach der Rückkehr auftreten, sollte dem Arzt unbedingt über den Tropenaufenthalt berichten. Die ersten Symptome einer Malaria können denen eines banalen grippalen Infektes ähneln und werden daher häufig verkannt.

Pilzinfektionen

Frauen leiden im tropischen Klima häufiger unter Pilzinfektionen. Vor der Reise sollten sie sich entsprechende Medikamente verschreiben oder impfen lassen. Eine Creme oder Kapseln sind besser als Zäpfchen, die bei der Hitze schmelzen können. Ungepflegte Swimming Pools in den Tropen sind Brutstätten für Pilze aller Art.

Schlangen- und Skorpionbisse, giftige Meerestiere

Die weitverbreitete Angst steht in keinem Verhältnis zur realen Gefahr, denn **Giftschlangen** greifen nur an, wenn sie attackiert werden. Gefährlich ist die Zeit nach Sonnenuntergang zwischen 18 und 20 Uhr, vor allem bei Regen. Einige Schlangen töten durch ein Blutgift, in diesem Fall benötigt man sofort ein Serum, andere töten durch ein Nervengift, dann ist außerdem eine künstliche Beatmung wichtig. Das Provinzkrankenhaus, in das der Betroffene schnellstens gelangen sollte, muss zudem sofort informiert werden, damit ein Arzt und das Serum beim Eintreffen bereitstehen.

Skorpionstiche sind in dieser Region generell nicht tödlich. Kräutertabletten und Ruhigstellen des Körperteils lindert den Schmerz, Wasserkontakt meiden. Normalerweise lassen die anfangs starken Schmerzen nach ein bis zwei Tagen nach.

Durchaus real ist in den Tropen die Gefahr, mit nesselnden und giftigen Meerestieren in Kontakt zu kommen. Nur zwei Arten von Fischen können gefährlich werden, die man nur schwer vom Meeresboden unterscheiden kann: zum einen **Stachelrochen**, deren Gift fürchterliche Schmerzen verursacht, zum anderen **Stein-**

Bücher

Allgemein

Kulturschock Indonesien (David, Bettina; Reise Know-How 2010). Die Indonesien-Expertin vermittelt grundlegende Charakteristika sowohl gesamtindonesischer als auch teilkultureller Sitten, Glaubenssysteme und Verhaltensregeln. Dabei wird nicht nur Traditionelles, sondern auch neue Jugendkultur, Slang und moderne, dynamische Lebensweisen vor historischem Hintergrund erläutert.

Kinderbücher

A Club of Small Men – A Children's Tale from Bali (McPhee, Colin; Periplus 1993). Die wahre Geschichte einer Gruppe von jungen Männern zwischen sechs und 60 Jahren, die in den 1930er-Jahren eine Gamelan-Gruppe gründen.
A Journey to Bali Coloring Book (Grant, Gaia; Periplus Editions 2005). Ein Malbuch für Kinder zwischen vier und zehn Jahren, das hilft, die Insel und ihre Sitten und Gebräuche zu verstehen.
Im Land der Nashornvögel (Kuijer, Guus, deutsche Ausgabe bei Ravensburg 1991). Mark besteigt den Bauch eines Garuda und geht auf eine fantastische Reise in die Welt seines verstorbenen Großvaters nach Indonesien.

Geschichte

A History of Modern Indonesia (Ricklefs, M. C.; 4. Auflage 2008). Umfangreiches Lehrbuch über die Geschichte von 1300 bis Ende des 20. Jhs. Gut und verständlich.
A History of Modern Indonesia (Vickers, Adrian; Cambridge 2005). Von der Kolonialherrschaft bis zu den Bombenanschlägen auf Bali nimmt Vickers die sozio-politische Landschaft auf originelle Weise, nämlich unter Rückgriff auf literarische Themen und Schriftstellerbiografien, in den Fokus.
Indonesien – Inselreich in Turbulenzen (Siebert, Rüdiger; Wuppertal 1998). Der erfahrene Indonesien-Kenner erklärt die Ursprünge der politischen und ökonomischen Krise Ende des 20. Jhs.
Sie sind viele, sie sind eins – Eine Einführung in die Geschichte Indonesiens (Wertz, Armin; Frankfurt 2009). Wertz interessiert in dieser historischen Abhandlung vor allem, wie das multi-ethnische und -religiöse Land zu einer Nation zusammenwachsen konnte.
The Idea of Indonesia (Elson, R. E.; Cambridge 2009). Elson verfolgt die Spur nach dem Ursprung des indonesischen Nationalempfindens zurück bis in die Mitte des 19. Jhs.
The Indonesian Tragedy (May, Brian; Singapore 1978). Eine Sozialgeschichte der Nachkriegszeit unter Sukarno und Suharto. Hintergrundinformationen zum Aufstand von 1965.

Flora und Fauna

Biodiversity of Indonesia – Tanah Air (Stone, D.; Fotos: Alain Compost; Singapore 1997). Sehr schöner, großformatiger Bild- und Textband über Indonesiens diverse natürliche Ökosysteme: von Korallengärten über Küstenregionen bis zum tropischen Regenwald.
Der Malayische Archipel (Wallace, A. R.; Frankfurt 1983). Von 1869 stammt der Klassiker des englischen Forschers, der jahrelang die Inseln bereiste. Deutsche Übersetzung aus dem Societätsverlag. Schwerpunkt: Flora und Fauna. Die englische Ausgabe ist bei Periplus, Singapur, unter dem Titel *The Malay Archipelago* wieder erschienen.

Kultur

Das Indonesische Schattenspiel – Bali, Java, Lombok (Spitzing, G.; Köln 1981, TB). Ausführliche Beschreibung von Ursprung, Entwicklung und Bedeutung des *Wayang Kulit*, mit zahlreichen Abbildungen.
Die Religionen Indonesiens (Stöhr / Zoetmulder; Stuttgart, Berlin, Köln, Mainz 1965). Einzige umfassende Religionsgeschichte Indonesiens in deutscher Sprache, die sowohl die Stammesreligionen der Altvölker als auch die Hochreligionen Islam, Buddhismus und Hinduismus einbezieht.

ANHANG

www.stefan-loose.de/indonesien

BÜCHER **631**

Frauen in Indonesien – Geschlechtergerechtigkeit durch Demokratisierung? (Findeisen, Genia; Gießen 2008). Detaillierte Analyse zur Stellung der Frauen unter Aspekten der Dezentralisierung und Demokratisierung im mehrheitlich moslemischen Indonesien.

Indonesia – Between Myth and Reality (Lee Khoon Choy; Singapore 1995). *Way of life*, Glaubensvorstellungen, Traditionen, Sitten und Gebräuche verschiedener Völker des Archipels, z. B. Toraja, Batak, Bali Aga, Badui, Javaner. Der Autor war einige Jahre der Botschafter Singapurs in Indonesien.

Indonesian Primitive Art (Hersey, Irwin; Singapore 1991). Die Kunst der proto-malaiischen Völker (Batak, Nias, Dayak, Toraja usw.) wird in diesem Oxford-Band ausführlich beschrieben und durch hervorragende Fotos umfassend illustriert.

Indonesien, die Kunst des Inselreichs (Wagner, Frits A.; Baden-Baden 1959, Paperback-Ausgabe 1979). Anschaulich illustrierte Kunstgeschichte von der neolithischen Periode bis zum 20. Jh.

Seni Kriya – The Crafts of Indonesia (Hrsg.: Ave, Joop; Singapore 1988). Ein faszinierender Bildband über alle (Kunst-) Handwerke des Archipels; sehr empfehlenswert.

The Traditional Architecture of Indonesia (Dawson, Barry / Gillow, John; London 1994). Großformatiger Band mit vielen Fotos und Zeichnungen über die verschiedenen traditionellen Häuser Indonesiens von Sumatra bis Timor und Papua.

The World of Indonesian Textiles (Warming, Wanda / Gaworski, Michael; London 1981). Informatives Werk im Großformat vor allem über *Ikat* und Batik.

Bildbände

Abenteuer Indonesien (Wirz, Dominique; 2008). Schöne Fotos von Reisterrassen, Traumstränden, Vulkankegeln oder Flora und Fauna, die Lust aufs Reisen machen.

Indonesien (Könemann, Köln 2000). Ein Bildband, der die Schönheit dieser Inselwelt zeigt.

Indonesien – Das verlorene Paradies (Bisschops, Luis; 2005). Mit interessanten Texten

versehene, gesellschaftlich orientierte Fotografien des holländischen Fotografen. Von urbanen Szenen oder ländlicher Idylle ist alles dabei.

… mit regionalem Schwerpunkt
Java

History of Java (Raffles, Sir Thomas Stamford; Kuala Lumpur 1978). Ein Nachdruck von Oxford University Press. Umfangreiche Arbeit in zwei Bänden des kurzzeitigen Gouverneurs der Insel. 1817 erschienen.

Javanese Culture (Koentjaraningrat; Singapore 1989). Umfangreiche ethnografische Studie (550 S.) eines javanischen Wissenschaftlers – detailliert und anspruchsvoll.

Mysticism & Everyday Life in Contemporary Java (Mulder, Niels; Singapore 1978, 3. Aufl. 1983). Über javanische Mystik und ihre Auswirkungen auf den Alltag und die Umgangsformen der Javaner, ihre Lebenshaltung, Moral und Wertvorstellungen.

The Folk Art of Java (Fischer, Joseph; Kuala Lumpur 1994). Reichhaltig illustrierter Band über die verschiedenenen Aspekte javanischer Volkskunst.

The Religion of Java (Geertz, Clifford; Chicago, London 1960, Neuauflage 1976). Umfangreiche und sehr detaillierte Studie über religiöse Anschauungen und Praktiken, durchgeführt in einer zentraljavanischen Kleinstadt.

The Temples of Java (Dumarcay, Jacques; Singapore 1986). Beschreibung aller hinduistischen und buddhistischen Tempel Zentral- und Ost-Javas.

Bali

Bali – Sekala & Niskala (Eiseman, Fred B. Jr.; Tuttle Publications 2009). Eine aufschlussreiche Sammlung von mit wissenschaftlicher Akribie verfassten Kapiteln über die unterschiedlichsten Aspekte Balis. Natur, Religion, Alltagskultur, Feste und Rituale werden detailliert beleuchtet.

Bali Style (Walker, Barbara; Fotos: Rio Helmi; Singapore 1997). Schöner Text- und Bildband mit mehr als 330 Fotos über balinesische Architektur, traditionelle und moderne Inneneinrichtungen und Kunsthandwerk.

Island of Bali (Covarrubias, Miguel; Periplus 2009). Das Standardwerk über Bali. In weiten

Teilen immer noch faszinierend aktuell, auch wenn es erstmals 1937 aufgelegt wurde.

Negara – The Theatre State in 19th Century Bali (Geertz, Clifford; Princeton 1980). Dieser Klassiker der Ethnologie und historischen Anthropologie dringt tief in das balinesische Gesellschaftssystem ein und ist für das Verständnis der historischen Gewachsenheit des dortigen Sozialsystems heute wie damals ein Standardwerk.

The Secrets of Bali (Copeland, Jonathan; Orchid 2010). Umfassende, klar verständliche Erläuterungen des balinesischen Alltags, der Religion, Feste, Architektur, Tänze, Künste u. v. a. m.

Sumatra

Forgotten Kingdoms in Sumatra (Schnitger, F. M.; Leiden 1938 / 1964). Der Autor war Konservator am Srivijaya Museum in Palembang und leitete in den 1930er-Jahren drei archäologische und anthropologische Expeditionen durch Sumatra.

Journey to the Land of the Earth Goddess (Frey, Katherine St.; Jakarta 1986). Ein großformatiger Bild- und Textband über die Minangkabau, ihre Kultur und ihre (lebendigen) Mythen.

The Batak (Sibeth, Achim; London 1991). Ein umfangreiches, ausführliches Werk über das bekannteste Volk Nord-Sumatras, mit vielen historischen und zeitgenössischen Fotos, z. T. in Farbe.

The Ecology of Sumatra (Whitten, Anthony J.; Damanik, Sengli J.; Anwar, Jazanul; Hisyam, Nazaruddin; Yogyakarta 1984). 600 Seiten starkes Handbuch mit ausführlicher Analyse der Umweltprobleme Sumatras. Ähnliche Bände sind auch über die anderen Inseln erschienen.

Ältere Reisebeschreibungen

A Naturalist's Wanderings in the Eastern Archipelago (Forbes, Henry O.; Singapore 1989, Originalausgabe New York 1885). Die Reise eines Naturforschers durch Java, Sumatra, die Banda-Inseln, Tanimbar und Ost-Timor.

Aufruhr im Paradies (Tantri, K'Tut; Berlin 1961). Eine junge Amerikanerin geht Anfang der 1930er-Jahre nach Bali, wird dort integriert und nimmt am Befreiungskampf teil. Eine faszinierende Autobiografie. Englische Ausgabe: *Revolt in Paradise*, Jakarta 1981.

Aus Insulinde – Malaiische Reisebriefe (Haeckel, Ernst; Leipzig 1923, 3. Aufl.). Reisebericht eines Naturforschers auf Java und Sumatra um die Jahrhundertwende; mit Fotos, Zeichnungen und Aquarellen.

Eine islamische Reise – Unter den Gläubigen (Naipaul, V. S.; Frankfurt 1984). Englische Ausgabe: *Among the Believers* (Penguin Books 1982). 1979 und 1980 bereiste der bekannte Schriftsteller die islamischen Länder Iran, Pakistan, Malaysia und Indonesien und berichtet in faszinierender Weise von seinen Gesprächen mit den Menschen.

Zoo Quest for a Dragon (Attenborough, David; London 1957, als Oxford Paperback 1986). Reise eines Zoologen durch Java, Bali und Kalimantan nach Komodo, um einen Waran für den Londoner Zoo zu fangen.

Romane und Dichtung

Das ungewollte Leben (Toer, P. A.; Berlin 1987). Acht Erzählungen des javanischen Autors in deutscher Übersetzung.

Das Ramayana des Valmiki (Übersetzer: Schmöldees, C.; Düsseldorf, Köln 1981). In deutscher Prosa, übersetzt aus dem Englischen. Das ursprünglich aus Indien stammende hinduistische Epos ist eine der literarischen Grundlagen des Wayang auf Java wie auch zahlreicher balinesischer Tänze.

Eat, Pray, Love (Gilbert, Elizabeth; Viking Adult 2006). Kaum ein Buch (und die dazugehörige Verfilmung) löste einen derartigen Bali-Hype aus wie die Schilderung der Autorin auf Selbstfindungsreise, welche schließlich auf Bali ihr krönendes Ende findet. Der Tourismus in Ubud profitiert noch heute von Besuchern, die auf den Spuren der Autorin wandeln.

Gesammelte Erzählungen (Maugham, Somerset; Bd. IV, VIII, X; Diogenes TB). Südostasien in den 1920er- und 1930er-Jahren vor dem Zusammenbruch der europäischen Einflusssphären. Maugham präsentiert in seinen Kurzgeschichten koloniale Charaktere und deren Verhalten.

ANHANG

Kind aller Völker – Anak Semua Bangsa (Toer, P. A.; Luzern 1991). Der zweite Band der Tetralogie in deutscher Übersetzung.

Letters of a Javanese Princess (Kartini, Raden; New York 1964). Ausgewählte Briefe der indonesischen Nationalheldin, Vorbild der Frauenbewegung, an ihre holländischen Freunde.

Liebe und Tod auf Bali (Baum, Vicki; Köln 1965). Dieser Roman (Erstveröffentlichung 1937) erzählt die tragischen Ereignisse der Jahre 1904–1906, in Bali als *Puputan* – das Ende – bekannt. Die Holländer nehmen die angebliche Plünderung eines chinesischen Schiffes zum Vorwand, um mit Truppen auf der Insel zu erscheinen; die Invasion gipfelt in der Schlacht von Badung, wo Hunderte von Balinesen ihrem Fürsten freiwillig in den Tod folgen.

Lord Jim (Conrad, Joseph; Aufbau Taschenbuch 2000). Conrad hat für viele seiner Romane und Erzählungen Südostasien und besonders Inselindien als Hintergrund gewählt. Lord Jim ist ein Klassiker, Conrads Stil aber nicht jedermanns Sache. Weitere Titel:

Mahabharata (Übersetzer: Roy, B., Römer, E.; Düsseldorf, Köln 1979, Taschenbuch). Das zweite große indische Epos, das ebenfalls die indonesische Kunst und Kultur maßgeblich beeinflusst hat.

Max Havelaar oder die Kaffeeversteigerung der niederländischen Handelsgesellschaft (Multatuli, Amsterdam 1860). Unter Pseudonym schrieb Eduard F. E. Douwes Dekker diesen Roman, der sich erstmals kritisch mit dem holländischen Kolonialismus auseinandersetzte. Die deutsche Übersetzung erschien 1885, eine neue Auflage ist 1997 bei Ullstein erschienen. Auf Englisch ist das Werk bei Penguin Books im Programm.

Perlen im Reisfeld (Übers.: Hilgers-Hesse, Irene; Tübingen 1971). Mochtar Lubis, der bekannte Schriftsteller aus West-Sumatra, hat 39 moderne, kritische Erzählungen verschiedener indonesischer Autoren für diesen Band ausgewählt.

Reise nach Indonesien – Geschichten fürs Handgepäck (Leitess, Lucien: Zürich 2010). Gute Auswahl an Kurzgeschichten von modernen und älteren indonesischen Schriftstellern sowie europäischen Kollegen wie z. B. Hermann Hesse. Sehr unterschiedliche Erzählweisen und zeitgeschichtliche Hintergrundthemen.

Rubber und **Coolie** (Székely-Lulofs, Madelon H.; beide Singapore 1987). In zwei Romanen schildert die Autorin den selbst erlebten Alltag auf Sumatras Gummiplantagen in den 1920er-Jahren, einmal mit europäischen Augen, einmal aus der Sicht eines Kontraktkulis.

The Fugitive (Toer, Pramoedya Ananta; Singapore 1975). Englische Übersetzung einer Geschichte vom Ende der japanischen Besatzung. Der javanische Autor ist einer der bekanntesten Schriftsteller, der wegen seiner politischen Überzeugung auf Buru gefangen gehalten wurde.

Tropic Fever (Székely, Ladislao; Singapore 1985, Erstausgabe 1937). Die Erlebnisse eines europäischen Pflanzers zu Beginn dieses Jahrhunderts in Nord-Sumatra, humorvoll und spannend, teilweise autobiografisch. Ebenso interessant sind die zwei Bücher seiner Frau Madelon H. Lulofs.

Twilight in Djakarta (Lubis, Mochtar; London 1963). Die Helden entstammen der unteren sozialen Schicht, beschrieben wird die Korruption in der jungen Republik. Das Buch stand immer wieder auf dem Index, Lubis wurde mehrmals eingesperrt. Die deutsche Übersetzung ist im Unionsverlag 1997 unter dem Titel *Dämmerung in Jakarta* erschienen. Ebenfalls von Lubis ist der Titel *Tiger! Tiger!* in deutscher Sprache erschienen, der die Archetypen allgemein-menschlicher, rationaler und irrationaler Ängste mit traditionellen indonesischen Glaubensvorstellungen beschreibt.

Index

A

Abkommen von Linggarjati 115
ABRI 120
Acar Campur 488
Aceh 52, 502
Acehnesen 26, 125
Adapter 49
Adat 534
Adat-Partei 112
Adee 508
Affandi 132
Affen 101
Agrargesellschaft 124
Ahnenkult 127
Aids 626
Air Asia 44, 83
Air Terjun Tiga Tingkat 525
Aktivitäten 74
Algenfarmer 367
Aluk Todolo 582
Alung 605
Ambon 110
Amed 36, 382
  Aktivitäten 384
  Essen 384
  Transport 385
  Übernachtung 382
Amlapura 379
Ampana 594
Ampenan 396
Amphibien 99
Analphabeten 104
Ancol 145
Andong 80
Anggur Hitam 53
Angkot 80
Animismus 127
Anoa 97, 563
Anreise 44
Antiquitäten 47
Anyer 164
Apotheken 67
Äquator 37
Arak 53, 403
Arbeitslosigkeit 121
Art-déco 175

ASDP 85
Atomkraftwerke 123
Auslandsgespräche 76

B

Babi Guling 52
Babi Panggang 488
Babirusa 97, 563
Bajaj 80
Bajawa 451, 458
Balai Haratai 546
Bali 23, 26, 28, 31, 35, 38, 52, 78,
  127, 128, 132, 133, 135, 267
  Affenwald 310, 324
  Bombenanschlag 276
  Flüge 274
  Flughafentransfers 275
  Gemälde 319
  Holzschnitzereien 325, 326
  Kochkurse 319
  Kunst 307
  Kurse in balinesischen
    Künsten 320
  Medizinische Hilfe 272, 321
  Mietwagen 273
  Rafting 320, 364
  Schnorcheln 299, 349, 372,
    378, 384
  Silberschmiede 326
  Souvenirs 293
  Surfen 277, 299
  Surfschulen 282
  Tanzveranstaltungen 308
  Tauchen 299, 340, 349, 365,
    372, 378, 384
  Textilien 282
  Trekking 364
  Wasserbüffelrennen 337
  Wassersport 303
Bali Aga 356, 378
Bali Bird Park 326
Bali Safari & Marine Park 329
Bali Zoo 326
Bali-Straße 268
Balla Lompoa Museum 572
Banda Aceh 35, 503
  Aceh State Museum
    (Museum Negeri Aceh)
    504

  Einkaufen 508
  Essen 508
  Flüge 510
  Informationen 509
  Kapal Apun 504
  Kapal Apung Lampulo 505
  Kherkhoff 504
  Lhampu'uk 505
  Mesjid Raya Baiturrahman
    503
  Nahverkehr 509
  RI 001 Monument 504
  Taman Sari 504
  Transport 510
  Tsunami-Museum 504
  Übernachtung 507
Bandaneira 110
Bandung 34, 35, 174
  Dago 177
  Einkaufen 179
  Essen 178
  Flüge 182
  Gedung Sate 175
  Geologisches Museum 175
  Guides 180
  Informationen 181
  Institut Teknologi Bandung
    (ITB) 175
  Jl. Asia Afrika 174
  Jl. Braga 174
  Jl. Jeans 175
  Kultur 180
  Medizinische Hilfe 181
  Museum of the Asian-
    African Conference 174
  Nahverkehr 181
  Transport 181
  Übernachtung 177
  Unterhaltung 180
Bangsal 405
Banjar Baru 545
Banjarmasin 36, 539
  Essen 540
  Flüge 544
  Informationen 543
  Medizinische Hilfe 543
  Nahverkehr 543
  Transport 544
  Übernachtung 539

Bantaeng 573
Banten 111, 163
Banua 605
Banyupahit 266
Bapak Pembangunan 117
Bara Beach 574
Barana 592
Bargeld 61
Barong Tongkok 558
Batak 26, 52, 106, 128, 488, 498, 502
Batang Palupah 527
Batavia 110
Batavia Air 84
Batik 47, 128, 132, 206, 208
Batikherstellung 133
Batu 261
Batu Bolong 400
Batu Hiu 187
Batukaras 187
Batukaru 334, 336
Batu Kok 418
Batu Lomoto 595
Batuputih 611
Batur-Massiv 354
Batutulis 168
Batutumonga 31, 592
Baum, Vicki 135
Bauxit 122
Bebek Betutu 52
Becak 80
Bedaya 131
Bedugul 36, 349
Behinderungen 72
Belimbingsari 338
Bemo 80
Bena 454
Bendi 80
Benzin 83, 273
Berastagi 484
Besakih 362
Betteln 89
Bevölkerung 104
Bevölkerungsdichte 105
Bevölkerungsexplosion 103
Bevölkerungswachstum 104, 114
Bhaga 454
Bier 53

Bildbände 632
Bima 432
Bimanesen 26
Biorock Reef Structures Projekt 342
Bira 574
Bitung 599
Blimbingsari 338
Blutegel 627
Bodenschätze 122
Bogor 35, 167
   Batutulis 168
   Botanischer Garten 167
   Essen 168
   Gong-Gießerei 167
   Informationen 170
   Medizinische Hilfe 170
   Nahverkehr 170
   Präsidentenpalast 167
   Transport 170
   Übernachtung 168
Bokin 590
Bomba 595
Bonga 591
Bonjol 112
Bonnet, Rudolf 132
Bontang 558
Bootstouren 74
Bori 591
Borobodur 27, 33, 35, 213
Botschaften 46
Brahma Vihara Arama 350
Brandrodung 102
Bratan-Massiv 351
Brem 53
Britische Kolonialherrschaft 111
Bromo-Tengger-Semeru-Nationalpark 262
   Feste 264
   Information 265
   Transport 265
   Übernachtung 263
Buaya 60
Bücher 71
Bücherliste 631
Buddhismus 127, 213
Budi Utomo 114
Bugis 52, 107, 125
Bukit-Halbinsel 304

Bukit Lawang 34, 479
Bukittinggi 34, 525
   Aktivitäten 529
   Essen 528
   Fort de Kock 525
   Informationen 530
   Jam Gadang 527
   Panorama-Park 527
   Pasar Atas 527
   Pasar Bawah 527
   Taman Bundo Kanduang 527
   Transport 530
   Übernachtung 527
Bundo Kanduang 535
Buntao 590
Buntu Kalando 590
Bupati 121

C
Cagar Alam Batukaru 334
Cakranegara 396
Camat 121
Camp Leakey 548
Campuhan 322
Candi Bima 229
Candi Cangkuang 184
Candi Cetho 225
Candi Dasa 375
   Aktivitäten 378
   Essen 377
   Pasir Putih 375
   Transport 378
   Übernachtung 375
   Wellness 378
Candi Kuning 349, 352
Candi Sukuh 225
Candi Vahana 215
Canting 133
Cap Cai 50
Cap Go Meh 146
Cekik 340
Celuk 326
Cemoro Lawang 262
Cempaka 545
Cendrawasih 132
Chikungunya-Fieber 624
Chinesen 25, 107
Chinesische Religion 127
Chinesisches Neujahr 57

Cholera 624
Christentum 125
Ciater 184
Cidomo 80
Cikakak 173
Cilegon 164
Cimaja 173
Cipanas 172, 184
Citilink 84
Clubs 86
Cunca Wulang 447

D

Daendels, Herman Willem 111
Daging Masak Putih 508
Dalang 129
Danau Batur 349, 355
Danau Bratan 351
Danau Buyan 353
Danau Jempang 556
Danau Limboto 598
Danau Segara Anak 418
Danau Tamblingan 353
Danau Tempe 576
Darat 535
Dayak 26, 106, 133, 542, 553
Delman 80
Delphine 345, 557
Demak 110
Dengue-Fieber 64, 624
Denpasar 271
  Bali Museum 271
  Essen 272
  Immigration 272
  Informationen 272
  Medizinische Hilfe 272
  Monumen Perjuangan
    Rakyat Bali 271
  Nahverkehr 274
  Puputan-Platz 271
  Pura Jagatnata 271
  Taman Werdi Budaya
    Art Center 271
  Transport 274
  Übernachtung 271
Deri 591
Deutero-Malaien 106
Deventer, Conrad Theodor van
  113

Dichtung 633
Diebstahl 74
Dieng-Plateau 33, 228
Diesel 83
Dipasang Bongi 583
Diplomatische Vertretun-
  gen 46
Dirapai 584
Disili 583
Doka 464
Dokar 80
Dreamland Beach 304
Drogen 74
Dschungel 23
Dunia Fantasi 145
Durchfall 624
Durian 53
Dwi Fungsi 120

E

Eat, Pray, Love 305
Ehrenschuld 113
Einbruch 74
Einkaufen 47
Eintrittspreise 40
Einwanderungsbehörde 91
Einwohner 104
Eisenbahn 80
Eisvogel 100
Elektrizität 49
Elektronikwaren 47
Elephant Safari Park 323,
  329
E-Mail 68
Ende 455
  Essen 457
  Sukarno Museum 455
  Transport 459
  Übernachtung 457
Energie 123
Entwaldung 102
Epiphyten 99
Erdbeben 95
Erdgas 122
Erdöl 122
Erkältungen 625
Essen 26, 41, 49
Essensmärkte 55
Ethische Politik 113

Exporte 121
Exportorientierte Industrien 124

F

Fahrradrikschas 80
Familienplanung 104, 117
Fasten 126
Fauna 97, 99
Feiertage 56
Fernsehen 71
Feste 56
Feuerkorallen 629
Finanzkrise 118
Firefly 44
Fisch 54
Fleisch 54
Flöhe 626
Flora 97
Flores 23, 32, 36, 440
Flugbuchung 45
Flüge 44
  Flughafengebühr 84
  Flugpreise 42
  Flugtickets 45
  Flugverbindungen 44
Fort Rotterdam 564
Fotografieren 59
Fotoversicherung 90
Frauen unterwegs 59
Früchte 53
Führerschein 83

G

Gado-Gado 51
Gajah Mada 109
Galerien 40
Galungan 58
Gamelan 131, 132
Garebeg Syawal 204
Garuda 84, 121
Garut 184
Gebet 126
Geflügelpest 625
Gelbsucht 625
Geld 60
  Geldautomaten 61
  Geldwechsel 60
Gelenkte Demokratie 116
Geliting 464, 465

Gemüse 54
Geografie 94
Geothermie 123
Gepäck 62
Geschäftsreisevisum 91
Geschenke 87
Geschichte 107
Geschichtsbücher 631
Geschlechtskrankheiten 625
Gesundheit 64
Getränke 53
Gewürze 49, 55
Giardiasis 625
Giftige Meerestiere 628
Gili Air 415
Gili Meno 412
Gili Trawangan 405
  Aktivitäten 409
  Essen 408
  Tauchen 411
  Transport 412
  Übernachtung 407
  Unterhaltung 409
Gili-Inseln 32, 410
  Preispolitik 407
  Tauchen 410
Gilimanuk 339
Gitgit-Wasserfall 351
Glaubensbekenntnis 126
Glodok 146
Glossar 622
Goa Gajah 323, 328, 329
Goa Lawah 32, 370
Gold 122
Goldkatze 100
Golkar 117
Gonorrhöe 625
Gorontalo 598
Gotong Royong 124
Gowa 572
Green Canyon 187
Gua Batu Cermin 447
Gua Rawa Kalong 173
Guides 40, 198
Gunung Abang 355
Gunung Agung 36, 97, 363
Gunung Baru 418
Gunung Batukaru 31, 35, 334, 351

Gunung Batur 355, 356, 357
Gunung Bromo 28, 35, 262
Gunung Galunggung 184
Gunung Gede 172
Gunung Gede Pangrango-
  Nationalpark 172
Gunung Kawi 323, 327
Gunung Leuser-National-
  park 479, 483
Gunung Lokon 609
Gunung Mahawu 610
Gunung Mas-Teeplantage 171
Gunung Merapi 216
Gunung Merbabu 228
Gunung Pangrango 172
Gunung Papandayan 184, 185
Gunung Penggilingan 351
Gunung Raung 266
Gunung Rinjani 32, 418
  Gipfelbesteigung 419
Gunung Sibayak 485
Gunung Singki 579
Gunung Soputan 609
Gunung Sumbing 228
Gunung Sundoro 228
Gus Dur 118

H

Habibie 118
Hadsch 126
Haie 102
Hajat Laut 190
Hamengku Buwono 193
Handeln 48
Haratai-Wasserfall 546
Harau Valley 531
Hari Raya Puasa 57
Hatta, Mohammad 115
Hauterkrankungen 626
Hayam Wuruk 109
Helmpflicht 81
Hepatitis 625
Hinduismus 108, 127
Hirnhautentzündung 627
Hirsch 100
Hirscheber 97
Historische Stätten 24
Hitzschlag 629
HIV 626

Hochsaison 38
Holländer 110
Holzexport 103
Holzschnitzereien 48, 134
Hüftgurt 64

I

Iboih Recreational Park 511
Idul Adha 57
Idul Fitri 57
Ijen-Massiv 266
Ikat 47, 128, 133, 458
Impfungen 64
Importe 121
Indisierung 108
Industrie 124
Inflation 121
Informationen 67
Insekten 99
Insektenstiche 626
Inseln 32
Internet 67, 68, 76
Islam 88
  Grundpfeiler des Islam 126
  Islamisierung 109
IWF 118

J

Jagaraga 349, 358
Jakarta 27, 138
  Alt-Jakarta (Kota) 143
  Ancol 145
  Bajaj 157
  Balai Seni Rupa dan
    Keramik 145
  Busse 157
  Cap Go Meh 146
  Dunia Fantasi 145
  Einkaufen 154
  Eisenbahn 158
  Essen 151
  Flüge 158
  Gambir-Bahnhof 148
  Gedung Gajah 147
  Gedung Pancasila 148
  Gereja Sion 146
  Geschichte 139
  Glodok 146
  Hoenderpasarbrug 145

Immanuel-Kirche 148
Immigration 155
Informationen 155
Internet 156
Istiqlal-Moschee 148
Jakarta History Museum 143
Jin De Yuan 146
Kali Besar 145
Lapangan Banteng 148
Lapangan Merdeka 146
Marina 146
Märkte 155
Medizinische Hilfe 156
Muara Angke 145
Museum Bahari 145
Museum Indonesia 149
Museum Wayang 143
Nahverkehr 157
Nationaldenkmal 147
Nationalmuseum 147
Ojek 157
Pasar Ikan 145
Pasar Kemenangan 146
Ragunan Zoo 149
Schiffe 158
Seaworld 146
Segelschiffhafen 145
Souvenirs 154
Sunda Kelapa 145
Taman Fatahillah 143
Taman Impian Jaya Ancol 145
Taman Mini 149
Taxis 157
Theater 155
Touren 156
Transjakarta 157
Transport 157
Übernachtung 149
Unterhaltung 153
Wellness 156
Jalan Jeans 175
Jamu 231
Jantur 556
Japanische Besatzung 115
Japanische Enzephalitis 627
Jasi 381
Jatiluwih 31, 35, 334
Java 23, 32, 35, 38, 51, 77, 137

Java-Krieg 112
Java-Nashorn 100
Jemaah Islamiyah 119
Jembrana-Küste 336
Jepara 243
Jet Star 44
Jimbaran 28, 29, 301
Jong Dobo 465
Jungutbatu 366

K
Kabupaten 121
Kaffee 48, 86, 451, 585
Kajak 445
Kalender 92
Kalimantan 23, 36, 38, 52, 78, 537
Kamasan 360
Kampftänze 136
Kampung Naga 185
Kandangan 545
Kandeapi 592
Kannenpflanzen 99
Karangasem 379
Karang Hawu 173
Karimunjawa 238
    Essen 242
    Informationen 242
    Touren 243
    Transport 243
    Übernachtung 241
Kayak 409, 476
Kbo Iwo 328, 355
Kebun Raya Eka Karya 352
Kecak 131, 303
Kecamatan 121
Kekarah 508
Kelimara 458
Kelimutu-Seen 459
Kelor 160
Kemujan 239
Kepala Desa 113
Kepulauan Derawan 559
Kepulauan Seribu 160
Kersik Luway 558
Kertanegara-Reich 109
Ketambe 484
Ke'te Kesu 589
Ketua 121

Kinder 69, 87
Kinderbücher 631
Kinderlähmung 627
Kintamani 349, 354
Kirche 126
Kleiderordnung 62
Klima 37
Klimawandel 37, 45
Klotok 548
Klungkung 32, 36, 359
Koffer 63
Kohle 122
Kolonialzeit 110, 138
Komodo 438
Komodo-Nationalpark
    32, 36, 435
    Reisezeit 437
    Schnorcheln 436
    Tauchen 436
Komodo-Warane 439
Konsulate 46, 252, 477
Kopfjäger 542
Kopra 124
Korallen 101
Koran 125
Kota Bangun 556
Koto Lubuk Hitam 525
Krakatau 97, 165
Krankenhäuser 64
Kraton 193
Kraton Ratu Boko 216
Kraton Surosowan 163
Kreditkarten 61
Kreuzfahrten 74
Kriminalität 73
Kris 48, 128, 134
Krise 117
Kubutambahan 358
Kuin 539
Kultur 128
Kumai 548
Kuningan 59
Kunst 128
Kunsthandwerk 48
Kupfer 122
Kuta 28, 29, 31, 35, 276
    Aktivitäten 282
    Einkaufen 282
    Essen 280

Informationen 284
Touren 283
Transport 284
Übernachtung 277
Unterhaltung 281
Wellness 283
Kuta Lombok 392
Kutai-Nationalpark 558

L

Labo 589
Labuan Bajo 32, 36, 441
Aktivitäten 445
Essen 443
Informationen 446
Tauchen 445
Touren 445
Transport 446
Übernachtung 441
Labuan Sait Beach 304
Labuhan 206
Labuhan Lombok 423
Lahendong 611
Lamaholot 440
Lambliasis 625
Landkarten 68
Landsäugetiere 100
Landschaften 97
Landwirtschaft 123
Langhaus 542
Languren 101
Lasa 440
Lebenserwartung 104
Ledalero 463
Lederschildkröten 100
Legian 28, 29, 31, 35, 285
Essen 286
Übernachtung 285
Legislative 119
Lembang 182
Lembar 392
Lembongan 367
Lemo 31, 589
Lempo 591
Leopard 100
Leopardkatze 100
Liang 584
Liberale Politik 113
Likri 611

Likuan 605
Lingga 486
Linow-See 611
Lion Air 45, 84
Literatur 631
Lobe 590
Lo'ko'mata 592
Loksado 36, 545
Lombok 388
Lombok-Straße 268
Londa 31, 588
Lontar-Schriften 128
Lontong 51
Lore Lindu-Nationalpark 592
Loro Jonggrang 215, 216
Lovina 35, 345
Aktivitäten 348
Delphintouren 345
Essen 348
Touren 350
Transport 350
Übernachtung 345
Luftfeuchtigkeit 37
Lumpia 234
Lurah 121

M

Maduresen 107
Magazine 71
Magepanda 465
Magie 127
Mahabharata 129
Mais 124
Majapahit 109
Majelis Permushawaratan
  Rakyat 119
Makaken 101, 310, 324
Makale 589
Makanan Padang 52
Makassar 31, 36, 563
Einkaufen 569
Essen 568
Flüge 571
Fort Rotterdam 564
Immigration 570
Informationen 570
Medizinische Hilfe 570
Museum Negeri La Galigo
  564

Nahverkehr 570
Pelabuhan Paotere 564
Tanjung Bunga 564
Touren 569
Transport 570
Übernachtung 565
Unterhaltung 568
Malacca 109
Malaien 107
Malaienbär 100
Malang 256
Djamek-Moschee 256
Essen 258
Flüge 260
Informationen 259
Medizinische Hilfe 259
Nahverkehr 259
Touren 259
Transport 260
Übernachtung 258
Malaria 627
Malaris 546
Malerei 48, 132
Malimbong 591
Malin Kundang 524
Maluk 426
Manado 599
Essen 602
Flüge 604
Gereja Sentrum 599
Informationen 603
Tauchen 602
Touren 603
Transport 604
Übernachtung 600
Manado Tua 605
Mancong 557
Mandi 85
Manggarai 26, 440, 458
Mangroven 101, 104, 256
Mangrovenpark Wonorejo
  255
Maninjau-See 34, 533
Maniok 52
Mantarochen 102
Mantuil 545
Marante 590
Martapura 545
Mas 325

Mas-Mas 395
Masken 48, 134
Massagen 75
Mataram 396
  Essen 396
  Immigration 397
  Medizinische Hilfe 397
  Nahverkehr 397
  Pura Meru 396
  Taman Budaya 396
  Transport 397
  Übernachtung 396
  West Nusa Tenggara
   Museum 396
Mataram-Reich 110, 193,
  245
Maulid Nabi Muhammad 57
Maumere 460
Medan 34, 469
  Bukit Barisan Militär-
   museum 473
  Chinatown 473
  Einkaufen 476
  Essen 475
  Flüge 478
  Informationen 477
  Maimoon Palast 471
  Medizinische Hilfe 477
  Mesjid Agung 471
  Mesjid Raya 471
  Nahverkehr 477
  Pajak Ikan 471
  Polonia 473
  Provinz-Museum Medan
   (Museum Negeri) 473
  Sri Mariamman-Tempel
   473
  Transport 478
  Übernachtung 474
  Vihara Gunung Timur 473
Medien 71
Medikamente 67
Medizinische Hilfe 64
Meeresbewohner 101
Mekka 126
Melak 558
Mengwi 333
Mentawai-Inseln 34
Merapi 35, 97, 266

Merpati 84
Mesjid Agung 163
Mesjid Raya Sabilal
  Muhtadin 539
Mie 50
Mie Goreng 50
Mietwagen 42, 81
Mikrolet 79
Militär 120
Minahasa 53
Minangkabau 26, 125, 516, 518,
  529, 534
Minderheiten 104, 107
Minibusse 42, 79, 80
Mi'raj Nabi Muhammad 57
Missionierung 126
Möbel 48
Mondfisch 102
Moni 459
Monsun 37
Moschee 88
Moskito-Coils 627
Moskitonetz 627
Motorräder 81
Motorradtaxis 80
Mountainbike 74
Muara Muntai 556
Mücken 627
Mudo, Assaat 525
Muezzin 126
Muharam 57
Mulawarman Museum 556
Munduk 29, 349, 353
Museen 40, 139
  Aceh State Museum
   (Museum Negeri Aceh)
   504
  Archäologisches Museum
   (Museum Situs Kepur-
   bakalaan Banten) 164
  ARMA - Agung Rai Museum
   of Art 308
  Balai Seni Rupa dan
   Keramik 145
  Bali Museum 271
  Balla Lompoa Museum 572
  Benteng Vredeburg 198
  Blanco Renaissance
   Museum 308

  Bukit Barisan Militär-
   museum 473
  Danar Hadi Antique Batik
   Museum 219
  Gedung Kopo Palast-
   museum 195
  Geologisches Museum 175
  Jakarta History Museum
   143
  Kutschenmuseum 195
  Le Mayeur Museum 295
  Monument Jogja Kembali
   198
  Mpu Tantular Museum 256
  Mulawarman Museum
   556
  Museum Adityawarman 518
  Museum Affandi 198
  Museum Asi Mbojo 432
  Museum Bahari 145
  Museum Indonesia 149
  Museum Konferensi Asia
   Afrika 34
  Museum Negeri La Galigo
   564
  Museum Negeri Lambung
   Mangkurat 545
  Museum November
   Sepuluh 250
  Museum of the Asian-
   African Conference 174
  Museum Pasifika 302
  Museum Puri Lukisan 308
  Museum Wayang 143
  Nationalmuseum 34, 147
  Neka Art Museum 308
  Nyoya Meneer Museum
   231
  Provinz-Museum Medan
   (Museum Negeri) 473
  Radya Pustaka Museum 218
  Rudana Museum 325
  Sono Budoyo Museum 196
  Subak Museum 333
  Sukarno Museum 455
  Tsunami-Museum 504
  West Nusa Tenggara
   Museum 396
Musik 132

ANHANG

N

Nachtmärkte 55
Nacktbaden 74
Nahverkehr 80, 81
Nainggolan 501
Nangahure 464
Nanggala 31, 590
Nasakom 116
Nashornvögel 100
Nasi Campur 50
Nasi Goreng 50
Nasi Padang 52
Nationales Erwachen 114
**Nationalparks und Natur-
schutzgebiete** 23
　Bali Barat-Nationalpark
　　35, 339
　Bromo-Tengger-Semeru-
　　Nationalpark 262
　Gunung Leuser-National-
　　park 23, 34, 479, 483
　Kelimutu-Nationalpark 459
　Komodo-Nationalpark
　　32, 36, 435
　Kutai-Nationalpark 23, 558
　Lore Lindu-Nationalpark
　　592
　Mangrovenpark Wonorejo
　　255
　Pangandaran-National-
　　park 34
　Taka Bonerate-National-
　　park 576
　Taman Nasional Bali Barat
　　35, 339
　Taman Wisata Bantimurung
　　572
　Tangkoko-Dua-Saudara-
　　Nationalpark 23, 611
　Tanjung Puting-National-
　　park 23, 36, 547
　Ujung Kulon-Nationalpark
　　23, 166
Naturschutz 102
Negara 337
Negara Kertagama 109
Negritos 107
Nepotismus 117
Neue Ordnung 116

Neuwahlen 117
Newmont 424
Ngada 440
Ngadhu 454
Ngadisari 262
Ngalau Indah 531
Nickel 122
Niederschlag 37
Nord-Bali 343
Nord-Sulawesi 598
Nord-Sumatra 469
Notrufnummern 76
Nusa Dua 302
Nusa Kambangan 187
Nusa Lembongan 366
Nusa Penida 365
Nusa Tenggara 32, 38, 52, 78,
　133, 387
Nutzhölzer 103
Nyepi 58

O

Odalan 58
Ojek 80
Ölvorkommen 122
Onrust 160
Orang Utan 101, 481, 483,
　547, 558
Orchideen 99
Ost-Bali 359
Ost-Java 245
Ost-Kalimantan 550
Ost-Timor 118

P

Padang 34, 516
　Essen 520
　Immigration 522
　Informationen 522
　Medizinische Hilfe 522
　Museum Adityawarman 518
　Nahverkehr 523
　Siti Nurbaya Park 519
　Transport 523
　Übernachtung 520
　Vihara Buddha Warman 518
Padang Bai 32, 36, 371
　Aktivitäten 372
　Essen 372

　Transport 374
　Übernachtung 371
Padar 440
Padri-Krieg 529
Palasari 338
Palatokke 589
Palawa 591
Palmöl 123
Pampang 553
Pananjung 186
Panca Sila 120, 125
Pangandaran 34, 186
　Essen 190
　Informationen 190
　Medizinische Hilfe 190
　Transport 191
　Übernachtung 189
Pangkalan Bun 36
Panguruuran 501
Paniki 590
Pantai Air Manis 524
Pantai Balian 35, 336
Pantai Batu Bolong 294
Pantai Canggu 32, 294
Pantai Carita 164
Pantai Echo 294
Pantai Kuta 392
Pantai Liang 607
Pantai Medewi 337
Pantai Pangalisang 606
Pantai Seger 392
Pantai Sekongkang 426
Pantai Seseh 294
Pantai Sumur Tiga 511
Paragliding 535
Parangtritis 27, 33, 217
Parapat 490
Paratyphus 629
Parinding 591
Parkgebühr 41
Partai Demokrasi Indonesia
　(PDI) 117
Partai Indonesia 115
Partai Komunis Indonesia 114
Partai Nasional Indonesia 114
Partai Persatuan Pembangu-
　nan (PPP) 117
Pasar Terapung Lokbaintan 539
Payakumbuh 531

Pelabuhan Paotere 564
Pelabuhan Ratu 173
Peliatan 323
Pelni 84
Pematang Purba 489
Pemuteran 35, 340
Pencak Silat 135
Pendidikan Nasional
    Indonesia 115
Penelokan 355
Penestanan 322
Perserikatan Komunis Di
    Hindia 114
Pesantren 125
Petanu 328
Petulu 323, 326
Pferdekutschen 80
Pilzinfektionen 628
Pisang Goreng 51
Plantagen 103, 113
Plantagenwirtschaft 124
Plik-U 508
Po An Kiong 539
Politik 119
Pondok Tanggui 548
Portugiesen 110
Post 72
Poto Tano 425
Prambanan 27, 33, 35, 215
Präsident 119
Praya 394
Preanger-Hochland 34, 182
Preiskategorien 86
Prinz Diponegoro 112
Priyayi 133
Probolinggo 262
Pro-Kopf-Einkommen 121
Proto-Malaien 106, 107
Provinzen 121
Pulau Batudaka 595
Pulau Besar 465
Pulau Bidadari 160, 447
Pulau Bolilangga 595
Pulau Bunaken 605
    Aktivitäten 608
    Schnorcheln 605
    Tauchen 605
    Transport 608
    Übernachtung 605

Pulau Burung 239
Pulau Congkak 160
Pulau Derawan 559
Pulau Kadidiri 595
Pulau Kaget 545
Pulau Kakaban 559
Pulau Kanawa 448
Pulau Kayangan 572
Pulau Kembang 539
Pulau Lae Lae 572
Pulau Malenge 595
Pulau Maratua 559
Pulau Menjangan 35, 339, 340
Pulau Nabucco 559
Pulau Pangempa 595
Pulau Pinus 545
Pulau Pisang Ketek 524
Pulau Pramuka 160
Pulau Rambut 160
Pulau Rondo 512
Pulau Samalona 572
Pulau Samosir 492
    Essen 500
    Pangururan 501
    Siallagan 500
    Simanindo 501
    Tomok 493
    Tuk Tuk 494
    Übernachtung 494
Pulau Sangalaki 559
Pulau Siladen 608
Pulau Taipi 595
Pulau Tidung 160
Pulau Una Una 595
Pulau Weh 35, 511
    Aktivitäten 515
    Medizinische Hilfe 515
    Schnorcheln 511, 515
    Tauchen 511, 515
    Übernachtung 512
Puncak Lawang 533
Puncak-Pass 171
Pura Besakih 36, 362
Pura Goa Lawah 370
Pura Gunung Kawi 28, 29, 32
Pura Luhur 336
Pura Luhur Batukaru 336
Pura Luhur Uluwatu 28, 29, 303
Pura Meduwe Karang 358

Pura Meru 396
Pura Pasar Agung 363
Pura Penataran Agung 362
Pura Segara 367
Pura Taman Ayun 333
Pura Tanah Lot 28, 29, 35, 332
Pura Tirta Empul 28, 29, 32,
    323, 327, 328
Pura Ulun Danu Bratan 28,
    29, 351
Putera 115
Putri Hijau 471
Putri Naga 438
Puya 583

Q
Quallen 629

R
Rabatte 42
Rafflesia 34, 527
Raffles, Stamford 111, 193
Rafting 74, 320, 364, 476, 482,
    488, 535, 586
Raja Ampat 102
Ramadan 39, 56, 126
Rama Sukana 136
Ramayana 129, 193, 205, 222
Rambutan 54
Rantau 535
Rantepao 31, 579
    Einkaufen 585
    Essen 580
    Flüge 587
    Informationen 586
    Medizinische Hilfe 587
    Pasar Bolu 579
    Touren 585
    Transport 587
    Übernachtung 579
Rawon 51
Regent 113
Regenwald 97, 98
Regenzeit 37
Regierung 119
Regionalklima 38
Regionalrat 120
Reis 49
Reiseapotheke 66

www.stefan-loose.de/indonesien

INDEX **643**

Reisebeschreibungen 633
Reisedokumente 73
Reisegepäckversicherung 90
Reisekosten 40
Reisekrankenversicherung 89
Reisemedizin 64, 624
Reisepass 90
Reiserouten 27
Reiserücktrittskosten-
    versicherung 90
Reiseschecks 61
Reisezeit 37, 38
Reiseziele 21
Religion 25, 125
Remboken 611
Renville-Abkommen 115
Repräsentantenhaus 120
Reptilien 99
Resident 113
Restaurants 55
Riam Kanan-Stausee 545
Rinca 438
Riung 440
Rochen 102
Romane 633
Roti 51
Roti Jala 475
Rückbestätigung 45
Rucksäcke 63
Rumah Gadang 535
Rumah Makan 55
Ruteng 448

S

Sabang 511
Sa'dan 591
Safari, Taman 256
Sago 52
Sailendra-Dynastie 109, 213
Saleh, Raden 132
Samarinda 551
    Essen 553
    Flüge 555
    Informationen 554
    Medizinische Hilfe 554
    Transport 554
    Übernachtung 553
Sampalan 366
Sampan 145

Samudra 109
Sandfliegen 626
Sangalla 590
Sangeh 324
Sangiran 219
Sangsit 349
Sano Nggoang 447
Santri 125
Sanur 28, 29, 31, 35, 295
    Bali Orchid Garden 295
    Einkaufen 299
    Essen 298
    Le Mayeur Museum 295
    Touren 299
    Transport 300
    Übernachtung 295
    Unterhaltung 298
Sape 435
Sarasah Bunta 531
Saraswati 59
Sarekat Dagang Islam 114
Sarong 62, 133, 551
Sasak 25, 125, 388
Sate 50
Sawan 349
Sawangan 608
Sawarna 173
Sawu 458
Scharia 503
Schiffe 84
Schildkröten 102
Schlammspringer 101
Schlangen 628
Schlangenbisse 628
Schnorcheln 24, 191, 242,
    299, 349, 372, 378, 384, 394,
    409, 436, 445, 466, 511, 515,
    597, 605
Schützenfisch 101
Seberang 551
Sebudi 363
Seeigel 629
Segeltörns 74
Selbstfahrer 81
Semak Daun 160
Semarang 231
    Baiturrahman Moschee 231
    Einkaufen 234
    Essen 233

Flüge 237
Gereja Blenduk 232
Informationen 236
Klenteng Sampo Kong 232
Medizinische Hilfe 236
Mesjid Agung 232
Nahverkehr 236
Nyoya Meneer Museum 231
Simpang Lima 231
Touren 234
Transport 236
Tugu Muda-Denkmal 231
Übernachtung 233
Unterhaltung 234
Semarapura 32, 36, 359
Semeru 262
Seminyak 28, 29, 31, 35, 288
    Einkaufen 293
    Essen 290
    Übernachtung 288
    Unterhaltung 292
    Wellness 293
Senaru 418
Senggigi 400
    Einkaufen 403
    Essen 402
    Touren 403
    Transport 404
    Übernachtung 400
    Unterhaltung 403
Sengkang 576
Senoni 556
Seraya Kecil 448
Serimpi 131
Sezessionsbestrebungen 116
Shopping. *siehe* Einkaufen
Siallagan 500
Sicherheit 73
Sidemen 36, 363
Sidoarjo 255
Sie Teulheu 508
Siguntu 588
Sikidang Krater 229
Sikka 440, 465
Sikuai 525
Siladen 605
Silber 122
Silberschmuck 48
Simanindo 501

644 INDEX

www.stefan-loose.de/indonesien

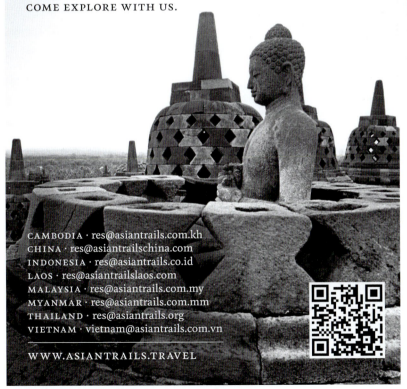
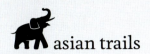

SIM-Karten 69, 76
Singapadu 326
Singaraja 343
Singosari 261
Sipiso-piso-Wasserfall 489
Siraman 204
Situ Cangkuang 184
Sjahrir, Sutan 115
Sjarifuddin, Amir 115
Skorpionbisse 628
Skype 76
Smit, Arie 323
SMS 76
Soetji Nurani-Tempel 539
Solo 27, 35, 218
   Danar Hadi Antique Batik
     Museum 219
   Einkaufen 222
   Essen 221
   Feste 222
   Flüge 225
   Immigration Office 223
   Information 223
   Kraton Surakarta 218
   Kultur 222
   Mangkunegaran-Palast 219
   Nahverkehr 223
   Radya Pustaka Museum 218
   Taman Sriwedari 218
   Touren 223
   Transport 224
   Übernachtung 219
Songket 47
Sonnenbrand 629
Sop 50
Soto 50
Soto Banjar 52
Souvenirs 48, 154
Spas 75
Spedition 72, 210
Spermonde Archipel 572
Spezialitäten 51
Spies, Walter 132
Sport 74
Sprachführer 614
Sprachkurse 208
Sriwijaya 108
Sriwijaya Air 84
Stachelrochen 628

Stadtbusse 81
Stadtpläne 68
Steckdosen 49
Steinfische 628
Steinmetzarbeiten 48
Strand 26
Stromausfälle 123
Stromversorgung 49
Suaya 590
Subak 334
Subak Museum 333
Süd-Bali 269
Süd-Kalimantan 538
Süd-Sulawesi 563
Suharto 116
Sukarno 114
Sukarnoputri, Megawati 118
Sulawesi 23, 36, 38, 52, 78,
   561
Sultan Hamengku Buwono
   112
Suluban Beach 304
Sumatra 23, 34, 38, 52, 77, 467
Sumatra-Elefant 100
Sumatra-Nashorn 100
Sumba 458
Sumbawa 423
Sumbawa Besar 429
Sumbawanesen 26
Sungai Amandit 545
Sungai Mahakam 556
Sungai Sekonyer 548
Sungguminasa 572
Surabaya 32, 245
   Ampel-Moschee 248
   Chinatown 246
   Citraland 246
   Einkaufen 251
   Essen 250
   Flüge 254
   House of Sampoerna 246,
     251, 252
   Immigration 252
   Informationen 252
   Jembatan Merah 246
   Joko Dolog 248
   Kali Mas 246
   Kya Kya 246
   Medizinische Hilfe 252

Mpu Tantular Museum 256
Museum November
   Sepuluh 250
Nahverkehr 252
Pasar Ampel 246
Synagoge 248
Tanjung Perak 246
Touren 251
Transport 253
Übernachtung 248
Unterhaltung 250
Surakarta 218
Surfen 35, 75, 174, 187, 190,
   191, 282, 299
   Bukit-Halbinsel 304
   Kuta 277
   Kuta Lombok 393
   Nusa Lembongan 369
   Pantai Balian 336
   Pantai Medewi 337
   Sumbawa 427
   Surfschulen 282
Syphilis 625

T

Tabanan 333
Tagesbudget 40
Taka Bonerate 576
Taliwang 426
Taman Fatahillah 143
Taman Gili 360
Taman Mini 149
Taman Nasional Bali Barat
   339
Taman Prasejarah Leang-
   Leang 573
Taman Purbakala Waruga
   Waruga 608
Taman Safari Indonesia 171
Taman Wisata Bantimurung
   572
Tamanjaya 166
Tambora 97, 423
Tampaksiring 327
Tampan 591
Tampangallo 590
Tana 36
Tanaberu 573
Tanah Lot 332

Tanah Lot-Tempel 32
Tana Toraja 31, 577
Tangkahan 479
Tangkoko-Dua-Saudara-
    Nationalpark 611
Tangkuban Prahu-Krater 183
Tanjong Benoa 302
Tanjung Bunga 564
Tanjung Harapan 548
Tanjung Haur 557
Tanjung Isuy 557
Tanjung Keluang 548
Tanjung Kramat 595
Tanjung Perak 32, 246
Tanjung Puting-Nationalpark
    36, 547
Tänze 131
Tanzkurse 208
Tao-Tao 128, 588, 589
Tapioka 124
Tara Tara 611
Taro 329
Taschahhud 126
Taschen 63
Tasikardi-See 163
Tauchen 24, 75, 269
  Amed 384
  Bira 574
  Bunaken 605, 608
  Candi Dasa 378
  Gili Air 417
  Gili Meno 415
  Gili Trawangan 411
  Gili-Inseln 410
  Karimunjawa 242
  Komodo Nationalpark 436
  Kuta Lombok 394
  Labuan Bajo 445
  Lovina 349
  Manado 602
  Nusa-Inseln 365
  Nusa Lembongan 369
  Padang Bai 372
  Pemuteran 342
  Pulau Menjangan 340
  Pulau Weh 511, 515
  Sanur 299
  Togian-Inseln 597
  Waiara 465

Taxis 42, 80
Tee 48
Tegallalang 323, 327
Telefon 76
Telefonnummern 76
Tempel 88
Tempeletikette 88
Temperaturen 37
Tenganan 375, 378
Tenggarong 556
Tengger 25
Tentena 593
Terrorismus 119
Textilien 47
Thrombose 629
Tiger 100
Tilanga 588
Timphan 508
Tinabo 576
Tinimbayo 591
Tinoor 608
Tirtagangga 36, 381
To'barana 591
Toba-See 492
Todo 451
Togian-Inseln 594
  Aktivitäten 597
  Transport 597
  Übernachtung 596
Toiletten 85
Tollwut 629
Tomohon 608
Tomok 493
Tondano 611
Tondano-See 611
Tondon 590
Tontimomor 611
Toraja 26, 36, 52, 106, 133, 579,
    582, 586
Touristenvisum 91
Toya Bungkah 355
Toyapakeh 365
Transjakarta 157
Transmigrasi 105
Trans Nusa 84
Transport 42, 77
Travellers Cheques 61
Trekking 482, 488
Trinken 49

Trinkgeld 42, 89
Trisakti 539
Tropeninstitute 65
Trunyan 356
Tuak 53, 583
Tuanku Imam 112
Tuk Tuk 494
Tulamben 385
Typhus 629

U
Überbevölkerung 123
Überlandbusse 79
Übernachtung 41, 85
Ubud 28, 29, 32, 36, 307
  Affenwald 310
  ARMA – Agung Rai
    Museum of Art 308
  Blanco Renaissance
    Museum 308, 322
  Einkaufen 318
  Essen 316
  Gemälde 319
  Informationen 321
  Monkey Forest 310
  Museum Puri Lukisan 308
  Neka Art Museum 308
  Ökologische Lebensweisen
    311
  Rudana Museum 325
  Spaziergänge 322
  Tagestouren 322
  Tanzveranstaltungen 308
  Touren 320
  Transport 324
  Übernachtung 311
  Wellness 320
  Yoga 320
Ujung 380
Ujung Kulon-Nationalpark
    166
Uluwatu 303
Umbuchung 45
Umsiedlungsprogramme 105
Umwelt 102
Unabhängigkeit 114, 115,
    116, 121
Unabhängigkeitsbewegung
    Acehs (GAM) 119

ANHANG

www.stefan-loose.de/indonesien

INDEX **647**

Five star service for the five senses, that's what Indonesia's spa is all about...
For hundreds of years we have believed in nature to provide us with the key to a healthy life. From the fertile volcanic soil, we harvest fruits, flowers, tree barks, leaves and roots and turn them into beauty and health products. Enjoy sensational spa settings, exotic treatments, and most of all, a sublime sense of relaxation, your energy restored, your body recharged and your mind at ease.

www.indonesia.travel

Unabhängigkeitskrieg 115
Unfall 83
Unruhen 117
Unterhaltung 86

V

Varanus komodoensis 439
Vegetarier 50
Vegetation 98
Verfassung 115
Verhaltenstipps 86
Versicherungen 89
Verwaltung 121
Visa 90
Visumsverlängerung 91
VOC 110, 111
Vögel 100
Vogelgrippe 625
Volksgruppen 105
Volkskongress 119
Volksraad 114
Vulkane 23, 95, 138

W

Wachstum 121
Waffen 136
Wahid, Abdurrahman 118
Währung 60
Waiara 465
Waipare 464
Wairbleler 465
Wakai 595
Waldbrände 103
Walikota 121
Wallacea 97
Wallace-Linie 97, 388
Wan de Yuan 164
Wandelnde Blätter 99
Wanzen 626
Warnasari 338
Warung 55
Wasserbüffelrennen 338
Wasserkraft 123
Watublapi 464
Waturia 465
Wayang 128, 129, 132
Wayang Beber 218
Wayang Golek 131
Wayang Kulit 48, 129, 209

Wayang Orang 222
Wayang Topeng 131
Wayang Wong 131
Websites
  Informationen 67
  Reisemedizin 64
Wechselkurse 61
Wellness 75
Wertsachen 73
Wesak 57, 206
West-Bali 331
West-Java 163
West-Papua 116
West-Sumatra 516
West-Sumbawa 424
Wetu-Telu 389
Wirtschaft 121, 122
Wirtschaftssektoren 121
Wirtschaftswunder 117
WLAN 69, 85
Wolokoli 464
Wonosari 262
Wonosobo 226
Wundinfektionen 630
Wundstarrkrampf 630
Wuring 463
Wurmerkrankungen 629

X

Xaver, Franz 441

Y

Yeh Ayung 323
Yoga 320, 411
Yogyakarta 27, 33, 35, 112, 193
  Aktivitäten 208
  Alun Alun Kidul 195
  Alun Alun Lor 195, 196
  Batik 206
  Benteng Vredeburg 198
  Einkaufen 206
  Essen 202
  Feste 204
  Flüge 212
  Galerien 206
  Gedung Gapura Agung-
    Gebäude 196
  Gedung Kopo Palast-
    museum 195

Gedung Kuning 195
Immigration 210
Informationen 210
Kesatrian 195
Kraton 193
Kultur 204
Kutschenmuseum 195
Medizinische Hilfe 210
Museum Affandi 198
Museum Perjuangan 198
Nahverkehr 211
Ngayogyakarta Hadiningrat
  Palast 195
Pagelaran 195
Pasar Ngasem 196
Plateran Kedaton 195
Purwaretna-Gebäude 195
Siti Hinggil 195
Sono Budoyo Museum 196
Touren 209
Transport 211
Übernachtung 199
Umbul Binangun 196
Unterhaltung 204
Vogelmarkt 196
Wasserschloss
  (Taman Sari) 196
Wellness 210
Zoo 199
Young Artists 132, 323
Yudhoyono, Susilo Bambang
  118

Z

Zakat 126
Zecken 626
Zeit 92
Zeitungen 71
Zeitverschiebung 69
Zeitzonen 92
Zentral-Bali 305
Zentral-Java 193
Zentral-Kalimantan 547
Zibet-Katzen 100
Zinn 122
Zoll 92
Zwangsanbausystem 111,
  113
Zweiter Weltkrieg 115

www.stefan-loose.de/indonesien

INDEX **649**

Notizen

ANHANG

Notizen

Danksagung

Wir danken allen Menschen, die uns unterwegs mit Tipps und Informationen versorgt haben, sowie unseren Familien und Freunden in Berlin-Brandenburg, Passau und Kassel.

Unser ganz besonderer Dank gilt Werner Mlyneck, der dieses Buch ins Leben rief.
Für das Vertrauen in unser junges Team und die Unterstützung möchten wir uns bei Stefan und Renate Loose, dem gesamten Bintang-Team, Maria Anna Hälker und dem DuMont Reiseverlag bedanken.

Ausdrücklich bedanken möchten wir uns beim **Indonesischen Ministerium für Tourismus und Kreativwirtschaft** unter der Leitung von Ministerin Mari Pangestu, speziell beim Generaldirektor der Marketingabteilung Sapta Nirwandar und seinen Mitarbeitern Ibu Budihardjanti und Bapak Atju S. Hidayat.

Besonderen Dank verdienen auch die **Fremdenverkehrsämter** der Provinzen West-, Zentral- und Ost-Java, Banten sowie Süd- und Nord-Sulawesi, vertreten durch Ibu Rina Rohana und Bapak Kelly (West-Java), Ibu Sari und Robert Siregar (Ost-Java), Aryo Widyandoko und Patrik Orlando (Zentral-Java), Bapak Deni (Banten) sowie Ibu Mike und Pak Abe (Nord-Sulawesi), Ibu Rusmini und Bapak Nursalam (Süd-Sulawesi). Ohne ihre organisatorische Unterstützung und Expertise hätten viele Teile dieses Buches nicht in dieser Form geschrieben werden können.

In **Deutschland** danken wir Thomas Rahn und Sabine Hoppe von www.abseitsreisen.de, Frank Roling aus Köln, Eva Ramroth und Bontje Zängerling aus Passau, Andreas Rat aus Konstanz, Eli Michiel aus München für die nette Gesellschaft und ihre tollen Bilder sowie Dietmar Deissler aus Offenbach.

Weiterhin Simon Smaguine in Frankreich, Josie Grabarevic in Kanada, Stephanie Leonard in England und Paul Wandl und Christina Lengauer in **Österreich**.

In **Sumatra** danken wir Erwin Lontong und Devi Juni Friska in Medan, Lieselotte Heederik und Pak Wan in Banda Aceh und Fikar in Bukittinggi.

In **Jakarta** gilt ein besonderer Dank Cynthia Devi sowie Helene Mleinek für die tatkräftige Unterstützung bei der Recherche und die vielen Insider-Tipps. In Bandung möchten wir uns beim Management des Sari Ater Hot Spring Resorts und in Pangandaran bei Christian Baumeister sowie bei Kokos bedanken. Zudem danken wir Suryono Yustahar aus Surabaya für die tolle Führung, Yudha Susanti und Dwi Cahyono aus Malang für Tipps und Infomaterial, Bagir und Megawati aus Bandung, Ika, Niam und Yusuf „Bee" aus Jepara, Uya aus Batu.

Auf **Bali** und **Lombok** danken wir Jon Zürcher und seiner Frau Suci, Andreas „Andre" Reich, Agung Budi Darma vom Yayasan Bina Wisata in Ubud, Steven „Tizza" Taylor für seine Informationen zum Dorf Trunyan, Andrew Taylor, dem Denpasar Tourism Department, Ayu Ari Novi, Sakinah und Roland und Toni.
Für hilfreiche **Leserbriefe** und **Internet-Updates** möchten wir uns bei unseren Lesern Anna R., Annette F., Annette Richert, Anika Ö., Anja Schnabel, Birgit Pfister, Christina Lechner, Christoph Ruhland, C. und W. Fuchs, Cornelia und Jens Weber, Dagmar Kaube, Daniel Tögl und Eva Korber, Dieter Zulage, Dita und Micky, Eva und Sabine R., Hanna St., Heinz W., J. Kehr,

Jenny B., K. Boehm, Klaus Pleyer, Kristin und Karlheinz, Lena R., Ludwig, Manni B., Marina, Marion und Claus, Nicole Stratmann, Patrick Glogner-Pilz und Natalie Pilz, Familie Prüfer, Rahel Staeheli und Ekkard Franke, Reiner Jensen, Roswitha Pöchhacker, Ruth Maria Wissmann, Sabine F., Sibylle Klinger, Stefan, Steffen S., Sven V., Torsten Schulz und Vanessa und Roger bedanken.

Auf **Sumbawa** bedanken wir uns bei Surf-Ass Nathan Morales und bei Pak Nurdin vom Fremdenverkehrsamt in Bima.

Auf **Flores** bedanken wir uns bei Peter vom Golo Hilltop und unserem netten Kapitän, dessen Namen sich keiner merken konnte. Außerdem bei Florian und seinen Freunden vom Hotel Happy Happy in Bajawa sowie ganz besonders bei Pater Heinrich Bollen vom Sea World Club in Waiara.

Auf **Sulawesi** gilt der größte Dank Annita Mokodongan in Manado sowie Ester Kasehung und Sven auf Pulau Bunaken für die große Hilfe bei der Recherche. Ferner sind wir Dodo in Makassar und Nico Embatau sowie Enos Tandiarrang in Tana Toraja zu Dank für die vielen Informationen verpflichtet.

Auf **Kalimantan** danken wir Muhamad Nour aus Tarakan für die vielen Kontakte in Ost-Kalimantan, Lucas Zwaal in Samarinda und Bapak Sarkani sowie Mohammed „Shady" Syahdian in Banjarmasin.

Wir danken besonders Mr. Sapta Nirwandar, stellvertretender Minister für Kultur und Tourismus, für die hervorragende Unterstützung bei der Recherche.

Bildnachweis

Umschlag
Titelfoto LOOK-foto/Kay Maeritz; Essensstand am Pura Samuan Tiga, Bali
Umschlagklappe vorn laif/Eric Martin; Borobudur, Java
Umschlagklappe hinten laif/Sylvian Grandadam; Boot am Strand, Bali

Farbteil
S. 2 mauritius images/Photononstop (oben)
   getty images/Lonely Planet Images/Glenn Beanland (unten)
S. 3 Christian Wachsmuth (oben)
   laif/Malherbe (unten)
S. 4/5 LOOK-foto/age fotostock (oben)
S. 4 laif/Riccardo Venturi (unten)
S. 5 laif/Eitan Simanor (unten)
S. 6/7 laif/Tobias Hauser
S. 8 Josie Grabarevic (oben)
   Mischa Loose (unten)
S. 9 Elisabeth Michiel (oben)
   getty images/Pete Atkinson (unten)
S. 10/11 laif/Hemispheres (oben)
S. 10 mauritius images/Reinhard Dirscherl (unten)
S. 11 Mischa Loose (unten)
S. 12 Corbis/Michael Freeman (oben)
   LOOK-foto/Konrad Wothe (unten)
S. 13 getty images/Barry Kusuma
S. 14 Claudia Caspani
S. 15 mauritius images/ib/Konrad Wothe (oben)
   picture-alliance/Augenblick/Rauchensteiner (unten)
S. 16 iStockphoto/Michael Stubblefield

Schwarz-Weiß
Claudia Caspani S. 22
Moritz Jacobi S. 58, 106, 130, 205, 229, 232, 239, 467, 484, 493, 505, 514, 519, 613
Elisabeth Michiel S. 21, 30, 93, 452, 455
Mischa Loose S. 276, 309, 310, 341, 380, 448
Renate Loose S. 37, 40, 43, 62, 95, 352, 359, 387
Tizza Taylor S. 267, 357
Christian Wachsmuth S. 41, 51, 81, 96, 129, 137, 144, 172, 179, 185, 186, 304, 327, 367, 410, 420, 427, 537, 542, 551, 559, 561, 565, 573, 574, 583, 609

Impressum

Indonesien
Stefan Loose Travel Handbücher
1. Auflage **2013**
© DuMont Reiseverlag, Ostfildern

Alle Rechte vorbehalten – insbesondere die der Vervielfältigung und Verbreitung in gedruckter
Form sowie die zur elektronischen Speicherung in Datenbanken und zum Verfügbarmachen für die
Öffentlichkeit zum individuellen Abruf, zur Wiedergabe auf
dem Bildschirm und zum Ausdruck beim Nutzer (Online-Nutzung), auch vorab und auszugsweise.

Die in diesem Buch enthaltenen Angaben wurden von den Autoren nach bestem Wissen erstellt
und vom Lektorat im Verlag mit großer Sorgfalt auf ihre Richtigkeit überprüft.
Trotzdem sind, wie der Verlag nach dem Produkthaftungsrecht betonen muss, inhaltliche
und sachliche Fehler nicht vollständig auszuschließen.
Deshalb erfolgen alle Angaben ohne Garantie des Verlags oder der Autoren. Der Verlag
und die Autoren übernehmen keinerlei Verantwortung und Haftung für inhaltliche und sachliche
Fehler. Alle Landkarten und Stadtpläne in diesem Buch sind von den Autoren erstellt worden und
werden ständig überarbeitet.

Gesamtredaktion und -herstellung
Bintang Buchservice GmbH
Zossener Str. 55/2, 10961 Berlin
www.bintang-berlin.de
Redaktion: Gudrun Raether-Klünker
Karten: Klaus Schindler, Anja Krapat
Grafisches Konzept: Groschwitz, Hamburg
Layout und Herstellung: Anja Linda Dicke
Farbseitengestaltung: Anja Linda Dicke
Umschlaggestaltung: Anja Krapat, Thomas Rach

Printed in China

www.stefan-loose.de/indonesien

Kartenverzeichnis

Allgemeiner Teil
Pelni-Häfen 84

Reiserouten
Auf den Geschmack
  gekommen 31
Bali 31
Der Klassiker 28
Die Alternative 29
Indonesien intensiv 35
Java 33
Nusa Tenggara 32

Regionalteil
Amed 383
Bajawa 453
Bali 268
  Nord-Bali 344
  Ost-Bali 360/361
  Süd-Bali 270
  West-Bali 330
  Zentral-Bali 306/307
Banda Aceh 506
Bandung 176
  Umgebung 183
Banjarmasin 541
  Umgebung 546
Berastagi 487
Bima 433
Bogor 69
  Umgebung 171
Bukittinggi 526
  Umgebung 532
Candi Dasa 376/377
Dieng-Plateau 230
Ende 456

Flores 442/443
Gili Air 416
Gili Meno 413
Gili Trawangan 406
Gunung Bromo 263
Gunung-Rinjani-Nationalpark
  419
Jakarta 140/141
  Jalan Jaksa und Umgebung
    151
  Kota und Glodok 147
  Zentrum 142
Java 138
Kalimantan 538
Karimun 243
Karimunjawa 240
Komodo-Nationalpark 437
Kuta 278
Labuan Bajo 444
Legian 287
Lombok 390/391
Lovina 346
Makassar 566
Malang 257
Manado 601
Maninjau 533
Mataram, Ampenan und
  Cakranegara 398/399
Maumere 460
Medan 472
Nord-Sumatra 470
Nusa Lembongan 368
Nusa Tenggara 389
Ost-Java 244
Östliche Halbinsel Minahasa
  610
Padang 521
Padang Bai 373

Pangandaran 188
  Umgebung 187
Pulau Bunaken 606
Pulau Weh 513
Rantepao 581
Ruteng 449
Samarinda 552
Sanur 296
Semarang 235
Seminyak 289
Senggigi 401
Sulawesi 562
Sumatra 468
Sumbawa 424/425
Sumbawa Besar 431
Sungai Mahakam 557
Surabaya 247
  Zentrum 249
Surakarta (Solo) 220
Tabanan, Umgebung 335
Tana Toraja 578
Tanjung Puting-Nationalpark
  549
Toba-See 495
Togian-Inseln 595
Tuk Tuk 496
Ubud 312/313
  Umgebung 325
West-Java 162
West-Sumatra 517
West-Sumbawa 428
Wonosobo 227
Yogyakarta 194
  Südlich des Bahnhofs 200
  Südlich des Kraton 204
  Umgebung 214
  Zentrum 197
Zentral-Java 192

Indonesien — Reiseatlas

Symbol	Bedeutung
	Schnellstraße mit Anschlussstelle
	Fernstraße
	Hauptstraße
	Nebenstraße
	Fahrweg, Piste
	Fußweg, Pfad
	Straße in Bau
	Straße in Planung
	Straße für Kfz gesperrt
	Tunnel
	Fähre, Schiffsverbindung
	Staatsgrenze
	Regionalgrenze
	Nationalpark; Naturpark
	Sperrgebiet
	Korallenriff
	Internationaler Flughafen
	Regionaler Flughafen
	Hafen; Flugplatz, Landepiste
	Kirche, Kapelle; Kloster
	Sehenswürdigkeit; Archäologische Stätte
	Hotel, sonstige Unterkunft; Tankstelle
	Turm; Leuchtturm
	Wasserfall; Höhle
	Berggipfel; Pass, Joch
	Badestrand; Schiffswrack
	Windsurfen; Wellenreiten
	Schnorcheln; Tauchen
	Campingplatz; Aussichtspunkt
	Information; Krankenhaus
	Museum; Theater, Oper
	Polizei; Post
	Busbahnhof; Denkmal, Monument
	Parkhaus; Parkplatz

657

Sumatra Utara, Medan

Taring
Tanjungpura
Karanggaging
G. Leuser 3404
G.Bandahara
Hampenan-perak
Belawan
Genting
Peg. S 3012
Medan Fair
Maimoon Palace
Perkut
Pantaicermin
Krapuh
Binjai
Mesjid Raya
Gunung
Pulo Nas
Bukit Lawang
Kuala
MEDAN
20
26
Baungan (Perbaunga
Kutacane
Bohorok
Lubukpakan
Sungairamp
Daerah
Delitua
Joharun
50
Sungaiba
Lawelubang
Rumahkota
Bangunpurba
Kualabali
Kotabaru
Leuser
1657
Sibolangit
76
Nat. P.
Moriji
Brastagi
Dolokmerawan
TEBINGTINGGI
Perdagan
ktuan
Kutaseuneubok
68
Perbulan
Laukawar
Barusiahe
52
Payadupa
Aceh
Kabanjahe
Rajalinggae
25
Kluet Selatan
42
Tigabi-nanga
Lingga
24
Bataker Pala
Kandang
Durianrungun
Merek
Seribudolok
Sondi
PEMATAN
Bakongan
1117
41
Sipisopiso Falls
Pematang Purba
91
Pematangta
Kruengluak
68
Danau
Tigadolok
48
Siala
Trumon
Kalakepen
Sidikalang
Simanindo
Fortress
Bandarpa mandoga
Runding
209
Parbakalan
Pangu-ruran
Ambarita
Prapat
Labuanbili
Pulaksama
Sumbul
Tuk Tuk
630
Stone Sculpture
437
Napasanggar
Hot Springs
Tomok
83
Tele
P. Samosir
Porsea
Siag Falls
P.Bago
Banjarsiantar
Mogang
Nanrunggu
Silaer
P.Ujungbatu
Hutagalung
Toba
Siregar
Halaban
Situbutubu
Dolok Pinapan
Muara
Balige
Pa
Singkilbaru
Bungas
2038
Siborongborong
G. Sih
P. Tuangku
(Singkil)
Mandumas
Doloksanggul
Sipoholan
Sipahutar
P. Bangkaru
Pakkát
Ohanganjang
Pangasean
24
Sipahatur
ep. Banyak
Barus
Tarutung
25
Sibatunanggor
Onanhasang
Sorkam
66
73
Sarulla
(PasarSorkam)
Sibolga
Tel. Tapanuli
Tg.Dowi
Sifahandra
512
P. Musala
35
Sipir
Ladara
Sumatera
660
88
Huraba
Afia
Afulu
Fuloto
Gunungsitoli
Padangside puan
Ombolata
Balumundan
Hiligeo
Janji
Si Galangang
Mosa
Bumboito
Utara
90
Sirombu
Pulau Nias
887
Singkuang
Sihe
658
S. 660

Sumatra Barat, Padang

U t a r a

Mosa

Ombolata

Hiligeo

Bumbo **S. 658**

Singkuang

Sih

Pulau Nias

Sirombu

Tabuyung

Par

Kep. Hinako

•887

Hilkoya

Tuhegafoa

Hilialawa

1877

Muarasom

P.Hinako

Hilibowo

Karan

Hilismaetano

Hiliotaluwa

Sikarakara

Simp

Bawomataluwo (Sunhill)

Telukdalam

Natal

Lagudri (Lagundi)

Tel. Lagundi

Tompet

O

I

N

D

B a t u

Lambak

Labuhanrima

Pulau Pini

K e p.

Pulautelo

S

Pulau Simuk

Bawo Ofuloa

Pulau Tanahmasa

e

Tg.Sairo

l

Pulau Tanahbela

271

a

Hilibofunna

t

P.Bojo

Selat Siberut

I **N** **D** **I** **A** **N**

Muarasigeb

Tg.Sigep

Tg. Bulanbatu

O **C** **E** **A** **N**

K e p.

Kagologolo

384

Muarasikabaluan

Pulau Siberut

S

Muarasaibi

M

Muarasimatalu

Saudainu

e

Sakubo

Muaras

n

Sabulubek

Tg.F

t

a

Tailelee

Tg.Sibac

w

Pulau Masokut

a

i

660

Lampung
Teluk Pedada
Selat Legundi
Pulau Puhawang
Pulau Tanjungputus
Pulau Siuncal
Pulau Sijebi
Pulau Legundita
Pulau Legundi
Kotajawa
Pekonsuku
Kiluan
Bawang
131 m
343 m
Bulok
Kalianda
Gunung Rajabasa
1281 m
Canti
Gayam
Cugung
Sukaraja
Permanukan
Mandalasari
Pulau Mundu
Sukaraja
Bangunrejo
Tamansari
Blambangan
Ketapang
Karangsari
Pulau Seram
226 m
Pulau Kopiah
Totoharjo
Sumur
Bakau
Bakauheni
Pulau Rimaubalak
Pulau Panjurit
Pulau Kandanglunik
Tanjung Tua
356 m
Pulau Sebeku-Kecil
844 m
Pulau Sebesi
Selat Sunda
Pulau Sangiang
Pulau Krakatau
Pulau Sertung
Pulau Krakatau-Kecil
Anak Krakatau Volcano
813 m
Pulau Rakata (Krakatau Is.)
Ujung Kulon National Park
Zentrum für Vulkanologie und Geologische Schadensminderung
Pasauran
Tanjung Bangkuang
Tanjung Katapang
Tanjung Gelebeg
Carita
Caringin
Labuhan
Tanjung Cikoneng
Anyer
Anyer Lor
Mancak
Karangbolong
Balukan
Cinangka
Rancau Danau Reserve
Danau
Gunungsari
Ciomas
Padarincang
Hutan Wisata Carita Forest Reserve
Mandalawangi
Gunung Karang
1778 m
Tenjolahang
Menes
Gunung Pulasari
1346 m
Soketi
Ciandur
Cibiuk
Pagelaran
Tanjung Pujut
Salira
Pantai Florida
Merak
595 m
Longan
Ragas
Bojonegara
Bird Sanctuary
Pulau Dua
Teluk Banten
Pulau Panjang
Pulaupanjang
Tanjung Pontong
Pulau Tur
Kubang-lumorah
Cilegon
Karangbantu
Mesjid Agung
Banten
Dutch Fort
Pantang
Toyamarta
Kramatwatu
Badamusalam
Waringinkurung
Cinanggung
Carenang
Taktakan
Ciruas
SERANG
Walantaka
Kragi
Pabuaran
Cilincing
Baros
Cikeusai
Kapo
Kadumueuk
Petir
Pamaraya
Tanjung
Cadasari
Carenar
Leuwipapan
Pandegelang
Warunggunung
Banjar
Rangka
Revang
Cimarga
Gedun
Bojong
Banjarsari
Cilales
Sampang
Leuwidamar
375 m
Badui Village
Lebak
Teluk Lada
Tanjung Lesung
Tanjung Badur
Tanjung Lesung
Ciseukeut
Jeureang
Parungkujung
Kadupandak
Udjung
Tanjung Saman
Citeureup
Perdana
BANTEN
311 m
Rorahmakan
Angsana
Weluku
Cigeulis
Gunungkencana
Kadulebu
Bojongmanik
Munjul
Liman
Panacaran
Oil Palm Plantations
Cibeo
Cigintung
Kerta
Gunungkendeng
Sareweh
Citorek
Ujung Kulon National Park
Pulau Panaitan
Tanjung Parat
Legonkadam
Legonhaji
Legonsabini
Raksa
320 m
Citambuyung
Legon Bajo
Tanjung Waton
Teluk Kasuaris
Legonbutun
Karangjajar
Tanjung Karangjajar
Selat Panaitan
Tanjung Alangalang
Jemang
Teluk Peucang
Teluk Slamadatang
Sumur
Nyawaan
Semananjung
Pulau Handeuleum
Cimanggu
Mahendra
Cibaliung
Ciranca
381 m
1045 m
Pulau Peucang
Tanjunglayar
Tanjung Layar
Cidaon
Ujungkolon
Cigenter
Cipining
625 m
Cikadu
Cikeusik
Pasiroangka
Situpotong
Jamban
Malingping
639 m
480 m
Tamanjaya
Cijawung
Ciletukkepala
Ciraden
Wanasalam
Cibandawoh
National Park
Kalejetan
Wunibera
Muara Binuangeun
Cilangkahan
Cibarengkokgirang
Tanjung Guhakolak
Tanjung Cangkuang
Tanjung Sodong
Teluk Keusiklega
Cegok
Tanjung Sodong
Tanjung Cariang
Tanjung Panto
Panyaungan
Panggarangan
Bayah
Sawarna
Tanjung Karangtaraje
Tanjung Layar
Pulau Tinjil
Pulau Deli
Java
Tanjung Ka
Tanjung Sodon
Indian Ocean

Java: Bandung, Cirebon, Tegal, Tasikmalaya, Cilacap

1 cm = 12 km 1 : 1.200.000   0   15   30   45 km

Laut Java
(Java Sea)

Bali: Gilimanuk, Negara, Mendaya, Seririt

1 cm = 2,5 km 1 : 250.000
0 2,5 5 7,5 10 km

Tanjung Sanih
Pura Ponjok Batu
Bangkan
Pacung Tanjung Batu
Julah Tanjung Gulah
Bondalem
Depaa Tejakula
Sembiran
Tetajun Penuktukan
Les Sambirenteng
Madenau Tembok Tanjung Ngis
Satra Lupak
Subaya Tanjung Tekurenan
Penginyahan Siakin
Kembangsari
Dausa Gunung Penulisan
Bantang 1745 m 1399 m Blandingan Tianya
Pura Tegeh Koripan Pinggan Muntigunung
Mabi 1308 m Penulisan
Lampu Belantih BANGLI
Catur 1255 m Kolombo Songan 1325 m
Mungsengan Kintamani Gunung Batur Panek
Uliangunungban Batur 1717 m Toya Bungkah
Banjarlawak Kalanganyar Pura Jati Danau Trunyan
Pura Ulun Danu Batur Batur Bali-Aga-Dorf Temakung
1073 m Kedisan Abang Gunung Abang
Mengani Blancang Kedewi 2153 m Daya
Manikliya Peludu Penelokan Buahan
Bunutin Bayunggede 1888 m Daya KAR
Gate Katung Sekardadi Sunting Suter
Penyabangan Sekahan Kuda Pengotan
Puasan Banua 944 Prean Gunung Ag
Puakan Pisang Bilukang Palaktihing 3142 m
Pakuseba Tegal Suci Kayuambua
Belong Pupuan Seribatu 848 Bangklet
Taro Timbul Besakih
Punggang Semadi Temen Pempatan Pura Besakih
Payangan Pujung Pura Gunung Kawi Kayubihi Boyan
Pontang Manukaya Pangi-yangan-kawan Metrakaja
Lebah Pujungklod Sebatu Pura Tirta Empul Kayang Metraklod Menanga
Kedisan Bayad Basang ambu Tanggahan Keduwi Manikaji Muncan
Gadungen Pura Desa Tegalasah Rendang Pegu-bugan
Tangkup Tampaksiring Kubu Penglipuran Bangbang Sukaluwih
Kelusa Yehtengah Susut Pura Kehen BANGLI Bujaga Selat Gerianaka
Celuk Tegalalang Bukit Manuk Tingkatbatu Segah Ipah Duda
Keliki Manuaba Gunung Kawi Penatahan Cempaga Tembuku Sangakan Gunung Padangtunggal
Sanding Demulih Bangli Nyangglan Sekai Iseh Sidemen
Wisata Budaya S. 679 Nyalian Pura Asmara 826 m
(Kunstzentrum)

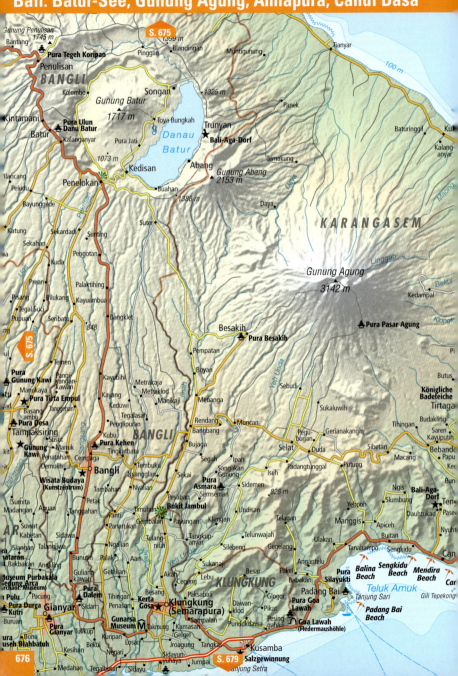

Bali: Denpasar, Legian, Kuta, Sanur, Nusa Dua, Ubud

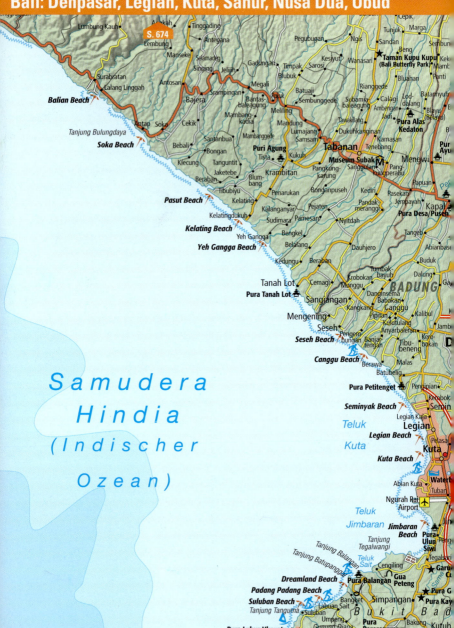

Lombok, Sumbawa West

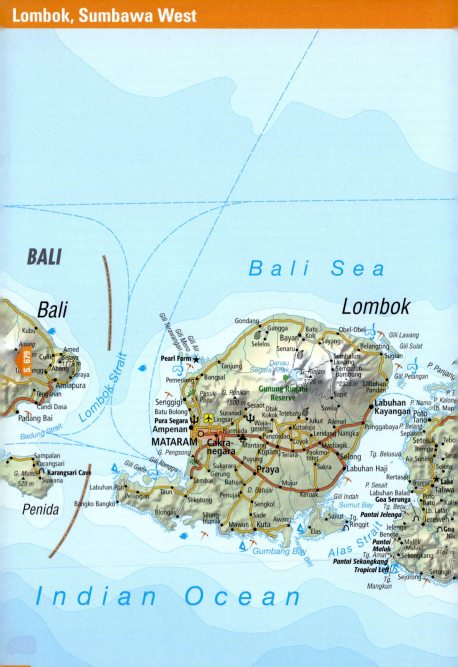

Sumbawa Ost, Sumba, Flores West

NUSA TENGGARA BARAT

Flores Ost, Adonara

S. 688

Flores Sea

Reo Bay
Tg. Kurungbaja
Reo
-edindi
Gimbang
Benteng Jawa
Golongorong
Pagal
Betaing
uteng
Ranaka
2400 m
2350 m
Pota
Watunggong
2033 m
Mukun
Wukir
Mok
1356 m
Kisol
Wairana
Aimere
Mborong
Wailengga
Ritual Shrines
Flores
Aimere
Bay
Inerie
2245 m
Waibela

Waidambu
Riung
(Nangamese)
Buntal
Terong
Air Panas
Soa
1753 m
Bajawa
Mangulewa
Langa
Mataloko
Bena
Wogo
Jerebutu
Were
Boba
Maumbawa
Boawae
Ebulobo
2149 m
Dombe
Mauponggo
1408 m

Seventeen Islands
National Park

Mboras
Marapokot
Todo Bay
Danga
Watuapi
Dadiwuwu
Poma
Aegela
Nangaroro
Nangapada
Pantai Pengajawa
Ende Bay
Pantai Nangapendu
Ende

Keli Peri
878 m
Ona
Maurole
Mukusaki
Ranokoko
Nabe
Welanosa
Kaburea
Tendaleo
Detuke
Kiro
1253 m
1200 m
Ratelaki
1770 m
Deutusoko
Roa
Kelimutu
1690 m
Saga
Nuabosi
Wolare
Ndono
Wolotopo
Ende
Desa Onelako
659 m
Rate
 Nye
Ipi Bay
Pelabuhan Ipi
Crater Lakes
Wolojita

S. 683

Sunda S Sa l s

Maujawa

Melolo
S. 683
-abara Praiya Praikahembi

Borneo, Sumatra Ost

Sulawesi, Molukken

S. 687

S. 687

MINAHAS

SULAWESI UTARA

SULAWESI TENGAH

SULAWESI BARAT

SULAWESI SELATAN

SULAWESI TENGGARA

Sulawesi

Kepulauan Derawan
Pulau Maratua
Pulau Derawan
Tanjungbatu
Tanjungredeb
Bemurut
Pelawanbesar
Sangkulirang
Muarawahau
Klampo
Bontang
ongkok Kota Bangun
Tenggarong
Samarinda
Danau Jempang
Nanang
Balikpapan
Tanahgrogot
Kotabaru
Laut

O

AN TIMUR

Bukaan
Tolitoli
Bunobago
Tompo
Tembito
Tomini
Marisa
Molinggapote
Limboto
Boroko
Gorontalo
Munte
Mapaga
Kasimbar
Donggala
Toboli
Kepulauan Togian
Ampana
Bunta
Boalemo
Poh
Teku
Mondono
Luwuk
Peler
Palu
Pakuli
G. Lokilalaki
3311 m
Lariang
Danau Lindu
Lore Lindu N.P.
Wuasa
Gintu
Poso
Batui
Tataba
Samb
Tomini Bay
Morowali
Bonggi
Babana
Danau Poso
Tentena
Pendolo
Kolonodale
Tolo Bay
Kepulauan Banggai
Mamuju
Bk. Gandadiwata
3074 m
Masamba
Wotu
Bahusuai
Manui
Malunda
Rantepao
Ke'te
Malili
Soroako
Totala
Bayu
Lembo
Somba
Makale
G. Rantemario
3440 m
Enrekang
Palopo
Malamala
G. Mekongga
2790 m
Wawotobi
Kendari
Munse
Majene
Pinrang
Pangkajene
Bone Bay
Kolaka
Kolono
Wowoni
Parepare
Sengkang
Uloe
Torobulu
Ereke
Watampone (Bone)
Laora
Raha
Buton (Butung)
Pangkajene
Bantimurung
Makassar (Ujung Padang)
Maros
Sinjai
Muma
Kabaena
Baubau
Pasarwajo
Sungguminasa
Boronbong
Malino
Bontosunggu
Bulukumba
Bira
Bantaeng
uan Laut Kecil

Bentung
Selayar

NUSA TENGGARA

G. Tambora
2851 m
Bima
Labuhan-bajo
Reo
Riung
Flores
Palue
Maumere
Larantuka
Sagu
Adonar
Wairiang
Sukun

688